श्री श्री परमहंस योगानन्द

(5 जनवरी, 1893–7 मार्च, 1952)

मानव की निरन्तर खोज

(*Man's Eternal Quest*)

दैनिक जीवन में ईश्वरानुभूति पर
संकलित प्रवचन एवं आलेख,
भाग I

द्वारा
श्री श्री परमहंस योगानन्द

Yogoda Satsanga Society of India
FOUNDED 1917 BY PARAMAHANSA YOGANANDA

First Hindi Paperback Edition, 2010
Sixth Impression, 2025

योगदा सत्संग सोसाइटी ऑफ़ इण्डिया/
सेल्फ़-रियलाइज़ेशन फ़ेलोशिप का अधिकृत प्रकाशन

ऊपर दर्शाया गया योगदा सत्संग सोसाइटी ऑफ़ इण्डिया का नाम एवं प्रतीक चिह्न योगदा सत्संग सोसाइटी के सभी प्रकाशनों एवं रिकॉर्डिंग पर मुद्रित रहते हैं, पाठक को यह आश्वासन देने के लिये कि अमुक कृति परमहंस योगानन्दजी द्वारा स्थापित संस्था से अभिहित हुई है तथा उनकी शिक्षाओं को विश्वसनीय रूप से प्रस्तुत करती है।

YOGODA SATSANGA SOCIETY OF INDIA
Yogoda Satsanga Math
21, U. N. Mukherjee Road
Dakshineswar, Kolkata 700 076
द्वारा भारत में प्रकाशित

Kailash Paper Conversion Pvt. Ltd.
Ranchi 834 001
द्वारा भारत में मुद्रित

ISBN 978-81-89955-11-3

वितरक :

MANJUL मंजुल पब्लिशिंग हाउस

योगदा सत्संग सोसाइटी ऑफ़ इण्डिया, परमहंस योगानन्द पथ, राँची 834 001 झारखण्ड तथा भारत में स्थित सभी आश्रमों एवं ध्यान केन्द्रों में भी उपलब्ध।

योगदा सत्संग सोसाइटी ऑफ़ इण्डिया/
सेल्फ़-रियलाइज़ेशन फ़ेलोशिप द्वारा
तृतीय अध्यक्षा,

श्री श्री दया माता

को समर्पित

जिनकी निष्ठायुक्त श्रद्धा ने अपने गुरु के
शब्दों को भावी पीढ़ियों के लिए लिपिबद्ध
करके हमारे लिए एवं आने वाले युगों
के लिए, श्री श्री परमहंस योगानन्द
के मुक्तिदायक ज्ञान एवं ईश्वर प्रेम को
सुरक्षित कर दिया है

श्री श्री परमहंस योगानन्द की आध्यात्मिक विरासत

उनके सभी लेख, व्याख्यान, तथा अनौपचारिक प्रवचन

परमहंस योगानन्दजी ने अपनी शिक्षाओं के विश्वव्यापी प्रसार के लिए तथा भविष्य में आने वाली पीढ़ियों के लिए उनकी शुद्धता एवं सम्पूर्णता को परिरक्षित रखने के उद्देश्य से सन् 1917 में योगदा सत्संग सोसाइटी ऑफ़ इण्डिया (वाईएसएस) तथा सन् 1920 में सेल्फ़-रियलाइज़ेशन फ़ेलोशिप (एसआरएफ़) की स्थापना की। अमेरिका में अपने प्रारम्भिक वर्षों से ही इस सफल लेखक और व्यख्याता ने अनेक लेखों तथा व्याख्यानों से ध्यान के योग विज्ञान, सन्तुलित जीवन की कला, एवं सभी महान् धर्मों में अन्तर्निहित एकता पर विख्यात एवं बृहत् रचनाओं का सृजन किया। उनकी यह अद्वितीय एवं युग-युगान्तरकारी आध्यात्मिक विरासत आज भी चली आ रही है और विश्व-भर के लाखों सत्यान्वेशियों को प्रेरणा प्रदान कर रही है।

महान् गुरुदेव की सुस्पष्ट इच्छाओं को ध्यान में रखते हुए योगदा सत्संग सोसाइटी ऑफ़ इण्डिया/सेल्फ़-रियलाइज़ेशन फ़ेलोशिप ने *परमहंस योगानन्द की सम्पूर्ण रचनाओं* के प्रकाशन एवं इनके सतत मुद्रण के कार्य को अविराम जारी रखा है। इनमें न केवल उन सभी पुस्तकों के अन्तिम संस्करण ही सम्मिलित हैं जिनकी रचना उन्होंने अपने जीवनकाल में की थी, अपितु अनेक नई रचनाएँ — जो सन् 1952 में उनके ब्रह्मलीन होने के समय तक प्रकाशित नहीं हो सकी थीं, अथवा जो योगदा सत्संग सोसाइटी ऑफ़ इण्डिया/सेल्फ़-रियलाइज़ेशन फ़ेलोशिप की पत्रिकाओं में अब तक एक अधूरे प्रारूप में ही क्रमानुसार प्रकाशित हो सकी थीं, तथा साथ ही ऐसे सैकड़ों गहन और प्रेरणास्पद व्याख्यान तथा अनौपचारिक सत्संग भी हैं जो उनके जीवनकाल में रिकॉर्ड तो किए गए थे किन्तु प्रकाशित नहीं हो सके थे।

परमहंस योगानन्दजी ने स्वयं अपने उन निकटतम शिष्यों को योगदा सत्संग सोसाइटी ऑफ़ इण्डिया/सेल्फ़-रियलाइज़ेशन फ़ेलोशिप के प्रकाशन परिषद् के गठन के लिए चुना एवं प्रशिक्षित किया, जिन्हें उन्होंने अपनी शिक्षाओं के प्रस्तुतिकरण एवं प्रकाशन के लिए विशेष दिशानिर्देश दिए। वाईएसएस/एसआरएफ़ के प्रकाशन परिषद् के सदस्य (वे सभी संन्यासीगण जिन्होंने जीवन पर्यन्त संन्यास तथा निःस्वार्थ सेवा का संकल्प लिया है) इन दिशानिर्देशों का सम्मान एक पवित्र विश्वास के रूप में करते हैं, ताकि परमप्रिय जगद्गुरु का विश्वजनीन सन्देश अपनी मूल शक्ति एवं प्रामाणिकता के साथ बना रह सके।

योगदा सत्संग सोसाइटी ऑफ़ इण्डिया/सेल्फ़-रियलाइज़ेशन फ़ेलोशिप का प्रतीक चिह्न (जो पिछले पृष्ठ पर दर्शाया गया है) परमहंस योगानन्दजी ने अपनी शिक्षाओं के प्रसार के लिए स्थापित की गई संस्था की पहचान करने के लिए स्वयं निर्धारित किया था। पाठक को यह आश्वासन देने के लिए कि अमुक कृति परमहंस योगानन्दजी द्वारा स्थापित संस्था से अभिहित हुई है तथा उनकी शिक्षाओं को ठीक उसी रूप में प्रस्तुत करती है जैसाकि वे चाहते थे, वाईएसएस/एसआरएफ़ का नाम तथा प्रतीक चिह्न सभी प्रकाशनों एवं रिकॉर्डिंग पर मुद्रित रहते हैं।

— योगदा सत्संग सोसाइटी ऑफ़ इण्डिया/
सेल्फ़-रियलाइज़ेशन फ़ेलोशिप

विषय सूची

चित्र-सूची

आवरण चित्र : श्री श्री परमहंस योगानन्द, मैसूर पैलेस, 1935

प्रस्तावना

(श्री श्री दया माता (1914–2010), तृतीय अध्यक्ष एवं आध्यात्मिक प्रमुख योगदा सत्संग सोसाइटी ऑफ़ इण्डिया/सेल्फ़-रियलाइज़ेशन फ़ेलोशिप के द्वारा)

पहली बार जब मैंने श्री श्री परमहंस योगानन्द को देखा, वे सॉल्ट लेक सिटी के एक विशाल, मन्त्र-मुग्ध श्रोता समूह के समक्ष बोल रहे थे। यह सन् 1931 का वर्ष था। जब मैं भीड़ से भरे सभा भवन के पिछले भाग में खड़ी थी, मैं स्तंभित हो गई, और मुझे वक्ता एवं उनके शब्दों के अतिरिक्त अपने चारों ओर किसी वस्तु का आभास न रहा। मेरा पूर्ण अस्तित्व उस ज्ञान एवं दिव्य प्रेम में डूब गया जो मेरी आत्मा में प्रवाहित होकर, मेरे हृदय एवं मन को ओत-प्रोत कर रहे थे। मैं केवल यही सोच सकती थी, "ये ईश्वर को वैसे ही प्रेम करते हैं, जैसे मैंने सदा उन्हें प्रेम करने की लालसा की है। वे ईश्वर को जानते हैं। मैं इनका अनुसरण करूंगी" और उसी क्षण से मैंने किया भी।

परमहंसजी के साथ उन प्रारंभिक दिनों में, जब मुझे उन शब्दों की रूपान्तरक शक्ति का अपने जीवन में आभास हुआ, तो मेरे अंदर उनके शब्दों को सारे संसार के लिए एवं सदा के लिए तत्काल सुरक्षित करने की आवश्यकता का भाव जागा। परमहंस योगानन्दजी के साथ कई वर्षों तक रहने के दौरान, यह मेरा पावन और आनन्ददायक सौभाग्य बन गया कि मैं उनके प्रवचनों एवं कक्षाओं को, तथा बहुत से अनौपचारिक व्याख्यानों और व्यक्तिगत परामर्शों के शब्दों — सचमुच में ईश-प्रेम और अद्भुत ज्ञान के विशाल भण्डार, को लिपि-बद्ध कर सकी। जिस प्रकार गुरुदेव बोलते थे, उनकी प्रेरणा का वेग प्रायः उनके प्रवचन की तीव्रता में प्रतिबिम्बित होता था; वे किसी समय मिनटों तक बिना रुके, और लगातार एक घंटा बोलते रहते थे। जब श्रोतागण मन्त्र-मुग्ध हो कर बैठे रहते थे, मेरी लेखनी भागती रहती थी। जिस समय मैं आशु-लिपि (shorthand) में उनके शब्दों को लिखती थी, ऐसा लगता था मानो विशेष कृपा अवतीर्ण हो गई हो, जो गुरुजी की वाणी को पृष्ठ पर, तुरन्त आशु-लिपि में अंकित कर देती थी। उन शब्दों को लिपि-बद्ध करना एक सौभाग्यपूर्ण कार्य रहा, जो आज तक चल रहा है। इतने समय के पश्चात् भी — मेरे द्वारा उस समय अंकित किए गए कुछ विवरण चालीस वर्षों से भी अधिक पुराने हैं — जब मैं उन्हें लिपिबद्ध करना आरम्भ

करती हूँ, वे मेरे मन में चमत्कारिक रूप से ताज़ा हो जाते हैं, जैसे कि वे कल ही अंकित किए गए हों। यहाँ तक कि अपने अंतर्मन में गुरुदेव की वाणी के हर विशिष्ट वाक्यांश का उतार-चढ़ाव मैं सुन सकती हूँ।

गुरुदेव कभी भी अपने व्याख्यानों की थोड़ी सी भी तैयारी नहीं करते थे; यदि वह कुछ तैयारी करते भी थे तो तथ्यों पर आधारित एक या दो टिप्पणियाँ जल्दी से लिख लेते थे। प्रायः कार में बैठ कर मन्दिर की ओर जाते हुए वे अकस्मात् हममें से किसी एक से पूछ लेते, "आज का मेरा विषय क्या है?" वे अपना मन उस पर लगाते थे, और तब दिव्य प्रेरणा के आन्तरिक भण्डार से बिना तैयारी किए व्याख्यान दे देते थे।

मन्दिरों में गुरुदेव के प्रवचनों के विषय निश्चित करके पहले ही घोषित कर दिए जाते थे। पर कभी-कभी जब वे बोलना आरम्भ करते थे तो उनका मन किसी बिल्कुल भिन्न दिशा की ओर चल पड़ता था। गुरुदेव "आज का विषय" की चिन्ता न करके, उस क्षण, अपनी चेतना में ओत-प्रोत सत्य का वर्णन करते थे, इस प्रकार स्वयं अपने आध्यात्मिक अनुभव एवं अन्तर्ज्ञान के भण्डार से बहुमूल्य ज्ञान की निर्बाध धारा बहाते थे। लगभग सदा, ऐसे सत्संग के समापन पर, बहुत से लोग उनको परेशान करने वाली अपनी किसी समस्या का गुरुजी द्वारा समाधान दिए जाने पर, अथवा उनकी रुचि की किसी विशेष दार्शनिक विचारधारा के स्पष्टीकरण के लिए गुरुजी को धन्यवाद देने के लिए आगे आते थे।

कभी-कभी जब वे प्रवचन दे रहे होते थे, तो गुरुजी की चेतना का ऐसा उत्थान हो जाता था कि वे कुछ क्षण के लिए श्रोताओं को भूल कर, सीधे ईश्वर से वार्तालाप करने लग जाते थे; उनका पूर्ण अस्तित्व दिव्य आनन्द और उन्मादक प्रेम से उमड़ पड़ता था। चेतना की इन उच्च अवस्थाओं में उनका मन ईश्वर चेतना के साथ पूर्ण रूप से एक हो जाता था और वे आन्तरिक रूप से सत्य का दर्शन कर लेते थे एवं जो वे देखते थे उसका वर्णन करते थे। कुछ अवसरों पर, ईश्वर उनके सामने जगन्माता के रूप में प्रकट हो जाते, अथवा किसी और रूप में; अथवा हमारे महान् गुरुओं में से कोई एक, या दूसरे सन्त, मानस दर्शन में उनके सामने प्रकट हो जाते थे। ऐसे अवसरों पर, श्रोतागण भी उन सब उपस्थित लोगों को प्रदान किए गए विशेष आशीर्वाद की गहन अनुभूति करते थे। असीसी के सन्त फ्रांसिस, जिनसे गुरुदेव को गहरा प्रेम था, के एक ऐसे आगमन पर, गुरुजी को एक सुन्दर कविता, "प्रभु! प्रभु! प्रभु!" की रचना करने की प्रेरणा मिली।

भगवद्गीता, एक प्रबुद्ध सन्त का वर्णन इन शब्दों में करती है, "जिनका अज्ञान तत्त्व-ज्ञान द्वारा नष्ट हो गया है, उनका ज्ञान सूर्य के सदृश परमात्मा को प्रकाशित कर देता है" (भगवद्गीता V:16)। कोई व्यक्ति परमहंस योगानन्दजी के आध्यात्मिक तेज द्वारा अति विस्मित हो सकता था, यदि उनमें स्नेह और स्वाभाविकता एवं शांत विनम्रता न होती, जिसके कारण हर व्यक्ति तुरन्त सहज रूप में आ जाता था। श्रोताओं में हर व्यक्ति यह अनुभव करता था कि गुरुदेव का भाषण उसे व्यक्तिगत रूप से सम्बोधित कर रहा था। गुरुदेव को प्रिय बनाने वाले गुणों में उनका विनोद-पूर्ण भाव का ज्ञान कोई कम नहीं था। किसी चयन किए गए मुहावरे, संकेत या चेहरे की अभिव्यक्ति द्वारा, वे सही समय पर बात समझाने के लिए, या विशेष गहरे विषय पर लम्बी और गहरी एकाग्रता के पश्चात् विश्रान्ति दिलाने के लिए हृदय से निकले हास्यपूर्ण शब्दों द्वारा श्रोताओं को उन्मुक्त हास्य की स्थिति में ले आते।

परमहंस योगानन्दजी के उज्ज्वल, प्रेममय व्यक्तित्व की अद्वितीयता और सार्वभौमिकता को, किसी पुस्तक के पृष्ठों में नहीं बताया जा सकता। परन्तु मेरी विनम्र आशा है कि इस संक्षिप्त पृष्ठभूमि के देने से एक व्यक्तिगत झलक मिल जाएगी, जो इस ग्रन्थ में प्रस्तुत व्याख्यानों से पाठकों के आनन्द और प्रशंसा के रसास्वादन में वृद्धि करेगी।

अपने गुरुदेव को दिव्य सम्पर्क में देखकर उनकी आत्मा के गहरे सत्यों और भक्तिपूर्ण भावोद्गारों को सुन कर युगों के लिए उन्हें लिपिबद्ध करके , और अब उन्हें आप के साथ बाँटने में—मुझे कितना आनन्द आ रहा है! ईश्वर करें, गुरुदेव के प्रभावशाली शब्द, ईश्वर के प्रति अविचल निष्ठा, एवं उनके लिए जो हमारे परमप्रिय पिता, माता एवं शाश्वत मित्र हैं, गहनतर प्रेम के द्वारों को पूरा खोल दें।

दया माता

मई 1975

परिचय

मानव जाति उस "कुछ और" की निरन्तर खोज में व्यस्त है जिससे उसे आशा है कि संपूर्ण एवं असीम सुख मिल जाएगा। उन विशिष्ट आत्माओं के लिए जिन्होंने ईश्वर को खोजा और प्राप्त कर लिया है, यह खोज समाप्त हो चुकी है : ईश्वर ही वे कुछ और हैं।

— श्री श्री परमहंस योगानन्द

श्री श्री परमहंस योगानन्द के व्याख्यानों का यह संग्रह उन सभी के लिए है जो कभी निराशा, असंतोष, उत्साहहीनता, दुःख, अथवा अतृप्त आध्यात्मिक ललक से सदा परिचित हुए हैं। यह उन के लिए है जिन्होंने जीवन के गूढ़ रहस्यों को समझने का प्रयास किया है, उनके लिए जिनके अपने हृदय के भीतर ईश्वर की वास्तविकता के विषय में एक अनिश्चित आशा बनी है और एक संभावना है कि उन्हें जाना जा सकता है; और यह उन जिज्ञासुओं के लिए है, जो अपनी खोज में पहले ही ईश्वर की ओर मुड़ चुके हैं। यह प्रत्येक पाठक के लिए उसके पथ पर दिव्य प्रकाश की किरण बने, नवजीवन और प्रेरणा तथा दिशा-निर्देशन का भाव लेकर आए। प्रभु सबके लिए सब कुछ हैं।

मानव की निरन्तर खोज पुस्तक ईश्वर के विषय में है : मानव जीवन में ईश्वर का स्थान; उसकी आशाओं में, इच्छाशक्ति में, आकांक्षाओं तथा उपलब्धियों में। जीवन, मानव, उपलब्धि — ये सब एक सर्वव्यापक सृष्टिकर्ता की अभिव्यक्तियाँ मात्र हैं, ये अविच्छिन्न रूप से ईश्वर पर निर्भर हैं, जैसे लहर सागर पर। परमहंसजी समझाते हैं कि ईश्वर द्वारा मानव का सृजन क्यों और कैसे हुआ और वह किस प्रकार ईश्वर का नित्य अंग है; और प्रत्येक व्यक्ति के लिए व्यक्तिगत रूप से इसका क्या अर्थ है। मानव और उसके सृष्टिकर्ता के एकत्व का बोध ही योग का संपूर्ण सार है। जीवन के हर पहलू में ईश्वर की अनिवार्य आवश्यकता का बोध, धर्म से पारलौकिकता को हटा देता है और ईश्वरीय प्राप्ति को, जीवन के व्यावहारिक एवं वैज्ञानिक पथ के लिए आधार बनाता है।

दैवी पुरुष के रूप में और योग के पुरातन दिव्य विज्ञान के विशेषज्ञ के रूप में परमहंस योगानन्दजी ने, अपने समकालीन आध्यात्मिक सन्तों से, और विश्व के सभी

भागों से अपनी रचनाओं के पाठकों — शिक्षित और जन साधारण, तथा अपने अनुयायियों से — सर्वाधिक प्रशंसा प्राप्त की है। उन्होंने सर्वोच्च सत्ता, ईश्वर से भी अपने अनुकरणीय जीवन पर परम प्रशंसा पायी है, इसे ईश्वर के प्रचुर सुस्पष्ट आशीर्वाद और अति सुन्दर, अद्वितीय आध्यात्मिक उन्नति देने वाले उत्तर जो उन्हें ईश्वर से मानस दर्शन और दिव्य सम्पर्क में मिले, प्रमाणित करते हैं। कोलम्बिया यूनिवर्सिटी प्रेस द्वारा प्रकाशित, *रिव्यू ऑफ़ रिलिजन्स्* (धर्मों का पुनरावलोकन) में यह समीक्षा, परमहंस योगानन्दजी की पूर्व कृति *योगी कथामृत* द्वारा प्राप्त विशिष्ट जय-जयकार का प्रतीक है : "इससे पहले योग का ऐसा प्रस्तुतीकरण अंग्रेज़ी अथवा किसी दूसरी यूरोपियन भाषा में नहीं हुआ है।" *दि सैन फ्रॉन्सिस को क्रॉनिकल* ने लिखा : "योगानन्द योग के लिए विश्वसनीय उदाहरण प्रस्तुत करते हैं, और जो 'हंसी उड़ाने' आए, वे प्रार्थना के लिए ठहर सकते हैं।" जर्मनी के *श्लेसविग-होल्सटानीशे टागैसपॉस्ट* (Schleswig-Holsteinische Tagespost) से : "हमें इसे आध्यात्मिक क्रान्ति ला सकने वाली शक्ति से सम्पन्न ग्रन्थ के रूप में श्रेय देना चाहिए।" स्वयं परमहंस योगानन्दजी के विषय में, डिवाइन लाइफ़ सोसाइटी, ऋषिकेश, भारत, के संस्थापक स्वामी शिवानन्दजी ने कहा था, "अपरिमेय मूल्य के एक दुर्लभ रत्न, जिनके समान संसार ने अभी तक कोई नहीं देखा, परमहंस योगानन्दजी भारत के उन प्राचीन ऋषियों एवं सन्तों के आदर्श प्रतिनिधि रहे हैं जो भारत की शोभा हैं।" दक्षिण भारत में करोड़ों के श्रद्धेय आध्यात्मिक जगद्गुरु महामहिम शंकराचार्य, कांचीपुरम ने, परमहंसजी के विषय में लिखा, "इस संसार में योगानन्दजी की उपस्थिति अंधकार के बीच चमकने वाले उज्जवल प्रकाश पुंज की तरह थी। जब मानव समाज में वास्तविक आवश्यकता होती है, ऐसी महान् आत्मा का इस पृथ्वी पर आगमन विरले ही होता है। इस अद्भुत ढंग से अमेरिका तथा पाश्चात्य देशों में हिन्दू दर्शन के प्रचार-प्रसार के लिए हम योगानन्दजी के आभारी हैं।"

श्री श्री परमहंस योगानन्द का जन्म 5 जनवरी, 1893 को गोरखपुर, उत्तर प्रदेश में हुआ था। उनका बचपन असाधारण कोटि का था, जिससे स्पष्ट संकेत मिलता था कि उनका जीवन दिव्य नियति के लिए निर्धारित था। उनकी माँ ने इसे पहचान लिया था, और वे उनके महान् आदर्शों तथा आध्यात्मिक आकांक्षाओं को प्रोत्साहन प्रदान करती थीं। जब वे केवल ग्यारह वर्ष के थे, उनकी माँ, जिन्हें वे इस संसार में सबसे अधिक प्रेम करते थे, की मृत्यु ने उनके अन्तर्निहित संकल्प को और सुदृढ़ कर दिया कि ईश्वर की प्राप्ति कर स्वयं सृजनकर्ता से ही वे उत्तर प्राप्त किए जाएँ, जिनके लिए प्रत्येक

मानव के हृदय में तड़प होती है। वे महान् *ज्ञानवतार*, श्री श्री स्वामी श्रीयुक्तेश्वर गिरि के शिष्य बने। श्रीयुक्तेश्वरजी उन उन्नत गुरुओं की परम्परा में से एक थे, जिनके साथ श्री योगानन्दजी जन्म से ही सम्बद्ध थे : श्री योगानन्दजी के माता-पिता श्री श्री लाहिड़ी महाशय के शिष्य थे, जो कि श्रीयुक्तेश्वरजी के गुरु थे। जब श्री योगानन्दजी अपनी माँ की गोद में एक शिशु के रूप में थे, लाहिड़ी महाशय ने उन्हें आशीर्वाद दिया था और भविष्यवाणी की थी, "छोटी माँ, तुम्हारा पुत्र एक योगी होगा। एक आध्यात्मिक इंजन की भाँति, वह बहुत सी आत्माओं को ईश्वर के साम्राज्य तक ले जाएगा।" लाहिड़ी महाशय श्री श्री महावतार बाबाजी के शिष्य थे — वे अमर गुरु, जिन्होंने इस युग में *क्रियायोग* के प्राचीन विज्ञान को पुनः आरम्भ किया। भगवद्गीता में भगवान् श्रीकृष्ण द्वारा एवं पतंजलि द्वारा *योगसूत्रों* में प्रशंसित *क्रियायोग*, ध्यानयोग की इन्द्रियातीत प्रविधि और जीने की कला है, जो आत्मा को परमात्मा से सम्मिलन की ओर ले जाती है। महावतार बाबाजी ने इस पवित्र *क्रिया* को लाहिड़ी महाशय जी को बताया जिसे जिन्होंने श्रीयुक्तेश्वरजी को प्रदान किया, जिन्होंने इसे परमहंस योगानन्दजी को सिखाया।

जब सन् 1920 में परमहंस योगानन्दजी, आत्म-मुक्तिदायक योग विज्ञान के प्रचार हेतु अपने विश्व-व्यापी ध्येय को प्रारम्भ करने के लिए तैयार हुए थे, तब महावतार बाबाजी ने उन्हें उनके होने वाले दिव्य उत्तरदायित्व के विषय में बताया था, "तुम्हें ही मैंने पाश्चात्य जगत् में *क्रियायोग* के संदेश का प्रचार-प्रसार करने के लिए चुना है। बहुत वर्ष पहले मैं तुम्हारे गुरु श्रीयुक्तेश्वर से कुम्भ-मेले में मिला था, और तब मैंने उनसे कहा था कि मैं तुम्हें उनके पास प्रशिक्षण के लिए भेजूंगा। ईश्वर साक्षात्कार की वैज्ञानिक प्रविधि, *क्रियायोग* का अन्ततः सब देशों में प्रचार-प्रसार हो जाएगा और मनुष्य द्वारा अनन्त परमपिता का व्यक्तिगत इन्द्रियातीत अनुभव कर लेने से, यह राष्ट्रों के बीच सौमनस्य स्थापित करने में सहायक होगा।"

सन् 1920 में बोस्टन में आयोजित धार्मिक उदारतावादियों के अन्तर्राष्ट्रीय सम्मेलन (Individual Congress of Religious Liberals) में एक प्रतिनिधि के रूप में, परमहंस योगानन्दजी ने, अमेरिका में अपने विशिष्ट कार्य को आरम्भ किया। एक दशक से अधिक समय तक उन्होंने लगभग सभी प्रमुख नगरों में प्रायः प्रतिदिन खचाखच भरे श्रोता समूहों को प्रवचन देते हुए सारे अमेरिका में यात्रा की। 28 जनवरी, 1925 को *लॉस एंजिलिस टाइम्स* ने समाचार दिया : "फ़िल्हार्मोनिक सभा भवन विलक्षण दृश्य दिखाता है, हज़ारों लोग वापस लौटाए जा रहे थे। एक विज्ञापित प्रवचन

के आरम्भ होने से एक घंटा पूर्व ही, 3000 लोगों की क्षमता वाला सभागार खचाखच भर गया था। स्वामी योगानन्द ही आकर्षण हैं। एक हिन्दू ईश्वर को लाने के लिए, अमेरिका पर धावा बोल रहा है।...” पश्चिम के लिए यह कोई साधारण रहस्योद्घाटन नहीं था, योग — जिसे श्री योगानन्दजी ने वाक्पटुता से प्रतिपादित किया और स्पष्ट रूप से समझाया — एक सर्वजनीन विज्ञान है, और निःसन्देह यह निश्चित रूप से सभी सच्चे धर्मों का सार है।

सन् 1925 में लॉस एंजिलिस में, परमहंस योगानन्दजी ने सेल्फ़-रियलाइज़ेशन फ़ेलोशिप, जिसका आरम्भ उन्होंने भारत में योगदा सत्संग सोसाइटी के रूप में सन् 1917 में किया था, के लिए अन्तर्राष्ट्रीय मुख्यालय की स्थापना की।

सन् 1930 के दशक के अन्त में परमहंसजी ने धीरे-धीरे राष्ट्र-व्यापी सार्वजनिक व्याख्यानों से पीछे हटना आरम्भ कर दिया। “मुझे भारी-भीड़ में कोई रुचि नहीं,” उन्होंने कहा, “वरन् उन आत्माओं में रुचि है जो ईश्वर को जानने के लिए उत्सुक हैं।” तत्पश्चात् उन्होंने गम्भीर शिष्यों की कक्षाओं पर अपने प्रयासों को केन्द्रित किया, और वे मुख्यतः अपने सेल्फ़-रियलाइज़ेशन फ़ेलोशिप के मन्दिरों एवं अन्तर्राष्ट्रीय मुख्यालय में ही प्रवचन देने लगे। इस पुस्तक में चुने गए प्रवचन मूलतः उसी समय में दिए गए हैं।

परमहंस योगानन्दजी प्रायः यह भविष्यवाणी किया करते थे : “मैं बिस्तर पर नहीं, अपितु जूते पहने हुए और ईश्वर एवं भारत के विषय में बोलते हुए शरीर त्यागूंगा।” 7 मार्च, 1952 को यह भविष्यवाणी पूरी हुई। भारत के राजदूत, श्री बी.आर.सेन के स्वागत में दिए गए भोज पर, परमहंसजी, अतिथि प्रवक्ता थे। उन्होंने आत्मा को झकझोरने वाला भाषण दिया, और उसकी समाप्ति अपनी लिखी हुई कविता, “मेरा भारत” के इन शब्दों से की, “जहाँ गंगा, वन, हिमालय की कंदरायें और जनमानस रहे मग्न प्रभु-चिन्तन में, ऐसी तपोभूमि को कर स्पर्श, मैं हुआ परम धन्य!” तब उन्होंने अपनी दृष्टि को ऊपर उठाया, और महासमाधि में प्रवेश कर गए, जो कि एक समुन्नत योगी का इस धरती से सचेत निर्गमन है। व्यक्ति को ईश्वर को जानने की प्रेरणा देते हुए जैसे उन्होंने जीवन बिताया, वैसे ही शरीर त्यागा।*

गुरुजी की धर्म-सेवा के सबसे प्रारम्भिक वर्षों में उनके व्याख्यान अनियमित रूप से ही *रिकॉर्ड* होते थे। किन्तु जब सन् 1931 में श्री श्री दया माता, परमहंस योगानन्दजी

* परमहंस योगानन्द के जीवन और कार्य पर आधारित पुरस्कृत वृत्तचित्र *Awake: The Life of Yogananda,* को अक्टूबर 2014 में रिलीज़ किया गया।

की शिष्या बनीं, तो उन्होंने आने वाली पीढ़ियों के लिए अपने गुरु की सभी औपचारिक व्याख्यानों एवं कक्षाओं में दिए गए प्रवचनों को निष्ठापूर्वक अंकित करने का पावन कार्य सम्भाला। यह पुस्तक तो मात्र एक उदाहरण है। परमहंस योगानन्दजी के निर्देशन में बहुत सी प्रतिलिपियाँ — विशेष रूप से वे जिनमें व्यक्तिगत निर्देश और ध्यान प्रविधियाँ तथा योगदा सत्संग/सेल्फ़-रियलाइज़ेशन कक्षाओं के शिष्यों को बताए गए सिद्धांत सम्मिलित हैं — वे सब, उनके कुछ लेखों के साथ जो *योगदा सत्संग पाठमाला* में हैं, का संकलन हुआ, तथा अन्य प्रवचनों का भी जो कि *योगदा सत्संग* की वार्षिक पत्रिकाओं में नियमित रूप में प्रकाशित होते हैं। दूसरा और तीसरा संकलन, *दिव्य प्रेम-लीला* और *आत्म-साक्षात्कार की यात्रा, मानव की निरन्तर खोज* के सहयोगी संस्करण हैं।

इस पुस्तक में सम्मिलित अधिकतर व्याख्यान क्योंकि उन श्रोताओं के सम्मुख प्रस्तुत किए गए थे, जो योगदा सत्संग/सेल्फ़-रियलाइज़ेशन की शिक्षाओं से परिचित थे, अतः सामान्य पाठकों के लिए, शब्दावली और दार्शनिक विचारों पर कुछ स्पष्टीकरण, सहायक रहेगा। इस हेतु बहुत सी पादटिप्पणियाँ सम्मिलित की गई हैं, साथ ही, संस्कृत के कुछ शब्दों एवं अन्य दार्शनिक शब्दों के स्पष्टीकरण हेतु शब्दावली, और परमहंस योगानन्दजी के जीवन एवं कार्यों से संबंधित घटनाओं, व्यक्तियों और स्थानों के विषय में जानकारी दी गई है। यहाँ यह समझ लेना चाहिए कि इस पुस्तक में, भगवद्गीता से लिए गए उद्धरणों का अनुवाद परमहंस योगानन्दजी का अपना है, जो कि कभी-कभी शाब्दिक अनुवाद और कभी-कभी व्याख्यान के विषयानुसार भाष्य है। *मानव की निरन्तर खोज* के इस संस्करण में अधिकांश गीता के उद्धरणों के लिए हमने परमहंसजी द्वारा उन के विस्तृत अनुवाद एवं व्याख्या *ईश्वर-अर्जुन संवाद : श्रीमद्भगवद्गीता — एक नवीन अनुवाद एवं व्याख्या,* (योगदा सत्संग सोसाइटी ऑफ़ इण्डिया द्वारा भारत में सन् 2002 में प्रकाशित) में दिए गए भावानुवाद का प्रयोग किया है। किसी विशेष बात पर बल देने के लिए, वे अपने प्रवचनों में जहाँ अधिक मुक्त रूप से गीता श्लोक की व्याख्या करते थे, उस अनुच्छेद को वैसे ही रखा गया है और पादटिप्पणी में उसका उल्लेख कर दिया गया है।

जीसस के साथ, श्री श्री परमहंस योगानन्द कह सकते थे, "ऐसा न सोचें कि मैं नियम को या अवतारों को प्रभावहीन करने आया हूँ। मैं प्रभावहीन करने नहीं, अपितु पूर्ति करने आया हूँ," (*मत्ती* 5:17, बाइबिल)। परमहंसजी सब धर्मों एवं उनके संस्थापकों का आदर करते थे, और ईश्वर के सच्चे जिज्ञासुओं को सम्मान की दृष्टि से

देखते थे। "भगवान् श्रीकृष्ण द्वारा उपदिष्ट मूल योग और ईसा मसीह द्वारा उपदिष्ट मूल ईसाई धर्म में मूलभूत एकता और पूर्ण सामंजस्य पर प्रकाश डालना" उनके विश्वव्यापी कार्य का एक भाग है। (*देखें उद्देश्य एवं आदर्श* पृष्ठ 530) संसार में विभाजक सिद्धान्त का समावेश करने की अपेक्षा, परमहंसजी ने दिखाया कि योग का अभ्यास, ईश्वर के साथ आन्तरिक सम्पर्क स्थापित करता है, जो सभी धर्मों का विश्वजनीन आधार बनाता है। ईश्वर की साक्षात अनुभूति के समक्ष सैद्धान्तिक धर्म की कल्पनाएँ फ़ीकी पड़ जाती हैं। किसी भी जिज्ञासु के लिए, किसी अन्य के द्वारा सत्य को पूर्णतया प्रमाणित नहीं किया जा सकता; परन्तु आकांक्षी व्यक्ति योगाभ्यास के द्वारा अपने लिए, स्वयं अपने अनुभव से, सत्य को प्रमाणित कर सकता है।

ईश्वर हैं; और प्रत्येक मनुष्य जो उन्हें गम्भीरता से खोजेगा उन्हें जान लेगा। ईश्वर से शक्ति प्राप्त किए बिना, व्यक्ति न जीवन पा सकता है, और न कार्य करने या सोचने या अनुभव करने की शक्ति ग्रहण कर सकता है। इसीलिए परमहंसजी ने संकेत किया था कि ईश्वर को जानना, एक विशेषाधिकार एवं दिव्य कर्त्तव्य ही नहीं, अपितु व्यावहारिक आवश्यकता भी है। व्यक्ति क्यों अपनी अपूर्णता में पड़ा रहे, जब कि वह समस्त शक्ति एवं आपूर्ति के स्रोत से सम्पर्क स्थापित कर सकता है।

इस पुस्तक में निहित ज्ञान किसी विद्वान की पुस्तकों के अध्ययन से प्राप्त विद्वत्ता नहीं है; यह एक सक्रिय आध्यात्मिक विभूति का अनुभव-सिद्ध प्रमाण है, जिनका जीवन आन्तरिक आनन्द एवं बाह्य उपलब्धि से परिपूर्ण था। एक जगद्गुरु जिन्होंने जैसा सिखाया वैसा ही जीवन स्वयं जीया, एक प्रेमावतार जिनकी एकमात्र इच्छा ईश्वरीय ज्ञान एवं प्रेम को सब के साथ बांटने की थी।

योगदा सत्संग सोसाइटी ऑफ़ इण्डिया/
सेल्फ़-रियलाइज़ेशन फ़ेलोशिप

मानव की निरन्तर खोज

जिज्ञासुओं ने सर्वप्रथम ईश्वर को कैसे प्राप्त किया?

सेल्फ़-रियलाइज़ेशन फ़ेलोशिप अन्तर्राष्ट्रीय मुख्यालय, लॉस एंजिलिस, कैलिफ़ोर्निया, 11 नवम्बर, 1934

हम आसानी से समझ सकते हैं कि मानव ने औषधि-विज्ञान के बारे में पहली बार कैसे सोचा। वह शारीरिक पीड़ा से दुःखी हुआ, अतः उसने उपचार करने की विधि खोज निकाली। परन्तु मानव ने ईश्वर के प्रति जानकारी प्राप्त करने का प्रयास कैसे किया? यह प्रश्न गहन चिन्तन के लिए अवसर प्रदान करता है।

भारत के वेदों* में हम ईश्वर की आरम्भिक सच्ची धारणा को पाते हैं। भारत ने अपने धर्मग्रंथों में संसार को शाश्वत सत्य दिए हैं जो समय की परीक्षा में खरे उतरे हैं।

प्रत्येक भौतिक आविष्कारक भौतिक आवश्यकता से प्रेरित होता है—"आवश्यकता आविष्कार की जननी है।" इसी प्रकार आवश्यकता से प्रेरित होकर, भारत के प्राचीन ऋषि† प्रबल आध्यात्मिक जिज्ञासु बन गए। उन्होंने खोज लिया था कि आन्तरिक सन्तुष्टि के बिना, चाहे कितनी भी बाहरी समृद्धि हो, स्थायी सुख नहीं मिल सकता। तब कोई किस प्रकार अपने को वास्तव में सुखी बना सकता है? यही वह उलझन है जिसे सुलझाने का बीड़ा भारत के ऋषियों ने उठाया।

प्रकृति के तीन रूप

इतिहासपूर्व काल में, ईश्वर की पूजा मनुष्य के प्रकृति की विभिन्न शक्तियों के प्रति भय के कारण आरम्भ हुई। जब अत्यधिक वर्षा हुई तो बाढ़ ने अनेक लोगों की

* संस्कृत में विद् का अर्थ है "जानना"। वेद 1,00,000 श्लोकों से बने विस्तृत धर्मग्रन्थ हैं। वेदों का मूल स्रोत प्राचीन काल में लुप्त हो गया। सहस्रों वर्षों तक वेद मौखिक रूप से प्रचलित रहे, और फिर प्रबुद्ध ऋषि व्यासजी ने, जो भगवान् श्रीकृष्ण (देखें शब्दावली) के समकालीन थे; उन्हें संकलित करके, परम्परा के अनुसार उनका वर्तमान चार भागों में वर्गीकरण किया: ऋग्वेद, सामवेद, यजुर्वेद और अथर्ववेद।

† शाब्दिक अर्थ "द्रष्टा"। ऋषिगण प्रेरणा-प्राप्त महान् पुरुष थे जिन्हें अनिर्धारणीय प्राचीन काल में वेदों का ज्ञान प्राप्त हुआ था।

जान ले ली। भयभीत मानव ने वर्षा, आँधी और अन्य प्राकृतिक शक्तियों को देवताओं के रूप में मान लिया।

बाद में, मानव ने अनुभव किया कि प्रकृति तीन रूपों में क्रियाशील होती है: सृजनात्मक, पालक और संहारक। सागर से उठती हुई लहर सृजनात्मक अवस्था को दर्शाती है, सागर के सीने पर क्षण भर के लिए ठहरी हुई लहर पालक अवस्था को दर्शाती है, और पुनः सागर में डूबती हुई लहर संहारक अवस्था में से गुज़रती है।

जिस प्रकार जीसस ने बुराई की सर्वव्यापक शक्ति को शैतान के रूप में साकार देखा, उसी प्रकार, महान् ऋषियों ने सृजनात्मक, पालक और संहारक ब्रह्माण्डीय शक्तियों को निश्चित आकारों में देखा। प्राचीन ऋषियों ने सृजन करने वाली शक्ति का नाम ब्रह्मा, पालन करने वाली शक्ति का नाम विष्णु और संहार करने वाली शक्ति का नाम शिव रखा। परमात्मा की सृष्टि के असीम नाटक को प्रकट करने के लिए इन आद्य शक्तियों को उस निराकार ब्रह्म के साकार रूप में प्रकट किया गया, जबकि सम्पूर्ण सृष्टि के परे वे परमात्मा, तीनों की चेतना के पीछे सदा छुपा रहता है। ब्रह्माण्डीय प्रलय के समय में, समस्त सृष्टि और इसकी विशाल सक्रिय शक्तियाँ पुनः परमात्मा में विलीन हो जाती हैं। वहाँ शक्तियाँ तब तक विश्राम करती हैं जब तक कि महान् निर्देशक द्वारा उन्हें अपनी-अपनी भूमिका निभाने के लिए दोबारा नहीं बुलाया जाता।*

ब्रह्मा, विष्णु और शिव की एक कहानी

भारत में ब्रह्मा, विष्णु और शिव की एक लोकप्रिय कहानी प्रचलित है। वे अपनी-अपनी असाधारण शक्तियों के विषय में डींग मार रहे थे। अचानक एक छोटा बालक वहाँ आया और ब्रह्मा से कहने लगा, "आप क्या रचते हैं?" "सब कुछ," ब्रह्मा ने गर्व से उत्तर दिया। उस बालक ने अन्य दोनों देवताओं से उनके कार्य के विषय में भी पूछा। "हम प्रत्येक वस्तु का पालन और नाश करते हैं," उन्होंने उत्तर दिया।

वह छोटा बालक अपने हाथ में दाँत कुरेदनी के आकार का घास का एक छोटा तिनका पकड़े हुए था। ब्रह्मा के सामने उसे रखते हुए वह बोला, "क्या आप ऐसा ही एक

* "वे सच्चे ज्ञाता (योगीजन) हैं...जो एक सहस्र युगों तक चलने वाले ब्रह्मा के दिन और एक सहस्र युगों तक चलने वाली ब्रह्मा की रात्रि को जानते हैं। ब्रह्मा के दिन की प्रभात वेला में समस्त सृष्टि पुनः जन्म लेकर, अव्यक्त अवस्था से प्रकट होती है; ब्रह्मा की रात्रि के आगमन की वेला में सम्पूर्ण सृष्टि अव्यक्तता की निद्रा में डूब जाती है।" (भगवद्गीता VIII:17–18)।

तिनका बना सकते हैं?" अत्यधिक प्रयास के बाद ब्रह्मा यह जान कर आश्चर्यचकित हुए कि वे नहीं बना सकते। तब वह बालक विष्णु की ओर मुड़ा और विष्णु को उस तिनके को बचाने के लिए कहा। बालक ने तिनके पर दृष्टि जमाई और वह धीरे-धीरे लुप्त होने लगा। विष्णु उसे बचाने में असफल रहे। अन्त में, छोटे आगन्तुक ने पुनः उस तिनके को प्रकट किया और शिव को उसे नष्ट करने को कहा। शिव ने उसका विनाश करने का प्रयास किया, परन्तु वह नन्हा-सा तिनका वैसे-का-वैसा ही रहा।

वह छोटा बालक फिर ब्रह्मा की ओर मुड़ा, "क्या आप ने मुझे बनाया?" उसने पूछा। ब्रह्मा ने बार-बार विचार किया, परन्तु उन्हें कुछ याद नहीं आया कि कभी उस अद्भुत बालक को उन्होंने बनाया हो। अचानक वह बालक अदृश्य हो गया। तीनों देवता अपने भ्रम से जागे और उन्हें याद आया कि उनकी शक्ति के पीछे एक और अधिक महान् शक्ति है।

ईश्वर सर्वोच्च कारण हैं

पाश्चात्य देशों में, ईश्वर के बारे में विचार कार्य-कारण के नियम पर विचार करने से विकसित हुआ है। मनुष्य पृथ्वी से सामग्री लेकर वस्तुएँ उत्पन्न कर सकता है और उन्हें पूर्व निर्धारित विचारों के अनुसार आकार दे सकता है; अतः यह निष्कर्ष तर्कसंगत प्रतीत होता है कि इस सम्पूर्ण विश्व की रचना भी विचारों के द्वारा ही हुई होगी। इस बात से यह धारणा बनी कि प्रत्येक वस्तु सर्वप्रथम विचार के रूप में ही बनी होगी। प्रथम विचार या ब्रह्माण्डीय योजना किसी को बनानी पड़ी। इस प्रकार, कार्य-कारण के नियम के आधार पर बुद्धिमान व्यक्तियों ने तर्क किया कि कोई सर्वोच्च कारण अवश्य होगा।

विज्ञान ने सीखा है कि समस्त पदार्थ अदृश्य रचना-खण्डों (building blocks) — अर्थात् इलेक्ट्रॉन (electrons) और प्रोटॉन (protons) — का बना है, ठीक उसी प्रकार जिस प्रकार एक घर ईंटों से बना होता है। परन्तु यह कोई नहीं बता सकता कि कुछ इलेक्ट्रॉन और प्रोटॉन लकड़ी क्यों बन जाते हैं और कुछ मानव की हड्डियाँ क्यों बन जाते हैं, इत्यादि। कौन-सी प्रज्ञा उनका निर्देशन करती है? इस प्रकार के प्रश्नों की शृंखला, दृश्यमान जगत् की प्रकृति के विषय में भौतिक वैज्ञानिकों के सिद्धान्तों को भी ईश्वर के विषय में सोचने का अवसर देती है। भारत के ऋषिगण कहते हैं कि प्रत्येक वस्तु अपने स्रोत से निकलती है और वापस उसी में मिल जाती है, जो ईश्वर हैं।

व्यवस्था और सामंजस्य का प्रमाण सर्वत्र है

यह समझ लेने पर कि प्रत्येक मानव भौतिक पदार्थ एवं मन का मिश्रण है, प्रारम्भिक पाश्चात्य विचारक यह मानते थे कि दो स्वतंत्र शक्तियाँ विद्यमान हैं : प्रकृति और मन। बाद में वे स्वयं से प्रश्न करने लगे, "प्रकृति में प्रत्येक वस्तु एक विशेष ढंग से व्यवस्थित क्यों है? मनुष्य की एक भुजा दूसरी भुजा से लम्बी क्यों नहीं है? तारे और ग्रह आपस में टकराते क्यों नहीं? सृष्टि में सर्वत्र हम व्यवस्था और सामंजस्य का प्रमाण देखते हैं।" उन्होंने निष्कर्ष निकाला कि मन और भौतिक पदार्थ दोनों पृथक और स्वतंत्र नहीं हो सकते और एक ही बौद्धिक शक्ति का सब पर शासन होना चाहिए। इस निष्कर्ष ने स्वाभाविक रूप से इस विचार को उजागर किया कि केवल एक ही परम सत्ता ईश्वर हैं, जो भौतिक पदार्थ का कारण और उसमें एवं उसके पीछे विद्यमान बौद्धिक तत्त्व दोनों ही हैं। जो व्यक्ति परम ज्ञान की अनुभूति प्राप्त कर लेता है वह जान जाता है कि प्रत्येक वस्तु मूलरूप से ब्रह्म ही है, यद्यपि व्यक्त विश्व में ब्रह्म अव्यक्त रहता है। यदि आपको यह अनुभूति हो जाए, तो आप प्रत्येक वस्तु में ईश्वर को देखेंगे। तब प्रश्न यह उठता है कि जिज्ञासुओं ने पहली बार उन्हें कैसे खोजा?

प्रारम्भिक चरण के रूप में, संसार और भौतिक पदार्थ से निकटतम सम्पर्क समाप्त करने के लिए उन्होंने अपनी आँखें बन्द कीं, ताकि उनके पीछे विद्यमान बौद्धिक तत्त्व को खोजने के लिए वे अधिक पूर्णरूप से एकाग्रचित्त हो सकें। उन्होंने सोचा कि पाँचों इन्द्रियों के सामान्य बोध से वे प्रकृति में विद्यमान ईश्वर को नहीं देख सकते। अतः उन्होंने गहन से गहनतर एकाग्रता द्वारा, अपने अन्तर में उसे अनुभव करने का प्रयास किया। उन्होंने पाँचों इन्द्रियों को बन्द करने की विधि खोज ली और अस्थायी रूप से भौतिक पदार्थ की चेतना से पूर्णतः दूर होना सीख लिया। ईश्वर का आन्तरिक विश्व खुलना आरम्भ होने लगा।* प्राचीन भारत के उन महापुरुषों के लिए, जो इन आन्तरिक खोजों में अविचलित होकर दृढ़ता से लगे रहे, अन्ततः ईश्वर ने स्वयं को प्रकट कर दिया।

भक्ति और उचित कर्म, ईश्वर के ध्यान को आकर्षित करते हैं

इस प्रकार धीरे-धीरे सन्तों ने ईश्वर के विषय में अपनी धारणाओं को ईश्वर के प्रत्यक्ष बोध में बदलना आरम्भ कर दिया। यदि आप उन्हें जानना चाहते हैं, तो आपको भी ऐसा ही करना चाहिए। आप अपनी प्रार्थनाओं में पर्याप्त समय नहीं लगाते।

* "...क्योंकि, देखो, ईश्वर का साम्राज्य आपके अन्दर है" *लूका* 17:21 (बाइबिल)।

सर्वप्रथम, आपको ईश्वर की एक सही धारणा रखनी चाहिए — एक निश्चित विचार जिसके द्वारा आप उनके साथ एक संबंध स्थापित कर सकें — और तत्पश्चात् आपको ध्यान* एवं प्रार्थना तब तक करनी चाहिए जब तक कि आपकी मानसिक धारणा वास्तविक प्रत्यक्ष बोध में न बदल जाए। तब आप उन्हें जान जाएँगे। अगर आप दृढ़ता से डटे रहेंगे, तो ईश्वर अवश्य आएँगे। अन्तर्यामी प्रभु को केवल आपका सच्चा प्रेम चाहिए। वे एक नन्हें शिशु की भाँति हैं : कोई अपनी सारी सम्पत्ति उन्हें देना चाहता है, परन्तु वह उन्हें नहीं चाहिए; और कोई अन्य उन्हें पुकारता है, "हे प्रभु! मैं आपसे प्रेम करता हूँ!" और उस भक्त के हृदय में वे दौड़े चले आते हैं।

किसी गुप्त अभिप्राय के साथ ईश्वर की खोज मत कीजिए, बल्कि भक्ति के साथ उनसे प्रार्थना कीजिए — अप्रतिबन्धित, अनन्य, दृढ़ भक्ति के साथ। जब उनके लिए आपका प्रेम, अपने मर्त्य शरीर से आपकी आसक्ति जितना गहरा हो जाएगा, तो वे आपके पास आ जाएँगे।

ईश्वर की खोज में भक्ति का महत्त्व कर्म से अधिक है। कुछ लोग कहते हैं, "ईश्वर शक्ति हैं, अतः हमें भी शक्ति के साथ कर्म करना चाहिए।" जब आप अपने हृदय में ईश्वर को सर्वोच्च स्थान देते हुए अच्छे कर्म करने में सक्रिय होते हैं, तो इस प्रकार आप उनको अनुभव कर सकेंगे। परन्तु अच्छा करने में भी गलत और सही, दोनों प्रकार के कर्म होते हैं। एक उत्साही पादरी जो अपनी सभा में अधिक से अधिक लोगों को केवल अपने अहम् को सन्तुष्ट करने के लिए आकर्षित करता है, वह इस कर्म के द्वारा ईश्वर को प्रसन्न नहीं कर सकता। दिव्य अन्तर्निवासी की उपस्थिति को अनुभव करने की इच्छा प्रत्येक हृदय में प्रथम स्थान पर होनी चाहिए।

जब आप प्रत्येक कार्य निरन्तर, निःस्वार्थ भाव से और प्रेम प्रेरित ईश्वर चिन्तन के साथ करेंगे, तब वे आपके पास आएँगे। तब आपको अनुभव होगा कि आप जीवन-रूपी सागर हैं जो प्रत्येक जीवन-रूपी छोटी लहर बन गए हैं। यही कर्म-योग के द्वारा ईश्वर को जानने का तरीका है। जब आपके मन में प्रत्येक कार्य करने से पहले, कार्य करने के दौरान और कार्य पूरा करने के पश्चात् प्रभु का विचार बना रहे, तब वे स्वयं आपको दर्शन देंगे। आपको कार्यरत रहना होगा, परन्तु ईश्वर को अपने माध्यम से

* ध्यान, एकाग्रता का वह विशेष रूप है जिसमें वैज्ञानिक योग प्रविधियों द्वारा मन देह-बोध अवस्था की चंचलता से मुक्त हो जाता है और अविचलित रूप से ईश्वर पर केन्द्रित किया जाता है। ध्यान ईश्वर के साथ सम्पर्क और एकत्व की ओर व्यक्ति के मनोयोग एवं चेतना का एकाग्र प्रवाह है।

कार्य करने दें; यह भक्ति का सबसे अच्छा पक्ष है। यदि आप निरन्तर यह सोच रहे हैं कि वे आपके पैरों के द्वारा चल रहे हैं, आपके हाथों के द्वारा कार्य कर रहे हैं, आपकी इच्छाशक्ति के माध्यम से कार्य संपादित कर रहे हैं, तब आप उन्हें जान लेंगे। आपको विवेक भी विकसित करना चाहिए, ताकि आप ईश्वर चिन्तन के बिना किए गए कार्यों की अपेक्षा आध्यात्मिक रूप से रचनात्मक एवं ईश-चेतना से युक्त हर कार्य करने को प्राथमिकता दें।

ध्यान कार्यकलाप का उच्चत्तम स्वरूप है

परन्तु, कर्म, भक्ति अथवा ज्ञान से ध्यान श्रेष्ठतर है। सच्चाई से ध्यान करने का अर्थ है केवल ब्रह्म पर एकाग्र होना। यह अंतरंग ध्यान है। यह उच्चतम प्रकार का कर्म है जिसे मानव कर सकता है, और यह ईश्वर को पाने का अत्यधिक सन्तुलित मार्ग है। यदि आप हर समय कार्य करते रहें तो आप यंत्रवत् बन सकते हैं और अपने कर्त्तव्यों की व्यस्तता में उन्हें भूल सकते हैं; और यदि उन्हें केवल विवेक द्वारा खोजें तो आप उन्हें असंख्य तर्कों की भूल-भुलैया में खो देंगे; और यदि आप केवल ईश्वर की भक्ति करते हैं, तो आपका विकास मात्र भावनात्मक हो सकता है। परन्तु ध्यान इन सब पद्धतियों को संयुक्त और सन्तुलित करता है।

केवल प्रभु के लिए कार्य करें, भोजन करें, चलें, हँसें, रोएँ, और ध्यान करें। जीने की यही सर्वोत्तम रीति है। इस प्रकार, उनके लिए सेवा करके, उनसे प्रेम करके और उनके साथ वार्तालाप करके आप वास्तव में प्रसन्न रहेंगे। जब तक आप अपनी इच्छाओं और भौतिक शरीर की कमज़ोरियों को अपने विचारों और कार्यों पर नियंत्रण करने देंगे, तब तक आप उन्हें नहीं पा सकेंगे। सदा अपने शरीर के स्वामी बने रहें। जब आप मन्दिर या चर्च में बैठते हैं, तो हो सकता है आप कुछ भक्ति और कुछ विवेकशील ज्ञान का अनुभव करें, परन्तु वह पर्याप्त नहीं है। यदि आप उनकी उपस्थिति के प्रति वास्तव में सचेत रहना चाहते हैं, तो ध्यान की अन्तरंग क्रिया आवश्यक है।

आप ऐसा सोच सकते हैं कि दो घण्टे के ध्यान के पश्चात् मैं बुरी तरह उकता जाता हूँगा। नहीं, मुझे इस संसार में अपने प्रभु के समान मतवाला कर देने वाला और कुछ भी नहीं मिला। जब मैं अपनी आत्मा की उस परिपक्व मदिरा का पान करता हूँ, तो मेरा हृदय आकाशतुल्य असीम आनन्द से स्पन्दित होने लगता है। दिव्य आनन्द प्रत्येक व्यक्ति में है। कोयले और हीरे पर सूर्य का प्रकाश एक समान चमकता है, परन्तु

हीरा प्रकाश को परावर्तित करता है। ऐसे ही वे पारदर्शी मन हैं जो ब्रह्म को जानते हैं और उसे परावर्तित करते हैं।

इस प्रकार, ध्यान की अंतरंग क्रिया में आप ईश्वर को जानने के रहस्य का समाधान पाते हैं। आप जो कुछ भी करते हैं मैं उसके लिए नहीं, बल्कि आप जो कुछ नहीं करते उसके लिए आप को दोष देता हूँ। आप सोचते हैं कि आपके पास ईश्वर के लिए समय नहीं है। मान लीजिए, ईश्वर भी अत्यधिक व्यस्त होने के कारण आपकी देख-भाल न कर पाएँ? तब क्या होगा? अपने मन को इन्द्रियों और आदतों की मृग-मरीचिका से हटा लें। इस प्रकार क्यों भ्रमित होते हैं? मैं आपको एक ऐसे प्रदेश की ओर संकेत कर रहा हूँ जो यहाँ की किसी भी वस्तु से कहीं अधिक सुन्दर है। मैं आपको उस सुख के विषय में बता रहा हूँ जो आपको दिन और रात मतवाला बनाएगा। आप को इन्द्रिय-प्रलोभनों द्वारा मोहित होने की आवश्यकता ही नहीं होगी। अपने शरीर और अपने मन को अनुशासित करें। अपनी इन्द्रियों पर नियंत्रण रखें। ईश्वर को ढूंढ लें।

मैं प्रायः कहता हूँ कि यह शरीर एक स्विचबोर्ड है और पाँच इन्द्रियाँ इस पर लगे हुए टेलिफोन उपकरण हैं। उनके द्वारा मैं संसार के सम्पर्क में रहता हूँ, परन्तु जब मैं यह सम्पर्क नहीं रखना चाहता तो मैं अपनी पाँचों इन्द्रियों को बन्द कर लेता हूँ और ईश्वर के वर्णनातीत आनन्द में रहता हूँ। परमपिता नहीं चाहते कि उनकी संतान, अर्थात् आप, और अधिक दुःखी हों। इन्द्रिय भ्रम जिसमें आप रहते हैं, उस पर विजय अवश्य प्राप्त करें। आपको ईश्वर को जीवन की सबसे बड़ी आवश्यकता के रूप में समझना चाहिए। परिसीमाओं की, बुरी आदतों की, तथा यन्त्रवत् दिनचर्या की बेड़ियों को तोड़ दीजिए। मैं किसी व्यक्ति को दोष नहीं देता — केवल उसके ईश्वर में अविश्वास और भगवान् को भूलने को दोष देता हूँ। ईश्वर को ध्यान की प्रविधियों के उपयोग द्वारा जाना जा सकता है। तब वे आपके मानस में ज्ञान के रूप में और आपके हृदय में आनन्द के रूप में स्पन्दित होंगे, और आप पहले की अपेक्षा अधिक सक्रिय एवं अधिक सफल होंगे।

प्रियजनों, कभी मैं भी आपकी तरह ही था। सत्य और आनन्द की खोज में मैं धरती पर घूमा, फिर भी प्रत्येक वह वस्तु जिसने मुझे आनन्द का वचन दिया, केवल दुःख ही दिया, और इस प्रकार मैं ईश्वर की ओर मुड़ा। आप सबको भी अपनी दिव्यता को खोजना चाहिए और अपने लिए ईश्वर के साम्राज्य को प्राप्त करना चाहिए।

आत्मा ही आपकी रक्षक है

ये गहन सत्य मात्र क्षणिक प्रेरणा के लिए नहीं हैं; अपितु अपने उच्चतम हित के लिए इनको अपने जीवन में आत्मसात् करने और व्यवहार में लाने के लिए हैं। काश! लोग यह जानते कि उनका अपना भला किसमें है। जो गलत कार्य करते हैं आत्मा उनकी शत्रु है। आत्मा के मित्र बन जाएँ और यही आत्मा आपकी रक्षा करेगी। आत्मा* के अतिरिक्त आपका और कोई रक्षक नहीं है। अज्ञानता की बेड़ियाँ और बुरी आदतें आपको बंधन में बांधे रखती हैं। आप गलत आदतों का अनुसरण करने के लिए दृढ़ निश्चयी हैं इसलिए आप कष्ट भोगते हैं। यदि केवल आप अपने जीवन के विषय में दूरदृष्टि रखें ताकि यह समय, यह कीमती समय जो आपको मिला है, निष्फल न बीत जाए। हिन्दुओं की एक कहावत है : "बालक क्रीड़ा में व्यस्त है, युवा कामवासना में व्यस्त है और प्रौढ़ चिन्ताओं में व्यस्त है। कितने कम लोग हैं जो ईश्वर के साथ व्यस्त हैं।"

इस काल्पनिक आशा को त्याग दें कि सांसारिक उपलब्धियों से सुख प्राप्त होगा। समृद्धि पर्याप्त नहीं है, "रमणीय जीवन" पर्याप्त नहीं है। आप शाश्वत रूप से सुखी होना चाहते हैं। अपने भीतर विद्यमान ईश्वर को कस कर पकड़ें और अनुभव करें कि आत्मा ईश्वर है। अपनी बुद्धि के उच्चत्तम प्रश्न — "मैं कहाँ से आया हूँ" — का दृढ़ता से उत्तर देने का सामर्थ्य आपमें होना चाहिए।

ईश्वर एवं अमरत्व की धारणा काल्पनिक नहीं हैं। इस विश्वास के साथ मर जाना कि आप एक नश्वर मानव हैं आपके अन्दर विद्यमान आत्मा का घोर अपमान है। आप जो ईश्वर की संतान हैं, कब तक स्वयं को मृत्यु रूपी दराँती द्वारा असहाय की भाँति कटवाते रहेंगे केवल इसलिए कि अपने जीवन-काल में आपने कभी भी माया† अर्थात् अज्ञान, पर विजय पाने का प्रयास नहीं किया है?

* "मनुष्य को अपनी आत्मा द्वारा अपने अहं का उत्थान करना चाहिए; अपने द्वारा आत्मा का अधोपतन नहीं होने देना चाहिए। जिसका अहं आत्मा द्वारा जीत लिया गया होता है, उसके लिए आत्मा अहं की मित्र होती है; परन्तु सत्य में, आत्मा, अनियंत्रित अहं के प्रति, एक शत्रु के रूप में शत्रुतापूर्ण व्यवहार करती है" (भगवद्गीता VI:5–6)।

† ब्रह्माण्डीय भ्राँति; "मापक"। *माया* सृष्टि में वह सम्मोहिनी शक्ति है जिसके द्वारा असीम और अविभाज्य ईश्वर में सीमितताएँ और विभाजन प्रतीत होते हैं। ईश्वर की योजना और लीला में इस भ्रामक शक्ति का एकमात्र उद्देश्य मानव के बोध को परमात्मा (ब्रह्म) से पदार्थ की ओर, वास्तविकता से अवास्तविकता की ओर मोड़ने के लिए उस पर अज्ञान रूपी पर्दे को डालना है।

विवेक मानव को ईश्वर की खोज करने की शक्ति प्रदान करता है

ईश्वर हैं। उन्होंने मानव को स्वतंत्रता, क्षमता और विवेक शक्ति प्रदान की है। विवेक शक्ति के उपहार के द्वारा मानव ईश्वर को खोज सकता है। अपने जीवन के साथ केवल खिलवाड़ करना और ईश्वर को न खोजना आपको प्रदान की गई भीतरी दिव्य शक्ति को व्यर्थ खोना है।

विवेक की कुँजी का उपयोग करें। पत्थरों और जानवरों में यह विवेक नहीं होता। ईश्वर ने मानव को विवेक शक्ति प्रदान की ताकि वह नश्वरता के मायाजाल से निकल कर मुक्ति पा सके। यदि आप अपनी इस विवेक शक्ति को अहम् और गलत आदतों के द्वारा कुचल दिया जाने देंगे, तो क्या होगा? यदि लोग आपकी इच्छा के सामने झुक भी जाएँ, तो क्या? प्रसन्नता फिर भी आपके हाथ नहीं आती। इसीलिए जब माया ने जीसस को प्रलोभित करने का प्रयास किया तो उन्होंने शैतान की बजाए ईश्वर को चुना। जीसस जानते थे कि यद्यपि सांसारिक सत्ता में अनेक आकर्षण हैं, फिर भी यह चिरस्थायी नहीं है। उन्होंने इस संसार के सभी ऐश्वर्यों से बड़ी वस्तु पा ली थी। अधिकांश लोग जिन वस्तुओं की इच्छा करते हैं वे नाशवान हैं। परन्तु ईश्वर जीसस को कदापि नहीं त्यागेंगे। वे आज भी सर्वव्यापक ईश्वरीय साम्राज्य का आनन्द ले रहे हैं। अतः हम में से प्रत्येक को ऐसे जीवन को चुनना चाहिए जो ईश्वर की ओर ले जाता है।

आप अपनी आत्मा को जन्म-जन्मांतरों से जड़त्व की निद्रा के अधीन कर, दुःख एवं मृत्यु के दुःस्वप्नों से भयभीत कर, उसे दण्डित कर रहे हैं। इसे पहचानिए कि आप आत्मा हैं। याद रखिए कि आपकी भावना के पीछे की भावना, आपकी इच्छा के पीछे की इच्छा, आपकी शक्ति के पीछे की शक्ति, आपके ज्ञान के पीछे की प्रज्ञा, स्वयं अनन्त परमात्मा हैं। हृदय की भावना एवं मन के तर्क को एक सम्पूर्ण संतुलन में मिलाइए। शांति के गढ़ में स्थित होकर, सांसारिक उपाधियों के साथ तादात्म्यता को बार-बार निकालकर फेंकिए, और अपने दिव्य राजत्व का अनुभव करने के लिए गहन ध्यान में निमग्न हो जाइए।

अपने भीतर झाँकें। याद रखें अनन्त-तत्त्व सर्वत्र व्याप्त है। अधिचैतन्य* में गहरा गोता लगाकर, आप द्रुत गति से अपने मन को अनन्तता से होकर ले जा सकते हैं; मन की शक्ति द्वारा आप दूरस्थ तारे से भी आगे जा सकते हैं। मन रूपी प्रकाशपुंज

* आत्मा की चेतना, जो अन्तर्दर्शी और सर्वज्ञ है। इस प्रकार अधिचेतन मन आत्मा की सर्वज्ञ शक्ति है। (शब्दावली में *आध्यात्मिक नेत्र* देखें।)

(searchlight), अपने अधिचैतन्य की किरणों को सत्य के अन्तरतम केन्द्र तक भेजने में पूरी तरह सक्षम है। ऐसा करने के लिए इसका उपयोग करें।

याद रखें, स्वर्ग के साम्राज्य तक की यात्रा आपको ही करनी पड़ेगी; यह कोई वस्तु नहीं जो डाक द्वारा आप तक पहुँच जाएगा। प्रत्येक व्यक्ति को अपने-अपने रास्ते पर अकेले ही चलना है। आज से ही ईश्वर को खोजने के लिए अपने मन में दृढ़ संकल्प करें। जब बहुत से भक्त ईश्वर के मार्ग पर चल पड़ेंगे, तब "विश्व संयुक्त राज्य"* का उदय होगा जिसमें ईश्वर और उन का प्रेम मानव के निर्देशक तथा मार्ग-दर्शक होंगे।

मैं आप को मात्र शब्दों की अस्थायी प्रेरणा से अधिक देना चाहता हूँ। मैं आपके आध्यात्मिक अंधकार में ज्ञान के तारा रूपी गोले सीधे फेंकना चाहता हूँ ताकि उसके चकाचौंध प्रकाश द्वारा जो सत्य मैंने कहा है, उसे आप स्वयं देख सकें।

दो पथ: कर्म योग और ध्यान योग

संक्षेप में, ईश्वरानुभूति के लिए दो आधारभूत मार्ग हैं: बाह्य मार्ग और आन्तरिक अथवा इन्द्रियातीत मार्ग। बाह्य मार्ग, उचित कर्म और ईश्वर में केन्द्रित चेतना के साथ मानव जाति से प्रेम और उसकी सेवा करना है; इन्द्रियातीत मार्ग गहन अन्तरंग ध्यान का है। इन्द्रियातीत पथ के द्वारा आप उन सबके बारे में जान लेते हैं जो आप नहीं हैं, और उसे अनुभव कर लेते हैं जो आप हैं: "मैं श्वास नहीं हूँ, मैं शरीर नहीं हूँ, न ही अस्थियाँ हूँ, और न ही मैं माँस हूँ। मैं मन अथवा संवेदना भी नहीं हूँ। मैं वह हूँ जो श्वास, शरीर, मन और संवेदना के पीछे है।" जब यह जानते हुए कि आप शरीर या मन नहीं हैं आप इस संसार की चेतना के परे चले जाते हैं और फिर भी अपने अस्तित्व का बोध पहले से कहीं अधिक रखते हैं — वही दिव्य चेतना आप हैं। आप वह हैं जिसका आधार पाकर विश्व की प्रत्येक वस्तु टिकी है।

जब आप अपनी आँखें बन्द करते हैं तो उसके पीछे के अंधकार की जाँच क्यों नहीं करते? वही स्थान है जिसकी खोज करनी है। "और अंधकार में प्रकाश चमकता है; और अंधकार इसे समझ नहीं पाता।"† प्रचंड प्रकाश और महान् ब्रह्माण्डीय शक्तियाँ वहाँ घूम रही हैं।

* जिस प्रकार अमेरिका के व्यक्तिगत राज्य अपनी स्वतंत्रता बनाए हुए हैं और फिर भी सामान्य आदर्शों एवं लक्ष्यों में संयुक्त हैं, उसी प्रकार, यदि ईश्वर का साम्राज्य पृथ्वी पर आना है, तो संसार के विभिन्न देशों को सद्भावपूर्ण सहयोग और भाईचारे के बंधन में उसी प्रकार संयुक्त होना होगा।

† *यूहन्ना* 1:5 (बाइबिल)।

अथाह शाश्वत आनन्द प्रकट होगा

समाधि* एक आनन्ददायक अनुभव है, एक भव्य प्रकाश जिसमें आप आनन्द और प्रसन्नता के विशाल धरातल में तैरते हुए असंख्य संसार देखते हैं। उस आध्यात्मिक अज्ञान को हटाएँ जो आपको यह सोचने पर विवश कर देता है कि यह नश्वर-जीवन वास्तविक है। इन सुन्दर अनुभवों को शाश्वत समाधि में, ईश्वर में, स्वयं प्राप्त करें। स्वर्णिम प्रकाश की लालिमा, अथाह शाश्वत आनन्द आपके लिए प्रकट कर दिया जाएगा।

सभी महान् गुरुजन बताते हैं कि इस शरीर के भीतर अमर आत्मा है, उस ईश्वर की एक चिंगारी जो सबका पोषण करती है। जो अपनी आत्मा को जान लेता है वह इस सत्य को जानता है: "मैं प्रत्येक सीमित वस्तु के परे हूँ; मैं अब देखता हूँ कि नित्य-नवीन आनंद स्वरूप परब्रह्म, जो अंतरिक्ष में अकेले थे, उन्होंने ही स्वयं को प्रकृति के इस विशाल स्वरूप में प्रकट किया है। मैं नक्षत्र हूँ, मैं तरंगें हूँ; मैं सबका जीवन हूँ; मैं सभी हृदयों का उल्लास हूँ, मैं पुष्पों के मुखड़ों की और प्रत्येक आत्मा की मुस्कुराहट हूँ। मैं तही प्रज्ञा और शक्ति हूँ जो समस्त सृष्टि का पोषण करती है।"

यह जान लें, मेरे शब्द आपके अन्तर में स्पन्दित होते रह सकते हैं, किन्तु यदि आप माया में सोते रहेंगे, तो आप इसे नहीं जानेंगे। यदि आप जाग्रत रहेंगे तो आपको इस बात का बोध रहेगा कि जो सत्य मैंने कहा है वह आपकी आत्मा में सदा स्पन्दित हो रहा है। ध्यान करें। इस मुक्तिदायक पाठ को सीखें। अब और प्रतीक्षा मत करें। मैं यहाँ सांसारिक उत्सवों† से आपका मनोरंजन करने नहीं आया हूँ, बल्कि अमरत्व की आपकी सुप्त स्मृति को जगाने आया हूँ। आप नहीं जानते कि जो लोग मायाजाल में फँसे रहते हैं वे कितना कष्ट भोगते हैं। मैं आपके लिए दुःखी होता हूँ, और मैं आपके लिए प्रत्येक वह कार्य करूँगा, जो आपको यह अनुभूति कराने में सहायक हो कि प्रकाश हमारे अन्तर में विद्यमान है।

स्वयं को सदा के लिए मुक्त कर लें!

* ईश-ऐक्य में प्राप्त परामानन्द की वह अवस्था जो ध्यान का परम लक्ष्य माना जाता है।

† पूर्व एवं पश्चिम की संस्कृति के बीच व्यापक मेल-मिलाप को विकसित करने के लिए परमहंस योगानन्दजी सेल्फ़-रियलाइज़ेशन फ़ेलोशिप अन्तर्राष्ट्रीय मुख्यालय में कभी-कभी सामाजिक सभा का प्रबन्ध करते थे। यहाँ उनका सन्दर्भ "हिन्दू-अमेरिकन प्रीति भोज" से है जो इस व्याख्यान के बाद होना था।

योग की सार्वभौमिकता

सेल्फ़-रियलाइज़ेशन फ़ेलोशिप मन्दिर,
हॉलीवुड, कैलिफ़ोर्निया, 21 मई, 1944

योग आत्मा का परमात्मा के साथ पुनर्मिलन करने के लिए वैज्ञानिक विधियों की एक प्रणाली है। हम ईश्वर से अवरोहित हुए हैं, और हमें उन तक दोबारा पहुँचना ही होगा। हमें ऐसा प्रतीत होता है कि हम अपने परमपिता से बिछुड़ गए हैं, और हमें सचेतन रूप से पुनः उनके साथ एक होना ही होगा। योग हमें सिखाता है कि हम किस प्रकार इस बिछोह के भ्रम से ऊपर उठें और ईश्वर के साथ अपने एकत्व का अनुभव करें। कवि मिल्टन ने इस विषय पर लिखा था कि कैसे मनुष्य की आत्मा पुनः अपने आनन्दधाम को प्राप्त कर सकती है। यही योग का उद्देश्य और लक्ष्य है — आत्मा की चेतना के खोए हुए आनन्दधाम को पुनः प्राप्त करना जिसके द्वारा मनुष्य जानता है कि वह परमात्मा के साथ एक है, और सदा एक ही रहा है।

विश्व के विभिन्न धर्म न्यूनाधिक रूप से मनुष्य के *विश्वासों* पर टिके हैं। परन्तु धर्म का सच्चा आधार विज्ञान होना चाहिए, ताकि सभी भक्तजन हमारे एकमात्र परमपिता — ईश्वर तक पहुँचने के लिए उसे प्रयोग कर सकें। योग ही वह विज्ञान है। इस *धर्म के विज्ञान* का अभ्यास अत्यावश्यक है। विभिन्न हठधर्मी मतों पर आधारित धर्मों ने मानव-जाति को विभाजित करके रखा है, यद्यपि जीसस ने संकेत किया था : "यदि किसी के घर में फूट पड़ जाए, तो वह घर बस नहीं सकता।"* विभिन्न धर्मों में एकता तभी हो सकती है जब अनेक धर्मों का पालन करने वाले लोग अपने अन्तर्वासी ईश्वर से वास्तव में अवगत हो जाएँ। तब ईश्वर के पितृत्व की छत्रच्छाया तले हमारे पास मनुष्य का सच्चा भाईचारा होगा।

संसार के सभी महान् धर्म ईश्वर को पाने की, तथा मनुष्यों में आपसी भाईचारे की आवश्यकता का उपदेश देते हैं और सभी की एक नैतिक संहिता है, जैसे कि ईसाई धर्म के दस धर्मादेश (Ten Commandments)। तो फिर, पारस्परिक मतभेद कौन

* *मरकुस* 3:25 (बाइबिल)।

पैदा करता है? यह व्यक्तियों के मन का कट्टरपन है। हम धर्म के अंधविश्वासों पर एकाग्रचित होकर नहीं बल्कि वास्तविक आत्म-ज्ञान के द्वारा ईश्वर तक पहुँच सकते हैं। जब व्यक्तियों को विभिन्न धर्मों के मूल में स्थित सर्वजनीन सत्यों का बोध हो जाता है, तब धर्मसिद्धांतों की अधिक कठिनाइयाँ नहीं होंगी। मेरे लिए कोई यहूदी नहीं है, न कोई ईसाई है, और न ही कोई हिन्दू है; सब मेरे भाई हैं। मैं सभी मन्दिरों में पूजा करता हूँ, क्योंकि उनमें से प्रत्येक मेरे परमपिता के सम्मान में बनाया गया है।

हमें सेल्फ़-रियलाइज़ेशन फ़ेलोशिप [योगदा सत्संग सोसाइटी ऑफ़ इण्डिया] के द्वारा आरम्भ किए गए इस विचार से विश्व मैत्री को आरम्भ करना चाहिए : एक "सभी धर्मों का मन्दिर," जहाँ विभिन्न मतों को अपनाना नहीं, अपितु सभी धर्मों के प्रति आदर भाव रखना क्योंकि ये सब ईश्वर तक पहुँचने के विविध मार्ग हैं। ऐसे मन्दिर जो एक ही ईश्वर को समर्पित हों, जिनकी सभी धर्मों के लोग पूजा-आराधना करते हों, सब जगह बनाए जाने चाहिए। मैं भविष्यवाणी करता हूँ कि ऐसा अवश्य होगा। पूर्व एवं पश्चिम वासियों को ईश्वर के घरों में संकीर्ण विभाजनों को सदा के लिए समाप्त कर देना चाहिए। योग के द्वारा आत्मानुभूति प्राप्त करते ही सब व्यक्ति यह जान जाएँगे कि वे सब एक ही परमपिता की संतान हैं।

एक अंधा दूसरे अंधे का मार्गदर्शन नहीं कर सकता

परमात्मा का वह एकत्व उन महान् पुरुषों में व्यक्त होता है जिन्होंने आत्मानुभूति प्राप्त कर ली है। एक अंधा दूसरे अंधे को रास्ता नहीं दिखा सकता; केवल एक गुरु (सिद्ध पुरुष),* जो ईश्वर को जानता है, दूसरों को सही ढंग से ईश्वर के प्रति शिक्षा दे सकता है। व्यक्ति को अपनी दिव्यता को पुनः पाने के लिए एक ऐसा ही सद्गुरु† चाहिए। जो निष्ठापूर्वक सद्गुरु का अनुसरण करता है वह उसके समान हो जाता है, क्योंकि गुरु अपने शिष्य का उत्थान अपनी अनुभूति के स्तर तक करने में सहायता करता है। जब

* वह जो अपने आप का — अपने मन, भावनाओं, इन्द्रियों और भावातिरेकों का — स्वामी है। उसके कार्य, अहम् के उद्देश्यों से रहित और ईश्वर की इच्छा के अनुरूप होते हैं; और वह ईश्वर के साथ अपने एकत्व को जानता है कल्पना में नहीं बल्कि ईश-सर्वव्यापकता के वास्तविक अनुभव में।

† *गुरु गीता* (17–19) में गुरु की व्याख्या सटीक ढंग से इस प्रकार की गई है : "अंधकार को दूर करने वाला" (*गु* अर्थात् "अंधकार" और *रु* अर्थात् "दूर करे") ईश्वरीय अधिकार से गुरु की उपाधि केवल उन उन्नत आत्माओं को प्रदान की जाती है जो अपने आत्म-साक्षात्कार और ईश्वर के साथ एकत्व के द्वारा दूसरों को अज्ञानता के अंधकार से सत्य के शाश्वत प्रकाश की ओर ले जाने के योग्य हैं।

मैंने अपने गुरु स्वामी श्रीयुक्तेश्वरजी* को पाया तो मैंने अपने गुरु के उदाहरण का अनुसरण करने का दृढ़-संकल्प कर लिया : अपनी हृदय की वेदी पर केवल ईश्वर को विराजमान करना और उन्हें दूसरों के साथ बाँटना।

हिन्दू गुरुजन शिक्षा देते हैं कि गहन ज्ञान प्राप्त करने के लिए व्यक्ति को अपनी दृष्टि सर्वज्ञ दिव्य नेत्र पर एकाग्र करनी चाहिए। गहनता से मन एकाग्र करते समय योगाभ्यास न करने वाला भी अपने ललाट के भ्रूमध्य बिंदु को सिकोड़ता है और वही गोलाकार दिव्य नेत्र का केन्द्र (कूटस्थ) तथा आत्मा के अन्तर्ज्ञान का केन्द्र भी है। वही वास्तविक "क्रिस्टल बॉल"† है, जिसमें ब्रह्माण्ड के रहस्यों को जानने के लिए योगी अपनी दृष्टि को एकाग्र करता है। जो अपनी एकाग्रता में पर्याप्त गहराई तक जाते हैं, वे उस "तीसरे" नेत्र को भेद कर ईश्वर के दर्शन करेंगें। इसलिए सत्यान्वेषियों को आध्यात्मिक नेत्र में से अपनी चित्तशक्ति को प्रक्षेपित करने के लिए अपनी योग्यता को विकसित करना चाहिए। योग का अभ्यास अन्तर्ज्ञान‡ के दिव्य नेत्र को खोलने में जिज्ञासुओं की सहायता करता है।

अन्तर्ज्ञान अर्थात् ऐसा ज्ञान जो अंतरात्मा से सीधा प्राप्त होता है, इन्द्रियों से प्राप्त किसी प्रकार की जानकारी पर निर्भर नहीं करता। इसलिए अन्तर्ज्ञान को प्रायः "छठी इन्द्रिय" कहा जाता है। यह छठी इन्द्रिय प्रत्येक व्यक्ति में होती है, परन्तु अधिकतर लोग इसे विकसित नहीं करते। फिर भी, लगभग प्रत्येक व्यक्ति ने कुछ अन्तर्ज्ञानात्मक अनुभव किया होता है, शायद एक "आभास" कि कोई विशिष्ट घटना घटने वाली है, जबकि कोई भी इंद्रिय प्रमाण इस का संकेत नहीं देता।

अन्तर्ज्ञान अर्थात् प्रत्यक्ष आत्म-ज्ञान को विकसित करना महत्त्वपूर्ण है क्योंकि जो ईश-चेतना में है उसे आत्मविश्वास होता है। वह जानता है, और वह जानता है कि

* *योगी कथामृत* में परमहंस योगानन्दजी ने अपने दिव्य गुरु के साथ अपने संसर्ग का वर्णन किया है, जिन्हें उन्होंने एक *ज्ञानावतार*, "ज्ञान के अवतार" की संज्ञा दी।

† "Crystal ball" अर्थात् पारदर्शक गोलक — भूत और भविष्य की घटनाओं को देखने के लिए प्रयोग किया जाने वाला एक तथाकथित यंत्र।

‡ गहन ध्यान के समय, तीसरा नेत्र अथवा आध्यात्मिक नेत्र एक चमकते हुए तारे की तरह दृश्यमान हो जाता है, जिसके चारों ओर नीले प्रकाश का घेरा होता है, और वह चमकीले सुनहरे प्रकाश की आभा से घिरा होता है। यह सर्वद्रष्टा नेत्र, धर्मग्रंथों में विभिन्न नामों से वर्णित है, जैसे तीसरा नेत्र, पूर्व का सितारा, आन्तरिक नेत्र, स्वर्ग से उतरता फाक्ता, शिव का नेत्र, और अन्तर्ज्ञान का नेत्र। "इसलिए यदि आपका केवल एक नेत्र हो जाए, तो आपका सम्पूर्ण शरीर प्रकाशमय हो जाएगा" *मत्ती* 6:22 (बाइबिल)।

परमहंस योगानन्दजी न्यूयार्क में, 1926

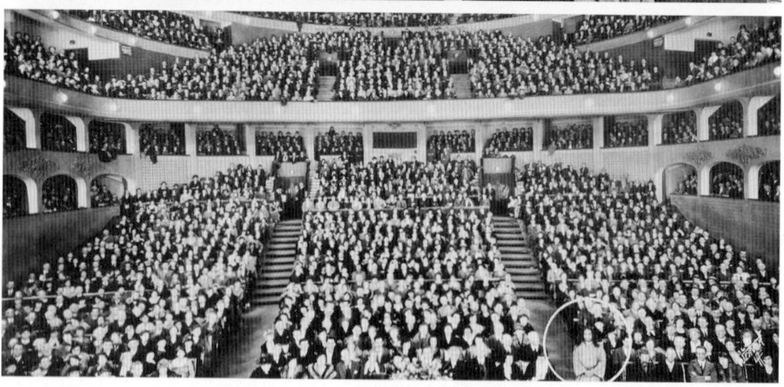

सन् 1920 से सन् 1935 के बीच श्री श्री परमहंस योगानन्द ने, पूरे संयुक्त राष्ट्र अमेरिका के सभी बड़े नगरों में श्रोताओं से खचाखच भरे सभा भवनों में कक्षाएँ एवं विस्तृत प्रवचन आयोजित किए। *लॉस एंजिलिस टाइम्स* ने समाचार दिया : "फ़िल्हार्मोनिक का सभा भवन एक असाधारण दृश्य प्रस्तुत करता है, जहाँ घोषित उद्घाटन से एक घंटा पहले ही, हज़ारों व्यक्ति वापस भेज दिए गए।"

वह जानता है। हमें ईश्वर की विद्यमानता के प्रति उतना आश्वस्त होना चाहिए, जितना हम आश्वस्त हैं कि हम संतरे के स्वाद को जानते हैं। जब मैंने अपने गुरु से मिलने के बाद ईश्वर के साथ वार्तालाप करना सीख लिया और प्रभु की उपस्थिति को प्रतिदिन अनुभव करने लगा, केवल तभी मैंने दूसरों को ईश्वर के विषय में बताने के अपने आध्यात्मिक कर्त्तव्य को अपनाया।

पश्चिम में बड़े पूजा-घरों पर बल दिया गया है, परन्तु उनमें से ऐसे कम ही हैं जहाँ उपासकों को बताया जाता है कि ईश्वर को किस प्रकार प्राप्त किया जाए। पूर्व में ईश्वर-प्राप्त व्यक्तियों को विकसित करने पर बल दिया जाता रहा है, परन्तु बहुत बार वे आध्यात्मिक जिज्ञासुओं की पहुँच के बाहर होते हैं, और दूर और एकांतवास में अकेले रहते हैं। ऐसे आध्यात्मिक केन्द्र जिनमें लोग ईश्वर के साथ सम्पर्क स्थापित कर सकते हैं, और वे गुरु जो लोगों को ऐसा करने का मार्ग बता सकते हैं, दोनों की ही आवश्यकता है। कोई उस गुरु से किस प्रकार ईश्वर का ज्ञान प्राप्त कर सकता है जो स्वयं ईश्वर को नहीं जानता? मेरे गुरु ने दूसरों को परमपिता के विषय में बताने से पहले उसे जानने की आवश्यकता के महत्त्व को बताया। मैं उनका प्रशिक्षण प्राप्त करके कितना कृतज्ञ हुआ हूँ! वे वास्तव में स्वयं भी ईश्वर के साथ संलाप किया करते थे।

ईश्वर का बोध सर्वप्रथम व्यक्ति को अपने देह-मन्दिर में करना चाहिए। प्रत्येक साधक को प्रतिदिन अपने विचारों को अनुशासित करना चाहिए और अपनी भक्ति के वनफूलों को अपनी आत्मा की वेदी पर समर्पित करना चाहिए। जो ईश्वर को अपने अन्तर में पा लेगा, वह जिस भी मन्दिर अथवा चर्च में प्रवेश करेगा वहीं प्रभु की उपस्थिति को अनुभव कर पाएगा।

योग धर्म-दर्शन को व्यावहारिक अनुभव में बदल देता है

योग मनुष्य को सभी धर्मों में सत्य का बोध करने के योग्य बना देता है। प्रत्येक धर्म में दस धर्मादेशों (The Commandments) का उपदेश विभिन्न शब्दों में दिया जाता है। परन्तु दो महानतम धर्मादेश हैं जिन पर जीसस ने ज़ोर दिया : "प्रभु को, अपने परमपिता को, अपने सम्पूर्ण हृदय से, अपनी सम्पूर्ण आत्मा से, और अपने सम्पूर्ण मन से प्रेम करो," और "तुम्हें अपने पड़ोसी को अपने समान प्रेम करना चाहिए।"*

* *मत्ती* 22:37, 39 (बाइबिल)। भगवद्गीता में भगवान् श्रीकृष्ण की शिक्षाएँ भी ऐसे ही दो धर्मादेशों पर बल देती हैं : "अपने मन को मुझमें स्थित करो, मेरे भक्त बनो, निरन्तर आराधना करते हुए

ईश्वर को "अपने सम्पूर्ण मन से" प्रेम करने का अर्थ है अपने ध्यान (मन) को इन्द्रियों से हटाकर ईश्वर पर लगाना, और ध्यान में अपनी सम्पूर्ण एकाग्रता को प्रभु पर केन्द्रित करना। ईश्वर के प्रत्येक जिज्ञासु को अपने मन को एकाग्र करना सीखना ही चाहिए। यदि किसी प्रार्थना को बोलते समय व्यक्ति अपने मन की पृष्ठभूमि में किसी अन्य वस्तु का विचार कर रहा होता है, तो वह प्रार्थना सच्ची नहीं है और ईश्वर उसे अनसुना कर देते हैं। योग सिखाता है कि परमपिता को पाने के लिए सर्वप्रथम यह आवश्यक है कि उन्हें पूरे मन के साथ, अपनी एकलक्षित एकाग्रता के साथ खोजें।

कुछ लोग कहते हैं कि योग का अभ्यास करने में हिन्दू ज्यादा अभ्यस्त होते हैं, तथा योग पाश्चात्य लोगों के अनुकूल नहीं है। यह सत्य नहीं है। इस समय भी कई पाश्चात्य लोग योग का अभ्यास करने के लिए हिन्दुओं की अपेक्षा अधिक अच्छी स्थिति में हैं, क्योंकि वैज्ञानिक उन्नति के कारण पाश्चात्य लोगों के पास अधिक खाली समय है। भारत के लोगों को दिन-प्रतिदिन अपना जीवन आसान और निर्बाध बनाने के लिए, अधिक-से-अधिक पश्चिम के उन्नतिशील भौतिक साधनों को उपयोग में लाना चाहिए, और पश्चिम के लोगों को भारत से योग की व्यावहारिक आध्यात्मिक विधियों को लेना चाहिए ताकि प्रत्येक व्यक्ति ईश्वर की ओर जाने वाले मार्ग को अपना सके। योग कोई धर्म-संप्रदाय नहीं है, बल्कि एक सार्वभौमिक रूप से उपयोगी विज्ञान है जिसके द्वारा हम अपने परमपिता को पा सकते हैं।

योग प्रत्येक व्यक्ति के लिए है, चाहे वह पश्चिम का हो या पूर्व का। कोई यह नहीं कह सकता कि टेलीफोन पूर्व के लोगों के लिए नहीं है क्योंकि इसका आविष्कार पश्चिम में हुआ है। इसी प्रकार, योग की प्रविधियाँ, यद्यपि पूर्व में विकसित हुई हैं, तथापि वे केवल पूर्व के लिए नहीं हैं, बल्कि समस्त मानव-जाति के लिए उपयोगी हैं।

कोई व्यक्ति चाहे भारत में पैदा हुआ हो या अमेरिका में, एक दिन उसे मरना ही है। तब सन्त पॉल की भाँति, ईश्वर के ध्यान में "प्रतिदिन मरना" क्यों न सीखें?* योग इसकी विधि सिखाता है। मनुष्य अपने भौतिक शरीर में एक कैदी की भाँति रहता है; जब उसकी अवधि पूरी हो जाती है, वह बाहर निकाल दिए जाने के अपमान को

श्रद्धा के साथ मुझे नमन करो। इस प्रकार अपने सर्वोच्च लक्ष्य के रूप में स्वयं को मुझसे संयुक्त करके तू मुझको ही प्राप्त होगा" (IX:34); और "सर्वोत्तम योगी वह है जो, सुख में या दुःख में, अन्य लोगों के प्रति वैसा ही अनुभव करता है, जैसा वह स्वयं के लिए करता है" (VI:32)।

* *I कुरिन्थियों* 15:31 (बाइबिल)।

भोगता है। इसलिए देह का मोह, कारागार के मोह से अधिक और कुछ नहीं है। लम्बे समय से शरीर में रहने के कारण, हम भूल गए हैं कि सच्ची स्वतंत्रता का अर्थ क्या है। पाश्चात्य होना स्वतंत्रता को न खोजने का कोई बहाना नहीं है। प्रत्येक मनुष्य के लिए यह अति आवश्यक है कि वह अपनी आत्मा को खोजे और अपनी अमर प्रकृति को जाने। योग इसका रास्ता दिखाता है।

आत्मा को परमात्मा तक पुनः आरोहण करना चाहिए

सृष्टि के अस्तित्व से पूर्व ब्रह्माण्डीय चेतना थी : अर्थात् वह ब्रह्म या परमात्मा या परब्रह्म, वह नित्य-विद्यमान, नित्य-चेतन, नित्य-नवीन-आनन्द तथा अजन्मा जो निराकार है। जब सृष्टि की रचना हुई, तो ब्रह्माण्डीय चेतना भौतिक जगत् में "अवतरित" हुई जहाँ यह क्राइस्ट चेतना* के रूप में प्रकट हुई, जो ईश्वर की प्रज्ञा और चेतना की सर्वव्यापक विशुद्ध प्रतिछाया है और जो समस्त सृष्टि में गुप्त अवस्था में अन्तर्निहित रहती है। जब क्राइस्ट चेतना मनुष्य के भौतिक शरीर में अवतरित होती है तो यह आत्मा अथवा अधिचेतना (superconsciousness) बन जाती है, जो कि परमात्मा-स्वरूप सत्-चित्-आनन्द है परन्तु शरीर के आवरण द्वारा सीमित हो गया है। जब आत्मा अपने आप को शरीर समझने लगती है, तो यह अहम् के रूप में नश्वर चेतना के रूप में प्रकट होती है। योग सिखाता है कि आत्मा को परमात्मा तक पहुँचने के लिए वापस चेतना की सीढ़ियाँ अवश्य चढ़नी होंगी।†

* हिन्दू धर्मग्रंथों में क्राइस्ट चेतना को *कूटस्थ चैतन्य*, सर्वव्यापी चेतना या सर्वव्यापी प्रज्ञा कहा गया है।

† योग सिखाता है कि आत्मा का — मनुष्य के जीवन और ईश चेतना का — वास मस्तिष्क में सूक्ष्म आध्यात्मिक केन्द्रों : सहस्रार, प्रमस्तिष्क के ऊपर सहस्र-दल-कमल, ब्रह्माण्डीय चेतना का आसन; *कूटस्थ*, भ्रूमध्य में, क्राइस्ट चेतना का आसन; और मज्जक केन्द्र (मेरुशीर्ष) ध्रुवता के द्वारा *कूटस्थ* से जुड़ा हुआ, अधिचेतना का आसन, में है। उच्चतम आध्यात्मिक बोध के इन केन्द्रों से शरीर (और शरीर चेतना) में अवतरित होकर, जीवन (प्राण-शक्ति) और चेतना मेरुदण्ड में नीचे की ओर प्रवाहित होते हुए, पाँच मेरुदण्डीय केन्द्रों (शब्दावली में *चक्र* देखें) से गुज़रती है और जीवन के भौतिक अंगों, ज्ञानेन्द्रियों एवं कर्मेन्द्रियों की शाखाओं में बाहर की ओर बहती हैं।

ईश्वर के साथ अपने एकत्त्व की आनन्ददायक अनुभूति को पुनः प्राप्त करने के लिए, मनुष्य की आत्मा को अपने अधोमुखी प्रवाह से लौटना चाहिए, ईश बोध के उच्चतम मस्तिष्कीय केन्द्रों में अपने निवास के पवित्र मेरुदण्डीय मार्ग से ऊर्ध्वमुखी होते हुए। यह गुरु-प्रदत्त योग-ध्यान की वैज्ञानिक प्रविधियों के अभ्यास द्वारा पूरा किया जा सकता है, और इसे *योगदा सत्संग पाठमाला* से सीखा जा सकता है। (शब्दावली में देखें।)

ईश्वरीय विद्यमानता की चेतना सुख का रहस्य है

जीवन का आनन्द लेना अच्छा है; परन्तु सुख का रहस्य किसी भी वस्तु से आसक्त न होने में है। पुष्प की सुगंध का आनन्द लीजिए, परन्तु उसमें ईश्वर को देखिए। मैंने इन्द्रियों की चेतना को केवल इसलिए रखा है कि उनके उपयोग में मैं सदा ईश्वर का चिंतन तथा उनकी अनुभूति कर सकूँ। "मेरी आँखें सर्वत्र आपके सौन्दर्य को देखने के लिए बनाई गई हैं। मेरे कान आपकी सर्वव्यापी वाणी को सुनने के लिए बनाए गए हैं।" यही योग है, परमात्मा से मिलन। ईश्वर को पाने के लिए जंगल में जाने की आवश्यकता नहीं है। हम जहाँ भी जाएँगे सांसारिक आदतें हमें मज़बूती से जकड़े रखेंगी जब तक कि हम स्वयं को उनसे मुक्त नहीं कर लेते। योगी ईश्वर को अपने हृदय की गुफ़ा में ढूँढ़ना सीखता है। वह जहाँ भी जाता है, अपने साथ प्रभु की उपस्थिति की आनन्दमय चेतना को साथ लिए जाता है।

मनुष्य केवल नश्वर इंद्रिय चेतना में गिरा ही नहीं है बल्कि उस इंद्रिय चेतना की विकृतियों से बँध भी गया है, जैसे लोभ, क्रोध और ईर्ष्या। ईश्वर को पाने के लिए व्यक्ति को इन विकारों को समाप्त करना ही चाहिए। पूर्वी और पश्चिमी दोनों जगत् के लोगों को इन्द्रियों की दासता से मुक्त होना चाहिए। एक साधारण मनुष्य इस बात से क्रोधित हो सकता है कि उसे सुबह की कॉफ़ी नहीं मिली और वह अच्छी तरह से जानता है कि इसके न मिलने से उसे सिर दर्द हो जाएगा। वह अपनी आदतों का दास है। उन्नत योगी स्वतंत्र होता है।

प्रत्येक व्यक्ति चाहे उसकी वर्तमान स्थिति कैसी भी क्यों न हो, योगी बन सकता है। परन्तु अपने जीवन के परे किसी भी विषय पर कुछ भी सोचना विचित्र और कठिन लगता है। हम इस बात पर विचार ही नहीं करते कि हमारी आदतें दूसरों को कैसी लगती होंगी।

योग का अभ्यास मुक्ति की ओर ले जाता है। कुछ योगी अनासक्ति के इस विचार को चरमसीमा तक ले जाते हैं। वे शिक्षा देते हैं कि व्यक्ति को बिना किसी कष्ट के कीलों की शैय्यापर सोने, या अन्य प्रकार की *तपस्या* एवं शारीरिक अनुशासन को अपनाने में सक्षम होना चाहिए। यह सत्य है कि जो व्यक्ति कीलों की शैय्या पर बैठकर ईश्वर का चिन्तन कर सकता है वह महान् मनोबल सिद्ध करता है। परन्तु ऐसे असाधारण करतब करने की आवश्यकता नहीं है। व्यक्ति एक आरामदायक कुर्सी या आसन पर भी बैठ सकता है और ईश्वर का ध्यान कर सकता है।

ऋषि पतंजलि* सिखाते हैं कि कोई भी आसन जो मेरुदण्ड को सीधा रखे वह ध्यान के लिए, ईश्वर पर यौगिक एकाग्रता के लिए, अच्छा है। हठयोग में बताए गए उन व्यायामों की आवश्यकता नहीं है, जिनमें शरीर को तोड़ा-मरोड़ा जाए या जिसमें असाधारण सहनशीलता और लचीलेपन की आवश्यकता हो। ईश्वर लक्ष्य है; और उनकी उपस्थिति की चेतना के लिए ही हमें परिश्रम करना है। भगवद्गीता में कहा गया है : "जो भक्ति के साथ स्वयं को मुझमें लीन करता है, अपनी आत्मा को मुझ में तल्लीन करता है, उसे मैं, सम्पूर्ण योगियों में सर्वाधिक साम्य अवस्था धारण किया मानता हूँ।"†

हिन्दू योगी, अत्यधिक गर्मी और सर्दी और कष्टकर कीड़ों एवं मच्छरों की उपेक्षा करने के प्रदर्शन के लिए जाने जाते हैं। योगी बनने के लिए ऐसा प्रदर्शन आवश्यक नहीं है, बल्कि यह तो निपुण योगी की एक स्वाभाविक उपलब्धि है। विघ्न देने वाले तत्त्वों को हटाने का प्रयास करें; या अगर आवश्यकता हो तो आन्तरिक रूप से परेशान हुए बिना उन्हें झेलने का प्रयास करें। यदि कोई स्वच्छ रह सकता है, तो उसका अस्वच्छ रहना निरर्थक है। कोई व्यक्ति एक झोपड़ी के प्रति भी उतना ही आसक्त हो सकता है जितना एक महल के प्रति।

आध्यात्मिक सफलता प्राप्त करने में सबसे मुख्य तत्त्व है — तत्परता (Willingness)। जीसस ने कहा था, "फसल तो वास्तव में बहुत है, परन्तु मज़दूर बहुत कम हैं।"‡ संसार के लोग ईश्वर के उपहारों को चाहते हैं, लेकिन जो बुद्धिमान हैं वे उपहारों के दाता को ही चाहते हैं।

योगी बनने का तात्पर्य है ध्यान करना। योगी सुबह उठने पर सर्वप्रथम अपने शरीर के लिए भोजन के विषय में नहीं सोचता; वह अपनी आत्मा का ईश-संपर्क के अमृत से पोषण करता है। ध्यान में गहरे गोते लगाने से प्राप्त प्रेरणा द्वारा वह भरपूर मन से प्रसन्नतापूर्वक दिन के समस्त कर्त्तव्यों को पूरा कर लेता है।

ईश्वर ने इस पृथ्वी को जैसी यह है उस तरह किसी उद्देश्य से ही बनाया है। उनकी योजना में संसार को और अच्छा बनाना मनुष्य का कर्त्तव्य है। पश्चिम के लोगों में नए और उन्नत भौतिक सुखों को पाने के लिए निरंतर व्यस्त रहने की प्रवृत्ति चरम सीमा पर

* योग के सर्वप्रथम व्याख्याता। ऋषि पतंजलिजी की तिथि अज्ञात है, यद्यपि अनेक विद्वान उन्हें ईसा से दो शताब्दी पूर्व का बताते हैं।

† VI:47।

‡ *मत्ती* 9:37 (बाइबिल)।

होती है। दूसरी ओर पूर्व के लोगों में, जो कुछ भी उनके पास है, उसी में सन्तुष्ट रहने की प्रवृत्ति पराकाष्ठा पर होती है। दोनों जगह के लोगों में कुछ विशेष आकर्षण होता है — पश्चिम के लोगों का साहसी भाव और पूर्व के लोगों का सुगम एवं शांत भाव। हमें दोनों का संतुलित मध्यम मार्ग अपनाना चाहिए।

ध्यान से योगी बनता है

ईश्वर को पाने के लिए व्यक्ति को प्रत्येक सुबह और रात्रि को, और दिन में जब भी खाली समय मिले, ध्यान करना चाहिए। इसके अतिरिक्त सप्ताह में एक दिन छः घंटे का ध्यान करना महत्त्वपूर्ण है। यह असंगत नहीं है; कुछ लोग पूरे सप्ताह, प्रतिदिन दस-घंटे के लिए पियानो पर अभ्यास करते हैं और उनके लिए यह कोई बड़ी बात भी नहीं लगती। सिद्ध पुरुष बनने के लिए ईश्वर को अधिक समय देना आवश्यक है। हमें उन्हें विश्वास दिलाना होगा कि हम उनसे अन्य किसी भी वस्तु की अपेक्षा अधिक प्रेम करते हैं। जब आप ध्यान के अनुभवी हो जाएँगे, अधिचेतनावस्था में गहरे जाने में सक्षम हो जाएँगे, तब आपके लिए पाँच घंटे की नींद पर्याप्त होगी। रात्रि के शेष समय को ध्यान के लिए उपयोग करना चाहिए। व्यक्ति रात्रिकाल और प्रातःकाल और अवकाश के दिन को ईश्वर का ध्यान करने के लिए उपयोग कर सकता है। इस तरह से कोई भी व्यक्ति, यहाँ तक कि पश्चिम का अति व्यस्त व्यक्ति भी, योगी बन सकता है। इसलिए आप पश्चिम के योगी बनें। आपको मेरी तरह पगड़ी पहनने या मेरे जैसे लम्बे बाल रखने की आवश्यकता नहीं है!

हमें मन्दिरों के "मधुमक्खी के छत्तों" की तो आवश्यकता है, परन्तु हमें मन्दिरों को हमारी अपनी आत्मानुभूति* के "मधु" से भरने की भी आवश्यकता है। वस्तुतः ईश्वर मन्दिरों और गिरिजाघरों में भी विद्यमान हैं, लेकिन आपका वहाँ जाना मात्र ही प्रभु को दर्शन देने के लिए बाध्य नहीं कर सकता। मन्दिर अथवा गिरिजाघर में जाना अच्छा है, लेकिन नित्य प्रति ध्यान करना उससे भी अच्छा है। दोनों कीजिए, क्योंकि मन्दिर जाने से आप निश्चित रूप से प्रेरणा प्राप्त करेंगे, और नित्य ध्यान से आप उससे भी अधिक उन्नत अवस्था प्राप्त करेंगे। जब भक्त का हृदय ईश्वर के लिए प्रेमाग्नि में जलता है और जब वह प्रार्थना के बम के गोले एक के बाद एक फ़ेंकता है केवल तब ईश्वर स्वयं को उसके प्रति समर्पित कर देते हैं। उन्हें पाने के लिए ऐसी अनवरत भक्ति

* अपने आप को आत्मा के रूप में जानना और यह कि आत्मा ईश्वर के साथ एक है।

का होना अनिवार्य है। योगी बनने के लिए और साथ ही आज के युग के साथ मिलकर चलने के लिए, घर में ध्यान करना, स्वयं को अनुशासित करना, और समस्त कर्त्तव्यों को ईश्वर की सेवा के रूप में पूरा करना आवश्यक है।

मेरी सबसे बड़ी इच्छा है मनुष्यों की आत्माओं में ईश्वर के मन्दिरों को स्थापित करना और उनके चेहरे पर ईश्वर की मुस्कान को देखना। अपनी आत्मा में प्रभु के लिए एक मन्दिर स्थापित करना आपके जीवन की सम्पूर्ण उपलब्धियों में से सबसे अधिक महत्त्वपूर्ण है। और यह सरलता से किया जा सकता है। इसीलिए सेल्फ़-रियलाइज़ेशन फ़ेलोशिप को पश्चिम में भेजा गया था।

जिस किसी ने भी अपनी आत्मा के मन्दिर में ईश्वर को स्थापित कर लिया है, वह योगी है। वह मेरे साथ कह सकता है कि योग पूर्व, पश्चिम, उत्तर और दक्षिण के लिए है — सभी लोगों के लिए है, और वे योग के राजमार्ग में सम्मिलित होने के लिए अध्यात्मविद्या के सिद्धांतों के उपमार्गों का अनुसरण कर सकते हैं। सही मार्ग ईश्वर के आनन्दधाम की ओर ले जाता है। जो एक बार वहाँ पहुँच जाता है वह "फिर कभी वहाँ से बाहर नहीं जाएगा।"*

* *प्रकाशित वाक्य* 3:12 (बाइबिल)।

ईश्वर का अनन्त स्वरूप

सेल्फ़-रियलाइज़ेशन फ़ेलोशिप अन्तर्राष्ट्रीय मुख्यालय, लॉस एंजिलिस, कैलिफ़ोर्निया, 28 जनवरी, 1937

हिन्दू धर्मशास्त्रों के अनुसार ईश्वर, मन एवं बुद्धि की समझ से परे हैं। यद्यपि वे शक्तिशाली हैं तथापि ईश्वर को अन्तर्धारण करने के लिए उनका क्षेत्र पर्याप्त नहीं है। अतः मानव मन ईश्वर की वास्तविक धारणा करने में समर्थ नहीं है। यह प्रश्न कि "ईश्वर को किसने बनाया?" केवल इसलिए उठता है क्योंकि मन उनको नहीं समझ सकता जो अनादि और अनन्त हैं।

जब आप सूर्य की ओर देख रहे होते हैं, जो करोड़ों मील दूर आकाश में है, तो वह विशाल प्रकाश-ग्रह हमारी पृथ्वी की तुलना में बहुत छोटा दिखाई पड़ता है। तथापि पृथ्वी का व्यास लगभग 7,900 मील है, और सूर्य उससे सौ गुना से भी अधिक विशाल है। यदि आप हमारे ग्रह को सूर्य के निकट रख सकें, तो यह सूर्य की तुलना में एक छोटे बिन्दु की भाँति प्रतीत होगा। आइए हम यह मान लें कि सूर्य का विशाल गोला फैल रहा है, और तब तक अधिक से अधिक बड़ा होता जाता है, जब तक कि आकाश के विशाल नीले विस्तार को पूरी तरह निगल नहीं जाता। इस प्रकार पूरित स्थान उस आकाश का केवल एक कण, एक बिन्दु मात्र है जो असंख्य विश्वों एवं अनन्तता में फैला हुआ है। यदि सूर्य अनन्त रूप से आकाश में बढ़ना आरम्भ कर दे तो भी वह अनन्तता को मापने में समर्थ नहीं होगा। सीमितता का ब्रह्माण्डीय भ्रम, हमारे मन को ऐसी विशालता की कल्पना से रोकता है। इसकी सीमाएँ कहाँ हैं? यह अनन्त शून्य कहाँ से आया? यही अनादि अनन्त है ईश्वर। सर्वविद्यमानता में आकाश की दूरतम पहुँच में, वे दूरस्थ तारों में हैं तथा, आपमें और मुझमें; एवं वे प्रत्येक क्षण प्रत्येक उस स्थान के प्रति सचेत हैं, जहाँ वे विद्यमान हैं।

ईश्वर मन नहीं हैं— उन्होंने तो इसकी रचना की और वे स्वयं इससे परे हैं। अन्यथा हम अपने मन में उनकी कल्पना कर सकते थे। हम ठीक रूप से उन्हें दिव्य चेतना, दिव्य आनन्द, दिव्य अस्तित्व कह सकते हैं, परन्तु मन नहीं।

यद्यपि मन सर्वव्यापी ईश्वर की कल्पना करने में असमर्थ है, फिर भी वह ईश्वर को *अनुभव* कर सकता है। उनके अस्तित्व को अनुभव करना एवं उनकी थाह को मापना ये दो भिन्न अनुभव हैं। लहर सागर को नहीं माप सकती, परन्तु उनमें परस्पर सम्पर्क का एक बिन्दु तो होता है। उसी प्रकार, जहाँ असीम ईश्वर सीमित हो जाते हैं; वहाँ एक सम्पर्क-बिन्दु है : अधिचेतन मन। वही मन ईश्वर को अनुभव कर सकता है। जब हम साधारण मन को इतना विस्तारित करते हैं कि वह अधिचेतन मन में प्रवेश कर जाए, तब हम उनकी उपस्थिति को अनुभव करने में समर्थ हो जाते हैं।

हम असीम से ससीम में उतरे हैं

हम असीम से सीमित में उतरे हुए हैं। अपनी एकाग्रता को बाह्य जगत् से हटाकर सत्य के आन्तरिक स्रोत पर केन्द्रित करना योग है। केवल इसी विधि से हम यह खोज सकते हैं कि किस प्रकार ईश्वर ने अपनी सृष्ट वस्तुओं के बहुविध परिमित रूपों तथा उन विश्वों जिनमें वे वास करते हैं, अपनी चेतना को घनीभूत किया है। उनके द्वारा बनाई गई समस्त रचनाओं में मानवीय शरीर सबसे अधिक जटिल है। शुक्राणु एवं अण्डाणु के मिलने से बनी एक मात्र मूल कोशिका का विभाजन होता है और इस प्रक्रिया के गुणन से शरीर रूपी मन्दिर की रचना करने के लिए वह अपने चारों ओर खरबों कोशिकाएँ बना लेती है जिसमें हमारी दिव्य आत्मचेतना वास करती है।

आप नहीं जानते कि मात्र एक ग्राम मांस में कितनी अधिक ऊर्जा संचित है। इसके निर्मुक्त होने से असख्य इलेक्ट्रॉन आकाश में दूर-दूर तक बिखर जाएँगे।* और जो शरीर में विद्यमान शक्ति तथा चेतना का विस्तार है, मनुष्य के बोध से परे है। यद्यपि बाह्य रूप से हम मांस से बने हैं, परन्तु इसकी स्थूल कोशिकाओं के पीछे विद्युत के प्रवाह और जीवन शक्ति के प्रवाह हैं। और इस सूक्ष्म ऊर्जा के पीछे विचार और प्रत्यक्ष ज्ञान हैं।

विचार अनन्त है। संसार के आरम्भ से, कल्पनातीत संख्या में विचार आकाश में प्रवाहित हुए हैं। कोई भी उनको गिनना प्रारंभ नहीं कर सका, परन्तु इसका कुछ अनुमान लगाना संभव है, यदि आप यह विचार करें कि अपने जीवन-काल में आप कितने विचार और भावनाएँ व्यक्त करते हैं। करोड़ों! केवल एक साल में,

* इस व्याख्यान के बाद कुछ वर्षों में ही नियंत्रित स्थिति में परमाणु ऊर्जा की रिहाई की आश्चर्यजनक शक्ति का प्रथम बार प्रदर्शन किया गया, जब 16 जुलाई, 1945, को एल्मोगोर्डो, न्यू मैक्सिको, में प्रथम परमाणु बम विस्फोटित किया गया।

या केवल एक दिन के अपने सारे विचारों को याद करने का प्रयत्न करें। अनगिनत बीते युगों से प्रत्येक व्यक्ति के संचित विचारों पर चिन्तन करें। ईश्वर इन सबको जानते हैं!

मन प्रकृति की सूक्ष्म घटनाओं को नहीं माप सकता। यहाँ इस मन्दिर में प्रवाहित हो रही विद्युत के बल्बों में कितने इलेक्ट्रॉन घूम रहे हैं? अरबों अणु एक साथ नृत्य करते हुए, इस प्रकाश को बनाते हैं जिसे आप देखते हैं। ये अतिसूक्ष्मदर्शीय कण इतनी तीव्र गति से घूम रहे हैं, जितनी गति से कुछ ही पलों में यहाँ से न्यूयॉर्क अथवा संसार के किसी भी भाग की यात्रा हो जाए। वैज्ञानिक प्रयोग इसे सिद्ध कर रहे हैं।

यदि आप यह गणना करने का प्रयत्न करें कि हमारी पृथ्वी में कितने प्रोटॉन और इलेक्ट्रॉन घनीभूत हैं, तो आपका मन केवल कुछ दूर तक जा कर रुक जाएगा। खोजी मन को जो कुछ पता है वह अनन्त प्रतीत होता है परन्तु एक सीमा के परे विचार इतने अधिक सूक्ष्म हो जाते हैं कि उन्हें समझना कठिन हो जाता है। उस क्षेत्र से जहाँ मन प्रवेश नहीं कर सकता, ईश्वर अपने मूलभूत प्रकाश, ब्रह्माण्डीय बौद्धिक स्पन्दन को — जो सीमित जगत् की रचना करता है, प्रवाहित कर रहे हैं।

ईश्वर की वास्तविक प्रकृति केवल अन्तर्ज्ञान द्वारा जानी जाती है

यदि हम अपनी बुद्धि का प्रयोग उचित रूप से करें, तो हम समझ सकते हैं कि किस प्रकार ईश्वर, मन एवं बुद्धि से परे हैं, और उनके वास्तविक स्वरूप को केवल अन्तर्ज्ञान की आत्मिक शक्ति द्वारा किस प्रकार अनुभव किया जा सकता है। ईश्वरीय चेतना को हमें अधिचेतन मन, जो मन और बुद्धि का केन्द्र है, के द्वारा अवश्य खोजना चाहिए। व्यक्ति को उनका (ईश्वर) अनन्त स्वरूप आत्मा की अन्तर्ज्ञानात्मकता से उत्पन्न अधिचेतना (super consciousness) द्वारा प्रकट हो जाता है। ध्यान में आनन्द की अनुभूति उस शाश्वत आनन्द की उपस्थिति को प्रकट करती है जो समस्त सृष्टि में फैला हुआ है। ध्यान में दिखाई देने वाला प्रकाश सूक्ष्म प्रकाश* है जिससे साकार रूप में हमारी सृष्टि बनी है। इस प्रकाश का अवलोकन कर लेने पर, व्यक्ति समस्त वस्तुओं के साथ एकत्व का अनुभव करने लगता है।

* भौतिक जगत् की प्रत्येक वस्तु सूक्ष्म प्रकाश से बना प्रतिरूप है, वह प्रकाश अणु की विद्युत-चुम्बकीय ऊर्जा से भी सूक्ष्म है। हिन्दू धर्मशास्त्र इस ऊर्जा को *प्राण* कहते हैं, जिसका परमहंस योगानन्दजी ने अनुवादित नाम "लाईफ़ट्रॉन" (जीवन *अणु*) रखा है।

एक साधारण मनुष्य संसार में रहता तो है, परन्तु वह अपेक्षाकृत अपनी प्रकृति और उद्देश्य के प्रति अचेत रहता है। ऐसे सीमित बोध वाले व्यक्ति का जीवन जानवरों के जीवन से भिन्न नहीं है। यहाँ माउण्ट वॉशिंग्टन में एक बकरी थी, वह मेरी आवाज से सदा आकर्षित होती थी। एक दिन जब मैं इस मन्दिर में प्रवचन दे रहा था, तो वह बकरी तेजी से चलती हुई अन्दर आ गई और ठीक मेरे सामने आकर खड़ी हो गई! निःसंदेह वह नहीं जानती थी कि मैं क्या कह रहा था; वह केवल मेरी आवाज सुनना पसन्द करती थी। परन्तु आप लोग इन सत्संगों में केवल मेरे शब्दों को सुनने नहीं आते, बल्कि उनके पीछे ईश्वरीय उपस्थिति को भी अनुभव करने आते हैं। यदि आप अपनी चेतना को प्रभु की चेतना के साथ एकलय कर लें, और आनन्द के उस प्रवाह में रहें, तो आप उनके साथ एकाकार होने का अनुभव करेंगे। जो भी ज्ञान मैंने प्राप्त किया है वह सब अपने अन्तर में ईश्वर की चेतना के साथ अन्तर्सम्पर्क होने पर ही प्राप्त किया है। इसे आप भी प्राप्त कर सकते हैं।

जब कोई आध्यात्मिक रूप से उन्नत होता है और सभी प्राणियों के साथ बन्धुत्व का अनुभव करता है, उसका दूसरों के दुःखों को बाँटने का उत्तरदायित्व बढ़ जाता है। जीसस दूसरों के दुःख बाँटने के लिए स्वयं कष्ट भोगने के लिए इच्छुक रहते थे; हमें भी उन लोगों के लिए जो ठंड और रोग से काँप रहे हैं, जो कुछ हम कर सकते हैं करना चाहिए। यह दुःखद अनुभव उनके लिए दुःस्वप्न है; और उनके जो भी दुःख हम दूर कर सकते हैं उन्हें हम ईश्वर से भी हटा रहे हैं। वे सुखी नहीं होते जब उनकी संतान कष्ट में होती है, क्योंकि उनमें वे स्वयं कष्ट भोगते हैं।

आपमें से अधिकाँश इस क्षण, सुन्दरता और शान्ति का आनन्द उठा रहे हैं, परन्तु उनके विषय में सोचिए जो आज लूईसाविले में हैं! हज़ारों लोग वहाँ बाढ़ के कारण कष्ट भोग रहे हैं। एक बार बहुत पहले मैं सोचता था कि अमेरिका कितना अद्भुत देश है, उन सब घोर विपत्तियों से मुक्त है, जो अनेक देशों में संकट पैदा करती हैं; तब ईश्वर ने मुझे बाढ़ दिखाई जो आजकल आई हुई है। स्पेन में, चल रही लड़ाई में हज़ारों लोगों के मारे जाने से उत्पन्न उनके विचारों* के स्पन्दन और भाव वायुमण्डल में परिवर्तन का

* विचार की शक्ति, अच्छाई अथवा बुराई के लिए, विश्व के विचार-तत्व से ही आती है। सृष्टि की रचना करने में, ईश्वर ने सर्वप्रथम इसे विचार की रूपरेखाओं में बनाया, जो कि सृष्टात्मक स्पन्दनों का सूक्ष्मतम रूप है, उसके बाद ये सूक्ष्म प्रकाश के रूपों में घनीभूत हुए और फिर स्थूल परमाणु संरचना में घनीभूत हुए। ईश्वर के आद्य विचार को हटा दें तो यह सृष्टि लुप्त हो जाएगी। मनुष्य के विचार ईश्वर की

कारण बने, जो कि इस बाढ़ और संसार में अन्य घोर विपदाओं का कारण हैं। युद्ध, बुराइयों के स्पन्दन को उगलता है, जो समस्त प्रकृति के सन्तुलन और सामंजस्य को भंग कर देता है, और "प्राकृतिक" विध्वंस का कारण बनता है।

ईश्वर ने मनुष्य को स्वतंत्रता दी, और मनुष्य ने उस स्वतंत्रता का दुरुपयोग किया, यही सारे कष्टों का कारण है। ईश्वर द्वारा प्रदत्त अपनी स्वतंत्र इच्छा का दुरुपयोग करने के भयंकर परिणाम होते हैं। मैं चाहूँगा कि मैं कोई गलत कार्य करने लगूँ तो उसी समय कोई मुझे सचेत कर दे, बजाय इसके कि मुझे इस ओर से बेखबर रहने देकर तब तक गलत कार्य करने दे जब तक कि वर्षों बाद मुझे उस हानि का भान हो जिसे मैंने किया था।

समस्त दुःख का कारण माया द्वारा रचित अज्ञान है

अतः दुःख ईश्वर का काम नहीं है, बल्कि शैतान की *माया* की शक्ति अर्थात् भ्रम का कार्य है। यह शक्ति अज्ञान को उत्पन्न करती है, जो लोगों को उनके कार्यों के परिणाम के प्रति अन्धा बना देता है, जो उन्हें गलत काम करने के लिए प्रेरित करता है और इस प्रकार उनके लिए कष्ट उत्पन्न करता है। जो स्पेन में युद्ध कर रहे हैं — सरकारी सैन्य-बल और उनके विरोधी, दोनों पक्ष यही सोचते हैं कि वे ठीक कर रहे हैं। बुराई से बचने का केवल एक ही रास्ता है कि बुरा क्या है इसे जानने के लिए विवेकशील ज्ञान को विकसित करना, और फिर उस बुराई को न करने का प्रण करना। कोई अनुचित कार्य दूसरे अनुचित कार्य से लड़कर सही कार्य नहीं बनाता। मनुष्य का वास्तविक शत्रु अज्ञान है। इसे इस पृथ्वी से अवश्य बाहर निकालना चाहिए।

रामराज्य लाने के लिए आज संसार में प्रत्येक आवश्यक वस्तु हमारे पास है। केवल मनुष्य का स्वार्थ इसे असंभव बनाता है। मनुष्य के अदूरदर्शी निजी-स्वार्थ ने अनावश्यक अपार दुःख को जन्म दिया है। धन, जो ज़रूरतमंद लोगों को भोजन और कपड़ा दे सकता है उसके बजाय विनाश के लिए उपयोग किया जाता है। संसार की कठिनाइयों का मूल कारण यही स्वार्थ है जो अज्ञान से उत्पन्न होता है। प्रत्येक व्यक्ति सोचता है कि वह ठीक कर रहा है, परन्तु जब वह केवल अपने स्वार्थ को सन्तुष्ट करना

विचार शक्ति से लिए हुए एक लघु ब्रह्माण्डीय रूप हैं। और इसलिए चाहे वे अविकसित ही हों तो भी, सार्थक रूप से मनुष्य के अपने स्वास्थ्य, प्रसन्नता, और सफलता को प्रभावित करने की क्षमता रखते हैं और जब दूसरों के समान विचारों द्वारा दृढ़ता से प्रबलित हुए हों, तो उस संसार को भी प्रभावित करने की क्षमता रखते हैं जिसमें वह रहता है। इस प्रकार ईश्वर द्वारा रचित विचार-प्रारूप, मानवजाति के विचारों द्वारा, सद्भावपूर्ण रूप से अथवा दुर्भावपूर्ण रूप से प्रभावित होते हैं। (शब्दावली में *कर्म* देखें।)

चाहता है, तो वह कार्य-कारण के कर्म सिद्धान्त* को गतिमान कर देता है, जो निश्चित रूप से उसके अपने और दूसरों के सुख को नष्ट कर देगा।

जितना अधिक मैं मनुष्य के अज्ञान द्वारा संसार की विपदाओं को उत्पन्न होते देखता हूँ, उतना ही अधिक मैं अनुभव करता हूँ कि यदि हर गली पर सोने की परत भी बिछा दी जाए, तो भी चिरस्थायी सुख नहीं मिल सकता। प्रसन्नता दूसरों को खुशी देने में और निजी-स्वार्थ को छोड़कर दूसरों को सुख देने में निहित है। यदि प्रत्येक व्यक्ति ऐसा करे, तो सभी प्रसन्न रहेंगे, और सभी का भला होगा। जीसस का यही अभिप्राय था जब उन्होंने कहा : "दूसरों से अपने प्रति जैसा व्यवहार चाहते हैं आप भी उनके प्रति वैसा ही व्यवहार करें।"†

सभी धर्मों और सभी राष्ट्रों के एक संघ का होना आवश्यक है। परन्तु ऐसा संघ केवल तभी होगा जब प्रत्येक व्यक्ति ऐसा ध्यान करे जो ईश्वर के साथ सीधा संपर्क कराता है। उनके साथ सम्पर्क ही समाधान है। जब कोई ईश-अनुभूति पा लेता है, तो वह दूसरों को अपने से अलग नहीं समझता। जब तक ऐसा ज्ञान नहीं आता, केवल कुछ लोगों को ही नहीं, बल्कि सभी को, ऐसा ज्ञान प्राप्त नहीं होता, तब तक इस पृथ्वी पर दुःखों से मुक्ति नहीं मिल पाएगी। यहाँ अमेरिका में भी स्वतंत्रता पूर्ण नहीं है, दुःख अभी भी प्रचुर मात्रा में हैं। हममें से प्रत्येक का यह उत्तरदायित्व है कि अपने देश और सभी मनुष्यों के लिए शान्ति और सुख लाएँ। व्यक्ति को, केवल अपने राष्ट्र का ही नहीं वरन् सभी देशों का, अपने परिवार का ही नहीं बल्कि समस्त मानवजाति का ध्यान रखना चाहिए। सामान्य व्यक्ति की रुचि केवल अपने तक और उसके अपने आस-पास के लोगों तक ही सीमित रहती है, परन्तु सच्चा ईश्वर भक्त स्वयं को पूरे संसार के साथ अभिन्न समझता है। यह न समझें कि आपकी आध्यात्मीकृत चेतना का योगदान कम है। आपकी भागीदारी बहुत महत्त्वपूर्ण हो सकती है।

ईश्वर को जानने के लिए आपको उन जैसा बनना होगा। अनेक पाप करने पर भी, उन्हें भुला देने पर भी और यहाँ तक कि उनके प्रति अधिक उदासीनता रखने पर भी, वे हमें स्नेहपूर्वक जीवन देते हैं और इस संसार में जीवन को सहारा देने के लिए सब कुछ देते हैं। ईश्वर से बड़ा कुछ नहीं है, उनके प्रति उपेक्षा सबसे बड़ा पाप है।

* कर्म क्रिया और प्रतिक्रिया का नियम है। मनुष्य अपने व्यवहार के द्वारा जो भी बोता है उसी के अनुसार, इस जीवन में या आने वाले किसी जन्म में, वह फल भोगेगा। (शब्दावली देखें।)

† *मत्ती* 7:12 (बाइबिल)।

ईश्वर को पाने के लिए जो लोग अपना सब कुछ त्यागने के लिए इच्छुक नहीं हैं, वे उन्हें नहीं जानेंगे। जो कोई भी ईश्वर को जानना चाहता है, उसे उनके लिए अन्य सब कुछ त्यागने में सक्षम होना आवश्यक है। जीसस गतसमनी नामक स्थान में अपने शिष्यों को इस सत्य को समझाने का प्रयत्न कर रहे थे, तो उन्होंने उनसे प्रभु का ध्यान करने और अपने साथ प्रार्थना करने को कहा। परन्तु जब वे निद्रा में चले गए, तो उन्होंने उदास होकर कहा : "वास्तव में आत्मा इच्छुक है, परन्तु शरीर कमज़ोर है।"*

मनुष्य एक कठपुतली की तरह है। उसकी आदतों, भावनाओं, मनोवेगों और इन्द्रियों की डोरियाँ उसे अपने आदेशों पर नचाती हैं। वे उसकी आत्मा को बाँध देती हैं। प्रभु को जानने के लिए जो अपने को उन बंधनों से मुक्त कराने के लिए अनिच्छुक है या असमर्थ है वह उन्हें प्राप्त नहीं कर पाएगा। मैं अपने को इन आसक्तियों से अलग पाता हूँ। मैं कभी भोजन करता हूँ, और कभी नहीं भी करता। मैं कभी सो लेता हूँ, और कभी नहीं भी सोता। मैंने सभी भौतिक आवश्यकताओं को त्याग दिया है, अपने को यह सिद्ध करने के लिए कि मुझे उनकी आवश्यकता नहीं है। ईश्वर न खाते हैं न सोते है; वे इन्द्रियों और आदतों से बँधे हुए नहीं हैं। इसी कारण से वे भगवान् हैं, और हम उनके प्रतिबिम्ब में बने हैं; हमें भी उन्हें जानने के लिए प्रत्येक वस्तु त्यागने में सक्षम होना चाहिए : "तुम ईश्वर के साम्राज्य को खोजो और अन्य सब वस्तुएँ तुम्हें प्राप्त हो जाएँगी।"† ईश्वर को पाने के लिए सभी परीक्षणों से गुज़रने पर, अन्त में उन्होंने वह सब कुछ मुझे दिया है जिसकी इस संसार में मुझे आवश्यकता थी या जो मैं चाहता था। और मैंने वह सब कुछ उन्हें वापस दे दिया है, क्योंकि उन्होंने मुझे उससे भी अति महान् उपहार प्रदान कर दिया है : दिन और रात, दिव्य आनन्द। उस आनन्द में, जो भी इच्छाएँ मेरे हृदय में उठती हैं, तृप्त हो जाती हैं।

ध्यान अज्ञान के कोहरे को हटा देता है

ऋषि व्यासजी द्वारा अभिलिखित भगवद्गीता में, भगवान् कृष्ण यह समझाते हैं कि यदि आपका स्वाभाविक ज्ञान, अज्ञान द्वारा ढका हुआ है, तो आप भ्रमित हैं और जीवन में ठोकरें खाते रहते हैं : "वह कर्म तामसिक कहलाता है जो मायावश, अपने

* *मत्ती* 26:41 (बाइबिल)।

† *लूका* 12:31 (बाइबिल)।

सामर्थ्य का विचार किए बिना, परिणामों — व्यक्ति के स्वास्थ्य, धन, एवं प्रभाव की हानि — की उपेक्षा करके; तथा दूसरों को कष्ट पहुँचाने के लिए किया जाता है।"* जब ध्यान करने से, अज्ञान का कोहरा हट जाएगा तब आप सही मार्ग देख पाएँगे। तब आपको कोई और कठिनाई नहीं होगी, आप शाश्वत संतुष्टि को पा लेंगे। "निःसन्देह, इस जगत् में ज्ञान के समान शुचिताकारी और कुछ नहीं है। वह भक्त जो योग में सफल है, समय के साथ स्वतः अपने अन्तर में इसका बोध कर लेगा।"†

मेरे लिए ये सब सत्य वास्तविक हैं। सत्य ही वास्तविकता है। आत्म-साक्षात्कार कोई ऐसी वस्तु नहीं है जिसे पुस्तकों से सीखा जा सके, यह केवल व्यक्तिगत अनुभव से आता है। प्रत्येक धर्म को, न केवल धर्म सिद्धान्तों का कोरा ज्ञान बल्कि सत्य की प्राप्ति और ईश्वर की अनुभूति, अपने अनुयायियों को देनी चाहिए। जीसस क्राइस्ट ने जो अनुभूति प्राप्त की, हमें भी उसका अनुभव अवश्य करना चाहिए। उन्होंने अपने अनुयायियों को अपने व्यक्तित्व की पूजा करने की शिक्षा नहीं दी, बल्कि वह अनुभव करने को कहा जिसे ईश्वर के साथ एक होकर उन्होंने स्वयं अनुभव किया। यह केवल ध्यान और ईश्वर के नियमों का पालन करके प्राप्त किया जा सकता है। जीसस की पूजा करना क्योंकि वे जीसस हैं, पर्याप्त नहीं है। उनके सिखाए शाश्वत आदर्शों को ग्रहण करें, और उन जैसा बनने का प्रयास करें।

हम इस पृथ्वी पर इस विशेष देह में अपने कुछ सबक सीख कर आगे बढ़ने हेतु, केवल कुछ समय के लिए आए हैं। अभी हम किस ओर बढ़ रहे हैं? सोचें, ईश्वर की सृष्टि के स्वप्न उपन्यास में अब तक कितने पृष्ठ पलटे जा चुके हैं! जब मैं सॉल्ट लेक शहर में गया तो मैंने अपनी दिव्य दृष्टि में एक विशाल सागर देखा, और उसके किनारे मैमथ‡ सैर करते हुए देखे। बाद में मुझे पता चला कि कुछ समय पहले वहाँ एक पुरातन मैमथ का अस्थिपिंजर मिला था।

मानव के रूप में हमारे पास ईश्वर प्रदत्त शक्ति है जिसके द्वारा हम अपनी प्रत्येक आदत और सीमा को हटा सकते हैं और अपनी चेतना को सम्पूर्ण सृष्टि में विस्तृत कर सकते हैं, और न केवल सभी जीवों के हृदय में प्रवेश कर सकते हैं, बल्कि तारों से परे भी जा सकते हैं। हमारा स्वाभाविक विस्तार इससे भी कहीं अधिक बड़े

* XVIII:25।

† भगवद्गीता IV:38।

‡ हाथी की जाति वाला विशाल जानवर।

स्थान को घेरता है। इतनी अद्भुत सम्भावना हमारे अन्दर विद्यमान है! हम असीम हैं! मैं उस असीम क्षेत्र में रहता हूँ, और केवल कभी-कभी अपने शरीर के प्रति सचेत होता हूँ।

अभी आप सीमित हैं, परन्तु जब आप नित्य गहन दैनिक ध्यान द्वारा अपनी चेतना को ससीम से असीम तक स्थानान्तरण करने में सक्षम हो जाएँगे, तो आप मुक्त हो जाएँगे। आपको इस शरीर में बन्दी रहने के लिए नहीं बनाया गया है। आप ईश्वर की संतान हैं, आपको उस दिव्य जन्म-सिद्ध अधिकार के अनुसार आचरण करना चाहिए।

अपने हृदय में ईश्वर को प्रथम स्थान दें

जहाँ भी आपका मन है, वहीं आप अपना समय बिताएँगे। यदि ईश्वर ने आपको खेलने या पढ़ने या कार्य करने की शक्ति न दी होती तो क्या होता? आप कुछ नहीं कर सकते थे। इसलिए ईश्वर का स्थान आपके जीवन में सर्वप्रथम होना चाहिए। ईश्वर जानते हैं कि आपके हृदय में क्या है, अतः वहाँ उनको प्रथम स्थान दें।

केवल प्रेम ही ईश्वर को पकड़ने का एक मात्र रास्ता है। ईश्वर पर ध्यान लगाएँ और गहन प्रार्थना करें, "हे प्रभो, मैं आपके बिना नहीं रह सकता। आप मेरी चेतना के पीछे विद्यमान शक्ति हैं। मैं आपसे प्रेम करता हूँ। मुझे दर्शन दें।" उनका ध्यान करने के लिए जब आप नींद को त्याग देते हैं, जब आप स्वार्थ को छोड़ देते हैं और स्वयं ईश्वर को अपने बन्धुओं में कष्ट भोगते देखकर रोते हैं तो वे आपके पास आ जाते हैं। जब आप वास्तव में उनके लिए त्याग करते हैं, तो वे आपके प्रेम जाल में फँस जाते हैं। अन्य कुछ उन्हें बाँध नहीं सकता।

ज्ञान प्रेम के लिए रास्ता बनाता है। आप उसे प्रेम नहीं कर सकते जिसे आप जानते ही नहीं। इसलिए ईश्वर से प्रेम करने से पहले उनका ज्ञान आवश्यक है। यह ज्ञान *क्रियायोग** के अभ्यास से आता है, वह प्रविधि जो लाहिड़ी महाशयजी ने दी थी। जब आप ईश्वर को जान जाएँगे, तब आप उनसे प्रेम करेंगे, और जब आप उनसे प्रेम करेंगे, तब आप स्वयं को उन्हें समर्पित कर देंगे।

* *क्रियायोग* का अर्थ है एक निश्चित कार्य अथवा यज्ञ (*क्रिया*) द्वारा परमात्मा के साथ संयुक्त (*योग*) होना। विशेष रूप से यह ध्यान की एक प्रविधि है, जिसके द्वारा ईश्वर के साथ संयुक्तता की अनुभूति की जा सकती है। परमहंस योगानन्दजी के परम गुरु श्री श्री लाहिड़ी महाशय ने इस युग में प्राचीन क्रियायोग विज्ञान के पुनरुद्धार में एक मुख्य भूमिका निभाई। (देखें शब्दावली में *क्रियायोग* तथा परमहंस योगानन्दजी की *योगी कथामृत* का अध्याय 26।)

जब तक आपकी ईश्वरीय भक्ति और ईश्वरीय बोध पूरे नहीं हो जाते, विश्राम से न बैठें, ध्यान करने के समय नींद में न चले जाएँ। ईश्वर की अपेक्षा अन्य किसी वस्तु को प्राथमिकता कभी न दें उनका प्रेम ही महानतम प्रेम है। जब तक आप दूसरी वस्तुओं को प्रथम स्थान देते रहेंगे, वे प्रतीक्षा करते रहेंगे। परन्तु आपका विलम्ब बहुत लम्बा हो सकता है और आपके कष्ट और अधिक बढ़ सकते हैं। टालिए मत। अपनी अन्तरात्मा की सच्चाई में विश्वस्त हो जाएँ कि आपने उनसे सम्पर्क करने का पूरा प्रयास कर लिया है। विश्राम मत करें, तब तक प्रयास न छोड़ें जब तक कि आप उन्हें अपनी आँखों से देख न लें, या अपने हृदय में उन्हें अनुभव न कर लें। जन्म, खेलकूद, विवाह, संतान, वृद्धावस्था और फिर जीवन समाप्त हो जाता है। यह जीवन नहीं है! मैंने अनुभव किया है कि जीवन इससे कहीं अधिक गहनतर है और उससे अधिक अद्भुत है। जब आप ईश्वर को जान लेते हैं, तब कोई दुःख नहीं रह जाता। जिनसे आपने प्रेम किया और वे मृत्यु में समा गए वे सब शाश्वत जीवन में फिर से आपके साथ होंगे। आप नहीं जानते कि किसको आप "अपना" समझें, क्योंकि वहाँ प्रत्येक आपका अपना है।

ईश्वर की सुन्दरता अपार है। पुष्पों की मनोहरता का आनन्द लेना ठीक है, परन्तु उससे कहीं अधिक अच्छा है उनकी सुन्दरता और पवित्रता के पीछे ईश्वर के चेहरे को देखना। संगीत की, मात्र उससे मिलने वाले आनन्द में अपने आपमें बह जाने की तुलना, उसमें विद्यमान ईश्वर की रचनात्मक वाणी को सुनने से नहीं की जा सकती। यद्यपि ईश्वर सृष्टि के सीमित सौन्दर्य में अन्तर्निहित हैं, फिर भी भौतिक स्वरूप और सीमितता से परे शाश्वत आत्मा की अनुभूति करना ही ज्ञान है। आप जानते हैं कि मैं यहाँ माउण्ट वॉशिंग्टन और एन्सिनिटस *आश्रमों** के अपने बगीचों के प्रति कितना स्नेही हूँ। मैं उनकी सुन्दरता से कभी नहीं ऊबता हूँ। लेकिन हाल ही में ईश्वर ने मुझे जाग्रत करने वाला एक अनुभव कराया। मैंने अन्तर में देखा कि लोग बैठे हैं और बातें कर रहे हैं। उनमें से एक ने किसी कार्य का प्रस्ताव रखा, लेकिन दूसरे ने कहा, "नहीं, परमहंसजी ने सिखाया है कि हमें वह कार्य नहीं करना चाहिए।" मैंने अचानक अनुभव किया कि यही वह मानस दर्शन है, जिसे आने वाले समय में फलीभूत होना है, जब मैं इस शरीर में यहाँ नहीं रहूँगा। एक क्षण के लिए मैं हिल गया, और फिर मैं अपनी सामान्य चेतना में वापस आ गया।

* माउण्ट वॉशिंग्टन आश्रम केन्द्र, सेल्फ़-रियलाइज़ेशन फ़ेलोशिप का अन्तर्राष्ट्रीय मुख्यालय, माउण्ट वॉशिंग्टन, लॉस एंजिलिस में स्थित है। आश्रम केन्द्र, एन्सिनिटस कैलिफ़ोर्निया में सेल्फ़-रियलाइज़ेशन फ़ेलोशिप की एक शाखा है।

इस संसार में किसी भी वस्तु के प्रति आसक्ति रखने का कोई लाभ नहीं है। ईश्वर के ब्रह्माण्डीय नाटक में अनेक वस्तुएँ आती और जाती हैं। मैं विमान क्षेत्रों को नष्ट होते और समुद्र को शवों से भरे तथा आने वाले समय में बहुत से दूसरे होने वाले कार्यों को देखता हूँ। मैं अपने हृदय में, संसार को अपने बिना देखता हूँ। अन्ततः यह स्वतंत्रता ईश्वर प्रत्येक आत्मा को देते हैं।

एक महान् सन्त ने कहा है, "मुझे चिंता नहीं मैं कहीं भी रहूँ, लेकिन हे प्रभो, मेरे ध्यान से विस्मृत होकर मुझे दण्ड मत देना।" इससे बड़ा और कोई दण्ड नहीं है। जीसस ने कहा : "तुम्हारे लिए अच्छा है कि तुम अपंग जीवन में प्रवेश करो।"* ईश्वर सम्पर्क से सभी कष्टों को दूर किया जा सकता है।

कष्टों के दुःस्वप्न से जागें

स्वप्न में आप देख सकते हैं कि किसी दुश्मन के द्वारा पीछा करने पर आप किसी एक गली में भाग रहे हैं। अचानक आपको गोली लग जाती है, और आप सोचते हैं, "ओह अति भयानक! मैं मर रहा हूँ! मुझे इस संसार को छोड़ते हुए दुःख हो रहा है।" तब आप अपने को मृत देखते हैं। अन्त्येष्टि-प्रबंधक आपके शरीर का संस्कार कर देता है, और आपके मित्र अस्थि-प्रवाह संस्कार के समय दुःख व्यक्त करने आते हैं। परन्तु अचानक आपकी नींद खुल जाती है और आप देखते हैं कि यह तो केवल एक स्वप्न था। आप जीवित हैं! ऐसा ही मृत्यु के समय होता है।

ईश्वर ने मुझे एक मानस दर्शन दिखाया कि जो स्पेन में लड़ाई में मर रहे हैं, वे केवल मृत्यु का एक भयानक स्वप्न देख रहे थे। जैसे ही उनकी चेतना शरीर से अलग होती है, वे एक दुःस्वप्न की तरह जाग जाते हैं और उससे मुक्त होने पर प्रसन्न होते हैं। हमारे जीवन के सभी अनुभव एक स्वप्न के अंश हैं। मानव ने स्वयं ही युद्ध के दुःस्वप्न की रचना की है। परन्तु इससे पीड़ितों को, उनके शरीर से बाहर निकाल दिए जाने के पश्चात्, अनुभव होता है कि यह तो केवल एक भयानक स्वप्न था जिससे वे जाग गए हैं। वे जानते हैं कि वे मरे नहीं हैं। यह एक अति अलौकिक सत्य है।

* *मरकुस* 9:43 (बाइबिल)। अर्थात् उन सभी इच्छाओं और आदतों से रहित जीवन, जो मनुष्य को ईश्वर का चिन्तन करने से रोकती हैं।

यदि आप जानते हैं कि आप एक स्वप्न देख रहे हैं, तो आप स्वप्न में बुरे अनुभवों से पीड़ित नहीं होंगे। परन्तु यदि आप स्वप्न से अभिन्न हैं, और उसमें कोई आपका सिर फोड़ देता है और जान से मार देता है, तो वह स्वप्न मृत्यु आपको सत्य और भयानक अनुभव लगेगी जब तक कि आप नींद से जाग न जाएँ और समझ न जाएँ कि यह वास्तव में नहीं था। मृत्यु के पश्चात् भी ऐसा ही होता है। एक बार आप इस शरीर से बाहर आ जाएँ, आप अनुभव करेंगे कि आप मृत नहीं हैं, अपितु आप एक दुःस्वप्न से मुक्त हो गए हैं। अतः मृत्यु अन्त नहीं है, यह भौतिक स्वप्न-देह में बन्दी चेतना की मुक्ति है। वह मुक्ति महान् स्वतंत्रता के भाव को जन्म देती है। हमें मृत्यु को कदापि माँगना नहीं चाहिए; बल्कि हमें अपनी चेतना को ध्यान और ईश्वर-सम्पर्क द्वारा इस प्रकार तैयार करना चाहिए कि मृत्यु जब अपने समय पर आए तो हम इसे एक स्वप्न के रूप में देखने के लिए सक्षम हो जाएँ, इससे अधिक कुछ नहीं। मैं जब चाहूँ जीवन और मृत्यु के स्वप्न स्वरूप को देख सकता हूँ। इसलिए मैं इस शरीर को बहुत ही कम महत्त्व देता हूँ।

ईश्वर के साथ एक हो कर जीवन को एक स्वप्न जानें

परमात्मा की चेतना में रहें, ईश्वर के साथ उस एकत्व में जिसमें आप जानते हैं कि जीवन एक स्वप्न है। जब आप प्रयास करते हैं तो कार्य करना बहुत सरल हो जाता है। जब दुःख आता है तो शरीर के साथ अभिन्नता से अपनी चेतना को हटाना कठिन हो जाता है, इसलिए बुद्धिमान बनें और अब, जब तक आपके पास स्वास्थ्य एवं बल है, प्रयास करें।

सांसारिक इच्छाएँ ईश्वर को पाने की इच्छा को हर लेती हैं। लगभग प्रति दिन कोई न कोई मुझसे कहता है कि मुझे यह अथवा वह वस्तु चाहिए। यह कितना बेतुका लगता है, क्योंकि मैं जानता हूँ कि हज़ारों लोगों के पास वह वस्तु नहीं है जिसके लिए मुझसे कहते हैं मुझे "चाहिए"। यदि उन्हें उस वस्तु की आवश्यकता नहीं है, तो मुझे वह क्यों चाहिए? आपकी एक मात्र वास्तविक आवश्यकता हैं ईश्वर, इसके अतिरिक्त और कोई आवश्यकता नहीं। सम्पत्ति, संगीत, पुस्तकें, भोजन अथवा इन्द्रिय सुखदायक वस्तुओं के प्रति आसक्त न हों। केवल ईश्वर में ही आप का शाश्वत जीवन है। इस महान् सत्य के प्रति जागरूक बनें, अन्यथा आपके जीवन के पहले से ही तय अनेक कार्य आपको घेर लेंगे, और आप उन्हीं बंधनों में बँधे मृत्यु को प्राप्त हो जाएँगे। यदि आप

ईश्वर के साथ एक हो गए हैं, तो आपको दोबारा इस स्वप्नधरा पर आने के लिए बाध्य नहीं किया जाएगा। आप अपनी इच्छा* के अनुसार इस पृथ्वी पर ईश्वर की उनके ही बच्चों में सेवा करने के लिए आने एवं जाने के लिए स्वतंत्र होंगे।

यदि आप ईश्वर के आनन्द में रहें, तो आप नहीं जान पाएँगे कि मृत्यु है क्या? जब आप यांत्रिक रूप से प्रार्थना करते हैं, तो आप उस अवस्था तक नहीं पहुँच पाते। अपनी प्रार्थना में पूर्णरूप से तल्लीन हो जाएँ, इस विश्वास के साथ कि ईश्वर सुन रहे हैं। यदि आप इस प्रकार उत्साह, और प्रेम के साथ ईश्वर से प्रार्थना करेंगे, तो वे किसी भी समय आपके पास आ जाएँगे।

* केवल पुर्नजन्म का सिद्धान्त ही सभी व्यक्तियों में, ईश्वर की सब प्रिय संतानों के बीच दिखाई देने वाले अन्याय और असामनता के लिए तर्कयुक्त कारण बताता है। आत्मा, जो पूर्ण और सदा-पूर्ण है, क्रमशः उच्चतर जीवनों में बार-बार जन्म लेने के लिए क्रमविकास के नियम द्वारा बाध्य है — गलत कार्यों और इच्छाओं द्वारा बाधित और आध्यात्मिक प्रयास द्वारा तेज किए गए — जब तक कि आत्मानुभूति और ईश्वर-एकत्व प्राप्त न हो जाए। तब ईश्वर की माया से ऊपर उठकर आत्मा सदा के लिए मुक्त हो जाती है। "जिनके विचार ब्रह्म में लीन हैं, जिनकी आत्मा परमात्मा के साथ एक है, जिनकी सम्पूर्ण निष्ठा और भक्ति परमात्मा को दी गई है, ज्ञान रूपी विषहर द्वारा जिनका अस्तित्व विषैली माया से शुद्ध हो गया है — ऐसे व्यक्ति पुनर्जन्म न लेने की अवस्था तक पहुँचते हैं।" (भगवद्गीता V:17)। बाइबिल में भी इसी प्रकार लिखा है : "जो विजयी होगा उसे मैं अपने प्रभु के मन्दिर में एक स्तम्भ बनाऊँगा, और उसे अब बाहर नहीं जाना पड़ेगा" (*प्रकाशित वाक्य* 3:12 बाइबिल)। मोक्ष के बाद जो आत्मा पृथ्वी पर आती है, वह अपनी स्वतंत्र इच्छा से एक गुरु के रूप में जन्म लेती है और दूसरों के मोक्ष के लिए सहायता करती है। ऐसी स्वैच्छिक वापसी को *व्युत्थान* कहते हैं, ऐसा जीवन जिसमें *माया* भ्रमित नहीं कर पाती। किसी भी युग में ऐसे जन्म विरले ही होते हैं।

प्रार्थनाओं के उत्तर प्राप्त करना

सेल्फ़-रियलाइज़ेशन फ़ेलोशिप,
अंतर्राष्ट्रीय मुख्यालय, लॉस एंजिलिस, कैलिफ़ोर्निया,
19 अक्टूबर 1939

इस संसार में हम कहाँ से आए हैं यह न जानने के कारण हम स्वभावत: ही जीवन के मूल स्रोत तथा उद्देश्य के बारे में सोचने लगते हैं। हम एक स्रष्टा के बारे में सुनते हैं, उनके बारे में पढ़ते हैं, परन्तु उनसे सम्पर्क करने का कोई तरीका नहीं जानते। हम केवल इतना ही जानते हैं कि सम्पूर्ण सृष्टि उनकी प्रज्ञा को व्यक्त कर रही है। जैसे हम छोटी-सी घड़ी की सूक्ष्म कारीगरी देखकर घड़ी बनाने वाले के प्रति सराहना से भर उठते हैं, और किसी कारखाने में लगी महाकाय जटिल मशीनों को देख कर उनके आविष्कारकर्ता पर आश्चर्य प्रकट करते हैं, उसी प्रकार जब हम प्रकृति के आश्चर्यों को देखते हैं, तो उनके पीछे छुपी प्रज्ञा पर आश्चर्य करते हैं। हम अपने आपसे पूछने लगते हैं : किसने दिया पुष्प को यह सजीव रूप और क्यों वह सूर्य की ओर आकर्षित होता है? कहाँ से मिला उसे सुगंध और सौन्दर्य? उसकी पंखुड़ियाँ इतने परिपूर्ण तरीके से कैसे बनी हैं और उनमें इतने सुन्दर रंग कैसे भर गए?

रात को हमारे चारों ओर रुपहली रोशनी बिखेरते चाँद और तारे हमें उस प्रज्ञा के बारे में सोचने के लिए प्रेरित करते हैं जो आकाश में इन खगोलीय पिंडों का संचालन करती है। चंद्रमा का सौम्य प्रकाश दिन के कार्यों के लिए अपर्याप्त है और इस प्रकार एक कल्याणकारी प्रज्ञा हमें यह संकेत देती है कि रात को हम आराम करें। फिर सूर्य निकलता है तो उसका उज्ज्वल प्रकाश हमें अपने चारों ओर के संसार को और हमें व्याकुल करने वाली अपनी आवश्यकताओं की पूर्ति के प्रति हमारे उत्तरदायित्वों को भलीभाँति स्पष्ट रूप से देखने की क्षमता देता है।

हमारी आवश्यकताओं की पूर्ति के दो तरीके हैं। एक है भौतिक। उदाहरण के लिए, जब हमारा स्वास्थ्य खराब हो जाए तो हम उपचार के लिए डॉक्टर के पास जा सकते हैं। परन्तु एक समय ऐसा भी आता है जब कोई मानवीय सहायता काम नहीं

आ सकती। तब हम दूसरे तरीके की ओर मुड़ते हैं : ईश्वर की शक्ति की ओर जो हमारे शरीर, मन, और आत्मा की सृष्टिकर्त्ता है। भौतिक शक्ति सीमित होती है और जब उससे काम नहीं चलता तो हम असीम ईश्वरीय शक्ति की ओर मुड़ते हैं। हमारी आर्थिक आवश्यकताओं के साथ भी यही होता है; जब हम अपना पूरा प्रयास कर चुके होते हैं और फिर भी वह अपर्याप्त रहता है, तब हम उस ईश्वरीय शक्ति की ओर मुड़ते हैं।

प्रत्येक मनुष्य यही सोचता है कि उसकी समस्याएँ सबसे विकट हैं। कुछ लोग अन्य लोगों से अधिक उत्पीड़ित अनुभव करते हैं क्योंकि उनमें प्रतिरोध की शक्ति कम होती है। अपनी मानसिक शक्ति में अन्तर होने के कारण, लोग अलग-अलग मात्रा में शक्ति लगाते हैं। यदि किसी की समस्या बहुत बड़ी हो और उसका मन दुर्बल हो, तो वह उस समस्या को हल करने में सफल नहीं होगा। जिसका मन शक्तिशाली है वह उसी समस्या के अवरोध को चूर-चूर कर सकता है। फिर भी, कभी-कभी बलवान से बलवान मनुष्य को भी असफलता का मुँह देखना पड़ता है। जब अत्यंत विकट भौतिक, मानसिक या आध्यात्मिक समस्याएँ हमें व्याकुल कर देती हैं, तब हमें पता चलता है कि इस स्थूल जगत् में जीवन की शक्तियाँ कितनी सीमित हैं।

हमारा प्रयास केवल आर्थिक सुरक्षा एवं अच्छा स्वास्थ्य पाने के लिए ही नहीं, अपितु स्वयं जीवन के अर्थ को समझने के लिए होना चाहिए। इस सब का क्या अभिप्राय है? जब भी हम पर कठिनाइयाँ आती हैं, तो हम सबसे पहले अपने परिवेश के अनुसार प्रतिक्रिया करते हैं और उन्हें ठीक करने के लिए जो भी भौतिक परिवर्तन करना आवश्यक समझते हैं, वह सब करते हैं। परन्तु जब हम ऐसे मोड़ पर पहुँच जाते हैं कि हमारे मन में यह विचार आने लगता है : "मैंने अब तक जो भी करके देखा वह सब व्यर्थ हुआ; अब आगे क्या करूँ?" तब हम उस समस्या का हल ढूँढने के लिए गहन विचार करना शुरू करते हैं। जब हम पर्याप्त गहराई से विचार करते हैं तो हमें उस समस्या का हल अपने अंतर में मिल जाता है। यह प्रार्थना के उत्तर का ही एक प्रकार है।

प्रार्थना आत्मा की पुकार होती है

प्रार्थना आत्मा की पुकार होती है। ईश्वर ने हमें याचक नहीं बनाया है; उन्होंने हमें अपने प्रतिबिम्ब में बनाया है। हिन्दू शास्त्रों ने और बाइबिल ने यह प्रतिपादित किया है। कोई याचक यदि किसी धनवान के द्वार पर जाकर भीख माँगता है तो उसे केवल भीख ही मिलती है परन्तु उस घर के स्वामी का पुत्र अपने धनवान पिता से जो भी माँगे

वह उसे मिल जाता है। इसलिए हमें याचकों जैसा व्यवहार नहीं करना चाहिए। जब श्रीकृष्ण, बुद्ध, क्राइस्ट जैसे अवतारों ने यह कहा कि हम ईश्वर के प्रतिबिम्ब में बने हैं तो वे झूठ नहीं बोल रहे थे।

फिर भी हम देखते हैं कि कुछ लोगों के पास सब कुछ है, वे जन्म से ही धनी प्रतीत होते हैं, जबकि अन्य लोगों को केवल असफलताएँ और समस्याएँ ही मिलती हैं। तो ऐसे लोगों में ईश्वर का प्रतिबिम्ब कहाँ है? ईश्वर की शक्ति हममें से प्रत्येक में है; प्रश्न केवल इतना ही है कि उसे कैसे विकसित किया जाए। मुझे प्राप्त ईश्वर के अनुभवों से जो मैंने सीखा, उसका यदि आप पालन करेंगे तो आप जिस उत्तर की खोज कर रहे हैं वह आपको अवश्य प्राप्त होगा। विगत काल में आपको अपनी प्रार्थनाओं का उत्तर न मिलने से निराशा हुई होगी, तब भी विश्वास मत खोइए। प्रार्थनाएँ सफल होती हैं या नहीं यह जानने के लिए, पहले आपके मन में प्रार्थना की शक्ति में विश्वास होना अत्यावश्यक है।

आपकी प्रार्थनाएँ इसलिए सफल नहीं हुई होंगी क्योंकि आपने एक याचक बनकर ऐसा किया होगा। और फिर आपको यह भी मालूम होना चाहिए कि आप अपने परमपिता से अधिकार के साथ क्या माँग सकते हैं। आप अपने पूरे मन और शक्ति के साथ भी पृथ्वी का स्वामी बनाए जाने के लिए प्रार्थना करेंगे तो भी वह प्रार्थना कभी स्वीकृत नहीं होगी क्योंकि भौतिक जीवन से संबंधित सभी प्रार्थनाओं की एक सीमा होती है; उन्हें ऐसा होना ही है। मनमानी इच्छाओं की पूर्ति के लिए भगवान् अपने नियमों को नहीं तोड़ेंगे। परन्तु प्रार्थना करने का एक उचित ढंग है। कहते हैं कि बिल्ली को नौ बार जीवन दान मिलता है; समस्याओं को निन्यानवे बार मिलता है! आपको समस्याओं की बिल्ली को मारने का एक सुनिश्चित मार्ग ढूँढना है। प्रार्थना को प्रभावी बनाने का रहस्य इसमें है कि हम याचक के अपने दर्जे को ईश्वर की संतान में परिवर्तित कर दें; जब आप उस चेतना से ईश्वर की प्रार्थना करेंगे, तब आपकी प्रार्थना में शक्ति भी होगी और विवेक भी।

इच्छा-शक्ति में ही सफलता का बीज होता है

अधिकांश लोग जब कोई ऐसा कार्य संपादन करने की कोशिश कर रहे होते हैं जिसका उनके लिए बहुत महत्त्व है, तो वे अत्यधिक अशांत या तनावग्रस्त हो जाते हैं। अधीर और अशांत मन से किए गए कार्य ईश्वर की शक्ति को आकर्षित नहीं करते;

परन्तु इच्छा शक्ति का निरंतर, शांत, शक्तिपूर्ण प्रयोग सृष्टि की शक्तियों को झकझोर देता है और अनंत परमतत्त्व से उत्तर प्राप्त करता है। आप जो कुछ भी करना चाहते हैं उसकी सफलता का बीज आपकी इच्छशक्ति में ही होता है। समस्याओं से बुरी तरह आहत हुई इच्छा-शक्ति थोड़े समय के लिए निस्तेज हो जाती है। परन्तु जो कृतसंकल्प मनुष्य यह कहता है कि, "मेरा शरीर भले ही टूट जाए परन्तु इच्छा शक्ति रूपी मेरा सिर नहीं झुक सकता," वह इच्छा-शक्ति की सबसे बड़ी अभिव्यक्ति को प्रदर्शित करता है।

इच्छा-शक्ति ही आपको दिव्य बनाती है। जब आप उस इच्छा-शक्ति को प्रयुक्त करना बंद कर देते हैं तो आप मर्त्य मानव मात्र बन जाते हैं। अनेक लोग कहते हैं कि हमें अपनी इच्छा-शक्ति का प्रयोग परिस्थितियों को बदलने के लिए नहीं करना चाहिए, कि उसके कारण हम कहीं ईश्वर की योजना में हस्तक्षेप न कर बैठें। परन्तु यदि हमें इच्छा-शक्ति का प्रयोग न करना होता तो ईश्वर हमें वह शक्ति देते ही क्यों? एक बार मैं ऐसे सनकी आदमी से मिला जो कहता था कि वह इच्छा-शक्ति के प्रयोग में विश्वास नहीं करता क्योंकि उससे अहंकार बढ़ता है। मैंने कहा : "आप अभी मेरा विरोध करने के लिए तो बहुत अधिक इच्छा-शक्ति का प्रयोग कर रहे हैं! बोलने के लिए भी आप उसका प्रयोग कर रहे हैं और खड़े रहने के लिए या चलने के लिए या खाने के लिए या सिनेमा जाने के लिए, या यहाँ तक कि सोने के लिए भी। आप जो भी करते हैं उसमें इच्छा-शक्ति का प्रयोग करते हैं। इच्छा-शक्ति के बिना आप केवल एक यंत्र मानव बन कर रह जाएँगे।" जब जीसस ने कहा था, "प्रभु, मेरी इच्छा नहीं, केवल तेरी इच्छा पूर्ण हो,"* तो उनका यह अर्थ नहीं था कि इच्छा-शक्ति का प्रयोग नहीं किया जाना चाहिए। वे यह दर्शा रहे थे कि मनुष्य को कामना-वासनाओं के अधीन रहनेवाली अपनी इच्छा-शक्ति को ईश्वर की इच्छा के साथ जोड़ना सीखना चाहिए। इसलिए जब दृढ़ता से उचित प्रार्थना की जाती है तो वह इच्छा-शक्ति है।

आप जिस चीज के लिए प्रार्थना कर रहे हों, उसकी संभाव्यता में आपको पूर्ण विश्वास होना चाहिए। आपको यदि घर की आवश्यकता हो और आपका मन कह रहा हो, "अरे मूर्ख! घर बनाना तेरे बस की बात नहीं," तो आपको अपनी इच्छशक्ति को अधिक बलवान बनाना चाहिए। जब आपके मन से "बस की बात नहीं" निकल जाता है, तब ईश्वर की शक्ति उसका स्थान लेती है। आपके लिए आसमान से कोई घर टपकाया नहीं जाएगा; आपको उस लक्ष्य की प्राप्ति के लिए रचनात्मक कार्यों द्वारा

* *मैथ्यू* 26:39 (बाइबिल)।

इच्छा-शक्ति को निरंतर प्रयुक्त करते जाना होगा। जब आप असफलताओं से हार माने बिना निरंतर प्रयास करते ही जाएँगे तो आपकी इच्छित वस्तु को साकार होना ही पड़ेगा। जब आप उसी एक इच्छा की पूर्ति के लिए अपने विचारों और गतिविधियों में लगातार अपनी इच्छा-शक्ति का प्रयोग करते रहते हैं, तो आपकी इच्छित वस्तु को साकार होना ही पड़ेगा। और तो और, यदि आपकी इच्छा के पूर्ण होने का कोई तरीका दुनिया में न हो, तब भी अगर आपकी इच्छा शक्ति निरंतर दृढ़ बनी रहती है तो इच्छित परिणाम किसी न किसी तरह प्रकट हो ही जाएगा। उस प्रकार की इच्छा-शक्ति में ही ईश्वर का उत्तर होता है। क्योंकि इच्छा-शक्ति ईश्वर से ही आती है और अखंड इच्छा-शक्ति दैवी इच्छा-शक्ति है।

अपने मस्तिष्क में स्थित "नहीं कर सकता" को जला डालें

एक दुर्बल इच्छा-शक्ति नाशवान इच्छा-शक्ति है। जैसे ही कठिनाइयाँ और असफलता उसे काट देती हैं, अनंत शक्ति के स्रोत से उसका संबंध टूट जाता है। परन्तु मानवीय इच्छा-शक्ति के पीछे जो ईश्वर की इच्छा-शक्ति होती है वह कभी विफल नहीं हो सकती। यहाँ तक कि ईश्वर की इच्छा-शक्ति को रोकने की शक्ति मृत्यु में भी नहीं है। जिस प्रार्थना के पीछे अनवरत इच्छा-शक्ति हो, उस प्रार्थना का उत्तर प्रभु अवश्य देंगे। अधिकांश लोग मानसिक या शारीरिक स्तर पर, या दोनों ही स्तरों पर आलसी होते हैं। जब उन्हें प्रार्थना करनी होती है तब प्रार्थना के स्थान पर वे निद्रा के बारे में सोचते हैं और जब झपकी आती है तो सीधे बिस्तर में घुस जाते हैं और उसी के साथ उनकी प्रार्थना का अंत हो जाता है। इच्छा-शक्ति को दफना दिया जाता है। सांसारिक व्यक्ति का दिमाग "नहीं कर सकता" से ही भरा रहता है। कुछ विशेष गुणों और आदतों वाले परिवार में जन्म लेने के कारण वह इनसे प्रभावित होकर सोचने लगता है कि कुछ कार्य ऐसे हैं जिन्हें वह नहीं कर सकता; वह अधिक चल नहीं सकता, वह अमुक चीज़ नहीं खा सकता, वह उसको सहन नहीं कर सकता। उन सब "नहीं कर सकता" को जलाना ही होगा। आप जो भी करना चाहें वह कर पाने की शक्ति आपके अन्दर ही है; वह शक्ति इच्छा-शक्ति में निहित है।

जो भी इच्छा-शक्ति को विकसित करना चाहे उसके लिए अच्छी संगति में रहना अनिवार्य है। आप यदि महान् गणितज्ञ बनना चाहते हैं और आपके सभी संगी साथी गणित में रुचि नहीं रखते हैं तो आप निश्चय ही हतोत्साहित हो जाएँगे। परन्तु यदि आप

पारंगत गणितज्ञों की संगत में रहते हैं तो आपकी इच्छा-शक्ति को उससे बल मिलता है। फिर आप सोचते हैं : "यदि दूसरे लोग इसे कर सकते हैं, तो मैं भी कर सकता हूँ।"

अपनी इच्छा-शक्ति को विकसित करने की उत्सुकता में एकदम बड़े कार्यों को हाथ में न लें। सफल होने के लिए पहले अपनी इच्छा-शक्ति को किसी ऐसे छोटे कार्य में इस्तेमाल कीजिए जिसके बारे में आप सोच रहे हों कि आप उसे नहीं कर सकते। यदि आप उस पर कठिन परिश्रम करते हैं तो आप सफल हो सकते हैं। मुझे वे सभी लक्ष्य याद हैं जिनके बारे में मेरे मित्र और अन्य कई लोग कहते थे कि मैं उन्हें कभी प्राप्त नहीं कर सकता, लेकिन मैंने उन्हें प्राप्त किया। ऐसे "शुभचिंतक" अत्यधिक हानि कर सकते हैं। भगवान् बचाएँ ऐसे लोगों से! संगति का इच्छा-शक्ति पर सबसे अधिक प्रभाव पड़ता है। यदि प्रत्येक गुरुवार को यहाँ आने की अपेक्षा आप किसी शराब की पार्टी में जाते तो वहाँ के सांसारिक स्पन्दनों में से कुछ न कुछ लिए बिना आप नहीं रह सकते थे। आपकी संगति निश्चित रूप से आपकी इच्छा-शक्ति को प्रेरित करती है या दुर्बल बनाती है। केवल अपने ही बलबूते पर इच्छा-शक्ति को विकसित करना अत्यंत कठिन होता है। आपके सामने कोई उदाहरण रहना आवश्यक है। यदि आपको चित्रकार बनना है तो अच्छे-अच्छे चित्रों और चित्रकारों के बीच रहिए। यदि आपको आध्यात्मिक व्यक्ति बनना है तो आध्यात्मिक लोगों की संगति में रहिए।

विश्वास और अनुभव एकदम अलग-अलग हैं। आपने जो कुछ पढ़ा हो या सुना हो और उसे सत्य मान लिया हो, उसके आधार पर विश्वास बनता है। परन्तु अनुभव कुछ ऐसा होता है जिसका आपको प्रत्यक्ष बोध होता है। जिन्होंने ईश्वर का अनुभव किया है, उनके दृढ़ विश्वास को किसी तरह से भी विचलित नहीं किया जा सकता। यदि आपने कभी सन्तरे का स्वाद न लिया हो तो उसकी विशेषताओं के बारे में मैं आपको मूर्ख बना सकता हूँ; परन्तु यदि आपने पहले सन्तरा खाया हो तो मैं आपको मूर्ख नहीं बना सकता। आपको तुरन्त वह पता चल जाएगा क्योंकि आपने उसका अनुभव किया हुआ है।

ऐसे लोगों की संगति में रहिए जिनसे आपके विश्वास को बल मिलता है

ईश्वर, सफलता, रोग निवारण आदि के बारे में विचार आपके मस्तिष्क में बीज प्रवृत्तियों के रूप में रहते हैं। आपको उनका अनुभव प्राप्त करना चाहिए। अपने विचारों का अनुभव प्राप्त करने के लिए आपको अपनी इच्छा-शक्ति का प्रयोग कर उन्हें साकार रूप देना होगा और इसके लिए आवश्यक इच्छा-शक्ति का बल प्राप्त करने के लिए,

आपको उनकी संगति में रहना होगा जिनकी इच्छा-शक्ति अत्यंत बलवान है। यदि आप ईश्वर की शक्ति से रोग मुक्ति चाहते हैं, तो ऐसे लोगों की संगति में रहिए जिनके साथ रहने से आपके विश्वास एवं इच्छा-शक्ति को बल मिलता है।

मैं किसी ईश्वर प्राप्त व्यक्ति की खोज में पूरे भारतवर्ष में घूमा। ऐसे महात्मा विरले ही मिलते हैं। जिन-जिन गुरुओं से मैं मिला उन सब ने मुझे अपने-अपने मत के बारे में बताया। परन्तु आध्यात्मिक विषय में ईश्वर के बारे में केवल सुनकर कभी संतोष न करने का मैंने दृढ़ निश्चय कर लिया था। मुझे तो ईश्वर का अनुभव चाहिए था। जब तक मैं स्वयं वह अनुभव न कर लूँ जो मुझे बताया गया था तब तक मेरे लिए उसका कोई अर्थ नहीं था।

एक बार मैं अपने एक मित्र के साथ, जो दलाली का काम करता था, भारत के सन्तों की चर्चा कर रहा था। उसे उन बातों में कोई रूचि नहीं थी। उसने कहा : "ये सब तथाकथित सन्त झूठे हैं। उन्होंने ईश्वर को नहीं जानते हैं।"

मैंने बहस नहीं की और विषय बदल दिया। हम दलाली के धंधे की चर्चा करने लग गए। जब उसने उस धंधे के बारे में मुझे काफी कुछ बता दिया तो मैंने बातों बातों में ही कह दिया : "जानते हो, पूरे कोलकाता में एक भी विश्वसनीय दलाल नहीं है। सब के सब बेईमान हैं।"

"दलालों के बारे में आप जानते ही क्या हैं?" उसने गुस्से से कहा।

मैंने कहा : "वही तो! सन्तों के बारे में आप भी जानते ही क्या हैं?" वह कुछ न बोल सका। मैं अच्छे भाव से ही आगे कहता गया : "जिसके बारे में आप कुछ नहीं जानते उस पर कभी विवाद न करें। मैं दलाली के धंधे के बारे में कुछ नहीं जानता और आप सन्तों के बारे में कुछ नहीं जानते।"

धर्माचरण एक ऐसे मोड़ पर आ पहुँचा है जहाँ बहुत कम लोग अपने आध्यात्मिक विचारों को अनुभव में बदलने की चेष्टा करते हैं। मैं केवल अपने अनुभवों के बारे में ही बताता हूँ; जिन बातों का मुझे केवल बौद्धिक ज्ञान है उन पर प्रवचन देने में मुझे कोई रूचि नहीं। अधिकांश लोग सत्य का कभी अनुभव किए बिना ही केवल उसके बारे में पढ़ कर तृप्त हो जाते हैं। भारत में आध्यात्मिक मार्गदर्शन के लिए हम किसी व्यक्ति के पास केवल इसलिए नहीं जाते कि उसने धर्म की कोई उपाधि प्राप्त कर ली है, और न ही हम उन्हें खोजते हैं जिन्होंने शास्त्र वचनों के सत्य को अनुभव किए बिना ही शास्त्रों का मात्र अध्ययन कर रखा हो। सत्य के बारे में केवल तोता रटन्त आध्यात्मिक प्रचारक

हम पर कोई प्रभाव नहीं डाल सकते। हमें व्यक्ति के उपदेश और उसके जीवन के बीच के अन्तर को पहचानना सिखाया जाता है; उसे अपने जीवन में यह प्रदर्शित करना ही होगा कि उसने जो कुछ सीखा है उसका अनुभव भी प्राप्त किया है।

स्वर्ग में अपने अंतिम प्रवेश को सुनिश्चित करें

जब आप अपनी आध्यात्मिक आस्थाओं का अनुभव करने की चेष्टा करते हैं, तब एक अलग ही जगत् आपके सामने खुलना आरम्भ हो जाता है। इस विश्वास के साथ एक झूठी सुरक्षा के भ्रम में मत रहिए कि आपने चर्च जाना शुरू कर दिया है इसलिए आपका उद्धार हो जाएगा। ईश्वर को जानने के लिए स्वयं आपको ही प्रयास करना होगा। आपका मन भले ही इस बात से संतुष्ट हो गया हो कि आप बड़े धर्मपरायण व्यक्ति हैं, परन्तु जब तक अपनी प्रार्थनाओं के प्रत्यक्ष उत्तर पाकर आपकी चेतना तृप्त नहीं होती, तब तक किसी भी मात्रा में औपचारिक धर्माचरण आपका उद्धार नहीं कर सकता। यदि ईश्वर से उत्तर ही न मिले तो प्रार्थना से क्या लाभ? यद्यपि उनका प्रत्युत्तर प्राप्त करना कठिन तो है, परन्तु उसे प्राप्त किया जा सकता है। स्वर्ग में अपना अंतिम प्रवेश सुनिश्चित करने के लिए आपको तब तक अपनी प्रार्थनाओं की शक्ति को परखते रहना होगा, जब तक आप इन्हें प्रभावकारी नहीं बना लेते। जब मैं छोटा बच्चा था, तभी मैंने दृढ़ निश्चय कर लिया था कि जब मैं प्रार्थना करूँ, तो उस प्रार्थना का उत्तर आना ही चाहिए। इस प्रकार का दृढ़ निश्चय ही एकमात्र मार्ग है। तब आपकी इच्छा-शक्ति को तोड़ने के लिए हर प्रकार की बाधा आती है परन्तु ईश्वर की उत्तर देने की शक्ति भी असीम है; आपकी इच्छा-शक्ति की दृढ़ निरन्तरता ईश्वर का उत्तर अवश्य लाएगी।

आपको अपने विचारों को एकाग्र करना सीखना चाहिए। इसलिए एकान्त में रहने का समय निकालना आवश्यक है। हमेशा दूसरों के साथ रहने से बचें। अधिकांश लोग स्पंज की भाँति होते हैं; वे आपमें से सब कुछ सोख लेते हैं, और बदले में आपको शायद ही कभी कुछ मिलता है। दूसरों के साथ रहने का तभी कुछ लाभ हो सकता है जब वे लोग सच्चे तथा दृढ़ चरित्र के हों, और उनमें से प्रत्येक दूसरों के मन की सच्चाई तथा सच्चरित्रता को पहचानता हो, जिससे आप उनके साथ आत्मा के उदात्त गुणों का आदान-प्रदान कर सकें।

बैठे-बैठे अपना समय व्यर्थ न गँवाएँ। बहुत से लोग व्यर्थ के कार्यों में लगे रहते हैं। उनसे पूछिए कि वे क्या कर रहे थे तो वे प्रायः यही कहेंगे : "ओह! मैं तो हर पल

अत्यंत व्यस्त था!" परन्तु उन्हें याद भी नहीं रहता कि वे किस काम में इतने व्यस्त थे! बहुत अधिक भटकाव भी आपके मन की शक्तियों को कमजोर बना देते हैं। यदि आप प्रतिदिन सिनेमा देखने जाएँगे तो आपके लिए उनका आकर्षण खत्म हो जाएगा और आप उनसे ऊब जाएँगे। मूलतः सभी चित्रपट एक जैसे ही होते हैं — प्रेमी, नायक, और खलनायक। किसी अच्छे चित्रपट की सुंदर कहानी हमें बहुत अच्छी लग सकती है परन्तु प्रत्यक्ष जीवन तो शायद ही कभी वैसा होता है; दूसरी ओर, यदि वह अति वास्तविक है, तो मनोरंजन के लिए वास्तविक जीवन को कौन और अधिक देखना चाहेगा?

जीवन बड़ा पेचीदा है और वह जैसा है वैसे ही हमें उसके साथ निभाना है। यदि हम स्वयं पहले उसे अपने नियंत्रण न कर लें तो हम किसी और की कोई सहायता नहीं कर सकते। केन्द्रित विचार के एकान्त में ही समस्त उपलब्धियों की निर्माणशाला छुपी होती है। इसे याद रखें। आपके रास्ते में रुकावट डालने वाली बाधाओं पर विजयी होने के लिए अपनी इच्छा-शक्ति के प्रारूप निरन्तर इस निर्माणशाला में तैयार करते रहिए। अपनी इच्छा-शक्ति का निरंतर प्रयोग करते रहिए। यदि आप अपना समय व्यर्थ नष्ट न करें तो दिन में और रात में आपको इस निर्माणशाला में कार्य करने के लिए अनेक अवसर मिलते हैं। रात को मैं इस जगत् के सारे विचारों से मुक्त होकर केवल अपने में ही रहता हूँ, जगत् के लिए पूर्णतः अपरिचित; यह शून्य हो जाता है। मैं अपनी इच्छा-शक्ति के साथ अकेला अपने विचारों को तब तक वांछित दिशा में निर्देशित करता रहता हूँ जब तक मेरे मन में यह तय न हो जाए कि मुझे क्या करना है और कैसे करना है। और फिर मैं उन उचित कार्यों में अपनी इच्छा-शक्ति को लगाता हूँ और वह सफलता लेकर आती है। मैंने इसी प्रकार अनेकानेक बार अपनी इच्छा-शक्ति का सफल प्रयोग किया है। परन्तु जब तक इच्छा-शक्ति का निरन्तर प्रयोग नहीं होगा, तब तक यह काम नहीं करेगा।

यह कह पाना और जानना एक अद्भुत अनुभूति है कि "ईश्वर की इच्छा-शक्ति से सशक्त हुई मेरी इच्छा-शक्ति मेरे लक्ष्य को पूरा करेगी।" यदि आप आलसवश सब कुछ ईश्वर पर छोड़ कर उनके द्वारा आपको दी गयी अपनी इच्छा-शक्ति पर ध्यान नहीं देते हैं, तो परिणाम प्राप्त नहीं होंगे। ईश्वर तो स्वयं आपकी सहायता करना चाहते हैं; उसके लिए आपको उन्हें मनाने की आवश्यकता नहीं। परन्तु उनकी संतान की तरह उनसे कुछ माँगने के लिए और उनकी संतान की तरह व्यवहार करने के लिए आपको अपनी इच्छा-शक्ति का प्रयोग करना ही होगा। आपको इस

विचार को अपने मन से निकाल फेंकना होगा कि अपनी अद्भुत शक्तियों से सम्पन्न ईश्वर दूर कहीं स्वर्ग में रहते हैं और आप तो इस पृथ्वी पर समस्याओं की दलदल में फँसे एक असहाय क्षुद्र कीड़े मात्र हैं। इस बात को सदैव याद रखिए कि आपकी इच्छा-शक्ति के पीछे ईश्वर की महान् इच्छा-शक्ति है; परन्तु जब तक आप उस असीम शक्ति के प्रति ग्रहणशील नहीं बनते, वह आपकी कोई सहायता नहीं कर सकती।

एकाग्रता के द्वारा अपनी इच्छा-शक्ति को बलवान बनाएँ

ग्रहणशील बनने का तरीका है शांत बैठें और किसी उचित इच्छा पर अपने विचारों को तब तक एकाग्र करें जब तक आपका मन और विचार उस इच्छा में पूरी तरह विलीन न हो जाए। तब इच्छा-शक्ति दैवीय — सर्वज्ञ और सर्वशक्तिमान — बन जाती है और इसे अपने ध्येय की पूर्ति में सफलतापूर्वक लगाया जा सकता है। आप केवल बैठे रहकर, अपनी गोद में सफलता के गिरने की प्रतीक्षा करते नहीं रह सकते; जब एक बार आपका मार्ग तय हो गया और आपकी इच्छा-शक्ति दृढ़ हो गई, तब आपको व्यावहारिक प्रयत्न करना होगा। फिर आप देखेंगे कि आपकी सफलता के लिए जो भी आवश्यक है वह आपके पास आने लगेगा। सब कुछ आपको सही दिशा में आगे बढ़ाएगा। आपकी दिव्य रूप से अनुप्राणित इच्छा-शक्ति में आपकी प्रार्थना का उत्तर निहित है। जब आप उस इच्छा-शक्ति का उपयोग करते हैं, तो आप वह मार्ग खोलते हैं, जिसके द्वारा आपकी प्रार्थनाओं का उत्तर प्राप्त हो सकता है।

बहुत पहले एक बार मैंने देखा कि मेरा एक शिष्य गलत रास्ते पर जा रहा था। उसके भविष्य में होनेवाले दुःखद परिणामों को भाँप कर, मैंने उसे हर संभव तरीके से समझाने का प्रयास किया जो उसे जीवन के उस मार्ग पर जाने से रोक दे; परन्तु मैंने देखा कि उस पर मेरी इच्छा-शक्ति का तनिक भी प्रभाव नहीं पड़ा क्योंकि उसने बुराई के रास्ते पर ही चलने का मन बना लिया था। अंत में मैंने मन ही मन कहा : "ठीक है। तो 'अलविदा,' उसे जाने दो।" परन्तु शीघ्र ही उसके प्रति चिंता और मेरा असीम प्रेम मेरे मन में उमड़ आया। एक वटवृक्ष के नीचे बैठकर मैं उसका मानस दर्शन करने लगा। उत्साहपूर्वक और बार-बार मैंने उसे एक मानसिक संदेश प्रसारित किया : "भगवान् ने मुझे तुम्हें लौट आने का आदेश देने के लिए कहा है।" शाम तक मेरा मन और शरीर

इस अंतर्ज्ञानयुक्त विचार से पुलकित हो उठा कि वह आ रहा है।* आखिर वह प्रवेश द्वार पर आ ही गया; "बिगड़ा, राह भटका हुआ पुत्र घर वापस आ ही गया। उसने प्रणाम किया और कहा : "सारा दिन मैं जहाँ भी गया और जो कुछ भी करता रहा, आपकी छवि मेरी आँखों के सामने बनी रही। इस सब का क्या अर्थ था?"

मैंने कहा : "मेरे माध्यम से भगवान् तुम्हें बुला रहे थे। यह उनका बुलावा था, मेरा नहीं। मेरी इच्छा में कोई स्वार्थ नहीं था परन्तु मैंने ठान लिया था कि जब तक तुम लौट नहीं आओगे, मैं इस जगह से नहीं हिलूँगा।" उस प्रकार का दृढ़ निश्चय संसार को बदल सकता है। कितनी अद्भुत शक्ति है वह!

अतः, गहन प्रार्थना अवश्य कार्य करती है। प्रार्थना करने का सबसे अच्छा समय है रात को, जब मन को भटकाने वाले विचार कम होते हैं। यदि आवश्यक हो तो शाम को थोड़ी देर के लिए सो जाइये ताकि रात को जब प्रार्थना करने बैठें तो पूरी तरह जागृत रहें और पूर्णतः भगवान् के साथ रहें। प्रारम्भ में यह कठिन प्रतीत होगा परन्तु जैसे-जैसे आप प्रयत्न करते रहेंगे वैसे-वैसे यह आसान होता जाएगा। मिलने वाले परिणामों से आप चकित हो जाएँगे। जैसे ही आपकी इच्छा-शक्ति बलवती हो जाती है, ईश्वर उत्तर देना आरम्भ कर देते हैं। और जब सृष्टि के स्वामी अपना मौन तोड़ने के लिए तैयार हो जाएँगे तब आप अपने आनन्द को संभाल नहीं पाएँगे। परन्तु यदि आपमें अपनी प्रार्थनाओं की शक्ति को दूसरों के समक्ष प्रदर्शित करने की अहंजन्य इच्छा जाग उठती है या आप धनार्जन के लिए उस शक्ति का उपयोग करने लगते हैं, तो वह शक्ति आपके पास से चली जाएगी। तब ईश्वर आपकी किसी प्रार्थना का कोई उत्तर नहीं देंगे; आप उन्हें डरा कर भगा चुके होंगे। वे केवल तभी आते हैं जब आप सच्चे हों और जब आप उनसे केवल उन्हीं के लिए प्रेम करते हों। जब आप अपनी उपलब्धियों से खुश हो कर दूसरों के समक्ष उनका प्रदर्शन करना चाहते हैं, तब भगवान् देख लेते हैं कि आप उन्हें नहीं बल्कि ख्याति और अपने अहंकार का यश चाहते हैं और तब वे आपके पास नहीं आएँगे।

* सिद्ध पुरुषों को अपने सम्पूर्ण शरीर में एक दिव्य बोध का आनंद होता रहता है। उदाहरणार्थ, अपने किसी शिष्य के गलत विचारों का अनुभव उन्हें अपने शरीर में सुई की चुभन की तरह हो सकता है। उसी प्रकार, अंतर्मन में उठने वाले सौहार्द्रपूर्ण, अच्छे अंतर्ज्ञानात्मक विचारों से कभी-कभी सुखद झनझनाहट-सी भी अनुभव होती है। *(प्रकाशक की टिप्पणी)*

ईश्वर का उत्तर आने तक कौन प्रयास करता रहेगा?

ईश्वर कोई मूक भावनारहित प्राणी नहीं हैं। वे तो साक्षात् प्रेम हैं। यदि आपको पता हो कि उनके साथ सम्पर्क करने के लिए किस तरह ध्यान किया जाता है तो वे आपकी प्रेमपूर्ण माँगों की पूर्ति अवश्य करेंगे। आपको याचना करने की करने की आवश्यकता नहीं; आप उनसे पुत्रवत माँग कर सकते हैं। परन्तु आपमें कौन है जो इस सबके लिए आवश्यक समय निकालेगा? आपमें से कौन इतना एकाग्र होने तक प्रयास जारी रखेगा जब तक कि आप उनसे उत्तर प्राप्त न कर लें?

मान लीजिए, आपका घर गिरवी है और आप उसे छुड़ाने में असमर्थ हैं। या आप किसी विशेष नौकरी को पाना चाहते हैं। गहरे ध्यान के बाद आनेवाली शांति में दृढ़ इच्छा-शक्ति के साथ अपनी आवश्यकता पर मन को एकाग्र कीजिए। उसके परिणाम के बारे में सोचना बंद कर दीजिए। जमीन में बीज बो देने के बाद यदि आप थोड़े-थोड़े समय बाद उसे बाहर निकाल कर यह देखते रहेंगे कि वह अंकुरित हुआ या नहीं तो वह कभी अंकुरित नहीं होगा। उसी प्रकार, यदि आप हर बार प्रार्थना करते समय यह देखते रहेंगे कि ईश्वर की ओर से इच्छापूर्ति का कोई संकेत आ रहा है या नहीं, तो कुछ नहीं होगा। ईश्वर की परीक्षा लेने का प्रयत्न कभी मत कीजिए। केवल अनवरत प्रार्थना करते जाइए। आपका कर्त्तव्य केवल इतना ही है कि आप अपनी आवश्यकता से ईश्वर को अवगत करा दें, और उस आवश्यकता की पूर्ति में ईश्वर की सहायता करने के लिए आपको जो करना आवश्यक है वह करें। जैसे, किसी पुराने जीर्ण रोग से मुक्ति पाने के लिए यथासंभव प्रयत्न करें, परन्तु मन में यह अच्छी तरह समझ लें कि केवल ईश्वर ही अंततोगत्वा आपको रोग-मुक्त कर सकते हैं। हर रात ध्यान में उस विचार पर मन को एकाग्र कीजिए और पूर्ण दृढ़ इच्छा-शक्ति के साथ प्रार्थना कीजिए; तब एक दिन आप अचानक देखेंगे कि रोग पूर्णतः गायब हो गया है।

पहले, मन सुझाव को ग्रहण करता है। फिर ईश्वर मन को अपनी शक्ति से भर देते हैं। अन्त में, मस्तिष्क उस रोग को नष्ट करने के लिए प्राण-शक्ति छोड़ता है। आप के मन में ईश्वर की कितनी शक्ति छुपी हुई है इसकी आपको कल्पना भी नहीं है। यही शरीर के सारे कार्यों को नियंत्रित करती है। मन की उस शक्ति का यदि आप प्रयोग करें तो आप शरीर में किसी भी अवस्था को उत्पन्न कर सकते हैं। लेकिन इसके लिए पहले ध्यान का सही तरीका सीखना आवश्यक है; तब आप ध्यान के द्वारा दैवी शक्ति

परमहंस योगानन्दजी, 1926

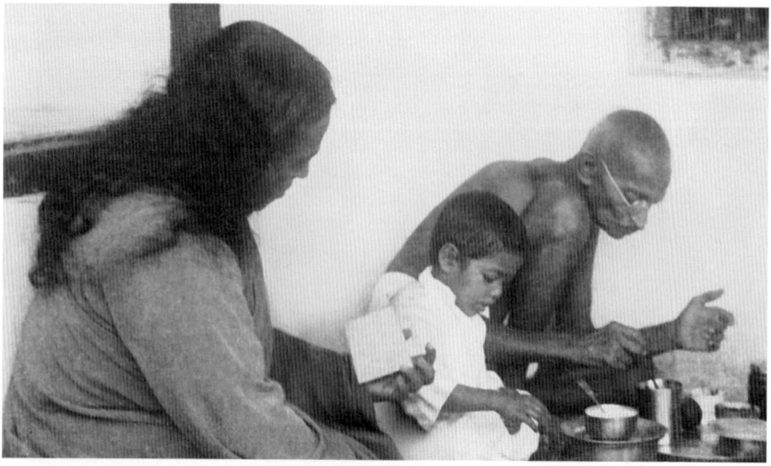

वर्धा में महात्मा गांधी के आश्रम में

श्री योगानन्दजी एक टिप्पणी पढ़ रहे हैं, जो गांधीजी *(दाएँ ओर)* ने उसी समय लिखी है (यह सोमवार महात्माजी के मौन रखने का दिन था)। अगले दिन 27 अगस्त, 1935 को गांधीजी के आग्रह पर परमहंसजी ने उन्हें क्रियायोग में दीक्षित किया।

एसआरएफ़ लेक श्राइन एवं महात्मा गांधी का विश्व शांति-स्मारक

सारे विश्व से प्रति वर्ष हज़ारों लोग, पैसेफ़िक पालीसेड्स, कैलिफ़ोर्निया अमेरिका में इस सुरम्य दृश्यावली के शान्त सौन्दर्य का आनन्द लेने आते हैं। हरित पर्वतीय क्षेत्र एवं पुष्प उद्यानों के बीच मैदान में, हाथों से तराशे गए पत्थर की समाधि है जहाँ महात्मा गांधी के भस्मावशेष के कुछ अंश सुरक्षित रखे हैं और एक मन्दिर है जहाँ सेल्फ़-रियलाइज़ेशन फ़ेलोशिप का ध्यान एवं साप्ताहिक कक्षाएँ होती हैं। उपरोक्त चित्र उपस्थित जनसमूह का एक अंश दिखलाता है, जब 20 अगस्त, 1950 को, परमहंस योगानन्द ने दस एकड़ के लेक श्राइन (झील मन्दिर) का समर्पण किया था।

से युक्त हुई एकाग्रता का प्रयोग शरीर को रोगमुक्त करने में कर सकते हैं या किसी भी अन्य समस्या से निपटने में।

प्रतिदिन कुछ ऐसा करने का निश्चय कीजिए जो आपके लिए करना कठिन हो और उसे करने का प्रयास कीजिए। यदि आप उसमें पाँच बार भी असफल हों तो भी प्रयास करते रहें और जैसे ही आप उसमें सफल हो जाएँ, उस केन्द्रित इच्छा-शक्ति को किसी और काम में लगाइए। इस प्रकार आप अधिकाधिक बड़े काम कर पाएँगे। इच्छा-शक्ति आपके भीतर विद्यमान ईश्वर के प्रतिबिम्ब का माध्यम है। इच्छा-शक्ति में ही ब्रह्माण्ड की सारी शक्तियों को नियंत्रित करने वाली ईश्वर की अनंत शक्ति निहित है। ईश्वर के प्रतिबिम्ब में बने होने के कारण अपनी इच्छाओं की पूर्ति हेतु उस वह शक्ति आपकी है : आप समृद्धि उत्पन्न कर सकते हैं; घृणा को प्रेम में बदल सकते हैं। तब तक प्रार्थना करते रहिए जब तक आपका शरीर और मन पूर्णतः अभिभूत न हो जाए; तब आपको ईश्वर का उत्तर मिलेगा। सदा ही मेरी छोटी-से-छोटी इच्छा भी पूर्ण हो जाती है।

आपकी सबसे बड़ी आवश्यकता ईश्वर है

स्वर्ग का प्रवेश द्वार भ्रूमध्य में है। मस्तिष्क में स्थित यह केन्द्र* इच्छा-शक्ति का स्थान है। जब वहाँ मन को गहनता से एकाग्र कर शांत चित्त से कोई इच्छा करते हैं तब वह इच्छा पूर्ण हो जाएगी। इसलिए अपनी इच्छा-शक्ति का प्रयोग कभी बुरे उद्देश्यों के लिए न करें। जान बूझ कर किसी का बुरा करने के लिए, इच्छा-शक्ति का उपयोग करना उस ईश्वर प्रदत्त शक्ति का गंभीर दुरुपयोग है। यदि आप देखते हैं कि आपकी इच्छा-शक्ति गलत दिशा में जा रही है तो उसे तुरन्त रोकिए! न केवल वह आपकी दिव्य शक्ति का अपव्यय होगा, बल्कि वह आपसे उस दिव्य शक्ति के छिन जाने का कारण भी बनेगा। तब आप उसका उपयोग अच्छे उद्देश्यों के लिए भी नहीं कर पाएँगे।

सच्चे मन के साथ यह तय कर लीजिए कि आपकी प्रार्थना उचित है या नहीं। ईश्वर से ऐसा कुछ मत माँगिए जो जीवन की सामान्य परिस्थितियों में असंभव हो। केवल सच्ची आवश्यकताओं की ही माँग कीजिए। और "आवश्यक आवश्यकताओं" तथा "अनावश्यक आवश्यकताओं" के बीच के अन्तर को पहचानिए। "अनावश्यक आवश्यकताओं" से पीछा छुड़ाने का सबसे अच्छा तरीका यह है कि विवेक का उपयोग कर उन्हें अपने मन से निकाल दें। बड़ी-बड़ी इमारतों के सपने देखना कभी मुझे अच्छा

* शब्दावली में *दिव्य चक्षु* देखें।

लगता था, पर अब वैसा नहीं है। अब मेरे पास वैसी अनेक इमारतें हैं, और उनके साथ उनके रखरखाव का सिरदर्द भी! अपनी संपत्ति होना एक चिंता युक्त उत्तरदायित्व है। इसलिए अनावश्यक वस्तुओं को प्राप्त करने की इच्छाओं को मन से निकाल दीजिए। केवल अपनी वास्तविक आवश्यकताओं पर ही ध्यान दीजिए।

आपकी सबसे बड़ी आवश्यकता ईश्वर हैं। वे आपको न केवल आपकी "आवश्यक आवश्यकताएँ," बल्कि "अनावश्यक आवश्यकताएँ" भी प्रदान करेंगे। जब आप उनके साथ एक हो जाएँगे तब वे आपकी प्रत्येक इच्छा पूर्ण कर देंगे। आपकी विलक्षण से विलक्षण इच्छा भी पूर्ण हो जाएगी।

भारत में, जब मैं छोटा था तब मुझे अपने लिए एक टट्टू की तीव्र इच्छा हुई थी। पर मेरी माँ किसी तरह से भी इसके लिए तैयार नहीं हुई। अनेक वर्षों के उपरान्त जब मैंने राँची में बच्चों के लिए स्कूल खोला, तब वहाँ हम लोगों के उपयोग के लिए मैंने एक घोड़ी ले ली। एक दिन सुबह मैंने देखा कि उस घोड़ी ने एक बच्चे को जन्म दिया। बचपन की मेरी इच्छा पूर्ण हो गई! ऐसे अनेक अनुभव मुझे हुए हैं। बहुत समय पहले मैं जब कश्मीर में घूम रहा था तब मैंने एक दिव्य दर्शन में इस इमारत* को देखा था। अनेक वर्षों बाद जब मैं लॉस एंजिलिस आया और इस स्थान को देखा, तो मैंने तुरन्त पहचान लिया कि यह वही इमारत है, जो मैंने उस दिव्य दर्शन में देखी थी और मैं जान गया कि ईश्वर की ऐसी इच्छा थी कि यह इमारत हमारी हो।

प्रार्थना के नियमों का पालन कीजिए

प्रार्थना का पहला नियम है कि ईश्वर से केवल उचित इच्छाओं के लिए ही प्रार्थना करें। दूसरा नियम यह है कि उनकी पूर्ति की माँग किसी भिखारी की तरह गिड़गिड़ाकर नहीं, बल्कि ईश्वर का पुत्र होने के नाते से करें : "मैं आपका पुत्र हूँ। आप मेरे पिता हैं। आप और मैं एक ही हैं।" जब गहराई से अनवरत प्रार्थना करते जाएँगे तो आपको अपने हृदय में एक महान् आनन्द उमड़ता अनुभव होगा। जब तक वह आनन्द प्रकट नहीं होता तब तक संतुष्ट न हों; क्योंकि जब उस सर्वतृप्तिकारी आनन्द को आप अपने हृदय में अनुभव करेंगे, तब आप जान जाएँगे कि आपकी प्रार्थना ईश्वर तक पहुँच रही है। तब अपने परमपिता से प्रार्थना कीजिए : "प्रभु! मेरी यह आवश्यकता है।

* लॉस एंजिलिस में माउण्ट वॉशिंग्टन पर स्थित सेल्फ़-रियलाइज़ेशन फ़ेलोशिप के अंतर्राष्ट्रीय मुख्यालय की इमारत। परमहंसजी को यह दिव्य दर्शन 1913 के आसपास हुआ था।

मैं इसके लिए मेहनत करने को तैयार हूँ; इसकी पूर्ति के लिए उचित रूप से सोचने और उचित कार्य करने के लिए मेरा मार्गदर्शन एवं सहायता कीजिए। मैं अपनी विवेक बुद्धि का उपयोग करूँगा और दृढ़ निश्चय के साथ कार्य करूँगा, पर आप मेरी बुद्धि, इच्छा-शक्ति, और कार्यशीलता को उचित दिशा में निर्देशित कीजिए ताकि मैं उचित कार्य ही करूँ।" मैंने हमेशा इसी तरह प्रार्थना की है। अब जैसे ही मैं किसी कार्य के बारे में ईश्वर से पूछता हूँ, तो तुरन्त मुझे पता चल जाता है कि मुझे वह करना चाहिए या नहीं, और उसके लिए मुझे क्या कदम उठाने चाहिए और क्या नहीं।

प्रार्थना विवेक के साथ और उत्कटता के साथ कीजिए। आप जो प्रार्थना कर रहे हैं, उस पर मन को पूर्ण गहराई के साथ एकाग्र कीजिए। कोई नौकरी ढूँढने से पहले या किसी अनुबंध पर हस्ताक्षर करने से पहले या कोई भी महत्त्वपूर्ण निर्णय लेने से पहले ईश्वर का ध्यान कीजिए। निरन्तर उसका विचार कीजिए। नींद को कम करके इसके लिए समय निकालिए। दिन भर के काम समाप्त करने के बाद रात को आराम करने की आदत आप के मन को लग गयी है, इसलिए वह आपको सोने का आग्रह करता है। अपनी इच्छा-शक्ति के पूर्ण दिव्य बल के साथ आपको उससे कहना चाहिए : "नींद से दूर हो जाओ! ईश्वर के साथ मेरा मिलना अभी अधिक महत्त्वपूर्ण है।" तब आपको ईश्वर से उत्तर अवश्य मिलेगा।

धर्म को विज्ञान के सिद्धांतों पर आधारित करना

*प्रथम सेल्फ़-रियलाइज़ेशन फ़ेलोशिप मन्दिर, एन्सिनिटस,**
कैलिफ़ोर्निया, 22 दिसम्बर, 1940

ईश्वर तक पहुँचा जा सकता है। उनसे बातें करने एवं शास्त्रों में उनके वचन सुनने, उनका चिंतन करने, ध्यान में उनके सान्निध्य का अनुभव करने के द्वारा आप देखेंगे कि वे अयथार्थ तत्व [ईश्वर] धीरे-धीरे वास्तविक बन जाते हैं, और यह जगत् जिसे आप वास्तविक समझते हैं, अवास्तविक लगने लगेगा। उस अनुभूति के समान अन्य और कोई आनन्द नहीं है।

ईश्वर का आनन्द असीम है, निरंतर है, और नित्य नवीन है। जब आप उस चेतना में होते हैं तो आपका शरीर, मन या कुछ भी आपको अशान्त नहीं कर सकता — ऐसी है ईश्वर की कृपा और महिमा। जो कुछ भी आप समझ नहीं पाए हैं; जो कुछ भी आप जानना चाहते हैं, वह सब वे आपको स्पष्ट कर देंगे।

अब बहुत अधिक जानने का प्रयास करने का कोई लाभ नहीं है। प्रकृति की पुस्तक में जो लिखा है वह सब सीखने के लिए आपको कितने जन्म लेने पड़ेंगे? लाखों जन्म भी पर्याप्त नहीं होंगे। तो फिर क्यों परेशान हों? प्रत्येक वस्तु को आप ईश्वर में पा लेंगे और जान लेंगे। भारत के सन्तों ने सदा कहा है, "सर्वप्रथम उन्हें जानो, फिर जो कुछ भी आप जानने की इच्छा करेंगे, वे आपके समक्ष प्रकट कर देंगे। यह सब उनका साम्राज्य है, यह उनका ही ज्ञान है।"

जैसे-जैसे जीवन बीतता है, इसकी भ्रांतियाँ समाप्त होती जाती हैं, और आप जान जाते हैं कि इसका उद्देश्य क्या है। जब बचपन और युवावस्था की भ्रांतियाँ समाप्त हो जाती हैं, तो बाकी क्या बचता है? केवल दिव्य चेतना में हम इस द्वार [परमहंसजी अपने भ्रूमध्य को स्पर्श करके *कूटस्थ* केन्द्र जो कि आध्यात्मिक नेत्र † का स्थान हैं, को

* एन्सिनिटस, कैलिफ़ोर्निया में सेल्फ़-रियलाइज़ेशन फ़ेलोशिप आश्रम के मैदान में पहला मन्दिर, सन् 1938 ई० में प्रशांत महासागर के ऊँचे कगार पर बनाया गया था। यह गोल्डन लोटस टैम्पल कहलाता था। धीरे-धीरे किनारे की मिट्टी खिसकने से अन्त में ढाँचा समुद्र में ढह गया था।

† आध्यात्मिक नेत्र प्राण का तारक द्वार है, जिसमें से मानव को अधिचेतना, कृष्ण चेतना

दिखाते हैं] के पीछे विशुद्ध आनन्द को प्राप्त कर सकते हैं। मैं इस संसार को अपने जीवन से दूर रखता हूँ क्योंकि यह भ्रामक प्रभाव डालता है, जो महत्त्वहीन वस्तुओं को महत्त्वपूर्ण लगने वाली बना देता है। हम सब केवल ढोंगियों के प्रदेश में रहते हैं, और "ऊपरी सफ़ेद-पोशी बनाए रखने का" यत्न करते हैं, फिर भी केवल ईश्वर की चेतना में रह कर ही हम प्रसन्न रह सकते हैं। प्रयास करके देखें!

ईश्वर आपको अपने साम्राज्य में लाने के लिए उत्सुक हैं, क्योंकि उन्हें भी किसी वस्तु की तड़प है, और वह है कि आप उन्हें स्वेच्छा से खोजें और सदा उनका स्मरण करते रहें। अन्यथा उन्होंने ब्रह्माण्ड और मानव की रचना न की होती। उनकी पूर्णता इस तड़प पर आश्रित नहीं है, लेकिन हमारी रचना के पीछे एक कारण है उनकी एक मात्र यह इच्छा कि हम उनसे प्रेम करें और उनके पास वापस जाएँ। वे उसी समय की प्रतीक्षा कर रहे हैं। हमारे प्रेम में ही उनकी परिपूर्णता निहित है।

परमपिता ने हमें स्वतंत्रता दी है कि हम संसार के मायाजाल की अग्नि में कूद जाएँ या उनके धाम में वापस चले जाएँ। यह आपकी पसन्द का प्रश्न है। आइए हम सब ईश्वर के धाम में चलें, ताकि हमें इस भयावह संसार में वापस आना ही न पड़े। हमें मालूम नहीं कि किन परिस्थितियों में हम पुनः जन्म लेंगे। निश्चित रूप से, दुःखों और अवसाद के जिस समय में हम आज रह रहे हैं हम उसमें पुनः जन्म लेना नहीं चाहेंगे। ये सभी कष्ट मानव की स्वार्थता और घृणा के परिणाम हैं। सम्पूर्ण पृथ्वी कराह रही है क्योंकि ईश्वर को भुला दिया गया है।

अब आप अपने परमपिता के घर जाने की प्रतिज्ञा करें। आप भयभीत होकर अपना समय नष्ट कर रहे हैं, और इसे अब और नष्ट नहीं कर सकते। आप नहीं जानते आप कितने भाग्यशाली हैं कि आपने एक मानव रूप में जन्म लिया है। इस रूप में आप किसी भी अन्य जीव से अधिक भाग्यशाली हैं। पशु ध्यान करके ईश्वर-सम्पर्क नहीं कर सकता। आपके पास ईश्वर को खोजने की स्वतंत्रता है और आप उसका उपयोग नहीं करते। आप थोड़ी देर के लिए ध्यान में बैठते हैं, और आपका मन दूर भटकने लगता है। परन्तु जब आपका मन प्रार्थना करता है, और प्रार्थना करता है, और निरंतर प्रार्थना करता रहता है, तब स्वर्ग का द्वार खुल जाता है। तब आपको ऐसे विश्वस्त अनुभव होंगे जिनके द्वारा आप जान जाएँगे कि ईश्वर हैं।

(क्राइस्ट चेतना) और ब्रह्माण्डीय चेतना प्राप्त करने के लिए अवश्य ही प्रवेश करना पड़ता है।

"मैं द्वार हूँ : मेरे द्वारा यदि कोई मानव प्रवेश करता है, तो वह उद्धार पाएगा, और वह अन्दर और बाहर आया जाया करेगा, और आहार प्राप्त करेगा" *यूहन्ना* 10:9 (बाइबिल)।

ईश्वर आपके आमंत्रण की प्रतीक्षा कर रहे हैं

मैं पुस्तकों से संचित ज्ञान से नहीं बोलता, बल्कि ईश्वर के प्रत्यक्ष बोध से बोलता हूँ। मैं उनके विषय में इस प्रकार नहीं बोल सकता था यदि मैंने उनको देखा अथवा अनुभव न किया होता; वे मुझे बोलने ही नहीं देते। मैं जब आपसे बोलता हूँ तो जिसके विषय में बोल रहा होता हूँ उसे मैं अपने समक्ष स्पष्ट देखता हूँ, यहाँ तक कि अनेक बार मैं आपको नहीं देखता। मैं आपको कुछ भी नहीं बता पाता यदि मैं ईश्वर को न जानता होता। परन्तु मैं आपको यह बताने के लिए यहाँ आया हूँ कि जिस सुख को आप कामुकता में, धन में, मदिरा में, प्रेम में, यश में खोज रहे हैं — वह आनन्द स्वयं आपके भीतर है। आपको कहीं और जाने की आवश्यकता नहीं। आपको ईश्वर से भीख माँगने अथवा उनकी चापलूसी करने की कोई आवश्यकता नहीं है। आपको केवल उनसे अपनी माँग करनी है। आपको सच्चाई से और प्रेमपूर्वक प्रार्थना करनी होगी, "मुझे दर्शन दो।"

आपके निश्चय में पर्याप्त दृढ़ता नहीं है। जिस प्रकार एक कंजूस धन से प्रेम करता है, और एक प्रेमी अपनी प्रेमिका से प्रेम करता है, उसी प्रकार का प्रेम आपको ईश्वर से करना चाहिए, तब निश्चित रूप से आप उन्हें खोज लेंगे। यह कठिन है, परन्तु यदि रात्रि में आप लम्बे समय तक ध्यान में बैठें तो आपको समय का पता ही नहीं चलेगा। जब कभी मैं नींद नहीं ले पाता तो भी मुझे उसकी कमी महसूस नहीं होती। जब प्रभु आते हैं, फिर निद्रा कहाँ? शरीर कहाँ? कुछ भी महत्त्व नहीं रखता, केवल उनकी मतवाला कर देने वाली उपस्थिति के अतिरिक्त। आप उपन्यासों में आदर्श प्रेम के विषय में पढ़ते हैं, परन्तु ईश्वर के प्रेम की तुलना में वह कुछ भी नहीं है। उनके लिए उतावले हो जाएँ। सदा उनके चिन्तन में स्थित रहना अत्यंत अद्भुतहै। जैसे अब, आपसे बातें करते समय भी, बार-बार सम्पूर्ण विश्व मेरी दृष्टि से विलीन हो जाता है, और मैं तो केवल उनके परमानन्द का ही अनुभव करता हूँ।

यह सृष्टि आपका मोह भंग करने के लिए बनी है

विज्ञान आपके भौतिक सुखों के तरीकों की खोज करता है, जो असीमित इच्छाओं को उत्पन्न करते एवं उनकी पूर्ति करते हैं। परन्तु कुछ समय पश्चात् सुख साधन बोझ मात्र बन जाते हैं, और सुख नहीं रहते, क्योंकि आप पाते हैं कि उनकी देख-भाल करना कठिन कार्य है। अतः ईश्वर के आनन्द के अतिरिक्त, प्रत्येक वस्तु के लिए आपको "मूल्य" चुकाना पड़ता है। उन आशीर्वादों को पाने के लिए आपको केवल निश्चल होकर बैठना है और अपने परमपिता से माँग करनी है। मैं यदि सोचता कि मुझे ईश्वर को प्राप्त

करना है, तो मैं प्रयास ही नहीं करता; परन्तु उनका पुत्र होने के नाते उनको जानना मेरा अधिकार है। यदि आप अपने परमपिता से अपने अधिकार की माँग करें तो वे दे देंगे। जो भक्त आग्रहपूर्वक प्रार्थना करते हैं उनके लिए वे आते हैं। यही तो वे चाहते हैं। यह सम्पूर्ण सृष्टि आपका मोह-भंग करने के लिए बनी है और इस प्रकार आपको उनके पास वापस ले जाने का कारण बनती है। आप नहीं जानते कि कब आपको इस संसार से वापस बुला लिया जाएगा, ऐसा कोई नियम नहीं है कि आप एक लम्बे जीवन का आनन्द अवश्य लेंगे। यह सिद्ध करता है कि समय नष्ट करना कितनी बड़ी मूर्खता है। मैं हर क्षण, हर दिन जीता हूँ। मैं अपने अन्तर में उनके लिए पूर्ण समर्पण में जीवन जीने के आनन्द को जानता हूँ।

एक समय ऐसा आएगा जब सब कुछ अपनी इच्छा मात्र से बनाया जा सकेगा अथवा प्राप्त किया जा सकेगा। आप जो कुछ भी इच्छा करेंगे उसे पूरी होती हुई पाएँगे। इसे मैंने अपने जीवन में बार-बार सिद्ध किया है। ईश्वर द्वारा नियत उपयोग अर्थात् ईश्वर को जानने के लिए, इच्छा की दैवी शक्ति को — विकसित करना मानव जीवन का एकमात्र उद्देश्य है। उन्होंने आपमें से प्रत्येक की रचना की है, और वे ही आपमें स्पंदित हो रहे हैं, आपकी चेतना में प्रवेश करने के लिए पुकार कर रहे हैं ताकि वे आपको बंधनों से मुक्त कर सकें। मुझे विश्वास है कि वे हमारी रचना करके स्वय को दोषी अनुभव करते हैं! प्रतिदिन मैं उनसे पूछता हूँ कि उन्होंने ऐसा क्यों किया। (जो भी मेरे मन में आता है उसे मैं उनसे कहता हूँ। वे इसे पसन्द करते हैं, कि मैं उनके "पीछे" पड़ा हुआ हूँ; वे जानते हैं कि उनकी सृष्टि और कुछ भी हो परन्तु पूर्ण नहीं है।) प्रभु उत्तर देते हैं कि लोहे को आग में सफेद होने तक तपाए बिना आप इस्पात नहीं बना सकते। इससे कोई हानि नहीं होती। समस्याओं एवं रोगों में हमारे लिए एक शिक्षा निहित होती है। हमारे दुःखदायी अनुभव हमारे विनाश के लिए नहीं, बल्कि हमें निर्मल करके, शीघ्रता से घर वापस ले जाने के लिए हैं। हमारी मुक्ति के लिए ईश्वर से अधिक व्यग्र कोई और नहीं है।

यह उन्हीं की वाणी है जो मेरे माध्यम से बोल रही है। यदि केवल एक व्यक्ति भी प्रत्युत्तर स्वरूप परमात्मा को प्राप्त कर मोक्ष पा लेता है, तो मेरा कार्य पूरा हुआ। एक व्यक्ति का मोक्ष हज़ारों लोगों के धर्म परिवर्तन से कहीं अधिक है। मैं इस ब्रह्माण्ड के एक मात्र स्वामी, एक मात्र प्रियतम, के विषय में आप को बताता हूँ, जो आपकी प्रतीक्षा कर रहे हैं, आपके लिए तड़प रहे हैं। आप नहीं जानते कि जब कोई आत्मा उनके साम्राज्य में प्रवेश करती है, तो वे कितने आनन्दित होते हैं! वे सारे देवताओं को एकत्रित करते हैं और सब उस आत्मा के स्वर्ग में प्रवेश करने का उत्सव मनाते हैं। कितना आनन्द है वहाँ!

किसी अच्छे कारण से आपको अपने पिछले जन्मों को याद नहीं रखने दिया जाता। मान लें आप दस बार जन्म ले चुके हैं। अतः आपकी दस माताएँ होंगी। आप उन सब को एक जैसा प्रेम कैसे कर सकते हैं? ऐसा इसलिए किया गया था कि आप यह सीख लें कि उन दस माताओं के पीछे, एक माता है; सभी मित्रों के पीछे, एक मित्र है; सभी पिताओं के पीछे, एक पिता है और समस्त प्रेम के पीछे, एक ही प्रेम है। कितनी अद्भुत है यह पहचान! यह उसी प्रकार है जैसे कि आप पुनर्जन्मों के गलियारों में लुका-छिपी का खेल, खेलते-खेलते उसे ढूँढ लेते हैं! जब मैंने उस अद्वितीय प्रेम को अनुभव किया, तो मैं अपने को रोक न सका। मेरा मन अनन्त साम्राज्य में विलीन हो गया। यह अब भी ऐसा ही है। परमात्मा का आनन्द अन्तहीन है।

सत्य के निश्चित अर्थ को खोजें

भौतिक विज्ञान में प्रत्येक वस्तु निश्चित धारणाओं में सुव्यवस्थित है, दो विशिष्ट पदार्थों को मिलाने पर, अथवा दो पदार्थों को किसी विशिष्ट तरीके से जोड़ने पर निश्चित परिणाम निकलते हैं। सेल्फ़-रियलाइज़ेशन फ़ेलोशिप [योगदा सत्संग सोसाइटी ऑफ़ इण्डिया] के महान् गुरुजन, आपको वैज्ञानिक तरीका अपना कर ईश्वर को खोजने का कारण और उन्हें पाने का वैज्ञानिक तरीका बताते हैं। इन निर्देशों को पालन करने का आपका प्रत्येक प्रयास आपको एक स्पष्ट बोध प्रदान करेगा। कुछ लोग आध्यात्मिक नियमों के विषय में थोड़ा सा पढ़ते हैं, और फिर पुस्तक को एक ओर रख देते हैं। आत्म ज्ञान पाने का यह तरीका नहीं है। आपको इन सत्यों को अपने जीवन का एक व्यावहारिक अंग बनाना चाहिए।

अधिकांश लोग धर्म को गंभीरता से नहीं लेते। वे इसे कल्पना और माया के क्षेत्र के अन्तर्गत मानते हैं। भारत में हमें धर्म का व्यावहारिक उपयोग सिखाया जाता है। हम यह नहीं कहते, "ठीक है, मैं ईश्वर के विषय में बाद में कभी खोज कर लूँगा।" हम ईश्वर को तत्काल ही जानने की इच्छा करते हैं।

विज्ञान और धर्म साथ-साथ चलने चाहिए। वैज्ञानिक खोजों के सभी परिणाम निश्चित होते हैं और तर्क से जुड़े होते हैं, जबकि धर्म प्रायः हठधर्मी होता है। जब जीसस ने अपने भक्तों से विश्वास करने के लिए कहा तो उनका अर्थ अन्ध-विश्वास करना नहीं था। जब मैं मतान्धता देखता हूँ, तो मेरा हृदय टूट जाता है, क्योंकि यही एक कारण है कि अधिकांश लोग ईश्वर में सच्ची रुचि नहीं रखते। यद्यपि अनेक लोग ईश्वर में रुचि

रखते हैं, परन्तु सच्चे जिज्ञासु बहुत कम हैं, क्योंकि मुश्किल से कोई एक व्यक्ति इस स्वप्न-लीला से बाहर आने का अपना रास्ता समझने का प्रयास करता है। उनके बच्चों में से कम ही लोग उस परमपिता के उपहारों की प्रशंसा करते हैं, और जो थोड़े बहुत उन्हें ढूँढ़ने निकलते हैं उनमें से, और भी कम उन्हें जानने के लिए गहनता से या पर्याप्त वैज्ञानिक रूप से प्रयत्न करते हैं। जो तत्परता से प्रभु को खोजना चाहते हैं उन्हें वैज्ञानिक रूप से ऐसा करना सीखना चाहिए।

योग के द्वारा, धर्म को वैज्ञानिक बनाया जा सकता है

योग निश्चित एवं वैज्ञानिक है। योग का अर्थ है निश्चित एवं ज्ञात परिणाम उत्पन्न करने वाली चरणबद्ध विधियों द्वारा आत्मा और परमात्मा का मिलन। यह धर्माचरण को मत-भिन्नता से ऊपर उठाता है। मेरे गुरु श्रीयुक्तेश्वरजी योग को सर्वोपरि मानते थे, परन्तु उन्होंने कभी इस प्रकार का कोई संकेत नहीं दिया कि इससे ईश्वर-साक्षात्कार तुरन्त मिल जाएगा। उन्होंने मुझसे कहा था, "तुम्हें उसके लिए कठोर परिश्रम करना होगा।" मैंने वह परिश्रम किया और जब अपेक्षित परिणाम प्राप्त हुए, तो मैंने देखा कि योग सचमुच अद्भुत है।*

जो लोग अपने धर्म के लिए समय नहीं देते वे ईश्वर के या परलोक के विषय में तुरन्त सब कुछ समझने की अपेक्षा नहीं कर सकते। सामान्यतः लोग प्रयास ही नहीं करते, या वे करते भी हैं, तो उनके प्रयास पर्याप्त रूप से गहरे और सच्चे नहीं होते। रात का समय प्रभु के साथ ही बिताना चाहिए। आप आवश्यकता से अधिक सोते हैं और इस प्रकार मूल्यवान् समय नष्ट करते हैं। रात का प्रयोजन संसार के सब आकर्षणों को छिपाने के लिए था कि आप अधिक अनन्यचित्त होकर प्रभु के साम्राज्य की खोज कर सकें। उन्होंने भौतिक वस्तुओं को छिपाने के लिए अंधेरे की रचना की क्योंकि वे चाहते हैं कि रात्रि में आप संसार को भूल जाएँ और उनकी खोज करें। धर्मग्रंथों को पढ़ें, *पाठमाला*† पढ़ें और ध्यान करें — यह महिमा और परमानन्द प्रदान करता है! और कुछ भी आपको ऐसी अनुभूति प्रदान नहीं कर सकता। स्वयं जाँच कर लें कि यह सत्य है अथवा नहीं।

* "आज मैंने तुम्हें उसी पुरातन योग के विषय में बताया है, क्योंकि तुम मेरे भक्त और सखा हो। (योग का) यह पवित्र रहस्य निश्चित ही (मानव जाति के लिए) परम लाभ उत्पन्न करने वाला है" (भगवद्गीता IV:3)।

† ध्यान योग के वैज्ञानिक सिद्धांत *योगदा सत्संग पाठमाला* द्वारा सिखाए जाते हैं, जो योगदा सत्संग सोसाइटी ऑफ़ इण्डिया, राँची, झारखण्ड से उपलब्ध हैं।

याद रखिए, यदि आप ईश्वर को नहीं ढूँढ़ पाते हैं, तो आप अपने ध्यान में पर्याप्त प्रयास नहीं कर रहे हैं। एक-दो गोते लगाने के बाद यदि मोती नहीं मिलता तो सागर को दोष मत दीजिए। अपनी गोताखोरी को दोष दीजिए; आप पर्याप्त गहराई में नहीं जा रहे हैं। यदि आप सचमुच पर्याप्त गहराई तक गोता लगाएँगे तो आप ईश्वर की उपस्थिति के मोती को अवश्य पाएँगे। जब तक हम धर्म के अभ्यास में विज्ञान की निश्चित विधियों का प्रयोग नहीं करते, तब तक यह हमारी आत्मा पर थोड़ा बहुत मरहम जैसा काम करता है। लोग कहते हैं, "हाँ, मैं प्रत्येक रविवार को मन्दिर या चर्च जाता हूँ," परन्तु वे यह नहीं जानते कि वे वहाँ क्यों जाते हैं। और प्रवचन के अन्त में "ओम् शांति" या "आमेन" का उच्चारण कर लेने के बाद वे अगले रविवार तक मन्दिर अथवा चर्च के विषय में सब कुछ भूल जाते हैं। क्या यह मूर्खता नहीं है? यदि आप वहाँ पर ईश्वर के साथ सम्पर्क नहीं बनाते, तो आप वहाँ जाते ही क्यों हैं?

सन्तजन कहते हैं कि यदि आप ईश्वर को पर्याप्त उत्सुकता से पुकारें तो आप उनके दर्शन कर सकते हैं। परन्तु, यह सब कुछ आपको स्वयं ही करना होगा। कुछ अन्य लोगों के साथ ध्यान करना अच्छा है, परन्तु सर्वोच्च प्रयास रात्रि में अकेले करें, रविवार को केवल मन्दिर या चर्च में ही नहीं। सबसे दूर रहें। लोगों के साथ अत्यधिक न मिलना आपके स्वास्थ्य, आपकी तंत्रिकाओं, और आपकी दीर्घ आयु के लिए अच्छा है। अधिकांश लोग केवल यह सोचते हैं कि आप उन्हें क्या दे सकते हैं। आपके सद्गुरु और ईश्वर के अतिरिक्त, अन्य कोई आपके उच्चतम कल्याण के विषय में नहीं सोचता। ज्ञानी गुरु केवल एक ही निर्देश देंगे : ईश्वर का चिंतन करो।

ईश्वर-भक्ति को सबके साथ बाँटें; ईश्वर के विषय में चर्चा करने से बढ़ कर और कोई सेवा नहीं है। यदि आप किसी को यह विश्वास दिला देते हैं कि बुराई का मार्ग मृत्यु की खाई की ओर ले जाता है, और ध्यान का मार्ग शाश्वत जीवन की ओर, तो आपने उसे लाखों डॉलरों से भी अधिक मूल्यवान वस्तु प्रदान कर दी है। धन नश्वर है, परन्तु ईश्वर की अनुभूति मृत्यु उपरांत भी हमारे साथ जाएगी। इसलिए जब मैं किसी को ईश्वर को पाने के लिए अत्यधिक तीव्रता के साथ प्रयास करते और संघर्ष करते देखता हूँ तो मैं आनन्द विभोर हो जाता हूँ।

भले ही मैं इस संसार में कार्यों का आयोजन एवं सम्पादन कर रहा हूँ, परन्तु वह केवल ईश्वर को प्रसन्न करने के लिए है। मैं अपना परीक्षण करता हूँ : कार्य करते हुए भी मैं अन्तर् में फुसफुसाता हूँ, "आप कहाँ हैं प्रभु?" और तब सारा जगत् बदल

जाता है। एक भव्य प्रकाश के अतिरिक्त कुछ भी नहीं होता और मैं उस प्रकाश के सागर में एक नन्हा-सा बुलबुला होता हूँ। ईश्वर में जीने का आनन्द इतना महान् है।

जिन अनुभवों के बारे में मैंने आपको बताया है, वे सभी वैज्ञानिक रूप से प्राप्त किए जा सकते हैं। यदि आप आध्यात्मिक नियमों का पालन करें तो परिणाम सुनिश्चित है। यदि परिणाम प्राप्त नहीं होता, तो अपने प्रयास में दोष ढूँढ़िए। आपके सभी आध्यात्मिक अभ्यासों में तीव्रता ही एकमात्र उपाय है। जो नियमित रूप से गहरा ध्यान नहीं करते, वे जब ध्यान में बैठते हैं तो चंचल हो जाते हैं और अल्प समय में ही प्रयास छोड़ देते हैं। परन्तु, यदि आप दिन-प्रतिदिन अधिकाधिक प्रयास करें, तो आपमें गहरे उतरने की क्षमता आएगी। मुझे अब कोई प्रयास नहीं करना पड़ता; जैसे ही मैं आँखें बन्द करता हूँ और कूटस्थ केन्द्र [भ्रूमध्य में स्थित दिव्य नेत्र] में देखता हूँ, वैसे ही सम्पूर्ण जगत् तत्क्षण अदृश्य हो जाता है। पहले मैं अपने शरीर और विचारों को भूलने के प्रयास में घंटों बैठा रहता था। मैं ऐसी स्थिति में पहुँच गया जिसमें मैंने सोचा कि इसका कोई लाभ ही नहीं। परन्तु मैंने देखा कि इसमें मेरा ही दोष था। चंचल विचारों और ईश्वर के बीच एक दीवार है, साधारण व्यक्ति प्रयत्न नहीं करता, इसलिए वह उस दीवार के पार नहीं जा पाता। लेकिन आध्यात्मिक योद्धा प्रयत्न करता रहता है। जब मन निश्चल हो जाता है, तो आप उस अनन्त ईश्वर के साम्राज्य में होते हैं। जिन्होंने अपना अधिक समय मूर्खतापूर्ण कार्यों में बिताया है वे निष्फल रूप से बाहर ही खटखटाते रहते हैं।

जीवन का एकमात्र उद्देश्य ईश्वर के साथ सम्पर्क है। प्रायः अत्यधिक कष्टों के उपरांत अन्ततः आपको इसका ज्ञान प्राप्त करना पड़ेगा। तब अभी से क्यों नहीं सीखते? ईश्वर आपका स्वागत करने के लिए तैयार हैं। अन्त में ईश्वर तक पहुँचने में आप असफल नहीं हो सकते। यह पूछना मूर्खता है, "क्या मैं स्वर्ग के साम्राज्य में प्रवेश कर पाऊँगा?" इसके अतिरिक्त और कोई रहने का स्थान है ही नहीं, क्योंकि वही आपका वास्तविक घर है। आपको इसका उपार्जन नहीं करना है। आप पहले से ही ईश्वर की संतान हैं, उनके प्रतिबिम्ब में बने हैं। आपको केवल मानव होने का मुखौटा हटाना है और अपने दिव्य जन्म-सिद्ध अधिकार की पहचान करनी है।

शैतान हमें सोचने पर बाध्य करता है कि ईश्वर अप्राप्य हैं

अतः यह कदापि न कहें कि आप स्वर्ग के साम्राज्य में प्रवेश नहीं कर पाएँगे। आपको यहाँ रखने के लिए इस भ्रामक विचार को शैतान आपके मन में डाल देता है। आप नश्वर प्राणी नहीं हैं। जब मैंने अपने गुरु से यह सुना तो मैं आनन्द विभोर हो गया।

उसके पश्चात् मैंने स्वयं को एक पापी मानना बंद कर दिया। आपको भी स्वयं को पापी नहीं मानना चाहिए; यह आपके अन्तर में ईश्वर के प्रतिबिम्ब का अपमान है। किसी अन्य व्यक्ति को भी यह अनुमति न दें कि वह आपको पापी कह कर पुकारे। इससे क्या अन्तर पड़ता है कि कल आप क्या थे? आप ईश्वर की संतान हैं आज भी और सदा के लिए भी। कौन आपको ईश्वर के साम्राज्य से दूर रख सकता है? आपको इस प्रकार अनुभव होना चाहिए। परन्तु वैज्ञानिक विधि से आपको उनकी खोज करनी चाहिए। धर्म विज्ञान, ध्यान में प्रयास करना है, जब तक कि ईश्वर आपके लिए वास्तविक न बन जाएँ, जब तक कि आप यह जान न लें कि केवल ईश्वर ही वास्तविक हैं। मैं संसार की भ्रांतियों को समझने के लिए श्मशान भूमि में जाकर प्रार्थना किया करता था; जंगलों में जाकर पुकारा करता था, मैंने एक अटारी में स्वयं को बन्द करके, तब तक अनवरत प्रार्थना की जब तक कि वह अनुभूति मुझे प्राप्त नहीं हो गई। मैंने अपनी जगन्माता* के चरणों में दहकते हुए धुआँ छोड़ते और खौलते हुए संसार देखे हैं। उनके ज्ञान के प्रकाश में मेरी सम्पूर्ण नश्वरता समाप्त हो गई।

ध्यान करना धर्म का सच्चा अभ्यास है

वास्तविक रूप से धर्म का पालन ध्यान में स्थिर बैठकर ईश्वर से वार्तालाप करने में निहित है। परन्तु आप गहनता के उस बिन्दु तक नहीं पहुँचते, आप अपने मन को पर्याप्त रूप से एकाग्र नहीं करते, और इसी कारण आप भ्रम में रहते हैं। ईश्वर पर लम्बी और तीव्र एकाग्रता के महत्त्व को सिखाने के लिए, मैंने प्रत्येक वर्ष क्रिसमस के ठीक पहले पूरे दिन के ध्यान की प्रथा प्रारंभ की।† आरम्भ में भक्त केवल सोचते हैं कि यह बहुत लम्बा है, परन्तु जैसे-जैसे गहरे जाते हैं वे समय को भूल जाते हैं। अधिकांश मन्दिरों अथवा चर्चों में जाने वाले एक घंटे के लिए भी निश्चल नहीं बैठ सकते जब तक कि उनके मन की दिशा परिवर्तन करने के लिए सारा समय कोई गतिविधि न चल रही हो।

* "स्वयंभू परमात्मा का वह रूप जो सृष्टि में क्रियाशील है, उसे हिन्दू धर्मशास्त्रों में जगन्माता कहते हैं। जगन्माता के रूप में ईश्वर सच्चे *भक्तों* के समक्ष (उनके अपने इष्ट के रूप में) प्रत्यक्ष प्रकट हो जाते हैं।" — परमहंस योगानन्द

† परमहंस योगानन्दजी द्वारा सन् 1931 में एक आध्यात्मिक प्रथा आरम्भ की गई जिसे योगदा सत्संग सोसाइटी/सेल्फ़-रियलाइज़ेशन फ़ेलोशिप के सदस्यों द्वारा संसार भर के उनके *आश्रमों*, मन्दिरों और केन्द्रों में जारी रखा गया। वर्ष में अन्य अवसरों पर भी विशेष आध्यात्मिक महत्त्व वाले दिनों पर, पूरे दिन का लम्बा ध्यान किया जाता है। *(प्रकाशक की टिप्पणी)*

ईश्वर की चेतना में रहना पूर्ण रूप से भिन्न है, यह केवल तब आता है जब आप निश्चल बैठें और कहें : "एक-एक करके मैं अपनी इन्द्रियों के द्वारों को बन्द करता हूँ, ताकि गुलाब की सुगंधि या बुलबुल का संगीत मेरे ईश्वरीय प्रेम में बाधा न डाले।"* और जैसे-जैसे आप गहन से गहनतर एकाग्रता और भक्ति के साथ इसे करते जाते हैं, आप कुछ समय पश्चात् देखेंगे कि आप समस्त ध्यान भंग करने वाली वस्तुओं को भूल गए हैं; आपकी अर्न्तदृष्टि में एक प्रकाश प्रकट हो जाता है अथवा सन्तजन प्रकट होते, या आप एक गहन शांति अथवा दिव्य आनन्द में निमग्न हो जाते हैं।

ईश्वर के विचार को जीवन्त रखते हुए कोई भी आध्यात्मिक कार्य कल्याण करता है, परन्तु जो अन्ततः आवश्यक है वह है उन्हें जानने की इस तीव्रता का प्रयास। सम्पूर्ण विश्व में ध्यान करने के लिए केन्द्र होने चाहिए, जहाँ पर भक्तजन ईश्वर से सम्पर्क करने के लिए एक साथ आएँ। मैं जब मन्दिर में आता हूँ तो उसका केवल एक ही उद्देश्य होता है : ईश्वर के संसर्ग में रहना और आपको ईश्वर के विषय में बताना। और आप लोग यहाँ मेरे प्रवचनों को सुनने के लिए और ध्यान के द्वारा ईश्वर की उपस्थिति को अनुभव करने का प्रयास करने के लिए आते हैं। एक चन्द्रमा आकाश के अंधकार को दूर कर देता है। उसी प्रकार, एक मनुष्य जो ईश्वर को जानने में प्रशिक्षित हुआ है, जिसमें सच्ची भक्ति और सच्ची जिज्ञासा एवं तीव्रता है, वह जहाँ भी जाएगा, दूसरों के आध्यात्मिक अंधकार को नष्ट कर देगा। जो ईश्वर के विषय में केवल सोचते हैं वे थोड़ा-बहुत जगमगाने लगते हैं, परन्तु वे संसार को प्रकाश देने में समर्थ नहीं होते। साधारण धार्मिक लोग तारों की भाँति हैं, जो किंचित मात्र प्रकाश देते हैं।

ध्यान में ईश्वर की विद्यमानता का प्रमाण मिलता है

वैज्ञानिक ध्यान के द्वारा एक सच्चे भक्त बनें, ताकि आप चन्द्रमा की भाँति अपने और अपने आस-पास दूसरों के अंधकार को दूर कर सकें। ध्यान में प्राप्त अनुभूति के बिना धर्म सबसे अधिक रहस्यमयी पुस्तक है; आप इसे कदापि नहीं समझ पाएँगे। परन्तु ध्यान के द्वारा आपको ईश्वर की विद्यमानता का प्रमाण मिलता है।

अपने कमरे में जाकर दरवाजा बन्द कर लें, कोई आडम्बर न करें। बैठ जाएँ और ईश्वर के साथ वार्तालाप करें। ध्यान का अभ्यास करें। आपका मन इतना तीव्र हो

* परमहंस योगानन्दजी की पुस्तक *"Whisper from Eternity"* में "Prayer at Night" से अनूदित।

जाना चाहिए कि अगली बार जब आप ध्यान के लिए बैठें, तो आपको प्रयास न करना पड़े; आपका मन प्रभु पर तुरंत एकाग्र हो जाए। आरम्भ में यदि आप शारीरिक और मानसिक चंचलता पर विजय पाने के लिए प्रयास नहीं करेंगे, तो आपको हर बार वर्षों तक ध्यान करने के लिए बैठने पर कठिनाई का सामना करना पड़ेगा। परन्तु यदि आप प्रारंभ में ही सर्वोत्तम प्रयास कर लेंगे, तो शीघ्र ही आनन्दित और मुक्त हो जाएँगे।

जब मैं "ईश्वर" का नाम लेता हूँ तो मेरा सम्पूर्ण अस्तित्व उनके आनन्द में विलीन हो जाता है। लेकिन मुझे उसके लिए परिश्रम करना पड़ा था। आप भी प्रयास करें। आरम्भ में मैं एक श्रद्धावान भक्त जैसा नहीं था। मेरा मन प्रायः बहुत चंचल रहता था। परन्तु अब यह आग की भाँति है। जैसे ही मैं अपना मन कूटस्थ पर रखता हूँ, समस्त विचार लुप्त हो जाते हैं, श्वास, हृदय और मन तुरंत निश्चल हो जाते हैं और मुझे केवल ब्रह्म का ही बोध रहता है।

वैज्ञानिक प्रविधियों द्वारा धर्म को वास्तविक बनाएँ। विज्ञान आपको स्पष्टता और निश्चितता प्रदान करता है। निश्चल बैठें और भारत के महान् योगियों महावतार बाबाजी, लाहिड़ी महाशय, स्वामी श्रीयुक्तेश्वरजी* द्वारा दी गई प्रविधियों का अभ्यास करें। अपने अंदर विद्यमान उस सर्वोच्च आनन्द को खोजें जिसके विषय में मैं सदा बताता हूँ, और जब आप ऐसा करेंगे तो आप पाएँगे कि धर्म एक काल्पनिक कथा मात्र नहीं है बल्कि, एक वैज्ञानिक निश्चितता है। ईश्वर से प्रार्थना करें, "हे प्रभु, आप सृष्टि के स्वामी हैं, इसलिए मैं आपके पास आया हूँ। जब तक आप मुझसे बात नहीं करेंगे और मुझे अपने अस्तित्व का बोध नहीं कराएँगे, मैं प्रयास करना नहीं छोड़ूँगा। मैं आपके बिना नहीं जिऊँगा।"

तीव्रता, गोपनीयता, भक्ति और निरन्तरता अनिवार्य हैं

भारत के एक महान् सन्त, श्री रामकृष्ण परमहंस जगन्माता काली माँ की पाषाण-प्रतिमा की पूजा कर रहे थे, और उनसे साक्षात् दर्शन देने की प्रार्थना कर रहे थे। उनकी आध्यात्मिक वेदना इतनी प्रबल हो गई कि उन्हें अनुभव हुआ कि अब और जीवित रहने का कोई लाभ नहीं है। उसी क्षण उनकी दृष्टि मन्दिर में रखी एक तलवार पर पड़ी और उन्होंने अपने जीवन को समाप्त करने के निश्चय से एक पागल की भाँति

* परमहंस योगानन्दजी सहित ये योगदा सत्संग सोसाइटी ऑफ़ इण्डिया/सेल्फ़-रियलाइज़ेशन फ़ेलोशिप के गुरुजन हैं। (शब्दावली में *गुरु* देखें।) *(प्रकाशक की टिप्पणी)*

उसेउठा लिया। उसी क्षण माँ अपने दिव्य रूप में प्रकट हो गईं। उनका भक्त महान् आनन्द के सागर में निमग्न हो गया। उसी स्थान पर जहाँ इन सन्त को यह अनुभव हुआ था, जगन्माता की उसी मूर्ति ने जीवन्त रूप धारण किया और मुझसे बातें की।*

यदि मैंने ध्यान में ईश्वर की खोज में घंटों न बिताए होते, तो मुझे इसका ज्ञान न हो पाता कि धर्म एक विज्ञान है। तीव्रता, गोपनीयता, भक्ति और निरंतरता आवश्यक हैं। आप नहीं जानते कि कब मृत्यु आ जाए। प्रति क्षण अपने मन को ईश्वर पर रखें। प्रत्येक वह वस्तु जो आप चाहते हैं और जिसकी आपको आवश्यकता है, वह ठीक आपके अन्दर विद्यमान है, देर तक और गहराई से खोजें। मैं प्रतिदिन घंटों ध्यान करता हूँ, और जब तक मैं इसे पूरा नहीं कर लेता, मैं किसी से नहीं मिलता। आप भी अपने मन को इस प्रकार तैयार करें कि आप किसी भी व्यक्ति अथवा वस्तु से विचलित न हों। तब आपको समय का पता नहीं चलेगा।

राँची, झारखण्ड† के अपने योगदा विद्यालय में, मैं अपने खाली समय में मैदानों में घूमता रहता था, और जब तक मेरा मन ईश्वर के नशे में मतवाला नहीं हो जाता था, मैं थोड़ी-थोड़ी देर के लिए इधर-उधर कहीं भी ध्यान में बैठ जाता था। ईश्वर को पाने का केवल यही तरीका है। अपना समय नष्ट न करें। जब आप ईश्वरीय चेतना में रहने में सक्षम हो जाएँगे, तो चार से छः घंटे की निद्रा आपके लिए पर्याप्त होगी। आप कभी भी थकान और निद्रा का अभाव अनुभव नहीं करेंगे। निद्रा और भोजन दोनों मेरे नियंत्रण में हैं। मेरे पास कुछ अनन्तता से भी अधिक है, और ईश्वर ने मेरे लिए सप्रमाण सिद्ध कर दिया है कि जब वे मेरे साथ होते हैं तो "जीवन की सारी आवश्यकताएँ" अनावश्यक हो जाती हैं। उस चेतना में आप साधारण मनुष्य से अधिक स्वस्थ, अधिक आनन्दमय, हर प्रकार से अधिक समृद्ध बन जाते हैं। तुच्छ वस्तुओं की कामना मत कीजिए; वे आपका ध्यान ईश्वर से हटा देंगी। अपना प्रयोग अभी शुरू कीजिए : जीवन को सरल बनाइए और एक सम्राट बन जाइए।

* *योगी कथामृत*, "पाषाण प्रतिमा का हृदय" में इस अनुभूति का वर्णन है।

† शब्दावली में *राँची विद्यालय* देखें।

भौतिक पदार्थ की अवास्तविकता को समझना

लगभग सन् 1926

हिन्दू धर्मशास्त्रों में बताया गया है कि भौतिक पदार्थ की अस्तित्व-हीनता और परमात्मा की अस्तित्व-पूर्णता में विश्वास की नींव धर्मान्ध, असंगत, अबोध अथवा अव्याख्येय सिद्धान्तों पर आधारित नहीं होनी चाहिए, बल्कि वैज्ञानिक आन्तरिक अनुसंधान और यथार्थ ज्ञान पर आधारित होनी चाहिए।

लोग सामान्यतः स्वयं को एक शरीर के रूप में पहचानते हैं जो भोजन पर आश्रित है, परन्तु वे यह समझने में असफल हैं कि शरीर के अस्तित्व का मूल स्रोत *प्राण* (जीवन शक्ति) है।* कोई भी खाद्य पदार्थ अथवा बाह्य सहायता उस व्यक्ति को जीवित नहीं कर सकती जिसके शरीर से प्राणिक ऊर्जा निकल गई है।

मनुष्य के भौतिक तन और अभौतिक मन के बीच की कड़ी *प्राण* है। प्राचीन हिन्दू सन्तों ने, *प्राण* की विद्यमानता की खोज और *प्राणायाम,*† अर्थात् जीवन-शक्ति-नियंत्रण के विज्ञान को सूत्रबद्ध किया।

प्रभु जीसस ने निर्जन स्थान में चालीस दिनों तक उपवास किया। उन्होंने कहा : "मनुष्य केवल रोटी से ही नहीं, बल्कि ईश्वर के मुख से निकलने वाले प्रत्येक शब्द से जीवित रहेगा।"‡

* "लाइफ़ट्रोन," आणविक ऊर्जा से भी सूक्ष्म हैं, जो विश्व में समस्त वस्तुओं में जीवन को पोषित करते हैं। *प्राण* दो प्रकार के होते हैं : ब्रह्माण्डीय ऊर्जा, जीवन और जीवनी शक्ति का सर्वव्यापी स्रोत, जो समस्त जीवों में और चारों ओर व्याप्त है; और विशिष्ट *प्राण* अथवा ऊर्जा जो प्रत्येक मानवीय शरीर में व्याप्त है।

† *प्राणायाम* में निपुण व्यक्ति संवेदक और प्रेरक नाड़ियों में जीवन ऊर्जा को नियंत्रित करने में सक्षम होता है, और इस प्रकार ध्यान के दौरान शरीर — चेतना से मन को मुक्त कर लेता है। वह इस जीवन ऊर्जा का उपयोग करके स्वेच्छा से अपने शरीर का उपचार करने अथवा जीवन को शक्ति प्रदान करने में भी सक्षम होता है।

‡ *मत्ती* 4:4 (बाइबिल)।

"शब्द" ब्रह्माण्डीय स्पन्दन है; "ईश्वर का मुख" मस्तिष्क के पिछले भाग में मेरुशीर्ष (medulla oblongata) है, जो नोकदार होकर मेरुदण्डीय रज्जु (spinal cord) से अन्दर जाता है। यह, मानव शरीर में अति महत्त्वपूर्ण स्थान, "शब्द" अथवा "ओम्"* ब्रह्माण्डीय स्पन्दन ऊर्जा के लिए दिव्य प्रवेश द्वार ("ईश्वर का मुख") है जिसके सहारे मानव जीवित रहता है।

जो लोग कदापि उपवास नहीं रखते वे अपने अनुभव से यह नहीं जानते कि मनुष्य केवल ईश्वर के "शब्द" (ओम्) के सहारे जीवित रह सकता है, जैसा कि क्राइस्ट चालीस दिन तक रहे।

एक सप्ताह के उपवास की आरम्भिक अवस्थाओं में, भूख विद्यमान रहती है परन्तु जैसे-जैसे दिन बीतते जाते हैं, कम भूख और स्वतंत्रता का आभास स्पष्ट रूप से अनुभव होने लगता है। क्यों? क्योंकि शरीर के लिए स्थूल आहार न मिलने से, उसको सूक्ष्म आहार अर्थात् जीवन शक्ति पर निर्भर रहने के लिए बाध्य होना पड़ता है।

मनुष्य की इच्छाशक्ति ऊर्जा की महान् उत्पादक है। इच्छाशक्ति और अपनी तत्परता के द्वारा व्यक्ति आन्तरिक शक्ति के असीम भण्डार से ऊर्जा को शीघ्रता से पाने में सक्षम हो जाता है। जो व्यक्ति अपने दैनिक कार्य को पूरा करने के लिए अनिच्छुक रहता है, वह ऊर्जा की कमी को अनुभव करता है। जो व्यक्ति स्वेच्छा से कठोर परिश्रम करता है ब्रह्माण्डीय प्रवाह से उसे शारीरिक एवं मानसिक रूप से वहन कर लेता है।

जो इच्छाशक्ति से जीवन निर्वाह की आध्यात्मिक विधियों को सीखता और व्यवहार में लाता है वह जीवन ऊर्जा के अनन्त स्रोत को चेतन रूप से उपयोग करके शरीर की अनेक सीमाओं से मुक्त हो जाता है।

हिन्दू सन्त और योगीजन कहते हैं कि पदार्थ मानस-विचारों का साकार रूप है, और उनमें से कुछ, जैसे जीसस, ने तो अपने शरीरों एवं अन्य भौतिक वस्तुओं को साकार एवं निराकार बनाने की शक्ति के प्रदर्शन द्वारा इस सत्य को सिद्ध कर दिया।

* स्थूल पदार्थ ईश्वर के प्रबुद्ध ब्रह्माण्डीय स्पन्दन से उत्पन्न और पोषित होता है, जो कि विश्व का सूक्ष्म निर्माण पदार्थ है। इस स्पन्दन के मूल गुण प्रकाश और ध्वनि हैं। ओम् ईश्वर के रचनात्मक स्पन्दन की ध्वनि है, जिसका उल्लेख ईसाई धर्मशास्त्रों में आमेन, एक पवित्र आत्मा, और शब्द के रूप में हुआ है। (शब्दावली में *ओम्* देखें।)

पदार्थ के रासायनिक तत्त्व इलेक्ट्रॉनिक स्पन्दन हैं

आधुनिक विज्ञान प्रमाणित करता है कि पदार्थ स्पन्दनशील शक्तियों से बना है। रासायनिक तत्त्व — जो पत्थरों और तारों से लेकर मनुष्य तक — विश्व के सभी रूपों की संरचना के घटकों का कारण हैं, वे इलेक्ट्रॉनिक स्पन्दनों के विभिन्न रूपों से अधिक और कुछ नहीं हैं। उदाहरण के लिए बर्फ में शीतलता, भार एवं आकार होता है; यह दिखाई देता है, बर्फ़ को पिघला दें; तो यह पानी बन जाता है। इसमें विद्युत प्रवाहित कर दें, तो यह अदृश्य हाइड्रोजन और ऑक्सीजन बन जाता है, जिसका आगे और विश्लेषण करने पर ये इलेक्ट्रॉनिक स्पन्दन के रूप होते हैं। अतः वैज्ञानिक रूप से यह कहा जा सकता है कि बर्फ़ का कोई अस्तित्व नहीं है, यद्यपि इसका हमारी दृष्टि, स्पर्श, इत्यादि इन्द्रियों द्वारा बोध होता है। वास्तव में, इसका सार रूप अदृश्य इलेक्ट्रॉन अथवा ऊर्जा के प्रकार हैं।

दूसरे शब्दों में, जो अदृश्यता में विघटित किया जा सकता है उसके विषय में हम यह नहीं कह सकते कि उसका कोई प्रामाणिक अस्तित्व है। इस भाव में, पदार्थ को अस्तित्वहीन माना जा सकता है; लेकिन पदार्थ का सापेक्ष अस्तित्व तो होता है। पदार्थ का अस्तित्व हमारे मन से संबंधित है और अदृश्य इलेक्ट्रॉनिक शक्तियों की अभिव्यक्ति के रूप में है जो अस्तित्व अवश्य रखती हैं, क्योंकि वे अपरिवर्तनशील एवं अनश्वर हैं।

बर्फ़ और पानी दोनों अदृश्य गैसों की अभिव्यक्तियाँ हैं और केवल औपचारिक, अस्थायी अस्तित्व रखते हैं। उसी प्रकार, नश्वर मन और पदार्थ दोनों ईश्वरीय चेतना की क्षणभंगुर अभिव्यक्तियाँ हैं, और केवल औपचारिक अस्तित्व रखते हैं; वास्तव में केवल ब्रह्माण्डीय मन का ही अस्तित्व है।

जिस प्रकार एक शिशु की उत्पत्ति में माता-पिता माध्यम बनते हैं, उसी प्रकार पदार्थ अपने अस्तित्व के लिए मन पर आश्रित है। पदार्थ ईश्वरीय मन से उत्पन्न होता है और मानव मन द्वारा बोधगम्य है, अपने आपमें, और अपने द्वारा, पदार्थ की कोई वास्तविकता नहीं है, कोई मूलभूत अस्तित्व नहीं है।

सृष्टि की विवेकशून्य अथवा बुद्धिरहित इलेक्ट्रॉनिक शक्तियाँ यद्यपि रचनात्मक उद्देश्यपरक कर्त्ता हैं क्योंकि वे अपने में सार्वभौमिक, स्वचेतन जीवनशक्ति अथवा *प्राण* के स्पन्दनों को धारण किए हुए हैं, जो क्रमशः ईश्वर की आज्ञा से उत्पन्न हुए थे।

"ईश्वर ने कहा, प्रकाश हो : और प्रकाश हो गया"* अर्थात् ईश्वरीय विचार और इच्छाशक्ति का प्रक्षेपण प्रकाश अथवा स्पन्दनीय ऊर्जा बन गए, जीवन-प्रवाह और विद्युत अणुओं का प्रवाह, जो बाद में और अधिक बलपूर्वक स्पन्दित हुआ और प्रकृति की विविध सूक्ष्म अथवा अदृश्य शक्तियाँ बन गए, जिन्होंने स्वयं को क्रमशः बाह्यरूप से पदार्थ के बानवे (92) मूल तत्त्वों के रूप में प्रकट किया, जिनसे यह ब्रह्माण्ड बनता है।

मानवीय चेतना के लिए, पदार्थ इन्द्रिय गोचर और वास्तविक दोनों ही हैं। परन्तु मनुष्य ने सैद्धान्तिक अनुसंधान के द्वारा, तर्क के द्वारा और कुछ प्रयोगशाला के प्रयोगों द्वारा (जैसे कि बर्फ़ के दृश्यमान टुकड़े को अदृश्य शक्तियों में परिवर्तित करना) यह खोज लिया है कि एक स्थायी और अपरिवर्तनीय रचनात्मक शक्ति दृष्टिगोचर जगत् के समस्त अस्थायी और आभासी रूपों का आधार अवश्य होगी।

इस सत्य को इस प्रकार समझा जा सकता है कि जैसे लहरों के स्थायी अस्तित्व के बिना भी सागर का अस्तित्व है, ये लहरें एक विशाल तत्त्व की केवल अस्थायी और औपचारिक अभिव्यक्तियाँ हैं। लहरों का सागर के बिना कोई अस्तित्व नहीं है, परन्तु सागर लहरों के साथ या उनके बिना भी अस्तित्व रखता है।

इन धारणाओं को बौद्धिक रूप से तो समझा जा सकता है परन्तु जाना नहीं जा सकता जब तक कि व्यक्ति पदार्थ को जीवन शक्ति में, और जीवन शक्ति को ब्रह्माण्डीय चेतना† में परिवर्तित करना सीख नहीं लेता, जैसा कि कृष्ण, जीसस और अन्य आत्मानुभूति प्राप्त सन्त करने में सक्षम थे। ऐसे प्रबुद्ध जनों के लिए, पदार्थ का अपने आपमें कोई अस्तित्व नहीं है, क्योंकि वे सृष्टि की छोटी-छोटी लहरों के नीचे परमात्मा के अपरिवर्तनशील सागर को देखते हैं।

विश्व ईश्वर का स्वप्न है

वेदान्त‡ और *योग* दर्शनों में विश्व को ईश्वर का स्वप्न कहा गया है। पदार्थ और मन, तारों और ग्रहों के साथ ब्रह्माण्ड, भौतिक सृष्टि की स्थूल सतही लहरें और नीचे की सूक्ष्म तरंगें, भावना, इच्छा और चेतना की मानवीय शक्तियाँ; तथा जीवन और मृत्यु,

* *उत्पत्ति* 1:3 (बाइबिल)।

† परमात्मा का सारतत्व। (शब्दावली में देखें।)

‡ शाब्दिक अर्थ, "वेदों का अन्तिम चरण।" *वेदान्त* वेदों के अन्तिम भाग में प्रस्तुत किया गया दर्शन है। यह दर्शन घोषित करता है कि ईश्वर ही एक मात्र वास्तविकता है और सृष्टि तात्त्विक रूप में एक भ्रांति है। इसलिए मनुष्य का कर्त्तव्य है कि वह ईश्वर की अनुभूति द्वारा माया से ऊपर उठे।

दिन और रात, स्वास्थ्य और रोग, सफलता और असफलता की अवस्थाएँ — ईश्वर के इस स्वप्न को चलाने वाले सापेक्षता के नियम (law of relativity) के अनुसार सत्य हैं।

सापेक्षता के नियम पर आधारित समस्त द्वैतता (duality) स्वप्नद्रष्टा, अर्थात् नश्वर मानव, जो इस विशाल ब्रह्माण्डीय स्वप्न में अपनी तुच्छ भूमिका निभा रहा है, के लिए वास्तविक हैं। *माया*, भ्रान्ति, सापेक्षता के नियम से मुक्त होने के लिए, व्यक्ति को इस स्वप्न से अवश्य शाश्वत ईश्वरीय जागरूकता में जागना होगा। हम इस विधि संगत स्वप्न को कल्पना से, या इसकी विद्यमानता को नकार कर, या "जीवन" को स्वीकार कर परन्तु "मृत्यु" को नकार कर, या स्वास्थ्य को पहचान कर परन्तु बीमारी की उपेक्षा करके, बदल नहीं सकते। एक अवस्था अपनी विपरीत अवस्था का उतना ही भाग है जितना कि वस्त्र के दोनों ओर। द्वैतताएँ सहज रूप से एवं मूलरूप से एक ही हैं। सत्यान्वेषी अपने मन के द्वारा उन्हें पृथक करने का प्रयास नहीं करता, बल्कि ज्ञान के द्वारा उनसे ऊपर उठने का प्रयत्न करता है।

जो व्यक्ति अपने शरीर को अपने मन से भिन्न मानता है, और जो अपरिवर्तनीय रूप से अपनी द्वैत प्रकृति वाले ब्रह्माण्ड के केवल सकारात्मक, सुखी और लाभदायक पहलुओं को ही "वास्तविक" रूप में स्वीकार करना चाहता है, स्वप्न जगत् की भ्रांतियों में गहरी नींद में सोया हुआ व्यक्ति है।

जिस प्रकार, कोई व्यक्ति स्वप्न देखता है जो कुछ समय के लिए वास्तविक प्रतीत होते हैं, परन्तु जब वह चेतना की जाग्रत अवस्था में पहुँचता है तो उनकी मान्यता समाप्त हो जाती है; उसी प्रकार मानव के लिए भौतिक पदार्थ वास्तविकता के स्वप्न से जाग्रत होना और परमात्मा के स्थायी साम्राज्य में निवास करना संभव है।

केवल अवतारी पुरुष (super man), जिसने अपनी चेतना को अनन्त में विस्तृत एवं स्थानान्तरित करना सीख लिया है सृष्टि को ईश्वर के एक स्वप्न के रूप में अनुभव कर सकता है, केवल वही अपने सच्चे ज्ञान के आधार पर कह सकता है कि भौतिक पदार्थ का कोई अस्तित्व नहीं है। आत्म-अनुशासन के सोपानों की लम्बी शृंखला — वैज्ञानिक योग मार्ग का अनुसरण करके, अथवा किसी अन्य आध्यात्मिक दक्षता के पथ को अपना कर, चाहे प्रेम का मार्ग हो, ज्ञान या सेवा का मार्ग हो, अथवा अहं-त्याग का मार्ग — ईश्वर को खोजने वाला द्वैत को समाप्त करके शाश्वत एकत्व को पहचान लेता है। "हे भारत (अर्जुन) ! जो भी भ्रम से मुक्त होकर, मुझे इस प्रकार परब्रह्म के रूप में जानता है, वह सब कुछ जानता है। वह अपने सम्पूर्ण अस्तित्व से मेरी आराधना करता है।"*

* भगवद्गीता XV:19।

मानव का महानतम साहसिक कार्य

सेल्फ़-रियलाइज़ेशन फ़ेलोशिप मुख्यालय लॉस एंजिलिस, कैलिफ़ोर्निया, 29 फरवरी, 1940

जीवन सबसे महान् साहसिक कार्य है जिसकी कल्पना की जा सकती है। यद्यपि कुछ जीवन कम रुचि और उत्साह वाले होते हैं, अन्य असाधारण अनुभवों से भरे होते हैं। मैंने एक व्यक्ति के बारे में सुना है जिसने बत्तीस बार आत्म-हत्या करने का प्रयास किया, और उसे रोकने के लिए हर बार कुछ घटित हो गया। कल्पना कीजिए आज इस पृथ्वी पर जितने भी लोग हैं उनके जीवन की समस्त घटनाओं के बारे में जानना हो, और उनके जीवन के बारे में भी जो चले गए हैं, और जो अभी आने वाले हैं, तो कैसा लगेगा! ऐसी है ईश्वर की शक्ति। जीसस ने कहा था, "क्या दो चिड़ियाँ एक पैसे में नहीं बिकती? और उनमें से एक भी तुम्हारे परमपिता की जानकारी के बिना ज़मीन पर नहीं गिर सकती।"* सभी मनुष्यों के जीवनकाल के अनुभव ईश्वर की स्मृति में हैं। वास्तव में, ऐसी चेतना के बारे में कल्पना करना भी कठिन है जिसे प्रत्येक घटित वस्तु का बोध हो। तथापि परमात्मा की प्रकृति को पूर्ण रूप से समझना इस ब्रह्माण्ड में महानतम साहसिक कार्य है। मैं आपको इसका एक चित्र दिखाता हूँ जैसा कि यह इस समय मेरे आध्यात्मिक नेत्र† के सामने आ रहा है।

सत्य कल्पना से अधिक हैं; वे वास्तविक हैं। तथापि उनका मूल ईश्वर के मन में एक विचार है। उदाहरण के लिए, आण्विक पदार्थों के समस्त विभिन्न रूप ईश्वर के मूर्तरूप विचार मात्र हैं — वे पुनः विचारों में परिवर्तित किए जा सकते हैं, और विचार फिर से वस्तुओं के रूप में घनीभूत किए जा सकते हैं। मनुष्य के पास भी विचार पैदा करने की शक्ति है, परन्तु उसकी कल्पना शक्ति बहुत प्रबल नहीं है। यदि मनुष्य की कल्पना पर्याप्त शक्तिशाली हो जाए, तो वह भी पृथ्वी पर भौतिक वस्तुओं की रचना

* *मत्ती* 10:29 (बाइबिल)।

† अन्तर्ज्ञान की दूरबीनी दृष्टि। गहन ध्यान के समय भ्रूमध्य में एकल अथवा आध्यात्मिक नेत्र दिखाई देने लगता है। महान् योगीजन जो अटूट ईश-चेतनावस्था में रहते हैं वे ध्यान करते समय या साधारण क्रियाकलापों को करते हुए भी इसे देखने में सक्षम होते हैं।

कर सकता है।* उसके पास अन्तर में निहित वही रचनात्मक शक्ति है जिसके द्वारा सोच कर ईश्वर ने संसार में अपनी मानस सृष्टियों को मूर्तरूप दिया। परन्तु मनुष्य के लिए अपने विचारों को घनीभूत करना बिल्कुल असंभव हो गया है क्योंकि उसने अपनी ईश्वर-प्रदत्त स्वतंत्र शक्ति विचार की दिव्य शक्ति का उपयोग नहीं किया है।

जब हम ईश्वर की चेतना की कल्पना करने का प्रयास करते हैं तो हमें आश्चर्य होता है कि वे किस प्रकार सब कुछ याद रख सकते हैं, क्योंकि हम प्रत्येक वस्तु को अपनी मानसिक क्षमता के मापदण्ड द्वारा आँकते हैं। हम अपने अनुभव के अनुसार समझते हैं। कोई व्यक्ति जिसकी स्मरण शक्ति कमज़ोर है तो वह समझता है कि अन्य सब की स्मरण शक्ति भी वैसी ही है। ऐसी भी असाधारण स्मृति वाले लोग हैं जो पूरी पुस्तक को स्मरण कर सकते हैं, शायद, उतनी ही आसानी से जितनी से आप कुछ पंक्तियाँ याद कर सकते हैं। जो भुलक्कड़ हैं उन्हें यह समझने में कठिनाई होती है कि दूसरों के पास अचूक स्मरण शक्ति हो सकती है।

एक जौहरी अपने रत्नों को याद रखता है, मुनीम अपनी पुस्तकों में आँकड़ों को याद रखता है, उसी प्रकार ईश्वर इस ब्रह्माण्ड में अपने द्वारा रचित प्रत्येक वस्तु को याद रखने में सक्षम हैं। सर्वशक्ति सम्पन्न होने के कारण वे हर घटित घटना को तत्काल स्मरण कर सकते हैं। ईश्वर को अतीत याद रखने के लिए सीमित भौतिक मस्तिष्क की आवश्यकता नहीं पड़ती। उनकी असीम चेतना सर्वज्ञ है।

स्मृति की शक्ति और उसका स्रोत

स्मृति अद्भुत शक्ति है। समस्त मानवीय स्मृति ईश्वर की विशाल स्मृति से आती है। उदाहरण के लिए, जन्म से आज तक आपने जितने भी चलचित्र देखे हैं उन सब के विषय में आप मुझे नहीं बता सकते, परन्तु यदि मैं आपको उनमें से एक चलचित्र फिर से दिखा दूँ तो आपको वह तुरंत याद आ जाएगा। अन्तर्निहित दिव्य स्मृति, बीते हुए अनुभवों को सदा पहचानती हुई, ठीक आप के अन्दर विद्यमान है। जैसे ही आप आरम्भिक दृश्य दोबारा देखते हैं, आपको पूरी कहानी याद आ जाती है। "ओह, मैंने यह चलचित्र पहले देखा हुआ था।" आप कहते हैं, "मुझे याद है कि इसका अन्त कैसे हुआ था।"

* जीसस ने उस मनुष्य को दिव्य शक्ति के बारे में कहा था जो अपने अन्तर में ईश्वर की विद्यमानता की अनुभूति करता है : "मुझ पर विश्वास करो कि मैं परमपिता में हूँ, और परमपिता मुझमें।...मैं तुमसे कहता हूँ, जो मुझ पर विश्वास करेगा, ये कार्य जो मैं करता हूँ, वह भी करेगा, वरन् वह उनसे भी बड़े कार्य करेगा..." *यूहन्ना* 14:11–12 (बाइबिल)।

यह कैसे होता है कि हम एक चलचित्र को पहचान सकते हैं — इसके प्रत्येक विवरण को — जिसे हमने वर्षों पहले देखा होता है? क्योंकि समस्त घटनाएँ मस्तिष्क में अंकित हैं। जैसे ही आप किसी अनुभव के रिकार्ड पर एकाग्रता की सुई रखते हैं, आपकी स्मृति उस अनुभव को पुनः सुनाना आरम्भ कर देती है। यदि मैं आपसे पूछूँ कि पिछले बृहस्पतिवार को जब हम यहाँ साथ थे तब आप कहाँ पर बैठे हुए थे, आपको यह याद आ जाएगा और साथ ही साथ दूसरी घटनाएँ भी याद आनी शुरू हो जाएँगी। यदि मैं पूछूँ, "मैंने क्या कहा था?" तो मेरे शब्द आपको याद आने शुरू हो जाते हैं।

स्मृति की आन्तरिक शक्ति ईश्वर से आती है और यह पूर्ण है। यह कभी नहीं भूलती है। सामान्य मनुष्य की स्मृति एक ही समय में समस्त अनुभवों की चेतना को धारण नहीं कर सकती, परन्तु अन्तर्निहित दिव्य स्मृति एक ही समय में और स्थायी रूप से प्रत्येक घटना को याद रखती है। अतः अच्छी अथवा कमज़ोर स्मृति धारणा की बात है। आपने स्वयं के प्रति धारणा बना ली है कि आपकी स्मृति कमज़ोर है तो आपकी स्मृति कमज़ोर होती है। तथापि, इस धारणा से विपरीत धारणा की ओर छलांग लगाना आसान नहीं है। स्वयं को इस बात का विश्वास दिलाने के लिए बहुत प्रयास की आवश्यकता है कि आपकी स्मृति वास्तव में सर्व-स्मृति-सम्पन्न ईश्वर की दिव्य स्मृति की अभिव्यक्ति है।

महानतम मानवीय स्मृति ईश्वर की असीम चेतना से ली गई स्मृति के अतिरिक्त और कुछ नहीं है, जिसमें अखिल मानव और दूसरे जीवधारियों के समस्त साहसिक कार्य अंकित हैं।

सृष्टि — ईश्वर और मनुष्य दोनों का साहसिक कार्य है

ईश्वर की सृष्टि की कहानी अद्भुत है — किस प्रकार उन्होंने इस पृथ्वी पर समस्त प्राणियों के अस्तित्व को प्रकट किया, और किस प्रकार वे अपने में हमारे वास्तविक अस्तित्व की ओर हमें वापस बुलाने के लिए अदृष्ट रूप से कार्य कर रहे हैं। मानवीय भाषा में, ईश्वर की सृष्टि के ब्रह्माण्डीय साहसिक कार्य और असंख्य मानवों की व्यक्तिगत जीवन-रचना के साथ उसके सूक्ष्म आन्तरिक ताल-मेल की, व्याख्या करना लगभग असंभव ही है।

हम देखते हैं कि मनुष्य औसतन साठ वर्ष जीते हैं, और मगरमच्छ साठ से सौ वर्ष। रेडवुड पेड़ का जीवन दो हज़ार वर्ष का होता है, कुत्ते का लगभग चौदह वर्ष, और घोड़े का अधिक से अधिक लगभग छत्तीस वर्ष। यह स्पष्ट है कि किसी ने ये विभिन्न

जीवन-काल निर्धारित किए हैं। फिर भी हम कुछ महान् योगियों के विषय में सुनते हैं जो सैकड़ों वर्षों तक जीवित रहे।* मैं निश्चित रूप से जानता हूँ कि महावतार बाबाजी† ने शताब्दियों तक जीवन बिताया और अभी भी अपने शरीर में पूर्ण युवावस्था में हैं। कहा जाता है कि त्रैलंग स्वामी‡ तीन सौ वर्षों से अधिक जीवित रहे। सत्य कल्पना से अधिक मोहित करने वाला होता है।

यह कल्पना करना संभव है कि अनुकूल परिस्थितियों में (और यदि जीवनप्रद सत्त्व (वीर्य)§ को व्यर्थ न किया जाए, और उचित आहार एवं विचार हों) तो मानव शरीर अनिश्चित काल तक जीवित रह सकता है। परन्तु शरीर पर भयानक दबाव होते हैं। जब एक चूहा पिंजरे में पकड़ा जाता है, तो उसके हृदय की गति साधारण अवस्था की अपेक्षा कई गुना तेज हो जाती है, और जब आप अपने बकाया बिलों का भुगतान नहीं कर पाते, तो आपका हृदय भी वैसे ही धड़कता है! इस प्रकार चिंताएँ अपना कर वसूल लेती हैं। और अन्य प्रकार के तनाव भी होते हैं। मुझे पता चला कि शिकागो के पुलिस अध्यक्ष ने, उपकरणों के द्वारा इस सम्भावना को सिद्ध किया है कि यदि शहरों से शोर हटा दिया जाए, तो वहाँ के निवासी दस वर्ष अधिक जी सकेंगे।

* "महान् सन्त जन जो ब्रह्माण्डीय माया के स्वप्न से जाग्रत हो गए हैं और यह अनुभूति कर ली है कि संसार ईश्वर के मन में एक विचार मात्र है, यह जानते हुए कि शरीर घनीभूत अथवा जमी हुई ऊर्जा का केवल एक छलिया रूप है, वे इसके साथ जो चाहें कर सकते हैं। यद्यपि भौतिक वैज्ञानिक यह जान गए हैं कि पदार्थ और कुछ नहीं है केवल जमी हुई ऊर्जा है, प्रबुद्ध सन्तजनों ने पदार्थ पर नियंत्रण के क्षेत्र में सिद्धांत से अभ्यास तक विजयी रूप से सफलता प्राप्त की है" (देखें *योगी कथामृत*, अध्याय 31)।

† *महावतार*, "महान् अथवा दिव्य अवतार"; *बाबाजी*, "श्रद्धेय पिता"। वे लाहिड़ी महाशय के गुरु हैं, जो स्वामी श्रीयुक्तेश्वरजी के गुरु हैं, जो परमहंस योगानन्दजी के गुरु हैं। बाबाजी का इन्द्रियातीत जीवन और शक्तियों का विवरण *योगी कथामृत* में दिया गया है।

‡ त्रैलंग स्वामी अपनी असाधारण आयु के अतिरिक्त, अन्य अनेक चमत्कारों के लिए भी प्रसिद्ध थे। उनका वज़न तीन सौ पाउण्ड था, यद्यपि वे कभी-कभी ही कुछ खाते थे। प्रायः कई दिनों तक गंगाजी के जल पर बैठकर, या लम्बे समय के लिए धाराओं के नीचे छिपकर ध्यान करते थे। वे प्रायः मणिकर्णिका घाट पर तेज धूप में तपती हुई शिला पर निश्चल बैठे रहते थे। उनकी प्रकृति के नियमों के प्रति अवहेलना की आदत उन लोगों के लिए जिन्होंने उन्हें देखा, एक निरंतर संदेश था कि ईश्वर के साथ एकत्व ही उच्चतम नियम है।

§ जीवन शक्ति या वीर्य में *प्राण* का अत्याधिक घनापन होता है। यदि यह नष्ट न की जाए, तो इसकी शक्ति शारीरिक स्वास्थ्य, मानसिक शक्ति, रचनात्मक शक्ति और आध्यात्मिक उन्नति को, बढ़ाने के लिए उपयोग में लाई जा सकती है।

फिर भी हम एक अद्भुत संसार में रहते हैं। जो लोग केवल "खाने-पीने और मौज करने" तथा सोने के लिए जीवित हैं, उनको मानव जीवन के आश्चर्यों का कुछ पता नहीं है।

आत्मा का साहसिक कार्य गर्भ-धारण के समय गर्भ में प्रवेश करने के संघर्ष से ही आरम्भ हो जाता है। सूक्ष्म जगत्* में करोड़ों आत्माएँ हैं, जो पृथ्वी पर वापस आने के लिए, गर्भ-धारण के समय संयुक्त हुए शुक्राणु और अण्डाणु में प्रवेश करने के लिए संघर्ष कर रही हैं। सन्त या पापी, जब तक आपने अन्तिम मोक्ष प्राप्त नहीं कर लिया है तब तक पृथ्वी पर दोबारा आने की प्रबल इच्छा रहती है। गर्भ-धारण के समय पर आकाश में एक प्रकाश की कौंध होती है और जैसे ही शुक्राणु और अण्डाणु कोशिकाएँ मिलती हैं एक आत्मा प्रवेश कर जाती है। आपको गर्भ में जाने के लिए संघर्ष करना पड़ा था। केवल आप ही नहीं अनेक आत्माएँ प्रवेश करने के लिए धावा बोलती हैं, और उनमें से जो जीत गईं वे आप हैं, और मैं हूँ। यह कोई आसान विजय नहीं थी।

जन्म से पूर्व की चेतना

गर्भ में प्रवेश करने के पश्चात् आप कहते हैं, "यह मैंने क्या किया? मैं तो लम्बे समय तक सीमित करने वाले नश्वर शरीर से मुक्त था, प्रकाश के भार रहित शरीर में उड़ता था, और अब मैं भौतिक शरीर में फिर से बन्दी बन गया हूँ।" फिर भी, आप गर्भ में नौ महीनों के दौरान इन नई परिस्थितियों के आदी हो जाते हैं। इसकी यही सज़ा है। यह नौ महीने का कारावास है जिसमें आपको किसी दूसरे के माध्यम से श्वास लेना पड़ता है, भोजन लेना पड़ता है, रक्त लेना पड़ता है, और इसके संचार के लिए किसी दूसरे से शक्ति लेनी पड़ती है। आप दूसरे पर निर्भर हो जाते हैं। आपकी आत्मा ईश्वर से पुकार करती है, "इस जेल से मुझे बाहर निकालिए। मैं देख नहीं सकता, मैं सुन नहीं सकता, मैं बंध गया हूँ।"

यदि कहीं नर्क या पाप मोचन स्थान है तो वह माता के शरीर में वे नौ महीने हैं — असहाय, अंधकार में, एक पेड़ की भाँति एक ही जगह पर बंधे, केवल कभी-

* "मेरे परमपिता के घर में अनेक महल हैं..." (*यूहन्ना* 14:2, बाइबिल)। उच्च और निम्न सूक्ष्म जगत् जो लाइफट्रॉन्स (जीवन अणु) के सूक्ष्म प्रकाश और ऊर्जा से बने, स्वर्ग (या नर्क) हैं जहाँ आत्माएँ भौतिक शरीर की मृत्यु के पश्चात् जाती हैं। वहाँ ठहरने का समय कर्म सिद्धांत के अनुसार पूर्व निर्धारित है। जब तक व्यक्ति की अपूर्ण भौतिक इच्छाएँ या भौतिक *कर्म* (पिछले कर्मों के फल जो अभी तक भोगे नहीं हैं) शेष हैं, उन्हें पृथ्वी पर, ईश्वर की ओर वापस अपने क्रम-विकास को जारी रखने के लिए पुनः अवश्य जन्म लेना पड़ता है।

कभी बीते समय की स्मृतियाँ आ जाती है, और फिर नींद में खो जाते हैं। जब पिछले जीवन की स्मृतियाँ आती हैं तब ही आप माता के शरीर में संघर्ष करते हैं। मैं अपनी चेतना को प्रसव से पूर्व की इन अवस्थाओं में ले गया हूँ और मैं जानता हूँ कि मैं क्या कह रहा हूँ।* शिशु की निद्रा और जाग्रत अवस्था माता के शरीर में माता की नींद और जागरण पर निर्भर नहीं है। शिशु की हिलने-डुलने की इच्छा आत्मा के बीते समय की स्मृति से होती है। इसलिए वह माता के शरीर में तब तक चंचलता से घूमता रहता है जब तक कि थक कर सो नहीं जाता। तब वह कुछ समय के लिए जागता है और फिर घूमने लगता है। उसे भूख लगती है तो वह माता के रक्त से आहार लेकर अपनी भूख को संतुष्ट करता है।

शिशु, माता के हृदय की धड़कन और रक्तसंचार के स्पन्दनों को थोड़ा सा सुन पाता है, इन आवाज़ों के द्वारा वह अपने शरीर के प्रति सचेत होता है और वह स्वतंत्र होना चाहता है। इस प्रकार आत्मा का प्रथम साहसिक कार्य इन दो विचारों के बीच है: पृथ्वी पर मानवीय शरीर में वापस आने की इच्छा और कोई भी शरीर न रखने की स्वतंत्रता को अनुभव करने की इच्छा।

आत्मा का मानवीय शरीर, एक छोटी सी पूँछ के साथ मछली जैसे रूप से आरम्भ होता है। वह रूप, गर्भाशय में सिकुड़े हुए जीव के रूप में विकसित होता है। वहाँ उसे पिछले जीवन की कभी कोई स्मृति आती है, और भ्रूण हिलने लगता है। जब भ्रूण माता के शरीर में मानवीय रूप में बढ़ना आरम्भ करता है तब संघर्ष और बढ़ जाता है। आत्मा पुकारती है, "मुझे बाहर निकलने दो।" जब इच्छाशक्ति बहुत दृढ़ हो जाती है तो शिशु जन्म लेता है। समय से पूर्व जन्मे बच्चे वे आत्माएँ हैं, जिनकी बहुत दृढ़ इच्छाशक्ति होती है। वे माता के शरीर में नौ महीने तक नहीं रहना चाहते, और इसलिए वे जल्दी बाहर आ जाते हैं।

जीवन का श्वास

शिशु इस संसार में रोता हुआ आता है, क्योंकि, सन्तजन कहते हैं, आत्मा को अपने पिछले जन्म की याद रहती है और वह पृथ्वी पर दोबारा जीवन के संघर्षों से गुज़रने के लिए यहाँ वापस आने के विचार को पसन्द नहीं करता। इस स्मृति से संबंधित शिशु का

* उन्नत योगी के लिए यह संभव है, कि वह सर्वव्यापक ईश्वर के साथ अपने आन्तरिक एकत्व के द्वारा सहृदयता से समस्त प्राणियों के अनुभवों का बोध कर सकता है।

विनती का भाव भी है जिसमें वह संसार में आने से पहले प्रायः अपने हाथों को जोड़े रखता है। वह ईश्वर से प्रार्थना करता है, "कृपया मुझे दोबारा शरीर में जन्म मत दीजिए।"

भौतिक विज्ञान के अनुसार, शिशु के रोने का स्पष्टीकरण यह है कि श्वसन-क्रिया आरम्भ होने के लिए फेफड़े खुल जाने चाहिए, और शिशु का पहला रुदन फेफड़ों को क्रियाशील करने और जीवन के श्वास को आरम्भ करने के लिए एक प्रयास है। जब शिशु पैदा होता है, श्वास अंदर जाती है। और आत्मा जो अर्ध-प्रसुप्त थी, एक स्वतंत्र जीवन के साथ सजीव प्राणी बन जाती है। "ईश्वर ने उसके नथुनों में जीवन का श्वास फूँका; और मनुष्य एक सजीव आत्मा बन गया।"* अनेक लोगों को, भूल से यह विश्वास है कि शरीर में आत्मा जन्म के समय प्रवेश करती है, किन्तु यदि आत्मा शरीर में पहले से नहीं होती, तो शरीर का विकास छोटी सी मूल कोशिकाओं से न हो पाता। यदि आत्मा जन्म से पहले भ्रूण को छोड़ दे तो शिशु मृत पैदा होगा।

मानव का शरीर सोलह मूल भौतिक तत्त्वों से बना है और सूक्ष्म ऊर्जा के उन्नीस तत्त्वों† द्वारा पोषित और क्रियाशील होता है। इनको विशुद्ध चेतना में घनीभूत किया जा सकता है। "मनुष्य एक जीवित आत्मा बन गया" से तात्पर्य है कि साधारण मनुष्य का भौतिक शरीर, जो रसायनों ("भूमि की मिट्टी") से बना होता है, उसे पृथ्वी पर जीवित रहने के लिए ऑक्सीजन लेना आवश्यक है, जैसा कि ईश्वर ने आदेश दिया जब उन्होंने सर्वप्रथम "उसके नथुनों में जीवन का श्वास फूँक दिया।"

जब शिशु पैदा होता है, वह प्रकाश में पलकें झपकाता है, वह ध्वनियों को सुनता है, वह सूँघता और स्वाद लेता है, और वह श्वास लेता है। वह देखता है कि परिस्थितियाँ सामान्य होने लगी हैं — उसे भौतिक शरीर फिर से प्राप्त हो गया है। उसका जन्म लेने के लिए प्रसव से पूर्व का विरोध उसकी प्रथम श्वास के साथ ही समाप्त हो जाता है, जब "माया" (ब्रह्माण्डीय भ्रम कि "अस्तित्व" शरीर एवं श्वास पर निर्भर है) उसे घेर लेती है। वह एक बार फिर भौतिक संसार के प्रति आकर्षण अनुभव करता है।

जैसे-जैसे समय बीतता है शिशु अपने शरीर पर नियंत्रण के लिए संघर्ष करता है। आप प्रायः देखते हैं कि वह तालमेल के प्रयास में अपने हाथ और पैर हवा में

* *उत्पत्ति* 2:7 (बाइबिल)।

† सूक्ष्म शरीर का सत्त्व जो मानव के भौतिक रूप में रहता है, और उसे क्रियाशील तथा जीवित रखता है। ये उन्नीस तत्त्व हैं : बुद्धि, अहम्, चित्त, मन (इंद्रिय चेतना); पाँच ज्ञानेन्द्रियों के पीछे शक्तियाँ तथा पाँच कर्मेन्द्रियों के पीछे शक्तियाँ; और पाँच *प्राण* या जीवन शक्तियाँ।

बार-बार चलाता है। ये सब क्रियाएँ आत्मा की पिछले जन्म की स्मृति से अवचेतन मन द्वारा निर्देशित होती हैं। वह स्मृति सदा बनी रहती है। आप सहज-ज्ञान द्वारा मृत्यु से भयभीत होते हैं क्योंकि आपको याद है कि आप अनेक बार उस अनुभव से गुज़रे हैं। आप पीड़ा से भी भयभीत होते हैं क्योंकि पहले भी आप उसे अनेक बार भोग चुके हैं।

जब शिशु छोटे नन्हें बच्चे के रूप में बढ़ता है तो वह माता और पिता की मार्ग-दर्शक इच्छाशक्ति के प्रभावों द्वारा घिरा होता है, और अन्य संबंधियों की इच्छाओं द्वारा भी प्रभावित होता है। प्रत्येक व्यक्ति उसे कुछ भिन्न बनाना चाहता है, और उसके नटखट मित्र उसे कुछ और ही बनाना चाहते हैं!

बच्चे को इन विरोधी दबावों के साथ बहुत अधिक संघर्ष करने पड़ते हैं। यह एक दुःखदायी जीवन है, इसलिए यह अच्छा है यदि आप अपने बच्चों को कुछ स्वतंत्रता दें। तथापि जिन किशोर बच्चों को अत्यधिक स्वतंत्रता मिली होती है, बाद में वे पश्चाताप कर सकते हैं, "काश, मुझे यह कार्य न करने के लिए पहले समझाया गया होता, तब जो मैं आज हूँ वैसा नहीं होता।" सोचिए व्यक्ति को युवावस्था में पहुँचने तक कितने शारीरिक एवं मानसिक संघर्ष करने पड़ते हैं। जीवन के उस दौर में इंद्रियाँ अधिक क्रियाशील हो जाती हैं और युवा व्यक्ति को अपने साथ अत्यधिक आन्तरिक संघर्ष करना पड़ता है। इन्द्रियों के साथ संघर्ष एक ज़बरदस्त संघर्ष है। युवा द्वारा इस साहसिक कार्य में विजय पाना और इस रोमांचक जीवन से विजयी होकर निकलना, एक महान् अनुभव है।

मनुष्य को अपना मित्र बनना चाहिए

जीवित रहना अद्भुत है, परन्तु अनेक अभिकर्ता (agent) हमें नष्ट कर देने की प्रतीक्षा कर रहे हैं। हमारे अपने जीवन के साहसिक कार्य की तुलना में दक्षिणी अफ्रीका में जंगली जानवरों के साथ जोखिम कुछ भी नहीं है। इतिहास में कोई और कहानी इतनी रोचक नहीं है। मनुष्य अपनी बुद्धि के द्वारा जानता है कि उसे जानवरों से अपनी रक्षा कैसे करनी है, परन्तु वह यह नहीं जानता कि उसे अपनी बुरी आदतों और गलत आचरणों से अपनी रक्षा कैसे करनी है। मनुष्य का सबसे बड़ा शत्रु वह स्वयं है। मनुष्य जब गलत है, तो उसे किसी व्यक्तिगत या राष्ट्रीय दुश्मनों से अधिक, कीटाणुओं, बमों या किसी अन्य धमकी से भी अधिक, अपने आप से डरना चाहिए। अपनी दैवी प्रकृति से अज्ञात रहना और बुरी आदतों से पराजित हो जाना स्वयं को अपना शत्रु बनाने के समान है। जीवन के इस साहसिक कार्य में सफल होने के लिए सबसे उत्तम तरीका

है अपना मित्र बनना। भगवान् कृष्ण ने कहा है : "स्वयं (आत्मा) रूपान्तरित स्वयं (अहम्) का मित्र है, परन्तु पुनरुद्धार से वंचित (मन और इन्द्रियों पर विजय न पाया हुआ) स्वयं का शत्रु है।"*

सूक्ष्म शत्रु

अपने लिए ऐसा विचार करना सरल है कि हम दूर किसी बीहड़ और अपरिचित देश की खोज के लिए जा रहे हैं। यदि हम पानी के जहाज़ से जा रहे हैं तो हमें अपने साथ एक रक्षा-नौका की आवश्यकता है, यदि जहाज़ डूबने लगता है, तो हम जानते हैं कि हम रक्षा-नौका में बैठकर अपने को बचा सकते हैं। परन्तु जीवन के अनेक अनुभवों में लगता है हमारी रक्षा-नौका में एक रिसाव है, भले ही हमने कितनी भी सावधानियाँ अपनायीं हों।

जानवरों से भरे जंगल में उनके विरुद्ध आप पर्याप्त सावधानी ले सकते हैं, परन्तु सूक्ष्म ख़तरों पर विजय पाना अधिक कठिन है। विशाल संख्या में कीटाणुओं के हमलों के विरुद्ध अपने को कैसे सुरक्षित रखें? अरबों की संख्या में ये हर समय हमारे चारों ओर घूम रहे हैं। जिन ख़तरों को हम देख और सुन सकते हैं, जब हम उनके विरुद्ध सावधानी बरतते हैं तो हम सोचते हैं कि हम सुरक्षित हैं, परन्तु रोगाणुओं के विरुद्ध स्वयं को सुरक्षित रखने के लिए हमारे पास केवल अपर्याप्त साधन हैं। आपकी अपनी रक्त धारा में श्वेताणु (white corpuscles) इन जीवों के साथ निरंतर युद्ध कर रहे हैं। दवाइयाँ केवल उन्हें सुन्न करती हैं, श्वेताणु (white corpuscles) सिपाही हैं, जो युद्ध कर के उन्हें नष्ट करते हैं। यदि आपका रक्त कमज़ोर है, तो सिपाही आपकी सहायता करने में असमर्थ होंगे। ऐसे अनेक लोग जिनमें रोग के होने का संदेह न हो, उनके फेफड़ों में क्षय रोग के हिंसक दण्डाणु (bacilli) घात लगा कर अपने मेज़बान को नष्ट करने के लिए तैयार रहते हैं। प्रकृति उनके चारों ओर कोशिकाओं की एक प्रतिरोधक दीवार बना देती है, परन्तु यह केवल तब तक प्रभावशाली रहती है जब तक शरीर अपने प्रतिरोध को बनाए रख सकता है। जीवन का यह संघर्ष आन्तरिक जीवन के अदृश्य जंगल में निरंतर चलता रहता है! यदि आप अपने भोजन का सूक्ष्मदर्शी यंत्र के द्वारा निरीक्षण करें तो आप उसे खा ही नहीं सकेंगे। रोगाणुओं की वहाँ दावत चल रही होती है और आप उन्हें पूरा का पूरा ही निगल जाते हैं। जो पानी आप पीते हैं

* भगवद्गीता VI:6।

वह भी ऐसे जीवों से भरा होता है। कोई भी सच्चा शाकाहारी नहीं है, क्योंकि प्रत्येक व्यक्ति प्रतिदिन करोड़ों जीवाणुओं को खाता है। तब क्या मानव खाना बंद कर दे?

हर प्रकार के युद्ध के लिए तैयार रहें

जीवन के इस जंगल से सुरक्षित गुज़रने के लिए आप अपने को उचित हथियारों से लैस रखें। आपको एक भली-भाँति प्रशिक्षित सिपाही बनना है। सामान्य व्यक्ति, जो अपनी रक्षा करना नहीं जानता शीघ्र ही मार दिया जाता है। एक बुद्धिमान व्यक्ति, जो हर प्रकार के युद्ध के विरुद्ध शस्त्र-सज्जित रहता है — जैसे रोग के विरुद्ध, भाग्य और कर्मों के विरुद्ध, सभी बुरे विचारों और आदतों के विरुद्ध — वह इस साहसिक कार्य में विजयी हो जाता है। इसके लिए सतर्कता, और इसके अतिरिक्त, कुछ विशेष विधियों जिनके द्वारा हम अपने शत्रुओं पर विजय पा सकते हैं, को अपनाने की आवश्यकता होती है।

जैसे-जैसे हमारा विकास होता है हम अपने शारीरिक, मानसिक, नैतिक और आध्यात्मिक संकटों के कारणों को परास्त करने के अच्छे तरीके सीखते जाते हैं। जब आप शारीरिक बीमारियों, दुर्घटनाओं और आन्तरिक संघर्षों से सफलतापूर्वक पार हो जाते हैं, तब आप कह सकते हैं कि जीवन एक मधुर साहसिक कार्य था। जीसस ऐसा कह सकते थे। परन्तु इस प्रकार विजयी होने से पहले, यह कहना जल्दबाज़ी होगी कि जीवन मधुर है। जब तक आपने ईश्वर में आत्मा का अंतिम आरोहण, मोक्ष प्राप्त नहीं कर लिया है, तब तक आपके लिए जीवन अभी समाप्त नहीं हुआ है। जब तक आप परमात्मा में चेतन रूप से उन्नति नहीं कर लेते तब तक आप इस प्रकार के जोखिम उठाने की इच्छा पर विजय प्राप्त नहीं कर पाते।

किसी पीड़ित को देखने पर आप सोचते हैं कि आप भाग्यशाली हैं कि उस विशेष जोख़िम से आप नहीं गुज़र रहे हैं। परन्तु अगली बार आप भी पीड़ित हो सकते हैं। शरीर को हानि पहुँचने की अनेक सम्भावनाएँ हैं। इसलिए तैयार रहें। वैज्ञानिक कहते हैं, "जीवाणुओं से अपनी रक्षा के लिए, पौष्टिक आहार का सेवन करें और स्वास्थ्य नियमों का पालन करें।" राजनीतिज्ञ कहते हैं कि "बाहरी शत्रुओं से अपनी रक्षा के लिए अच्छे सिपाही बनें।" हम विलक्षण समय में रह रहे हैं। यहाँ तक कि महिलाएँ, जो कहावत के अनुसार, संसार की उद्धारक कही जाती हैं, दूसरों के बच्चों को मारने के लिए सैनिकों के रूप में प्रशिक्षित की जा रही हैं। कितना भयावह! परन्तु कभी-कभी युद्ध से कुछ अच्छा मिल जाता है — यह हमारे अन्दर से कायरता दूर कर देता है।

मन की शक्ति का महत्व

जीवन के इस जंगल में, जो — रोग, ग़रीबी, दुःख, बुरी आदतों और गलत इच्छाओं के शत्रुओं से घिरा है — पालन के लिए इतने अधिक नियम हैं कि जब आप इन सबको एक साथ मन में रखने का प्रयास करते हैं, तो जीवन असहनीय बन जाता है। आप उनसे तंग आ जाते हैं क्योंकि जीवन का प्रत्येक पहलू विविधता की क्षमता के लिए असीम है। जब आप स्वास्थ्य के नियमों का पालन करने का प्रयास करते हैं, आप लगभग परेशान हो जाते हैं — और कुछ सोचने का समय ही नहीं रहता! और प्रत्येक व्यक्ति के पास आपके स्वास्थ्य के लिए भिन्न-भिन्न निर्देश होते हैं। हम एक बड़े सम्मोहन में हैं। जब मैंने विविध विधियों का प्रयोग किया, तो मुझ में इस सत्य का उदय हुआ : *मन उन सब की प्रभाविता को नियंत्रित करता है*।

ईश्वर ने हमें सुरक्षा का एक अद्भुत उपकरण दिया है — जो तोप, विद्युत, जहरीली गैस अथवा किसी भी औषधि से अधिक शक्तिशाली है — वह है मन। इस मन को ही शक्तिशाली बनाना चाहिए। जहाँ तक शरीर का प्रश्न है, मैं केवल ईश्वर की इच्छा मानूँगा। यदि वे मुझे चिकित्सक के पास जाने के लिए कहें, तो यह भी ठीक है, और यदि वे मुझे कष्ट भोगने के लिए कहें, तो वह भी ठीक है; जो भी उनकी इच्छा है वही मेरी इच्छा है। जीवन के साहसिक कार्य का एक महत्त्वपूर्ण भाग है मन को नियंत्रित रखना; और उस नियंत्रित मन को, निरन्तर ईश्वर के अन्तर्सम्पर्क में रखना। एक सुखी, सफल जीवन का यही रहस्य है।

ईश्वर-सम्पर्क अन्तिम सुरक्षा है

चाहे आप आरोग्य की भौतिक विधियाँ अपनाते हों, परन्तु अपना पूर्ण विश्वास उन विधियों पर ही न रखें, बल्कि उनके पीछे ईश्वर की शक्ति पर रखें। यदि आपकी अंगुली कट गई है तो उस पर आयोडीन लगाइए, परन्तु अन्तर में प्रार्थना कीजिए : "प्रभु, औषधि पर निर्भर न रहने में बल्कि केवल मन की शक्ति पर भरोसा करने में मेरी सहायता करें।" आप को मन की उस अवस्था को प्राप्त करना नहीं सिखाया गया है। यह मन की शक्ति का उपयोग करने और ध्यान के द्वारा मन का ईश्वर के साथ सम्पर्क करने से आता है। इस प्रकार, पदार्थों और भौतिक उपचारों को नकारने का प्रयास करने से पहले आपको मन पर पूर्ण नियंत्रण कर लेना चाहिए। तब तक शरीर की सहायता के लिए सामान्य-बुद्धि का उपयोग करना उचित है। जब आप विष पीकर उससे अप्रभावित

रह सकते हैं, तब आप भौतिक पदार्थों को उचित रूप से नकार सकते हैं और कह सकते हैं कि मन ही सब कुछ है। पहले आपको चेतना के उस स्तर तक पहुँचना चाहिए।

ईश्वर ने आपको एक अजेय शस्त्र प्रदान किया है, जिसके द्वारा आप अपने समस्त दुःखों और पीड़ाओं को समाप्त कर सकते हैं : वह है ज्ञान, जो ईश्वर सम्पर्क के द्वारा प्राप्त होता है। रोग, निराशाओं और विपत्तियों पर विजय पाने का सबसे आसान तरीका है, निरन्तर ईश्वर के साथ सम्पर्क में रहना।

जीवन के जंगलों में हम शिशुओं के समान हैं, हम अपने अनुभवों और परेशानियों के द्वारा सीखने के लिए बाध्य हैं, बुरी आदतों और बीमारी के गड्ढों में ठोकरें खाते हैं। बार-बार हमें सहायता के लिए पुकारना पड़ता है। परन्तु सर्वोच्च सहायता परमात्मा के साथ सम्पर्क करने से आती है।

जब भी आप परेशानी में हों तो प्रार्थना कीजिए, "प्रभो! आप मेरे अन्दर हैं और मेरे चारों ओर हैं। मैं आपकी उपस्थिति के दुर्ग में हूँ। मैं अनेक प्रकार के घातक शत्रुओं से घिरा, जीवन में संघर्ष करता रहा हूँ। मुझे अब लगता है कि वे वास्तव में मेरे विनाश का कारण नहीं हैं; आपने मुझे पृथ्वी पर मेरी शक्ति की परीक्षा के लिए भेजा है। मैं इन परीक्षाओं से केवल स्वयं को परखने के लिए गुज़र रहा हूँ। मैं उन बुराइयों से लड़ने के खेल खेल रहा हूँ जिन्होंने मुझे घेर रखा है, मैं उन्हें आपकी विद्यमानता की सर्वशक्तिमत्ता द्वारा पराजित कर दूँगा। और जब मैं जीवन के साहसिक कार्य में सफल हो जाऊँगा तो मैं कहूँगा, 'प्रभो, साहसी बनना और युद्ध करना कठिन था, परन्तु जितना बड़ा मेरा आंतक था, उतनी बड़ी शक्ति मेरे भीतर थी, जिसे आपने प्रदान किया था, जिसके द्वारा मैंने विजय प्राप्त की और अनुभव किया कि मैं आपके प्रतिबिम्ब में बना हूँ। आप इस सृष्टि के राजा हैं और मैं आपकी संतान, सृष्टि का राजकुमार हूँ। मुझे किस बात का भय है?'"

जैसे ही आप सोचते हैं कि आपने एक मानव के रूप में जन्म लिया है, आपको प्रत्येक वस्तु से भय लगने लगता है। बचने का कोई रास्ता नहीं दिखाई देता। चाहे आप कितनी भी सावधानियाँ क्यों न बरतें, सदा कहीं न कहीं कोई गलती हो जाती है। आपकी सुरक्षा केवल ईश्वर में है। चाहे आप अफ्रीका के जंगल में हों, या युद्ध के मैदान में, अथवा रोग और गरीबी के शिकंजे में फंसे हों, ईश्वर से केवल इतना कहें, और विश्वास करें : "मैं आपकी विद्यमानता की कवच युक्त गाड़ी में हूँ और जीवन के युद्धक्षेत्र के पार जा रहा हूँ। मैं सुरक्षित हूँ।"

सुरक्षित रहने का कोई और रास्ता नहीं है। सामान्य बुद्धि का उपयोग करें और ईश्वर पर पूर्ण विश्वास रखें। मैं आपको कोई सनकी सलाह नहीं दे रहा हूँ। मैं आपसे हर परिस्थिति में इस सत्य का प्रतिज्ञापन और इसमें विश्वास करने के लिए आग्रह कर रहा हूँ : "प्रभो, केवल आप ही मेरी सहायता कर सकते हैं।"* अनेक लोग बीमारी और बुरी आदतों के ढर्रे में फंस गए हैं और अपने को उससे बाहर नहीं निकाल पाए। यह कदापि न कहें कि आप बच नहीं सकते। आपका दुर्भाग्य केवल कुछ समय के लिए है। एक जीवन की असफलता इस बात का मापदण्ड नहीं है कि आप एक सफल व्यक्ति हैं अथवा नहीं। विजयी व्यक्ति की प्रवृत्ति निर्भीक होती है : "मैं ईश्वर की संतान हूँ। मैं किसी से भयभीत नहीं हो सकता।" इसलिए किसी भी वस्तु से भयभीत न हों। जीवन और मृत्यु आपकी चेतना की केवल अलग-अलग प्रक्रियाएँ हैं।

प्रत्येक वस्तु जिसकी ईश्वर ने रचना की है, हमारे अन्दर दबी हुई आत्मा की अमरता को बाहर निकालने में हमारी परीक्षा है। यही जीवन का साहसिक कार्य है, जीवन का एक मात्र उद्देश्य। और प्रत्येक व्यक्ति का प्रयास भिन्न है, अद्वितीय है। आपको सामान्य-बुद्धि की युक्तियों और ईश्वर में विश्वास के द्वारा स्वास्थ्य, मन और आत्मा की समस्त समस्याओं का सामना करने के लिए तैयार रहना चाहिए, और इस बात का ज्ञान रखते हुए कि जीवन अथवा मृत्यु में आपकी आत्मा अजेय रहती है। आपकी कदापि मृत्यु नहीं हो सकती। "कोई शस्त्र आत्मा का छेदन नहीं कर सकता; कोई आग इसे जला नहीं सकती; कोई जल भिगो नहीं सकता, न ही कोई वायु इसे सुखा सकती है।...आत्मा नित्य, सर्वव्यापी, सदा शान्त, स्थिर और सदा एकरूप है।"† आप शाश्वत रूप से परमात्मा का प्रतिबिम्ब हैं।

क्या यह जान लेना कि मृत्यु हमें नष्ट नहीं कर सकती, हमारे मन को मुक्त नहीं कर देता? जब रोग आता है और शरीर कार्य करना बन्द कर देता है, तो आत्मा सोचती है : "मेरी मृत्यु हो गई है।" परन्तु ईश्वर आत्मा को झकझोरते हैं और कहते हैं : "तुम्हें क्या हो गया है? तुम्हारी मृत्यु नहीं हुई है। क्या तुम अभी भी सोच नहीं रहे हो?" एक सैनिक बराबर चल रहा है और एक बम ने उसके शरीर को छिन्न-भिन्न कर दिया। उसकी आत्मा चिल्लाती है, "ओह, मैं मर गया हूँ, प्रभो!" और प्रभु कहते हैं, "निस्सन्देह नहीं! क्या तुम मेरे साथ बात नहीं कर रहे हो? मेरे बच्चे, कुछ भी तुम्हें नष्ट नहीं कर सकता।

* "जो भक्त अनन्य भाव से मेरा ध्यान करते हैं, निरन्तर भक्ति द्वारा सदा मुझमें लीन रहते हैं, मैं उनकी कमियों को पूर्ण करता हूँ और उनकी उन्नति को स्थायी बना देता हूँ" (भगवद्गीता IX:22)।

† भगवद्गीता II:23–24।

तुम स्वप्न देख रहे हो।" तब आत्मा को बोध होता है : "यह इतना भयानक नहीं है। यह केवल मेरे भौतिक शरीर होने की भूलोक की अस्थायी चेतना थी, जिसके समाप्त होने से मुझे लगा कि मेरा अन्त हो गया है। मैं भूल गया था कि मैं शाश्वत आत्मा हूँ।"

हमारे जीवन के साहसिक कार्य का लक्ष्य

सच्चे योगी समस्त परिस्थितियों में अपने मन को नियंत्रित रखने में सक्षम होते हैं। जब ऐसी पूर्णता प्राप्त होती है, तो आप मुक्त हैं। तब आप जानते हैं कि जीवन एक दैवी साहसिक कार्य है। जीसस और अन्य महान् आत्माओं ने इसे सिद्ध कर दिया है। उन्हें कुछ भी स्पर्श नहीं कर सका। उन्होंने निर्विघ्नता से ईश्वर के साथ मधुर लीला का आनन्द लिया। साहसिक कार्य का केवल यही एक भाग है; जिसका कोई उद्देश्य है।

मानवीय प्रेम निरर्थक है जब तक वह ईश्वर के अशर्त प्रेम के साथ दृढ़ नहीं हो जाता। एक लड़का और एक लड़की एक दूसरे से प्रेम करते हैं, और कुछ समय पश्चात् वे उस प्रेम बंधन को तोड़ देते हैं। मानव के साथ प्रेमलीला अपूर्ण है। ईश्वर के साथ प्रेमलीला पूर्ण और चिरस्थायी है।

आप इस जीवन के इस साहसिक कार्य को केवल तभी पूरा कर पाएँगे जब आप इसके ख़तरों पर अपनी इच्छाशक्ति और मन की शक्ति द्वारा विजय पा लेंगे, जैसा कि महान् जनों ने किया। तब आप पीछे मुड़कर देखेंगे और कहेंगे : "प्रभो! यह कुछ बुरा अनुभव था। मैं लगभग असफल हो गया था, लेकिन अब मैं आपकी विद्यमानता में सदा के लिए सुरक्षित हूँ।"

हम जीवन को एक अद्भुत साहसिक कार्य के रूप में देख सकते हैं। जब ईश्वर अन्त में कहते हैं, "सभी भयभीत करने वाले अनुभव अब समाप्त हो गए हैं। मैं तुम्हारे साथ अब सदा-सदा के लिए हूँ। तुम्हें कुछ भी हानि नहीं पहुँचा सकता।"

मनुष्य जीवन के साथ एक बच्चे की भाँति खेलता है, परन्तु उसका मन बीमारी और कष्टों के साथ संघर्ष करने से शक्तिशाली होता है। जो कुछ भी आपके मन को कमज़ोर बनाए, वह आपका सबसे बड़ा शत्रु है, और जो कुछ भी आपके मन को शक्ति प्रदान करे, वह आपका सुरक्षास्थल है। जो भी कष्ट आएँ उन पर हँसे। ईश्वर ने मुझे समझा दिया है कि यह जीवन केवल एक स्वप्न है। जब आप जागते हैं, तब आपको इसका दुःख और सुख केवल एक स्वप्न के रूप में याद रह जाएगा, जो बीत चुका है। आप जान जाएँगे कि आप ईश्वर में सदा-सर्वदा के लिए हैं।

आत्म-विश्लेषण : जीवन पर स्वामित्व की कुंजी

प्रथम सेल्फ़-रियलाइज़ेशन फ़ेलोशिप मन्दिर,
एन्सिनिटस, कैलिफ़ोर्निया, 6 नवम्बर, 1938

आओ हम अहंकार की सीमाओं को छोड़कर आत्म-उन्नति के विशाल क्षेत्र में विचरण करें। जिस प्रकार समय गतिमान है, उसी प्रकार परमात्मा में आपके जीवन के विशाल विस्तार के लिए आपकी आत्माओं की प्रगति होती रहनी चाहिए। जीवन में आपके अति महत्त्वपूर्ण कर्त्तव्य के पालन की पहल, प्रायः मानवीय आदतों के एकत्रित कचरे में दबी रहती है। आपको उनके निरर्थक प्रभाव से स्वयं को अवश्य मुक्त रखना चाहिए और अपनी कामना की सफलता के लिए बीज बोना प्रारम्भ कर देना चाहिए। जीवन तभी सार्थक है जब आप अत्यावश्यक कार्य को पूरा करते हैं, जोकि आपके अस्तित्व के अर्थ और सच्चे मूल्यों को खोजने का है।

मनुष्य को जीवन के इस ब्रह्माण्डीय चलचित्र से शिक्षा लेनी चाहिए। यह बिना किसी कारण के नहीं दिखाया जा रहा है। प्रतिदिन हम अलग-अलग दृश्य देखते हैं, और प्रत्येक दिन हमें कुछ शिक्षा देता है। आपको मानव अस्तित्व के उच्चतम उद्देश्य, अर्थात् आपके जीवन के पीछे कौन सी शक्ति है, पर एकाग्र होकर शिक्षा लेने के लिए बनाया गया है।

आत्म-विश्लेषण के बिना, मानव यंत्रवत जीवन जीता है

करोड़ों लोग अपना विश्लेषण कभी नहीं करते। मानसिक रूप से वे अपने परिवेश की उद्योगशाला में निर्मित यांत्रिक उपज हैं, जो नाश्ता करने, दोपहर और रात्रि के भोजन करने, कार्य करने और सोने में, तथा मनोरंजन के लिए इधर-उधर घूमने में ही व्यस्त रहते हैं। वे नहीं जानते कि वे क्या खोज रहे हैं अथवा क्यों खोज रहे हैं, और वे पूर्ण सुख और चिरस्थायी सन्तुष्टि कभी भी क्यों नहीं अनुभव कर पाते। आत्म-विश्लेषण की उपेक्षा करके लोग अपने परिवेश से बंधकर यंत्रमानव (रोबोट) बने रहते हैं। सच्चा आत्म-विश्लेषण उन्नति की महानतम कला है।

प्रत्येक व्यक्ति को निष्पक्ष भाव से आत्म-विश्लेषण करना सीखना चाहिए। अपने विचारों एवं आकांक्षाओं को प्रतिदिन लिखते रहिए। पता लगाएँ कि आप क्या हैं, न कि आप अपने बारे में क्या कल्पना करते हैं! क्योंकि आप स्वयं को वैसा बनाना चाहते हैं जो आपको होना चाहिए। अधिकांश लोग इसलिए नहीं बदलते क्योंकि वे अपने दोषों को नहीं देख पाते।

प्रत्येक व्यक्ति अपनी आनुवंशिकता और परिवेश की उपज है। यदि आप अमेरिका में पैदा हुए होते, तो आप विशिष्ट अमेरिकी विशेषताओं को प्रदर्शित करते। यदि आप चीन अथवा इंग्लैण्ड में पैदा होते, तो संभवतः आप उन राष्ट्रों की रुचियों को प्रदर्शित करते। आपका परिवेश, आपकी वास्तविक आनुवंशिकता — पिछले जन्मों में आपके द्वारा अर्जित की गई विशेषताओं और इच्छाओं का परिणाम है। पिछले जन्मों की आनुवंशिकता आपके उस विशेष परिवार एवं परिवेश में पैदा होने का कारण है जहाँ अब आप अपने आप को पाते हैं।

जब हम विशिष्ट लोगों के परिवारों के बारे में पढ़ते हैं, तो हम प्रायः यह पाते हैं कि महान् व्यक्तियों के पुत्रों की मानसिक क्षमता आवश्यक रूप से उतनी नहीं होती जितनी उनके पिताओं की है। मानव में इस जैविक आनुवंशिकता की यह असफलता हमारे मन में बहुत संदेह उत्पन्न करती है : मानवीय जीवन में हम वही परिणाम क्यों नहीं पाते जो हम वनस्पति और पशु जगत् में देखते हैं, जहाँ अच्छी नसल प्रायः अच्छी सन्तान देती है? हमें इस प्रश्न का उत्तर पाने के लिए मनुष्य के आन्तरिक जीवन की जाँच पड़ताल करनी चाहिए।

पिछले जन्मों के विशेष गुण हमें अब प्रभावित करते हैं

एक साहित्यिक परिवार में एक ऐसे बालक को पाना जो बिल्कुल साहित्य को पसन्द नहीं करता अस्वाभाविक नहीं है। उसका पालन-पोषण साहित्य-प्रेमी साथियों की संगति में हुआ है, फिर भी इसके प्रति उसे कोई आकर्षण नहीं है। क्यों? परिवेश अथवा आनुवंशिकता सामान्य रूप से इसकी व्याख्या नहीं करते। परन्तु इन कारणों से परे है पुनर्जन्म। हम किसी विशेष परिवार में जन्म लेते हैं क्योंकि कुछ गुण समान होते हैं। किन्तु किसी भी परिवार में उसका प्रत्येक सदस्य एक पृथक आत्मा है, जो अपने पिछले जन्मों से अपनी विशिष्ट विशेषताएँ लाता है। इसीलिए परिवारों में सदा कुछ जैविक वंशानुगत समानताएँ होती हैं, फिर भी प्रत्येक सदस्य चरित्र में भिन्न होता है।

व्यक्ति, अपने पिछले कर्मानुसार, विशेष कारणों से किसी विशेष सामाजिक तथा राष्ट्रीय वातावरण में, किसी परिवार में जन्म लेता है। इसलिए मनुष्य अपने भाग्य का स्वयं विधाता है। व्यक्ति की इस जन्म की प्रभावी रुचियों और आदतों का विश्लेषण करके लगभग यह भविष्यवाणी की जा सकती है कि वह अगले जन्म में क्या होगा।

आपने जो कुछ भी किया है, उसे आप मिटा सकते हैं

अतः आत्मा की उन्नति के लिए आत्म-विश्लेषण बहुत महत्त्वपूर्ण है। मान लें कि अनेक वर्षों से दुःखान्त साहित्य पढ़ना आपकी रुचि रही है, और स्वाभाविक रूप से आप अनुभव करते हैं कि शेष जीवन-भर इनको पढ़ते रहना आपको आनन्ददायक लगेगा। किन्तु यदि आप अपना विश्लेषण करें और देखें कि इस प्रकार के साहित्य को लगातार पढ़ने से आप चिड़चिड़े बनते जा रहे हैं, तो आप प्रेरणादायक आध्यात्मिक पुस्तकें पढ़ने की नई आदत को अपनाना चाहेंगे। ऐसा करके आप अपने जीवन की दिशा को बदल देंगे। हम दृढ़ संकल्प से बहुत जल्दी अपने को बदल सकते हैं; परन्तु इसके बिना, कोई भी वर्षों पुराने आदत-ढाँचों को एक मिनट में नहीं बदल सकता है। किसी पुरानी आदत को जड़ से उखाड़ फेंकने के लिए आप अपनी दृढ़ संकल्प की पूरी शक्ति लगाकर बुरी आदत के प्रभाव को तब तक निष्फल करते रहना होगा जब तक वह समाप्त न हो जाए। अधिकांश लोग पर्याप्त धैर्य नहीं रखते। परन्तु प्रत्येक व्यक्ति को इस सत्य से प्रोत्साहित होना चाहिए कि : जो कुछ भी आपने रचा है या किया है, आप उसे मिटा सकते हैं।

जब आप विश्लेषण करते हैं कि आप क्या हैं, तो अपनी कमज़ोरियों को समाप्त करने की, और जो आप बनना चाहते हैं वह बनने की दृढ़ इच्छा रखें। अपनी कमज़ोरियों का पता चलने पर, जैसा कि सच्चे आत्म-विश्लेषण में प्रायः होता है, स्वयं को निराशा से ग्रस्त न होने दें।

विचार ब्रह्माण्ड में प्रत्येक वस्तु को उत्पन्न करता है

एक सिद्धान्त प्रचलित हुआ है कि विचार अन्तःस्रावी (endocrine) ग्रन्थियों द्वारा उत्पन्न होता है। ऐसी धारणा निराधार है। मांस विचार को पैदा नहीं कर सकता। मन सूक्ष्म जगत् और सृष्टि का निर्माता है। जिस प्रकार पानी ठंडा और घनीभूत होकर बर्फ़ बन जाता है, उसी प्रकार, विचार घनीभूत होने से भौतिक रूप धारण कर लेता है। विश्व की प्रत्येक वस्तु विचार का भौतिक रूप है। अन्तःस्रावी (endocrine) अंग केवल एक सूक्ष्म विचार-रूपरेखा की भौतिक संरचना मात्र है।

मनुष्य के भौतिक और मानसिक पहलुओं का आपस में गहरा संबंध है, यह सामान्य रूप से देखा जाता है कि जिस व्यक्ति का जिगर (liver) काम नहीं करता वह सनकी बन जाता है। जब आप पित्तदोष (bilious) से ग्रसित होते हैं तो आप मुस्कराना और सबको "शान्ति" मिले, कहना पसन्द नहीं करते। आपको कुछ अच्छा नहीं लगता। आपके विचार और भावनाएँ आपकी शारीरिक स्थिति से प्रभावित होते हैं।

अंगों की कमज़ोरी मानसिक शक्ति पर भी वैसा ही कमज़ोरी का प्रभाव डालती है। जो लोग अत्यधिक मांस खाते हैं वे प्रायः रूखे और कर्कश हो जाते हैं। यदि मैं आपको एक सप्ताह के लिए अंगूर के रस पर रखूँ, तो यह संभव है कि आप आनन्दित अनुभव करें और सभी के प्रति मित्रभाव से व्यवहार करें।*

थोड़े दिन पहले मैं एक ऐसे व्यक्ति से मिला जो केवल एक हल्का कोट-पैंट पहने हुए था और कोई ओवरकोट नहीं था, यद्यपि उस समय कड़ाके की सर्दी पड़ रही थी। उसने बताया कि वह सत्तर वर्ष का था, और उसे कभी सर्दी का अनुभव नहीं होता था। यहाँ तक कि वह जुराब तक नहीं पहनता था! उसने अपने शरीर को कड़ी सर्दी सहने का आदी बना लिया था। मन पर तन की अपेक्षा, तन पर मन का प्रभाव अधिक पड़ता है, परन्तु शरीर के रसायन मन पर निरंतर प्रभाव डालते हैं।† शरीर और मन एक दूसरे पर निर्भर करते हैं।

स्वप्न मन की सर्वशक्तिमत्ता को प्रकट करते हैं

उदाहरण के लिए, मान लें कि मैं स्वप्न देख रहा हूँ कि मैं जाग्रत हूँ और रसोई में हूँ और बहुत भूखा हूँ। मैं कुछ खा लेता हूँ और एक गिलास दूध पी लेता हूँ। मेरी भूख और प्यास तृप्त हो जाती हैं, और मैं सन्तुष्ट अनुभव करता हूँ। मेरी सन्तुष्टि का क्या

* अति भोजन और अनुचित भोजन शरीर में अत्यधिक विष बनाता है, जिसका मन पर निश्चित रूप से नकारात्मक प्रभाव पड़ता है, और इसे आलसी और चिड़चिड़ा दोनों बना देता है। कभी-कभी अंगूर अथवा संतरे के रस पर उपवास रखने से शरीर पर निरोगकारी प्रभाव पड़ता है, जोकि बदले में मस्तिष्क को शक्ति प्रदान करता है। ऐसे उपवास, जो सप्ताह में एक दिन, या कभी-कभी तीन दिन लगातार किए जाएँ, वे शरीर में अशुद्धता को ठीक प्रकार से साफ करने में प्रभावकारी पाए गए हैं। लगातार तीन दिन से अधिक लम्बा उपवास किसी उपवास-विज्ञान में प्रशिक्षित व्यक्ति की देखरेख में करना चाहिए।

† परमहंस योगानन्दजी के इस कथन के अनेक वर्षों बाद मानसिक स्वास्थ्य पर आहार और पौष्टिकता के प्रभाव पर गम्भीर अन्वेषण आरम्भ हुए। निर्धन क्षेत्र के जिन लोगों को पौष्टिक भोजन नहीं मिलता था उनके मानसिक विकास और स्तर निश्चित रूप से कम दिखाई दिए। इसके अतिरिक्त, विज्ञान ने प्रमाणित किया कि कुछ प्रकार के पागलपन (असाध्य माने जाने वाले) में विटामिन के साधारण प्रयोग से असाधारण सुधार हुआ, और कई प्रकार के अवसाद, चिन्ता और अन्य भावुकताओं का कारण देह में रसायनिक असन्तुलन की ओर संकेत करते हैं। *(प्रकाशक की टिप्पणी)*

कारण था? क्या यह भोजन था? यह स्मरण रहे, कि मैं स्वप्न देख रहा हूँ। क्या यह केवल मेरे विचारों का परिवर्तन मात्र नहीं है, जिसने मुझे सन्तुष्टि का अनुभव दिया? क्योंकि मैं स्वप्न देख रहा हूँ, यह केवल मेरा मन है जिसने यह सोचा कि मैंने भोजन कर लिया है। भूख और भोजन तथा दूध मेरे स्वप्न में मात्र विचार थे। वे सब एक ही मनरूपी सामग्री से बने थे। जब मैं स्वप्न से जागता हूँ तो मैं जानता हूँ कि मेरे अनुभव और कुछ नहीं केवल विचारों की एक शृंखल मात्र थे। मात्र विचार के परिवर्तन ने भूख की अप्रिय संवेदना को हटा कर भोजन करने और दूध पीने की प्रिय संवेदना में बदल दिया। अतः आप देखते हैं, कि विचार अपने आप कुछ भी कर सकता है।

एक बार जब मौसम बहुत गर्म था मैं रेलगाड़ी से यात्रा कर रहा था और, हवा ऐसे लग रही थी कि मानो भट्टी से आ रही हो। मेरे आस-पास प्रत्येक व्यक्ति दुःखी हो रहा था, परन्तु मैं अन्तर में मुस्करा रहा था क्योंकि मेरा मन गर्मी के विचार से अलग था। मैंने स्वयं से कहा : "प्रभो, जो विद्युत बिजली की भट्टी में गर्मी पैदा करती है वही विद्युत फ्रिज में बर्फ़ बनाती है। इसलिए मैं आपकी उसी विद्युत को इसी समय ठंडक लाने के लिए पुनः निर्देशित क्यों न कर सकूँ?" उसी क्षण मैंने ऐसा अनुभव किया जैसे कि बर्फ़ की एक चादर ने मुझे चारों ओर से लपेट लिया हो।

अपनी मानसिक प्रवृति को बदलें

हमें मन में फिर भी, यह ध्यान रखना चाहिए, कि शरीर की पूरी तरह उपेक्षा करना समझदारी नहीं है। व्यक्ति को गलत आहार की अपेक्षा सही आहार लेना चाहिए। और यदि आपको ऐसे व्यक्तियों के बीच में रहना पड़ता हो जो आपको विक्षुब्ध कर देते हों, तो आपको कभी-कभी अपना परिवेश बदल लेना चाहिए। किन्तु उससे भी अधिक अच्छा होगा यदि आप अपने *मानसिक* परिवेश को बदल सकें, जिससे कि आप दूसरों के क्रिया-कलापों से परेशान न हों। स्वयं को बदलें, और आप कहीं भी शान्त और प्रसन्न रह सकते हैं।

अधिकांश संसार पागलखाने की तरह है। कुछ लोग ईर्ष्या के कारण बीमार हैं, दूसरे क्रोध, घृणा और मनोभावों के कारण। वे अपनी आदतों और भावनाओं के शिकार हैं। परन्तु आप अपने घर को शान्ति का स्थान बना सकते हैं। अपना विश्लेषण करें। सभी भावनाएँ शरीर और मन पर प्रतिबिम्बित होती हैं। ईर्ष्या और भय के कारण चेहरा पीला पड़ जाता है, और प्रेम से यह चमक उठता है। शान्त रहना सीखें और आप सदा प्रसन्न रहेंगे।

इसलिए यह याद रखें, कि चाहे आपका किसी भी प्रकार का अहं भाव हो, किसी भी प्रकार का व्यक्तित्व आप व्यक्त करने का प्रयास करते हों, आपको अपनी वास्तविक प्रकृति का विश्लेषण करने का प्रयत्न करना चाहिए और इसके सर्वोत्तम गुणों का विकास करना चाहिए। किसी व्यक्ति को सदाचारी होने का अहं अथवा देश-भक्ति का अहं, या कला का अहं अथवा व्यवसाय का अहं, इत्यादि हो सकता है। यदि सदाचारिता आपका आदर्श है, तो ईमानदारी से रहें और सभी के प्रति अपने सद्भाव व्यक्त करें। यही सच्ची सदाचारिता है। यह घमण्ड ही है जो स्वयं को अच्छा समझने वाले व्यक्तियों में, अपने समीप रहने वाले कमज़ोर व्यक्तियों की निन्दा करने के लिए इतना तत्पर रहता है। सच्ची सदाचारिता में, अज्ञानवश गलत कार्य करने वालों के प्रति, दया भी शामिल है।

जो लोग भौतिक रूप से अहंकारी हैं वे व्यर्थ में बहुत दुःख भोगते हैं। ऐसे व्यक्तियों को आत्म-नियंत्रण सीखना चाहिए, अन्यथा वे पदार्थ के मात्र गतिमान टुकड़ों के समान हैं — उन्हें दिन में अनेक बार धूम्रपान करना होता है, वे कोई विशिष्ट भोजन ही करते हैं, उनको दोपहर का भोजन न मिलने पर सदा सिर दर्द हो जाता है, वे केवल किसी विशेष प्रकार के बिस्तर पर ही सो सकते हैं। सुख-संसाधनों का उपभोग करना तो उचित है, परन्तु उनके दास कभी न बनें।

यदि आप बौद्धिक और भौतिक अहं के मध्य में हैं, तो यह अच्छी बात है। परन्तु जब तक आप बौद्धिक, भौतिक और आध्यात्मिक रूप से एक सन्तुलित प्रकृति का विकास नहीं करते और उसे बनाए नहीं रखते, तब तक आप सुखी नहीं हो सकते। आपका आध्यात्मिक अन्तर्ज्ञान आपको बताता है कि अपने जीवन को कैसे नियंत्रित करें, जिससे कि आप इसके अधीन न हो जाएँ। अपने निर्णय पर भौतिक अहं को शासन करने देना बुद्धिमानी नहीं है, आपके अन्तःकरण और अन्तर्ज्ञान को निर्णय लेना चाहिए।

प्रसन्नता के लिए शर्तें : सादा जीवन, उच्च विचार

सादा जीवन एवं उच्च विचार आपका लक्ष्य होना चाहिए। ध्यान एवं अपनी चेतना का, सदा रहने वाले, सदा चेतन, नित्य नवीन आनन्द, जोकि ईश्वर हैं, के साथ अन्तर्सम्पर्क करके, अपने भीतर प्रसन्नता की सभी अवस्थाओं को बनाए रखना सीखें। आपकी प्रसन्नता किसी भी बाह्य परिस्थिति से कदापि प्रभावित नहीं होनी चाहिए। आपका परिवेश कैसा भी हो उसे अपनी आन्तरिक शान्ति को स्पर्श न करने दें। अपना विश्लेषण करें, जैसा आपको होना चाहिए और जैसा आप बनना चाहते हैं वैसा ही

स्वयं को बनाएँ। लोग सच्चा संयम कम ही सीखते हैं, वे ऐसे कार्य करते हैं जो उनके उच्चतम कल्याण के लिए हानिकर होते हैं और सोचते हैं कि वे स्वयं को सुखी बना रहें हैं, परन्तु ऐसा नहीं है। आपको जिस कार्य को जब करना चाहिए उसे तब करना; और जिसे आप जानते हैं कि इस कार्य को करना हानिकारक है उससे बचना — यही वास्तविक सफलता और प्रसन्नता की कुंजियाँ हैं।

अपने मन को बहुत से कार्यों में मत उलझाए रखें। विश्लेषण करें कि आपको उनसे क्या प्राप्त होता है और देखें कि क्या वे वास्तव में महत्त्वपूर्ण हैं। अपना समय नष्ट न करें। सिनेमा देखने की अपेक्षा अच्छी पुस्तक पढ़ना आपको अधिक उन्नत करेगा। मैं प्रायः कहता हूँ, यदि आप एक घण्टा पढ़ते हैं, तो अपनी आध्यात्मिक दैनंदिनी में दो घण्टे तक लिखें; और यदि आप दो घण्टे लिखते हैं, तो तीन घण्टे तक मनन करें; और यदि आप तीन घण्टे तक मनन करते हैं, तो सारा समय ध्यान करें।" चाहे मैं कहीं भी जाऊँ, मैं अपना मन अपनी आत्मा की शान्ति पर निरन्तर लगाए रखता हूँ। आपको भी अपनी चित्तरूपी सुई को सदा आध्यात्मिक आनन्द रूपी उत्तरी ध्रुव की ओर लगाए रखना चाहिए। तब कोई भी आपके सन्तुलन को विचलित नहीं कर सकता।

याद रखें, यदि प्रतिदिन आप स्वयं को पिछले दिन से अधिक अच्छा व्यक्ति नहीं पाते हैं, तो आप स्वास्थ्य में, मानसिक शान्ति में, और आत्मिक आनन्द में पीछे की ओर जा रहे हैं। क्यों? क्योंकि आप अपने कार्यों पर पर्याप्त नियंत्रण का अभ्यास नहीं करते हैं। आपने स्वयं ही अपनी आदतें बनाई हैं और आप स्वयं ही उन्हें बदल सकते हैं। यदि आप गलत ढंग से सोचते रहे हैं, तो अच्छे लोगों की संगति और अध्ययन तथा ध्यान करने का निश्चय करें। संगति का परिवर्तन आपमें बहुत अन्तर ला सकता है। जब आप यहाँ आते हैं, चाहे इन कुछ घण्टों के लिए ही सही, तो आपकी मानसिकता में परिवर्तन आता है, आप एक नवीन शान्ति का अनुभव करते हैं। जब आप किसी नृत्य अथवा भोज के लिए जाते हैं तो आपका मन प्रायः अशान्त, अधीर और उत्तेजित हो जाता है। उसके बाद, यदि आप एक भिन्न, शान्त वातावरण में प्रवेश करते हैं, तो आप फिर से अधिक शान्तिमय अनुभव करते हैं। आपके जीवन में सबसे अधिक प्रभाव, जो कि आपकी इच्छाशक्ति से भी अधिक शक्तिशाली है, वह है आपका परिवेश। यदि आवश्यकता हो तो उसे बदल दें। जब तक आप मानसिक रूप से सुदृढ़ नहीं होते, आप एक अच्छे वातावरण की सहायता के बिना वह कभी नहीं बन सकते, जो आप बनना चाहते हैं। जब आपको अच्छा बनने के प्रयास में कठिनाई आ रही हो, तो आध्यात्मिक संगति और अन्य प्रेरणादायक प्रभाव अति आवश्यक है।

स्वयं को और अधिक अच्छा बनाने में आत्म-विश्लेषण भी आवश्यक है। यदि आप निर्भीक होकर स्वयं का विश्लेषण कर सकें, तो आप दूसरों के द्वारा किया गया आलोचनात्मक विश्लेषण भी बिना झिझक के सहने योग्य हो जाएँगे।

जो दूसरों की त्रुटियों के विषय में सोचते रहना पसन्द करते हैं वे मानव गिद्ध हैं। संसार में पहले से ही बहुत सारी बुराइयाँ हैं। बुराई के विषय में बात न करें, न सोचें और न ही बुरा करें। गुलाब की भाँति बनें, और आत्मिक अच्छाई की मधुर सुगंध को चारों ओर बिखेरें। प्रत्येक व्यक्ति को यह अनुभव कराएँ कि आप उनके मित्र हैं, उनके सहायक हैं, विनाशक नहीं। यदि आप अच्छा बनना चाहते हैं, तो स्वयं का विश्लेषण करें और गुणों को अपने में विकसित करें। अपने मन से यह विचार निकाल दें कि आपके स्वभाव में बुराई की कोई भूमिका है, और तब यह समाप्त हो जाएगी। प्रत्येक अन्य व्यक्ति को यह अनुभव करा दें कि आप ईश्वर का प्रतिबिम्ब हैं, मात्र अपने शब्दों से नहीं अपितु, अपने व्यवहार से। प्रकाश पर बल दें, और अंधकार समाप्त हो जाएगा। अध्ययन करें, ध्यान करें, और दूसरों का भला करें।

एकान्त महानता का मूल्य है

आन्तरिक रूप से एकान्त में रहिए। लक्ष्यहीन जीवन मत बिताइए, जैसा इतने सारे लोग बिताते हैं। ध्यान कीजिए और अच्छी पुस्तकें अधिक पढ़िए। जानने के लिए अनेक प्रेरणादायक बातें हैं और फिर भी व्यक्ति अपना समय मूर्खता से बिता देता है। यदि आप एकाग्र नहीं होते और महान् पुरुषों के ज्ञान का आचरण नहीं करते तो सुख कभी नहीं आएगा। आपकी सहायता के लिए, धर्मग्रंथों में, और अन्य सच्ची पुस्तकों में, उनके विचार उपलब्ध हैं।

इसलिए निरन्तर नई उत्तेजनाओं की खोज में समय नष्ट न करें। कभी-कभार सिनेमा चले जाना या लोगों में थोड़ा घुलमिल लेना ठीक है, परन्तु अधिकतर अलग रहिए और अपने अन्तर् में स्थित रहिए। सुख, ध्यान करने पर, पुस्तकों द्वारा महापुरुषों के विचार जानने पर, और उत्कृष्ट एवं दयालु लोगों की संगति में रहने पर आश्रित है। एकान्त का आनन्द उठाइए; परन्तु जब आप दूसरों से मिलना चाहें तब पूरे प्रेम एवं मित्रता के साथ उनसे मिलिए ताकि वे लोग आपको भूल न पाएँ, बल्कि सदा यह याद रखें कि वे किसी ऐसे व्यक्ति से मिले थे जिसने उन्हें प्रेरित किया और उनके मन को ईश्वर की ओर मोड़ दिया।

ईश्वर की असीम शक्ति द्वारा रोग-मुक्ति

सेल्फ़-रियलाइज़ेशन फ़ेलोशिप मन्दिर
हॉलिवुड, कैलिफ़ोर्निया, 31 अगस्त, 1947

रोग तीन प्रकार के होते हैं : शारीरिक, मानसिक, और आध्यात्मिक। शारीरिक रोग विभिन्न प्रकार की विषाक्त दशाओं (toxic conditions), संक्रामक रोग, तथा दुर्घटनाओं के कारण होते हैं। मानसिक अस्वस्थता भय, चिंता, क्रोध तथा अन्य भावनात्मक विकारों के कारण होती है। आत्मा की अस्वस्थता मनुष्य को भगवान् के साथ उसके सच्चे संबंध का ज्ञान न होने के कारण होती है।

अज्ञान ही सबसे बड़ा रोग है। जब कोई अज्ञान को हटा देता है तो वह सभी शारीरिक, मानसिक, एवं आध्यात्मिक रोगों के कारणों को भी हटा देता है। मेरे गुरु स्वामी श्रीयुक्तेश्वरजी प्रायः कहते थे, "ज्ञान सबसे उत्तम शोधक है।"

विभिन्न प्रकार की पीड़ा को भौतिक उपचार की विधियों की सीमित शक्ति से हटाने का प्रयास प्रायः निराशाजनक होता है। केवल आध्यात्मिक उपचार विधियों की असीम शक्ति में ही व्यक्ति तन, मन, एवं आत्मा की "अ-स्वस्थता" का स्थायी उपचार पा सकता है। उस असीम आरोग्यकर शक्ति को ईश्वर में खोजने का यत्न करना होगा। यदि आपने अपने प्रियजनों की मृत्यु पर मानसिक दुःख उठाया है तो आप उन्हें ईश्वर में फिर से पा सकते हैं। उनकी सहायता से सब कुछ संभव है।

जब तक कोई ईश्वर को वास्तव में न जान ले तब तक उसका यह कहना ठीक नहीं है कि केवल मन का ही अस्तित्व है, इसलिए उसे स्वास्थ्य नियमों का पालन करने की या रोग-निवारण के लिए किन्हीं भौतिक साधनों की सहायता लेने की आवश्यकता नहीं है। जब तक वास्तविक साक्षात्कार प्राप्त न हो जाए, मनुष्य को प्रत्येक कार्य में सामान्य बुद्धि का प्रयोग करना चाहिए। साथ ही ईश्वर पर कभी संदेह नहीं करना चाहिए, बल्कि ईश्वर की सर्वव्यापक दिव्य शक्ति में अपने विश्वास को निरन्तर मन ही मन दृढ़ करते रहना चाहिए।

चिकित्सक रोग के कारणों को खोजकर, उन्हें दूर करने का प्रयास करते हैं ताकि वे रोग फिर से न हों। चिकित्सा की अनेक विशेष भौतिक पद्धतियों के प्रयोग में चिकित्सक प्रायः अत्यंत निपुण होते हैं। तथापि प्रत्येक रोग औषधि और शल्य-चिकित्सा से ठीक नहीं होता, और इसी तथ्य में निहित है इन पद्धतियों की मूलभूत सीमा।

रसायन और औषधियाँ शरीर की कोशिकाओं की केवल बाह्य भौतिक संरचना पर प्रभाव डालते हैं और वे कोशिकाओं के जीवन तत्त्व या आंतरिक आण्विक संरचना में कोई परिवर्तन नहीं लाते। अनेक स्थितियों में रोग का निवारण तब तक संभव नहीं होता जब तक ईश्वर की आरोग्यकारी शक्ति भीतर से, शरीर में प्राणाणुओं (lifetrons) या प्रग्यावान् प्राण-शक्ति (intelligent life energy) के असंतुलन को ठीक नहीं कर देती। रोग के दो मूल कारण हैं शरीर का निर्माण कर उसे जीवित रखने वाली प्राणशक्ति की कार्यशीलता में कमी, और अत्यधिकता। पाँच संचालक प्राणों — व्यान, रक्त संचारण (circulation); उदान, चयापचय (metabolism); समान, आत्मसात्करण (assimilation); प्राण, क्रिस्टलीकरण (crystallization); और अपान, निष्कासन (elimination); — में से किसी भी एक (या अधिक) के ठीक से कार्य न करने का शरीर के स्वास्थ्य पर बुरा प्रभाव पड़ता है। जब इन सूक्ष्म शक्तियों का प्राकृतिक सुव्यस्थित संतुलन ईश्वर की दिव्य शक्ति द्वारा पुनः स्थापित हो जाता है, तो उनके द्वारा पोषित शारीरिक कोशिकाओं के अणुओं का संतुलन भी पुनः स्थापित हो जाता है। तब रोग-निवारण परिपूर्ण, और प्रायः तत्काल होता है। जब तक उचित जीवन-यापन, उचित आहार तथा प्राणायाम ध्यान (प्राण-शक्ति नियंत्रण की प्रविधियाँ) द्वारा संतुलित जीवन-शक्ति को बनाए रखा जाता है, शरीर की अपनी प्राण-शक्ति रोग को विकसित होने से पहले ही नष्ट कर देती है।

संतुलित विकास आवश्यक है

वृद्धावस्था की अपेक्षा, चोट और रोग प्रायः मृत्यु का कारण बनते हैं। अधिकांश लोग वास्तविक वृद्धावस्था आने से पहले ही मृत्यु को प्राप्त हो जाते हैं। कुछ ही मामलों में, जो कि असामान्य हैं, शरीर के सभी अंग एकदम से दुर्बल हो जाते हैं; और ऐसे व्यक्ति बिना किसी पीड़ा के मृत्यु को प्राप्त हो जाते हैं, जैसे वृक्ष से एक पका फल समय आने पर अपने आप गिर जाता है। परन्तु अधिकांश लोगों को वास्तव में पक कर मृत्यु के लिए तैयार होने से पहले ही जीवन रूपी वृक्ष से तोड़ लिया जाता है।

मृत्यु के अधिकांश मामलों में, शरीर के किसी एक अंग ने अन्य अवयवों से पहले ही काम करना बंद कर दिया होता है। यह भी हो सकता है कि यदि शरीर का एक भाग दूसरे से अधिक बलवान या अधिक विकसित है, तो उसके परिणामस्वरूप शरीर की प्राण-शक्ति में होने वाला असंतुलन पीड़ा का और यहाँ तक कि मृत्यु का भी कारण बन सकता है। उदाहरण के लिए, एक मज़बूत मांसपेशियों वाले शरीर में दुर्बल हृदय वाला व्यक्ति मांसपेशियों की शक्ति का अति प्रयोग करके अपने हृदय को हानि पहुँचा सकता है। शक्तिशाली "सैण्डो"* अठ्ठावन वर्ष की आयु में ही मृत्यु का ग्रास बन गया जब अकेले ही एक कार को ऊपर उठाने के परिणामस्वरूप उसके मस्तिष्क की एक रक्तवाहिनी फट गई। असंतुलित विकास कराने वाला अति व्यायाम इस प्रकार हानिकारक परिणाम उत्पन्न कर सकता है।

योगदा सत्संग के शक्तिसंचार व्यायाम† हृदय पर न्यूनतम बोझ डालते हैं और शरीर का समान रूप से विकास करते हैं। खुली हवा में किए जाने वाले व्यायाम जैसे सैर करना; संतुलित आहार तथा खाने में संयम; और शान्त ध्यान, ये सब स्वास्थ्य के लिए लाभदायक हैं।

प्रकृति के नियमों का पालन करें और ईश्वर में अधिक विश्वास रखें

समर्थ पुरुष, बिना कोई हानि उठाए, स्वास्थ्य के आहार संबंधी और अन्य नियमों की उपेक्षा कर सकता है। तथापि साधारण मनुष्य को प्रकृति के नियमों का उचित पालन करते हुए अपना शारीरिक स्वास्थ्य बनाए रखने के लिए सावधान रहना चाहिए।

अपना आहार बुद्धिमत्ता से चुनना चाहिए। शरीर को स्वस्थ रखने हेतु विशिष्ट मात्राओं में माँड़ (starch), प्रोटीन, और वसा (fat) की आवश्यकता होती है, परन्तु इनकी अधिक मात्रा हानिकारक हो सकती है। स्टार्च की आवश्यकता अत्यंत कम मात्रा में होती है; रोटी को अब "जीवनाधार" नहीं माना जाता। आहार में स्टार्च की अत्यधिक मात्रा, विशेषकर जो मैदे के माध्यम से आती है, शरीर में अत्यधिक कफ

* यूजिन सैण्डो (सन् 1867–1925), शारीरिक विकास और कुश्ती का समर्थक, अपने शरीर-सौष्ठव तथा शारीरिक शक्ति के लिए विख्यात था। इस प्रसिद्ध मल्ल योद्धा ने शारीरिक स्वस्थता के अपने विचारों का प्रचार-प्रसार करने के लिए व्यापक यात्राएँ की थीं।

† इच्छा-शक्ति के द्वारा सचेत निर्देशन से शरीर में प्राण शक्ति को संचारित करने के लिए इन व्यायामों को परमहंस योगानन्दजी ने सन् 1916 में विकसित किया था। ये *योगदा सत्संग पाठमालाओं* में सिखाए जाते हैं। *(प्रकाशक की टिप्पणी)*

संचय करती है। (यद्यपि, हानिकारक सूक्ष्म-जीवाणुओं का श्लेष्मा झिल्लियों (mucous membranes) में प्रवेश रोकने के लिए एक विशिष्ट मात्रा में कफ आवश्यक होता है।) खनिज लवणों (mineral salts) से भरपूर आहार बहुतायत में लें, जैसे फल और सब्जियाँ। इस प्रकार का आहार शरीर में अनेक रोगों को उत्पन्न करने वाले कब्ज़ (constipation), को उत्पन्न नहीं होने देता।

प्रकृति स्वाभाविक रूप से शरीर की अस्वस्थता के कारणों को हटाने का प्रयास करती है। जब आँख में धूल चली जाती है तो हम अपने आप ही आँख को झपका कर धूल को निकाल बाहर करने का प्रयास करते हैं। जब धूल या कोई गंदगी नाक में चली जाती है, तो हम छींकते हैं। जब हम कोई हानिप्रद पदार्थ खा लेते हैं, तो इसे वामन के द्वारा बाहर निकाल कर ही छुटकारा पाते हैं। जब शरीर के किसी आंतरिक अंग पर रोग आक्रमण कर देता है, तो प्रकृति कई साधन उपलब्ध करा देती है जिनके द्वारा वह अवयव अपनी सुरक्षा कर ले, अपने आप को बचा ले, और पुनः स्वस्थ कर ले। फिर भी अधिकाँश लोगों में, प्रकृति से पृथक करने वाली जीने की उनकी विभिन्न आदतों के कारण, पुनः आरोग्य लाभ एवं नवजीवन की अन्तर्जात क्षमताएँ क्षीण हो जाती हैं और समय से पहले लुप्त हो जाती हैं।

हानिप्रद जीवाणु शरीर पर निरन्तर आक्रमण कर रहे हैं; अच्छे जीवाणु निरन्तर शरीर की रक्षा कर रहे हैं, और इस कार्य में उन्हें कभी-कभी आहार, जड़ी-बूटी, औषधि एवं अन्य स्वास्थ्यप्रद उपायों से सहायता मिलती है। *परन्तु मनुष्य के लिए सुरक्षा का असीम स्रोत उसके इस दृढ़ विचार में निहित है, कि ईश्वर की संतान होने के कारण वह किसी भी रोग से प्रभावित नहीं हो सकता।*

मन में औषधि से कहीं अधिक शक्ति है। परन्तु यह कहना कि औषधि में कोई शक्ति ही नहीं है न्यायसंगत नहीं है, क्योंकि यदि औषधि में कोई शक्ति नहीं होती तो मनुष्य विष खाकर भी न मरता। जहाँ व्यक्ति को औषधियों की शक्ति से इन्कार नहीं करना चाहिए, वहीं उसे यह भी समझ लेना चाहिए कि औषधियों पर निरन्तर निर्भरता उनके सीमित होने को प्रमाणित कर देगी; एक समय आएगा जब वे शरीर को पुनः स्वास्थ्य प्रदान करने की अपनी पूर्व गुणकारिता खो देंगीं। रोग-निवारण की एकमात्र अनन्त शक्ति केवल मनुष्य के मन एवं आत्मा में है। यदि मानसिक शक्ति और विश्वास दुर्बल है तो शरीर को आध्यात्मिक उपायों से स्वस्थ नहीं किया जा सकता। स्थायी स्वास्थ्य लाभ मन की अपार शक्ति एवं भगवान् की कृपा से प्राप्त होता है।

फल, सब्जियाँ एवं मेवे मांस से श्रेष्ठ हैं

एक विचारधारा के अनुसार, पशुओं के अंग खाकर कुछ रोग ठीक किए जा सकते हैं। एक जंगली मानव इस विश्वास में शेर का हृदय खा लेता है कि उससे उसका अपना हृदय बलवान हो जाएगा। यह विदित है कि मुर्गियों के हृदय के ऊतकों (tissues) को खाने से मनुष्य का हृदय बलवान होता है; और कलेजा खाने से खून की कमी वाले लोगों को सहायता मिलती है। तथापि बहुत से स्वास्थ्य अधिकारी कहते हैं कि लौह और विटामिन युक्त आहार, जैसे अंडे, काजू, मेवे, सोयाबीन, गुड़-रस, सुखाई गई खुमानी, सुखाया गया राजमा, सुखाए गए मटर, गाजर, पालक, अजवायन के पत्ते रक्त की कमी को दूर करने के लिए कलेजे के स्थान पर सफलतापूर्वक प्रयुक्त किए जा सकते हैं। पशुओं के अवयवों से निकाला हुआ पेप्सिन पेट के अल्सर में उपयोगी होता है; परन्तु उसी के समान एक पदार्थ पैपेन (papain) पपीते से मिलता है, जो पाचन संबंधी किसी भी विकार में पीड़ित लोगों के लिए बहुत लाभप्रद होता है।

जब मनुष्य रोगग्रस्त हो जाता है तब वह रोग-निवारक गुण वाली किसी भी वस्तु को खाना न्यायसंगत मान सकता है, परन्तु इसके लिए पशुमांस खाना वास्तव में आवश्यक नहीं होता; बल्कि यह रक्त प्रवाह में विषाक्त पदार्थ (toxins) बढ़ाकर शारीरिक व्याधि को और अधिक बढ़ा सकता है। इस प्रकार, मांसाहार जहाँ एक रोग को ठीक करने में सहायता कर सकता है, वहीं वह कभी-कभी ऐसी अवस्था भी उत्पन्न कर सकता है जिससे शरीर के किसी अन्य भाग में कोई अन्य रोग विकसित हो जाए। इसलिए मनुष्य के लिए सबसे सुरक्षित आहार है ताज़े फल, सब्जियाँ, महीन पिसे हुए मेवे, और सब्जियों तथा दूध आदि से प्राप्त प्रोटीन। कुछ लोगों के शरीर शायद फल और कच्ची सब्जियों को सहन न करें, परन्तु साधारण तौर पर मनुष्य अपने दैनिक आहार में इन्हें सम्मिलित कर अवश्य लाभान्वित होगा।

ईश्वर ने फल और सब्जियों में रोग को हटाने में सहायता करने के लिए औषधीय शक्ति भर दी है। किन्तु इनकी शक्ति भी सीमित है। शरीर के अवयव मुख्यतः ईश्वर की शक्ति से पोषित होते हैं और जो व्यक्ति इस शक्ति को बढ़ाने के लिए विभिन्न तरीकों का प्रयोग करता है उसके पास किसी भी औषधि या आहार की क्षमता से कहीं अधिक रोग-निवारक शक्ति होगी।

शरीर को हानिप्रद विषाक्त पदार्थों से मुक्त करें

शरीर का तीन चौथाई भाग पानी से बना है; इसलिए शरीर को अन्न की अपेक्षा पानी की आवश्यकता अधिक है। (प्यास के कारण हुई मृत्यु, भूख से हुई मृत्यु से कहीं अधिक पीड़ादायक होती है)। शरीर को अधिक मात्रा में पानी देना आवश्यक है। बिना मीठा मिलाए फलों के रस पीना भी अच्छा होता है। जिन क्षेत्रों में पानी में कैल्शियम की मात्रा इतनी अधिक हो कि उससे धमनियाँ सख्त होती हों, वहाँ के लोगों को पानी के स्थान पर फलों के रस, तरबूज़, खरबूज़ा और इसी प्रकार के रसीले फलों का सेवन करना चाहिए। परन्तु कुछ स्वास्थ्य अनुसंधानकर्ता कहते हैं कि जिन्हें शिरानाल (sinus) की शिकायत हो उन्हें नींबू जाति के फलों के रस नहीं लेना चाहिए।

तरल पदार्थों को अधिक मात्रा में पीने का नियम बना लें। (मेरा मतलब सोडा वाटर पेय नहीं!) जिससे आपके शरीर के विषाक्त पदार्थ (toxins) धुल जाएँ। परन्तु भोजन के साथ तरल पदार्थ पीने से बचें क्योंकि इससे पाचन क्रिया को हानि पहुँच सकती है। व्यक्ति में अन्न को ठीक से चबाए बिना ही उसे तरल पदार्थों के साथ निगल जाने की प्रवृत्ति होती है। यदि स्टार्च का मुँह में ही अंशतः पाचन न किया जाए तो पेट में प्रायः उनका पूरा-पूरा पाचन नहीं होता। भोजन को खूब चबाकर खाना महत्त्वपूर्ण है — पेट में दाँत नहीं होते। जल्दबाजी में खाना हानिकारक है, विशेषतः यदि खाने के साथ बड़ी मात्रा में तरल पदार्थ पिए जाएँ और इस प्रकार उदर के पाचक रसों (gastric juices) को पतला बना दिया जाए। भोजन के साथ तरल पदार्थ पीने से प्रायः मोटापा बढ़ने की प्रवृत्ति भी होती है।

रक्त प्रवाह को स्वस्थ रखना महत्त्वपूर्ण है। गाय और सुअर का मांस आपके रक्त प्रवाह में विषाक्त पदार्थ एवं जीवाणु छोड़ सकता है। रक्त के श्वेताणु जीवाणुओं को नष्ट करने का प्रयास करते हैं, परंतु यदि जीवाणु श्वेताणु से अधिक बलवान हों या श्वेताणु उनका प्रतिकार करने में समर्थ न हों, तो रक्त प्रवाह में विषैली प्रतिक्रियाएँ (toxic reactions) शुरू हो जाती हैं। मांसाहारी लोगों के लिए गाय और सुअर के मांस, जो अति अम्लकारी होते हैं, के बजाय मछली, मुर्गों के चूज़े तथा बकरे का मांस खाना अधिक ठीक होगा।

आहार के बारे में सबसे महत्त्वपूर्ण सिद्धान्त यह है कि किसी भी प्रकार की अति से बचें। जैसे ही व्यक्ति खाने में संयम बरतना सीखता है वैसे ही वह अधिकाधिक स्वस्थ होता जाता है। प्रायः यह हो सकता है कि किसी की कोई विशिष्ट पदार्थ खाने की इच्छा

इतनी प्रबल हो कि उसे लगे कि उसके लिए उस इच्छा को दबाना संभव नहीं है। उसकी इंद्रियाँ उसे आदेश देती हैं कि उसे वह पदार्थ खाना ही चाहिए, भले ही वह स्वयं जानता हो कि यह उसके लिए हानिकारक हो सकता है। यदि वह अपनी बुरी आदतों को जारी रखने से इन्कार कर दे तो वह देखेगा कि जो हानिकारक है उसके लिए अरुचि और जो लाभप्रद है उसके लिए रुचि उसमें अपने आप ही जागने लगेगी। लालची लोग पेट भर जाने के बाद भी कुछ और अधिक भोजन की तलाश में रहते हैं। अतिभोजन से वे उस हृदय-पम्प पर और अधिक भार डालने का दुस्साहस करते हैं, जो शायद चालीस वर्षों से आवश्यकता से अधिक काम कर रहा है!

कई लोग बिना विचार किए रात को देर से खाते हैं। साधारणतया इसके तुरन्त बाद नींद आती है जिसमें मानव देह की आन्तरिक मशीनरी अपना कार्य कम कर देती है। अन्न पेट में ठीक से पचे बिना ही पड़ा रह सकता है। इसलिए रात्रि को विश्राम से थोड़े ही समय पहले खाना अनुचित है।

तथापि तन और मन के लिए नशीले पदार्थों से अधिक हानिकारक कुछ भी नहीं है। उनके प्रभाव में मनुष्य ऐसे कार्य कर सकता है जिन्हें मन की सामान्य अवस्था में उसे करने में लज्जा आती। हिंसा, लालच, धन और कामुकता का लोभ, यहाँ तक कि नशे के परिणामस्वरूप हत्या भी हो सकती है। सन्तजन कहते हैं कि यह विश्वास कि मदिरा, यौन अनुभव और धन सुख देंगे, यह सबसे बड़ा भ्रम है, अपने सच्चे स्वरूप का बोध करने के लिए मनुष्य को इस पर अवश्य विजय प्राप्त करनी चाहिए।

मदिरा मनुष्य की धन और यौन की इच्छाओं को तीव्र करती है, इसलिए इन तीनों में यह सबसे बड़ी बुराई है। इसका सेवन अनावश्यक और अत्यंत खतरनाक है क्योंकि यह बुद्धि को भ्रष्ट कर देती है। शराबी मनुष्य सच्चा नहीं रहता। केवल सामान्य प्रवृत्तियों के पोषण के प्रयास में ही बुद्धिमानी है।

रोग के प्रति अपनी प्राकृतिक प्रतिरोध क्षमता को बढ़ाएँ

उपवास रोगनिवारण की एक प्राकृतिक विधि है। जब पशु या जंगल में रहने वाले आदिवासी अस्वस्थ हो जाते हैं तो वे उपवास करते हैं। इस तरह शरीर की मशीनरी को अपने आप को स्वच्छ करने का और अत्यावश्यक विश्राम प्राप्त करने का अवसर मिल जाता है। विवेकपूर्ण उपवास से अधिकाँश रोगों को ठीक किया जा सकता है।* यदि

* आर्मेनिया में डॉ. ग्रान्ट सारकिस्यान ने अनेक प्रकार के रोगों को ठीक करने में उपवास का प्रयोग सफलतापूर्वक किया है, जिनमें दमा, त्वचा रोग, धमनी की सख्त होने की प्रारंभिक अवस्था

किसी का हृदय कमज़ोर न हो तो योगीजनों ने नियमित लघु उपवास को एक उत्कृष्ट स्वास्थ्यवर्द्धक उपाय कहा है। शारीरिक रोग निवारण का एक और अच्छा उपाय है उचित जड़ी-बूटियाँ या उनके अर्क (herb extracts) का प्रयोग।

औषधियों का उपयोग करने में व्यक्ति प्रायः अनुभव करता है कि या तो उनमें रोगनिवारण के लिए पर्याप्त सामर्थ्य नहीं है या फिर वे इतनी शक्तिशाली हैं कि रोग को ठीक करने की अपेक्षा वे शरीर के ऊतकों (tissues) को उत्तेजित कर देंगी। इसी प्रकार, कुछ विशिष्ट प्रकार की "रोग निवारक किरणें" ऊतकों को जला देती हैं। रोग निवारण की भौतिक पद्धतियों में अनेक सीमाबंधन हैं।

औषधियों से श्रेष्ठ हैं सूर्य की किरणें। उनमें रोग निवारण की अद्भुत शक्ति होती है। मनुष्य को प्रतिदिन दस मिनट तक सूर्यस्नान करना चाहिए। यदा-कदा दीर्घ अवधि

(arteriosclerosis), उच्च रक्तचाप, छाती में होनेवाली घुटन और दर्द (stenocardia [angina] pectoris), तथा पाचन तंत्र के रोग शामिल हैं। इसमें अस्पताल से छुट्टी होने के बाद निर्देशानुसार आहार लेना होता है, जिसमें फल और साग-सब्जियों को प्राथमिकता दी जाती है, जिसे डॉ. सारकिस्यान दीर्घायु के लिए महत्त्वपूर्ण समझते हैं।

रूस में डॉ. यूरि निकोलायेव पिछले तेईस वर्षों से उपवास उपचार पद्धति का प्रयोग कर रहे हैं। वे कहते हैं कि उनके चौंसठ प्रतिशत रोगियों को इससे लाभ हुआ है। ये रोगी शीज़ोफ्रेनिया (schizophrenia) नामक मानसिक रोग से पीड़ित हैं।

कैलिफ़ोर्निया के विक्टरविली स्थित जार्ज एयर फोर्स बेस में मोटापे से मुक्त होने के लिए पचीस रोगियों का चौरासी दिनों तक उपवास से उपचार किया गया। इनमें से सोलह रोगियों ने पूर्ण उपचार करवाया और चालीस से लेकर सौ पाउण्ड तक उनका वजन कम हुआ। डॉ. रॉबर्ट एम. कार्नस, जिन्होंने यह प्रयोग किया, कहते हैं कि एक अड़तालीस वर्षीय मधुमेह का रोगी जो इस उपवास उपचार के पहले इन्सुलिन के पचीस यूनिट प्रतिदिन लेता था, वह उपचार के बाद इन्सुलिन को छोड़ने में सक्षम रहा। गठिया तथा हृदय विकार से ग्रस्त एक साठ वर्षीय रोगी की अवस्था में काफी सुधार हुआ।

मानवीय रोगों के उपचार के लिए प्रायः चूहों को परीक्षणात्मक प्रयोगों के लिए प्रयुक्त किया जाता है। उन पर जब उपवास उपचार पद्धति का प्रयोग किया गया तो देखा गया कि उनके जीवनकाल में पचास प्रतिशत वृद्धि हुई। उपचार क्या था? उपवास।

एक साथ तीन दिन से अधिक कालावधि का उपवास किसी ऐसे व्यक्ति की देखरेख में करना चाहिये जो इस विज्ञान में अच्छी तरह प्रशिक्षित हो। पुराने रोगों से या कायिक दोषों से ग्रस्त लोगों को उपवास पद्धतियों का अनुभव प्राप्त किये किसी चिकित्सक के परामर्श से ही उपवास करना चाहिये। *(प्रकाशक की टिप्पणी)*

के सूर्य स्नान से प्रतिदिन दस मिनट का सूर्यस्नान अधिक श्रेष्ठ है।* प्रतिदिन थोड़े समय का सूर्यस्नान और साथ में स्वास्थ्य संबंधी अच्छी आदतों का पालन शरीर में सभी हानिकारक जीवाणुओं को नष्ट करने के लिए पर्याप्त प्राण-शक्ति की पूर्ति करेगा।

स्वस्थ लोगों में रोग के प्रति स्वाभाविक प्रतिरोध होता है, विशेषतः संक्रामक रोगों के लिए। रोग तब आता है जब रक्त की प्रतिरोधक शक्ति गलत आहार से या अतिआहार से कम हो जाती है, अथवा जब अधिक यौनाचार से जैव शक्ति (vital energy) कम हो जाती है। शारीरिक सृजनात्मक शक्ति के रक्षण से सभी कोशिकाओं में जीवन्त प्राणशक्ति की आपूर्ति होती है; तब शरीर में रोग प्रतिरोधक शक्ति बहुत अत्यधिक बढ़ जाती है। अति यौनाचार शरीर को दुर्बल बनाकर रोग के लिए ग्रहणशील कर देता है।

आप अपना जीवन काल बढ़ा सकते हैं

व्यक्ति के पास वृद्धावस्था की अपेक्षा युवावस्था में रोगमुक्त होने का स्वाभाविक रूप से अधिक अच्छा अवसर होता है। (तथापि कर्मों के अनुसार इसमें भी सदा अपवाद होते हैं।) आज† जीवन की औसत कालावधि साठ वर्ष है। अनेक चिकित्सक इस बात से सहमत हैं कि सावधानीपूर्वक जीवन जीने से आयु में आसानी से वृद्धि की जा सकती है।

महावतार बाबाजी तथा अनेक अन्य सिद्ध पुरुष कई शताब्दियों से जीवित हैं। जीवन को अनिश्चित काल तक लम्बा किया जा सकता है — भोजन, औषधि, व्यायाम, सूर्यस्नान और दूसरे सीमित साधनों से नहीं, बल्कि ईश्वर की अपरिमित शक्ति के साथ सम्पर्क करने से। हमें केवल शरीर के विषय में ही नहीं, बल्कि परमात्मा के विषय में भी सोचना चाहिए। यदि हम परमात्मा के साथ एकत्व में पूर्णता प्राप्त कर लें तो हमारा शरीर भी परिपूर्ण बन जाएगा।‡

* सूर्यस्नान सूर्योदय एवं सूर्यास्त के समय ही करना अच्छा है। संवेदनशील त्वचा को अति सूर्यस्नान से बचाने के लिए सदा सावधानी रखनी चाहिए। यदि किसी को सूर्यस्नान के विषय में कोई शंका हो तो उसे अपने चिकित्सक से या त्वचारोग विशेषज्ञ से सलाह लेकर उसका पालन करना चाहिए। *(प्रकाशक की टिप्पणी)*

† सन् 1947 में जब यह प्रवचन दिया गया था।

‡ जिन सिद्धों ने परमात्मा के साथ एकत्व प्राप्त कर लिया है, वे भी कभी-कभी तीव्र शारीरिक वेदना सहन करते हैं — इसमें परमात्मा की कोई विफलता नहीं होती, बल्कि वे सन्त दूसरों की सहायता करने हेतु उनके कुछ बुरे कर्मों के प्रभावों को समाप्त करने के लिए, परमात्मा की अनुमति से, उन्हें स्वेच्छा से अपने शरीर पर ले लेते हैं।

बहुत लोग अपने शरीर की देखभाल करने में निरन्तर व्यस्त रहते हैं परन्तु मन के विकास की उपेक्षा कर देते हैं। सभी शक्तियों की कुंजी मन में है। यदि मनुष्य उस शक्ति को विकसित करने में असफल रहता है, तो जब वह किसी गम्भीर बीमारी का शिकार हो जाता है तब बिना कोई प्रतिकार किए ही मर सकता है, चाहे उसकी आयु कुछ भी हो।

मुस्कुराहट की शक्ति

ब्रह्मचर्य का पालन करें, संतुलित आहार लें और सदा प्रसन्न रहकर मुस्कुराते रहें। जो अपने भीतर आनन्द प्राप्त करता है उसे पता चल जाता है कि उसका शरीर विद्युत् प्रवाह से, प्राणशक्ति से आवेशित (charged) रहता है जो अन्न से नहीं बल्कि भगवान् से प्राप्त होती है। यदि आप सोचते हैं कि आप मुस्कुरा नहीं सकते तो शीशे के सामने खड़े होकर उंगलियों से मुँह को खींचकर मुस्कुराहट का आकार दीजिए। यह इतना महत्त्वपूर्ण है!

मैंने अब तक संक्षेप में, आहार और वनस्पतियों के प्रयोग तथा उपवास से शरीर के परिशोधन की जिन रोग निवारक पद्धतियों का वर्णन किया है, उनका प्रभाव सीमित है; परन्तु जब मनुष्य अपने अन्तर् में आनन्दित होता है तब वह भगवान् की अनन्त शक्ति की सहायता को आमंत्रित करता है। मेरा मतलब सच्चे आनन्द से है, न कि वह जिसका आप बाहर तो दिखावा कर रहे हों परन्तु अन्तर् में उसकी कोई अनुभूति न हो। जब आपका आनन्द सच्चा होता है तब आप मुस्कुराहटों के धनी होते हैं। सच्ची मुस्कुराहट ब्रह्माण्डीय शक्ति, प्राण, को शरीर की प्रत्येक कोशिका में भेजती है। प्रसन्न मनुष्य रोग का शिकार कम होता है क्योंकि आनन्द वास्तव में ब्रह्माण्डीय प्राण-शक्ति की अधिक मात्रा को शरीर में खींच लेता है।

रोगनिवारण के इस विषय पर बताने के लिए अनेक बातें हैं। मुख्य बात यह है कि हमें मन की शक्ति पर अधिक निर्भर रहना चाहिए क्योंकि मन की शक्ति असीम है। रोग से अपना संरक्षण करने के ये नियम होने चाहिए : आत्म-नियंत्रण, व्यायाम, उचित आहार, फलों के रस का अधिक सेवन, कभी-कभी उपवास, और सदा मुस्कुराते रहना — अन्तर् से। वे मुस्कुराहटें ध्यान करने से आती हैं। तब आप ईश्वर की अनन्त शक्ति को प्राप्त करेंगे। जब आप ईश्वर के साथ समाधि आनंद में लीन रहते हैं तब आप सचेत रूप से उनकी आरोग्यकारी उपस्थिति को अपने शरीर में लाते हैं।

चिरस्थायी रोग-निवारण ईश्वर से ही प्राप्त होता है

मन की शक्ति में ईश्वर की अचूक शक्ति होती है; और वही शक्ति आप अपने शरीर में चाहते हैं। और उस शक्ति को शरीर में लाने का एक तरीका है। वह तरीका है ध्यान में ईश्वर से सम्पर्क करना। जब आपका ईश्वर के साथ पूर्ण सम्पर्क होता है तब रोग सदा के लिए मिट जाते हैं। जब ईश्वर की कारणात्मक शक्ति आती है तब रोग निवारण तत्क्षण हो जाता है; तब कारण को परिणाम में परिपक्व होने के लिए कोई समय नहीं लगता।

दुःख में कई लोग उस शक्ति को जगाने का प्रयास करते हैं, परन्तु जब उनका रोग तुरन्त दूर नहीं होता तब भगवान् की सहायता प्राप्त करने का बार-बार प्रयत्न करते रहने की अपेक्षा प्रभु में उनका विश्वास ही खत्म हो जाता है। जो ईश्वर के साथ सम्बद्ध रहता है वह अवश्य ही निरोगी हो जाता है; क्योंकि ईश्वर जानते हैं कि वह भक्त उनसे प्रार्थना कर रहा है, और वे उत्तर दिए बिना नहीं रह सकते। परन्तु जब आप प्रयास छोड़ देते हैं तो भगवान् कहते हैं, "ठीक है। मैं जानता हूँ कि तुम्हें मेरी आवश्यकता नहीं है। मैं तुम्हारी प्रतीक्षा करूँगा।"

उस सर्वोच्च शक्ति को निरन्तर विश्वास और सतत् प्रार्थना से जगाया जा सकता है। आपको उचित आहार लेना चाहिए और शरीर की उचित देखभाल के लिए जो भी करना आवश्यक है वह करना चाहिए, परन्तु भगवान् से निरन्तर प्रार्थना करते रहना चाहिए, "हे प्रभु! आप मुझे ठीक कर सकते हैं क्योंकि प्राण-शक्ति के अणुओं को और शरीर की सूक्ष्म अवस्थाओं को, जिन तक चिकित्सक अपनी औषधियों के साथ नहीं पहुँच सकते, आप ही नियंत्रित करते हैं।" औषधियों और उपवास के बाह्य घटकों का शरीर में कुछ लाभप्रद परिणाम उत्पन्न होता है, परन्तु वे उस आंतरिक शक्ति पर कोई प्रभाव नहीं डालते जो कोशिकाओं को जीवित रखती है। केवल जब आप ईश्वर की ओर जाते हैं और उनकी रोग निवारक शक्ति को प्राप्त करते हैं, तभी प्राण-शक्ति शरीर की कोशिकाओं के अणुओं में निदेर्शित होती है और तत्क्षण रोगनिवारण कर देती है। क्या आपको ईश्वर पर अधिक निर्भर नहीं होना चाहिए?

परन्तु भौतिक विधियों से आध्यात्मिक विधियों पर निर्भर होने की प्रक्रिया धीरे-धीरे होनी चाहिए। यदि कोई अति खाने की आदत वाला व्यक्ति बीमार पड़ जाता है और मन के द्वारा रोग को हटाने के भाव से अचानक उपवास करना शुरू कर देता है, तो सफलता न मिलने पर हतोत्साहित हो सकता है। अन्न पर निर्भरता की विचारधारा से

मन पर निर्भरता की विचारधारा को बदलने में समय लगता है। ईश्वर की रोग-निवारक शक्ति के प्रति ग्रहणशील बनने के लिए, पहले मन को ईश्वर की सहायता में *विश्वास करने* में प्रशिक्षित होना चाहिए।

उस परमसत्ता की शक्ति से ही समस्त आण्विक ऊर्जा स्पंदित हो रही है, और भौतिक सृष्टि की प्रत्येक कोशिका को प्रकट कर रही है और उसका पोषण कर रही है। जिस प्रकार सिनेमाघर के परदे पर दिखाई देने वाले चित्र अपने अस्तित्व के लिए प्रक्षेपण कक्ष (प्रोजेक्शन बूथ) से आने वाली प्रकाश किरणों पर निर्भर होते हैं, उसी प्रकार, हम सब अपने अस्तित्व के लिए ब्रह्माण्डीय किरणों पर, अनन्तता के प्रोजेक्शन बूथ से निकलने वाले दिव्य प्रकाश पर निर्भर हैं। जब आप उस प्रकाश को खोजेंगे और उसे पा लेंगे तब आप शरीर की समस्त "अव्यवस्थित" कोशिकाओं के अणुओं, विद्युत् अणुओं एवं जीव अणुओं की पुनर्रचना करने की, उसकी असीम शक्ति को देखेंगे। उस परम रोग निवारक के साथ सम्पर्क कीजिए!

मानसिक रेडियो से स्थायी भय को दूर करना

प्रथम सेल्फ़-रियलाइज़ेशन फ़ेलोशिप मन्दिर,
एन्सिनिटस, कैलिफ़ोर्निया, 16 अक्टूबर, 1938

विश्व में प्रत्येक वस्तु ऊर्जा अथवा स्पन्दन से बनी हुई है। शब्दों का स्पन्दन, व्यापक रूप में, विचारों के स्पन्दन की स्थूलतर अभिव्यक्ति है। सभी व्यक्तियों के विचार ईथर (आकाश)* में स्पन्दित हो रहे हैं। क्योंकि विचारों के स्पन्दन की दर इतनी अधिक होती है इसलिए उस का अभी तक वहां पता नहीं चल पाया है; परन्तु यह सौभाग्य है कि हम सभी व्यक्तियों के विचार नहीं जानते।

रेडियो के माध्यम से, आप केवल बटन दबाते हैं, और लीजिए आप संगीत एवं आवाज़ें सुनने लगते हैं। यदि आकाश में व्याप्त बौद्धिकता न होती, जिसके द्वारा रेडियो तरंगें आपके उपकरण तक पहुँचती हैं, तो आप सारे विभिन्न प्रसारणों को एक साथ तुरन्त सुन सकते। ईश्वर ने आकाश की रचना की और उन्होंने योजना बनाई कि मनुष्य रेडियो और रेडियो-तरंग स्पन्दनों की रचना करेगा जिन्हें इस माध्यम के द्वारा संचारित और ग्रहण किया जा सकेगा। रेडियो तरंगें संचारण (transmission) के लिए ईथर पर निर्भर हैं, और प्रसारण (broadcasting) तथा ग्रहण समय के विस्तार (amplification in receiving) के लिए विद्युत पर निर्भर हैं। रेडियो प्रसारणों की ध्वनियाँ आकाश में सदा विद्यमान हैं, परन्तु रेडियो उपकरण के बिना हमें सुनाई नहीं देती। स्पन्दनशील रेडियो-तरंगें उन विचारों का प्रतिनिधित्व करती हैं जो आकाश के माध्यम से किसी भी ग्रहणशील रेडियो में, जो उसके सम्पर्क में है; प्रसारित किए जा रहे हैं।

जब आप किसी के साथ अति घनिष्ठ होते हैं, तो आप उस व्यक्ति के विचारों को अनुभव कर सकते हैं, परन्तु आप किसी ऐसे व्यक्ति के साथ शायद ऐसा न कर

* भौतिक विश्व की प्रकृति पर वैज्ञानिक सिद्धान्त प्रस्तुत करने के लिए, काल्पनिक आकाश को मानना आवश्यक नहीं है। परन्तु हिन्दू धर्मशास्त्र आकाश का उल्लेख एक सूक्ष्म कम्पायमान "पृष्ठभूमि" के रूप में करते हैं जिस पर सृष्टि अध्यारोपित होती है। यह आकाश के अन्दर की सभी खाली जगहों को भर देती है, और यह कम्पन शक्ति ही सभी प्रतिरूपों को एक दूसरे से अलग-अलग करती है। (शब्दावली में *आकाश* एवं *तत्व* देखें।) *(प्रकाशक की टिप्पणी)*

पाएँ जो यहाँ (अमेरिका) से दूर भारत में हो, जब तक कि आप अपनी पहुँच की सीमा को विकसित न कर लें। आपमें से जो *योगदा सत्संग पाठमाला* की एकाग्रता और ध्यान की प्रविधियों का निरन्तर अभ्यास करते हैं, और बहुत ही शान्त हैं, वे दूसरों के विचारों को अनुभव करने में समर्थ होंगे, चाहे वे कहीं दूर भी हों। आपका मन अधिक संवेदनशील हो जाएगा।

हम सब मानवीय रेडियो हैं : आप दूसरों के विचार संदेश अपने हृदय* द्वारा ग्रहण करते हैं, जो कि भावना का केन्द्र है, और आप अपने विचार संदेश आध्यात्मिक नेत्र द्वारा प्रसारित करते हैं, जो कि एकाग्रता एवं इच्छाशक्ति का केन्द्र है। आपका एंटीना, (विद्युत ग्रहण का आकाशीय तार) मेरुशीर्ष आज्ञा चक्र में है, जोकि अन्तर्ज्ञानात्मक अधिचेतना का केन्द्र (centre of intuitive superconsciousness) है। मान लें आप घर से दूर हैं, और यह जानना चाहते हैं कि वहाँ क्या हो रहा है। यदि आपकी भावनाएँ बिल्कुल शान्त हैं और मन स्थिर है तो आप घर पर अपने परिवार के लोगों के विचारों और भावनाओं को अपने अन्तर्ज्ञान से जान सकेंगे। जब आपमें गहन एकाग्रता की क्षमता आ जाएगी तो आपकी संवेदना कहीं भी भेदन कर सकती है; और आपका बोध ऊर्जा से, तथा विद्युत से आवेशित (charged) हो जाता है।

जगत् ईश्वर के मन में केवल एक विचार है

वास्तव में, भारत और यहाँ अमेरिका के बीच कोई दूरी† नहीं है। परन्तु हम अमेरिका में बैठकर सोचते हैं कि हमें भारत पहुँचने के लिए समुद्री जहाज़ से पच्चीस दिन लगेंगे। भौतिक चेतना के अनुसार इतनी दूरी तय करने के लिए समय की आवश्यकता है। लेकिन ऊर्जा दूरी को कम कर देती है। यदि आप हवाई जहाज़ से जाएँ तो इस यात्रा में केवल सात दिन‡ ही लगेंगे। हवाई उड़ान की ऊर्जा के बढ़ने से दूरी कम हो

* मनुष्य में, *चित्त*, अन्तर्ज्ञान के अनुभव का गुप्त स्थान।

† दूरी और समय *माया* के भ्रम का एक अंग हैं, जो नश्वर मनुष्य के बोध के लिए अविभाजित अनन्त को विभाजित करता और मापता है। ईश्वर की चेतना में, जोकि *माया* से अछूती है, और ईश्वर के साथ एक हुए भक्त के लिए, जिसे दिव्य बोध हो गया है, दूर और पास, भूत, वर्तमान, और भविष्य, सब शाश्वत सर्वव्यापक वर्तमान (अब) में विलीन हो जाता है।

‡ सन् 1938 में सात दिन, और आज के समय में अन्तरिक्षयान द्वारा पूरी पृथ्वी का चक्कर कुछ ही मिनटों में पूरा करता है। समय और दूरी अभी तक मानव की इच्छाशक्ति के आगे काफ़ी कुछ झुक चुकी है। "कल" वह उन्हें जीत सकता है। *(प्रकाशक की टिप्पणी)*

गई — जितनी अधिक ऊर्जा होगी उतनी ही दूरी कम होगी। मान लें कि आप निद्रा में स्वप्न देख रहे हैं कि आप अमेरिका से भारत जा रहे हैं। न्यूयॉर्क तक के लिए आप रेलगाड़ी से जाते हैं, फिर पानी के जहाज़ से विभिन्न बन्दरगाहों पर रुकते-रुकते अन्त में मुम्बई पहुँचते हैं। स्वप्न में यह सब कुछ मिनटों में ही हो जाता है, क्योंकि विचारों में कोई दूरी नहीं होती। या मान लो मैं स्वप्न देख रहा हूँ कि मैं रेडियो से भारत का कोई स्टेशन (रेडियो) मिला रहा हूँ। यहाँ कोई दूरी नहीं है, यह सब मेरे मस्तिष्क के विचार हैं।

सम्पूर्ण विश्व का अस्तित्व केवल विचार में है, ऐसी है मन की शक्ति। दूरी मन की एक धारणा है। मैं अपनी आँखें बन्द करके उन वस्तुओं के विषय में सोचता हूँ जो दो हज़ार मील दूर हैं, फिर भी वे मीलों की दूरियाँ विचारों का केवल विस्तार मात्र हैं। दूरी और समय विचारों का केवल विभेदीकरण है। स्वप्न के अनुभव में, आइसक्रीम और गर्म कॉफ़ी के बीच क्या अन्तर है? जब आप नींद से जागते हैं तो आपको ज्ञात होता है कि स्वप्नों की दुनिया में आइसक्रीम एक विचार था और गर्म कॉफ़ी दूसरा, वे केवल दो विभिन्न विचार थे।

विचार में सर्वज्ञता की शक्ति है। जिस प्रकार के विचार की मैं बात कर रहा हूँ वह ईश्वर का विचार है। जिस प्रकार ईश्वर अपने विचार के द्वारा सर्वव्यापी हैं, उसी प्रकार हम भी हैं। क्या हम रेडियो के द्वारा अमेरिका और भारत के विचारों को पहले से ही नहीं जोड़ रहे हैं? इसमें कोई दूरी नहीं है।

जब आप कोई रेडियो स्टेशन मिलाने का प्रयास करते हैं, तो प्राय: गतिहीनता आ जाती है जो कार्यक्रम आप सुनना चाहते हैं उसमें विघ्न आ जाता है। उसी प्रकार, जब आप अपने हृदय में कोई व्यक्तिगत रूपान्तरण करने का प्रयास करते हैं, तो "रूपान्तरण में गतिहीनता" आपकी प्रगति में बाधा डाल सकती है। यह गतिहीनता आपकी बुरी आदतें हैं।

भय शान्त हृदय में प्रवेश नहीं कर सकता

भय, एक अन्य प्रकार की गतिहीनता है, जो आपके मस्तिष्कीय रेडियो को प्रभावित करता है। अच्छी और बुरी आदतों की भांति भय भी सृजनात्मक एवं विनाशक दोनों तरह का हो सकता है। उदाहरणार्थ, जब कोई पत्नी कहती है, "यदि मैं आज शाम को बाहर गई तो मेरे पति नाराज़ होंगे, अतः मैं नहीं जाऊँगी।" वह स्नेहपूर्ण भय से प्रेरित है, जो सृजनात्मक है। स्नेही भय और दासवत् भय दोनों भिन्न होते हैं। मैं स्नेहपूर्ण

भय की बात कर रहा हूँ, जो व्यक्ति को सतर्क बनाता है कि वह किसी को अनावश्यक रूप से कष्ट न दे, दासवत् भय इच्छा को अपंग बना देता है। परिवार के लोगों को केवल स्नेही भय को ही ध्यान में रखना चाहिए, और एक दूसरे के साथ सत्य बोलने से कदापि डरना नहीं चाहिए। एक दूसरे के साथ स्वेच्छा से कर्त्तव्य निभाना अथवा दूसरे व्यक्ति के लिए प्रेमपूर्वक त्याग करना श्रेष्ठतर है, न कि डर कर। और जब आप ईश्वरीय नियमों का उल्लंघन नहीं करते हैं तो यह ईश्वर के प्रति प्रेम के कारण होना चाहिए, न कि दण्ड के भय से।

भय हृदय से उत्पन्न होता है। जब कभी आप किसी बीमारी अथवा दुर्घटना के भय पर विजय पाना चाहें, तो आपको गहरे, धीरे-धीरे, और लय के साथ कई बार साँस लेने और छोड़ने चाहिए, और प्रत्येक साँस छोड़ने के पश्चात् थोड़ा-सा विश्राम करना चाहिए। यह रक्त के संचार को सामान्य करने में सहायता करता है। यदि आपका हृदय वास्तव में शान्त है तो आप बिल्कुल भी भय का अनुभव नहीं कर सकते।

पीड़ा की चेतना द्वारा हृदय में चिन्ताएँ उत्पन्न हो जाती हैं, अतः भय किसी पूर्व अनुभव पर निर्भर है — शायद पहले कभी आप गिरे हों और आपकी टाँग टूट गई हो, और इस प्रकार आप उस अनुभव से भय करना सीख गए हों। जब आप ऐसी आशंका पर विचार करते रहते हैं, तो आपकी इच्छाशक्ति दुर्बल हो जाती हैं, और आपके स्नायु भी, और हो सकता है आप दोबारा गिर जाएँ और अपनी टाँग तोड़ लें। उससे भी अधिक, जब भय से आपका हृदय निर्बल हो जाता है, तो आपकी जीवन-शक्ति क्षीण हो जाती है और रोगाणुओं को आपके शरीर पर आक्रमण करने का अवसर मिल जाता है।

सावधान रहें, परन्तु भयभीत नहीं

शायद ही ऐसा कोई व्यक्ति हो जिसको रोग से भय न लगता हो। भय मनुष्य को सतर्क रहने के एक साधन के रूप में दिया गया था, ताकि वह पीड़ा से बच सके, यह बढ़ाने और दुरुपयोग करने के लिए नहीं दिया गया था। भय से अतिग्रस्त होना, कठिनाइयों को दूर करने के हमारे प्रयास को केवल कमज़ोर ही करता है। सतर्कतापूर्ण भय बुद्धिमानी है, जैसे कि जब आप उचित आहार के सिद्धान्त जानते हैं, आप तर्क करते हैं, "मैं वह केक नहीं खाऊँगा, क्योंकि यह मेरे लिए ठीक नहीं है।" परन्तु तर्कहीन आशंका रोग का कारण है, यह सभी बीमारियों का वास्तविक रोगाणु है। रोग का भय रोग को बढ़ाता है। बीमारी का विचार आते ही, आप इसे अपने ऊपर ले आते हैं।

यदि आप सर्दी-ज़ुकाम होने से सदा भयभीत रहते हैं, तो आप इसके लिए और अधिक ग्रहणशील होंगे; चाहे आप इससे बचने के लिए कुछ भी करें। भय से अपने स्नायु तंत्र को और इच्छाशक्ति को निर्बल न बनाएँ! आपकी इच्छाशक्ति के होते हुए भी जब चिन्ता बनी रहती है, तो आप उसी अनुभव को उत्पन्न करने में सहायता करते हैं जिससे आप भयभीत हैं। ऐसे लोगों के साथ भी आवश्यकता से अधिक मेल-जोल रखना उत्तम नहीं है, जो सदा अपनी और दूसरों की बीमारियों एवं दुर्बलताओं के विषय में चर्चा करते रहते हैं; इस तरह की चर्चाएँ आपके मन में भय के बीजों को रोपित कर सकती हैं। जो लोग चिंतित रहते हैं कि वे टी॰ वी॰, कैंसर, हृदय रोग आदि के शिकार बन सकते हैं, उन्हें इस भय को दूर कर देना चाहिए, ताकि यह अवांछनीय अवस्था को पैदा न कर दे। जो लोग पहले से ही बीमार और दुर्बल हैं, उन्हें जितना भी संभव हो सके सुखद वातावरण की आवश्यकता है; उनको सकारात्मक विचारों और भावनाओं द्वारा प्रेरित करने के लिए, ऐसे लोगों की संगति की आवश्यकता है जो दृढ़ और सकारात्मक प्रवृत्ति के हों। विचार में बहुत शक्ति होती है। जो लोग अस्पतालों में कार्यरत होते हैं वे अपनी दृढ़ विश्वास की मनोवृत्ति के कारण कम ही बीमार पड़ते हैं। उन्हें अपनी ऊर्जा और दृढ़ विचारों के द्वारा जीवन शक्ति प्राप्त होती है।

इसी कारण से, जब आप की आयु बढ़ने लगे, यह उचित होगा कि आप दूसरों को अपनी आयु न बताएँ। जैसे ही आप ऐसा करते हैं, वे आपमें उस आयु को देखने लगते हैं और इसे गिरते हुए स्वास्थ्य एवं जीवन शक्ति के साथ जोड़ देते हैं। बढ़ती हुई आयु का विचार चिन्ता उत्पन्न करता है, और इस प्रकार आप स्वयं को शक्तिहीन कर लेते हैं। इसलिए अपनी आयु को गोपनीय रखिए। ईश्वर से कहिए : "मैं अमर हूँ। मुझे अच्छे स्वास्थ्य के सौभाग्य का आशीर्वाद प्राप्त है, मैं आपका धन्यवाद करता हूँ।"

अतः सावधान रहें, परन्तु भयभीत नहीं। सावधानी के तौर पर कभी-कभी शरीर का शुद्धिकरण करने वाला भोजन लें, जिससे कि शरीर में यदि कोई बीमारी की अवस्था विद्यमान है तो वह दूर हो जाए। बीमारी के कारण को दूर करने के लिए उत्तम प्रयास करें और फिर पूर्णतया निर्भीक रहें। सर्वत्र असंख्य रोगाणु हैं, यदि आप उनसे भयभीत रहने लगेंगे तो आप जीवन का आनन्द बिल्कुल नहीं ले पाएँगे। यहाँ तक कि यदि आप स्वच्छता की सभी सावधानियाँ ले लें, और फिर अपने घर को सूक्ष्मदर्शी दूरबीन (माइक्रोस्कोप) से देखें तो आप कुछ भी खाने की इच्छा को त्याग देंगे।

भय को दूर करने की विधियाँ

आप जिस वस्तु से भयभीत रहते हैं, अपने मन को उससे दूर ले जाएँ और उसे ईश्वर पर छोड़ दें। प्रभु में विश्वास रखें। प्रायः कष्ट केवल चिंता के कारण होते हैं। अभी कष्ट क्यों भोगें जबकि रोग अभी आया ही नहीं है? चूँकि हमारी अधिकाँश बीमारियाँ भय के कारण आती हैं, इसलिए यदि आप भय छोड़ दें तो आप तुरंत मुक्त हो जाएँगे। स्वास्थ्य लाभ तुरन्त हो जाएगा। प्रत्येक रात्रि को, सोने से पहले प्रतिज्ञापन करें : "मेरे परमपिता मेरे साथ हैं, मैं सुरक्षित हूँ।" मानसिक रूप से अपने को परमात्मा एवं उनकी ब्रह्माण्डीय शक्ति से घेर लें और सोचें : "जो कोई भी रोगाणु मुझ पर आक्रमण करेगा वह विद्युत से नष्ट हो जाएगा।" तीन बार "ओम्" का उच्चारण करें, अथवा "प्रभु" शब्द का उच्चारण करें। यह आपकी रक्षा करेगा। आप प्रभु की अद्भुत सुरक्षा का अनुभव करेंगे। निर्भीक रहें। स्वस्थ रहने का केवल यही एक तरीका है। यदि आप ईश्वर से सम्पर्क स्थापित करेंगे तो उनकी सत्यता आपकी ओर प्रवाहित होगी। आप जान लेंगे कि आप एक अमर आत्मा हैं।

जब कभी आप भय का अनुभव करें, अपना हाथ अपने हृदय पर रखें, त्वचा के ऊपर, बाएँ से दाएँ ओर मलें, और कहें "परमपिता मैं मुक्त हूँ। मेरे हृदय रूपी रेडियो से भय को दूर करो।" जैसे आप साधारण रेडियो से दूसरे विघ्न को दूर करते हैं, उसी प्रकार यदि आप हृदय को बाएँ से दाएँ ओर लगातार मलें, और इस विचार पर लगातार एकाग्र रहें कि आप अपने हृदय से भय को दूर करना चाहते हैं, तो यह दूर हो जाएगा, और ईश्वर का आनन्द प्रकट हो जाएगा।

ईश्वर के साथ सम्पर्क से भय समाप्त हो जाता है

भय लगातार आपका पीछा कर रहा है। ईश्वर सम्पर्क से ही भय का अन्त होता है, और किसी से नहीं। तब प्रतीक्षा क्यों? योग से आप ईश्वर के साथ उस सम्पर्क को स्थापित कर सकते हैं। भारत के पास आपको देने के लिए कुछ है जिसे कोई अन्य राष्ट्र कभी नहीं दे सका। मैं प्रत्येक वस्तु के लिए अपने गुरु स्वामी श्रीयुक्तेश्वरजी का ऋणी हूँ, वे हर प्रकार से दक्ष थे। उनके ज्ञान का अनुसरण करके ही मैं पश्चिम में अपने जीवन के विशिष्ट ध्येय (mission) में सफलता पाने के योग्य हुआ था। उन्होंने कहा था, "तुम जो कुछ भी करो, इस प्रकार करने का प्रयत्न करो जिस प्रकार इससे पहले कभी किसी ने न किया हो! यदि तुम इस विचार को याद रखोगे, तो तुम सफल हो

जाओगे। अधिकाँश लोग दूसरों की नकल करते हैं। आपको मौलिक बनना चाहिए, और आप जो कुछ भी करें, अच्छे ढंग से करें। जब आप ईश्वर के साथ सम्पर्क में रहते हैं तो समस्त प्रकृति भी आपके साथ समस्वर रहती है।

हम प्रायः सर्वप्रथम अपने विषय में सोचते हैं, परन्तु हमें सदा दूसरों को अपनी खुशियों में सम्मिलित करना चाहिए। जब हम ऐसा अपने हृदय की पवित्रता से करते हैं, तो हम चारों ओर आपसी तालमेल के भाव को फैला देते हैं। यदि एक हज़ार व्यक्तियों के समाज में प्रत्येक व्यक्ति इसी प्रकार व्यवहार करे तो प्रत्येक व्यक्ति के नौ सौ निन्यानवे मित्र होंगे। परन्तु यदि प्रत्येक व्यक्ति उस समाज में एक शत्रु की तरह व्यवहार करे, तो प्रत्येक व्यक्ति के नौ सौ निन्यानवे शत्रु होंगे।

प्रेम की शक्ति से दूसरों के हृदयों पर विजय प्राप्त करना महानतम विजय है जिसे आप जीवन में प्राप्त कर सकते हैं। सदा सर्वप्रथम दूसरों के विषय में सोचने का प्रयत्न करें और आप सम्पूर्ण जगत् को अपने चरणों में पाएँगे। जीसस की यही महानता थी। वे सब के लिए जीवन जीए और मरे। महान् भौतिक शक्तियों वाले मानव, जो केवल अपने लिए जीते हैं, जल्दी ही भुला दिए जाते हैं, परन्तु जो पूर्ण रूप से दूसरों के लिए जीते हैं वे सदा के लिए स्मरण किए जाते हैं। राजाओं के राजा का पृथ्वी पर अपने अल्प जीवनकाल में कोई स्वर्ण का सिंहासन नहीं था, परन्तु उन्होंने करोड़ों लोगों के हृदय में प्रेम के सिंहासन पर बीस शताब्दियों तक शासन किया है। यही उत्तम सिंहासन है जिसे पाना चाहिए।

केवल एक विचार भी उद्धार की ओर ले जा सकता है

जब आप इस संसार में आए थे, आप रोए थे, जबकि प्रत्येक अन्य व्यक्ति ने खुशियाँ मनाई थीं। अपने जीवन काल में इस प्रकार कार्य और सेवा करें कि जब इस संसार को छोड़ने का समय आए, तो विदाई के साथ आप मुस्करा रहे हों और संसार आपके लिए रो रहा हो। इस विचार को स्मरण रखें तो आप सदा अपने से पहले दूसरों के विषय में सोचना याद रखेंगे।

यह विशाल संसार इसलिए बनाया गया था कि आप परमात्मा का ज्ञान, और अपनी आत्मा का ज्ञान प्राप्त करने के लिए अपनी बुद्धि का उपयोग कर सकें। *केवल एक विचार आपका उद्धार कर सकता है*। आपको पता ही नहीं है कि कितने प्रभावशाली ढंग से आकाश में आपके विचार कार्य करते हैं।

यदि ईश्वर स्वयं अपना प्रेम प्रत्येक मानव के हृदय में रोपित करके आपको न देते, तो आप मानवीय प्रेम के विषय में कैसे जान पाते? और चूँकि ईश्वर इतने दयालु और प्रिय हैं, इसलिए वे आपकी खोज का लक्ष्य होने चाहिए। वे स्वयं को आपके ऊपर थोपना नहीं चाहते। परन्तु आपके शरीर की रहस्यपूर्ण कार्य-प्रणाली, प्रभु द्वारा आपको दी गई बुद्धि, और जीवन में प्रत्येक अन्य चमत्कार ईश्वर को खोजने का निर्णय लेने के लिए पर्याप्त रूप से प्रेरणादायक होने चाहिए। प्रत्येक मानव का उद्धार हो सकता है यदि वह प्रयत्न करे। आपको प्रयत्न अवश्य करना चाहिए!

जब मैंने इस पथ पर चलना आरम्भ किया था, मेरा जीवन प्राय: अव्यवस्थित था, परन्तु जैसे-जैसे मैं प्रयत्न करता गया, मेरे लिए घटनाएँ अद्भुत रूप से स्पष्ट होती गईं। जो भी घटनाएँ घटित हुईं उन्होंने मुझे दिखा दिया कि ईश्वर हैं, और उन्हें इसी जीवन काल में जाना जा सकता है। जब आप ईश्वर को प्राप्त कर लेंगे, तो कितनी अधिक आश्वस्तता और निडरता आपको मिल जाएगी! तब किसी भी अन्य वस्तु का कोई महत्व नहीं रह जाएगा, और कुछ भी आपको कभी भी भयभीत नहीं कर सकेगा। इसी प्रकार, भगवान् कृष्ण ने अर्जुन को जीवन के युद्ध का निर्भयता से सामना करने और आध्यात्मिक रूप से विजयी होने का उपदेश दिया : "अपुरुषता के आगे समर्पण मत करो; यह तुम्हारे लिए उचित नहीं। हे परन्तप (शत्रुओं को भस्मीभूत करने वाले), हृदय की इस तुच्छ दुर्बलता को त्याग दो! जागो!"*

* भगवद्गीता II:3।

मानसिक अशांति — कारण और निवारण

लगभग सन् 1927

मानसिक अशांति (nervousness) एक रोग है जिसका उपचार एक विशेष औषधि द्वारा किया जा सकता है : वह है शांति। आवेश की लगातार स्थितियों या इन्द्रियों की अत्यधिक उत्तेजना द्वारा मानसिक प्रायः में बाधा पड़ जाती है, जिसके परिणामस्वरूप स्नायविक विकार (nervous disorders) उत्पन्न हो जाते हैं। भय, क्रोध, उदासी, पश्चाताप, ईर्ष्या, दुःख, घृणा, असंतोष या चिन्ता के विचारों में निरन्तर डूबे रहना; और सामान्य एवं सुखी जीवन-यापन की आवश्यकताओं जैसे उचित भोजन, व्यायाम, ताज़ा हवा, सूर्यप्रकाश, मनपसन्द कार्य, और जीवन के उद्देश्य का अभाव, ये सब स्नायविक विकार के कारण हैं।

कोई भी प्रबल अथवा चिरस्थायी मानसिक, भावनात्मक या शारीरिक उत्तेजना सम्पूर्ण संवेदी-प्रेरक यंत्रावली (sensory-motor mechanism) तथा इन्द्रियों में प्राणशक्ति के प्रवाह में अप्रायः पैदा करती है और उसमें अत्यधिक बाधा डालती है। यदि हम 120 वोल्ट के बल्ब को दो हज़ार वोल्ट की बिजली के साथ जोड़ दें, तो वह बल्ब को जला देगी। उसी प्रकार, स्नायु तन्त्र भी प्रबल भावावेग या चिरस्थायी नकारात्मक विचारों और भावनाओं के विनाशकारी बल को सहन करने के लिए नहीं बनाया गया है।

मानसिक अशांति के दूरगामी परिणाम

मानसिक अशांति कोई साधारण समस्या नहीं है, यह दूरगामी परिणाम उत्पन्न करने वाली घातक शत्रु है। मानसिक अशांति के कारण बढ़ रहे किसी भी रोग का शारीरिक रूप से उपचार करना कठिन है। आध्यात्मिक रूप से, शरीर में प्राणशक्ति का अप्रायः साधक के लिए शांति और ज्ञान प्राप्ति हेतु एकाग्रता अथवा गहन ध्यान करना अत्यन्त कठिन बना देता है। परन्तु मानसिक अशांति का उपचार हो सकता है। इससे ग्रस्त व्यक्ति में अपनी अवस्था का विश्लेषण करने की तथा उसे धीरे-धीरे नष्ट करने वाली क्षयकारी भावनाओं और नकारात्मक विचारों को समाप्त करने की इच्छा

होनी चाहिए। अपनी समस्याओं का निष्पक्ष विश्लेषण करते हुए, तथा जीवन की सभी परिस्थितियों में शांति बनाए रख कर, लम्बे समय से मानसिक अशांति से ग्रस्त व्यक्ति भी पूर्ण रूप से स्वस्थ हो जाएगा।

इस बात का बोध होना कि सोचने, बोलने, अनुभव करने और कार्य करने की सारी शक्ति ईश्वर से आती है, और यह कि वे ही हमें प्रेरित और मार्गदर्शित करते हुए सदा हमारे साथ हैं, तत्क्षण ही मानसिक अशांति से मुक्त कर देता है। दिव्य आनन्द की झलकें भी इसी ज्ञान की अनुभूति से प्राप्त होती हैं; कभी-कभी कोई गहन प्रकाश व्यक्ति के पूर्ण अस्तित्व को इस प्रकार भर देगा कि भय का विचार ही उसके मन से निकल जाएगा। सागर के समान, ईश्वर की शक्ति हृदय में एक शोधक बाढ़ की तरह समाविष्ट हो जाती है, जो भ्रमकारक संशय, घबराहट और भय रूपी सभी अवरोधों को ध्वस्त कर बहा ले जाती है। दैनिक ध्यान द्वारा प्राप्त ईश्वर की मधुर शांति के संपर्क से जड़त्त्व का भ्रम, मात्र एक नश्वर शरीर होने की चेतना, समाप्त हो जाता है। तब आप जान जाते हैं कि यह शरीर ईश्वर के ब्रह्माण्डीय सागर में ऊर्जा का एक छोटा सा बुलबुला मात्र है।

मानसिक अशांति से ग्रसित व्यक्ति को अपनी स्थिति को समझना चाहिए, और अपनी विचार शैली में लगातार होती उन गलतियों पर ध्यान देना चाहिए जो उसके जीवन में अप्रायः के लिए उत्तरदायी हैं। मानसिक रूप से अशांत (nervous) व्यक्ति जब एक बार अपने मन में यह स्वीकार कर लेता है कि उसकी बीमारी किसी रहस्यमय कारणवश नहीं बल्कि उसकी अपनी आदतों का तर्कसंगत परिणाम है, तो वह पहले ही आधा ठीक हो चुका होता है।

स्नायु-तन्त्र (Nervous System)

स्नायु-तंत्र शरीर के दूरसंचार का आन्तरिक एवं बाह्य द्वार है जो कि मनुष्य को बाहरी एवं आन्तरिक उत्तेजनाओं के प्रति अपनी प्रतिक्रिया व्यक्त करने की व्यवस्था करता है। उत्तेजना स्नायविक प्रायः (nervous balance) को अस्त-व्यस्त कर देती है, जिसके कारण कुछ अंगों में अत्यधिक ऊर्जा भेज दी जाती है और कुछ अंग आवश्यक ऊर्जा से भी वंचित रह जाते हैं। तंत्रिका-शक्ति (nervous force) में उचित वितरण की कमी ही मानसिक अशांति का मूल कारण है। शान्त व्यक्ति — जो उत्तेजना से दूर रहता है, क्योंकि वह अपने अहंकार में अत्यधिक आसक्त नहीं है, और यह जानता

है कि वह नहीं, बल्कि ईश्वर इस ब्रह्माण्ड का संचालन कर रहे हैं — सदा ही जीवन में किसी भी परिस्थिति का सामना करने के योग्य होता है क्योंकि उसकी तंत्रिका-शक्ति संतुलित रहती है। भगवान् श्रीकृष्ण ने कहा है : "प्रभाव (शरीर) और साधन (इन्द्रियों) की सृष्टि में, प्रकृति को कारण कहा जाता है; सुख और दुःख के अनुभव में, पुरुष को कारण कहा जाता है।"* यही जीवन का वह लक्ष्य है जिसके लिए हमें प्रयत्न करना है और जिसे हमें प्राप्त करना है।

स्नायु-तन्त्र मस्तिष्क, हृदय और शरीर के अन्य अंगों को प्राण-शक्ति पहुँचाता है। यह शब्द, स्पर्श, रूप, रस और गंध की पाँच ज्ञानेन्द्रियों में शक्ति को वितरित करता है। तंत्रिकाएँ बाह्य जगत् के साथ हमारे सम्पर्क का माध्यम हैं और हमारी सभी संवेदी प्रतिक्रियाओं का स्रोत हैं। इसलिए शरीर के किसी एक अंग को अत्यधिक ऊर्जा से झटका न देते हुए, जिसके परिणामस्वरूप शरीर के अन्य भागों में ऊर्जा की आपूर्ति कम न हो जाए, तंत्रिकाओं को पूर्ण प्रायः की स्थिति में रखना अत्यधिक महत्त्वपूर्ण है। चंचलता या भावनात्मक प्रतिक्रियाओं से नहीं, अपितु शान्त रहने से, ईश्वर में गहन विश्वास रखने से, हम समभाव में स्थित एक साधक की यौगिक स्थिति तक पहुँचते हैं।

योगियों को विशेष प्रविधियों का ज्ञान होता है जिनके द्वारा व्यक्ति दुरुपयोग के कारण आंशिक तौर पर नष्ट हुई तंत्रिकाओं (nervous) में प्राणशक्ति भेज कर, मानसिक अशांति के कारण क्षीण हो चुके ऊतकों (tissues) को पुनजीर्वित कर सकता है। स्नायु-तंत्र में प्रत्येक कोशिका और ऊतक एक जीवित, प्रबुद्ध संरचना है। प्राण-शक्ति इसका सदा नवीनीकरण कर सकती है।

अच्छी संगति के द्वारा मानसिक अशांति पर विजय प्राप्त करें

मानसिक अशांति दो प्रकार की होती है — मनोवैज्ञानिक और यान्त्रिक, या सतही और शरीर के अंगों पर प्रत्यक्ष होने वाली (आंगिक)। मनोवैज्ञानिक या अति साधारण प्रकार की मानसिक अशांति मन की उत्तेजना के कारण होती है। लम्बे समय तक इस स्थिति के बने रहने से, और ऐसे लोगों की संगति में रहने से, जो इस अवस्था से बाहर आने में आपको प्रोत्साहित नहीं कर सकते, तथा खान-पान और स्वास्थ्य की गलत आदतों के कारण स्नायविक (nervous) पुराने या आंगिक रोग प्रकट हो जाते हैं।

* श्रीमद्भगवद्गीता V:20।

भोजन सादा और संतुलित होना चाहिए तथा अत्यधिक मात्रा में नहीं होना चाहिए। नियमित रूप से व्यायाम करना चाहिए। अत्यधिक नींद के कारण स्नायुओं में शिथिलता आ जाती है, और बहुत कम नींद स्नायुओं के लिए हानिकारक है। परन्तु सबसे महत्त्वपूर्ण है संगति का चयन। आप मुझे बताएँ कि किसी व्यक्ति के कैसे मित्र हैं और मैं आपको बता दूँगा कि वह कैसा व्यक्ति है। चापलूसों की संगति से हमें कोई सहायता नहीं मिलती। हमें श्रेष्ठ व्यक्तियों की संगति ढूँढनी चाहिए—जो हमें सत्य बताएँ और सुधरने में हमारी सहायता करें। हमारा सबसे अच्छा मित्र वह है जो विनम्र भाव से हमें यह सुझाव दे कि हम सार्थक परिवर्तनों के द्वारा अपने जीवन को कैसे लाभान्वित कर सकते हैं।

निर्दयता या निष्ठुरता के भाव से की गई तीव्र आलोचना का असर किसी व्यक्ति के सिर पर हथौड़ा मारने जैसा होता है। प्रेम की शक्ति अनन्त रूप से प्रभावशाली होती है। प्रेम एवं समझदारी से दिए गए अच्छे सुझाव अद्भुत परिणाम दे सकते हैं; केवल दोष निकालने से कुछ प्राप्त नहीं होता। स्वयं अपने स्वभाव में परिपूर्णता लाने के बाद ही कोई दूसरों का मूल्यांकन करने के योग्य बनता है। तब तक, स्वयं अपना मूल्यांकन करते रहना ही एकमात्र लाभकारी विश्लेषण है।

शान्त, और विवेकी व्यक्तियों की संगति मानसिक अशांति को समाप्त करने का और अपनी जन्मजात दिव्यता के बोध का एक शीघ्रतम तरीका है। मानसिक अशांति से ग्रसित व्यक्तियों को उन लोगों से दूर रहना चाहिए जो उसी प्रकार की बीमारियों से पीड़ित हैं।

शांति सर्वोत्तम उपचार है

मानसिक अशांति का सर्वोत्तम उपचार है, शांति को विकसित करना। जो व्यक्ति स्वभाव से ही शान्त हो वह किसी भी परिस्थिति में अपना विवेक, अच्छे-बुरे की पहचान अथवा अपना विनोदी स्वभाव नहीं खोता। वह हमेशा सच्चाई को, भावनाओं या इच्छाजनित धारणा से अलग कर सकता है। अनुचित तरीकों से ग़लत धन को प्राप्त करने की असंभावित योजनाएँ प्रस्तुत करने वाले बेईमान व्यक्तियों की मीठी वाणी भी उसको उसके पथ से भटका नहीं सकती। वह अपने शरीर के ऊतकों में क्रोध अथवा भय का विष नहीं भरता, जो रक्त संचार के प्रवाह पर विपरीत प्रभाव डालते हैं। यह एक प्रमाणित तथ्य है कि क्रोधी माता का दूध उसके बच्चे पर हानिकारक प्रभाव डाल

सकता है। यह जानने के लिए और अधिक प्रभावशाली प्रमाण की क्या आवश्यकता है कि उग्र भावनाएँ अन्ततः निकृष्टतम स्तर तक शरीर का विनाश कर देंगी?

संतुलित रहना एक सुन्दर गुण है। हमें अपने जीवन को एक त्रिभुज रूपी दिशानिर्देशक के अनुरूप ढालना चाहिए जिसकी दो भुजाएँ शांति और मधुरता हैं तथा प्रसन्नता जिसका आधार है। व्यक्ति को प्रतिदिन स्वयं को याद दिलाना चाहिए : "मैं शांति का राजकुमार हूँ, और प्रायः के सिंहासन पर बैठकर अपने कर्म-साम्राज्य का निर्देशन कर रहा हूँ।" चाहे कोई शीघ्रता से कार्य करे या मन्दगति से, चाहे एकान्त में या लोगों की भीड़ में, उसका केन्द्र सदा शान्त एवं सन्तुलित रहना चाहिए। क्राइस्ट इस आदर्श के एक उदाहरण हैं। उन्होंने सर्वत्र शांति प्रदर्शित की थी। वे हर कल्पनीय परीक्षा में अपना प्रायः खोए बिना सफल रहे।

ईश्वर सर्वव्यापक हैं, ग्रहों, आकाशगंगोंओ को नियंत्रित करते हैं; फिर भी वे विचलित नहीं होते। यद्यपि वे इस संसार में हैं तथापि वे संसार से परे हैं। हमें उनकी प्रतिरूपता और सादृश्यता को प्रतिबिम्बित करना चाहिए। हमें बारम्बार ध्यान करना चाहिए और उससे प्राप्त शांति के प्रभावों को बनाए रखना चाहिए। हमें प्रेम, अच्छाई और सामंजस्यता के विचारों को अवश्य प्रसारित करते रहना चाहिए। ध्यान के मन्दिर में, जहाँ अन्तर्ज्ञान का प्रकाश प्रज्वलित हो, वहाँ चंचलता का कोई स्थान नहीं होता, व्याकुल प्रयत्नों अथवा खोज का कोई चिह्न नहीं होता। अन्ततः मनुष्य वास्तव में अपने घर पहुँच जाता है, एक ऐसे मन्दिर में जो कि हाथों से नहीं, बल्कि ईश्वरीय शांति से बना है।

उपवास के शारीरिक एवं आध्यात्मिक फल

सेल्फ़-रियलाइज़ेशन फ़ेलोशिप अन्तर्राष्ट्रीय मुख्यालय,
लॉस एंजिलिस, कैलिफ़ोर्निया, 9 मार्च, 1939

उपवास के शरीर-संबंधी परिणाम और आध्यात्मिक अनुभव अद्भुत हैं। अन्तर में आत्मा शरीर की मांगों से संबंध तोड़ लेती है, क्योंकि स्वयं शरीर भी स्थूल आदतों से मुक्त हो जाता है। मैंने उपवास और पथ्य आहार का तीसवाँ दिन अभी पूरा किया है, और यह इतना सहज प्रतीत होता है जैसे कि मैंने कभी कुछ खाया ही नहीं था। आप सब में से जो सक्षम हैं उन्हें तीन दिन का उपवास करना चाहिए, और यदि संभव हो तो उससे भी अधिक।* आपको अनुभव होने लगेगा कि आप भोजन के बिना रह सकते हैं।

शरीर में पीड़ा या दर्द यह संकेत करते हैं कि इसकी मशीनरी में कुछ गड़बड़ है; कुछ मरम्मत की आवश्यकता है। सोचिए आप कितनी कर्त्तव्य-निष्ठा से अपने वाहन को साफ-सुथरा और अच्छी अवस्था में रखते हैं। मानव-शरीर किसी कार से कहीं अधिक जटिल है, और प्रभु चाहते हैं कि आप इसे स्वच्छ और सुचारु-स्वस्थ अवस्था में रखें और साथ ही साथ यह भी कि आप उन (ईश्वर) पर अधिक निर्भर रहें। अच्छे स्वास्थ्य का रहस्य केवल रसायनों में नहीं है, व्यक्ति को उनसे भी अधिक अन्तर में ईश्वर की ऊर्जा पर भरोसा करना चाहिए।

वास्तव में, हमारे शरीरों के भीतर यह प्राणशक्ति ही जीवन का स्रोत है। यह एक चेतन शक्ति है : अंगों की निर्माता, और साथ ही साथ उनकी जीवन शक्ति की पूतिर्कर्ता भी। साधारणतः, जीवन-शक्ति मन की शक्ति और भोजन के द्वारा निरन्तर सुदृढ़ होती रहती है। लेकिन यदि इसका अत्यधिक दुरुपयोग हुआ हो तो यह प्रयत्न करना छोड़ देती है और आगे कार्य करना बन्द कर देती है। उदाहरण के लिए इसकी शक्ति नेत्रों में क्षीण हो सकती है और तब आप ठीक प्रकार से देख नहीं सकते। जब

* स्वस्थ व्यक्तियों को तीन दिन के उपवास से कोई कठिनाई नहीं होनी चाहिए, इससे लम्बा उपवास केवल अनुभवी व्यक्ति की देख-रेख में ही करना चाहिए। जो कोई भी पुरानी बीमारी अथवा शरीर-यंत्र-संबंधी दोष (organic defects) से पीड़ित हो, उसे केवल उपवास प्रक्रिया में अनुभवी चिकित्सक की सलाह से ही उपवास करना चाहिए।

शरीर की जीवन-शक्ति क्षीण होनी आरम्भ हो जाती है, तो कोई भी आहार इसको शक्ति प्रदान नहीं करता, और न ही वायु परिवर्तन उसे बल देता है, तब कुछ भी शरीर में ऊर्जा को लौटा नहीं सकता।

उपवास कार्यभार से बोझिल अंगों को, शरीर के ईंजनों को, और साथ ही जीवन-शक्ति को भी अतिरिक्त कार्य भार से छुटकारा दिला कर विश्राम देता है। जब आप जीवन-शक्ति को यह अनुभव करवाना बन्द कर देते हैं कि इसका अस्तित्व बाहरी स्रोतों — आहार, जल, ऑक्सीजन और सूर्य-प्रकाश पर निर्भर है, तो यह आत्म-निर्भर बन जाती है, स्वतंत्र हो जाती है।

वर्ष के तीन सौ पैंसठ दिन ज़रूरत से ज़्यादा भोजन के कारण अनेक प्रकार की बीमारियाँ उत्पन्न होती हैं। भोजन में नियमबद्ध निरन्तरता भी, चाहे शरीर को वास्तव में भोजन की आवश्यकता हो या न हो, शरीर के लिए अभिशाप है। जितना अधिक आप जीभ के स्वाद पर ध्यान केन्द्रित करेंगे, उतनी ही अधिक बीमारियाँ आपको होंगी। भोजन का आनन्द लेना तो ठीक है, परन्तु उसका दास बन जाना जीवन के विनाश का कारण है। आप प्रकृति को अपने को हानि क्यों पहुँचाने देते हैं? प्रकृति आपको दण्ड नहीं दे सकती यदि आपको शरीर के साथ आसक्ति न हो या आप भोजन से बंधे न हों। आपको यह समझ लेना चाहिए कि जीवन-शक्ति शरीर का पोषण करती है।

हठधर्मी बने बिना, मन को अधिकतम महत्त्व दें, इस उद्देश्य से कि इसकी शक्ति अधिक से अधिक विश्वसनीय बने। यदि आप अपने मन को अपने तन का दास बनने पर बल देंगे, तो मन इसका बदला लेगा। यह अपनी शक्ति को छोड़ देगा, जिससे आपको अपनी सहायता के लिए किसी अन्य व्यक्ति अथवा वस्तु पर निर्भर रहना पड़ेगा; और यदि किसी रोगी का मन इतना कमज़ोर हो गया है कि उसकी बीमारी चिरस्थायी बन गई है तो कोई भी चिकित्सक अथवा दवा उस रोगी की सहायता नहीं कर सकते। तीन चौथाई उपचार तो मन में ही निहित है।

भारतवर्ष में, हम तन पर विजय पाना सिखाते हैं जिससे कि व्यक्ति अधिकतर मन पर निर्भर रह सके। जो स्वास्थ्य और उपचार के लिए निरंतर भौतिक साधनों को खोजते हैं वे सदा उन पर निर्भर रहेंगे। किन्तु, मानसिक शक्ति श्रेष्ठतर है। व्यक्ति को धीरे-धीरे मन का अधिक से अधिक उपयोग करना सीखना चाहिए। ऐसा करने से, आप समझ लेंगे कि मन एक उत्कृष्ट उपकरण है। आप जो भी आदेश इसे देंगे, यह उसे करेगा। ऐसा मैंने स्वयं अपने जीवन में देखा है।

एक दिन जब मैं मिल्वॉकी (अमेरिका) में प्रवचन दे रहा था, तब भयानक गर्मी थी, मेरे चेहरे से पसीने की धाराएँ बह रही थीं, लेकिन मुझे अपना रुमाल नहीं मिल रहा था। एक क्षण के लिए मैं सोच नहीं पाया कि मैं क्या करूँ। तब मैंने अपनी चेतना को कूटस्थ पर केन्द्रित किया और अंतर में कहा, "प्रभो, मेरा तन शीतल है।" तुरन्त सारा पसीना अदृश्य हो गया, और मेरे शरीर ने अधिक से अधिक शीतलता अनुभव की! इसलिए मन पर निर्भर रहने का प्रयास करना अच्छा है। फिर भी, आप शरीर को पूर्ण रूप से नकार नहीं सकते; यदि आपने वास्तव में ऐसा कर दिया, तो आप न सोचेंगे, न खाएँगे, न चलेंगे।

कुछ लोग मुख्य रूप से स्वास्थ्य का प्रदर्शन करने के लिए तन पर मन की शक्ति में रुचि रखते हैं। लेकिन स्वास्थ्य जीवन का उद्देश्य नहीं है। ईश्वर के साथ सम्पर्क ही जीवन का उद्देश्य है। आप कुछ समय के लिए अच्छा अनुभव कर सकते हैं, परन्तु एक समय आता है जब कुछ भी उपयोगी नहीं लगता। तब कौन आपकी सहायता करेगा? ईश्वर। ईश्वर की ओर जाने की महान् विधियों में से एक उत्तम तरीका उपवास है, यह भोजन की दासता से जीवन-शक्ति को मुक्त करता है, और आप को दर्शाता है कि केवल ईश्वर ही आपके शरीर में वास्तविक रूप से जीवन का पोषण करते हैं।

परन्तु माया का प्रलोभन यह है कि जैसे ही मन सोचता है "भोजन," तो आप उसे खाना चाहते हैं। एक बार, भारत में जब मैं छोटा बालक था, मुझे ज़ुकाम हो गया और मैं कुछ इमली खाना चाहता था, जिसे ज़ुकाम के लिए हानिकारक माना जाता है। मेरी बहन ने दृढ़ता से मना कर दिया, लेकिन मेरे आग्रह करने पर वह अनिच्छुकता से मेरे लिए थोड़ी सी इमली ले आई। मैंने एक टुकड़ा लिया, उसे चबाया, और बाहर थूक दिया। इमली को निगले बिना, इसके स्वाद की मेरी इच्छा संतुष्ट हो गई। चूँकि मानव लालच की आदत को प्रायः बहुत जल्दी अपना लेता है, इसलिए यह उसका दुर्भाग्य है कि ईश्वर ने उसके शरीर की रचना इस प्रकार से नहीं की कि वह स्वाद के भाव का आनन्द भी ले सके तथा, खान-पान में हानिप्रद अति या अस्वास्थ्यकर भोजन को, पाचन और परिपाचन के अंगों से किसी उपमार्ग द्वारा बाहर निकाल दे!

आत्मनियंत्रण — स्वास्थ्य और प्रसन्नता के लिए सबसे विवेकपूर्ण मार्ग

परन्तु सच्चाई तो यह है कि स्वास्थ्य एवं प्रसन्नता के लिए एक मात्र विधि, और अधिकतम विवेकपूर्ण मार्ग, आत्मनियंत्रण ही है। अपने आप पर नियंत्रण पा लेना

ताकि आप अपनी इन्द्रियों के वशीभूत न हों, महानतम आशीर्वादों में से एक है जिसे आप प्राप्त कर सकते हैं। यदि आप बिजली के तारों में अत्यधिक विद्युत प्रवाहित करते हैं तो वे जल जाती हैं, और इसी प्रकार हर बार जब आप अपनी पाचन प्रणाली पर बहुत अधिक भोजन का भार डालते हैं तो जीवन-शक्ति नष्ट हो जाती है। जब आप आवश्यकता से अधिक भोजन से दूर रहते हैं, और जब उपवास करते हैं, तो जीवन-शक्ति को विश्राम मिलता है और वह पुनः शक्ति से भर जाती है।

यदि आपका वाहन ठीक से कार्य नहीं कर रहा है तो आप उसे गराज में भेज देते हैं। कुछ समय के लिए तो यह ठीक चलता है, और फिर उसमें कुछ और खराबी आ जाती है और आप उसे दोबारा मरम्मत के लिए भेज देते हैं। उसी प्रकार, शरीर के लिए भी करना चाहिए। शरीर पर उपवास के अद्भुत प्रभाव पड़ते हैं। संतरे के रस पर तीन दिन का उपवास शरीर को अस्थायी रूप से ठीक कर देगा, परन्तु लम्बा उपवास* पूरी तरह से मरम्मत कर देगा। आपका शरीर इस्पात की भाँति शक्तिशाली अनुभव करेगा। परन्तु यदि आप स्थायी मरम्मत चाहते हैं तो आपको हर समय यह भी जाँच करनी होगी कि आप कौन सा और कितना भोजन अपने शरीर को दे रहे हैं।

उपवास करने की उचित विधि जानें

उपवास में क्या करना है यह आपको पता होना चाहिए। इसलिए तीन दिन से अधिक लम्बे उपवास के लिए उचित देख-रेख की आवश्यकता है। मैं किसी को उसका पहला उपवास लम्बा रखने का परामर्श नहीं देता, क्योंकि वह कमज़ोर हो जाएगा। व्यक्ति को उपवास में अभ्यस्त होने के लिए आरम्भ में, सप्ताह में एक दिन फलों पर अथवा महीने में तीन दिन का उपवास सन्तरे के रस पर करना अच्छा है। उपवासी व्यक्ति को मानसिक रूप से उन लोगों के लिए तैयार रहना चाहिए जो तुरंत सहानुभूति प्रकट करेंगे और उससे कहेंगे कि यदि वह नहीं खाएगा तो बीमार पड़ जाएगा और मर जाएगा। यह सत्य है कि लम्बे उपवास में आरम्भ के कुछ दिनों में आप कमज़ोरी अनुभव कर सकते हैं, क्योंकि जीवन-शक्ति भोजन पर निर्भर रहने की अभ्यस्त हो चुकी है। परन्तु धीरे-धीरे, जैसे-जैसे दिन बीतते जाते हैं, आप कोई कमज़ोरी अनुभव नहीं करते। आपकी जीवन-शक्ति और चेतना भोजन से अनासक्त हो जाती हैं। आप जान जाते हैं कि शरीर केवल जीवन-शक्ति से ही पोषित होता है।

* पृष्ठ 97 पर पादटिप्पणी देखें।

मैं वह रहस्य जानता हूँ जिसके द्वारा व्यक्ति उपवास रख सकता है और फिर भी वज़न कम नहीं होता। जीवन-शक्ति जब किसी व्यक्ति के सचेत नियंत्रण में हो तो उसे मांस घटाने या शरीर को सामान्य वज़न पर बनाए रखने के लिए उपयोग कर सकते हैं। दोनों तरह से यह प्रभावकारी है। जब इस सिद्धांत को उपयोग में लाया जाता है, तो शरीर का सामान्य तापमान कम नहीं होता, चाहे व्यक्ति कितना भी लम्बा उपवास करे। मेडुला "ईश्वर का मुख"* से ऊर्जा खींचने से, जीवन-शक्ति बाह्य स्रोत पर अधिक निर्भर रहने की अपेक्षा अपनी अन्तनिर्हित पुनरुत्पादक शक्ति पर आश्रित रहना आरम्भ कर देती है।

मानव निलम्बित सजीवता (suspended animation) की पूर्ण अवस्था में पाँच हज़ार वर्षों अथवा अनन्तकाल तक ज़मीन में दबा होने पर भी जीवित रहता है। जीवन शाश्वत है। यह श्वास पर निर्भर नहीं है, न ही भोजन, पानी, अथवा सूर्य के प्रकाश पर। सदा स्मरण रखें कि आप अनश्वर आत्मा हैं। जीने का यही तरीका है।

हमारी चेतना मृत्यु के पश्चात् जीवित रहती है, परन्तु साधारण मनुष्य इसकी निरंतरता के अनुभव को खो देता है और इसलिए सोचता है कि वह मर गया है। हममें से प्रत्येक को किसी दिन मरना है, अतः मृत्यु से भयभीत होने का क्या लाभ। आप निद्रा में अपने शरीर की चेतना खो देने की संभावना पर दुःखी नहीं होते; आप निद्रा को स्वतंत्रता की एक अवस्था के रूप में स्वीकार करते हैं और उत्सुकता से प्रतीक्षा करते हैं। उसी प्रकार, मृत्यु है, यह विश्राम की एक अवस्था है, इस जीवन से निवृत्ति। इसमें भयभीत होने की कोई बात नहीं है। जब मृत्यु आए, तो उस पर हँसें। मृत्यु केवल एक अनुभव है जिसके द्वारा आपको एक बहुत बड़ा पाठ सीखना है : आप मर नहीं सकते। मृत्यु की प्रतीक्षा क्यों करते हैं जबकि आप इसे अभी जान सकते हैं? प्रथम पाठ जो आपको सीखना है वह है कि जीवन भोजन पर निर्भर नहीं है। उपवास के द्वारा आप इसे स्वयं सिद्ध कर सकते हैं।

* *मत्ती* 4:4 (बाइबिल)। "मनुष्य केवल रोटी पर नहीं, बल्कि उस प्रत्येक शब्द (प्राण, जीवन-शक्ति) पर जीवित रहता है, जो ईश्वर के मुख (जो मेडुला से शरीर में प्रवाहित होता है) से निकलता है।" मेडुला में अधिचेतन के केन्द्र से अपना "शब्द" — उस ब्रह्माण्डीय अन्तर्ज्ञानात्मक स्पन्दन, अथवा ऊर्जा को मनुष्य में प्रवाहित करता है। मस्तिष्क में इस ऊर्जा का भण्डार संचित होता है। वहाँ से यह नीचे की ओर मेडुला से होती हुई मेरुदण्ड में पाँच आध्यात्मिक केन्द्रों (*चक्रों*) में प्रवाहित होती है, जो वितरकों के रूप में काम करते हैं, और इस जीवन ऊर्जा से शरीर के सभी भागों को पोषित करते हैं।

सभी परिस्थितियों में ठीक प्रकार से कार्य करें

प्रत्येक व्यक्ति को अपनी मानसिक शक्ति को विकसित करना चाहिए, जिससे कि वह सभी परिस्थितियों में ठीक प्रकार से कार्य करने में सक्षम हो सके — निद्रा मिले या न मिले, भोजन मिले या न मिले, विश्राम मिले या न मिले। नियमितता प्रशंसनीय और आवश्यक है; ईश्वर के नियमों का पालन करने के लिए हमें नियमितता की आदत को अपनाना चाहिए। परन्तु बिना किसी बुरे परिणाम के इस आदत को छोड़ न पाना गलत है।

बच्चे की सभी मूलभूत आदतें तीन से सात वर्ष की आयु में बनती हैं। उसके विकास में मार्गदर्शन के लिए अच्छा वातावरण सहायक होगा, परन्तु बच्चे की मुख्य प्रवृत्तियों को परिवर्तित करने के लिए (यदि आवश्यक हो) तो विशेष प्रशिक्षण की आवश्यकता होती है। भारत में राँची के अपने विद्यालय में, मैंने लड़कों को कड़ा शारीरिक प्रशिक्षण दिया। वे प्रायः उपवास करते थे, सदा बिना तकिया लिए फ़र्श पर कम्बल बिछा कर सोते थे। कभी-कभी वे घंटों तक ध्यान करते थे। शरीर की तानाशाही से मुक्त होने के लिए, बच्चों की कठोर अनुशासन के द्वारा सहायता करने से, उन्हें जीवन-भर का आशीर्वाद मिलता है। एक विद्यार्थी बिना पलक झपके बारह घंटे तक ध्यान में बैठा। यदि आपमें भी ऐसी स्थिरता हो तो आप भी कितने अधिक प्रसन्न होंगे! आपको कितनी अधिक शान्ति प्राप्त होगी! अधिकतम प्रशिक्षण तन, मन एवं आत्मा के वैज्ञानिक और संतुलित अनुशासन में निहित है। और यही है उपवास का मार्ग।

उपवास के पीछे आध्यात्मिक विज्ञान

उपवास के पीछे एक आध्यात्मिक गूढ़ विज्ञान है। जीसस ने हमें इस सत्य के विषय में स्मरण कराया जब उन्होंने कहा, "मनुष्य केवल रोटी से जीवित नहीं रहेगा।..." आपको धरती से दो चीज़ें बांधे रखती हैं : श्वास और "रोटी"। तथापि, निद्रा में आप श्वास या भोजन दोनों की आवश्यकता के प्रति शान्तिपूर्वक अनजान रहते हैं; आपकी आत्मा देह-चेतना से पृथक हो जाती है। ऐसे ही उपवास मन को उन्नत करता है। उपवास के द्वारा अपने मन को इसकी अपनी शक्ति पर निर्भर रहने दें। जब वह शक्ति व्यक्त हो जाती है, तब शरीर के चारों ओर की ब्रह्माण्डीय ऊर्जा मेरुशीर्ष (मेडुला) द्वारा प्रवेश करके, मस्तिष्क और मेरुदण्ड में निरंतर प्रवाहित होते हुए अनन्त ऊर्जा के साथ शरीर की जीवन-शक्ति को निरंतर बढ़ाते हुए सुदृढ़ करती है। शारीरिक पोषण

के बाह्य भौतिक स्रोतों पर निर्भरता से अलग होकर, जीवन शक्ति को लगने लगता है कि इसका पोषण अन्दर से हो रहा है, और उसे आश्चर्य होता है कि ऐसा कैसे हो रहा है। तब मन कहता है : "ठोस पदार्थ जिन पर शरीर निर्भर रहने का आदी हो गया था वे ऊर्जा के घनीभूत स्थूल रूप के अतिरिक्त और कुछ नहीं है। आप शुद्ध ऊर्जा हैं। और आप शुद्ध चेतना हैं।" तब, मन जीवन शक्ति की चेतना को जो आदेश देता है, उसी के अनुसार वह व्यक्त होगी।

मन की शक्ति से कुछ भी किया जा सकता है। अतः आपने जाना कि मन और आपके अन्दर सर्वशक्तिमान जीवन-शक्ति के प्रति यह कहना कितना अन्यायपूर्ण है, कि आप भोजन के बिना जीवित नहीं रह सकते। अपने शरीर और जीवन को कष्टों से अप्रभावित बनाएँ। स्वयं पर विजय पाएँ। लम्बे उपवास के द्वारा आप जान जाते हैं कि मन ही सब कुछ है।

जिस प्रकार स्वप्न में प्रत्येक वस्तु का बोध आपके अपने मन की रचना है, उसी प्रकार इस ब्रह्माण्ड में प्रत्येक शक्ति और वस्तु ईश्वरीय मन की रचना है। चेतन स्तर पर भी, यदि आपके मन में यह विचार उत्पन्न हो गया है कि उपवास से शरीर कमज़ोर हो जाएगा, तो यह वास्तव में कमज़ोर हो जाएगा; अथवा यदि आप उपवास रख रहे हैं और क्षण भर के लिए भी यह सोच लें कि यह आपको कमज़ोर बना रहा है, तो भी शरीर वास्तव में कमज़ोरी अनुभव करेगा। परन्तु यदि आप अपने मन को दृढ़कर लें कि शरीर बलिष्ठ है, तो यह कोई कमज़ोरी अनुभव नहीं करेगा; बल्कि, यह अत्यधिक शक्ति का अनुभव करेगा। अधिकांश लोग यह नहीं जानते, क्योंकि उन्होंने इसका कभी परीक्षण नहीं किया। मन अपने चमत्कार तब तक नहीं दिखाएगा जब तक आप इसे काम करने के लिए विवश नहीं कर देते। और जब तक आप भौतिक वस्तुओं पर अधिकाधिक निर्भर रहेंगे यह कार्य नहीं करेगा। इसलिए साधारण दृष्टि से इसके अद्भुत चमत्कार छिपे रहते हैं। परन्तु जब, उपवास के द्वारा आप मन पर निर्भर रहना सीख लेते हैं, तो यह प्रत्येक वस्तु में कार्य करेगा, चाहे रोग पर विजय पाना हो, या समृद्धि लाना हो, या जीवन के परम लक्ष्य — ईश्वर को पाना हो। "आत्म-शासित योगी — जिसका मन पूर्णतः उसके वश में है — इस प्रकार, ध्यान द्वारा अपनी आत्मा को अविरत रूप से परमात्मा के साथ एकता में लगाए हुए रख कर, मेरे अस्तित्व की परम शान्ति — सर्वोच्च-निर्वाण को प्राप्त करता है।"*

* भगवद्गीता VI:15।

आत्म-साक्षात्कार : धर्म की कसौटी

सेल्फ़-रियलाइज़ेशन फ़ेलोशिप मन्दिर, लॉस एंजिलिस, कैलिफ़ोर्निया में 22 अगस्त, 1933, और एन्सिनिटस के प्रथम सेल्फ़-रियलाइज़ेशन फ़ेलोशिप मन्दिर में 27 अगस्त, 1939 को दिए गए प्रवचनों का संकलन*

वह मन्दिर जिसे ईश्वर सर्वाधिक प्रेम करते हैं, उनके भक्तों के आन्तरिक मौन एवं शान्ति का मन्दिर है। जब भी आप यहाँ इस सुन्दर मन्दिर में प्रवेश करते हैं, तो अशान्ति और चिन्ताओं को पीछे छोड़ कर आया करें। यदि आप उन्हें नहीं छोड़ेंगे, तो ईश्वर आपके पास नहीं आ सकेंगे। पहले अपने भीतर सुन्दरता और शान्ति का मन्दिर स्थापित करें, वहाँ आप उन्हें अपनी आत्मा की वेदी पर पाएँगें।

कभी-कभी व्यक्ति यह सोच कर हतोत्साहित हो जाता है कि ईश्वर की खोज में मैंने बहुत देर कर दी है। बहुत देर कभी भी नहीं होती। भगवद्गीता सिखाती है कि यदि किसी व्यक्ति को यह ज्ञान हो जाता है कि यह संसार मिथ्या है, और केवल परमात्मा ही सत्य हैं, चाहे यह मृत्यु से पूर्व अन्तिम क्षण में ही क्यों न हो, वह व्यक्ति अपनी देह त्याग के बाद और अधिक अच्छे लोक में प्रवेश करता है।†

कभी न कभी हममें से प्रत्येक को इस पृथ्वी से उठा लिया जाएगा। अभी से ही जान लें कि जीवन का उद्देश्य क्या है। यहाँ आपके अनुभवों का महत्त्वपूर्ण उद्देश्य उनके अर्थ की खोज के लिए आपको प्रेरित करना है। मानवता की इस बारात-यात्रा को महत्त्व न दें। जैसे-जैसे समय बीत रहा है, आपको अन्ततः यह अवश्य समझना होगा कि आप परम तत्त्व के एक अंश हैं। ईश्वरानुभूति को अपना लक्ष्य बनाएँ। महावतार बाबाजी ने कहा था कि यह *धर्म*— सम्यक कर्म एवं ईश्वर

* गोल्डन लोटस टैम्पल पहले एन्सिनिटस, कैलिफ़ोर्निया में था।

† "हे अर्जुन! यह 'ब्रह्म में स्थित' पुरुष की अवस्था है। इस अवस्था को प्राप्त करने वाला कोई भी व्यक्ति (पुनः) भ्रमित नहीं होता। पारगमन काल (भौतिक से सूक्ष्म में जाना) के अन्तिम क्षण में भी, यदि व्यक्ति इस अवस्था में स्थित हो जाये, तो वह ईश्वर-एकात्मता की अन्तिम, अचल अवस्था प्राप्त कर लेता है" (भगवद्गीता II:72)।

को जानने का थोड़ा सा अभ्यास भी — आपको दारुण भय से मुक्ति दिलाएगा।* मृत्यु की सम्भावना, अथवा असफलता, अथवा अन्य कष्टदायक विपत्तियाँ, मनुष्य में अत्यधिक भय उत्पन्न कर देती हैं। जब आप अपनी सहायता करने में असमर्थ हों, जब आपका परिवार आपकी कोई सहायता न कर सकता हो, जब दूसरा कोई व्यक्ति आपको सहायता न दे सके, तब आपके मन की क्या अवस्था होती है? आप अपने लिए ऐसी स्थिति क्यों आने देते हैं? ईश्वर को खोजिए और स्वयं को उनमें स्थित कर दीजिए।

सृष्टि की प्रत्येक वस्तु आपको ईश्वर से दूर रखने के लिए एक प्रलोभन है। परन्तु वे किसी भी सांसारिक प्रलोभन से कहीं अधिक लुभावने हैं। यदि आप उनकी केवल एक झलक भी पा लें तो आप यह जान जाएँगे; और आप उन्हें आन्तरिक प्रार्थना तथा ध्यान एवं दृढ़ निश्चय द्वारा प्राप्त कर सकते हैं। ईश्वर के प्रति आपका संकल्प दृढ़ होना चाहिए; वे तब तक नहीं आएँगे जब तक आपका मन कहीं और भटक रहा है। वे तो आपके पास आना चाहते हैं परन्तु आप ही उन्हें आने नहीं देते; बल्कि आप तुच्छ इन्द्रिय सुखों को खोजते रहते हैं अथवा अपना समय पुस्तकों या मदिरापान के प्रीतिभोजों (कॉकटेल पार्टियों) में व्यतीत कर देते हैं। तब ईश्वर कहते हैं, "ठीक है मेरे बच्चे, खेल में लगे रहो।"

यदि ईश्वर किसी वस्तु के इच्छुक हैं, तो वह है हमारा प्रेम। वे प्रत्येक व्यक्ति के हृदय द्वार को खटखटाते हैं, और हमें अपने पास बुलाते हैं, परन्तु अधिकांश लोग जाना नहीं चाहते। फिर भी जब वे किसी परेशानी में पड़ जाते हैं अथवा बीमार हो जाते है, तो वे ईश्वर को तुरन्त पुकारने लगते हैं। जो सुख और समृद्धि में भी ईश्वर के साथ घनिष्ठता बनाए रखता है वह आवश्यकता पड़ने पर ईश्वर को सदा अपने निकट ही पाता है। परन्तु जो उस संबंध को बनाने में विलम्ब करता है उसे अकेले ही अपनी परीक्षाओं के साथ संघर्ष करना पड़ता है, जब तक कि वह ज्ञान द्वारा अशर्त समर्पण नहीं करता तब तक वह शाश्वत सखा को प्राप्त नहीं करता।

लोगों की इस भारी भीड़ में से केवल कुछ ही ईश्वर को गहनता से खोजते हैं। वे सब कहाँ हैं जो दो सौ वर्ष पहले कहते थे कि यह संसार उनका है? वे सब चले गए — और उनमें से शायद केवल कुछ ही लोग जीवन के सत्य को समझ पाए और

* भगवद्गीता, II:40 से भावानूदित।

ईश्वर के आत्म-साक्षात्कार-प्राप्त भक्त बन पाए। फिर भी हर अगली पीढ़ी सोचती है कि यह जीवन वास्तविक है। आप जो यहाँ थोड़े से समय के लिए हैं इस आडंबर को बहुत महत्त्व देते हैं। इसमें अत्यधिक लिप्त न हों। ईश्वर की खोज करें। वे अपने प्रेम के द्वारा हमें अपनी ओर खींचने का प्रयास कर रहे हैं। वस्तुओं की अभिवृद्धि और प्रकृति के परिशुद्ध नित्यक्रम के चमत्कार — वे इन सब चमत्कारों को हमें दिखा रहे हैं जिन्हें हमें देखने की इच्छा हो सकती है। वे पुष्पों के ठीक पीछे विद्यमान हैं। उन्हें उनमें खोजें। वैज्ञानिक ने अपनी खोज विवेकहीन प्रार्थना के द्वारा नहीं की, उसने विज्ञान के नियमों का पालन किया। यदि आप सच्ची भक्ति के साथ वैज्ञानिक आध्यात्मिक नियमों का प्रयोग करें, तो ईश्वर स्वतः ही आपके पास होंगे। अपने भक्ति के नेत्रों को खोलें क्योंकि निरन्तर उत्साह और आध्यात्मिक नियमों के पालन द्वारा आप उन्हें प्राप्त कर लेंगे।

आध्यात्मिक विकास भौतिक उन्नति के साथ अवश्य संतुलित होना चाहिए

विभिन्न राष्ट्रों ने भिन्न-भिन्न कलाओं और विज्ञानों में दक्षता प्राप्त की है; भारत ने ईश्वर-साक्षात्कार की वैज्ञानिक कला में दक्षता प्राप्त की है। मैं यहाँ आपको भारत के आध्यात्मिक विज्ञान को सिखाने आया हूँ। जब तक भौतिक विज्ञानों की उन्नति के साथ-साथ आध्यात्मिक अनुभूति के विकास के द्वारा सन्तुलन नहीं लाया जाता, व्यक्ति और राष्ट्र कष्ट और विनाश में खो जाएँगे। यदि आज के विश्व के सभी नेता आत्म-साक्षात्कार द्वारा प्रबुद्ध होते, और एक साथ मिलकर कार्य करते, तो वे कुछ ही वर्षों में पृथ्वी से युद्ध और निर्धनता समाप्त कर सकते थे। केवल आध्यात्मिक चेतना अर्थात् इस बात का बोध होना कि ईश्वर की विद्यमानता उनमें तथा अन्य प्रत्येक जीवित प्राणी में है — संसार को बचा सकती है। इसके बिना मुझे शान्ति की कोई सम्भावना नज़र नहीं आती है। स्वयं अपने से ही आरम्भ करें। व्यर्थ गवाँने के लिए अब और समय नहीं है। पृथ्वी पर ईश्वर का साम्राज्य लाने के लिए अपनी भूमिका निभाना आपका कर्त्तव्य है।

अधिकांश लोग यह सोचते हुए ईश्वर की खोज करने में संकोच करते हैं कि यदि ऐसा हुआ तो जीवन नीरस ही बन कर रह जाएगा। ऐसा नहीं है! ईश्वर समागम में मुझे जो विशुद्ध आनन्द प्राप्त होता है उसे शब्दों में व्यक्त नहीं किया जा सकता।

मैं रात और दिन आनन्द की अवस्था में रहता हूँ। वह आनन्द ही ईश्वर है। ईश्वर को जान लेने का अर्थ है अपने समस्त दुःखों की अन्त्येष्टि कर देना। वे नहीं चाहते कि आप विरक्त और चिड़चिड़े बनें। यह ईश्वर के प्रति सही धारणा नहीं है, और न ही यह उन्हें प्रसन्न करने का कोई तरीका है। स्वयं प्रसन्न हुए बिना आप उन्हें पा भी नहीं सकते। जितना अधिक आप शांत होंगे उतना ही अधिक आप उनकी उपस्थिति को अनुभव कर पाएँगे। आप जितने अधिक प्रसन्न होंगे, उनके साथ आप उतना अधिक अन्तर्सम्पर्क कर पाएँगे। जो उन्हें जानते हैं वे सदा प्रसन्न रहते हैं क्योंकि ईश्वर स्वयं आनन्द हैं।

लोग मदिरा, काम-वासना और धन में प्रसन्नता खोजने का प्रयास करते हैं, परन्तु इतिहास के पन्नों में इनके मोहभंग की कहानियाँ भरी पड़ी हैं। जो समय मैंने ध्यान में बिताया है उसने मेरे जीवन को कल्पनातीत रूप से लाभदायक बनाया है। जो आनन्द मुझे ध्यान ने दिया है वह मदिरा की हज़ारों बोतलें भी उत्पन्न नहीं कर सकतीं। उस आनन्द में ईश्वर की प्रज्ञा का सचेतन मार्गदर्शन निहित होता है। जब आप ईश्वर के साथ इस प्रकार से समस्वर हो जाते हैं, तब चाहे आप अनजाने में ग़लती ही क्यों न कर बैठें, ईश्वर का सर्वज्ञ मार्गदर्शन उसे ठीक कर देता है; यदि आप कोई गलत निर्णय ले लेते हैं तो वह उनके द्वारा ठीक कर दिया जाएगा।

अब और प्रतीक्षा न करें! जो भी यह संदेश सुन रहा है, वह जान ले कि मैं सत्य कह रहा हूँ। यह उनकी वाणी है, उनकी शक्ति है, उनकी सत्ता है। यदि मैं ईश्वर के द्वारा दी गई सभी शक्तियों का प्रदर्शन करूँ, तो लोगों की अपार भीड़ उमड़ पड़ेगी। लेकिन मुझे ऐसे शिष्य नहीं चाहिए। शक्तियाँ नहीं, बल्कि ईश्वर का प्रेम ही आपको आकृष्ट करे; क्योंकि केवल तभी आपमें परिवर्तन आएगा और उनको जानने के लिए प्रयत्न करेंगे। यही मेरा उद्देश्य है।

यदि मैं ईश्वर को नहीं जानता होता तो मैं इस प्रकार उनके विषय में उपदेश नहीं कर सकता था। उसी प्रकार, आप भी उन्हें जान सकते हैं। इसीलिए मैं आत्म-साक्षात्कार पर बल देता हूँ, जिसका अर्थ है आप अपनी चेतना में यह जान सकें कि जो कुछ मैं कह रहा हूँ वह सत्य है। आपको केवल विश्वास ही नहीं करना है, अपितु आप उन्हें *जान* सकते हैं। यदि मेरे एक हज़ार मुख होते, तो मैं आपको विश्वास दिलाने के लिए उन सभी से बोलता।

मेरी एक मात्र इच्छा आपको ईश्वर की एक झलक देना है

आप नहीं जानते कि आपने ईश्वर को न पाकर कितना खो दिया है, क्योंकि आपने उन्हें कभी जाना ही नहीं है। बस एक बार आपका उनसे सम्पर्क हो जाए, तो संसार की कोई भी शक्ति आपको उनसे दूर नहीं कर सकेगी। मेरी एकमात्र इच्छा यह है कि मैं आपको ईश्वर की एक झलक दिखला दूँ, क्योंकि उनकी प्राप्ति से बढ़ कर कोई और दूसरी उपलब्धि नहीं है। शैतान ने जीसस को सम्पूर्ण विश्व पर शासन करने के लिए ललचाया था, परन्तु उन्होंने कहा, "अरे शैतान, मुझसे दूर हट जा।"* जीसस के पास कुछ ऐसा था जो अनन्त रूप से महान् है। किसी भी सांसारिक इच्छा की पूर्ति से ईश्वर को जानना कहीं अधिक सन्तुष्टिदायक है। आपके हृदय की प्रत्येक छोटी से छोटी इच्छा की पूर्ति हो जाएगी जब आपके पास ईश्वर होंगे, जो कि आपकी सबसे बड़ी संपदा हैं। यह मेरा सच्चा प्रमाण है। उन्होंने मेरी प्रत्येक इच्छा पूरी की है। अब मैं वस्तुओं को नहीं खोजता, वे मुझे खोजती हैं। जब ईश्वर अपने आपको आपके हवाले कर देते हैं तो वे आपकी छोटी से छोटी इच्छा भी पूरी कर देंगे। उनसे माँगने की आवश्यकता नहीं है। यही वह स्थिति है जो आप चाहते हैं। परन्तु सर्वप्रथम आपको यह प्रमाणित करना होगा कि आप ईश्वर के उपहारों से अधिक स्वयं उन्हें चाहते हैं।

ईश्वर ने जो समृद्धि मुझे दी है, मैंने अपने लिए उसमें से कुछ नहीं रखा है मैं सदा स्वतंत्र रहता हूँ क्योंकि मेरा कुछ नहीं है। मैं केवल ईश्वर और आप सब के लिए कार्य कर रहा हूँ, इसी कारण जब कभी किसी वस्तु की आवश्यकता का विचार मेरे मन से गुज़रता है तो ईश्वर उसे पूरा कर देते हैं। मुझे इस बात का ध्यान रखना पड़ता है कि मैं मन में ईश्वर से क्या कह रहा हूँ, क्योंकि वह अवश्य ही प्राप्त हो जाएगा! सन्तुष्टि की इस अवस्था को कोई भी सांसारिक समृद्धि प्रदान नहीं कर सकती।

ईश्वर आपको खोज रहे हैं, आपको भी ईश्वर को अवश्य खोजना चाहिए। सेल्फ़-रियलाइज़ेशन [योगदा सत्संग] के इस मार्ग का अनुसरण कीजिए। यह आपको किसी अन्य पथ की अपेक्षा अधिक शीघ्रता से ईश्वर के पास ले जाएगा। मैंने सभी विधियों को परख कर देखा है, और मैंने इस मार्ग में विवेक के आधार पर प्रवेश किया, भावुकता के आधार पर नहीं। सेल्फ़-रियलाइज़ेशन फ़ेलोशिप [योगदा सत्संग सोसाइटी ऑफ़ इण्डिया] के महान् गुरुओं ने दर्शाया है कि उनके मार्ग का अनुसरण करके आप ईश्वर-प्राप्ति कर सकते हैं, आप आध्यात्मिक रूप से महान् पुरुषों में से एक महानतम पुरुष

* *लूका* 4:8 (बाइबिल)।

बन सकते हैं, ठीक वैसे ही जैसे एक महान् वैज्ञानिक से सीख कर आप भी एक महान् वैज्ञानिक बन सकते हैं, यदि आप इस पर पूरा ध्यान दें। कोयला सूर्य के प्रकाश को ग्रहण कर उसे परावर्तित नहीं करता परन्तु हीरा करता है। कोयले जैसी मानसिकता वाले लोग जो शंकाओं, नकारात्मकता और आध्यात्मिक आलस्य से भरे हैं, ईश्वर को प्राप्त नहीं कर सकते। परन्तु हीरे जैसी मानसिकता वाले, पूर्ण विश्वास एवं निष्ठावान और दृढ निश्चयी, लोग ईश्वरीय चेतना के ज्ञान को ग्रहण करते हैं और परावर्तित करते हैं।

धर्म के अर्थ को समझना आवश्यक है

अधिकांश लोगों के लिए धर्म एक पारिवारिक परम्परा या सामाजिक लाभ या नैतिक आदतों का विषय है। उनको धर्म के महत्व का कोई बोध नहीं है। जब मैंने एक व्यक्ति से पूछा कि वह कौन से धर्म का अनुसरण करता है, तो उसने उत्तर दिया, "विशेष रूप से कोई नहीं। मैं अपनी सुविधा के अनुसार सम्प्रदाय बदलता रहता हूँ।"

जो ईश्वर को जीवन की परम आवश्यकता के रूप में नहीं खोज रहे वे धर्म के अर्थ को नहीं समझते। सभी लोग धन के पीछे क्यों पड़े रहते हैं? क्योंकि, वे इस विचार के आश्रित हो गए हैं कि सुखी जीवन की ज़रूरतों की पूर्ति के लिए धन अतिआवश्यक है। उनको यह बताने की आवश्यकता नहीं है, बस, वे इसे जानते हैं। तब फिर अधिकतर लोग ईश्वर को जानने की आवश्यकता को क्यों नहीं समझ पाते? क्योंकि उनमें कल्पना शक्ति और विवेक की कमी होती है। जीवन के आरम्भ में मैंने देखा कि कुछ प्रश्नों के ईश्वर परक उत्तर और यहाँ तक कि धर्मशास्त्रों के उत्तर भी आत्मा को पूर्ण रूप से कदापि सन्तुष्ट नहीं कर पाते थे, जब तक कि उनकी सत्यता का बोध, ईश्वर सम्पर्क और उनकी अनुभूति द्वारा न हो जाए। उदाहरण के लिए, जब मेरी माँ का स्वर्गवास हुआ और अन्य प्रियजन मुझसे छीने जाने लगे, तो मैंने इसका आन्तरिक रूप से विद्रोह किया, परन्तु कोई भी इसका वह स्पष्टीकरण नहीं दे पाया जो मुझे सन्तुष्ट करता। मैंने निश्चय कर लिया कि मुझे स्वयं अपने प्रयास द्वारा इसका उत्तर प्राप्त करना पड़ेगा। मैंने प्रतिज्ञा की कि "मैं इसे बिना समझे स्वीकार नहीं करूँगा। मैं इसका उत्तर उनसे ही प्राप्त करके रहूँगा जो इस सृष्टि के रचयिता हैं।" मैंने जीवन के उन रहस्यों को सीधे ईश्वर से प्राप्त किया जिन्हें मैं मन्दिरों और चर्चों की शिक्षाओं से नहीं पा सका था। यदि धर्म मुझे इस बात से सन्तुष्ट नहीं कर सकता कि क्यों कुछ लोग गरीब और कुछ लोग अमीर, कुछ नेत्रहीन और कुछ स्वस्थ पैदा होते हैं, तो यह किस प्रकार मुझे ईश्वर के

न्याय में विश्वास दिलाएगा? भारत के मनीषियों ने ईश्वर से संपर्क प्राप्ति की आन्तरिक अनुभूति के द्वारा जीवन के रहस्यों का उत्तर प्राप्त किया और हमें बताया कि हम भी ऐसा किस प्रकार कर सकते हैं।

संसार में अनेक प्रकार के धर्मोत्साही हैं, और प्रत्येक धर्म में इस विविधता के अन्दर अपने अलग-अलग रूप हैं। ऐसे लोग हैं जिनका धर्म के प्रति झुकाव पूर्णतः भावनात्मक है। जब उनकी भावनाओं को ज्यादा छेड़ा जाता है तो वे धर्म के प्रति उन्मत्त हो जाते हैं। लेकिन भावनाओं के अत्यधिक प्रदर्शन में व्यक्ति ईश्वर के साथ सम्पर्क को खो देता है। भावुकता से उत्तेजित हो जाने वाले लोग धर्म में "सरगर्मी" चाहते हैं, जब आप कोई बौद्धिक स्तर पर व्याख्यान देते हैं तो वे निद्रा में चले जाते हैं। वे कहते हैं यह बहुत नीरस है। किन्तु दूसरों की भावनाओं से खेलना उनके मन के साथ केवल बाज़ीगरी करना है, यह उनको सत्य अथवा ईश्वर की अनुभूति कराने का तरीका नहीं है।

बौद्धिक धर्मानुरागी विभिन्न प्रकार के धर्मशास्त्र या दर्शनशास्त्र के विचारों को सुन कर आनन्दित होता है, यह सोच कर स्वयं को खुश करता है कि वह भावुक धर्मानुरागी से ईश्वरीय ज्ञान में अधिक ऊँचाई पर है। परन्तु बौद्धिक उत्तेजन भी, केवल एक अन्य प्रकार का "नशा" है, एक अलग प्रकार का मानसिक इन्द्रजाल है जो जिज्ञासु को वह नहीं देता जिसकी उसे वास्तव में आवश्यकता है भावनाओं की अति उत्तेजनाओं से ज्यादा और कुछ नहीं।

धर्मानुरागी जो किसी गत के साथ बिना सोचे समझे जुड़ जाते हैं, वे प्रायः तोते की तरह उसे रट लेते हैं, जिसको उन्होंने वास्तव में न तो समझा है और न ही अनुभव किया है। जब आप उनसे कोई प्रश्न पूछते हैं, तो वे आध्यात्मिक विजेता के विश्वास की भाँति धर्मशास्त्रों एवं सिद्धान्तों का उद्धरण देते हैं। उनके साथ तर्क करना व्यर्थ होता है क्योंकि वे पूर्णतः विश्वस्त होते है कि वे सब कुछ जानते हैं।

सच्चा धर्म आपकी आत्मा की माँगों को सन्तुष्ट करता है

मताग्रही धर्मावलंबी यह मानते हैं कि यदि आप किसी मार्ग विशेष में विश्वास नहीं करते तो आप अभागे हैं। विज्ञान आपको ऐसे नहीं सिखाता, यह अपने पक्ष को सिद्ध करके दिखाता है और सच्चा धर्म आपकी आत्मा की माँगों को संतुष्ट करता है, केवल शब्दों के द्वारा नहीं अपितु प्रमाण से। मैंने इतना मताग्रही बनना कदापि नहीं

चाहा कि मैं अपने विवेक और सामान्य बुद्धि का उपयोग करना बन्द कर दूँ। जब मैं अपने गुरु, स्वामी श्रीयुक्तेश्वरजी से मिला तो उन्होंने कहा, "कई शिक्षक तुम्हें विश्वास करने के लिए कहेंगे, उसके बाद वे तुम्हारे तर्क की आँखों को बन्द करके तुमसे केवल अपने तर्क का अनुसरण करने के लिए कहेंगे। किन्तु मैं चाहता हूँ कि तुम अपने तर्क की आँखों को खुला रखो, और इसके अतिरिक्त, मैं तुम्हारी एक और आँख को खोल दूँगा, ज्ञान की आँख को।"* श्रीयुक्तेश्वरजी ने मुझे ऐसी शिक्षा दी जिसकी सत्यता का मैं स्वयं बोध कर सका। इसीलिए मैंने इस मार्ग का अनुसरण किया। कोई भी मुझे इस मार्ग से विचलित नहीं कर सकता।

मताग्राहियों की दूसरी पराकाष्ठा है उदारतावादी। वह सभी का अनुसरण करता है। अपने आप को उदार मानते हुए वह कहता है, "सभी आध्यात्मिक मार्ग अच्छे हैं, इसलिए मैं किसी एक मार्ग के साथ स्वयं को बाँध कर नहीं रखूँगा।" सभी का आदर करते हुए, इधर से उधर उड़ती हुई धार्मिक तितली बनने की अपेक्षा एक ही मार्ग से जुड़े रहना उत्तम है। झूठी उदारता और अविवेकी मताग्राहिता दोनों से बचना चाहिए। सैद्धान्तिक तौर पर केवल विवेक के साथ जुड़े रहें, और आप ईश्वर को प्राप्त कर लेंगे।

ईश्वर के लिए किया गया प्रत्येक प्रयास उनकी जानकारी में रहता है। फिर भी, यदि कोई ईश्वर को पाने के लिए किसी प्रमाणित वैज्ञानिक मार्ग का अनुसरण नहीं करता, तो उसकी उन्नति की तुलना एक पुरानी बैलगाड़ी पर सवारी करने से की जा सकती है। सच्चे जिज्ञासु कुछ अनुभूति प्राप्त करेंगे, चाहे वे किसी भी मार्ग का अनुसरण करें, परन्तु केवल अंधविश्वास और यन्त्रवत प्रार्थना से ईश्वर तक पहुँचने में अनेक जन्म लग सकते हैं।

जिस धर्म को भी आप चुनते हैं, उसका अच्छी तरह से परीक्षण करें

जब तक आपको अपने मन एवं हृदय की अभिरुचि के अनुसार आध्यात्मिक पथ नहीं मिल जाता उसे खोजें और उसके बाद उस पर दृढ़ हो जाएँ। जिसका भी आप चयन करें, उसका अच्छी तरह परीक्षण करें। उसी प्रकार सेल्फ़-रियलाइज़ेशन

* अन्तर्ज्ञान का नेत्र, अथवा दिव्य ज्ञान का नेत्र; सर्वद्रष्टा आध्यात्मिक नेत्र। "भ्रमित जन उन (प्रभु) को, इस गुणों के जगत् में रहते अथवा प्रस्थान करते अथवा इसका अनभु व लेते हुए, नहीं देखते। जिनके प्रज्ञा-चक्षु खुले हैं, उन्हें देखते हैं" (भगवद्गीता XV:10)। "जब आपका नेत्र एक हो जाएगा, आपका सम्पूर्ण शरीर प्रकाश से भर जाएगा।...इसलिए यह जान लो कि जो प्रकाश आपके अन्दर है वह अंधकार नहीं है" *लूका* 11:34, 35 (बाइबिल)।

[योगदा सत्संग] की शिक्षाओं को एक अवसर दें। जौहरी नकली रत्न और एक अच्छे रत्न में अन्तर बता सकते हैं, और सच्चा आध्यात्मिक गुरु निष्ठावान और आलसी जिज्ञासुओं में अन्तर जान सकता है। कुछ लोग हैं जो सेल्फ़-रियलाइज़ेशन फ़ैलोशिप [योगदा सत्संग] के *पाठों* को ले तो लेते हैं परन्तु उनका अध्ययन अथवा अभ्यास नहीं करते। उनसे पूछिए ये शिक्षाएँ किस के बारे में हैं, और वे अस्पष्ट सा उत्तर देंगे, "अरे, ये तो बहुत कमाल की हैं।" यदि आप पूछेंगे कि उन्होंने क्या सीखा तो वे बताते जाएँगे कि यह कितनी अच्छी शिक्षाएँ हैं, "परन्तु मैंने इनका अभ्यास नहीं किया।" जो अभ्यास करते हैं वे इस पथ के आशीर्वादों को जानते हैं।

साधकों को सर्वप्रथम ईश्वर को प्राप्त करना सिखाया जाना चाहिए। किसी धर्म का अनुसरण करने में धन अथवा स्वास्थ्य के मौलिक उद्देश्यों को प्राथमिकता देने का अर्थ है रास्ते से भटक जाना। यह सत्य है कि व्यक्ति को प्रत्येक अन्य वस्तु ईश्वर से प्राप्त होती है, परन्तु जो दूसरी वस्तुओं को पहले पाना चाहता है, वह सीमितताओं के बंधन का अनुभव करेगा। एक सुयोग्य आध्यात्मिक गुरु ईश्वर को जानता है और उनसे प्रेम करता है, उसकी सर्वोच्च रुचि ईश्वर में होती है। एक गुरु ने, अपना आध्यात्मिक मार्गदर्शन स्वीकार करने के लिए मुझे प्रेरित करने का प्रयास किया और वचन भी दिया कि मेरे असंख्य शिष्य होंगे। उनके प्रस्ताव ने मुझे आकर्षित नहीं किया, क्योंकि मैं केवल ईश्वर को चाहता था। महान् गुरु सदा यह चाहते हैं कि आपकी रुचि ईश्वर को जानने में हो। वे आपको किसी अंधविश्वास के मार्ग में नहीं ले जाएँगे।

ईश्वर-सम्पर्क के बिना धर्म की प्राणशक्ति लुप्त रहती है। धार्मिक स्थल नृत्यों, चलचित्रों एवं प्रायः सामाजिक सभाओं के आयोजन करने की जगह नहीं है। ये सब लोगों को ईश्वर से विमुख कर देते हैं। व्यक्ति को सांसारिक मनोरंजन तो शहर में पर्याप्त मिल जाता है। धार्मिक स्थल में केवल एक ही उद्देश्य के लिए जाएँ, ईश्वर के साथ मिलन के लिए। ईश्वर सम्पर्क धर्म की कसौटी है। यही मेरे गुरु ने मुझे सिखाया और इसीलिए मैंने उनका अशर्त रूप से और सम्पूर्ण हृदय से अनुसरण किया। उनकी शिक्षा के फलस्वरूप ही मैं ईश्वर के साथ अपने जीवन के प्रत्येक क्षण में उस पवित्र सम्पर्क का आनन्द ले रहा हूँ। धर्म ऐसा ही होना चाहिए।

यदि मैं एक अद्भुत फल के विषय में जो मुझे मिला है, आपको बताऊँ, और एक वर्ष तक आपको चखाए बिना प्रतिदिन विस्तार से उसकी व्याख्या करूँ, तो भी आप उससे सन्तुष्ट नहीं होंगे। सत्य के विषय में सुनने से आत्मा की भूख तृप्त नहीं होती, यदि आप ईश्वर को जानने के लिए कोई प्रयास किए बिना, सत्य वचनों को सुनने से सन्तुष्ट हो जाते हैं, तो यह झूठमूठ की सन्तुष्टि है। ईश्वर के लिए आपकी भूख इतनी गहन होनी चाहिए कि आप उन्हें पूरी लगन से खोजने लगें। धार्मिक व्याख्यानों और प्रवचनों का उद्देश्य आपके अन्दर ईश्वर के प्रति उस आत्म लालसा को जगाना है जिसे कुछ भी और रोक न सके।

ईश्वरानुभूति के लिए आवश्यकता है स्व-अनुशासनात्मक प्रयास

कभी-कभार ही मैं किसी ऐसे व्यक्ति से मिलता हूँ जिसमें मैं ईश्वर के प्रति कुछ सच्ची भक्ति देखता हूँ। परन्तु ईश्वरानुभूति इससे कहीं अधिक बढ़ कर है! ईश्वर-प्राप्त भक्त कभी-कभी सम्पूर्ण विश्व को उनके प्रकाश से परिपूर्ण देखता है — यह एक अद्भुत अनुभव है। लेकिन यह आपको क्षणभर में प्राप्त नहीं हो सकता। ईश्वरानुभूति के लिए उन साधनों का दृढ़तापूर्वक अभ्यास करने की आवश्यकता है जो आत्म-साक्षात्कार तक ले जाते हैं।

सुख की इच्छा अन्य सभी इच्छाओं से प्रबलतम इच्छा है। सच्चा एवं शाश्वत आनन्द ईश्वर में ही मिलता है। जब आप उन्हें खोज लेंगे तो आप पर एक महान् आनन्द छा जाएगा, एक ऐसा आनन्द जो आपको और कहीं भी नहीं मिलेगा। श्रीयुक्तेश्वरजी ने मुझसे कहा था, "जब ध्यान में एवं ईश्वर सम्पर्क में तुम्हारा आनन्द किसी भी अन्य आनन्द की अपेक्षा अधिक हो जाता है, तो समझ लो कि तुमने ईश्वर को पा लिया है।* यदि सम्पूर्ण विश्व आपको दे दिया जाए तो आप यह नहीं जानेंगे कि इसका क्या किया जाए, आप केवल बोझ को महसूस करेंगे, प्रत्येक वस्तु के लिए केवल चिंता करेंगे। राजकुमारों और संसार के बड़े व्यक्तियों के जीवन का अध्ययन कीजिए और देखिए कि वे कितने दुःखी थे।" हम नियति के हाथों में कठपुतलियों की तरह हैं, परन्तु जो व्यक्ति संसार के प्रकाश (ईश्वर) के साथ एक है, जिसके पास कुछ नहीं और फिर भी सब कुछ

* "केवल वह योगी जिसके पास आन्तरिक परमानन्द है, जो आन्तरिक आधार पर स्थित है, जो आन्तरिक प्रकाश के साथ एक है, वह परमात्मा के साथ एक हो जाता है। वह (शरीर में रहते हुए भी) परमात्मा में पूर्ण मुक्ति प्राप्त करता है" (भगवद्गीता V:24)।

है, वह सुखी व्यक्ति है। जो ईश्वर के साथ एक है वह किसी भी वस्तु से भयभीत नहीं होता, यहाँ तक कि शरीर के विनाश से भी। जीसस ने कहा था, "इस शरीर मन्दिर को नष्ट कर दो, और तीन दिन में मैं इसे फिर से बना दूँगा।"*

धर्मस्थान भिखारी बन गए हैं। यह विडम्बना ही है कि सभी अच्छे कार्यों के विकास में धन की आवश्यकता पड़ती है, धर्मस्थान के द्वारा किए गए कार्यों के लिए भी। धन का अपना कोई मस्तिष्क नहीं है, यह अच्छी एवं बुरी, दोनों प्रकार की योजनाओं में प्रयुक्त हो सकता है। ईश्वर के कार्यो का प्रसार करने के लिए धन माँगना उचित कार्य है। इस प्रकार उपयोग किया गया धन पुण्य कार्य है। और कोई व्यक्ति जितना अधिक ईश्वर के कार्य के लिए त्याग करेगा उतना ही अधिक उसे फल मिलेगा।

सभी धर्मस्थल ईश-सम्पर्क के छत्ते होने चाहिए

प्रत्येक धर्मस्थल अच्छा कार्य करता है, और इसलिए मैं उन सभी से प्रेम करता हूँ। जब वे ईश-सम्पर्क के स्थान बन जाएँगें तो वे वास्तव में अपने उच्चतम आह्वान को पूरा करेंगे। वे छत्तों की भाँति होने चाहिए, जो ईश्वरानुभूति के मधु से भरे हों। जब तक यह सत्य धर्म में पर्याप्त रूप से व्यक्त नहीं होता, आप देखेंगे कि ऐसी हालत में धर्मस्थल धीरे-धीरे लुप्त हो जाएँगे। धर्म का भवनों के बाहर खुले एकान्त स्थानों में अभ्यास होगा, जहाँ ईश्वर उन कुछ समर्पित आत्माओं के पास आ सकें जो वास्तव में उन्हें जानना चाहते हैं। भारत में ऐसा हुआ है। उसके कुछ मन्दिर, इतने ईश-सम्पर्क के लिए ध्यान करने हेतु स्थान नहीं रहे जितने कि वे केवल लोगों एवं कबूतरों के मिलन स्थल बन गए हैं। भारत में सच्चे जिज्ञासु ईश्वर का ध्यान करने के लिए वृक्षों के नीचे एकत्रित होते हैं। सभी जगह धर्मस्थलों में ऐसा अधिक से अधिक होता जाएगा। सत्य की खोज करने वाले सच्चे जिज्ञासुओं की कट्टरपंथियों से असन्तुष्टि और व्यक्तिगत आत्मानुभूति के बिना संस्था का खोखलापन धर्म की धारणा में एक महान् विश्वव्यापी परिवर्तन को बाध्य करेगा।

प्रथम धर्मादेश के पालन हेतु वैज्ञानिक प्रविधियों की आवश्यकता

"तू प्रभु, अपने ईश्वर से, अपने सम्पूर्ण हृदय से एवं अपनी सम्पूर्ण आत्मा से एवं अपनी सम्पूर्ण शक्ति से और अपने सम्पूर्ण मन से प्रेम करेगा, और अपने पड़ोसी

* *जॉन* 2:19 (बाइबिल)।

*को अपने जैसा प्रेम करेगा।"** ये दो धर्मादेश धर्म के सम्पूर्ण उद्देश्य का सारांश हैं। यदि आप ईश्वर से सच्चाई से प्रेम करते हैं तो आप वही करेंगे जो सत्य पर आधारित है। आपका प्रेम प्रभु के विरुद्ध आपको गलती नहीं करने देगा। प्रकाश अन्दर लाएँ और अंधकार समाप्त हो जाएगा जैसे कि यह कभी था ही नहीं। हृदय में ईश्वर का प्रेम भर दें और अज्ञानता रूपी अंधकार दूर उड़ जाएगा। योग का विज्ञान प्रथम धर्मादेश के पीछे छिपे सत्य की व्याख्या करता है, और निश्चित वैज्ञानिक प्रविधियाँ प्रदान करता है, जो भक्त को पूर्ण रूप से ईश्वर के साथ प्रेम करने के लिए आवश्यक दैवी सम्पर्क करने में समर्थ करती हैं। इन धर्मादेशों के प्रत्येक भाग के पीछे एक गहन आध्यात्मिक सत्य है।

"*प्रभु को अपने सम्पूर्ण हृदय से प्रेम करें*" : आपको अपने परिवार एवं मित्रों से प्रेम करने की शक्ति ईश्वर ने ही प्रदान की है। तब आप उस शक्ति को उनसे (ईश्वर से) प्रेम करने के लिए उसी प्रकार उपयोग क्यों नहीं करते, जिस प्रकार आप धरती पर अपने प्रियजनों से प्रेम करते हैं? आप यह कह सकें, "मेरे प्रभो, मैं आपसे ऐसे प्रेम करता हूँ जैसे एक पिता पुत्र से प्रेम करता है, प्रेमी प्रेमिका से प्रेम करता है, मित्र मित्र से प्रेम करता है, और स्वामी सेवक से प्रेम करता है। मैं आपको सभी प्रकार के मानवीय प्रेमों की शक्ति से प्रेम करता हूँ क्योंकि आप ही मेरे पिता हैं, मेरी माता हैं, मेरे मित्र हैं, मेरे स्वामी हैं, और मेरे प्रियतम हैं।" जब आप वास्तव में अपने सम्पूर्ण हृदय से प्रभु से प्रेम करते हैं, तो आप उस प्रेम को दिन रात उनके लिए अनुभव करते रहेंगे।

जब मैं ईश्वर की खोज में घर छोड़ रहा था, तो मैं निष्ठाओं के अन्तर्द्वन्द्व के कारण अन्तर में बड़ा दुःखी था। मेरे पिताजी ने मेरे लिए सब कुछ किया था, और मेरा पूरा परिवार मेरी निकट विदाई पर विलाप कर रहा था, लेकिन ईश्वर के प्रति मेरा प्रेम दृढ़ था, और मैं पारिवारिक प्रेम की सीमितताओं पर विजयी होने में समर्थ हो गया।

अनेक लोग एक दिन आपसे कहते हैं, "मैं तुमसे प्रेम करता हूँ," और दूसरे ही दिन आप को ठुकरा देते हैं। यह प्रेम नहीं है। जिसका हृदय ईश्वर के प्रेम से भरा होता है वह किसी को जानबूझकर चोट नहीं पहुँचा सकता। जब आप ईश्वर से बिना किसी शर्त के प्रेम करते हैं, तो वे आपके हृदय में सबके लिए अपना अशर्त प्रेम भर देते हैं। उस प्रेम का कोई भी मानवीय जिह्वा वर्णन नहीं कर सकती।

"*...और अपनी सम्पूर्ण आत्मा से*" : आप धर्मादेश के इस भाग को पूरा नहीं कर सकते जब तक कि आप अपनी आत्मा को न जानते हों। आप इसे प्रत्येक रात्रि को

* *लूका* 10:27 (बाइबिल)।

अचेतन भाव से जानते हैं, क्योंकि गहन निद्रा में आप केवल अपने अस्तित्व के प्रति सचेत रहते हैं; आपको यह चेतना नहीं होती कि आप स्त्री हैं अथवा पुरुष। आप आत्मा हैं। आप अपनी आत्मा को, अपने वास्तविक स्वरूप को चेतन रूप से ध्यान के द्वारा जान सकते है। और जब आप स्वयं को आत्मा के रूप में जान जाते हैं तो आप अपने भीतर ईश्वर की विद्यमानता को पा लेते है। चंद्रमा का प्रतिबिंब चंचल जल में स्पष्ट रूप से दिखायी नहीं देता, परन्तु जब जल की सतह शान्त होती है तब चंद्रमा का त्रुटिरहित प्रतिबिंब दिखाई देने लगता है। मन के साथ भी ऐसा ही है : जब मन शान्त होता है तब आप स्पष्ट रूप से आत्मा रूपी चंद्रमा की प्रतिबिंबित छवि को देखते हैं। आत्मा रूप में हम ईश्वर का ही प्रतिबिम्ब हैं। जब ध्यान प्रविधियों द्वारा हम मन के सरोवर से चंचल विचारों का दूर कर देते हैं, तब हम अपनी उस आत्मा का दर्शन करते हैं जो परमात्मा का सटीक प्रतिबिंब है, और हम अनुभव करते हैं कि आत्मा और ईश्वर एक हैं।

"...और अपनी सम्पूर्ण शक्ति से" : धर्मादेश का यह पक्ष अत्यधिक वैज्ञानिक है। इसका अर्थ है अपनी सम्पूर्ण शक्ति — अपनी समस्त ऊर्जा और चेतना — को उसके स्रोत में वापस ले जाना, जो कि ईश्वर हैं। योग आपको अपनी प्राण शक्तियों को नियंत्रित करना और उन्हें देह चेतना से ईश-चेतना में रूपान्तरित करना सिखाता है।

"...और अपने सम्पूर्ण मन से" : जब आप ईश्वर से प्रार्थना करते हैं, तो आपका पूरा मन और एकाग्रता पूर्ण रूप से उन्हीं पर होने चाहिए। आपको अपने रविवार के रात्रि भोज अथवा कार्य या अन्य चिन्ताओं एवं इच्छाओं के विषय में नहीं सोचना चाहिए। ईश्वर आपके विचारों को जानते हैं। भगवान् कृष्ण ने कहा है, "जब-जब यह चंचल एवं अस्थिर मन, किसी भी कारण से, भटकता है, योगी को उसे उन विकर्षणों से हटाकर आत्मा के पूर्ण नियंत्रण में ले आना चाहिए।"* जब मैं ईश्वर से प्रार्थना करता हूँ, तो मेरा मन पूर्ण रूप से उनमें लीन रहता है। यदि आप एकाग्रता की उस शान्त गहनता को विकसित कर लें, तो आप पाएँगे कि एक समय ऐसा आता है जब आप चाहे अन्य कुछ भी कर रहे हों, दिन और रात आप का मन अन्तर में ईश्वर में लीन रहता है।

"...और अपने पड़ोसियों को अपने जैसा" : साधारण मनुष्य दूसरों से इस प्रकार प्रेम करने में असमर्थ है। "मैं, मुझे और मेरा," की चेतना में आत्म केन्द्रित रहकर उसने अभी तक ईश्वर की सर्वव्यापकता को नहीं पाया है, जो उसमें और अन्य समस्त प्राणियों में वास करता है। मेरे लिए एक व्यक्ति और दूसरे व्यक्ति में कोई अन्तर नहीं

* भगवद्गीता VI:26।

है। मैं सब को एकमात्र ईश्वर के आत्म-प्रतिबिम्ब के रूप में देखता हूँ।* मैं किसी भी व्यक्ति को अपरिचित नहीं समझ सकता, क्योंकि मैं जानता हूँ कि हम सब एक ही ब्रह्म के अंश हैं। जब आप धर्म के सच्चे अर्थ को अनुभव करते हैं, जिसका अर्थ है ईश्वर को जानना, तो आप जान जाएँगे कि वे आप की आत्मा हैं, और वे सभी प्राणियों में समान रूप से और निष्पक्ष रूप से विद्यमान हैं। तब आप दूसरों को अपनी आत्मा के रूप में प्रेम करने में समर्थ होंगे।

आत्मानुभूति दृढ़ विश्वास को अनुभव में बदल देती है

केवल सत्य ही धर्म को बाँधने वाली शक्ति होनी चाहिए। सत्य को मैं आपके पास, सेल्फ़-रियलाइज़ेशन फ़ेलोशिप [योगदा सत्संग सोसाइटी ऑफ़ इण्डिया] के द्वारा लाया हूँ। यह कार्य फैल रहा है क्योंकि इसके पीछे ईश्वर प्राप्त गुरुओं का ज्ञान एवं आशीर्वाद है। इस पूरे देश में मैंने आश्चर्यजनक शिष्य देखे हैं जो इस मार्ग से केवल एक कारण के लिए जुड़े हैं : वह है आत्म-साक्षात्कार। मेरी एकमात्र योजना लोगों को उनकी अपनी आत्म-अनुभूति के द्वारा थामे रखने की है। केवल इसी तरह से मैं उन्हें जोड़े रखने की इच्छा करता हूँ। यदि मेरी कक्षाओं में सैंकड़ों शिष्य हैं, तो ठीक है, और यदि स्थान ख़ाली हैं तो भी ठीक है। मैं कदापि किसी चीज़ की इच्छा नहीं करता। सैंकड़ों ऐसे शिष्य जिनमें सच्चाई न हो, उनकी अपेक्षा मैं कुछ सच्ची आत्माओं को चाहूँगा। इस आन्दोलन के पीछे लोगों को उनकी अपनी आत्मानुभूति प्रदान करना ही एकमात्र महान् उद्देश्य है। जब लोग यह समझ जाएँगे कि ईश्वर को जानना उनका कर्तव्य और सौभाग्य है, तब पृथ्वी पर एक नया युग आ जाएगा। धर्मशास्त्र, प्रवचन और व्याख्यान अन्ततः उस जिज्ञासु को संतुष्ट करना बन्द कर देते हैं, जो वास्तव में ईश्वर की उपस्थिति को अनुभव करने की लालसा रखता है; परन्तु जब उसे सत्य का *बोध* हो जाता है, तो वह जीवन को ठीक वैसा ही समझ लेता है जैसा होना चाहिए।

जिस सत्य के विषय में आप सुनते एवं पढ़ते हैं उसका अभ्यास करें ताकि वह एक विचार न रह कर अनुभूति से उत्पन्न एक दृढ़ विश्वास बन जाए। यदि धर्मविज्ञान की पुस्तकें पढ़ने से आपकी ईश्वर को पाने की इच्छा संतुष्ट हो जाती है, तो आपको धर्म

* यहाँ वर्णित परमहंस योगानन्दजी का अनुभव भगवद्गीता (VI:9) में बताया गया है : "वह परम योगी है, जो संरक्षकों, मित्रों, शत्रुओं, अपरिचितों, मध्यस्थों, द्वेषियों, संबंधियों, पुण्यात्माओं, और नास्तिकों को समदृष्टि से देखता है।"

डाक से भेजने के लिए इसे रेखा के साथ-साथ काटें या फाड़ें

Yogoda Satsanga Society of India

Paramahansa Yogananda Path, Ranchi 834001, Jharkhand
Website: yssi.org | Ph: (0651) 6655 555

श्री श्री परमहंस योगानन्दजी ने सन् 1917 में योगदा सत्संग सोसाइटी ऑफ़ इण्डिया की स्थापना, सम्पूर्ण भारत और पड़ोसी देशों में अपनी क्रियायोग की शिक्षाओं के प्रसार के लिए की।

- ❖ यदि आप क्रियायोग और *योगदा सत्संग पाठों* के विषय में अधिक जानकारी चाहते हैं, तो कृपया yssi.org/lessons-hindi पर जाएं। यह एक गहन गृह-अध्ययन शृंखला है जो परमहंस योगानन्दजी की योग विधियों के विषय में क्रमबद्ध चरणों में निर्देश प्रदान करती है।

- ❖ अन्य वाईएसएस प्रकाशनों की eCatalogue देखें (yssi.org/ecatalogue)

आप यही जानकारी मुद्रित रूप में प्राप्त करना चाहते हैं, तो कृपया इस पृष्ठ के पीछे अपना नाम, पता, और अन्य सम्पर्क जानकारी भरें, फिर इसे हमें डाक द्वारा लौटा दें।

Before mailing please tear/cut along this line

SRI/SMT./KUM. ____________________

ADDRESS ____________________

____

CITY __________ STATE __________ PIN __________

Email ID: ____________________ Ph. __________

☐ Please sign me up to receive the Yogoda Satsanga Society of India monthly enewsletter.

Please place this page in a stamped envelope and return it to:

Yogoda Satsanga Society of India
Paramahansa Yogananda Path
Ranchi 834001, Jharkhand
India

का उद्देश्य समझ नहीं आया है। सत्य को बौद्धिक संतुष्टि तक सीमित न रहने दें। सत्य को अनुभूति में बदलें और आप अपनी स्वयं की अनुभूति द्वारा ईश्वर को जान जाएँगे।

ईश्वर संपर्क के लिए सत्य का अभ्यास करें — ध्यान करें

जिसकी आवश्यकता है, वह आध्यात्मिक अनुभूति है। वैज्ञानिक रूप से आध्यात्मिक मार्ग का अनुसरण न करने पर व्यक्ति में विद्यमान अत्यधिक उकताहट को केवल ईश्वर के संपर्क द्वारा ही दूर किया जा सकता है। उस आध्यात्मिक अनुभूति को पाने के लिए क्या आवश्यक है? प्रतिदिन ध्यान करने की आदत। तब ईश्वर प्राप्ति सुगम है। आप उन्हें *इसी समय* ध्यान के द्वारा जान सकते हैं। तभी बिना किसी प्रश्न के, बिना किसी शंका के, बिना किसी लेशमात्र मानसिक संकोच के, आप कह सकते हैं : "मैं ईश्वर के साथ हूँ।" क्यों नहीं? वे आपके अपने हैं।

समय आ गया है कि मनुष्य स्वयं अपने लिए सत्य को जाने। जो मैं आपको दे रहा हूँ उसे आप स्वयं अनुभव कर सकते हैं। कुछ लोगों के लिए *सेल्फ़-रियलाइज़ेशन फ़ेलोशिप [योगदा सत्संग] पाठमाला* दार्शनिक अध्ययन का केवल एक अन्य, अध्ययन-क्रम हो सकता है, जिसे वे अपने पुस्तकालय में जोड़ दें; परन्तु जो उनका अभ्यास करते हैं वे उसका महत्त्व जानते हैं। हर नए आध्यत्मिक उपदेश में जो मुझे श्रीयुक्तेश्वरजी से मिला, उन्होंने कहा, "तुम इस सत्य को अवश्य जानो।" और मैंने वैसा ही किया। भारत में अपनी आध्यात्मिक खोज के आरम्भ में मैंने किसी संस्था से जुड़ने के लिए दृढ़ता से मना कर दिया था क्योंकि मैंने उनमें प्रामाणिक सत्य को नहीं पाया था। परन्तु जब मैंने अपने गुरु एवं इस मार्ग को पाया, और मैंने अपने अनुभव से जाना कि इसने इच्छित परिणाम दिए हैं, तो मैंने अपना जीवन इस कार्य के लिए समर्पित कर दिया।

एक इच्छा जो सभी इच्छाओं को तृप्त करती है

सेल्फ़-रियलाइज़ेशन फ़ेलोशिप अन्तर्राष्ट्रीय मुख्यालय,
लॉस एंजिलिस, कैलिफ़ोर्निया, 26 अक्तूबर, 1939

भगवान् की महिमा अपरम्पार है। वे वास्तविक हैं, और उन्हें इसी जीवन में प्राप्त किया जा सकता है। मनुष्यों के हृदयों में अनेक प्रार्थनाएँ हैं — धन, यश, स्वास्थ्य और तरह-तरह की वस्तुओं के लिए प्रार्थनाएँ। परन्तु, जो प्रार्थना प्रत्येक हृदय में सर्वप्रथम होनी चाहिए वह है ईश्वर के सान्निध्य के लिए प्रार्थना। शान्त एवं निश्चित रूप से जैसे-जैसे आप जीवन पथ पर अग्रसर होते हैं, आपको यह अवश्य अनुभव करना चाहिए कि केवल ईश्वर ही एक मात्र उद्देश्य, एक मात्र लक्ष्य हैं जो आपको सन्तुष्ट करेंगे, क्योंकि ईश्वर में ही हृदय की प्रत्येक इच्छा का उत्तर निहित है।

जब आपके लिए अपने प्रयत्न द्वारा, अपनी अत्यावश्यक इच्छा को पूरा करना असंभव होता है, तब आप प्रार्थना में ईश्वर की ओर मुड़ते हैं। इस प्रकार, आपके द्वारा की गई प्रत्येक प्रार्थना एक इच्छा की प्रतीक है। परन्तु जब आप ईश्वर को पा लेते हैं, तो सभी इच्छाएँ समाप्त हो जाती हैं, और तब प्रार्थना की कोई आवश्यकता नहीं रह जाती। मैं प्रार्थना नहीं करता। यह कहना कुछ विचित्र सा लग सकता है, परन्तु जब आपकी प्रार्थना का लक्ष्य सदा आपके साथ ही हो तो आपको प्रार्थना करने की कोई आवश्यकता नहीं है। ईश्वर को पाने की इच्छा अथवा प्रार्थना की पूर्ति में ही शाश्वत आनन्द निहित है।

जीवन के उद्देश्य की कुछ गलत धारणाओं के कारण भौतिक इच्छाएँ उत्पन्न होती हैं। यह पृथ्वी हमारा घर नहीं है। शास्त्र हमें बताते हैं कि हम ईश्वर की संतान हैं, उन्हीं के प्रतिबिम्ब में बने हैं, और ईश्वर की इच्छा है कि हम अपने मूल स्रोत की ओर वापस चले जाएँ। मनुष्य को जो समझ नहीं आता वह यह है कि जब तक वह अपने मूल स्रोत की ओर, ईश्वर की ओर वापस नहीं जाता, उसको अपनी अनन्त इच्छाओं को पूरा करने के लिए संघर्ष करते ही रहना पड़ेगा। इस पर चिन्तन करें। मनुष्य स्वयं को इच्छाहीन नहीं बना सकता है, और इच्छाएँ रखना कोई पाप नहीं है, किन्तु मानव

की अधिकाँश लालसाएँ ईश्वर की ओर वापस जाने की सर्वोच्च इच्छा को पूरा करने में रुकावटें डालती हैं; अतः वे मनुष्य की प्रसन्नता में बाधक हैं। जब तक मनुष्य ईश्वर को नहीं चाहता और उसे पा नहीं लेता, तब तक वह उन अन्य वस्तुओं की इच्छा करता रहेगा, जो उसके विचार में उसे प्रसन्न करेंगी। परन्तु जिसने ईश्वर को प्राप्त कर लिया है, उसकी सभी इच्छाएँ तुरन्त अपने आप पूरी हो जाती हैं।

इच्छाएँ दो प्रकार की होती हैं : एक वे जो ईश्वर की प्राप्ति में हमारी सहायता करती हैं, और दूसरी वे जो ईश्वर की प्राप्ति में बाधक हैं। उदाहरण के लिए, यदि कोई आप पर प्रहार करे, तो आप बदला लेना चाहते हैं; किन्तु यदि आप प्रेम की सर्वोच्च शक्ति के उपयोग द्वारा उस इच्छा पर विजय प्राप्त कर लेते हैं, तो आपने उस कर्म को अपनाया जो आपको ईश्वर की प्राप्ति में सहायता करेगा। सभी इच्छाओं की सन्तुष्टि दिव्य ढंग से होनी चाहिए, जब आप उन्हें सांसारिक ढंग से पूरा करने का प्रयास करते हैं, तो आप मात्र अपनी कठिनाइयों को बढ़ाते हैं। यदि आप अपनी प्रत्येक इच्छा को ईश्वर को अर्पण करना सीख जाएँ, तो वे आपकी अच्छी इच्छाओं को पूरा करने का ध्यान रखेंगे और हानिकारक इच्छाओं पर आपको विजयी बना देंगे। आपकी अन्तरात्मा और आपकी अच्छी इच्छाओं के दिव्य गुणों से बढ़कर आपकी कोई और सुरक्षा नहीं है। यदि आपका ध्यान मात्र अपनी आत्मा पर है, जो आपके अन्दर ईश्वर का पूर्ण प्रतिबिम्ब है, तो आप अपनी सभी इच्छाएँ सन्तुष्ट होती पाएँगे। उस दिव्य चेतना में, जिसके प्राप्त करने से बड़ा और कोई लाभ नहीं है, आप अविचलित रहेंगे, चाहे सारा संसार भी आपको दे दिया जाए; न तो प्रशंसा आपको प्रफुल्लित करेगी, और न ही निन्दा आपको दुःखी करेगी। आप केवल अन्तर में ईश्वर के महान् आनन्द का अनुभव करेंगे।

ईश्वर के बच्चों को भीख नहीं माँगनी चाहिए

अपनी उचित इच्छाओं को पूरा करने के लिए सदा ईश्वर का मार्गदर्शन माँगें, क्योंकि आपकी समस्त प्रार्थनाओं के उत्तर पाने के लिए यही सर्वोच्च मार्ग है। परन्तु, आपको एक बात याद रखनी चाहिए : अपनी प्रार्थना में भीख माँगना बन्द कर दें। अपनी प्रार्थना की पुरानी मनोवृत्ति को बदल दें। आपको ईश्वर से उनके बच्चे के रूप में, जो कि आप हैं, घनिष्ठतापूर्वक प्रार्थना करनी चाहिए। जब आप एक अपरिचित व्यक्ति और एक भिखारी की तरह अपने अहम्* से प्रभु से प्रार्थना करते हैं, तो वे कोई

* अहम् चेतना; नश्वर शरीर के साथ तादात्म्य, जो ईश्वर से पृथकता का भाव पैदा करता है, और इस प्रकार एक सीमितता के भाव को जन्म देता है।

आपत्ति नहीं करते, परन्तु आप पाएँगे कि आपके प्रयास उस चेतना से सीमित हैं। ईश्वर नहीं चाहते कि आप अपनी इच्छाशक्ति को त्याग दें, जो कि उनकी संतान होने के नाते आपका दिव्य जन्मसिद्ध अधिकार है।

निःसंदेह, व्यक्ति को उचित और अनुचित प्रार्थनाओं अथवा इच्छाओं के बीच अन्तर जानना चाहिए। और याद रखें, कि एक बार जब आपने विवेक से ऐसा कर लिया है तो जो भी अच्छी अथवा बुरी इच्छाएँ आप बनाए रखते हैं, वे पूरी होकर ही रहेंगी। यदि आप बुरी इच्छाओं से चिपके रहेंगे, तो वे स्वीकृत हो जाएँगी; और तब आपको पता चलेगा कि उनके कारण क्या हानि और दुःख होता है। समय बीतने के साथ आपको अनुभव होगा कि यद्यपि आपकी इच्छा तो पूर्ण हो गयी थी, परन्तु आपका हृदय अभी भी सन्तुष्ट नहीं हुआ है; आप अनुभव करेंगे कि आपके अन्तर में कुछ विद्रोह चल रहा है। उदाहरण के लिए, मान लें, आपकी पाचन क्रिया कमज़ोर है, फिर भी आप तले हुए पकवान खाना चाहते हैं। इसमें आश्चर्य नहीं है कि जब भी आप ऐसा करते हैं आप कष्ट पाते हैं। यद्यपि आप उस इच्छा को पूरा करते समय आनन्द का अनुभव करते हैं, परन्तु इसका परिणाम कष्ट है; इस प्रकार आपको पता चल जाता है कि आपने गलत कार्य किया है। विवेक द्वारा अपनी इच्छाओं में से अच्छी और बुरी इच्छाओं को अलग करना, और इस प्रकार उन गलत इच्छाओं को पूरा होने से रोकना बुद्धिमानी होगी। अपनी अन्तरात्मा से, जो आपके अन्दर एक दिव्य विवेक शक्ति है, मार्गदर्शन प्राप्त करना सीखें।

अपूर्ण इच्छाओं से होने वाला खतरा

अपूर्ण इच्छाएँ हृदय में रहती हैं। और उनको हृदय में रखने से क्या हानि होती है? यह इस प्रकार है : प्रत्येक इच्छा विशिष्ट शक्तियों से बनी होती है, अच्छी अथवा बुरी, या दोनों का मिश्रण। और जब आप मरते हैं तो, यद्यपि आपका शरीर समाप्त हो जाता है, वे शक्तियाँ समाप्त नहीं होतीं। जहाँ भी आपकी आत्मा जाती है मानसिक लघु रूप में ये शक्तियाँ उसके साथ जाती हैं, और जब आपका पुनर्जन्म होता है तब ये संचित संस्कार व्यावहारिक प्रवृत्तियों के रूप में प्रकट होते हैं। इस प्रकार, यदि किसी व्यक्ति की मृत्यु शराब की आदत के साथ होती है, तो वह अपने पुनर्जन्म में शराब की आदत को अपने साथ लाता है; और यह उसके साथ तब तक रहती है जब तक कि वह शराब की इच्छा पर विजय प्राप्त नहीं कर लेता।

एक नन्हें शिशु का व्यवहार भी उसके पिछले जन्मों के कुछ गुणों को व्यक्त करता है। कुछ बच्चे अत्यधिक चिड़चिड़े स्वभाव के होते हैं, कुछ मनमौजी होते हैं।

ईश्वर ने उन्हें ऐसा नहीं बनाया। पिछले जन्मों की अपूर्ण इच्छाओं ने उन मनोवैज्ञानिक प्रवृत्तियों की रूपरेखा तैयार की है, और उन्हीं के कारण, आत्मा, ईश्वर का प्रतिबिम्ब होते हुए भी, भिन्न रूप में दिखाई देती है। यदि इस जीवन में क्रोध अथवा भय के कारण आपके अन्तर में ईश्वर का प्रतिबिम्ब विकृत हो जाता है और आप इन अवगुणों पर अभी विजय प्राप्त नहीं कर लेते, तो आपको उनके साथ फिर से जन्म होगा, और आपको इन दुःख देने वाली प्रवृत्तियों का बोझ तब तक सहन करना पड़ेगा जब तक कि आप किसी भावी जन्म में इन पर विजय नहीं पा लेते।

इसलिए यह अच्छा होगा कि आप अपनी सभी इच्छाओं को अभी पूरा कर लें अथवा उन पर विजय प्राप्त कर लें। ईश्वर सम्पर्क के सर्वोच्च आनन्द में, ये इच्छाएँ सदा के लिए और तुरन्त समाप्त हो जाएँगी; परन्तु जब तक आप प्रभु को जान नहीं लेते, तब तक आपकी अपराजित इच्छाएँ आपका पीछा करती रहेंगी।

इच्छाओं को समाप्त करने के दो तरीके हैं — पहला, तर्क, ज्ञान अथवा विवेक के द्वारा यह अनुभूति होना कि केवल ईश्वर ही स्थायी विशुद्ध आनन्द प्रदान कर सकते हैं; और दूसरा, उनकी पूर्ति के द्वारा। अनेक स्थितियों में इच्छाएँ अवचेतन में छुपी रहती हैं। आप सोचते हैं कि वे समाप्त हो गई हैं, परन्तु वे समाप्त नहीं हुई हैं। जीवन वास्तव में एक बहुत बड़ा रहस्य है। परन्तु जब आप विवेक रूपी छुरी से जीवन का विच्छेदन करते हैं, तो रहस्य स्पष्ट हो जाता है। यदि आप प्रतिदिन कुछ क्षणों के लिए शान्ति से बैठें और अपना विश्लेषण करें, तो आप पाएँगे कि आपकी अनेक असन्तुष्ट इच्छाएँ बाकी हैं। वे खतरनाक रोगाणुओं की भाँति हैं जिन्हें आप जीवन भर अपने साथ लिए रहते हैं, और जहाँ कहीं भी आप जाते हैं, इस जीवन में अथवा अगले जीवन में, वे आपके साथ जाएँगी।

सबसे अच्छा मार्ग यह है कि विवेक द्वारा इस जीवन में समस्त हानिकारक इच्छाओं से छुटकारा पा लें, और अपनी अच्छी इच्छाओं को पूरा करने पर एकाग्र हों। यदि आप आत्महत्या करने अथवा कुछ बुरा करने के भाव की ओर खिंचते हैं, तो ऐसी इच्छाओं से तुरन्त पीछा छुड़ाएँ तर्क से और शुभ कार्यों से स्वयं को यह विश्वास दिलाएँ कि आप ईश्वर के प्रतिबिम्ब में बनी उनकी संतान हैं, और अपनी मनोवृत्तियों एवं शारीरिक आदतों से ऊपर उठें। थोड़े से और अधिक अनासक्त हो जाएँ। इस प्रकार आप विजयी हो जाएँगे। यदि आप किसी पुरानी बीमारी से पीड़ित हैं, तो मानसिक रूप से अपने को शरीर की चेतना से पृथक करने का प्रयास करें विवेक द्वारा आप इन्द्रियों पर विजय पा सकते हैं। विवेक वह अग्नि है जो इच्छा को जला देती है।

किसी व्यक्ति का अपना सभी अवांछित अनावश्यक "कबाड़" अटारी में जमा करना, और कभी-कभी घर की ठीक से सफाई करना एक सामान्य व्यवहार है। उसी प्रकार, आपकी अवचेतन मन की अटारी में संभवतः अनेक हानिकारक इच्छाएँ छुपी हुई हैं, जो किसी दिन आपको बहुत कष्ट दे सकती हैं। इसलिए, अपना विश्लेषण करना बहुत महत्त्वपूर्ण है। शायद आप टद्वेषी या सनकी अथवा क्रोधी प्रकार के व्यक्ति हैं। यदि ऐसा है, तो ये संचित लक्षण आपके अपने गत व्यवहारों का परिणाम हैं। अपनी मानसिक अटारी से ऐसे अनचाहे सामान की सफाई करने के लिए आपको दृढ़ता से रचनात्मक, सकारात्मक एवं प्रिय कार्यों को करना चाहिए।

अपने शत्रुओं से प्रेम करें

मान लें चाहे आपके किसी पुराने शत्रु की मृत्यु भी हो जाती है, परन्तु आप फिर भी उसके प्रति घृणा का अनुभव करते रहते हैं। कुछ समय पश्चात् वह कड़वाहट आपके अपने शरीर एवं मन में बुरा प्रभाव उत्पन्न कर देगी। इसलिए यह अच्छा है कि आप अपने शत्रु में ईश्वर को देखने का प्रयत्न करें, क्योंकि ऐसा करने से आप अपने को उन बुरी बदला लेने वाली इच्छाओं से मुक्त कर लेते हैं, जो आपके मन की शान्ति को भंग करती है। घृणा पर घृणा बढ़ाते रहने से अथवा घृणा का उत्तर घृणा द्वारा देने से, आप न केवल अपने लिए अपने शत्रु की शत्रुता बढ़ाते हैं, बल्कि आप अपने शरीर की प्रणाली को, शारीरिक और साथ ही साथ भावनात्मक रूप से, अपने ही विष से विषैला बना लेते हैं।

अन्तश्चेतना आपको बताएगी आप क्या हैं

कभी-कभी व्यक्ति की इच्छा होती है कि "इसे सहज रूप से लिया जाए।" यह गलत नहीं है, कभी-कभी प्रत्येक वस्तु से दूर हो जाना व्यक्ति को जीवन के लक्ष्य के विषय में सोचने का अवसर देता है। अधिकाँश लोग रीति-रिवाज और फ़ैशन के बहाव में बहते रहते हैं। उन्होंने कभी भी, वास्तव में, अपना जीवन नहीं जिया है, उन्होंने सांसारिक जीवन जिया हुआ होता है, और इसने उन्हें कहाँ पहुँचा दिया है? इसलिए यह बुद्धिमानी है कि आप कभी-कभी अपनी दिनचर्या से दूर चले जाएँ; अपने मन को शान्त करें और यह समझने का प्रयत्न करें कि आप किस प्रकार के व्यक्ति हैं, और आप किस प्रकार के व्यक्ति बनना चाहते हैं। और याद रखें, कि सबसे सच्चा प्रमाण जो आप पा सकते हैं, वह है आपकी अपनी अन्तरात्मा का प्रमाण, आपकी आत्मा की विवेकशील आवाज़। जो कुछ भी आपकी अन्तरात्मा कहती है आप वही हैं। जीसस की अन्तरात्मा की शक्ति के बारे में सोचें। उनके आरोपियों ने उन पर थूका और उन्हें

सलीब पर चढ़ा दिया और फिर भी उन्होंने कहा, "हे परमपिता, उन्हें क्षमा कर दें।" इस प्रकार का विवेक ही केवल वह शक्ति है जो आपके मार्ग में प्रकाश लाएगा। जब कभी आपके मन में प्रभु से कुछ माँगने की तीव्र इच्छा हो, तो विवेक का उपयोग करें। स्वयं से पूछें, "क्या यह अच्छी इच्छा है अथवा बुरी जिसे मैं पूरा करना चाहता हूँ?"

मनुष्य की खोयी हुई निधि ईश्वर हैं

अनेक प्रभाव ऐसे होते हैं जो आपमें इच्छाएँ पैदा करते हैं। जब आप कोई नए नमूने की कार देखते हैं, तो आप उसे पाना चाहते हैं। जब आप कोई नए नमूने का मकान देखते हैं तो आप उसे पाना चाहते हैं। कोई नए फैशन का पहनावा आता है और आप उसे तुरन्त पहनने की लालसा करते हैं। ये इच्छाएँ कहाँ से आती हैं? मैं घण्टों बैठकर इस पर विचार करता था। क्या आप अपनी सभी इच्छाओं का वर्गीकरण कर सकते हैं? मैंने अपनी इच्छाओं को छाँटा और केवल अच्छी इच्छाओं को ही रखा, और जब मेरा ईश्वर के साथ सम्पर्क हुआ तो मैंने पाया कि मेरी सारी अच्छी इच्छाएँ तुरन्त पूरी हो गई। आज आप एक वस्तु की इच्छा करते हैं और कल किसी दूसरी इच्छा के लिए लालायित होते हैं। सर्वशक्तिमान प्रभु से उत्पन्न होने के नाते, आपका मन इस संसार की किसी भी वस्तु से सन्तुष्ट नहीं होता है; और यह कदापि सन्तुष्ट नहीं होगा, क्योंकि आप अपनी आत्मा की सबसे मूल्यवान निधि को खो बैठें हैं, केवल एकमात्र वह ही आपकी समस्त इच्छाओं को सन्तुष्ट कर सकती है, और वह है ईश्वर।

यह सत्य है कि कुछ इच्छाएँ अच्छी और आवश्यक होती हैं, और आपको उन्हें पूरा करने का प्रयास करना चाहिए। परन्तु यह कभी मत भूलना, कि अपनी छोटी इच्छाओं को पूरा करने के साथ-साथ आपको सर्वप्रथम ईश्वर प्राप्ति की अपनी सर्वोच्च इच्छा को सन्तुष्ट करना है। मनुष्य का सबसे बड़ा भ्रम यह विश्वास है कि पहले उसे छोटी-छोटी इच्छाओं और कर्त्तव्यों को पूरा करना आवश्यक है। मुझे अच्छी तरह याद है कि मेरे गुरुदेव स्वामी श्रीयुक्तेश्वरजी के आश्रम में एक युवा शिष्य के रूप में अपने प्रशिक्षण के दौरान, मैं स्वयं को प्रतिदिन यह वचन देता था, "मैं कल अधिक लम्बे समय तक ध्यान करूँगा" पूरा एक साल बीत गया था जब मुझे अनुभव हुआ कि मैं अभी तक भी इसे टाल रहा था। मैंने तत्क्षण प्रण किया कि प्रातः सबसे पहले मैं स्नान करूँगा तत्पश्चात तब लम्बी अवधि तक ध्यान करूँगा। परन्तु फिर भी जैसे ही मैं ध्यान के लिए तैयार हुआ मैं अपने दैनिक कार्यों और कर्त्तव्यों में फंस गया। उसके बाद सबसे पहले मैंने अपने ध्यान करने का प्रण किया। इस प्रकार मैंने एक बहुत बड़ी

शिक्षा ली: सर्वप्रथम मेरा कर्त्तव्य ईश्वर के लिए है, और तब मैं बाकी छोटे कर्त्तव्यों को करूँगा। क्यों नहीं? प्रभु कहते हैं, "मैं अनन्त के द्वार आपके लिए क्यों खोलूँ जब आप दूसरे कर्त्तव्यों को मुझसे अधिक प्राथमिकता देते हैं?" यदि आप भगवत्प्राप्ति के लिए पर्याप्त प्रयास नहीं कर रहे हैं तो फिर आपके होने का क्या लाभ है? आपके पास भगवान् अथवा इन्सान को देने के लिए कुछ नहीं है।

इसलिए सर्वप्रथम प्रभु की खोज करें। अपने सांसारिक कर्त्तव्यों को अधिक महत्त्व देना ग़लत तर्क है, क्योंकि किसी भी क्षण देवदूत आपको बुला सकते हैं — किसी भी क्षण आपको यहाँ से जाना पड़ सकता है। तब जीवन को इतना अधिक महत्त्व क्यों देते हैं? क्योंकि जीवन बहुत विचित्र है। आप सोचते हैं कि आप पूर्णतः सुरक्षित हैं। अचानक किसी प्रियजन की मृत्यु हो जाती है, या आपका स्वास्थ्य ढीला पड़ जाता है और सारी सुरक्षा नष्ट हो जाती है। मैं अपनी माँ से कितना अधिक प्रेम करता था और सोचता था कि वह सदा मेरे साथ रहेंगी और अचानक मैंने पाया कि वे स्वर्ग सिधार गई हैं!* मृत्यु से डरें नहीं, बल्कि उसके लिए तैयार रहें।

जीवन ऐसा नहीं है जैसा यह प्रतीत होता है। इस पर विश्वास न करें, क्योंकि यह बहुत चालबाज़ है, और निराशाओं से भरा हुआ है। पूर्णता इस संसार में पाने के लिए है ही नहीं। मैं आपको जीवन की कोई झूठी झाँकी नहीं दिखा रहा हूँ। यह ईश्वर का साम्राज्य नहीं है, यह तो ईश्वर की प्रयोगशाला है, जहाँ वे यह देखने के लिए आत्माओं का परीक्षण करते हैं कि क्या वे अच्छी इच्छाओं द्वारा बुरी इच्छाओं पर विजय पाएँगे, और प्रभु के लिए ही अपनी सर्वोच्च इच्छा को रखेंगे जिससे कि वे उनके साम्राज्य में अपने घर वापस आ सकें।

जीवन को नहीं, अपितु भगवान् को गम्भीरता से लें

जीवन सुखद और दुःखद घटनाओं से भरा है, अनन्त विविधताओं का एक चित्रण कोई भी दो वस्तुएँ एक जैसी नहीं हैं। प्रत्येक व्यक्ति का जीवन व्यक्तिगत है। प्रत्येक व्यक्ति का चेहरा अलग प्रकार का है, और भिन्न प्रकार की इच्छाएँ और मन हैं। यदि हमें प्रतिदिन ठीक एक जैसे अनुभव होते तो हम उकता जाते, हम शीघ्र ही अपने जीवन से थक जाते। यदि स्वर्ग भी प्रतिदिन एक जैसा हो, तो हमें नहीं चाहिए। हम विविधताओं में आनन्द लेते हैं। स्वर्ग की रूढ़िबद्ध धारणा एकदम गलत है।

* परमहंस योगानन्द के ग्यारह वर्ष का होने से पूर्व ही उनकी माँ की मृत्यु हो गई थी। *(प्रकाशक की टिप्पणी)*

यदि यह उबाने वाला होता, तो सारे सन्त कुछ परिवर्तन के लिए पृथ्वी पर वापस आने की प्रार्थना करते! स्वर्ग अनन्त रूप से भिन्न है, सुखद रूप से नित्य नवीन है, जबकि पृथ्वी प्रायः नए-नए दुःखों का घर है!

फिर भी, चाहे जीवन कितना भी दुःखदायी हो, अधिकाँश लोग इसके अभ्यस्त हो जाते हैं और मान लेते हैं कि जीने का कोई और रास्ता नहीं है। इस जीवन की आध्यात्मिक जीवन से तुलना न कर पाने के कारण, वे अनुभव नहीं कर पाते कि सांसारिक जीवन कितना दुःखदाई और उबाऊ है।

वास्तव में, जीवन सत्य नहीं है, यह केवल एक मनोरंजन है। जिस प्रकार, एक पुराने चलचित्र को बार-बार दिखाया जाता है, ठीक उसी प्रकार मूल रूप से वही पुरानी घटनाएँ जीवन में बार-बार घटती हैं। और यद्यपि जीवन अनन्तकाल तक चलता रहेगा, जो पुराने चलचित्रों में प्रसंग दिखाए गए थे वही बार-बार दोहराए जाएँगे। यह सत्य है कि इतिहास अपने को दोहराता है। हम सब संग्रहालय की कलाकृतियाँ हैं।

जीवन में जो कुछ भी आए, उसे केवल तटस्थ होकर, आनन्द के साथ स्वीकार करें, जैसे कि आप एक चलचित्र को देखते हैं। यदि हम जीवन को अधिक गम्भीरता से न लें तो यह मनोरंजक है। खुलकर हँसना मानव की बीमारियों का उत्तम उपचार है। अमेरिका के लोगों का सबसे अच्छा गुण उनमें हँसने की योग्यता है। जीवन पर हँस सकने में समर्थ होना अद्भुत है। यह मेरे गुरु [स्वामी श्रीयुक्तेश्वरजी] ने मुझे सिखाया। उनके आश्रम में, मेरे आरम्भ के प्रशिक्षण के दिनों में, मैं बिना मुस्कराए, गम्भीर मुद्रा में रहता था। एक दिन गुरुदेव ने इसे लक्ष्य करते हुए पूछा, "यह क्या है? क्या तुम किसी शोक सभा में आए हो? क्या तुम नहीं जानते कि ईश्वर को खोजने का अर्थ है सब दुःखों का दाह संस्कार? तब इतने उदास क्यों हो? इस जीवन को इतनी गम्भीरता से मत लो" उन्होंने मुझे सिखाया कि व्यक्ति को ईश्वर में पूर्ण आनन्द पाने के लिए मानसिक रूप से प्रत्येक सांसारिक अनुभव की प्रत्येक यंत्रणा से ऊपर उठना चाहिए।

भगवान् कृष्ण ने शिक्षा दी है : "सुख और दुःख, लाभ और हानि, जय और पराजय को एक समान समझते हुए (समचित्त रहकर) युद्ध का सामना करो! इस प्रकार तुम पाप के भागी नहीं बनोगे।"* भ्रामक इच्छाओं पर विजय पाने का सर्वोत्तम उपाय है, किसी भी परिस्थिति में समभाव में रहना। यह मैंने अपने महान् गुरु के उदाहरण से सीखा — जो जीवन के अन्त तक निर्विकार थे। जीसस क्राइस्ट ने भी उस भाव को

* भगवद्गीता II:38।

प्रदर्शित किया। जीसस पर अत्याचार किए जाने पर भी, उनसे ईश्वर के प्रेम को छीना नहीं जा सका, उन्होंने अपनी ईश चेतना को नहीं खोया। हमारे आनन्द और शान्ति की सुरक्षा के लिए ईश्वर महानतम सुरक्षा दुर्ग हैं। जीवन के सभी कष्टों और परीक्षाओं में, ईश्वर के द्वारा दी गई अच्छी वस्तुओं को याद रखें। आपकी आत्मा ईश्वर का दिव्य मन्दिर है। घातक अज्ञान और सीमाओं के अंधकार को उस मन्दिर से बाहर निकालना आवश्यक है। आत्मा की चेतना में रहना अद्भुत है : सुरक्षित एवं सुदृढ़।

किसी से भी भयभीत न हों। किसी से घृणा न करें, सभी से प्रेम करें, ईश्वर के प्रेम का अनुभव करें, प्रत्येक में ईश्वर की विद्यमानता को देखें, और केवल एक इच्छा रखें — अपनी चेतना के मन्दिर में निरन्तर उनकी विद्यमानता हो — इस संसार में जीने का यही एक तरीका है। जो अन्य इच्छाएँ रखते हैं, वे सच्ची तृप्ति को नहीं जानेंगे।

परिवेश हमारी इच्छाओं को रूप देता है

इच्छाएँ व्यक्ति के परिवेश के अनुसार रूप धारण करती हैं, वे आपके इन्द्रिय बोध द्वारा उत्पन्न होती हैं, और इन्द्रियों के द्वारा ही सीमित होती हैं। एक ग्रामीण मेला देखना थोड़े से मनोरंजन की इच्छा को सन्तुष्ट करता है, परन्तु एक विश्व मेले में जाने और सभी विभिन्न प्रदर्शित वस्तुओं को देखने के पश्चात् एक छोटे मेले में कोई आकर्षण नहीं रह जाता। इससे स्पष्ट होता है कि तुच्छ सांसारिक सुखों के साथ तुलना करने के लिए अभी से ही ईश्वर से सम्पर्क करने का महत्त्व है, तब आपकी इच्छाएँ अति उच्च और अधिक उन्नत प्रकृति की होंगी। ईश्वर के साथ एक होने की इच्छा सभी इच्छाओं में महानतम है। जब आपकी कोई छोटी इच्छा पूरी हो जाती है, आप शीघ्र दूसरी इच्छा को चुन लेते हैं, परन्तु जब ईश्वर प्राप्ति हो जाती है, तो अन्य सभी इच्छाएँ पूर्णरूप से तृप्त हो जाती हैं। "सर्वप्रथम ईश्वर के साम्राज्य और उसके धर्म की खोज करो, तब अन्य सभी वस्तुएँ तुम्हें मिल जाएँगी।"* तो क्यों न सर्वप्रथम इसी उच्चतम इच्छा को पूरा किया जाए? क्योंकि जब उन्हें जानने की आपकी प्रार्थना का वे उत्तर देते हैं, तो अन्य सभी इच्छाएँ अनन्त तक तुरन्त पूर्ण हो जाएँगी।

संभवतः आप अनुभव करते हैं कि आपकी कोई भी इच्छा नहीं है। फिर भी मैंने प्रायः देखा है कि जब लोग खरीदारी करने जाते हैं तो क्या होता है। हो सकता है कुछ खरीदने की उनकी कोई विशेष इच्छा न हो, परन्तु अचानक कोई वस्तु उनकी आँखों को आकर्षित करती है और वे सोचते हैं, "मुझे यह अवश्य खरीद लेनी चाहिए!" और

* *मत्ती* 6:33 (बाइबिल)।

दिन-रात वह वस्तु उनके मन में रहती है और अन्ततः वे उसे खरीद लेते हैं, चाहे इसके लिए उन्हें कहीं से धन उधार ही लेना पड़े। और फिर कुछ समय तक उस वस्तु को रखने के पश्चात्, उस वस्तु के प्रति उनकी रुचि फ़ीकी पड़ जाती है, और वे किसी अन्य वस्तु की इच्छा करने लग जाते हैं। हम ऐसे लोगों से मिलते हैं जो कहते हैं, "काश, मुझे एक लाख रुपये मिल जाएँ (अथवा एक कार या स्विमिंग पूल)" और जब उनकी वह इच्छा पूरी हो जाती है, तो वे किसी अन्य वस्तु की इच्छा से तड़पने लग जाते हैं। मानवीय इच्छाएँ परिपूर्ण नहीं है, इसलिए उनकी पूर्ति पूर्ण आनन्द की ओर नहीं ले जाती।

सांसारिक परिवेश आपको यह याद रखने से रोकता है कि एकमात्र उपयोगी इच्छा ईश्वर को प्राप्त करना है। परन्तु प्रतिदिन तुम्हें स्वयं को इसका स्मरण कराते रहना चाहिए। और जब आप यह निश्चय कर लें कि मैं धूम्रपान नहीं करूँगा, या मूर्खतापूर्ण नहीं खाऊँगा, झूठ नहीं बोलूँगा, अथवा किसी को धोखा नहीं दूँगा, तो इन अच्छी आदतों में दृढ़ रहें, कमज़ोर न पड़ें। गलत परिवेश आपकी इच्छा शक्ति को दुर्बल बना देता है और गलत इच्छाओं को आमन्त्रित करता है। चोरों के साथ रहने पर आप सोचने लगेंगे कि केवल यही जीवन है। परन्तु दिव्य जनों के साथ रहने से और ईश सम्पर्क हो जाने के पश्चात् कोई भी अन्य इच्छाएँ आपको प्रलोभित नहीं कर सकतीं। वे सब फीकी पड़ जाती हैं। इसलिए गहन ध्यान के कुछ क्षण अथवा किसी सन्त की संगति, आपको इस माया सागर के पार, ईश्वर के तट तक ले जाने के लिए प्रेरणा का एक बेड़ा होगी।

ईश्वर के सान्निध्य रूपी किले में सुरक्षित रहें

ईश्वर का निरन्तर चिन्तन करते रहने में ही आनन्द है। ईश्वर के लिए ललक सदा बनी रहनी चाहिए। एक समय आता है जब आपका मन कभी नहीं भटकता, जब शरीर, मन और आत्मा की भारी से भारी वेदना भी ईश्वर की जीवन्त उपस्थिति को आपकी चेतना से दूर नहीं कर सकती। क्या यह अद्भुत नहीं है? हर समय ईश्वर में जीना उनके विषय में सोचना और उनकी विद्यमानता के दुर्ग में रहना? उसके सान्निध्य रूपी किले में रहना जहाँ से न तो मृत्यु, न कोई अन्य वस्तु आपको बाहर ले जा सकती है? "अपने मन को मुझमें स्थित करो, मेरे भक्त बनो, निरन्तर आराधना करते हुए श्रद्धा के साथ मुझे नमन करो। इस प्रकार अपने सर्वोच्च लक्ष्य के रूप में स्वयं को मुझसे संयुक्त करके तू मुझको ही प्राप्त होगा।"* जब आप सभी इच्छाओं के विपरीत अडिग रहें, तो आप शाश्वत परमात्मा की विद्यमानता का आनन्द ले रहे हैं।

* भगवद्गीता IX:34।

यह जीवन विचित्र है। प्रत्येक वस्तु परिवर्तनशील है। इसलिए किसी को अपनी प्रसन्नता को इस जीवन पर आश्रित नहीं होने देना चाहिए। हमारा समय बीतता जाएगा, आप जो अभी देख रहे हैं एक दिन वह नहीं रहेगा। परिवर्तन अच्छा है, यदि आप इससे दुःखी नहीं होते हैं। जब यह आपको चोट पहुँचाता है, तो जो आपको विद्रोह का अनुभव होता है वह आपको यह दिखाने के लिए है कि आपको कोई इच्छाएँ रखनी ही नहीं चाहिए। जब आप परमात्मा का आश्रय लेते हैं, तो आप आसक्ति के बिना प्रत्येक वस्तु का आनन्द ले रहे होते हैं। इसलिए ईश्वर को जानने के लिए प्रयास करना लाभप्रद ही है। अन्यथा जीवन आपको भयानक रूप से भ्रमित कर सकता है।

जब मैं सन् 1935 में भारत वापस गया था, मैं उन स्थानों को देखने के लिए उत्सुक था जिनका बचपन में मैंने आनन्द लिया था, परन्तु वहाँ पहुँचने पर मैंने देखा कि सब कुछ बदल गया था। दृश्य बदल गया था। सबसे अधिक आश्चर्य मुझे तब हुआ जब मैं इच्छापुर का अपना पुराना घर देखने गया, जहाँ मैं खेला करता था और पक्षियों को निहारता था। मुझे बहुत धक्का लगा, केवल एक ही वृक्ष बचा था जो मुझे याद था। जीवन ऐसा ही है; एक के बाद एक, जिनसे हम परिचित हैं और जो हमारे प्रिय हैं हमारी दृष्टि से ओझल हो जाते हैं। हमारा घर जैसा मेरे बचपन में था उसे वैसा देखने के लिए मैं कुछ भी दे सकता था। फिर भी बाद में मैंने इसे एक मानसदर्शन में देख ही लिया : हम तालाब में तैरे, मैं सीढ़ियों से मकान में ऊपर गया और बिस्तर पर लेटा और आम खाए, जैसा कि मैंने अनेक वर्ष पूर्व किया था।

अब अपनी इच्छाओं का सावधानी पूर्वक परीक्षण करें। उनमें से छाँट करके केवल अच्छी इच्छाओं को अपनाएँ; परन्तु उन सभी अच्छी इच्छाओं से सबसे महत्त्वपूर्ण इच्छा, ईश्वर की प्राप्ति, पर रोक न लगने दें। इसे किसी भी दशा में दबाएँ नहीं। जब आप ईश्वर से अपनी सांसारिक इच्छाओं की पूर्ति के लिए माँग करते हैं और उनसे, स्वयं उन्हें ही उपहार के रूप में कभी नहीं माँगते तो आप बहुत बड़े मायाजाल में होते हैं। आपका उस पुत्र के बारे में क्या विचार होगा जो अपनी माँ से जब भी उसे किसी वस्तु की इच्छा होती है, कहता है, "माँ, मुझे कुछ रुपये दे दो"; नहीं तो वह माँ के बारे में कभी सोचता भी नहीं? ऐसे मत बनें, कभी भी कृतघ्न न हों।

जब यह जीवन रूपी पुस्तक बन्द हो जाएगी, तब केवल ईश्वर से संबंधित पूरित इच्छाओं की अनुभूति आपके साथ रह जाएगी। इसलिए पुस्तक *विहिस्पर्स फ्रोम इटर्निटी* (Whispers from Eternity)* को पढ़ें और हर रात को सोने से पहले

* *Whispers from Eternity*, परमहंस योगानन्दजी की आध्यात्मीकृत प्रार्थनाओं की एक पुस्तक।

ध्यान करें। जागने पर ईश्वर का चिन्तन करें। केवल भोजन से पहले ही प्रार्थना न करें, बल्कि भोजन करते समय और भोजन के पश्चात् भी करें। जब आप कार्य कर रहें हों, तो उस कार्य के चारों ओर ईश्वर के चिन्तन रूपी ताने बाने बुनें। जब आप ईश्वर के सम्पर्क में होते हैं, तो आप देखेंगे कि आपकी सभी इच्छाएँ रहस्यमय ढंग से पूर्ण हो गई हैं। लेकिन आपको सबसे पहले ईश्वर को खोजना होगा। उन्होंने आपको सब कुछ दिया है; परन्तु जब आप केवल उनके सभी उपहारों की अपेक्षा, केवल उन्हें ही अधिक पसन्द करते हैं, तो वे अपना समर्पण कर देंगे। जब आप ईश्वर को यह दिखा देंगे कि आप उन्हें जानने के लिए प्रत्येक वस्तु त्यागने के लिए तैयार हैं, तो वे आपके पास आ जाएँगे।

अपने अन्तर में सुवाह्य (Portable) स्वर्ग साथ रखें

कठिनतम बाधा जिस पर विजय प्राप्त करनी है वह आप स्वयं हैं। जब आप रात्रि में ध्यान के लिए बैठते हैं, आपकी उत्तेजनाएँ और चंचलता तब भी आपके साथ होती हैं। अपने तन और मन पर नियंत्रण करना सीखें। स्वयं अपने राजा बनें। अपने अन्तर में एक चलता-फिरता स्वर्ग लेकर चलें, और जीवन अथवा मृत्यु में, स्वर्ग में अथवा नर्क में वह आन्तरिक स्वर्ग आपके साथ रहेगा। गहनता से, सच्चाई से प्रार्थना करें, "हे प्रभो, मैं आपको जानने के लिए लालायित हूँ। आप मुझे अवश्य उत्तर दें!" और अगले दिन प्रातः फिर प्रार्थना करें, "प्रभो, आप मुझे अवश्य दर्शन दें!" अपने हृदय की भाषा में अगली रात्रि को भी उसी प्रकार प्रार्थना करें, यदि आप प्रार्थना करते रहेंगे, तो वे अवश्य उत्तर देंगे। लेकिन जब आप अधूरे मन से प्रार्थना करते हैं, अपने मन में किसी अन्य वस्तु का विचार करते रहते हैं, तो प्रभु जानते हैं आप उन्हें प्रथम स्थान नहीं देते, और तब वे उत्तर नहीं देते।

पहले ईश्वर को प्राप्त करें। उन्हें अभी प्राप्त करें। प्रतीक्षा न करें, क्योंकि माया बहुत शक्तिशाली है। इसे जानने से पहले ही, आपका इस संसार को छोड़कर जाने का समय आ गया होगा। जब भी आपको समय मिले, आप ध्यान करने के लिए बैठ जाएँ। चाहे कितनी भी बार आपकी प्रार्थनाओं का उत्तर न मिला हो, चिन्ता न करें; प्रार्थना करते जाएँ। सच्चाई के साथ प्रार्थना करें। विश्वास रखें कि आपकी प्रार्थना का उत्तर दिया गया है।

आध्यात्मिक प्रार्थना वह है जिसका ईश्वर ने प्रत्युत्तर दिया है। कोई भी भक्त उन्हीं शब्दों में प्रभु से सच्चाई और गहनता से प्रार्थना करेगा तो वह वैसा ही आशीर्वाद प्राप्त करेगा। *(प्रकाशक की टिप्पणी)*

मैंने अपने जीवन में प्रार्थनाओं के प्रति, प्रभु के उत्तर के अद्भुत प्रमाण देखें हैं। मैं आपसे आग्रह करता हूँ कि छोटी-छोटी वस्तुओं के लिए प्रार्थना न करें, बल्कि प्रभु के दर्शन के लिए प्रार्थना करें। केवल वही प्रार्थना महत्त्वपूर्ण है। यदि आप प्रत्येक रात्रि ध्यान के लिए अपनी निद्रा में से एक-दो घण्टे त्यागने के लिए तैयार हैं, तो आप ईश्वर के धाम में अवश्य प्रवेश करेंगे। समय को न देखते रहें। गहन सच्चाई से प्रार्थना करें, "प्रभु, मैं केवल आपको चाहता हूँ।" बुरी आदतें और चंचलता आपको अपने प्रयास से विचलित करने का प्रयत्न करेंगी, परन्तु अपने मन को ईश्वर पर लगाए रखें, तब आप अपने भीतर प्रभु की विद्यमानता को पाएँगे।

सांसारिक आनन्द की इच्छाएँ एक चुम्बकीय आकर्षण पैदा करती हैं, जो मानव को पृथ्वी पर बार-बार जन्म लेने के लिए खींचती हैं। जिन्होंने अपनी इच्छाएँ ईश्वर में संतुष्ट कर ली हैं, उनके लिए पुनर्जन्म की कोई आवश्यकता नहीं है। जब कभी भी वे अपनी कोई इच्छा पूरी करना चाहते हैं, वे उस वस्तु का केवल विचार मन में लाते हैं और वह उनके सामने प्रकट हो जाती है। मेरी माँ मेरे सामने देह रूप में प्रकट हो गई, जिस प्रकार मैं यहाँ आपको देख रहा हूँ। ईश्वर कितने दयालु हैं, वे कितने अद्भुत हैं। जब हम उनको अपने हृदय में सर्वप्रथम स्थान देते हैं, तो वे अपने प्रेम एवं आभार को प्रकट करने के लिए हमारी मनचाही वस्तु हमें दे देते हैं।

ईश्वर की सहायता से स्वास्थ्य अथवा धन अथवा शक्ति अथवा मित्रगण का प्रदर्शन कर पाना ठीक है, परन्तु यदि आप स्वयं ईश्वर को अपनी प्रार्थनाओं के उत्तर पाने के लिए मना सकें, तो आप भाग्यशाली हैं। अतः तब तक शान्ति से न बैठें जब तक आप अपने जीवन में ईश्वर को सिद्ध न कर लें। वह उस प्रत्येक वस्तु को, जिसकी आपने कभी भी इच्छा की होगी आपको दे देंगे, और वह आपकी परीक्षा लेंगे। आध्यात्मिक जीवन की परीक्षाएँ किसी दूसरे जीवन की अपेक्षा अधिक कठिन होती हैं। परन्तु आपमें से जो उनकी परीक्षाओं में सफल हो जाते हैं वे कहते हैं : "प्रभो, मेरी सबसे बड़ी प्रार्थना का उत्तर मिल गया है। आपके अतिरिक्त मेरे हृदय की और क्या अभिलाषा अथवा आवश्यकता हो सकती है?"

ईश्वर में सम्पूर्ण सुख है

सेल्फ़-रियलाइज़ेशन फ़ेलोशिप आश्रम,
एन्सिनिटस, कैलिफ़ोर्निया, 10 जून, 1937

ईश्वर अपनी अनन्त कृपा से अपना आनन्द, अपनी प्रेरणा, वास्तविक जीवन, सच्चा ज्ञान, सच्चा आनन्द, और सही सूझबूझ हमारे जीवनों के समस्त विभिन्न अनुभवों द्वारा हमें प्रदान करते हैं। परन्तु, ईश्वर की महिमा केवल आत्मा की शान्ति में, उनके साथ सम्पर्क करने के लिए मन के आन्तरिक प्रयास की प्रबलता में ही प्रकट होती है। केवल वहाँ हमें सत्य की प्राप्ति होती है। बाह्य जगत् में माया बहुत बलवती है, बहुत कम लोग बाहरी परिस्थितियों के प्रभाव से ऊपर उठ पाते हैं। संसार अपनी अनन्त जटिलताओं और विभिन्न अनुभवों के साथ चलता जाता है। प्रत्येक जीवन नया है और प्रत्येक जीवन अलग प्रकार से जीना होता है। फिर भी सफल जीवन के मूल में ईश्वर की मौन वाणी हे, जो पुष्पों द्वारा, धर्मग्रंथों द्वारा, हगारी अन्तरात्मा द्वारा — और सुन्दर तथा जीवन को जीने योग्य बनाने वाली समस्त वस्तुओं द्वारा — हमें सदा पुकार रही है।

जितना अधिक आप बाहर की ओर एकाग्र होंगे, उतना कम आप ब्रह्म के शाश्वत आनन्द की आन्तरिक महिमा को जान पाएँगे। जितना अधिक आप अन्तर में एकाग्र होंगे, उतनी कम आपको बाहर की कठिनाइयाँ आएँगी। परन्तु सांसारिक संगति एव परिस्थितियों और बुरी आदतों के प्रभाव के कारण अधिकाँश लोग इस सत्य को नहीं समझ पाते हैं। आपका परिवेश आपको लगभग व्यस्त रखता है, वह आपको गहन वास्तविकताओं के विषय में कदापि सोचने नहीं देता। यहाँ तक कि एन्सिनिटस के इस सुन्दर स्थान में, मैंने देखा है कि कुछ साधक आध्यात्मिक उन्नति करने के सच्चे उद्देश्य से नहीं आए। यदि आप ईश्वर को देखने का निश्चय कर लें, तो आप उन्हें सब जगह देख सकते हैं। आदतें लुटेरी हैं, वे विनाश करती हैं। आपके पास जो कुछ भी है आपको उसी में प्रसन्न रहना सीखना चाहिए। जो कुछ आपके पास पहले से ही आ रहा है उससे और अधिक की इच्छा न करें। परमपिता जानते हैं कि आपको क्या चाहिए।

लगातार प्रसन्न रहने का सबसे उत्तम तरीका है परमपिता के प्रति सचेत रहना। आपकी परम इच्छा ईश-अनुभूति होनी चाहिए, आपकी चेतना में प्रभु के साथ रहने का संकल्प सर्वोच्च होना चाहिए।

मैंने सब कुछ ईश्वर को सौंप दिया है। और कुछ भी नहीं है जो मैं अब दे सकूँ। और मुझे इस बात की पहले से ही अनुभूति है कि जीवन का एकमात्र उद्देश्य ईश्वर को जानना है। बहुत से लोगों को यह संदेह हो सकता है कि ईश्वर की प्राप्ति ही जीवन का उद्देश्य है, परन्तु प्रत्येक व्यक्ति इस विचार को स्वीकार कर सकता है कि जीवन का उद्देश्य प्रसन्नता प्राप्त करना है। मैं कहता हूँ ईश्वर सुख हैं वे परम आनन्द हैं। वे प्रेम हैं। वे वह आनन्द हैं जो आपकी आत्मा से कदापि दूर नहीं जाएगा। तब आप क्यों नहीं उस आनन्द को पाने का प्रयास करते? इसे कोई भी अन्य व्यक्ति आपको नहीं दे सकता। आपको स्वयं ही इसे निरन्तर विकसित करना चाहिए। प्रकृति की शक्तियाँ आपको लगातार संसार के सुख देने का प्रयास कर रही हैं, परन्तु ऐसी अस्थायी सन्तुष्टियाँ केवल दुःख और कटुता में समाप्त हो जाती हैं। यहाँ तक कि ईश्वर की कृपा प्राप्त व्यक्ति, जिसके पास लगता है कि सब कुछ है, वह भी शायद प्रसन्न न हो। और आप भौतिक वस्तुओं से कदापि लम्बे समय तक सन्तुष्ट नहीं हो सकेंगे। वे केवल मिथ्या शान्ति और सन्तुष्टि प्रदान करती हैं। सम्पूर्ण संसार लालची इच्छाओं द्वारा अव्यवस्था में डुबो दिया गया है। लालच युद्ध करवा रहा है। इसके अतिरिक्त इसका और कोई कारण नहीं है।

जीवन के इस संग्राम में जो स्वयं पर विजय प्राप्त कर लेता है वही सबसे बड़ा विजेता है। धन, यश, इच्छाएँ — जो कुछ भी इस आदर्श के विरुद्ध जाता है वह हमारी शान्ति और प्रसन्नता के लिए हानिकारक है। यदि लोग जीवन के केवल वास्तविक मूल्यों पर ही ध्यान देना सीख लें, तो वे सच्ची प्रसन्नता को पा लेंगे, लेकिन वे तो सांसारिक इच्छाओं द्वारा प्रभावित रहते हैं। मैं पाता हूँ कि कोई भी प्रलोभन मुझे मेरे चुने हुए मार्ग से नहीं भटका सकता। जो शक्ति ईश्वर ने मुझे दी है, मैं उससे हज़ारों को मोहित कर सकता हूँ, परन्तु वह पथ मेरे लिए हानिकारक होगा, और किसी भी स्थिति में मैं हज़ारों को मोहित नहीं करना चाहता। मैं सच्चे भक्तों को देखना पसन्द करता हूँ — जो ईश्वर में लीन हैं। वे आत्माएँ जो ईश्वर से प्रेम करती हैं यहाँ आएँगी, और जिनका उत्साह जीवन के अन्त तक रहेगा वे उन्हें प्राप्त करेंगी।

जो वास्तव में ईश्वर को चाहते हैं उनके पास वे अवश्य आएँगे

ईश्वर को धोखा देना असंभव है क्योंकि वे आपके विचारों के ठीक पीछे बैठे हैं, और जानते हैं कि आप क्या सोच रहे हैं और किस वस्तु की इच्छा कर रहे हैं। यदि आप अपने हृदय से वास्तव में संसार का त्याग कर दें और ईश्वर के साथ आन्तरिक सम्पर्क का प्रयास करें, तो वे आपके पास आ जाएँगे। परन्तु आप यह निश्चित रूप से जान लें

कि आप केवल उन्हें ही चाहते हैं और कुछ नहीं। एक बार आपके हृदय में उनको पाने की इच्छा स्थापित हो जाए, तो वे अवश्य आएँगे।

जीवन केवल ईश्वर के सम्पर्क, उनके साथ वार्त्तालाप करने के लिए होना चाहिए। इसीलिए जीसस ने कहा था, "फ़सल तो वास्तव में प्रचुर मात्रा में है परन्तु श्रमिक बहुत कम हैं।"* जीसस के शब्दों पर विश्वास करें, जिन्होंने सत्य को जीवन में अपनाया। क्या हमारे लिए ईश्वर-परायणता का इससे बड़ा उदाहरण कोई और हो सकता है जब उन्होंने कहा था, "परमपिता, उन्हें क्षमा कर देना, क्योंकि वे नहीं जानते कि वे क्या कर रहे हैं?"†

प्रत्येक व्यक्ति दूसरे की अपेक्षा अधिक धन चाहता है, और जब उसके पास वह आ जाता है तो वह सन्तुष्ट नहीं होता, क्योंकि वह पाता है कि अभी भी किसी अन्य व्यक्ति के पास इससे अधिक धन है। लोग दुःखों के पागलखाने में रहते हैं, जो उनकी अपनी ही इच्छाओं से बनाया हुआ है। जो कुछ भी आपके पास है उसी से सन्तुष्ट होना सीखें। अमेरिका के सामान्य व्यक्ति के पास यूरोप अथवा भारत, या किसी अन्य देश के सामान्य व्यक्ति से अधिक धन है। फिर भी वह प्रसन्न नहीं हैं। वह परेशानियों और चिन्ताओं से जल रहा है।

ईश्वर का मार्ग सरलतम मार्ग है। सर्वोत्तम यही होगा कि सर्वप्रथम परमपिता के पास जाएँ और उनसे पूछें कि आपके लिए क्या श्रेष्ठ है। जब आप यह जानते हैं, कि वे हैं, और वे आपकी प्रतीक्षा कर रहे हैं, तो आपको क्यों तुच्छ वस्तुओं में अपना समय व्यर्थ करना चाहिए? क्या आपने ईमानदारी से यह देखने का प्रयास किया है कि परमपिता आपसे बातें करते हैं या नहीं? ईश्वर समस्त मानव मात्र से बातें कर रहें हैं। आपके मन को आकर्षित करने के लिए इससे अधिक वे और क्या कर सकते हैं?

मैं नहीं चाहता कि लोग ऐसा सोचें कि वे केवल दूसरों के प्रवचन सुनने अथवा पुस्तकें पढ़ने से आत्मानुभूति प्राप्त कर सकते हैं। उन्हें उसका अभ्यास करना चाहिए जो वे पढ़ते और सुनते हैं। घर में बैठकर व्यर्थ की बातें सुनने से तो अच्छा है मन्दिर अथवा चर्च में जाना, परन्तु मन्दिर, चर्च में आपको अपने अन्तर में उन्हें अनुभव करना चाहिए, और आपको वह प्रविधि जाननी चाहिए जिसके द्वारा आप उनकी विद्यमानता को अनुभव कर सकते हैं। भावुकता और बौद्धिकता, अनुभूति प्रदान नहीं कर सकते।

* *मत्ती* 9:37 (बाइबिल)।

† *लूका* 23:34 (बाइबिल)।

जब आप ईश्वर के समक्ष स्वयं को पूर्णरूप से अर्पित कर देते हैं, जब आप अपने स्वार्थ हेतु प्रार्थना करने के लिए कदापि प्रलोभित नहीं होते, और जब आप आश्वस्त हैं कि ईश्वर आपका प्राण हैं, आपकी आत्मा हैं और अन्य सब कुछ हैं — तब, आप मुक्त हैं।

सोचें! अब से कुछ दशक बाद, हमारी यह विद्यमानता एक स्वप्न बन जाएगी, और मेरा यहाँ बैठना और आपसे बातें करना भी उस स्वप्न का एक भाग बन जाएगा। बीते समय के सभी महान् गुरुजन मानव जाति की चेतना में स्वप्न बन गए हैं। परन्तु उन महात्माओं ने मोक्ष प्राप्त किया है। जो कुछ हो रहा है उसके प्रति वे सदा सचेत हैं।

कितना विलक्षण स्वप्न है यह जीवन! और फिर भी, जब आप अपने शरीर पर अब दृष्टि डालते हैं और देखते हैं कि यह किस प्रकार जीवन से स्पन्दित हो रहा है, तो उस स्वप्न की वास्तविकता से आप पुनः पूर्ण रूप से आश्वस्त हो जाते हैं। आप सोचते हैं कि आप के पास यह या वह वस्तु होना ही चाहिए और तभी आप सुखी होंगे। परन्तु आपकी चाहे जितनी भी इच्छाएँ क्यों न पूर्ण हो जाएँ, आप उनके द्वारा कभी सुखी नहीं होंगे। आपके पास जितना अधिक होगा, उतने ही अधिक की आपको चाह होगी। सादगी से जीना सीखिए। भगवान् श्रीकृष्ण ने कहा है : "उसका मन सदा तृप्त रहता है जिसकी इच्छाएँ सदा अन्तर्मुखी होती हैं। वह मनुष्य एक अपरिवर्तनशील सागर के समान है जो निरन्तर उसमें मिलती जलधाराओं से लबालब भरा रहता है। जो शांति रूपी सरोवर में इच्छाओं के छिद्र कर शांति के जल को बाहर बह जाने देता है, वह मुनि नहीं हैं जो अपने शान्ति रूपी सरोवर में इच्छा-रूपी छेद कर देता है और जल को निकल जाने देता है।"*

एकान्त में ईश्वर को खोजें

आपको उनके द्वारा मार्गदर्शन की आवश्यकता है जो ईश्वर को जानते हैं, जो उनके साथ वार्तालाप करते हैं। जीसस ने हमें एकान्त में ईश्वर को खोजना सिखाया।†

* भगवद्गीता II:70। सच्चा *मुनि* वह संन्यासी है जो विचारों और भावनाओं की लहरों के, जो सामान्य चेतनावस्था में निरन्तर चलायमान हैं, नियंत्रण द्वारा आध्यात्मिक *मौन* का पालन करता है।

† "परन्तु जब तू प्रार्थना करे, तो अपनी कोठरी (ध्यान के आन्तरिक मौन) में जा, और जब तू अपने (चंचल इन्द्रियों के) द्वार बन्द कर ले; तब अपने पिता से जो गुप्त (तेरे अन्तर में) में है, प्रार्थना कर। तब तेरा पिता जो गुप्त में देखता है, तुझे प्रतिफल देगा" *मत्ती* 6:6 (बाइबिल)।

आन्तरिक शान्ति के एकान्तवास में आप पवित्र-आत्मा "ओम्" के विषय में जानेंगे। भारत के महान् गुरुजन भी इस दिव्य शक्ति के बारे में बताते हैं। पवित्र-आत्मा का वास्तविक अर्थ अमेरिका की इस भूमि में सर्वप्रथम सेल्फ़-रियलाइज़ेशन फ़ेलोशिप के द्वारा आया। सृष्टि में प्रत्येक वस्तु स्पन्दन है, जो ईश्वर की प्रज्ञा द्वारा निर्देशित है। वह प्रज्ञाशील स्पन्दन ही पवित्र-आत्मा है।* प्रत्येक व्यक्ति को ध्यान के द्वारा यह सीखना चाहिए कि पवित्र-आत्मा के साथ किस प्रकार सम्पर्क किया जाए, यह आपको सेल्फ़-रियलाइज़शेन [योगदा सत्संग] सिखाती है।

आपकी आत्मा की शान्ति में, आपकी एकाग्रता के निकुंज में, अनन्त ईश्वर के साथ अनन्त प्रेमलीला है। परन्तु आपको ईश्वर और धन-सम्पत्ति† दोनों एक साथ नहीं मिल सकते। आपको स्वयं अपने को ईश्वर के समक्ष पूर्ण रूप से समर्पित करना होगा। वे शाश्वत प्रेमी हैं, और वे आप सबका प्रेम माँग रहे हैं।

ईश्वर को सम्पूर्ण हृदय से खोजने के लिए आपको अपनी इच्छाशक्ति और एकाग्रता का उपयोग करना अवश्य सीखना चाहिए। आपके कार्य आपकी आदतों के द्वारा आदेशित होते हैं। जिन कार्यों को आप करना नहीं चाहते, उन्हें करने के लिए आप आदतों के द्वारा सदा बाध्य हो जाते हैं। आप स्वयं अपने शत्रु हैं और आप इसे जानते भी नहीं। आप शान्त बैठना नहीं सीखते। आप ईश्वर के लिए समय देना नहीं सीखते। आप अधीर रहते हैं और तुरन्त स्वर्ग को पाने की अपेक्षा करते हैं। इसे आप पुस्तकें पढ़कर या प्रवचनों को सुनकर या लोकोपकारी कार्यों को करके नहीं पा सकते। इसे आप केवल गहन ध्यान में प्रभु को समय देकर ही प्राप्त कर सकते हैं।

* सर्वव्यापक कृष्ण (क्राइस्ट) चेतना का बाह्य, क्रियाशील प्रकटीकरण, सृष्टि में इसका "साक्षी" (*प्रकाशित वाक्य* 3:14, बाइबिल)। पवित्र-आत्मा का "शब्द" (*यूहन्ना* 1:1, बाइबिल) और "सांत्वना" (*यूहन्ना* 14:26, बाइबिल) के रूप में भी उल्लेख किया गया है, और हिन्दू धर्मशास्त्र में "ओम्" के रूप में। यह अदृश्य दिव्य शक्ति ही केवल कर्ता है, एकमात्र प्रेरणार्थक और क्रियात्मक शक्ति है जो स्पन्दन के द्वारा सम्पूर्ण सृष्टि को थामे हुए है। योगदा सत्संग सोसाइटी ऑफ़ इण्डिया द्वारा सिखाई जाने वाली विशेष योग ध्यान प्रविधि द्वारा, निपुण व्यक्ति पवित्र आत्मा, आनन्ददायक सांत्वनादाता से सम्पर्क करता है : "सांत्वनादाता, जो पवित्र आत्मा है, जिसको परमपिता मेरे नाम से भेजेगा, वह तुम्हें सब कुछ सिखाएगा, और जो कुछ भी मैंने कहा है उस सबको याद दिलाएगा" *यूहन्ना* 14:26 (बाइबिल)।

† *मत्ती* 6:24 (बाइबिल)।

केवल ईश्वर को खोजें

आपको सर्वप्रथम ईश्वर को प्रसन्न करने का प्रयास करना चाहिए। सभी व्यक्तियों को प्रसन्न करना असंभव है। मैं किसी भी व्यक्ति को अप्रसन्न करने का प्रयास कदापि नहीं करता। मैं अपनी ओर से पूर्ण प्रयास करता हूँ और मैं केवल यही कर सकता हूँ। मेरा प्रथम लक्ष्य ईश्वर को प्रसन्न करना है। मैं अपने हाथों को ईश्वर की आराधना में प्रार्थना करने के लिए प्रयोग करता हूँ, अपने पैरों को उन्हें हर जगह खोजने के लिए और अपने मन को यह सोचने के लिए प्रयोग करता हूँ कि वे हर जगह विद्यमान हैं। प्रत्येक विचार रूपी सिंहासन पर ईश्वर विराजमान होने चाहिए — शान्ति के रूप में ईश्वर, प्रेम के रूप में ईश्वर, दयालुता के रूप में ईश्वर, विवेक के रूप में ईश्वर, करुणा के रूप में ईश्वर और ज्ञान के रूप में ईश्वर। आपको केवल यही बताने के लिए मैं आया हूँ। अन्य कुछ नहीं।

सेल्फ़-रियलाइज़ेशन [योगदा सत्संग] द्वारा सिखाई जाने वाली ध्यान की प्रविधियाँ सीखें। अच्छी संगति में रहें। दूसरों की तरफ ध्यान न देकर केवल ईश्वर की ओर देखें। केवल ईश्वर को खोजें। और प्रतिदिन इस कार्य के विषय में दूसरों को बताएँ। प्रत्येक दिन कुछ लोगों के लिए कुछ भला करें। जब तक मेरी जेब में पैसा रहता है मैं कदापि बाँटना बन्द नहीं करता। ईश्वर मेरा बैंक हैं।

अन्त में, तुम्हें ईश्वर को अवश्य जानना चाहिए, जैसे महापुरुषों ने उन्हें जाना है। यदि आप प्रविधियों का अभ्यास करेंगे, तो आप अपने प्रयासों द्वारा उन्हें प्राप्त कर लेंगे।

एक दिन मैं आश्रम के बाहर टहल रहा था, और अपने महान् गुरु, स्वामी श्रीयुक्तेश्वरजी के विषय में सोच रहा था। और उनके बारे में आश्चर्यचकित हो रहा था कि मैं इस सुन्दर आश्रम का आनन्द ले रहा हूँ और वे मेरे साथ इसका आनन्द लेने के लिए यहाँ नहीं हैं। अचानक आकाश में साकार रूप में वे मुझे दिखाई दिए और कहने लगे, "तुम सोचते हो कि केवल तुम इस स्थान का आनन्द ले रहे हो! मैं इसका पूरे आकाश से आनन्द ले रहा हूँ।"

आपको ईश्वर के साथ एक होने का प्रयास अवश्य करना चाहिए। नित्य ध्यान का अभ्यास करें और उन्हें गहनता से प्रेम करना सीखें, और अपने पड़ोसियों को अपनी तरह प्रेम करना सीखें। युद्ध को टालने का केवल यही एक तरीका है। आपस में आध्यात्मिक सहयोग होना चाहिए। आध्यात्मिकता के बिना कहीं भी प्रसन्नता नहीं

हो सकती, चाहे राष्ट्र की हो अथवा व्यक्तिगत। और आनन्द व्यक्ति से ही आरम्भ होना चाहिए। सभी समस्याओं का समाधान केवल ईश्वर-सम्पर्क है, चाहे वे भौतिक हैं, आर्थिक हैं, वैवाहिक हैं, नैतिक हैं, अथवा आध्यात्मिक हैं।

प्रसन्नता यह अनुभव करने से आती है कि आप ईश्वर के साथ एक हैं — कि आप ईश्वर की संतान हैं — विश्व के राजा के युवराज। आप कोई भिखारी संतान नहीं हैं। आपने स्वयं को शरीर में बन्दी बना लिया है क्योंकि आपको परमपिता का ज्ञान नहीं है। आपको इस जेल से अपने को अवश्य मुक्त कराना ही चाहिए। चाहे कुछ भी हो जाए आपको अपने मन को ईश्वर पर लगाए रखना चाहिए। तब आपको महान् शान्ति और आनन्द प्राप्त होगा। "अपने विचारों को पूर्णतः मुझ पर रखने वाले, स्वयं को मुझे समर्पित करने वाले, एक-दूसरे को प्रबुद्ध करते हुए, सदा मेरा ही गुणगान करते हुए, मेरे भक्त सन्तुष्ट एवं आनन्दित रहते हैं।"*

* भगवद्गीता X:9।

अधिक लोकप्रिय कैसे बनें

प्रथम सेल्फ़-रियलाइज़ेशन फ़ेलोशिप मन्दिर,
एन्सिनिटस, कैलिफ़ोर्निया, 20 अगस्त, 1939

कुछ लोग जन्म से ही लोकप्रिय स्वभाव के होते हैं; प्रत्येक व्यक्ति उन के प्रति आकर्षित हो जाता है। कुछ लोग कभी पसन्द नहीं किए जाते। अन्य कुछ लोग न तो कभी पसंद किए जाते हैं और न ही कभी नापसंद किए जाते हैं; वे मात्र उपेक्षित कर दिए जाते हैं। क्यों? निष्पक्ष ईश्वर आकर्षक गुणों के असमान वितरण के लिए उत्तरदायी नहीं हैं। प्रत्येक मनुष्य के चरित्र में भिन्नताएँ उसकी अपनी उपज हैं। स्वयं उसने ही इन प्रिय या अप्रिय गुणों को अपने इस जीवन में अथवा पिछले जन्मों में उत्पन्न किया है। यह बहुत ही बड़ा अन्याय होता यदि ईश्वर कुछ बच्चों को आरम्भ से ही, अच्छे प्रियकर गुणों की सुविधा और अन्य कुछ बच्चों को बुरे अप्रिय गुणों की असुविधा के साथ भेजने के लिए उत्तरदायी होते। परन्तु ईश्वर ने कुछ बच्चों में बुरी प्रवृत्तियों को और दूसरों में अच्छी प्रवृत्तियों को स्थापित नहीं किया, अतः हम ईश्वर को उत्तरदायी नहीं ठहरा सकते।

ईश्वर सभी मनुष्यों की रचना अपने प्रतिबिम्ब में समान रूप से करते हैं। मनुष्य की प्रकट रूप से दिखाई देने वाली असमानताओं की न्याय-संगतता को देखने के लिए हमें पुनर्जन्म के सिद्धान्त को अवश्य समझना होगा। इस सिद्धान्त का ज्ञान अज्ञानमय युगों में दब कर विस्मृत हो गया था। जीसस तब पुनर्जन्म का उल्लेख कर रहे थे जब उन्होंने कहा, "एलियास आ चुका है; और उन्होंने उसे नहीं पहचाना।...तब चेले समझ गए कि उन्होंने धर्मगुरु जॉन (John the Baptist) के बारे में कहा है।"* जिस आत्मा ने एक जन्म में एलियास (एलिय्याह) के रूप में जन्म लिया था, उसी आत्मा ने एक अन्य जन्म में धर्मगुरु जॉन के रूप में जन्म लिया।

जीवन का कोई अर्थ नहीं होगा यदि वह हमारी क्षमताओं के विकास तथा हमारी इच्छाओं की पूर्ति के लिए हमें पर्याप्त अवसर प्रदान न करे। पुनर्जन्म के बिना ईश्वर का न्याय उन आत्माओं पर कैसे लागू होगा जिन्हें स्वयं को व्यक्त करने का अवसर ही नहीं मिला क्योंकि वे एक ऐसे शिशु के शरीर में बंदी बन गईं जो मृत पैदा हुआ, या जो केवल

* *मत्ती* 17:12–13 (बाइबिल)।

छः वर्ष की आयु तक ही जीवित रहता है? उन आत्माओं को नरक में नहीं धकेला जा सकता क्योंकि उन्होंने दण्डित होने योग्य कोई काम नहीं किया; और न ही वे स्वर्ग जा सकते हैं क्योंकि पुण्य अर्जित करने का कोई अवसर उन्हें नहीं मिला। इसका उत्तर यह है कि यह संसार एक विशाल पाठशाला है, और पुनर्जन्म का सिद्धान्त, वह न्याय है जो मनुष्य को तब तक यहाँ बार-बार वापस लेकर आता रहता है जब तक कि वह जीवन के सभी पाठों को सीख न ले। इस सत्य के विषय में भगवान् श्रीकृष्ण ने गीता में कहा है : "प्रयत्नपूर्वक अपने पथ पर चलते हुए, अनेक जन्मों के प्रयासों से सिद्ध शुद्ध हुआ योगी, पापों (कर्म के दोष) से मुक्त होकर, वह अन्ततः परमानन्द में प्रवेश करता है।"*

मनुष्य ने स्वयं ही अपने अच्छे और बुरे गुणों को विकसित किया है। कभी, किसी काल में, इस जन्म में या अन्य जन्मों में, उसके अपने कर्मों द्वारा ही ये बीज बो दिए गए थे। यदि वह हानिकारक कर्मों के बीजों को उगने देता है, तो वे उसके द्वारा बोए गए अच्छे कर्मों के बीजों को उगने नहीं देंगे। जो बुद्धिमान हैं वे अपने जीवन की बगिया से बुरे कर्म-बीजों को निकाल फ़ेंकते हैं।

आकर्षकता भीतर से आती है

व्यक्ति को स्वयं अपना एवं दूसरों का विश्लेषण करना सीखना चाहिए जिससे पता चल सके कि क्यों कुछ लोग सभी के द्वारा पसंद किए जाते हैं, और कुछ लोग नहीं। यहाँ तक कि बच्चों में भी हम पाते हैं कि कुछ को तो सभी बहुत प्यार करते हैं और कुछ की उपेक्षा। इस प्रकार के विश्लेषण से सबसे पहली बात जिसका पता चलता है वह यह है कि यदि कोई लोकप्रिय बनना चाहता है तो उसे स्वयं को अन्दर से और अधिक आकर्षक बनाना चाहिए। कभी-कभी शारीरिक रूप से अत्यधिक आकर्षक व्यक्ति भी विकर्षक हो सकता है, क्योंकि उसकी वाणी और क्रियाकलापों से उसके अन्दर की कुरूपता झलकती है।

एक समय था जब लोकप्रियता का रहस्य, "वह," एक प्रकार का शारीरिक आकर्षण और चुंबकत्व, माना जाता था। परन्तु यह आवश्यक नहीं कि "वह" होने से ही कोई लोकप्रिय हो। हमारे अच्छे और बुरे गुण यह निश्चित करते हैं कि हम किस प्रकार के लोगों द्वारा पसंद या नापसंद किए जाते हैं। बुराई, बुराई को आकर्षित करती है और अच्छाई, अच्छाई को। हमें अपने में "वह" लाने की इच्छा नहीं करनी चाहिए, परन्तु ऐसा आकर्षण उत्पन्न करना चाहिए जो अच्छाई को हमारी ओर आकर्षित करे

* भगवद्गीता VI:45।

ताकि सच्चा आदर और सच्चे मित्र हमें मिलें। क्या बाहरी तत्त्व, जैसे सुन्दर चेहरा या कपड़े, इस प्रकार का आकर्षण प्रदान कर सकते हैं? नहीं। हमें इसे अपने अन्तर में ही उत्पन्न करना होगा।

मनोदशाग्रस्त (moodiness) होने से बचें। गम्भीर होने में कोई अप्रियता नहीं होती; परन्तु जब आप अप्रिय मनोदशा में होते हैं तो आपके चेहरे के भाव बिल्कुल भिन्न होते हैं। आपका चेहरा एक दर्पण है जो आपकी हर बदलती भावना को प्रकटकर देता है। आपके विचार और मनोदशा, सागर की लहरों की तरह ज्वार-भाटा लेते हुए, चेहरे की मांसपेशियों में बहते हैं और निरन्तर आपकी मुखाकृति को बदलते रहते हैं। आप जिससे भी मिलते हैं वह आपके मुख पर आपके अन्दर के विचारों और भावों को देख लेता है और उसी के अनुसार प्रतिक्रिया करता है। बेशक आप अपनी आँखों और मुस्कराहट पर नियंत्रण कर सकते हैं और इस तरह आप किसी से अपने विचारों को छुपा भी सकते हैं; परन्तु सबसे नहीं। लिंकन ने ठीक ही कहा है, "यह सच है कि आप सब लोगों को कुछ समय के लिए मूर्ख बना सकते हैं; यहाँ तक कि कुछ लोगों को सदा के लिए मूर्ख बना सकते हैं; परन्तु आप सभी को सदा के लिए मूर्ख नहीं बना सकते।"

हमारी आँखों में हमारे जीवन की पूरी गाथा लिखी होती है। जो इसे पढ़ना जानते हैं, उनसे यह छुपाई नहीं जा सकती। आँखें कई प्रकार की होती हैं, आध्यात्मिक आँखें, अर्ध-आध्यात्मिक आँखें, कपटी आँखें, वासनात्मक आँखें। मनुष्य जो कुछ भी करता है वह आँखों में अंकित हो जाता है। मैं किसी व्यक्ति की आँखों में जो देखता हूँ, यदि मैं उसका विश्लेषण करूँ तो वह मेरी सच्चाई पर चकित हो जाएगा।

कभी भी कोई ऐसा काम न करें जिससे आपका मन दूषित हो जाए। गलत कार्य नकारात्मक या बुरे मानसिक स्पन्दन पैदा करते हैं जो आपके पूरे रंग-रूप और व्यक्तित्व में प्रतिबिम्बित होते हैं। ऐसे कार्यों और विचारों में व्यस्त रहें जो उन उत्तम गुणों का पोषण करें जिन्हें आप चाहते हैं। यदि आप इन सत्यों के अनुरूप आचरण करते हैं तो जो मैं आपको बता रहा हूँ, उससे आप अपना जीवन सुन्दर रूप से भिन्न पाएँगे।

अधिकांशतः आप अपने आचरण से परखे जाते हैं

व्यक्ति कुछ हद तक अपने पहनावे से पहचाना जाता है, पर अधिकांशतः वह अपने आचरण से पहचाना जाता है। सदा साफ़-सुथरे और सुव्यवस्थित दिखें। अधिक सज्जित न हों : भड़कीले कपड़े और ऊपरी साज़-शृंगार व्यक्ति को अजायबघर के नमूने

सा बना देता है! सादे और साफ़-सुथरे कपड़े पहनें जो आपके व्यक्तित्व के अनुरूप हों। परन्तु सर्वप्रथम अच्छा व्यवहार करना सीखें। एक बार जब आप मानसिक रूप से विकसित हो जाते हैं और आकर्षक आन्तरिक गुणों का सृजन कर लेते हैं तो पहनावे का महत्त्व कम हो जाता है।

महात्मा गांधी ने यह सिद्ध कर दिया कि केवल वस्त्र ही व्यक्ति को "व्यक्ति" नहीं बनाते। वे केवल एक लंगोटी पहनते हैं,* ताकि सीधे-सादे भारतीय लोगों के जैसे लगें। एक बार एक अंग्रेज़ गवर्नर द्वारा दिए गए प्रीतिभोज में भी वे इसी पोशाक में पहुँचे। वहाँ के नौकरों ने उन्हें अन्दर नहीं जाने दिया। वे घर वापस आ गए और सन्देशवाहक द्वारा एक पार्सल गवर्नर को भिजवा दिया। उसमें एक सूट था। गवर्नर ने उनके घर फ़ोन कर उनसे उस पार्सल का अभिप्राय पूछा। उस महापुरुष ने उत्तर दिया, "मुझे आपकी दावत पर बुलाया गया था, किन्तु मेरी पोशाक के कारण मुझे अन्दर प्रवेश नहीं करने दिया गया; इसलिए बदले में मैंने अपना सूट भेज दिया।" निस्संदेह गवर्नर ने उन्हें आने का बहुत आग्रह किया। यहाँ तक कि लंदन में भी गांधीजी वहाँ के राजा और रानी के आमंत्रण पर लंगोटी में ही उनसे मिलने गए। उनका व्यक्तित्व पहनावे के महत्त्व से कहीं ऊपर उठ चुका था। मैं यह नहीं कह रहा हूँ कि आप भी इसी तरह के कपड़े पहनें! गांधीजी के जीवन का एक उद्देश्य है, जिसे उन्हें पूरा करना है, और यह उस भूमिका का एक भाग है। यदि कोई गांधीजी जैसा महान् बन जाता है तो वह भी वही कर सकता है जो उसे उचित लगे।

अभिप्राय यह है कि मनुष्य को हर समय शरीर के विषय में ही नहीं सोचते रहना चाहिए; और न ही उसे इसके प्रति असावधान होना चाहिए। शरीर के प्रति आवश्यकता से कम अथवा अधिक ध्यान देने से व्यक्ति असंतुलित और सनकी बन जाता है। शरीर की देखभाल उचित ढंग से करें और इस बात को सदा याद रखें जो सबसे अधिक महत्त्वपूर्ण है— आपकी मानसिकता, आपका व्यवहार। मन की ओर अधिक ध्यान दें, जो आपके व्यवहार का उछाल तख़्ता (spring board) है, क्योंकि इसी के प्रति अधिकतर लोग प्रतिक्रिया व्यक्त करते हैं।

जब दूसरों के साथ हों, तो सच्चे और विचारशील रहें

दूसरों में रुचि लें। जब आप अकेले होते हैं तो जो आप चाहते हैं आपको वही सोचने और करने का अधिकार है; परन्तु जब आप दूसरों के साथ होते हैं तब आपको

* परमहंसजी ने जब यह भाषण दिया तब गांधीजी जीवित थे। *(प्रकाशक की टिप्पणी)*

अनमना अथवा उदासीन नहीं होना चाहिए। एक अन्यमनस्क व्यक्ति की संगति की अपेक्षा तो किसी शव की संगति अधिक अच्छी है; शव द्वारा की गई उपेक्षा अपमानजनक नहीं होती। जब आप दूसरों के साथ हों तो पूरे दिल से उनके साथ रहें; परन्तु जब उनमें आपकी रुचि कम होने लगे तो विनम्रतापूर्वक क्षमा माँग कर वहाँ से हट जाएँ। जब आप का मन अनुपस्थित हो तो आपको दूसरों के बीच में रहने का कोई अधिकार नहीं है।

जब आप दूसरों के साथ होते हैं, तो सच्चे दिल से उनके प्रति स्नेही रहें। "चिड़चिड़े" न बनें। आपको लकड़बग्घे की तरह ज़ोर-ज़ोर से हँसने की ज़रूरत नहीं, परन्तु मुँह लटकाए भी न रखें। बस मुस्कराते रहिए, दूसरों के प्रति सौहार्दपूर्ण और स्नेहपूर्ण रहिए। परन्तु बाहर से मुस्कराते रहना, जबकि आप अन्दर ही अन्दर गुस्से में हों या कुढ़ रहे हों, मिथ्याचार है। यदि आप लोकप्रिय होना चाहते हैं तो सच्चे बनें। सच्चापन आत्मा का एक गुण है जिसे ईश्वर ने प्रत्येक मानव को दिया है, किन्तु सभी इसे व्यक्त नहीं करते। सर्वोपरि विनम्र बनें। भले ही आपमें अपूर्व आन्तरिक शक्ति हो, तो भी अपने तीव्र स्वभाव से दूसरों पर हावी होने की चेष्टा न करें। शांत रहें और उनका ध्यान रखें। लोकप्रिय चुम्बकत्व को विकसित करने का यही एक तरीका है।

सहानुभूतिक बनने का सदैव प्रयास करें। कुछ लोग झगड़ालू बनना और हमें गलत समझना ही ठीक समझते हैं, चाहे हम जो कुछ भी करें या कहें। वे अकड़ दिखाते फिरते हैं। सच्चे मित्रों को आकर्षित करने के लिए व्यक्ति को अपने अंदर सहानुभूति को विकसित करना आवश्यक है। सच्चे मित्र एक दूसरे को समझते हैं, चाहे वे कुछ भी करें। आपको भी ऐसा होना चाहिए।

जब तक आपके चारों ओर सच्चे मित्र न हों तो जीवन ही क्या है? आपके हृदय में एक ऐसा चुम्बक है जो सच्चे मित्रों को खींच लाएगा। वह चुम्बक है निःस्वार्थ भाव, पहले दूसरों के विषय में सोचना। ऐसे लोग बहुत ही कम होते हैं जो स्वार्थीपन से मुक्त हों। तथापि कोई भी निःस्वार्थ भाव के इस गुण को आसानी से विकसित कर सकता है यदि वह पहले दूसरों के बारे में सोचने का अभ्यास करे। एक माँ के अन्दर प्रायः यह गुण होता है। उसका जीवन सेवा ही है। उसके लिए प्राथमिकता अपने पति और बच्चे ही होते हैं। क्योंकि वह सदैव ही दूसरों के विषय में अपने से पहले सोचती है, इसलिए दूसरे भी उसके विषय में सोचते हैं। भारतीय परिवारों में यही परम्परा है। सच्चे आध्यात्मिक गुरुओं के आश्रमों में हमें यही सिखाया जाता है।

दूसरों के लिए सोचना सबसे अद्भुत गुण है। यही सबसे बड़ी आकर्षकता है जो आप प्राप्त कर सकते हैं। इसका अभ्यास करें! यदि कोई प्यासा है, तो विचारवान

व्यक्ति उसकी आवश्यकता को भाँप जाता है और उसे पानी दे देता है। दूसरों के विषय में सोचने का अर्थ है उनके प्रति सजग रहना और उनका ध्यान रखना। दूसरों के बारे में सोचने वाला व्यक्ति, जब लोगों के संग होता है, तब उसकी अंतश्चेतना में उनकी आवश्यकताओं का अन्तर्ज्ञानात्मक बोध रहता है।

दूसरों के लिए जिएँ और वे आपके लिए जिएँगे

ऐसे भी लोग हैं जो कहते तो हैं कि "मैं धर्मात्मा आदमी हूँ"; पर मन्दिर या चर्च में कोई उनके स्थान पर बैठ जाए तो वे उसका सिर फोड़ने को तैयार हो जाएँगे! कभी-कभी ऐसा दृश्य मेरी सभाओं में भी देखने को मिलता है। यदि कोई आपकी जगह पर बैठना चाहता है, तो उसे बैठने दें, भले ही आपको खड़ा रहना पड़े। आपके इस आदर्श व्यवहार के कारण प्रतिदिन आपको कोई-न-कोई ऐसा व्यक्ति मिलेगा जो आपके लिए विचारपूर्वक सोचेगा। जब आप दूसरों के लिए जीना सीख लेते हैं, तो दूसरे आपके लिए जिएँगे। जब आप केवल अपने लिए जीते हैं, तो किसी को आपमें कोई दिलचस्पी नहीं होती। अपने सद्व्यवहार से आप दूसरों को बहुत अच्छी तरह से आकर्षित कर सकते हैं।

यदि किसी पार्टी में, आप अपने चारों ओर देखें, तो प्रायः लगभग ऐसे लोग आपको दिखाई देंगे जो दूसरों की सम्पन्नता से खुले-आम ईर्ष्या करते हैं। कोई भी व्यक्ति दूसरों का ख़याल न करने वाले, स्वार्थी लोगों का संग नहीं चाहता। परन्तु व्यवहार कुशल, दूसरों के लिए सोचने वाले व्यक्ति का संग हर कोई चाहता है।

अपनी वाणी तथा अपने कर्मों में शिष्टता लाने का अभ्यास करें; और जब खरी-खोटी सुनाने का मन हो तो उस आवेश पर नियंत्रण करें; और कटुता की बजाय शान्ति से बात करें। कोई भी आपके मुँह से कड़वे शब्द सुन न पाए। जब आपसे कुछ पूछा जाए तो सत्य बोलने से डरें नहीं; परन्तु अपने विचारों को दूसरों पर न थोपें। यह भी याद रखें कि किसी अंधे व्यक्ति को अन्धा कहना या किसी रोगी को रोगी कहना सत्य तो हो सकता है, परन्तु अच्छा होगा कि ऐसी मुँह-फ़टता का प्रयोग न करें। अपनी वाणी में दयालुता और शिष्टता से आप दूसरों की उन्नति में और उनको और अधिक अच्छा बनाने में उनकी सहायता करते हैं।

फिर भी, लोग हमेशा केवल आपके शब्दों को ही नहीं सुनते, परन्तु उनके पीछे की शक्ति और सच्चाई को देखते हैं। जब कोई सच्चा व्यक्ति बोलता है, तो संसार उसके

शब्दों से प्रेरित होता है। जब वह कुछ कहता है तो लोग उसे सुनते हैं। कुछ लोग बोलते ही चले जाते हैं, इस आशा में कि सुननेवाला उनके शब्दों की झड़ी से उनके विचारों से सहमत हो जाएगा। परन्तु विवश श्रोता केवल यही सोच रहा होता है, "कृपया मुझे जाने दो!" जब आप बोलें तो अपने विषय में अधिक न बोलें। उसी विषय में बात करने का प्रयास करें जिसमें दूसरे की रुचि हो। और दूसरों को सुनें। आकर्षक बनने का यही तरीका है। आप देखेंगे कि लोग आपकी संगति को कितना चाहते हैं।

मेरी माँ के स्वभाव में यह गुण था। माताओं और पिताओं को अपने बच्चों के सामने एक दूसरे के विरुद्ध कभी नहीं बोलना चाहिए। उन्हें अपनी समस्याओं को पूरी तरह से अपने तक ही रखना चाहिए। मेरे माता-पिता में यह आत्म-संयम था, वे सचमुच देवताओं के समान थे। केवल एक बार मैंने अपने माता-पिता के बीच अनबन देखी थी। हम बच्चों ने केवल इतना ही जाना था कि एक घोड़ागाड़ी दरवाज़े पर आ गई थी और हमारी माँ उसमें जाने वाली थीं। तभी मामाजी आ गए और उन्होंने पिताजी से पूछा, "क्या बात है?" पिताजी बोले, "मुझे उनके दान-पुण्य पर धन खर्च किए जाने में कोई आपत्ति नहीं है; मैं तो केवल इतना कहता हूँ कि मेरी आय से अधिक खर्च न करें।" मामाजी ने पिताजी के कान में कुछ कहा। पिताजी के कुछ सुलह-सफ़ाई के शब्दों के बाद माँ ने घोड़ागाड़ी वापस भेज दी। उन्होंने पिताजी के विरुद्ध एक भी शब्द नहीं कहा। वे सदा दूसरों के लिए ही सोचती थीं।

दूसरों के लिए जीने में बड़ा आनन्द है। जब मैं अकेला होता हूँ तो शायद ही कभी मुझे कुछ खाने की इच्छा होती है, परन्तु जब मैं दूसरे लोगों के साथ होता हूँ तो मुझे उनके लिए स्वादिष्ट पकवान बनाने में आनन्द आता है। यही गुण मैंने अपने गुरु स्वामी श्रीयुक्तेश्वरजी में भी देखा। उनके आश्रम में मेरी पहली भेंटों में मुझे लगा था कि वे हमेशा स्वादिष्ट खाना ही खाते थे। परन्तु एक बार जब मैं अचानक वहाँ पहुँच गया तो देखा कि वे इतना सादा भोजन कर रहे थे कि जिसकी कल्पना भी नहीं की जा सकती। मैंने इस बारे में उनसे पूछा। उन्होंने कहा, "केवल जब तुम आते हो तभी मैं विशेष भोजन बनाता हूँ। तुम्हारे लिए उन्हें बनाना मुझे अच्छा लगता है।"

एक बार अनन्नास खरीदने के लिए कॉलेज का एक साथी मेरे साथ बाजार आया। वहाँ केवल दो ही अनन्नास थे; उनमें से एक दूसरे से बड़ा था। मैंने दोनों ही खरीद लिए और बड़ा अपने साथी को दे दिया। वह बड़ा चकित हो गया! उसने सोचा था कि बड़ा मैं अपने लिए रखूँगा। जब कोई व्यक्ति दूसरों का ध्यान रख कर पहले उनके बारे में सोचता है, तो उसके भीतर एक अद्भुत भावना उत्पन्न होती है। जैसे ही आप किसी और

के बारे में सोचते हैं, तो न केवल वह व्यक्ति आप के प्रति सोचता है बल्कि ईश्वर भी आपके लिए सोचते हैं। यदि हमेशा आप दूसरों के बारे में सोचते हुए उनकी सहायता करते रहते हैं, तो ऐसा करने में आपका अन्तिम पैसा भी चला जाए तो भी ईश्वर आप के लिए कई गुना आशीर्वादों से आपकी झोली भर देंगे।

एक बात और याद रखने की है : आपमें से प्रत्येक में एक ऐसा अद्वितीय गुण है जो किसी और में नहीं है। किसी न किसी रूप में हर व्यक्ति दूसरों से अधिक सम्पन्न या निर्धन है। यदि आप निःस्वार्थी, अच्छे स्वभाव वाले और समझदार व्यक्ति हैं तो आप उनकी अपेक्षा अधिक सम्पन्न हैं जो स्वार्थी, क्रोधी और ईर्ष्यालु हैं।

पूर्ण संतुलन ईश्वर की वेदी है

मानवजाति एक विशाल चिड़ियाघर के समान है — जहाँ इतने-सारे लोग इतने भिन्न-भिन्न प्रकार का आचरण करते हैं, जिनमें से अधिकांश लोगों का अपने ऊपर कोई नियंत्रण नहीं होता। परन्तु अपने जीवन का सच्चा लक्ष्य प्राप्त करने से पहले मनुष्य को वह आत्मसंयम प्राप्त करना आवश्यक है। उसे संतुलन स्थापित करने का प्रयास करना आवश्यक है। पूर्ण संतुलन ईश्वर की वेदी है। इसके लिए प्रयासरत रहें और एक बार जब वह प्राप्त हो जाए तो इसे कभी न खोएँ। जब सलीब पर क्राइस्ट को कीलें ठोकी जा रही थीं, तब भी उन्होंने इसे खोया नहीं। उन्होंने कहा, “हे परमपिता, इन्हें क्षमा कर दो, क्योंकि वे नहीं जानते कि वे क्या कर रहे हैं।” साधारण मनुष्य ऐसी परीक्षाओं का सामना नहीं कर सकता।

जब मैंने आध्यात्मिक पथ पर कदम रखा था, मैंने सोचा था कि मेरे साथ सब अच्छा ही होगा; पर मैंने देखा कि अनेक कठिन परिस्थितियाँ भी आईं। तब मैंने यह कहकर अपने आप को समझाया : “क्योंकि मैं ईश्वर से इतना गहन प्रेम करता हूँ, इसलिए मैंने उनसे कुछ अधिक ही अपेक्षाएँ की हैं। परन्तु अब से आगे मैं सदा यही कहूँगा, ‘प्रभो, आप की इच्छा पूर्ण हो।” गंभीर परीक्षाएँ आईं। लेकिन मैं इसी विचार पर स्थिर रहा, “आप की ही इच्छा पूर्ण हो।” वे मुझे जो भी दे रहे थे उसी को मैं मन से स्वीकार करना चाहता था। और ईश्वर ने सदा ही मुझे यह दिखाया कि हर परीक्षा में किस तरह मैं विजयी हो सकता हूँ।

आध्यात्मिक रूप से उन्नत व्यक्ति के लिए मृत्यु भी कुछ नहीं है। मैंने एक बार स्वप्न देखा कि मैं मर रहा हूँ। परन्तु फिर भी मैं ईश्वर से प्रार्थना कर रहा था : “प्रभो, ठीक है;

आपकी जो इच्छा।" तब उन्होंने मुझे स्पर्श किया और मुझे इस सत्य का ज्ञान हुआ : "मैं कैसे मर सकता हूँ? लहर कभी नहीं मरती; वह तो केवल सागर में समा जाती है और फ़िर ऊपर आती है। लहर कभी नहीं मरती; और मैं भी कभी नहीं मर सकता।"

जब आप किसी कपड़े की दुकान पर जाते हैं, तो आप वह वस्त्र लेने का प्रयास करते हैं जो आपके अनुकूल हो और जो आपके व्यक्तित्व को निखारता हो। आपको अपनी आत्मा के लिए भी ऐसा ही करना चाहिए। आत्मा की कोई विशेष पोशाक नहीं होती; यह जो वेश चाहती है वही धारण कर सकती है। शरीर की सीमाएँ हैं, किन्तु आत्मा किसी भी प्रकार की मानसिक पोशाक, किसी भी प्रकार के व्यक्तित्व को धारण कर सकती है।

यदि आप किसी व्यक्ति के बारे में गहनता से सोचें, उसके इतिहास का अध्ययन करें, और उसके व्यक्तित्व की सचेतन रूप से नकल करें, तो आप उस जैसा बनने लग जाएँगे; और उस व्यक्तित्व के साथ अपनी एकरूपता स्थापित कर लेंगे। मैंने इसका अभ्यास किया है और मैं जिस भी व्यक्तित्व को चाहूँ धारण कर सकता हूँ। जब मैं ज्ञान रूपी व्यक्तित्व को धारण करता हूँ तो ज्ञान के अतिरिक्त और कुछ नहीं बोल सकता। जब मैं प्रभु के महान् भक्त, श्रीचैतन्य* के व्यक्तित्व को धारण करता हूँ, तो मैं भक्ति के अतिरिक्त और कुछ नहीं बोल सकता। और जब मैं जीसस के व्यक्तित्व के साथ अन्तर्सम्पर्क कर लेता हूँ तो ईश्वर के विषय में जगन्माता के रूप में नहीं बोल सकता — बल्कि केवल परमपिता के रूप में बोल सकता हूँ, जैसा कि वे बोलते थे। आत्मा कोई भी मानसिक वेशभूषा, जिसकी वह प्रशंसा करती है या इच्छा करती है, धारण कर सकती है और जब भी वह चाहे अपनी इच्छा अनुरूप वही वेशभूषा बदल सकती है।

जब आप किसी बहुत अच्छे व्यक्ति से मिलते हैं, तो क्या ऐसा नहीं चाहते कि आप भी उस जैसे होते? उन सब उत्कृष्ट गुणों के बारे में सोचें जो महान् पुरुषों और स्त्रियों के हृदयों में हैं; आप भी उन सभी गुणों को अपने हृदय में धारण कर सकते हैं। आप विनम्र और बलवान बन सकते हैं, या उस जनरल की तरह बहादुर बन सकते हैं जो एक न्यायसंगत कारण के लिए लड़ता है। आप चंगेज़खान की विश्व विजेता बनने की इच्छाशक्ति को प्राप्त कर सकते हैं या सन्त फ्रांसिस की दैवी इच्छाशक्ति, प्रेम और समर्पण को प्राप्त कर सकते हैं।

* 16वीं शताब्दी में श्रीचैतन्य की ख्याति एक महान् *भक्त* के रूप में पूरे भारत में फैल गई। सन् 1508 में जब वे गया में थे, उन्हें एक आध्यात्मिक जाग्रति का अनुभव हुआ और वे ईश्वर के प्रेम से प्रदीप्त हो गए, जिन्हें वे अवतार भगवान् श्रीकृष्ण के रूप में पूजते थे।

ईश्वर को खोजें और जीवन में विजयी बनें

चाहे कितनी ही बाधाएँ क्यों न आएँ, सर्वोपरि ईश्वर को खोजने की इच्छाशक्ति को अधिकाधिक बलवान बनाते जाएँ। तब आप जीवन में विजयी होंगे। जब मैं इस कार्य के लिए कुछ करने का प्रयास कर रहा होता हूँ, और उसमें कई बाधाएँ आती हैं, तो मन में कभी-कभी विचार आता है, "मुझे यह सब करने की क्या ज़रूरत है? मैंने तो ईश्वर को प्राप्त कर लिया है। मुझे अपने लिए इनकी कोई आवश्यकता नहीं।"* परन्तु तब मैं प्रभु से कहता हूँ : "जो कुछ मेरे साथ होगा, मैं उसे स्वीकार करूँगा। लोग मेरे बारे में क्या सोचते हैं मुझे उसकी परवाह नहीं, क्योंकि वे एक दिन मेरे साथ हैं, दूसरे दिन मेरे विरोध में हो जाते हैं। आपकी प्रसन्नता में ही मेरी प्रसन्नता है। आपके आश्वासन में ही मेरी सन्तुष्टि है।"

क्राइस्ट जैसे महान् सन्तों की चेतना की नकल करने का प्रयास करें। उनकी सर्वव्यापकता को अनुभव करें। परमपिता ने जीसस को वह सर्वजनीन चेतना प्रदान की जिसके द्वारा वे सब कुछ जानते हैं। यहाँ तक कि अभी जो मैं बोल रहा हूँ उसका भी उन्हें ज्ञान है। यद्यपि आप उन्हें नहीं देख रहे, लेकिन मैं उन्हें देख रहा हूँ। वे ठीक यहीं हैं — एक महान् प्रकाश, जो अपनी उपस्थिति की दिव्यता से इस मन्दिर को रूपान्तरित कर रहा है। यहाँ उपस्थित प्रत्येक व्यक्ति उस प्रकाश में ही है जिसे मैं देख रहा हूँ। क्राइस्ट चेतना [*कूटस्थ चैतन्य*] के उस प्रकाश में, ईश्वर के उस प्रकाश के सागर में हम लहरों के समान हैं। जब आप उनके प्रकाश को और उनकी उपस्थिति को देख लेंगे, तब आप जान जाएँगे कि यह जीवन एक परीक्षा से अधिक और कुछ नहीं है, ईश्वर तक पहुँचने के लिए प्रत्येक व्यक्ति को इसमें से गुज़रना ही पड़ेगा। यदि माया की परीक्षाओं पर विजय पा ली जाए तो माया स्वयं ईश्वर के पथ पर सहायक हो जाती है। प्रत्येक परीक्षा एक आशीर्वाद है, यदि वह हमें ईश्वर के समीप लाती है। यही आपको याद रखना चाहिए। और पृथ्वी पर आप जो कुछ भी करते हैं, केवल ईश्वर के लिए ही करें।

प्रत्येक मानव अद्वितीय है; कोई भी दो मानव पूरी तरह एक समान नहीं हो सकते। अपने बारे में ऐसा सोचें : "मेरा व्यक्तित्व ईश्वर द्वारा दिया गया एक उपहार है।

* इसी प्रकार भक्त अर्जुन ने दुःखी भाव से भगवान् से कहा, "यदि आप कर्म की अपेक्षा ज्ञान को (सत्य का अनुभव) श्रेष्ठ मानते हैं तो आप मुझे इस भयंकर कर्म में लगने का आदेश क्यों देते हैं?" (भगवद्गीता III:1)। सलीब पर परीक्षा से गुज़रते हुए जीसस ने प्रभु को पुकारा, "यदि हो सके तो यह प्याला मुझसे दूर कर दिया जाए; तो भी जैसे मैं चाहता हूँ वैसे नहीं, परन्तु जैसा तुम चाहते हो वैसा ही हो" *मत्ती* 26:39 (बाइबिल)।

मैं जैसा भी हूँ, वैसा कोई और नहीं है। मैं अपने दैवी व्यक्तित्व पर गर्व करूँगा। मैं अपने आपमें सुधार लाऊँगा और एक श्रेष्ठ व्यक्तित्व को धारण करूँगा।" यदि आप अपनी भूमिका ठीक ढंग से निभाएँगे तो आप उस आत्मा के समान ही हैं जो एक राजा या रानी की भूमिका निभाती है। और जब तक आप अपनी भूमिका ठीक ढंग से निभाते रहेंगे, तब तक आपको सब प्रेम करेंगे और आप आकर्षक बने रहेंगे। आपकी ठीक ढंग से निभाई गई भूमिका ईश्वर के साम्राज्य के लिए आपका पारपत्र (पासपोर्ट) है।

अब्राहम लिंकन इस जीवन रूपी मंच पर एक निपुण कलाकार थे। अपनी कठिन भूमिका निभाने में उन्हें कोई हिचकिचाहट नहीं हुई। वे ईश्वर का कार्य कर रहे थे और जिसके सही होने का उन्हें विश्वास था : मानव की समानता। इसलिए वे आज भी याद किए जाते हैं तथा सभी के प्रेमपात्र हैं। यदि आप ईश्वर की सेवा करने का प्रयास कर रहे हैं, तो आप सबकी सेवा कर रहे हैं। ईश्वर को प्रसन्न करने का प्रयास करें, मनुष्य को नहीं।

जैसे आप आशा करते हैं कि दूसरे बनें, पहले आप वैसे स्वयं बनें। इन सुझावों का अभ्यास करें। एक समय में एक ही गुण को विकसित करने का प्रयास करें। उदाहरण के लिए, आज से शान्ति का अभ्यास करें। उसके बाद प्रसन्नचित्त रहने का अभ्यास करें, चाहे आप दुःखी हों, तो भी मुस्कराने का प्रयास करें। उसके बाद साहस और निर्भयता को विकसित करने का अभ्यास करें। कुछ लोगों को अंधेरे से डर लगता है। यदि आप उनमें से एक हैं, तो किसी अंधेरे कमरे में तब तक जाते रहें जब तक आप इस भय पर विजय प्राप्त न कर लें। इस चेतना को विकसित करें कि ईश्वर आपके साथ हैं। आप किसी अजेय दुर्ग में हो सकते हैं और फिर भी बीमारियाँ आपको पकड़ सकती हैं। तथापि आप किसी रणभूमि में हो सकते हैं जहाँ आपके चारों ओर गोलियों की बौछार हो रही हो, तब भी यदि आपका शरीर छोड़ने का समय नहीं आया है तो आपको कुछ भी चोट नहीं पहुँचा सकता। ईमानदारी, निःस्वार्थता, व्यवसायिक योग्यता आदि गुणों में पूर्णता लाने का अभ्यास करें। एक शक्तिशाली मन वाले शहीद की तरह इसका अभ्यास करें, जो अपने आदर्शों के साथ कभी समझौता नहीं करता। चाहे जो भी हो, उससे चिन्तित या विचलित न हों। ऐसे ही बनें।

दूसरों का ध्यान रखने का और उनके प्रति अच्छाई करने का प्रयास तब तक करते रहें, जब तक आप एक ऐसे सुन्दर फूल के समान नहीं बन जाते जिसे हर कोई देखना चाहता है। फूल की सुन्दरता और निर्मल मन की आकर्षकता को आत्मसात करें। जब आप इस तरह आकर्षक होंगे, तो आप सदा ही सच्चे मित्र पाएँगे। आप मनुष्य और ईश्वर, दोनों के ही प्रेमपात्र बन जाएँगे।

व्यक्तित्व का विकास

सेल्फ़-रियलाइज़ेशन फ़ेलोशिप अन्तर्राष्ट्रीय मुख्यालय, लॉस एंजिलिस, कैलिफ़ोर्निया, 28 अक्टूबर, 1938

व्यक्तित्व और इसका विकास साधारणतया केवल किसी भौतिक लक्ष्य की प्राप्ति की दृष्टि से ही समझे जाते हैं, जैसे कि किसी के व्यवसाय में बढ़ोतरी अथवा सामाजिक सुअवसर। व्यक्तित्व के वास्तविक सच्चे स्वरूप का विश्लेषण विरले ही किया जाता है।

वास्तव में, व्यक्तित्व है क्या? यह अहम् चेतना है; बढ़े हुए अभिमान के भाव में अहंकार नहीं, वरन् अस्तित्व की चेतना के रूप में। हममें से प्रत्येक जानता है : "मेरा अस्तित्व है।"

इसके अतिरिक्त, हम एक विशेष रूप में अस्तित्व के लिए सचेत हैं, जैसे स्त्री अथवा पुरुष, और साथ ही उनके कुछ विशिष्ट गुण। हम स्वयं को अपनी व्यक्तिगत पृष्ठभूमि, अनुभवों और वातावरण के अनुसार सोचते हैं। एक गृहिणी स्वयं को गृहिणी के रूप में ही सोचती है, एक प्राध्यापक स्वयं को प्राध्यापक के रूप में सोचता है, एक वैज्ञानिक स्वयं को एक वैज्ञानिक के रूप में सोचता है। तथापि जब वे सो जाते हैं तो वे अपने दिन-भर के क्रियाकलापों को भूल जाते हैं। निद्रावस्था में अस्तित्व की चेतना बनी रहती है, यद्यपि जाग्रत अवस्था के व्यक्तित्व के अहम् की धारणा पूर्ण रूप से समाप्त हो सकती है। लेकिन जैसे ही व्यक्ति नींद से जागता है उसको अपनी सामाजिक पहचान याद आ जाती है और वह उसके साथ पुनः संबंधित हो जाता है। अतः व्यक्ति जिस व्यक्तित्व को अपनी जाग्रत अवस्था में प्रदर्शित करता है वह केवल एक सँवारा हुआ एवं आंशिक व्यक्तित्व है।

अस्तित्व की चेतना मूल रूप से एक सर्वजनीन, असीमित अवस्था है; लेकिन थोड़ी बहुत उन व्यक्तिगत गुणों द्वारा बंध जाती है जिन्हें हम दिन-प्रति-दिन अपनाते हैं। परिणामस्वरूप हम भूल गए हैं कि हमारे व्यक्तिगत गुण, हमारे व्यवहार के अनुसार, बढ़ाए अथवा घटाए जा सकते हैं।

हमारा असली व्यक्तित्व कहाँ से आता है? यह ईश्वर से आता है। वे पूर्ण चेतना हैं, पूर्ण अस्तित्व हैं, और पूर्ण आनन्द हैं। सृष्टिकर्ता जानते हैं कि उनका अस्तित्व है; वे यह भी जानते हैं कि उनका अस्तित्व शाश्वत है, और उनका स्वभाव नित्य नवीन आनन्द है।

मानव मन के द्वारा हम अनन्त ईश्वर के मन को नहीं जान सकते और न ही अकथनीय ब्रह्म क्या है इसका बोध कर सकते हैं; परन्तु आत्मा की अधिचेतन अवस्था में हम ईश्वर की विद्यमानता का आनन्द के रूप में अनुभव कर सकते हैं। जो आनन्द हम किसी भी अनुभव से प्राप्त करते हैं, ईश्वर से ही प्रवाहित होता है, चाहे वह किसी बाह्य परिस्थिति द्वारा ही उत्पन्न हुआ हो।

अपने अन्तर में एकाग्रचित होकर, आप अपनी आत्मा के दिव्य आनन्द को सीधे भीतर अनुभव कर सकते हैं और बाहर भी। यदि आप स्वयं को इस चेतना में स्थिर कर सकें, तो आपका बाह्य व्यक्तित्व विकसित हो जाएगा और सब प्राणियों के लिए आकर्षक बन जाएगा। आत्मा ईश्वर के प्रतिबिंब में बनी है, और जब हम आत्मबोध में स्थित हो जाते हैं, तो हमारा व्यक्तित्व ईश्वर के गुणों और सुन्दरता को प्रदर्शित करने लगता है। वही आपका वास्तविक व्यक्तित्व है। अन्य कोई विशिष्टता जिसे आप व्यक्त करते हैं कुछ अंश तक एक आरोपण मात्र है — वे वास्तविक "आप" नहीं हैं। एक दिव्य व्यक्ति, जो ईश्वर की ब्रह्माण्डीय चेतना में रहता है, किसी भी प्रकार के बाह्य व्यक्तित्व को, जिसे वह चाहे, अपना सकता है।

जब मैं अपने मानवीय व्यक्तित्व के प्रति सचेत होता हूँ तो मैं सीमित हो जाता हूँ, परन्तु जैसे ही मैं अपनी चेतना को आत्मा के क्षेत्र में बदलता हूँ, मैं प्रत्येक वस्तु को मात्र एक चलचित्र की भाँति देखता हूँ। व्यक्ति जब सिनेमा के पर्दे पर चित्रों को प्रदर्शित करने वाले प्रकाश की किरण-पुंज्ज की ओर ध्यान देता है तो वह देख सकता है कि वे सब चित्र-प्रक्षेपक (projector) से निकलने वाली प्रकाश की किरणों द्वारा प्रकाशमान हो रहे हैं। उसी प्रकार, मैं संसार और इसके समस्त प्राणियों को मात्र ईश्वर के द्वारा साकार रूप दिए गए विचार के रूप में देखता हूँ। भौतिक पदार्थ पर मन को एकाग्र कीजिए और आप प्रत्येक वस्तु को भौतिक पदार्थ के रूप में ही देखेंगे। परन्तु जैसे ही आप अपनी चेतना को दिव्य बोध की अवस्था में ले जाते हैं, तो आप ईश्वर के प्रकाश की किरणों के सागर को समस्त भौतिक पदार्थों के पीछे प्रवाहित होते देखते हैं। आप प्रत्येक वस्तु को ब्रह्म के रूप में देखते हैं।

यद्यपि ईश्वर की समरूपता प्रत्येक वस्तु में प्रतिबिम्बित होती है, फिर भी यह ब्रह्माण्डीय प्रकृति में विविध रूप में प्रतीत होता है। उनका सृजनात्मक जीवन पूरी पृथ्वी में प्रवाहित होता है; भूमि में एक बीज डाल दीजिए और यह उगने लगता है। धातु ईश्वर की एक विशेष सुन्दरता और शक्ति को व्यक्त करते हैं। वनस्पति जगत् में वे अपने व्यक्तित्व में फिर से परिवर्तन ले आते हैं; जीवन की सक्रिय अभिव्यक्ति पौधों में और अधिक दिखाई देती है। फिर भी, सृष्टि का अध्ययन यह बताता है कि प्रत्येक धातु, प्रत्येक पौधा, प्रत्येक प्राणी का एक विशिष्ट व्यक्तित्व होता है; और मनुष्य में हम और अधिक विस्तृत व्यक्तित्व पाते हैं, क्योंकि मनुष्य *जानता* है कि वह जीवित है, चेतन प्राणी है। लेकिन ये सब विभिन्न व्यक्तित्व ईश्वर से ही लिए हुए हैं; मात्र वे ही एक जीवन हैं। "हे अर्जुन! सभी प्राणियों के हृदय में मैं ही आत्मा हूँ; मैं ही उनका आदि, अस्तित्व तथा अन्त हूँ।" इस प्रकार ईश्वर गीता* में अपना वर्णन करते हैं। और बाइबिल में हम यह उद्घोषणा पढ़ते हैं : "मैं ही अल्फ़ा और ओमेगा हूँ, आरम्भ और अन्त, प्रभु ने कहा, वर्तमान, भूत और भविष्य, सर्वशक्तिमान मैं ही हूँ।"†

अन्तर्ज्ञान व्यक्ति के सच्चे व्यक्तित्व को विकसित करता है

हमारा आत्म-अन्तर्ज्ञान ईश्वर की एक शक्ति है। उनका कोई मुख नहीं है, फिर भी वे प्रत्येक वस्तु का स्वाद लेते हैं। उनके कोई हाथ या पैर नहीं हैं, फिर भी वे पूरे विश्व का अनुभव करते हैं। कैसे? अन्तर्ज्ञान से, अपनी सर्वव्यापकता से।

व्यक्ति अपने और जिस संसार में वह रहता है उसके विषय में जानकारी प्राप्त करने के लिए सामान्यतः अपनी इन्द्रियों पर निर्भर रहता है। उसका मन उसकी पाँच ज्ञानेन्द्रियों द्वारा प्राप्त जानकारी के अतिरिक्त और कुछ नहीं जानता। परन्तु महामानव जानकारी के लिए अपनी "छठी इन्द्रिय" अन्तर्ज्ञान पर निर्भर रहता है। अन्तर्ज्ञान अपने तथ्यों के लिए इन्द्रियों पर अथवा अनुमान की शक्ति पर निर्भर नहीं रहता। उदाहरण के लिए, आप निश्चित रूप से अनुभव करते हैं कि कुछ घटना होने वाली है, और वह घटित हो जाती है, बिल्कुल वैसे ही जैसे आपको पूर्वाभास हुआ था। आपमें से प्रत्येक को शायद ऐसा कुछ अनुभव हुआ है। आपने बिना किसी पूर्वानुमान अथवा इन्द्रिय तथ्यों के यह कैसे जान लिया? यह सीधी जानकारी अन्तर्ज्ञान की आत्मिक शक्ति है।

* भगवद्गीता X:20।

† *प्रकाशित वाक्य* 1:8 (बाइबिल)।

भारत के एक प्राचीन सन्त पतंजलि कहते हैं कि धर्मग्रंथों का उद्धरण अपने आपमें सत्य का प्रमाण नहीं है। तब आप कैसे जान सकते हैं कि बाइबिल और गीता सत्य हैं? इन्द्रियों और अनुमान की शक्ति द्वारा प्राप्त तथ्य अन्तिम प्रमाण नहीं दे सकते। सत्य अन्ततः केवल अन्तर्ज्ञान द्वारा, आत्मानुभूति द्वारा समझा या "सिद्ध" किया जा सकता है।

आपके सच्चे व्यक्तित्व का विकास तभी शुरु होता है जब आप गहन अंतर्ज्ञान द्वारा यह अनुभव करने में सक्षम हो जाते हैं कि आप यह ठोस शरीर नहीं बल्कि शरीर के भीतर विद्यमान जीवन एवं चैतन्य का दिव्य शाश्वत प्रवाह हैं। इसी कारण जीसस पानी पर चल सके। उनको यह अनुभूति थी कि प्रत्येक वस्तु ईश्वर की चेतना से बनी हुई है।

मानवीय व्यक्तित्व को दिव्य व्यक्तित्व में परिवर्तित किया जा सकता है। इस चेतना को मन से निकाल दें कि आप हाड़-मांस की एक गठरी हैं। प्रत्येक रात्रि को ईश्वर आपसे यह भ्रम भुलवा देते हैं। परन्तु जागते ही आप फिर से शरीर के दिखाई देने वाले कारावास में आ जाते हैं।

व्यक्ति जो चाहता है वह बन सकता है

एकाग्रता द्वारा व्यक्ति अपनी बाह्य और आन्तरिक प्रकृति को बदल सकता है। एक सशक्त मन वाला व्यक्ति जो चाहे वह बन सकता है। ध्यान के द्वारा सीमित मानवीय व्यक्तित्व अत्यधिक विकसित किया जा सकता है। जब आप अपनी आँखें बन्द करके अपने अन्तर में अपनी आत्मा की विशालता को अनुभव करें, और जब आप उस चेतना को बनाए रख सकें, तब आपका वैसा व्यक्तित्व हो जाएगा जैसा ईश्वर ने आपके लिए चाहा था। जाग्रत-अवस्था का अनुभव आपकी चेतना में प्रभावी हो गया है। परन्तु गहन निद्रा की अवस्था में जब मनुष्य को देह की सीमितताओं से मुक्ति प्रदान कर दी जाती है, आप सत्य के साथ, अपने सच्चे व्यक्तित्व के साथ होते हैं। अवचेतन (subconscious) और अधिचेतन (superconscious) अनुभूति के साथ आपकी मनोवृत्ति बदल जाती है : "मैं शाश्वत हूँ। मैं प्रत्येक वस्तु का एक अंग हूँ।"

जब आपकी चेतना दिव्य ज्ञान के साथ विस्तृत होती जाती है, आपका व्यक्तित्व अधिक आकर्षक और सशक्त हो जाता है। जब आपका चरित्र आध्यात्मिक रूप से विकसित होता है, तब आप अपने व्यक्तित्व को किसी भी इच्छित रूप में ढाल सकते हैं। मन असीम है, और जब आप आध्यात्मिक रूप से विकसित हो जाते हैं और आपका आन्तरिक जीवन देह चेतना से पृथक हो जाता है, तब आप शरीर के साथ अहम् की आसक्ति का अनुभव नहीं करते, आपको अकथनीय स्वतंत्रता का बोध हो जाता है।

आपको अपनी किसी एक विशेष प्रकार के व्यक्ति के रूप में पहचान नहीं बनानी चाहिए। बल्कि जब भी आप चाहें अपने व्यक्तित्व में परिवर्तन लाने में सक्षम होना चाहिए। मैंने अपने जीवन में मात्र मनोरंजन के लिए, अनेक विभिन्न कार्य किए हैं। मैंने धन निवेश किया, मैंने एक संगीतकार का, एक ठेकेदार का, और एक रसोइए का भी कार्य किया है। वास्तव में, आप कोई भी कार्य पूरा कर सकते हैं यदि आप अपने वर्तमान व्यक्तित्व के साथ एक होकर सीमितताओं को स्वीकार न करें। जब आप मुझसे कहते हैं कि आप अपने मन में जो कुछ भी करने की ठान लें, वह आप कर सकते हैं। ईश्वर सर्वस्व का कुल योग हैं, और उनकी छवि आपके भीतर है। वे सब कुछ कर सकते हैं, और वैसे ही आप भी सब कुछ कर सकते हैं, यदि आप स्वयं को उनकी अनन्त प्रकृति के साथ एकरूप करना सीख लें।

चाहे आपके पास स्वास्थ्य हो, धन हो और आपके पास संसार की प्रत्येक इच्छित वस्तु हो, फिर भी सदा कुछ मोह-भंग होगा जो दुःख पैदा करेगा। पृथ्वी की कोई भी वस्तु स्थायी नहीं है, केवल ईश्वर स्थायी हैं। जब आप ऐसे व्यक्तित्व को विकसित करें, जो आपके अन्दर ईश्वर की विद्यमानता की अभिव्यक्ति है, जोकि आपका वास्तविक स्वरूप है, तो आप जो कुछ भी चाहें उसे आकर्षित कर पाएँगें। आप कोई भी अन्य व्यक्तित्व जिसे विकसित करने का प्रयास करते हैं — चाहे वह कलाकार का हो अथवा व्यवसायी का या लेखक का हो — उसका परिणाम आपका मोह-भंग करेगा, क्योंकि सभी मानवीय अभिव्यक्तियों की अपनी सीमाएँ हैं। आप सफलता या धन या यश के पीछे भागें, और इन्हें प्राप्त भी कर लें, लेकिन सदा ही कुछ-न-कुछ अभाव — स्वास्थ्य में कमी या अपर्याप्त प्रेम या कुछ और — आपको दुःख पहुँचाएगा। इस प्रकार प्रार्थना करना सर्वोत्तम है : "हे प्रभु, मैं सदा आपकी चेतना में प्रसन्न रहूँ। मुझे सभी सांसारिक इच्छाओं से मुक्त करें, और सर्वोपरि, मुझे आपका वह परमानन्द प्रदान करें, जो जीवन के अच्छे और बुरे सभी अनुभवों के परे जाता है।"

अपने वास्तविक स्वरूप को कभी न भूलें!

सदा याद रखिए कि ईश्वर की संतान होने के नाते, आप ईश्वर द्वारा भेजी हुई किसी भी परीक्षा को पार करने के लिए आवश्यक शक्ति से कहीं अधिक शक्ति-सम्पन्न हैं।

प्रायः हम स्वयं को बदलने का प्रयास किए बिना दुःख भोगते रहते हैं; इसीलिए हमें स्थायी शांति एवं संतोष प्राप्त नहीं होते। यदि हम निरन्तर धैर्यपूर्वक प्रयास करते रहें तो निश्चित ही सभी कठिनाइयों पर विजय प्राप्त कर लेंगे। हमें प्रयास करना ही होगा ताकि हम दुःख से सुख की ओर, निराशा से साहस की ओर अग्रसर हो सकें।

सर्वप्रथम यह आवश्यक है कि हम अपनी परिस्थिति में परिवर्तन लाने के महत्त्व को अनुभव करें। यह प्रवृत्ति हमारी इच्छाशक्ति को कार्यरत होने के लिए प्रेरित करती है। आइए प्रण करें कि हम अपने आत्मज्ञान को उन्नत करने के लिए सदा प्रयास करते रहेंगे, और इस प्रकार अपने जीवन को निरन्तर उत्तम बनाएँगे।

भारत के आध्यात्मिक विज्ञानियों ने आत्मा के साम्राज्य की खोज की। उन्होंने मानव जाति को उनके लाभ के लिए ध्यान के कुछ शाश्वत नियम दिए हैं जिनके द्वारा सच्चे जिज्ञासु — जो स्वयं में परिवर्तन लाकर एक अच्छा जीवन जीने के इच्छुक हों — वैज्ञानिक विधि से अपने मन को नियंत्रित कर सकें और आत्म- साक्षात्कार प्राप्त कर लें।

जब आप अपनी दिव्य प्रकृति को विकसित करते हैं, तो आप अपनी देह से पूर्णरूप से अनासक्त हो जाते हैं; तब आप इसके साथ तादात्म्य का अनुभव नहीं करते। आप इसकी देख-भाल किसी छोटे बच्चे की तरह करते हैं। जैसे-जैसे आप ध्यान के द्वारा, अपने सच्चे स्वरूप को अधिक से अधिक अनुभव करते हैं, आप शारीरिक और मानसिक पीड़ाओं से मुक्त हो जाते हैं। आप जीवन-भर की सीमाओं को तोड़ देते हैं। पृथ्वी पर अपने दिन बिताने का यह सबसे अच्छा तरीका है।

अपने दिव्य व्यक्तित्व को जाग्रत करें

स्मरण रखें कि वस्तुओं को अपनाना हानिकारक नहीं है, परन्तु उनके अधीन हो जाना हानिकारक है। उचित संतुलन रखना कठिन है। धन के लिए कठिन परिश्रम करने से आप अपने स्वास्थ्य की उपेक्षा कर सकते हैं। आप देखेंगे कि यदि आप ईश्वर के प्रति अपनी निष्ठा को तोड़ेंगे तो सृष्टि की प्रत्येक वस्तु आपके साथ विश्वासघात करेगी। अतः जब आप प्रतिदिन ध्यान करते हैं, और अपने सांसारिक कर्त्तव्यों को सावधानीपूर्वक पूरा करते हैं तो सुनिश्चित कीजिए कि आन्तरिक शांति के मन्दिर में

जलाए हुए आपके मनोयोग के दीप से तेल की एक बूँद भी नीचे न गिरने पाए।* यही व्यक्तित्व आप विकसित करना चाहते हैं — जीवन में अपने कार्यों को कर्त्तव्यनिष्ठा से पूरा करना, लेकिन इस बोध से कि आपका वास्तविक निवास आपके ही अन्तर में है। सांसारिक मूल्यों पर आधारित व्यक्तित्व को विकसित करने का क्या लाभ, जो नित्य परिवर्तनशील एवं क्षणिक हैं? अपितु एक ऐसे व्यक्तित्व के लिए प्रयास करें जो आपके ईश्वर की निरन्तर चेतना में जीने से उत्पन्न हुआ हो। भगवान् कृष्ण ने कहा है : "जब कोई व्यक्ति मन की सभी इच्छाओं को पूर्ण रूप से त्याग देता है और आत्मा द्वारा आत्मा में ही पूर्ण रूप से सन्तुष्ट रहता है, तब उसे स्थितप्रज्ञ कहा जाता है।"†

उस विनम्र किन्तु वज्र के समान, दिव्य व्यक्तित्व को जाग्रत करें — सिंह की भाँति बलशाली और कपोत की भाँति कोमल। जब आप यह दृढ़ निश्चय कर लें कि आप ध्यान करेंगे और इस पथ पर चलेंगे, तो आपको इससे हटाने में कोई भी सफल नहीं होगा। अपने सांसारिक कार्यों को सच्चाई से पूरा करें, ईश्वर के प्रति अपने उच्चतम कर्त्तव्य को एक क्षण के लिए भी भूले बिना।

* भारत में इससे संबंधित आध्यात्मिक परीक्षा की एक कहानी प्रायः सुनाई जाती है जो महान् सन्त, राजा जनक ने अपने होने वाले शिष्य शुकदेव की परीक्षा ली थी। आध्यात्मिक प्रशिक्षण के लिए स्वीकार करने से पहले युवा शिष्य की परीक्षा में राजा जनक ने शुकदेव से अपने हाथों में तेल से लबालब भरा दीपक लेकर पूरे राजमहल का चक्कर लगाने के लिए कहा। परीक्षा में सफल होने की शर्त यह थी कि शुकदेव महल के प्रत्येक कक्ष में प्रत्येक वस्तु और उसके ब्यौरे का निरीक्षण करें (और फिर उनके बारे में राजा को बताएँ) और तेल से लबालब भरे दीपक में से एक भी बूँद गिरने न दें। इस परीक्षा का अभिप्राय यह है कि आध्यात्मिक जिज्ञासु अपनी एकाग्रता को ईश्वर पर केन्द्रित रखना सीखे, और अपने विचारों को एक क्षण के लिए भी भटकने न दें, जिस कारण से ईश्वर सम्पर्क रूपी तेल बिखर न पाए, और उसके साथ-ही-साथ, वह सूक्ष्मता से, संसार में अपने कर्त्तव्यों को ठीक रूप से पूरा करें।

† भगवद्गीता II:55।

मित्र बनाने की दिव्य कला

प्रथम सेल्फ़-रियलाइज़ेशन फ़ेलोशिप मन्दिर, एन्सिनिटस, कैलिफ़ोर्निया, 22 जनवरी, 1939

मित्रता मानव को अपना प्रेम दिखाने की ईश्वरीय इच्छा की सबसे उदात्त मानवीय अभिव्यक्ति है। ईश्वर, एक शिशु पर उसके माता और पिता के माध्यम से अपना प्रेम बरसाते हैं; शिशु के लिए उनकी भावना स्वाभाविक है, क्योंकि हमारे सृष्टिकर्ता का यह विधान है कि हमारे माता-पिता हमसे प्रेम किए बिना नहीं रह सकते। परन्तु मित्रता ईश्वर के प्रेम* की स्वतन्त्र निष्पक्ष अभिव्यक्ति के रूप में हमें मिलती है।

दो अपरिचित व्यक्ति मिलते हैं, और अपने हृदयों की तात्कालिक पसंद के द्वारा, एक दूसरे की सहायता करने की इच्छा करते हैं। क्या आपने कभी विश्लेषण किया है कि ऐसा कैसे होता है? मित्र बनने के लिए एक-दूसरे के लिए सहज इच्छा सीधे ईश्वर के आकर्षण के दैवी नियम से आती है; दो आत्माओं के बीच पिछले जन्मों से संचित परस्पर मित्रता के कार्य क्रमशः एक कर्म बंधन बनाते हैं जो इस जीवन में एक दूसरे को प्रभावी रूप से आकर्षित करते हैं।

जब तक यह स्वार्थता या यौनाकर्षण के द्वारा दूषित नहीं होती, यह प्रवृत्ति शुद्ध रहती है। परन्तु प्रायः यह दूषित हो जाती है। मित्रता हमारी अत्यंत अंतरंग भावनाओं के वृक्ष पर बढ़ती है; यह दूषित इच्छाओं और स्वार्थी कार्यों द्वारा अपवित्र हो जाती है। यदि आप किसी वृक्ष की जड़ों में गलत प्रकार की खाद डालें, तो जो फल पैदा होगा वह अच्छा नहीं होगा; और जब आप मानवीय भावना के वृक्ष का स्वार्थता के भाव से पोषण करेंगे, तो आपके दूषित उद्देश्य मित्रता रूपी फल को विकृत कर देंगे। किसी व्यक्ति में केवल इसलिए रुचि रखना कि वह अमीर है या प्रभावशाली है और आप के लिए कुछ कर सकता है, मित्रता नहीं है। और किसी के प्रति मूलतः आकर्षित होना क्योंकि उसका चेहरा बहुत सुन्दर है, मित्रता नहीं है। जब इस चेहरे का यौवनपूर्ण आकर्षण समाप्त हो जाएगा तो "मित्रता" भी हवा हो जाएगी।

* "...सृष्टि के अनन्त प्रभु के रूप में, तथा सभी प्राणियों के सदय मित्र के रूप में जानता है, वह शान्ति प्राप्त करता है" (भगवद्गीता V:29)।

पिछले जन्मों की मित्रता का विकास करें

यह सच है कि सब जगह आपको सच्ची मित्रता नहीं मिल सकती। कुछ लोगों को आप नित्य देखते हैं परन्तु आप उन्हें कभी नहीं जान पाते और अन्य कुछ लोगों के प्रति अनुभव करते हैं कि उन्हें आप सदा से ही जानते हैं। आपको उस आंतरिक संकेत को पहचानना सीखना चाहिए। आप जहाँ कहीं भी हों, सदा आँखें खुली रखें, और यदि आप किसी के प्रति दिव्य आकर्षण का अनुभव करें, तो आपको उस व्यक्ति के साथ मित्रता विकसित करनी चाहिए क्योंकि वह पिछले किसी जन्म में आपका मित्र रहा है। बहुत से मित्र हैं जिन्हें हम पिछले जन्मों से जानते हैं, परन्तु उनके साथ हमारी मित्रता अभी पूर्ण नहीं हो पाई है। जो नींव पहले से रखी जा चुकी है उस पर निर्माण करना अच्छा है, अपेक्षा इसके कि अस्थायी परिचय की रेत पर नई नींव रखी जाए। किसी के लिए यह सोचना आसान है कि उसके अनेक मित्र हैं, जब तक कि वे कुछ ऐसा नहीं करते जिससे उसे दुःख हो, और तब उसका सारा भ्रम टूट जाता है।

अनेक लोग मित्रों का चयन करने में भूल करते हैं क्योंकि वे बाहरी दिखावे से भ्रमित हो जाते हैं। सच्चे मित्रों को पहचानने का एकमात्र तरीका है और अधिक ध्यान करना। मित्रों का चयन दिव्य विधि से किया जाना चाहिए, और वह विधि है दूसरों के बारे में भावनाएँ निर्धारित करते समय उनके रंग-रूप या किसी अन्य प्रकार के आकर्षण के कारणों को अपनी चेतना से निकाल दें। यदि आप ऐसा करते हैं तो एक दिन आप अपने चारों ओर सच्चे मित्रों को जान जाएँगे। आप उन विनम्र मानवीय माध्यमों में ईश्वर की मित्रता का अनुभव करेंगे, जो उनका विरोध नहीं करते। शुद्ध हृदय के माध्यम से मित्रता का दिव्य प्रकाश आपकी ओर प्रवाहित होगा।

मित्रों को आकर्षित करने के लिए अपने चरित्र को सुधारें

आप अपने चरित्र से स्वार्थ के धब्बों और अन्य अप्रिय गुणों को हटाए बिना सच्चे मित्र आकर्षित नहीं कर सकते। मित्र बनाने की महानतम कला है—स्वयं दिव्य व्यवहार करना, आध्यात्मिक बनना, पवित्र बनना, निःस्वार्थी बनना और जहाँ पिछले किसी जन्म में मित्रता की नींव पहले रखी जा चुकी है वहाँ से मित्रता आरम्भ करना।

मित्रता सभी मानवीय संबंधों में होनी चाहिए : माता-पिता और बच्चों के बीच, पति एवं पत्नी के बीच, पुरुष और पुरुष के बीच, स्त्री और स्त्री के बीच, और पुरुष और स्त्री के बीच। यह अशर्त है। जब आपमें किसी को मित्र बनाने की प्रेरणा उत्पन्न होती है, तो आप ईश्वर की उपस्थिति को अनुभव करते हैं। मित्रता एक दैवी प्रेरणा है। ईश्वर अपनी सन्तानों की देखभाल केवल माता-पिता एवं अन्य रिश्तेदारों के रूप में ही करके सन्तुष्ट नहीं हैं। हमारे हृदयों से अशर्त प्रेम को व्यक्त करने के लिए वे मित्रों के रूप में हमें अवसर प्रदान करते हैं।

जितनी अधिक आपकी मानवीय कमियाँ दूर होंगी और आपके जीवन में दिव्य गुण आएँगे, उतने ही अधिक आपके मित्र होंगे। क्या भगवान् श्रीकृष्ण और प्रभु जीसस और भगवान् बुद्ध सबके महान् मित्र नहीं थे? उनके जैसा बनने के लिए आपको दूसरों के लिए अपने प्रेम को अवश्य शुद्ध करना होगा। जब आप दूसरों को अपनी मित्रता के प्रति आश्वस्त कर सकें; जब समय के परीक्षणों और अनेक आपसी अनुभवों के द्वारा आप विश्वस्त हो जाएँ कि कोई व्यक्ति अपनी आत्मा से आपके प्रति सच्ची भावना रखता है, और आप भी उसके प्रति उसी प्रकार की भावना रखते हैं — किसी लाभ के लिए नहीं, बल्कि मात्र मित्रता की दैवी प्रेरणा के कारण — तो आप उस संबंध में ईश्वर के प्रतिबिम्ब को देख पाएँगे।

ईश्वर की भाँति सभी को मित्रता दें

अपनी मित्रता को केवल एक व्यक्ति के लिए ही सीमित न करें, बल्कि क्रमशः इस दैवी संबंध को उत्तम ध्येय वाले दूसरों के साथ भी स्थापित करें। यदि आप गलत मानसिकता के व्यक्ति के साथ मित्रता का प्रयास करेंगे तो आप का मोह-भंग हो जाएगा। पहले उनके मित्र बनें जो वास्तव में अच्छे हैं, फिर दूसरों के मित्र बनते जाएँ जब तक कि आप प्रत्येक के प्रति मित्रता का अनुभव न कर सकें, जब तक आप यह न कह सकें : "मैं सभी का मित्र हूँ, अपने शत्रुओं का भी।" जीसस ने केवल मित्रता का ही अनुभव किया, यहाँ तक कि उनके प्रति भी जो उन्हें सलीब पर चढ़ा रहे थे। अपनी अन्तिम कठिन परीक्षा में भी उन्होंने उसका उदाहरण दिया जिसकी वे सदा शिक्षा देते थे। "...अपने शत्रुओं से प्रेम करो, जो तुम्हें शाप देते हैं उन्हें भी आशीर्वाद दो, जो तुमसे घृणा करते हैं उनका भी भला करो, और उनके लिए भी प्रार्थना करें जो द्वेषपूर्वक आपका उपयोग करते हैं और आपको सताते हैं।"*

* *मत्ती* 5:44 (बाइबिल)।

सच्ची मित्रता दिव्य प्रेम है, क्योंकि वह अशर्त है और वास्तविक एवं स्थायी है। इमर्सन ने इस आदर्श को अपने एक निबन्ध* में बहुत सुन्दर ढंग से व्यक्त किया है : "अपने साथियों के साथ उच्चतम समझौता जो हम कर सकते हैं वह है — 'हम दोनों के बीच सदा के लिए सच्चाई रहे।'...किसी दूसरे के प्रति कुछ कहना और अनुभव करना उत्कृष्ट है, मुझे उससे मिलने अथवा बोलने अथवा कुछ लिखने की कभी आवश्यकता नहीं होती, हमें आपसी संबंध सुदृढ़ करने की आवश्यकता नहीं पड़ती और न ही एक दूसरे को याद रखने के लिए कोई भेंट या उपहार ही भेजना पड़ता है; मैं उस पर ऐसे ही विश्वास करता हूँ जैसे कि अपने आप पर, यदि उसने कुछ ऐसा या वैसा किया, तो मैं जानता हूँ कि वह ठीक ही होगा।" आप अपने मित्र के साथ स्वतंत्रता से, बिना गलत समझे, बातचीत कर सकते हैं। परन्तु मित्रता कभी भी विकसित नहीं हो सकती यदि एक को दूसरे से कुछ अपेक्षा का संकेत हो। मित्रता केवल स्वतंत्रता और आध्यात्मिक समानता के आधार पर ही बनी रह सकती है। इसलिए आपको प्रत्येक व्यक्ति के साथ उस दिव्य ज्ञान से व्यवहार करना चाहिए, इस चेतना में रहते हुए कि प्रत्येक व्यक्ति ईश्वर का प्रतिबिम्ब है। यदि आप किसी के साथ दुर्व्यवहार करते हैं तो उसके साथ आपकी मित्रता कभी नहीं हो सकेगी।

अनेक लोग बिना मित्रों के जीवन बिता देते हैं। मैं कल्पना भी नहीं कर सकता कि वे इस प्रकार कैसे जीवन बिताते हैं। सच्चे मित्र हमें कभी गलत नहीं समझते, और यदि ऐसा हो भी जाए, तो यह केवल कुछ ही समय के लिए होता है। यदि आपके विश्वास को कभी कोई ठेस पहुँचाता है तो आप उसे वैसा ही प्रेम और वैसी ही आपसी समझ देते रहें जैसी कि आप स्वयं अपने लिए पाने की आशा रखते हैं। परन्तु फिर भी यदि वह व्यक्ति द्वेषपूर्ण व्यवहार करता रहे, और मित्रता के बढ़े हुए हाथ को झटकता रहे, तब कुछ समय के लिए अपना हाथ दूर खींच लेना ही बेहतर है।

सर्वजनीन मित्रता घर से आरंभ होती है

मित्रता घर से आरम्भ होनी चाहिए। यदि आपके परिवार में ऐसा कोई व्यक्ति है, जिसका विशेष रूप से आपके साथ मेल-मिलाप है, तो सर्वप्रथम आप उसी के साथ मित्रता बढ़ाएँ। फिर, यदि अपने परिचित लोगों में से समान आदर्शों वाले किसी व्यक्ति के प्रति आप आकर्षित होते हैं, तो उसके साथ अपना संबंध बढ़ाएँ। स्वार्थ अथवा यौन

* *कन्डक्ट ऑफ़ लाइफ़ : बिहेवियर* (*Conduct of Life: Behaviour*)।

विवशता से उत्पन्न सभी इच्छाओं को मन से निकाल दें। पवित्र मित्रता देकर आप देखेंगे कि आपको ईश्वर का मार्गदर्शन प्राप्त होगा। अच्छे लोगों के साथ मित्रता विकसित करें। आप जितना अधिक ध्यान करेंगे उतना ही अधिक आप पिछले जन्मों के मित्रों को पहचान पाएँगे। ध्यान "एक बार फिर से मित्र बनने वालों की सुप्त स्मृतियों को"* जाग्रत कर देता है। जिन अनेक लोगों को मैंने दिव्य दर्शन में देखा था, बाद में उनसे मेरी भेंट हुई; और यहाँ अमेरिका में मैं ऐसे कई लोगों से मिला जिन्हें मैंने जहाज़ पर दिव्य दर्शन में उस समय देखा था जब मैं सन् 1920 में इस देश में पहली बार आ रहा था।

मित्रता एक महान् सर्वजनीन शक्ति है। जब मित्रता के लिए आपकी प्रबल इच्छा होगी, तो कोई अनजाना व्यक्ति जो आपके साथ आत्मिक रूप से जुड़ा हो, चाहे दक्षिणी ध्रुव पर भी रहता हो, तो भी मित्रता का चुम्बकत्व आप दोनों को खींच कर एक साथ कर देगा। केवल स्वार्थ ही हमारे अन्दर के इस चुम्बकत्व को नष्ट कर सकता है। वह जो हमेशा अपने बारे में ही सोचता है मित्रता का नाश कर डालता है। ऐसे लोग मित्रों को आकर्षित नहीं कर सकते, क्योंकि वे अपना विस्तार करने और जीवन में अच्छाई को स्वीकार करने में असमर्थ होते हैं।

ईश्वर ने आपको परिवार दिया है ताकि आप दूसरों से प्रेम करना सीखें, और तब उसी तरह का प्रेम सभी को दें। हमारे प्रियजनों को मृत्यु एवं अन्य परिस्थितियों द्वारा हमसे दूर कर दिया जाता है ताकि हम केवल मानवीय संबंधों में ही लोगों से प्रेम करना न सीखें, अपितु प्रेम करें स्वयं प्रेम से, जो कि ईश्वर ही है, सभी मानवीय मुखौटों के पीछे विद्यमान एकमात्र सत्ता। "जब मनुष्य समस्त पृथक् जीवों को उन एक [परमात्मा] में ही, जिन्होंने स्वयं को अनेक में विस्तारित किया है, विद्यमान देखता है, तब वह ब्रह्म में विलीन हो जाता है।"†

मित्रता का अर्थ है अपने प्रेम को वहाँ प्रदान करना जहाँ मानवीय संबंधों में कोई पक्षपात न हो। विवाहित जीवन में यौन की विवशता होती है, और पारिवारिक जीवन में आनुवंशिक प्रवृत्तियों की अनिवार्यता होती है। परन्तु मित्रता में कोई दबाव नहीं होता।

आइए, हम अपना प्रेम सबको दें। आइए, हम सब प्रार्थना करें कि हम अपने पिछले जन्मों के मित्रों से मिलें और उनके साथ अपनी मित्रता को प्रमाणित करें, ताकि

* *Songs of the Soul* में परमहंस योगानन्द के गीत "On Coming to the New-Old Land — America" से उद्धृत एवं अनूदित। *(प्रकाशक की टिप्पणी)*

† भगवद्गीता XIII:30।

हम अन्ततः ईश्वर की मित्रता को समझ सकें और उसके योग्य बन सकें। जब तक हम ईश्वर की समस्त सन्तानों के साथ मित्रता के भाव से एक नहीं हो जाते, तब तक हम ईश्वर से एकाकार नहीं हो सकते।

मेरे लिए कोई अपरिचित नहीं है। यह कितनी प्रसन्नता और आनन्द की अवस्था है! सबसे बड़ा शत्रु भी मुझे यह अनुभव नहीं करा सकता कि मैं उसका मित्र नहीं हूँ। जब यह जाग्रति आ जाती है तो आप सबके साथ प्रेममय हो जाते हैं। आप देखते हैं कि प्रत्येक व्यक्ति आपके परमपिता की सन्तान है, और जो प्रेम आप समस्त प्राणियों के प्रति अनुभव करते हैं वह कभी मरता नहीं। वह बढ़ता ही चला जाता है, जब तक कि आप मित्रों के प्रेम में ईश्वर के दिव्य प्रेम को अनुभव न कर लें।

आध्यात्मिक समाधि का सच्चाअनुभव

सेल्फ़-रियलाइज़ेशन फ़ेलोशिप अन्तर्राष्ट्रीय मुख्यालय, लॉस एंजिलिस, कैलिफ़ोर्निया, 16 दिसम्बर, 1934

ईश्वर ने हमें आध्यात्मिक प्रेरणा की शक्ति प्रदान की है — हमारे भीतर अपनी उपस्थिति के विशुद्ध आनन्द की अनुभूति। परन्तु सृष्टि में माया की शक्ति ने भ्रामक अनुकृतियाँ बना रखी हैं। मदिरा और नशीली दवाओं के अस्थायी आनन्द देने वाले प्रभाव, वास्तविक आध्यात्मिक अनुभवों की नकल मात्र हैं। मदिरा और नशीली दवाओं का सेवन प्रायः कामुकता में अत्यधिक लिप्तता की ओर ले जाता है, जो मन को प्रबल शरीर-चेतना के साथ बाँध कर आध्यात्मिक प्रेरणा की शक्ति के द्वार बन्द कर देता है।

अनेक लोग मदिरा का सेवन दुःखद और अप्रिय स्मृतियों और चिन्ताओं को दूर करने के लिए करते हैं, परन्तु इस प्रकार की विस्मृति मनुष्य को अपने जन्मजात आत्म-ज्ञान से दूर कर देती है — जबकि उसी शक्ति के द्वारा उसे अपने परीक्षणों पर विजय पानी थी और परम सुख की प्राप्ति करनी थी। ईश्वर, स्वयं आनन्दस्वरूप होने के नाते, हमसे चाहते हैं कि हम अपनी आत्मा में उनके नित्य-नवीन परमानन्द को खोजें और प्राप्त करें।

कृत्रिम आनन्द हानिकारक हैं, क्योंकि वे माया के प्रलोभन हैं, यह ब्रह्माण्डीय माया की शक्ति इस सृष्टि में ईश्वर की समस्त सुन्दर अभिव्यक्तियों को क्षति पहुँचाने का प्रयत्न कर रही है। सम्पूर्ण सृष्टि में हम देखते हैं कि अच्छाई और बुराई की द्वयात्मक शक्तियाँ एक दूसरे का विरोध कर रही हैं : ईश्वर ने प्रेम की रचना की, और माया (शैतान) ने घृणा की रचना कर दी, ईश्वर ने दयालुता की रचना की और माया (शैतान) ने स्वार्थ की रचना कर दी, ईश्वर ने शान्ति की रचना की और माया ने अशान्ति की रचना कर दी।

इसे जान कर, आपको यह समझना चाहिए कि मदिरा और नशीली दवाएँ आपकी प्रसन्नता के लिए हानिकारक हैं; ये आपकी आत्मा के विवेक और वास्तविक आनन्द को नष्ट करती हैं। यहाँ तक कि मदिरा का एक प्याला अथवा नशीली दवाओं* में एक

* एक प्रतिष्ठित चिकित्सक द्वारा उसकी देख-रेख में, और जितनी आवश्यकता हो उतनी निर्धारित

बार की लिप्तता भी स्थायी आदत का आरंभ कर सकती है, क्योंकि ऐसा हो सकता है कि पिछले जन्मों से आपके अवचेतन मन में ऐसी प्रवृत्ति पहले से ही स्थापित हो। इसलिए बुराई को सदा बुराई ही समझकर उससे बचना चाहिए।

आध्यात्मिक समाधि की मदिरा अतुलनीय है

एक बार आपने आध्यात्मिक समाधि की मदिरा का स्वाद चख लिया तो आप पाएँगे कि कोई भी अन्य अनुभव इसकी बराबरी नहीं कर सकता। सदा अपने बच्चों को ध्यान करने की शिक्षा देकर उनमें दिव्य चेतना स्थापित करने का प्रयत्न करें, ताकि वे माया के नकली आनन्द की अग्नि के साथ खेलने के लिए प्रलोभित न हों। पावन आनन्द कदापि समाप्त नहीं होता, लेकिन मदिरा और नशीली दवाओं से प्राप्त आनन्द शीघ्र ही समाप्त हो जाता है और अन्त में दुःख ही लाता है।

प्रत्येक रात्रि निद्रा में आप शान्ति और आनन्द का स्वाद चखते हैं। जब आप गहरी निद्रा में होते हैं, तो ईश्वर आपको शान्त अधिचेतनावस्था में रखते हैं, जिसमें आप इस जीवन के समस्त भय और चिन्ताएँ भूल जाते हैं। ध्यान के द्वारा आप जाग्रतावस्था में मन की उस पवित्र अवस्था को अनुभव कर सकते हैं, और आरोग्यकर शान्ति में निरन्तर लीन रह सकते हैं।

जब दिव्य आनन्द आता है तो मेरा श्वास तुरन्त शान्त हो जाता है और मैं ब्रह्ममय हो जाता हूँ। मैं हज़ारों निद्राओं का आनन्द एक में ही अनुभव करता हूँ और फिर भी मैं अपने सामान्य बोध को नहीं खोता। यह सर्वजनीन अनुभव उन लोगों को होता है जो अधिचेतना अवस्था में गहरे जाते हैं। जब ईश्वर का गहन आनन्द आप पर छा जाता है, तो शरीर पूर्णतः निश्चल हो जाता है, श्वास चलना बन्द हो जाता है, और विचार शान्त हो जाते हैं — आत्मा के जादुई आदेश द्वारा सब निकाल दिए जाते हैं। तब आप ईश्वर के परमानन्द का पान करते हैं और मतवाला कर देने वाले आनन्द का अनुभव करते हैं जिसे मदिरा के हज़ारों घूँट भी आपको नहीं दे सकते।

जैसे एक साधारण मनुष्य नींद की सीमा रेखा पर झपकी लेता है, तो वह थोड़े-से सुख का अनुभव करता है, लेकिन वह जल्दी ही उस बोध को खो देता है और गहरी नींद में चला जाता है। निद्रा पूर्ण अचेतन अवस्था नहीं है, क्योंकि जब आप जागते हैं, तो आप सदा जानते हैं कि आप अच्छी तरह से सोए अथवा नहीं।

माला लिए जाने के अतिरिक्त।

निद्रा विभिन्न प्रकार की होती हैं — कुछ हल्की और कुछ गहरी। परन्तु अत्यधिक सुखदायक नींद से भी अधिक मतवाला बना देने वाले वे आध्यात्मिक अनुभव होते हैं जिन्हें व्यक्ति ईश्वर के साथ चेतन रूप में पा सकता है। निद्रालोक के रहस्यों से परे ये सब दिव्य आनन्द विद्यमान हैं। मैं जिस अवस्था में चाहूँ उसमें रह सकता हूँ। प्रायः मैं निद्रालोक और सांसारिक बोध के बीच — अधिचेतनावस्था में रहता हूँ।

चेतना का क्षेत्र असीमित होता है

आपके मन का क्षेत्र विशाल, असीमित है; परन्तु आप यह नहीं जानते। मैं निद्रा की गहराइयों में जा सकता हूँ और निद्रावस्था का आनन्द ले सकता हूँ और साथ ही संसार के साथ भी रह सकता हूँ अथवा मैं सो सकता हूँ, स्वप्न देख सकता हूँ और फिर भी अपने चारों ओर जो कुछ भी हो रहा है वह सब कुछ सुन सकता हूँ। कभी-कभी मैं साधारण व्यक्ति की तरह सोता हूँ, और सोते-सोते मैं स्वयं को सोते हुए चेतन रूप से देख सकता हूँ। अधिचेतनावस्था में आप देख सकते हैं कि आपका शरीर एवं मन सो रहे हैं, और फिर भी आपको समस्त घटनाओं का पूर्ण बोध रहता है। यह केवल तभी संभव है जब आपने अपनी इच्छानुसार अधिचेतनावस्था में प्रवेश करने की, और अपनी इच्छानुसार मन की साधारण अवस्था में वापस आने की योग्यता विकसित कर ली होती है।

आपको बिल्कुल भी यह चिन्ता करने की आवश्यकता नहीं है कि ध्यान के द्वारा (अथवा कल्पना करके या आन्तरिक शान्ति का अभ्यास करके) आप शरीर से बाहर चले जाएँगे और फिर वापस नहीं आ सकेंगे। यह विचार पूर्णतः गलत है। माया से प्रेरित शरीर के प्रति आसक्ति इतनी शक्तिशाली है कि आप इतनी आसानी से इससे बच नहीं सकते! यदि आपके सामान्य जाग्रत बोध को भी लुप्त कर दिया जाए, तब भी जब तक आपका अवचेतन मन शरीर से बँधा हुआ है आप इसे स्थायी रूप से नहीं छोड़ सकते।

आत्म-साक्षात्कार का प्रमाण क्या है?

यदि आप किसी वस्तु की कल्पना अत्यधिक दृढ़ता से करें, तो यह एक दृष्टिभ्रम के रूप में दिखाई देती है, जिसकी कोई मूल वास्तविकता नहीं होती। आपको आत्मानुभूति और कल्पना के बीच के भेद को समझना चाहिए। *आत्म-साक्षात्कार का — आपमें ईश चेतना होने का — मूलभूत प्रमाण है, वास्तव में और अशर्त रूप से प्रसन्न रहना।* यदि आप ध्यान में, अनवरत रूप से, अधिक तथा और अधिक आनन्द प्राप्त कर रहे

हैं, तो आप समझ सकते हैं कि ईश्वर आपमें अपनी विद्यमानता को प्रकट कर रहे हैं। यदि दिव्य प्रसन्नता के प्रवाह में कोई बाधा है, तो आपकी ही चेतना में कुछ दोष है, कुछ ऐंठन है जिसे दूर करने के लिए आपको गुरु की सहायता की आवश्यकता है। दैनिक ध्यान से और उनके साथ निरन्तर सम्पर्क बनाए रख कर और उनके निर्देशों, उनकी दी हुई *साधना** का अनुसरण करने से, वे आपके लिए उस ऐंठन को सीधा कर देंगे।

केवल यह सोचने से कि आपको ईश्वर का प्रबोधन हो गया है आप प्रभु के साथ एक नहीं हो सकते। आपको स्वयं का सुधार करना होगा — आपको स्वयं को परिपूर्ण करना ही होगा। ईश्वर के साथ सम्भावित अनुभूति और ईश्वर के साथ वास्तविक अनुभूति के बीच बहुत अधिक अन्तर है। आप उन्हें विनम्रता, ज्ञान और भक्ति के बिना कदापि नहीं जान सकते। विनम्र व्यक्ति ही ईश्वर को जान सकेगा।

जो अधिचेतनता में गहरे जाते हैं उनमें स्वतः ही असाधारण आध्यात्मिक शक्तियाँ विकसित हो जाती हैं, और उनका प्राकृतिक शक्तियों पर नियंत्रण हो जाता है। परन्तु सच्ची ईश-चेतना वाला कोई भी व्यक्ति कदापि अपनी शक्तियों को अनुचित रूप से, और अहम् के प्रदर्शन के लिए उपयोग नहीं करता। सन्तजन जानते हैं कि केवल ईश्वर ही कर्ता हैं, और प्रभु ने उन्हें जो असाधारण उपहार प्रदान किए हैं वे उनको विनम्रता से वापस कर देते हैं। क्या विश्व में सब कुछ एक चमत्कार नहीं है? क्या मनुष्य अपने अस्तित्व मात्र से ही एक चमत्कार नहीं हैं? यदि मनुष्य ईश्वर द्वारा रचित समस्त चमत्कारों से सन्तुष्ट नहीं होता, तो उनके सन्तजन और अधिक चमत्कारों का प्रदर्शन क्यों करें? वे कदापि नहीं करते, जब तक कि — किसी विशेष कारण के लिए, प्रायः किसी गूढ़ कारण के लिए — ईश्वर उन्हें ऐसा करने का निर्देश नहीं देते।

बहुरूपदर्शी अवचेतना के परे

मैं आपको स्पष्ट करता हूँ कि किस प्रकार अधिचेतना, अवचेतना से भिन्न है। अधिचेतन वह अवस्था है जिसमें आप चेतन रूप से, जाग्रतावस्था या निद्रावस्था के समय, अपनी इच्छानुसार बिना किसी बाह्य उत्तेजना के, अपने शरीर में कोई भी संवेदना उत्पन्न कर सकते हैं। यही प्रमाण है। अवचेतन स्वप्नावस्था में आप एक गिलास गर्म दूध पी सकते हैं, परन्तु यह अनुभव आपकी इच्छा के बिना आता है, अधिचेतनावस्था में आप उसे उत्पन्न कर सकते हैं अथवा अपनी इच्छानुसार चेतन रूप से अन्य कोई और

* आध्यात्मिक अनुशासन और निर्देश जो शिष्य को उसके गुरु द्वारा दिया गया हो। (शब्दावली में देखें।)

अनुभव भी उत्पन्न कर सकते हैं। जब तक आप ऐसा करने में सक्षम नहीं हो जाते, स्वयं को इस भ्राँति में न रखें कि आप अधिचेतना में पहुँच गए हैं।

लाखों भक्त अवचेतन मन, जो अधिकतर अपने आश्चर्यों को निद्रा के समय प्रकट करता है, के बहुरूपदर्शी कल्पित दृश्यों से परे कभी भी नहीं जा पाते। परन्तु अधिचेतन अवस्था में आप जिस वस्तु की इच्छा करें उसे कल्पना में नहीं, बल्कि वास्तव में — देख सकते हैं अथवा उसके बारे में जान सकते हैं। मैं इस कुर्सी पर बैठकर अपने मन को भारत में स्थानान्तरित कर सकता हूँ और स्पष्ट रूप से देख सकता हूँ कि वहाँ मेरे पुराने घर में क्या हो रहा है।

उन्नतिशील भक्त आध्यात्मिक जाग्रति की तीन अवस्थाओं में विकास करता है, पवित्र त्रिमूर्ति सर्वप्रथम वह अधिचेतना का अनुभव करता है अर्थात् सृष्टि में सृजनात्मक शक्ति ओम्, "पवित्र आत्मा के रूप में ईश्वर," के साथ एकाकार। दूसरा क्राइस्ट चेतना [*कूटस्थ चैतन्य*], अर्थात् सृष्टि में अनन्त प्रज्ञा : *तत्* "ईश्वर के पुत्र" में विलय। अन्त में, वह उच्चतम, ब्रह्माण्डीय चेतना, को प्राप्त करता है, अर्थात् सृष्टि से भी परे सत्य अकथनीय पूर्ण *सत्*, "परमपिता के रूप में ईश्वर।"

कभी-कभी भक्त अवचेतना में रहता है, कभी-कभी वह अधिचेतना में उठ जाता हैं और फिर कृष्ण चेतना में चला जाता है, और कुछ महान् आत्माएँ क्राइस्ट चेतना से परे ब्रह्माण्डीय चेतना, कारण रहित परमात्मा के क्षेत्र में जाने में सक्षम होती हैं।

क्राइस्ट चेतना अवस्था में किसी भी वस्तु का अनुभव प्राप्त करने के लिए आपको पहले उसकी कल्पना करने की आवश्यकता नहीं पड़ती। आपको भारत के विषय में कल्पना नहीं करनी पड़ती — आप वहाँ होते हैं, आप समस्त सृष्टि का बोध रखते हैं। यह अनुभव चेतना का असीम विस्तार है। आप घास की पत्ती में हैं और पर्वत की चोटी पर भी हैं; और आप अपने शरीर की प्रत्येक कोशिका को अनुभव कर सकते हैं और अन्तरिक्ष के प्रत्येक अणु को भी।

परन्तु ब्रह्माण्डीय चेतना उससे भी परे है। जब आप अपनी विद्यमानता समस्त सृष्टि में अनुभव कर सकें और साथ-साथ सृष्टि से परे परमानन्द को भी जानते हैं, तब आप ईश्वर सदृश प्राणी हैं।

ब्रह्माण्डीय चेतना के तीन पथ

ट्रिनिटी सभागार, लॉस एंजिलिस, कैलिफ़ोर्निया, 9 फरवरी, 1934

जब तक थोड़ा-सा भी विचार का कम्पन और मानसिक अशान्ति विद्यमान है, आप ब्रह्माण्डीय चेतना तक नहीं पहुँच सकते। व्यक्ति की एकाग्रता की गुणवत्ता और शक्ति को उन्नत करने के लिए सेल्फ़-रियलाइज़ेशन [योगदा सत्संग] की एकाग्रता की प्रविधि* अत्यधिक सहायक है। इसका अभ्यास गम्भीर जिज्ञासु को, अवचेतन स्तर पर, वर्षों की निष्फल भटकनों से बचाएगा। ऐसी जगह से तो आप दूर जाना चाहेंगे, जो भ्राँतिमय और काल्पनिक आध्यात्मिक अनुभवों से भरी है। व्यक्ति को सच्चे आध्यात्मिक अनुभवों और सत्य की अनुभूतियों को पाने के लिए अधिचेतन अवस्था तक पहुँचना ही चाहिए।†

संसार को उपदेश देने की अधिक और अभ्यास करने की कम आदत है। आप चीनी पर चाहे सैकड़ों बार व्याख्यान सुन लें, परन्तु आप इसका स्वाद तब तक नहीं जान पाएँगे जब तक कि आप इसे चख नहीं लेते, न ही अभ्यास के बिना किसी सच्ची शिक्षा की महिमा को जाना जा सकता है। आपको सन्तों और महान् गुरुओं की शिक्षाओं को जीवन में उतारना आवश्यक है। तब उनके सत्य आपके अपने सत्य बन जाते हैं, और

* एकाग्रता, चेतना की पूर्णरूप से एक-लक्ष्यता और निश्चलता की अवस्था है। सृष्टि की प्रकृति गति है; ब्रह्म की प्रकृति गतिहीनता है। "निश्चल हो जाओ, और जानो कि मैं ईश्वर हूँ" *भजन संहिता* 46:10 (बाइबिल)। इसलिए ईश-सम्पर्क के लिए एकाग्रता अनिवार्य है। *योगदा सत्संग पाठमाला* में सिखाई जाने वाली एकाग्रता और ध्यान की प्रविधियाँ पूर्ण समस्वरता के साथ मानवीय-चेतना को ईश-चेतना की ओर ले जाती हैं। (शब्दावली में *एकाग्रता की प्रविधि* देखें।)

† मनुष्य की जागरूकता की अवचेतन अवस्था की स्मृति के भण्डार के रूप में उपयोगिता है और एक निद्रा एवं स्वप्न के संसार के रूप में। लेकिन ध्यान में यह वास्तव में बाधक हो सकती है, एक अन्यमनस्क, कल्पनाशील एवं अतींद्रिय झुकाव वाले जिज्ञासु को, लुभाकर काल्पनिक विभ्रान्ति के साम्राज्य में, जिसकी कोई वास्तविकता नहीं है या रात्रि में सामान्य स्वप्नों के अतिरिक्त जिसका कोई आध्यात्मिक मूल्य नहीं है, को प्रलोभित करता है, इसकी अपेक्षा ध्यान की वैज्ञानिक प्रविधियाँ, और उनको भक्त द्वारा ठीक से अभ्यास करने के अपने प्रयास, मन के साक्षात्कार की अधिचेतन अवस्था और ईश-सम्पर्क की ओर आकर्षित करते हैं।

आप जान लेते हैं कि सत्य प्रमाणित किया जा सकता है और सार्वभौमिक है। जब आप सत्य का अभ्यास करते हैं — चाहे आप स्वयं को एक हिन्दू, या ईसाई, या बौद्ध अथवा किसी अन्य धर्म का भक्त कहें — तो कृष्ण, क्राइस्ट, बुद्ध और सत्य के सभी दिव्य अवतार आपको अपना लेंगे।

दृढ़ता से सत्य के मार्ग का अनुसरण करें। स्मरण रखें कि हज़ारों में से कुछ ही लोग ईश्वर को खोजते हैं, और उन जिज्ञासुओं में से भी शायद कोई एक ही वास्तव में उन्हें जान पाता है।* जो निरन्तर प्रयत्न करता रहेगा वही ईश्वर को जानेगा। इसलिए ध्यान को अपने जीवन में एक नियमित अनुभव बनाने के लिए सर्वोत्तम प्रयास करें। मेरी प्रार्थना है कि आप ईश्वर को कदापि न भूलें और तब तक सन्तुष्ट न हों जब तक आप उन्हें प्राप्त न कर लें! यह कह सकें, "इस सीमित शरीर के पीछे मैं असीम को अनुभव करता हूँ।" मैं व्याख्यान के लिए कदापि नहीं आता जब तक मैं यह न जान लूँ कि वे मेरे साथ हैं। मैं शिक्षा प्रदान नहीं करता, जब तक कि मैं उनके साथ पूर्ण सम्पर्क स्थापित नहीं कर लेता। और मैं जानता हूँ कि जब मैं उस स्तर से बोलता हूँ तो शिष्य वह नहीं भूलेंगे जो उन्होंने सीख लिया है।

एकाग्रता — ईश्वर को पाने के लिए अनिवार्य

आध्यात्मिक उन्नति के लिए एकाग्र हो सकना अत्यावश्यक है, एकाग्रता के बिना आप ईश्वर को कदापि नहीं पा सकते। अपनी चेतना से सभी सांसारिक ध्वनियों और विक्षेपों को दूर करना सीखें। जैसे ही आपकी चेतना शुद्ध हो जाती है, ईश्वर वहीं विद्यमान हो जाते हैं। वे आपसे छिप नहीं रहे हैं, आप ही उनसे छिप रहे हैं। जब गहन ध्यान में आप कोई आन्तरिक प्रकाश† देखते हैं, तो उसे पकड़े रहने का प्रयास करें, और अनुभव करें कि आप उसके भीतर हैं, उसके साथ एक हैं। वहीं ईश्वर हैं। यह अनुभव करने का प्रयत्न करें कि आप ही ईश्वर का वह प्रकाश हैं।

एकाग्रता के समय जितना अधिक आप शान्ति का अनुभव करेंगे और जितनी अधिक देर तक एकाग्रचित होंगे, उतना ही गहरा आप ईश्वर में जाएँगे। आध्यात्मिक सत्य की पुस्तकों को पढ़ने में दिया गया समय यदि आप ध्यान के लिए लगाएँगे,

* "सहस्रों मनुष्यों में कदाचित् कोई एक ही, आध्यात्मिक प्राप्ति के लिए प्रयास करता है; और, मुझे पाने का परिश्रमपूर्वक प्रयास करने वाले सच्चे साधकों में, कदाचित् कोई एक ही, मेरे यथार्थ स्वरूप को जानता है" (भगवद्गीता VII:3)।

† ईश्वर का प्रकाश अथवा आध्यात्मिक नेत्र।

तो आप आध्यात्मिक एवं मानसिक रूप से कहीं अधिक उन्नत हो जाएँगे। कम सोएँ, और ध्यान के लिए अधिक समय दें, इसमें जो विश्राम का आनन्द आप लेंगे वह निद्रा की अपेक्षा सैकड़ों गुना अधिक स्फूर्तिदायक होता है।

जब तक आप अपनी चेतना से बाहरी ध्वनियों को अलग नहीं करते, आप ईश्वर तक नहीं पहुँच सकते। इसीलिए सन्तों ने गुफाओं और वनों के एकान्तवास को खोजा। मैंने जो एकाग्रता और ध्यान की प्रविधियाँ आपको दी हैं उनके अभ्यास के द्वारा आन्तरिक शान्ति में बार-बार लीन होते रहें, और तब आप महान् शान्ति और आनन्द को प्राप्त करेंगे। गीता कहती है : "नित्य-आशावान इच्छाओं से रहित, और संग्रह की इच्छाओं से मुक्त , हृदय (चित्त की तरंगों) को आत्मा द्वारा (योगाभ्यास से उत्पन्न एकाग्रता से) नियंत्रित कर, एकान्त स्थान में जाकर योगी को निरन्तर आत्मा के साथ जुड़ने का प्रयास करना चाहिए।"*

सभी मन्दिरों एवं चर्चों में गहन ध्यान के मौन का अभ्यास अधिक किया जाना चाहिए। प्रत्येक व्यक्ति को कम बोलना चाहिए। भारत में मेरे आश्रम प्रशिक्षण के दौरान, मेरे गुरु, स्वामी श्रीयुक्तेश्वरजी, हमें केवल कभी-कभार प्रवचन देते थे। अधिकाँश समय हम उनके चारों ओर बिना बातें किए चुपचाप बैठ जाते थे, और अन्तर में एकाग्रचित रहते थे। यदि हम हिल भी जाते थे, तो वे हमें डाँट लगा देते थे। एक सच्चे गुरु को किताबी ज्ञान से अधिक ज्ञान होता है और, आध्यात्मिक जीवन में ऐसे गुरु से ज्ञान लेना आवश्यक होता है; जो जानता है और वह जानता है, कि वह जानता है, क्योंकि उसने सत्य को अनुभव किया है — न कि केवल उसके बारे में पढ़ा है।

दृश्यमान जगत् का अदृश्य स्रोत

आकाश दो भागों अथवा रूपों में विभाजित है। एक तरफ़ सृष्टि है। दूसरी ओर केवल ईश्वर हैं, सृष्टि का पूर्णरूप से अभाव है। यही "अंधकार रहित अंधकार" और "प्रकाश रहित प्रकाश" का संसार है। गीता में भगवान् कहते हैं : "जहाँ कोई सूर्य या चन्द्र या अग्नि नहीं चमकते हैं, वह मेरा परम धाम है।..."†

मानव चेतना के लिए भी यही द्वैत भाव सत्य है। आपके अस्तित्व के दो पहलू हैं — एक दृश्यमान और दूसरा अदृश्य। खुले नेत्रों से आप इसमें स्वयं को और वस्तुगत

* भगवद्गीता VI:10।

† भगवद्गीता XV:6।

सृष्टि को देखते हैं। बन्द नेत्रों से आप कुछ नहीं देख पाते, केवल अंधकारमय शून्य, फिर भी आपकी चेतना, शरीर से अलग रहते हुए भी, पूर्णरूपेण सजग और क्रियाशील रहती है। यदि गहन ध्यान में आप बन्द नेत्रों के पीछे अंधकार को भेद दें, तो आप वह प्रकाश देखेंगे जिससे समस्त सृष्टि प्रकट होती है। गहनतर *समाधि* के द्वारा, आपकी अनुभूति उस प्रकाश से भी परे चली जाती है और परमानन्द चेतना में प्रवेश करती है — जो सभी रूपों से परे है, फिर भी किसी भी इन्द्रिय अथवा अतीन्द्रिय बोध से अनंतरूप से अधिक वास्तविक, प्रत्यक्ष, और आनन्ददायक होती है।

ईश्वर ने आपको अपनी चेतना में उन्हीं नियमों के संचालन का अनुपालन करने का अवसर दिया है जो सृष्टि का संचालन करते हैं। रूप रहित चेतना की अवस्था जिसकी अनुभूति बन्द नेत्रों के साथ होती है की तुलना, "अंधकार रहित अंधकार" और "प्रकाश रहित प्रकाश" के असीम क्षेत्र के साथ की जा सकती है, जहाँ ईश्वर बिना रूप गुण और द्वैत के वास करते हैं, जो उनकी भौतिक सृष्टि के विशेष लक्षण हैं। सृष्टि के परे अनंतता के इस असीम विस्तार में, ईश्वर अकेले सत्-चित्-आनन्द की निर्गुण चेतना में रहते हैं। अनंत के उस क्षेत्र में जहाँ परब्रह्म के रूप में वे शासन करते हैं, उनकी चेतना में कोई भी जगत् या कोई अन्य सृष्ट वस्तु नहीं रहती। परन्तु अन्तरिक्ष के दूसरी ओर वे अपने में समस्त सृष्टि की प्रत्येक वस्तु के प्रति सजग हैं।

अदृश्य में विश्व की निर्माणशाला है। आइंसटाइन ने कहा था कि अन्तरिक्ष बहुत संदेहजनक दिखाई देता है, क्योंकि प्रत्येक वस्तु उसमें से प्रकट होती है और प्रत्येक वस्तु उसी में लुप्त हो जाती है। इलेक्ट्रॉन्स और सम्पूर्ण जगत् कहाँ विलीन हो जाते हैं?

जब कभी आप किसी भौतिक वस्तु से मोहित हो जाएँ, तो अपनी आँखों को बन्द करें, अन्तर में देखें, और इसके स्रोत का चिन्तन करें। आप कुछ नहीं देख पाते, और न ही कुछ अनुभव कर पाते हैं। फिर भी समस्त दृश्यमान वस्तुएँ उस अदृश्य से प्रकट हुई हैं। "अंधेरे में प्रकाश चमकता है।"* यदि आप अंधेरे में दृष्टि लगाए रखेंगे, तो आप उस महान् प्रकाश को देखेंगे। अंधकार के पीछे क्राइस्ट चेतना [*कूटस्थ चैतन्य*] है। अंधकार के पीछे दूसरे जीवन से भरे जगत् हैं। "मेरे परम पिता के साम्राज्य में अनेक महल हैं।"†

* *यूहन्ना* 1:5 (बाइबिल)।

† *यूहन्ना* 14:2 (बाइबिल)।

अन्तरिक्ष के ठीक पीछे प्रज्ञा है। और आपके ठीक पीछे ईश्वर हैं। उनकी विद्यमानता के अज्ञान में अब और मत रहें। अपने ध्यान के द्वारा अंधकार को मथ डालें। जब तक आप उन्हें पा न लें, रुकें नहीं। जानने के लिए बहुत कुछ है! अन्तर में देखने के लिए बहुत कुछ है! प्रत्येक समस्या के उत्तर आपके पास सीधे अनंत से आ जाएँगे। ध्यान के द्वारा अन्तर में, जिन सत्यों का बोध मुझे होता है; वे भौतिक नियमों के आधार को प्रकट करते हैं जिनको विज्ञान अन्य विधियों द्वारा खोज रहा है। जब मैं अपने नेत्रों को बन्द करता हूँ, तो मैं अपने शरीर में बहती सूक्ष्म जीवन-शक्ति की धाराओं को देख सकता हूँ।

जब आपकी आँखें बन्द होती हैं, तो उस शान्ति में जिसे आप अनुभव करते हैं; आप यह अनुभव न करें कि आप अकेले हैं। ईश्वर आपके साथ हैं। आप ऐसा क्यों सोचते हैं कि वे नहीं हैं? आकाश संगीत से भरा हुआ है जिसे रेडियो पकड़ता है — अन्यथा उस संगीत के विषय में आप कुछ न जान पाते। और ऐसा ही ईश्वर के साथ है। वे आपके अस्तित्व के प्रत्येक क्षण में आपके साथ हैं, परन्तु इसकी अनुभूति के लिए एक मात्र रास्ता है, ध्यान करना! और आपमें से जो ध्यान करते हैं, उन्हें अधिक गहराई में जाना चाहिए! रात्रि में तब तक निद्रा में न जाएँ जब तक आप वास्तव में अपने अन्तर में ईश्वर की विद्यमानता की कुछ अभिव्यक्ति अनुभव न कर लें। उस अंधकार में तब तक झाँकें जब तक कि आप उसके अद्भुत रहस्यों को न खोज लें।

आपको उत्साहित करने के लिए मैं आपको अपना एक अनुभव बताता हूँ जिसे मैंने आज अधिचेतन अवस्था में अनुभव किया। मैं माउन्ट वॉशिंगटन के पुस्तकालय में बैठा हुआ था। करीब चार बजे थे। अचानक मेरी श्वास चलनी बन्द हो गई। मेरे अंग अकड़ गए। मैंने स्वयं को, मृत्यु की प्रक्रिया को देखते हुए पाया। मेरे शरीर से श्वास एवं गति समाप्त हो गई थी, फिर भी मैं सचेत था। मृत्यु का यह अनुभव अद्भुत था। मैंने अपने शरीर और समस्त प्रकृति को, ईश्वर के प्रकाश से रचित, ब्रह्माण्डीय चलचित्र के रूप में देखा। आनन्द में मैं चिल्लाया, "प्रभो! मृत्यु है ही नहीं, यह सम्पूर्ण संसार एक चलचित्र के अतिरिक्त और कुछ नहीं है!"

एक शासक अपने सिंहासन पर कह सकता है, "आह, मैं राजा हूँ!" परन्तु जैसे ही मृत्यु का एक झटका लगता है वह समाप्त हो जाता है। सच्चा राजा वह है जो सृष्टि में समस्त रूपों में ईश्वर को अनुभव करता है। मृत्यु उसे भयभीत नहीं कर सकती, क्योंकि वह इसे दिव्य साम्राज्य के द्वार के रूप में देखता है।

ब्रह्माण्डीय चेतना के लिए प्रथम मार्ग

मानवीय चेतना को ब्रह्माण्डीय चेतना में विस्तारित करने के तीन मार्गों में, प्रथम है सामाजिक मार्ग, जिसमें आप अपने "स्व" को छोड़कर दूसरों के लिए जीते हैं। अपने मित्रों के प्रति निष्ठावान रहें, और प्रत्येक व्यक्ति के लिए प्रेम का अनुभव करें। ईश्वर ने आपको एक परिवार दिया है जिससे आप दूसरों की देख-भाल करके और उनके लिए कार्य करके अपनी चेतना को विस्तारित कर सकें। पारिवारिक जीवन में हम अपने प्रियजनों के लिए प्रेम तथा आत्मत्याग करना सीखते हैं, और इस प्रकार चेतना के कुछ विस्तार को प्राप्त करते हैं। परन्तु यह पर्याप्त नहीं है। प्रेम जो व्यक्तिगत बन जाता है वह एकान्तिक है, सीमित है, जब प्रेम व्यक्तिगत नहीं रहता, तब यह विस्तारित होता है। सामान्य प्रेम को विकसित करें, प्रत्येक व्यक्ति को वही प्रेम देने के लिए सक्षम बनें जो अपने परिवार के लोगों को देते हैं और दूसरों के लिए बिल्कुल वैसा ही करें जैसा आप स्वयं के लिए करते हैं। दूसरों के प्रति इस प्रकार का व्यवहार करना ब्रह्माण्डीय चेतना को पाने का सामाजिक मार्ग है।

ईश्वर अपनी सभी संतानों को समान प्रेम करते हैं—वे सब उनका दिव्य परिवार हैं, और उनका प्रेम तटस्थ है। उनके बच्चों को भी एक-दूसरे को उसी प्रकार का प्रेम देना चाहिए। यही ईश्वरीय योजना है। यह भूल जाने का अर्थ है, कष्ट भोगना। पूर्ण विश्व-मनोवृत्ति को बदलना चाहिए। आप प्रत्येक व्यक्ति ही हैं, क्योंकि आपकी वास्तविक प्रकृति सर्वव्यापक है।

मैं दूसरों को वस्तुएँ देने में आनन्दित होता हूँ, मैं उनको प्रसन्न देख कर महान् प्रसन्नता अनुभव करता हूँ। जब हम दूसरों के प्रति भावपूर्ण होते हैं और उनसे प्रेम करते हैं, तो हम पाते हैं कि सम्पूर्ण सृष्टि हमें वैसा ही उत्तर देती है। जीसस, जिन्होंने अपना शरीर "अनेक लोगों के उद्धार के लिए"* त्याग दिया, उन्होंने हमें ब्रह्माण्डीय चेतना प्राप्त करने का सामाजिक मार्ग दर्शाया। क्राइस्ट की भाँति, आपको भी समस्त मानवों की अपनी आत्मा के रूप में सेवा करनी चाहिए।

ब्रह्माण्डीय चेतना वाला व्यक्ति एक सुखी व्यक्ति है। वह अपने प्रेम को कुछ थोड़े से लोगों के लिए सीमित नहीं करता, और दूसरों को उससे अलग नहीं रखता। उसी प्रकार, आपको सम्पूर्ण संसार को अपना परिवार बनाना चाहिए। क्या आपको याद रहेगा? यह चेतना मेरे साथ हर क्षण रहती है। मेरी कोई जाति नहीं है, कोई देश

* *मत्ती* 20:28 (बाइबिल)।

नहीं है — मैं अनुभव करता हूँ कि सभी जन मेरे अपने हैं। सभी पुरुषों को अपने भाइयों के रूप में प्रेम करें, सभी स्त्रियों को अपनी बहनों के रूप में, और सभी वृद्धजनों को अपने माता-पिता के रूप में प्रेम करें। सभी मनुष्यों को अपने मित्रों के रूप में प्रेम करें।

दूसरा मार्ग

ब्रह्माण्डीय चेतना के लिए दूसरा मार्ग है आत्मानुशासन का मार्ग। असंयम के शिकार न बनें। वस्तुओं का आनन्द लें, परन्तु उनके साथ आसक्ति न रखें। स्वतंत्र रहें। प्रसन्न और आत्म-संयमित रहें। बुरी आदतों की दासता से बचें, और केवल अपनी नेक धारणाओं के अनुसार कार्य करें। ब्रह्माण्डीय चेतना पाने के लिए आत्म-नियंत्रण का होना आवश्यक है और द्वैत भाव — गर्मी और सर्दी, सुख और दुःख, स्वास्थ्य एवं रोग — से ऊपर उठना आवश्यक है। सभी वस्तुओं को किसी भी उत्तेजना अथवा मन की अशान्ति के बिना सहन करना सीखें। "वह व्यक्ति जो सर्वत्र अनासक्त है, शुभ को प्राप्त कर न तो प्रसन्नता से उत्तेजित होता है, और न ही अशुभ से उद्विग्न, ऐसा व्यक्ति स्थितप्रज्ञ है।"*

तीसरा और उच्चतम मार्ग

अन्त में, ध्यान का मार्ग है — आध्यात्मिक मार्ग। यदि आप ध्यान करते समय श्वास के प्रति सचेत हैं, तो आप देह बोध से बंधे हुए हैं। ब्रह्माण्डीय चेतना में प्रवेश करने के लिए व्यक्ति को गुरु-प्रदत्त ध्यान की प्रविधियों द्वारा शरीर के बंधनों से स्वयं को मुक्त करना आवश्यक है।

यदि आप पानी के एक तालाब में उसी पानी से भरी बन्द बोतल को रख दें, तो बोतल का पानी उस तालाब के पानी से पृथक रहेगा, परन्तु यदि आप बोतल का ढक्कन हटा दें, तो बोतल का पानी तालाब के पानी में मिल सकता है। उसी प्रकार, साधारण लोग ईश्वर को दूर रखते हैं क्योंकि उनकी चेतना अज्ञान रूपी ढक्कन द्वारा बन्द रहती है। जब उस ढक्कन को ध्यान की उचित विधि द्वारा हटा दिया जाता है, तो व्यक्ति ईश्वर की शान्ति को शरीर के अन्दर एवं बाहर अनुभव करता है। जैसे-जैसे आप अपने ध्यान के समय को और उसकी गहराई को बढ़ाते हैं,

* भगवद्गीता II:57।

वैसे-वैसे आप बढ़ती हुई शान्ति और नित्य-नवीन आनन्द को प्राप्त करेंगे। आप अन्य कुछ भी करके देख लें, उससे वह दिव्य चेतना नहीं मिलेगी जो ध्यान के द्वारा आती है।

ईश्वर चारों ओर हैं, परन्तु आप उन्हें अनुभव नहीं करते। और आप उन्हें तब तक अपने अन्दर अथवा बाहर, अनुभव नहीं कर सकते जब तक आप उन्हें अपने अन्दर खोजने के लिए, अज्ञान रूपी ढक्कन को नहीं हटाते और अपनी चेतना को उनकी चेतना में नहीं मिला देते। यदि आप भौतिक इच्छाओं में लिप्त हो जाएँगे तो आप घुटन अनुभव करेंगे। यदि आप ईश्वर के सागर में डूब जाएँगे तो आप सदा-सर्वदा के लिए जीवित रहेंगे।

एक बार आपने ईश्वर को प्राप्त कर लिया, तो आप वास्तविक और स्थायी सन्तुष्टि को अनुभव करते हैं। मानवीय मित्रता टूट सकती है, परन्तु ईश्वर आपको कदापि नहीं छोड़ेंगे। चाहे प्रत्येक अन्य व्यक्ति आपको त्याग दे, यदि ईश्वर आपके साथ हैं, तो आपके पास सब कुछ है।

मुस्कराहटों के धनी बनें

सेल्फ़-रियलाइज़ेशन फ़ेलोशिप मन्दिर,
हॉलीवुड, कैलिफ़ोर्निया, जनवरी 29, 1950

सच्ची मुस्कान परमानन्द की मुस्कान है, जो ध्यान करने से आती है, जब आप ईश्वर की विद्यमानता के आनन्द का अनुभव करते हैं। वही मुस्कान लाहिड़ी महाशयजी* के चेहरे पर है। वे आंशिक रूप से संसार को देख रहे हैं, परन्तु ईश्वर को पूर्णरूप से देख रहे हैं। मेरी मुस्कान मेरे अस्तित्व के गहन आनन्द से आती है, उस आनन्द को आप भी प्राप्त कर सकते हैं। एक सुगंध की भाँति यह पुष्पित आत्मा के हृदय से प्रवाहित होती है। यह आनन्द अपने दिव्य परमानन्द के जल में दूसरों को स्नान करने के लिए आमंत्रित करता है।

सामान्य मनुष्य मन की चार अवस्थाओं से परिचित है। जब इच्छा की पूर्ति हो जाती है, वह प्रसन्न हो जाता है। जब इच्छा पूर्ण नहीं होती, वह अप्रसन्न हो जाता है। जब वह न तो ख़ुश होता है और न ही दुःखी, वह उकता जाता है। जब ये तीनों भाव, ये तीनों मन की अवस्थाएँ — सुख, दुःख, और उकताहट मिट जाती हैं, तो उसे शान्ति मिलती है।

शान्ति से परे परमानन्द है

शान्ति बारी-बारी से आने वाले दुःख और सुख तथा उदासी की अनुपस्थिति है। यह बहुत इच्छित अवस्था है। दुःख और सुख के शिखरों पर उत्तेजित सवारी के पश्चात् बीच-बीच में उकताहट के गर्त में गोते खाने के पश्चात् शान्ति के निश्चल सागर पर तैरने का आप आनन्द लेते हैं। परन्तु शान्ति से भी बढ़कर है परमानन्द — जो आत्मा का आनन्द है। यह नित्य-नवीन आनन्द है जो कभी लुप्त नहीं होता, लेकिन अनन्तता तक आपकी आत्मा के साथ रहता है। वह आनन्द केवल ईश्वर के बोध द्वारा ही प्राप्त किया जा सकता है।

* लाहिड़ी महाशयजी, परमहंस योगानन्दजी के गुरु के गुरु के एक चित्र का सन्दर्भ। असाधारण परिस्थिति में खींचे गए इस चित्र का विवरण *योगी कथामृत* के पहले अध्याय में है।

यदि आप चन्द्रमा की चांदनी में पानी से भरे एक बर्तन को रखें और पानी को हिला दें, तो उसमें चन्द्रमा का विकृत प्रतिबिंब बनेगा। जब आप बर्तन में पानी की तरंगों को शान्त कर देते हैं, तो प्रतिबिम्ब स्पष्ट हो जाता है। जिस समय बर्तन में पानी शान्त होता है और चन्द्रमा का प्रतिबिम्ब स्पष्ट दिखाई देता है, उसकी तुलना ध्यान में शान्ति (peace) की अवस्था, और उससे भी अधिक गहरी निश्चलता की अवस्था से की जा सकती है। ध्यान की शान्ति में मन से समस्त संवेदनाएँ और विचारों की तरंगें समाप्त हो जाती हैं। निश्चलता (calmness) की और अधिक गहन अवस्था में, व्यक्ति को उस स्थिरता में ईश्वर की विद्यमानता के चन्द्रमा रूपी प्रतिबिंब का बोध होता है। शान्ति एक नकारात्मक अवस्था है, क्योंकि यह केवल सुख, दुःख, और उदासी की अनुपस्थिति की अवस्था है, और इसीलिए कुछ समय पश्चात् ध्यान करने वाला व्यक्ति फिर से तरंगों की गतिशीलता का अनुभव पाने की इच्छा की ओर आकर्षित हो जाता है। परन्तु जैसे-जैसे ध्यान में प्राप्त शान्ति (peace) पहले निश्चलता (calmness) में और उसके बाद परमानन्द (bliss) की चरम सकारात्मक अवस्था में गहन होती जाती है, तब ध्यान करने वाला व्यक्ति आनन्द का अनुभव करता है जो नित्य नवीन है और सर्वसन्तुष्टिदायक है।

निद्रावस्था में, आप विचारों और संवेदनाओं को निष्क्रिय रूप से शान्त करते हैं। जबकि ध्यान के द्वारा आप विचारों और संवेदनाओं (sensations) को चेतन रूप से शान्त करते हैं, आप पहले शान्ति की अवस्था का अनुभव करते हैं, और आपके चेहरे की माँसपेशियाँ एक मुस्कान का रूप ले लेती हैं, जो आपके हृदय की शान्ति को प्रदर्शित करती है। परन्तु आपको शान्ति से परे, इन्द्रिय जनित विचारों से उत्पन्न शारीरिक प्रक्रियाओं और ज्ञानेन्द्रियों की संवेदनाओं से अविकृत, अपनी आत्मा की पवित्रता, को देखने का प्रयास करना चाहिए। तब जिस अवस्था का आप अनुभव करेंगे वह नित्य-नवीन परमानन्द है। सन्तों के हृदय में यह आनन्द सदैव रहता है। दिव्य आन्तरिक विश्वास में सुरक्षित, वे क्रोध अथवा भय से अविचलित रहते हैं। अन्तर्ज्ञान अथवा तर्क की छुरी का उपयोग करके वे मन के ऑपरेशन-मेज़ पर अपने या दूसरों के विचारों की चीर-फाड़ कर सकते हैं और शांत-अचल रह सकते हैं। "आत्मा के परमानन्द में सब दुःखों का नाश हो जाता है। वास्तव में, परमानन्द-मग्न व्यक्ति का विवेक शीघ्र ही दृढ़तापूर्वक [आत्मा में] स्थित हो जाता है।"*

* भगवद्गीता II:65।

ईश्वर के प्रेम के साथ मुस्कराएँ

अधिकांश मुस्कराहटें, कोई अच्छा कार्य करने से उत्पन्न अच्छे भावों के कारण, अथवा किसी के प्रति सहानुभूति, प्रेम, दयालुता या करुणा के भाव के कारण उत्पन्न होती हैं। परन्तु मुस्कराने की अति अद्भुत विधि है अपने हृदय में ईश्वर के प्रेम को भरना। तब आप प्रत्येक व्यक्ति से प्रेम करने लगेंगे; आप हर क्षण मुस्कराएँगे। मुस्कराहटों के अन्य सभी प्रकार क्षणभंगुर हैं क्योंकि भावनाएँ क्षण भर के लिए रहती हैं और फिर समाप्त हो जाती हैं, चाहे वे कितनी भी अच्छी क्यों न हों। जो अन्त तक रह सकता है वह केवल ईश्वर का आनन्द है। जब आपके पास वह आनन्द है, तो आप हर क्षण मुस्करा सकते हैं। अन्यथा जब आप किसी के प्रति दयालुता का भाव रखते हैं और बदले में वह एक थप्पड़ लगा देता है, तो फिर आप उसके प्रति दयालुता का भाव अधिक समय तक नहीं रख पाएँगें।

मैं एक व्यक्ति को जानता हूँ जिसने अपनी पत्नी की मृत्यु पर अत्यधिक दुःख व्यक्त किया। मैंने उसकी भावुकता को भांप लिया और उससे कहा, "तुम एक महीने में ही विवाह कर लोगे।" वह मुझ पर इतना क्रोधित हुआ कि वह उसके बाद मुझसे मिलने भी नहीं आया, लेकिन उसने एक माह में पुनर्विवाह कर लिया था। उसने सोचा था कि पहली पत्नी के प्रति उसका प्रेम बहुत ज्यादा था, परन्तु देखिए कि वह कितनी जल्दी उसे भूल गया।

मैं कभी नहीं भूल सकता कि मेरे गुरुदेव, श्रीयुक्तेश्वरजी ने अपने जीवन की इस छोटी सी कहानी के द्वारा मुझे कितनी बड़ी शिक्षा दी : "जब मैं एक छोटा बालक था मैंने यह जिद पकड़ ली कि मैं पड़ोस के एक भद्दे छोटे कुत्ते को ही लूँगा। मैंने उस कुत्ते को पाने के लिए पूरे घर में सप्ताहों तक हलचल मचा रखी थी। उससे अधिक आकर्षक कुत्तों के प्रस्ताव को मेरे कान सुनना ही नहीं चाहते थे। मैं केवल वही कुत्ता चाहता था।"

तथाकथित प्रेमालाप में भी इसी प्रकार की दृढ़ता अधिकार जमा लेती है प्रेम करने वाले एक चेहरे के प्रति सम्मोहित हो जाते हैं, वे उसे भुला नहीं पाते। परन्तु वास्तविक सुन्दरता जो हमें दूसरों में देखनी चाहिए वह बाहरी नहीं, बल्कि आन्तरिक होनी चाहिए।

जब आपकी आत्मा आनन्द से भरपूर रहती है तो आप आकर्षक लगते हैं। मैं केवल दिव्य मुस्कानों को ही पसन्द करता हूँ, क्योंकि उनके बिना, मनुष्य कठपुतली की भाँति है; आज वे कहते हैं कि वे आपको सदा के लिए प्रेम करेंगे, परन्तु कल वे श्मशान

में होते हैं। तब उनका वह महान् प्रेम कहाँ होता है? फिर कहाँ गया उनका वचन "मैं तुमसे सदा-सदा के लिए प्रेम करूँगा?" परन्तु यदि आप ईश्वर से केवल एक बार यह कहलवा सकें, "मैं तुमसे प्रेम करता हूँ," तो यह अनन्त काल के लिए है। तब आप थोड़े से मानवीय प्रेम, तथा धन, और यह तथा वह जैसी छोटी-मोटी वस्तुओं के लिए क्यों अपना समय नष्ट करते हैं, जबकि ईश्वर में प्रत्येक वस्तु आप पा सकते हैं — समस्त प्रेम जो कि सम्पूर्ण संसार में है, सृष्टि में व्याप्त सम्पूर्ण शक्ति? लेकिन प्रभु को शक्ति के लिए मत ढूँढें; उसे प्रेम के लिए ढूँढें। तब आप उनके सुरक्षा कवच में दरार खोज पाएँगे। जब आप उन्हें अपना अशर्त प्रेम देंगे, तो वे आपके सम्मुख स्वयं को समर्पित करने से रोक नहीं पाएँगे।

आनन्द पाने के लिए ध्यान करें

अधिक ध्यान करें। आप नहीं जानते यह कितना अद्भुत है। धन अथवा मानवीय प्रेम अथवा किसी अन्य वस्तु को पाने के लिए, जिसके विषय में आप सोच सकते हैं, घण्टों व्यय करने की अपेक्षा ध्यान करना अत्यधिक महत्त्वपूर्ण है। जितना अधिक आप ध्यान करेंगे, और कार्यों को करते हुए भी जितना अधिक अपना मन आध्यात्मिक अवस्था में केन्द्रित रखेंगे, उतना अधिक आप मुस्करा सकेंगे। मैं अब सदा उस अवस्था में रहता हूँ, ईश्वर की उस परमानन्दमयी चेतना में। मुझे कुछ भी प्रभावित नहीं करता, चाहे मैं अकेला रहूँ अथवा लोगों के साथ रहूँ, ईश्वर का वह आनन्द सदा मेरे साथ रहता है। मैंने अपनी मुस्कान को बनाए रखा है — परन्तु इसे स्थायी रूप में प्राप्त करना कठिन कार्य था! वही मुस्कानें आपमें भी हैं, वही आत्मा का परमानन्द आपमें है। आपको उन्हें अर्जित नहीं करना, बल्कि उन्हें पुनः प्राप्त करना है। आपने केवल इन्द्रियों के साथ अपना तादात्म्य करके उन्हें अस्थायी रूप से खो दिया है।

यदि आप सोचते हैं कि शब्द, स्पर्श, रूप, रस, गंध के विषय आपको सर्वोच्च आनन्द प्रदान करेंगे, तो आपकी भारी भूल है। वे तो उसे केवल और दूर ही कर देंगे। यदि आप अपने आनन्द के चहुँ ओर शर्तें लगाते हैं कि — "उस चेहरे को देखे बिना मैं प्रसन्न नहीं हो सकता" — तो आप विशुद्ध आनन्द कदापि प्राप्त नहीं कर सकते, क्योंकि कोई भी इन्द्रियजनित आनन्द स्थायी नहीं है। समय शारीरिक सुन्दरता को निर्दयता से नष्ट करता है; भौतिक जगत् में प्रत्येक वस्तु परिवर्तनशील है। इसलिए यदि आप संसार में समस्त सुन्दर चेहरों को देख भी लें; यदि आप समस्त संगीत को भी सुन लें और

प्रत्येक वस्तु जिसकी आपको इच्छा है उसे स्पर्श भी कर लें; तो भी आपने वास्तविक सुख को प्राप्त नहीं किया होगा। यद्यपि आप यह कल्पना कर सकते हैं कि आप खुश हैं। कभी-कभी, किसी इच्छित वस्तु को पाने में अथक प्रयास के पश्चात्, आपको उस वस्तु को पाने से कोई विशेष प्रसन्नता नहीं मिलती, फिर भी उस वस्तु को पाने में आपने जो परिश्रम किया उससे कुछ संतुष्टि प्राप्त होती है, और इस प्रकार आप सोचते हैं कि आप प्रसन्न हैं। परन्तु ऐसी संतुष्टियाँ थोड़े समय के लिए होती हैं।

अतः अपनी प्रसन्नता इन्द्रियों में न खोजें। आनन्द को अन्तर में खोजें और इसे अपने चेहरे पर व्यक्त करें। जब आप ऐसा करेंगे, तो जहाँ कहीं भी आप जाएँगे एक छोटी सी मुस्कान आपके दिव्य चुम्बकत्व से प्रत्येक व्यक्ति पर छा जाएगी। प्रत्येक व्यक्ति प्रसन्न हो जाएगा!

परन्तु, यह याद रखें कि केवल ईश्वर ही प्रत्येक हृदय को परिवर्तित करते हैं; हमें कुछ अच्छा कर सकने की शक्ति के लिए स्वयं को कदापि श्रेय नहीं देना चाहिए। केवल ईश्वर ही हैं जो अच्छा करते हैं। यह उनका ही संसार है। यदि आप उन्हें इस शरीर के अंतरवासी और प्रत्येक वस्तु में क्रियाशील मानते हैं; और यदि आप प्रत्येक वस्तु — अच्छे अथवा बुरे कर्म दोनों — उन्हें सौंप देते हैं, तो आप को यह देखकर आश्चर्य होगा कि किस प्रकार आपके सारे कर्म धीरे-धीरे अच्छाई में बदल जाते हैं। जब ईश्वर की चेतना आप के अन्दर होगी तब आप कुछ भी गलत नहीं कर पाएँगे। अपना जीवन उन्हें सौंप दें। जो कुछ भी आप करें, कहें, "ये आप ही हैं, प्रभो, मैं नहीं! मैं नहीं, प्रभो!" अहम् भाव को मिटा दें; यह इस मुक्तिदायक अनुभूति में बहुत बड़ी बाधा है। आप कर्ता नहीं हैं; "क्या आप अपना हाथ ऊपर उठा सकते हैं यदि प्रभु आपके मेरुशीर्ष (medulla oblongata)* में से जीवन की छोटी सी लौ को बुझा दें?"

बाहरी प्रभावों को कैसे समाप्त करें

एक बार एन्सिनिटस में मैं बाहर खुले में बैठा था, और वहाँ बहुत ठण्ड थी। मैंनें अपनी चेतना को अंतर्मुखी किया, और पल भर में ठण्ड की अनुभूति बिल्कुल समाप्त हो गई। मेरे चारों ओर आनन्द छा गया; मैंने अपने चारों ओर की वस्तुओं को एक चलचित्र के प्रकाश की किरण-पुंज के रूप में पिघलते देखा। जब मैं चलचित्र पर एकाग्रचित्त होता था तो चलचित्र देखता था। जब मैं किरण-पुंज पर एकाग्रचित होता था तो संसार लुप्त हो जाता था। आप अपनी चेतना के बिना कुछ भी नहीं देख सकते।

* मेडुला केन्द्र (अथवा चक्र) वह मूल बिन्दु है जहाँ से जीवन-शक्ति शरीर में प्रवेश करती है।

इसलिए यदि आपका, अपने मन पर पूर्ण प्रभुत्व हो, और आप अन्तर में अपनी आत्मा को देखें, तो चाहे आपकी आँखें खुली भी हों, आप केवल ईश्वर के महान् प्रकाश को देखेंगे और उनके परमानन्द को अनुभव करेंगे। केवल जब आप अपनी आँखों से बाहर की ओर ध्यान से देखते हैं, तभी आपकी चेतना को बाह्य जगत् का बोध होगा। यह सब ईश्वर का चलचित्र है। एक दिन एन्सिनिटस में मैं, एक ओर संवेदनाओं और विचारों को देख सका जो कि ईश्वर से प्रवाहित मेरी चेतना के स्वप्न थे, और दूसरी ओर, जैसे ही मैं अपने अंतर में चला जाता था, नाममात्र भी संवेदनाएँ नहीं रह जाती थीं — केवल विशुद्ध आनन्द था। और यद्यपि मैं उस कड़ाके की सर्दी में केवल तैराकी की पोशाक में बैठा हुआ था, मैं ठण्ड और दृश्यावली को लुप्त होते और केवल आनन्द को आते अनुभव कर सका; बाद में मैंने उस महान् आनन्द के साथ-साथ संवेदनाओं का हल्का सा प्रभाव अनुभव किया।

इसका अभ्यास करें — ईश्वर की उपस्थिति का अभ्यास करें। एक छोटी-सी प्रार्थना करके अथवा थोड़ा सा प्रकाश देखकर संतुष्ट होकर सोने के लिए न चले जाएँ। निद्रा नशे में जाने की दवाई है। यदि आप भली प्रकार से कामवासना को नियंत्रित कर सकें; और यदि आप पूर्णरूप से सभी इन्द्रियों को नियंत्रित कर सकें; और यदि आप अपनी आत्मा की पूर्ण शक्ति से ईश्वर को खोजें, तब वह आपके समक्ष प्रकट हो जाएँगे। यद्यपि आप उच्च सदाचारी हों और एक आध्यात्मिक व्यक्ति हों, तो भी ईश्वर के बोध के बिना आपके पास कुछ नहीं है।

इसलिए स्वयं को धोखा न दें। अधिक ध्यान करें — अनवरत रूप से और ईमानदारी से। ईश्वर से कहें, "मैं अपनी कमज़ोरियों को जानता हूँ। लेकिन प्रभु वे सब आपकी हैं, क्योंकि आपने ही मुझे बनाया है। आपके सान्निध्य में रहने के अतिरिक्त मेरी और कोई इच्छा नहीं है, क्योंकि आप ही इस संसार रूपी चलचित्र को दिखा रहे हैं। आप इसके सुखांत और दुःखांत दोनों पहलुओं से मुक्त हैं। इसलिए मैं भी मुक्त हूँ, क्योंकि मैं आपका बच्चा हूँ।"

स्वयं को पापी न कहें; और न स्वयं को धर्मात्मा कह कर गर्व करें। अपितु, कहें कि ईश्वर आपके साथ हैं, और केवल वे ही — न कि कोई और! — आपके द्वारा कार्य कर रहे हैं। तब आप एक भिन्न जगत् को देखेंगे। ईश्वर की चेतना के बिना यह संसार संघर्षों से, हिंसा से और घोर निराशाओं से भरा प्रतीत होता है। परन्तु प्रभु के साथ तो यह आनन्द का स्वर्ग है।

जब मैं *सॉग ऑफ़ बर्नाडेट* नामक चलचित्र देख रहा था, तो उस सन्त के जीवन में घटित कुछ दृश्यों से मैं इतनी गहराई से प्रभावित हो गया कि मैं रो पड़ा। अन्त में मैंने कहा; "यह मुझे क्या हो रहा है?" मैंने चलचित्र को दोबारा देखा तब केवल छाया एवं प्रकाश ही दिखाई दिए; नाटक की मेरी चेतना लुप्त हो गई। मैं और नहीं रो पाया; एक महान् आनन्द की अवस्था मुझ पर छा गई।

सृष्टि का चलचित्र

ईश्वर किसी व्यक्ति, जो इस संसार से जा चुका है, के शरीर को एक ही क्षण में दोबारा बना सकते हैं; वे चाहते हैं कि हम इसे जानें। वे आपको समझाना चाहते हैं कि यह सृष्टि एक तमाशा है। यदि आप इस तमाशे को गंभीरता से लेंगे, तो आप दुःखी हो जाएँगे, और आप इसे पसंद नहीं करेंगे; आप जीवन को इसके दुःख एवं रोग और पीड़ा के साथ सहन नहीं कर पाएँगे। जब कोई वस्तु शरीर को पीड़ा पहुँचाती है, तो मैं अपने मन को भ्रूमध्य पर, आध्यात्मिक चेतना के स्थान पर, लगा देता हूँ; तब मुझे किसी भी पीड़ा का अनुभव नहीं होता। परन्तु जब मैं पीड़ा पर केन्द्रित होता हूँ, तो मैं पीड़ा के भ्रम को अनुभव करता हूँ। आपके मानसिक पर्दे पर दुःखों की भ्रामक माया की छाया के प्रदर्शन के समय यदि आप अपने मन को अपनी आत्मा की आध्यात्मिक चेतना में केन्द्रित कर सकें तो आप पीड़ित नहीं होंगे। ईश्वर से अनवरत रूप से प्रार्थना करते रहें कि वे अनन्य आनन्दमयी सत्ता के रूप में प्रकट हों।

आपने इतना अधिक समय पहले ही नष्ट कर दिया है— किसी भी क्षण मृत्यु आपको ले जा सकती है, और तब प्रभु को जानने के लिए आपके पास समय नहीं बचेगा। शरीर रूपी पिंजरे से बाहर जाने से पहले ही आपको प्रभु की अनुभूति कर लेनी चाहिए। उनसे कहें, "मैं आपकी उपस्थिति को अनुभव करना चाहता हूँ।" परन्तु वे आपको माया के इस चिकित्सालय से स्थायी रूप से तब तक बाहर नहीं जाने देंगे जब तक आप अपनी इच्छाओं रूपी रोग का उपचार नहीं कर लेते। प्रत्येक कार्य ईश्वर के लिए करें। प्रभु के लिए कार्य करना आपकी आध्यात्मिक उन्नति के लिए उतना ही महत्त्वपूर्ण है जितना कि ध्यान करना।

रात्रि में ईश्वर का ध्यान करें जब तक कि आप उनमें आनन्दित न हो जाएँ और उनके आनन्द में मग्न न हो जाएँ; और जब दिन में कार्य करने के लिए प्रवृत्त हों, तो उस अवस्था का स्मरण अपने साथ ले आएँ और बनाए रखें। तब आप हर समय ईश्वर

के साथ होंगे। और आप सदा मुस्करा सकेंगे और यह कह सकेंगे, "थोड़ा-सा दुःख अथवा थोड़ा-सा सुख या थोड़ी-सी शांति, मेरी आत्मा में भरे नित्य-नवीन आनन्द के उस सागर में हलचल नहीं मचा सकते — जो मेरी आत्मा को परिपूर्ण किए हुए है।"

माया अर्थात् भ्रम पर हँसें। जीवन को एक ब्रह्माण्डीय चलचित्र की भाँति देखें, तब यह आप पर अपना भ्रामक जादू और अधिक नहीं दिखा सकेगा। ईश आनन्द में रहें। जब आप टूटते हुए संसार के विध्वंस के बीच अविचलित खड़े रह सकेंगे, तब आप जानेंगे कि ईश्वर सत्य हैं। वे आपको कष्ट देना नहीं चाहते हैं। उन्होंने आपको अपने प्रतिबिम्ब में बनाया है। उन्होंने पहले से ही आपको अपने जैसा बनाया है। इसे ही आप नहीं समझते, क्योंकि आप इतना ही मानते हैं कि आप मानव हैं; आप नहीं जानते कि यह विचार एक भ्रम है।

जब आप कैंसर से पीड़ित हैं तो यह कोई परिहास की बात नहीं है। फिर भी सन्त फ्रान्सिस जब अनेक रोगों से पीड़ित थे उस समय भी वे बीमारों को रोग-मुक्त और मृतकों को जीवित कर रहे थे। उनके दिव्य आनन्द को उनसे अलग नहीं किया जा सका। इसलिए, हर संभव उपाय से ईश्वर को प्राप्त करें। परन्तु वह आपको तब तक स्वीकार नहीं करेंगे जब तक कि आप उनके समक्ष यह प्रमाणित नहीं कर देते कि आप केवल उन्हें ही चाहते हैं और उनके इस जगत् की लीला में सम्मिलित होने की आपकी कोई इच्छा नहीं है।

ईश्वर से प्रश्न न करें — उनसे प्रेम करें

आपको ईश्वर से कोई प्रश्न नहीं करना चाहिए। आपके हाथ केवल संशय ही आएगा। आप उनके नियमों को समझने में तब तक समर्थ नहीं होंगे, जब तक आप उनके साथ एक न हो जाएँ। अतः तर्क-बुद्धि से उन्हें समझने का प्रयास करने के लिए क्यों समय नष्ट करते हैं? यदि आप कोई उपन्यास पढ़ रहे हैं जिसमें नायक के साथ दुर्व्यवहार किया गया है, और खलनायक विजयी हो रहा है, और हर अध्याय अपने पहले वाले अध्याय से विरोधाभास देता प्रतीत होता हो, तो आप निराश हो जाएँगे और लेखक के प्रति क्रोध का अनुभव करेंगे। लेकिन जब आप अन्तिम अध्याय पढ़ते हैं तो आप संतुष्ट हो जाते हैं, और आप सोचते हैं कि वह उपन्यास कितना अद्भुत था क्योंकि यह बहुत पेचीदा था। उसी प्रकार, ईश्वर उत्कृष्ट उपन्यासकार हैं, और व्यक्ति उनकी रचना की विरोधाभासी और पेचीदा कहानी पर आश्चर्यचकित हो जाता है। इन

पहेलियों को सुलझाने का प्रयास न करें; नहीं तो आप उन्हीं में उलझ कर रह जाएँगे। जब आप अन्तिम अध्याय में उन्हें पा लेंगे, तब वे मानव जीवन के समस्त रहस्यों का उत्तर आपको दे देंगे। और जब आप उनके उत्तर सुन लेंगे तब आप उनके विवेक के विषय में कोई भी प्रश्न नहीं कर पाएँगे। यह मैं जानता हूँ!

हृदय में ईश्वर को धारण करके जीएँ और संसार में भयभीत न हों— भय आपसे भयभीत हो जाएगा! आप इस ब्रह्माण्डीय माया से मुक्त हो जाएँगे। तब आप मुस्कराएँगे, "अन्ततः मैं इसके सभी रहस्यों को जान ही गया।" लेकिन पहले जानने का प्रयास न करें; पहले ईश्वर से प्रेम करें। तब वे आपको सबकुछ बता देंगे। और तब आप शाश्वत मुस्कान से मुस्करा सकेंगे। आपके विचार, आपके शब्द, आपके लेख और आपके द्वारा किया गया प्रत्येक कार्य उस मुस्कान में देदीप्यमान आनन्द से व्याप्त होगा। आप जहाँ भी ध्यान करेंगे, वहीं आप मुस्कान की एक सुगंध छोड़ देंगे, और जो कोई भी वहाँ आएगा, वह भी ईश्वर में मुस्कराने के लिए प्रेरित होगा। जब आप ईश्वर के अवर्णनीय आनन्द में मग्न रहेंगे तो आप हर समय मुस्करा सकेंगे।

प्रभु, हमें अपने प्रेम से सम्पन्न करें

सेल्फ़-रियलाइज़ेशन फ़ेलोशिप अन्तर्राष्ट्रीय मुख्यालय, लॉस एंजिलिस, कैलिफ़ोर्निया, परमहंसजी के जन्मदिवस पर उनके सम्मान में भारतीय परम्परा के अनुसार मनाए गए समारोह के उपरान्त, गुरुजी द्वारा दिया गया सत्संग, 5 जनवरी, 1945

हममें से प्रत्येक व्यक्ति ईश्वर की संतान है। हम उनकी चेतना से उसकी सम्पूर्ण पवित्रता, महिमा और आनन्द में उत्पन्न हुए हैं। यह धरोहर निर्विवादित है। गलती के मार्ग में रत एक पापी के रूप में अपनी निंदा करना, सब से बड़ा पाप है। बाइबिल कहती है : "क्या तुम नहीं जानते कि तुम ईश्वर का मन्दिर हो, और ईश्वर की चेतना तुम में वास करती है?"*

सदा स्मरण रखें, आपके परमपिता आपको अशर्त रूप से प्रेम करते हैं। परन्तु क्योंकि उन्होंने आपको अपने से दूर जाने की अथवा अपने समीप आने की स्वतंत्रता दी है, इसलिए वे आपके पास आने से पहले उनका प्रेम पाने के लिए आप की इच्छा की अभिव्यक्ति की प्रतीक्षा कर रहे हैं।

एक बार जब मैं ध्यान कर रहा था तो मैंने ईश्वर की वाणी को फुसफुसाते सुना : "तुम कहते हो मैं दूर हूँ, परन्तु तुम ही अन्दर नहीं आए। इसलिए तुम कहते हो मैं दूर हूँ। मैं सदा भीतर ही हूँ। भीतर आओ और तुम मुझे देख लोगे। मैं तुम्हारा स्वागत करने के लिए नित्य यहाँ उपस्थित हूँ।"

आध्यात्मिक मार्ग में गहन सच्चाई की आवश्यकता है। निष्कपटता में ब्रह्म का जन्म होता है। जीसस ने कहा था : "आपने इनको ज्ञानियों और विवेकी पुरुषों से छिपा रखा है, और भोले-भाले बच्चों के समक्ष प्रकट किया है।"† ईश्वर के सामने हमारा मानवीय ज्ञान कुछ भी नहीं है। ईश्वर को मनाने का एक मात्र तरीका है कि जो प्रेम वे हमें देते हैं वही अशर्त प्रेम हम उनको अर्पित करें। जिससे कि वे हमारे प्रेम के समक्ष झुक जाएगें।

* *I कुरिन्थियों* 3:16 (बाइबिल)।

† *मत्ती* 11:25 (बाइबिल)।

अन्त में तो प्रत्येक व्यक्ति मोक्ष प्राप्त करेगा, परन्तु जो मार्ग में रुक जाते हैं वे उदासीनता की खाई में गिर जाते हैं। उदासीनता मनुष्य को इस बात की अनुभूति करने से रोकती है कि अभी, इसी समय, ईश्वर की खोज करना कितना महत्त्वपूर्ण है। यह हमारा विशाल घूमता हुआ ग्रह, हमारा मानवीय व्यक्तित्व, हमें केवल इसलिए नहीं दिए गए थे कि हम कुछ समय तक जीवित रह सकें और फिर शून्यता में लुप्त हो जाएँ, बल्कि इसलिए दिए गए हैं कि हम यह प्रश्न कर सकें कि इसका उद्देश्य क्या है। जीवन के उद्देश्य को समझे बिना जीना मूर्खता है, समय की बर्बादी है। जीवन का रहस्य हमें घेरे हुए है, इसका समाधान ढूँढ़ने के लिए हमें बुद्धि दी गई थी।

समस्त प्रेम के पीछे ईश्वर ही प्रेमी हैं

स्थायी प्रेम के लिए खोज करते हुए मैंने यह अनुभव किया है कि समस्त मानवीय प्रेम के द्वारा मेरी देखभाल करने वाला कोई और था। ईश्वर ने मुझसे माता के रूप में, पिता के रूप में, और मित्रों के रूप में प्रेम किया है। मैंने सभी मित्रों के पीछे उस एकमात्र मित्र को खोज लिया है, उस एक मात्र प्रेमी को, जिसको मैं अब आप सब के चेहरों में चमकते देखता हूँ। और वह मित्र मुझे कभी निराश नहीं करता।

प्रत्येक वस्तु के पीछे ईश्वर ही हैं। "अपने पिता और अपनी माता का सम्मान करें,"* परन्तु "अपने प्रभु ईश्वर को अपने सम्पूर्ण हृदय से और अपनी सम्पूर्ण आत्मा से, और अपनी सम्पूर्ण शक्ति से प्रेम करें।"† आपको उनके साथ दिव्य मित्रता को विकसित करने, तथा अब और अधिक समय व्यर्थ न करने के महत्त्व को समझना चाहिए। जब आप सो जाते हैं, तो आप कैसे जानते हैं, कि आप जागेंगे अथवा नहीं? एक-एक करके हम इस पृथ्वी को छोड़ते हैं। परन्तु इसमें दुःख मनाने की कोई बात नहीं है। जब हमारी मृत्यु होती है, हमें इस पृथ्वी पर पुनः जन्म लेना आवश्यक है, और जहाँ से हमने इस जन्म को छोड़ा, वहीं से दूसरा जीवन आरम्भ करते हैं।

मैं जीवन और मृत्यु को सागर की लहरों के उतार-चढ़ाव की भाँति देखता हूँ। जन्म के समय एक लहर सतह से उठती है, और मृत्यु के समय वह निद्रा में ईश्वर की गोद में डूब जाती है। मैंने इसका अनुभव किया है। मैं जानता हूँ मेरी मृत्यु कदापि नहीं हो सकती, क्योंकि चाहे मैं परमात्मा के सागर में सो रहा होऊँ अथवा भौतिक शरीर में

* *मत्ती* 19:19 (बाइबिल)।

† *व्यवस्था विवरण* 6:5 (बाइबिल)।

जाग्रत अवस्था में रहूँ, मैं सदा उनके साथ हूँ। वह सर्वोच्च प्रसन्नता संसार में नहीं पाई जा सकती; परन्तु प्रभु को खोजने के लिए हमें वन की ओर भागने की भी आवश्यकता नहीं है। हम उन्हें दैनिक जीवन के इस जंगल में, आन्तरिक मौन की गुफा में खोज सकते हैं।

इससे कोई अन्तर नहीं पड़ता कि आपने कितनी गलतियाँ की हैं, वे सब अस्थायी हैं। आप परमात्मा के प्रतिबिम्ब में बने हैं। ईश्वर ने संसार का यह मायावी चलचित्र और इसके सभी आनन्द केवल एक उद्देश्य से बनाए हैं : कि संयोगवश केवल उनसे प्रेम करने के लिए आप उनकी माया के नाटक को भांप लें और इसे त्याग दें। यही सत्य है, यह झूठ नहीं हो सकता। हमें अपने परिवार के लोगों के प्रति प्रेम का अनुभव क्यों होता है, क्या केवल उन्हें एक-एक करके जाते हुए देखने के लिए? ये घटनाएँ हमें यह अनुभव कराने में सहायता करने के लिए घटती हैं कि ये केवल प्रभु ही हैं जो सभी प्रियजनों के पीछे हमसे प्रेम करते हैं।

जीवन के इस चलचित्र में कठिनाई यह है कि सभी असत्य सत्य प्रतीत होते हैं, और सभी सत्य असत्य लगते हैं। प्रत्येक रात्रि को निद्रा में हमारी चेतना से संसार को लुप्त कर दिया जाता है, ताकि हम यह समझ सकें कि भौतिक जगत् वास्तविक नहीं है। निद्रा का यह पाठ हमें भयभीत करने के लिए नहीं, बल्कि ईश्वर की वास्तविकता की खोज करवाने के लिए है। आत्मा केवल प्रभु और उनके प्रेम के अतिरिक्त किसी और वस्तु से कदापि सन्तुष्ट नहीं हो सकती। उनकी चेतना ही वह वास्तविकता है, जिसकी बराबरी कोई भी अन्य नहीं कर सकता।*

समय नष्ट न करें

पहले ही हमारे जीवन के बहुत से वर्ष बीत चुके हैं। और केवल इतने ही वर्ष, सप्ताह, दिन और घण्टे शेष बचे हैं। समय व्यर्थ न गवाँएँ। अपने हृदय में, प्रभु से दिन रात कहें, "प्रभो, मैं आपको चाहता हूँ।" इस विषय में कदापि निष्ठाहीन न बनें। कदापि तर्क न करें, "मैं कल ईश्वर को खोजूँगा। आज मुझे मस्ती मारने दो।" सदा कहें, "आज ही, मेरे प्रभु, *आज* ही मैं तुम्हें चाहता हूँ।"

अभी मैं चारों ओर फैला हुआ ईश्वर का महान् प्रकाश देखता हूँ— कितना आनन्द! कितना प्रकाश! "प्रभो, मैं इस सुन्दर अवसर पर आपको प्रणाम करता हूँ

* "असत् वस्तु का, कोई अस्तित्व नहीं है। सत् का, कोई अभाव नहीं है। इन दोनों का अन्तिम सत्य ज्ञानीजन जानते हैं" (भगवद्गीता II:16)।

जिसमें आपने एक नई महिमा के साथ हममें जन्म लिया है। आपकी उपस्थिति के बोध का मुझे सदा आशीर्वाद मिले और यहाँ हममें से प्रत्येक को यह आशीर्वाद मिले, जिससे कि हम सब जान सकें कि आप हमारी चेतना में फिर से जन्म लेना चाह रहे हैं।"

प्रभु से प्रेम कीजिए, अपने जीवन के प्रत्येक क्षण में उनसे बातें कीजिए, कार्य के दौरान तथा मौन में, गहन प्रार्थना के साथ, अपने हृदय की अनवरत ललक के साथ; और आप माया के परदे को विलीन होता देखेंगे। वे, जो फूलों के सौन्दर्य में, आत्माओं में, सात्त्विक आवेगों में, स्वप्नों में, आपके साथ आँखमिचौनी खेल रहे हैं, प्रकट होंगे और कहेंगे, "तुम और मैं लम्बे समय तक बिछुड़कर रहे हैं, क्योंकि मैं चाहता था कि तुम स्वेच्छापूर्वक अपना प्रेम मुझे दो। तुम मेरी छवि में बनाए गए हो, और मैं देखना चाहता था कि तुम मुझे अपना प्रेम देने की स्वतंत्रता का उपयोग करते हो या नहीं।"

मैं प्रार्थना करता हूँ कि ईश्वर आपको अपने प्रेम का अक्षय उपहार प्रदान करें। लेकिन बिना प्रयास के आप उन्हें नहीं पा सकेंगे। यदि आप प्रयास का पच्चीस प्रतिशत भाग करेंगे, तो इसका शेष भाग ईश्वर और गुरु के द्वारा प्राप्त हो जाएगा। यह शाम एक पल की भाँति बीत गई है, क्योंकि प्रत्येक पल वे मेरे साथ थे। मैं यही अनुभव करना चाहता था, कि आप जो मेरी प्रशंसा कर रहे हैं, यह मात्र उस ईश्वर के प्रति आपकी प्रशंसा की अभिव्यक्ति है, जिसने मुझे भेजा है। उनका आशीर्वाद सदा आपके साथ रहे, उनकी चेतना कभी आपका परित्याग न करे। आप अन्तर में, और बाहर में, उनकी विद्यमानता की पूर्णता का अनुभव कर सकें।

ईश्वर को अपना कहें

ईश्वर हमें सहज ही उत्तर नहीं देते, क्योंकि हम उनके सामने लजाते हैं; हम उन्हें यह जताने में असफल हो जाते हैं कि हम उन्हें कितना चाहते हैं। उनसे भयभीत न हों। उन्हें अपना कहें और चिन्तन एवं कार्य में निरन्तर उनका अनुसरण करें और आप उन्हें सुरक्षा का महानतम आश्रय स्थल पाएँगे।

"हे परमपिता, मैं इन आत्माओं का गुलदस्ता आपको अर्पित करता हूँ, जिससे वे आपकी उपस्थिति की वेदी को सुशोभित कर सकें। आप अनवरत रूप से उनके साथ रहें। परमपिता, आप इस परिवार के मुखिया हैं। हम आपकी संतान हैं, आपके नाम की महिमा गाने के लिए एक साथ एकत्रित हुए हैं। अपने प्रकाश से अज्ञानता के अंधकार को दूर करें, अपनी उपस्थिति के विस्तारशील प्रकाश द्वारा हमारे मन के तट

से सभी विषादों को दूर करें। नटखट अथवा भले, हम आपकी संतान हैं। हमें दर्शन दें, यहाँ उपस्थित प्रत्येक को आशीर्वाद दें। अपने प्रति इनके दयालु विचारों को मैं अनुभव करता हूँ। समस्त दयालुता, सम्मान, आदर और प्रेम जो मुझे दिया गया है, हे परमपिता! वह मैं आपके चरणों में अर्पित करता हूँ, आप मेरे प्रेम, मेरे सर्वस्व हैं।

"हमें अपनी कृपा का आशीर्वाद दें। आपके अतिरिक्त हमारी अन्य जो भी इच्छाएँ हैं सभी को नष्ट करें। हमारी सभी आकाँक्षाओं के सिंहासन पर बैठने वाले राजा बनें। आपकी महिमा का प्रकाश विशाल विश्व में फैले। हम सब को आशीर्वाद दें, अपनी उपस्थिति से हमें संतृप्त करें। हम अधिक से अधिक अनुभव कर सकें कि आप सदा हमारे रहे हैं। आप अब भी हमारे हैं, और आप सदा हमारे रहेंगे। हम आपके आशीर्वाद और प्रेम के लिए आपको धन्यवाद देते हैं जो आपने यहाँ एकत्रित अपने परिवार को प्रदान किया है। हम सब किसी दिन अनन्तता में, अमरत्व में, और अनवरत आनन्द में अपने अन्दर आपके जन्म का उत्सव मना सकें।"

मेरे साथ प्रार्थना करें : "हमारे परमपिता, हमें आशीर्वाद दें, कि जब हम मुक्त हो जाएँ, तो हम स्वर्ग में एकत्रित होकर अपने भीतर आपके जन्म का उत्सव मना सकें। आप स्वयं को अन्तर में और बाहर प्रकट करें। हम सबको संयुक्त कर दें, उस एकता के प्रकाश में हम एकमात्र आपकी उपस्थिति को पा सकें। अपने विलीन हृदयों और अपनी सम्मिलित आत्माओं की सम्पूर्ण भक्ति के साथ, हम आपके सर्वव्यापक चरण कमलों में दण्डवत् प्रणाम करते हैं। हमें आशीर्वाद दें कि हम कदापि आपसे विमुख न हों। प्रेम की एक अमर ज्वाला हमारे हृदयों में सदा बनी रहे। हमारे परमपिता, सर्वथा हमारे अपने, हम आपके चरणों में प्रणाम करते हैं। आपकी उपस्थिति अभी और सदा हमारे साथ बनी रहे।"

अपने नववर्ष के भाग्य को नियंत्रित करना

सेल्फ़-रियलाइज़ेशन फ़ेलोशिप मन्दिर,
हॉलीवुड, कैलिफ़ोर्निया, 2 जनवरी, 1944

यदि आप भक्ति के साथ ईश्वर के किसी विचार को संतृप्त कर दें और अपनी एकाग्रता द्वारा उस विचार को अपने अंदर गहरा बिठाएँ, तो अधिचेतना के मन्दिर में जगत् के अधिपति उस प्रेममय विचार को स्वीकार करने के लिए अवश्य आएँगे।

जिन अच्छे विचारों और संकल्पों को आप इस नववर्ष में पूरा करना चाहते हैं, उनके लिए ईश्वर से सहायता की माँग करें। निश्चय करें कि आप केवल वही कार्य करना चाहेंगे जिसे आप समझते हैं कि आपको करना चाहिए, और किसी भी परिस्थिति में अपनी पुरानी बुरी आदतों से त्रस्त होकर कोई कार्य नहीं करेंगे।

मैं जो पुस्तक लिख रहा था उसमें मुझे एक बड़ी शिक्षा मिली। मैं सदा पांडुलिपि को फिर से कभी पढ़े बिना ही लिखा करता था — मैं प्रायः इस कार्य से बचता था। परन्तु मुझे अपनी आत्मकथा* के प्रत्येक अंश को कई-कई बार पढ़ना पड़ा। अंततः ईश्वर ने एक उत्कृष्ट ढंग से, मुझे अनुशासित किया, क्योंकि जब मैंने उसे दोबारा पढ़ा तो उन अद्भुत अनुभवों को पुनः जीने का मुझे आनन्द मिला।

इस जीवन में मैंने अनेक परियोजनाओं को करने का साहस किया है। मैंने व्याख्यान दिए, भवनों की रूपरेखा बनाई और उनका निर्माण किया, कला का कार्य किया, संगीत वाद्यों को बजाया, बगीचे लगाए, विद्यालय की स्थापना की, परन्तु मेरी सफलता का रहस्य सदा इच्छाशक्ति थी। मैं सच्चाई से कह सकता हूँ कि भाग्य वैसा है जैसा आप इसे बनाते हैं।

स्वयं का विश्लेषण करें। पिछले वर्ष के आपके अच्छे संकल्पों और अच्छी आकाँक्षाओं का क्या हुआ? क्या उन्हें पूरा करने के लिए दृढ़ इच्छाशक्ति की कमी के कारण आपने उन्हें यूँ ही मर जाने दिया? इस नववर्ष में यह दृढ़ संकल्प करें कि पुरानी गलतियाँ आगे नहीं दोहराएँगे। अपने समय की योजना बनाएँ। यह संकल्प करें कि आप स्वचालित यंत्र की भाँति संसार के अनुसार और अपनी आदतों के अनुसार नहीं

* *Autobiography of a Yogi,* हिन्दी में योगी कथामृत।

चलेंगे। सच्ची प्रसन्नता को पाने का यह तरीका नहीं है। आपको अवश्य बदलना चाहिए, आपको *बदलने में सक्षम होना ही चाहिए*। सुधरने के लिए अस्पष्ट इच्छा पर्याप्त नहीं है। जैसे आप अभी हैं वैसा आप ही ने अपने को बनाया है, और जैसा आप चाहते हैं वैसा आप बन सकते हैं, परन्तु आपको इच्छाशक्ति का प्रयोग करना होगा।

आदत रूपी जेल की सलाखें, पत्थरों की दीवारों से भी अधिक सीमित करने वाली हैं। इस अदृश्य जेल को आप जहाँ कहीं भी जाते हैं साथ ले जाते हैं। परन्तु आप स्वतंत्र हो सकते हैं! आदतों की जेल तोड़कर स्वतंत्रता की ओर दौड़ने के लिए अब दृढ़ निश्चय कर लें। जीवन कितना डरावना है, तीन साल की आयु से ही हम आदतों से बंध जाते हैं। जैसे ही मुझे समझ में आया कि मैं आदतों की जेल में बन्दी बन गया हूँ मैंने सारी सलाखें तोड़ डालीं। मैं स्वयं को आदतों के बंधन में नहीं रहने दे सकता, जो मुझसे कहलवाएँ, "मैं वह नहीं कर सकता" या "मुझे यह करना है" या "ऐसा मेरे साथ मत करो, यह मुझे अशांत करता है" अथवा "मैं ठंड को सहन नहीं कर सकता हूँ" इत्यादि।

बचपन से ही ये आदतें इतनी शक्तिशाली क्यों होती हैं? क्योंकि ये गत जीवनों के अनुभवों से चली आई हैं। हमारे मनोभाव स्याही के वे छाप हैं जो गत जीवन के कर्मों द्वारा इस जीवन के आलेख पर रेखांकित होते हैं। बुरी आदतें और मनोभाव स्कंक* की दुर्गंध से भी अधिक दुर्गंधित होते हैं। इंसान के रूप में बिलाव, दुर्गंध देने वाले जानवर, की तरह क्यों व्यवहार करते हैं, दूसरों को भी परेशान करते हैं और स्वयं को भी दण्ड देते हैं? किसी-न-किसी समय हम सबने ऐसा किया है, क्योंकि हम सब में कुछ न कुछ अप्रिय विशेषताएँ थीं।

अपने खोए हुए देवत्व को पुनः प्राप्त करें

हम अवांछनीय लक्षणों को दूर कर सकते हैं। मनुष्य का मन लचीला होता है। यदि आप इसे धीरे-धीरे खींचते हैं तो यह आपकी क्षमता तक खिंच जाएगा। फिर भी आप प्रयास तक नहीं करते। ईश्वर ने हमें अपने जीवन की समस्त परीक्षाओं और कमियों पर विजय पाने के लिए आवश्यकता से अधिक शक्ति दे रखी है। सन्त फ्रांसिस, यद्यपि अस्वस्थ एवं नेत्रहीन थे, फिर भी रोगियों को स्वस्थ और मृत को जीवित कर सकते थे। बाह्य रूप से दृष्टिहीन, परन्तु आन्तरिक रूप से वे ब्रह्माण्ड का महान् प्रकाश

* अमेरिका एवं कैनडा में पाया जाने वाला एक स्तनपायी जीव, जो प्रतिरक्षा के लिए अपने शरीर से भयंकर दुर्गंधपूर्ण तरल पदार्थ का फ़व्वारा छोड़ता है।

देखते थे। ईश्वर सन्त फ्रांसिस जैसी अपनी सच्ची सन्तानों की सामान्य लोगों की अपेक्षा अधिक परीक्षा लेते हैं। परन्तु कोई भी ईश्वर की समस्त परीक्षाओं में सफल हुए बिना, और ईश्वर के एक सच्चे पुत्र की भाँति जीना सीखे बिना, मोक्ष के द्वार से पार नहीं जा सकता। आप स्वयं को एक दुर्बल मनुष्य क्यों मानते हैं? आपमें ईश्वर का पुत्र बनने की क्षमता है। आपको कुछ भी अर्जित नहीं करना है, बस आपको केवल *जानना* है।

इस जीवन में ईश्वर का सच्चा पुत्र बनने की अपेक्षा एक करोड़पति बनने का प्रयास करना वास्तव में बहुत अधिक कठिन है। सांसारिक परिवेश इतना सीमित है कि अनेक लोग, जो बनना चाहते हैं वह बनने से पहले ही मर जाते हैं। परन्तु एक ही जीवन काल में ईश्वर को जानना संभव है, क्योंकि आपको ईश्वर को अर्जित नहीं करना है, वे पहले से ही आपके अपने हैं।

यदि प्रत्येक व्यक्ति हेनरी फ़ोर्ड जैसा अमीर बनने के लिए दिन और रात भी प्रार्थना करे, तो भी उसकी प्रार्थना स्वीकार नहीं की जाएगी क्योंकि पृथ्वी ऐसा स्थान नहीं है जहाँ, प्रत्येक व्यक्ति हेनरी फ़ोर्ड बन सके। परन्तु प्रत्येक व्यक्ति परमात्मा में धनी बन सकता है, क्योंकि ईश्वर ने अपने जैसा बनने की शक्ति प्रत्येक व्यक्ति को समान रूप से दे रखी है। जब आप अपने देवत्व पर अधिकार करते हैं, तो प्रत्येक वस्तु आपकी हो जाती है। एक हेनरी फ़ोर्ड अपना स्वास्थ्य अथवा अपना धन खो सकता है, परन्तु जीसस क्राइस्ट, अपनी इच्छाशक्ति से, स्वास्थ्य अथवा सम्पत्ति अथवा जो कुछ भी वे चाहें, उत्पन्न कर सकते हैं। इसलिए दूसरों की भाँति स्वास्थ्य अथवा सम्पत्ति की लालसा न करें, केवल एक ही इच्छा रखें : ईश्वर जैसा बनने की। जीसस ने कभी नहीं कहा कि केवल वे ही ईश्वर के एक मात्र पुत्र हैं। परमपिता आपको, अपने बच्चे को, उतना ही प्रेम करते हैं जितना वे जीसस से प्रेम करते हैं। और ईश्वर आपको किसी वस्तु के लिए मना नहीं करेंगे, यदि जीसस की तरह आप भी उनके साथ अपना सच्चा संबंध स्थापित कर लें। ध्यान ही एक मार्ग है जिससे आप अपने खोए हुए देवत्व को पुनः प्राप्त कर सकते हैं।

हमारी मूल प्रकृति, जो कि नित्य-मुक्त आत्मा है, पर आदतें रोपित हो गई हैं। अपने बचपन में मैं बहुत क्रोधित हो जाता था, परन्तु जब मैंने क्रोधित न होने का दृढ़ संकल्प कर लिया, तो फिर मैं कभी भी क्रोधित नहीं हुआ। यदि मैंने अपनी इच्छाशक्ति का प्रयोग न किया होता, तो मैं ऐसा नहीं कर पाता और न ही इस जीवन में अन्य कुछ कर पाता। आप भी अपनी इच्छाशक्ति का प्रयोग कर सकते हैं। जीवन भर की गलतियों

को *आज* ही सुधारा जा सकता है। इस नववर्ष में इस सत्य को जानने का संकल्प करें कि यद्यपि नश्वर मानव के रूप में आपकी कुछ आदतें हैं, परन्तु एक दिव्य पुरुष के रूप में आप मुक्त हैं। आप अपने आपसे झूठ क्यों बोलते हैं? पीछे की गलतियों के लिए स्वयं को दोषी क्यों ठहराते हैं? आपको उन्हें अवश्य नष्ट कर देना चाहिए। अन्यथा वे आपके जीवन रूपी वृक्ष पर रोपित हो जाएँगी। आप ऐसा मत होने दें। बार-बार प्रतिज्ञापन करें कि : "मैं ईश्वर की संतान हूँ। मैं ईश्वर के साथ एक हूँ।"

दृढ़ निश्चय के लिए विवेक और इच्छा शक्ति का उपयोग करें

प्रत्येक दृढ़ संकल्प जिसे आप प्रबल निश्चय के साथ करते हैं वह तुरंत आदत बन जाती है। तब आप तर्क द्वारा मार्गदर्शित अपनी इच्छा के अनुसार, कार्य क्यों नहीं कर पाते? आपको अवश्य प्रयास करना चाहिए। अपने सभी दोषों को दूर भगाएँ! अपने गत वर्षों के कार्यों का पुनरावलोकन करें। देखें कौन सी कष्टप्रद आदतें आपमें थीं : शायद आप लोगों से लड़ते हैं, या आप आवश्यकता से अधिक खाते हैं, अथवा आप ईर्ष्यालु हैं। आज दृढ़ निश्चय करें, और *जान* लें कि आप उनको दोबारा कदापि नहीं दोहराएँगे। स्वयं से कहें, "परमहंसजी ने कहा था उन्हें सम्पादन के प्रति अरुचि थीं, परन्तु वे सम्पादक बन गए; और यदि वे सम्पादक बन सकते हैं, तो मैं भी इसे कर सकता हूँ।" आप क्यों नहीं कर सकते? जो कुछ भी मैंने इच्छाशक्ति से करने का प्रयास किया है वह पूरा हुआ है। और मैं आपको आशा दिलाता हूँ कि यदि आप निश्चय कर लें, तो आप भी सफल हो जाएँगे, ईश्वर ने आपको परेशानियों को विध्वंस करने की शक्ति दी है। "सावधान, हे शैलराज, रोक न मेरा मार्ग! तोड़ तेरी पसलियाँ, बिखेर दूँ मैं आज!" ये शब्द एक महान् सन्त के एक गीत से हैं।* दूसरे भाग में उन्होंने गाया, "भाग्य और देवों से हाँकू अपना रथ!"

रोम के लोग कैदियों को रथों के पीछे बाँधकर जमीन पर घसीटते थे — एक भयावह रिवाज! फिर भी इसमें हमारे लिए एक शिक्षा है, क्योंकि हम अपनी आदतों को अपने साथ ऐसा ही व्यवहार करने की अनुमति देते हैं। हमें आदतों को अपना बन्दी बना लेना चाहिए न कि अपना बन्दीकर्ता; अपनी इच्छाशक्ति के रथ से उन्हें हाँकना चाहिए, हम उनको हाँकें, न कि वे हमें घसीटें। जो हम जानते हैं कि हमें करना चाहिए उसे करने में सक्षम होना वास्तविक स्वतंत्रता है, न कि जिसे हम सनकी मन से करना चाहते हैं।

* स्वामी रामतीर्थ।

इस नववर्ष में विवेक करना सीखें : आने वाले प्रत्येक आवेग का निरीक्षण करें ताकि आप देख सकें कि आप जो कुछ भी करने जा रहे हैं क्या वह ठीक है। और जब आपका विवेक आपसे कुछ करने के लिए कहे, तो न भाग्य को और न देवताओं को बीच में आने दें। परन्तु यदि आप पाते हैं कि आप गलत हैं, तो अपने मन को बदल देने में समर्थ बनें। कुछ लोग इतने हठी होते हैं कि वे स्वीकार करना नहीं चाहते कि वे गलत हैं। परन्तु व्यक्ति को तर्क द्वारा मार्गदर्शित होना चाहिए, न कि अंधी इच्छा द्वारा। यदि शांतिपूर्वक विवेक से सोचने के पश्चात्, आप निश्चय कर लेते हैं कि आप जो कुछ भी कार्य करने लगे हैं वह सही है, तो कोई भी आपको रोकने में सक्षम नहीं होना चाहिए। यदि मेरे पास करने के लिए कोई कार्य नहीं होता तो मैं सम्पूर्ण संसार को झकझोर देता जब तक कि लोग यह न कहते, "उसको कुछ काम दे दो जिससे कि वह शांत हो जाए!" (मैं इन सभी बातों को अपने व्यक्तिगत अभिमान से नहीं कह रहा हूँ, बल्कि इसलिए कि आप मेरे अनुभवों से कुछ सीखें।)

किसी भी प्रकार का कार्य, यदि सही भावना से किया जाए, तो वह आपको अपने ऊपर विजय दिलाता है। चाहे आप स्नानागारों की सफाई करते हों, लेकिन यदि आप इसे लोगों की सहायता और सेवा के विचार से कर रहे हों, तो आप ईश्वर के भक्त के सही भाव को दर्शा रहे हैं। जिस मनोभाव के साथ आप कार्य करते हैं उसी का महत्व है। मानसिक आलस्य और अनिच्छुकता से कार्य करना व्यक्ति को बिगाड़ देता है। लोग प्रायः मुझसे पूछते हैं, "आप इतने कार्य कैसे कर लेते हैं?" ऐसा इसलिए है क्योंकि मैं प्रत्येक कार्य अत्यधिक प्रसन्नता से और सेवा के भाव से करता हूँ। अन्तर में मैं सदा ईश्वर के साथ रहता हूँ। और यद्यपि मैं बहुत कम सोता हूँ फिर भी मैं सदा ताज़ा अनुभव करता हूँ, क्योंकि मैं अपने कर्त्तव्यों को सही मनोवृत्ति के साथ करता हूँ : जैसे कि यह सेवा करने का सौभाग्य है।

आपको यह समझना चाहिए कि आप ईश्वर की संतान हैं। दृढ़ निश्चय कर लें कि अब आप उसी पुरानी आदत से जकड़े हुए स्वयं के द्वारा नियंत्रित नहीं किए जाएँगे। अस्थायी सीमितताएँ और शरीर तथा मस्तिष्क की अपूर्णताएँ आपको रोक नहीं सकतीं, आप जैसे ही निर्णय लेते हैं और एक नया व्यक्ति बनने के लिए दृढ़ इच्छा करते हैं, आप तुरन्त बदल जाएँगे।

आप अपनी आदतों के बन्दी रहे हैं और यह आपके लिए ठीक नहीं रहा है। आपके इस जीवन में और पिछले जन्मों में सोचने एवं कार्य करने की गलत आदतों के

कारण ही रोग, परेशानियाँ, मनोभाव और अज्ञानता के आक्रमण अब आपके शरीर रूपी साम्राज्य पर होते हैं। आज के बाद आप कहें : "मैं शरीर का गुलाम नहीं हूँ। मैं अपने साम्राज्य का शासक हूँ। मेरे विचार बिल्कुल वैसे ही बनेंगे जैसा मैं चाहता हूँ कि वे बनें।" एक बार अपनी आदतों को बदलने के बाद, आप स्वयं से कहेंगे, "ऐसा करना तो कितना आसान था! अपनी आत्मा को भ्रमित करने वाली आदतों को प्रसन्नता लाने वाली आदतों से न बदल कर, मैं स्वयं के लिए कितना निर्दयी रहा हूँ।"

क्या आप मानसिक पूर्वकालिक वस्तु हैं

आदतों से बंधे व्यक्तियों की सर्वोत्तम व्याख्या मानसिक पूर्वकालिक वस्तु (psychological antique) के रूप में की जा सकती है। वर्ष आते और चले जाते हैं लेकिन वे वैसे ही रहते हैं। वे वही पुरानी बातें करते हैं, और वही पुराने कार्य करते हैं। आप उनसे थोड़ी देर बात करें और आप ठीक अनुमान लगा सकते हैं कि उनकी अगली बात क्या होगी। अन्तर्निरीक्षण के दर्पण पर एक दृष्टि डालें और देखें कि क्या आप भी एक मानसिक पूर्वकालिक वस्तु तो नहीं हैं। अधिकाँश लोग ऐसे होते हैं।

पर आप उनमें से एक क्यों बनें? अपनी आदतों को बदलें। मनोवृत्तियों को बाहर फेंकें। प्रतिदिन और अधिक अच्छा बनने का प्रयास करें। ताकि लोग यह कहने लगें, "उसमें कितना अद्भुत परिवर्तन आया है।"

आत्म-साक्षात्कार प्राप्त व्यक्ति ने पुरानी आदतों से मलिन हुए स्वयं पर प्रभुत्व पा लिया होता है। जीसस के अन्दर ऐसे प्रभुत्व को पहचान कर, उनको गिरफ्तार करने के लिए फ़रीसियों के द्वारा भेजे गए अधिकारीगण उनसे आश्वस्त होकर आश्चर्यचकित होते हुए यह कहते हुए दूर लौट गए, "इस व्यक्ति की तरह कभी कोई नहीं बोला।"* एक गुरु की प्रकृति असीम होती है, वह मानवीय धारणाओं की संकुचित सीमा में नहीं समा सकती। प्रत्येक बार जब मैंने सोचा कि मैं अपने गुरु स्वामी श्रीयुक्तेश्वरजी को एक विशिष्ट श्रेणी में रखने में सफल हो गया हूँ, मैंने उन्हें सदा भिन्न, महानतर और श्रेणियों के विभाजन से परे पाया।

कभी तो आपको इस नश्वर शरीर के लिए मोह की आदत को तोड़ कर ईश्वर के पास वापस जाना ही होगा। और कोई विकल्प ही नहीं। आप यहाँ पृथ्वी पर एक राह भटके पुत्र हैं। आपका अनन्त स्वभाव पुनः खोजा जाना चाहिए। जब तक आप अपनी

* *यूहन्ना* 7:46 (बाइबिल)।

आदतों के कीचड़ में फँसे हुए हैं और अपनी शाश्वत आत्म-प्रकृति को नहीं जानते हैं, तब तक आप कभी सुखी नहीं होंगे। इसका कोई महत्त्व नहीं कि आप कौन हैं; स्थायी आनन्द पाने का केवल एक रास्ता है, वह है ईश्वर के पास वापस चले जाना। आपको पृथ्वी के तट को छोड़कर पंख लगाकर उड़ नहीं जाना है, बल्कि आपको अभी और यहीं पर सभी परिस्थितियों में प्रसन्न रहना है और अपने आनन्द में दूसरों की प्रसन्नता को भी सम्मिलित करना है। अपनी सीमा से बाहर जाकर भी दूसरों को प्रसन्न करें। आप प्रत्येक व्यक्ति को प्रसन्न नहीं कर सकते, परन्तु जो आत्माएँ आपके सम्पर्क में आएँ, उन्हें प्रेम और करुणा प्रदान करें। लोगों की निर्दयता के बदले में उन्हें शुद्ध हृदय से सहानुभूति देने से अधिक और कोई मोक्षदायक कार्य नहीं है। उस पुष्प की भाँति क्यों नहीं बनते जो हाथों में मसले जाने पर भी सुगंधि देता है? गीता सिखाती है : "जो मनुष्य सभी प्राणियों के प्रति घृणा से मुक्त है, सभी के प्रति मित्रवत् और दयालु है... मुझको प्रिय है।"*

यदि लोग आपकी आलोचना करते हैं, तो उनकी उपेक्षा न करें। जाँचें कि क्या उनके द्वारा बताया गया दोष आपमें है। यदि वह दोष आपमें है, तो चुपचाप अपने दोष को ठीक कर लें। परन्तु दूसरों के सामने आपको अपने दोष स्वीकार करने की कोई आवश्यकता नहीं, प्रायः ऐसा करना बुद्धिमानी नहीं होती। यदि वे आपसे नाराज़ हो जाएँ तो, वे आपकी स्वीकृति को ही निर्दयता से पकड़ कर धमकी भी दे सकते हैं। एक ईश्वर प्राप्त आध्यात्मिक गुरु या शिक्षक को आप अपने दोष बता सकते हैं, परन्तु उसको नहीं जो आपकी सहायता न कर सकता हो, और जो आपके दोषों को दूसरों को बता कर आपको पीड़ा पहुँचाए।

ईश्वरीय शक्ति की धारा

अच्छे लोगों के साथ मिलना-जुलना सीखें। आपमें से जो यहाँ आते हैं उनमें से कई भक्तों के चेहरे अधिक आध्यात्मिक हो गए हैं। और जितना अधिक आप मेरे साथ अन्तर्सम्पर्क रखेंगे, और छोटी-छोटी बातों का बतंगड़ बनाने से बचेंगे, उतना अधिक आप अच्छे बनते जाएँगे। ईश्वरीय शक्ति की एक अविचल धारा आपकी ओर प्रवाहित होगी, क्योंकि महान् गुरुओं ने मुझे यहाँ भेजा है। जब मैं इस शरीर में नहीं रहूँगा, तब आप इस सत्य को और अधिक प्रभावशाली ढंग से समझ पाएँगे। मैं

* भगवद्गीता XII:13–14।

यहाँ पर केवल उनके संदेश को देने आया हूँ। इस मार्ग के सच्चे शिष्यों में धीरे-धीरे आध्यात्मिक परिवर्तन आएगा और उनका प्रभाव सारे विश्व में फैल जाएगा। मानव जाति के कल्याण के लिए किसी भी समय भेजे गए आध्यात्मिक आंदोलनों में से सेल्फ़-रियलाइज़ेशन [योगदा सत्संग] अभी तक का, सबसे महान् आध्यात्मिक आंदोलन है। भगवान् कृष्ण और क्राइस्ट के साथ सम्पर्क में महावतार बाबाजी, लाहिड़ी महाशयजी, श्रीयुक्तेश्वरजी जैसे — महान् सन्तों का आशीर्वाद इसे प्राप्त है। इन महान् गुरुजनों की कृपा इस पृथ्वी से समाप्त नहीं हुई है। वे आपकी और विश्व की सहायता करने के लिए प्रतीक्षा कर रहे हैं, परन्तु वे केवल उस व्यक्ति की सहायता कर सकते हैं, जो स्वेच्छा से ऐसा चाहता है। संसार घृणा और युद्ध से पागल हो गया है, परन्तु जीसस का, प्रेम के भाईचारे का मार्ग संसार की समस्याओं का एक मात्र हल है। हम उनके द्वारा बताई गई शिक्षाओं का अनुसरण करके इस संसार को युद्ध से सुरक्षित बना सकते हैं।

ध्यान के इस अन्तिम दिन,* क्राइस्ट ने मुझे कई बार दर्शन दिए : सर्वप्रथम एक छोटे बच्चे के रूप में, उसके बाद एक युवक के रूप में और अन्त में, जैसे वे सलीब पर चढ़ाए जाने से पहले दिखाई देते थे। मैं सोच रहा था कि उनके दर्शन के लिए मुझे लम्बे समय तक ध्यान करना पड़ेगा। उन्होंने मुझे आश्चर्यचकित कर दिया! इस अनुभूति के द्वारा ईश्वर मुझे दिखा रहे थे कि यदि आप उन्हें एक बार विश्वस्त कर दें कि आप संसार के समस्त उपहारों से अधिक उन्हें ही चाहते हैं, तो अधिक प्रयास की आवश्यकता नहीं रह जाती। तब वे रहस्य का पर्दा हटा देते हैं और आपको कृष्ण अथवा क्राइस्ट या बाबाजी, अथवा जिस भी महान् अवतार के रूप में आप उन्हें देखना चाहते हैं, आपको दर्शन दे देते हैं।

दृढ़ निश्चय करें कि इस नववर्ष में आप क्राइस्ट की भाँति व्यवहार करेंगे। आपको अभी से प्रयास करना चाहिए। आपको अधिक ध्यान करना चाहिए। सेल्फ़-रियलाइज़ेशन फ़ेलोशिप [योगदा सत्संग सोसाइटी ऑफ़ इण्डिया] की स्थापना केवल इसलिए नहीं हुई है कि आपको शब्दों के द्वारा ईश्वर की झलक दिखाएँ, बल्कि इसलिए कि आप अपने अनुभव के द्वारा उन्हें जान सकें। हम शिक्षा देते हैं कि मानव के साथ सच्चा भाईचारा केवल तब होता है जब वह ईश्वर का अनुभव प्राप्त कर

* *सेल्फ़-रियलाइज़ेशन फ़ेलोशिप* के वार्षिकोत्सव पर क्रिसमस को सम्पूर्ण दिवस का ध्यान। (पाद टिप्पणी पृष्ठ 60 पर देखें।)

लेता है। यदि आप अपने अन्तर में ईश्वर से सम्पर्क कर लें, तो आप जान जाएँगे कि वे प्रत्येक व्यक्ति में हैं, और वे ही सभी जातियों की सन्तानें भी बन गए हैं। तब आप किसी भी व्यक्ति के शत्रु नहीं बन सकते। यदि सम्पूर्ण विश्व उस सर्वजनीन प्रेम के साथ सबसे प्रेम कर सके तो मानव को एक दूसरे के विरुद्ध हथियार उठाने की आवश्यकता नहीं रहेगी। हमें क्राइस्ट के समान अपने व्यवहार के उदाहरण द्वारा, समस्त धर्मों के बीच, समस्त राष्ट्रों के बीच और समस्त जातियों के बीच एकता अवश्य लानी चाहिए।

हमें सादा जीवन और उच्च विचारों के लिए स्वयं को प्रशिक्षित करना चाहिए। यह अच्छा होगा यदि प्रत्येक घर में एक छोटा सा बगीचा हो जिसमें उनके भोजन हेतु कुछ उगाया जा सके। अधिक सादगी से रहें, जिससे कि आप जीवन के छोटे-छोटे सुखों का भी आनन्द उठाने के लिए समय पा सकें। व्यक्ति अपना सारा जीवन-काल खाने, सोने और कार्य करने में ही बिता देता है यही सब उसकी उपलब्धि होती है। उस आदत अथवा कार्य को हटा दें जो आपकी मानसिक शांति एवं प्रसन्नता को भंग करे।

इस नववर्ष में, अपने मन मन्दिर से बुरी आदतों के शैतानों को दूर करने का संकल्प करें, और अपने जीवन की योजना इस प्रकार बनाने का संकल्प करें कि आप जो भी कार्य करना चाहते हैं उन्हें कर सकें। यदि आप प्रसन्नता चाहते हैं, तो इसे प्राप्त करके ही रहें! ऐसा कुछ भी नहीं है जो आपको रोक सकता हो। आप ईश्वर की अमर संतान हैं, और जो भी कठिनाइयाँ आपके पास आती हैं, वे केवल आपकी उच्चतर उपलब्धियों के लिए प्रोत्साहन देने के लिए आती हैं।

सबसे उत्तम निश्चय है ईश्वर के लिए अधिक समय देना

आप जिन आदतों को नववर्ष में दूर करना चाहते हैं, उन्हें चुन लीजिए। उनके बारे में पक्का निश्चय कर लीजिए और अपने निर्णय पर दृढ़ बने रहिए। ईश्वर को अधिक समय देने का संकल्प लीजिए : प्रतिदिन नियमित ध्यान करना, और सप्ताह में एक रात कई घण्टे ध्यान करना, ताकि आप ईश्वर में अपनी आध्यात्मिक प्रगति का अनुभव कर सकें। संकल्प करें कि आप *क्रियायोग* का नियमित अभ्यास करेंगे तथा अपनी लालसाओं एवं भावनाओं को वश में रखेंगे। अपने स्वामी बनिए! अभी से, अपने मन में दृढ़ संकल्प करें।

पूर्वकाल में किए गए अपने अच्छे संकल्पों के बारे में सोचें — कि आप पुरानी आदतों और विचारों के द्वारा आदेशित नहीं होंगे। परन्तु, क्या आपने उन्हें पूरा किया? अपनी कमज़ोरियों के सामने हार मान जाना, अपनी आत्मा और ईश्वर का अनादर है। अपने स्वामी बनें, अपने भाग्य के नायक बनें। खतरा और आप एक साथ पैदा हुए थे, आप बड़े भाई हैं, खतरे से अधिक खतरनाक! अभी मुझे सुनते समय जैसा आप दृढ़ विश्वास एवं उत्साह अनुभव कर रहे हैं, उसे खोना नहीं। मेरे साथ प्रार्थना कीजिए :

"हे परमपिता! नववर्ष में लिए गए सभी अच्छे संकल्पों को पूरा करने के लिए हमें शक्ति दें। अपने कार्यों द्वारा हम सदा आपको प्रसन्न करें। हमारी आत्माएँ सहर्ष तत्पर हैं। नववर्ष में हमारी सभी उचित इच्छाओं को पूरा करने में हमारी सहायता करें। हम तर्क करेंगे, हम इच्छा करेंगे, और हम कर्म करेंगे, परन्तु प्रत्येक उचित कार्य करने के लिए हमारे विवेक-बुद्धि का, इच्छाशक्ति का और कर्मों का आप मार्गदर्शन करें, ताकि हम प्रत्येक कार्य को उचित ढंग से करें, जिसे हमें करना चाहिए। ओम्, शांति। आमेन।"

प्रलोभन को कैसे मात दें

सेल्फ़-रियलाइज़शेन फ़ेलोशिप, अन्तर्राष्ट्रीय मुख्यालय, लॉस एंजिलिस, कैलिफ़ोर्निया, 15 नवंबर, 1934

शैतान, अथवा ब्रह्माण्डीय भ्रम (माया), हमारी अज्ञानता के कारण हमें सदा प्रलोभित कर रहा है। इस प्रकार वह ईश्वर की ओर जाने में बाधा डालता है। ईश्वर शैतान को आसानी से नष्ट कर सकते थे, परन्तु उस पर प्रेम के द्वारा विजय पाना अधिक पसंद करते हैं। जब भी हम इन्द्रियों के अस्थायी सुख की अपेक्षा शाश्वत आनन्द के दैवी उपहारों को चुनते हैं, तो माया की अनिष्टकारी शक्ति नष्ट हो जाती है। इसलिए यह हम पर निर्भर करता है कि हम अपने परमपिता के साथ सहयोग करें ताकि माया को परास्त किया जा सके।

जब भी आप आलसी और लापरवाह होते हैं, तो आप शैतान की सहायता करते हैं, ताकि वह आपको अपनी ओर खींच ले। जीसस ने प्रार्थना की : "हमें प्रलोभन की ओर मत ले जाइए बल्कि माया से मुक्त कराइए।"* प्रलोभन हमारा अपना सृजन नहीं है; यह माया-जगत् का अंश है, और सभी मनुष्य इसके प्रभाव में आते हैं। परन्तु उससे मुक्त होने के लिए ईश्वर ने हमें विवेक, अंतर्मन, और इच्छा-शक्ति दी है।

पापमय कार्यों को अपनी स्वीकृति देने का अर्थ है अपने आपको कष्ट में डालना। जब हम अपने अनुचित विचारों के कारण पतन की गर्त में गिरते हैं तो हमें प्रार्थना करनी चाहिए; "परमपिता! हमें यहाँ न छोड़ दें, बल्कि हमारी इच्छा-शक्ति और विवेक-शक्ति के माध्यम से हमें यहाँ से बाहर निकालें। और जब हम बाहर निकल आएँ, तब यदि आप हमारी और परीक्षा लेना चाहें, तो पहले हमें आपका बोध कराएँ, ताकि हम यह बोध कर पाएँ कि आप किसी भी प्रलोभन से अधिक लुभावने हैं।"

जब तक आप किसी विशिष्ट सुख को, जो आपके कल्याण के लिए हानिकारक है, अस्वीकार करने के इच्छुक न हों, तब तक, आप शैतान के क्षेत्र में हैं; ज्ञानेन्द्रियों के

* *मत्ती* 6:13 (बाइबिल)।

हानिकारक प्रलोभनों के सामने झुकने के अनिष्टकारी परिणाम कभी-न-कभी आप पर हावी हो जाएँगे। परन्तु यदि आप विश्वस्त हो जाएँ कि प्रलोभन आपके लिए हानिकारक है, क्योंकि यह सुख देने का वचन तो देता है परन्तु अन्त में दुःख ही देता है, तब आप शैतान को मात दे सकते हैं।

इंद्रिय अनुभव लुभावने क्यों होते हैं

प्रलोभन लुभावने होते हैं, इसमें कोई संदेह नहीं है। हमारी सभी इंद्रिय शक्तियाँ बाह्य संसार की ओर निर्दिष्ट होती हैं। जीवन-शक्ति की धारा मस्तिष्क से नाड़ियों द्वारा नेत्रों, कानों, नाक, जिह्वा और त्वचा में प्रवाहित हो रही है। इन साधनों (इन्द्रियों) के द्वारा जो संवेदनाएँ हम अनुभव करते हैं वे ऊर्जा की इस बहिर्मुखी धारा के प्रवाह का परिणाम हैं, और हम उस अनुभूति को पसंद करने को प्रवृत्त होते हैं। यही इन्द्रियों का आकर्षण है। उनमें अति लिप्त हो जाना खतरनाक है, जब तक व्यक्ति ज्ञान में स्थित न हो जाए, बहिर्मुखी ऊर्जा उसे इन्द्रियों के बंधन में डाल देती है।

इन्द्रियों की पाँच-किरण वाली खोजबत्ती (search light) द्वारा, हम भौतिक जगत् को देखते और खोजते हैं। इन्द्रियों के द्वारा हम उन वस्तुओं को पसन्द करना सीखते हैं जो देखने, सुनने, सूंघने, चखने और स्पर्श करने में अच्छी लगती हैं। किसी विशेष संवेदना की इच्छा एक आदत बन जाती है। समस्या यह है कि अधिकाँश लोगों को परमात्मा का कोई अनुभव नहीं होता, जो भौतिक पदार्थ के पीछे छुपे हैं, इसलिए उनके पास इन्द्रियों को उत्तेजित करने और सुख देने वाले बोध और आत्मा के अज्ञात अकथनीय आनन्द के बीच तुलना करने वाला कोई मापदण्ड नहीं है। और तब तक तुलना करने का कोई अवसर नहीं होता जब तक कि व्यक्ति ने समस्त इंद्रिय प्रलोभनों को त्याग नहीं दिया है अथवा वह मानसिक रूप से अप्रभावित नहीं हो जाता है। इस फंदे से बचने का केवल एक ही रास्ता है, तर्क अथवा अनुभव द्वारा यह जान लेना कि इनसे उच्चतर आनन्द भी हैं।

आदत एक निर्दयी तानाशाह है

हानिकारक अनुभवों से बचाव के लिए धर्मादेश सामान्यतः व्यर्थ हो जाते हैं। जब कभी आप किसी व्यक्ति को कुछ कार्य न करने का आदेश देते हैं, तो वह तुरंत उस कार्य को करना चाहता है। निषिद्ध फलों का स्वाद शुरू में तो मीठा लगता है, परन्तु अन्त में कड़वा। फिर भी लोग कितने ही कष्ट क्यों न झेल लें, वे अपने लिए वही

हानिकारक कार्य करते रहते हैं। एक बार आपने किसी इंद्रिय अनुभव की पसंद को मन में बसा लिया तो वह आदत एक तानाशाह की तरह मस्तिष्क में बैठ जाती है और आपको उसी में लिप्त होने के लिए निर्देश देती रहती है, चाहे वह आपके सर्वोत्तम हितों के विरुद्ध क्यों न हो। आप उस कार्य को दोबारा करना न भी चाहें, फिर भी आप उसे कर ही देते हैं। उस सीमा तक जाने का कदापि प्रयास न करें, जहाँ आप गलत आदतों के ऐसे शिकार बन जाएँ। आपको अपना स्वामी स्वयं होना चाहिए, अपने को किसी आदत से नियंत्रित न होने दें। जब इंद्रिय-विशेष-अनुभव की इच्छा आदत बन जाए तो उसे आचरण में लाना तुरन्त बन्द कर दें।

मैं अदरक के पेय (ginger ale) का शौकीन हो गया था क्योंकि यह मुझे भारत के नींबू शरबत की याद दिलाता था। जहाँ कहीं भी मैं जाता कुछ शिष्य, मेरे लिए इसे उपलब्ध करवाने की व्यवस्था कर देते थे। एक दिन मैंने पाया कि उपलब्धता न होने से वह पेय मुझे नहीं मिला और मुझे उसकी कमी अनुभव हुई। "श्रीमान अदरक पेय," मैंने कहा, "तुम तो बहुत दूर तक चले आए हो, और मुझे इस बारे में पता भी नहीं चला। अलविदा।" अगले दिन मैंने परीक्षा के लिए जान-बूझकर थोड़ा सा अदरक पेय लिया, और मुझे उसका स्वाद बहुत खराब लगा। पिछले दिन का मेरा विचार इतना प्रबल था कि उसकी इच्छा तुरन्त रागाप्त हो गई थी।

मुझे उस किसी भी वस्तु की कदापि याद नहीं आती जो मुझसे दूर कर दी गई है अथवा जिसे मैं स्वेच्छा से छोड़ देता हूँ। कोई भी भौतिक सुख मुझे बांध नहीं सकता। मैंने इसे परख कर देखा है। आपको जीवन के समस्त अनुभवों से आसक्ति के बिना गुज़रने में अवश्य समर्थ बनना चाहिए। भगवान् कृष्ण ने कहा है : "आत्म-नियंत्रण वाला व्यक्ति, वशीभूत इन्द्रियों के साथ सांसारिक विषयों के बीच विचरण करते हुए, तथा राग-द्वेष से रहित रह कर अविचल आन्तरिक शान्ति को प्राप्त करता है।"* जब आपको किसी समय कुछ वस्तु अवश्य ही चाहिए — एक कोमल बिस्तर, एक तकिया, अथवा जो कुछ भी हो — याद रखें कि आप स्वयं को दासता की ओर ले जा रहे हैं, और जब इंद्रिय मोह में बंधने से आपकी इच्छाशक्ति और विवेक बंदी बन जाते हैं, तो आप ईश्वर के अनंत साम्राज्य को खो देंगे। जीसस अभी भी उस इंद्रियातीत समाधि का आनन्द ले रहे हैं जिसका उन्होंने ईश्वर में पुनरुत्थान के समय अनुभव किया था। परन्तु जो इच्छाओं के दबाव के अधीन अज्ञान में रहते हैं, वे अनेक जन्मों तक इसी प्रकार रहेंगे जब तक कि वे सांसारिक प्रलोभनों का प्रतिरोध नहीं करते।

* भगवद्गीता II:64।

आपको सावधान रहना चाहिए कि कोई भी वस्तु आपकी सच्ची प्रसन्नता को क्षति न पहुँचा सके। क्रोध, लोभ और ईर्ष्या के धीरे-धीरे नष्ट करने वाले भावावेशों और कामुकता, मदिरा अथवा मादक पदार्थों द्वारा अति उत्तेजित होना आपके लिए अत्यधिक हानिकारक हैं, क्योंकि ये आत्म-आनन्द की अनुभूति में बाधा डालते हैं। यदि आप वास्तव में प्रसन्न रहना चाहते हैं, तो इंद्रिय शक्तियों में अतिलिप्तता द्वारा उनका दुरुपयोग कदापि न करें। "सदा पोषित, सदा असन्तुष्ट; सदा अपोषित, सदा सन्तुष्ट" अहितकर इंद्रिय अनुभवों के लिए यह एक सच्ची सूक्ति है।

ज्ञान मनुष्य की सर्वोत्तम सुरक्षा है

ज्ञान के दुर्ग में स्वयं को सुरक्षित रखें। इससे अधिक और कोई सुरक्षा नहीं है। पूर्ण ज्ञान आपको ऐसी अवस्था में ले आएगा जहाँ आपको कोई भी वस्तु क्षति नहीं पहुँचा सकती। परन्तु जब तक आपको ज्ञान प्राप्त नहीं हुआ है, और प्रलोभन होता है, तो सर्वप्रथम आप उस कार्य अथवा लालसा को रोक दें, और *उसके बाद* तर्क करें। यदि आप पहले तर्क करने का प्रयास करते हैं, तो चाहे आप किसी कार्य को न भी करना चाहें, तो भी आप उसे करने के लिए बाध्य हो जाएँगे, क्योंकि प्रलोभन तर्क पर हावी हो जाएगा। केवल कहें "नहीं!" और उठ कर दूर चले जाएँ। यही शैतान (माया) से बचने की सबसे अचूक विधि है। प्रलोभन के आक्रमण के समय, आप जितना अधिक इस "नहीं करूँगा" की शक्ति को विकसित करेंगे, उतना ही अधिक आप प्रसन्न रहेंगे, क्योंकि सम्पूर्ण आनन्द उस कार्य को करने की सक्षमता पर निर्भर है, जिसे आपकी अन्तरात्मा आपको *अवश्य* ही करने के लिए कहे।

स्वयं को अपने परिवेश और इन्द्रिय-इच्छाओं द्वारा नियंत्रित न होने दें। सद्गुण और आध्यात्मिक जीवन, इन्द्रिय लिप्तता की अपेक्षा कहीं अधिक मनोहर हैं, लेकिन प्रलोभन की आदतों की कड़ियाँ लोगों को दृढ़ता से जकड़े रखती हैं। यदि एक बार ईश्वर ने अपने प्रेम से आपको प्रलोभित कर लिया, तो आप और कुछ नहीं चाहेंगे। आपकी किसी भी और वस्तु में रुचि नहीं रहेगी। जब आप विश्वस्त हो जाते हैं कि वे आपके लिए ही अत्यधिक वांछनीय निधि हैं, तो भौतिक जगत् में कुछ भी, कभी भी पुनः आपको प्रलोभित नहीं कर सकता और आपकी विवेक की शक्ति पर विजयी नहीं हो सकता।

ईश्वर को जानना ही एकमात्र उचित अभिलाषा है क्योंकि वे अनन्त आनन्द हैं। हमें उनको इसलिए चाहना चाहिए क्योंकि वे हमारे समस्त दुःखों के लिए रामबाण हैं।

वे हमारी समस्त आवश्यकताओं के समाधान हैं। जिन वस्तुओं को पाने के लिए हमारे हृदय क्रन्दन करते हैं — प्रेम, यश, ज्ञान अथवा प्रत्येक अन्य कोई भी वस्तु — उन्हें हम उस पूर्ण ब्रह्म के सम्पर्क से पाते हैं। भले ही आप संसार में अत्यधिक प्रसिद्ध व्यक्ति हों, आप की प्रसिद्धि के बोध का अन्त मृत्यु होगी, तब आप नहीं जान पाएँगे कि लोग आपसे प्रेम करते हैं। परन्तु जीसस, जानते हैं कि उनके शिष्य उन्हें प्रेम करते हैं क्योंकि उनकी चेतना ईश्वर की चेतना के साथ एक है, जो समस्त सृष्टि में क्राइस्ट चेतना [*कूटस्थ चैतन्य*], सर्वव्यापी, सर्वज्ञ शाश्वत के रूप में है।

तो ऐसी किसी वस्तु के लिए इतना कठिन परिश्रम क्यों करते हैं जो मृत्यु के साथ ही खो जाएगी? धन, यश, प्रतिष्ठा, इन्द्रिय लिप्तता, भौतिक सुख — ये सब मिथ्या सुख हैं, जो शैतान (माया) ने ईश्वर सम्पर्क के सच्चे आनन्द के बदले में दे रखे हैं। याद रखें कि प्रलोभन केवल इसलिए शक्तिशाली है कि आपके पास किसी अन्य अच्छी वस्तु के साथ तुलना करने की समझ नहीं है। जब आप प्रबलता से आकर्षित होते हैं, तो आपका ज्ञान क्षण-भर के लिए आपकी इच्छाओं और आदतों का कैदी बन जाता है। लेकिन स्वतंत्रता का उच्चतम मार्ग है ईश्वर के अपार आनन्द में इस प्रकार लीन हो जाना कि आप समस्त सांसारिक सुखों को एक क्षण में त्याग सकें।

यदि आप इस जीवन में सच्चे आनन्द को प्राप्त कर लेते हैं, तो यह अब, और जीवन के बाद भी, आपके साथ रहेगा। आप क्या चाहते हैं : ईश्वर का शाश्वत आनन्द, जो अभी थोड़े से सांसारिक सुखों को त्यागने से आपका हो सकता है; या वर्तमान सांसारिक सुख, जो हमेशा नहीं रहेगा? तुलना करके, अपने हृदय को विश्वास दिलाएँ। ईश्वर की ओर आगे बढ़ने वाले आपके प्रत्येक प्रयास को वे मान्यता देंगे।

यदि आप बहुत बड़े पापी हैं, तो भी इसे भूल जाइए

अपने आपको पापी न समझें। आप परमपिता की संतान हैं। चाहे आप कितने भी बड़े पापी क्यों न हों, भूल जाएँ। यदि आपने एक अच्छा व्यक्ति बनने की ठान ही ली है, तो अब आप पापी नहीं रह गए हैं। "यदि कोई अतिशय दुराचारी भी सब कुछ त्याग कर केवल मुझे भजता है, तो उसे भी, उसके इस यथार्थ् निश्चय के लिए साधुजनों में माना जा सकता है। वह शीघ्र ही एक धर्मात्मा बन जाएगा और शाश्वत शान्ति प्राप्त करेगा। हे अर्जुन, सबको विश्वासपूर्वक बताओ कि मेरे भक्त का कभी

नाश नहीं होता!"* शुद्ध हृदय से आरम्भ करें और कहें : "मैं सदा अच्छा रहा हूँ, मैं केवल स्वप्न देख रहा था कि मैं बुरा था।" यह सत्य है : कि बुराई एक दुःस्वप्न है और आत्मा से इसका कोई संबंध नहीं है।

प्रलोभन मीठा विष है; इसका स्वाद मधुर होता है; परन्तु मृत्यु निश्चित है। जिस सुख को लोग इस संसार में ढूँढते हैं वह स्थायी नहीं है। ईश्वरीय आनन्द शाश्वत होता है। उसकी ललक रखिए जो स्थायी है, और इस जीवन के क्षणिक सुखों को ठुकराने में कठोर हृदय बनिए। आपको ऐसा बनना ही होगा। इस संसार को अपने ऊपर राज मत करने दीजिए। कभी मत भूलिए कि केवल प्रभु ही एकमात्र सत्य हैं। आपके परमपिता का सच्चा प्रेम आपके हृदय में आपके साथ लुका-छिपी का खेल खेल रहा है। उनकी अनुभूति में ही आपका सच्चा सुख निहित है।

मनुष्य अज्ञान के स्वप्न में डूब गया है, और कल्पना करता है कि वह बीमारी, दुःख और गरीबी से पीड़ित है। एक बार भारत के एक महान् सन्त राजा जनक, जब गहन प्रार्थना में थे, तो वे अचानक विस्मित हो उठे, "आज कौन है मेरे मन्दिर में? मैंने सोचा स्वयं मैं ही हूँ, परन्तु मैंने देखा कि यहाँ तो ईश्वर हैं। और यह हड्डियों का ढाँचा, लघु मैं, मैं नहीं हूँ। ये ईश्वर हैं जो मेरे शरीर में हैं। मैं स्वयं को प्रणाम करता हूँ। मैं अपने स्वयं को पुष्प अर्पित करता हूँ।" एक दिन यह अनुभूति आपको भी होगी, और फिर आप स्वयं को एक नश्वर प्राणी, एक स्त्री अथवा एक पुरुष नहीं मानेंगे, आप जान जाएँगे कि आप ईश्वर के प्रतिबिम्ब में बनी एक आत्मा हैं, "ईश्वर की शक्ति आपमें निवास करती है।"†

इच्छाओं, प्रलोभनों, परेशानियों, एवं चिन्ताओं की एक ज़ंजीर से आत्मा शरीर के साथ बंधी हुई है और यह स्वयं को मुक्त करने का प्रयास कर रही है। यदि आप उस ज़ंजीर को तोड़ने का प्रयास करते रहें जो आपको मर्त्य चेतना से बाँधे हुए है, तो किसी दिन एक अदृश्य दिव्य हाथ हस्तक्षेप करेगा और उस ज़ंजीर को तोड़ देगा, और आप मुक्त हो जाएँगे।

स्वयं को तर्क और ईश्वर-सम्पर्क के द्वारा प्रलोभन एवं दुःख से सुरक्षित करें। भगवद्गीता में भगवान् कहते हैं : "अज्ञानीजन, जो सब जीवों के सृष्टिकर्ता के रूप में मेरी अनुभवातीत प्रकृति से अनजान हैं, वे मानव शरीर के भीतर भी मेरी उपस्थिति को नहीं

* भगवद्गीता IX:30–31।

† *I कुरिन्थियों* 3:16 (बाइबिल)।

मानते।"* ध्यान आपको बार-बार स्मरण कराता है कि आप सीमित पार्थिव शरीर नहीं हैं, बल्कि अनन्त ब्रह्म हैं। ध्यान आपके वास्तविक स्वरूप की स्मृति को जाग्रत कराता है और स्वयं की जो कल्पना आप करते हैं उसे भूल जाना है। यदि कोई राजकुमार मदिरा के नशे में गन्दी बस्ती में जाकर अपनी वास्तविक पहचान को पूरी तरह भूल जाता है, और विलाप करने लगता है, "मैं कितना गरीब हूँ," तो उसके मित्र उस पर हंसेंगे और कहेंगे, "जागो, और याद करो कि तुम एक राजकुमार हो।"

उसी प्रकार, आप भी मतिभ्रम की अवस्था में हैं, सोचते हैं कि आप एक असहाय नश्वर प्राणी हैं, जो संघर्ष कर रहे हैं और अभागे हैं। प्रतिदिन आपको शान्त बैठकर गहरे विश्वास के साथ दृढ़ प्रतिज्ञापन करना चाहिए : "न जन्म, न मृत्यु, न जाति कोई मेरी; पिता न कोई माता मेरी। शिवोऽहं, शिवोऽहं, केवल आत्मा शिवोऽहं। मैं ही अनन्त आनन्द हूँ।" यदि आप बारम्बार, दिन और रात इन विचारों को दोहराएँगे, तो अन्ततः आप उसका बोध कर लेंगे जो आप वास्तव में हैं : एक अमर आत्मा।

ध्यान की दिव्य चेतना में अपने मन को स्थिर कीजिए

प्रलोभन, लोभ, लोगों और सम्पत्ति से आसक्ति, इन्द्रियों की दासता, अपनी आत्म-प्रकृति की अज्ञानता, आलस्य और यन्त्रवत् जीवन जीना आपके सुख के सबसे बुरे शत्रु हैं। ध्यान के द्वारा विकसित दिव्य चेतना में अपने मन को स्थिर रखते हुए, कार्य में व्यस्त रहें, क्योंकि तब आप वास्तव में प्रसन्न रहेंगे और आप वास्तव में जी रहे होंगे।

जब मैंने ध्यान करना आरम्भ किया, तब मैं कल्पना भी नहीं कर सका कि मुझे कभी इसमें इतना आनन्द प्राप्त होगा। परन्तु जैसे-जैसे समय बीतता गया, मैंने जितना अधिक ध्यान किया, मेरी शांति और आनन्द उतने अधिक बढ़ते गए।

यदि आप वर्तमान जीवन शैली से तंग आ गए हैं और फिर भी आप नए अनुभवों के लिए इसे अधिक इच्छाओं और अधिक सम्पत्ति से भरते जा रहे हैं, तो आप गलत मार्ग पर हैं। प्रलोभनों से बचने का अति विश्वस्त उपाय है प्राकृतिक जीवन जीना, ईश्वर के साथ सामंजस्य में जीवन। असामान्य जीवन न बिताएँ अर्थात् उस संसार में चंचलता से सुख की खोज न करें जो उसे देने में असमर्थ है। जीवन बहुमूल्य है। प्रतिदिन मैं प्रभु

* IX:11।

से प्रार्थना करता हूँ : "यदि आपकी इच्छा हो तो सब कुछ मुझसे ले लें। परमपिता! मैं अपनी ओर से सब कुछ अत्युत्तम करने की कोशिश कर रहा हूँ। परन्तु इसे निश्चित रूप से जान लीजिए कि सबसे पहले मैं आपको प्रसन्न करना चाहता हूँ। मैं दूसरों को भी प्रसन्न करने का प्रयास करूँगा परन्तु किसी अन्य वस्तु से अधिक मैं आपको प्रसन्न करना चाहता हूँ।" जब आप इस प्रकार प्रार्थना करते हैं तो आपको इच्छाओं की अनेक परीक्षाएँ देनी पड़ सकती हैं। परन्तु जैसे-जैसे आप बुरी आदतों और प्रवृत्तियों के साथ लड़ते जाते हैं, वे (ईश्वर) धीरे-धीरे आपके पास आना आरम्भ कर देते हैं, और अन्त में आप देखेंगे कि एक ज़बरदस्त बाढ़ की तरह वे आपके समस्त अवांछनीय अवगुणों को बहाकर ले गए हैं।

भगवान् कृष्ण ने कहा था : "मात्र शारीरिक रूप से इन्द्रिय-विषयों को ग्रहण न करने वाले व्यक्ति के विषय थोड़ी देर के लिए निवृत्त हो जाते हैं, परन्तु उनके लिए लालसा निवृत्त नहीं होती। किन्तु परमात्मा का साक्षात्कार करने वाला उन इच्छाओं से भी मुक्त हो जाता है।"* उनके प्रकाश से समस्त अंधकार को, और अच्छे विचारों से बुरे विचारों को दूर कर दें। ध्यान में ईश्वर के सर्वोच्च आकर्षण को खोज कर प्रलोभन को समाप्त कर दें। प्रलोभन के विरुद्ध यह सबसे उत्तम हथियार है। जब भी आपको लगे कि आपकी इच्छा पराजित हो रही है, तो तब तक ध्यान करें जब तक कि आप ईश्वर की उपस्थिति को अनुभव न कर लें।

* भगवद्गीता II:59।

मानसिक व्यसनियों का उपचार

लगभग सन् 1949

जो व्यक्ति अत्यधिक शराब पीता है, वह एक विनाशकारी आदत बना लेता है। यदि वह शराब पीने की आदत पर अंकुश लगाने का कोई प्रयत्न नहीं करता, तो वह शराबी बन सकता है और अकारण ही अत्यधिक शराब पीने की प्रबल इच्छा से लाचार हो कर कष्ट भोगता है। ऐसे अभागे लोग प्रायः अपना सारा धन शराब पर खर्च कर देते हैं; वे बहुत ही कम खाते हैं और ऐसा प्रतीत होता है कि शराब से ही उन्हें कुछ पोषण भी मिल जाता है। ऐसे व्यक्तियों में अच्छा स्वास्थ्य बनाए रखने, तथा परिवार, समाज एवं संसार में आत्मसम्मान के दायित्व का सामान्य भाव खो जाता है। अन्ततः वे अपना पूरा स्वाभिमान ही खो देते हैं और कहीं भी नशे में धुत पड़े पाए जा सकते हैं किसी नाली में या सड़क के बीचों-बीच — ऐसे समय वे लूट लिए जा सकते हैं या किसी वाहन द्वारा कुचल भी दिए जा सकते हैं।

शराब के व्यसनी व्यक्तियों (liquor alcoholics) के उपरोक्त वर्णन से यह स्पष्ट हो जाता है कि "मानसिक व्यसनियों" (mental alcoholics) से मेरा क्या अभिप्राय है। इन लोगों का व्यक्तिगत रूप से वर्गीकरण उनकी विशेष मनोवैज्ञानिक चरम स्थिति, जैसे कि स्वभावगत क्रोध, भय, कामुकता, उदासी, जुआ, चोरी, ईर्ष्या, घृणा, लोभ, मनोवृत्ति, धूर्तता अथवा मूर्खता के आधार पर किया जा सकता है।

जब कोई व्यक्ति अपने जीवन के प्रारम्भ से ही क्रोध, भय, ईर्ष्या — या उपरोक्त किसी भी स्वभावदोष का असाधारण आवेश दिखाता है — तो यह समझा जा सकता है कि ये असामान्य मानसिक आदतें उसने पिछले किसी जन्म से अर्जित की हैं।

जो माता-पिता अपने बच्चे में चाहे वह शिशु अवस्था में ही हो, ऐसी बुरी मनोवृत्तियाँ देखें, तो उन्हें बच्चे को ऐसे स्वभावदोषों का व्यसनी बनने से रोकने के लिए सचेत होकर तुरन्त कुछ उचित कदम उठाने चाहिए; यदि संभव हो, तो उसे दूसरे परिवेश में आध्यात्मिक शिक्षकों की अच्छी देख-रेख में रख दें।

निरन्तर अच्छी संगति में और कई वर्षों तक उचित परिवेश में रहने से कोई भी मानसिक व्यसनी अपनी जन्मजात बुराई की सषक जकड़ से मुक्त हो सकता है। जब कोई मानसिक व्यसनी अनुकूल परिवेश और उचित देख-रेख में हो, तो उसे उसकी बुरी आदतों के दुष्परिणामों से अवगत करा देना चाहिए, और उसे प्रोत्साहित करना चाहिए कि वह उन पर स्वयं पूरा विचार करे और किसी भी परिस्थिति में उनको न करने के लिए विशेष प्रयत्न करे। पूर्वजन्म से आई किसी मानसिक आदत में हर बार की लिप्तता उसे दृढ़ से दृढ़तर बनाती चली जाती है, जब तक कि उस आदत से ग्रसित व्यक्ति पूरी तरह से उसका दास नहीं बन जाता।

एक मिथ्या धारणा

क्रोधी व्यक्ति, कामी व्यक्ति, लोभी व्यक्ति समाज में अपने स्तर तथा समाज के साथ अपने संबंधों को भूल जाता है, और भारी गलतियाँ कर बैठता है जो उसके अपने जीवन के साथ-साथ अन्य लोगों के जीवन को भी नष्ट कर देती हैं। इन मानसिक व्यसनियों में से अनेक सोचते हैं कि अपनी मानसिक आदतों को व्यक्त कर देने से उन्हें कुछ शांति मिलेगी। परन्तु असंयमी आदत के कारण ऐसे हानिकारक मनोवेगों के आगे झुक जाना अत्यंत घातक है क्योंकि ऐसी दुष्प्रवृत्तियों को बारम्बार दोहराते रहने से व्यक्ति पक्का मानसिक व्यसनी बन जाता है, और कहीं भी किसी भी समय हास्यास्पद व्यवहार कर बैठता है।

बच्चों का मन लचीला होता है और यदि वे इस अवस्था में बुरे परिवेश में रहते हैं तो उनमें बुरी आदतें विकसित हो जाएँगी, और यदि इन आदतों पर ध्यान न दिया जाए तो वे चिरस्थायी मानसिक व्यसनों में परिवर्तित हो सकती हैं। यदि माता-पिता बच्चे में कोई आकस्मिक परिवर्तन देखें — जैसे कि एक शान्त स्वभाव वाले बच्चे को अचानक बार-बार गुस्सा आने लगे — तो उन्हें तुरन्त इस पर ध्यान देना चाहिए। उसकी निराशाओं के कारणों का पता लगा कर और उन्हें दूर करके उसकी शक्तियों के रचनात्मक उपयोग के लिए नए रास्ते ढूँढने चाहिए।

जिन व्यक्तियों में आदत के रूप में कोई भी उपरोक्त लक्षण देखने में आता है वे मानसिक व्यसनी हैं। वे असहाय होकर, परन्तु अपनी इच्छा से, अपनी सबसे बुरी आदतों को अनियंत्रित रूप से व्यक्त करते हैं, और अपनी प्रसन्नता का नाश करते हुए लगातार अपनी बुरी आदतों के भारी जलप्रपात में अंधाधुन्ध नीचे गिरते हैं। लोगों

के प्रति घृणा और उकताहट की उग्र चित्तवृत्ति को प्रायः व्यक्त करने वाले मानसिक व्यसनियों के साथ बहस में उलझना ठीक नहीं है। उनकी प्रवृत्ति उनके द्वारा बुरी आदतों को बार-बार लगातार दोहराए जाने का परिणाम है। ऐसे लोगों के साथ मानसिक रोगों से लंबे समय से पीड़ित मनोवैज्ञानिक रोगियों की तरह व्यवहार किया जाना चाहिए।

विरोधी परिस्थितियों के प्रभाव

संगति का परिवर्तन किसी भी प्रकार के विकट मानसिक व्यसन का सर्वोत्तम उपाय है, क्योंकि मानसिक व्यसनी की इच्छा-शक्ति आदतों की दास बन चुकी होती है; अतः वह किसी भी बुराई का कोई प्रतिरोध नहीं कर पाता। सबसे प्रभावशाली उपचार यही है कि उसे तुरन्त किसी ऐसे परिवेश में भेज दिया जाए जो उसकी विषैली मानसिक स्थिति के लिए एक विशेष विष-निवारक औषधि हो।

यदि संभव हो तो क्रोधी मानसिक व्यसनी को एक या अधिक ऐसे व्यक्तियों की संगति में रखना चाहिए जिन्हें क्रोध दिलाने वाली परिस्थितियों में भी क्रोध नहीं आता। कामुक व्यक्ति को आत्मसंयमी लोगों में रहना चाहिए; जिसे चोरी की आदत हो उसे ईमानदार लोगों के संग की आवश्यकता है। डरपोक स्वभाव के व्यक्ति की बहादुर व्यक्तियों की संगति से, और वीर लोगों की कहानियाँ पढ़ने से सहायता हो सकती है। सनकी अथवा चिड़चिड़े या "बुरे" स्वभाव के व्यक्तियों को प्रसन्नचित्त स्वभाव वाले लोगों के साथ रहना चाहिए।

मानसिक व्यसनी को याद रखना चाहिए कि कमज़ोर मल-विसर्जन और मांस-सेवन (विशेषकर गाय और सुअर का) से उसकी मानसिक बीमारी और गम्भीर बन जाएगी तथा उसके मस्तिष्क में अधिक गहनता से घर कर लेगी। दैनिक आहार में फलों एवं सब्जियों की प्रचुरता, और सप्ताह में एक दिन फलों के रस पर उपवास, कभी-कभी लम्बा उपवास हानिकारक आदतों के प्रमस्तिष्कीय खाँचों (cerebral grooves) को बदलने में अत्यधिक सहायक होगा।

अति कामुकता तन्त्रिका-तन्त्र और मस्तिष्क की कोशिकाओं को दुर्बल कर देती है, जो फलस्वरूप मानसिक व्यसनी में क्रोध को और अधिक बढ़ा देती है। कामुकता में अधिक संलिप्तता इच्छा-शक्ति को भी नष्ट कर देती है। इसलिए सभी मानसिक व्यसनियों को कामवासना के आवेगों पर नियंत्रण करना सीखना चाहिए, जिससे वे प्रकृति के नियमों का पालन करते हुए वैवाहिक जीवन में प्रायः का अभ्यास कर सकें।

घर-परिवार के तानाशाह

प्रायः हम देखते हैं कि परिवार में जीविका चलाने वाले — पिता या पुत्र, या कभी-कभी माता या पुत्री — मानसिक व्यसन की प्रवृत्ति को दर्शाते हैं, क्योंकि उनकी चेतना में यह बात रहती है कि वे आदेश देने की स्थिति में हैं। परिवारों में ऐसे छोटे तानाशाहों को निर्दोष, भोले-भाले आश्रितों पर अपनी मनोवृत्तियों को मुक्त रूप से नहीं थोपना चाहिए, और इस प्रकार अपने आस-पास के लोगों के मन का सम्मान नहीं खो देना चाहिए। जब परिवार का तानाशाह सोचता है कि वह घर पर अपनी मनमानी चला सकता है, तो वह धीरे-धीरे घर के बाहर भी अप्रिय मनोवृत्तियों या बुरी आदतों को मनमाने ढंग से व्यक्त करने लगता है। अन्ततः वह ऐसा कहीं भी और कभी भी करता है। यदि परिवार के ये छोटे अत्याचारी दूसरों को दुःख देने वाली इन बुरी आदतों में लिप्त रहने पर कोई रोक नहीं लगाते, तो अपरिपक्व रूप से व्यवहार करते हुए वे धीरे-धीरे मानसिक व्यसनी बन जाते हैं, और अपने निकट संबंधियों को, यहाँ तक कि कभी-कभार मिलने वालों को, और साथ ही स्वयं को भी असीम कष्ट पहुँचा बैठते हैं।

यदि आप मानसिक व्यसनी हैं, तो अपना उपचार करने का प्रयत्न करें; परन्तु इस बीच कम-से-कम आप दूसरों को संक्रमित या प्रभावित करने की चेष्टा न करें, क्योंकि इसमें चाहे आप सफल हों या न हों, आप संभवतः अपने लिए और मुश्किलें पैदा कर लेंगे। सोचिए कितना कोलाहल मच जाएगा यदि आपके शान्त घर में कोई एक स्कंक छोड़ दे, जहाँ आप शांति से ध्यान कर रहे थे या अंगीठी के पास पुस्तक पढ़ रहे थे। निस्संदेह आप और आपके आस-पास के लोग स्कंक को बाहर निकालने का प्रयत्न करेंगे, और ऐसा करने में आपको उसके भीषण दुर्गंधपूर्ण रसायनों में भीगना ही पड़ेगा। परिवार के लोगों एवं स्कंक, दोनों को कष्ट होगा।

इसलिए किसी मानवी-स्कंक के लिए किसी ऐसे वातावरण में जाना समझदारी नहीं है जहाँ उसे कोई पसंद न करता हो। वहाँ वह सभी के लिए परेशानी का कारण बन सकता है, और हो सकता है उसे अन्त में कठोर व्यवहार सहन करना पड़े। याद रखें कि एक मानवी-स्कंक, जो भयानक मनोवृत्तियों के मानसिक स्पन्दन रखता हो, और जिसके चेहरे पर यही झलकता भी हो, शांत वातावरण को अपार हानि पहुँचाता है; ऐसा दो पैरों वाला प्राणी हर जगह नापसंद किया जाता है।

मानसिक व्यसन के वशीभूत होकर लोगों में इसके प्रभाव को प्रकट करने की अपेक्षा इसे छुपाना ही श्रेष्ठतर है। लगातार लज्जाहीन होकर इसमें लिप्त रहना वह

भूमि है जिसमें जन्मपूर्व और जन्मोत्तर प्रवृत्तियाँ पनपती हैं। जिस व्यक्ति में जन्म के पहले से ही किसी मानसिक व्यसन की प्रवृत्ति हो, उसे दुगना सावधान रहना चाहिए कि वह ऐसे परिवेश में न रहे जो उसकी बुरी आदतों अथवा मनोवृत्तियों के अन्तर्जात मानसिक संस्कारों का पोषण करता हो।

जब आप किसी ऐसे व्यक्ति से मिलते हैं जो आपसे औपचारिक व्यवहार करता है, और बनावटी मुस्कान के साथ कहता है, "आप कैसे हैं, मैं आपसे मिलकर बहुत प्रसन्न हुआ," जबकि भीतर में वह सोच रहा होता है, "मुझे परेशान करने के लिए तुम्हारा सिर धड़ से अलग करने में मुझे प्रसन्नता होगी," तब आप उसकी आन्तरिक भावना को भाँप जाते हैं और आपको यह अच्छा नहीं लगता। स्वयं मुझे भी यह जानने में दिलचस्पी होती है कि लोग मेरे बारे में क्या सोचते हैं। मैं बनावटी व्यवहार की अपेक्षा स्पष्ट व्यवहार अधिक पसन्द करता हूँ। कोई भी व्यक्ति मुस्कराहट रूपी गुलाब की झाड़ी के नीचे से कपट रूपी साँप के झपटने का जोखिम उठाना पसन्द नहीं करता।

फिर भी, मानसिक व्यसनी के लिए अच्छा है कि वह लोगों के साथ मित्रता का व्यवहार करे, चाहे यह बनावटी ही क्यों न हो, बजाय इसके कि वह उन पर अपनी बुरी मनोवृत्तियों को प्रकट कर दे। आत्मसंयम का दैनिक अभ्यास, चाहे कम महत्त्वपूर्ण विषयों में ही सही, मानसिक व्यसनी को धीरे-धीरे व्यसन-लिप्तता से बाहर निकलने में सहायता करेगा।

हानिकारक मनोदशाओं पर नियंत्रण

प्रथम सेल्फ़-रियलाइज़ेशन फ़ेलोशिप मन्दिर, एंसिनिटॉस, कैलिफ़ोर्निया, 5 मार्च, 1939

मनोदशाएँ (मूड, mood) आसानी से परिभाषित नहीं की जा सकतीं, परन्तु आप जानते ही हैं कि वे क्या होती हैं। जब आप किसी मनोदशा से ग्रस्त होते हैं, तो आपका व्यवहार स्वाभाविक नहीं होता, आप वैसे व्यक्ति नहीं होते जैसे आपको होना चाहिए। इसका अन्तिम परिणाम यह होता है कि आप स्वयं को अभागा मानने लगते हैं। और आपका अपने कर्मों के द्वारा ही दुःखी होना कितनी मूर्खता है! कोई भी व्यक्ति दुःख को *पसन्द* नहीं करता। अगली बार जब आप किसी मनोदशा से ग्रस्त हों तो क्यों न अपना विश्लेषण करें? आप देखेंगे कि किस प्रकार स्वेच्छा से, जानबूझकर आप स्वयं को दुःखी बना रहे हैं। और जब आप ऐसा करते हैं, तो आपके मन की इस स्थिति में, आनन्द के अभाव को आपके आस-पास के लोग अनुभव करते हैं। जहाँ कहीं भी आप जाते हैं, बिना बोले ही आप अपने बारे में बता देते हैं, क्योंकि आपकी सम्पूर्ण मनोदशा अपने स्पन्दनों को आपकी आँखों द्वारा प्रकट करती है, और जो कोई भी आपको देखता है उसको वहाँ अंकित नकारात्मकता का पता चल जाता है। आपकी आँखों में नकारात्मक भावनाएँ झलकती देखकर, दूसरे लोग दूर हट जाते हैं, वे उन असुविधाजनक स्पन्दनों से दूर रहना चाहते हैं। अपनी आँखों से उन मनोदशाओं की झलक को दूर करने से पहले आपको अपने मानसिक दर्पण से उन्हें अवश्य दूर करना होगा।

हम शीशे के मकान में रहते हैं

इस संसार में आप शीशे के मकान में रहते हैं, और प्रत्येक अन्य व्यक्ति आपको देख रहा है। आप दिखावा नहीं कर सकते, आपको स्वाभाविक जीवन ही जीना है। इसलिए ऐसा व्यवहार क्यों न करें कि दूसरे लोग आपका आदर करने लगें? वे आपके चेहरे पर प्रसन्नता क्यों न देखें? आपके सारे अच्छे गुण आपकी मनोदशाओं द्वारा भीतर ढके पड़े हैं।

केवल दूसरे लोग ही आपके व्यवहार को ध्यान से नहीं देख रहे हैं, बल्कि आप भी उनके व्यवहार का अध्ययन कर रहें हैं। अपने आस-पास के लोगों को लगातार ध्यान से देखते रहने के परिणामस्वरूप आप तुलना करने लग जाते हैं, इसी कारण आप मनोदशाओं से घिर जाते हैं अथवा इस संसार में असंख्य कठिनाइयों का सामना करने के कारण आप मनोदशाओं से ग्रस्त हो सकते हैं। मनोदशाएँ प्रायः परिवेश के प्रभावों का परिणाम होती हैं। हमारे आस-पास के संसार से, हममें से प्रत्येक व्यक्ति अलग-अलग तरह से प्रभावित होता है। लेकिन बाह्य परिस्थितियों के कारण आपको मनोदशाओं में लिप्त नहीं होना चाहिए। आप अपने परिवेश के प्रभावों को अपने ऊपर क्यों ले लेते हैं? कुछ लोग किसी समस्या का सामना करने से बचने के लिए मनोदशाओं का सहारा लेते हैं। परन्तु ऐसी उदासीनता न तो दुःखों से छुटकारा है और न ही भावनात्मक सुरक्षा-साधन। कभी-कभी क्षणभर के लिए मनोदशा में ग्रस्त हो जाना स्वाभाविक है, परन्तु इसको पकड़े न रखें!

प्रत्येक प्रकार की मनोदशा का एक विशेष कारण होता है, और यह आपके अपने मन में रहता है। मनोदशा को दूर करने के लिए आपको इसके कारण को अवश्य ही दूर करना चाहिए। व्यक्ति को प्रतिदिन आत्मनिरीक्षण करना चाहिए अपनी मनोदशा के स्वरूप को समझने के लिए और उसे कैसे ठीक करना है यदि वह हानिकारक है तब। शायद आप स्वयं को मन की एक उदासीन अवस्था में पाते हैं, चाहे कुछ भी सुझाव दिया जाए आप उसमें रुचि नहीं लेते। ऐसी अवस्था में कुछ सकारात्मक रुचि उत्पन्न करने के लिए सचेत प्रयत्न करने की आवश्यकता होती है। उदासीनता से सावधान रहें, जो आपकी इच्छाशक्ति को बलहीन करके आप के जीवन की प्रगति में रोक लगा देती है।

शायद आपकी मनोदशा बीमारी के कारण हुई निरुत्साहित अवस्था हो, ऐसा भाव कि आप कदापि पुनः स्वस्थ नहीं होंगे। ऐसे में, आपको उचित जीवनयापन के नियमों का पालन करने का प्रयत्न करना चाहिए जो आपको एक स्वस्थ क्रियाशील और नैतिक जीवन की ओर ले जाएँ, और ईश्वर की आरोग्य शक्ति में गहन विश्वास के लिए प्रार्थना करनी चाहिए।

अथवा, मान लें कि आपकी मनोदशा इस विश्वास के कारण है कि आप एक असफल व्यक्ति हैं, और किसी भी काम में कदापि सफल नहीं हो सकते। समस्या का विश्लेषण करें और जाँच करें कि क्या आपने वास्तव में वह पूरा प्रयास कर लिया है, जिसे आप कर सकते थे। संयुक्त राज्य अमेरिका के राष्ट्रपति के कठोर परिश्रम

पर विचार करें। उसे सभी अड़तालीस राज्यों* और साथ ही अन्य राष्ट्रों को भी प्रसन्न रखने का प्रयास करना पड़ता है। हमें आश्चर्य करना पड़ता है कि एक व्यक्ति के लिए इतना कुछ समझना और इतना कुछ करना संभव है। और जिस प्रकार एक साधारण व्यक्ति और राष्ट्रपति की कार्यक्षमता में इतना अन्तर है, राष्ट्रपति और उस ईश्वर के बीच कितना बड़ा अन्तर होगा, जो कि असीम रूप से व्यस्त हैं! ईश्वर सारी सृष्टि की व्यवस्था कर रहें हैं, सूक्ष्म से भी सूक्ष्म ब्यौरे तक — *और हम उनके प्रतिबिम्ब में बने हैं*। इसलिए सफलता प्राप्त न करने के हम कोई बहाने नहीं बना सकते। कठिन परिश्रम से डरें नहीं, इससे कभी किसी को हानि नहीं हुई है, फिर भी, व्यक्ति को शान्तिपूर्वक सोचना और कार्य करना सीखना चाहिए। जब आप शान्तिपूर्वक क्रियाशील होते हैं तो आप जो कुछ भी करने की ठान लेते हैं उसे पूरा कर सकते हैं, क्योंकि मन निर्मल है।

सफलता प्राप्त करने के लिए पर्याप्त कठिन परिश्रम न करने के अतिरिक्त अधिकाँश लोग मानसिक रूप से पर्याप्त क्रियाशील नहीं होते। वे अपना बहुत सा समय कुछ भी न सोचने में व्यय करते हैं। इसे विश्राम मान लिया जाता है। लेकिन, वास्तविक विश्राम में व्यक्ति मानसिक रूप से शान्तिपूर्वक क्रियाशील रहता है, वह ईश्वर के विषय में, या किसी सुन्दर शान्त दृश्य के विषय में, अथवा किसी सुखद अनुभव के विषय में चिन्तन कर सकता है। शान्त, सकारात्मक मानसिक क्रियाशीलता पुनः नवजीवन देने वाली होती है। फिर भी अनेक व्यक्ति गलत तरीके से रचनात्मक कार्य को भार मान लेते हैं और इसे तनावपूर्ण, अधीरता के भाव के साथ प्रयास करते हैं।

मनोदशाएँ खाली मन पर ही अपनी पकड़ बनाती हैं

रचनात्मक चिन्तन मनोदशा के लिए सबसे अच्छी विषहर औषधि है। मनोदशा आपकी चेतना पर अपनी पकड़ तब बनाती हैं जब आप नकारात्मक अथवा निष्क्रिय मनःस्थिति में होते हैं। जब आपका मन खाली होता है, तो यही वह समय है जब वह मनोदशाओं में ग्रस्त हो सकता है, और जब आप मनोदशाओं में होते हैं, तब माया आकर आप पर अपना प्रभाव डाल देती है। इसलिए, रचनात्मक चिन्तन को विकसित करें। जिस समय आप शारीरिक रूप से क्रियाशील न हों, उस समय अपने मन में

* परमहंसजी के व्याख्यान के समय अलास्का और हवाई अभी राज्य नहीं बने थे। *(प्रकाशक की टिप्पणी)*

कुछ रचनात्मक कार्य करें। इसको इतना व्यस्त रखें कि मनोदशाओं में लिप्त होने का आपको समय ही न मिले।

रचनात्मक चिन्तन अद्भुत है — एक दूसरे संसार में रहने जैसा। प्रत्येक व्यक्ति को इस शक्ति का विकास करना चाहिए। मैं यहाँ आने से पहले अपने प्रवचन का शायद ही कभी कोई शब्द सोच कर आता हूँ, परन्तु मैं विषय की चेतना में पहुँच जाता हूँ, और मेरी आत्मा मुझे अद्भुत बातें बताना आरम्भ कर देती है। जब आप रचनात्मक रूप से सोच रहे होते हैं, तब आप शरीर अथवा मनोदशाओं को अनुभव नहीं करते, आप ब्रह्म के साथ सम्पर्क कर लेते हैं। हमारी मानवीय बुद्धि प्रभु की सृजनात्मक बुद्धि का प्रतिरूप है, जिसके द्वारा सब कुछ संभव हैं, और यदि हम उस चेतना में नहीं रहते, तो हम मनोदशाओं का पुलिंदा बन जाते हैं। रचनात्मक रूप से सोचने से हम उन मनोदशाओं को नष्ट कर देते हैं, और रचनात्मक रूप से सोचने से हमें अपनी समस्याओं और दूसरों की समस्याओं के सभी उत्तर प्राप्त हो जाएँगे।

मनोदशाएँ कैंसर की भाँति हैं — ये आत्मा की शान्ति को नष्ट कर देती हैं। इसलिए मनोदशाओं में लिप्त व्यक्ति, स्वयं अपनी समस्याओं से छुटकारा नहीं पा सकता। स्मरण रखें; कोई बात नहीं, आपके साथ चाहे कुछ कितना भी गलत क्यों न हुआ हो, आपको मनोदशाओं में घिरने का कोई अधिकार नहीं है। अपने *मन* में आप एक विजेता हो सकते हैं। परास्त होने पर मनोदशाओं से ग्रस्त व्यक्ति हार मान लेता है। परन्तु वह व्यक्ति जिसका मन अजेय है, संसार चाहे उसके पैरों तले का अंगार भी क्यों न बन जाए, फिर भी वह विजेता ही है।

क्या आप एक बन्दी बनना चाहते हैं या एक विजेता? अपने को मनोदशाओं के साथ दृढ़ता से बाँधकर, आप स्वयं को जीवन संग्राम के साथ चलने के अयोग्य बना लेते हैं। जैसे ही आप अपने मन को मनोदशाओं से घिरने देते हैं, आपकी इच्छाशक्ति निर्बल हो जाती है। मनोदशाएँ मस्तिष्क को धुँधला बना देती हैं, और इस प्रकार निर्णय लेने की क्षमता को कमज़ोर बना देती हैं, जिससे आपके परिश्रम बेकार हो जाते हैं।

मनोदशा आपके प्रगति चक्रों पर रोक लगा देती है

आप अपनी मनोदशाओं पर विजय प्राप्त कर सकते हैं, चाहे वे कितने भी भयानक क्यों न लगती हों। निश्चय कर लीजिए कि आप अपने मन को मनोदशाओं से अब और ग्रस्त नहीं होने देंगे; और यदि आपके निश्चय के बाद भी कोई मनोदशा आ

घेरे, तो इसके आने के कारण का विश्लेषण करें, और इस विषय में कुछ रचनात्मक कदम उठाएँ। यदि उदासीनता आपकी प्रवृत्ति है, तो इस प्रकार उदासीन होकर कार्य न करते रहें, क्योंकि उदासीनता सबसे बुरी मनोदशा है। ऐसे समय में, स्वयं को स्मरण कराएँ कि आप अपने आपके रचयिता नहीं हैं, ईश्वर ने आपकी रचना की है, और वे ही आपके लिए इस सृष्टि को चला रहे हैं। आपका जो भी कार्य हो, उसे ईश्वर के लिए, उत्साहपूर्वक करें। रचनात्मक कार्यों में स्वयं को व्यस्त रखें, क्योंकि उन्होंने आपको असीम शक्ति दी है। आपका इतना साहस कैसे है कि मनोदशाओं के नशे में डूब कर आप स्वयं को मानसिक असफल व्यक्ति बनाएँ! स्वयं को इन नश्वर मानसिक अवस्थाओं से मुक्त करें। वे आपकी प्रगति के चक्रों में वास्तविक रुकावट हैं। जब तक आप उन्हें हटाते नहीं, आप आगे नहीं बढ़ सकते। प्रतिदिन प्रातः स्वयं को स्मरण कराएँ कि आप ईश्वर की संतान हैं, और चाहे कितनी भी कठिनाइयाँ क्यों न आएँ, आपमें उन पर विजय प्राप्त करने की शक्ति है। परमात्मा की ब्रह्माण्डीय शक्ति के उत्तराधिकारी होने के नाते, आप खतरे से भी अधिक खतरनाक हैं।

एक बुद्धिमान बालक साधारण समस्याओं को हल करने की परवाह नहीं करता, वह कठिन चुनौती का आनन्द लेता है। लेकिन अनेक लोग जीवन की समस्याओं से घबरा जाते हैं। मैं कभी भी उनसे नहीं घबराया, क्यों कि मैंने सदा यह प्रार्थना की है : "प्रभो, आपकी शक्ति की मुझमें वृद्धि हो। मुझे सदा सकारात्मक चेतना में रखना, ताकि मैं आपकी सहायता से अपनी कठिनाइयों पर सदा विजय प्राप्त कर सकूँ।" किसी समस्या के विषय में रचनात्मक ढंग से, अपनी सोच की अन्तिम सीमा तक विचार करें। जब मैं किसी समस्या का समाधान करता हूँ, तो उसके हल के लिए अन्तिम स्तर तक सभी संभव प्रयास करता हूँ, जब तक सच्चाई से मैं यह न कह सकूँ : "मैंने अपना सर्वोत्तम प्रयास किया है, और बस मैं इतना ही कर सकता हूँ।" फिर मैं उसके बारे में भूल जाता हूँ।

जो व्यक्ति किसी समस्या की चिंता को अपनी चेतना में रखता है, वह मनोदशाओं में ग्रस्त हो जाता है। इससे बचें। जब कोई समस्या आए, तो उस पर चिंता करने की अपेक्षा उससे छुटकारा पाने के लिए हर संभव प्रयास पर विचार करें। यदि आप विचार करने में असमर्थ हैं, तो अपनी उस विशेष समस्या की तुलना, दूसरों की वैसी ही समस्या से करें, और उनके अनुभवों द्वारा सीखें कि किन तरीकों से असफलता हो सकती है और किन तरीकों से सफलता प्राप्त की जा सकती है। उन उपायों को चुनें

जो युक्ति-संगत और व्यावहारिक लगते हों, और फिर उन पर कार्य करने के लिए जुट जाएँ। सृष्टि का सम्पूर्ण पुस्तकालय आपके अन्दर छिपा हुआ है। जो कुछ भी आप जानना चाहते हैं वह सब आपके भीतर है। उन्हें बाहर प्रकट करें। रचनात्मक ढंग से विचार करें।

सच्चे प्रेम के जादुई प्रभाव

मनोदशाएँ व्यक्ति की भावना एवं समझ को कुंठित कर देती हैं, और दूसरों के साथ मिल कर चलना असंभव कर देती हैं। गृहस्थ जीवन स्वर्ग का मन्दिर होना चाहिए, लेकिन मनोदशाएँ इसे नर्क बना सकती हैं। पति घर आता है और पाता है कि उसकी पत्नी चिड़चिड़े मनोभाव में है, और तब पति उसके साथ विचार-विमर्श नहीं कर सकता। अथवा पति काम से ख़राब मनोदशा में लौटता है, और पत्नी उसके साथ विचार-विमर्श नहीं कर सकती। मनोदशाओं के कारण लोगों को बहुत परेशानी होती है।

जब आपके परिवार में कोई अन्य व्यक्ति क्रोध से उबल रहा हो, या पूर्णतः उदासीन हो, तो आप उसकी मनोदशा से तुरन्त प्रभावित हो जाते हैं अथवा शायद आप प्रसन्न भाव से किसी के पास जाते हैं, परन्तु वह मनोदशा गें ग्रस्त और झगड़ालू है, और अन्त में वह आपको एक थप्पड़ मार देता है। तो उसी समय आपकी प्रसन्नता लुप्त हो जाती है, और आप प्रतिक्रिया व्यक्त करना चाहते हैं। दूसरे की मनोदशा से प्रभावित न हों। बाइबिल हमें बताती है कि कोई हमारे बाएँ गाल पर थप्पड़ मारे तो हमें दाएँ गाल को आगे कर देना चाहिए। कितने लोग ऐसा करते हैं? प्रायः थप्पड़ खाने वाला व्यक्ति, प्रहार करने वाले व्यक्ति को, बदले में एक दर्जन थप्पड़ मारना चाहता है—और शायद एक ठोकर, या एक गोली। बदले में प्रहार करना आसान है, परन्तु प्रेम देना शत्रु को निरस्त्र करने का उच्चतम तरीका है। यदि यह उस समय काम न भी करे, तो भी वह व्यक्ति यह कभी नहीं भूलेगा कि थप्पड़ के बदले में आपसे उसे प्रेम मिला। वह प्रेम सच्चा होना चाहिए, जब प्रेम हृदय से आता है, तो यह जादुई होता है। आप परिणामों की ओर ध्यान न दें, भले ही आपका प्रेम ठुकरा भी दिया जाए। प्रेम दें और भूल जाएँ। बदले में कोई आशा न करें, तब आप चमत्कारिक परिणाम देखेंगे।

क्या आपने कभी अनुभव किया है कि आपके अन्तर में, आपकी आत्मा में, एक अति सुन्दर बगीचा है? विचारों का एक अद्भुत बगीचा, प्रेम, अच्छाई, समझ, शान्ति

से सुगंधित, और पृथ्वी पर उगने वाले किसी भी पुष्प से अधिक सुन्दर। जब क्रोध में किसी व्यक्ति ने आपको गलत समझा, लेकिन आप उसे लगातार प्रेम देते रहे, तो आपने उस समय एक सुगंधित पुष्प को विकसित किया। क्या उस प्रेम एवं समझ की सुगंधि किसी गुलाब की सुगंधि की अपेक्षा अधिक स्थायी नहीं है? इसलिए अपने मन को सदा एक बगीचे के रूप में समझें, और इसे दिव्य विचारों से सुगंधित और सुन्दर बनाए रखें, इसे कीचड़ का तालाब न बनने दें, जो बदबूदार घृणा वाली मनोदशाओं से भरा हो। यदि आप शान्ति और प्रेम रूपी दिव्य सुगंधित पुष्पों को विकसित करेंगे, तो क्राइस्ट चेतना [*कूटस्थ चैतन्य*]* रूपी मधुमक्खी आपके बगीचे में चुपके से चली आएगी। क्योंकि मधुमक्खी केवल उन्हीं पुष्पों को खोजती है जिनमें मधु होता है, उसी प्रकार ईश्वर भी केवल तभी आते हैं जब आपका जीवन मधुर विचारों से सुगंधित हो। यह दृढ़ निश्चय करें कि आपके, अच्छे आत्म-गुणों के बगीचे में आप क्रोध रूपी बुरे बदबूदार पौधों को नहीं उगने देंगे। जितना अधिक आप पुष्परूपी दिव्य गुणों को विकसित करेंगे, उतना अधिक ईश्वर, आपकी आत्मा में अपनी गुप्त सर्वव्यापकता को प्रकट कर देंगे।

"जो शत्रु-मित्र, मान-अपमान, सर्दी-गरमी, सुख-दुःख में सम रहता है; जो निरासक्त है...वह पुरुष मुझे प्रिय है।"† निर्दयी लोगों को लगातार प्रेम देकर, चिंताओं से दुःखी लोगों को शान्ति देकर, कटु बोलने वाले लोगों को मधुरता देकर, कष्टों से घिरे लोगों को सुख देकर, और गलत रास्ते पर चलने वालों के समक्ष लगातार अच्छा उदाहरण प्रस्तुत करके, आप अपने मन को रचनात्मक ढंग से व्यस्त रखकर मनोदशाओं को नष्ट करते हैं। यदि आप बाह्य रूप से व्यस्त नहीं रह सकते तो रचनात्मक रूप से अन्तर में व्यस्त रहें।

आश्चर्य के संसार में रहें

मैं प्रायः कहता हूँ : यदि आप एक घण्टे तक अध्ययन करते हैं, तो दो घण्टे तक लेखन कार्य करें, और यदि आप दो घण्टे तक लेखन कार्य करते हैं तो तीन घण्टे तक चिन्तन-मनन करें, और यदि आप तीन घण्टे तक चिंतन-मनन करते हैं, तो हर समय ध्यान करें। ईश्वर सभी सुखों की खान हैं, और आप दैनिक जीवन में उनके साथ सम्पर्क

* ईश्वर की सर्वव्यापी प्रज्ञा, और उनके प्रेम की आकर्षक शक्ति, सृष्टि में अभिव्यक्त है।

† भगवद्गीता XII:18–19।

स्थापित कर सकते हैं। फिर भी मनुष्य अधिकतर स्वयं को उन कार्यों में व्यस्त रखता है जो दुःख की ओर ले जाते हैं। मनोदशाओं को नष्ट करने के लिए और आश्चर्य के संसार में रहने के लिए सर्वोत्तम मार्ग ध्यान ही है— नारद एक महान् ऋषि, एक ऐसे ही संसार के विषय में जानते थे, जब उन्होंने कहा : "प्रभो! मैं आपका गुणगान कर रहा था और आपमें खो गया। जब मैं इस चेतना में वापस आया, तो मैंने पाया कि मैं अपने पुराने शरीर से निकल गया था, और आपने मुझे एक नया शरीर दे दिया था!"

ऐसी ही एक कथा भारत में एक अन्य सन्त के विषय में कही जाती है। एक युवा व्यक्ति की कुछ समय पहले ही मृत्यु हुई थी। उसका शरीर शमशान-घाट में ले जाया जा चुका था और शोक संतप्त लोग दाह-संस्कार की तैयारी कर रहे थे, तभी अचानक एक बूढ़ा व्यक्ति दौड़ता और चिल्लाता हुआ आया, "रुको! ऐसा मत करो, मैं उस शरीर का उपयोग करूँगा।" जैसे ही उसने यह कहा, उस व्यक्ति का वृद्ध शरीर निर्जीव होकर भूमि पर गिर पड़ा, और युवा व्यक्ति चिता पर से उठा और जंगल की ओर दौड़ गया। वह बूढ़ा व्यक्ति एक महान् सन्त था, वह यह बिल्कुल नहीं चाहता था कि किसी नवजात शिशु के असहाय शरीर में पुनः जन्म लेकर उस की साधना में विघ्न पड़े।

भय का प्रवेश ईश्वर को जीवन से बाहर रखने से होता है

जीवन और मृत्यु के विषय में जानने योग्य बहुत सी अद्भुत बातें हैं, और ध्यान ही एक मार्ग है जिससे इन्हें जाना जा सकता है। इस संसार में ईश्वर के पुत्र की भाँति जीना सीखें। मनुष्य के लिए मृत्यु आतंक बनी हुई है क्योंकि उसने ईश्वर को अपने जीवन से बाहर कर दिया है। सभी कष्टदायक वस्तुएँ हमें डराती हैं, क्योंकि हम संसार से इसके रहस्य एवं ध्येय को समझे बिना प्रेम करते हैं। परन्तु जब हम प्रत्येक वस्तु को ईश्वर के रूप में देखते हैं, तब हमें कोई भय नहीं रह जाता। हम जीवन और मृत्यु में निरन्तर "जन्म" लेते रहते हैं। "मृत्यु" एक बहुत गलत प्रयुक्त नाम है, क्योंकि मृत्यु है ही नहीं, जब आप जीवन से थक जाते हैं तब आप केवल अपने शरीर रूपी ऊपरी चोले को उतार देते हैं और सूक्ष्म जगत्* में वापस चले जाते हैं।

* हिन्दू शास्त्र कहते हैं कि मनुष्य की आत्मा क्रमशः तीन शरीरों में बन्द रहती है; विचार अथवा कारण शरीर, सूक्ष्म शरीर, और स्थूल भौतिक शरीर। यह सूक्ष्म जगत् सूक्ष्म शक्तियों का अति उत्कृष्ट क्षेत्र है, जिसमें आत्मा, अपने कारण और सूक्ष्म शरीरों में बन्द रहते हुए, अपनी आध्यात्मिक शिक्षा और क्रमविकास को जारी रखने के लिए भौतिक मृत्यु के पश्चात् वापस चली जाती है, जब तक कि वह पृथ्वी पर पुनः जन्म नहीं ले लेती। (शब्दावली देखें।)

मृत्यु का अर्थ है अन्त। एक कार जिसके पुर्ज़े घिस चुके हैं वह मृत हो गई है, उसका अन्त हो गया है। और उसी प्रकार, मृत्यु से भौतिक शरीर का अन्त हो जाता है। परन्तु अमर आत्मा मृत नहीं हो सकती। प्रत्येक रात्रि को नींद में, आत्मा भौतिक शरीर की चेतना के बिना रहती है, लेकिन यह मृत नहीं होती। मृत्यु केवल एक लम्बी निद्रा है, जिसमें आत्मा भौतिक शरीर की चेतना के बिना, सूक्ष्म शरीर में रहती है। यदि, भौतिक शरीर की चेतना खो जाने का अर्थ मनुष्य की मृत्यु होती है, तब जब हम नींद में जाते हैं तो आत्मा मर जाती। परन्तु जब हम सो रहे होते हैं, हम मरे नहीं होते हैं और न ही हम पूर्ण रूप से अचेत होते हैं, क्योंकि जब हम जागते हैं, हमें याद रहता है कि हमें अच्छी नींद आईं या नहीं। इसी प्रकार, मृत्यु के बाद की अवस्था में हम मरते नहीं हैं।

जो व्यक्ति अपने मन को विकास-रहित रखते हैं वे वस्तुतः मृत हैं। जीवन के रहस्य को सुलझाने के लिए आपको प्रतिदिन एक नया जन्म लेना चाहिए। इसका अर्थ है कि आपको किसी न किसी रूप में अपना सुधार करने के लिए प्रतिदिन अवश्य प्रयास करना चाहिए। सर्वोपरि, ज्ञान के लिए प्रार्थना करें, क्योंकि ज्ञान के साथ प्रत्येक अन्य वस्तु आ जाती है। मनोदशाओं द्वारा नियंत्रित न हो कर ज्ञान द्वारा नियंत्रित हों और उस ज्ञान से, रचनात्मक विचारों और क्रियाकलापों को विकसित करें। अपने सुधार के लिए और दूसरों के कल्याण के लिए रचनात्मक चिन्तन करने में व्यस्त रहें, क्योंकि जो कोई भी ईश्वर के साम्राज्य में प्रवेश करना चाहता है उसे प्रतिदिन दूसरों का भला करने का भी प्रयत्न अवश्य करना चाहिए। यदि आप इस शैली को अपनाते हैं, तो आप मनोदशाओं को दूर करने वाले आनन्द का अनुभव करेंगे और जानेंगे कि आप मानसिक रूप से, भौतिक रूप से और आध्यात्मिक रूप से उन्नति कर रहे हैं। आप ईश्वर तक अवश्य ही पहुँचेंगे, क्योंकि यह मार्ग स्वर्ग के साम्राज्य की ओर जाता है।

मनोदशाओं पर विजय पाने के लिए निरन्तर प्रयास करते रहें, क्योंकि जैसे ही आप मनोदशा से ग्रस्त हो जाते हैं, आप अपनी आत्मा रूपी मिट्टी में गलतियों के बीजों को बोते हैं। मनोदशाओं से घिरने का अर्थ है धीरे-धीरे मृत्यु की ओर बढ़ना, परन्तु यदि आप किसी भी अशान्त करने वाली घटना के होते हुए भी प्रतिदिन मुस्कराने का प्रयत्न करते हैं, तो आप एक नया जन्म पाएँगे। जब तक यह मानवीय जन्म एक उच्च आध्यात्मिक जन्म में रूपान्तरित नहीं हो जाता, आप ईश्वर में "दोबारा जन्म"* नहीं ले सकते।

* "जिसने दोबारा जन्म लिया हो उस मनुष्य के अतिरिक्त कोई भी ईश्वर के साम्राज्य को नहीं देख सकता।...तुम्हें दोबारा जन्म लेना ही होगा" *यूहन्ना* 3:3, 7 (बाइबिल)।

मनोदशाएँ "संक्रामक" हैं, और सार्वजनिक अवसाद के समय पर ये लोगों के बड़े समूह को प्रभावित कर सकते हैं। मानव को जीवन की दुःखद घटनाओं को इतनी गम्भीरता से नहीं लेना चाहिए। प्रत्येक दुर्भाग्य को त्रासदी के रूप में न लेकर, उस पर थोड़ा हँस लेना अच्छा होता है। गीता हमें सिखाती है: "जो सुखद एवं दुःखद (सांसारिक जीवन के पक्षों) की ओर न तो आनन्द का और न घृणा का अनभु व करता है, जो दुःख और कामनाओंसे मक्तु है, जिसने अच्छे एवं बुरे की सापेक्ष चेतना को मिटा दिया है, और जो उत्कट श्रद्धा रखता है — वह मुझे प्रिय है।"* आशावादी प्रवृत्ति रखना और मुस्कराने का प्रयास करना रचनात्मक और लाभदायक है, क्योंकि जब भी आप दिव्य गुणों, जैसे कि उत्साह और आनन्द, को व्यक्त करते हैं, तब आप दोबारा जन्म लेते हैं और, आपके सच्चे आत्म स्वभाव के व्यक्त होने से आपकी चेतना नवीन रूप लेती है। यही आध्यात्मिक "पुनर्जन्म" है, जो आपको "ईश्वर के साम्राज्य को देखने" के योग्य बनाता है।

* भगवद्गीता XII:17।

पुनर्जन्म वैज्ञानिक विधि से सिद्ध किया जा सकता है

लगभग सन् 1926

यदि व्यक्ति एक न्यायपूर्ण ईश्वर के अस्तित्व में विश्वास रखता है, तो पुनर्जन्म में बड़ी आसानी से विश्वास किया जा सकता है, क्योंकि ये दोनों धारणाएँ वास्तविक रूप से एक दूसरे पर निर्भर हैं। परन्तु शंकालुओं और नास्तिकों का क्या होगा? क्या पुनर्जन्म के सत्य को उनकी संतुष्टि के लिए वैज्ञानिक रूप से सिद्ध किया जा सकता है? क्या पुनर्जन्म के सिद्धान्त पर वैज्ञानिक तरीके से किसी भी तरह प्रयोग किया जा सकता है, केवल एक आशा प्रस्तुत करने के लिए नहीं, बल्कि इसकी सच्चाई को वास्तव में सिद्ध करने के लिए?

भौतिक वैज्ञानिक दावा करते हैं कि उन्होंने ईश्वर के अस्तित्व का कोई वास्तविक प्रमाण नहीं पाया है, और इसलिए उनके ऐसे न्यायपूर्ण नियम के अस्तित्व का कोई प्रमाण प्रस्तुत नहीं कर सकते, जो पुनर्जन्म के द्वारा सभी प्राणियों को सुधार के लिए, बराबर अवसर प्रदान करता हो। ऐसे वैज्ञानिकों के लिए, निर्दोष बच्चों के कष्ट और जीवन के अन्य अन्याय स्पष्टीकरण के परे लगते हैं, और एक न्यायपूर्ण सृष्टिकर्ता की अनुपस्थिति की ओर संकेत करते हैं।

वैज्ञानिक नियम

दूसरी ओर, अधिकाँश लोग जो न्यायसंगत ईश्वर पर तो विश्वास करते हैं, परन्तु अपनी धारणाओं को केवल विश्वास पर आधारित करते हैं, और अविश्वासी लोगों को देने के लिए उनके पास कोई वैज्ञानिक प्रमाण नहीं है। वे अधिकतर अपने विश्वास पर गहनता से प्रश्न करने अथवा उसकी जाँच करने का साहस नहीं करते, इस भय से कि कहीं उनका विश्वास न खो जाए अथवा कहीं कुछ सामाजिक असामंजस्य पैदा न हो जाए। दूसरे शब्दों में, उन्हें वैज्ञानिक आध्यात्मिक नियम की विद्यमानता का कोई ज्ञान नहीं है जो उनके विश्वासों को सत्यता में प्रमाणित कर सके।

परन्तु भौतिक वैज्ञानिक उन विधियों के द्वारा आध्यात्मिक नियम की जाँच पड़ताल क्यों नहीं कर सकते जिनका प्रयोग वे भौतिक सत्यों की खोज में करते हैं? यह प्रश्न शताब्दियों पहले हिन्दू ऋषियों ने उठाया था, और वे इसका उत्तर पाने के कार्य में जुट गए। उनके प्रयोगों का परिणाम वैज्ञानिक विधियों के रूप में आया जिनका अनुसरण कोई भी व्यक्ति आध्यात्मिक नियमों की वास्तविकता और एक के बाद एक अन्य बड़े-बड़े ब्रह्माण्डीय सत्यों की खोज के लिए कर सकता है।

जाँच के साधन चूँकि विद्यमान हैं, इसलिए किसी को यह कहने का अधिकार नहीं है कि पुनर्जन्म एवं अन्य आध्यात्मिक नियम कार्यरत नहीं हैं, जब तक कि वह विधियों का प्रयोग न कर ले और स्वयं परिणामों को न देख ले। शंका करने वाले भौतिक वैज्ञानिक को अपना मत व्यक्त करने का अधिकार है, परन्तु यह केवल एक मत ही रहता है, सच्चाई नहीं। भौतिक विज्ञान में, किसी निश्चित सिद्धान्त के सत्य को सिद्ध करने के लिए कुछ विधियों को चुनना और उनका पालन करना आवश्यक है। जीवाणु नंगी आँखों से दिखाई नहीं देते, व्यक्ति को उनकी उपस्थिति को जाँचने के लिए सूक्ष्मदर्शी यन्त्र (microscope) का उपयोग करना चाहिए। यदि कोई व्यक्ति माइक्रोस्कोप से देखने के लिए मना करता है, तो वह यह नहीं कह सकता कि उसने जीवाणु की विद्यमानता के सिद्धान्त का वैज्ञानिक परीक्षण कर लिया है। इसलिए उसके गत का कोई मूल्य नहीं है, क्योंकि उसने सिद्धान्त की सत्यता तक पहुँचने के लिए निर्धारित नियमों का पालन नहीं किया है। ऐसा ही, आध्यात्मिक विषयों में भी है। विधि खोजी जा चुकी है, नियम बना दिए गए हैं, और परिणाम उन सबके लिए खुला है, जो भी प्रयोग करने के लिए पर्याप्त रुचि रखते हैं। पाश्चात्य जगत् में, आध्यात्मिक नियम के प्रति इस वैज्ञानिक तरीके की कमी के कारण, व्यक्ति के जीवन में धर्म का मूल्य एक महत्त्वपूर्ण तत्त्व के रूप में बहुत ही कम हो गया है, और आध्यात्मिक सिद्धांत वैज्ञानिक खोज के परिणाम पर आधारित न होकर, मात्र व्यक्तिगत पक्षपात के आधार पर ही स्वीकृत अथवा अस्वीकृत कर दिए जाते हैं।

आध्यात्मिक नियमों की खोज किस प्रकार की गई थी?

प्राचीन भारत के आध्यत्मिक वैज्ञानिकों (ऋषियों) ने किस प्रकार इन अपरिवर्तनीय ब्रह्माण्डीय नियमों की खोज की? अपने आश्रमों की प्रयोगशालाओं में मनुष्य के विचार और जीवन पर प्रयोग द्वारा। भौतिक वस्तुओं के सत्य को खोजने के लिए, हमें भौतिक पदार्थ के साथ प्रयोग करने चाहिए। उसी प्रकार,

पुनर्जन्म अथवा एक आत्मा की अनेक शरीरों में से गुज़रने के सत्य की खोज करने के लिए, मनुष्य की चेतना पर प्रयोग करना आवश्यक है। इन प्राचीन वैज्ञानिकों ने पाया कि व्यक्ति के जीवन-काल में जाग्रत, स्वप्न, और स्वप्न-रहित-निद्रा (सुषुप्ति) अवस्था में विचार और अनुभवों के सभी परिवर्तनों में उसका अहं बना रहता है। बोधात्मक अनुभव बदल गए, वातावरण, संवेदनाएँ, विचार और शरीर की अवस्थाएँ बदल गईं, परन्तु जन्म से लेकर मृत्यु तक अहं की पहचान का भाव, "मैं" नहीं बदला। हिन्दू प्रयोग-कर्ताओं ने तर्क दिया कि आत्मा पर ध्यान एकाग्र करके, सतत, सचेत, एकान्त में अलग रह कर, निष्पक्ष आत्म-निरीक्षण अथवा जीवन की बहुत सी परिवर्तनशील स्थितियों — जाग्रत, स्वप्न, सुषुप्ति — को देखने से व्यक्ति आत्मा (स्वयं) के शाश्वत और अपरिवर्तनशील स्वरूप को समझ सकता है। सामान्यतया व्यक्ति अपनी जाग्रत अवस्था के प्रति सचेत होता है, और कभी-कभी वह अपनी स्वप्नावस्था के प्रति भी सचेत होता है। किसी व्यक्ति के लिए, स्वप्न के दौरान, सचेत होना कि वह स्वप्न देख रहा है, असामान्य नहीं है। कुछ विशेष विधियों और अभ्यासों के द्वारा, व्यक्ति अपने अस्तित्व की प्रत्येक अवस्था — जाग्रतावस्था, स्वप्नावस्था, स्वप्न रहित निद्रा की (सुषुप्ति अवस्था) और *तुरीयावस्था*, "गहन निद्रा," सदा जाग्रत अधिचेतनावस्था (मन का अप्रतिबन्धित क्षेत्र) स्वप्न रहित अवचेतनावस्था से परे — के दौरान चेतन सजगता बनाए रख सकता है।

निद्रा में तनावमुक्ति

निद्रा में, संवाहक (motor) एवं संवेदी नाड़ियों (sensory nerves) से ऊर्जा का प्रवाह बिना हमारी इच्छा के अपने आप ही शान्त हो जाता है। अभ्यास के द्वारा, अपनी इच्छा से, व्यक्ति इस तनावरहित अवस्था को जाग्रत अवस्था में भी उत्पन्न कर सकता है। मृत्यु रूपी लम्बी नींद में, सम्पूर्ण तनावमुक्ति हो जाती है — हृदय और मेरुदण्ड से ऊर्जा निकल जाती है। गहन ध्यान के द्वारा, इस पूर्ण तनावमुक्ति को जाग्रत अवस्था में चेतन रूप में प्राप्त किया जा सकता है। दूसरे शब्दों में, प्रत्येक अनैच्छिक कार्य अभ्यास द्वारा स्वैच्छिक और चेतन रूप से पूरा किया जा सकता है।

भारत के प्राचीन ऋषियों ने मृत्यु का विश्लेषण, मनुष्य के शरीर रूपी बल्ब से उसकी संवेदी और संवाहक नाड़ियों के तारों के साथ, जो बाह्य अभिव्यक्ति के भिन्न माध्यमों को जाती हैं, जीवन की शक्ति को वापस ले जाने के रूप में किया है। जिस

प्रकार टूटे हुए बल्ब से विद्युत निकल जाने पर विद्युत नष्ट नहीं होती, उसी प्रकार, जब अनैच्छिक नाड़ियों (involuntary nerves) से जीवन ऊर्जा निकल जाती है तो इसका अस्तित्व समाप्त नहीं हो जाता। ऊर्जा मर नहीं सकती। यह मृत्यु के समय, ब्रह्माण्डीय ऊर्जा में समा जाती है।

ऊर्जा के प्रवाह को वापस ले जाना

निद्रा में, चेतन मन कार्य करना बन्द कर देता है — नाड़ियों से ऊर्जा के प्रवाह को कुछ समय के लिए वापस ले लिया जाता है। मृत्यु में मानवीय चेतना स्थायी रूप से स्वयं को शरीर के माध्यम से व्यक्त करना बन्द कर देती है; यह ऐसे है जैसे किसी की बाँह को लकवा मार गया हो — वह उस बाँह के प्रति मानसिक रूप से सचेत होता है, परन्तु वह उसके द्वारा कार्य नहीं कर सकता। चिकित्सा इतिहास एक पादरी की घटना का वर्णन करता है जो एक बार निलम्बित सजीवता (suspended animation) की अवस्था में चले गए थे। वे अपने चारों ओर प्रत्येक व्यक्ति को अपनी उस प्रतीयमान मृत्यु पर विलाप करते सुन रहे थे, परन्तु वे अपने भौतिक अंगों द्वारा अपनी सजगता व्यक्त नहीं कर पा रहे थे। उनकी शरीर रूपी गाड़ी "बन्द हो गई" थी और उनके मानसिक आदेशों का पालन नहीं कर पा रही थी। उनकी इस अवस्था में चौबीस घण्टे बीत जाने के पश्चात् उन्हें दफना देने के लिए ले जाने ही वाले थे, कि उन्होंने एक अन्तिम प्रयास किया और हिलने में समर्थ हो गए। यह घटना "मैं-पन" अथवा व्यक्तिगत पहचान की निरन्तर सजगता को स्पष्ट करती है, यद्यपि शरीर मृत प्रतीत होता हो।

ऋषियों ने शिक्षा दी है कि व्यक्ति को सचेत रूप से, शरीर से ऊर्जा और चेतना को अलग करना सीखना चाहिए। व्यक्ति को सचेत रूप से निद्रा की अवस्था का अवलोकन करना चाहिए, और हृदय एवं मेरुदण्डीय क्षेत्रों से ऊर्जा के सचेत स्वैच्छिक निकास का अभ्यास करना चाहिए। इस प्रकार, वह सचेत होकर वही करना सीखता है जो अन्यथा मृत्यु उसे अचेत रूप से और अनिच्छा से सीखने को बाध्य करेगी।*

* जीवन ऊर्जा शरीर में मेडुला से प्रवेश करके मस्तिष्क के भण्डार में संचित हो जाती है, और फिर मेरुदण्ड में जीवन और चेतना के अन्य पाँच केन्द्रों में नीचे प्रवाहित होती है, जहाँ से यह शरीर के अन्य सभी भागों और ज्ञानेन्द्रियाँ में वितरित होती है। मृत्यु के समय जीवन ऊर्जा अपरिवर्तनीय रूप से मेरुदण्ड में चली जाती है और मेडुला से होकर शरीर को छोड़ देती है। एक पूर्ण योगी स्वेच्छा से और चेतन रूप से जीवन ऊर्जा को शरीर एवं इन्द्रियों से हटा कर मेरुदण्ड में खींच कर ला सकता है,

एक आश्चर्यजनक घटना

फ्राँस और यूरोप के अन्य डाक्टरों के पास फ़ाइलों में दर्ज एक घटना— साधु हरीदास नामक एक व्यक्ति की है—जो भारत के राजा रणजीत सिंह के दरबार में था जो अपने शरीर से अपनी ऊर्जा तथा चेतना को पृथक करने और फिर महीनों पश्चात् दोबारा दोनों को संयुक्त करने में समर्थ था। उसके शरीर को ज़मीन के अन्दर दबा दिया गया था और उस जगह की कई महीनों तक दिन-रात निगरानी रखी गई थी। एक निश्चित समय के पश्चात् उसके शरीर को बाहर निकाला गया और यूरोप के डाक्टरों द्वारा निरीक्षण किया गया जिन्होंने उसे मृत घोषित कर दिया। कुछ ही मिनटों पश्चात् उसने अपनी आँखें खोलीं और अपने शरीर की सभी क्रियाओं पर फिर से नियंत्रण कर लिया; और उसके बाद अनेक वर्षों तक जीवित रहा। अभ्यास के द्वारा उसने अपने शरीर और मन की अनैच्छिक क्रियाओं पर नियंत्रण करना सीख लिया था। वह एक आध्यात्मिक वैज्ञानिक था जिसने ब्रह्माण्डीय नियम के सत्य को जानने के लिए निर्धारित विधियों के साथ प्रयोग किए थे। उसके परिणामस्वरूप वह व्यक्तिगत पहचान एवं जीवन सिद्धान्त की शाश्वत प्रकृति की अपरिवर्तनशीलता के सिद्धान्त की सत्यता को प्रदर्शित करने में समर्थ हुआ।

जो व्यक्ति स्वयं के लिए पुनर्जन्म के सिद्धान्त की वैज्ञानिक सत्यता को सिद्ध करना चाहते हैं उन्हें सर्वप्रथम चेतन रूप से आत्मा को शरीर से पृथक करने की कला सीख कर मृत्यु के पश्चात् चेतना की निरन्तरता के सिद्धान्त को सिद्ध करना चाहिए।* अनेक शताब्दियों पूर्व हिन्दू ऋषियों द्वारा निर्धारित नियमों का पालन करते हुए ऐसा किया जा सकता है : (1) निद्रा में सचेत रह कर, (2) अपनी इच्छा के अनुसार स्वप्न उत्पन्न करके, (3) पाँचों इन्द्रियों को सचेत रूप से अलग करके ना कि निद्रा के समय निष्क्रिय करने की तरह और (4) हृदय की क्रिया को नियंत्रित करके, जिसका अर्थ है सचेत मृत्यु को अनुभव करना, अथवा शरीर की (न कि चेतना की) निलम्बित सजीवता (suspended animation) को अनुभव करना जो अधिचेतनावस्था की उच्चतर अवस्थाओं में होता है।

तथा ऊपर दिव्य बोध के उच्चतम केन्द्रों की ओर ले जा सकता है, जहाँ उसे आनन्दपूर्वक "मृत" होने का बोध होता है—जो शारीरिक शुद्ध अस्तित्व के सीमित स्वरूप के इन्द्रियजनित भ्रम से मुक्त है।

* चमत्कारी ईसाई सन्त पॉल जीवन और मृत्यु की इस निपुणता को जानते थे और उन्होंने उसे प्रदर्शित किया था, उन्होंने घोषित किया : "...मैं रोज मरता हूँ" *I कुरिन्थियों* 15:31 (बाइबिल)।

अभ्यासों का अनुसरण करना

भगवान् कृष्ण ने सिखाया है : "अहं बचपन में, युवावस्था में और वृद्धावस्था में, अपने प्रति सदा सचेत रहता है; जीवात्मा न केवल इन अवस्थाओं में ही बल्कि मृत्यु के पश्चात् अन्य शरीर धारण करने पर भी निरन्तर सचेत रहती है, (जो 'जीवन' और 'मृत्यु' की लम्बी शृंखला में अहं का भूलोक और सूक्ष्मलोक के बीच आना-जाना है)।"*

ऊपर बताई गई चारों अवस्थाओं तक ले जाने वाले अभ्यासों का अनुसरण करके हम अपने अस्तित्व की चारों अवस्थाओं में अहं का अनुसरण कर सकते हैं — हम सचेत रूप से मृत्यु के द्वारा, अंतरिक्ष द्वारा, दूसरे शरीरों में अथवा दूसरे लोकों में अनुसरण कर सकते हैं। जो इन्हें नहीं सीखते, वे मृत्यु की बड़ी निद्रा के समय सजगता अथवा चेतना की व्यक्तिगत पहचान के अपने भाव को बनाए नहीं रख सकते, और इस प्रकार किसी पूर्व अवस्था अथवा यहाँ तक कि किसी एक जीवन में "गहन निद्रा" की अवस्थोंओ को भी स्मरण नहीं रख सकते।

प्राचीन हिन्दू वैज्ञानिकों की विधियों को अपना कर, जिन्होंने ऐसे नियमों पर प्रयोग किए और तदनुसार विश्व को एक ऐसा ज्ञान दिया जो अमूल्य एवं प्रदर्शनीय है, व्यक्ति पुनर्जन्म के वैज्ञानिक सत्य तथा अन्य सभी शाश्वत सत्यों को जान सकता है।

* भगवद्गीता II:13।

पुनर्जन्म : पूर्णता की ओर आत्मा की यात्रा

सेल्फ़-रियलाइज़ेशन फ़ेलोशिप मन्दिर,
हॉलीवुड, कैलिफ़ोर्निया, 20 फरवरी, 1944

पुनर्जन्म, इस धरातल पर अनेक जन्मों से गुज़रते हुए, आत्मा की ईश्वर के साथ एकत्व का अमर पूर्णत्व प्राप्त करने की प्रगति है, जैसे "स्नातक" की उपाधि पाने से पूर्व, विद्यालय में अनेक कक्षाओं से होकर निकलते हैं। जो आत्माएँ अपूर्ण (ब्रह्म के साथ दिव्य एकत्व के प्रति अनजान) अवस्था में रह रही हैं, वे भौतिक शरीर की मृत्यु के उपरांत, स्वतः ही ईश्वरानुभूति की अवस्था में प्रवेश नहीं करतीं। हम ईश्वर के प्रतिबिम्ब में तो बने हैं, परन्तु, भौतिक शरीर के साथ तादात्म्य होने के कारण, हमने इसकी अपूर्णताओं और सीमाओं को धारण कर लिया है। जब तक नश्वरता की इस अपूर्ण मानवीय चेतना को दूर नहीं कर दिया जाता, हम पुनः देवता नहीं बन सकते।

एक राजकुमार अपने राजमहल से भाग गया और उसने किसी गन्दी बस्ती में आश्रय ले लिया। मादक पदार्थों के सेवन और बुरी संगति के परिणामस्वरूप, वह धीरे-धीरे अपनी वास्तविक पहचान को भूल गया। जब तक उसके पिता उसे खोज कर अपने राजमहल में वापस नहीं ले गए, उसे यह याद नहीं आया कि वह सचमुच एक राजकुमार था।

उसी प्रकार, हम सब विश्व के राजा की संतान हैं जो अपने आध्यात्मिक गृह से दूर भाग आए हैं। हमने अपनी आत्मा को मानवीय शरीरों में इतने अधिक समय से कैद कर रखा है कि हम अपनी दिव्य कुल-परम्परा को भूल गए हैं। जितनी बार भी हम पृथ्वी पर आए हैं, हमने नई अपूर्णताएँ और नई इच्छाएँ उत्पन्न कर ली हैं। इसलिए हम यहाँ बार-बार आते हैं, जब तक कि हम समस्त इच्छाओं को पूरा नहीं कर लेते, या ज्ञान की वृद्धि से उन इच्छाओं का त्याग नहीं कर देते। हमें अपनी इच्छाएँ संतुष्ट करनी पड़ेंगी, अथवा ज्ञान के विकास द्वारा, उन्हें पूरी तरह से दूर करना होगा। तथापि बहुत ही कम लोग अपनी इच्छाओं को संतुष्ट करने के प्रयास से जन्म-मृत्यु के चक्र से बच पाते हैं; इच्छा की यह प्रकृति है कि हर बार जब व्यक्ति इसे "सन्तुष्ट" करता है, उस

अनुभूति को दोहराने की लालसा उसकी पकड़ को और भी अधिक मज़बूत कर देती है, जब तक कि व्यक्ति का मन बहुत बलशाली न हो।*

छोटी-छोटी अथवा कम महत्त्वपूर्ण इच्छाओं को संतुष्ट कर देना अच्छी बात है, क्योंकि इस प्रकार हम उनसे पीछा छुड़ा सकते हैं। परन्तु ऐसा करने के लिए ज्ञान और विवेक की आवश्यकता है, अन्यथा छोटी इच्छाएँ भी अनुभव द्वारा सुदृढ़ होकर और अधिक शक्ति से वापस आ सकती हैं। उदाहरण के लिए, जो लोग शराब पीने की इच्छा रखते हैं, वे प्रायः इस प्रकार "तर्क" देते हैं कि "मैं केवल आज जी भर कर पी लूँगा और कल से नहीं पीऊँगा।" इस अनुभव को कई बार दोहराने के पश्चात्, प्रायः परिणाम यह होता है कि उन्हें पता चलता है, उनमें वह आदत बन गई है, और फिर उससे पीछा छुड़ाना कठिन हो जाता है। ऐसा ही किसी और दूसरी इच्छा के साथ भी हो सकता है।

ईश्वर कोई तानाशाह नहीं हैं जिन्होंने हमें यहाँ भेजा है और हमें बता रहे हैं कि क्या करना है। जैसा हम चाहते हैं वैसा करने की उन्होंने हमें स्वतंत्र इच्छा दे रखी है। हम अच्छा बनने के महत्त्व पर बहुत कुछ सुनते हैं। परन्तु यदि हम सब को मरने के बाद सीधे स्वर्ग ही जाना है (जैसा कि कुछ लोग कहते हैं), तो यहाँ अच्छे कार्य करने का क्या लाभ है? यदि जीवन के अन्त में प्रत्येक व्यक्ति को बराबर का ही प्रतिफल मिलना है, तो फिर एक लोभी, स्वार्थी व्यक्ति क्यों न बनें, क्योंकि बुराई का रास्ता अपनाना प्रायः सबसे आसान होता है? यदि हम सबको मरने के पश्चात्, चाहे हम अच्छे हों अथवा बुरे — देवदूत ही बनना है, तो महान् सन्तों के जीवनों का अनुसरण करने से कोई लाभ नहीं होगा।

दूसरी ओर, यदि ईश्वर की योजना में हम सब को नर्क में ही जाना है तो भी इस जीवन में हम कैसे व्यवहार करें, यह चिन्ता करने का कोई लाभ नहीं। और व्यक्ति को अपने कार्यों की निगरानी रखने का भी क्या लाभ होगा, यदि हमारे जीवन स्वचालित गाड़ी की तरह हैं — एक बार वे पुराने हो जाएँ तो, उन्हें कूड़े के ढ़ेर पर फेंक दिया जाता है, और यही उनका अन्त है? यदि मनुष्य का जीवन मात्र यही है, तो धर्मशास्त्र पढ़ने का या आत्म-नियंत्रण के अभ्यास का कोई लाभ नहीं।

* "ईश्वर से संयुक्त योगी, कर्मफल से आसक्ति का त्याग करके, अचल शान्ति (आत्म-अनुशासन से उत्पन्न शान्ति) प्राप्त करता है। वह मनुष्य जो ईश्वर के साथ एकत्व में नहीं रहता, कामनाओं द्वारा शासित रहता है; इस प्रकार की आसक्ति के कारण वह बंधन में रहता है" (भगवद्गीता V:12)।

समय का महत्त्व

यदि, मान लें, जीवन का कोई उच्च उद्देश्य है, तो मृत पैदा हुए शिशु पर प्रतीत होने वाले अन्याय की हम किस प्रकार व्याख्या करेंगे? उनके बारे में क्या कहेंगे जो अंधे या गूंगे या अपंग पैदा होते हैं, अथवा जो केवल कुछ ही वर्ष जी कर मर जाते हैं? केवल उनको ही अपनी जन्मजात बुरी प्रवृत्तियों और इच्छाओं के प्रति संघर्ष करने के लिए, और अच्छा बनने का प्रयास करने के लिए समय मिलता है जो लम्बे समय तक जीवित रहते हैं। यदि उस शिशु को जो छः महीने की आयु में मर जाता है, कोई और अवसर (आगामी जीवन में) नहीं है, तो ईश्वर ने उस शिशु को बुद्धि क्यों दी है और समय क्यों नहीं दिया जिसमें वह उस बुद्धि की शक्तियों को विकसित कर पाता? हमारी उन्नति में समय अत्यधिक महत्त्वपूर्ण है। केवल एक जीवन-काल पर्याप्त समय नहीं है।

यदि किसी बच्चे की जल्दी मृत्यु हो जाती है, तो उस मृत्यु के पीछे एक कारण है, क्योंकि उसको मानवीय अथवा दैवी क्षमताओं को व्यक्त करने का पर्याप्त समय नहीं मिला, इसलिए उसे ऐसा करने के लिए दूसरा अवसर दिया जाएगा। ऐसा व्यक्ति उस लड़के की भाँति है, जो बीमार होने के कारण विद्यालय नहीं जा सकता। वह लड़का विद्यालय को सदा के लिए नहीं छोड़ देता, जैसे ही वह स्वस्थ हो जाता है, जहाँ पर उसने अपना पाठ छोड़ा था उससे आगे पढ़ने के लिए वह वापस विद्यालय चला जाता है। जीवन के साथ भी ऐसा ही है। यदि इस जीवन में हमें अपने पाठ सीखने के लिए अवसर नहीं मिलते तो हमें किसी दूसरे जीवन में उन्हें सीखने के अवसर मिलेंगे।

जब आप "पर्दे के पीछे" देख पाएँगे तो जान जाएँगे कि पृथ्वी पर जीवन एक कठपुतली का तमाशा है। इस समय यह हमें वास्तविक प्रतीत होता है, परन्तु जो कुछ भी हम इस क्षण अनुभव कर रहे हैं वह कुछ वर्षों के बाद हमें स्वप्न की भाँति अवास्तविक लगेगा। और जो अनुभव हम अभी कर रहे हैं, यदि इनके विषय में पाँच वर्ष पहले बताया गया होता, तो ये हमें अवास्तविक लगते। पिछले रविवार को मन्दिर में आपमें से अधिकाँश लोग दूसरे आसनों पर बैठे थे, और आपके मन में कुछ दूसरे विचार थे। आज हम भिन्न "चलचित्र" देख रहे हैं। विचार करें, आप ऐसे कितने लोगों को जान चुके हैं जो अब इस सांसारिक रंगमंच से जा चुके हैं।

एक परिवर्तनशील, गुजरते हुए दृश्य के रूप में जीवन की धारणा निराशावादी नहीं है; इससे हमें यह शिक्षा लेनी चाहिए कि जीवन को बिल्कुल गंभीरता से न लें। माया, ब्रह्माण्डीय भ्रम, हमें यह मानने पर बाध्य कर देती है कि शरीर कितना वास्तविक है,

हमारे अस्तित्व का कितना आवश्यक अंग है। फिर भी मृत्यु के द्वारा क्षण-भर में शरीर को आत्मा से दूर किया जा सकता है, और यह संबंध-विच्छेद बिल्कुल भी कष्टदायक नहीं है। जब वह "क्रिया" घटित हो जाती है, तो आपको समय की, वस्त्रों की, भोजन या मकान की कोई आवश्यकता नहीं रह जाती, क्योंकि अब आपको शरीर रूपी इस हाड़-मांस की गठरी को उठाने की ज़रूरत नहीं है। आप इससे मुक्त हैं। और आप फिर भी आप रहते हैं। क्या आपने कभी इसका कारण जानने की कोशिश की है कि यह सत्य आपसे क्यों छिपा रहता है? अथवा जो करोड़ों लोग हमारी पृथ्वी से दूर चले गए हैं वे अब कहाँ हो सकते हैं? क्या आप को कभी आश्चर्य हुआ है कि हम एक झाबे में अनेक चूज़ों की तरह हैं — जब उस झाबे में से हम चले जाते हैं तो दूसरा समूह आ जाता है? क्या इसे जानने का कोई तरीका नहीं है?

इस जीवन को हम किस प्रकार जीते हैं यह हमारे अगले जीवन को निर्धारित करता है

हमें विचार करने की यह शक्ति दी गई है कि हम कहाँ जाएँ और हम कहाँ से आए हैं। परन्तु हम अपना और अपने जीवन का विश्लेषण करने के लिए पर्याप्त परिश्रम नहीं करते। अन्यथा हमारा सहज ज्ञान हमें बता देगा कि आज हमारा जैसा चरित्र है, मृत्यु के उपरांत भी वैसा ही रहेगा — शायद थोड़ा-सा और अच्छा या थोड़ा-सा और ख़राब, यह हमारे अपने सुधार के लिए किए गए हमारे प्रयासों पर निर्भर करता है। आप वर्षों से प्रत्येक वर्ष 365 दिन बिताते हैं और शायद आपने कुछ उन्नति की है; परन्तु आपकी प्रकृति मृत्यु के बाद भी वैसी ही रहेगी जैसी मृत्यु के पहले थी। केवल मृत्यु के द्वारा आप देवदूत नहीं बन जाएँगे! केवल शरीर बदलता है। अन्यथा, मृत्यु द्वारा कोई परिवर्तन नहीं आता। मृत्यु एक द्वार है जिससे आप जाएँगे। आपका शरीर आपसे अलग हो जाएगा परन्तु अन्य सभी प्रकार से आप वैसे ही रहेंगे। यदि आप उग्र प्रवृत्ति के हैं, तो मृत्यु के उपरांत, अपने भौतिक शरीर के साथ आप इसे पीछे छोड़ नहीं जाएँगे। आपकी उग्र प्रवृत्ति आपके साथ तब तक रहेगी जब तक कि आप इस पर विजय नहीं पा लेते। यदि आपने इस जीवन में स्वास्थ्य के नियमों का पालन किया है, तो आपके अगले जन्म में आपको एक स्वस्थ शरीर मिलेगा। जीवन का अन्तिम भाग, आरम्भिक भाग की अपेक्षा अधिक महत्त्वपूर्ण है, क्योंकि इस जीवन के अन्त में आप जैसे हैं वैसे ही अगले जन्म के आरम्भ में होंगे।

जीवन का पहला भाग प्रायः किंकर्त्तव्यविमूढ़ सा मूर्खतापूर्ण गवाया जाता है। उसके बाद प्रेम-लीलाएँ आरम्भ हो जाती हैं, और अन्त में रोग और वृद्धावस्था; शरीर के साथ संघर्ष आरम्भ हो जाता है। मैंने एक मुहावरा गढ़ा है, "पैबंद लगा जीवन" अर्थात् शरीर को चलाए रखने के लिए व्यक्ति को कितने जोड़ पर जोड़ लगाते रहना पड़ता है। अधिकाँश समय शरीर एक मुसीबत है : कभी "स्पार्क प्लग" काम नहीं कर रहा होता, या "टायर" जवाब दे देते हैं, कभी सिर दर्द या ज़ुकाम हो जाता है अथवा पेट में गड़बड़ हो जाती है, कभी दाँतों में कुछ परेशानी हो गई, इत्यादि। सदा मुसीबत ही मुसीबत! इसलिए आपके सुख के लिए आपको यह जानना आवश्यक है कि आप शरीर नहीं हैं, जो दर्दों और पीड़ाओं का पुतला है, बल्कि एक अमर आत्मा हैं।

मैं जीवन को बिल्कुल भी गंभीरता से नहीं लेता। मैं कहता हूँ, "प्रभु, जब भी आप आत्मा से इस शरीर को अलग करना चाहें, ठीक है। जब तक आप मुझे यहाँ रखते हैं, ठीक है, लेकिन यदि मुझे शरीर से मुक्त कर दिया जाता है, तो वह भी ठीक है।" शरीर की आसक्ति से मुक्त होने के लिए मरना आवश्यक नहीं है। यदि आप ईश्वर से सम्पर्क कर लें, तो आप देखेंगे कि आप पहले से ही मुक्त हैं। आप शरीर नहीं हैं। आप शाश्वत आत्मा हैं।

हम पिछले जन्म में क्या थे, क्या इसे जानने का कोई तरीका है? आज हम क्या हैं इसका विश्लेषण करके निश्चित रूप से विचारों की मूल प्रवृत्तियों और क्षमताओं को जाना जा सकता है। हिन्दू धर्मशास्त्र बताते हैं कि आत्मा के मोक्ष के लिए दस लाख वर्ष के सामंजस्यपूर्ण और रोग-मुक्त जीवन की आवश्यकता है। इसलिए, साधारण मानव में, एक जीवन से दूसरे जीवन में तुलनात्मक रूप से कम परिवर्तन अपेक्षित है। लेकिन उचित जीवन के लिए निश्चयपूर्वक प्रयास द्वारा और एक सद्गुरु की सहायता से व्यक्ति का आध्यात्मिक क्रम-विकास निश्चित रूप से तीव्र किया जा सकता है।

भारत के सन्तों ने मानव जाति का चार मूल श्रेणियों में विश्लेषण किया है : *शूद्र*, जो शारीरिक परिश्रम द्वारा समाज की सेवा कर सकते हैं; *वैश्य*, जो मानसिक रूप से, प्रवीणता, कृषि, व्यवसाय, वाणिज्य, और मूल रूप से व्यापारिक जीवन द्वारा सेवा करते हैं; *क्षत्रिय*, प्रशासनिक, व्यवस्थापक, और संरक्षणात्मक प्रतिभा वाले — शासक तथा योद्धा, और *ब्राह्मण*, ध्यान परायण प्रवृत्ति वाले, आध्यात्मिकता से प्रेरित और प्रेरणा देने वाले।

गुणात्मक रूप से *शूद्र* वे हैं जो जीवन में शरीर की इच्छाओं और आवश्यकताओं को संतुष्ट करने के अतिरिक्त और किसी महान् उद्देश्य को नहीं देखते; ऐसे लोग खाते, सोते, कार्य करते, संतान पैदा करते और अन्त में मर जाते हैं। करोड़ों लोग आज *शूद्र* या "श्रमिक" अवस्था में ही रहते हैं — केवल शरीर के सुख और आराम से सम्बद्ध।

वैश्य या मानसिक रूप से क्रियाशील अवस्था में व्यक्ति सदा कार्यों को पूरा करने में व्यस्त रहता है। इस श्रेणी के कुछ लोग व्यवसाय के अतिरिक्त और कुछ नहीं सोचते; वे केवल धन कमाने के लिए जीते हैं, जिसको वे प्रायः इन्द्रिय सुखों में ही व्यर्थ खर्च कर देते हैं। लेकिन उत्तम वैश्य श्रेणी के व्यवसायी बहुत विकसित और रचनात्मक स्वभाव के होते हैं।

तीसरी अथवा *क्षत्रिय* श्रेणी के वे लोग होते हैं, जो धन कमाने का अनुभव प्राप्त करने के पश्चात् और व्यवसाय में कुछ रचनात्मक कार्य करने के पश्चात्, जीवन का लक्ष्य क्या है, समझना आरम्भ करते हैं, वे आत्म-नियंत्रण द्वारा इन्द्रियों के साथ युद्ध में विजय पाने का प्रयास करते हैं। (*वैश्य* श्रेणी का व्यक्ति आन्तरिक सुधार के लिए ऐसा कोई प्रयास नहीं करता। वह केवल धन कमाता है और बच्चे पैदा करता है, और व्यवसाय के अतिरिक्त जीवन के अर्थ के विषय में शायद ही कभी सोचता है।) लेकिन तीसरी या *क्षत्रिय* श्रेणी जीवन को अधिक गम्भीरता से लेती है। ऐसा व्यक्ति स्वयं से पूछता है, "क्या मुझे अपनी बुरी आदतों के साथ संघर्ष करके उन्हें नष्ट नहीं करना चाहिए?" वे बुरी प्रवृत्तियों पर विजय पाने की इच्छा को अनुभव करते हैं और जो उचित है वही करना चाहते हैं।

अन्तिम और उच्चतम श्रेणी है *ब्राह्मण* : ब्रह्म अथवा ईश्वर* को जानने वाला।

अपना विश्लेषण करें कि आपको कैसे बदलना चाहिए

मनुष्य में, चेतना की मौलिक चार श्रेणियों का सारांश इस प्रकार है : *शूद्र* जीवन की इन्द्रियों से बंधे हुए अस्तित्व की अवस्था है; *वैश्य* मानव की व्यावसायिक अथवा रचनात्मक अवस्था है। *क्षत्रिय* योद्धा अवस्था है, जिसमें मानव अपनी इन्द्रियों से युद्ध करने और उनके प्रति आसक्ति पर विजय पाने की इच्छा रखता है। *ब्राह्मण* ज्ञान की अवस्था है, जो मानव के द्वारा इन्द्रियों के प्रति आसक्ति पर विजय पाने और चेतन रूप से ब्रह्म, ईश्वर में लीन रहने से प्राप्त होती है।

* शब्दावली में *जाति* देखें।

प्रत्येक व्यक्ति इन चारों श्रेणियों में से किसी एक के अनुरूप होता है। और यदि आप स्वयं का विश्लेषण करें, तो आप अपनी श्रेणी जान सकते हैं। बचपन से अपने जीवन पर विचार करें, और जानने का प्रयास करें कि आप चारों में से किस श्रेणी में आते हैं। विचार कर कि क्या आप इंद्रिय सुखों के लिए जीवन बिता रहे हैं, केवल इन्द्रियों का पोषण कर रहे हैं और धन कमा रहे हैं, या शायद बिना सोच-विचार अथवा रचनात्मकता के कार्य कर रहे हैं।

अपना विश्लेषण करें और देखें कि क्या आप अपने बचपन से रचनात्मक रहे हैं। उदाहरण के लिए, कुछ बच्चों का मन यांत्रिक दिशा में तुरन्त सोच लेता है, वे वस्तुओं के पुर्ज़े-पुर्ज़े अलग करके उन्हें फिर से जोड़ने में आनन्द लेते हैं। दूसरे चित्रकारी करने में बहुत आनन्द लेते हैं, या खेलने में या कुछ संगीत सुनने में आनन्द लेते हैं। यह आवश्यक नहीं है कि इस जीवन में रचनात्मकता के लक्षण दर्शाने के लिए व्यक्ति को विशेषज्ञ अथवा प्रधान नायक होना चाहिए। यहाँ तक कि एक निरर्थक गीत जैसे कि "हाँ, हमारे पास कोई केला नहीं है" एक रचनात्मक मन की उपज है।

व्यक्ति द्वारा कुछ भी रचित, चाहे वह कुशलता से किया गया हो अथवा नहीं, एक रचनात्मक प्रतिभा की अभिव्यक्ति है। कुछ नया लिखने की प्रवृत्ति, या अभिनय करने, या नक्काशी करने या चित्रकारी करने या संगीत की, या यन्त्रों पर कार्य करने की प्रवृत्ति, यदि जीवन के आरम्भ में प्रदर्शित होती है, तो यह दर्शाता है कि आप पिछले जीवन में शायद *वैश्य* अवस्था में थे।

पति-पत्नी को एक दूसरे की अथवा अपने बच्चों की रचनात्मक प्रवृत्तियों का उपहास नहीं करना चाहिए। दूसरों के रचनात्मक भाव को दबा देना ईश्वर की विकासात्मक प्रक्रिया के विरुद्ध पाप है।

स्वयं से पूछें कि क्या आपने बचपन से सदा अपनी अन्तरात्मा के मार्गदर्शन के अनुसार ही कार्य करने का प्रयास किया है। क्या आप अपने कार्यों की निरंतर निगरानी करते रहे हैं और जब आप गलत थे, आपने अपने आपको ठीक करने का प्रयास किया है? क्या आपमें यह संघर्ष बचपन से रहा है? यह तीसरी अथवा *क्षत्रिय* अवस्था को दर्शाता है। परन्तु बचपन से ही आपके विचार सदा ईश्वर के ही रहे हैं, तो आप चौथी अथवा *ब्राह्मण* की आध्यात्मिक अवस्था में प्रवेश कर गए हैं।

यदि आप अपने आपको इन चार प्रकार की मानसिक प्रवृत्तियों में से किसी एक कम उन्नत श्रेणी में पाते हैं : तो हतोत्साहित नहीं होना चाहिए, बल्कि और अधिक

उत्साहित होना चाहिए। यदि आत्म-विश्लेषण से आप पाते हैं कि आपने अभी तक उच्चतम अवस्था प्राप्त नहीं की है, तो अपने आप को असहाय रूप से अभागा न समझें। उद्देश्य यह है कि यदि आप अभी तक बदले नहीं हैं, तो अब समय आ गया है कि आप बदलें। अन्यथा, आप अपनी वर्तमान अवस्था को अगले जीवन में भी ले जाएँगे। जब मृत्यु आए तो आप अनुभव करना चाहते हैं कि आप जीवन की वर्तमान "श्रेणी" विशेष में सफल हो गए हैं, और आप उच्चत्तर श्रेणियों में जाने के लिए स्वतंत्र हैं। इसलिए आपको अपने जीवन को अब बदलना चाहिए। स्वयं का विश्लेषण करें और जानें कि पहले आप क्या थे। तब आप अपने जीवन को अधिक आदर्श रूप से ढालना प्रारंभ कर सकते हैं।

अपनी मनोदशाओं की जाँच करना सीखें। अब आप जिन उग्र भावनाओं का अनुभव करते हैं वे सब पिछले जीवन में बनीं थीं। यदि ऐसा नहीं है, तो क्यों कुछ बच्चे शुरू से ही ईर्ष्यालु होते हैं, जबकि उसी परिवार के दूसरे बच्चे शान्त और प्रेमी होते हैं? कुछ ऐसे बच्चे होते हैं जो यदि आप उनको कोई काम करने से रोकें तो वे आपसे लड़ पड़ेंगे, जबकि अन्य चुपचाप से आज्ञाकारी होते हैं। कोई अन्य बच्चा चोरी भी कर सकता है। क्यों? ये लक्षण पूर्व जन्मों में उत्पन्न जन्म पूर्व प्रवृत्तियों का फूट पड़ना मात्र हैं।

एक बार एक छोटा-सा शिशु मुझे गोद में लेने के लिए दिया गया। वह लगभग मुझसे गिर ही जाता, क्योंकि ईश्वर ने सहसा मुझे यह बता दिया कि वह बच्चा पिछले जीवन में एक क्रूर हत्यारा था। लेकिन सामान्यतः, पिछला जीवन अति सुरक्षित रहस्य है। आप वास्तविक विवरण केवल तभी जान सकते हैं जब ईश्वर चाहते हैं कि आप उसे जानें।

आन्तरिक योग्यता और बाह्य अवस्था में भेद को पहचानें

एक बार, न्यूयॉर्क में, एक महिला ने, जो सेल्फ़-रियलाइज़ेशन फ़ेलोशिप के कार्यालय के कार्य में सहायता करती थी, मुझे विश्वास में बताया कि वह एक अद्भुत अतीन्द्रिय संवेदी (Psychic) से मिली, और उसने उस महिला के विषय में आश्चर्यजनक बातें बताईं, और साथ में यह भी बताया कि वह गत जीवन में स्कॉटलैंड की रानी, मैरी थी। मुझे विश्वास नहीं हुआ कि वह रानी रही होगी, और मैंने मौन रूप से ईश्वर से प्रार्थना की कि वे उसके भ्रम को दूर करें।

कुछ दिन बाद एक शिष्या मुझसे मिलने आई, और अति उत्तेजना से उसने कहा, "मैं अभी एक प्रसिद्ध अतीन्द्रिय संवेदी (Psychic) से मिल कर आई हूँ, (यह वही व्यक्ति था जिससे कार्यालय की महिला मिली थी), जिसने मुझे बताया कि मैं गत जीवन में स्कॉटलैंड की रानी, मैरी थी।" मैंने कार्यालय की महिला को अपने कमरे में बुलाया, और दोनों "रानियों" को आमने-सामने खड़ा करके पूछा, "आप दोनों में से कौन स्कॉटलैंड की *वास्तविक* रानी मैरी है?" दोनों महिलाएँ सहर्ष अपनी गलती समझ गईं — जो अविवेकपूर्ण विश्वास और वास्तविक आन्तरिक योग्यता और स्पष्ट बाहरी स्थिति के बीच भ्रम पैदा करने की तत्परता थी।

सच्चाई यह है, कि हम अपनी बड़ाई सुनना पसन्द करते हैं। और अनैतिक व्यक्ति प्रायः हमारा लाभ उठाते रहते हैं। परन्तु पिछले जन्म में आप कौन थे और संसार की दृष्टि में आप महत्त्वपूर्ण व्यक्ति थे अथवा नहीं थे, इसका कोई खास महत्त्व नहीं है। सबसे उत्तम है दिव्य या *ब्राह्मण श्रेणी* के गुण लेकर पैदा होना, चाहे आपकी सांसारिक अवस्था कुछ भी हो। आप सबमें कुछ न कुछ दिव्य श्रेणी के गुण हैं, अन्यथा आज आप यहाँ सत्संग में न होते।

पूर्व एवं पश्चिम में आत्माओं का स्थानान्तरण

अरबों लोगों में से, आप ही यहाँ इस मन्दिर में खिंचे चले आए हैं, क्योंकि पूर्वी देशों और, उनकी आध्यात्मिक शिक्षाओं से, आपका पहले कभी कुछ संबंध रहा है। और अब आप, बाह्य रूप से पाश्चात्य हैं,* अन्य पाश्चात्य लोग आप पर हँस सकते हैं क्योंकि आप इस "नास्तिक" चर्च में आए हैं। जो पूर्व के प्रति द्वेष के भाव रखते हैं वे अभी हाल ही में वहाँ से नहीं आए हैं; परन्तु जो पूर्व के प्रति झुकाव रखते हैं वे शायद पिछले जन्म में वहाँ पैदा हुए थे। इस प्रकार के संकेतों द्वारा पूर्व और पश्चिम की आत्माओं को पहचाना जा सकता है। क्या आपको बचपन से ही अगरबत्ती की सुगंध और पूर्व की कहानियाँ और चित्र अच्छे लगते थे? ऐसे संकेत दर्शाते हैं कि आप हाल ही में पूर्व के सम्पर्क में रहे हैं।

पूर्व से अनेक आत्माओं ने अभी अमेरिका में पुनर्जन्म लिया है। भौतिक परिपूर्णता की इच्छा से उन का जन्म यहाँ हुआ है ताकि वे उस इच्छा की पूर्ति का आनन्द ले सकें और अमेरिका के आध्यात्मिक आदर्शों के प्रोत्साहन में सहायता कर सकें। उसी प्रकार,

* यह प्रवचन अमेरिका वासियों को दिया गया था। *(प्रकाशक की टिप्पणी)*

अनेक आत्माओं ने जो पिछले जन्म में अमेरिका में थीं, अब भारत की आध्यात्मिक सम्पदा का लाभ उठाने के लिए, और भारत की सभ्यता के भौतिक पक्ष के विकास में सहायता के लिए, वहाँ पुनर्जन्म लिया है। मुझे आशा है कि आपमें से अनेक भारत में सहायता के लिए जाएँगे, और भारत से अनेक यहाँ अमेरिका में सेवा करने के लिए आएँगे। यह संसार ईश्वर का परिवार है। वे सभी राष्ट्रों को उन्नत करने का प्रयास कर रहे हैं। वे किसी एक को दूसरे पर वरीयता नहीं देते।

आपके गत जीवन का दूसरा परीक्षण है, कुछ विशिष्ट संवेदनाओं के लिए आपकी पसन्द। कुछ लोगों को हर समय गर्मी अच्छी लगती है। वे पहले जन्मों में, गर्म जलवायु के ही अभ्यस्त बन गए। दूसरे लोग, सर्दी ज्यादा पसन्द करते हैं, जो यह दर्शाता है कि वे पहले ठण्डी जलवायुओं में पैदा हुए थे। यदि आपको सदा पर्वतों, अथवा समुद्र के प्रति विशिष्ट भाव रहता है, तो यह निश्चित है कि आप यह आसक्ति अपने पिछले जन्मों से लाए हैं। कुछ लोग शहर से बाहर जा कर अकेलापन अनुभव करते हैं, और वे शान्त जगह सहन नहीं कर सकते। वह प्रवृत्ति भी पिछले जन्मों में विकसित हुई थी।

जिन लोगों को जीवन-भर आगे बढ़ने की अभिलाषा रहती है वे पिछले जन्म में महत्त्वपूर्ण व्यक्ति थे। ऐसी प्रवृत्ति होना और उसे विकसित न करना अपना दमन करना है। उचित वातावरण में ऐसा व्यक्ति एक महान् व्यक्ति बन सकता है। कुछ ऐसे लोग हैं जो आगे बढ़ने के लिए चाहे कुछ भी करें सदा असफल रहते हैं। यह संकेत करता है कि वे इस असफलता की प्रवृत्ति को पिछले जन्म से लाए हैं। लेकिन उनको इस पर विजय पाने के लिए संघर्ष नहीं छोड़ देना चाहिए। ऐसे लोगों को अपनी गलत प्रवृत्तियों पर अभी से विजय पा लेनी चाहिए, अन्यथा वे इसे अपने अगले जन्म में भी साथ ले जाएँगे।

जॉर्ज ईस्टमैन ने एक बार मुझे बताया कि उसकी कोडाक कम्पनी के आरम्भिक वर्षों में उसने कम्पनी के शेयरों को पच्चीस सेंट प्रति शेयर की दर से बेचने का प्रस्ताव किया, फिर भी वे नहीं बिके। जिस लड़की से वह शादी करना चाहता था उसके परिवार ने भी इस शादी के लिए विरोध किया। विपरीत परिस्थितियाँ ऐसी थीं कि ऐसा लगता था वह कभी भी सफल नहीं होगा, फिर भी, कुछ समय पश्चात् उसके लिए सभी रास्ते खुल गए। क्यों? क्योंकि वह पिछले जन्म में सृजनात्मक तथा आशावादी था, और वह इस जीवन में उन प्रवृत्तियों को विकसित करता गया।

बचपन से मेरी इच्छा थी कि मेरे पास बड़े-बड़े भवन हों और अनेक लोग हों, जहाँ कहीं भी मैं जाऊँ वहाँ छायादार वृक्ष और जल हो। और यहाँ वे सब हैं जिसके लिए मैं आकर्षित होता हूँ। बचपन से मैं यह भी जानता था कि मेरे पास यह सब कुछ होगा, और जब मैं चाहूँगा और परिश्रम करूँगा, तो ये सब स्थान आसानी से मुझे प्राप्त हो जाएँगे। जब मैं इसके बारे में बातें करता था तो लोग कभी-कभी संदेहवश मुझ पर हँसते थे। फिर भी, ऐसे वातावरण साकार हो गए। राँची के हमारे विद्यालय में एक बड़ा तालाब है, दक्षिणेश्वर में हमारा *योगदा मठ* गंगा नदी के सामने है, हमारे एन्सिनिटस आश्रम से प्रशांत महासागर दिखाई देता है।*

इस प्रकार, अपनी वर्तमान प्रबल प्रवृत्तियों के विश्लेषण से आप कुछ हद तक ठीक-ठीक अनुमान लगा सकते हैं कि पिछले जन्म में आपने किस प्रकार का जीवन बिताया है।

पिछले संसर्ग वर्तमान आकर्षणों को प्रभावित करते हैं

आप देखते होंगे कि शायद आपमें कुछ विदेशी भाषाओं के लिए अत्यधिक आकर्षण है और आप उन्हें आसानी से सीख लेते हैं। उदाहरण के लिए, श्रीमती गैली-करसी ने बंगला भाषा की बहुत-सी सूक्तियों को इतनी आसानी से सीख कर मुझे अचम्भित कर दिया। कुछ भाषाओं के प्रति लगाव पिछले जीवन के संसर्ग का परिणाम है। आप जर्मन अथवा फ्रैंच अथवा चीनी या बंगाली भाषा के प्रति आकर्षित होते हैं क्योंकि आपने पहले उनको बोला है।

हाल ही में मैं एक अमेरिकी युवती से मिला जिसने मुझे बताया, "मैंने कभी पूर्व की कोई भाषा नहीं सीखी, परन्तु अनेक बार मैं अपने मन में अपरिचित शब्दों को सुनती हूँ। मैं उनका उच्चारण कर सकती हूँ, परन्तु मैं उनका अर्थ नहीं जानती।" उसने उसी समय बंगाली के लगभग नौ शब्द बोल दिए। उसने इस जीवन में कभी इस भाषा को

* झारखण्ड में राँची का विद्यालय कासिम बाजार के उदार-हृदय महाराजा की भू-सम्पति पर सन् 1918 में स्थापित हुआ था। योगदा सत्संग सोसाइटी ऑफ़ इण्डिया का योगदा मठ, मुख्यालय दक्षिणेश्वर, कोलकाता (कलकत्ता) में सन् 1939 में स्थापित हुआ था। एन्सिनिटस, कैलिफ़ोर्निया में प्रशांत महासागर के ऊँचे तट पर बना आश्रम राजर्षि जनकानन्दजी (जेम्स जे. लिन) ने सन् 1936 में परमहंसजी को उपहार में दिया था। राजर्षि जनकानन्द, परमहंस योगानन्दजी के आध्यात्मिक रूप से उन्नत शिष्य थे, जो परमहंसजी के पश्चात् सन् 1952 में योगदा सत्संग सोसाइटी ऑफ़ इण्डिया/सेल्फ़-रियलाइज़ेशन फ़ेलोशिप के अध्यक्ष बने। *(प्रकाशक की टिप्पणी)*

नहीं पढ़ा था और न ही वह ऐसे किसी व्यक्ति को जानती थी जो बंगाली बोलता हो। फिर भी वह इन शब्दों को जानती थी और उनका ठीक उच्चारण करती थी।

यात्रा के दौरान, आप कुछ दृश्यों को दूसरों की अपेक्षा अधिक पसन्द करते हैं। उनमें से यदि आपको कोई स्थान सबसे अधिक आकर्षित करता है, तो शायद आप उस क्षेत्र में पहले रहे हैं।

इस प्रकार, ऐसे अनेक संकेतों द्वारा आप अपने गत जीवनों के बारे में कुछ सामान्य विचार खोज सकते हैं। इससे आगे चलने पर, ध्यान आपको और अधिक जानकारी दे सकता है कि पहले आप क्या थे।

कभी-कभी ऐसा होता है कि किसी स्थान पर आप पहली बार गए हैं और वहाँ आपको कुछ विशेष दृश्य जाने-पहचाने लगते हैं, लेकिन जिनके साथ वे दृश्य आपने देखे थे वे लोग अब नहीं हैं। और कभी-कभी आप किसी व्यक्ति से मिलते हैं और आपको लगता है कि आप उसे पहले से ही जानते थे। मैं सदा तुरन्त पहचान लेता हूँ, ख़ासतौर से उनको जो पहले मेरे शिष्य रहे हैं।*

गत जीवन के अनुभवों की स्मृति की निम्न वास्तविक घटना विश्व-विख्यात हो गई थी। एक छोटी बच्ची को, जो भारत के एक छोटे गाँव में पैदा हुई थी, अकारण ही भारत के दूसरे भाग के एक गाँव में जाने की ललक उठने लगी। उसकी दशा इतनी गम्भीर हो गई कि डॉक्टर ने उसे उस दूर के गाँव में ले जाने की सलाह दी। ऐसा किया गया, और उसके साथियों को बहुत आश्चर्य हुआ, कि उसने गाँव की सीमा में प्रवेश करते ही उसकी प्रत्येक वस्तु का विस्तार से वर्णन करना आरम्भ कर दिया। वह वहाँ के लोगों को उनके नाम से जानती थी (यद्यपि वह पहले कभी इस गाँव में नहीं आई थी), और सीधे एक घर में गई जहाँ उसने एक व्यक्ति को उसके नाम से पुकारा, और कहा वह पिछले जन्म में उसका भाई था। वह वहीं पर ही नहीं रुकी। उसने बताया कि उसके पिछले जन्म में उसने उसी घर में ईंटों की एक दीवार में कुछ सोने के टुकड़े छिपा कर रखे थे, परन्तु वह मृत्यु के पहले इसके विषय में किसी को बता नहीं पाई थी। वह छोटी बच्ची दीवार के उसी स्थान पर गई, और देखो! सोने के टुकड़े अभी भी वहीं थे। उसने अपने कपड़ों के बारे में बताया और किस प्रकार रखे हैं यह भी बता दिया, और वे उसी प्रकार पाए गए जैसा कि उसने बताया था। ऐसे प्रमाणों के सामने, उसके अनुभवों की सच्चाई और सार्थकता के प्रति हम शक करें यह न्यायोचित नहीं होगा।

* जिन्होंने पिछले जन्मों में परमहंस योगानन्दजी से आध्यात्मिक दीक्षा ली थी। *(प्रकाशक की टिप्पणी)*

भारत में एक सन्त की एक और घटना है, जो एक नदी के किनारे किसी मन्दिर में गए और कहा : "मेरा मन्दिर यहीं पास ही में था। वह अब नदी में चला गया है।" गोताखोरों ने पानी के अन्दर एक बहुत पुराना मन्दिर खोज लिया। वह व्यक्ति अपने पिछले जन्म में सन्त था, जिसको यह डूबा हुआ मन्दिर समर्पित किया गया था।

एक पवित्र हृदय—स्पष्ट अन्तर्दृष्टि

यदि आप काम-वासना से अपनी चेतना को दूर रख सकें, और अपने हृदय को इतना पवित्र बना लें कि जब आप दूसरों को देखें तो आपके मन में यह विचार ही न आए कि वे स्त्री हैं अथवा पुरुष, तब आप जिन आत्माओं से गत जीवन में मिले थे उन्हें तुरन्त पहचान जाएँगे। यदि आप उस तटस्थ चेतना को विकसित कर लें तो आप तुरन्त उन लोगों को पहचान सकते हैं, जिनको आप पहले जानते थे। मान लें, आपने एक छः महीने के शिशु को देखा और फिर उसे अनेक वर्षों तक नहीं देखा, वह अब एक युवा व्यक्ति बन गया है। तब आप उस व्यक्ति में शायद उस शिशु को न पहचान पाएँ। फिर भी कुछ नैन-नक्श वही रहते हैं। आपने यदि उस शिशु को पर्याप्त लम्बे समय तक देखा हो उसकी रूपरेखा आपके मन में दृढ़ता से बैठ गई हो तो आप उसे पहचान लेंगे। उसी प्रकार, हमारे पिछले जन्म के कुछ लक्षण हमारे साथ रहते हैं। आँखें विशेष रूप से पहले जैसी रहती हैं। आँखें नहीं बदलतीं क्योंकि वे आत्मा की खिड़कियाँ हैं। जिनकी आँखें क्रोध या भय या दुष्टता को झलकाती हों, उन्हें बदलने का प्रयत्न करना चाहिए। उन अप्रिय गुणों को भी दूर करना चाहिए जो आत्मा के सौन्दर्य की अभिव्यक्ति को छिपाते हैं और उसे व्यक्त होने में बाधा डालते हैं। परिवेश और संगति बदलने से, आपका मन और शरीर कुछ बदल जाता है। परन्तु आँखें बहुत कम बदलती हैं। उनमें वही अभिव्यक्ति लेकर आप नया जन्म लेते हैं।

आप अपनी प्रवृत्तियों के द्वारा भी बता सकते हैं कि आप पिछले जीवन में स्त्री थे अथवा पुरुष। अनेक स्त्रियाँ मर्दाना होती हैं, और अनेक पुरुष स्त्रियों जैसा बनना चाहते हैं।

स्त्री और पुरुष दोनों का महत्त्व समान है। तर्क और भावना स्त्री एवं पुरुष दोनों में ही होते हैं। लेकिन पुरुष में तर्क प्रधान होता है, और स्त्री में भावना की प्रधानता होती है। पुरुष को उसकी भावनाओं की अपेक्षा उसके तर्कों द्वारा प्रभावित करना आसान होता है, जबकि एक स्त्री अपनी भावनाओं के प्रति अधिक आसानी से प्रतिक्रिया करती है।

ईश-सम्पर्क से आप अपने भीतर इन दोनों गुणों में सामंजस्य अथवा सन्तुलन लाते हैं। मैं स्वयं को कदापि स्त्री या पुरुष नहीं मानता। मैं दूसरों के प्रति एक माता के प्रेम का भाव रखता हूँ, परन्तु कोई भी मेरी भावनाओं से अनुरोध करके मुझे बदल नहीं सकता जब तक कि मेरा तर्क, या पितृवत् प्रवृत्ति, सहमत न हो। तर्क और भावना में दिव्य सन्तुलन को प्राप्त करना ही पुरुष और स्त्री दोनों का उद्देश्य होना चाहिए। पुरुष को अपने में अधिक भावनाओं को विकसित करना चाहिए, और स्त्री को अधिक तर्क विकसित करना चाहिए।

हमें कम से कम एक संबंध में प्रेम को परिपूर्ण करना चाहिए

ईश्वर हमें अपने पिछले जन्मों को याद रखने की अनुमति क्यों नहीं देते, इसके पीछे एक गहन कारण है। इसका कारण यह है कि हम अपने प्रेम के विस्तार में दूसरों को शामिल करने की अपेक्षा, जिन्हें हम पहले से जानते हैं उनके प्रति बहुत वंशवादी हो जाएँगे। ईश्वर चाहते हैं कि हम सभी से प्रेम करें और मित्रता रखें, परन्तु हमें कम-से-कम एक रिश्ते में इसे *परिपूर्ण* करना चाहिए। जब आप अपने पुराने मित्रों से दोबारा मिलते हैं, तो आप उनके साथ संबंधों में अपने प्रेम को परिपूर्ण कर सकते हैं। एक शिष्य का अर्थ है, जिसमें गुरु, दिव्य मित्रता की अवस्था को परिपूर्ण कर सके। जो गुरु की इच्छाओं का अनुसरण करते हैं वे उनके शिष्य हैं। एक सच्चे गुरु की इच्छाएँ दिव्य ज्ञान द्वारा मार्गदर्शित होती हैं, और यदि आप उनकी इच्छाओं के साथ अन्तर्सम्पर्क कर लेते हैं तो आप मुक्त हो जाएँगे, जैसे कि वे स्वयं मुक्त हैं।*

सर्वोपरि, इस जीवन से आप जितना अधिक से अधिक सीख सकते हैं आपको सीखना चाहिए, और जीवन की पाठशाला में आध्यात्मिक विकास की उच्चतम श्रेणी में जाने का प्रयास करना चाहिए। ईश्वर से सम्पर्क करें। जब आप ऐसा कर पाएँगे, तो जीवन की निचली श्रेणियों की सभी त्रुटियाँ क्षमा कर दी जाएँगी। स्वयं को इस कर्म से मुक्त करने के लिए, जो आपको जीवन के छोटे कर्त्तव्यों के साथ बाँधे रखता है, ज्ञान और ईश-चेतना का विकास करें।

* "यदि तू मेरे शब्दों के अनुसार चलेगा, तो वास्तव में तू मेरा शिष्य है, और तू सत्य को जान जाएगा, और सत्य तुझे मुक्त कर देगा" *यूहन्ना* 8:31–32 (बाइबिल)। "जो श्रद्धायुक्त मनुष्य, दोष-दृष्टि से रहित होकर मेरी शिक्षाओं का निरन्तर अभ्यास करते हैं, वे भी सम्पूर्ण कर्म से मुक्त हो जाते हैं" (भगवद्गीता III:31)।

क्या जीसस दोबारा जन्म लेंगे?

प्रथम सेल्फ़-रियलाइज़ेशन फ़ेलोशिप मन्दिर
एन्सिनिटस, कैलिफ़ोर्निया, 26 नवम्बर, 1939

अनेक लोग क्राइस्ट के पुनः आगमन की भविष्यवाणी करते हैं। कुछ अन्य सोचते हैं कि असली क्राइस्ट को अभी पहली बार ही आना है। परन्तु जीसस पृथ्वी पर आए, और वे चले गए। ये सब तथ्य हैं। यदि उनका जीवन केवल एक कल्पना होता, जैसा कि कुछ लोग कहते हैं, तो उनका प्रभाव इतनी शताब्दियों तक बना न रहता। यद्यपि उनको सलीब पर चढ़ा दिया गया था फिर भी, उनके महान् उद्देश्य के कार्य का बीड़ा विश्व-भर के लोगों ने उठा लिया था, क्योंकि वे ईश्वर के लिए जिए थे।

"देखो वह बादलों के साथ आने वाला है; और हर आँख उसे देखेगी।"* क्योंकि बाइबिल के इस परिच्छेद के कारण अनेक श्रद्धालुओं का मत है कि क्राइस्ट यथार्थ में बादलों में से उतर कर हमारे पास आएँगे। इसका वास्तविक अभिप्राय आध्यात्मिक है। जब आप अपनी आँखें बन्द करते हैं तो अंधकार को देखते हैं, परन्तु उस अंधकार के पीछे आन्तरिक प्रकाश है। यह विषमता इस विश्व और ईश्वर के साम्राज्य के अन्तर की प्रतीक है।

जब मैं अपनी आँखें बन्द करता हूँ और अपनी इच्छाशक्ति को केन्द्रित करता हूँ, तो उस प्रकाश में मैं क्राइस्ट को देखता हूँ,† और प्रत्येक सच्चा भक्त जो आध्यात्मिक नेत्र को भेदने में सक्षम है, उन्हें देखेगा। उस आन्तरिक प्रकाश में मैं जीसस को उतने ही स्पष्ट रूप से देखता हूँ जितना कि इस संसार में किसी अन्य व्यक्ति को। उस प्रकाश में देखी गई प्रत्येक वस्तु अधिक सूक्ष्मतर होती है। यदि आप आध्यात्मिक रूप से उन्नत हैं और आपकी इच्छा प्रबल है, तो आपको सन्तों के अद्भुत मानस दर्शन होते हैं। ऐसे अनुभव उन लोगों को नहीं दिए जाते जो कुछ ही मिनटों तक ध्यान करते हैं और फिर

* *प्रकाशित वाक्य* 1:7 (बाइबिल)।

† भ्रूमध्य में आध्यात्मिक नेत्र का प्रकाश। "नेत्र शरीर का प्रकाश हैं : इसलिए यदि तुम्हारा नेत्र एक हो जाए; तो तुम्हारा संपूर्ण शरीर प्रकाशमय हो जाएगा" *मत्ती* 6:22 (बाइबिल)।

अपने मन को अन्य वस्तुओं पर लगा देते हैं। जब आप ईश्वर को वास्तव में ही चाहते हैं, और सर्वोपरि उनसे ही प्रेम करते हैं; जब आप उनकी खोज में लगे रहने के लिए इच्छापूर्वक निद्रा का त्याग करते हैं, तब आप दिव्य मानस दर्शनों को देखना आरंभ करते हैं। वे दृष्टि-भ्रम नहीं होते। सच्चे मानस दर्शन वास्तविकता से उत्पन्न होते हैं।

ईश्वरीय न्याय और पुनर्जन्म का नियम

आप पुनर्जन्म के नियम में विश्वास करें या न करें, परन्तु यदि यह जीवन ही मानव के अस्तित्व का आरम्भ और अन्त है, तो जीवन की असमानताओं का ईश्वरीय न्याय द्वारा समाधान करना असंभव है। कोई व्यक्ति धनी परिवार में जन्म क्यों लेता है, जबकि एक दूसरा बच्चा गरीबी से पीड़ित घर में जन्म लेता है, मात्र भूख से मरने के लिए? क्यों एक व्यक्ति सौ वर्ष तक जीवित रहने के लिए पर्याप्त रूप से स्वस्थ होता है, जबकि कोई दूसरा हर समय बीमार रहता है? एस्किमो उत्तर के ठण्डे प्रदेश में क्यों पैदा होते हैं और अन्य लोग सम जलवायु में, जहाँ जीवन के प्रति संघर्ष आसान होता है? कुछ बच्चे अंधे अथवा मृत पैदा क्यों होते हैं? क्यों? क्यों? क्यों? यदि आप ईश्वर होते तो क्या आप ऐसे अन्यायपूर्ण कार्य करते? धर्मशास्त्रों का अध्ययन करने और उनके अनुसार जीवन जीने का क्या लाभ है, यदि जीवन किसी सनकी ईश्वर द्वारा पूर्वनिर्धारित हो, जो जानबूझकर अपूर्ण मस्तिष्क अथवा शरीर वाले जीवों की रचना करता हो?

कार्य-कारण के नियम के अनुसार, प्रत्येक क्रिया अपने अनुरूप एक प्रतिक्रिया उत्पन्न करती है। इसलिए जो कुछ भी आज हमारे साथ घटित हो रहा है वह सब हमारे ही द्वारा पहले किए गए कर्मों का परिणाम है। यदि इस जीवन में वर्तमान परिस्थितियों का कोई कारण नहीं होता, तो अनिवार्य रूप से यह निष्कर्ष निकलता है कि किसी पूर्व समय में ही कारण का प्रारम्भ हुआ था, अर्थात् किसी पिछले मानव-जन्म में। आपकी बलशाली मनोवृत्तियाँ और चारित्रिक प्रवृत्तियाँ इसी जन्म से प्रारम्भ नहीं हुई हैं; ये आपकी चेतना में बहुत पहले से ही स्थापित थीं। इस प्रकार हम समझ सकते हैं कि कुछ लोग बचपन से ही कुछ विशेष प्रतिभाएँ अथवा कमियाँ इत्यादि क्यों प्रदर्शित करने लगते हैं।

हम यह भी समझ सकते हैं कि किस प्रकार पृथ्वी पर जीसस का आदर्श जीवन उनके अनेक पूर्वजन्मों का परिणाम था जिनमें उन्होंने स्वयं पर स्वामित्व पा लिया था। क्राइस्ट के रूप में उनका चमत्कारिक जीवन आध्यात्मिक प्रशिक्षण वाले अनेक

पूर्वजन्मों का परिणाम था। वे एक अवतार* बन गए, क्योंकि पिछले जन्मों में एक सामान्य व्यक्ति के रूप में उन्होंने इन्द्रिय विषयों के प्रलोभनों के साथ संघर्ष किया और उन पर विजय प्राप्त की। उनका उदाहरण शेष मानव जाति को एक सुनिश्चित आशा प्रदान करता है। अन्यथा हमारे पास और कौन सा अवसर है? यदि ईश्वर ने हमें शिक्षा देने के लिए देवदूत भेजे होते तो मैं उनसे कहता, "प्रभो, आपने मुझे एक देवदूत क्यों नहीं बनाया। मैं किस प्रकार उनका अनुकरण कर सकता हूँ जिनको आपने बनाया ही परिपूर्ण था और जिनको उन सब परीक्षणों और प्रलोभनों का अनुभव ही नहीं था जो आपने मुझे दिए हैं।"

हमें अपने आदर्श के लिए ऐसा व्यक्ति चाहिए जो मूल रूप से हमारे जैसा हो। जीसस को प्रलोभन का सामना करना पड़ा था। उन्होंने कहा था, "शैतान पीछे हट जा।" और वे विजयी हुए। यदि उन्होंने प्रलोभन को कभी भी जाना न होता तो उनका यह कहना कि, "शैतान पीछे हट जा" अभिनय मात्र होता, और फिर वे हमें किस प्रकार प्रेरित कर सकते? यद्यपि उन्होंने अपने पिछले जन्मों में ही देह पर विजय प्राप्त कर ली थी, उन्हें जीसस के रूप में इस जन्म में भी इसकी कमज़ोरियों का अनुभव फिर से करना पड़ा, ताकि वे मानवता को अपनी उत्कृष्टता के द्वारा दिखा सकें कि वे आध्यात्मिक रूप से कितने ऊँचे विकसित हो चुके थे और अपने उदाहरण के द्वारा लोगों को उत्साह प्रदान कर सके थे।

जीसस अपने पूर्वजन्म में एलिसियस थे

जीसस ने अपनी अधिकाँश परिपूर्णता पिछले जन्म में एलिसियस (Eliseus) (एलिशा) के रूप में प्राप्त कर ली थी। मैं निश्चित रूप से जानता हूँ कि वे पिछले जन्म† में एलिसियस थे, और जीसस के धर्मगुरु जॉन (John the Baptist) अपने पिछले जन्म में एलिय्याह (Elijah) (इलियास) थे। जीसस के रूप में एलिसियस के जन्म की भविष्यवाणी इस घटना के सैकड़ों वर्ष पूर्व ही कर दी गई थी, क्योंकि वे ईश्वर की एक दिव्य योजना को पूरा करने के लिए पहले से ही नियुक्त थे। यह भविष्यवाणी क्राइस्ट के जन्म से आठ शताब्दी पहले ईसाइयाह की पुस्तक (Book of Isaiah) (7:14) में कर दी गई है : "इस प्रकार प्रभु स्वयं आपको एक संकेत देंगे : देखो, एक कुमारी

* शब्दावली देखें।

† धर्मगुरु जॉन (John the Baptist) को सम्बोधित करते हुए जीसस ने कहा था, "और यदि तुम चाहो तो मानो, एलिय्याह जो आने वाला था, वह यही है" *मत्ती* 11:14 (बाइबिल)।

कन्या गर्भ धारण करेगी, और एक पुत्र को जन्म देगी, और उसका नाम इम्मानुएल रखा जाएगा।" सन्त मत्ती ने क्राइस्ट के जन्म की घटना को लिखा, और बताया, "अब वह सब पूरा हो गया है, पैगम्बर द्वारा ईश्वर की भविष्यवाणी को पूरा होना था, देखो, एक कुमारी कन्या गर्भ धारण करेगी, और एक पुत्र को जन्म देगी, और उसका नाम इम्मानुएल रखा जाएगा जिसका यह अर्थ है कि ईश्वर हमारे साथ हैं।"*

जीसस ने अपने जीवन के समस्त पाठों को अनेक जन्मों की इस पाठशाला में सीखा और भौतिक चेतना पर अपनी पूर्ण विजय को प्रदर्शित किया। इसीलिए परमपिता ने उनके प्रति कहा था, "यह मेरा प्रिय पुत्र है, जिससे मैं अत्यंत प्रसन्न हूँ।"†

जीसस को पृथ्वी पर एक उदाहरण के रूप में भेजा गया था, ताकि ईश्वर के अन्य बच्चे एक ऐसे व्यक्ति को जान सकें जिसने इस संसार के मायाजाल पर विजय पा ली है। इतने महान् होते हुए भी जीसस ने विनम्रतापूर्वक कहा था : "मैं अपने से कुछ नहीं करता; सिवाए इसके जो मेरे पिता ने मुझे सिखाया था।"‡ उनका संपूर्ण प्रेम ईश्वर के लिए था। उनकी संपूर्ण चेतना परमपिता में लीन थी।

हम सब ईश्वर की संतान हैं। अनेक जन्म पूर्व उन्होंने जीसस की तरह ही हमारी रचना की थी। सन्त यूहन्ना के वचनामृत में हम पाते हैं कि जीसस स्वयं ही यह घोषणा करते हैं : "क्या तुम्हारी व्यवस्था में नहीं लिखा, मैंने कहा, कि तुम ईश्वर हो?"§ जीसस ईश्वर के प्रतिबिम्ब में बने थे, जैसे कि हम हैं; और उन्होंने मायाजाल पर विजय प्राप्त की, और यह दर्शाया कि इसी प्रकार हमें भी कैसे विजय प्राप्त करनी है। यदि आप इसी जन्म में मायाजाल पर विजय प्राप्त कर लेते हैं तो ईश्वर के पास वापस चले जाएँगे और फिर पुनर्जन्म नहीं होगा। "जो विजयी होगा उसे मैं अपने मन्दिर का स्तंभ बनाऊँगा, और फिर उसे बाहर नहीं जाना होगा।"¶

परन्तु क्या जीसस दोबारा आएँगे? आध्यात्मिक रूप से वे पहले से ही सर्वव्यापक हैं। वे हर फूल के माध्यम से आप पर मुस्कराते हैं। वे अपने ब्रह्माण्डीय शरीर को

* *मत्ती* 1:22–23 (बाइबिल)।

† *मत्ती* 3:17 (बाइबिल)।

‡ *यूहन्ना* 8:28 (बाइबिल)।

§ *यूहन्ना* 10:34 (बाइबिल)।

¶ *प्रकाशित वाक्य* 3:12 (बाइबिल)।

आकाश के प्रत्येक कण में अनुभव करते हैं। हवा का प्रत्येक झोंका जीसस की श्वास लेता है। दिव्य क्राइस्ट चेतना [*कूटस्थ चैतन्य*] के साथ अपनी एकात्मता द्वारा वे समस्त प्राणियों में जन्म लेते हैं। यदि आपकी आँखें उन्हें देख सकें, तो आप उन्हें समस्त सृष्टि में विराजमान देख सकते हैं।

जो जीसस की तरह मोक्ष-प्राप्त है, वह ब्रह्म के साथ एक हो जाता है। फिर भी वह अपने व्यक्तित्व को बनाए रखता है; क्योंकि जब ईश्वर एक बार किसी मानव की रचना कर देते हैं, तो वे अपनी ब्रह्माण्डीय चेतना में उस रचना का स्थायी रूप से विवरण रखते हैं। ईश्वर की चेतना में प्रत्येक जीव का प्रत्येक विचार और कार्य अंकित है। जीसस ने इसका संकेत दिया था जब उन्होंने कहा था, "क्या दो पैसे की पाँच गौरेयाँ नहीं बिकतीं? तो भी परमेश्वर उनमें से एक को भी नहीं भूलता?"*

क्राइस्ट अपने भक्तों को मानस दर्शन एवं सशरीर दर्शन देते हैं

जीसस एक विशेष व्यक्तित्व के रूप में दो तरीकों से पुनर्जन्म ले सकते हैं : मानस दर्शन में और देह रूप में। यदि आपमें अपार भक्ति है तो आप उन्हें आन्तरिक रूप से ठीक वैसे ही देख सकते हैं जैसे वे अपने पृथ्वी पर वास के समय प्रतीत होते थे। अनेक सन्तों ने उन्हें इस प्रकार देखा तथा उनके जीवन की विभिन्न घटनाओं को उनके साथ फिर से जीया है।

आपकी भक्ति और एकाग्रता की शक्ति के अनुसार, जीसस भौतिक शरीर में अथवा आन्तरिक प्रकाश में किसी भी समय पुनर्जन्म ले सकते हैं। अधिकांश लोगों को विवशतावश पुनर्जन्म लेना पड़ता है, परन्तु क्योंकि जीसस ने स्वयं को मुक्त कर लिया है इसलिए यह उनकी इच्छा पर है कि वे आएँ अथवा न आएँ। यदि आपमें उनको आकर्षित करने के लिए आवश्यक पूर्ण-भक्ति है, तो वे आपके समक्ष इसी समय सशरीर प्रकट हो सकते हैं; परन्तु जब तक आपकी भक्ति उससे एक प्रतिशत भी कम है तो वे नहीं आएँगे।

वर्षों पूर्व, जब मैं बॉस्टन में रहता था और व्याख्यान देता था, एक बार मैं इतना व्यस्त हो गया कि मैं ईश्वर को तीन दिन के लिए भूल गया। निरंतर इस प्रकार कार्य में व्यस्त रहने का विचार मेरे लिए असहनीय हो गया; मैं सब कुछ छोड़कर अमेरिका से प्रस्थान करने के लिए तैयार हो रहा था। परन्तु ठीक उसी समय इस पथ का एक

* *लूका* 12:6 (बाइबिल)।

शिष्य आ गया और उसने मेरे साथ ध्यान करने के लिए कहा। जैसे ही हम ध्यान में बैठे, मैंने प्रार्थना करना आरंभ किया : "प्रभो, मैं यहाँ अमेरिका में आपके कार्य को करना चाहता हूँ, लेकिन मैं कार्य से ज्यादा आप को प्रेम करता हूँ, और यदि इस देश में मैं आपको भूल रहा हूँ तो मैं इसे छोड़ दूँगा।" अन्तर में मैंने ईश्वर की आवाज़ को सुना : "तुम क्या चाहते हो?"

आवेग में मैंने कहा, "मैं कृष्ण और क्राइस्ट को उनके सभी शिष्यों के साथ देखना चाहता हूँ।" तुरन्त एक सुनहरे सागर पर मैंने उन्हें देखा, बिल्कुल उतना स्पष्ट जितना मैं आपको देख रहा हूँ; और मैंने उनकी पूजा की।

परन्तु थोड़ी देर में मेरे मन में संदेह उत्पन्न होने लगा। मैंने सोचा, "यह वास्तविक नहीं है।" इसलिए मैंने दोबारा प्रार्थना की : "प्रभो, यदि यह मानस दर्शन वास्तविक है, तो इस कमरे में बैठा दूसरा भक्त भी इसे देखे।" मेरा मित्र अचानक चिल्ला उठा, "ओ! सुनहरे सागर पर कृष्ण और क्राइस्ट!"

उसके बाद एक और संदेह उत्पन्न हो गया : क्या यह केवल विचार स्थानान्तरण था? परन्तु जैसे ही यह विचार मेरे मन में आया, ईश्वर की वाणी ने कहा : "जब मैं चला जाऊँगा, तो यह कमरा कमल की सुगंधि से भर जाएगा, और जो कोई भी यहाँ आएगा वह इसे अनुभव करेगा।" बाद में उस कमरे में जो भी व्यक्ति मुझसे मिलने आया, निश्चित रूप से ही उसने मुझसे पूछा, "यह अद्भुत फूलों की सुगंधि कैसी है जिसे मैं सूँघ रहा हूँ?"

क्राइस्ट के अधिकाँश अनुयायियों के लिए क्राइस्ट एक आदर्श व्यक्तित्व के रूप में विद्यमान हैं जिनके विषय में उन्होंने बाइबिल में पढ़ा है। परन्तु मेरे लिए वे उससे कहीं अधिक हैं। वे वास्तविक हैं। एक बार, आठ वर्ष पूर्व, वे अकेले आए और सारी रात मेरे साथ ध्यान किया। इस बीच मैंने इस आश्रम* का मानस दर्शन किया। अन्य कई बार मैंने उनके मानस दर्शन किए हैं, और उनसे बातें की हैं। और उसी क्राइस्ट को आप भी देख सकते हैं।

ईश्वर के साथ संपर्क बनाने के लिए आपको प्रत्येक वस्तु का त्याग करने के लिए तैयार रहना चाहिए। वे आपकी परीक्षा लेंगे। जब आप प्रार्थना और ध्यान करते रहते हैं,

* यह प्रवचन सन् 1939 में दिया गया था, एन्सिनिटस का आश्रम सन् 1936 में बना था। यहाँ परमहंसजी हमें बताते हैं कि उन्होंने आश्रम का दिव्य दर्शन सन् 1931 में किया था। *(प्रकाशक की टिप्पणी)*

और फिर भी आप उन्हें नहीं देख पाते, लेकिन तब भी कहते हैं, "प्रभो, कोई बात नहीं आप जानते हैं कि मैं प्रार्थना कर रहा हूँ और मैं तब तक नहीं रुकूँगा जब तक कि आप आ नहीं जाते" — तब वे प्रत्युत्तर देंगे। एक सन्त ने कहा, "मुझे चिन्ता नहीं कि वे कब आते हैं — मैं जानता हूँ कि वे आएँगे।" व्यक्ति को ऐसा ही दृष्टिकोण रखना चाहिए।

जब आप उस क्राइस्ट चेतना को पाने के लिए परिश्रम करने का दृढ़ निश्चय कर लेते हैं जो जीसस के पास थी, तो उस इच्छा को पूरा करने में ईश्वर आपकी सहायता करेंगे। परन्तु पहले आपको जीसस की तरह आत्मनियंत्रण प्राप्त करना होगा। ईश्वर तब तक भक्तों को महान् आध्यात्मिक शक्तियाँ प्रदान नहीं करते जब तक कि वे उन्हें यह न दिखा दें कि उन्होंने अपनी मानवीय कमज़ोरियों पर विजय पा ली है। अन्यथा वे दूसरे व्यक्तियों को क्षति पहुँचा सकते हैं, यहाँ तक कि दिव्य शक्ति के दुरुपयोग द्वारा, वे सभी राष्ट्रों को भी नष्ट कर सकते हैं।

जीसस के पास सर्वोच्च शक्ति थी; वे स्वयं को सलीब से आसानी से बचा सकते थे, परन्तु उन्होंने यंत्रणा के समय मैदान में केवल यही कहा था, "परमपिता, मेरी इच्छा नहीं, बल्कि केवल तेरी इच्छा पूर्ण हो,"* और सलीब पर कहा "परमपिता उन्हें क्षमा कर दें; क्योंकि वे नहीं जानते कि वे क्या कर रहे हैं।"† उन अन्तिम परीक्षणों में उन्होंने सिद्ध कर दिया कि उन्होंनें समस्त अहंकार के आवेगों पर पूर्णतः विजय प्राप्त कर ली है। जब आपके पास असीम शक्ति हो, जैसे कि जीसस के पास थी, और जब प्रत्येक व्यक्ति आपका तिरस्कार करे और फिर भी आप प्रतिकार न करें, तो आप निश्चित रूप से विजेता हैं।

सभी महान् अवतार पुनः आएँगे

प्रत्येक सन्त जो इस पृथ्वी पर आया है उसने ईश्वर की समस्त मानवीय संतानों के आध्यात्मिक उत्थान के लिए ईश्वर की इच्छा पूर्ति हेतु योगदान दिया है। महान् सन्त दो उद्देश्यों से आते हैं : अनेक लोगों अथवा कुछ लोगों को प्रेरित एवं प्रबुद्ध करने के लिए; और उन सच्चे शिष्यों को प्रशिक्षण देने के लिए, जो गुरु के जीवन के अनुसार अपना जीवन ढाल लेते हैं। बाद में आने वाले सच्चे शिष्य सन्त के सच्चे "परिवार" के सदस्य होते हैं; जिनसे एक अंतरंग समूह बनता है, जिसमें सन्त अपना आध्यात्मिक

* *लूका* 22:42 (बाइबिल)।

† *लूका* 23:34 (बाइबिल)।

जीवन रोपित करते हैं। जीसस के ऐसे बारह शिष्य थे — और भी थे — परन्तु बारह में से एक ने उनके प्रेम एवं विश्वास को धोखा दिया। ईश्वर-नियुक्त आध्यात्मिक शिक्षक के लिए दूसरों को अपने जैसा बनाना सबसे अधिक कठिन कार्य होता है, परन्तु जीसस ने यथार्थ में अपने जैसे पुनीत शिष्य बनाए थे।

आध्यात्मिक रूप से प्रबुद्ध प्रत्येक गुरु का यह प्रयास रहता है कि अनेक भक्त ईश्वर के साथ संपर्क करने योग्य बनें। फिर भी प्रत्येक महान् सन्त कुछ "अधूरा कार्य" छोड़ जाते हैं। क्योंकि वह अधूरा रह गया है, इसलिए उस गुरु को दोबारा आना पड़ता है, परन्तु इसका समय ईश्वर की इच्छा पर निर्भर करता है। जो कुछ भी मैं आपको बता रहा हूँ वह किसी पुस्तक में नहीं मिलेगा, और न ही यह किसी और का विचार है; परन्तु यह सत्य है।

जीसस ने प्रायः दूसरों को आरोग्य तो प्रदान किया परन्तु उन लोगों ने सदैव इसकी सराहना नहीं की। और वे उनको शारीरिक आरोग्य प्रदान करते-करते थक गए थे; वे चाहते थे कि लोग ईश्वर को जान लें। उन्होंने केवल उनकी उच्चतम भलाई चाही; परन्तु उन लोगों ने उन्हें सलीब पर चढ़ा दिया; और इस प्रकार उन लोगों के आध्यात्मिक विकास के लिए जीसस की सम्पूर्ण इच्छा पूरी नहीं हुई। इसलिए उन्हें दोबारा आना पड़ेगा। उन जैसे महान् सन्त पृथ्वी से और अधिक आत्माओं को ईश्वर तक ले जाने के लिए आते हैं। यद्यपि उन्होंने अपनी पूर्णता को प्राप्त कर लिया होता है, परन्तु दूसरों की प्रसन्नता एवं पूर्णता की उनकी इच्छा पूरी नहीं हुई है। वे अपने भूले-भटके भाइयों को ईश्वर तक वापस ले जाना चाहते हैं।

जब आप जीसस से प्रार्थना करते हैं तो वे आपकी प्रार्थना अनुभव करते हैं। जीसस जैसी मुक्त आत्माएँ अपने भक्तों की पुकार से अवगत रहती हैं। शायद आपको न पता चले कि वे आपकी भावनाओं के स्पंदनों को ग्रहण करते हैं, परन्तु वे ग्रहण कर रहे हैं। और जब आपकी प्रेम-भरी पुकार अत्यधिक बलवती हो जाती है, तो महान् सन्त आपको दर्शन देते हैं।

उनकी इच्छा होती है कि वे संपूर्ण विश्व का उद्धार करें, क्योंकि प्रत्येक ईश्वर प्राप्त सन्त जानता है कि उसके लिए मृत्यु है ही नहीं। वह सदा उस शाश्वत आनन्द में रहता है। फिर भी ऐसे सन्त संसार के दुःखों को जानते हैं। वे परमपिता से कहते हैं, "लोग एक दूसरे को मार रहे हैं और अन्य कई प्रकार के कष्ट भोग रहे हैं। ऐसा क्यों आवश्यक है?" और ईश्वर कहते हैं : "मैं किसी समय तुम्हें उनकी सहायता के लिए वापस भेजूँगा।"

मानव जाति के ईश्वर-नियुक्त उद्धारकों को पृथ्वी पर दोबारा आना ही होता है, परन्तु वे कब आएँगे कोई नहीं बता सकता। इसलिए अनेक लोग क्राइस्ट के दोबारा आने में विश्वास करते हैं; परन्तु ऐसा कब होगा यह ईश्वर की इच्छा पर निर्भर है। महान् सन्त केवल परमपिता की आज्ञा से ही आते हैं। कुछ परिस्थितियों में जब समय निश्चित हो जाता है, तो सिद्ध सन्त इस विषय में बता देते हैं; परन्तु अन्य अवतार बिना बताए ही आते हैं। इसी तरह से आते रहते हैं। मैं भी बार-बार आना चाहता हूँ।

मैं चाहता हूँ अपनी नाव खेना, अनेक बार,
मृत्योपरान्त खाड़ी के आर-पार,
और वापस आना भूलोक के तटों पर स्वर्ग में अपने स्थान से।
अपनी नाव में मुझे भरना है
उन्हें, जो राह देख रहे हैं, जो प्यासे पीछे छूट गए हैं,
और उन्हें ले जाना है उस रंगबिरंगे आनन्द की नील पुष्करिणी पर
जहाँ मेरे परमपिता वितरित करते हैं,
अपनी सर्व-इच्छा-शामक तरल शांति।*

सभी की सहायता के लिए आना एक अद्भुत कार्य होगा, और इस पृथ्वी पर प्रत्येक व्यक्ति को इसी प्रकार जीने की चाह होनी चाहिए। स्वार्थी लाभ को क्यों खोजें? यदि हम ईश्वर द्वारा जाने जाते हैं तो हम उनके बच्चों द्वारा भी पहचान लिए जाते हैं, क्योंकि ईश्वर में हम सब एक हैं। इसलिए उन्हें पाना बहुत महत्त्वपूर्ण है! हमें अपने लिए उनके प्रेम को अवश्य जानना चाहिए और उनमें निमग्न रहना चाहिए — दिन और रात एक निरन्तर आनन्द में, अनन्त प्रसन्नता में।

महान् आत्माएँ फिर से पुनर्जन्म लेंगी। ईश्वर ने उन्हें व्यक्तित्व दिया है तथा अपने लिए एक दिव्य भूमिका निभाने के लिए दी है। उन्हें अपना कार्य करना ही होगा क्योंकि वे ईश्वर से प्रेम करते हैं। वे आएँगे क्योंकि इस संसार में अनेक लोग हैं जो कष्टों एवं माया की दलदल में ठोकरें खा रहे हैं। महान् सन्तों को दोबारा आना ही होगा, जैसे जीसस भी, और भी आत्माओं को स्वर्ग के साम्राज्य में ले जाने के लिए दोबारा आएँगे।

* परमहंस योगानन्दजी की कविता *God's Boatman* से उद्धृत एवं अनूदित।

संसार का स्वप्न-स्वरूप

सेल्फ़-रियलाइज़ेशन फ़ेलोशिप, अन्तर्राष्ट्रीय मुख्यालय, लॉस एंजिलिस, कैलिफ़ोर्निया, 23 दिसम्बर, 1937

केवल जब हम स्वप्नों से जाग जाते हैं, तब हमें पता चलता है कि हम स्वप्न देख रहे थे। इसी प्रकार, इस जीवन को भी एक स्वप्न के रूप में केवल तभी जान सकते हैं जब हम ब्रह्माण्डीय चेतना में जाग जाते हैं।

जाग्रत चेतना में, एक सुन्दर प्राकृतिक दृश्य का विचार अपने आपमें इसे तुरन्त मूर्त रूप देने की शक्ति नहीं रखता। परन्तु निद्रा में हमारे पास मानस दर्शन और प्रत्यक्षीकरण की उच्चतर सृजन शक्ति होती है; हमारे विचार स्वप्न की विभिन्न रचनाओं को तुरन्त बना लेते हैं। स्वप्न चित्रों को प्रकट रूप देने के लिए विचार और ऊर्जा, दोनों की आवश्यकता होती है, जिस प्रकार चलचित्रों को प्रक्षेपित करने के लिए फिल्म और प्रकाश की विद्युत ऊर्जा, दोनों की आवश्यकता होती है।

निद्रा में, जीवन-ऊर्जा शरीर की विभिन्न आवश्यकताओं से मुक्त हो जाती है और मस्तिष्क की कोशिकाओं में चली जाती है, जिनमें समस्त पिछले अनुभवों के विचार-चित्र संचित रहते हैं। अवचेतन मन में संचित विचार-चित्रों पर ऊर्जा की जीवन प्रदान करने वाली क्रिया के परिणामस्वरूप मानसिक चलचित्रों के दृश्य प्रकट होते हैं, जिन्हें हम स्वप्न कहते हैं। स्वप्न वास्तव में ब्रह्माण्डीय चेतना की कार्य-पद्धति में शिक्षाएँ हैं। वे मनुष्य को किसी कारणवश से आते हैं, उनका उद्देश्य मनुष्य को विश्व के स्वप्न-स्वरूप और इसके प्रचालन की विधि की जानकारी के विषय में सचेत करना है।

प्राचीन काल से भारत के सन्तों ने विश्व को ईश्वर के विचार का एक साकार रूप कहा है। निस्संदेह यह कहना आसान है कि यह विश्व एक स्वप्न है। परन्तु हमारे दैनिक अनुभवों में "जीवन" का सत्याभास हमारे लिए यह विश्वास करना लगभग असंभव बना देता है कि संसार एक ब्रह्माण्डीय स्वप्न से अधिक और कुछ नहीं है। यह आवश्यक है कि पहले हम अपने मन की शक्ति को विकसित करें ताकि हम यह जान सकें कि विश्व वास्तव में ईश्वर के एक विचार से बना है और स्वप्न की भाँति, संरचना के रूप से यह क्षणभंगुर है।

हम जानते हैं कि विचार अदृश्य होते हैं। परन्तु स्वप्न-जगत् में ऊर्जा की शक्ति द्वारा उन्हें दृश्यमान बनाया जा सकता है। अतः आरम्भ में यह सम्पूर्ण ब्रह्माण्ड — ईश्वर के विचारों के रूप में — ब्रह्माण्डीय चेतना की धारा के भीतर अदृश्य रूप में छिपा हुआ था। केवल जब ईश्वर के ब्रह्माण्डीय बौद्धिक स्पन्दन, अथवा ऊर्जा द्वारा उन विचारों को एक निश्चित रूप दिया गया, तब वे भौतिक जगत् के रूप में हमें दिखाई देने लगे।

अतः यद्यपि यह समझना कठिन है कि यह ब्रह्माण्डीय स्वप्न-जगत् मात्र एक स्वप्न है, फिर भी हमें इसी प्रकार सोचने का प्रयास करना चाहिए। इस भौतिक जगत् को ऐसी सच्चाई के साथ समझने से हमें अनेक व्यावहारिक लाभ मिलेंगे।

उदाहरण के लिए, मान लें कि एक व्यक्ति निद्रावस्था में स्वप्न देखता है कि वह एक महान् और शक्तिशाली योद्धा है। वह एक युद्ध में जाता है और उसे गोली लग जाती है, तथा वह मर रहा है। जैसे ही वह बहुत दुःखी हो रहा है, अचानक वह जाग जाता है। जब उसे बोध होता है कि न तो वास्तव में वह योद्धा है, और न ही वह मर रहा है, तो वह अपने स्वप्न वाले भय पर हँसता है।

"वास्तविक" जीवन में भी किसी व्यक्ति को इसी प्रकार का अनुभव हो सकता है। एक सिपाही जो युद्ध के लिए जाता है और घातक रूप से घायल हो जाता है, अचानक सूक्ष्म जगत् में जाग जाता है और जान लेता है कि युद्ध का अनुभव एक बुरा स्वप्न मात्र था — और न तो उसकी हड्डियाँ टूटी हैं और न ही उसका कोई भौतिक शरीर है। फिर भी, वह अभी भी जीवन और व्यक्तित्व के प्रति सचेत है।

यह जानने के लिए कि इस जगत् की समस्त घटनाएँ स्वप्न अनुभव हैं, हमें विचारों का मानस दर्शन करना सीखना चाहिए — उन्हें किस प्रकार एकाग्रता की ऊर्जा से पुनः सशक्त किया जाए जब तक कि वे प्रत्यक्ष अभिव्यक्ति का रूप न ले लें। एकाग्रता और इच्छाशक्ति के अभ्यास द्वारा सही मानस दर्शन हमें अपने विचारों को मूर्तरूप देने में सक्षम बनाता है, केवल मानस जगत् में स्वप्न अथवा मानस दर्शन (vision) के रूप में ही नहीं, बल्कि भौतिक जगत् में अनुभवों के रूप में भी।

पदार्थ विचार में जन्म लेता है

अपनी रचनात्मक कल्पना की शक्ति से प्रारम्भ करते हुए मनुष्य ने अद्भुत वैज्ञानिक उपकरण और एक आश्चर्यजनक भौतिक सभ्यता बना ली है। आविष्कार मानवीय विचारों को मूर्तरूप देने का ही परिणाम हैं। अनेक लोग विचारों के जगत् में

कुछ प्राप्त करने का प्रयास करते हैं, परन्तु जब कठिनाइयाँ आती हैं तो वे प्रयास छोड़ देते हैं। जिन लोगों ने अपने विचारों का अति प्रबलता से मानस दर्शन किया है, केवल वे ही उन्हें बाहरी रूप में अभिव्यक्त कर पाए हैं। पृथ्वी पर प्रत्येक वस्तु का जन्म मन के कारखाने में ही हुआ है — चाहे ईश्वर के मन में हो या मानव के मन में। वास्तव में, मानव "मौलिक" विचार को सोच ही नहीं सकता। वह केवल ईश्वर के विचारों को ले सकता है और उन्हें साकार रूप देने में माध्यम बनता है।

अपने विचारों के साथ प्रयोग करें। अपने सबसे शक्तिशाली विचारों का अपने शरीर पर प्रयोग करें। देखें कि आप अनचाही आदतों और चिरस्थायी रोगों पर विजय पा सकते हैं या नहीं। जब आप सफल हो जाएँ तो आप अपने विचार को आस-पास के संसार में परिवर्तन लाने के लिए प्रयोग कर सकते हैं।

विचार और पदार्थ के बीच बहुत सूक्ष्म संबंध है। मान लें आप लकड़ी का एक स्तम्भ देखते हैं, और विचार की शक्ति से, उस स्तम्भ को हटाने का प्रयास करते हैं। आप वह नहीं कर सकते। चाहे आप कुछ भी सोचते हैं, फिर भी, स्तम्भ वहीं रहता है। यह किसी और व्यक्ति के पहले विचार का मूर्तरूप है। आपके केवल सोचने से कि वह वहाँ से हट जाए, वह नहीं हटेगा। केवल जब आप इसे विचार के मूर्तरूप में *जान* जाएँगे तब आप इसे अपनी चेतना के लिए अमूर्तरूप दे सकते हैं। जैसे-जैसे आप आदतों, पीड़ाओं इत्यादि पर विजय पाने के प्रयोग से सीखते जाएँगे, आप यह समझना आरम्भ कर देंगे कि शरीर की सम्पूर्ण रूप-रेखा और इसकी समस्त प्रक्रियाएँ विचार द्वारा नियंत्रित होती हैं।

यह संसार और इसकी प्रत्येक वस्तु केवल एक स्वप्न है, इस चेतना को विकसित करके व्यक्ति महान् ज्ञान प्राप्त कर सकता है। सर्वप्रथम, अपने सांसारिक अनुभवों को अत्यधिक गम्भीरता से न लें। दुःख का मूल कारण है संसार के चलचित्र को भावनात्मक रूप से लिप्त होकर देखना। यदि आप लगातार सोचते रहें, "मैं वैसे नहीं जीया जैसे मुझे जीना चाहिए था।" तो आप केवल स्वयं को ही दुःखी करते हैं। बल्कि अच्छा बनने के लिए श्रेष्ठ प्रयत्न करें, और चाहे जो भी कठिनाइयाँ आएँ, सदा प्रतिज्ञापन करें, "यह सब स्वप्न है। यह शीघ्र ही गुज़र जाएगा।" तब कोई भी परेशानी आपके लिए कठिन परीक्षण नहीं बन सकती। इस पृथ्वी की कोई घटना किसी भी रूप में आपको दुःख नहीं दे सकती।

यदि आप को यह जानना है कि संसार एक स्वप्न है तो पीड़ा की चेतना पर भी काबू पाना होगा। जब मैं बच्चा था तो फुटबाल खेलते समय प्रायः चोट लग जाती थी, और जब भी मैं फुटबाल खेलने का स्वप्न देखता था तो मैं यही स्वप्न देखता था कि मुझे चोट लग गई है। चोट खाने के भय का वह विचार मेरे अवचेतन मन में जड़ पकड़ गया था, इसलिए मैं निद्रा में भी स्वप्न-चोट से दुःखी होता था!

इसलिए व्यक्ति को अपनी परेशानियों को अत्यधिक गम्भीरता से नहीं लेना चाहिए, ताकि वे अवचेतन मन को अंधकारपूर्ण न बना दें। हमारे पास कठिनाइयाँ इस अनुभूति का बोध कराने के लिए आती हैं कि यह जीवन एक स्वप्न है। यह पाठ हम सबको सीखना ही पड़ेगा। तब हमें यह समझ में आएगा कि संसार में, प्रत्येक वस्तु में इतनी भिन्नता क्यों है : कुछ लोग गरीब हैं, कुछ अमीर, कुछ स्वस्थ हैं और कुछ अस्वस्थ। यद्यपि यह एक भयानक और क्रूर खेल प्रतीत हो सकता है, परन्तु जीवन की जटिलताओं को औचित्य यही है कि यह सब केवल एक स्वप्न है। इसे ऐसे ही लें।

उन सब आशाओं और आकांक्षाओं के बारे में सोचें जिनका आपने एक बालक और युवा के रूप में आनन्द लिया है। वे सब धीरे-धीरे आपको छोड़ गईं, परन्तु निरुत्साहित न हों, सदा विश्वास रखें कि जो कुछ भी आएगा वह केवल ईश्वर के स्वप्न चलचित्र में एक और दृश्य होगा जिसे हमारे मन के सिनेमाघर में दिखाया जाएगा। हमें स्वप्न-दुःखद-घटनाएँ और स्वप्न-सुखद-घटनाएँ देखनी ही हैं ताकि हमारा विभिन्न प्रकार से मनोरंजन हो सके। यदि आप सिनेमा देखने जाएँ और युद्ध और दुःखों का एक चलचित्र देखें, और बाद में कह सकें, "कितने कमाल का चलचित्र था यह।" इसी प्रकार, इस जीवन को भी एक ब्रह्माण्डीय चलचित्र की भाँति देखें। जिस प्रकार का भी अनुभव आपके पास आए उसके लिए तैयार रहें, यह समझते हुए कि ये सभी स्वप्न हैं।

प्रत्येक मानवीय जीवन एक नाटक रचता है, और प्रत्येक दिन की घटनाएँ उस नाटक को प्रस्तुत करती हैं। वर्ष के प्रत्येक तीन सौ पैंसठ दिनों में आप एक नया जीवन जीते हैं। यह विचार कि इन नाटकों में आप केवल अभिनेता हैं, बहुत सुखद है। यह जान लें कि इस नाटक में जो भी भूमिका आपको निभानी है उससे आपके वास्तविक अस्तित्व (आत्मा) पर कुछ भी प्रभाव नहीं पड़ता। इस भू-लोक के प्रत्येक जन्म के अन्त में आप वही रहते हैं — अमर आत्मा — बीमारी, दुःखों या मृत्यु से अप्रभावित।

"वह व्यक्ति जो इनसे (इन्द्रियों के विषयी वस्तुओं के साथ सम्पर्क से) विचलित नहीं होता, वह जो सुख और दुःख में शान्त एवं समचित्त रहता है, केवल वह ही अमरत्व को प्राप्त करने के योग्य होता है।"*

अभिमान ज्ञान प्राप्ति में सबसे बड़ी बाधा है

मेरे जीवन के अनुभवों ने मेरी इस धारणा को दृढ़ कर दिया कि अभिमान ज्ञान प्राप्ति में सबसे बड़ी बाधा है। अहंकार जनित गर्व अवश्य समाप्त होना चाहिए। यह एक पर्दा है जो हमें ईश्वर को एकमात्र कर्ता, ब्रह्माण्डीय लीला के निर्देशक, के रूप में देखने से रोकता है। इस ब्रह्माण्डीय नाट्यशाला में आप विभिन्न प्रकार के अभिनय कर रहे हैं, और आप नहीं जान पाते कि कल आप को कौन सी भूमिका मिलेगी। आपको हर भूमिका के लिए तैयार रहना चाहिए। जीवन का नियम ऐसा ही है। तब, जीवन के अनुभवों पर संताप किसलिए? यदि आप प्रत्येक घटना को इस प्रकार लें जैसे कि एक चलचित्र में किसी को इसका अभिनय करते देख रहे हैं, तो आप दुःखी नहीं होंगे। प्रति वर्ष अपनी तीन सौ पैंसठ भूमिकाएँ आन्तरिक मुस्कान के साथ निभाएँ और इसे याद रखते हुए कि आप केवल स्वप्न देख रहे हैं। तब आप कभी भी जीवन के द्वारा पुनः चोट नहीं खाएँगे।

आपने कई जन्मों में कई भूमिकाएँ निभाई हैं। लेकिन वे सब आपका मनोरंजन करने के लिए दी गई थीं — आपको भयभीत करने के लिए नहीं। आपकी अमर आत्मा को छुआ भी नहीं जा सकता। जीवन के चलचित्र में चाहे आप रोएँ, हँसें, कई और भूमिकाएँ निभाएँ, परन्तु अन्तर में आप सदा कहें, "मैं आत्मा हूँ।" यह ज्ञान प्राप्त होने से बड़ी ही सांत्वना मिलती है।

जंगल में भाग जाने मात्र से ही आप सांसारिक जीवन की सच्चाई के मायाजाल से जाग्रत होने की आशा नहीं कर सकते। जो भी भूमिका मिली है उसे आपको जीवन के अन्त तक पूरा करना पड़ेगा। प्रत्येक मनुष्य ब्रह्माण्ड के इस चलचित्र में अभिनय के लिए अपना योगदान दे रहा है। यदि आप प्रसन्न रहना चाहते हैं, तो आपको अपनी भूमिका गौरव, विश्वास और प्रसन्नता के साथ निभानी चाहिए। जब आप ईश्वर में जाग्रत हो जाएँगे तो वे आपको दिखा देंगे कि चाहे आपने उनके सांसारिक नाटक में असंख्य भूमिकाएँ निभाई हों, फिर भी आप वही हैं, बदले नहीं।

* भगवद्गीता II:15।

स्वयं को अपने अनुभवों से पृथक कर लें

ज़रा विचार करें! हर सौ साल में मरने वाले उन डेढ़ सौ करोड़ व्यक्तियों का, जिनमें से प्रत्येक व्यक्ति ने इस ब्रह्माण्डीय चलचित्र में एक विशेष भूमिका निभाई है। वास्तव में, इसके अतिरिक्त प्रत्येक मनुष्य ने एक अलग "गृह सिनेमा" में, अपने निजी चलचित्र में, भी अभिनय किया है। यदि आपको उन सब चलचित्र रूपी जीवनों को गुणा करना हो, जो उन करोड़ों लोगों द्वारा प्रस्तुत किए गए, तो आप उनकी गिनती नहीं कर सकते। परन्तु इस नाटक का एक उद्देश्य है : कि आपको, जीवन-चलचित्र की विभिन्न भूमिकाएँ, अपने आप को अपनी भूमिका से अलग समझते हुए, निभाना सीखना है। यह महत्त्वपूर्ण है कि जो भी पीड़ा अथवा क्रोध या किसी प्रकार का मानसिक अथवा शारीरिक कष्ट आए उसके साथ तादात्म्य स्थापित न किया जाए। अपने कष्टों से स्वयं को पृथक करने का उत्तम तरीका है, स्वयं को मानसिक रूप से अनासक्त करना, जैसे आप मात्र एक द्रष्टा हैं, और साथ में उसका उपाय भी खोजना।

सांसारिक जीवन से विशुद्ध शान्ति और आनन्द प्राप्त करने की आशा न रखें। यह आपकी नई प्रवृत्ति होनी चाहिए : चाहे आपके अनुभव कैसे भी क्यों न हों, उनका निष्पक्ष भाव से आनन्द लें, जैसे कि आप एक चलचित्र का लेते हैं। आपको सच्ची शान्ति एवं आनन्द अपने अन्दर ही खोजने पड़ेंगे। आपके बाह्य अनुभव तो केवल मनोरंजन के लिए होने चाहिए। आप उन सब दुःखदायी अनुभवों में बदल सकते हैं यदि आप अपने मन को वैसा करने की अनुमति दे देते हैं। आपका अच्छा स्वास्थ्य हो और आप इसे बिलकुल भी सराहते न हों। परन्तु यदि आप अस्वस्थ हो जाएँ तो हो सकता है आप उसका महत्त्व समझेंगे कि स्वस्थ होने का अर्थ क्या है। ईश्वर ने जो कुछ भी आपको प्रदान किया है उसके लिए उनका आभार प्रकट करें, विपरीत परिस्थितियों की प्रतीक्षा किए बिना कि वे आपको कृतज्ञ बनाएँ।

आप एक अमर सन्तान हैं। आप इस पृथ्वी पर दूसरों को आनन्दित करने और स्वयं आनन्दित होने के लिए आए हैं। इसलिए जीवन ध्यान और कार्य दोनों का समिश्रण होना चाहिए। यदि आप अपना आन्तरिक सन्तुलन खो देते हैं, तो निश्चित रूप से यही वह समय है जब आप सांसारिक कष्टों के प्रति असुरक्षित हो जाते हैं। ईश्वर के नाम का अपमान मत करें, जिनके प्रतिरूप में आप बनाए गए हैं। अपने मन की अन्तर्जात सहनशीलता को इस प्रतिज्ञापन से जाग्रत करें : "चाहे कैसे भी अनुभव आएँ, वे मुझे छू नहीं सकते। मैं सदा प्रसन्न चित्त हूँ।"

जब मैं पीछे मुड़ कर देखता हूँ और तुलना करता हूँ, तो पाता हूँ कि आज की अपेक्षा तब हमारा जीवन बहुत सरल था, भारत में जब हमने अपना पहला आश्रम एक छोटी मिट्टी की झोंपड़ी में आरम्भ किया था, जिसका किराया एक रुपया था, आज हमारे ऊपर इस बड़े संस्थान की देख-रेख करने का दायित्व है। फिर भी मैं अपना मानसिक संतुलन बनाए रखता हूँ चाहे कैसी भी परीक्षाएँ आएँ। यह याद रख कर कि आप अमर हैं, कठिनाइयों पर हँसना सीखें। "अनेक बार मर जाने पर भी मैं जीवित हूँ, अनेक बार जन्म लेने पर भी मैं अपरिवर्तनशील हूँ।" चाहे आप इस जीवन में कष्ट उठा रहे हों, या समृद्धि और शक्ति से मुस्कुरा रहे हों, आपकी चेतना अपरिवर्तित रहनी चाहिए। यदि आप समत्व को प्राप्त कर लें, तो कुछ भी आपको दुःख नहीं दे सकता। सभी महान् गुरुओं के जीवन दर्शाते हैं कि उन्होंने इस आनन्दपूर्ण अवस्था को प्राप्त कर लिया था।

अनुभूति के साथ यह कह सकने के लिए कि सब कुछ मन में ही है, आपको पहले ईश्वरीय शांति की उस आन्तरिक चेतना को विकसित करना होगा, जो इस जगत् के अनुभवों से अप्रभावित रहती है। उन्हें स्वप्न की भाँति स्वीकार करें और एक ऐसा समय आएगा जब आप पाएँगे कि मात्र आपके प्रबल विचार की शक्ति से, जो कुछ भी आप सोचेंगे वह साकार हो जाएगा। ऐसा करना बहुत कठिन तो है, परन्तु ऐसा किया जा सकता है।

किसी भी तथ्य पर पहुँचने के लिए एक वैज्ञानिक को अनेक प्रयोगों को करने में स्वयं को व्यस्त रखना पड़ता है। परन्तु आध्यात्मिक रूप से विकसित व्यक्ति उस तथ्य का बोध करने में बिना किसी भौतिक प्रक्रिया के ही सक्षम होता है। यदि आप पहले ईश्वर के साथ एक हो जाएँ, तब जो कुछ भी आप सोचेंगे वह प्रकट किया जा सकता है। इस सत्य को जीसस ने अनेक बार प्रदर्शित किया था। उन्होंने ईश्वर के साथ अपने एकत्व की अनुभूति प्राप्त कर ली थी।

पहले ईश्वर पर एकाग्र हों

व्यक्ति की सर्वप्रथम एकाग्रता ईश्वर के साथ ऐक्य पर होनी चाहिए। प्रतिदिन संसार की विभिन्न परिस्थितियों से गुज़रते समय मानसिक रूप से ईश्वर के साथ अपने एकत्व का अभ्यास करें। यदि उस चेतना को विचलित करने के लिए पीड़ा आ जाए तो आपको तर्क करना चाहिए, "अच्छा यदि मैं सो रहा होता तो इस पीड़ा को अनुभव

नहीं करता, तो अब मुझे इस का बोध क्यों होना चाहिए? सभी अनुभव क्षणिक स्वप्न हैं।" इस प्रकार सभी परीक्षणों पर विजय पाने का अभ्यास करें।

एकाग्रता की पहली अवस्था है कि जो कुछ भी आप चाहते हैं उसे अपने मन की आँख से देखने में सक्षम होना। उदाहरण के लिए, मैं इस कमरे को देखना जारी रख सकता हूँ और इस पर एकाग्रता रख सकता हूँ कि मैं आँखें बन्द करने पर भी इस कमरे को ठीक इसी प्रकार देख सकूँ। गहन एकाग्रता का यह प्रथम चरण है, परन्तु अधिकांश लोगों को इसका अभ्यास करने के लिए धैर्य ही नहीं है। मुझमें धैर्य था।

आप निरंतर मानस दर्शन का अभ्यास करते जाएँ तो आप पाएँगे कि आपके विचारों ने मूर्त रूप ले लिया है। ब्रह्माण्डीय नियम इस प्रकार व्यवस्थित हो जाएगा कि आप जो कुछ भी सोचेंगे वही वास्तव में उत्पन्न हो जाएगा, यदि आप ऐसा होने के लिए आदेश करें।

मान लें, मैं एक सेब के विषय में सोच रहा हूँ, और सेब मेरे हाथ में प्रकट हो जाता है। यह एकाग्रता की उच्चतम शक्ति का प्रदर्शन होगा। महान् सन्तजन किसी भी वस्तु को ठीक आपकी आँखों के सामने प्रकट कर सकते हैं, जैसा कि बाबाजी ने किया था जब उन्होंने हिमालय में लाहिड़ी महाशयजी की दीक्षा के समय एक महल को प्रकट कर दिया था।* वह एकाग्रता की शक्ति की अभिव्यक्ति का

* *योगी कथामृत* का 34वाँ अध्याय देखें। प्रख्यात विद्युतीय वैज्ञानिक और आविष्कारक, निकोला टैसला, ने प्रत्यक्ष प्रकटीकरण की सम्भावना को समझा।

उन्होंने लिखा : "बहुत पहले उसने (मानव ने) जाना कि समस्त बोधगम्य पदार्थ एक मूल तत्त्व हैं, अथवा सामान्य विचार से परे सूक्ष्म, जो समस्त *आकाश* अथवा प्रकाशमय ईथर को भरे हुए हैं, जो जीवनदायिनी *प्राण* अथवा रचनात्मक बल द्वारा क्रियाशील होता है, और समस्त वस्तुओं एवं दृश्यों में अनन्त युगों के लिए वह मूल तत्त्व अस्तित्व से आता है।"

"क्या मनुष्य प्रकृति में इस, विशालतम, अत्यधिक विस्मयकारी—प्रेरणादायक, प्रक्रिया को नियंत्रित कर सकता है? क्या वह उसके समस्त कार्यों को उसके आदेशानुसार पूरा करने के लिए उसकी अपार ऊर्जा का उपयोग कर सकता है?"

"यदि वह ऐसा कर सकता तो उसके पास लगभग असीम और अलौकिक शक्तियाँ होतीं। उसके आदेश पर, मात्र थोड़े से अधिक प्रयास से, पुराने संसार लुप्त हो जाते और नए उसकी योजना के अनुसार अस्तित्व में आ जाते। वह अपनी कल्पना, अपने स्वप्नों के गुजरते दृश्यों के अनुसार आकाशीय रूपों को तैयार कर सकता, ठोस रूप दे सकता, और सुरक्षित रख सकता था। वह अपने मन की समस्त रचनाओं को किसी भी मापक्रम पर निश्चित और अक्षय रूपों में व्यक्त कर सकता।"

उच्चतम रूप था। कोई भी उपयुक्त वस्तु बिना प्रयास के और बिना एकाग्रता के प्राप्त नहीं की जा सकती।

शरीर और भौतिक आवश्यकताओं के प्रति संवेदनशील न बनें, और न ही किसी के द्वारा अपने को क्षति पहुँचने दें। अपनी चेतना को अलग रखें। सबके लिए शुभकामनाएँ दें, परन्तु चेतना की उस अवस्था को विकसित करें जहाँ पर कोई भी आपको विचलित न कर सके। प्रतिदिन दूसरों को प्रसन्न करने के लिए प्रयास करें। अपने ज्ञान को दूसरों में बाँटें। जीवन में रुचि कम करने के लिए स्वयं को अनुमति मत दें। एक वस्तु के विषय में सब कुछ सीखें, और सब के विषय में थोड़ा बहुत सीखें। यह जान लें कि जितना अधिक आप खोजेंगे, उतना अधिक पाएँगे, विचारों के साम्राज्य असीम हैं। जिस क्षण आप सोच लेते हैं कि आपने सब कुछ पा लिया है, आपने स्वयं को सीमित कर दिया है। निरंतर खोजते रहें, और आपकी विनम्रता की घाटी में ईश्वर के ज्ञान का सागर एकत्रित हो जाएगा।

सच्चे ज्ञान का विकास करने के लिए जो सबसे प्रभावशाली उपाय आप कर सकते हैं वह इस जगत् को एक स्वप्न के रूप में देखने का अभ्यास करना है। यदि असफलता आती है तो कहिए, "यह स्वप्न है।" फिर असफलता के विचार को अपने मन से निकाल दीजिए। प्रतिकूल परिस्थितियों के बीच सकारात्मक और रचनात्मक विचार एवं कार्यों द्वारा "प्रतिरोध" करने का अभ्यास कीजिए। *तितिक्षा* का अभ्यास करें, जिसका अर्थ अप्रिय अनुभवों के आगे झुकना नहीं है, बल्कि मानसिक रूप से अशांत हुए बिना उनका सामना करना है। जब अस्वस्थ हो जाएँ, तो अपने मन को अशांत किए बिना, जीवन के स्वास्थ्य नियमों का पालन करें। किसी भी कार्य को करने में अविचलित रहें। यदि, जो कुछ भी आपके सामने परीक्षाएँ आएँ उनमें आप स्वप्न के रूप में उसकी विपरीतता को विकसित करने का कठिन परिश्रम करेंगे, तो आप दुःस्वप्न रूपी परिस्थिति को एक सुन्दर अनुभव में बदलने में सक्षम हो जाएँगे। मन की यह स्वतंत्रता तब आएगी जब आप यह

"उसकी इच्छा के अनुसार भौतिक पदार्थों की रचना करना और विनाश करना, जिसके कारण वे रूपों में एकीकृत हुए, मनुष्य के मन की शक्ति का सर्वोच्च प्रकटीकरण होता, उसकी भौतिक जगत् पर अत्यधिक पूर्ण सफलता होती, उसकी सर्वोच्च प्राप्ति होती, जो उसे उसके रचयिता के समकक्ष कर देता, जिसने उसे उसकी परम नियति को पूर्ण कराया।" जे.जे. ओनिल द्वारा सन् 1944 में स्वत्वाधिकृत। *प्रोडीगल जीनियस (Prodigal Genius) पुस्तक से आइव्स वॉशबर्न द्वारा प्रकाशित, डेविड मैकके कंपनी, न्यूयॉर्क की आज्ञा से मुद्रित।*

जान जाएँगे कि ठोस, तरल और पदार्थ के अन्य सभी रूप ईश्वर के विचारों की अभिव्यक्ति हैं।

सच्ची स्वतंत्रता पाने का सबसे उत्तम तरीका है गहन ध्यान करना। आप *सेल्फ़-रियलाइज़ेशन फ़ेलोशिप [योगदा सत्संग सोसाइटी] के पाठों* से सत्यों को पढ़कर ध्यान करना सीख सकते हैं। आपको चीनी का स्वाद कोई और नहीं बता सकता, आपको इसे स्वयं ही चखना होगा।

कल मैं अपने कमरे में बैठा, अपने बीते जीवन को देख रहा था, मैंने अनुभव किया कि बाह्य संसार की प्रत्येक वस्तु जिसने बड़ा सुख देने का वचन दिया था, उसने मुझे धोखा दिया, लेकिन एक वस्तु ने मुझे कभी धोखा नहीं दिया, वह है मेरी आन्तरिक शान्ति। अकथनीय आनन्द का सागर मेरी आत्मा पर हिलोरें लेता है। वर्षों के अपने विभिन्न अनुभवों से मैंने पाया है, कि वह अपरिवर्तनीय आन्तरिक शान्ति मेरे लिए ईश्वर की विद्यमानता का प्रमाण रही है।

मैं यह सोच ही रहा था कि अचानक मैंने एक महान् प्रकाश देखा। अन्य प्रत्येक वस्तु लुप्त हो गई। केवल संवेदना रह गई थी। मेरा हाथ, हाथ नहीं रह गया था, केवल एक संवेदना थी। जब मैंने अपने दोनों हाथों को स्पर्श किया तो कोई मांस नहीं था, केवल संवेदना थी। तब मैं समझा कि मैं केवल विचार बन गया हूँ; मेरे चारों ओर, प्रकाश और कमरा और शरीर का भार — सब कुछ केवल विचार थे।

यह एक बहुत ही सुखद अनुभव था। बीती घटनाओं के लिए मैंने जो भी दुःख और उदासी अनुभव की थी वे सब समाप्त हो गईं, और उनकी जगह केवल स्वतंत्रता का एक महान् भाव रह गया था।

ईश्वर-शान्ति की वह चेतना अनन्त है। यह ही केवल सुख की वास्तविक अवस्था है। अन्य प्रत्येक वस्तु आपको निराश करेगी। अन्य कोई भी वस्तु आपको प्रसन्न नहीं कर सकती क्योंकि केवल ईश्वर-उपस्थिति का आनन्द ही सत्य है।

परम ज्ञान अर्जित करने के लिए प्रत्येक प्रकार के मानवीय अनुभव से गुज़रना आवश्यक नहीं है। आपको दूसरों के जीवन का अध्ययन कर सीखने में सक्षम होना चाहिए। अनन्त घटनाओं के चक्रव्यूह में असहाय रूप से यह पता लगाने के लिए क्यों प्रवेश किया जाए कि इस संसार में ऐसा कुछ भी नहीं है, जो आपको कभी भी सुखी बना सके?

व्यक्ति सत्य को दो तरीकों से सीख सकता है : अनेक अच्छे और बुरे अनुभवों से गुज़रकर, या ज्ञान विकसित करके। जिसे आप प्राथमिकता देते हैं उसे आप चुन लें। भगवान् कृष्ण ने कहा है : "ज्ञान की प्राप्ति तुरन्त सर्वोच्च शान्ति प्रदान करती है।"* जीसस ने कहा : "सर्वप्रथम तू ईश्वर के साम्राज्य की खोज कर।"† यदि आप पहले अन्य किसी वस्तु को खोजते हैं, तो आपका मोह अवश्य भंग होगा। प्रत्येक व्यक्ति तर्क देता है, "ठीक है, दूसरों ने धोखा खाया है, परन्तु मैं नहीं खाऊँगा।" फिर भी उसके साथ धोखा अवश्य होगा। केवल एक ही अनुभव जो सच्चा है, केवल एक ही अनुभव जो आनन्द लाता है, वह है ईश्वर की उपस्थिति की जानकारी।

* भगवद्गीता IV:39।

† *मत्ती* 6:33 (बाइबिल)।

माता एवं पिता में ईश्वर का स्वरूप

भाग एक : माता

सेल्फ़-रियलाइज़ेशन फ़ेलोशिप, सेन डियागो, कैलिफ़ोर्निया, मन्दिर, मातृ दिवस, 11 मई, 1941

आइए, आज हम उन सभी अच्छी माताओं के प्रति आभार व्यक्त करें जिन्होंने अपने बच्चों का स्नेहपूर्वक पालन पोषण किया है। यदि बच्चे माँ द्वारा उन्हें मिले प्रेम पर विचार करें तो वे संसार के सभी बच्चों को वैसा ही स्नेह देने की इच्छा का अनुभव करेंगे। भगवान् करें कि जिन पुत्रों एवं पुत्रियों का पालन पोषण माँ की ममता द्वारा हुआ है वे सब माँ के स्नेह से भर जाएँ, जो कि एक अशर्त प्रेम है, और इसे दूसरों के प्रति भी व्यक्त करें। इस प्रकार, वे शान्ति के साथ विश्व को राहत दे पाएँगे और पृथ्वी पर स्वर्ग को ले आएँगे।

मातृप्रेम हमें मोह के कारण, बिगाड़ने के लिए नहीं, बल्कि हमारे हृदयों को कोमल बनाने के लिए दिया जाता है, जिससे कि बदले में हम दयालुता से दूसरों के हृदयों को कोमल बना सकें, और संघर्षशील आत्माओं को संसार के बंधन की कठिन उलझनों से मुक्त करा सकें। जो असहाय रूप से पापों की बेड़ियों और भयानक कठिनाइयों में हैं, उन्हें हमारे प्रेम एवं दया की आवश्यकता है।

अपनी लौकिक माता के प्रति मेरी सच्ची और पूर्ण भक्ति ही जगन्माता के लिए मेरे प्रेम का पहला कारण थी। इस प्रकार, अपनी माता के लिए मेरे महान् प्रेम ने ही मुझे ज्ञान के प्रकाश की ओर प्रेरित किया।

भारत में, हम ईश्वर को जगन्माता के रूप में संबोधित करना पसन्द करते हैं, क्योंकि एक सच्ची माता, एक पिता की अपेक्षा अधिक दयालु और क्षमाशील होती है। माता ईश्वर के अशर्त प्रेम की अभिव्यक्ति है। ईश्वर के द्वारा माताओं की रचना हमें यह दर्शाने के लिए हुई थी कि वे हमें किसी कारण से, या बिना कारण, प्रेम करते हैं। मेरे लिए प्रत्येक स्त्री जगन्माता की प्रतिनिधि है। मैं प्रत्येक स्त्री में जगन्माता को ही देखता हूँ। मैं स्त्री में उसके मातृप्रेम को सर्वाधिक प्रशंसनीय पाता हूँ। जो लोग स्त्री

को वासना की वस्तु समझते हैं वे उसी अग्नि में नष्ट हो जाते है, परन्तु जो सभी स्त्रियों में जगन्माता के स्वरूप को देखते हैं, वे उनमें एक ऐसी पवित्रता को पाते हैं जिसका उल्लंघन नहीं किया जा सकता। जब आप प्रत्येक स्त्री को अपनी माता के रूप में देख सकेंगे, जैसा कि भारत में हमारे कुछ ईश-प्राप्त सन्तों ने किया, तो आपके हृदय में ईश्वर का सर्वव्यापी प्रेम आ जाएगा।

एक महान् सन्त के कुछ संदेही शिष्यों ने उनकी परीक्षा लेनी चाही, और उनके पास कुछ सुन्दर वेश्याएँ भेज दीं। वे तुरन्त उछल पड़े और पुकारने लगे, "जगन्माता, आप इन रूपों में मेरे पास आई हैं। मैं आप सबको प्रणाम करता हूँ।" वे स्त्रियाँ उनके सामने नतमस्तक हुईं और लज्जित हो गईं। उसी क्षण से उनमें आध्यात्मिक परिवर्तन आ गया।

प्रत्येक पुरुष जो स्त्री को जगन्माता के रूप में देखेगा वह मोक्ष को प्राप्त होगा। एक पति को अपनी पत्नी में जगन्माता की पवित्र सुन्दरता को देखना चाहिए। पत्नी को जगन्माता के रूप में देखने पर वह उसमें एक पवित्र तत्त्व पाएगा जिसे वह पहले नहीं देख पाया था।

ईश्वर ने यदि माताओं में उस दिव्य प्रेम को रोपित न किया होता तो वे अपने बच्चों से प्रेम न कर पातीं। फिर भी इसका श्रेय माध्यम (माता) को भी जाता है, क्योंकि दिव्य प्रेम की बाढ़ का प्रवाह मानवीय माता के माध्यम से ही गुजरता है। सभी महान् सन्तों ने अपनी माताओं का सम्मान किया है। आदि शंकराचार्य* ने, अपनी माता की मृत्यु के उपरान्त, पारिवारिक धार्मिक कर्म-काण्डों के प्रति मठवासियों के लिए निषेधाज्ञा का उल्लंघन किया था और उनके शरीर का दाहसंस्कार दिव्य अग्नि से किया जिसे उन्होंने अपने हाथ से प्रकट किया था।

जगन्माता मानवीय माता के रूप में विद्यमान होकर एक घर को रमणीय बनाती है। क्या यह विचार स्मरण रखने योग्य नहीं है? इसे न भूलें। आपके हृदय में माता का प्रेम निरन्तर विकसित होता रहना चाहिए, जिससे कि जब भी आप किसी स्त्री को देखें तो आप उसे अपनी माता के रूप में देखें। यदि आप स्त्री को वासना रहित आँखों से देखते हैं, तो आप उसके आध्यात्मिक ख़जानों के भण्डार से कुछ ले पाएँगे।

* आदि शंकराचार्य की कृति *जगन्माता से पापों की क्षमा हेतु प्रार्थना* में कहा गया है : "यद्यपि पूत कपूत तो बहुत हैं, परन्तु माता कुमाता कभी नहीं हुई।"

माता को ऐसा प्रेम क्यों दिया गया था? ताकि वह अपने बच्चे को अशर्त प्रेम दे सके। अपने बच्चे से प्रेम करना दिव्य प्रेम करने का केवल एक अभ्यास है। माता सोचती है कि यह उसका अपना बच्चा है, परन्तु वह तो ईश्वर का बच्चा है। जब भी परमात्मा बुलाएँगे बच्चा चला जाएगा। इसलिए प्रत्येक माता जिस प्रेम को अपने बच्चे के लिए अनुभव करती है, उसे संसार के सभी बच्चों तक विस्तृत करना चाहिए।

माता से यह आशा की जाती है कि वह अपने पुत्र की देखभाल करे, और पुत्र को अपनी माता का आदर करने के लिए कहा जाता है; परन्तु मैं कहता हूँ कि पुत्र न केवल अपनी माता से प्रेम करे बल्कि सभी माताओं को जगन्माता की अभिव्यक्ति के रूप में देखे।

प्रत्येक माता को यह स्मरण रखना चाहिए कि उसके माध्यम से अशर्त दिव्य प्रेम प्रवाहित हो रहा है और वह धन्य है। उसे यह समझना चाहिए कि जो प्रेम वह दे रही है वह उसका अपना नहीं है, बल्कि वह उसमें जगन्माता का प्रेम है। उसे अपने बच्चों पर गर्व होना चाहिए, परन्तु उसे केवल अपने पुत्रों और पुत्रियों को ही प्रेम प्रदान करने तक सीमित नहीं रह जाना चाहिए। माँ को चाहिए कि वह दिव्य अशर्त प्रेम सभी को प्रदान करे। आपके लिए आज मेरा यही संदेश है।

माताओं, आपको गर्व होना चाहिए कि जगन्माता ने संसार को प्रत्यक्ष रूप से प्रेम देने के लिए आपका रूप धारण किया है, केवल आपके बच्चों को ही नहीं, अपितु पृथ्वी के सभी बच्चों को प्रेम देने के लिए। तब आप वास्तव में धन्य होंगी, और यह सोचने की अपेक्षा कि आपका एक बच्चा है, या पाँच बच्चे हैं, आप अनुभव करेंगी कि "पूरे विश्व में मेरे अनेक बच्चे हैं।" ऐसे बोध में आप जगन्माता के साथ एक हैं।

जो माता ईश्वर के सभी बच्चों को अपना समझती है वह एक नश्वर माता नहीं रह जाती। वह अमर माँ बन जाती है। सभी नारी सन्त जन ऐसी ही हैं। एक दिन उनको यह बोध हो जाता है, "अपने बच्चे के प्रति जिस महान् प्रेम का मैं अनुभव करती हूँ अब उसे मैं सभी के लिए अनुभव करती हूँ। अब मैं जान गई हूँ कि मैं यह शरीर नहीं हूँ, बल्कि जगन्माता की एक अभिव्यक्ति हूँ।" सोचिए आप क्या कुछ कर सकती हैं! एक सामान्य स्त्री से जगन्माता! और क्यों नहीं? जगन्माता ने आपको अपने प्रतिबिम्ब में बनाया है और आपको उनका असीम प्रेम समस्त मानव जाति को प्रदान करके उस छवि को व्यक्त करना ही चाहिए।

भाग दो : पिता

सेल्फ़-रियलाइज़ेशन फ़ेलोशिप मन्दिर, हॉलीवुड, कैलिफ़ोर्निया,
पितृ दिवस, 18 जून, 1944

पितृ दिवस पर हम परमपिता के प्रति अपनी निष्ठा की प्रतिज्ञा करते हैं। जबकि मानवीय पिता का प्रेम सदैव अशर्त नहीं होता फिर भी उनका प्रेम विवेक, नियम के प्रति निष्ठा तथा दूसरों की सुरक्षा करने की इच्छा से मार्गदर्शित होता है। विवेक, नियम और सुरक्षा के परमपिता का हम आज सम्मान करते हैं, जो सभी अच्छे मानवीय पिताओं में प्रतिनिधित्व पाते हैं।

पिता को सदा स्मरण रखना चाहिए कि वह मात्र एक मानवीय पिता नहीं है; बल्कि परमपिता का प्रतिनिधि है। उस परमपिता को मैं अपनी श्रद्धा अपिर्त करता हूँ। समस्त पिताओं के पीछे वे ही हैं। इसलिए प्रत्येक पिता को यह समझना चाहिए कि यह उसका उत्तरदायित्व है कि वह उचित व्यवहार करे, क्योंकि यदि उसका मन माया और गलत विचारों द्वारा काला हो गया है तो ईश्वर का पारदर्शी प्रकाश उसमें प्रवाहित नहीं हो सकता। उसे स्वयं को पवित्र रखना चाहिए, क्योंकि उसके और अन्य सभी पिताओं के द्वारा ही परमपिता पृथ्वी के अपने बच्चों की देखभाल करते हैं।

एक मानवीय पिता का तन और मन परमपिता का मन्दिर होना चाहिए। परमात्मा का एक माध्यम होने के नाते, पिता अपनी महानतम सृजनात्मक भूमिका तब निभाता है जब वह अपने बच्चों में ऐसे विचारों को रोपित करता है जो उन्हें ईश्वरानुभूति की ओर ले जाते हैं।

सन्तान उत्पन्न करना कोई अद्वितीय उपलब्धि नहीं है; ऐसा तो पशु भी करते हैं। परन्तु दिव्य प्रेम के स्तर पर तथा आध्यात्मिक चेतना में बच्चों को पैदा करना एक महत्त्वपूर्ण उपलब्धि है। पशुओं के प्रजनन का भी कदाचित कोई विधान है, परन्तु अनेक मानवीय बच्चे कामुकता और संयोगवश अथवा भावुकता तथा बुरे कारणों से पैदा होते हैं। वे पवित्र और आदर्श कैसे हो सकते हैं? चोर और अन्य अपराधी प्रायः वे बच्चे होते हैं जो कामुकता के कारण पैदा हुए थे, यद्यपि कभी-कभी कोई अच्छी आत्मा भी होती है।

उदाहरण सर्वोत्तम शिक्षक है

चरित्र-निर्माण विद्यालयों और महाविद्यालयों में सिखाया जाना चाहिए, परन्तु पिताओं को जानना चाहिए कि विद्यालयों की शिक्षा की अपेक्षा उदाहरण अधिक महत्त्वपूर्ण है। किसी को अपने बच्चे को यह नहीं कहना चाहिए, "जैसा मैं करता हूँ वैसा मत करो, बल्कि जो मैं कहता हूँ उसे करो।" यदि आप चाहते हैं कि आपका बच्चा धूम्रपान न करे, तो आपको स्वयं भी धूम्रपान नहीं करना चाहिए। यदि आप चाहते हैं कि आपका बच्चा उदार और मृदुभाषी बने, तो आप अपनी पत्नी से अधीर होकर न बोलें, क्योंकि बच्चा आपके उदाहरण पर ध्यान देता है। वाणी एवं विचारों में सौम्य बनें क्योंकि आपके बच्चे की देखभाल के लिए परमपिता ने ही आपका रूप धारण किया है।

जब पिता तानाशाही, कर्कशता के साथ अपने बच्चे से बोलने को प्रवृत्त होने लगे तो उसे याद रखना चाहिए, "क्योंकि मेरी वाणी परमपिता के द्वारा उपयोग करने के लिए बनी है, इसलिए मुझे शैतान, अज्ञानता के पिता को अपने द्वारा अधम, अविवेकपूर्ण कठोर वाणी बोलने की अनुमति कदापि नहीं देनी चाहिए। मुझे अपने बच्चों का सदा, सत्य में प्रेमपूर्वक विश्वास कराते हुए, मार्गदर्शन करना चाहिए। मेरा मन एक पारदर्शी शीशे की भाँति होना चाहिए जिसमें से परमपिता के ज्ञान का प्रकाश चमकता है।"

पृथ्वी पर शान्ति लाने के लिए हमें ईश्वर रूपी पिता के ज्ञान का और ईश्वर रूपी माता के प्रेम का प्रयोग करना चाहिए। एक अच्छा पिता कदापि अपने बच्चों को मारने के लिए नहीं सोच सकता; और यदि सभी पिता अपने हृदय को ईश्वरीय पिता के प्रेम से भर लें, जो समस्त राष्ट्रों की अपनी सन्तानों की देख-भाल करते हैं, तब कैसे कोई युद्ध हो सकता है? प्रेम वह आध्यात्मिक हथियार है जिसके द्वारा समस्त युद्ध समाप्त किए जा सकते हैं।

ईश्वर से प्रेम करने के लिए मैंने अपनी वाणी, अपनी आँखें, अपने हाथ, अपने पैर, अपना हृदय, अपना शरीर, अपनी भावनाएँ, अपनी इच्छाएँ — अपना पूर्ण अस्तित्व, ईश्वर को समर्पित कर दिया है। मैं सभी पिताओं से कहता हूँ : "जब आप अहंकार को नष्ट कर देंगे, तो आप परमपिता के सुरक्षात्मक स्वभाव और ज्ञान को अपने द्वारा कार्य करते हुए अनुभव करेंगे।"

देखने वाली आँखों से सृष्टि का अवलोकन

सेल्फ़-रियलाइज़ेशन फ़ेलोशिप, अन्तर्राष्ट्रीय मुख्यालय, लॉस एंजिलिस, कैलिफ़ोर्निया 17 अगस्त, 1939

ईश्वर का विश्व वास्तव में अद्भुत है। इसी में वे सृष्टि के अपने समस्त कौतुक कर रहे हैं। इस संसार में एक चलती-फिरती "लाश" न बनें, ईश्वर एवं उनके माध्यम, मानव, ने जो कुछ यहाँ बनाया है उसका अवलोकन, विश्लेषण और उसकी प्रशंसा करें। विश्व की संरचना कितनी जटिल है! इस पर विचार करें कि किस प्रकार हमारी रचना हुई है, और किस सुव्यवस्थित ढंग से ब्रह्माण्डीय नियम के अनुसार सृष्टि की सम्पूर्ण कार्य-प्रणाली परिचालित होती है।

हम सभी पुष्पों को देखते हैं और उनकी सुन्दरता का आनन्द लेते हैं, परन्तु पुष्पों की उत्पत्ति का कारण क्या है कौन जानता है? प्रतिदिन व्यक्ति जो कुछ भी देखता है, अथवा उसका उपयोग करता है — चाहे वह एक रुमाल हो, एक वाद्ययन्त्र हो, एक घर हो, या एक वृक्ष हो — उसे प्रश्न करना चाहिए और उस पर विचार करना चाहिए कि वह वस्तु किस पदार्थ से, किस साधन से बनी है। कारों को हम सहज स्वीकार कर लेते हैं, परन्तु यदि आप उन कारख़ानों में जाएँ जहाँ इनका निर्माण होता है, तो आप जानेंगे कि स्वचालित वाहन कितने जटिल हैं। ज़रा इस पर भी विचार करें कि दैनिक समाचार पत्र के लिए प्रयुक्त कागज किस प्रकार बना है और उस पर छपाई करने वाली मशीनें कितनी जटिल होती हैं — कोई भी मानवीय हाथ इतनी शीघ्रता से कार्य नहीं कर सकता।

और यदि प्रतिदिन की मानव द्वारा बनाई गई वस्तुंओ की रचना इतनी जटिल हो सकती है, तो पौधों, पशुंओ और मनुष्यों की रचना कितनी अधिक जटिल होगी! सरल प्रतीत होने वाले मानवीय शरीर की संरचना, उसके कार्यों एवं उसकी आवश्यकताओं को समझने के लिए चिकित्सा विज्ञान के दस वर्षों के अध्ययन की आवश्यकता पड़ती है। यहाँ तक कि अनौपचारिक विश्लेषण भी चकित करने वाले कई रहस्य प्रकट करता है, यद्यपि मैं कभी-कभी सोचता हूँ कि ईश्वर इसमें कुछ सुधार कर सकते थे!

जब एक पौधा एक शीशे के बर्तन के पानी में विकसित होता है, तो व्यक्ति देख सकता है कि इसकी जड़ें बालों की तरह होती हैं। जड़ों में ईश्वर प्रदत्त बौद्धिक शक्ति द्वारा पौधा मिट्टी और पानी से अपनी वृद्धि के लिए भोजन प्राप्त कर लेता है। एक उलटे पौधे की भाँति, मनुष्य भी इसी प्रकार अपने बालों द्वारा शरीर के लिए उपयोगी विद्युत प्रवाहों को ग्रहण कर लेता है।*

क्या यह आश्चर्यजनक नहीं है कि जो रस पौधे की पत्तियों का पोषण करता है वह गुरुत्वाकर्षण के विरुद्ध ऊपर की ओर चढ़ता है? वृक्षों के तने की छाल हटाने पर, उन नलियों की जटिल कार्य-प्रणाली को देखा जा सकता है, जिनमें यह रस बहता है। जो इस भरण-पोषण और वर्धन की प्रक्रिया को बनाए रखता है उस रहस्य को जीवन कहते हैं। जब मैं ईश-चेतना की समाधि में होता हूँ, तो मैं इस जीवन को घास की एक पत्ती में भी देखता हूँ। मैंने सपने में भी नहीं सोचा था कि मैं सृष्टि के इन छिपे आश्चर्यों को देख सकूँगा! इन आश्चर्यों पर ध्यान देने से व्यक्ति ईश्वर के कार्यों पर आश्चर्यचकित हो जाता है।

सुविचारित सूक्ष्मता के साथ ईश्वर ने प्रत्येक सजीव वस्तु की संरचना का और उसके स्वरूप को सुव्यवस्थित ढंग से बनाए रखने के लिए आवश्यकताओं का विधान बनाया है। यदि इन आवश्यकताओं में कुछ कमी आ जाती है — उदाहरणार्थ भोजन की — तो पौधों, पशुओं और मनुष्यों को कष्ट झेलना पड़ता है। एक सामान्य व्यक्ति अपने शरीर की आवश्यकतानुसार अपने भोजन से सभी विभिन्न रसायनिक तत्वों को प्राप्त कर लेता है; परन्तु कई आहार के उल्लंघन करने वाले होते हैं जिनके भोजन में सभी आवश्यक तत्त्व नहीं होते, या उनका यथोचित सन्तुलन नहीं होता। असन्तुलित पौष्टिकता वाला भोजन मनुष्य में सभी बीमारियों के मुख्य कारणों में से एक है। आहार में कमी का प्रभाव किसी पौधे पर प्रायः शीघ्र ही उस समय देखा जा सकता है जब उसके भोजन से किसी आवश्यक रसायन को निकाल दिया जाता है।

* "भौतिक शरीर, केश रूपी जड़ों, मेरुदण्ड़ रूपी तने, नाड़ी रूपी शाखाओं, एवं हाथों और पैरों रूपी डालियों, के साथ एक उलटे वृक्ष के समान लगता है।...कुछ योगी अपने केशों को नहीं काटते अपितु उन्हें लम्बा रखते हैं, ताकि वे आकाश से अधिक मात्रा में ब्राह्माण्डीय किरणों को ग्रहण कर सकें। डेलिलाह द्वारा सैमसन के बाल काट दिए जाने पर उसका इस अति मानवीय शक्ति को खो देना संभवतः इस बात की पुष्टि करता है कि उसने कुछ यौगिक अभ्यास किए होंगे जिससे आकाश से ब्रह्माण्डीय ऊर्जा को ग्रहण करने के लिए व्यक्ति के केश संवेदनशील एंटीना में बदल जाते हैं।" — परमहंस योगानन्द, *सेल्फ़-रियलाइज़ेशन* पत्रिका, मई-जून, 1963।

मनुष्य और अन्य सभी सजीव वस्तुओं के बीच अत्यन्त महत्त्वपूर्ण आदान-प्रदान होता है। अनादिकाल से भारत में मृत शरीर का दाह-संस्कार करने और अस्थियों को विसर्जित करने की प्रथा है। इस प्रकार मानव धरती माता का पोषण करता है और बदले में उसके पौधे मनुष्य का पोषण करते हैं।

मनुष्यों एवं वृक्षों में परस्पर आदान-प्रदान सुप्रसिद्ध है। मनुष्य श्वास द्वारा ऑक्सीजन लेता है और कार्बन डाईऑक्साइड छोड़ता है।* वृक्ष कार्बन-डाईऑक्साइड और पानी सोखते हैं और उन्हें संचित करते हैं, जिसे वे प्रकाश-संश्लेषण (photosynthesis) की प्रक्रिया द्वारा तोड़ कर कार्बोहाइड्रेट (भोजन) की रचना करते हैं। इस प्रक्रिया में वे ऑक्सीजन छोड़ते हैं, जो मनुष्य के लिए अत्यावश्यक है।† प्रकाश-संश्लेषण, सूर्य के प्रकाश पर निर्भर होने के कारण, रात्रि में बंद हो जाता है। तथापि, एक अन्य कार्य-प्रणाली के द्वारा, जिसे श्वसन क्रिया कहते हैं, वृक्ष वायुमण्डल में निरन्तर कार्बन-डाईऑक्साइड छोड़ते रहते हैं, विशेषकर रात्रि के समय, जब कार्बन-सोखने (carbon absorbing) का प्रतिकूल प्रभाव होता है, तब ऑक्सीजन उत्पन्न करने वाला प्रकाश-संश्लेषण नहीं होता। चूँकि रात्रि में वायु प्रायः स्थिर रहती है, इसलिए भारी कार्बन-डाईऑक्साइड गैस भूमि की सतह के समीप एकत्रित हो जाती है। शायद इसी कारण, पलग पर अर्थात् भूमि की सतह से ऊपर सोने की प्रथा प्रारम्भ हुई थी।

भौतिक इन्द्रियों की सीमाएँ

विज्ञान ने हमें हमारे विश्व की जटिल क्रिया-प्रणाली के विषय में, और हम सब जिस पदार्थ से बने हैं, उसके विषय में बहुत कुछ सिखाया है, परन्तु अभी भी बहुत-सा ज्ञान प्रकट होना शेष है। यदि हम अपनी ज्ञानेन्द्रियों (sensory organs) की छिपी हुई अपनी शक्तियों को विकसित कर लें तो हम और अधिक ज्ञान प्राप्त कर सकते हैं और उसके महत्त्व को समझ सकते हैं। जिन वस्तुओं को हमें अपनी आँखों से देखना चाहिए उन्हें हम नहीं देख पाते, जो हमें अपने कानों से सुनना चाहिए उन्हें हम नहीं सुन

* कार्बन-डाईऑक्साइड की अधिक मात्रा शरीर के लिए विषैली है। फिर भी, कार्बन-डाईऑक्साइड की थोड़ी मात्रा ख़ून में रहती है, और वह शारीरिक रसायन के नियन्त्रक के रूप में जीवन के लिए महत्त्वपूर्ण है। *(प्रकाशक की टिप्पणी)*

† "यह पूर्णतया संभव है कि हमारी सम्पूर्ण पूर्ति के लिए मुक्त ऑक्सीजन जो कि वायुमण्डल का पाँचवा भाग है, प्रकाश-संश्लेषण (photosynthesis) द्वारा पूरा होता है।" — *एन्साइक्लोपीडिया ब्रिटानिका*।

पाते, क्योंकि हमारी इन्द्रियाँ सीमित स्थूल भौतिक जगत् का अनुभव करने की बहुत ज्यादा अभ्यस्त हैं, और उसके साथ अत्यधिक आसक्त हैं। उस आसक्ति से स्वतंत्रता इन्द्रिय सुखों की नकारात्मकता नहीं है, बल्कि यह ईश्वर प्रदत्त इन्द्रिय शक्तियों को उनकी पूर्णतम आध्यात्मिक क्षमता तक विस्तार करने का अवसर प्रदान करती हैं।

भौतिक स्तर पर मनुष्य ने अपनी देखने की शक्ति को बढ़ाने के कई तरीके खोज लिए हैं। बिना किसी सहायता के भौतिक नेत्र रंग के केवल सीमित प्रभावों को देख पाता है। तथापि, पराबैंगनी प्रकाश (ultraviolet light) में, नीरस दिखाई देने वाले चट्टान के टुकड़े जिनमें कुछ खनिज पदार्थ विद्यमान होते हैं, विभिन्न चमकीले रंग दिखाएँगे। पराबैंगनी प्रकाश को हटा दें तो वे चट्टानें मूल मन्द रंग में दीखने लगती हैं। भौतिक जगत् के अनेक रंग, जैसे कि आकाश का नीला रंग, वास्तव में दृष्टि-भ्रान्तियाँ हैं जो विभिन्न प्रकार के कणों पर पड़े प्रकाश के परावर्तन (reflection) से उत्पन्न होती हैं। आपके नेत्र क्योंकि सृजनात्मक स्पन्दनों, जो सृष्टि की प्रत्येक वस्तु को बनाते हैं, की केवल सीमित मात्रा को ही ग्रहण कर पाते है, आप प्रकाश के सूक्ष्म रंगों को नहीं देख पाते,* जो आपके चारों ओर प्रत्येक वस्तु में अप्रत्यक्ष रूप से विद्यमान हैं। यदि आप उन्हें देख पाएँ, तो आप उनकी सुन्दरता पर आश्चर्यचकित हो जाएँगे। यहाँ तक कि पृथ्वी के अत्यधिक भव्य रंग भी सूक्ष्म लोक के उज्ज्वल रंगों की तुलना में भद्दे, स्थूल, और फीके लगते हैं।

इस प्रकार न तो आपकी आँखें और न ही आपके कान प्रत्येक संभव वस्तु को देख-सुन पाते हैं। आप सूक्ष्म सुगंधों को नहीं सूंघ सकते, और न ही अपनी अन्य भौतिक इन्द्रियों से आप आकाश से गुजरते असंख्य सूक्ष्म रूपों और आकृतियों को देख सकते हैं। यदि इस क्षण यहाँ सन्त फ्रांसिस भी अपने सूक्ष्म शरीर में होते तो आप उन्हें न देख सकते, न सुन सकते और न ही उन्हें स्पर्श कर सकते हैं। फिर भी सामान्य इन्द्रियों की सीमाओं से परे जाना संभव है, क्योंकि मैंने उन्हें देखा है।

प्रायः व्यक्ति उन वस्तुओं को भी पहचान नहीं पाता जिन्हें उसकी इन्द्रियाँ जान सकती हैं। जिन व्यक्तियों की ग्रहणशील दृष्टि होती है वे सब जगह सुन्दरता का आनन्द लेते हैं। दूसरे इस प्रकार व्यवहार करते हैं, जैसे वे दृष्टिहीन हों, यहाँ तक कि एक सुन्दर स्थान में भी वे कुछ "देखने" में असफल होते हैं। जब मैंने मैक्सिको की

* प्रत्येक भौतिक प्राणी और वस्तु एवं स्पन्दन में उसका एक सूक्ष्म प्रकाशमय प्रतिरूप होता है, जो कि ज्योतिर्मय प्राणिक अणु (Lifetrons) ऊर्जा से बना होता है।

यात्रा की और ज़ोकिमिल्को झील (xochimilco lake)* के "तैरते बग़ीचे" देखे, तो उनकी सुन्दरता ने मेरे हृदय को दैवी चित्रकार के बोध से भर दिया। मेरे पास खड़ा दूसरा व्यक्ति भी इतना ही तल्लीन लग रहा था। फिर भी मेरे अन्तर्मन ने मुझे बताया कि वह व्यक्ति वह नहीं देख रहा था जिसे मैं देख रहा था, अतः मैंने उस सुन्दर दृश्य के प्रति उसकी प्रतिक्रिया पूछी। उसने उत्तर दिया "मैं सोच रहा हूँ कि किस प्रकार पानी निकाल कर अधिक भूमि बनाई जाए।" एक अभियन्ता (इंजीनियर) होने के नाते वह झील को अपने दृष्टिकोण से देख रहा था। इस प्रकार, हम वस्तुओं को अपनी विभिन्न मानसिकताओं और मनोदशाओं के अनुसार देखते हैं।

प्रत्येक आत्मा संवेदनोंओ, विचारों और भावनाओं — जो व्यक्ति के अस्तित्व अथवा चेतना का निर्माण करते हैं — के मिश्रित स्पन्दन में बन्द है। प्रत्येक व्यक्ति की एक भिन्न रचना है, एक भिन्न स्पन्दन है। अपने बचपन से लेकर आज तक जो कुछ भी आपने किया है, वह सब प्रवृत्तियाँ बन कर आपके मस्तिष्क में एक लघु तालिका के रूप में संचित हैं। ये आपको जैसे आप हैं वैसा ही बनाती हैं। चूँकि हम इस तालिका के प्रारूप को नहीं देख पाते, हमें आश्चर्य होता है कि लोग ऐसा व्यवहार क्यों करते हैं। कुछ लोग अचानक प्रफुल्लित हो जाते हैं, अथवा अकारण क्रोधित या चिड़चिड़े हो जाते हैं, और वे स्वयं भी इसका कारण नहीं जानते। कुछ सदा गप्पें मारने या दूसरों की आलोचना करने में व्यस्त रहते हैं, जबकि उनके अपने आन्तरिक "घर" में "घर की सफ़ाई" करने का काम बाकी होता है! मस्तिष्क में अदृश्य तालिका लघु रूप में विद्यमान प्रवृत्तियाँ प्रत्येक व्यक्ति को एक निर्धारित ढंग से व्यवहार करने को बाध्य करती हैं। वे आत्मा को दबा देती हैं, और व्यक्ति के वास्तविक स्वरूप को व्यक्त होने से रोकती हैं। मनुष्य कितना जटिल है! प्रत्येक व्यक्ति अपने आपमें एक पूर्ण उपन्यास है।

विचारों की अनन्त अन्तःशक्ति

मानव से यह अपेक्षा की जाती है कि वह इस जीवन से खाने, सोने एवं कार्य करने के अतिरिक्त कुछ और प्राप्त करें। विचारक जीवन के विषय में आश्चर्यचकित होने लगते हैं। वे देखते हैं और प्रश्न करते हैं कि कोई भी घटना किसी विशेष प्रकार से क्यों होती है, अथवा क्यों नहीं होती। हमारे दांत पहली बार निकलते हैं, और फिर

* ये बग़ीचे अब स्थायी टापू बन गए हैं, लम्बे समय की विद्यमानता के कारण पौधों की जड़ें छिछली झील की तल में जम गई हैं।

दूसरी बार निकलते हैं, तब तीसरी बार क्यों नहीं? इस व्यवस्था का क्या कारण है? मनुष्य के द्वारा भौतिक सीमाओं के अनेक भ्रामक विचारों के प्रति निर्विवाद स्वीकृति के कारण वे सीमाएँ उसके वर्तमान जीवन को नियंत्रित करने लगती हैं। विचारक "अवश्यम्भावी" को स्वीकार नहीं करते, वे उसे बदलने का प्रयास करते हैं। इस घटक के द्वारा ही प्रगति संभव है।

जब मैं विशाल उत्पादन केन्द्रों, आश्चर्यजनक आविष्कारों, और अन्य असाधारण मानवीय उपलब्धियों को देखता हूँ तो मैं आनन्दित हो उठता हूँ। मानव के मस्तिष्क से कितना कुछ उत्पन्न हुआ है! और मस्तिष्क जो कुछ भी उत्पन्न करता है, स्वयं उससे भी अनन्त गुना अधिक जटिल है।

किसी राजा के विषय में एक कहानी है जो अपने प्रधान मंत्री के लिए इतना प्रेमपूर्ण सम्मान प्रदर्शित करता था कि राजसभा के अन्य लोग राजा के प्रत्यक्ष पक्षपात को देख कर ईर्ष्या करते थे। जब राजा को यह पता चला तो वह अन्य लोगों को यह बताना चाहता था कि वह मंत्री उसका स्नेहपात्र *क्यों* था। कुछ दूरी पर एक संगीत की धुन सुनाई दे रही थी और राजा ने अपने एक दरबारी से कहा, "जरा पता लगाओ कि वहाँ क्या हो रहा है।" कुछ समय पश्चात् वह व्यक्ति यह सूचना लाया कि वहाँ एक विवाह समारोह हो रहा है। राजा ने फिर पूछा, "किसका विवाह हो रहा है?" वह दरबारी नहीं जानता था इसलिए दूसरे दरबारी को भेजा गया। दूसरा दरबारी राजा के इस प्रश्न का उत्तर ले आया, परन्तु राजा ने एक और प्रश्न किया तो वह उसका उत्तर नहीं दे पाया। एक के बाद दूसरे दरबारी के साथ ऐसा ही होता रहा। अन्त में, राजा ने अपने प्रधानमंत्री को बुलाया और उससे कहा कि पता लगाकर आओ कि वहाँ क्या हो रहा है? जब वह मंत्री वापस आया तो राजा ने उस पर प्रश्नों की बौछार लगा दी, उस सचेत और परिपूर्ण मंत्री ने प्रत्येक प्रश्न का सन्तोषजनक उत्तर दिया।

अनेक लोग उन अज्ञानी दरबारियों की तरह मन्दबुद्धि वाले होते हैं। यह ज़रूरी नहीं कि वे मूर्ख हों, बल्कि प्रत्यक्ष आवश्यकता के परे कोई प्रयास करने में मानसिक रूप से बहुत आलसी होते हैं। मैं शारीरिक आलस्य को क्षमा कर सकता हूँ, (क्योंकि उसका कोई उचित शारीरिक कारण हो सकता है) परन्तु मानसिक आलस्य के लिए कोई बहाना नहीं है! मानसिक रूप से आलसी लोग सोचना पसन्द नहीं करते, क्योंकि उनको वह भी बहुत अधिक कार्य लगता है।

विचार लुभावना होता है। कोई भी व्यक्ति मन की सभी प्रवृत्तियों और अनुभूतियों को कभी भी सारणीबद्ध नहीं कर सकेगा, इसकी क्षमता अनन्त है। फिर भी मन किसी मूल विचार को नहीं सोच सकता : एक भी ऐसा विचार नहीं है जिसे ईश्वर ने अपनी भूत, वर्तमान अथवा भविष्य में आने वाली सृष्टियों की कल्पना करने से पहले ही उत्पन्न न कर लिया हो। इसलिए यदि आप किसी विषय पर पर्याप्त गहनता से चिन्तन करते हैं, तो इसके विषय में किसी भी प्रश्न का उत्तर मिल जाएगा।

आपको चिन्तन के साथ-साथ अनुभव भी अवश्य करना चाहिए, यदि विचारों के साथ आप उसे अनुभव नहीं करते तो आप उचित निष्कर्ष पर पहुँचने में सदा सफल नहीं हो पाएँगे। अनुभूति अन्तर्ज्ञान की एक अभिव्यक्ति है, जो सम्पूर्ण ज्ञान का भण्डार है। अनुभूति और विचार अथवा तर्क सन्तुलित अवश्य होने चाहिए, केवल तभी आपके अन्दर ईश्वर का दिव्य प्रतिबिम्ब, आत्मा अपने पूर्ण स्वभाव को व्यक्त करेगी। अतः योग व्यक्ति को अपने अनुभव और तर्क की शक्तियों को सन्तुलित करना सिखाता है। जिस व्यक्ति में ये दोनों शक्तियाँ बराबर नहीं हैं वह पूर्ण रूप से उन्नत व्यक्ति नहीं है।

ईश्वर-चेतना में प्रत्येक वस्तु सुन्दर बन जाती है

अपनी किशोरावस्था में, मैं प्राकृतिक दृश्य देखने के लिए जाया करता था, परन्तु मेरी रुचि केवल मन्दिरों में होती थी। ध्यान के अभ्यास द्वारा जब मेरी चेतना में परिवर्तन आया, तो मैंने संसार को एक भिन्न दृष्टिकोण से देखना आरम्भ किया, मुझे प्रत्येक वस्तु रूपान्तरित और रोचक लगने लगी। अब मैं समस्त सृष्टि के पीछे अपने परमपिता के साम्राज्य को देखता हूँ। यह इस संसार के किसी भी स्वप्न से कहीं अधिक सम्मोहक है! और कभी-कभी तो मैं प्रभु के साम्राज्य की सुन्दरता को स्थूल भौतिक जगत् के द्वारा प्रदर्शित होते देखता हूँ।

जैसे-जैसे आप आध्यात्मिक रूप से उन्नत होते जाते हैं और ईश्वर के समीप आते जाते हैं, तो वे आपके समक्ष अधिक से अधिक सृष्टि के आश्चर्यों को प्रकट करते हैं। यहाँ तक कि फ़सल कटने के पश्चात् गेहूँ के खेत में भद्दी और निर्जीव दिखाई देने वाली डंडियों में भी आप जीवन देखेंगे। उन्होंने अपनी भूमिका वहाँ निभा दी और वे सामान्य

दृष्टि के लिए बेकार हो गईं, परन्तु दिव्य दृष्टि* द्वारा आप बाहरी रूप से निर्जीव वस्तु में भी नृत्य करते हुए इलेक्ट्रॉन एवं प्रोटॉन के सुन्दर रंगों को देख पाएँगे।

प्रत्येक भौतिक वस्तु के पीछे रंगीन प्रकाश का एक सूक्ष्म प्रारूप होता है। सूक्ष्म जगत् में प्रत्येक वस्तु गतिमान है, प्रत्येक वस्तु सजीव है, वहाँ कुछ भी "मृत" नहीं कहलाता। यहाँ तक कि भौतिक जगत् में भी मृत्यु, जीवन का अन्त नहीं है, यह केवल एक भिन्न शरीर में परिवर्तन है। "निर्जीव" वस्तु में भी जीवन स्पन्दित होता रहता है। मृत पशुओं की हड्डियों में मैंने चमकीले रंगों और स्पन्दित होते हुए प्रकाश को देखा है।

आप केवल सृष्टि के पीछे छिपे ईश्वर की निर्माणशाला से प्रकट होते स्थूल भौतिक उत्पादों को ही देख पाते हैं, परन्तु यदि आप उस निर्माणशाला में ही चले जाएँ, तो आप देखेंगे कि कितने अद्भुत ढंग से इस संसार में प्रत्येक वस्तु का प्रकटीकरण होता है।

सृष्टि के पीछे की निर्माणशाला कल्पनातीत है, सम्पूर्ण विश्व ईश्वर के मन में एक विचार मात्र है! कितना सरल है यह, फिर भी आकाश-गंगाओं का संचालन गणित से होता है, जिसकी मानव कल्पना भी नहीं कर सकता। प्रत्येक वस्तु पूर्ण व्यवस्था से चलती है। सृष्टि में कितनी अद्भुत विराट बुद्धि अभिव्यक्त हुई है! अनन्त प्रत्येक वस्तु में कार्यरत है। जीवन कहलाने वाले गति के समस्त विभिन्न भँवर उस ब्रह्माण्डीय प्रज्ञा द्वारा नियंत्रित होते हैं।

प्रत्येक सौ वर्षों में लगभग डेढ़ अरब लोग इस पृथ्वी को छोड़कर चले जाते हैं और इससे अधिक जन्म ले लेते है। इस प्रकार, पूर्ति और माँग की कितनी जटिलताएँ उत्पन्न हो जाती हैं! तो भी, उस दैवी प्रज्ञा ने मानव की आवश्यकतानुसार पर्याप्त भोजन की व्यवस्था की है। पृथ्वी पर दुःख और अभाव के लिए मात्र मानव ही जिम्मेदार है। अब तक यहाँ हमारे पास स्वर्ण युग हो सकता था — जिसमें प्रत्येक व्यक्ति के जीवन की सभी आवश्यकताएँ पूरी हो गई होतीं और स्वस्थ तथा, बुद्धिमत्ता से संचालित, शान्ति एवं सुख से जीवन व्यतीत करता होता। परन्तु मानव के स्वार्थ ने, और अयोग्य व्यक्तियों के हाथ में सत्ता आ जाने के कारण यह सम्भावना नष्ट हो जाती है। अब्राहम लिंकन ने सरकार के उच्चतम आदर्श को अभिव्यक्त किया था जब उन्होंने कहा था कि यह, "जनता की, जनता के द्वारा और जनता के लिए" होनी चाहिए। वे एक गहन आध्यात्मिक व्यक्ति थे। फिर भी कुछ लोगों की अज्ञानता के कारण उन्हें कष्ट झेलना पड़ा।

* मनुष्य में आध्यात्मिक अथवा तृतीय नेत्र, अन्तर्ज्ञान जनित बोध का नेत्र।

यह संसार एक अस्थायी निवास है

इस बात पर आश्चर्य करना स्वाभाविक ही है कि लिंकन जैसे विशिष्ट लोग, और दिवंगत प्रियजन जो इतने साकार थे, मृत्यु के पश्चात्—वे कहाँ चले गए! ऐसे प्रश्न मन में आपको हतोत्साहित करने के लिए नहीं उठते—बल्कि आपमें जीवन के अस्थायी स्वप्न-स्वभाव की अनुभूति को जाग्रत करने के लिए आते हैं। भगवद्गीता।* हमें बताती है : "सम्पूर्ण प्राणियों के लिए जो रात्रि (निद्रा की) है, जिस में वे सोते हैं, आत्मसंयमी पुरुष के लिए (ज्योतिर्मय) सजगता है और साधारण व्यक्ति की प्रतीयमान जाग्रत अवस्था एक सन्त के द्वारा वास्तव में एक भ्रामक निद्रा की अवस्था के रूप में देखी जाती है। सन्त जनों के लिए वह रात्रि के समान है।"

अतः अधिकतर लोग इस स्वप्न जीवन-काल में गहन निद्रा में सोए हुए हैं, केवल भगवत्प्राप्त पुरुष ही जाग्रत है। वह उन कार्यों में रुचि नहीं रखता, जिनमें साधारण मनुष्य तल्लीन हैं, जो धन और इन्द्रियों के सुखों की खोज में स्वयं को व्यस्त रखता है, और उथले सामाजिक संबंधों में समय नष्ट करते हैं। इस संसार के अस्थायी आकर्षणों में लीन होकर मनुष्य स्वयं को कमज़ोर एवं जीर्ण-शीर्ण बना लेता है, जबकि ईश्वर के आश्चर्य और आनन्द जो वर्णनातीत हैं, उसे कहीं अधिक प्रसन्नता और असीम सम्पन्नता प्रदान कर सकते हैं!

ईश्वर के स्वप्न-जगत् में आप केवल कुछ समय के लिए ही एक व्यक्तिगत प्रतिबिम्ब के रूप में रहते हैं। आप अपने नश्वर जीवन का स्वप्न देख रहे हैं, यह ईश्वर के ब्रह्माण्डीय स्वप्न का एक भाग है। प्रत्येक दिन आप भौतिक-अस्तित्व के इस स्वप्न में जी रहे हैं। प्रत्येक रात्रि को, गहरी निद्रा में, यह लुप्त हो जाता है। और एक दिन, जब आप ईश्वर में, जो आप का वास्तविक स्वरूप हैं, जाग जाएँगें तो स्वप्न सदा के लिए समाप्त हो जाएगा।

सृष्टि के पीछे छिपे ईश्वर को खोजें

इस संसार के पीछे छिपी ईश्वर की निर्माणशाला को खोजने के लिए अपने समय का प्रयोग करें। एक बार पूरे दिन मैंने सृष्टि के अनन्त आश्चर्यों का दिव्य दृश्य देखा, और मैंने प्रार्थना की :

* II:69।

"हे परमपिता, जब मेरी आँखों के आगे अज्ञान का अंधकार था तो मैं आप तक जाने वाले किसी द्वार को नहीं खोज पाया। आपने मेरी आँखों का उपचार कर दिया, अब मैं सब ओर द्वार देखता हूँ : पुष्पों के हृदय में, मित्रता की वाणी में, सुन्दर अनुभवों की यादों में। मेरी प्रार्थना का प्रत्येक झोंका आप की उपस्थिति के विशाल मन्दिर का एक नया द्वार खोल देता है।"*

इस सृष्टि के पीछे छिपे ईश्वर को खोजने के लिए अपने दृढ़ संकल्प में अटल, बलवान और अडिग बने रहें। संसार की माँगों से स्वयं को अलग कर लें, और रात्रि में जब तक कि आपने सचेतन रूप से ईश्वर से सम्पर्क न कर लिया हो तब तक मत सोएँ। प्रायः मैं सुबह के चार बजे से पहले सोने के लिए नहीं जाता, केवल रात्रि के समय में ही मैं अपनी जिम्मेदारियों से मुक्त हो पाता हूँ और पूर्ण रूप से ईश्वर के साथ होता हूँ।

एक साधारण व्यक्ति अपनी दैनिक ज़िम्मेदारियों के साथ उतना ही व्यस्त हो सकता है जितना कि अमेरिका का राष्ट्रपति। व्यस्त, व्यस्त, और व्यस्त! यही जीवन की माँग है। आपको संसार से दूर रहने के लिए प्रतिदिन कुछ समय नियत करना चाहिए और उस समय में ईश्वर के साथ रहना चाहिए। अपने जीवन को नियंत्रित करें और ईश्वर से सम्पर्क करने के लिए ध्यान का अभ्यास करने हेतु समय निर्धारित करें। तब इस संसार में प्रत्येक वस्तु आपके लिए आश्चर्यजनक हो जाएगी।

जिस प्रकार वैज्ञानिकों ने कुछ अनुशासनों और भौतिक नियमों का पालन करके खोजें की हैं, उसी प्रकार, निश्चित रूप से आप भी ईश्वर को पा लेंगे, जब आप आध्यात्मिक नियमों का वैज्ञानिक रूप से पालन करेंगे। जब आप सेल्फ़-रियलाइज़ेशन फ़ेलोशिप [योगदा सत्संग] की शिक्षाओं में बताए गए इन नियमों का अध्ययन करते हैं और अपने जीवन में उन्हें अपनाते हैं, तो आप अपनी उच्चतम रूप में सहायता करते हैं।

मैंने जो बातें आपको बताई हैं, उन्हें न भूलें। "बुद्धिमान व्यक्ति, जो आध्यात्मिक रूप से जाग्रत हो गए हैं — के लिए एक शब्द ही काफ़ी है।" फिर भी जीसस ने कहा था : "फसल तो प्रचुर मात्रा में है, लेकिन काटने वाले श्रमिक कम हैं।"† यदि आप इन शिक्षाओं को प्राप्त करके उनका अभ्यास करेंगे तो आपको मेरे द्वारा बताए गए प्रत्येक सत्य का बोध हो जाएगा। यह जटिल नहीं है, मैंने आपको केवल वे आध्यात्मिक प्रविधियाँ दी हैं जो ईश्वर के साथ सम्पर्क और उनका बोध कराने में आपको सक्षम

* परमहंस योगानन्दजी की *Whispers from Eternity* के "Doors everywhere" से उद्धृत।

† *मत्ती* 9:37 (बाइबिल)।

बनाएँगी। इस संसार में आपकी परिस्थितियाँ चाहे कितनी भी दुःखद क्यों न हो, जब आप ईश्वर की खोज कर लेंगे तो आप देखेंगे कि वे आपके माध्यम से कार्य कर रहे हैं और प्रत्येक वस्तु में प्रकट हैं, और आप उनके प्रेम एवं आनन्द से सराबोर हो जाएँगे।

भारत के ऋषिगण हमें याद दिलाते हैं कि स्वास्थ्य एवं समृद्धि, भौतिक सम्पन्नताएँ एवं सम्पत्तियाँ स्थायी नहीं हैं। तब क्यों केवल उन लक्ष्यों पर एकाग्रचित रहते हैं जो नश्वर हैं? ईश्वर से नित्य-नवीन आनन्दायक सम्पर्क और आत्मानुभूति की प्राप्ति शाश्वत है, जिसका अर्थ यह जानना है कि आप कौन हैं, और ईश्वर का प्रतिबिम्ब आपके अन्दर विद्यमान है। जब आपको यह अनुभूति प्राप्त हो जाएगी तो आप एक सन्तुष्ट व्यक्ति बन जाएँगे। भारत के धर्मग्रंथों में इस अवस्था को प्राप्त व्यक्ति को *सिद्ध* "एक सफल व्यक्ति" कहते हैं। जब मैं सैकड़ों और हजारों लोगों के समूहों को शिक्षा दिया करता था तो प्रायः मैं एक "सफल" पुरुष कहलाता था। इससे मैं प्रभावित नहीं हुआ। कोई व्यक्ति सम्पूर्ण विश्व में अपनी मान्यता बना सकता है, फिर भी केवल एक परमात्मा के लिए अनजान हो सकता है, जिनका हमारी ओर ध्यान महत्त्व रखता है, और जो ईश्वर का ध्यान अपनी ओर आकर्षित कर लेता है वह संसार के लिए पूर्णतः अनजान हो सकता है। आप किसे प्राथमिकता देंगे? मैंने केवल अपने परमपिता द्वारा मान्यता चाही। सांसारिक प्रशंसा इतनी मोहक हो सकती है कि मनुष्य ईश्वर की सर्वसम्पन्नतादायक स्वीकृति को पाने के लिए उनसे संबंध बढ़ाना भूल जाए।

मनुष्य के लिए यह स्वाभाविक है कि वह इस सांसारिक रंगमंच पर एक राजा की भूमिका निभाने की लालसा रखे, परन्तु यदि सभी राजा बन जाएँ तो नाटक हो नहीं सकता। आपकी भूमिका उतनी ही महत्त्वपूर्ण है जितनी किसी दूसरे की। परन्तु बात यह है कि आपको अपनी भूमिका दिव्य निर्देशक की इच्छानुसार निभानी चाहिए, जब आप अपनी भूमिका ईश्वर को प्रसन्न करने के लिए निभाते हैं तो आप सफल व्यक्ति बन जाएँगे। प्रत्येक मनुष्य के हृदय में यह प्रार्थना निरन्तर चलती रहनी चाहिए कि :

"मेरे प्रभो, आप मेरे हाथों के द्वारा कार्य करें, वे आपकी सेवा करने के लिए और आपके मन्दिर के लिए फूल चुनने के लिए बनाए गए थे। मेरी आँखें टिमटिमाते सितारों में, और भावपूर्ण भक्तों की आँखों में आपके दर्शनों के लिए बनायी गई थीं, मेरे पैर सर्वत्र आपके मन्दिरों तक जाने के लिए बनाए गए थे, वहाँ जिज्ञासु आत्माओं के लिए हो रहे प्रवचनों का अमृत पान करने के लिए, मेरी वाणी केवल आपका गुणगान करने के लिए बनायी गई थी। मैं पौष्टिक आहार का स्वाद लेता हूँ ताकि आपकी

सर्वपोषक उदारता को स्मरण कर सकूँ, मैं पुष्पों की सुगंध का पान करता हूँ ताकि उनमें उपस्थित आपकी सुगंधि का पान कर सकूँ। मैं अपने विचारों, भावनाओं और प्रेम को आपको समर्पित करता हूँ। मेरी सभी इन्द्रियाँ ब्रह्माण्डीय शाश्वत स्वर संगति में निरन्तर बजने वाले आपके सुगंध, सुन्दरता और आनन्द के दिव्य वाद्यवृन्द के साथ सामंजस्य में हैं।

"मुझे अंधकार से प्रकाश की ओर अग्रसर करें। मुझे घृणा से प्रेम की ओर अग्रसर करें। मुझे सीमाओं से अपनी अनन्त शक्ति की ओर अग्रसर करें, मुझे अज्ञान से ज्ञान की ओर अग्रसर करें। कष्टों और मृत्यु से निकाल कर मुझे चिरस्थायी जीवन और अपने परमानन्द की ओर ले चलें। और सर्वोपरि, मुझे मानवीय आसक्ति के भ्रम से निकाल कर अपने शाश्वत प्रेम की अनुभूति में अग्रसर करें जो मेरे साथ मानवीय प्रेम के रूपों में लुका छिपीखेल रहा है।

"हे परमपिता! जगन्माता, सखा, प्रियतम प्रभु मुझे दर्शन दें! मुझे अज्ञानता में अब और न छोड़ें। मैं अपनी आत्मा के पवित्र मन्दिर में से सभी भ्रमों को निकाल फेंकता हूँ। मेरी आकांक्षाओं के सिंहासन पर केवल आप ही राजा बनकर विराजें, मेरे प्रेम के महल में केवल आप ही रानी बन कर विराजें, और मेरी आत्मा के मन्दिर में केवल आप ही देवता बन कर विराजें। अपनी चेतना में मुझे जाग्रत रखें, ताकि मैं तब तक अनवरत प्रार्थना और माँग करता रहूँ जब तक कि आपके ज्ञान के घर में प्रवेश पाने के लिए आप उसके सभी द्वार न खोल दें, और इस भटके हुए बालक को स्वीकार न कर लें, और अपने शाश्वत आनन्द एवं अमरत्व के दुलार से मेरा मनोरंजन न करें।"

अदृश्य मानव

प्रथम सेल्फ़-रियलाइज़ेशन फ़ेलोशिप मन्दिर, एन्सिनिटस, कैलिफ़ोर्निया, 3 मार्च, 1940

मनुष्य अदृश्य है, ऐसा सोचना हास्यास्पद लगता है। प्रतिदिन भौतिक शरीर के रूप में हम अपने को दिखाई देते हैं। परन्तु अनेक प्रकार से हम अपनी वास्तविक अदृश्यता को प्रकट करते हैं। उदाहरण के लिए, अपनी आँखें बन्द करें। आपके लिए अब आपका शरीर अदृश्य हो गया है; आप कैसे जानते हैं कि आपका अस्तित्व है? आप शरीर के भार के प्रति सचेत हैं; आप सुन सकते हैं, गंध ले सकते हैं, स्वाद ले सकते हैं और स्पर्श कर सकते हैं। फिर भी आप अपने लिए केवल विचार रूप में वास्तविक हैं। आप एक अदृश्य केन्द्र हैं, जिसके चारों ओर अनेक विचार घूम रहे हैं। अब अपनी आँखें खोलें। क्या आप यह शरीर हैं जिसे आप देख रहे हैं, अथवा वह आन्तरिक प्राणी हैं जिसके प्रति आप अभी बन्द आँखों द्वारा जागरूक थे?

दृश्य मानव का महत्त्व बहुत कम है, अदृश्य अस्तित्व, अथवा आत्मा का परम महत्त्व है। निद्रा के समय आप दृश्य मानव से अनजान रहते हैं, परन्तु अपने आपके प्रति सचेत अवश्य हैं, क्योंकि जागने पर आप जानते हैं कि आप ठीक से सोए अथवा नहीं। अतः आपका अदृश्य अस्तित्व वास्तविक है। उसे हटा दें तो आपकी बाह्य दृश्यमानता निरर्थक हो जाती है। अदृश्य अस्तित्व के बिना शरीर एक शव के समान बेकार हो जाएगा। अन्तर में अदृश्य मानव ही वास्तविक है। लेकिन आश्चर्य की बात है, कि व्यक्ति विश्लेषण करने का प्रयास ही नहीं करता कि यह अदृश्य अस्तित्व क्या है। वह जिस शरीर को देखता है उसी में इतनी रुचि रखता है कि वह सदैव अपने भौतिक रूप-रंग और कल्याण के विषय में ही सोचता रहता है, उसके पास यह सोचने के लिए बिल्कुल भी समय नहीं है कि आन्तरिक अदृश्य अस्तित्व ही वास्तविक है।

भौतिक शरीर के भीतर, यद्यपि भौतिक नेत्रों द्वारा अदृश्य, प्रकाश का एक समरूप शरीर है, जो आत्मा का सूक्ष्म आवरण है। यदि आपकी कोई एक अंगुली कट जाए तो भी आप अनुभव करते हैं कि जैसे वह अंगुली अभी भी है। कोई व्यक्ति

जिसका कोई अंग-भंग हो गया है, वह इस संवेदना को जानता है। शरीर के सभी अंगों का एक अदृश्य सूक्ष्म प्रतिरूप होता है। आपके भौतिक हृदय के पीछे एक अदृश्य हृदय है। इसके बिना आपका प्रकट रूप से दिखाई देने वाला हृदय नहीं धड़क सकता। आपके पास देखने एवं सुनने के अदृश्य अंग हैं, एक अदृश्य मस्तिष्क है, अदृश्य हड्डियाँ और नाड़ियाँ हैं। प्रकाश और ऊर्जा से बने इन अंगों से अदृश्य मानव का सूक्ष्म शरीर बनता है। सूक्ष्म शरीर ठीक दृश्यमान शरीर जैसा दिखाई देता है, सिवाय इसके कि उसका आकार, प्रकाश और ऊर्जा से बना होने के कारण अत्यधिक सूक्ष्म है।

यदि आप शारीरिक रूप से पीड़ित हैं तो आपको यह नहीं कहना चाहिए, "मेरी दृष्टि चली गई है" अथवा "मैंने अपना हाथ खो दिया है।" आपके अदृश्य नेत्र और हाथ अभी भी विद्यमान हैं। चाहे आपकी भौतिक भुजा को लकवा मार गया हो, फिर भी आपकी अदृश्य भुजा अपंग नहीं है। कदापि यह विश्वास न करें कि अदृश्य अंग किसी भी प्रकार से शारीरिक अंगों की बीमारियों से प्रभावित हुए हैं, क्योंकि आपके नकारात्मक विचार के कारण भौतिक शरीर के अंगों में प्रज्ञाशील जीवनी ऊर्जा का प्रवाह बाधित हो जाएगा।

विद्युत तरंगें तार द्वारा प्रवाहित होती हैं। किसका महत्त्व अधिक है, तार का या विद्युत का? तार की आवश्यकता केवल विद्युत के प्रवाह के लिए है; विद्युत तार के लिए नहीं बनी है। उसी प्रकार शरीर अदृश्य मानव अर्थात् आत्मा के प्रयोग के लिए बना है, न कि आत्मा शरीर के लिए। फिर भी, अदृश्य आत्मा को वहाँ रहने के लिए भौतिक शरीर का एक विशिष्ट अवस्था में होना आवश्यक है।

कितने खेद की बात है कि यह अदृश्य आत्मा शरीर के साथ बँध गई है! यदि ऐसा न होता, तो हम पानी पर चल सकते, आकाश में उड़ सकते और फिर भौतिक शरीर में वापस आ जाते। अदृश्य आत्मा के सूक्ष्म शरीर को, उसके भौतिक प्रतिरूप की अपेक्षा बहुत अधिक इंद्रिय बोध होता है। मनुष्य ने मशीनों का आविष्कार किया है, जो कई प्रकार से भौतिक शरीर की अपेक्षा, जिसकी अनेक सीमाएँ हैं, अधिक अच्छी हैं। लेकिन जब आपके अदृश्य सूक्ष्म शरीर की चेतना विकसित हो जाती है, तो आप अनुभव करेंगे कि यह उसे भी सुन सकता है जिसे भौतिक कान नहीं सुन सकते, और देख सकता है जिसे भौतिक नेत्र नहीं देख सकते। यह भौतिक इन्द्रियों की क्षेत्रसीमा से कहीं अधिक सूंघने की, चखने की और वस्तुओं को स्पर्श करने की क्षमता रखता है।

और आप इसे इच्छानुसार छोटा अथवा बड़ा भी कर सकते हैं, जिस प्रकार चलचित्र के प्रक्षेपण कक्ष (Projection booth) में बैठा व्यक्ति चित्रों को छोटा अथवा बड़ा कर सकता है।

शरीर रूपी बल्ब को प्रकाशमान करने वाली विद्युत की खोज करें

आप सदा भौतिक शरीर रूपी बल्ब की देखभाल करते हैं। क्या आपने कभी नहीं सोचा है कि इस बल्ब को प्रकाशमान करने वाली विद्युत की खोज करना कितना अद्भुत होगा? दृश्यमान मानव मूलतः सोलह तत्त्वों से बना है, रसायनिक पदार्थ जिन्हें किसी दुकान से ख़रीदा जा सकता है। आपके शरीर का मूल्य मात्र नब्बे सैंट है; और मन्दी के समय शायद इससे भी कम! तब अदृश्य मानव के साथ एक अच्छे परिचय को क्यों विकसित न किया जाए? केवल इसी के पास शक्ति है, मित्र हैं और प्रेम है। उसके बिना, दृश्यमान मानव के पास रसायनों के अतिरिक्त, जिनसे वह बना है, और कुछ नहीं है।

अपनी एकाग्रता की दृष्टि को सीमित दृश्यमान मानव से हटाकर अन्दर की ओर मोड़ें। भौतिक शरीर में कमर दर्द होता है, पेट दर्द होता है; और वृद्धावस्था में यह विकृत हो जाता है; यह एक सबसे निर्लज्ज प्राणी है! जो सदैव किसी-न-किसी वस्तु के लिए रोता-चिल्लाता रहता है। दृश्यमान मानव बुरे समय को नहीं सह पाता, और कभी-कभी तो हल्की सी चुभन के कष्ट में भी घबरा जाता है, अदृश्य मानव को कोई भी वस्तु चोट नहीं पहुँचा सकती। यह स्वतंत्र है। वह भौतिक शरीर के समस्त कष्टों को समाप्त कर सकता है। आपके अन्दर अदृश्य मानव ही वास्तव में आप हैं। "जो सभी वस्तुओं में व्याप्त हैं वे अनश्वर हैं। इस अपरिवर्तनशील आत्मा को नष्ट करने का सामर्थ्य किसी में नहीं है।"*

आप सोचते हैं कि आप शरीर हैं, लेकिन आप शरीर नहीं हैं। एक बर्फ़ के टुकड़े को पिघला कर तरल बनाया जा सकता है और फिर भाप से अदृश्य किया जा सकता है। इस प्रक्रिया को उल्टा भी किया जा सकता है, भाप को तरल में घनीभूत किया जा सकता है और तरल को फिर से ठोस बर्फ़ के रूप में जमाया जा सकता है। साधारण मनुष्य ने अभी तक अपने शारीरिक अणुओं को इस प्रकार रूपान्तरण करना नहीं सीखा है, परन्तु क्राइस्ट ने सिद्ध किया था कि ऐसा किया जा सकता है।

* भगवद्गीता II:17।

मानव का शरीर ईश्वर के पैंतीस विचारों से बना है

सोलह भौतिक तत्त्वों से बना मानवीय शरीर अदृश्य मानव की प्रतिछाया के अतिरिक्त और कुछ नहीं है, इस अदृश्य मानव के दो शरीर हैं — एक सूक्ष्म शरीर जो विद्युत तरंगों से बना है और दूसरा कारण स्वरूप जो विचारों से बना है। आपका प्रकाश निर्मित सूक्ष्म शरीर उन्नीस तत्त्वों से बना है और आपका अदृश्य कारण शरीर पैंतीस विचारों से बना है — उन्नीस विचार जिन्होंने आपके सूक्ष्म शरीर के उन्नीस विद्युत तत्त्वों को उत्पन्न किया,* और सोलह विचार जिन्होंने भौतिक शरीर के सोलह स्थूल भौतिक तत्त्वों को उत्पन्न किया। ईश्वर ने सर्वप्रथम लोहा, पोटाशियम एवं अन्य रसायनिक तत्त्वों को विचार में उत्पन्न किया था; फिर उन्होंने आपका भौतिक शरीर बनाने के लिए उन्हें मूर्तरूप दिया। आपका वास्तविक स्वरूप अदृश्य है, क्योंकि आपका भौतिक शरीर, और सृष्टि की प्रत्येक वस्तु, सर्वप्रथम विचारों में उत्पन्न किए गए थे।

अतः आपका शरीर मूलरूप से पैंतीस विचारों का कारण शरीर है, जो प्रकाश एवं ऊर्जा के उन्नीस तत्त्वों के सूक्ष्म शरीर के भीतर है, जिसे सोलह रसायनों के भौतिक शरीर ने ढका हुआ है। जब आपकी मृत्यु होती है, तो प्रकट दिखाई देने वाला भौतिक शरीर छूट जाएगा, परन्तु अदृश्य आत्मा का सूक्ष्म शरीर आपके लिए वास्तविक हो जाएगा। आप अपने सूक्ष्म शरीर के प्रति सचेत हो जाएँगे। उच्चत्तर आध्यात्मिक उन्नति द्वारा आप पाएँगे कि आपके सूक्ष्म शरीर को पैंतीस विचारों में बदला जा सकता है, और उन पैंतीस विचारों के पीछे आपकी चेतना ही वास्तविकता है, क्योंकि आपकी चेतना, अथवा आत्मा, ईश्वर की ब्रह्माण्डीय चेतना का एक अंश है।

जब आप चलचित्र देखते हैं तो पर्दे पर आप अनेक आकृतियाँ देखते हैं, लेकिन यदि आप ऊपर की ओर देखते हैं तो आप केवल प्रकाश की एक किरण-पुंज को देखते हैं जो आकृतियों को प्रक्षेपित कर रही है। उसी प्रकार मस्तिष्क से ऊर्जा की पाँच तरंगें पृथ्वी, जल, अग्नि, वायु एवं आकाश के सृजनात्मक तत्त्वों के स्पंदनों के रूप में प्रवाहित होती हैं, जो सृष्टि के पट पर इस भौतिक शरीर को मूर्त रूप देने के लिए घनीभूत होती हैं।†

* शब्दावली में *सूक्ष्म शरीर* देखें।

† ब्रह्माण्डीय स्पन्दन अथवा ओम् से मानव शरीर सहित समस्त भौतिक सृष्टि की संरचना, पाँच *तत्त्वों* — पृथ्वी, जल, अग्नि, वायु और आकाश के प्रकटीकरण के द्वारा हुई है। ये प्रबुद्ध स्पन्दनीय शक्तियाँ हैं। पृथ्वी तत्त्व के बिना ठोस वस्तु की कोई भी अवस्था नहीं हो सकती, जल तत्त्व के बिना कोई भी तरल अवस्था नहीं हो सकती; वायु तत्त्व के बिना कोई भी गैसीय अवस्था नहीं हो सकती;

पहले चलचित्र मूक होते थे, अब उनमें ध्वनि भी है, और वे अब सुगंधि के साथ प्रयोग कर रहे हैं, ताकि जब आप पर्दे पर बग़ीचे को देखें तो पुष्पों की सुगंधि भी ले सकें। जब वे प्रकाश-जनित आकृतियाँ स्पर्श एवं स्वाद में भी वास्तविक बन जाएँगी, तब आपने ईश्वर की सृष्टि के पाँच तत्त्वों को उत्पन्न कर लिया होगा। पाँच इन्द्रियाँ जिनके द्वारा मानव सृष्टि का बोध प्राप्त करता है, पाँच मौलिक तरंगों के अनुरूप हैं — आकाश (ध्वनि), वायु (स्पर्श), अग्नि (दृष्टि), जल (स्वाद) और पृथ्वी (सुगंध) — जिनसे सृष्टि उत्पन्न हुई थी। किसी दिन सम्पूर्ण विश्व आपको एक चलचित्र की भाँति प्रतीत होगा, अर्थात् प्रकाश के रूप जो पाँच इन्द्रिय बोधों के लिए वास्तविक हैं। अब संसार में जो भयानक घटनाएँ हो रही हैं वे दुःखद रूप से वास्तविक हैं, परन्तु जब आप उन्हें छाया एवं प्रकाश की रचना के रूप में देख पाएँगे, तो आप समझ लेंगे कि वे केवल एक तमाशा हैं, ईश्वर की लीला का एक भाग।

आप केवल स्वप्न देख रहे हैं कि आप के पास हाड़-मांस का शरीर है। आपका वास्तविक स्वरूप प्रकाश और चेतना है। आप भौतिक शरीर नहीं हैं। शरीर की दृश्यमानता हमारी भौतिक चेतना को भ्रमित करती है। यदि आप अधिचेतनावस्था — आपके वास्तविक स्वरूप, आत्मा के बोध को — विकसित कर लेते हैं, तो आप जान जाएँगे कि शरीर भीतर में उस अदृश्य आत्मा का प्रक्षेपण मात्र है। तब आप शरीर के साथ कुछ भी कर सकते हैं। परन्तु तब तक इस अवस्था में पानी पर चलने का प्रयत्न न करें!

सिनेमाघर में, आप पर्दे पर आकृतियों में तल्लीन होते हैं। वे अत्यधिक वास्तविक लगती हैं! आप ऊपर से आ रहे प्रकाश के प्रति सचेत नहीं रहते जिसके द्वारा आकृतियाँ प्रक्षेपित हो रही हैं। परन्तु यदि आप ऊपर देखें तो आप देख सकते हैं कि दृश्यमान अदृश्य से निकल रहा है, पर्दे पर सभी आकृतियाँ प्रक्षेपण कक्ष के एक प्रकाश से निकल रही हैं। प्रकाश और चित्रों में क्या अन्तर हैं? यदि प्रकाश न होता, तो क्या चित्र उत्पन्न हो सकते थे? उसी प्रकार, यदि अदृश्य मानव न होता तो दृश्यमान मानव भी नहीं हो सकता था। जब अदृश्य मानव भौतिक शरीर छोड़ देता है, तो शरीर विघटित हो जाता है। जो अदृश्य और दृश्यमान मानव के बीच सूक्ष्म संबंध को समझते हैं वे अपनी

अग्नि तत्त्व के बिना कोई भी ताप नहीं हो सकता; और आकाश तत्त्व के बिना वैश्विक चलचित्र का निर्माण करने के लिए कोई भी पृष्ठभूमि संभव नहीं है। सृजनात्मक ब्रह्माण्डीय स्पन्दन मानव शरीर में मेरु शीर्ष (मेडूला) से प्रवेश करते हैं और फिर निचले पाँच *चक्रों* : मूलाधार (पृथ्वी), स्वाधिष्ठान (जल), मणिपूर (अग्नि), अनाहत (वायु), तथा विशुद्ध (आकाश) की क्रिया द्वारा पाँच मौलिक प्रवाहों में विभक्त हो जाते हैं।

इच्छानुसार भौतिक शरीर को प्रकट अथवा विलीन कर सकते हैं।* हम क्रम-विकास के उस समय की ओर बढ़ रहे हैं जहाँ हम अधिकाधिक रूप से यह अनुभव कर पाएँगें कि वास्तव में हम अदृश्य प्राणी, अथवा आत्माएँ हैं।

अदृश्य मानव दुःख और मृत्यु से मुक्त है

केवल हाड़-मांस के इस दृश्यमान शरीर की चेतना में रहने से आध्यात्मिक अवनति होती है, क्योंकि भौतिक शरीर रोग, चोट, निर्धनता, भूख और मृत्यु की पीड़ाओं के अधीन है। हमें अपने को इस दृश्यमान, असुरक्षित, विनाशशील शरीर के रूप में सोचने की इच्छा नहीं रखनी चाहिए। हमारे भीतर के अदृश्य मानव को कोई चोट पहुँचाना या मारना संभव नहीं है। क्या हमें अपने अज्ञात अमर स्वभाव को जानने के लिए अधिक प्रयत्नशील नहीं होना चाहिए? अपनी अदृश्य आत्मा की जानकारी को बढ़ाने से हम दृश्यमान मानव को नियंत्रित करने के योग्य हो जाएँगें, जैसा कि महान् गुरुजन करते हैं। जब दृश्यमान मानव कष्ट में हो, तब भी जिसको अन्तर में अदृश्य मानव के रूप में अपनी दिव्य शक्तियों का बोध है, वह शारीरिक दुःख से निर्लिप्त रह सकता है।

आप ऐसा नियंत्रण किस प्रकार प्राप्त करेंगे? सर्वप्रथम आपको अधिक मौन में रहना अवश्य सीखना चाहिए, आपको ध्यान करना अवश्य सीखना चाहिए। आरम्भ में यह अरुचिकर लग सकता है; आप इस दृश्यमान शरीर के सम्पर्क में इतना अधिक रहे हैं कि आपको निरन्तर इसके कष्टों, इच्छाओं और आवश्यकताओं के अतिरिक्त कुछ भी और सोचने में कठिनाई होती है। परन्तु प्रयत्न करें। अपनी आँखें बन्द करके, बार-बार दोहराएँ, "मैं ईश्वर के प्रतिबिम्ब में बना हूँ। मेरा जीवन किसी भी प्रकार से नष्ट नहीं किया जा सकता। मैं अदृश्य अमर मानव हूँ।"

* महान् गुरुजन जिन्होंने ईश्वरानुभूति प्राप्त कर ली है वे अणुओं को किसी भी स्वरूप की रचना करने के लिए अपनी इच्छाशक्ति के अनुसार व्यवस्थित करने में समर्थ होते हैं। परमहंस योगानन्द ने अपनी पुस्तक *योगी कथामृत* में अपने प्रिय गुरुदेव, स्वामी श्रीयुक्तेश्वरजी की महासमाधि के तीन महीने पश्चात् पुनः अपने समक्ष उनका हाड़-मांस के शरीर में प्रकट होने का वर्णन किया है। वह केवल दिव्य-दर्शन रूप ही नहीं था : बल्कि परमहंसजी ने अपने गुरु को "कसकर पकड़ने" का वर्णन किया है, तथा "उसी भीनी सुगंध, प्राकृतिक गंध जो उनके पहले शरीर से आया करती थी" को भी अनुभव किया। इसके पश्चात् गुरु एवं शिष्य ने एक दूसरे के साथ विस्तार-पूर्वक बातें कीं, जैसा कि *योगी कथामृत* के अध्याय-43 में "स्वामी श्रीयुक्तेश्वरजी का पुनरुत्थान" में वर्णित है। *(प्रकाशक की टिप्पणी)*

प्रत्येक वस्तु एक विचार का परिणाम है

वह अदृश्य मानव ईश्वर के प्रतिबिम्ब में बना है, और वह उसी प्रकार मुक्त है जिस प्रकार ईश्वर मुक्त हैं। दृश्यमान मानव में संसार की समस्त परेशानियाँ और सीमाएँ निहित हैं। जब भी हम अपने शरीर के प्रति सचेत होते हैं हम शरीर की सीमाओं से बंध जाते हैं। इसलिए महान् गुरुजन हमें आँखें बन्द करने और अदृश्य आत्मा पर ध्यान लगाकर अपने को याद दिलाने की शिक्षा देते हैं कि जो कुछ हमारे भौतिक शरीर कर सकते हैं उसी तक हम सीमित नहीं हैं। मैं गहरे विश्वास के साथ प्रतिज्ञापन किया करता था कि, "मैं अपने भौतिक शरीर से सीमित नहीं हूँ। जहाँ भी मैं जाना चाहता हूँ, तुरन्त पहुँच जाता हूँ।" आप कह सकते हैं, "वह केवल एक विचार है।" अच्छा, विचार क्या है? जो कुछ भी आप देखते हैं वह विचार का ही परिणाम है। आप विचार के बिना तो किसी वस्तु का मानस दर्शन नहीं कर सकते। अदृश्य विचार सभी वस्तुओं को उनकी वास्तविकता देता है। इसलिए, यदि आप अपनी विचार प्रक्रियाओं पर नियंत्रण कर सकते हैं, तो आप किसी भी वस्तु को प्रत्यक्ष कर सकते हैं। आप अपनी एकाग्रता से उसे मूर्तरूप दे सकते हैं।

कल्पना कीजिए कि आप शान्त बैठे हुए हैं और मैं आपको इस मन्दिर पर एकाग्रता करने को कहता हूँ जिसमें हम एकत्रित हैं। आप बार-बार प्रयास करें, जब तक आपका मन अधिक गहराई में नहीं जाता; तब आप मन्दिर को ऐसे देखेंगे जैसे कि वह अब आपकी भौतिक आँखों को प्रतीत होता है। अदृश्य विचारों को दृश्य अनुभवों में मूर्तरूप दिया जा सकता है।

यदि आप आँखें बन्द कर लें, तो आप शरीर को नहीं देख सकते, फिर भी यह आपके लिए वास्तविक है। केवल इसलिए कि आप अदृश्य आत्मा को देख नहीं सकते, उसे असत्य क्यों मानते हैं? ध्यान में आप बन्द आँखों के पीछे के अंधकार में झाँकते हैं और अपनी आत्मा पर ध्यान केन्द्रित करते हैं जो आप के भीतर अदृश्य अस्तित्व है। गुरु द्वारा दी गई वैज्ञानिक ध्यान प्रविधियों द्वारा अपने विचारों पर नियंत्रण करना और अपने मन को अन्तर्मुखी करना सीख कर, आप धीरे-धीरे आध्यात्मिक उन्नति करेंगे। आपका ध्यान गहरा होता जाएगा और आपका अदृश्य अस्तित्व जो आपके भीतर ईश्वर का प्रतिबिंब, आत्मा है, आपके लिए वास्तविक बन जाएगा। आत्म-साक्षात्कार की इस आनन्दपूर्ण जाग्रति में, सीमित शरीर चेतना,जो इतनी वास्तविक थी, वह अवास्तविक हो जाती है और आप जानते है कि आपने अपनी सच्ची अजेय आत्मा और उसकी भगवान् के साथ एकता को पा लिया।

अपनी अमरता का अनुभव अब करें

आप यह भी समझ लेंगे कि अदृश्य मानव किस प्रकार भौतिक शरीर से "बँधा" हुआ है — आसक्तियों से, भौतिक स्तर पर कुछ अनुभवों के लिए मानसिक और भावनात्मक इच्छाओं की डोरियों से। जब आप गहरे ध्यान से इन डोरियों को खोल सकते हैं तब वह मुक्त हो जाएगा और आप जान लेंगे कि आप ईश्वर के सच्चे प्रतिबिम्ब हैं। उस अदृश्य व्यक्ति को खोजें जो भौतिक संवेदनाओं और पदार्थ के जंगल में कैदी बना हुआ है।

यदि आपने एक बार इस अदृश्य मानव को और इसके बाह्य भौतिक शरीर, इसके द्वितीय प्रकाश के शरीर, और आन्तरिक विचारों के शरीर के चमत्कार को समझ लिया तो आप जान लेंगे कि आप कितनी अद्भुत रचना हैं! अपने उस अदृश्य स्वरूप पर मन को एकाग्र करें। दृश्यमान मानव एक भ्रम है, अन्तर में अदृश्य मानव वास्तविक है। जब आप इसे जान लेंगे तो आप जान जाएँगे कि आप हड्डियाँ और मांस नहीं हैं, आप अविनाशी अदृश्य मानव हैं।

आप मर नहीं सकते! वृद्ध होने और श्मशान में जाने की तैयारी करने के विचारों का चिन्तन न करें। आप केवल अपनी अमर अवस्था के लिए तैयार हो रहे हैं। कुछ भी मरता नहीं। आपके कारण शरीर की रूपरेखा आकाश में सदा विद्यमान रहती है। आप सोचते हैं कि आपके प्रियजन जो स्वर्ग सिधार जाते हैं वे सदा के लिए चले गए हैं, क्योंकि आपके पास, सूक्ष्म जगत् में जहाँ पर वे हैं, उनके सूक्ष्म रूपों को देखने की आवश्यक एकाग्रता की शक्ति नहीं हैं। अपने मन को इन सत्यों पर रखें, और जब भी आपके पास शान्त क्षण हों अपने लिए उन्हें दोहराएँ, "मैं ईश्वर के विचार की मूलाकृति हूँ। ईश्वर के साम्राज्य में सदा घूमता हुआ, मैं शाश्वत हूँ।" आप अवश्य ही वह अमर अदृश्य मानव हैं, और सदा रहेंगे। तब क्यों न अभी अपनी अमरता को अनुभव करें?

आपकी दो भौतिक आँखें आपको ऐसा सोचने में धोखा देती हैं कि यह द्वैत का संसार वास्तविक है। अपने आध्यात्मिक नेत्र को खोलें और अपने अदृश्य रूप को देखें। यदि आन्तरिक शांति में आपका आध्यात्मिक नेत्र खुल जाए, तो अदृश्य, दृष्टिगोचर हो जाएगा। जब भी आप सोच रहे होते हैं, स्वप्न देख रहे होते हैं, अथवा गहन एकाग्रता में होते हैं, तब आप वही अदृश्य मानव होते हैं। वह वास्तविक है, दृश्यमान मानव उसकी छाया है। छाया को भूल जाएँ और वास्तविक को याद रखें। अदृश्य मानव — जो ईश्वर का प्रतिबिम्ब है, के साथ एक हो जाएँ।

प्रेतात्माएँ क्या हैं?

सेल्फ़-रियलाइज़ेशन फ़ेलोशिप मन्दिर, हॉलीवुड, कैलिफ़ोर्निया,
22 जुलाई, 1945

प्रेतात्माओं, शैतानों, जादूगरनियों तथा पिशाचों के विषय में अनेक प्रकार की कहानियाँ हैं; तथा अनेक लोगों ने ऐसी जीवात्माओं के साथ अपने विभिन्न अनुभवों का दावा भी किया है। मेरी जानकारी में जो घटनाएँ आई हैं, उनमें अधिकतर लोग अति प्रबल और विकृत कल्पनाओं के शिकार थे। उनमें से एक महिला को नरपिशाचों के विषय में एक पुस्तक पढ़ने का अवसर मिला, और उसकी कल्पनाएँ इतनी तीव्र थीं कि उसने यह विश्वास कर लिया कि एक नरपिशाच प्रत्येक रात्रि को उसका खून चूसता है। जब भी वह मेरे पास आती थी, तो वह ठीक हो जाती थी, परन्तु रात्रि में नरपिशाच की उपस्थिति की धारणा उसमें इतनी प्रबल थी कि कुछ समय पश्चात् वह दोबारा बीमार पड़ जाती थी। अपने ही विचारों से नष्ट होकर वह समय से पहले ही चल बसी।*

सोलहवीं शताब्दी में, जादू-टोने में विश्वास बहुत फैला हुआ था, और सैंकड़ों लोगों को जादू टोना करने वाले और किसी पिशाच के साथ संबंध होने के शक में झूठा आरोप लगाकर मृत्युदंड दे दिया जाता था। जॉन ऑफ़ आर्क को एक जादू-टोने करने वाला मानकर खम्भे से बाँधकर अग्निदंड देकर जला दिया गया था। यहाँ तक कि जीसस क्राइस्ट को भी, जो रोगियों को ठीक करते थे और केवल अच्छा कार्य करते थे, किसी बीलज़ेबब (पिशाच) से संबंधित होने का दोषी ठहरा दिया गया था। यह सत्य है कि अनेक बार बुरी आत्माओं ने, जो लोगों के शरीर में प्रवेश किए हुए थीं, जीसस को पहचाना और उनसे बात की और कहा, "हे नज़ारथ के यीशु, हमें छोड़ दो, हमें आपसे क्या लेना? क्या आप हमें नष्ट करने आए हैं? मैं जानता हूँ आप कौन हैं :

* श्री श्री परमहंस योगानन्द जैसे ईश-प्राप्त गुरुजनों के सान्निध्य में आकर, ग्रहणशील भक्त मानसिक अथवा भौतिक रोगों से प्रायः मुक्त हो जाते हैं। स्थायी उपचार प्रायः निरोग हुए व्यक्ति के निरन्तर विश्वास और ग्रहणशीलता पर निर्भर करता है। जो गलत विचारों को पुनः अपना लेते हैं, जैसा कि इस महिला ने किया, वे रोग को पुनः लौटाने की स्वीकृति प्रदान करते हैं। *(प्रकाशक की टिप्पणी)*

ईश्वर के पवित्र जन।"* जीसस ने स्वयं भी शैतान† और बुरी आत्माओं के विषय में कहा, जिनको उन्होंने अनेक लोगों के शरीर से बाहर निकाला था, एक बार उन्होंने बुरी आत्माओं को सुअरों के शरीरों में डाल दिया जो एक झुंड में थे।‡

एक अन्य जगत् है, सूक्ष्म जगत्, जो इस विश्व के पीछे छिपा हुआ है। इसके निवासी प्रकाश के बने वस्त्रों से सूक्ष्म शरीर को ढके हुए हैं। भौतिक शरीर न होने के कारण वे हमारे लिए अदृश्य "प्रेतात्माएँ" हैं। सामान्यतः वे अपने ही क्षेत्र में सीमित रहते हैं, जिस प्रकार हम अपने भौतिक जगत् तक सीमित हैं। यदि बुरी नीयत वाले सूक्ष्म जगत् के निवासियों के लिए पृथ्वीलोक में घुसना और हमें हानि पहुँचाना एक साधारण बात होती, तो हम हर समय भयभीत ही रहते। हमारी इस पृथ्वी पर पहले ही बहुत भय है। क्या करोड़ों घातक रोगाणु हमारे चारों ओर नहीं घूम रहे हैं? निश्चित रूप से ईश्वर भूतों के हस्तक्षेप से हमारे कष्टों को नहीं बढ़ाएँगे!

फिर भी, कुछ सूक्ष्म जीव हैं जिन्हें "आवारा-आत्माएँ" कहते हैं। वे संसार के साथ प्रबल आसक्ति के कारण पृथ्वी लोक से बंधे हैं और इन्द्रिय सुखों के लिए भौतिक शरीर में प्रवेश करने की इच्छा रखते हैं। ऐसे जीव प्रायः अदृश्य होते हैं; और उनके पास साधारण लोगों को नुकसान पहुँचाने की कोई शक्ति नहीं होती। आवारा आत्माएँ कभी-कभी किसी व्यक्ति के शरीर और मन में प्रवेश करके उन्हें वश में करने में सफल हो जाती हैं, परन्तु ऐसा केवल तब होता है जब कोई ऐसा व्यक्ति मानसिक रूप से अस्थिर हो, अथवा उसने अपने मन को प्रायः खाली या विचाररहित रख कर कमज़ोर बना लिया हो। यह चाबी लगी हुई कार को खुली छोड़ने के समान है, कोई आवारा व्यक्ति आए और गाड़ी लेकर चला जाए। ऐसा हो सकता है, आवारा आत्माएँ किसी दूसरे के भौतिक शरीर रूपी वाहन में मुफ्त की सैर करना चाहती हैं — किसी के भी — क्योंकि उन्होंने अपना शरीर, जिसके साथ वे इतने आसक्त थे, खो दिया है। प्रवेश की ऐसी ही घटनाओं में जीसस ने आवारा आत्माओं को बाहर निकाला। आवारा आत्माएँ आध्यात्मिक विचारों और चेतना के उच्च स्पन्दनों का सामना नहीं कर सकतीं। ईश्वर के सच्चे जिज्ञासुओं को जो ध्यान और प्रार्थना की वैज्ञानिक प्रविधियों का अभ्यास

* *लूका* 4:34 (बाइबिल)।

† *लूका* 4:1–13 (बाइबिल)।

‡ *लूका* 8:26–33 (बाइबिल)।

करते हैं, ऐसे जीवों से डरने की कदापि आवश्यकता नहीं है। ईश्वर सभी आत्माओं की आत्मा (परमात्मा) हैं। जिसके विचार ईश्वर पर केन्द्रित हैं उसे ये नकारात्मक आत्माएँ कोई क्षति नहीं पहुँचा सकतीं।

मानव की त्रयात्मक प्रकृति

सूक्ष्म प्राणी क्या हैं इसे अच्छी तरह समझने के लिए, हमें पहले यह समझना चाहिए कि हम क्या हैं। जब ईश्वर ने हमारी रचना की, तो सर्वप्रथम हम केवल चेतना के रूप में विद्यमान रहे। हम उनके मन की एक रचना थे। क्या यह सत्य नहीं है कि जब आप किसी नई वस्तु का सृजन करते हैं, तो सर्वप्रथम आप उसके प्रारूप की अपने मन में कल्पना करते हैं? तब आप उसको बनाने के लिए सामग्री को एकत्रित करते हैं, और अन्त में आप अपनी कल्पना की छवि की ठोस रूप में संरचना करते हैं। इसी प्रकार, हम और सृष्टि में प्रत्येक वस्तु त्रयात्मक हैं : मानसिक (विचार), सूक्ष्म (निर्माण-सामग्री), और भौतिक (स्थूल अन्तिम उत्पाद)।

भौतिक शरीर सोलह तत्त्वों से बना है। ईश्वर ने जिस प्रकार भौतिक पदार्थों के रसायनिक तत्त्वों को बुद्धि प्रकट करने के लिए मिलाया है वह एक चमत्कार है! फिर भी, यह शरीर कुछ भी हो, परन्तु परिपूर्ण नहीं है। हम इससे ज्यादा अच्छे शरीर की कल्पना कर सकते हैं! मैं एक ऐसे शरीर की रचना करना चाहता हूँ जो एस्बेस्टस (asbestos) के समान हो, जो अग्नि में भी डालने पर न जले, ऐसा शरीर जिसकी कोई हड्डियाँ न टूट सकें, और न कोई कष्टदायक खाँसी हो। भौतिक शरीर मे दर्द और पीड़ाएँ हैं : इसकी "शक्ति के बटन" प्रायः "खोए" रहते हैं, पहले एक अंग फिर दूसरा, खराब हो जाता है और अन्त में हृदय रुक जाता है।

अमेरिका निवासी प्रत्येक वर्ष एक नई कार लेना पसंद करते हैं, परन्तु उन्हें इस पुराने शरीर के मॉडल को साठ या सत्तर वर्ष तक रखना पड़ता है! यहाँ तक कि जब यह टूटने लगे, तब भी आप अपने मॉडल के साथ चिपके रहना चाहते हैं, जब तक कि अन्त में ईश्वर यह न कह दें, "आ जाओ, इससे बाहर निकलो।" तब आप इस पुराने हुए भौतिक शरीर से बाहर निकलते हैं और देखते हैं कि आप एक ज्योतिर्मय शरीर में हैं, जो कि प्रकाश और ऊर्जा का बना सूक्ष्म शरीर है।* आप यह जान कर प्रसन्न हो उठते

* सूक्ष्म जगत् में मृत्यु के उपरान्त जीवन के स्वर्ग अथवा नर्क को बनाने वाले अनेक लोक अथवा ब्रह्माण्ड हैं। "मेरे परमपिता के घर में अनेक महल हैं" *यूहन्ना* 14:2 (बाइबिल)। पृथ्वी पर रहते हुए

हैं कि आप सुन सकते हैं, आप देख सकते हैं, आप स्पर्श कर सकते हैं, और आपके नए शरीर में कोई हड्डियाँ नहीं हैं जो टूट जाएँ, कोई मांस नहीं है जिसको कोई चोट लगे।

हमारा सूक्ष्म शरीर उन्नीस तत्त्वों से बना है, जो मानसिक, भावनात्मक और प्राणशक्ति जनित हैं। ये तत्त्व हैं बुद्धि, अहम्, चित्, मन (इन्द्रिय चेतना), पाँच ज्ञानेन्द्रियाँ (देखने, सुनने, सूँघने, चखने और स्पर्श करने की भौतिक इन्द्रियों के पीछे सूक्ष्म शक्तियाँ), पाँच कर्मेन्द्रियाँ (प्रजनन, मल-त्याग, चलने, बोलने और शारीरिक कार्य करने की शक्तियाँ), तथा प्राण शक्ति के पाँच प्रकार (जिनको भौतिक शरीर में कणीकरण (छोटे-छोटे कण बनाना) (crystallizing), परिपाचन (assimilating), मल विसर्जन (eliminating), चयापचय (metabolising) और रक्त संचार (circulatory) की क्रियाओं को संपन्न करने की शक्ति प्रदान की गई है)।

ये सब सूक्ष्म रूप से बनाए गए हैं। हम स्वप्न जगत् में, पाँचों इन्द्रियों की *शक्ति* द्वारा सुन सकते हैं, सूँघ सकते हैं, स्वाद ले सकते हैं, स्पर्श कर सकते हैं, और देख सकते हैं। और सूक्ष्म जगत् में सुनने, देखने, चखने, सूँघने और स्पर्श करने के भौतिक अंगों के बिना भी, हमारे पास पाँचों इन्द्रियों की शक्ति होती है। सूक्ष्म शरीर भार रहित होता है और प्रकाश की तरह गतिमान होता है। अपनी इच्छानुसार आप सूक्ष्म शरीर को अणु की भाँति बहुत छोटा बना सकते हैं अथवा इसे बहुत बड़ा भी बना सकते हैं। क्यों नहीं? ईश्वर जो सृष्टि के ब्रह्माण्डीय चल-चित्र के दिव्य संचालक हैं, पर्दे पर चित्रों के आकार को छोटा अथवा बड़ा बना सकते हैं। वे प्रक्षेपक हैं, जो अनन्त के कक्ष से चलचित्र को चला रहे हैं। आप उनके असीम प्रकाश की वैयक्तिक अभिव्यक्ति हैं। इसलिए आपका सूक्ष्म शरीर, भौतिक शरीर को अत्यधिक रूप से बंधन में रखने वाली ब्रह्माण्डीय सीमाओं की अपेक्षा कहीं अधिक स्वतंत्र है।

परन्तु भौतिक और सूक्ष्म शरीरों की वास्तविक रूप में रचना करने से पहले ईश्वर को सोचना पड़ा कि उन्हें कौन सी सामग्री की आवश्यकता थी। इसलिए हमारा पैंतीस तत्त्वों से बना कारण या विचार शरीर भी है : सोलह विचार जो भौतिक शरीर के तत्त्वों को बनाते हैं, और उन्नीस विचार जो सूक्ष्म शरीर के तत्त्वों को बनाते हैं। कारण विचारों में से सूक्ष्म शरीर की पाँच प्राण शक्तियों के रूप, प्रकाश के सूक्ष्म शरीर और स्थूल

एक अच्छा व्यवहार करने वाला व्यक्ति प्रकाश, शांति एवं आनन्द के उच्चत्तर क्षेत्र में जाता है। बुरे कार्य, व्यक्ति को निचले अंधकारमय क्षेत्र की ओर आकर्षित करते हैं, जहाँ इसके अनुभव नर्कतुल्य दुःस्वप्नों के समान होते हैं। सूक्ष्म जगत् में व्यक्ति कर्मों के द्वारा पूर्व निर्धारित समय के लिए रहता है, और फिर दोबारा पृथ्वी पर भौतिक रूप में पुनर्जन्म लेता है।

पदार्थ के भौतिक शरीर को दृश्यमान बनाते हैं। निम्न प्रयोग से यह विचार स्पष्ट हो जाता है। अपनी आँखें बन्द करें और अपने बायीं ओर एक घोड़े की कल्पना करें। आरंभ में आपकी कल्पना धुँधली होगी, परन्तु यदि मैं एक *सफेद* घोड़े का सुझाव दूँ तो, आप अधिक आसानी से इसकी कल्पना कर सकते हैं। अब एक काले घोड़े की अपनी दायीं ओर कल्पना करें। आप मानसिक या कारण प्रतिछायाओं की रचना कर रहे हैं। इन्हें आपस में इस प्रकार बदलें कि सफेद घोड़ा आपके दायीं ओर आ जाए। यदि आप कुछ अधिक बल से कल्पना कर सकें, तो आप इन विचार-रूपों को वास्तविक प्रतिछाया के रूप में देखने के योग्य हो जाएँगें। आप स्वप्न में यही करते हैं : उस समय आपका मन अधिक एकाग्र होता है, जिसके कारण आपके विचार-चित्र आपके लिए दृश्यमान बन जाते हैं। स्वप्न और मानसदर्शन प्रकाश और ऊर्जा से बने होने के कारण, मूल रूप से सूक्ष्म हैं। यदि आप काले और सफेद घोड़े की सूक्ष्म प्रतिछाया को अपनी भौतिक इन्द्रियों के लिए वास्तविक बना सकते तो आपने भौतिक सृष्टि को स्थूल रूप दे दिया होता।

अतः मूलरूप से हम पैंतीस विचारों से बने हैं, जो मानव के विचारात्मक या कारण शरीर को बनाते हैं। इन पैंतीस विचारों में ईश्वर की प्रतिछाया रहती है जिसे आत्मा कहते हैं। जिस प्रकार गैस-चूल्हे के छोटे-छोटे छिद्रों से निकल कर अनेक वैयक्तिक ज्वालाएँ एक ज्वाला का रूप ले लेती हैं, उसी प्रकार हम सब एक ही प्रकाश हैं, जो ईश्वर से अनेक शरीरों में प्रवाहित हो रहा है।

मृत्यु के समय भी हम सूक्ष्म और कारण शरीरों को धारण किए होते हैं

जब आप मर जाते हैं, सोलह तत्त्वों का आपका भौतिक शरीर विघटित हो जाता है, परन्तु आपके सूक्ष्म शरीर के उन्नीस तत्त्व बने रहते हैं। तब, वे सब आत्माएँ कहाँ हैं जिन्होंने इस पृथ्वी को छोड़ दिया है? वे आकाश में घूम रहीं हैं। आप कहते हैं, "यह असंभव है।" तो आइए हम तुलना करते हैं। यदि कोई प्राचीन आदिवासी यहाँ आ जाए और मैं उससे कहूँ कि संगीत को आकाश में सुना जा सकता है, वह मुझ पर हँसेगा, या शायद डर जाए, परन्तु यदि मैं एक रेडियो ले आऊँ और उसे एक रेडियो स्टेशन से जोड़ दूँ जहाँ संगीत बज रहा हो, तो वह मेरे कथन की सत्यता को अस्वीकार नहीं सकेगा। उसी प्रकार, मैं आपको इसी समय सूक्ष्म जीवों को आकाश में घूमते दिखा सकता हूँ, और आप इसे नकार नहीं सकते। सूक्ष्म जगत् ठीक यहीं है, भौतिक जगत् के स्थूल स्पन्दनों के ठीक पीछे।

यदि आप इसी क्षण अपने चारों ओर आकाश में बहुत से सूक्ष्म जीवों को देख लें, तो आपमें से अनेक भयभीत हो जाएँगे, और आपमें से कुछ उनमें अपने दिवंगत प्रियजनों को खोजने का प्रयास करने लगेंगे। यदि आप आध्यात्मिक नेत्र पर गहनता से अपने मन को एकाग्र करें तो आप अन्तर्दृष्टि से उस प्रकाशमय जगत् को देख सकते हैं, जिसमें वे सभी आत्माएँ रह रही हैं जो सूक्ष्म लोक को जा चुकी हैं। मनुष्यों में हृदय, एक ग्रहण करने वाले उपकरण के रूप में कार्य करता है और आध्यात्मिक नेत्र एक प्रसारण केन्द्र के रूप में कार्य करता है। चाहे आप अपने दिवंगत प्रियजनों को न भी देख पाएँ, परन्तु यदि आप अपनी भावनाओं को हृदय पर शान्ति से एकाग्र कर सकें, तो आप उन प्रियजनों की आश्वस्तकारी विद्यमानता को जान सकते हैं जो अब सूक्ष्म स्वरूप में भौतिक देह की दासता से मुक्ति का आनन्द ले रहे हैं।

मैं अनेक सूक्ष्म जीवों को देखता हूँ जिन्होंने भौतिक जगत् छोड़ दिया है, परन्तु वे मुझे नहीं देख सकते। मैं स्वयं को उनके समक्ष दृष्टिगोचर नहीं बनाता, परन्तु मैं अपनी इच्छानुसार उन्हें देख सकता हूँ।*

इसलिए, हम मृत्यु उपरान्त अपनी भौतिक देह से प्रस्थान के बाद भी पूर्णरूप से मुक्त नहीं होते हैं। हमारी आत्माएँ तब भी सूक्ष्म और कारण शरीरों को धारण किए हुए होती हैं। जब मानव इस संसार में भौतिक देह को धारण करता है केवल तभी वह इस संसार में दृश्य जीव बनता है। उसकी भौतिक देह की मृत्यु के उपरांत, वह "प्रेतात्मा" के रूप में सूक्ष्म शरीर में रहता है, जो सुबोध, अदृश्य जीव है, और मूल रूप से वही मानसिकता और गुण रखता है, जो उसके पास पृथ्वी पर रहते समय थे। सूक्ष्म जगत् के निवासी यद्यपि एक दूसरे को उनके प्रकाशमय शरीरों में देख सकते हैं। परन्तु सूक्ष्म जीव सामान्यतः हमें पृथ्वी पर दृष्टिगोचर नहीं होते जब तक कि हम आध्यात्मिक नेत्र के द्वारा सूक्ष्म जगत् को देखना न जान लें। जब आत्माएँ सूक्ष्म शरीर का त्याग करती हैं और कारण जगत्† में मानसिक स्वरूप में

* महान् गुरुजन अपने शिष्यों पर सूक्ष्म लोक में, कारण लोक में और पृथ्वी में भी दृष्टि रखते हैं। ऐसे गुरुजन अपने सच्चे भक्त की आत्म-पुकार के प्रत्युत्तर में भौतिक अथवा सूक्ष्म रूप में प्रकट हो सकते हैं और होते भी हैं; परन्तु उनकी अपनी विवेकी इच्छा से। *योगी कथामृत* के अध्याय 34 में लाहिड़ी महाशयजी द्वारा अपने शक्की मित्रों के समक्ष महावतार बाबाजी को बुलाने का उदाहरण हम पाते हैं।

† जब आत्माएँ भौतिक इच्छाओं से मुक्त हो जाती हैं उनको पृथ्वी पर और जन्म लेने की आवश्यकता नहीं रहती। तब ऐसी आत्माएँ सूक्ष्म लोक और कारण "स्वर्ग" के बीच बार-बार जन्म लेती रही है। सूक्ष्म जगत् में तब तक जन्म लेती हैं जब तक कि उस अवस्था से भी आध्यात्मिक स्वतंत्रता प्राप्त

चली जाती हैं वे अस्तित्वहीन नहीं हो जातीं, परन्तु वे वास्तव में अदृश्य हो जाती हैं, जैसे कि विचार अदृश्य होते हैं।

जीसस ने कहा था, "इस शरीर रूपी मन्दिर को नष्ट कर दो और मैं इसे तीन दिन में फिर खड़ा कर दूँगा।"* उनका तात्पर्य यह था कि ईश्वर के साथ एक होने के लिए उन्हें भौतिक, सूक्ष्म, और मानसिक शरीरों से (किसी भी स्वरूप के प्रति आसक्ति के सभी अवशेषों को हटा कर) अलग होना पड़ेगा। ऐसा करने के लिए तीन विशिष्ट प्रयास करने पड़े।

यदि किसी दिवंगत आत्मा की भूलोक में प्रवास के समय अतृप्त इच्छाएँ रह जाती हैं, तो वह उन इच्छाओं को सूक्ष्म लोक में भी अनुभव करती रहती है और भौतिक शरीर के द्वारा उन्हें व्यक्त करने की इच्छा रखती है। और इस प्रकार वह आत्मा अपने सूक्ष्म शरीर में संयुक्त अण्डाणु और शुक्राणु में दोबारा आ जाती है और एक बार पुनः भौतिक शरीर को धारण कर लेती है।

प्राण में बुद्धि भौतिक देह की रचना करती है

प्राण जो भौतिक देह में पूर्णतः व्याप्त है एक प्रबुद्ध जीवन-शक्ति ("प्राण अणु") है। विद्युत जो प्रकाश बल्ब को प्रज्वलित करती है वह बल्ब की रचना नहीं करता, परन्तु जो संयुक्त मानवीय अण्डाणु एवं शुक्राणु कोशिकाओं में विद्युत अथवा जीवन शक्ति है वह भ्रूणीय शरीर और उसके पश्चात् सम्पूर्ण मानव शरीर के विकास को निर्देशित करती है। सूक्ष्म शरीर की उपरोक्त पाँच प्राणिक शक्तियों के रूप में प्रकट होकर, यह एक प्रबुद्ध अथवा चेतन रूप से निर्देशित शक्ति है।

अपने शरीर के किसी दोष को सदा के लिए अपने ऊपर आरोपित करते रहना उचित नहीं है। मान लें आपके इस जीवन में एक बाजू खो गई है और इस क्षति का विचार आपकी चेतना में इतना गहरा बैठ गया है कि आप सोचते हैं कि आप दोबारा उस बाजू को कदापि उपयोग नहीं कर सकते। जब आप अगली बार पुनः जन्म लेते हैं, तो आप बाजूहीनता की उस चेतना को साथ ले आते हैं, और यदि वह नकारात्मक विचार पर्याप्त शक्तिशाली है तो यह आपके नए शरीर को उत्पन्न करने वाली प्रबुद्ध जीवन-

---

न कर लें। जब समस्त कारण इच्छाएँ समाप्त हो जाती हैं, वह एक स्वतंत्र अथवा मुक्त आत्मा बन जाती है।

* *यूहन्ना* 2:19 (बाइबिल)।

शक्ति द्वारा बाजू की रचना करने में बाधा बन सकती है। इसलिए आपको अपने भौतिक शरीर के दोषों के साथ स्वयं का कदापि तादात्म्य स्थापित नहीं करना चाहिए। उनका संबंध आपके साथ नहीं है, क्योंकि आप ईश्वर की पवित्र, पूर्ण प्रतिबिम्ब — आत्मा हैं।

इस प्रकार आपने जाना, कि इस भौतिक शरीर को धारण करने से पहले आप एक प्रेतात्मा थे, और मृत्यु के उपरांत आप फिर से प्रेतात्मा बन जाएँगे। निद्रा के समय भी हम प्रेतात्मा होते हैं, क्योंकि निद्रा में, हम अपने भौतिक शरीर के प्रति बिल्कुल सचेत नहीं होते। क्योंकि निद्रा के समय आप प्रेतात्मा हैं, और मृत्यु के उपरांत आप प्रेतात्मा होंगे, तो प्रेतात्माओं से भयभीत क्यों होते हैं? आप वही थे और आप वही बनेंगे। केवल अन्तर इतना है कि जब आप मृत्यु के पश्चात् सूक्ष्म लोक में प्रवेश करते हैं तो जैसा भौतिक शरीर अब आपके पास है वैसा आप अपनी इच्छाशक्ति से नहीं बना सकते। केवल वे महान् गुरुजन ऐसा कर सकते हैं जिन्होंने अपने दिव्य सृष्टिकर्त्ता के साथ एकत्व प्राप्त कर लिया है। आध्यात्मिक रूप से उन्नत आत्माएँ सूक्ष्म शरीर के सूक्ष्म स्पन्दनों को एक ठोस शरीर में घनीभूत कर सकती हैं।

मृत्यु से डरना नहीं चाहिए

हम मृत्यु से पीड़ा के कारण डरते हैं, और इस विचार के कारण भी कि कहीं हमारा अस्तित्व ही समाप्त न हो जाए। यह विचार गलत है। जीसस ने मृत्यु के पश्चात् अपने शिष्यों को भौतिक शरीर में दर्शन दिए थे। लाहिड़ी महाशय अपनी महासमाधि* के अगले दिन भौतिक देह में वापस आ गए थे। उन्होंने यह प्रमाणित किया कि वे नष्ट नहीं हुए थे। क्योंकि ब्रह्माण्डीय नियमों पर प्रभुत्व पाने वालों के उदाहरण बहुत कम हैं, केवल इसलिए किसी को यह नहीं कहना चाहिए कि उनका प्रमाण सत्य नहीं है। आपको जीसस के और मेरे परम-परमगुरु† बाबाजी के दिव्य प्रदर्शनों की उपेक्षा नहीं करनी चाहिए, और न ही मैं उस प्रमाण की उपेक्षा कर सकता हूँ जिसे मैंने देखा है — मेरे गुरु श्रीयुक्तेश्वरजी‡ का पुनरुत्थान — अथवा जिसे मैंने स्वयं अनुभव किया है। "यह आत्मा जो मूल रूप से, परमात्मा की प्रतिबिम्ब है, इसे कदापि मृत्यु की वेदना

* अन्तिम ध्यान, जिसमें गुरुजन अपने भौतिक शरीर को चेतन रूप से पृथक कर देते हैं और स्वयं परमब्रह्म में विलीन हो जाते हैं, महासमाधि कहलाता है।

† किसी के गुरु के गुरु का गुरु (परमगुरु एवं योगदा सत्संग सोसाइटी/सेल्फ़-रियलाइज़ेशन फ़ेलोशिप के परमगुरु एवं गुरुजनों के विषय में शब्दावली में देखें।)

‡ *योगी कथामृत* के अध्याय 43 में देखें, "श्रीयुक्तेश्वर का पुनरुत्थान।"

या जन्म की पीड़ा को भोगना नहीं पड़ता; और न ही एक बार अस्तित्व में आने के बाद, यह कभी अस्तित्वहीन होती है। इस आत्मा ने कभी जन्म नहीं लिया, यह परिवर्तन के मायाजाल से अछूती, शाश्वत रूप से विद्यमान है। यह आत्मा शारीरिक विघटनों के समस्त काल-चक्रों में सदा नित्य रहती है।"*

कई बार जब कोई दूर रहने वाला भक्त, बीमार या मृत्यु शैय्या पर था, तो उसने अपनी भक्ति के द्वारा मेरे सूक्ष्म शरीर को वहाँ खींच लिया। एक ऐसी घटना यहाँ पर भी हुई। सेवा देवी एक अनन्य भक्तिपूर्ण शिष्या थी। वह बहुत अधिक बीमार हो गई, परन्तु उसने इस विषय में कभी-किसी से कुछ नहीं कहा। वह जानती थी कि उसका इस पृथ्वी को छोड़ने का समय आ गया था। एक दिन जब मैं लॉस एंजिलिस में उसके पास गया तो उसने मुझसे कहा, "कृपया मुझे यहाँ और मत रोकें।"† कुछ समय बाद मैं एन्सिनिटस में सेल्फ़-रियलाइज़ेशन फ़ेलोशिप के आश्रम में कुछ समय के लिए ठहरा हुआ था। मुझे एक रेडियो दिया गया था और मैं प्रातः जल्दी उठ कर भारत से प्रसारित होने वाले कार्यक्रम सुनता था। एक दिन प्रातः मैंने अचानक सेवा देवी के सूक्ष्म स्पन्दनों को अन्तर्ज्ञान द्वारा अनुभव किया, उसने अपनी भक्ति के द्वारा मेरे सूक्ष्म शरीर को अपनी ओर खींच लिया। मेरा भौतिक शरीर मृत समान हो गया। मुझे बाद में बताया गया कि सेवा देवी ने अपनी मृत्यु के ठीक पहले उद्गार प्रकट किया, "स्वामीजी यहाँ हैं!" वह मेरे द्वारा उसे दूसरे लोक में ले जाए जाने के प्रति सचेत थी।‡ कुछ समय पश्चात् मैंने उसके चमकते हुए सूक्ष्म स्वरूप को देखा, वह मेरी एक कक्षा में बैठी थी, वह उतनी ही वास्तविक लग रही थी जितनी कि जीवित अवस्था में। यदि किसी ने मुझे उस समय स्पर्श किया होता, तो उसने भी उसे देख लिया होता। फिर भी, जब कोई सूक्ष्म चेतना की उस अवस्था में होता है तो वह प्रायः दूसरों को स्पर्श नहीं करने देता।

हम अनेक बार जन्म और मृत्यु से गुज़रे हैं, तो फिर क्यों मृत्यु से भयभीत रहें? यह हमें मुक्त करने के लिए आती है। आपको मृत्यु की इच्छा नहीं करनी चाहिए,

* भगवद्गीता II:20।

† ईश्वर के साथ मध्यस्थता के द्वारा, महान् गुरुजन पृथ्वी पर अपने शिष्य के प्रवास की अवधि बढ़ा सकते हैं।

‡ यह पवित्र गुरु-शिष्य संबंध की प्रतिज्ञाओं में से एक है; शिष्य की मृत्यु के समय गुरु उसे सूक्ष्म लोक में नए जीवन में ले जाने के लिए उपस्थित रहते हैं।

परन्तु इस ज्ञान में निश्चिन्त भी रहना चाहिए कि इसके द्वारा हमारा अनेक कष्टों से पीछा छूटेगा, यह जीवन के कठिन परिश्रम के बाद सेवा-निवृत्ति वेतन (पेन्शन) है। मैं मृत्यु को अति आकर्षित बना रहा हूँ।

लोग मृत्यु से इसलिए भी डरते हैं क्योंकि वे इस देह रूपी पिंजरे में इतने लम्बे समय तक रहे हैं कि वे इसकी सुरक्षा छोड़ने से डरते हैं। परन्तु भयभीत होना मूर्खता है। जरा सोचें, शरीर रूपी वाहन पर अब कोई मरम्मत किया टायर नहीं, कोई जोड़-तोड़ का जीवन नहीं। क्योंकि यह ईश्वर की इच्छा है कि हम मृत्यु तक इस पुराने शरीर को ही रखें, इसलिए हमें इसे रखना होगा और इसकी देखभाल करनी होगी। परन्तु मैं चाहता हूँ कि ईश्वर प्रत्येक व्यक्ति को समाधि में जाने की और नारद ऋषि की भाँति आसानी से अपने शरीर रूपी वाहन को बदलने की क्षमता प्रदान कर दें। नारदजी दिव्य समाधि सम्पर्क में ईश्वर का गुणगान कर रहे थे, और जब वे सामान्य चेतना में वापस आए तो उन्होंने देखा कि उन्होंने पुराना शरीर छोड़ दिया था और एक नए युवा शरीर में "पुनर्जन्म" ले लिया था। यह देहान्तरण का उच्चत्तम रूप है।*

भारत में एक मरते हुए युवा की कहानी है, जो अपने आस-पास शोक में सिसकियों की आवाज सुन कर, पुकार उठा :

अपमान न करो, मेरा, सहानुभूति के अपने रुदन से
जब मैं ऊँचा जाता हूँ
प्रेम और प्रकाश के शाश्वत प्रदेश में,
मुझे ही चाहिए करनी सहानुभूति तुम्हारे प्रति।
मेरे लिए, अब नहीं रहे रोग, हड्डियों का टूटना,
दुःख, विषाद और हृदयाघात सन्ताप।
मैं आनन्द का स्वप्न देखता हूँ, मैं आनन्द में धीमे-धीमे बहता हूँ,
आनन्द में लेता हूँ श्वास सदा-सर्वदा।

* देहान्तरण या मृत्यु के समय आत्मा का पुनर्जन्म के लिए एक शरीर से दूसरे शरीर में जाना जिसमें जीवन के निचले रूपों में गए बिना, जीवन के स्वाभाविक ऊर्ध्वगामी क्रम विकास का अनुगमन करती है। हिन्दू धर्मशास्त्र शिक्षा देते हैं कि आत्मा का विकास खनिज जगत् से वनस्पति जगत् में होता है, उसके बाद पशु जगत् में और फिर अन्त में मानवीय रूप में जन्म होता है। इसके पश्चात्, अनेक मानवीय जन्म और मृत्यु के चक्रों में बारी-बारी सबक सीखते हुए आत्मा अन्ततः अतिमानव — ईश्वरानुभूति प्राप्त मानव, के रूप में पूर्ण अभिव्यक्ति को प्राप्त होती है।

आप नहीं जानते आपके साथ इस संसार में क्या होने जा रहा है, आपको जीवित रहना और चिन्ता करते रहना है। जो मर जाते हैं वे हम पर तरस खाते हैं, वे हमें आर्शीवाद दे रहे हैं। आप उनके लिए शोक क्यों करते हैं? मैंने यह एक महिला को बताया जिसका पुत्र स्वर्ग सिधार गया था। मेरे समझाने के पश्चात् उसने तुरन्त अपने आँसू पोंछे और कहा, "इससे पहले इतनी शांति मैंने कभी अनुभव नहीं की। मैं यह जान कर प्रसन्न हूँ कि मेरा पुत्र मुक्त है। मैंने सोचा था कि उसके साथ कुछ भयानक घटना हुई है।"

चेतन रूप से शरीर को छोड़ना और उसमें प्रवेश करना संभव है

अनेक आध्यात्मिक रूप से विकसित लोग अपने सूक्ष्म शरीर को देख सकते हैं। बाइबिल में सन्त यूहन्ना ने कहा, "और जब मैंने उसको देखा, मैं मृत के समान उसके पैरों पर गिर पड़ा।"* जब आपके सूक्ष्म शरीर का ऊर्ध्वगमन होता है, अथवा मृत्यु के समय आप भौतिक शरीर को छोड़ते हैं, तो आप अपने भौतिक शरीर को मृत अवस्था में देखते हैं। ऐसा ही अनुभव उन्नत योगियों को अपनी इच्छाशक्ति द्वारा भौतिक शरीर से बाहर निकलने के समय पर होता है। इस प्रकार सन्त यूहन्ना ने जीवित रहते हुए समाधि की अवस्था, जैसा उन्होंने वर्णन किया है, अपने भौतिक स्वरूप को मृत के समान देखा। इस प्रकार शरीर से बाहर निकलना और फिर वापस शरीर में चले जाना मनोरंजन के समान है। लेकिन अनेक लोग जो सोचते हैं कि वे ऐसा कर सकते हैं वे केवल इसकी कल्पना करते हैं। केवल सोचने मात्र से ऐसा नहीं हो जाता। आपको इसकी विधि भी जाननी होगी।

न्यूयॉर्क में एक व्यक्ति मेरे पास आया और उसने मुझे विश्वास दिलाया कि वह सूक्ष्म रूप से विचरण कर सकता है। मैंने कहा, "मैं नहीं समझता कि आप कर सकते हैं। आप केवल कल्पना कर रहे हैं कि आप ऐसा कर सकते हैं।" फिर भी उसने हठ किया कि मैं उसकी परीक्षा लूँ। मैंने स्वीकार कर लिया, "ठीक है, सूक्ष्म रूप में सीढ़ियों के नीचे जाओ और मुझे बताओ कि भोजनालय में क्या है।" कुछ क्षण के लिए वह शान्त हो गया, फिर उसने मुझे बताया, "दाहिने कोने में एक बड़ा पियानो रखा है।" मैं जानता था कि वह इसकी कल्पना कर रहा है, क्योंकि मैंने देखा था कि उसकी श्वास सामान्य थी और उसकी नाड़ी भी सामान्य थी।† "इसके विपरीत," मैंने कहा, "मैं

* *प्रकाशित वाक्य* 1:17 (बाइबिल)।

† सचेतन "सूक्ष्म विचरण" केवल तब संभव है जब व्यक्ति *समाधि* की गहन अवस्था में प्रवेश करता

सोचता हूँ आप वहाँ पर एक मेज़ के पास दो महिलाओं को बैठे पाएँगे।" वह मुझ पर हँसा। उसके बाद हम दोनों नीचे उस भोजनालय में गए। कोने में कोई पियानो नहीं था, परन्तु एक मेज़ के पास वहाँ दो महिलाएँ बैठी थीं। अन्त में वह समझ गया कि वह अपनी ही कल्पना द्वारा मूर्ख बन गया था।

प्रायः मैं अपने आन्तरिक सूक्ष्म दर्शन में यूरोप के युद्ध की घटनाओं को देखता हूँ, परन्तु वह एक चलचित्र की तरह दिखाई देता है। संसार हमारे मनोरंजन के लिए बना है, न कि हमें यातना देने के लिए। ईश्वर ने अपनी सृष्टि का चलचित्र बहुत जटिल बनाया है, जो अच्छाई और बुराई की विषमताओं से भरपूर है। जब आप कोई सिनेमा देखने जाते हैं तो आप अनेक उत्तेजनापूर्ण दृश्यों को देखना पसन्द करते हैं। ज़रा सोचिए आप कितनी बार हत्या के रहस्य वाले चलचित्र देखने गए हैं, और जब सिनेमा समाप्त हो जाता है तो आप स्वयं से कहते हैं "वह अच्छा सिनेमा शो था।" जीवन के इस सिनेमा को भी उसी अनासक्ति और मनोरंजन के भाव से देखना सीखें।

इस तथ्य से एक शिक्षा सीखने को मिलती है कि इस समय हम मानवीय देह में कैद हैं, और रात्रि में एवं मृत्यु के पश्चात् हम प्रेतात्मा बन जाते हैं। हमें अपनी प्रेतात्मा रूपी प्रकृति, अपनी अदृश्य और शक्तिशाली प्रकृति को पहचानना सीखना चाहिए। परन्तु आप ऐसा नहीं कर सकते यदि आप सदा शरीर पर एकाग्रचित रहते हैं : "मुझे सिर दर्द हो रहा है, मुझे यह अथवा वह चाहिए, मैं पालक पसन्द नहीं करता।" आपको भौतिक विषयों के पूर्वाग्रहों पर अवश्य विजयी होना है। ऐसा आप किस प्रकार कर सकते हैं? अपने जीवन में ईश्वर को प्रथम स्थान दें। जब तक आप उन्हें दूसरे स्थान पर रखेंगे वे आपको दर्शन नहीं देंगे। स्वर्ण, शराब और कामवासना आपको इस संसार के साथ बांधे रखने के लिए बनाए गए थे, ईश्वर इनका उपयोग इस परीक्षा के लिए करते हैं कि क्या आप उनके प्रेम की अपेक्षा इनको वरीयता देते हैं।

है जिसमें चेतना सर्व-द्रष्टा आध्यात्मिक नेत्र के अधिचेतन बोध में विस्तारित हो जाती है। आध्यात्मिक नेत्र के द्वारा व्यक्ति इस जगत् के अथवा सूक्ष्म जगत् के किसी भी भाग को देख सकता है, और अपनी चेतना को वहाँ प्रक्षेपित कर सकता है। जो व्यक्ति पर्याप्त रूप से उन्नत है वह अपने सूक्ष्म अथवा यहाँ तक कि भौतिक स्वरूप को भी किसी भी स्थान पर मूर्तरूप दे सकता है, जिसे एक ही समय में दो स्थानों पर होना कहते हैं। सूक्ष्म *समाधि* की इस अवस्था में श्वास और हृदय गति निश्चल हो जाते हैं, और शरीर स्थिर *समाधि* अवस्था में चला जाता है। केवल एक सद्गुरु जिसने उच्चतम आध्यात्मिकता, *निर्विकल्प* समाधि प्राप्त कर ली है, आन्तरिक रूप से दिव्य परमानन्द में मग्न रहते हुए भी, अपने भौतिक शरीर से सामान्य रूप में कार्य करना जारी रखता है।

काले जादू की शक्ति आपके विचार में है

प्रेतात्माओं के भय के अतिरिक्त, कुछ लोग काले जादू और ऐसे ही अन्य जादू-टोनों से भयभीत रहते हैं। बहुत लोग मुझे बताते हैं कि कोई व्यक्ति जिसे वे जानते हैं उन पर काला जादू कर रहा है। मैं उनसे कहता हूँ, "आप ईश्वर के दुर्ग में बैठे हैं। आपका कोई कुछ नहीं बिगाड़ सकता, यदि आप वास्तव में ईश्वर पर विश्वास करते हैं।" परन्तु जब नकारात्मक विचारों में विश्वास करते हैं कि कोई आपको हानि पहुँचा रहा है, तो आप उसको ऐसा करने की शक्ति प्रदान करते हैं। मान लो कोई आपके पास बुरे विचार भेज रहा है, और आप इसे स्वीकार कर लेते हैं, तो यह आपको क्षति पहुँचा देगा। किन्तु आपको बुरे विचारों को स्वीकार करने की आवश्यकता नहीं है। दुर्भावनापूर्ण व्यक्तियों से भयभीत न हों, जब तक आप भयभीत नहीं होते कोई भी आपको हानि नहीं पहुँचा सकता। भयभीत रहना और मन को खाली रखना, शैतान को प्रवेश करने में सहायता करता है, परन्तु जब आप कहते हैं, "ईश्वर मेरे साथ हैं," तो आपके पास दूसरों के अच्छे विचारों के अतिरिक्त और कुछ नहीं आ सकता। स्वयं को ईश्वर के विचारों से आवृत रखें। उनका पवित्र नाम सभी शक्तियों की शक्ति है। ढाल की भाँति यह समस्त नकारात्मक स्पन्दनों को वापस मोड़ देता है।

अच्छाई और बुराई का विराट युद्ध

भटकी हुई प्रेतात्माओं की शक्तियों की नगण्य धमकी या काला जादू का धन्धा करने वालों की चिन्ता न करें? प्रत्येक क्षण हमारी प्रसन्नता और कल्याण के लिए कहीं अधिक खतरा ठीक हमारे अन्दर और हमारे आस-पास विद्यमान है। दो शक्तियाँ युद्ध कर रहीं हैं—एक हमारी रक्षा करने के लिए, और दूसरी हमें हानि पहुँचाने के लिए। हम अच्छाई और बुराई के बीच ब्रह्माण्डीय युद्ध में फंस गए हैं।

यह संसार अदृश्य शक्तियों या प्रेतात्माओं द्वारा शासित है—परमपिता परमेश्वर, क्राइस्ट चेतना [कूटस्थ चैतन्य], ईश्वर के सिंहासन की पहली सात (पवित्र) आत्माएँ,* और शैतान और उसकी बुरी शक्तियों की सेना। ईश्वर के सिंहासन की पहली सात आत्माएँ सृष्टि की मूल प्रबुद्ध शक्तियाँ हैं : पवित्र आत्मा (ईश्वर की मुख्य सृजनात्मक स्पन्दनशील शक्ति, ओम् अथवा आमेन) तथा इसकी छः विशिष्ट सृजनात्मक शक्तियाँ जो भौतिक, सूक्ष्म और कारण विश्वों तथा मानव के भौतिक, सूक्ष्म और कारण शरीरों की रचना करती हैं एवं उन्हें बनाए रखती हैं।

* *प्रकाशित वाक्य* 1:4 (बाइबिल)।

प्रारम्भ में शैतान एक देवदूत* था। उसको ईश्वर की योजना के अनुसार संसार की सृष्टि करने की शक्ति प्रदान की गई थी। उसको अपना कार्य समाप्त करने के पश्चात्, उसे ईश्वर के पास वापस जाना था, क्योंकि ईश्वर का विधान है कि समस्त सृष्टि उनके पास वापस जाए। परन्तु यदि यह प्रबुद्ध शक्ति, धर्मशास्त्रों में जिसे मानवीकरण करके शैतान कहा गया, परमात्मा में वापस चली जाती, तो सृष्टि लुप्त हो जाती। इसे रोकने के लिए, शैतान ने मानव में बुरी (भौतिक) इच्छाओं को रोपित कर दिया, जिसकी पूर्ति में मानव को बार-बार पृथ्वी पर आना पड़ेगा और इस प्रकार सृष्टि रचना का व्यापार जारी रहेगा। और इस प्रकार शैतान यह प्रयत्न करता रहता है कि मानव को ईश्वर के पास वापस जाने का कोई अवसर न मिले।

ईश्वर और शैतान के बीच में एक महान् संघर्ष चलता रहता है। व्यक्ति केवल यह सोच कर कि शैतान केवल भ्रम है, समस्या से छुटकारा नहीं पा सकता। यदि संसार में बुराई के विषय में ईश्वर कुछ न जानते हों तो वे बहुत अज्ञानी होंगे। यदि शैतान न होता तो जीसस क्यों कहते : "पीछे हट शैतान" और, "हमें बुराई से मुक्त करो?" यदि कोई शैतान नहीं है तो फिर ईश्वर से प्रार्थना करने की क्या आवश्यकता? बुराई का अस्तित्व अवश्य है।

जब ईश्वर ने मानव की रचना की, तो उन्होंने शैतान की भी रचना कर दी। शैतान, अपनी माया की शक्ति से, ईश्वर की सन्तान की परीक्षा लेने के लिए विद्यमान है। जब तक अग्नि लोहे को पिघला न दे, इस्पात (स्टील) नहीं बनाया जा सकता। जब रोग अथवा कष्ट आएँ तो आपको समझना चाहिए कि यह ईश्वर की माया का परीक्षण है। आपको इन परीक्षाओं में अवश्य उत्तीर्ण होना चाहिए। आपको इनके द्वारा बिल्कुल विचलित नहीं होना चाहिए। यद्यपि जीसस सलीब पर कष्ट झेल रहे थे, फिर भी उन्होंने उस दैवी परीक्षण पर विजय प्राप्त की। अनेक महान् सन्त भयानक रोगों एवं कष्टों से मरे हैं। ऐविला की सन्त टेरेसा क्षय रोग से पीड़ित थीं, तथा फिर भी उसने कहा, "मैं नहीं चाहती कि ईश्वर मेरी परीक्षा की अवधि को कम करें। मैं वीरता के साथ कष्ट झेलना चाहती हूँ तथा जब तक कार्य कर सकती हूँ, करूँगी।" और जब उनका शरीर मृत हो गया तो वे क्राइस्ट चेतना में ऊपर उठ गईं।

* "और उसने उनसे कहा, मैंने शैतान को प्रकाश के रूप में स्वर्ग से नीचे उतरते देखा" *लूका* 10:18 (बाइबिल)।

"*सतोगुण* (अच्छाई), *रजोगुण* (क्रियाशीलता), और *तमोगुण* (बुराई) की सभी अभिव्यक्तियों को मुझसे उत्पन्न हुआ जानो। यद्यपि वे मुझमें हैं, मैं उनमें नहीं हूँ" (भगवद्गीता VII:12)।

यह सृष्टि भगवान् का मन बहलाव है। परन्तु मैं उनसे निरन्तर निवेदन करता रहता हूँ। "आपने ऐसा शग़ल क्यों पाला हुआ है? आप क्यों हमें इतने कष्ट देते हैं?" हमारी पृथ्वी सृष्टि में निकृष्ट जगहों में से एक है। इससे कहीं अच्छे निवास स्थान और हैं। परन्तु यद्यपि ईश्वर ने कष्टों को रखा है, वे उनसे बाहर निकलने में हमारी सहायता भी करते हैं। ईश्वर और उनके दूत तथा करोड़ों अच्छी आत्माएँ पृथ्वी पर अपना दैवी सामंजस्य स्थापित करने का प्रयास कर रहे हैं। प्रत्येक लाभकारी गुण की रचना एक अच्छी आत्मा द्वारा होती है। अच्छी आत्माएँ आपके मन की भूमि पर सहायक विचारों के बीजों को निरन्तर डाल रहीं हैं। इसके साथ-साथ, शैतान, अंधकार का राजा, अपनी बुरी प्रेतात्माओं के साथ संसार में अव्यवस्था और परेशानियों को उत्पन्न कर रहा है। शैतान के अलावा रोगाणुओं को और किसने उत्पन्न किया है? अनेक प्रकार के प्लेग हुए, उसके बाद क्षय रोग आया, और अब नष्ट करने के लिए नवीनतम रोग कैंसर आ गया है—ये सब मानव जाति को सताने की क्रूर विधियाँ हैं। परन्तु ईश्वर इन रोगों को समाप्त करने के नए तरीके खोजने के लिए अनेक अन्वेषकों को प्रेरित कर रहे हैं।

आदम और हव्वा का प्रलोभन

मानव को भू-जीवन से बांधे रखने के लिए, शैतान ने कामुकता की रचना की, यह प्रलोभन मानव को सृष्टि के आरम्भ से ही लुभा रहा है। ईश्वर ने स्त्री और पुरुष की रचना अपनी इच्छाशक्ति द्वारा की, उनके शरीर ईश्वरीय दिव्य ज्ञान एवं प्रेम* का मूर्तिकरण थे। आरम्भ में, स्त्री एवं पुरुष के पास मानसिक आदेश द्वारा सन्तान उत्पत्ति की ईश्वर जैसी ही शक्ति थी। आदम और हव्वा को निष्कलंक अथवा दिव्य रीति द्वारा वंशवृद्धि के लिए ईश्वर से शक्ति प्राप्त थी। जैसा मेरे गुरु श्रीयुक्तेश्वरजी ने वर्णन किया कि शैतान अर्थात् बुरी शक्ति ने हव्वा को बगीचे (शरीर) के मध्य में स्थित फल (कामवासना) को चखने के लिए प्रलोभित किया।† ईश्वर ने कहा था कि आरम्भिक स्त्री एवं पुरुष जीवन रूपी वृक्ष (चेतना और ऊर्जा के सूक्ष्म मेरुदण्डीय केन्द्र जो शरीर और इन्द्रियों को पोषित करते हैं) की सभी संवेदनाओं का आनन्द ले सकते थे, लेकिन कामवासना के अनुभव के अतिरिक्त, जो शरीर रूपी बगीचे के मध्य में है "सर्प"

* पुरुष तर्क के भाव को अधिक व्यक्त करता है, भावना को छिपाते हुए; स्त्री तर्क को कम प्रबल रखते हुए, भावना को अधिक व्यक्त करती है।

† *उत्पति* 3:3 (बाइबिल)।

(शैतान) जिसने हव्वा को प्रलोभित किया कुण्डलिनी मेरुदण्डीय ऊर्जा शक्ति है जो काम तन्त्र को उत्तेजित और पोषित करती है। जब किसी मनुष्य में भावना अथवा हव्वा चेतना, कामवासना के आधीन हो जाती है, तो उसका तर्क अथवा आदम भी वशीभूत हो जाता है।

यौन सुख ईश्वरीय आनन्द का मायावी प्रतिरूप है। इस प्रकार जब कामवासना का सच्चे प्रेम से संबंध टूट जाता है, और इसका प्रयोग केवल संभोग की प्रवृत्तियों को संतुष्ट करने के लिए होता है, तो यह मानव की चेतना को इन्द्रियों में बन्द रखने के लिए शैतान का एक यन्त्र बन जाता है, और आत्मा की ईश-चेतना अर्थात् सत्-चित्-आनन्द के रूप में अनुभूति के लिए अयोग्य हो जाता है। कामवासना तथा शराब एवं धन की इच्छा — ये सब कृत्रिम सुख हैं जिनकी शैतान ने आत्मा के परमानन्द को विस्थापित करने के लिए रचना की है। जब आदम और हव्वा ने कामुकता की संवेदना को अनुभव किया, तो वे आनन्दधाम से नीचे गिर गए, उन्होंने अपनी दिव्य चेतना को खो दिया जिसके द्वारा वे आत्मानन्द में ईश्वर के साथ अपने एकत्व को अनुभव कर सकते थे, और वे सुखद बग़ीचे से बाहर निकलने पर विवश कर दिए गए थे। तभी से मानव जाति को पशुओं की भाँति, यौन संबंध द्वारा संतानोत्पत्ति करनी पड़ती है। स्त्रियाँ कष्टकारी और दर्दनाक ढंग से बच्चे को जन्म देती हैं, तब पति और पत्नी को जो कुछ भी प्राप्त होता है, उसे स्वीकार करना पड़ता है, यदि कोई कुपुत्र जन्म लेता है तो उसे भी पालना पड़ता है। आरम्भ में, वे ईश्वर की भाँति, मन की शक्ति द्वारा, वे जैसी सन्तान चाहते, उत्पन्न कर सकते थे। प्राचीन भोलेपन के कितने सुखी दिन थे!

केवल ईश्वर की वाणी को सुनें

अन्तिम भाव में शैतान भी वास्तव में ईश्वर का ही एक यन्त्र है। शैतान मनुष्य के प्रति अपने वचन निभाने में असफल होता है, और तब मोह-भंग व्यक्ति विश्वसनीय ईश्वर की खोज करता है। मोह-भंग होने तक प्रतीक्षा क्यों करें? मैं आपसे आग्रह करता हूँ कि अपनी पूर्ण प्रसन्नता एक ही दाव पर मत लगाएँ। जब आप शारीरिक रूप से सशक्त और स्वस्थ हैं और आप पर्याप्त रूप से सन्तुष्ट भी हैं, तब अचानक कोई पीड़ा आ जाए तो आप सोचते हैं, "हे भगवान्, यह क्या हो गया?" सेल्फ़-रियलाइज़ेशन फ़ेलोशिप [योगदा सत्संग सोसाइटी ऑफ़ इण्डिया] आपको यह शिक्षा देती है कि

आप सभी सुखों की आशाओं को अपने नश्वर शरीर की टोकरी में और इस संसार के सुखों में न डालें। कैसे? आपको अपने शरीर पर प्रभुत्व पाना सिखाकर; और सर्वोपरि, आपको ध्यान करना सिखा कर।

अपने अच्छे विचारों के माध्यम से ईश्वर की वाणी को सुनें। ईश्वर और उनकी दिव्य आत्माएँ इन अच्छे विचारों को उत्पन्न कर रही हैं, शैतान अपने प्रकार के विचारों को उत्पन्न कर रहा है। जब भी कोई बुरा विचार आए, उसे बाहर फेंकें। तब शैतान आपका कुछ नहीं कर सकता। लेकिन जैसे ही आप कुछ गलत सोचते हैं, आप शैतान की ओर चल जाते हैं। आप निरंतर अच्छाई और बुराई के बीच आगे-पीछे जा रहे हैं, इससे बचने के लिए, आपको ऐसी जगह जाना चाहिए जहाँ शैतान न पहुँच सके : ईश्वर के गहन हृदय में!

जीसस : पूर्व और पश्चिम के मसीहा

प्रथम सेल्फ़-रियलाइज़ेशन फ़ेलोशिप मन्दिर, एन्सिनिटस, कैलिफ़ोर्निया, 18 सितम्बर, 1938 सेल्फ़-रियलाइज़ेशन फ़ेलोशिप मन्दिर, सैन डीएगो, कैलिफ़ोर्निया, 4 फरवरी, 1945 (संकलन)

जीसस क्राइस्ट पूर्व एवं पश्चिम दोनों के बीच का एक सम्पर्क हैं। वे महान् गुरु मेरी आँखों के सम्मुख खड़े हैं, और पूर्ववासियों और पश्चिमवासियों से कह रहे हैं : "एक साथ मिल जाओ! मेरे शरीर ने पूर्व में जन्म लिया था, मेरी आत्मा और संदेश पश्चिम की ओर फैले।" एशियावासी के रूप में क्राइस्ट का जन्म लेने और पश्चिमी लोगों का उन्हें अपना गुरु स्वीकार करने में, एक दैवी संकेत है ताकि पूर्व एवं पश्चिम के लोग अपनी-अपनी सर्वोत्तम उत्कृष्ट विशेषताओं का आदान-प्रदान कर मिल जाएँ। यह ईश्वर की लीला का ही एक अंग है कि पश्चिम को भौतिक शक्तियों से सम्पन्न होना था और पूर्व को आध्यात्मिक शक्तियों से, ताकि उनके विशिष्ट गुणों के आदान-प्रदान से दोनों में मित्रता हो सके। पूर्व की आध्यात्मिक स्वाधीनता भौतिक दुःखों का दमन करती है। पश्चिम को उसी प्रकार की आध्यात्मिक स्वाधीनता की आवश्यकता है। ईश्वर की पश्चिमी सन्तानों को, शारीरिक और भौतिक रूप से अधिक भाग्यशाली होने के कारण उन्हें आध्यात्मिक रूप से विकसित होने की, और पूर्व के आध्यात्मिक ज्ञान को पाने की आवश्यकता है, और पूर्व को पश्चिम के भौतिक विकास की आवश्यकता है। ईश्वर की पूर्व में रहने वाली सन्तानों को पश्चिम से सहायता का स्वागत करना चाहिए, ताकि वे एशिया का उद्योगीकरण कर सकें, और इस प्रकार उसे उन्नत होने और अपने संसाधनों का पूर्ण लाभ उठाने के योग्य बना सकें।

अमेरिकावासियों की प्रगतिशील जीवन-शैली, और भारत की आध्यात्मिकता — इस मिलन को आप पराजित नहीं कर सकते। भारत धर्मों का मिलनस्थल है, अमेरिका राष्ट्रों का मिलनस्थल है। अमेरिका अपनी स्वाधीनता को प्रेम करने, और अपनी भूमि पर सभी मानव जातियों का स्वागत करने के कारण महान् बना — उसने सभी देशों की अच्छाई को अपनाया। अन्य किसी भी देश का स्थापन एवं विकास ऐसे उत्कृष्ट आदर्शों

पर आधारित नहीं हुआ था। इन आदर्शों द्वारा स्थापित अमेरिका की स्वाधीनता और असाधारण जीवन शैली कदापि समाप्त नहीं होनी चाहिए।

पश्चिम के अनेक लोग यह मानते हैं कि पूर्ववासी आर्थिक रूप से निर्धन हैं क्योंकि वे आध्यात्मिक रूप से धनवान हैं। यह सत्य नहीं है। और अनेक पूर्ववासी मानते हैं कि पश्चिमवासी आध्यात्मिक रूप से कमज़ोर हैं क्योंकि वे भौतिक रूप से धनवान हैं। ऐसा भी नहीं है। सत्य यह है कि हम मनुष्य अत्यधिक एकपक्षीय बन जाते हैं, हमें एक-दूसरे की सर्वश्रेष्ठता को अपनाकर सन्तुलन बनाने की आवश्यकता है।

जीसस एक दिव्य महापुरुष बनकर पूर्ववासियों और पश्चिमवासियों के बीच खड़े होकर उन्हें एक-दूसरे के अच्छे गुणों का आदान-प्रदान करने के लिए कह रहे हैं। क्या आप उन्हें देख सकते हैं? मैं उन्हें देखता हूँ। वे पश्चिम से उसका आध्यात्मीकरण और पूर्व से उसका उद्योगीकरण करने का अनुरोध करते हैं। इसके लिए पूर्व को विज्ञान एवं उद्योग के पश्चिमी प्रचारकों को स्वीकार करना होगा। और पश्चिमवासियों को पूर्व के आध्यात्मिक प्रचारकों को स्वीकार करना होगा, पश्चिम के लिए वे कहते हैं : "अपने पूर्ववासी भाइयों से प्रेम करो। मैं पूर्व से आया हूँ।" पूर्ववासियों से वे अनुरोध करते हैं : "अपने पश्चिमी भाइयों से प्रेम करो, उन्होंने मुझे, एक पूर्ववासी को, स्वीकार किया और मुझसे प्रेम किया।" क्या यह एक सुन्दर विचार नहीं है? यह एक भव्य चित्र बनाएगा।

क्राइस्ट पूर्व अथवा पश्चिम की संपत्ति नहीं हैं — उनके जीवन में पूर्व-पश्चिम का एक संबंध प्रकट होता है। वे दोनों से संबंधित हैं, और सारे संसार के हैं। उनकी सार्वभौमिकता ही उन्हें इतना अति अद्भुत बनाती है। जीसस ने पूर्ववासी का शरीर धारण किया ताकि पश्चिमवासियों के द्वारा गुरु के रूप में स्वीकार किए जाने पर वे पूर्व एवं पश्चिम के प्रतीक रूप में दोनों को एक-दूसरे के प्रति आकर्षित कर सकेंगे। पश्चिम में क्राइस्ट को जिन लोगों ने अपनाया है उन्हें यह याद रखना चाहिए कि वे एक पूर्ववासी थे। जीसस के प्रति प्रेम और सौहार्द, समस्त पूर्ववासियों और सारे संसार के वासियों के प्रति प्रेम और सौहार्द के रूप में विस्तारित होना चाहिए।

ईश्वर पूर्ववासी अथवा पश्चिमवासियों को प्राथमिकता नहीं देते। वे उनसे प्रेम करते हैं जो उनके आध्यात्मिक गुणों को व्यक्त करते हैं। तब ईश्वर ने ऐसा विधान क्यों रचा कि क्राइस्ट, मानव-जाति के महान् रक्षक, पूर्व से आए? ईश्वर पद-दलित के साथ आना चाहते थे ताकि वे भौतिक पदार्थ पर आत्मा की उत्कृष्टता को प्रदर्शित कर सकें। हमें यह निष्कर्ष नहीं निकालना चाहिए कि क्राइस्ट जैसा बनने के लिए निर्धन

होना आवश्यक है, यदि जीसस सम्पन्न देश में जन्म लेते तो यह तर्क करना भी मूर्खता होती कि क्राइस्ट चेतना भौतिक वस्तुओं द्वारा प्राप्त की जा सकती है, अथवा ईश्वर भौतिक रूप से धनवान लोगों का पक्ष लेते हैं। आध्यात्मिकता और भौतिक विकास के बीच सन्तुलन आवश्यक है।

क्राइस्ट के आदर्श भारत के धर्मग्रंथों के आदर्श हैं। जीसस के धर्मोपदेश उच्चतम वैदिक शिक्षाओं के समतुल्य हैं, जो जीसस के आगमन से बहुत पहले से ही विद्यमान थीं। इससे क्राइस्ट की महानता कम नहीं होती, बल्कि यह सत्य की शाश्वत प्रकृति को दर्शाता है, और यह भी दर्शाता है कि जीसस ने पृथ्वी पर जन्म लेकर संसार को *सनातन धर्म* (शाश्वत धर्म, सदाचार के शाश्वत सिद्धांत)* की एक नई अभिव्यक्ति प्रस्तुत की है। उत्पत्ति की पुस्तक (Book of Genesis) में हम अपने विश्व की उत्पत्ति की धारणा को प्राचीन हिन्दू धारणा के पूर्णतः समान पाते हैं। मूसा के दस धर्मादेश, बाइबिल की अनेक दन्तकथाएँ एवं चित्रण तथा कर्मकाण्ड, क्राइस्ट के द्वारा दिखाए गए चमत्कार, ईसाई-धर्म के मूल-सिद्धांत, ये सब भारत के प्राचीन वैदिक साहित्य के साथ सहवर्तिता रखते हैं। नया नियम (न्यू टैस्टामेंट) में क्राइस्ट की शिक्षाओं और भगवद्गीता में भगवान् कृष्ण की शिक्षाओं में पूर्ण समानता है।†

पूर्व के तारे की वास्तविक प्रकृति

क्राइस्ट की शिक्षाओं का योग-वेदान्त के सिद्धान्तों के साथ सादृश्य उनके भारत में विद्यमान ज्ञात विवरणों का दृढ़ता से समर्थन करता है, जो बताते हैं कि जीसस अपने जीवन के अज्ञात पन्द्रह वर्षों के दौरान भारत में रहे और अध्ययन किया — उनकी बारह से तीस वर्ष की आयु के बीच का नया नियम (न्यू टैस्टामेंट) में कोई वर्णन नहीं है। जीसस ने भारत की यात्रा, तीन "पूर्व के विवेकी पुरुषों" की यात्रा के बदले के रूप में की थी, जो उनके जन्म के समय उनका सम्मान करने के लिए आए थे।‡ शिशु क्राइस्ट

* *सांख्य* दर्शन सच्चे धर्म की व्याख्या इस प्रकार करता है, "वे अपरिवर्तनीय सिद्धांत जो मनुष्य को रोग, दुःख और अज्ञान के त्रिदोषों से स्थायी रूप से सुरक्षा प्रदान करते हैं।"

† अनेक समान संदर्भों का *योगी कथामृत* में वर्णन एवं विश्लेषण किया गया है।

‡ "जब राजा हेरोद *(Herod)* के शासनकाल में जीसस का जन्म जूड़ा के बैथलहम *(Bethlehem)* में हुआ तो यरूशलेम *(Jerusalem)* में पूर्व से आए तीन ज्ञानी पुरुषों को देखा गया, वे कह रहे थे, वह कहाँ है जिसने यहूदियों के राजा के रूप में जन्म लिया है? क्योंकि हमने उसके तारे को पूर्व में देखा है, और हम उसकी पूजा करने आए हैं" *मत्ती* 2:1–2 (बाइबिल)।

तक पहुँचने के लिए एक तारे के दिव्य प्रकाश द्वारा उनका मार्गदर्शन हुआ था — वह कोई भौतिक तारा नहीं था, बल्कि सर्वज्ञ आध्यात्मिक नेत्र का तारा था। यह "तीसरा नेत्र" गहन ध्यान करने वाले भक्त द्वारा भ्रूमध्य में ललाट के अन्दर देखा जा सकता है। तीसरा नेत्र एक ऐसी आध्यात्मिक दूरबीन है जिसके द्वारा व्यक्ति अनन्त तक हर दिशा में एक साथ देख सकता है, और सृष्टि में जहाँ कहीं भी जो कुछ भी घटित हो रहा है उसको सर्वव्यापक गोलाकार दिव्य दृष्टि से देखता है। आध्यात्मिक नेत्र का भारत की शिक्षाओं में वर्णन है, और जीसस ने भी इसका उल्लेख किया है : "शरीर का प्रकाश नेत्र है : इसलिए यदि आपका नेत्र एक हो, तो आपका सम्पूर्ण शरीर प्रकाशमय हो जाएगा।"* इस प्रकार आध्यात्मिक नेत्र की मार्गदर्शक ज्योति द्वारा तीन ज्ञानीपुरुष बैथलहम *(Bethlehem)* में अश्वशाला तक आए और शिशु क्राइस्ट को पहचान कर उनका सम्मान किया क्योंकि वे एक महान् आत्मा एवं दिव्य अवतार थे। अपने जीवन के अज्ञात समय के दौरान जीसस ने उनके आगमन के बदले में यात्रा की।

यहाँ तक कि जीसस के नाम एवं उपाधि में भी हम संस्कृत शब्दों को पाते हैं जिनकी ध्वनि तथा अर्थ उनके समान रूप हैं। जीसस एवं ईसा (उच्चारण में ईश) शब्द यथार्थतः समान हैं। ईश, ईसा और ईश्वर इन सबका संबंध भगवान्, अथवा परमपिता परमेश्वर से है। "जीसस" शब्द की व्युत्पत्ति ग्रीक नाम जोशुआ या जेशुआ से हुई है, जो जेहोशुआ का संक्षिप्त रूप है जिसका अर्थ है "जेहोवाह की सहायता" अथवा "रक्षक"।†

उपनाम "क्राइस्ट" भारत में भी मिलता है — शायद यह भारत में ही जीसस को दिया गया था, "कृष्ण" शब्द को — जिसका मैं कई बार जान-बूझकर उच्चारण "क्रिस्टना" के रूप में करता हूँ ताकि उनमें कुछ संबंध दिखाया जा सके। "क्राइस्ट" और "कृष्ण" दिव्यता को सूचित करने वाले उपनाम हैं, अर्थात् ये दो अवतार ईश्वर के साथ एक थे। शरीर रूप में रहते समय उनकी चेतना ने क्राइस्ट चेतना संस्कृत [*कूटस्थ चैतन्य*] के साथ एकता को व्यक्त किया जो सृष्टि में सर्वव्यापक ईश्वर की प्रबुद्ध शक्ति है।‡ इस चेतना को ईश्वर का "एकमात्र पुत्र" भी कहा

* *मत्ती* 6:22 (बाइबिल)।

† संदर्भ स्मिथ का बाइबिल का शब्दकोश, डी वॉल्फ़, फ़िस्के एंड कं., बॉस्टन, मॉस।

‡ "कृष्ण" शब्द की अनेक व्युत्पत्तियाँ दी गई हैं, उनमें अत्यधिक प्रचलित है "श्याम," जो कृष्ण के रूप-रंग को सूचित करता है। (दिव्यता को प्रदर्शित करने के लिए प्रायः वे गहरे नीले रंग में दर्शाए

जाता है क्योंकि यह अजन्मा, अनन्त परमात्मा की सृष्टि में उसका एकमात्र पूर्ण प्रतिरूप है।

क्राइस्ट चेतना का अर्थ समझने के लिए, आपकी चेतना और एक छोटी चींटी की चेतना में तुलना करें। चींटी का बोध उसके छोटे से शरीर के आकार तक सीमित है, आपकी चेतना अपेक्षाकृत बड़े आकार में रहती है। यदि कोई आपके शरीर के किसी भाग को छूता है तो आपको इसका बोध हो जाता है। सृष्टि ईश्वर का शरीर है, और उनकी चेतना उसमें सर्वव्यापक है जिसे कूटस्थ चेतना कहते हैं। उसके सार्वभौमिक स्वरूप के अन्दर हम जो कुछ भी करते हैं उसे उसका बोध रहता है, जिस प्रकार हम अपने छोटे स्वरूप के प्रति सचेत रहते हैं। उस क्राइस्ट चेतना के साथ एकरूप होने से जीसस, बिना बताए यह जान गए कि लजारस की मृत्यु हो गई थी।

ईश्वर की सृष्टि के चमत्कारों का एक गाय पता नहीं लगा सकती, क्राइस्ट चेतना के साथ एकत्व की सर्वज्ञता प्राप्त करने की यह अद्वितीय क्षमता केवल मानव में ही है। जो ईश्वर में विश्वास नहीं रखते, मैं उनसे पूछता हूँ : "मनुष्य में और ब्रह्माण्ड में प्रज्ञा (बुद्धि) कहाँ से आई, यदि यह आकाश के पीछे छुपी किसी 'दिव्य उद्योगशाला' में उत्पन्न नहीं की गई थी?" ऐसे रहस्यों ने आइन्सटाईन को यह कहने के लिए प्रेरित किया कि यह आकाश बहुत संदिग्ध लगता है। आकाश ने ईश्वर को छिपा रखा है, उनकी प्रज्ञा वहीं छिपी है, क्योंकि आकाश की "शून्यता" में से ही प्रत्येक वस्तु प्रकट हो जाती है।

इस प्रज्ञा शक्ति के साथ एक होकर, जो सृष्टि में प्रत्येक अणु का मार्गदर्शन करती है, जीसस अपने शरीर को जहाँ कहीं भी चाहें प्रकट कर सकते थे। और वे अब भी ऐसा कर सकते हैं, जैसे वे आसीसी के सन्त फ्रांसिस के समक्ष प्रत्येक रात्रि को प्रकट होते थे। जीसस न केवल अपने लघु भौतिक शरीर के प्रति सचेत थे; अपितु वे वृहद् शरीर के

जाते हैं। क्राइस्ट चेतना का रंग भी नीला है, जो आध्यात्मिक नेत्र में तारे के चारों ओर वृत्ताकार गहरे नीले प्रकाश का प्रतीक है, इसका इसी प्रवचन में पहले भी उल्लेख हुआ है।) एम.वी. श्री दत्त शर्मा के अनुसार ("ऑन द एडवेंट ऑफ़ श्रीकृष्ण") "कृष्ण" शब्द को विभिन्न दूसरे दिए गए अर्थों में से बहुत से ब्रह्मवैवर्त पुराण में मिलते हैं वे व्याख्या करते हैं कि इन व्युत्पत्तियों में से एक, *करसन* का अर्थ है सार्वभौमिक आत्मा (परमात्मा)। *करसी* एक प्रजातीय पारिभाषिक शब्द है, तथा *ना* आत्मा के विचार को व्यक्त करता है, इस प्रकार इनको जोड़ने पर अर्थ हुआ 'सर्वज्ञ परमात्मा।'" इस प्रकार सृष्टि में सर्वव्यापक ईश्वर की प्रबुद्ध शक्ति और क्राइस्ट चेतना एक समान है। एक और रुचिकर बात है कि बंगाली आम भाषा में "कृष्णा" को *कृषटा* बोला जाता है (ग्रीक में क्रिस्टोस और स्पेनिश में क्रिस्टो)। *(प्रकाशक की टिप्पणी)*

रूप में समस्त सृष्टि के प्रति भी सचेत थे; वे सच्चाई से कह सके, "मैं और मेरे परमपिता एक हैं।"* अपने परमपिता की भाँति उन्होंने समस्त अणुओं में अपनी विद्यमानता का अनुभव किया। जीसस ने सर्वव्यापक क्राइस्ट चेतना का ही संकेत दिया था, जब उन्होंने कहा था, "क्या दो गौरैया एक पैसे में नहीं बिकतीं? तो भी तुम्हारे परमपिता [की दृष्टि] के बिना उनमें से एक भी भूमि पर नहीं गिर सकती।"†

क्राइस्ट इतिहास के ऐसे संकट काल में आए थे, जब संसार को आध्यात्मिक आशा और पुनरुत्थान की अत्यधिक आवश्यकता थी।‡ उनका संदेश विभिन्न सम्प्रदायों को बढ़ाने के विचार से नहीं था, जो प्रत्येक उन पर अपना अधिकार जताएँ। उनका सार्वभौमिक संदेश एकता का था जो पहले कभी दिए गए संदेशों में सर्वश्रेष्ठ था। उन्होंने मानव जाति को स्मरण कराया कि धर्मशास्त्रों में लिखा है, "आप देवता हैं";§ और सन्त यूहन्ना ने क्राइस्ट की शिक्षाओं की प्रेरणा और भाव का प्रचार किया जब उन्होंने कहा, "बल्कि जितने भी लोगों ने उसे (जीसस और समस्त सृष्टि में व्याप्त क्राइस्ट चेतना को) प्राप्त किया, उन सबको उसने ईश्वर का पुत्र बनने की शक्ति प्रदान की।"¶ क्या ऐसा महान् संदेश पहले कभी दिया गया था? जीसस ने सभी दलित वर्गों, गोरे और काले व्यक्ति, पूर्व और पश्चिमवासियों को विश्वास दिलाया कि वे सब ईश्वर की संतान हैं; जिसका भी हृदय पवित्र है, चाहे वह किसी भी जाति अथवा रंग का हो, ईश्वर को प्राप्त कर सकता है।

कोयला और हीरा दोनों सूर्य की किरणों को समान रूप से ग्रहण करते हैं, परन्तु हीरा उनके प्रकाश को परावर्तित करता है। इसलिए पूर्व और पश्चिमवासियों में जिनकी मानसिकता हीरे जैसी है वे ईश्वर को प्रतिबिम्बित करेंगे और ईश्वर के पुत्र कहलाएँगे, और जो अवगुणों के द्वारा स्वयं को अंधकारमय रखते हैं वे उनके प्रकाश को परावर्तित नहीं कर सकेंगे।

* *यूहन्ना* 10:30 (बाइबिल)।

† *मत्ती* 10:29 (बाइबिल)।

‡ भगवद्गीता में भगवान् कृष्ण कहते हैं : "हे भारत! जब-जब धर्म की हानि और अधर्म की वृद्धि होती है, मैं एक अवतार के रूप में प्रकट होता हूँ। साधु पुरुषों की रक्षा और दुर्जनों का नाश करने तथा धर्म की पुनःस्थापना के लिए मैं प्रत्येक युग में प्रकट होता हूँ" (IV:7–8)।

§ *यूहन्ना* 10:34 (बाइबिल)।

¶ *यूहन्ना* 1:12 (बाइबिल)।

मानव के भ्रातृत्व को अनुभव करने के लिए अपने हृदय को प्रशिक्षित करें

समस्त मानव जाति को जीसस के इस महान् संदेश के लिए अपने हृदय को खुला रखना चाहिए। "[ईश्वर] ने सभी राष्ट्रों के लोगों को एक ही रक्त का बनाया है।"* क्राइस्ट की इस प्रेरणा को मैं अत्यधिक प्रेम करता हूँ। मैं इस संदेश को व्यवहारिक रूप देकर एक जीवन्त वास्तविकता बनाना चाहता हूँ। रंगभेद का पूर्वाग्रह मानव की अज्ञानता के सभी प्रदर्शनों में अधिकतम मूर्खतापूर्ण है। रंग केवल चमड़ी तक गहरा है। ईश्वर ने चमड़ी का गहरा रंग उन जातियों को दिया जो आरम्भ में ऐसे वातावरण में रहते थे जहाँ तेज धूप से सुरक्षा की उन्हें अधिक आवश्यकता थी, जो कि एक व्यवहारिक उपाय मात्र है; इसलिए सफेद, जैतूनी पीली, लाल अथवा काली चमड़ी पर गर्व करने वाली ऐसी कोई विशेष बात नहीं है। आखिरकार, आत्मा एक जीवन काल में एक रंग का शरीर रूपी वस्त्र पहनती है और दूसरे जन्मों में दूसरे रंगों का। इसलिए व्यक्ति के शरीर का रंग बिल्कुल महत्त्व रहित बात है। रंग के प्रति कोई पूर्वधारणा रखना उस ईश्वर के विरुद्ध भेद-भाव रखना है, जो संसार के समस्त लाल, पीले, जैतून गोरे, काले रंग के लोगों के हृदयों में बैठे हैं। इसके अतिरिक्त यह याद रखना भी उचित होगा कि जो कोई भी किसी जाति से घृणा करेगा वह उसी जाति के शरीर में अवश्य जन्म लेगा, इस प्रकार का कर्म विधान मनुष्य को उसके आत्म-दमनकारी पूर्वाग्रहों पर विजय पाने के लिए बाध्य करता है। इसलिए सबसे महत्त्वपूर्ण है कि अपने हृदय को मानव के प्रति भ्रातृभाव अनुभव करने के लिए प्रशिक्षित करें।

यद्यपि पश्चिम में जीसस की शिक्षाओं की दृढ़ नींव रखना पूर्व निर्धारित था, फिर भी उन्होंने एक पूर्वदेशीय देह में और यहूदी जाति में जन्म लेना चुना, जिसका अत्याचारों का एक लम्बा इतिहास रहा है, क्योंकि वे जाति एवं रंग भेद के आधार पर दूसरों की आलोचना करने की मूर्खता को प्रदर्शित करना चाहते थे। सच्चे ईसाई धर्म को जीवन में उतारना चाहिए, जाति के आधार पर विभाजन समाप्त होना चाहिए। पूर्व धारणाएँ और सच्चे भ्रातृभाव का अभाव ही ईश्वर की संतानों के बीच युद्ध एवं विभाजन के कारण हैं। हमें युद्ध को भड़काने वाले समस्त कारणों को समाप्त करने के लिए काम करना चाहिए, घृणा और पूर्वाग्रह ही दुःखों एवं बमों का कारण है। जीसस ने चेतावनी दी थी : "...वे लोग जो तलवार उठाएँगे, तलवार से ही मारे जाएँगे।"†

* *प्रेरितों के काम* 17:26 (बाइबिल)।

† *मत्ती* 26:52 (बाइबिल)।

अन्ततः संसार की स्वतंत्रता के लिए तलवार की नहीं, बल्कि क्राइस्ट के आदर्शों का पालन करने की आवश्यकता है। उच्चतम भाव में, केवल ईश्वर ही आपकी रक्षा करते हैं। क्राइस्ट एवं अन्य सभी आध्यात्मिक रूप से प्रबुद्धजनों द्वारा सिखाए गए जीवन के आदर्शों का अनुसरण करने से आप इस संसार की सर्वोत्तम सहायता कर सकते हैं। सर्वोपरि, ईश्वर से प्रेम करें, क्या आप नहीं देखते कि हर वस्तु का समाधान ईश्वर के हाथों में ही है? जब वे रहस्य के पर्दे को हटा देंगे, तो आप उन सब सवालों का उत्तर जान जाएँगे जो अब तक दुर्बोध और गूढ़ थे।

पश्चिम के कुछ लोग हिन्दुओं को नास्तिक मानते हैं, वे यह नहीं जानते कि अनेक हिन्दू भी पश्चिमवासियों को नास्तिक मानते हैं — सब जगह अज्ञानता बराबर है। मुझे कई लोग पूछते हैं क्या मैं जीसस में विश्वास रखता हूँ। मैं उत्तर देता हूँ : "ऐसा प्रश्न क्यों पूछते हैं? भारत में हम लोग शायद आप लोगों से ज्यादा जीसस और उनकी शिक्षाओं का आदर करते हैं।"

क्राइस्ट से प्रेम करने के लिए आपको उनकी शिक्षाओं को अपने जीवन में अपनाना चाहिए, आपको उनके जीवन के उदाहरण का अनुसरण करना चाहिए। जीसस ने कहा था : "...यदि कोई आपके दाहिने गाल पर प्रहार करे, तो दूसरा भी उसकी ओर कर दो।"* भारत ने इन शिक्षाओं का, किसी भी अन्य राष्ट्र की अपेक्षा अधिक अभ्यास किया है। अनेक लोग जो अपने को ईसाई कहते हैं, इस आदर्श का पालन तक नहीं करते, वे यह तो कहते हैं कि यह बहुत सुन्दर दर्शन है, लेकिन यदि तुम उन्हें एक थप्पड़ मारोगे तो वे बदले में बारह थप्पड़ मार देंगे, एक ठोकर भी लगा देंगे और शायद एक गोली भी! जो कोई भी इस प्रकार के बदले का भाव रखता है वह सच्चा ईसाई, अथवा क्राइस्ट का प्रेमी नहीं है, क्योंकि सभी के प्रति पूर्ण रूप से क्षमाशील जीसस का भाव ऐसा नहीं है।

जब भी आप क्रूस का चिन्ह देखते हैं आपको इसके अभिप्राय को याद करना चाहिए — कि जीसस की तरह उचित अभिवृत्ति के साथ आपको अपने कष्टों को सहना चाहिए। जब आप का भाव ठीक है और फिर भी आपको गलत समझा जाता है, अथवा आपके साथ गलत व्यवहार किया जाता है, तो क्रोधित होने की बजाए आपको जीसस की तरह कहना चाहिए : "हे परमपिता, उन्हें क्षमा कर देना क्योंकि वे नहीं जानते कि वे क्या कर रहे हैं।" उसे क्षमा क्यों करें जो आपके साथ गलत करता

* *मत्ती* 5:39 (बाइबिल)।

है? क्योंकि यदि आप गुस्से में बदला लेते हैं तो आप अपनी दिव्य आत्म-प्रकृत्ति के सच्चे स्वरूप को प्रस्तुत नहीं करते — आपमें और अपराधी में कोई अन्तर नहीं रह जाता। परन्तु यदि आप आध्यात्मिक शक्ति को व्यक्त करते हैं तो आप धन्य हो जाते हैं, और आपके उचित व्यवहार की शक्ति दूसरे व्यक्ति को अपनी गलतफ़हमी दूर करने में भी सहायता करेगी।

जीसस के द्वारा सिखाए गए सत्य एवं सदाचार के उन शाश्वत नियमों को भारत में हम अति गंभीरता से लेते हैं — हम उनकी अपने लाभ के अनुसार विवेचना किए बिना, उन्हें अक्षरशः अपनाते हैं। जीसस ने कहा : "जिसने भी अपने घर, या भाइयों, या बहनों, या माता, या पिता, या पत्नी, या बच्चों, और जमीन-जायदाद को मेरे लिए त्यागा है, वह उससे सौ गुना प्राप्त करेगा और अमर जीवन के अपने उत्तराधिकार को प्राप्त करेगा।"* ईश्वर के लिए त्याग का यह भाव भारत में सर्वत्र-व्याप्त है। विशेष रूप से प्राचीन काल में प्रत्येक व्यक्ति का यह आदर्श था कि वह अपने जीवन काल का कम से कम एक भाग केवल ईश्वर के लिए अर्पित करे।

ईश्वर नहीं चाहते कि उन्हें भुला दिया जाए

प्रत्येक व्यक्ति के लिए पूर्ण त्याग आवश्यक नहीं है, परन्तु यदि आप अपने भौतिक कर्त्तव्यों को पूरा करते समय ईश्वर को भूल जाएँ, तो वे इसे पसंद नहीं करते। अपने काम को छोड़ कर केवल उन्हें ही समय दें। प्रातःकाल एवं रात्रि में मैं सदा ईश्वर के लिए समय रखता हूँ, और दिन के बाकी समय मैं पूरे दिल से उनकी सेवा करता हूँ। गीता में भगवान् कहते हैं : "जो कुछ भी कार्य तू करता है...वह सब मुझे अर्पण कर। इस प्रकार शुभ अथवा अशुभ कर्म आपको बांध नहीं सकेगा।"† आप इस पृथ्वी पर केवल ईश्वर के लिए आएँ हैं। यह उनका जगत् है, आपका नहीं। आप यहाँ उनके लिए कार्य करने के लिए हैं। यदि आप केवल अपने लिए परिश्रम करेंगे तो आपको जीवन अत्यधिक निराश करेगा और आपका मोहभंग करेगा, क्योंकि अन्ततः आपको सबकुछ छोड़ना ही पड़ेगा! तब आपको त्याग का अभ्यास करने के लिए बाध्य किया जाएगा।

क्राइस्ट के संदेश में — दयालुता और क्षमाशीलता, संन्यास (यदि वास्तव में न हो सके तो भाव में), नैतिकता, भ्रातृ प्रेम एवं एकता और समानता, तथा ईश्वर से

* *मत्ती* 19:29 (बाइबिल)।

† IX:27–28।

सर्वोच्च प्रेम हैं। जीसस की चेतावनी को याद रखें : "और क्यों मुझे प्रभु, प्रभु कह कर पुकारते हो, जबकि जो मैं कहता हूँ वह करते नहीं?"*

अनेक नास्तिक क्राइस्ट के जीवन की प्रामाणिकता पर सन्देह करते हैं। कुछ लोगों ने यह मत प्रस्तुत किया है कि जीसस का जीवन एक काल्पनिक नाटक है, एक दन्तकथा। मैं जानता हूँ कि क्राइस्ट यथार्थ हैं, क्योंकि मैंने उन्हें अनेक बार देखा है।

जीसस इतने गोरे नहीं थे जितने कि पश्चिम के अधिकांश आप लोग हैं। वे सांवले रंग के थे। और उनकी आँखों का रंग भी भूरा नहीं था, वे पीली आभा वाली नीली थीं, जैसा कि अनेक चित्रकार दिखाते हैं और न ही उनके बाल सुनहरे थे, वे भी काले थे।

भारत में योगदा विद्यालय में क्राइस्ट का दिव्य दर्शन

एक दिन राँची के अपने विद्यालय में मैं युवा लड़कों के साथ बैठा हुआ था, जब बच्चों के पीछे से मैंने किसी को अपनी ओर आते देखा, मुझे बहुत आश्चर्य हुआ कि यह कौन थे। तब मैंने देखा, कि ये तो जीसस थे। मेरी ओर आते समय उनके पांव पृथ्वी को नहीं छू रहे थे। वे हमारे काफी पास तक आए और फिर अदृश्य हो गए।

कुछ वर्षों के पश्चात् मैंने बोस्टन में जीसस को दोबारा देखा। मैं ध्यान कर रहा था और ईश्वर से गहन प्रार्थना कर रहा था क्योंकि तीन दिन से मैं अपने उत्तरदायित्वों को पूरा करने में, जो उन्होंने मुझे दिए थे, इतना व्यस्त हो गया था कि मुझे लगा कि मैं ईश्वर को भूल गया हूँ। मैंने प्रभु से कहा : "मैं यह सब काम छोड़ रहा हूँ।" केवल प्रभु के लिए उनका काम करना और उनसे प्रेम करना ही उचित प्रवृत्ति है। जो धर्म-प्रचार का कार्य करते हैं, परन्तु ध्यान करने अथवा ईश्वर से सम्पर्क करने के लिए कदापि कोई प्रयास नहीं करते, वे कदापि ईश्वर को नहीं पाते। क्योंकि मुझे लगा कि मेरे संस्था संबंधी काम ने मुझे ईश्वर से दूर कर दिया है, इसलिए मैंने प्रार्थना की, "प्रभो, मैं चला जाऊँगा। मैं अमेरिका में नहीं रहूँगा आपका कार्य नहीं करूँगा जब तक मैं यह न जान लूँ कि आप मेरे साथ हैं।" तब एक प्रकाश पुञ्ज की भाँति आकाश से एक आवाज आई : "तुम क्या चाहते हो? तुम जा नहीं सकते।" मेरे जीवन में अनेक बार ईश्वर ने केवल उनके साथ रहने और संस्था के कार्यों से दूर भाग जाने की मेरी इच्छा को पूरा करने से इस प्रकार रोका है। मैंने दिव्य वाणी को उत्तर दिया : "सुनहरे सागर पर कृष्ण और जीसस को उनके शिष्यों के साथ दर्शन कराएँ।" जैसे ही मैंने यह आन्तरिक प्रार्थना

* *लूका* 6:46 (बाइबिल)।

की, मैंने दोनों अवतारों को अपनी ओर आते देखा। मैंने सोचा, "यह काल्पनिक दृश्य है। मुझे तब विश्वास होगा जब यहाँ ध्यान कर रहे मेरे साथी को भी यही दिखाई दे।" तुरन्त मेरा साथी जोर से चिल्ला उठा : "आह, मैं कृष्ण और क्राइस्ट का दर्शन कर रहा हूँ।" तब मैंने तर्क किया, "यह तो विचार स्थानान्तरण है।" मैं संदेह कर रहा था और मुझे विश्वास दिलाने के लिए ईश्वर से प्रार्थना कर रहा था तभी उस वाणी ने कहा : "जब मैं कमरे से जाऊँगा, तो यह कक्ष कमल की सुगंधि से भर जाएगा, और जो कोई भी यहाँ आएगा वह भी इसको अनुभव करेगा।" जैसे ही दिव्य दर्शन समाप्त हुआ, सम्पूर्ण कक्ष कमल की अद्भुत सुगंधि से भर गया। यहाँ तक कि घण्टों बाद भी उस कक्ष में आए लोगों ने सुगंधि का अनुभव किया। मैं अब संदेह नहीं कर सकता था।

महावतार बाबाजी ने आदेश दिया था कि मैं अमेरिका जाकर क्राइस्ट की शिक्षाओं की व्याख्या करूँ और उनकी और भारत के भगवान् श्रीकृष्ण की योग शिक्षाओं में समानता को दर्शाऊँ। इन दो *अवतारों* द्वारा व्यक्त किए गए शाश्वत सत्य से युगों तक मार्गदर्शन होता रहेगा। इसी कारण से बाबाजी ने, जो क्राइस्ट के साथ दिव्य सम्पर्क में हैं, इस संदेश को पश्चिम तक पहुँचाने का मुझे विशेष कार्य सौंपा।

जब तक इस शरीर में श्वास रहेगा, मैं पूर्व एवं पश्चिम को मिलाने के उस उद्देश्य को पूरा करने का प्रयत्न करता रहूँगा जिसके लिए क्राइस्ट एक पूर्वी शरीर में इस पृथ्वी पर आए थे। उनकी आत्मा पश्चिम में, और उनका शरीर पूर्व में; आत्मा और शरीर को मिलाने से पूर्व और पश्चिम का मिलन होगा।

सत्य एक सार्वभौमिक अनुभूति है

सेल्फ़-रियलाइज़ेशन फ़ेलोशिप [योगदा सत्संग सोसाइटी ऑफ़ इण्डिया] के संदेश का प्रचार करने में सहायता करें। सेल्फ़-रियलाइज़ेशन शिक्षाओं में कुछ भी अस्पष्ट अथवा रहस्यमय नहीं है। आप इन सत्यों का अनुभव स्वयं पा सकते हैं। सत्य सदा सत्य रहता है, और यह एक सार्वभौमिक अनुभव है। अपने गुरु श्रीयुक्तेश्वरजी द्वारा प्रशिक्षित होने के पश्चात्, मैं उन लोगों के वक्तव्यों में दोषों को जान सका जो मुझे कुछ समझाने का प्रयत्न करते थे, परन्तु, वे स्वयं उनका अर्थ नहीं जानते थे। एक विक्रेता को उस वस्तु को बेचने का प्रयास कभी नहीं करना चाहिए जिसके विषय में उसे स्वयं को विश्वास न हो। व्यक्ति को केवल उन चीजों को ही दूसरों को सिखाना चाहिए जिनका उसने स्वयं अभ्यास किया हो और अनुभव किया हो।

इस मार्ग के भक्तों को *योगदा सत्संग पाठमाला* का ईमानदारी से अध्ययन करना चाहिए और प्रत्येक रात्रि को सोने से पहले गहन ध्यान करना चाहिए। जीसस ने पवित्र आत्मा, महान् सांत्वनादाता* को भेजने का वचन दिया था। सेल्फ़-रियलाइज़ेशन [योगदा सत्संग] की ध्यान की प्रविधियों का अभ्यास करके, सच्चे शिष्य उस वचन की पूर्ति को अनुभव करने में समर्थ हो जाते हैं। जीसस की पूजा करना तब तक वास्तविक रूप से अर्थपूर्ण नहीं है जब तक कि व्यक्ति अपने अंदर क्राइस्ट चेतना को ग्रहण करने के लिए अपनी चेतना का विस्तार नहीं कर लेता। यही क्राइस्ट का पुनः आगमन है। जब तक आप अपना प्रयास नहीं करते, तब तक यदि हज़ारों क्राइस्ट भी पृथ्वी पर आ जाएँ वे आपकी सुरक्षा नहीं कर सकते। आपको अपनी मुक्ति के लिए स्वयं परिश्रम करना होगा। तब क्राइस्ट आप की सहायता कर सकते हैं।

रूदयार्ड किंपलिंग की कविता की प्रथम दो पंक्तियाँ प्रख्यात हो गईं थीं : "पूर्व, पूर्व है और पश्चिम, पश्चिम है, ये दो मिल सकते नहीं कभी।..." परन्तु केवल इसलिए कि मैं कढ़ी खाता हूँ और आप सेब की पेस्ट्री खाते हो, हमारे बीच विभाजन नहीं रहना चाहिए? विभाजन काल्पनिक रेखाएँ हैं। जिसे तुच्छ मनोवृत्ति वाले लोगों ने खींच रखा है। यह उच्चता मनोग्रन्थियों का परिणाम है, तथा यही युद्धों एवं विनाशक कष्टों का कारण बनता है। हमें विभाजन को अवश्य समाप्त करना चाहिए। महान् क्राइस्ट के उदाहरण को देखें जिन्होंने पूर्व में जन्म लिया और पूर्व एवं पश्चिम के समक्ष उच्च आदर्शों को प्रस्तुत करते हुए कहा, "मैं तुम दोनों के बीच में खड़ा हूँ, एक दूसरे से सीखो, अपने आध्यात्मिक एवं भौतिक विकास में सन्तुलन बनाओ।" एकता के इस संदेश द्वारा दो भू-गोलार्द्धों को जोड़ने के लिए — पूर्व एवं पश्चिम के मसीहा (क्राइस्ट) हमारे बीच खड़े हैं। क्या तुम उन्हें नहीं देख सकते?

* *यूहन्ना* 14:16, 26; 15:26 (बाइबिल)। (पृष्ठ 155 देखें)।

क्राइस्ट एवं कृष्ण
एक ही सत्य के अवतार

सेल्फ़-रियलाइज़ेशन फ़ेलोशिप अन्तर्राष्ट्रीय मुख्यालय, लॉस एंजिलिस, कैलिफ़ोर्निया, 15 जनवरी, 1933 और 14 अप्रैल, 1935 (संकलन)

सद्गुरु वह है जिसकी चेतना का, ईश्वर के प्रकाश को पूर्ण रूप से ग्रहण करने और उसे परावर्तित करने के लिए शुद्धिकरण हो चुका हो। सूर्य का प्रकाश कोयले और हीरे पर समान रूप से पड़ता है, परन्तु केवल हीरा ही सूर्य के प्रकाश को परावर्तित करता है। ईश्वर का प्रकाश भी जीवन के सभी स्तरों पर समान रूप से चमकता है, परन्तु कुछ लोग इसे दूसरों की अपेक्षा अधिक परावर्तित करते हैं। ईश्वरानुभूति प्राप्त मनुष्य दिव्य प्रकाश को पूर्ण रूप से परावर्तित करता है।

प्रत्येक मानव मूल रूप में एक आत्मा है, जो *माया* के पर्दे से ढकी हुई है। क्रम-विकास और आत्म-प्रयास द्वारा मनुष्य इस आवरण में एक छोटा-सा छिद्र कर लेता है; और समय के साथ-साथ वह इस छिद्र को बड़े से बड़ा करता चला जाता है। जैसे-जैसे छेद बड़ा होता जाता है, उसकी चेतना का विस्तार होता जाता है; तथा आत्मा और अधिक व्यक्त होती जाती है। जब आवरण पूर्ण रूप से फाड़ दिया जाता है तो उसमें आत्मा पूर्णतः व्यक्त हो जाती है। वह व्यक्ति सद्गुरु बन जाता है — अपना एवं माया का स्वामी।

ईश्वर ने महान् पुरुषों को विशेष रूप से निर्मित नहीं किया है। वे अपने ही प्रयासों द्वारा दक्ष बने हैं। जिस प्रकार बाकी सारी मानव जाति आत्म-स्वतंत्रता के प्रकाश के लिए संघर्ष करती है, उसी प्रकार उनको भी परिश्रम और संघर्ष करना पड़ा।

जीसस क्राइस्ट एवं यादव* कृष्ण जैसी दिव्य विभूतियों ने भी कभी, किसी समय, उस आध्यात्मिक ऊंचाई को विकसित किया था, जिसने अवतार† के रूप में

* कृष्ण के अनेक नामों में से एक। (शब्दावली में देखें।)

† इस संस्कृत शब्द का अर्थ है उतरना *अव्* मूल शब्द अर्थात् "नीचे" एवं *तृ* अर्थात् "जाना" है। हिन्दू

उनके जन्म को पूर्व निर्धारित किया। ऐसी विभूतियाँ पुनर्जन्म की कार्मिक बाध्यताओं से मुक्त हैं; वे केवल मानव जाति की मुक्ति हेतु उनकी सहायता करने के लिए पृथ्वी पर वापस आती हैं।

यद्यपि ये दिव्य पुरुष मुक्त होते हैं, फिर भी वे ईश्वर के आदेश पर अपनी मानवीय भूमिका का, संसार के जीवन-नाटक की प्रतीत होने वाली वास्तविकता में, अभिनय करते हैं। उनकी अपनी कमज़ोरियाँ होती हैं, संघर्ष और प्रलोभन भी होते हैं और फिर उचित व्यवहार और न्यायोचित युद्ध के द्वारा वे विजय प्राप्त करते हैं। इस प्रकार वे यह दर्शाते हैं कि समस्त मानव उन शक्तियों पर, आध्यात्मिक रूप से विजयी हो सकते हैं और उन्हें होना भी चाहिए, जो ईश्वर के साथ उनकी अन्तर्निहित एकात्मता की अनुभूति से उन्हें रोकती हैं।

अपनी ओर से अपनी आत्म-उन्नति के लिए कोई प्रयास किए बिना अपनी भूमिका के लिए संघर्ष करने और सफल होने का दिखावा करने, पृथ्वी पर अपनी परीक्षाओं के लिए संघर्ष करने और सफल होने का मात्र दिखावा करने वाले कृष्ण एवं क्राइस्ट यदि ईश्वर ने आदर्श बनाए होते तो वे दुःखी मनुष्यों के अनुकरण हेतु उदाहरण नहीं बन सकते थे। यह वास्तविकता कि महान् *अवतार* भी कभी ऐसे नश्वर मनुष्य थे, परन्तु उन्होंने सफलता प्राप्त कर ली, उन्हें ठोकरें खाती मानव जाति के लिए शक्ति और प्रेरणा के स्तंभ बना देती है। जब हमें पता चलता है कि दिव्य *अवतारों* को भी स्वयं को पूर्ण बनाने हेतु कभी उसी प्रकार के मानवीय परीक्षणों एवं अनुभवों से गुज़रना पड़ा था जिनसे हम गुज़रते हैं, तो यह हमें अपने संघर्ष में आशा प्रदान करता है।

एक ईश्वर प्राप्त महापुरुष की पहचान उसके आध्यात्मिक कार्यों द्वारा होती है। इनमें चमत्कार सबसे अधिक महत्त्वपूर्ण नहीं हैं। कुछ चमत्कार जो क्राइस्ट ने प्रदर्शित किए, उन्हें आज के वैज्ञानिकों द्वारा किसी अन्य तरीके से दोहराया जा सकता है। आध्यात्मिक पक्ष में, क्राइस्ट ने स्वयं कहा : "जो मुझमें विश्वास रखता है, जो कार्य मैं करता हूँ वह भी उन कार्यों को करेगा, और इनसे भी महान् कार्य करेगा।"* जिन चमत्कारों के विषय में आपने सुना है मैंने अनेक बार महान् सन्तों द्वारा उन्हें प्रदर्शित होते देखा है; लेकिन यह उनकी महानता का मापदण्ड नहीं है। जो ईश्वर को जानते

धर्मग्रंथों में अवतार शब्द किसी दैवी पुरुष के देह धारण को संकेत करता है।

* *यूहन्ना* 14:12 (बाइबिल)।

हैं उनके पास चमत्कार दिखाने की शक्ति स्वतः ही आ जाती है, क्योंकि वे ईश्वर के ब्रह्माण्डीय नियमों के साथ अन्तर्सम्पर्क रखते हैं; परन्तु जो चमत्कारों के प्रति आसक्त हो जाते हैं वे ईश्वर को खो देंगे। केवल ईश्वर ही हमारे हृदय का लक्ष्य होना चाहिए। किसी महापुरुष की सबसे महत्त्वपूर्ण आध्यात्मिक उपलब्धि है *माया* या भ्रम पर विजयी होना : उस अनुभूति को प्राप्त करना जो व्यक्ति के जीवन में ईश्वर को सर्वोपरि बना देती है — जीवन से भी अधिक महत्त्वपूर्ण है।

क्राइस्ट ने अपना महानतम चमत्कार उस समय दिखाया जब उन्होंने स्वयं को सलीब पर कष्ट सहने दिया, यह कहते हुए, "परमपिता उन्हें क्षमा कर दें, क्योंकि वे नहीं जानते वे क्या कर रहे हैं।"* वे आध्यात्मिक शक्ति द्वारा प्रतिकार कर सकते थे और स्वयं को बचा सकते थे। उनकी विजय ने उन्हें युगों के लिए एक उदाहरण के रूप में अमर बना दिया है। दिव्यता को व्यक्त करने के लिए यदि वे अपनी नश्वर चेतना पर विजय पाने में सक्षम थे, तो अन्य लोग भी वैसा ही कर सकते हैं।

कभी-कभी दिव्य पुरुषों के जीवन में ईश्वर की अभिव्यक्ति उनके अच्छे कार्यों की मात्रा एवं गुणवत्ता के द्वारा मापी जाती है। परन्तु महान् सन्त जो ईश्वर को पूर्ण रूप से व्यक्त करते हैं, वे ईश्वर के साथ एक रूप होते हैं। इसलिए महापुरुषों (अथवा *अवतारों*) के बीच तुलना करना असंभव है, और इसका प्रयास करना मूर्खता है, क्योंकि ईश्वर के साथ एक होने के नाते वे सब समान हैं; वे सब उनके समक्ष बराबर हैं।

परन्तु मेरी दृष्टि में कृष्ण एवं क्राइस्ट का स्थान सर्वोच्च है। अपने प्रेमपूर्ण बलिदान की महानता द्वारा क्राइस्ट ने पूरे संसार को प्रभावित किया है। कृष्ण ने अनन्त परमपिता के एक भिन्न रूप को व्यक्त किया था। क्राइस्ट, जो एक संन्यासी थे, के विपरीत, कृष्ण एक राजा थे; और मैं उनको शीश नवाता हूँ जो राजा रहते हुए भी दिव्य पुरुष रह सकते हैं। संसार में रहना परन्तु संसार के होकर नहीं, यह बहुत कठिन है, क्योंकि आप प्रलोभनों एवं इच्छाओं के बीच रहते हैं और फिर भी आपको उनके प्रति अछूते रहना पड़ता है।

कृष्ण पृथ्वी पर क्राइस्ट से बहुत समय पहले आए थे, लगभग तीन हज़ार वर्ष पूर्व, जैसा कि कुछ विद्वान् कहते हैं। कृष्ण एवं क्राइस्ट का जीवन न केवल महान् आध्यात्मिकता में एक जैसा था, अपितु उनकी व्यक्तिगत कहानियाँ जो हमें मिली हैं, उनमें भी समानता है। कृष्ण और जीसस दोनों ही ईश्वर प्रेमी, श्रद्धालु माता-पिता के

* *लूका* 23:34 (बाइबिल)।

घर जन्मे। कृष्ण के माता-पिता के साथ उनके दुष्ट मामा राजा कंस ने अत्याचार किया, राजा हेरोदस (Herod) की धमकियों ने जीसस के माता-पिता को सताया। जीसस एक अच्छे चरवाहे के रूप में जाने जाते थे, कृष्ण अपने बचपन में कंस से छिपने के लिए ग्वाले बन गए थे। जीसस ने शैतान पर विजय पाई, कृष्ण ने कालिया राक्षस पर विजय पाई।* जीसस ने एक जहाज़ में बैठे अपने भक्तों को बचाने के लिए समुद्र के तूफ़ान को रोक दिया, कृष्ण ने अपने भक्तों और उनके पशुओं को प्रलयंकारी वर्षा में डूबने से बचाने के लिए, गोवर्धन पर्वत को एक छाते की तरह उनके ऊपर उठा दिया।

जीसस "यहूदियों के राजा" कहलाते थे, यद्यपि उनका साम्राज्य इस संसार का नहीं था, श्रीकृष्ण एक सांसारिक राजा थे और दिव्य पुरुष भी। जीसस की मैरी, मार्था और मैरी मैगडेलेन नाम की महिला शिष्याएँ थीं, जिन्होंने उनकी सहायता की थी और उनके प्रचार कार्य में एक विशेष भूमिका निभाई; उसी प्रकार, कृष्ण की महिला शिष्याओं, राधा और गोपियों (ग्वालनों) ने भी उसी प्रकार दिव्य भूमिकाएँ निभाई। जीसस को कीलें ठोंक कर सलीब पर चढ़ा दिया गया था; कृष्ण एक शिकारी के तीर से प्राणघातक रूप से घायल हुए थे। दोनों के भाग्यों के विषय में धर्मग्रंथों में भविष्यवाणी की गई थी। ये दोनों *अवतार* जो पूर्वी देशों के थे, क्रमशः पश्चिम एवं पूर्व में सामान्यतः ईश्वर के सर्वोच्च अवतारों के रूप में माने जाते हैं।

भगवान् श्रीकृष्ण एवं जीसस क्राइस्ट ने संसार को सभी युगों के लिए दो महानतम पुस्तकें प्रदान कीं। भगवद्गीता में भगवान् कृष्ण के शब्द और बाइबिल की न्यू टेस्टामेंट में जीसस क्राइस्ट के शब्द, सत्य की उत्कृष्ट अभिव्यक्तियाँ हैं, और आध्यात्मिक धर्मशास्त्रों के महान् आदर्श हैं। ये दोनों धर्मग्रन्थ मूल रूप से एक ही शिक्षा प्रदान करते हैं। जीसस के द्वारा प्रचारित किया गया गहनतर ईसाई-धर्म आज के समय में ओझल हो गया है। क्राइस्ट ने भी कृष्ण के द्वारा सिखाई गई भक्ति एवं योग की शिक्षा दी, और सर्वप्रथम मेरे *परम-परम गुरु* महावतार बाबाजी ने क्राइस्ट की शिक्षाओं एवं कृष्ण के योग दर्शन में समानता दर्शाने की बात कही थी।† इस कार्य को पूरा करना ही वह विशेष धार्मिक विधान है जो बाबाजी ने मुझे सौंपा था।

* शैतान और कालिया, बुराई और ईश्वर के प्रति अज्ञान का प्रतीक हैं।

† महावतार बाबाजी ने मेरे गुरु स्वामी श्रीयुक्तेश्वरजी से एक पुस्तक लिखने के लिए आग्रह किया था, जिसमें यह दर्शाने के लिए कहा गया कि पूर्व एवं पश्चिम के धर्म-शास्त्रों में कोई वास्तविक मतभेद नहीं है। वह पुस्तक है *कैवल्य दर्शनम् (The Holy Science)*।

सार्वभौमिक चेतना

मुझे प्रसन्नता है कि ईसाई-धर्म को "जीससवाद" नहीं कहा गया, क्योंकि ईसाई-धर्म एक बहुत व्यापक शब्द है। *जीसस* और *क्राइस्ट* शब्द के अर्थ में भिन्नता है।* जीसस एक लघु मानवीय शरीर को दिया गया नाम है जिसमें विशाल क्राइस्ट चेतना का जन्म हुआ था। यद्यपि जीसस के शरीर में क्राइस्ट चेतना प्रकट हुई थी, फिर भी यह एक मानवीय रूप तक सीमित नहीं की जा सकती। यह कहना एक तात्त्विक भूल होगी कि सर्वव्यापक क्राइस्ट चेतना किसी एक मनुष्य के शरीर तक सीमित हो गई है।

यादव कृष्ण हिन्दुओं के क्राइस्ट हैं। इन दोनों *अवतारों*, यादव और जीसस ने क्राइस्ट चेतना अथवा कूटस्थ चैतन्य या दिव्य मार्गदर्शक प्रज्ञा को पूर्णतः व्यक्त किया जो कि सृष्टि के प्रत्येक अणु में विद्यमान है। "बल्कि जितने भी लोगों ने उसे (सार्वभौमिक कूटस्थ चेतना को) प्राप्त किया, उन सबको उसने ईश्वर का पुत्र बनने की शक्ति प्रदान की।"†

जीसस ने कहा था : "क्या दो गौरैया एक पैसे में नहीं बिकतीं? तो भी तुम्हारे परमपिता [की दृष्टि] के बिना उनमें से एक भी भूमि पर नहीं गिर सकती।"‡ ईश्वर की चेतना सर्वव्यापी है। संसार में जो कुछ भी हो रहा है वे एक साथ सब कुछ जानते हैं। आपके शरीर के किसी भी भाग में जो कुछ भी हो रहा है आप उसके प्रति सचेत होते हैं, उसी प्रकार ईश्वर भी वह सब कुछ अनुभव करते हैं जो उनके शरीर अर्थात् विश्व में घटित हो रहा है। जब आप उनकी सर्वज्ञ चेतना को अपनी अंगुलियों के पोरों में, अपने हृदय और सिर में तथा जहाँ कहीं भी सृष्टि का कोई स्पन्दन है, अनुभव कर सकते हैं, जब आप स्वयं को अन्तरिक्ष के प्रत्येक कण में अनुभव कर सकते हैं, जब आपका प्रेम और सहानुभूति सर्वत्र व्याप्त हो गए हैं और आप प्रत्येक वस्तु के साथ एकता का अनुभव करते हैं, तब आप क्राइस्ट चेतना के साथ एक हैं। यादव और जीसस दोनों ही कूटस्थ चेतना की सर्वव्यापकता के साथ एक थे।

यदि आप एक बोतल में नमकीन पानी भर कर उसका ढक्कन बन्द कर दें, और फिर उस बोतल को सागर में डाल दें, तो बोतल का पानी सागर के पानी के साथ नहीं

* देखें *जीसस : पूर्व और पश्चिम के मसीहा*, पृष्ठ संख्या 324।

† *यूहन्ना* 1:12 (बाइबिल)।

‡ *मत्ती* 10:29 (बाइबिल)।

मिल सकता। ढक्कन को हटा दें तो दोनों एक हो जाते हैं, क्योंकि दोनों समान मूल पदार्थों से बने हैं। इसलिए जब हम अपनी चेतना रूपी बोतल से अज्ञान रूपी ढक्कन हटा देते हैं, जैसा कि यादव कृष्ण और जीसस क्राइस्ट ने किया था, तो हम विशाल सार्वभौमिक चेतना के साथ एक हो जाते हैं।

कृष्ण एवं क्राइस्ट से हम यह सीखते हैं कि धर्म का उद्देश्य है मानवीय चेतना का विस्तार करना और उसे सर्वव्यापक कूटस्थ चेतना के साथ संयुक्त करना। कैसे? इसका सामाजिक तरीका है प्रत्येक वस्तु के प्रति दिव्य प्रेम को विकसित करना। सभी से निष्पक्ष भाव से प्रेम करना ही कूटस्थ (क्राइस्ट) चेतना को जानना है। इस की इन्द्रियातीत विधि ध्यान योग के द्वारा क्राइस्ट चेतना के साथ सीधा सम्पर्क करना है।

शरीर आपको सदा स्मरण कराता है कि आप हाड़-मांस हैं। फिर भी प्रत्येक रात्रि को निद्रा में ईश्वर आपको यह दर्शाने के लिए कि आप देह नहीं हैं, आपकी हाड़-मांस की चेतना को दूर कर देते हैं। आप लहर नहीं हैं, बल्कि लहर के पीछे सागर हैं। आप यह नश्वर चेतना नहीं हैं, बल्कि इसके पीछे अमर चेतना हैं।

जीसस ने घोषित किया : "मैं और मेरे परमपिता एक हैं।"* जो ईश्वर को जान लेता है वह ईश्वर के साथ एक हो जाता है। ऐसे भक्त की चेतना केवल देह तक सीमित नहीं रहती, बल्कि वह अपने शरीर एवं मन के पीछे परमात्मा के साथ एकता को अनुभव करती है। जब सागर पर लहर नृत्य करती है तो वह सोचती है कि उसका एक पृथक अस्तित्व है। परन्तु एक बार उसे यह बोध हो जाने पर, कि "मैं सागर के बिना नहीं रह सकती," लहर देखती है कि वह सागर ही है, और सागर ने अपने में से ही एक लहर उत्पन्न की है। उसी प्रकार, ईश्वर मनुष्य के शरीर में स्वयं को एक आत्मा के रूप में प्रकट कर सकते हैं, लेकिन वे उस शरीर के द्वारा सीमित नहीं किए जा सकते। भगवद्गीता कहती है : "परम ब्रह्म, इन्द्रियातीत तथा शरीर में विद्यमान, अनासक्त द्रष्टा, अनुमन्ता (सम्मति देने वाले), भर्ता (धारण-पोषण करने वाले), भोक्ता (अनुभ व करने वाले), महेश्वर (महान् प्रभु), तथा परमात्मा हैं।"† जीसस यह जानते थे कि, "परमपिता ही मैं बन गया हूँ।" यह सत्य हिन्दू धर्मग्रंथों में भी कहा गया है : "*तत् त्वम् असि*," "वह तुम ही हो।"

* *यूहन्ना* 10:30 (बाइबिल)।

† XIII:22।

ईश्वर और त्रियेक की धारणा में समानता

हिन्दू धर्म एवं ईसाई धर्म दोनों ही एक ईश्वर में विश्वास करते हैं। कुछ भ्रमित पाश्चात्य लोग जिन्होंने भारत की यात्रा की है, वहाँ से ऐसी कहानियाँ ले आए जो दूसरों पर हिन्दू धर्म-रीतियों के विरुद्ध प्रभाव डालती हैं। इसी प्रकार मैं भी वापस भारत जाकर कह सकता हूँ कि मैंने अमेरिका को हत्यारों, ठगों और शराबियों का स्थान पाया; परन्तु मैं जानता हूँ कि पूरा अमेरिका ऐसे लोगों से नहीं बना है। भारत में कमियाँ हैं जैसे अमेरिका एवं अन्य सभी जगह हैं। कुछ भारतीय शिक्षक अपने अनुयायियों को, अनन्त ईश्वर के किसी विशेष रूप को दर्शाने वाली मूर्ति का ध्यान करने के लिए कहते हैं। अदृश्य परमात्मा के लिए प्रार्थना करने में यह दृश्यमान मूर्ति भक्तों की एकाग्रता एवं भक्ति को बढ़ाने में सहायता करती है। अनभिज्ञ पश्चिमी लोग यह निष्कर्ष निकाल लेते हैं कि सम्पूर्ण भारतवासी मूर्ति पूजा करते हैं। परन्तु हम केवल ब्रह्म परमात्मा की उपासना करते हैं। ईश्वर एक हैं — यह धारणा हिन्दू धर्म एवं ईसाई धर्म में समान है।

हिन्दू और ईसाई धर्मग्रंथों में त्रिमूर्ति की धारणा भी बिलकुल समान है। त्रिमूर्ति ईश्वर के एक होने का खण्डन नहीं करती, यह पराभौतिक (metaphysical) सत्य की व्याख्या करती है कि जब ईश्वर ने इस सृष्टि की रचना की तो वे एक से तीन हो गए।

आदि में — जब सृष्टि की रचना नहीं हुई थी — केवल परमात्मा ही थे। परन्तु परमात्मा रचना करना चाहते थे, और उन्होंने अपने इच्छापूर्ण विचार द्वारा प्रकाश का एक विशाल पुञ्ज, अथवा ब्रह्माण्डीय ऊर्जा को प्रक्षेपित किया, जो विश्व बन गया। वह ब्रह्माण्डीय ऊर्जा पवित्र आत्मा (Holy Ghost) है। "घोस्ट" का अर्थ है जो अदृश्य और बुद्धिशील हो। "पवित्र आत्मा" का संकेत आध्यात्मिक स्पन्दन अथवा सृष्टि की ऊर्जा से है जिसमें ईश्वर की प्रज्ञा क्राइस्ट चेतना, "एक मात्र प्रजात पुत्र"* अर्थात् सृष्टि में ईश्वर की पवित्र प्रतिछाया के रूप में व्याप्त है। यह क्राइस्ट प्रज्ञा विश्व का संतुलन बनाए रखती है। परमपिता परमेश्वर सृष्टि के परे प्रबुद्धता हैं, पुत्र अथवा क्राइस्ट चेतना सृष्टि में उनकी प्रबुद्धता है, और पवित्र आत्मा सृष्टि में स्वयं प्रबुद्ध स्पन्दन है। जीसस के द्वारा इसके बारे में बताए जाने के बहुत समय पहले हिन्दू धर्मग्रंथों में त्रिमूर्ति की व्याख्या की जा चुकी थी : "*ओम्, तत्, सत्*" — ब्रह्माण्डीय स्पन्दन, क्राइस्ट प्रबुद्धता और परमपिता परमेश्वर।

* *यूहन्ना* 1:18 (बाइबिल)।

बाइबिल जीसस क्राइस्ट के वचन के विषय में हमें बताती है कि जब वे इस संसार से चले जाएँगे तो वे एक सुखदाता* या पवित्र आत्मा को भेजेंगे। प्रत्येक स्पंदन एक ध्वनि को उत्पन्न करता है। पवित्र आत्मा, ब्रह्माण्डीय प्रबुद्ध स्पंदन है, जिसकी ध्वनि गहन योग ध्यान में ओम् अथवा आमेन के रूप में सुनी जाती है। सन्त यूहन्ना ने इसके विषय में कहा : "प्रभु के दिन मैं आत्मा में था, और मैंने अपने पीछे बिगुल की जैसी एक महान् वाणी को सुना।"† वह ध्वनि ही पवित्र आत्मा है। उसके स्पंदन में हमारा सुख निहित है।

हम एक नए युग में रह रहे हैं जिसमें ब्रह्माण्डीय स्पंदन अर्थात् *ओम्* या आमेन रूपी ईश्वर की वाणी को कृष्ण और क्राइस्ट के धर्मग्रंथों में दोनों भू-गोलार्द्धों के दोनों किनारों पर सुना जा सकता है। भारत की भूमि पर कृष्ण ने *ओम्* ध्वनि‡ के विषय में बताया और एक अन्य पूर्ववासी, क्राइस्ट ने इसी स्पन्दन के विषय में आमेन अथवा पवित्र आत्मा के नाम से बताया, जो कि ईश्वर से वार्तालाप करने का माध्यम है।

ध्यान में अपनी चेतना से अन्तर्सम्पर्क करने से, आप *ओम्* अथवा आमेन स्पंदन को सुन सकते हैं और उसके साथ वार्तालाप कर सकते हैं, जिसमें आप महान् सांत्वनादाता से सम्पर्क करते हैं। पवित्र सुखदाता (ओम्) के साथ वार्तालाप करने में आप सर्वव्यापी क्राइस्ट चेतना को अनुभव करते हैं। क्राइस्ट चेतना के साथ गहनतर वार्तालाप में आप ईश्वर के साथ अपने एकत्व को अनुभव करते हैं। जैसे ही आप पवित्र आत्मा को जान लेते हैं आप क्राइस्ट चेतना को जान लेते हैं, तब आप जान लेते हैं कि आप और आपके परमपिता, ब्रह्माण्डीय चेतना, एक हैं। जो सृष्टि के परे परमपिता की ब्रह्माण्डीय चेतना है वही सृष्टि के प्रत्येक अणु में छिपी दिव्य क्राइस्ट चेतना है। सर्वप्रथम आपको त्रिमूर्ति के साथ वार्तालाप करना सीखना होगा। उस

* *यूहन्ना* 14:26 (बाइबिल)।

† *प्रकाशित वाक्य* 1:10 (बाइबिल)।

‡ यहाँ लेखक ने भगवद्गीता के एक श्लोक का संदर्भ दिया है, जिसमें श्रीकृष्ण के रूप में भगवान् कहते हैं : "मैं सभी वेदों में ओम् *(प्रणव)* हूँ; आकाश में शब्द..." (भगवद्गीता VII:8) परमहंसजी ने अपनी *आत्मकथा* में स्पष्ट किया है कि वेद जो भारत के अत्यन्त पुरातन धर्मग्रन्थ हैं, का ज्ञान समय-समय पर ऋषियों (द्रष्टाओं) को दिव्य रूप से प्रकट किया गया था, और वह "सीधे सुनी गई" *(श्रुति)*, ध्वनि का प्रकटीकरण था। ओम् के ब्रह्माण्डीय स्पन्दन की चेतना को गहनतम ध्यान द्वारा प्राप्त कर लेने पर, ऋषियों ने परमात्मा और सृष्टि के बारे में अपने भीतर समयातीत सत्यों को सुना। *(प्रकाशक की टिप्पणी)*

सम्पर्क के द्वारा आप परमात्मा के साथ एक हो जाते हैं, तब पिता, पुत्र और पवित्र आत्मा (*ओम्-तत्-सत्*) की त्रिमूर्ति नहीं रह जाती, केवल एक परमपिता दिखाई देते हैं।

देह चेतना के अंधकूप

इस भौतिक शरीर की सीमाओं के विषय में सोचिए। दृष्टि को बर्हिमुखी करने पर आप रोग, दुःख, पीड़ाएँ और हृदयवेदनाएँ देखते हैं परन्तु दूसरी ओर इस शरीर के अन्दर की ओर, आध्यात्मिक चेतना के सूक्ष्म केन्द्रों में सुखदाता (ओम्) विद्यमान है। जब आपका मन साधारण बाह्य चेतना की धारा का अनुसरण करता है तो आप नर्क को जानेंगे, परन्तु जब ओम् पर ध्यान के द्वारा आपका मन आन्तरिक चेतना की धारा का अनुसरण करता है, तो आप महान् स्वर्ग को पाएँगे जो इस शरीर के पीछे विद्यमान है। इसलिए जीसस ने कहा था, "अपने जीवन के विषय में कुछ मत सोचो, कि तुम क्या खाओगे, या तुम क्या पीओगे, और न ही अपने शरीर के विषय में, कि तुम क्या पहनोगे। क्या यह जीवन भोजन से बढ़कर नहीं है, और शरीर वस्त्र से अधिक नहीं है?"* जैसे ही आप सीमित भौतिक देह पर एकाग्र होते हैं आप दुःख के गड्ढे में गिर जाएँगे। आजकल भौतिक समृद्धि की खोज लोकप्रिय है, परन्तु हो सकता है, आप बीमार पड़ जाएँ और अपनी समृद्धि का आनन्द लेने में असमर्थ हो जाएँ। इसलिए जीसस ने चेतावनी दी थी कि हमें सर्वप्रथम ईश्वर के साम्राज्य की खोज करनी चाहिए। आपकी चेतना ईश्वर के साथ होनी चाहिए। यही मानव का उच्चतम कर्त्तव्य है। "क्योंकि संसार के सभी राष्ट्र इन्हीं वस्तुओं की खोज में लगे हैं, और आपके परमपिता जानते हैं कि आपको इन वस्तुओं की आवश्यकता है। परन्तु फिर भी तुम ईश्वर के साम्राज्य की खोज करो, और ये सभी वस्तुएँ तुम्हें प्राप्त हो जाएँगी"† चाहे आप स्वस्थ हैं अथवा नहीं, आपके पास शक्ति है अथवा नहीं, सर्वप्रथम ईश्वर को खोजें। जब आप उस दृढ़निश्चय से ईश्वर को खोजेंगे, "सभी वस्तुएँ आपको प्राप्त हो जाएँगी"—उससे पहले नहीं।

क्राइस्ट ने उससे भी अधिक कहा, "ऐसा कोई नहीं है जिसने मेरे लिए और धर्मोपदेश के लिए अपने घर, या भाइयों, या बहनों, या माता, या पिता, या पत्नी,

* *मत्ती* 6:25 (बाइबिल)।

† *लूका* 12:30–31 (बाइबिल)।

या बच्चों, या ज़मीन को छोड़ दिया हो, और वह अब इस समय सौ गुणा न पाए घरों, और भाइयों, और बहनों, और माताओं, और बच्चों और ज़मीनों को उत्पीड़न के साथ, और इस संसार में आने वाले परलोक में अनन्त जीवन को।"* इन शब्दों में क्राइस्ट शिक्षा देते हैं कि भौतिक संन्यास ईश्वर प्राप्ति का उच्चतम मार्ग है। स्वर्ग के साम्राज्य की अनुभूति के लिए कुछ भौतिक वस्तुओं का त्याग न करना क्या मूर्खता नहीं है? जो क्राइस्ट ने यहाँ कहा उसे श्रद्धावान ईसाई भी बिरले ही करते हैं, बहुत से लोग इस मार्ग पर चलने में समर्थ नहीं हैं। फिर भी त्याग स्वयं को दण्ड देना नहीं है, यह तो शाश्वत कोष — ईश्वर को पाने के लिए कुछ साधारण सांसारिक वस्तुओं का निवेश मात्र है। सांसारिक लोगों ने नश्वर उपलब्धियों के लिए ईश्वर का त्याग कर दिया है, परन्तु मैंने ईश्वर के लिए नश्वर वस्तुओं का त्याग कर दिया है।

गीता भी त्याग का परामर्श देती है। भगवान् कृष्ण ने कहा है : "अन्य सब धर्मों (कर्त्तव्यों) का त्याग करके मात्र मेरी ही शरण में रहो; मैं (उन कम आवश्यक कर्त्तव्यों को न करने से उत्पन्न) सब पापों से तुम्हें मुक्त कर दूँगा।"† सांसारिक कर्त्तव्यों के न करने से उत्पन्न बदनामी और परेशानी एवं विपत्ति के लिए ईश्वर आपको क्षमा कर देंगे। परन्तु गीता और भी कहती है : "मुनिजन उस व्यक्ति को ज्ञानी कहते हैं जो स्वार्थपूर्ण उद्देश्य अथवा फल की लालसा के बिना सभी कर्मों को करता है और जिसके सम्पूर्ण कर्म ज्ञान की अग्नि में शुद्ध हो गए हैं (कर्मफल भस्म हो गये हैं)। कर्म के फलों के प्रति आसक्ति का त्याग करके, सदा सन्तुष्ट, मुक्त (भौतिक लाभों से), ज्ञानी पुरुष कर्म में प्रवृत्त होते हुए भी कोई भी (बंधनकारी) कर्म नहीं करता।"‡ इसमें भगवान् श्रीकृष्ण घोषणा करते हैं कि ईश्वर को पाने के लिए यदि प्रत्येक कार्य निःस्वार्थ भाव से किया जाए और केवल ईश्वर को ही प्रसन्न करने के लिए किया जाए, तो बाह्य वस्तुओं के त्याग की आवश्यकता नहीं है। सांसारिक कर्त्तव्यों के लिए ईश्वर को भूल जाना अत्यधिक कृतघ्नता को दर्शाना है, क्योंकि उनसे शक्ति प्राप्त किए बिना हम अपने परिवार और दूसरों के प्रति अपना कर्त्तव्य पूरा नहीं कर सकते।

* *मार्क* 10:29–30 (बाइबिल)।

† XVIII:66।

‡ IV:19–20।

भारत में सैकड़ों लोग केवल ईश्वर का चिंतन करने के लिए वनों में चले जाते हैं। क्राइस्ट की शिक्षाएँ भी इसी प्रकार की थीं जब उन्होंने अपने भक्तों को कहा, "मेरा अनुसरण करो।"* उन्होंने ईश्वर के लिए अपना घर और अपना कार्य और सब कुछ, यहाँ तक कि अपने जीवन भी, त्याग दिया।

आधुनिक मानव के लिए कृष्ण के जीवन का महत्त्व

गीता में भगवान् श्रीकृष्ण कहते हैं कि स्वर्ग के साम्राज्य को पाने के लिए वास्तव में मनुष्य को केवल कर्मों के फलों को त्यागने की आवश्यकता है। ईश्वर ने मनुष्य को इस जीवन में भूख और इच्छाओं के साथ ऐसी परिस्थितियों में भेजा है कि उसे कर्म करना ही पड़ेगा। कार्य के बिना मानव सभ्यता रोग, अकाल और अव्यवस्था का जंगल बन जाएगी। यदि संसार के सभी लोग अपनी भौतिक सभ्यता त्याग कर जंगलों में रहें, तो जंगलों को शहरों में बदलना पड़ेगा, अन्यथा वहाँ के निवासी स्वच्छता की कमी के कारण मर जाएँगे। दूसरी ओर भौतिक सभ्यता अपूर्णताओं और दुःखों से भरी पड़ी है। तो किस संभव उपाय का समर्थन किया जाए?

भगवान् श्रीकृष्ण का जीवन उनके इस दर्शन को दर्शाता है कि भौतिक जीवन के उत्तरदायित्वों से भागने की कोई आवश्यकता नहीं है। ईश्वर ने जहाँ हमें रखा है वहीं पर उन्हें ले आने से समस्याओं का समाधान किया जा सकता है। परिवेश चाहे कैसा भी हो, जिस मन में ईश्वर सम्पर्क है, वहाँ स्वर्ग को आना ही पड़ता है।

"हे प्रभो, मुझे ऐसा कोई स्वर्ग नहीं चाहिए, जहाँ आप न हों! मैं किसी उद्योगशाला में भी कार्य करना पसंद करूँगा, यदि मशीनों के शोर में मैं आप की वाणी सुन सकूँ। आप के बिना भौतिक जीवन, मेरे प्रभो, केवल शारीरिक दुःख, रोग, अपराध, अज्ञान और अप्रसन्नता का स्रोत है।"

संसार के त्याग अथवा भौतिक जीवन में डूबने की दोनों पराकाष्ठाओं से बचने के लिए, मानव को अपने मन को निरन्तर ध्यान के द्वारा इस प्रकार प्रशिक्षित करना चाहिए कि अपने दैनिक जीवन के आवश्यक कर्तव्य-कार्यों को कर सके और साथ ही अन्तर में ईश्वर की चेतना को भी बनाए रख सके। सभी स्त्रियों और पुरुषों को यह स्मरण रखना चाहिए कि यदि वे जीवन की अपनी दैनिक दिनचर्या में गहन ध्यान को जोड़ लें, तो उनका सांसारिक जीवन अन्तहीन भौतिक एवं मानसिक व्याधियों से मुक्त

* *मत्ती* 4:19 (बाइबिल)।

हो सकता है। कर्म के फलों के प्रति आसक्ति से रहित, ध्यान एवं क्रियाशीलता से सन्तुलित जीवन, भगवान् कृष्ण के जीवन का उदाहरण है।

भगवद्गीता में भगवान् श्रीकृष्ण का संदेश अनेक चिंताओं से घिरे हमारे आधुनिक व्यस्त जीवन के लिए सर्वोत्तम उपयुक्त सिद्धांत है। ईश्वर की शांति के बिना कार्य करना नर्क के समान है। आप जहाँ कहीं भी जाते हैं, आपकी आत्मा में ईश्वर के आनन्द के सदा उठते हुए बुलबुलों के साथ कार्य करना, अन्तर में एक चलता-फिरता स्वर्ग रखने के समान है। सुखद वातावरण में भी सदा चिन्तित रहना नर्क में रहने के समान है, जर्जर झोपड़ी में रहकर भी आंतरिक असीम आत्म-आनंद में रहना वास्तविक स्वर्ग है। चाहे एक महल में रहें अथवा एक पेड़ के नीचे, इस आन्तरिक स्वर्ग को हमें सदा अपने साथ रखना चाहिए।

योगी प्रत्येक वस्तु का आनन्द ईश्वर की चेतना के साथ लेता है। परन्तु साथ-ही वह यह भी कह सकता है, "यदि मुझे भोजन न भी मिले तो मैं उसका कभी अभाव अनुभव नहीं करूँगा।" संसार की परिस्थितियों से आपको परेशान नहीं होना चाहिए। किसी भी वस्तु में आसक्ति न रखें। जीसस ने चालीस दिन का उपवास किया और अपने मन को सदा ईश्वर पर रखा।

यदि आप संसार में रहते हैं और इसके प्रति कोई आसक्ति नहीं है, तो आप एक सच्चे योगी हैं। मिश्री के भंडार में रहते हुए मिश्री को न छूना एक सच्चा त्याग है। तथापि दूध पानी पर तब तक किसी भी तरह से नहीं तैरेगा जब तक कि आप उसका मक्खन न बना दें। ईश्वर की खोज और उनके नियमों के अनुसार जीवन बिताना ही प्रसन्नता एवं मोक्ष का एक मात्र मार्ग है। जीसस ने कहा था : "यदि आपका हाथ बाधा डाले, तो उसे काट दो।"* इस प्रकार के दृढ़निश्चय की आवश्यकता है। आपको अपने हृदय में और आत्मा में इस सत्य को अनुभव कर लेना चाहिए : "प्रभु, एक मात्र आप ही मेरे हैं। मैं यहाँ केवल आपको प्रसन्न करने के लिए हूँ।"

केवल बाह्य रूप से ही नहीं बल्कि मानसिक रूप से भी त्याग करना होगा। जीसस का यह अर्थ नहीं था कि मनुष्य को भोजन नहीं करना चाहिए या वस्त्र नहीं पहनने चाहिए, वे स्वयं भोजन भी करते थे और वस्त्र भी पहनते थे। उनका अभिप्राय तो यह था कि व्यक्ति को मानसिक रूप से वस्त्रों एवं भोजन के प्रति अनासक्त रहना चाहिए। वे यह शिक्षा देते थे कि त्याग मानसिक एवं बाह्य दोनों रूपों में प्राप्त करना चाहिए।

* *मरकुस* 9:43 (बाइबिल)।

"अपने शरीर के...विषय में कोई विचार न करें।"* इसका अर्थ है "भोजन और वस्त्र तथा शरीर की आवश्यकताओं के प्रति अत्यधिक चिन्ता न करें।" बाहर की अपेक्षा अन्दर में स्वच्छ रहना अधिक महत्त्वपूर्ण है। यदि आप अन्दर में पवित्र और बाहर में भी स्वच्छ रह सकते हैं तो यह और भी उत्तम है।

धर्मग्रंथों में दिए नैतिक सिद्धान्त सार्वभौमिक हैं

हम धर्म के मुख्य नैतिक सिद्धान्तों को हिन्दू और बाइबिल दोनों धर्मग्रंथों में पाते हैं। गीता के संदेश में ईसाई धर्म के दस धर्मादेशों का ज्ञान भी सम्मिलित है, और यह भी निर्दिष्ट है कि इन्हें तोड़ना क्यों गलत है। गीता विवेक द्वारा सचेत करती है : "जो धर्मादेशों की उपेक्षा करता है तथा अपनी मूर्खतापूर्ण इच्छाओं का अनुसरण करता है, वह प्रसन्नता को या पूर्णता को अथवा परम लक्ष्य को प्राप्त नहीं करता।"† आप धार्मिक बने बिना भी नैतिक बन सकते हैं, परन्तु धर्म के आचरण में नैतिक सिद्धांत एक आवश्यक प्रारंभ है क्योंकि सच्चा धर्म नैतिकता से अधिक गहन है — यह ईश्वर के साथ सम्पर्क है। आपको अपनी त्रुटियों पर ध्यान नहीं देना चाहिए, और न ही स्वयं को एक पापी समझना चाहिए। प्रतिज्ञापन करें कि आप ईश्वर के बच्चे हैं, और जीसस के इस कथन को मन में रखें, "मैं और मेरे परमपिता एक हैं।"

गीता एवं बाइबिल में पुनर्जन्म

पुनर्जन्म, जिसकी भगवद्गीता में भगवान् श्रीकृष्ण द्वारा बहुत सुंदर ढंग से व्याख्या की गई है, एक अति प्रेरणास्पद एवं सहायक आध्यात्मिक सिद्धांत है, इसके बिना हम ईश्वर के न्याय को नहीं समझ सकते। कोई बच्चा विकलांग क्यों पैदा होता है? भगवान् एक ही परिवार में दो बच्चों को, बलवान और स्वस्थ और एक को अपंग क्यों भेजते हैं? यदि हम सब ईश्वर के प्रतिबिम्ब में बने हैं, तो यह न्याय कहाँ है? केवल पुनर्जन्म ही इसकी व्याख्या कर सकता है। विकलांग बच्चा वह आत्मा है जिसने किसी गत जीवन में ईश्वर के नियमों का उल्लंघन किया, और परिणामस्वरूप, अपनी टांगों का उपयोग करने में असमर्थ है। क्योंकि मन शरीर की रचना करता है, और इस आत्मा ने स्वस्थ टाँगों की चेतना को खो दिया था, इसलिए जब वह इस जीवन में वापस आया तो स्वस्थ

* *मत्ती* 6:25 (बाइबिल)।

† XVI:23।

टाँगों की रचना करने में असमर्थ था। और उसी प्रकार हमें भी बार-बार आना पड़ेगा, जब तक कि हम अपनी खोई हुई पूर्णता को फिर से न प्राप्त कर लें। जो पूर्ण हो जाता है उसे इस पृथ्वी पर वापस आने की आवश्यकता नहीं है।

जिन्होंने अपनी इच्छाओं पर विजय प्राप्त कर ली है वे ईश्वर के साथ एक हो जाएँगे। जीसस ने इसके विषय में कहा था : "जो विजयी होगा उसे मैं अपने प्रभु के मन्दिर का स्तम्भ बना दूँगा, और उसे फिर बाहर नहीं जाना पड़ेगा।"* गीता भी ऐसा ही वचन देती है : "हे अर्जुन! यह 'ब्रह्म में स्थित' पुरुष की अवस्था है। इस अवस्था को प्राप्त करने वाला कोई भी व्यक्ति (पुनः) भ्रमित नहीं होता। पारगमन काल (भौतिक से सूक्ष्म में जाना) के अन्तिम क्षण में भी, यदि व्यक्ति इस अवस्था में स्थित हो जाए, तो वह ईश्वर-एकात्मता की अन्तिम, अचल अवस्था प्राप्त कर लेता है।"† जब आप भौतिक इच्छाओं पर विजय पा लेते हैं, तो आप ईश्वर से बाहर नहीं जाएँगे। इच्छाएँ आपको इस पृथ्वी पर वापस ले आती हैं। हम ईश्वर की रास्ता भटकी हुई सन्तान रहे हैं, और जब तक हम इच्छाओं को त्याग न दें हम उनके पास वापस नहीं जा सकते। यदि हमें अपने हृदय में अतृप्त इच्छाओं के साथ अचानक इस पृथ्वी को छोड़ना पड़ जाए, तो हमें दोबारा तब तक आना पड़ेगा जब तक कि हम उन इच्छोंओ को पूरा न कर लें। ईश्वर के पास वापस जाने से पहले हमें अपनी पूर्णता को पुनः प्राप्त करना आवश्यक है। जब तूफान आता है तो लहर सागर से उठती है, परन्तु जैसे ही सागर पुनः शान्त हो जाता है तब लहर वापस सागर में समा सकती है। हमारे साथ भी ऐसा ही होता है। जैसे ही भौतिक इच्छाओं का यह तूफान समाप्त हो जाता है हम पुनः ईश्वर के सागर में समा सकते हैं।

प्रारम्भिक ईसाई धर्म पुनर्जन्म की शिक्षा देता था। जीसस ने इस सत्य के अपने ज्ञान को तब प्रकट किया था जब उन्होंने कहा, "एलियास पहले ही आ चुका है, और वे उसे नहीं जानते।...तब शिष्यों की समझ में आया कि वह धर्मगुरु जॉन (John the Baptist) के विषय में बता रहे थे।"‡ जब उन्होंने कहा, "एलियास पहले ही आ चुका है।" उनका अर्थ था कि एलियास की आत्मा ने धर्मगुरु जॉन के शरीर में जन्म ले लिया है।

* *प्रकाशित वाक्य* 3:12 (बाइबिल)।

† II:72।

‡ *मत्ती* 17:12–13 (बाइबिल)।

क्राइस्ट ने पूर्व और पश्चिम को जोड़ने के लिए पूर्ववासी के रूप में जन्म लिया

ईश्वर ने पूर्व एवं पश्चिम को साथ मिलाने के लिए जीसस क्राइस्ट को पूर्ववासी बनाया। क्राइस्ट पूर्व में एवं पश्चिम में भ्रातृत्व की दिव्य चेतना को जागृत करने के लिए आए थे। यह सत्य है कि जीसस ने अपने जीवन के अट्ठारह वर्ष से अधिक समय को, जिसका कहीं वर्णन नहीं है, भारत के महान् सद्गुरुओं के साथ अध्ययन में बिताया। यह उनकी दिव्यता एवं अद्वितीयता को कम नहीं करता, बल्कि यह समस्त महान् सन्तों और *अवतारों* के बीच एकता एवं भ्रातृत्व को दर्शाता है।

महान् सन्त पृथ्वी पर यह दर्शाने के लिए आते हैं कि जिस क्राइस्ट चेतना को उन्होंने प्राप्त किया है उसे यहाँ रहने वाले सभी लोगों को खोजना चाहिए। आप केवल अपनी चेतना का विस्तार करें और अपने कष्टों को समाप्त करें। भोजन करने से शारीरिक पीड़ा समाप्त नहीं होती। समृद्धि प्राप्त करने से मानसिक कष्टों का निवारण नहीं होता। आध्यात्मिक पुस्तकें पढ़ने से आत्मा संतुष्ट नहीं होती। भारत के महान् सन्तजन कहते हैं कि धर्म का उद्देश्य यह नहीं है कि कुछ सिद्धान्तों को बना दिया जाए और फिर उनका अविवेकपूर्ण ढंग से अनुसरण किया जाए, बल्कि उन का उद्देश्य मानव जाति को अखण्ड प्रसन्नता प्राप्त कराने की शाश्वत विधि को बताना है। जिस प्रकार एक व्यवसायी दूसरों की किसी आवश्यकता को पूरा करने से उनके कष्टों को दूर करने का प्रयत्न करता है; जिस प्रकार प्रत्येक मानव पृथ्वी पर कुछ अच्छा कार्य करने के लिए ईश्वर का प्रतिनिधि है, उसी प्रकार कृष्ण, क्राइस्ट, बुद्ध — सभी महान् विभूतियाँ — पृथ्वी पर मानव जाति का उच्चतम उपकार करने हेतु आईं : शाश्वत आनन्द के मार्ग का ज्ञान, तथा उन के उत्कृष्ट जीवन के उदाहरण द्वारा हमें प्रेरणा देने के लिए, जिससे हम उनका अनुसरण करें।

एक दिन आपको यह शरीर छोड़ना ही पड़ेगा। चाहे आप कितने भी शक्तिशाली क्यों न हों, अन्ततः शरीर को तो मिट्टी में समाना ही है। व्यर्थ गँवाने के लिए और समय नहीं है। मेरे परम प्रिय कृष्ण एवं जीसस द्वारा सिखायी गई योग प्रविधियाँ, मानव को अपनी आत्मानुभूति तथा ईश्वर के साथ एकत्व प्राप्त करने के योग्य बना कर, अज्ञान और दुःखों को अवश्य नष्ट करती हैं। ईसाइयों और हिन्दुओं के जन्मदाता के नाम पर, आओ समस्त कष्टों और अज्ञान की दीवारों को तोड़ डालें और सच्चाई से ईश्वर की पूजा करें। प्रभु के नाम पर प्रायः उनके मन्दिरों में धनलोलुपता एवं पूर्वधारणा रूपी पिशाचों ने ताण्डव किया है। हमें उनकी वेदियों पर शान्ति एवं आनन्द के स्वामी (ईश्वर) को

पुनः स्थापित करना चाहिए। आओ, हम पृथ्वी पर एक परमपिता की सन्तान के रूप में व्यवहार करें न कि विरोधी रिवाजों और विश्वासों के साथ अमेरिकी अथवा भारतीय के रूप में। "ईसाई" एवं "हिन्दू" केवल नाम हैं। अपने अन्दर एवं बाहर में परमेश्वर के आनन्द और समन्वय को जानते हुए आओ हम सभी एकत्व के संयुक्त विश्व में एक विशाल दिव्य परिवार की भाँति रहें।

* * *

क्राइस्ट और कृष्ण का दिव्य दर्शन

"व्हिस्पर्स फ्रॉम इटरनिटी" में एक अनुभव,
परमहंस योगानन्दजी द्वारा वर्णित

मैंने पर्वतों से घिरी एक विशाल नीली घाटी देखी जो रत्न की तरह जगमगा रही थी। दूधिया पर्वत शिखरों के चारों ओर आवारा कोहरे चमकते थे। हीरे की चमक जैसी नीरव नदी साथ में बह रही थी। और वहाँ मैंने देखा, हाथ में हाथ डाले कृष्ण और क्राइस्ट को पर्वतों की गहराइयों में से आते हुए : क्राइस्ट जिन्होंने जॉर्डन नदी के तट पर प्रार्थना की थी और कृष्ण जिन्होंने यमुना नदी के तट पर मुरली बजाई थी।

उन्होंने मुझे कान्तिमय धाराओं में पवित्र कर दिया, मेरी आत्मा अगाध गहराइयों में विलीन हो गई। प्रत्येक वस्तु सूक्ष्म ज्वालाएँ उगलने लगी। मेरा शरीर तथा कृष्ण एवं क्राइस्ट के रूप, रंग-बिरंगी पहाड़ियाँ, चमकती नदियाँ, और दूरस्थ तेजोमय आकाश सभी झिलमिलाते प्रकाश बन गए, जबकि ज्वाला के अणु उड़ गए। अन्त में, सब कुछ समाप्त होकर केवल मृदु दीप्ति मात्र रह गया, जिसमें समस्त सृष्टि कम्पायमान थी।

हे परमात्मा ! मैं अपने हृदय में आपको, जो शाश्वत प्रकाश है, जिसमें सभी प्रकार के रूप मिल जाते हैं, बारम्बार प्रणाम करता हूँ।

दस धर्मादेश : सुख के शाश्वत नियम

प्रथम सेल्फ़-रियलाइज़ेशन फ़ेलोशिप मन्दिर,
एन्सिनिटस, कैलिफ़ोर्निया, 6 मार्च, 1938

प्रकृति में जो आकस्मिक विनाश आते हैं, विध्वंस उत्पन्न करते हैं और जन-समूहों को क्षति पहुँचाते हैं "वे ईश्वर के कार्य" नहीं हैं। ऐसे विनाश मनुष्य के विचारों एवं कार्यों का परिणाम हैं। जब कभी संसार में अच्छाई एवं बुराई का स्पन्दनकारी संतुलन, मनुष्य के गलत विचारों और कार्यों से हुए हानिकारक स्पन्दनों के संचय से बिगड़ जाता है, तो आप ऐसी ही विनाश लीलाएँ देखेंगे जैसी कि अभी हाल ही में हमने अनुभव की हैं।*

संसार में तब तक युद्ध एवं प्राकृतिक आपदाएँ आती रहेंगी जब तक कि सभी लोग अपने गलत विचारों और व्यवहार में सुधार नहीं लाते। युद्ध भाग्यवश किसी दैवी कार्य द्वारा नहीं आते बल्कि व्यापक भौतिक स्वार्थ द्वारा आते हैं। व्यक्तिगत, औद्योगिक, राजनीतिक एवं राष्ट्रीय स्वार्थों को समाप्त कर दें तो आपको फिर युद्धों का सामना नहीं करना पड़ेगा।

जब मनुष्य की चेतना में भौतिकवाद प्रबल हो जाता है, तो सूक्ष्म नकारात्मक किरणें निकलती हैं, उनकी संचित शक्ति प्रकृति के विद्युतीय संतुलन को बिगाड़ देती है, और तभी भूकम्प, बाढ़ और अन्य भीषण दुर्घटनाएँ होती हैं। उनके लिए ईश्वर उत्तरदायी नहीं हैं! प्रकृति को नियंत्रित करने से पहले मानव के विचारों को नियंत्रण में करना होगा।†

अवतार राम ने, जो भारत के महान् हिन्दू सम्राटों में से एक थे, अयोध्या के साम्राज्य पर शासन किया, जहाँ के सभी निवासियों ने धर्मपरायण जीवन बिताया। यह कहा जाता है कि श्री राम के शासन काल के स्वर्णिम युग में किसी भी दुर्घटना अथवा

* असाधारण भारी वर्षा के पश्चात् आयी स्थानीय बाढ़ के संदर्भ में।

† "मनुष्य की यह डींग 'प्रकृति पर विजय' शक्ति की मानसिक ग्रन्थि को व्यक्त करती है—व्यर्थ का धोखा है। प्रकृति वह है जिसका पालन हमें करना है। वैज्ञानिक नियमों के रहस्यों का भेद खोलते हैं और हम उनका पालन करते हैं। व्यक्त हुआ प्रत्येक नियम अपने अंदर आज्ञापालन की सुनिश्चितता की एक शक्ति रखता है।" *जी. स्कॉट बिलियमसन एवं इन्नेस एच. पीयर्स, पदार्थ की खोज में जीव विज्ञानी* (फेबर एण्ड फेबर, लन्दन सन् 1950)।

अकाल मृत्यु या प्राकृतिक आपदाओं ने अयोध्या की पूर्ण सुव्यवस्था में विघ्न नहीं डाला। जब परिवार का प्रत्येक सदस्य अधिक उचित ढंग से जीवन जीएगा, तो प्रत्येक घर में अधिक शान्ति और स्वास्थ्य रहेगा। जब परिवार के सदस्य एक-दूसरे के साथ स्वार्थपूर्ण छीना-झपटी करेंगे तो घर स्वाभाविक रूप से असामंजस्य से भर जाएगा। उसी प्रकार राष्ट्रों के साथ होता है, केवल जब मनुष्य धर्मानुसार जीवन जीएगा तभी पृथ्वी पर ईश्वर का साम्राज्य आ सकेगा। लेकिन समय बहुत कम है। आप आज यहाँ पर हैं, और कल आप चले जाएँगे। मानव होने के नाते, ईश्वर की खोज करना आपका परम सौभाग्य है। इस जीवन में ईश्वर ने जो स्वतंत्रता आपको प्रदान की है आपको उसके प्रयोग द्वारा शाश्वत आध्यात्मिक सत्यों को सिद्ध करना चाहिए।

पाप वह है जिसके कारण आपको दुःख होता है। पुण्य वह है जो आपको स्थायी रूप से सुखी कर देता है। यदि आपके मन में आध्यात्मिक शान्ति नहीं है, तो एक नया घर एवं एक नई कार आपको सुखी नहीं कर सकते, आपका नर्क उसी प्रकार आपके साथ रहेगा।

सच्ची प्रसन्नता समस्त बाहरी अनुभवों की चुनौतियों का सामना कर सकती है। जब आप अपने विरुद्ध दूसरों की बुराइयों की यंत्रणा को सह सकें और बदले में प्रेम एवं क्षमा दे सकें, तथा जब आप बाह्य परिस्थितियों के समस्त पीड़ादायक प्रहारों के होते हुए भी दैवी आन्तरिक शांति को बनाए रख सकें, तब आप इस प्रसन्नता को जान पाएँगे।

"जो व्यक्ति शास्त्रविधि की उपेक्षा करता है और अपनी मूर्खतापूर्ण कामनाओं से प्रेरित होकर कार्य करता है, वह सुख या पर्णूत्व अथवा अनन्त लक्ष्य को प्राप्त नहीं करता है। इसलिए, क्या करना चाहिए तथा क्या नहीं करना चाहिए, इसका निर्धारण करने के लिए शास्त्रों को अपना मार्गदर्शक बनाओ। पवित्र शास्त्रों द्वारा विहित निर्देशों की अन्तर्ज्ञानयुक्त समझ द्वारा, यहाँ अपने कर्त्तव्यों को करते हुए प्रसन्नचित रहो।"* जो आन्तरिक रूप से संतुष्ट हैं वे ठीक से जी रहे हैं। केवल ठीक कार्यों द्वारा ही प्रसन्नता प्राप्त होती है। इस जीवन में प्रसन्न रहें और आप अगले जीवन में भी प्रसन्न रहेंगे। मृत्यु छुटकारा नहीं है। यदि आप भविष्य में स्वर्ग की कामना करते हैं तो आपको अभी से अच्छा बनना चाहिए। कार्य-कारण के नियम के अनुसार, आप मृत्यु के पश्चात् भी ठीक वैसे ही रहेंगे जैसे कि मृत्यु से पूर्व थे। इसलिए जब तक अवसर का सूर्य चमकता है ज्ञान को अर्जित करें, "अवसर का लाभ उठा लें।"

* भगवद्गीता XVI:23–24।

सुख के दस शाश्वत नियम

दस धर्मादेशों* का और अधिक अच्छा नाम "प्रसन्नता के दस शाश्वत नियम" हो सकता था। आदेश शब्द एक दुर्भाग्यपूर्ण चयन है, क्योंकि कुछ ही लोग आदेश मानना पसन्द करते हैं। जैसे ही आप किसी बच्चे को कोई कार्य करने से मना करते हैं, वह तुरंत वही कार्य करना चाहता है।

ये दस धर्मादेश प्रत्येक दिन प्रत्येक जगह तोड़े जाते हैं। जब तक उनका आध्यात्मिक अर्थ न समझा जाए, लोग सदा उनके विरुद्ध विद्रोह करेंगे। दस धर्मादेश आचरण के शाश्वत नियम हैं जो संसार के सभी बड़े धर्मों में सुनिश्चित किए गए हैं। फिर भी, धर्मग्रंथ अधिकांश रूप से इन धर्मादेशों के मनोविज्ञान एवं उपयोगिता की व्याख्या नहीं करते। लोग धार्मिक स्थल के अन्दर उन्हें स्वीकार तो करते हैं परन्तु धार्मिक स्थल के बाहर उनके अनुसार कार्य नहीं करते, वे तर्क करते हैं कि ये धारणाएँ अव्यावहारिक हैं। फिर भी दस धर्मादेशों का उल्लंघन करना, संसार में समस्त दुःखों का मूल स्रोत है।

धर्मादेशों की क्या उपयोगिता है? भगवद्गीता में हमें बताया गया है कि अन्य सब कुछ त्याग कर केवल ईश्वर का स्मरण करें। "अपने मन को मुझमें लीन करो; मेरे भक्त बनो; सब कुछ मुझपर छोड़ दो; मुझे प्रणाम करो। तुम मेरे प्रिय हो, इसलिए मैं यह सत्य वचन देता हूँ : तुम मुझे प्राप्त करोगे!"† यह मौसेस को दिए गए दस धर्मादेशों में से प्रथम के अनुरूप है :

"*मेरे अतिरिक्त तुम्हारा अन्य कोई आराध्य नहीं होगा।*" जीवन का लक्ष्य केवल ईश्वरानुभूति होना चाहिए। भौतिक कर्त्तव्यों को ईश्वर से शक्ति प्राप्त किए बिना पूरा नहीं किया जा सकता। अपने सामान्य कर्त्तव्यों को करने के लिए ईश्वर को भूल जाना व्यक्ति का सबसे बड़ा पाप है। पाप का अर्थ है अज्ञान, अर्थात् व्यक्ति का अपनी उच्चतम भलाई के विरुद्ध कार्य करना। कितनी बार आपने अपने हृदय में दुःख की जलन का अनुभव किया है? क्यों? क्योंकि आपने उचित आचरण नहीं किया, क्योंकि आपके हृदय में ईश्वर का स्थान प्रथम नहीं था। गीता कहती है : "अन्य सब धर्मों (कर्त्तव्यों) का त्याग करके मात्र मेरी ही शरण में रहो; मैं (उन कम आवश्यक कर्त्तव्यों को न करने से उत्पन्न) सब पापों से तुम्हें मुक्त कर दूँगा।"‡ आपके जीवन में अन्य कोई देवता,

* *निर्गमन* 20:3–17 (बाइबिल)।

† XVIII:65।

‡ XVIII:66।

जिसका महत्त्व आपके लिए ईश्वर से अधिक हो; नहीं होना चाहिए। यद्यपि जीसस ईश्वर के साथ एक थे, फिर भी उन्होंने कहा, "मैं उन सब वस्तुओं को नहीं जानता जिनको मेरे परमपिता जानते हैं।"*

जैसे ही मनुष्य सम्पत्ति, नाम, यश — ईश्वर से कम महत्त्व वाली किसी भी वस्तु की पूजा करना आरम्भ कर देता है, तो वह दुःख को प्राप्त करता है। "हे अर्जुन, जो कम महत्त्व के देवताओं की पूजा करते हैं, वे उन्हीं देवताओं को प्राप्त होते हैं, और मेरे भक्त मुझे प्राप्त होते हैं।"† केवल ईश्वर ही मानव के स्थायी सुख के स्वप्नों को पूरा कर सकते हैं। सर्वोच्च परमेश्वर की पूजा की स्थानपूर्ति किसी अन्य वस्तु द्वारा नहीं करने दी जानी चाहिए। यदि आप हिन्दू धर्मशास्त्रों का अध्ययन करेंगे तो आप पाएँगे कि वे किस प्रकार बाइबिल के दस धर्मादेशों के समान हैं।

"*तू अपने लिए पत्थर की कोई प्रतिमा नहीं बनाएगा।*" कुछ लोगों के लिए मूर्ति (प्रतीक) पूजा ठीक है, परन्तु अच्छाई की अपेक्षा इसके बुरे परिणाम अधिक हैं। क्राइस्ट के क्रॉस की पूजा करना और क्रॉस का अर्थ भूल जाना "पत्थर की प्रतिमा" की पूजा करने के समान है, क्योंकि आपने इसके महत्त्व को भुला दिया है। जब कोई महान् आध्यात्मिक गुरु देह त्याग देते हैं, तो उनकी मूर्ति, अथवा उनके जीवन का कुछ प्रतीक चिह्न प्रायः रख लिया जाता है और उसकी पूजा की जाती है, और यह ठीक है यदि आप उनके गुणों का भी स्मरण और अनुसरण करें। लेकिन यदि आप किसी मूर्ति की पूजा करते हैं और जिसके गुणों को वह चित्रित कर रही है, उसका चेतन रूप से सम्मान नहीं करते, तो आपने अनन्त ईश्वर को भुला दिया है। जीसस की कोई मूर्ति अथवा चित्र रखना स्वीकार्य है यदि यह उनके दिव्य गुणों के चिन्तन में आपकी सहायता करती है। तब आप एक पत्थर की मूर्ति की पूजा नहीं कर रहे हैं, बल्कि उस आदर्श की पूजा कर रहे हैं जो वह मूर्ति आपके समक्ष रख रही है। परमात्मा की चेतना के साथ आप जिस भी रूप में पूजा का कर्मकाण्ड करें, वह ईश्वर को प्रसन्न करती है। परन्तु मौसेस के समय में अनेक उपासकों ने ईश्वर को भुला दिया था, वे मात्र वस्तुओं की पूजा करते थे, यहाँ तक कि उन पर बकरों की बलि भी चढ़ाते थे।

भारत में किसी सन्त का चित्र अथवा उसकी मूर्ति बनाने, अथवा ईश्वर के किसी विशेष गुण या स्वरूप के प्रतीक के रूप में मूर्ति को मन्दिर में रखने की प्रथा है।

* "परन्तु उस दिन और समय के विषय में कोई मनुष्य नहीं जानता, स्वर्ग में रहने वाले देवदूत भी नहीं जानते, पुत्र भी नहीं जानता, परन्तु परमपिता जानते हैं" *मरकुस* 13:32 (बाइबिल)।

† भगवद्गीता VII:23।

लोग मूर्ति अथवा चित्र में प्रदर्शित ईश्वर अथवा सन्त की आत्मा को फूल अर्पित करते हैं और उसके द्वारा व्यक्त दिव्य गुणों का ध्यान करते हैं। ईश्वर की दृष्टि में ऐसी पूजा स्वीकार्य है।* सच्चे भक्त अपनी चेतना को वस्तु पर नहीं लगने देते, बल्कि गहनतम प्रेम और एकाग्रता के साथ उसके पीछे ईश-भाव का चिंतन करते हैं। भारत के एक महान् सन्त अपने पूजा के मन्दिर में जगन्माता की मूर्ति के सामने जब भी अपनी भक्ति को अर्पित करते थे वे समाधि (ईश्वर सम्पर्क में परमानन्द की अवस्था) में चले जाते थे। उन्होंने बताया, "मैं एक पत्थर की मूर्ति के चरणों में पुष्प अर्पित कर रहा था जब अचानक मैंने देखा कि, अपने शरीर से अछूता, मैं सृष्टि के पालनहार के साथ एक हो गया था। मैंने अपने ही सिर पर पुष्पों को चढ़ाना आरंभ कर दिया।"

यदि आप ऐसा कर सकते हैं, तो यह अधिक अच्छा होगा कि अपने ध्यान को पहले किसी बाह्य माध्यम के रूप में मूर्ति या चित्र पर केन्द्रित करने और फिर उस एकाग्रता को, परमात्मा पर स्थानान्तरित करने की अपेक्षा अपने अन्दर में, ईश्वर पर केन्द्रित कर दें। ईश्वर अनन्त है। एक मूर्ति उन्हें कैसे बांध सकती है? दूसरे धर्मादेश के पीछे यही आशय है। हमें मूर्ति की ईश्वर के रूप में पूजा नहीं करनी चाहिए, क्योंकि वे अनन्त हैं।

अनन्त होने के नाते, ईश्वर किसी भी रूप में सीमित नहीं किए जा सकते, चाहे वह मानव का हो अथवा पत्थर का; फिर भी वे समस्त रूपों में व्यक्त हैं। कोई भी सच में कह सकता है कि ईश्वर प्रत्येक व्यक्ति के साथ महान् सन्तों में भी व्यक्त होते हैं, क्योंकि वे सब में विद्यमान हैं। सूर्य का प्रकाश एक कोयले और एक हीरे के टुकड़े पर समान रूप से चमकता है। परन्तु हीरा सूर्य के प्रकाश को ग्रहण कर उसे परावर्तित करता है, जबकि कोयला ऐसा नहीं करता। उसी प्रकार, सभी लोगों पर ईश्वर का प्रकाश पड़ता है, परन्तु सभी उस प्रकाश को ग्रहण कर परावर्तित नहीं करते। ऐसा करने के लिए उन्हें ध्यान तथा दस धर्मादेशों का पालन करके स्वयं को पवित्र करना चाहिए।

"*तुम व्यर्थ में प्रभु, अपने ईश्वर का नाम नहीं लोगे।*" जब आप ईश्वर का नाम लेते हैं, तो आपको आन्तरिक रूप से बोध होना चाहिए कि आप क्या कह रहे हैं। दूसरों के मन के अन्दर झाँकना संभव हो तो आप पाएँगे कि अधिकांश लोग प्रार्थना करते समय ईश्वर के अतिरिक्त, प्रायः सभी वस्तुओं के बारे में सोच रहे होते हैं। वे ईश्वर का

* "भक्त जिस भी स्वरूप (ईश्वर का अवतार, सन्त, या एक देवता) को श्रद्धापूर्वक पूजना चाहता है, मैं ही उसकी उस श्रद्धा को दृढ़ बनाता हूँ। उस भक्ति में लीन होकर, उस स्वरूप के पूजन में स्थिर, इस प्रकार भक्त इच्छित भोगों को प्राप्त करता है। तब भी ऐसी पूर्ति वास्तव में मेरे द्वारा ही प्रदान होती है" (भगवद्गीता VII:21–22)।

नाम व्यर्थ में ले रहे हैं। जब हम प्रार्थना करें तो हमें अपनी सम्पूर्ण एकाग्रता को ईश्वर पर केन्द्रित करने का अपना सर्वोच्च प्रयास करना चाहिए, न कि "मुख से प्रभु, प्रभु, प्रभु" कहें और अपने मन को किसी और वस्तु पर केन्द्रित होंने दें। मेरी एक चाची को माला के साथ प्रार्थना करने की आदत थी। वह लगभग हमेशा माला पर अपनी अँगुलियों को घुमाने में व्यस्त देखी जा सकती थीं। परन्तु एक दिन वह मेरे पास आईं और स्वीकार किया कि यद्यपि वह इसे चालीस वर्षों से कर रही थीं, ईश्वर ने उनकी प्रार्थना का उत्तर कभी नहीं दिया। इसमें कोई आश्चर्य नहीं है! उनकी "प्रार्थनाएँ" एक स्नायविक शारीरिक आदत से अधिक और कुछ नहीं थीं।

जब आप प्रार्थना करें तो ईश्वर के अतिरिक्त और कुछ न सोचें। सच्चा बनने का अपना सर्वोच्च प्रयास करें। प्रार्थना में, जप में, ईश्वर का बार-बार नाम लेने में माला का उपयोग तब अच्छा है जब इसका अभ्यास भक्ति और एकाग्रता के साथ किया जाए। लेकिन ये सब प्रायः यान्त्रिक बन जाते हैं, ये निम्न स्तर की पूजा के रूप हैं। परन्तु अपने हृदय में प्रेम की माला पर "ईश्वर" का नाम जपना सच्ची पूजा है। आप अनमने भाव से यदि उनके नाम का उच्चारण करें या भजन गाएँ तो यह ईश्वर का अनादर भी है। भगवद्गीता भी इसी प्रकार ईश्वर की पूजा के समय मन की एकाग्रता के महत्त्व पर बल देती है। जब आप प्रार्थना करें तो आपका हृदय एवं आपका मन ईश्वर के प्रेम से भरा होना चाहिए। "हे अर्जुन! जिसका मन योग द्वारा स्थिर होकर ईश्वर के विचार में ही अचलता से स्थित रहता है, वह परम दीप्तिमान परमात्मा को प्राप्त करता है।"*

"*विश्राम-दिवस को पवित्र बनाने हेतु स्मरण रखें।*" सप्ताह के सात दिनों में से, कितने कम लोग ईश्वर के लिए एक भी दिन समर्पित करते हैं! प्रभु के लिए एक दिन निकालना आपके अपने लिए ही कल्याणकारी है। रविवार सूर्य का दिन है — ज्ञान के प्रकाश का दिन है। अनेक लोग ईश्वर का चिंतन करने के लिए इसका कभी उपयोग नहीं करते, जबकि ऐसा करना उच्चतम ज्ञान है। यदि उस दिन आप थोड़े से समय के लिए एकान्त में रह सकें और कुछ समय के लिए शान्त रहें तथा उस शान्ति का आनन्द लें, तो आप देखेंगे कि आपको कितना अच्छा लगेगा। विश्राम के दिन को इसी प्रकार मनाएँ; यह बीते हुए छः दिन के नुकसान की क्षतिपूर्ति करेगा। प्रत्येक व्यक्ति को सप्ताह में एक दिन अपने मानसिक घावों के उपचार के लिए आध्यात्मिक चिकित्सालय में जाने की आवश्यकता है।

* VIII:8।

विश्राम दिन को एक मजबूरी का कार्य समझकर न बिताएँ; बल्कि इसका आनन्द लें। जब यह आपके लिए शान्ति, आनन्द और सन्तुष्टि का दिन बन जाता है तो आप इसकी प्रतीक्षा करने लगेंगे। एकांतवास, महानता का मूल्य है। आप आश्चर्यचकित हो जाएँगे कि ईश्वर के साथ एकांतवास आपके तन, मन एवं आत्मा के लिए क्या-कुछ कर सकता है। प्रातःकाल एवं रात्रि में सोने से पहले आपको प्रभु की शांति में गोता लगाना चाहिए।

भारत के सन्तजन एकान्त के लिए न केवल एक नियमित दिन की सलाह देते हैं, बल्कि प्रतिदिन चार विशेष समयों पर शान्तिपूर्वक ध्यान करने की आवश्यकता पर भी बल देते हैं। सवेरे भोर के समय उठने या किसी से मिलने से पहले शान्ति का अनुभव करते हुए निश्चल रहें। दोपहर में भोजन लेने से पहले कुछ समय के लिए मौन रहें; और सायंकाल के भोजन से पहले भी मौन रहने के लिए एक बार और समय निकालें। रात्रि में सोने से पहले एक बार फिर उसी शान्ति में जाएँ। जो निष्ठापूर्वक दिन के इन चार समयों पर एकान्त में शान्ति का अभ्यास करते हैं वे ईश्वर के साथ अन्तर्सम्पर्क को अवश्य अनुभव करेंगे। जो दिन में चार बार समय न निकाल पाए उसे प्रतिदिन सुबह और शाम का समय ईश्वर के लिए समर्पित करना चाहिए। ऐसा करके आप एक भिन्न, तथा और अधिक प्रसन्नतापूर्ण जीवन पाएँगे।

यदि आप अपने बैंक के खाते में बिना कुछ जमा किए निरन्तर चेक काटते रहेंगे, तो आपका धन समाप्त हो जाएगा। आपके जीवन के साथ भी ऐसा ही है। आपके जीवन के खाते में नियमित रूप से शान्ति को जमा (deposits) किए बिना, आपकी शक्ति, शान्ति और प्रसन्नता समाप्त हो जाएगी। अन्ततः आप, भावनात्मक रूप से, मानसिक रूप से, शारीरिक रूप से एवं आध्यात्मिक रूप से कंगाल हो जाएँगे। परन्तु ईश्वर के साथ दैनिक सम्पर्क आपके आन्तरिक बैंक खाते को निरंतर भरता रहेगा।

दिन में चार बार शान्तिपूर्वक ध्यान में बैठ कर अपने हृदय के सम्पूर्ण प्रेम और ललक के साथ चिन्तन करें : "मैं इस समय अनन्त ईश्वर के साथ हूँ। हे परमपिता! मुझे दर्शन दीजिए, मुझे दर्शन दीजिए।" प्रभु की उपस्थिति की शांति को अनुभव करने का प्रयास करें। उस शान्ति में अपना तन एवं मन भिगो दें और तब आप जीवन में अत्यधिक सफल होंगे। शांत व्यक्ति गलतियाँ नहीं करता। जब दूसरे हजारों लोग असफल हो रहे होते हैं, वह सफल हो जाता है। सफल होने के लिए आपको शान्त रहना चाहिए। जो इस दिव्य शान्ति के साथ विश्राम दिन को नहीं मनाते वे अत्यधिक सनकी बन जाते हैं। वे अशान्त यन्त्र-मानव बन जाते हैं। शान्ति के द्वार से शान्ति एवं ज्ञान का आरोग्यकारी सूरज आप पर चमकेगा।

विश्राम दिवस, सप्ताह का अन्तिम दिन, विश्राम एवं दिव्य शान्ति को विकसित करने का दिन होना चाहिए। फिर भी शान्ति एवं ज्ञान प्रदायक कार्य भी विश्राम के दिन किए जा सकते हैं।

"*अपनी माता और अपने पिता का सम्मान करें।*" मानवीय माता और पिता का ईश्वर, जो कि हमारे सर्वोच्च माता-पिता हैं, के प्रतिनिधि के रूप में सम्मान करना चाहिए, जिन्होंने उन्हें मानव की उत्पत्ति करने की शक्ति का अपना उपहार प्रदान किया है। माता, ईश्वर के अशर्त प्रेम की मूर्ति है, क्योंकि सच्ची माता क्षमा कर देती है जबकि अन्य कोई नहीं करता। पिता, परमपिता के ज्ञान एवं उनकी अपनी संतान के प्रति सुरक्षा की अभिव्यक्ति है। व्यक्ति को माता एवं पिता को ईश्वर से अलग नहीं, अपितु उन्हीं के सुरक्षाकारी प्रेम तथा ज्ञान के प्रतिनिधि के रूप में प्रेम करना चाहिए। सर्वोच्च परमात्मा ही प्रत्येक बच्चे की सहायता करने के लिए माता और पिता बन जाते हैं। इसलिए अपने माता-पिता में उनका सम्मान करें।

"*तुम हत्या नहीं करोगे*" इसका अर्थ है कि मात्र मारने के उद्देश्य से किसी की हत्या नहीं करनी चाहिए, क्योंकि तब आप एक हत्यारे बन जाते हैं। किसी को हिंसात्मक भाव के क्षण में, दूसरे व्यक्ति की जान नहीं ले लेनी चाहिए। परन्तु यदि आपके देश पर आक्रमण हो जाता है और युद्ध छिड़ जाता है तो आपको, उनकी रक्षा करने के लिए, जिन्हें ईश्वर ने आपको सौंपा है, युद्ध करना चाहिए। अपने परिवार और अपने देश की सुरक्षा करना आपका नैतिक कर्त्तव्य है।

"*तुम व्यभिचार नहीं करोगे।*" यौन संबंध का आदर्श ईश्वर के प्रतिबिम्ब में बनी संतान की उत्पत्ति के लिए, और पति-पत्नी, जो एक दूसरे में केवल ईश्वर को देखते हैं, के बीच अनुभव किए जाने वाले आत्मा के पवित्र प्रेम को व्यक्त करने के लिए होना चाहिए। जो केवल शारीरिक स्तर पर रहते हैं, और कदापि प्रेम अथवा उस उच्च उद्देश्य के विषय में नहीं सोचते जिसके लिए यौन भाव को निर्दिष्ट किया गया था, वे इस धर्मादेश के अर्थ में व्यभिचार कर रहे हैं। ऐसा व्यक्ति उस पशु के समान है, जो यौन क्रीड़ा करके अपना रास्ता पकड़ लेता है।

प्रजनन के उद्देश्य और विवाहित जीवन के पवित्र संस्कार में आपसी सच्चे प्रेम को व्यक्त करने के अतिरिक्त सृजनात्मक आवेग को, ईश्वर द्वारा ऊर्जा में परिवर्तित करने और दिव्य अनुभूति प्राप्त करने के लिए निर्दिष्ट किया गया है। यहाँ तक कि जितना आप यौन शक्ति को सुरक्षित रख सकते हैं, उतना ही आप लेखन, चित्रकारी,

अथवा अन्य हज़ारों रूपों में अपनी रचनात्मकता को व्यक्त करने की उच्च मानसिक शक्तियों को विकसित कर सकते हैं। अन्ततः जब आप सृजनात्मक ऊर्जा का नियंत्रण और उसका आध्यात्मीकरण कर लेते हैं, तो आप महान् शान्ति को, प्रेम को और ईश्वर में आनन्द को अनुभव करेंगे। जिन सन्तों ने अपनी यौन ऊर्जा का आध्यात्मीकरण कर लिया है वे बहुत शक्तिशाली हैं और सत्य की आन्तरिक खोज में तथा संसार में अद्भुत उपलब्धियों को प्रदर्शित करने में सक्षम होते हैं।

इस प्रकार यौन का उच्चतम उपयोग है, उसकी शक्ति का उदात्तीकरण, ताकि आध्यात्मिक विचारों और आदर्शों एवं ज्ञान को अभिव्यक्त किया जा सके। यदि आप वैवाहिक प्रेम को व्यक्त करने अथवा वैवाहिक जीवन में प्रजनन के उद्देश्य के अतिरिक्त यौन संबंध पर एकाग्रचित रहते हैं, तो यह आपके शारीरिक एवं मानसिक कल्याण के लिए घातक है। व्यक्ति को कामुक विचारों पर मन को नहीं लगाना चाहिए और न ही कामुक विचारों पर अविवेकपूर्ण ढंग से कार्य करना चाहिए। जब आप इस संयम का अभ्यास कर सकेंगे तब आप कामुकता के प्रति और इसके पुष्टिकर दिव्य उद्देश्य के प्रति उचित अभिवृत्ति को विकसित कर सकेंगे।

मनुष्य और यह विश्व ईश्वर की इच्छाशक्ति द्वारा पवित्र रूप से रचे गए थे। आरम्भ में, मनुष्य को भी पवित्र रूप से, ईश्वर की भाँति, अपनी इच्छाशक्ति द्वारा सृजन करने की शक्ति प्रदान की गई थी। परन्तु जब मनुष्य दिव्य सृजनात्मक शक्ति की आध्यात्मिक अभिव्यक्ति की अपेक्षा यौन आकर्षण द्वारा प्रलोभित हो गया तो उसने इस शक्ति को खो दिया। कामुकता का दास बन जाने का अर्थ है स्वास्थ्य, आत्म-नियंत्रण और मन की शांति — उस प्रत्येक वस्तु को खो देना जिसकी मनुष्य को सुखी रहने के लिए आवश्यकता है।

"*तुम चोरी नहीं करोगे।*" यदि एक हज़ार लोगों के किसी समुदाय में सब व्यक्ति एक दूसरे की चोरी करे तो प्रत्येक के 999 (नौ सौ निन्यानवे) शत्रु होंगे। इसलिए व्यक्ति को दूसरों की सम्पत्ति, प्रेम अथवा शांति या अन्य कोई सम्पति अनुचित ढंग से नहीं लेनी चाहिए। यदि कोई वस्तु जो आपकी नहीं है, आप उसे प्राप्त करने की कोई इच्छा नहीं रखते, तो जिस वस्तु की आपको आवश्यकता या कामना है वह आपको मिल जाएगी। चोरी मन से आरंभ होती है, जब आप उन वस्तुओं के प्रति लोभ करना आरंभ कर देते हैं जो दूसरों के पास हैं। इच्छा के बीजों को मन से हटा देना चाहिए। इसका उपाय है आध्यात्मिक निस्वार्थता; तब व्यक्ति स्वतः ही प्रचुरता को आकर्षित करता है।

जब तक भौतिक स्वार्थता का त्याग न किया जाए, तब तक संसार में कोई सुख नहीं मिल सकता। प्रसन्नता केवल आध्यात्मिक सहयोग के द्वारा आएगी, जब सभी लोग दूसरों की आवश्यकताओं को अपनी आवश्यकताओं की तरह समझेंगे और दूसरों के लिए उसी तत्परता से कार्य करेंगे जिस प्रकार वे अपने लिए करते हैं।

"*तुम अपने पड़ोसी के विरुद्ध झूठी गवाही नहीं दोगे।*" सत्य को तोड़मरोड़ कर किसी को क्षति पहुँचाना सामाजिक प्रसन्नता को भंग करने की एक अन्य विधि है। यदि आप चाहते हैं कि आपसे अच्छा व्यवहार किया जाए, तो आपको दूसरों के साथ अच्छा व्यवहार करना चाहिए। सदा सत्य बोलना महत्त्वपूर्ण है।

सदा सत्यवादी बनने के लिए व्यक्ति को सत्य एवं तथ्य में भेद जानना चाहिए। आपका यह सत्य कहना कि अमुक व्यक्ति लँगड़ा है उसको केवल ठेस पहुँचाता है, इससे कुछ अच्छा नहीं होता। इसलिए व्यक्ति को अनावश्यक रूप से अप्रिय वास्तविकताओं के विषय में नहीं बोलना चाहिए। उस सत्य को कहना जो दूसरे व्यक्ति के साथ विश्वासघात उत्पन्न करता हो, और उसका कोई लाभदायक उद्देश्य भी न हो, वह भी गलत है। व्यक्ति को सत्य बोलने से बचने के लिए भी असत्य नहीं बोलना चाहिए, बल्कि चुप रहना चाहिए। कदापि असावधानीपूर्वक अथवा दुर्भावनापूर्ण ढंग से ऐसी जानकारी को व्यक्त नहीं करना चाहिए जो दूसरों को ठेस पहुँचाए और संकट में डाल दे।

"*तुम्हें अपने पड़ोसी के घर के प्रति लोभ नहीं करना चाहिए, और न ही अपने पड़ोसी की पत्नी, उसके महिला अथवा पुरुष, नौकर, उसके बैल और गधे अथवा अन्य किसी भी वस्तु के प्रति जो आपके पड़ोसी की हो, लालच नहीं करना चाहिए।*" लालच असंतुष्टि का स्रोत है। "आवश्यक आवश्यकताओं" और "अनावश्यक आवश्यकताओं" के बीच भेद करना सीखें। जो वस्तुएँ दूसरों के पास हैं आप उन्हें पाने का जितना अधिक लालच करेंगे, उतने ही अधिक आप अप्रसन्न रहेंगे। आप अपना जीवन दुःख में बिताएँगे और कदापि संतोष प्राप्त नहीं करेंगे। अपने अन्तर में आध्यात्मिक सम्पदाओं को खोजें।

आप जो भी हैं, सभी वस्तुओं से अथवा किसी अन्य व्यक्ति से अधिक महत्त्वपूर्ण हैं जिसकी आपने कभी कामना की है। ईश्वर ने आपमें स्वयं को इस प्रकार व्यक्त किया है जिस प्रकार वे अन्य किसी मानव में व्यक्त नहीं हुए। आपका चेहरा किसी भी अन्य व्यक्ति के चेहरे से भिन्न है, आपकी आत्मा किसी भी अन्य व्यक्ति की आत्मा से भिन्न है, आप अपने आपमें पर्याप्त हैं; क्योंकि आपकी आत्मा में किसी भी निधि से महानतम निधि विद्यमान है — ईश्वर।

चरित्र अध्ययन करना

सेल्फ़-रियलाइज़ेशन फ़ेलोशिप, अन्तर्राष्ट्रीय मुख्यालय, लॉस एंजिलिस, कैलिफ़ोर्निया, 11 जनवरी, 1942

दूसरों के चरित्र का अध्ययन करने से व्यक्ति उन युक्तियों के प्रति सतर्क हो सकता है जिनसे वह अपने स्वभाव में सुधार ला सके। परन्तु नकारात्मक ढंग से चरित्र का अध्ययन करना उचित नहीं है। इसका परिणाम विनाशकारी है। दूसरों के दोषों को उजागर करने वाले "चरित्र गुप्तचर" से प्रत्येक व्यक्ति दूर ही रहना चाहता है। बहुत से लोग जो आलोचना करने में आनन्द लेते हैं, अपनी आलोचना सहन नहीं कर सकते और स्वयं उनमें भी वही दोष हो सकते हैं जिनकी वे किसी दूसरे में इतनी ईमानदारी से निंदा करते हैं।

चरित्र अध्ययन मूलतः इसलिए महत्त्वपूर्ण है कि व्यक्ति को निरन्तर दूसरे लोगों के गुणों पर ध्यान देना चाहिए और उन्हें स्वयं आत्मसात करना चाहिए। अपने साथ काम करने के लिए जब मुझे लोगों को चुनना होता है तब मैं उनके चरित्र का अध्ययन करता हूँ। परन्तु चयन करने के लिए मेरा दृष्टिकोण बिल्कुल भिन्न होता है। कभी-कभी मैं इस आशा में ऐसे व्यक्ति को अपने साथ रहने देता हूँ, जिसे मैं जानता हूँ कि वह "बुरा" है, शायद वह बदल जाए। यदि वह अपनी भलाई के लिए मेरे आध्यात्मिक विचार के अनुकूल हो जाता है तो वह और अधिक अच्छा बन जाता है; और यदि वह ऐसा नहीं करता, तो भी मैं यह अवसर तो ले ही लेता हूँ। मैं एक चिकित्सक की तरह हूँ, जो रोगी की सहायता करने के लिए उस रोग से संक्रमित होने का खतरा मोल लेता है। सभी चिकित्सकों को यह ख़तरा उठाना पड़ता है क्योंकि उनकी इच्छा सेवा करने की है। एक आध्यात्मिक चिकित्सक के साथ भी ऐसा ही है; वह दूसरों को सुधारने में उनकी मदद करने के लिए उन्हें परखने का दायित्व लेता है और उन्हें उनके दोषों से अवगत कराता है।

जीसस ने कहा था, "दोष मत देखो, ताकि तुम्हारे दोष भी न देखे जाएँ!"* उन्होंने उस आलोचना की निन्दा की जो केवल दूसरों को हानि पहुँचाने की इच्छा से

* *मत्ती* 7:1 (बाइबिल)।

की जाती है। ऐसा व्यवहार निर्दयतापूर्ण है और मित्रता को नष्ट करता है। आलोचना का कोई भी उपयोग नहीं है जब तक कि वह सच्चे प्रेम के साथ और केवल माँगे जाने पर ही न की जाए। वह दूसरे व्यक्ति की सहायता के लिए प्रेमपूर्ण इच्छा से ही की जानी चाहिए। जिन्होंने आत्मसंयम सीख लिया है केवल उन्हें ही दूसरों की सहायता करने का अधिकार है। इस दृष्टिकोण से ही दूसरों के चरित्र का अध्ययन करने का कोई लाभ है।

शारीरिक बनावट चरित्र का सूचक है

चरित्र अध्ययन का एक प्रकार, मुखाकृति विज्ञान (physiognomy) पर आधारित है। ऐसा कहा जाता है कि व्यक्ति के प्रमुख गुण उसके शरीर में व्यक्त होते हैं — एक अतिशयोक्ति है। व्यक्ति के शरीर की सारी विशिष्टताएँ भी उसके आन्तरिक जीवन की सच्ची गाथा नहीं बतातीं।

अरस्तू (Aristotle) ने मुखाकृति विज्ञान का अध्ययन चरित्र जानने के लिए किया था। हिन्दू दार्शनिक इससे और अधिक गहराई में जाते हैं। वे कहते हैं कि व्यक्ति के सभी जन्मों के प्रमुख विचार उसकी आँखों में झलकते हैं। यद्यपि आँखें आत्मा की संपूर्ण कहानी प्रकट करती हैं, न केवल इस जन्म की बल्कि गत जन्मों की भी, फिर भी इस जीवन में प्रतिबिम्बित होने वाले पिछले जन्मों के प्रभावों का विश्लेषण करने के लिए एक गुरु के ज्ञान की आवश्यकता होती है।

कभी-कभी आप घूम रहे होते हैं और अचानक आप अपने पास से गुज़र रहे व्यक्ति की आँखों में कुछ देखते हैं, और सोचते हैं, "मुझे यह पसंद नहीं है।" या स्थिति अनुसार, "मुझे यह पसंद है।" आँखे पूरी कहानी बता देती हैं। भय, क्रोध, ईर्ष्या, लोभ, दयालुता, प्रेम, साहस, आध्यात्मिकता — के अनुरूप सब अच्छे और बुरे गुण आँखों में प्रतिबिम्बित होते हैं। जासूस अपने चेहरे की मांसपेशियों पर तो नियंत्रण रख सकते हैं जिससे कि वे जो सोच रहे हैं वह उनके चेहरे पर न झलक जाए, परन्तु वे अपनी आँखों में संदेह को नहीं छुपा सकते। योगी की आँखें शांत होती हैं, क्योंकि वह शान्त परमब्रह्म का ही चिन्तन करता है।

चेहरे और शरीर की मुद्रा का अध्ययन किया गया है; यहाँ तक कि सिर पर निकले उभारों का भी विश्लेषण किया गया है, परन्तु शारीरिक आकृति सदा सारी कहानी नहीं बताती और भिन्न संस्कृतियाँ अपने निरीक्षणों से भिन्न-भिन्न निष्कर्ष

निकालती हैं। कुछ लोगों का कहना है कि मोटे लोग विलासप्रिय होते हैं, और काम करना पसन्द नहीं करते और पतले लोग अधिक आध्यात्मिक होते हैं। फिर भी भारत में आध्यात्मिक व्यक्तियों का मोटा होना स्वीकारात्मक रूप में देखा जाता है। कैसियस (cassius) की "पतली और भूख त्रस्त" आकृति से सीज़र (Julius Ceasar) सतर्क रहता था जिसमें उसे अपनी सत्ता के लिए ख़तरा नज़र आता था। कुछ लेखकों का यह सिद्धान्त है कि जो पतले होते हैं वे अत्यधिक सोचते हैं, इसलिए उनपर मांस नहीं चढ़ता। इतिहास पढ़ने से पता चलता है कि पतले और मोटे दोनों ही तरह के लोग अच्छे शासक रहे हैं।

यदि आप अब स्थायी रूप से मोटे हैं, तो आप पहले कई बार मोटे थे; अथवा यदि आप इस जन्म में हमेशा से ही पतले रहे हैं तो आप पहले अनेक जन्मों में पतले रहे हैं। आपने यह प्रवृत्ति अपने पिछले जन्मों से विरासत में पाई है; और आप चाहे जो कुछ भी खाएँ उस विचार का प्रारूप स्वतः ही प्रकट हो जाता है।

मुखाकृति विज्ञान चरित्र की जानकारी देने के रूप में तभी ठीक है जब व्यक्ति इस बात का ध्यान रखता है कि वे सभी विचार, जो पिछले कई जन्मों में किसी मन विशेष से गुज़रे हैं, शरीर में प्रभाव दिखाते हैं। परन्तु किसी सिद्ध पुरुष के अन्तर्ज्ञान की शक्ति द्वारा ही किसी की मुखाकृति का "अध्ययन" पूरे और ठीक ढंग से किया जा सकता है।

उदाहरण के लिए सुकरात बहुत कुरूप थे। एक बार वे एक महान् ज्योतिषी से मिले जिसने उन्हें बताया, "सुकरात, मैं जानता हूँ, तुम सबसे बुरे और दुष्ट व्यक्ति हो।" सुकरात के शिष्य उस ज्योतिषी पर बहुत क्रोधित हुए, परन्तु उनके गुरु ने उत्तर दिया, "तुमने ठीक कहा। मैं पिछले जन्मों में ऐसा ही था। परन्तु, यद्यपि अब मैंने इस पर ज्ञान द्वारा विजय पा ली है तथापि जो कुछ भी मैंने तब किया था वे सब इस शरीर में अंकित हो गए हैं जिसके कारण यह शरीर कुरूप दिखता है।"

कोई भी दो चेहरे एक समान नहीं होते। प्रत्येक चेहरा भिन्न है, उन विशिष्टतोंओ के कारण जो इस जन्म में तथा पिछले जन्मों में प्रकट हुई हैं। अतः लोगों को केवल उनके वर्तमान मनोहर या घृणास्पद रूप के आधार पर अच्छा या बुरा ठहराना उचित नहीं है। सन्त फ्रांसिस शारीरिक रूप से आकर्षक नहीं थे, जबकि उसका शिष्य ब्रदर मैस्युस (Brother Masseus) बहुत सुन्दर था। परन्तु मैस्युस में वह अलौकिक आध्यात्मिक सौन्दर्य नहीं था जो सन्त फ्रांसिस में था।

चरित्र अध्ययन के लिए भावनाएँ एक संकेत हैं

मुखाकृति विज्ञान से संबंधित विश्लेषण की एक और शाखा है, भावचिन्तन (pathognomy), जिसमें मुख की अभिव्यक्ति के बाह्य चिह्नों और शारीरिक हावभाव द्वारा भावनाओं एवं आवेगों का अध्ययन किया जाता है, और उसके जीवन की अनेक घटनाओं से उसकी भावनात्मक प्रतिक्रियाओं का अध्ययन किया जाता है। भावनाएँ और आदतें व्यक्ति के गुण-दोषों को दर्शाती हैं; परन्तु कुछ लोगों ने अपनी वास्तविक भावनाओं को छुपा लेने की योग्यता प्राप्त कर ली है क्योंकि वे अपने आपको दूसरों के सामने प्रकट नहीं होने देना चाहते। दो पतियों को समाचार मिला कि उनकी पत्नियाँ पानी में डूब गई हैं। उनमें से एक तो बहुत शोक प्रकट कर रहा था और दूसरा कुछ नहीं कह रहा था; परन्तु वह व्यक्ति, जो बाह्य रूप से दुःख व्यक्त कर रहा था उसे अपनी पत्नी से उस पति की अपेक्षा, कम प्रेम था जिसने अपने चेहरे के लक्षणों द्वारा किसी प्रकार के कष्ट को बिल्कुल प्रकट नहीं किया। अतः भावचिन्तन, जिसमें लोगों की वास्तविक भावनाओं और प्रतिक्रियाओं को जाना जाता है, एक अत्यन्त गहन अध्ययन है।

शारीरिक आकृति की अपेक्षा लोगों की भावनाओं द्वारा आप उनका अधिक विश्वस्त विश्लेषण कर सकते हैं। अधिक ठीक विश्लेषण के लिए मैं इन दोनों विधियों का एक साथ प्रयोग करता हूँ। वे सब जो मेरे पास प्रशिक्षण ग्रहण करने आते हैं, उन्हें मैं कुछ विशेष परिस्थितियों में डालकर उनके मन और भावनाओं की प्रतिक्रिया का निरीक्षण करता हूँ। यदि वे विपरीत रूप से प्रतिक्रिया करते हैं तो मैं उन्हें सुधारने का प्रयास करता हूँ; परन्तु मैं ऐसा तब तक नहीं करता जब तक कि उस व्यक्ति ने सुधारने के लिए कहा न हो और मुझे उसका मार्गदर्शन करने का अधिकार एवं अनुमति न दी हो।

कुछ लोग किसी छोटी-सी बात से भावुक होकर विचलित हो जाते हैं। इस देश के संगीतज्ञ प्रायः बहुत भावुक होते हैं, और अधिकांशतः आपका संगीत भी भावुक होता है, क्योंकि यह मानवीय प्रेम के प्रसंग को लेकर ही रचा जाता है। भारत में संगीत ईश्वर के विचार पर केन्द्रित होता है। इसलिए वह आवेगों की आँधियों को शांत कर गहन आत्मिक शांति प्रदान करता है। यह सच है कि सभी पाश्चात्य संगीतज्ञ भावुक नहीं होते; और न ही सभी भारतीय संगीतज्ञ आध्यात्मिक होते हैं, यद्यपि अधिकतर ऐसे हैं। संस्कृत भाषा में संगीतज्ञ को *भगवतार* कहते हैं अर्थात्, "जो ईश्वर की महिमा का गुण-गान करता है।"

भावुक लोगों के साथ व्यवहार में आप उनकी स्थिरता पर पूरा विश्वास नहीं कर सकते। आज वे आपके प्रति बड़े उत्सुक दिखाई देते हैं तो कल आपको छोड़ देते हैं। ऐसे कई लोग मैंने *आश्रम* में आते देखे हैं और कुछ ही दिनों में उनको देखकर मुझे ऐसा लगता है जैसे वे ईसा के शिष्य जॉन (यूहन्ना) की तरह ही दृढ़ एवं ईमानदार गुरुभक्त बनेंगे। अगले ही महीने मैं पाता हूँ कि वे छोड़कर चले गए। यदि कोई बात मुझे दुःख देती है, तो वह है कि जब विश्वासघात के द्वारा मित्रता की स्वीकृति को तोड़ दिया जाता है। जब मैं किसी की ओर मित्रता का हाथ बढ़ाता हूँ तो फिर मैं कभी उसे वापस नहीं खींचता।

समभाव में स्थित होना विकास की कुंजी है

मशीनवत मनुष्य और विचारशील मनुष्य के बीच भेद को कोई भी सरलता से बता सकता है : पहली प्रकार का सदा कार्य करते रहना चाहता है और दूसरा हर बात पर भली-भाँति विचार करना चाहता है। दोनों तरह के लोगों की आवश्यकता है। मशीनवत लोग तुरन्त कार्य करना पसन्द करते हैं। उन्हें अपनी शक्तियों को आध्यात्मिक उन्नति प्रदान करने वाले कार्यों में लगाना सिखाया जाना चाहिए। दोनों ही प्रकार के लोगों में सुव्यस्थित संतुलन पैदा करने में सहायतार्थ मैं परामर्श दूँगा कि मशीनवत लोगों को ध्यान करना एवं अधिक विचार करना चाहिए, और विचारशील लोगों को ध्यान एवं अधिक कार्य करना चाहिए।

अधिक खाना, धूम्रपान करना, नशा करना आदि जैसी बुरी आदतों की चपेट में फँसे लोगों के साथ व्यवहार में सावधानी बरतनी चाहिए। इच्छापूर्ति में बाधा क्रोध का कारण बनती है। यदि आप खाने के लालची व्यक्ति के सामने से भोजन हटा लेंगे तो वह क्रोधित हो जाएगा। इन्द्रियों के ऐसे दासों की सहायता का प्रयत्न करना तब तक बेकार है जब तक वे स्वयं अपने सच्चे सुधार की सच्ची इच्छा व्यक्त न करें।

आदि शंकराचार्य ने कहा था कि समभाव में स्थित लोगों को ईश्वर का ज्ञान होगा। ब्रह्माण्ड के स्वामी समभाव की वेदी पर विराजते हैं। समभाव के द्वारा व्यक्ति शान्ति की पूर्ण साम्यावस्था का आनन्द लेता है।

हिन्दू दर्शनशास्त्र* के अनुसार, प्रत्येक मानव में तीन आधारभूत गुणों में से एक गुण प्रबल होता है। *सत्त्व* उन लोगों में प्रबल होता है जिनकी आध्यात्मिक प्रवृत्तियाँ

* सम्पूर्ण सृष्टि, तीन अन्तर्निहित गुणों के प्रभाव में रहती है — सत्त्व, रजस् और तमस् — आध्यात्मिक अथवा ऊर्ध्वगामी, क्रियात्मक और रुकावट डालने वाले गुण।

परमहंस योगानन्दजी 1920 के प्रारम्भिक दशक में

परमहंस योगानन्दजी, न्यूयार्क नगर, 1926

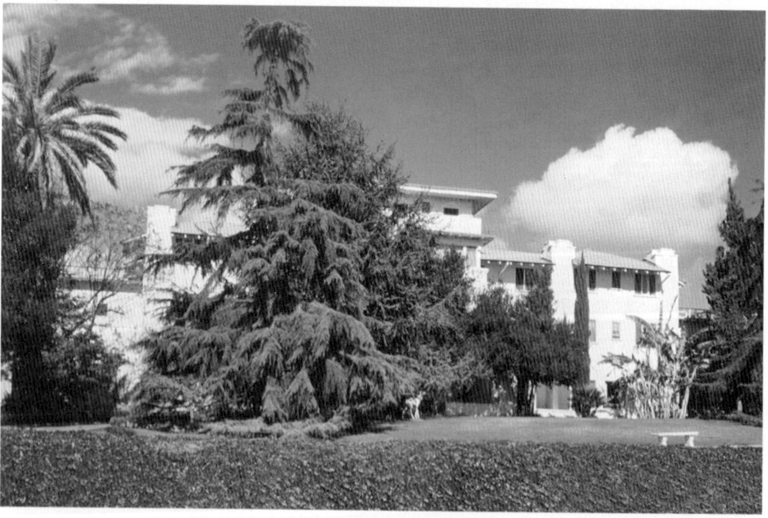

सेल्फ़-रियलाइज़ेशन फ़ेलोशिप का अन्तर्राष्ट्रीय मुख्यालय का प्रशासनिक भवन जिसे परमहंस योगानन्दजी ने 1925 में स्थापित किया था। माउण्ट वॉशिंग्टन के विस्तृत क्षेत्र के शिखर पर स्थित मातृ केन्द्र जहाँ से विश्व-भर में क्रियायोग प्रसारित किया गया, से नीचे डाउन टाउन पर दृष्टिपात करते हुए।

होती हैं। वे उचित भोजन करते हैं, अच्छी आदतों को विकसित करते हैं, और ईश्वर के प्रति समर्पित रहते हैं। कार्यशील लोगों में *रजस्* सर्वोपरि होता है, ऐसे व्यक्ति मरने तक कार्य करने में व्यस्त रहते हैं। जिन व्यक्तियों में *तमस्* प्रबल होता है, वे अपने जीवन को झगड़े, क्रोध, ईर्ष्या, कामुकता और आलस्य से भरते हैं।

आपकी आध्यात्मिक उपलब्धि में रुकावट डालने वाली किसी भी आदत पर आपको विजय प्राप्त करनी चाहिए। आपका अपने विचारों और कार्यों पर पूर्ण नियंत्रण होना चाहिए। तामसिक होने से अच्छा है कि आप सक्रिय राजसिक बनें और अपनी आदतों को अपने वश में रखें; परन्तु एक सात्त्विक व्यक्ति जिसमें अच्छी आदतें स्वतः ही प्रकट होती हैं, आदर्श है। जो अपना सुधार चाहते हैं उन्हें सात्त्विक व्यक्तियों की संगत में अधिक रहना चाहिए।

बहुत कम लोग जानते हैं कि उनका भला किसमें है। इस एक कसौटी के द्वारा आप किसी को भी परख सकते हैं। निन्यानवे प्रतिशत लोग इस परीक्षा में अनुत्तीर्ण हो जाते हैं। किसी व्यक्ति को अपनी भलाई के लिए कोई विशेष कार्य करने के लिए कहें तो वह बिल्कुल उसका उल्टा ही करेगा। क्यों? क्योंकि वह विवश है उसकी सांसारिक आदतें अत्यधिक शक्तिशाली हैं, प्रायः लोग वह काम नहीं करते जिसका आप सुझाव देते हैं, चाहे वे जानते भी हैं कि आप जो कह रहे हैं वह उनके भले के लिए है, केवल यह सिद्ध करने के लिए कि आप उन्हें प्रभावित नहीं कर सकते। जो वास्तव में अपना सुधार चाहते हैं उन्हें शांत एवं आत्मसंयमी लोगों की संगत में अधिकाधिक रहना चाहिए। ऐसे लोगों की संगत में रहने का प्रयास कीजिए जो सामान्य हैं, उससे भी अच्छा होगा यदि आपको अति सामान्य लोगों की संगत प्राप्त हो। कमज़ोर व्यक्ति को बलवान व्यक्ति की संगत खोजनी चाहिए और बलवान व्यक्ति को अपने से बलवान व्यक्ति की संगत खोजनी चाहिए। जब तक कोई पहलवान अपने से अधिक बलिष्ठ पहलवान के साथ अभ्यास नहीं करता तब तक उसकी शक्ति बढ़ नहीं सकती।

मनुष्य में पशुत्व के लक्षण

दूसरों में *सत्त्व*, *रजस्* और *तमस्* के मानसिक गुणों का आकलन करने के बाद आप उनके शारीरिक व्यवहार का विश्लेषण कर सकते हैं। कुछ लोग कहते हैं कि औरतें "बातूनी" होती हैं। परन्तु पुरुष भी उतने ही बातूनी हो सकते हैं। बिल्ली एक पालतू चिड़िया को खा कर अपने निन्दनीय कार्य के प्रति भोलेपन का बहाना करने के

लिए योगी की भाँति शान्ति से बैठ जाती है। कुछ लोग दूसरों की शान्ति और आनन्द को भंग करने में आनन्दित होते हैं। उनका एकमात्र उद्देश्य दूसरों को अशांत और दुःखी करना होता है; परभक्षी भेड़ियों की तरह वे समाज में घूमते रहते हैं और दूसरों के साथ लड़ाई करने का बहाना ढूँढते रहते हैं।

कुछ प्रकार के लोगों की तुलना नीलकंठ के साथ की जाती है—सदैव कुछ न कुछ बोलते ही रहते हैं। यह कहा जाता है कि पहले पुरुष की रचना की गई, और फिर देव त्वश्त्री ने चन्द्रमा की सौम्यता ली, राजहंस के वक्ष के रोएँ की कोमलता, फूलों की सुन्दरता और नीलकंठ की चटर-पटर ली, और फिर इन सबको मिला कर स्त्री की रचना की। और पुरुष बहुत खुश हो गया। परन्तु कुछ समय बाद वह त्वश्त्री के पास गया और बोला, "स्त्री एक सुंदर रचना है। मैं इसकी वास्तव में प्रशंसा करता हूँ। परन्तु यह बिना रुके लगातार बोलती रहती है और मेरे जीवन की मुसीबत बन गई है। कृपया इसे वापस ले लें।" दो महीने बाद पुरुष त्वश्त्री के पास फिर गया और बोला, "मैं बहुत उदास हो गया हूँ, कृपया वह स्त्री को वापस दे दें।" परन्तु फिर कुछ समय के बाद वह वापस आया और बोला, "कृपया इसे फिर से वापस ले लें।" इस बार त्वश्त्री ने कहा, "नहीं, अब तुम्हें उसको रखना ही होगा!" बेचारा पुरुष! वह स्त्री के साथ भी नहीं रह सकता था और उसके बिना भी नहीं रह सकता था।

स्त्रियाँ भी इसी तरह अपनी ओर से पुरुषों की शिकायत कर सकती हैं। जब तक स्त्री और पुरुष एक दूसरे के स्वभाव को समझ नहीं जाते, वे अनजाने में एक दूसरे को यातना देते रहते हैं। ईश्वर की दृष्टि में दोनों समान बनाए गए थे; कोई भी पुरुष स्त्री के बिना आ नहीं सकता और न ही कोई स्त्री पुरुष के बिना आ सकती है। यह स्त्री और पुरुष दोनों का कर्त्तव्य है कि वे अपने-अपने प्रबल एवं सुप्त गुणों के बीच संतुलन स्थापित करें। पुरुष बुद्धि प्रधान है जबकि स्त्री भावना प्रधान है। प्रत्येक को तर्क और भावना के आन्तरिक संतुलन के लिए प्रयास करना चाहिए, ताकि वह 'पूर्ण' व्यक्तित्व, एक पूर्ण मानव बन जाए।

कुछ लोग गधों की तरह व्यवहार करते हैं। इन्द्रियों की दासता के कारण उन्हें कितने ही कष्ट क्यों न झेलने पड़ें हों, वे फिर भी हठपूर्वक अपनी गंदी आदतों का पोषण करते रहते हैं। ऐसा लगता है जैसे उन्हें कुछ याद ही नहीं रहता। इन्द्रियों के अतिसेवन के कष्टदायक परिणाम वे शीघ्र भूल जाते हैं और इस प्रकार अपने अनुभवों से कभी कुछ नहीं सीखते।

प्रकृति में सभी भिन्न-भिन्न प्रकार के पशु भिन्न-भिन्न प्रकार के भावों और लक्षणों को प्रदर्शित करते हैं; परन्तु मनुष्य में वे सभी हैं। वह साँप अथवा भेड़िए या लोमड़ी अथवा शेर की तरह व्यवहार कर सकता है। हमारे अन्दर स्वर्ग एवं नर्क दोनों का सारतत्त्व है। हमें स्वर्ग के दिव्य गुणों को अधिक व्यक्त करना सीखना चाहिए।

अन्तर्ज्ञान चरित्र का निश्चित न्यायकर्ता है

यद्यपि आँखों, भावनाओं और शारीरिक आकृति के विश्लेषण द्वारा चरित्र का रोचक अध्ययन संभव है, जैसा कि निदेर्शित किया गया है, परन्तु आत्मा के अन्तर्ज्ञान द्वारा चरित्र का अध्ययन करना उच्चतम और महानतम विधि है। यदि आपका मन और भावना पूर्ण रूप से शांत रहें, तो आप जिस व्यक्ति से भी मिलते हैं अपने अन्तर्ज्ञान द्वारा उसके स्वभाव को ठीक-ठीक अनुभव करने के योग्य हो जाएँगे।

सभी प्रकार के लोगों को प्रशिक्षण देना एवं उनकी सहायता करना मेरा कार्य है। किसी विश्लेषण के आधार पर किसी मानव की सम्भावनाओं को सीमित कर देना उचित नहीं है; परन्तु चाहे वह बदले या वैसा ही रहे आँखों, भावनाओं, अथवा शारीरिक आकृति के विश्लेषण की अपेक्षा अन्तर्ज्ञान आपको उसके वास्तविक स्वभाव की जानकारी देने में अधिक सक्षम होगा। अन्तर्ज्ञान विश्लेषण करने की महानतम शक्ति है। जैसे दर्पण अपने सामने रखी सभी वस्तुओं को प्रतिबिम्बित करता है, उसी प्रकार जब आपका मन रूपी दर्पण शांत है तो आप दूसरों के वास्तविक गुण इसमें प्रतिबिम्बित होते देख पाएँगे। यदि आप सदैव सबका भला करने में व्यस्त हैं और शांत एवं ध्यान की अवस्था में रहते हैं, तो जो कोई भी आपके सामने आता है उसका वास्तविक चरित्र आपके सामने प्रकट हो जाएगा।

इच्छानुसार प्रसन्न रहने की विधि

(समय और स्थान अज्ञात)

जब आप व्यक्तियों के चेहरों को देखते हैं, तो आप प्रायः उनकी अभिव्यक्तियों को उनकी मानसिक अवस्था के अनुरूप मूलतः चार रूपों में वर्गीकृत कर सकते हैं : मुस्कराते चेहरे, जो बाहरी और आन्तरिक प्रसन्नता जताते हैं; उदास चेहरे, उदासी व्यक्त करते हुए; नीरस, अप्रसन्न चेहरे, आन्तरिक उकताहट को प्रकट करते हुए; और शान्त चेहरे, आन्तरिक शान्ति को प्रदर्शित करते हुए।

एक सन्तुष्ट हुई इच्छा सुख उत्पन्न करती है। एक अपूर्ण लालसा दुःख उत्पन्न करती है। सुख एवं दुःख के मानसिक शिखरों के मध्य उदासी की खाइयाँ हैं। जब सुख एवं दुःख की ऊँची तरंगें और उदासी के गड्ढे तटस्थ हो जाते हैं, तो शान्ति की अवस्था प्रकट हो जाती है।

शान्ति की अवस्था से परे आनन्द की एक नित्य-नवीन अवस्था है, जिसे व्यक्ति अपने अन्तर में पा सकता है और अपनी आत्मा की सच्ची स्वाभाविक अवस्था के रूप में पहचान कर सकता है। यह आनन्द उल्लासपूर्ण सुख और अत्यधिक दुःख और उदासी के गड्ढों की उत्तेजित मानसिक तरंगों के नीचे दबा हुआ है। जब मानसिक सागर से ये तरंगें लुप्त हो जाती हैं तो शान्ति की सौम्य अवस्था का अनुभव होता है। शान्ति के इस स्थिर सागर में नित्य-नवीन आनन्द प्रतिबिम्बित होता है।

प्रतिक्रियाओं का आधार

इस संसार में अधिकाँश लोग उत्तेजित सुख या दुःख की तरंगों पर हिचकोले खा रहे हैं और इनकी अनुपस्थिति में वे ऊब जाते हैं। जब आप दिन में दूसरों के चेहरों का — घर पर, कार्यालय में, गलियों में अथवा समूहों में — निरीक्षण करते हैं, तो आप देख सकते हैं कि केवल कुछ ही लोग हैं जिनसे शान्ति झलकती है।

जब आप कोई प्रसन्न चेहरा देखें और उस व्यक्ति से पूछें “आप किस कारण प्रसन्न हैं?” शायद वह इस प्रकार उत्तर दे, “मेरी आय में बढ़ोत्तरी हो गई है” अथवा “मैं एक दिलचस्प व्यक्ति से मिला।” प्रसन्नता के पीछे एक इच्छा की पूर्ति निहित है।

जब आप किसी बेचैन चेहरे को देखते हैं और सहानुभूतिपूर्वक पूछते हैं, तो वह व्यक्ति यह उत्तर दे सकता है, "मैं एक बीमार आदमी हूँ" अथवा "मेरा बटुआ खो गया है।" उसकी स्वास्थ्य (अथवा उसके खोए हुए धन) को पुनः प्राप्त करने की इच्छा खण्डित हुई है।

जब आप एक ऐसा चेहरा देखते हैं जिस पर भावशून्य तटस्थता झलकती है, और आप उससे पूछते हैं, "क्या बात है? क्या तुम किसी कारण से अप्रसन्न हो?" वह उसी क्षण अस्वीकार कर देगा। परन्तु यदि आप उस पर दबाव डालेंगे, "क्या तुम प्रसन्न हो?" वह उत्तर देगा, "ओह नहीं, मैं बस ऊब गया हूँ।"

नकारात्मक और सकारात्मक शान्ति

आपकी एक ऐसे व्यक्ति से भेंट हो सकती है, जो सुसंस्कृत हो, समृद्ध हो, एक बहुत बड़ी जागीर में रहता हो, देखने में स्वस्थ और गोलमटोल हो, और न तो अत्यधिक प्रसन्न हो, न उदास, न उकताया हुआ। ऐसी अवस्था में आप कह सकते हैं कि वह शान्त है। परन्तु जब ऐसा सुखी सुस्थित व्यक्ति इस तरह की अत्यधिक शान्ति का भरपूर आनन्द ले चुकता है — जिसके अनुभव का कम लोगों को ही सौभाग्य प्राप्त होता है, वह मन में सोचता है, "बहुत शान्ति भोग ली मैंने — अब मुझे कुछ उत्तेजना और बदलाव की आवश्यकता है।" अथवा वह अपने किसी मित्र से कह सकता है, "कृपया मेरे सिर पर ज़रा सा आघात करो जिससे मुझे लगे कि मैं जीवित हूँ।"

शान्ति की नकारात्मक अवस्था मन की तीन अवस्थाओं प्रसन्नता, दुःख और उकताहट की अनुपस्थिति से उत्पन्न होती है। बिना उत्तेजना अथवा परिवर्तन के लम्बी नकारात्मक शान्ति, उबाऊ और अरुचिकर बन जाती है। लेकिन लम्बे समय से चल रही प्रसन्नता, दुःख और उदासी की अवस्थाओं के पश्चात्, नकारात्मक शान्ति आनन्ददायक हो जाती है। इसी कारण, योगी जन मानसिक शान्ति को प्राप्त करने के लिए एकाग्रता द्वारा विचारों की तरंगों को शान्त करने का सुझाव देते हैं। जब एक बार योगी विचारों की तरंगों को शान्त कर देता है, तो वह शान्त स्थिर झील के अन्दर नीचे देखना आरम्भ करता है, और वहाँ शान्ति की सकारात्मक अवस्था — आत्मा के नित्य-नवीन आनन्द को पाता है।

मैं न्यूयॉर्क में एक बहुत धनी व्यक्ति से मिला। अपने जीवन के विषय में बताते समय, वह धीरे से बोला, "मैं ऊबने की सीमा तक धनी, और बहुत ही अधिक

स्वस्थ हूँ।" और उसके बात समाप्त करने से पहले ही मैंने जल्दी से कहा, "परन्तु आप बहुत ही अधिक प्रसन्न नहीं हैं! मैं आपको सिखा सकता हूँ कि किस प्रकार सदा नित्य-नवीन प्रसन्न व्यक्ति बनने में आप निरंतर रुचि रख सकते हैं।" वह मेरा शिष्य बन गया। *क्रियायोग* के अभ्यास के द्वारा, सन्तुलित जीवन बिताते हुए और सदा अन्तर में ईश्वर के प्रति समर्पित रहते हुए, और सदा उमड़ते हुए नित्य-नवीन आनन्द के साथ उसने परिपक्व वृद्ध आयु तक जीवन जीया। अपनी मृत्युशय्या पर उसने अपनी पत्नी से कहा, "मुझे तुम्हारे लिए अफसोस है—कि तुम्हें मुझे जाते हुए देखना पड़ रहा है—परन्तु मैं जगत् के अपने प्रियतम से मिलने पर बहुत प्रसन्न हूँ। मेरी प्रसन्नता के लिए खुशी मनाओ, और दुःखी होकर स्वार्थी मत बनो। यदि तुम जान सकती कि अपने प्रियत्तम प्रभु से मिलने के लिए जाने पर मैं कितना प्रसन्न हूँ, तो तुम दुःखी नहीं होतीं, यह जानकर प्रसन्न रहो कि किसी दिन शाश्वत आनन्द के उत्सव में तुम मुझसे मिल जाओगी।"

गहन परमानन्द का पान करें

अब उन चेहरों का अवलोकन करने के बाद जो सुख, दुःख, उदासी, अथवा अस्थायी शान्ति दर्शाते हैं, क्या आप परमात्मा के संसर्गीय नित्य-नवीन आनन्द को अपने चेहरे पर प्रतिबिम्बित नहीं करना चाहेंगे? ऐसा कर सकने के लिए आपको गहन ध्यान के पात्र से तब तक प्रभु के आनन्द के अमृत का पान करते रहना चाहिए जब तक कि आप आनन्द के व्यसनी न बन जाएँ, और निद्रा में, स्वप्न में, जाग्रत अवस्था में और जीवन की समस्त परिस्थितियों में आनन्द को व्यक्त करें, अन्यथा वे आपको अत्यधिक प्रसन्न या अथाह दुःखी बना देती हैं अथवा उदासी में या अस्थायी नकारात्मक शान्ति में संतृप्त कर देती हैं। आपकी हँसी सच्चाई की कन्दराओं से प्रतिध्वनित होनी चाहिए। आपका आनन्द आपकी आत्मानुभूति के झरने से बहना चाहिए। आपकी मुस्कान आपसे मिलने वाली सभी आत्माओं में और सम्पूर्ण जगत् में फैल जानी चाहिए। आपकी हर दृष्टि से आपकी आनन्दित आत्मा प्रतिबिम्बित होनी चाहिए और इसका प्रभाव विषाद-ग्रस्त व्यक्तियों पर भी फैल जाना चाहिए।

यह कल्पना करना बन्द कर दें कि आप केवल एक साधारण नश्वर मानव हैं, जो निरन्तर मानसिक उतार-चढ़ाव को झेल रहा है। चाहे कुछ भी हो सदा स्मरण रखें कि आप परमात्मा के सच्चे प्रतिबिम्ब में बने हैं। सभी वस्तुओं में जीवन्त

आनन्द — ब्रह्माण्डीय परमानन्द का फ़व्वारा — अपनी फुहार आप पर अवश्य डाले और आपके विचारों से, आपके सम्पूर्ण अस्तित्व की प्रत्येक कोशिका (cell) एवं ऊतक (tissue) से निरन्तर आनन्द टपकाए।

स्मरण रखें, गहन स्वप्नरहित निद्रा की अवस्था में, जो कि अचेतन आत्मबोध है, आप पूरे समय प्रसन्न रहते हैं। उसी तरह दिन के समय, मानसिक परीक्षणों और उतार-चढ़ावों रूपी दुःस्वप्न द्वारा विचलित होने की चिंता किए बिना, आपको कल-कल करती नदी के नित्य निर्मल उछलते जल की भाँति आन्तरिक रूप से नित्य-नवीन रूप से आनन्दित रहने के लिए हर समय प्रयत्न करते रहना चाहिए।

जिस प्रकार कोई व्यक्ति लगातार शराब का सेवन करके हर समय नशे में रह सकता है, उसी प्रकार ध्यान के उपरान्त अपनी आत्मा के आनन्द का निरन्तर बोध करने से आप भी सच्ची प्रसन्नता के नशे में रह सकते हैं। जब आप ध्यान के उपरान्त की आनन्दमयी अवस्था को निरन्तर अनुभव कर सकते हैं, तो आप समाधि की अवस्था में रहेंगे, और आप अपनी आत्मा के नित्य-नवीन आनन्द के साथ एक हो जाएँगे, और जो कोई भी आपके आस-पास होगा वह भी आप जैसा हो जाएगा — जिस प्रकार चन्दन की लकड़ी का निरन्तर स्पर्श हाथों को सुगंधित बना देता है। अपने विचारों को पूर्णतः मुझ पर रखने वाले, स्वयं को मुझे समर्पित करने वाले, एक-दूसरे को प्रबुद्ध करते हुए, सदा मेरा ही गुणगान करते हुए, मेरे भक्त सन्तुष्ट एवं आनन्दित रहते हैं।"*

* भगवद्गीता X:9।

विश्वजनीन कूटस्थ चैतन्य के सोपान

17 फरवरी, 1935

इस संसार में हम अपने विचारों द्वारा सीमित हैं। हमें अपने विचारों के प्रति पक्षपाती होना स्वाभाविक है, परन्तु पक्षपात के कारण हम प्रायः यह समझने में असफल हो जाते हैं कि दूसरों के विचार और अधिक अच्छे और अधिक प्रभावशाली हो सकते हैं। जब हम उदार मन वाले बनना सीखते हैं और किसी बात में हठधर्मी नहीं होते, तो हम समझदारी और बुद्धिमत्ता में प्रगति करते हैं।

एक व्यक्ति, जब उसका निर्णय पूर्वधारणाओं, रिवाज़ों, और परम्पराओं द्वारा प्रभावित नहीं होता, जो कि जातीय, राष्ट्रीय, और पारिवारिक पृष्ठभूमि द्वारा उसके ऊपर थोपे जाते हैं, तो वह मानसिक रूप से स्वतंत्र होता है। पश्चिम में आप कुर्सी पर बैठते हैं, पूर्व में हम फर्श पर बैठते हैं, क्योंकि वातावरण अत्यधिक गर्म होता है और फर्श के पास हवा ठण्डी होती है। परन्तु कोई यह नहीं कह सकता कि प्रत्येक व्यक्ति को फर्श पर बैठना चाहिए, केवल इसलिए कि पूर्व में ऐसा करना ज़्यादा सुविधाजनक पाया जाता है। राष्ट्रीय रिवाज और परम्पराएँ हमारे दृष्टिकोण को काफी सीमित कर देते हैं, परन्तु जैसे ही हम अपनी प्रान्तीय पूर्वधारणाओं और आदतों की अन्ध-दासता से मुक्त हो जाते हैं, हम वास्तविक रूप में देख सकते हैं कि किसी दूसरे राष्ट्र में क्या सही है अथवा क्या गलत।

व्यक्तिगत रूप से, हम कुछ सीमा तक अपनी भलाई में योगदान करने की अपनी इच्छा में सीमित हैं। इस प्रकार, प्रत्येक मनुष्य कम या अधिक रूप से अपनी अहंकारी इच्छाओं और अनुभवों के घेरे में बंध जाता है। जैसे-जैसे वह अपने अनुभव के क्षेत्र को बढ़ाता जाता है, उसकी चेतना फैलने लगती है, यह एक रबड़ के छल्ले की भाँति है जो बिना टूटे असीम रूप से फैलाया जा सकता है। वास्तव में, जितना अधिक आप अपनी चेतना को खींचेंगे, वह उतनी ही बड़ी होती जाएगी।

अपने संबंधियों से प्रेम करना सीखना तो केवल अपनी चेतना को फैलाने मात्र का एक प्रशिक्षण है। जैसा हम अपने संबंधियों से प्रेम करते हैं वैसा ही सभी दूसरे लोगों से प्रेम करने का यह एक प्रारम्भिक अभ्यास है। हमें अपने कुटुम्बियों और

अनजान व्यक्तियों को एक समान समझना सीखना है, क्योंकि सभी ईश्वर की संतान हैं। उन्होंने आपको परिवार के कुछ सदस्य दिए हैं जिनके साथ आप अपनी चेतना को विस्तारित करने का अभ्यास कर रहे हैं। जब पति, पत्नी की सेवा करता है, और पत्नी, पति की सेवा करती है, और प्रत्येक यह इच्छा करता है कि दूसरा प्रसन्न रहे तो उनकी चेतना के द्वारा कूटस्थ चेतना — जो कि ईश्वर की प्रेममयी ब्रह्माण्डीय प्रज्ञा है, जो सृष्टि के प्रत्येक कण में व्याप्त है — स्वयं को व्यक्त करना आरम्भ कर देती है। जब कभी भी आप किसी अन्य व्यक्ति के लिए, किसी स्वार्थी उद्देश्य के बिना कुछ कार्य करते हैं, तो आपने कूटस्थ चेतना के क्षेत्र में कदम रख देते हैं।

यदि आप अपने प्रेम को अपने परिवार तक ही सीमित कर दें, तो आपके पास कूटस्थ चेतना को व्यक्त करने के लिए केवल उतनी ही क्षमता है। जब आप अपने पड़ोसियों को अपने परिवार की तरह प्रेम करते हैं, तो आपकी चेतना विस्तृत हो जाती है और आप कूटस्थ चेतना को और अधिक मात्रा में व्यक्त करते हैं। जब आप अपने प्रियजनों के समान ही सभी दूसरे लोगों से प्रेम करते हैं, जब आप किसी भी अन्य व्यक्ति के लिए उसी आत्म-तत्परता से कार्य करते हैं जिससे आप अपनों के लिए करते हैं, तब आप कूटस्थ चेतना को यथार्थ में व्यक्त कर रहे होते हैं।

स्वार्थता व्यक्ति के अपने हितों के लिए विनाशकारी है; इसलिए यह किसी भी संबंध अथवा उद्यम में मूर्खतापूर्ण नीति है। भारत में अनेक रिवाज़ निःस्वार्थता के द्वारा चेतना को विस्तृत करने का अद्भुत अभ्यास कराते हैं। माता तब तक कभी भोजन नहीं करती जब तक कि बच्चों और पिता ने अपना भोजन न कर लिया हो। परिणामस्वरूप वे उसके प्रति प्रेम अनुभव करते हैं और उसके साथ कुछ भी मज़ेदार बाँटना चाहते हैं। फिर भी, मात्र अपने लिए और अपने कुछ प्रियजनों के लिए प्रेम अनुभव करना भी स्वार्थ ही है। जब आप दूसरों के लिए उसी भावना के साथ कुछ कार्य करते हैं, जिसके साथ अपने और परिवार के लोगों के लिए करते हैं, तो आप स्वार्थता का लघु क्षेत्र पार कर लेते हैं और कूटस्थ चेतना के विशाल राज्य में प्रवेश करते हैं।

अतः क्राइस्ट जैसी निःस्वार्थता की ओर प्रथम चरण है अपनी चेतना को विस्तृत करना, जिसमें आपके पड़ोसियों के हित एवं कल्याण सम्मिलित हो जाएँ। सब कुछ सौंप देना आवश्यक नहीं है, परन्तु दूसरों की सहायता करने के लिए आपकी प्रबल इच्छा होनी चाहिए, और आपको शारीरिक एवं मानसिक रूप से तैयार रहना चाहिए, जिससे कि जब समय आए आप अपने पड़ोसियों के लिए वही कर सकें जो आप अपने

लिए करते हैं। आप ऐसा कर सकते हैं परन्तु करते नहीं हैं। जब कभी आप किसी ऐसे व्यक्ति को पाएँ जो अकेलापन अनुभव करता हो, या सड़क के किनारे किसी रोते भाई को पाएँ, और आपका हृदय उस आत्मा के लिए द्रवित हो जाएँ, तो समझें आपकी चेतना कूटस्थ चेतना में प्रवेश कर गई है।

मानवीय प्रेम की अपनी सीमाएँ हैं। पारिवारिक अनुभूति वंशवादिता द्वारा सीमित है। देशप्रेम महानतर है, क्योंकि जब आप अपने देश के भले के लिए अपना सुख छोड़ने के लिए तैयार रहते हैं, तो आपने अपनी चेतना का व्यापक स्तर में विस्तार कर लिया है। और जब आप सभी राष्ट्रों के लिए उसी प्रकार अनुभव करते हैं जैसा कि अपने देश के लिए, तो आपका प्रेम और भी महान् रूप में प्रकट होता है — आप उस विश्वव्यापक कूटस्थ चेतना को व्यक्त करने के लिए एक विस्तृत माध्यम बन जाते हैं। जीसस कह सकते थे, "मेरी माता कौन है? और मेरे भाई कौन है"?* क्योंकि वे जानते थे कि केवल एक मात्र ईश्वर का प्रेम ही समस्त वैयक्तिक मानवीय संबंधों के द्वारा प्रकट हो रहा है।

मैं अपनी चेतना में एक अमेरिकन, एक भारतीय, एक अफ्रीकन, एक जर्मन, एक फ्रांसीसी, अथवा एक अंग्रेज में कोई भेद नहीं देखता — ऐसा मुझे मेरे गुरु स्वामी श्रीयुक्तेश्वरजी के प्रशिक्षण से प्राप्त हुआ है। अधिकाँश माता-पिता द्वारा दिए गए, सामाजिक और शैक्षणिक प्रशिक्षण पूर्वाग्रहों को पैदा करते हैं। मैं सभी जातियों और राष्ट्रों को समान प्रेम करता हूँ। मैं स्वयं को किसी एक देश की आसक्ति द्वारा सीमित नहीं करना चाहता। फिर भी हम अमेरिकन या भारतीय केवल थोड़े से समय के लिए ही तो हैं; जब हमारी मृत्यु होती है तो हम सब समान होते हैं। यदि हम विश्व-नागरिक बनने के लिए सचेत हैं, तो हमारी चेतना विस्तृत है।

चेतना का मनोवैज्ञानिक विस्तार

आप अपनी चेतना का मानसिक रूप से विस्तार कर सकते हैं ताकि आप अपने लघु रूप के लिए ही अनुभव न करें, बल्कि अपने विस्तृत रूप में सम्पूर्ण विश्व के भले के लिए अनुभव करें। कूटस्थ चेतना को व्यक्त करने का यह एक तरीका है।

प्रतिदिन आप हजारों विचारों को सोचते हैं — एक घण्टे में लगभग एक हजार। जब आप लिख रहे होते हैं तब आप डेढ़ घण्टे में करीब पच्चीस सौ विचार सोचते हैं। एक

* *मत्ती* 12:48 (बाइबिल)।

साधारण मनुष्य एक दिन में लगभग बारह हजार विचार सोचता है। और एक गंभीर चिंतक करीब पचास हजार विचारों को सोचता है। मैंने पाया है कि एकाग्रता द्वारा एक दिन में करीब पाँच लाख विचारों को उत्पन्न किया जा सकता है।

मैं भारत में एक व्यक्ति को जानता था जो अट्ठारह भाषाएँ जानता था और उनमें से बारह में एम०ए० था। जरा सोचें, कितने हजार विचार उसके मस्तिष्क से गुजरते रहे! फिर भी वह कभी उलझा नहीं।

आप किसी सीमा तक प्रत्येक विचार के प्रति सचेत रहते हैं जिसे आप जाग्रत अवस्था में सोचते हैं। यदि आपके शरीर में कहीं भी एक सुई चुभ जाए तो आपको तुरन्त उसका बोध हो जाता है। इसका अर्थ है कि आपकी चेतना शरीर में हजारों अरबों कोशिकाओं में से प्रत्येक में विद्यमान है। साठ वर्ष की आयु के पश्चात् क्या आप अपने समस्त विचारों को याद कर सकते हैं? यह असंभव प्रतीत होता है। फिर भी आपके जीवन की समस्त घटनाएँ आपके अवचेतन मन में अंकित हैं, और वह मन उनमें से अधिकाँश विचारों को, जो प्रमुख थे, पुनः स्मरण करता भी है। जितना अधिक आप एकाग्रता और स्मरण शक्ति को विकसित करते हैं, उतना अधिक आप पुनः स्मरण कर सकते हैं।

चेतन, अवचेतन, और अधिचेतन स्मरण शक्ति

मन का कार्य क्षेत्र बहुत विशाल है। ईश्वर ने आपको जाग्रत चेतना, अवचेतना, और अधिचेतना प्रदान की है। आपके चेतन मन की कुछ सीमाएँ हैं; कुछ वर्षों के पश्चात् यह अनेक वस्तुओं को भूलना आरम्भ कर देता है। परन्तु आपके अवचेतन मन की स्मरण शक्ति की क्षमता अधिक है; प्रत्येक विचार और अनुभव अवचेतना के भण्डार में संचित है। आपका चेतन मन उस प्रत्येक शब्द को भूल सकता है जिसे मैं कह रहा हूँ, परन्तु आपका अवचेतन मन उन सबको अंकित कर रहा है।

अवचेतन मन (subconscious mind) के पीछे आपका अधिचेतन मन (superconscious mind) है, जो कदापि कुछ नहीं भूलता। अधिचेतन मन ने प्रत्येक कार्य जो आपने किया है, प्रत्येक विचार जो आपने सोचा है, उन सबका लेखा रखा है। जब मृत्यु आती है, आपके शरीर छोड़ने से पहले आपके मन में ये सब विचार और अनुभव प्रकट हो जाते हैं। जो अनुभव अत्यधिक शक्तिशाली होते हैं वे आपके अगले जीवन की आदतों और वातावरण को निर्धारित करते हैं।*

* "अन्तकाल के समय व्यक्ति जिस विचार के साथ शरीर का त्याग करता है — उस विचार में लम्बे

अहम् के रूप में आपकी चेतना आपके अन्दर प्रत्येक जगह विद्यमान है, और इसलिए उस प्रत्येक विचार जिसे आप सोचते हैं, में विद्यमान है। यदि आप अपनी चेतना को अहम् से परे अधिचेतना के राज्य में विस्तृत कर सकें, तो आप उस स्थान से उन समस्त हजारों विचारों का निरीक्षण कर सकते हैं जो आपके चेतन मन से गुज़र रहे हैं। जिन्होंने अधिचेतन मन को विकसित कर लिया है वे इस जीवन-काल के समस्त विचारों को, और पिछले जन्मों के विचारों को भी याद कर सकते हैं। ईश्वरीय स्मृति में कुछ भी भूलता नहीं है। हमारे विचार वास्तविक हैं और वे शाश्वत हैं, आकाश में सदा विद्यमान हैं। आपके अधिचेतन मन में पृथ्वी की समस्त ध्वनियाँ भी अंकित हैं। इसलिए जीसस कह सके : "क्या दो गौरैयों एक पैसे में नहीं बिकतीं? तो भी तुम्हारे परमपिता [की जानकारी] के बिना उनमें से एक भी भूमि पर नहीं गिर सकती।"*

डेढ़ सौ करोड़ लोगों और प्रति व्यक्ति के बारह हजार विचारों के विषय में सोचें जिन्हें वे प्रतिदिन सोचते हैं। यदि आपकी चेतना इन सभी विचारों, जो खरबों में हैं, के प्रति सचेत है, तो आप कूटस्थ चेतना रखते हैं : अर्थात् सर्वज्ञता, सृष्टि की प्रत्येक वस्तु के प्रति सचेत जागरूकता।

ईश्वर मनुष्य को एक मानसिक आड़ देते हैं जिससे कि अन्य कोई व्यक्ति उसके विचारों को न जान सके। आप अपने विचारों के साथ अकेले हैं भले ही आप अनेक लोगों के साथ भी हों। यहाँ तक कि जिनके पास कूटस्थ चेतना है वे भी तब तक दूसरों के विचारों में प्रवेश नहीं करते जब तक कि ईश्वर ने दूसरों का मार्गदर्शन करने हेतु उन्हें ऐसा करने के लिए आदेश न दिया हो, या उनके भक्तों ने अपनी *साधना* में परिपूर्णता लाने के लिए ऐसी स्वतंत्रता के लिए उनसे प्रार्थना न की हो।

सहानुभूति : कूटस्थ चेतना की कुँजी

यदि आप कूटस्थ चेतना विकसित करना चाहते हैं, तो सहानुभूतिशील बनना सीखें। जब दूसरों के लिए आपके हृदय में विशुद्ध भाव आते हैं, तब आप उस महान् चेतना को प्रकट करना आरम्भ कर रहे हैं। जब आप दूसरों के प्रति निर्दयता से बात करते हैं, तो आप कूटस्थ चेतना की सर्वजनीन सहानुभूति से बहुत दूर हैं। जीसस ने

समय तक स्थित रहने के कारण — वह विचार उसके अगले अस्तित्व की अवस्था निर्धारित करता है" (भगवद्गीता VIII:6)।

* *मत्ती* 10:29 (बाइबिल)।

कहा था : "जो आपको दुर्वचन कहे उन्हें आशीर्वाद दो।"* उन्होंने दिव्य सहानुभूति का अभ्यास किया। जो लोग गलत कार्य करते थे जीसस उनका विरोध करते थे, परन्तु उन्होंने किसी से घृणा नहीं की, क्योंकि वे प्रत्येक व्यक्ति में ईश्वर को देखते थे। भगवान् कृष्ण ने कहा : "वह परम योगी है, जो सभी मनुष्यों को समदृष्टि से देखता है।..."† दूसरों की आलोचना करके अपनी जिह्वा और विचारों को कलुषित न करें। प्रत्येक व्यक्ति के साथ सच्चे रहें, और सर्वोपरी, अपने प्रति सच्चे बनें। ईश्वर आपको देख रहे हैं। आप उनको धोखा नहीं दे सकते।

ईश्वर आपके अन्तरात्मा रूपी मन्दिर में मन्द ध्वनि हैं, और वे अन्तर्ज्ञान का प्रकाश हैं। आप जानते हैं जब आप गलत कार्य कर रहे होते हैं, आपकी सम्पूर्ण अन्तरात्मा आपको बताती है, और यह अनुभूति ईश्वर की वाणी है। यदि आप उनको नहीं सुनते तो वे चुप हो जाते हैं। लेकिन जब आप भ्रम से जागें, और उचित कार्य करना चाहें, तब वे आपका मार्गदर्शन करेंगे। वे सदा उस समय की प्रतीक्षा कर रहे हैं जब आप उनके घर वापस लौटेंगें। वे आपके अच्छे और बुरे कार्यों एवं विचारों को देखते हैं, परन्तु इनका उनके लिए कोई महत्त्व नहीं है। आप उसी तरह उनकी संतान हैं।

आपके हृदय में वही सहानुभूति उमड़नी चाहिए जो दूसरों के हृदयों से सारी पीड़ाओं को शान्त करती है। उसी सहानुभूति के कारण जीसस यह कह सके : "हे परमपिता, उन्हें क्षमा कर दें, क्योंकि वे नहीं जानते कि वे क्या कर रहे हैं।" उनका महान् प्रेम सभी में व्याप्त था। जीसस केवल एक दृष्टि मात्र से अपने दुश्मनों को नष्ट कर सकते थे, लेकिन जिस प्रकार ईश्वर हमारे सारे बुरे विचारों को जानते हुए भी हमें निरन्तर क्षमा करते रहते हैं, उसी प्रकार वे महान् आत्माएँ जो सदा ईश्वर के साथ अन्तर्सम्पर्क रखती हैं, हमें वही प्रेम प्रदान करती हैं।

सर्वव्यापक सहानुभूति विकसित करने के लिए इन्द्रियातीत विधि ध्यान है। जिस व्यक्ति का मन अधिचेतन अवस्था में रहता है वह सदा प्रसन्न है, सदा विवेकी और प्रेमी है, तथा ध्यान के बाद के प्रभावों को सदा बनाए रखता है। यदि आप ध्यान के तुरन्त पश्चात् अनुभव की जाने वाली चेतना को बिना किसी प्रयास के बनाए रख सकते हैं, तो आपने अधिचेतना को प्राप्त कर लिया है। और जब कोई अज्ञात व्यक्ति आपके सामने आता है, तो आप उस व्यक्ति के जीवन के बारे में सब कुछ तुरन्त जान जाएँगे।

* *मत्ती* 5:44 (बाइबिल)।

† भगवद्गीता VI:9।

परन्तु कूटस्थ चेतना इससे भी कहीं आगे की अवस्था है : इसमें आप विश्व की प्रत्येक वस्तु को एक ही समय में अपनी चेतना में अनुभव करते हैं।

सबके लिए सहानुभूति विकसित करके, आप अपनी चेतना को विस्तृत कर सकते हैं और जो कुछ भी जानने योग्य है उसके विषय में जान सकते हैं। जिस प्रकार आप एक ही समय में अपने शरीर, अपने अंगों, विचारों और मस्तिष्क के प्रति सचेत रहते हैं, उसी प्रकार, जब आपको कूटस्थ चेतना प्राप्त होगी तो प्रत्येक व्यक्ति जिससे आप मिलेंगे उसकी शारीरिक संवेदनाओं को अनुभव करेंगे, और उसने जितने भी विचार सोचे थे उन सबको जान जाएँगे। जब धर्मशास्त्रियों और पाखण्डियों द्वारा एक वेश्या स्त्री को जीसस के सम्मुख न्याय के लिए लाया गया तो उन्होंने कहा, "आपमें से जिसने कभी पाप न किया हो, उसे सबसे पहले उस स्त्री पर पत्थर फेंकने दो।"* उनके निजी जीवन के बारे में जीसस कैसे जानते थे? वे सदा सर्वव्यापी दिव्य कूटस्थ चेतना में रहते थे। उस चेतना में आप अनुभव कर सकते हैं कि दूसरे क्या कर रहे हैं और क्या सोच रहे हैं। कभी-कभी आप एक क्षण के लिए यह भी भूल सकते हैं कि आप किस शरीर में रह रहे हैं।

कूटस्थ चेतना के लिए आध्यात्मिक मार्ग

कूटस्थ चेतना का आध्यात्मिक मार्ग ध्यान एवं ध्यान के तुरंत बाद के प्रभावों को बनाए रखने में है। कुछ लोग सत्य के विषय में कुछ पुस्तकें पढ़ते हैं और कहते हैं कि उन्होंने कूटस्थ चेतना प्राप्त कर ली है, परन्तु आपको वह चेतना केवल गहन ध्यान और अनवरत आध्यात्मिक प्रयास द्वारा ही प्राप्त हो सकती है। इसलिए जिसका मैंने वर्णन किया है जब तक वह आपको प्राप्त न हो जाए तब तक न कहें कि आपके पास कूटस्थ चेतना है। आपकी वर्तमान चेतना देह के द्वारा सीमित है, लेकिन जब आप इसे गहन ध्यान के द्वारा विस्तृत करेंगे, तब आपको सभी लोगों की संवेदनाओं का बोध हो जाएगा। आप सब कुछ जानने में सक्षम हो जाएँगे। आपको अद्भुत अनुभूतियाँ प्राप्त होंगीं। कभी-कभी जब वह अवस्था आती है, तो आप एक ही समय में स्वयं को तारों में, चन्द्रमा में, और घास की प्रत्येक पत्ती में अनुभव करते हैं।

हम ईश्वरीय कूटस्थ चेतना का अंश हैं जो समस्त सृष्टि में विद्यमान है। प्रत्येक व्यक्ति की बुद्धि विशाल कूटस्थ बोध का एक अंश है। हम गैस स्टोव के बर्नर की भाँति

* *यूहन्ना* 8:7 (बाइबिल)।

हैं जिसमें अनेक छोटे-छोटे छिद्र हैं जिनमें से ज्वालाएँ निकल रही हैं, परन्तु बर्नर के नीचे एक ही ज्वाला है। हम छोटी-छोटी लौ हैं जो विशाल जीवन की बड़ी लौ से निकल रहीं हैं। मानवीय जीवन की सभी छोटी-छोटी लौ के नीचे एक विशाल जीवन है, पुष्पों के पीछे, समस्त प्रकृति के पीछे केवल एक विशाल जीवन है।

जब आप सृष्टि के प्रत्येक छिद्र में अपनी चेतना को अनुभव करते हैं, तब आपको कूटस्थ चेतना प्राप्त हो गई है। सृष्टि से परे ब्रह्माण्डीय चेतना है। जब आप अपनी चेतना को सृष्टि से ऊपर उठाते हैं और केवल ईश्वर के विशाल शाश्वत आनन्द को देखते हैं, तब आप ब्रह्माण्डीय चेतना में होंगे। जब आप उस ब्रह्माण्डीय चेतना के साथ अन्तर्सम्पर्क स्थापित कर लेंगें जो कि इस सृष्टि से परे है, तब आपको समझ आएगा कि ईश्वर ने अपने बोध को सृष्टि के गर्भ "कुमारी मरियम" में उत्पन्न किया है, और परमपिता परमात्मा का यह बोध — जो सृष्टि के प्रत्येक अणु में प्रतिबिम्बित होता है अथवा "पैदा" होता है — कूटस्थ चेतना अथवा "केवल प्रजात पुत्र" है।

ईश्वर के पुत्र

इस विश्वजनीन क्राइस्ट चेतना का भारतीय नाम कूटस्थ चैतन्य है। भारत में हम इसे कृष्ण चेतना भी कह सकते हैं, क्योंकि हमारे महान् अवतार यादव कृष्ण की चेतना भी, जीसस क्राइस्ट की चेतना की भाँति, प्रत्येक वस्तु में कूटस्थ चेतना के साथ एक थी। इन दो महान् पुरुषों ने समस्त जीवन के पीछे मात्र एक जीवन (ईश्वर) खोज लिया था। ध्यान में दिव्य एकाग्रता और इच्छाशक्ति के द्वारा, उन्होंने भौतिक संसार से अपनी चेतना को हटा लिया था और देख लिया था कि सृष्टि में प्रत्येक वस्तु के पीछे ईश्वर का एक प्रतिबिम्ब है, ईश्वर का एकमात्र पुत्र — कृष्ण अथवा क्राइस्ट चेतना।

कृष्ण, जीसस, बुद्ध, बाबाजी — सभी को कूटस्थ चेतना प्राप्त हैं। कूटस्थ चेतना प्राप्त करने के लिए उन्होंने अपनी चेतना को विस्तृत किया था। सन्त यूहन्ना ने घोषणा की थी : "जितने भी लोग उसे [क्राइस्ट चेतना जो जीसस में व्यक्त हुई थी] प्राप्त करेंगे, उनको वे ईश्वर का पुत्र बनने की शक्ति प्रदान करेंगे।"*

मेरे गुरु, स्वामी श्रीयुक्तेश्वरजी कूटस्थ चेतना को व्यक्त करते थे। वे सदा शान्त रहते थे, और मेरे समस्त विचार और भावनाएँ उनके शान्ति रूपी दर्पण में प्रतिबिम्बित होते थे। श्रीयुक्तेश्वरजी इस बात में रुचि नहीं रखते थे कि दूसरे क्या कह रहे हैं, वे केवल

* *यूहन्ना* 1:12 (बाइबिल)।

इस बात में रुचि रखते थे कि वे क्या सोच रहे हैं। मेरे गुरुदेव जैसे सच्चे शिक्षक से कुछ भी छिपाना असंभव था। जो कुछ भी हो रहा था उसके प्रति उनकी चेतना सजग रहती थी।

कूटस्थ चेतना लाहिड़ी महाशय में भी विद्यमान थी। एक दिन जब वे अपने शिष्यों को कूटस्थ चेतना पर भगवद्गीता में दी गई व्याख्यानुसार प्रवचन दे रहे थे, लाहिड़ी महाशयजी अचानक पुकार उठे, "जापान के समुद्र तट से दूर अनेक आत्माओं के शरीरों में मैं डूब रहा हूँ।" अगले दिन उनके शिष्यों ने समाचार पत्र के द्वारा जाना कि एक दिन पहले जापान के पास कुछ लोगों की, उनका जहाज समुद्र में डूब जाने से मृत्यु हो गई थी।

जीवन और मृत्यु केवल एक स्वप्न से दूसरे स्वप्न में गुजरना है : वे केवल विचार हैं : आप स्वप्न देख रहे हैं कि आप जीवित हैं, और आप स्वप्न देख रहे हैं कि आप मृत हैं। जब आप विशाल कूटस्थ चेतना में प्रवेश करते हैं, तो आप देखते हैं कि जीवन और मृत्यु ईश्वर के स्वप्न हैं। क्योंकि जीसस उस चेतना में थे इसलिए वे कह सकते थे : "इस [शरीर] मन्दिर को नष्ट कर दो, और मैं तीन दिन में इसे पुनः खड़ा कर दूँगा।"* वे जानते थे कि वे मृत्यु के स्वप्न को जीवन के स्वप्न में रूपान्तरित कर सकते थे, जैसा कि ईश्वर कर सकते हैं।

यदि आप अपनी चेतना को विस्तृत करना चाहते हैं तो सहानुभूति और निःस्वार्थता को विकसित करें। स्वामित्व के लिए मेरी कोई चेतना नहीं है। यदि ईश्वर मुझे बुलाएँ तो मैं एक क्षण में सब कुछ छोड़ सकता हूँ, क्योंकि मैं किसी भी वस्तु से बंधा हुआ नहीं हूँ। तथापि समस्त वस्तुएँ मेरी हैं। कूटस्थ चेतना में सम्पूर्ण विश्व — प्रत्येक व्यक्ति और इसमें प्रत्येक वस्तु — आपकी अपनी है। सम्पूर्ण ब्रह्माण्ड और इसकी प्रत्येक वस्तु आपकी है।

जब आप दूसरों की संवेदनाओं को इस प्रकार अनुभव करना आरम्भ करते हैं जैसे वे आपके अपने शरीर में घटित हो रही हों, तो आप उस कूटस्थ चेतना को विकसित कर रहे हैं। जब आप इस चेतना को विकसित कर लेते हैं और यह समझ जाते हैं कि इसमें प्रत्येक वस्तु आपकी है, तो आपको जाति अथवा रंग के प्रति कोई पूर्वधारणा नहीं रह जाती। उस चेतना में आप अपने हृदय में करोड़ों माताओं के प्रेम को अनुभव करते हैं, केवल कुछ लोगों के लिए ही नहीं बल्कि प्रत्येक प्राणी के लिए। आप इसकी कल्पना नहीं करते, बल्कि इसका अनुभव करते हैं — यही प्रेम कृष्ण, जीसस और सभी महान् सन्तों ने व्यक्त किया — यही वह सार्वभौमिक बोध और प्रेम है जिसे कूटस्थ चेतना कहते हैं।

* *यूहन्ना* 2:19 (बाइबिल)।

परिवर्तनशील जगत् में सम-भाव

प्रथम सेल्फ़-रियलाइज़ेशन फ़ेलोशिप मन्दिर, एन्सिनिटस, कैलिफ़ोर्निया, 3 अगस्त, 1939

पाश्चात्य जगत् में हम पाते हैं कि शारीरिक सुख-सुविधा पर अधिक बल दिया जाता है। जब मौसम बहुत गर्म हो जाता है तो पश्चिम का व्यक्ति शीतलता प्रदान करने वाले उपकरण के अभाव में व्यथित हो जाता है, और जब मौसम बहुत ठंडा हो जाता है तो कृत्रिम गरमाहट के बिना वह परेशान हो जाता है। परन्तु भारत के महान् गुरुजन एक भिन्न दर्शन की शिक्षा देते हैं। वे कहते हैं कि गर्मी एवं सर्दी अथवा सुख एवं दुःख के प्रति संवेदनशीलता मनुष्य की इन्द्रियों के भ्रामक सुझावों और संवेदनों का पोषण करने की आदत से पैदा होती है; और जो बुद्धिमान है वह सभी द्वन्द्वों से ऊपर उठ जाता है। महान् सन्त यह सुझाव नहीं देते कि मनुष्य अपने शरीर को हानि पहुँचाने की सीमा तक अनुशासित करे; बल्कि वे परामर्श देते हैं कि जब सर्दी या गर्मी असहनीय हो, तो व्यक्ति को मानसिक रूप से उस संवेदन से मुक्त हो जाना चाहिए, और साथ ही साथ परिस्थिति के लिए सामान्य बुद्धि से उचित उपाय खोजना चाहिए।

गीता उपदेश देती है : "जो इन्द्रियों के सुखों और शक्तियों में लिप्त होते हैं—चाहे वे भौतिक जगत् के हों अथवा सूक्ष्म लोक के—वे ध्यान के मानसिक संतुलन को प्राप्त नहीं कर सकते; वे समाधि के माध्यम से ईश्वर के साथ एकत्व स्थापित करने में असफल रहते हैं।"* मानसिक रूप से स्वयं को संवेदनों के विघ्नों से अलग करना सीख कर मानसिक शांति प्राप्त होती है। जो मनुष्य नित्य अनुभूत संवेदनों से अछूता रहता है और उनके द्वारा उत्पन्न किए जाने वाली नित्य-परिवर्तनशील उत्तेजनाओं से अप्रभावित रहता है, वही आत्मा की मूलभूत अपरिवर्तनशीलता को प्रकट करता है; उस अपरिवर्तनशील चेतना में वह परिवर्तनरहित अनन्त के साथ एक हो जाता है।

* श्रीमद्भगवद्गीता II:44।

शरीर के विभिन्न संवेदनों पर दास की तरह प्रतिक्रिया व्यक्त करना मन और आत्मा, दोनों में अशांति उत्पन्न करता है। आत्मा की अशांति से मनुष्य अपना वास्तविक स्वरूप, शांति को खो देता है। ईश्वर पृथ्वी के सबसे ठंडे और सबसे गर्म क्षेत्रों में भी विद्यमान हैं। वे उत्तरी ध्रुव में भी विद्यमान हैं और अफ्रीका के मरुस्थल में भी विद्यमान हैं। वे अपनी सृष्टि, पृथ्वी, की किसी भी चरमावस्था से प्रभावित नहीं होते और हमें भी, उन्हीं के प्रतिबिम्ब होने के कारण, उनकी तरह व्यवहार करना चाहिए। उन्होंने हमें इस शरीर में रखा है जिसे गर्मी-सर्दी और सुख-दुःख की परिस्थितियों का सामना करना पड़ता है, परन्तु वे चाहते हैं कि हम इन द्वन्द्वों को समभाव की दृष्टि से देखें। वे चाहते हैं कि हम इनसे ऊपर उठें। हमें उतावला हुए बिना अपनी सहनशक्ति को विकसित करना चाहिए। जब हमारे पास अत्यधिक गर्मी या सर्दी से बचने का कोई उपाय न हो, तो हमें केवल अपने मन को इससे अलग कर लेना चाहिए। जितना अधिक हम इसका अभ्यास करने का प्रयत्न करेंगे, उतना अधिक मन स्वयं को मुक्त कर लेगा जिससे कोई भी अवांछनीय संवेदन चेतना को छू नहीं सकेंगे।

पीड़ा का आभास केवल मन में ही होता है

त्वचा की सतह स्पर्श के संवेदनों को अनुभव नहीं करती; वे मस्तिष्क में अनुभव किए जाते हैं। व्यक्ति मन के बिना शब्द, स्पर्श, रूप, रस एवं गंध को अनुभव नहीं कर सकता। हमें जिह्वा से स्वाद का अनुभव प्रतीत होता है, परन्तु वास्तव में मस्तिष्क अनुभव करता है। इसी प्रकार, जब शरीर के किसी अंग को चोट पहुँचती है, तो पीड़ा वास्तव में मन में होती है न कि शरीर के उस अंग में। पीड़ा अनुभव करने के लिए हमारे पास दो साधन हैं : तंत्रिकाएँ और मस्तिष्क का धूसर द्रव्य (grey matter)। लेकिन हमें आभास केवल तब होता है जब मन उन दोनों में सम्पर्क की अनुमति देता है। जब तक मन न कहे कि पीड़ा है, कोई पीड़ा नहीं होती। भारत के महान् ऋषि-मुनियों की यह अद्भुत खोज है। क्लोरोफ़ॉर्म (बेहोश करने की दवा) के प्रभाव में आपको कोई पीड़ा महसूस नहीं होती, क्योंकि इससे संवेदन मन तक नहीं पहुँच पाते। तंत्रिकाओं के अंतिम छोरों पर सूक्ष्म तंतु होते हैं जिनके द्वारा पीड़ा के संवेदन मस्तिष्क तक भेजे जाते हैं। क्लोरोफ़ॉर्म पीड़ा के इन संकेतों को आगे प्रसारित किए जाने से रोक देता है।

मस्तिष्क मन का एक संवेदनशील उपकरण है, तथा शरीर के सारे संवेदन तंत्रिकाओं और मस्तिष्क के द्वारा मन तक पहुँचाए जाते हैं। मन, मस्तिष्क के साथ तादात्म्य रख कर, इन संवेदनों को ग्रहण करता है और अर्थ निकालता है। शक्तिशाली एवं सकारात्मक विचारों के अभ्यास द्वारा सशक्त हुआ मन सुख एवं दुःख के संवेदनों से कम प्रभावित होता है। यह संवेदनों का वैसा ही निष्कर्ष निकालता है जैसी ईश्वर की योजना थी — शैक्षिक (academic) अनुभव के रूप में।

केवल अपने शरीर की रक्षा करने के लिए मनुष्य को संवेदनशीलता दी गई थी; संवेदनशीलता के अभाव में, कोई व्यक्ति स्वयं को बुरी तरह से काट लेता और उसे पता तक नहीं चलता। संवेदनशीलता पीड़ा देने के लिए कदापि नहीं थी। पशु इस क्षमता को मनुष्य जितना विकसित न कर पाने के कारण पीड़ा को कम अनुभव करते हैं, अन्यथा पशुओं को मारने की कुछ पद्धतियों में उन पर की जाने वाली क्रूरता असहनीय होती। समुद्री झींगे (lobster) को तो ज़िन्दा ही उबलते पानी में डाल दिया जाता है!

क्योंकि मन ही सुख और दुःख उत्पन्न करता है, इसलिए मन पर नियंत्रण का अभ्यास करने से शरीर में पीड़ा के अनुभव को कम किया जा सकता है। तब व्यक्ति संवेदन को पीड़ा के बिना ही अनुभव कर सकता है, और केवल इसका मार्गदर्शक अथवा चेतावनी देने वाला संदेश ही ग्रहण करता है। भगवद्गीता इसकी गहनता से व्याख्या करती है, और हमें यही सिखाती है। सुख और दुःख के प्रति अतिसंवेदनशीलता इनके प्रभाव को और बढ़ा देती है; नियंत्रित संवेदनशीलता से व्यक्ति को पीड़ा का कम अनुभव होता है और वह इन्द्रिय-सुखों का दास कम बनता है। मैंने अपने शरीर एवं मन को कम संवेदनशील होने के लिए प्रशिक्षित किया है और इसलिए इन्द्रियों की बाधाओं से मैं स्वयं को मुक्त पाता हूँ। मुक्ति पाने के लिए ऐसे ही प्रशिक्षण की आवश्यकता है।

एक चिकित्सक का मनोबल इतना अधिक था कि वह स्वयं पर एक बड़ा ऑपरेशन करने में सक्षम था। मात्र यह विचार ही मन में प्रतिरोध उत्पन्न करता है कि ऐसा नहीं किया जा सकता, क्योंकि मन शारीरिक आसक्तियों द्वारा दास बनाया गया है। परन्तु प्रशिक्षण के द्वारा मन को शक्तिशाली बनाया जा सकता है। जितना अधिक आप मन को अनुशासित करेंगे, उतना अधिक यह आपके नियंत्रण में होगा। अत्यधिक लाड़-प्यार में पले बच्चे को हलकी-सी चोट से भी बहुत ज्यादा दर्द होता है, जबकि कठिन परिस्थितियों में पला-बढ़ा बच्चा गहरी चोट लगने पर भी शायद ही उसकी ओर कोई ध्यान दे।

आप स्वयं को इन्द्रिय-तानाशाहों से मुक्त कर सकते हैं

इस विषय में भारत में महान् गुरुओं द्वारा दिए गए प्रशिक्षण की पद्धति पश्चिम के विद्यालयों में दिए गए प्रशिक्षण से पुर्णतः भिन्न है। भारत के गुरुजन अपने विद्यार्थियों को शरीर एवं उसके संवेदनों की दासता से पुर्णतः मुक्त होने का प्रशिक्षण देते हैं। पश्चिम में विकसित सुख-सुविधाओं के साधन शरीर को सुखलोलुप बनाने में प्रोत्साहित करते है; जिसके कारण, मानसिक बल को विकसित करने के लिए प्रयास बहुत कम या बिल्कुल नहीं किया जाता। भारत में हमें बचपन से ही संवेदनों को प्रारंभ में ही दबा देने का प्रशिक्षण दिया जाता है। राँची में मेरे विद्यालय में हम बच्चों को कठोर फर्श पर छोटी चटाइयों पर सुलाते थे, और इसी से वे अधिक स्वस्थ बने। पाश्चात्य लोगों को आराम से सोने के लिए और सुख-शांति से रहने के लिए अत्यधिक बाह्य आवश्यकताओं की आदत पड़ गई है। भारत में हमें गर्म रेत पर बैठकर ध्यान करना सिखाया जाता था। धीरे-धीरे हम गर्मी में सारा दिन बैठ पाते थे; और उसी तरह सर्दी में भी। इस प्रशिक्षण के फलस्वरूप मेरा मानसिक बल इतना अधिक विकसित हो गया कि अब कुछ भी मेरी चेतना को प्रभावित या विचलित नहीं कर सकता। जब मैं इन्द्रिय रूपी टेलीफोनों से मन का सम्पर्क तोड़ देता हूँ तो मैं किसी भी परिस्थिति से विचलित नहीं होता।

कुछ वर्ष पहले, मौसम अत्यधिक गर्म था — भयानक रूप से गर्म। सब हाँफ़ रहे थे। उनके साथ मानसिक रूप से तादात्म्य होकर मैं उनकी असुविधा को अनुभव कर रहा था। मैं कुछ लेखन कार्य करना चाह रहा था लेकिन मुझे इतनी बेचैनी हो रही थी कि मैं एकाग्र नहीं हो पा रहा था। फिर मैंने स्वयं को झिड़का "यह तुम्हें क्या हो गया है?" और मैंने प्रार्थना की : "प्रभु, वही विद्युत अवन में गर्मी पैदा करती है जो फ्रिज में बर्फ़ बनाती है। यहाँ ठंडक है।" मेरे चारों ओर का वातावरण ठंडा हो गया, जैसे कि मुझे हर तरफ़ से बर्फ़ की एक परत ने ढक लिया हो। मुझे बहुत प्रेरणा मिली और मैंने बिना किसी कठिनाई के अपना लेखन कार्य किया।

एक और बार, बहुत वर्ष पहले, मैं एक खुली कार में ग्रामीण क्षेत्र से गुज़र रहा था। मेरे साथ कई युवक थे, जो सभी सेल्फ़-रियलाइज़ेशन के शिष्य थे, उनमें से एक मेरे सचिव के रूप में कार्य कर रहा था। वह और मैं दोनों एक छोटा सा कम्बल लेकर कार में सो गए। उस रात कड़ाके की ठंड थी। जब मैं गहरी नींद में था तो उसने मेरे ऊपर से सारा कम्बल खींच लिया; और जब ठंड के कारण मेरी नींद आधी खुल सी गई तो अवचेतन रूप में ही मैंने सारा कम्बल उसके ऊपर से खींच लिया! ऐसा कुछ

देर तक चलता रहा। तब मेरे मन ने कहा : "तुम ऐसा क्यों कर रहे हो? सब कुछ ठीक है। तुम गर्म हो!" मैंने कम्बल फेंक दिया और ध्यान करने लगा। मेरा शरीर टोस्ट की तरह गर्म हो गया। दो घंटे बाद जब शिष्य जागे तो वे सर्दी से ठिठुर रहे थे और उन्होंने मुझे ध्यान में निश्चल बैठे देखा। मैं समाधि में था। उन्होंने सोचा कि मैंने अपना शरीर त्याग दिया! उनके शोर मचाने पर मैं समाधि से उठा और मुस्करा कर कहा, "यह शोर क्यों मचा रखा है? चलो अपनी यात्रा फिर से शुरु करें।" तो उन्होंने कहा, "परन्तु आप इतनी कड़ाके की ठंड में बिना कोट या कम्बल के बैठे रहे!" फिर भी, मुझे जुकाम नहीं हुआ। उन सब में से केवल मैं ही गर्म था!

अपने मन को और अधिक सकारात्मक बनाने के लिए आपको इसे अनुशासित करना आवश्यक है। यदि आप मन में संकल्प कर लें कि आपको सर्दी नहीं लगेगी, तब आपको सर्दी लगने की सम्भावना कम हो जाएगी। पीड़ा पर काबू पाने के लिए भी अपने मन को प्रशिक्षित करना होगा। मानसिक संवेदनशीलता पीड़ा को और अधिक बढ़ा देती है। पीड़ा बढ़ाने का अर्थ है अपने भीतर स्थित ईश्वर के अदम्य प्रतिबिम्ब को भूल जाना।

तीन वर्ष की आयु से ही आदतें बननी प्रारम्भ हो जाती हैं

भारत के प्राचीन ऋषि-मुनियों ने सिखाया है कि मनुष्य में तीन वर्ष की आयु से सभी आदतें बननी प्रारंभ हो जाती हैं। उनके पक्का हो जाने के पश्चात् उन्हें बदलना अत्यन्त कठिन हो जाता है। यदि आपका परिवार और परिवेश प्रारम्भ से ही आपके मन में कोई पूर्वाग्रह बना देते हैं, तो हो सकता है वे जीवन पर्यन्त आपके साथ रहें। अपने गुरु स्वामी श्रीयुक्तेश्वरजी से जो मैंने पहली कुछ बातें सीखीं, उनमें से एक थी संवेदनाओं के प्रति मानसिक पूर्वधारणाओं पर विजय पाना। जब मैं पहली बार उनके पास शिक्षा ग्रहण करने के लिए आया था, तब ठंड के मौसम में कम्बल का प्रयोग न करने पर मुझे प्रायः सर्दी लग जाया करती थी। परन्तु गुरुदेव ने मुझे अलग तरीके से शिक्षा दी। इसके परिणामस्वरूप सर्दी लग जाने की प्रवृत्ति से मैं मुक्त हो गया, जो वस्तुतः जन्म से ही मुझमें थी। गुरुदेव के प्रशिक्षण से पूर्व मुझे बार-बार सर्दी लग जाया करती थी।

कुछ लोग कहते हैं कि हमें केवल मन पर ही निर्भर रहना चाहिए, और दूसरे लोगों का विश्वास है कि हमें शारीरिक संवेदनों पर ध्यान देना चाहिए। ये दोनों ही स्थितियाँ अतिवादी हैं। एक मत के अनुसार, शरीर की नियमित रूप से जाँच कराते रहना उचित है जिससे यह पता चलता रहे कि शरीर कैसा है, जैसे कोई अपनी कार

की समय-समय पर जाँच कराता है। यह तर्कसंगत तो है, परन्तु यह याद रखें, आप मशीन नहीं हैं। यदि आपका मानसिक स्वास्थ्य शरीर की अवस्था पर अत्यधिक निर्भर है, तो एक समय ऐसा आएगा जब आपका मन शरीर की मांगों का इतना अधिक दास बन जाएगा कि किसी भी प्रकार की कितनी भी भौतिक सहायता से कोई लाभ नहीं होगा। इससे पता चलता है कि हमें चिरस्थायी रोग क्यों होते हैं। शारीरिक दुर्बलता चिरस्थायी बन जाती है क्योंकि मन ने शरीर पर अपने प्रभुत्व से सरलता से इंकार कर दिया है।

आरम्भ में मध्यम मार्ग अपनाना उचित है। यदि कहीं अंग कट गया है तो उस पर थोड़ा आयोडीन लगा लें, परन्तु पूर्णरूप से दवाइयों पर निर्भर न रहें। समझदारी से पर्याप्त सावधानी बरतें, जब तक कि आप मन पर अधिक निर्भर रहना न सीख लें। महान् सन्तों ने भी औषधियों का सेवन किया है, जो कि, अंततः ईश्वर द्वारा निर्मित जड़ी-बूटियाँ और रसायन ही हैं। वास्तव में, पूर्ण सन्त को औषधि की कोई आवश्यकता नहीं होती, परन्तु यह दर्शाने के लिए कि ईश्वर की शक्ति असंख्य रूपों में कार्य करती है, वे कभी-कभी औषधीय उपचार भी ले लेते हैं। किसी भी परिस्थिति में, मन की शक्ति में ही विजय निहित है। जब आप पूर्ण विश्वास के साथ यह जान लेते हैं कि बिना किसी बुरे प्रभाव के किसी भी औषधि के बिना आप रह सकते हैं तो आप विजयी हैं।

एक बार एक सन्त की जब बाँह टूट गयी थी तो उन्होंने इसका उपचार करवाया और पट्टी बँधवा ली। जब एक धनी व्यक्ति उन्हें मिलने आया तो उनके चिन्तित शिष्यों ने सोचा कि गुरुजी के हाथ में पट्टी बँधी देखकर उस व्यक्ति का विश्वास टूट सकता है। सन्त ने कहा, "इन शिष्यों की ओर ध्यान न देना, वे सोचते हैं कि मेरी टूटी हुई भुजा देखकर आप सोचेंगे कि अब ईश्वर मेरी देखभाल नहीं करते। और इसमें पीड़ा भी हो रही है!" एक अन्य समय उक्त सन्त समाधि अवस्था में भजन गा रहे थे, कि अचानक पास ही पड़े अंगारों के छोटे से ढेर पर वे गिर पड़े। इस पर भी उनका कीर्तन चलता ही रहा। जब शिष्यों ने उन्हें उठाया, तो उन्होंने देखा कि कुछ अंगारे उनकी पीठ पर अभी भी चिपके हुए थे जो उनके मांस को जला रहे थे। यह देखकर शिष्य घबरा गए, परन्तु सन्त ने हँसते हुए शांति पूर्वक कहा, "अरे, तुम इन्हें हटा क्यों नहीं देते?" उन्होंने किसी पीड़ा की कोई शिकायत नहीं की। ऐसी मन से ऊपर उठने की अवस्था को महान् गुरुजन दर्शाते हैं। इस घटना के अवसर पर सन्त ने प्रदर्शित किया कि वे पीड़ा से परे हैं और दूसरी बार में उन्होंने दिखाया कि वे मानवीय कष्टों को सहने में सक्षम थे और उन्हें सहजता से सह सकते थे।

अपने शरीर के प्रति दृढ़ प्रवृत्ति को विकसित करें। "सर्दी और गरमी, सुख और दुःख के विचार इन्द्रियों से संबंधित विषयों के सम्पर्क से उत्पन्न होते हैं। ऐसे विचार आदि और अन्त से सीमित हैं। ये अनित्य हैं, हे भारत; इन्हें धैर्य के साथ सहन करो!"* थोड़ी-सी सर्दी या थोड़ी-सी पीड़ा से इतना विचलित होने की क्या आवश्यकता है? जो युद्ध में घायल हो जाते हैं, उनकी पीड़ा का सोचें। परन्तु आध्यात्मिक पुरुष देशभक्त से भी अधिक शक्तिशाली होता है; वह अपने मन को सहनशक्ति से अनुशासित करके अत्यधिक मानसिक साहस को विकसित करता है, जिससे उसका मन हर प्रकार की पीड़ा एवं कठिनाई को सहन कर सके, और अन्ततः उनसे ऊपर उठ सके।

मनुष्य का जीवन शरीर से पुर्णतः स्वतंत्र है

शरीर केवल मांस से ढँका अस्थियों का एक पिंजरा मात्र है जिसमें जीवन रूपी पक्षी कुछ समय के लिए वास करता है। स्वयं जीवन शरीर से पुर्णतः स्वतंत्र है। परन्तु जीवन शरीर की सीमित करने वाली अवस्थाओं के साथ एक हो गया है और इसलिए दुःख भोगता है। यदि आप शरीर और मन का विश्लेषण करें तो आप पाएँगे कि उनका आपस में कोई संबंध नहीं है, सिवाय उसके जो आप देते हैं। केवल दिन के समय ही आप शरीर के संवेदनों को स्वीकार करते हैं। रात को निद्रावस्था में, जब आपका मन शरीर से पृथक हो जाता है, आप इसके संवेदनों से अनभिज्ञ रहते हैं और तब आप एक गहन शांति का अनुभव करते हैं।

ईश्वर का प्रतिबिम्ब होने के नाते मनुष्य शारीरिक संवेदनों से पुर्णतः पृथक होकर शरीर में रह सकता है। परन्तु इसकी अपेक्षा वह शरीर की अवस्थाओं को इस प्रकार अंगीकार कर लेता है, जैसे कि वे उसकी अपनी हों। संवेदनों से मुक्त होने के लिए व्यक्ति को मानसिक रूप से शरीर से पृथक होना होगा। इसलिए सन्तजन, सुख और दुःख दोनों से ही मानसिक अनासक्ति की शिक्षा देते हैं। मन से ऊपर होने की अवस्था को समझने और अनुभव करने के लिए आपको इसका अभ्यास करना चाहिए। मैंने स्वयं इस सत्य को प्रमाणित करके देखा है, और मैं जानता हूँ कि संवेदनशील होना कितना गलत है। संवेदनों का पोषण करना ही सभी दुःखों एवं क्लेशों का कारण है। ईश्वर की इच्छा यह नहीं थी कि हम दुःख भोगें; उन्होंने इन्द्रियानुभूतियों की रचना मानसिक चित्रों के रूप में हमारे मनोरंजन एवं मार्गदर्शन के लिए की थी। ईश्वर की इच्छा थी कि हम इस शरीर रूपी उपकरण का उपयोग बुद्धिमता से करें, इसके साथ इतना एकाकार

* श्रीमद्भगवद्गीता II:14।

न हो जाएँ कि यह हमें दुःखी कर दे। सन्त फ्रांसिस शरीर को "गधा भाई" (brother donkey) कहते थे। यदि कोई व्यक्ति एक पालतू कुत्ते को अत्यधिक आसक्ति से प्रेम करता है तो वह उस कुत्ते के संवेदनों के प्रति संवेदनशील हो जाएगा, भले ही वह शारीरिक रूप से उस कुत्ते के तंत्रिकातन्त्र से जुड़ा हुआ न हो। उसी प्रकार, इस "गधे भाई" से अत्यधिक मानसिक आसक्ति होना ही हमारे शारीरिक कष्टों का कारण है।

मन को शरीर पर अधिकाधिक नियंत्रण स्थापित करना चाहिए। मानसिक शक्ति से जीने में सक्षम होना अद्भुत है, क्योंकि मन वह सब कुछ कर सकता है जो आप इससे कराना चाहते हैं। मन पर अधिक आश्रित होना कैसे आरम्भ करें? धीरे-धीरे आप सर्दी और गर्मी सहन करने की आदत डालें, सख़्त बिस्तर पर सोने की आदत डालें, और जिन सुविधाओं की आपको आदत हो उन पर कम निर्भर रहने का अभ्यास करें।

आपसे बात करते हुए मैं आज की तेज गर्मी से बिल्कुल अनजान रहा; परन्तु अभी जैसे ही मैंने गर्मी के विषय में बताया तो मुझे इसका आभास होने लगा। एक बार जब मैं मिल्वॉकी में व्याख्यान दे रहा था उस समय वहाँ का मौसम अत्यधिक गर्म था। इसके साथ-साथ मेरे शरीर की गर्मी अत्यधिक बढ़ गई थी, जैसा कि जब मैं आध्यात्मिक विषयों पर बोलता हूँ तो प्रायः होता है। मेरे मन ने कहा, "अपना चेहरा पोंछे बिना तुम व्याख्यान जारी नहीं रख सकते; यह पसीने से भीग गया है।" मैंने रुमाल के लिए अपनी जेब में हाथ डाला, परन्तु वह जेब में था ही नहीं। तब मैंने अपने दिव्य-चक्षु में देखा और अपने मन को सुझाव दिया "बिल्कुल गर्मी नहीं है।" तत्क्षण कष्टदायक गर्मी का बोध समाप्त हो गया और मैं शांत एवं शीतल हो गया।

मृत्यु के प्रति सही दृष्टिकोण

इन सबका अभ्यास करके देखिए कि मैं जो कह रहा हूँ वह सच है या नहीं। आप संवदेनशीलता से पीड़ा बढ़ा सकते हैं और मानसिक अनासक्ति से उसे कम कर सकते हैं। किसी प्रियजन की मृत्यु पर, अत्यधिक शोक करने की अपेक्षा, यह समझें कि वह ईश्वर की इच्छा से एक उच्चतर लोक में चला गया है, और ईश्वर जानते हैं कि उसके लिए क्या अच्छा है। आपको प्रसन्न होना चाहिए कि वह मुक्त है। यह प्रार्थना करें कि आपका प्रेम और आपकी सद्भावना उसके आगे के पथ पर उसके लिए प्रोत्साहन का संदेशवाहक बनें। यह दृष्टिकोण कहीं अधिक सहायक है। निस्संदेह यह सच है कि दिवंगत प्रियजनों को यदि हम याद ही न करें तो हम मानव कहलाने के योग्य नहीं होंगे;

परन्तु उनके जाने से उत्पन्न अकेलेपन में ही डूबे रह कर हम यह नहीं चाहेंगे कि हमारी स्वार्थी आसक्ति उनको इस लोक से बाँधकर रखने का कारण बने। आपका अत्यधिक दुःखी रहना दिवंगत आत्मा के लिए अधिक शांति और मुक्ति की ओर अग्रसर होने में बाधा बनता है।

आज इस पृथ्वी पर रह रहे अधिकांश लोग सौ वर्ष पूर्व यहाँ नहीं थे। हमसे पहले यहाँ और कोई थे। और हम, जो अब इस जगत् की सड़कों पर चलते हैं, आज से सौ वर्ष पश्चात् यहाँ नहीं होंगे। हमारे लिए सब कुछ समाप्त हो चुका होगा, और नई पीढ़ी हमारे बारे में सोचेगी भी नहीं। वे भी यही सोचेंगे कि यह संसार उन्हीं का है, जैसे हम अब सोचते हैं; परन्तु एक-एक करके उन्हें भी यहाँ से उठा लिया जाएगा। मृत्यु अवश्य ही अच्छी होगी, अन्यथा ईश्वर का ऐसा विधान नहीं होता कि प्रत्येक व्यक्ति की मृत्यु हो। फिर इसके डर में क्यों जीएँ?

जो मृत्यु से डरते हैं वे अपनी वास्तविक आत्म-प्रकृति को नहीं जान सकते। "कायर मृत्यु से पहले अनेक बार मरते हैं; परन्तु वीर पुरुष केवल एक ही बार मृत्यु को चखते हैं।"* कायर व्यक्ति पीड़ा और मृत्यु का बार-बार मानसिक चित्रण कर जीता रहता है। वीर पुरुष केवल अन्तिम मृत्यु का तुरन्त एवं बिना पीड़ा के अनुभव करते हैं। यदि किसी व्यक्ति की स्वाभाविक कारणों से मृत्यु हो जाए अथवा वह आध्यात्मिक रूप से उन्नत हो, तो संवेदनयुक्त शरीर आसानी से छूट जाता है, और जब उसकी चेतना दूसरे लोक में पुनः जागृत होती है तो उसमें बिना किसी भौतिक शरीर के सारे संवेदन विद्यमान रहते हैं। जागरूकता बस मन ही है, वैसे ही जैसे स्वप्नावस्था में। इसकी कल्पना करना कठिन नहीं है। मृत्यु में व्यक्ति केवल अपना स्थूल शरीर छोड़ देता है, जो कि मन का एक निम्न रूप ही है और जो आत्मा के लिए सभी प्रकार की परेशानियों का कारण है।

शांति और अच्छाई को निःसृत करें

मोटे तौर पर लोग दो प्रकार के होते हैं: एक वे जो संसार की बुराइयों पर सदा रोते ही रहते हैं, और दूसरे वे जो जीवन की कठिनाइयों का मुस्कराते हुए सामना करते हैं और सदा ही सकारात्मक सोच रखते हैं। हर बात को इतनी गम्भीरता से क्यों लें? यह संसार कितना अद्भुत होता यदि प्रत्येक व्यक्ति अधिक सकारात्मक, अधिक सद्भावनापूर्ण होता!

* शेक्सपियर : *जूलियस सीज़र*, अध्याय II, दृश्य-2, पंक्ति-32।

सभ्यता के इस जंगल में और आधुनिक जीवन-शैली के तनाव में हमारी परीक्षा है। आप जो कुछ भी संसार को देंगे वही आपके पास वापस आएगा। आप घृणा करेंगे तो बदले में आपको घृणा ही मिलेगी। जब आप अपने मन को असंगत विचारों और भावनाओं से भर लेते हैं, तो आप अपना विनाश कर लेते हैं। किसी से घृणा अथवा क्रोध क्यों करें? अपने शत्रुओं से भी प्रेम कीजिए। क्रोध की आग में क्यों उबलते रहें? यदि आपको किसी बात पर गुस्सा आ जाए, तो तुरन्त इस पर काबू पाएँ। थोड़ा टहलें, दस या पन्द्रह तक गिनें, या अपने मन को किसी सुखद बात की ओर लगाएँ। बदले की भावना को त्याग दें। जब आप क्रोधित होते हैं तो आपका मस्तिष्क बहुत गर्म हो जाता है, आपके हृदय के वॉल्व (valve) की कार्य-प्रणाली में बाधा आती है, और आपके पूरे शरीर से शक्ति का ह्रास होने लगता है। शांति और अच्छाई को निःसृत करें; क्योंकि यही आपके अन्दर स्थित ईश्वर के प्रतिबिम्ब की वास्तविक प्रकृति है — आपका सच्चा स्वरूप। तब कोई भी आपको अशान्त नहीं कर सकता।

अच्छाई और बुराई मन में ही उत्पन्न होती है

अन्तिम भाव में तो सब कुछ मन में ही आरम्भ होता है। पाप का जन्म मन में होता है। छोटे बच्चे बिना किसी पाप की भावना के नंगे घूमते रहते हैं। जिसका मन शुद्ध है उसके लिए सब कुछ शुद्ध है। आचारहीन मनुष्य के लिए सब कुछ बुरा है। अनुशासनहीन मन हमारे जीवन में भयंकर विनाश लाता है। जिन लोगों के मन इन्द्रियों के दास बन चुके हैं, ऐसे लोग ही सभी युद्धों, अत्याचारों एवं अन्याय के कर्ता हैं।

ईश्वर ने आपको इस संवेदनशील शरीर में इस उद्देश्य से रखा है कि आप संसार में आत्मनिरीक्षण करने वाली आत्मा की तरह जीएँ, सृष्टि के चलचित्रों के साथ एकाकार हुए बिना उनका आनन्द लेते हुए। ईश्वर चाहते हैं कि आप इसी प्रकार रहें : न केवल जब सब कुछ अच्छा हो, अपितु कठिनाइयों से घिरे होने पर भी मानसिक संयम का प्रदर्शन करते हुए। सेल्फ़-रियलाइज़ेशन [योगदा सत्संग] इसकी केवल बातें करने की अपेक्षा आपको वास्तव में वह आत्मसंयम सिखाता है। जीवन और मृत्यु का तांडव तो सदैव ही चलता रहता है; परन्तु मनुष्य के पास परिवर्तन के सभी संवेदी अनुभवों से ऊपर उठने की मानसिक क्षमता है, जिससे वह जीवन की अनिश्चितता से प्रभावित न हो। भगवद्गीता इस मुक्ति के लिए हमें एक उत्कृष्ट आश्वासन प्रदान करती है : "जो समभाव में स्थित हैं उनके द्वारा, इस जगत् में रहते हुए ही, अस्तित्व की सापेक्षताओं

(जन्म और मृत्यु, सुख और दुःख) को पराभूत किया जा चुका होता है। इस प्रकार वे ब्रह्म में ही स्थित हैं— निर्दोष, पूर्ण सम, ब्रह्म में।"*

जब आप अपरिवर्तनशीलता को व्यक्त करते हैं, तो आप प्राणियों में राजा बन जाते हैं। आपका शरीर एवं मन चाहे निरंतर परिवर्तन से गुज़र रहे हों तो भी यदि आप अपने अन्तर् में अपरिवर्तनशील बने रहते हैं, तो आप उस अपरिवर्तनशील अनन्त के साथ एक हो जाते हैं।

गीता की शिक्षा अद्वितीय है। यह वास्तविक जीवन के बारे में ज्ञान का सूक्ष्म विवरण प्रदान करती है, और यह दर्शाती है कि मनुष्य को सभी परिस्थितियों में कैसा व्यवहार करना चाहिए। ऐसा कहना ठीक है कि "मैं ईश्वर के प्रतिबिम्ब के रूप में बना हूँ"; परन्तु उस प्रतिरूप का विस्मरण हो जाने के कारण अब आपको यह सीखना होगा कि आप फिर से उसके साथ एकाकार कैसे हो सकते हैं। गीता का संदेश इसका मार्ग दिखाता है। सोना जो मिट्टी की अनेक परतों से ढका है, फिर भी वहीं है चाहे वह छिपा हुआ है। इसे बाहर लाने के लिए आपको मिट्टी की उन परतों को हटाना होगा। इसी प्रकार, स्वर्णिम आत्मा के ऊपर आदतों एवं संवेदनों की मिट्टी जैसी अनेक परतें जमी हुई हैं। यह "मिट्टी" ही मनुष्य की अशांति और भय, अर्थात् समस्त अनीश्वरीय गुणों का कारण है। इस "मिट्टी" को हटाने के लिए मनुष्य को शरीर और इन्द्रियों के प्रति एक अभेद्य मानसिक प्रवृत्ति को विकसित करना होगा। शरीर के लिए हमें क्या भय है! मैंने सभी प्रकार के कष्टों की अपने मन में कल्पना कर उनको अनुभव किया है और उन पर विजय प्राप्त की है।

जब आत्मा आदेश देती है, तो मन पालन करता है

इसे अनुभव करने के लिए कि आप ईश्वर के प्रतिबिम्ब में बनाए गए हैं, आपको भय और क्रोध से ऊपर उठना ही होगा और अपनी अतिसंवेदनशीलता को समाप्त करना होगा। आडम्बर प्रिय न बनें। अपने मन से कहें : "आज मैं बिस्तर पर सोता हूँ; कल ज़मीन पर सोऊँगा, इससे कोई फ़र्क नहीं पड़ता। मेरे लिए सब समान है।" इस प्रकार मानसिक तटस्थता का अभ्यास करें, और फिर मन ठीक वही करेगा जो आप इससे कहेंगे, मन बड़ा चालाक है, परन्तु यदि आप इसे प्रशिक्षित करें तो यह ठीक व्यवहार करेगा। जब आप कहते हैं, "मैं मांस खाए बिना नहीं रह सकता।," तो मन भी

* श्रीमद्भगवद्गीता V:19।

यही प्रतिध्वनि करता है "मैं मांस के बिना नहीं रह सकता।" परन्तु यदि आप आत्मा के रूप में आदेश देते हैं, "दासता, हट जाओ!," तब मन पालन करेगा। इसलिए शरीर या मन के दास बन कर मत रहिए। इन्द्रियों की दासता से मुक्ति ही शांति और आनन्द प्राप्त करने का एकमात्र मार्ग है। परिस्थिति चाहे जैसी भी हो, हर प्रकार की मानसिक संवेदनशीलता से ऊपर उठें और स्वयं को वास्तव में सदा के लिए सुखी बनाएँ।

> चित्त की पूर्ण शांति की वह अवस्था, जो ध्यान योग द्वारा प्राप्त होती है, जिसमें अहं स्वयं को आत्मा के रूप में अनुभव करता है और आत्मा में तुष्ट (स्थित) रहता है;
>
> वह अवस्था जिसमें जागृत अन्तर्ज्ञानयुक्त बुद्धि द्वारा इन्द्रियातीत, अनन्त आनन्द का ज्ञान होता है, और जिस अवस्था में स्थित रहकर योगी, पुनः कभी च्युत नहीं होता;
>
> वह अवस्था, जिसे एक बार प्राप्त करने पर, योगी उसे अन्य सभी निधियों से परे मानता है—इसमें स्थित रहकर, वह बड़े भारी दुःख से भी विचलित नहीं होता;
>
> उस पीड़ारहित अवस्था को योग कहा जाता है। इस कारण योग का अभ्यास, दृढ़प्रतिज्ञ तथा अटल रहकर करना चाहिए।*

* श्रीमद्भगवद्गीता VI:20–23।

सन्तुलित जीवन

मानसिक विषमताओं का उपचार

सन् 1925

ऐसी मानव आकृतियों के समूह की कल्पना करने का प्रयास करें जिनके शरीर के अंग ठीक अनुपात में न हों — कोई व्यक्ति जिसका सिर मूँगफली के दाने जैसा हो और शरीर एक गुब्बारे जैसा मोटा, दूसरा व्यक्ति जिसकी एक बाँह तो सैन्डो जैसी हो पर बाकी शरीर बौना हो, एक अन्य व्यक्ति जिसका बहुत बड़ा-भारी सिर एक छोटे दुबले-पतले बौने (लिलिपुट) शरीर से जोड़ दिया गया हो। यदि आप अचानक ऐसे लोगों के किसी समूह को देखें तो (आपकी मनःस्थिति के अनुसार) क्या यह एक बहुत ही हास्यास्पद या करुणाजनक दृश्य नहीं होगा?

अब ऐसे लोगों के एक अन्य समूह की कल्पना कीजिए जो शारीरिक रूप से रंग-रूप में सामान्य हों, परन्तु मानसिक रूप से अस्वस्थ और विकृत हों। जिस प्रकार वस्त्र शरीर के निशान, घाव और कुछ विकृतियों को छिपा देते हैं, उसी प्रकार स्वच्छ प्रतीत होने वाला मानव मांस का चोला प्रायः गम्भीर मानसिक रोगों को ढके हुए होता है।

यदि आपके सामने सामान्य लोगों का एक विशाल समूह आ जाए, जो अच्छी वेशभूषा में और शारीरिक रूप से स्वस्थ हों, और यदि आपको उनके मानसिक शरीर देख पाने की शक्ति प्रदान की गई हो, तो आपको कितना आश्चर्य और हृदय-वेदना होगी। आप उनके मानसिक शरीरों को देखेंगे — जिनमें तर्क सिर है, भावनाएँ और इंद्रियाँ धड़ हैं, और इच्छाशक्ति उनके हाथ एवं पाँव हैं — जिन्हें आप असामान्य, रोगी, और विकृत पाएँगे। आप देखेंगे कि कुछ लोगों की अविकसित बुद्धि का छोटा-सा सिर है जो इन्द्रियों की अत्यधिक वासना की भूख के उभरे हुए विशाल धड़ से जुड़ा हुआ है। कुछ लोगों का उत्साह और भावना का शरीर तो मुरझाया हुआ होगा और इसके अनुपात में व्यावसायिक क्षमता की बाँह अतिविकसित होगी। अन्य लोगों का बड़ा, सृजनशील मस्तिष्क संभवतः विशाल हो सकता है, परन्तु उनका सहानुभूति एवं संवेदना का धड़

सिकुड़ा हुआ और शुष्क होगा। अन्य कुछ लोगों का सिर और धड़ तो सामान्य होगा परन्तु उनकी इच्छा-शक्ति तथा आत्म-नियंत्रण की टाँगें शक्तिहीन एवं बेकार होंगी। इसी प्रकार के अनेक उदाहरण हो सकते हैं।

ऐसे रोगग्रस्त मानसिक शरीरों में अनेक मनोवैज्ञानिक विकृतियाँ, कुछ दिशाओं में तो अल्पविकसित और कुछ में अतिविकसित, मनुष्य के अन्दर छुपी पड़ी हैं जो उसकी आत्मा को पीड़ा पहुँचाती हैं और भौतिक स्तर पर इसकी अभिव्यक्ति में बाधा उत्पन्न करती हैं।

ऐसे कुछ मनोवैज्ञानिक रोगों के नाम बताना यहाँ असंगत नहीं होगा, जिससे कि मानव जीवन में पूर्ण विनाश लाने वाले इन मुख्य, परन्तु अदृश्य कारणों की पहचान की जा सके और अनजान भुक्त-भोगियों को इनकी उपस्थिति से अवगत कराया जा सके। इस प्रकार ऐसे व्यक्ति इन दोषों की प्रकृति, इनका गुप्त विकास और इनके लक्षणों को जान पाएँगे और उनकी सुख-नाशक शक्ति के गुप्त आक्रमण से अपनी रक्षा कर पाएँगे।

आध्यात्मिक विषाद

यह रोग उन लोगों में सर्वाधिक होता है जो अपनी आध्यात्मिक अति-व्यस्तता की आड़ में मानसिक और शारीरिक रूप से आलसी बने रहते हैं। ये पीड़ित लोग ईश्वर की सेवा के नाम पर भौतिक जीवन के छोटे-बड़े कर्तव्यों की उपेक्षा करते हैं, और इस प्रकार शैतान को अपने भीतर बुरे कर्म करने का न्योता देते हैं। वे भौतिक संसार में सभी अच्छी और सुन्दर वस्तुओं के प्रति निरादर और निराशावाद से पीड़ित होते हैं। यह एक संक्रामक रोग है, और सभी आध्यात्मिक आकांक्षियों को सदा स्वास्थ्यवर्द्धक उचित कार्यों से अपने ऊर्जा रूपी रक्त को गर्म और प्रतिरक्षित रखकर स्वयं को सुरक्षित रखना चाहिए।

आध्यात्मिक अजीर्ण

यह रोग नीम-हकीम आध्यात्मिक वैद्यों द्वारा लिखी गई नकली आध्यात्मिक पुस्तकों और पाठों को मानसिक एकाधिकृत (patent) दवाइयों के रूप में अविवेकपूर्णता से अधिक मात्रा में निगलने का परिणाम है। यह रोग न केवल सत्य को जानने की सच्ची भूख को नष्ट करता है बल्कि सही और गलत शिक्षाओं के बीच अन्तर को जानने की विवेक-शक्ति को भी समाप्त कर देता है। जो सदैव धर्म-संबंधी विचारों का ही सेवन

करता रहता है, और जो कुछ भी हाथ लग जाए उसे निगलता जाता है, वह न केवल जरूरत से ज्यादा खा लेगा बल्कि अच्छे विचारों के साथ-साथ विषाक्त विचारों को भी अपने अन्दर समाहित कर लेगा, जिसके कारण सर्वप्रथम तो वह आध्यात्मिक अजीर्ण को और तत्पश्चात् आध्यात्मिक मृत्यु को आमंत्रित कर लेगा। सभी प्रकार के दार्शनिक सिद्धान्तों और शोध पुस्तकों को आत्मसात् करके, और व्यावहारिक अनुभव के द्वारा उनका परीक्षण किए बिना उनका लम्बे समय तक अति अध्ययन, सभी आध्यात्मिक नियमों के प्रति संदेह, मतभेद, और अविश्वास को जन्म देता है।

"जंगली बाजरे" की मानसिक बुआई

इस रोग से ग्रसित व्यक्ति, हाथ में अत्यधिक धन अथवा समय होने से, तथा जीवन के वास्तविक लक्ष्य अथवा समझ का अभाव होने के कारण, निरुद्देश्य जीवन जीते हैं। वे मनमौजी होते हैं, उनके दिमाग में जो भी आता है वही करने लग जाते हैं और घटिया उपन्यासों को पढ़ने में, उत्तेजक चलचित्रों को देखने में, अथवा व्यर्थ मनोरंजनों में समय गवाँने में, अपना जीवन बिता देते हैं। उनको अपने रोग का तब तक पता नहीं चलता जब तक कि उनको कोई भयानक सदमा न पहुँचे अथवा स्नायविक आघात (nervous breakdown) न हो जाए।

मानसिक निरुत्साह (ठंडापन)

इस रोग को निराशा कहते हैं। आप नहीं जानते कब आप इससे ग्रसित हो जाएँ और जिसके कारण आपको निराशा के दमघोंटू कष्ट, असहनशीलता, और अधीरता जैसे अप्रिय लक्षणों की पीड़ा सहन करनी पड़े। इसकी सबसे बुरी बात यह है कि यह बहुत लम्बे समय तक बना रहता है, और जब ऐसा लगता है कि व्यक्ति इससे ठीक हो गया है तभी वह पुनः शीघ्र इसके संक्रमण का शिकार हो जाता है।

मानसिक ज़ुकाम

यह रोग चिरकालिक सांसारिक चिंताओं को मन में रखने के कारण होता है। इससे ग्रसित व्यक्ति प्रायः अपनी इच्छा-शक्ति के शक्तिशाली शस्त्र के प्रयोग की उपेक्षा करते हैं और इस प्रकार अपने रोगों से लड़ने और उन्हें दूर करने की अपेक्षा वे अपने रोगों के निरन्तर भय के आगे घुटने टेक देते हैं।

मनोवैज्ञानिक ग्रंथियाँ

इससे ग्रसित व्यक्ति सुख की खोज में एकांगी बन जाते हैं। वे सोचने लगते हैं कि धन ही सुख है अथवा यश या स्वास्थ्य या शक्ति में ही सुख है। अपनी महत्त्वाकांक्षा की पूर्ति में वे अपना यौवन, प्रतिष्ठा, मन की शांति, सब कुछ बलि चढ़ा देते हैं। वे बहुत देर में सीखते हैं कि जीवन का प्रायः — ईश्वर एवं प्रकृति के सभी नियमों का पालन करके तथा कार्यशीलता में सदैव शांति — बनाए रखकर ही सुख मिल सकता है तथा मनुष्य अपनी स्वाभाविक नियति को प्राप्त होता है।

मनोवैज्ञानिक ग्रंथियों से पीड़ित व्यक्ति किसी एक महत्त्वकांक्षा से पुर्णतः अभिभूत हो जाता है जब तक कि जीवन के बारे में उनका दृष्टिकोण पुर्णतः कुंठित एवं विकृत न हो जाए। उदाहरण के तौर पर, एक व्यक्ति अपने व्यवसाय में बहुत सफल हुआ। उसने करोड़ों रुपए जमा कर लिए। परन्तु उनका उपभोग कर पाने से पहले ही, अत्यधिक चिंता और स्नायविक आघात (nervous breakdown) के कारण उसकी मृत्यु हो गई। अन्य लोग, यश प्राप्ति के लिए, अपने आत्मसम्मान और ईमानदारी की बलि चढ़ा देते हैं। एकांगीपन के इस रोग से पीड़ित व्यक्ति अपने सच्चे लक्ष्य से चूक जाते हैं और अपने इच्छित उद्देश्य की प्राप्ति की वास्तविक सन्तुष्टि कदापि प्राप्त नहीं कर सकते क्योंकि मानव की प्रकृति बहुआयामी है और उसे सर्वांगीण विकास की आवश्यकता है।

धार्मिक स्थिरता

तथाकथित आध्यात्मिक लोगों में धार्मिक कट्टरता, किसी धार्मिक सिद्धान्त अथवा मत के साथ, उसे अनुभूति की कसौटी पर परखे बिना, चिपके रहने का परिणाम है, और यह 'सत्य' के परखे हुए नियमों और उदार विवेकी विचारों के विरुद्ध क्रोध और घृणा के आवेशों को जन्म देता है। धर्म के प्रति यह पागलपन मानसिक क्षमता, भौतिक सम्पन्नता, एवं शारीरिक स्वास्थ्य जैसे ईश्वर के साधारण नियमों की अवज्ञा का कारण बनता है।

आध्यात्मिक सिद्धान्त सिखाए जाने चाहिए

शारीरिक रोग वास्तविक, कष्टदायक एवं घृणास्पद होने के कारण हमारे सक्रिय विरोध को जागृत करते हैं, और हम उनका उपचार व्यायाम, आहार नियंत्रण, दवाइयों अथवा रोग मुक्ति की किसी अन्य निश्चित विधि द्वारा खोजते हैं। परन्तु मनुष्य के समस्त दुःखों का मूल कारण होते हुए भी मनोवैज्ञानिक रोगों की तत्काल रोकथाम या उपचार

परमहंस योगानन्दजी व्हाइट हाऊस में, वॉशिंग्टन, डी.सी.

परमहंस योगानन्दजी और श्री जॉन बॉलफ़ोर, राष्ट्रपति काल्विन कूलिज से भेंट के पश्चात् व्हाइट हाउस से निकलते हुए खिड़की से बाहर दृष्टि डालते हुए। *वॉशिंग्टन हेराल्ड*, 25 जनवरी, 1927, ने समाचार दिया : "स्वामी योगानन्द का श्री कूलिज द्वारा आनन्द मुद्रा में स्वागत किया गया, जिन्होंने उन्हें बताया, कि वे उनके विषय में बहुत कुछ पढ़ते रहे हैं। भारत के इतिहास में पहली बार ऐसा हुआ कि राष्ट्रपति द्वारा एक स्वामी का औपचारिक रूप से स्वागत किया गया हो।"

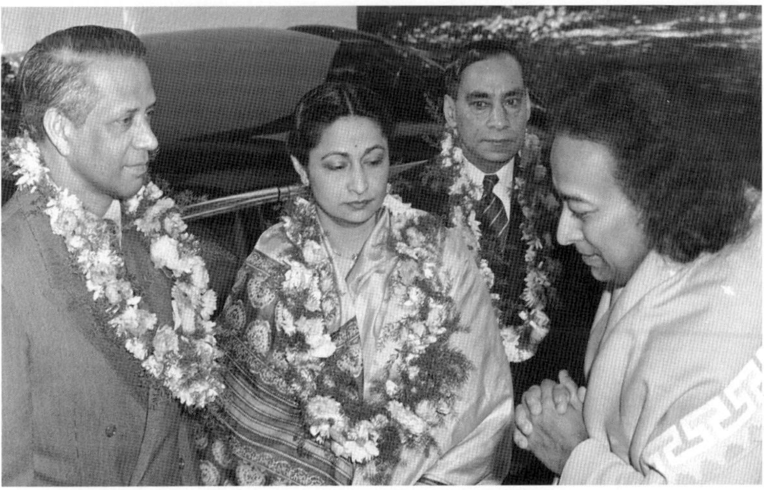

परमहंस योगानन्दजी भारतीय राजदूत बी.आर. सेन, श्रीमती सेन, और कॉन्सल जनरल आहूजा का, सेल्फ़-रियलाइज़ेशन फ़ेलोशिप अन्तर्राष्ट्रीय मुख्यालय, लॉस एंजिलिस में 4 मार्च, 1952 को उनके आगमन पर स्वागत करते हुए — महान् योगी के परलोक गमन से तीन दिन पूर्व।

योगदा सत्संग शाखा मठ, राँची

नहीं किया जाता और इस तरह उन्हें हमारे जीवन को क्षतिग्रस्त एवं नष्ट करने दिया जाता है।

शिक्षक, व्यायाम सिखाने वाले, धर्मोपदेशक, समाज-सुधारक, चिकित्सक और कानून बनाने वाले संस्कृति की वास्तविक उन्नति को केवल तब द्रुत गति दे पाएँगे जब पहले वे स्वयं सीखें कि जीवन के सभी पहलुओं और मनुष्य की प्रकृति का सामंजस्यता के साथ कैसे विकास किया जाए, और फिर दूसरों को सिखाएँ। यही वह वास्तविक शिक्षा और पूर्ण मानवीय संस्कृति है जिसकी खोज पूरे विश्व को है।

शिक्षा अधिकारी आध्यात्मिक सिद्धान्तों को विद्यालयों में पढ़ाना असंभव मानते हैं क्योंकि वे अनेक परस्पर विरोधी धार्मिक मतों के कारण भ्रमित हैं। परन्तु यदि वे शांति, प्रेम, सेवा, सहनशीलता और विश्वास के शाश्वत सिद्धान्तों, जो आध्यात्मिक जीवन को शासित करते हैं, पर अपने ध्यान को केन्द्रित करें, और बच्चों के मन रूपी उपजाऊ भूमि में ऐसे बीजों को बोने की व्यावहारिक विधियों का उपाय खोजें, तब यह काल्पनिक कठिनाई समाप्त हो जाएगी। इस समस्या की अवहेलना केवल इसलिए करना, कि यह कठिन लगती है, एक बहुत बड़ी भूल है।

अनेक स्नातक अपने विश्वविद्यालय से अत्यन्त भारी किताबी ज्ञान के घमण्ड से फूले हुए सिर लेकर विश्वविद्यालय छोड़ते हैं, और जीवन के पथ पर सीधे चलने के अयोग्य होते हैं क्योंकि उनके इच्छा-शक्ति एवं आत्म-नियंत्रण रूपी पैर उपयोग न करने के कारण लगभग शक्तिहीन हो चुके होते हैं। वे गलत विवाह, यौन ऊर्जा के दुरुपयोग, अत्यधिक धन की भूख, और असफल व्यवसाय रूपी गढ्ढों में सिर के बल गिर पड़ते हैं, क्योंकि विद्यालयों में उनकी चतुराई रूपी मन की तेज की गई तलवार का स्वयं को हानि पहुँचाने के अतिरिक्त और कोई उपयोग करना उन्हें नहीं सिखाया जाता। अनेक युवा ऐसे कार्य करते हैं जिनमें उन्हें लगता है कि सुख मिलेगा परन्तु अंततः उन्हें उनसे हानि और दुःख ही प्राप्त होता है। पिछले वर्ष अमेरिका के कुछ युवाओं ने, जिनकी उम्र पन्द्रह से तीस के बीच थी, बन्दूक की नोक पर एक अरब डॉलर लूट लिए थे। इसके लिए कौन उत्तरदायी था? हम हैं—हम सभी। वे भी पापी हैं जो पाप को फैलने से नहीं रोकते, और अपने उदाहरण के द्वारा दूसरों को चरित्रवान बनना नहीं सिखाते। विद्यालयों, विश्वविद्यालयों और समाज ने अपराध के वास्तविक मानसिक कारण को रोकने का वैज्ञानिक रूप से प्रयास ही नहीं किया है।

"आदर्श जीवन" की शिक्षा देने वाले विद्यालयों की आवश्यकता है

अरबों डॉलर की वार्षिक चोरी को रोकने के लिए उचित शैक्षणिक उपाय क्यों न किए जाएँ, और उनमें से कुछ लाख डॉलरों को "आदर्श जीवन" की शिक्षा देने वाले विद्यालयों को खोलने में उपयोग किया जाए, जहाँ पर जीवन की कला तथा सभी मानवीय योग्यताओं का संतुलित विकास करना सिखाया जाए?

उचित रूप से व्यवस्थित विद्यालयों को मैं ऐसे उद्यान मानता हूँ जहाँ नन्हीं आत्माओं का विकास और पोषण होता है। इसके मालियों को भली-भाँति चुना जाना चाहिए और उन्हें माता-पिता और समाज से सहयोग मिलना चाहिए। हमें शिक्षकों की कभी उपेक्षा नहीं करनी चाहिए, क्योंकि वे नन्हीं आत्माओं के चरित्र को ढालते हैं। मानवीय पौधे की प्रारम्भिक जीवन की देख-भाल एवं आध्यात्मिक पोषण, प्रायः उसके बाद के विकास को निश्चित करता है।

मैं अमेरिका की आधुनिक शिक्षा व्यवस्था और इसकी बौद्धिक और किसी सीमा तक शारीरिक प्रशिक्षण के विकास की विधियों में निरन्तर सुधार की सच्चे दिल से सराहना करता हूँ। परन्तु मैं इसकी मुख्य कमज़ोरी, आध्यात्मिक पृष्ठभूमि के अभाव की ओर लोगों का ध्यान आकर्षित करने में नहीं चूक सकता। यहाँ की शिक्षा-व्यवस्था में नैतिक और आध्यात्मिक प्रशिक्षण सम्मिलित करने की नितांत आवश्यकता है। यदि कोई बच्चा बौद्धिक रूप से प्रथम श्रेणी के स्तर का है अथवा फ़ुटबॉल या बेसबॉल का अच्छा खिलाड़ी है, तो वह प्रायः शिक्षक की दृष्टि में आ जाता है और उसे प्रोत्साहन दिया जाता है, परन्तु वही बच्चा यदि निम्नतम नैतिक एवं आध्यात्मिक श्रेणी का अंधकारमय जीवन बिता रहा हो तो बहुत कम लोग उसकी ओर ध्यान देते या उसे सचेत करते हैं।

ऐसा कोई विद्यालय कहाँ है, जो मानव की सम्पूर्ण प्रकृति के विकास के लिए निश्चित उपायों को अपनाता है; और उसे आदर्श जीवन जीना सिखाता है तथा जीवन की सभी छोटी-बड़ी और अन्ततः आखिरी परीक्षा के लिए तैयार करता है? सर्वाङ्गीण विकास की कला और विज्ञान को सिखाने वाले ऐसे विद्यालयों की तत्काल आवश्यकता है।

ऐसे "आदर्श जीवन" सिखाने वाले विद्यालय में बच्चों को, जिनके मन अभी लचीले हैं और जिनकी ऊर्जा अभी किसी निश्चित दिशा में मार्गदर्शित नहीं हुई है, शारीरिक, मानसिक एवं आध्यात्मिक विकास के विज्ञान को सिखाया जाना चाहिए। प्रौढ़ व्यक्ति भी सांयकालीन विद्यालय में इन विषयों में निपुण बन सकते हैं, यदि वे

अपनी इच्छा एवं धैर्य को उस समय बनाए रखें जब अच्छी आदतें उनकी बुरी आदतों का स्थान ले रही होती हैं।

सम्पूर्ण प्रशिक्षण के पश्चात्, ऐसे विद्यालय के विद्यार्थियों को अपने जीवन पर्यन्त निरन्तर आत्म-निरीक्षण करते गुज़रते रहना चाहिए, तब वे स्वास्थ्य, यश, दक्षता, सम्पत्ति और प्रसन्नता जैसी अनेक उपाधियों से विभूषित होंगे।

इस सांसारिक प्रवास के अन्त में अन्तिम परीक्षा के परिणाम समस्त उपलब्धियों के योग और पूरे जीवन-काल की विविध परीक्षाओं में अर्जित मानसिक और आध्यात्मिक उपाधियों के आधार पर निर्धारित होंगे। जो इस अन्तिम महान् परीक्षा में पुर्णतः सफल होंगे उन्हें दैवी आत्म-परिपूर्णता की, एक मुक्त एवं आनन्दित अन्तरात्मा की, और अनन्त आशीर्वादों की उपाधि प्राप्त होगी, जो आत्मा के पटल पर शाश्वत रूप में अंकित होगी। इस दुर्लभ पारितोषिक में दीमक नहीं लग सकती, यह चोरों एवं समय की विनाशकारी शक्ति की पहुँच से परे है, और यह सत्य के संघ में सम्मानित प्रवेश के लिए प्रदान किया जाता है।

प्रथम प्रयास करने की शक्ति का विकास करना

23 मई, 1927

इस संसार के विराट दृश्य, जहाँ मानव जाति का विशाल जनसमूह अपने जीवन भर हड़बड़ी में दौड़ा चला जा रहा है, पर दृष्टि डालें तो, व्यक्ति आश्चर्यचकित हुए बिना नहीं रह सकता कि यह सब क्या है? हम जा कहाँ रहे हैं? हमारा उद्देश्य क्या है? हमारे लक्ष्य तक पहुँचने का उत्तम एवं अति विश्वसनीय मार्ग कौन सा है?

अधिकाँश लोग, अनियंत्रित मोटरगाड़ियों की भाँति, बिना किसी लक्ष्य के, बिना किसी योजना के दौड़े चले जा रहे हैं। जीवन के मार्ग पर असावधानी से दौड़ते हुए, हम अपनी यात्रा के उद्देश्य को जानने में असफल हो जाते हैं, हम कदाचित् ही ध्यान देते हैं कि हम घुमावदार भ्रामक मार्गों पर हैं जो हमें कहीं भी नहीं ले जाते, अथवा ऐसे सही मार्ग पर हैं जो हमें सीधे हमारे लक्ष्य तक ले जाता है। हम अपने लक्ष्य को कैसे पा सकते हैं, यदि हम कभी उसके विषय में नहीं सोचते?

अनेक लोग, यद्यपि जीवन के लक्ष्य से अनजान हैं, फिर भी यह निश्चित करने के लिए कि वे क्या चाहते हैं और उसे कैसे प्राप्त कर सकते हैं, उनके पास प्रथम प्रयास करने की शक्ति होती है। अपनी व्यक्तिगत इच्छाओं एवं अपने वातावरण में परिवर्तन के संबंध में, वे अपने अन्दर की रचनात्मक शक्ति को उपयोग करने का प्रयत्न करते हैं। यह प्रथम प्रयास करने की शक्ति क्या है? यह एक रचनात्मक शक्ति है जो हममें से प्रत्येक में विद्यमान उस अनन्त सृष्टिकर्ता की एक चिंगारी है।

ऐसे एक दर्जन लोगों के बारे में सोचें जिन्हें आप जानते हैं, क्या उनमें से अधिकाँश लोगों के मन एक-अश्वशक्ति *(one-horsepower)* इंजिन की भाँति नहीं हैं? अनेक लोग उसी प्रकार अपनी रचनात्मक शक्तियों का सीमित उपयोग करते हैं। सारी प्रक्रिया, उनके जीवन का मुख्य कार्य-कलाप, मुख्यतः भोजन करना, कार्य करना, मनोरंजन करना और सोना ही है। जब जीवन इस प्रकार जिया जाता है तो मनुष्य और पशु में अन्तर ही क्या रह जाता है? मनोवैज्ञानिक कहते हैं, एक अन्तर यह है कि मनुष्य ही

एक मात्र प्राणी है जो हँसता है। हँसना अच्छा है, यदि आप इस शक्ति का उपयोग न करें तो आप सर्वथा मानवीय विकास के एक पहलू को खो देते हैं। उन लोगों की तरह न बनें जो दिन-प्रति-दिन जीवन को इतने गम्भीर रूप से लेते हैं कि वे हँसने से भी डरते हैं। वे जीवन का बिल्कुल आनन्द नहीं उठाते।

हँसने की अनूठी क्षमता के अतिरिक्त मनुष्य में एक और अति उत्तम गुण है, सभी गुणों में सर्वश्रेष्ठ — प्रथम प्रयास करने की शक्ति। यह रहस्यपूर्ण क्षमता क्या है? अमेरिका व्यवसाय और व्यावहारिक यांत्रिकी *(applied mechanics)* के क्षेत्र में पहल की भूमि है, भारत आध्यात्मिकता में पहल करने वाली भूमि है। पहल सृजनशक्ति है; सृजन अर्थात् कुछ ऐसा करना जिसे किसी दूसरे ने न किया हो; यह कार्यों को नए तरीकों से करने का प्रयास है, और नई चीजों को रचने का प्रयास है। पहल करने की शक्ति वह सृजनात्मक सामर्थ्य है जो आपको अपने सृष्टिकर्ता से सीधे प्राप्त होती है। आपने अपने जीवन में इस दिव्य उपहार से क्या किया है? कितने लोग अपनी सृजनात्मक क्षमता का प्रयोग करने के लिए वास्तव में प्रयास करते हैं? सप्ताह, महीने और वर्ष बीत जाते हैं, पर वे सदा वैसे ही रहते हैं, केवल आयु के अतिरिक्त वे नहीं बदले। सृजनशक्ति वाला व्यक्ति एक उल्का की भाँति तेजस्वी है — जो शून्य से कुछ उत्पन्न कर देता है, जो ईश्वर की महान् आविष्कारक शक्ति द्वारा असंभव को संभव बना देता है।

एक-अश्वशक्ति वाले व्यक्ति न बनें

सृजनात्मक शक्ति वाले व्यक्ति तीन प्रकार के होते हैं — असाधारण श्रेणी, मध्यम श्रेणी एवं सामान्य श्रेणी, और अन्य सैकड़ों लोग शून्यता की "स्वामीविहीन भूमि" में रह रहे हैं। स्वयं से यह प्रश्न पूछें : "क्या मैंने कभी ऐसा कार्य करने का प्रयत्न किया है जिसे किसी अन्य ने न किया हो?" यह सृजनात्मक शक्ति के उपयोग की प्रारम्भिक अवस्था है। यदि आपने यहाँ तक नहीं सोचा है तो आप उन सैंकड़ों की भाँति हैं जिनकी यह भ्रान्तिपूर्ण सोच है कि वे जो कुछ भी कर रहे हैं उससे भिन्न कुछ करने की शक्ति उनके पास नहीं है। वे निद्राचारियों *(sleep walkers)* की भाँति हैं, उनके अवचेतन मन से प्राप्त सुझावों ने उन्हें एक-अश्वशक्ति व्यक्ति की चेतना ही दे रखी है। यदि आप ऐसे निद्राचारी की तरह जीवन यापन कर रहे हैं, तो आप इस प्रतिज्ञापन के साथ स्वयं को जाग्रत करें : "मुझ में मानव का सर्वश्रेष्ठ गुण — सृजनात्मक क्षमता है। प्रत्येक मनुष्य के पास इस शक्ति की कुछ चिंगारी होती हैं जिसके द्वारा वह किसी

ऐसी वस्तु का सृजन कर सकता है जिसका पहले कभी सृजन न हुआ हो। यदि मैं स्वयं को परिवेश द्वारा सम्मोहित होने दूँ, तो मैं देखता हूँ कि कितनी आसानी से मैं संसार में व्याप्त नश्वर चेतना की सीमितता से भ्रमित हो सकता हूँ!" परन्तु यदि आप कहते हैं, "कार्य के प्रत्येक क्षेत्र में पहले से ही इतनी अधिक भीड़ है, तो मैं क्यों प्रयत्न करूँ?" तब आप स्वयं को हतोत्साहित कर देने वाली सांसारिक चेतना द्वारा सम्मोहित होने की अनुमति दे रहे हैं। जीवन के हर क्षेत्र में अनेक व्यक्ति जिनमें पहला कदम उठाने की शक्ति की कमी होती है, असफल रहते हैं।

आध्यात्मिक पथ में भी, अनेक लोग निष्क्रियता से जीवन भर एक ही पथ का अनुसरण करते हैं। असन्तुष्ट रहते हुए भी वे बिना विचारे उसी सम्प्रदाय से जुड़े रहते हैं, जिसका उनके परिवार के लोग अनुसरण करते हैं अथवा वे दीक्षित लोगों के घर पैदा तो हुए परन्तु किसी सामुदायिक मन्दिर अथवा चर्च के पास आवास बदलने के कारण वे उसी समुदाय से जुड़ जाते हैं। व्यक्ति को अपनी अन्तरात्मा की आवाज के अनुसार जीवन के सभी अनुभवों में अपने को उसके अनुकूल बनाना चाहिए। उसे बिना सोचे-समझे कार्य नहीं करना चाहिए।

मेरे गुरु, श्रीयुक्तेश्वरजी प्रायः कहते थे, "इसे याद रखो : यदि आपके अन्तर में वह विश्वास है जो वास्तव में ईश्वरीय है, और यदि आपको किसी ऐसी वस्तु को पाने की इच्छा है जो इस ब्रह्माण्ड में नहीं है, तो वह आपके लिए उत्पन्न की जाएगी।" मुझे अपनी इच्छाशक्ति के आन्तरिक एवं आध्यात्मिक बल पर अत्यधिक दृढ़ विश्वास था, और मैं सदा पाता था कि जो कुछ भी मैं चाहता था उसे पाने के लिए कुछ न कुछ नए अवसर पैदा किए जाते थे।

आपके अन्तर में सृजनात्मक शक्ति अविकसित, अनिर्मित, व्यवहार में लाए बिना, अप्रयुक्त रह जाती है। यह आत्मा की स्वाभाविक शक्ति है, वास्तव में यह आपमें से प्रत्येक को दी गई है, परन्तु आपने इसका उपयोग नहीं किया। आप इस पहल करने की शक्ति को कैसे प्राप्त कर सकते हैं? यदि आपने स्वयं के लिए रचनात्मक ढंग से सोचने की शक्ति का विकास नहीं किया है, अथवा अपना रास्ता स्वयं बनाने में कोई प्रथम प्रयास नहीं किया है, तो आपको सर्वप्रथम उस कार्य में सुधार करने का प्रयत्न करना चाहिए जिसे किसी और ने पहले किया हो। दूसरों के द्वारा किए गए आविष्कारों में सुधार करने का प्रयास पहल करने की शक्ति का एक अति सामान्य रूप है।

प्रथम प्रयास करने की शक्ति की दूसरी अथवा मध्यम श्रेणी है, लोगों द्वारा कुछ नया लिखना या आविष्कार करना, परन्तु जिसका कुछ विशेष महत्त्व न हो।

प्रथम प्रयास करने की शक्ति की सर्वोत्तम अथवा अति विलक्षण श्रेणी वह है जो आपको संसार के समक्ष, बरबैंक या एडीसन की भाँति, देदीप्यमान बना दे। वे अजेय और आध्यात्मिक पहल करने की शक्ति वाले व्यक्ति थे। क्या ईश्वर इन महान् व्यक्तियों के प्रति पक्षपाती थे, कि उनके पास यह विशेष महानता थी? क्या ईश्वर ने उन्हें इतनी प्रशंसा पाने के लिए चुना था? नहीं। इस महानता और यश को प्रकट करने के लिए उन्होंने केवल पहल करने की शक्ति का उपयोग किया था जो कि ईश्वर की अमर संतान होने के नाते प्रत्येक व्यक्ति का जन्मसिद्ध अधिकार है। जो व्यक्तिगत महिमा चाहते हैं वे कदापि महान् नहीं हैं, अभिमान से फूले, वे लोग ईश्वर की वास्तविक सहायता नहीं ले पाते। जो लोग दूसरों को देने में आनन्दित होते हैं — चाहे वह बल हो, उत्साह, संगीत अथवा कला हो — वे लोग महान् हैं।

अधिकाँश लोग जो महान् बने हैं, उन्हें अवचेतन रूप से मार्गदर्शन मिला है : उनमें महानता की यह झलक वंशानुगत थी जिसने उन्हें प्रारम्भिक लाभ प्रदान किया। उन्होंने अपने जीवन में उस वंशानुगत लाभ का उपयोग किया और असाधारण व्यक्ति बन गए, श्रेष्ठ बन गए। यदि आपमें महानता का गुण है, तो आप अचेतन रूप से अपने मन की शक्तियों द्वारा प्रेरित हुए हैं जिसने आपको पुनर्जन्म के द्वारा आपके वातावरण में परिवर्तन लाने और उस नए वातावरण में आपके प्रथम प्रयास करने की शक्ति को अति विकसित होने दिया। इसी भाव में कहा जाता है कि महान् पुरुष "जन्मजात" होते हैं।

आपको अपनी शक्ति की खोज अवश्य करनी चाहिए

परन्तु मैं जानता हूँ कि महान् पुरुष बनाए भी जा सकते हैं, या बिल्कुल गुण रहित व्यक्तियों को विकसित किया जा सकता है। महान् बनने का, इस असाधारण पहल करने की शक्ति को प्राप्त करने का एक तरीका है। ज्ञान के द्वारा, उचित प्रशिक्षण के द्वारा और सेल्फ़-रियलाइज़ेशन [योगदा सत्संग] की शिक्षाओं के अभ्यास द्वारा आप उस पहल करने की शक्ति का विकास कर सकते हैं और उसे पूरी तरह प्रयोग में ला सकते हैं। जिन्होंने बहुत पहले संघर्ष किया है वे अब अपने कर्मों का फल भोग रहे हैं। आपको अपनी शक्ति की खोज अवश्य करनी चाहिए, प्रतीत होने वाली असम्भावनाओं पर विजय पाने का प्रयास अवश्य करें।

किसी भी व्यवसाय में अच्छी सफलता पाने के लिए आपको संसार के आलोचनात्मक मतों को सहन करने के लिए तैयार रहना चाहिए। कुछ अलग सोच के लिए, कुछ अलग व्यवहार के लिए — मौलिक व्यक्ति बनने के लिए आपको

एक-अश्वशक्ति वाले व्यक्तियों से दूर रहना चाहिए। अपने उत्साह को बनाए रखने के लिए अथक प्रयास करते रहना चाहिए। असाधारण पहल करने की शक्ति वाला व्यक्ति, हृदय में विश्वास रखते हुए कि वह सही है, सभी कठिनाइयों को सहन कर लेता है। इस अनुभूति के साथ कि आपके साथ अनन्त रचनात्मक शक्ति है, अविचलित दृढ़ता के साथ अपने मार्ग पर चलते रहें।

आपको सर्वप्रथम उस अनन्त शक्ति के साथ चेतन सम्पर्क स्थापित करना चाहिए। यह सम्पूर्ण रचनात्मक शक्ति का स्रोत है और जब आप उस अधिचेतन शक्ति से सम्पर्क कर लेते हैं, तो आपका चेतन एवं अवचेतन मन भी शक्ति से पूरित हो जाते हैं। बहुत समय पहले मैं डरता था कि मेरी थोड़ी सी विकसित सृजनात्मक शक्ति कठिन परीक्षणों में शीघ्र कहीं लुप्त न हो जाए। मैं अब जानता हूँ कि मेरे अन्दर वह महान् अनन्त परमतत्त्व है, जो सम्पूर्ण कला, सम्पूर्ण संगीत, सम्पूर्ण ज्ञान का स्रोत है। यदि वह शक्ति मेरे साथ है, तो मैं असफल नहीं हो सकता।

जब भी आप किसी अद्भुत वस्तु की रचना करना चाहें, तो आप तब तक निश्चल होकर गहन ध्यान में बैठे रहें जब तक कि आप उस अनन्त, आविष्कारक, रचनात्मक शक्ति से सम्पर्क न कर लें जो कि आपके भीतर है। कुछ नया करने का प्रयत्न करें, लेकिन यह विश्वास रखें कि आप जो भी कर रहे हैं उसके पीछे वह महान् रचनात्मक मूल स्रोत है, और वह रचनात्मक मूल स्रोत आपको सफल बनाएगा। प्रत्येक मानव परमात्मा की अनन्त रचनात्मक शक्ति के द्वारा मार्गदर्शित होने के लिए बना है। आपने आलस्य और संदेह के द्वारा अपने अन्दर की रचनात्मक शक्ति के फव्वारे को अवरुद्ध कर दिया है। इसे खोलिए। आप जो भी करें उसमें निर्भीक संकल्प को प्रदर्शित करें।

अधिकाँश लोग पुराने उद्धरणों द्वारा अपना पोषण करने में सन्तुष्ट रहते हैं, अपने अन्दर विद्यमान व्यक्तित्व को प्रदर्शित किए बिना दूसरों के विचारों को एकत्रित करते रहते हैं। आपमें कौन सी विशिष्टता है? आपमें ईश्वर की शक्ति की महान् अद्वितीयता कहाँ गई? आप उसका उपयोग नहीं कर रहे हैं।

ईश्वर की अनन्त शक्ति आपका संपोषण करती है

पहले मैं गुरु बनने में अनिच्छुक था — उलझनों से डर लगता था। एक शिक्षक को झटकों को सहने की शक्ति वाला होना चाहिए, जैसे ही वह अशान्त होता है, वह उन लोगों की मदद नहीं कर सकता, जो उससे सहायता प्राप्त करना चाहते हैं। एक सच्चे गुरु को सभी से प्रेम करना पड़ता है, मानव जाति को भली-भाँति समझना, और

ईश्वर को जानना पड़ता है। लेकिन जब श्रीयुक्तेश्वरजी ने मुझे बताया कि इस जीवन में मेरी भूमिका एक गुरु की है, तो मैंने अपनी सहायता के लिए ईश्वर की अनन्त शक्ति को पुकारा। जब मैंने व्याख्यान देना आरम्भ किया, तब मैंने अपने मन में निश्चय किया कि मैं पुस्तकीय ज्ञान से नहीं बल्कि आन्तरिक प्रेरणा से बोलूँगा, इस विचार को रखते हुए कि मेरी वाणी के पीछे अपार सृजनात्मक शक्ति है। मैंने उस शक्ति का उपयोग दूसरे क्षेत्रों में भी किया, जैसे व्यवसाय और अनेक अन्य प्रकार से लोगों की सहायता करने के लिए। मैंने नश्वर मन का उपयोग अनश्वरता को प्रदर्शित करने के लिए किया। मैंने यह नहीं कहा : "हे परमपिता इसे कर दो" बल्कि यह कहा "हे परमपिता मैं इस कार्य को करना चाहता हूँ। आपको मेरा मार्गदर्शन करना होगा, आपको मुझे प्रेरणा देनी ही होगी, आपको मेरा मार्गदर्शक बनना ही होगा।"

छोटे-छोटे कार्यों को असाधारण ढंग से करें, अपने क्षेत्र में एक सर्वश्रेष्ठ व्यक्ति बनें। आप अपने जीवन को एक सामान्य ढंग से व्यतीत न करें, कुछ ऐसा करें जो किसी और ने न किया हो, कुछ ऐसा जिससे संसार चकाचौंध हो जाए। यह दिखा दें कि ईश्वर का सृजनात्मक सिद्धान्त आपमें कार्य करता है। बीते हुए समय की चिंता न करें। चाहे आपकी गलतियाँ सागर जितनी गहरी हों, लेकिन आपकी आत्मा उनके द्वारा निगली नहीं जा सकती। बीती गलतियों के सीमित विचारों की बाधाओं को तोड़कर अविचलित दृढ़ निश्चय के साथ अपने मार्ग पर चलते रहें।

चाहे जीवन अंधकारमय हो, चाहे कठिनाइयाँ आएँ, चाहे सुअवसरों का उपयोग न कर पाएँ, लेकिन अपने अन्तर में यह कदापि न कहें : "मैं टूट चुका हूँ। ईश्वर मुझे भूल गए हैं।" ऐसे व्यक्ति के लिए कौन कुछ कर सकता है? आपके परिवार के लोग आपको त्याग सकते हैं, आपका अच्छा भाग्य आपको धोखा देता दिखाई दे सकता है, मनुष्य और प्रकृति की सभी शक्तियाँ आपके विरुद्ध हो सकती हैं, परन्तु आपके अन्दर विद्यमान कार्य आरम्भ करने की दिव्य शक्ति के गुण के द्वारा, आप अपने बीते गलत कार्यों द्वारा उत्पन्न भाग्य के प्रत्येक हमले को विफल कर सकते हैं, और विजयी बनकर स्वर्ग की ओर बढ़ सकते हैं।

चाहे आप सैकड़ों बार पराजित हुए हों, परन्तु आप दृढ़ निश्चयी बनें कि आप विजयी हो कर रहेंगे। पराजय अनन्तकाल तक नहीं रहती। पराजय आपकी एक अस्थायी परीक्षा है। वास्तव में, ईश्वर आपको अजेय बनाना चाहते हैं, आपके अन्दर विद्यमान अनन्त शक्ति का उपयोग करवाना चाहते हैं, जिससे कि जीवन के रंगमंच पर आप अपनी उच्च निर्धारित भूमिका को पूर्ण रूप से निभा सकें।

ईश्वर ने संसार को हमारे मनोरंजन के लिए बनाया

आप यह कैसे जानेंगे कि कौन सी भूमिका आपके लिए उपयुक्त रहेगी? यदि हम सब राजा बनना चाहते हैं, तो सेवक कौन बनेंगे? यदि रंगमंच पर राजा और सेवक की भूमिका का अभिनय अच्छे ढंग से किया जाए तो दोनों का महत्त्व बराबर है। आपको यह स्मरण रखना चाहिए कि हमें इस संसार में विभिन्नताओं के साथ, विभिन्न व्यवसायों की इच्छाओं के साथ, इसीलिए भेजा है। ईश्वर ने यह संसार एक नाटक के रूप में बनाया है, हमारे मनोरंजन के लिए एक विशाल चलचित्र। लेकिन हम रंगमंच प्रबंधक की योजना को भूल जाते हैं और अपनी भूमिका को ऐसे निभाना चाहते हैं जैसा हम ठीक समझते हैं, न कि जैसा ईश्वर चाहते हैं।

आप जीवन के रंगमंच पर असफल हो जाते हैं क्योंकि आप ईश्वर द्वारा निर्दिष्ट भूमिका से अलग भूमिका निभाने का प्रयत्न करते हैं। कभी-कभी मसखरा, राजा की अपेक्षा, हमारे ध्यान को अधिक आकर्षित करता है; इसलिए आपकी भूमिका चाहे कितनी ही अप्रत्यक्ष क्यों न हो, उसे अपनी पूरी अन्तर्भावना से निभाएँ। ईश्वर के साथ अन्तर्सम्पर्क करें, और इस संसार-नाटक में आप अपनी भूमिका ठीक ढंग से निभा सकेंगे।

आप दुःख भोगने के लिए नहीं बने हैं। जो दुःखान्त भूमिका निभाते हैं उनको यह समझ लेना चाहिए कि वे केवल नाटक की एक भूमिका निभा रहे हैं। कोई चिंता न करें कि आपको कौन सी भूमिका निभानी पड़ रही है; रंगमंच-प्रबंधक के निर्देशन के साथ सामंजस्यता में, इसे सदा ठीक ढंग से निभाने का सदा प्रयत्न करें, जिससे कि आपकी छोटी-सी भूमिका भी दूसरों का ज्ञानवर्धन करे। यह समझ लें कि ईश्वर की अनन्त शक्ति का कोई रूप आपके द्वारा संसार के रंगमंच पर अभिनय कर रहा है।

अनन्त ईश्वर नई सफलता का सृजन करते हैं। वे आपको एक स्वचालित मशीन नहीं बनाना चाहते। ब्रह्माण्डीय शक्ति के साथ अन्तर्सम्पर्क कर लें, और चाहे आप किसी उद्योगशाला में कार्य कर रहे हों अथवा व्यावसायिक संसार में लोगों से मिल-जुल रहें हों, सदा प्रतिज्ञापन करें : "मेरे अन्दर अनन्त रचनात्मक शक्ति है। मैं कुछ विशिष्ट कार्य किए बिना श्मशान में नहीं जाऊँगा। मैं एक ईश-मानव हूँ, एक विवेकपूर्ण प्राणी। मैं ईश्वर की शक्ति हूँ, जो मेरी आत्मा का बलशाली स्रोत है। मैं व्यवसाय के जगत् में, विचारों के जगत् में, ज्ञान के जगत् में रहस्योद्घाटनों का सृजन करूँगा। मैं और मेरे परमपिता एक हैं। मैं जो इच्छा करूँ उसका सृजन कर सकता हूँ, जैसे मेरे सृजनात्मक परमपिता करते हैं।"

भगवान् को किसने बनाया ?

लगभग सन् 1949

ईश्वर की सृष्टि और उनके स्वयं सर्वशक्तिमान् एवं सर्वसमर्थ अस्तित्वमय होने का रहस्य, उस प्रत्येक हृदय के चिन्तन का विषय है जो ईश्वर को जानने की लालसा रखता है। किसी भी धर्मग्रन्थ ने ऐसे अनुत्तरदायी लगने वाले प्रश्नों का पूर्ण रूप से स्पष्टीकरण नहीं किया है। परन्तु यदि आप चिन्तन करें और इस विषय के सम्पूर्ण ज्ञान को अनुभव करने का प्रयत्न करें, जिस तरह से मैं इसकी व्याख्या करूँगा, तो आप इन प्रश्नों के उत्तर प्राप्त करेंगे — उत्तर जो मैंने अपनी आत्मा की गहराई से और ईश्वर से प्राप्त किए हैं।

असीम, ईश्वर सम्पूर्ण सीमित सृष्टि का मूल कारण हैं। वे *माया* की शक्ति, भ्रामक सापेक्षता (relativity) के तूफान — यह भ्रम कि एक (ईश्वर) अनेक बन गए हैं — को प्रकट करते हैं, जो उनको अस्तित्व एवं उनकी सृष्टि करने की स्पन्दनीय इच्छा के सागर पर बहती हुई, सीमित सृष्टि रूपी लहरों को साकार रूप देती है। "यद्यपि मैं अजन्मा हूँ, और मेरा स्वरूप अविनाशी है! तथापि सम्पूर्ण सृष्टि का ईश्वर होकर, अपनी ब्रह्माण्डीय प्रकृति में स्थित रह कर, मैं अपनी स्वयं विकसित माया-भ्रम से शरीर धारण करता हूँ।"*

ईश्वर ने स्वयं को रचनात्मक ब्रह्माण्डीय प्रबुद्ध स्पन्दन के रूप में प्रकट करके, और भ्रामक सापेक्षता की आँधी की सहायता के उपयोग से स्वयं से मन, ऊर्जा और पदार्थ, की समस्त सीमित स्पन्दित तरंगों को उत्पन्न किया : जैसे इलेक्ट्रॉन, प्रोटॉन, परमाणु, अणु, कोशिकाएँ और ठोस पदार्थ के पिण्ड — घूमती हुई विकिरणों से घिरे आकाश क्षेत्र में तैरते ब्रह्माण्डीय द्वीपों के समूह।

इस प्रकार, प्रबुद्ध ब्रह्माण्डीय स्पन्दन समस्त रचित वस्तुओं का सर्वप्रथम व्यक्त कारण है, यद्यपि पदार्थ के विभिन्न सीमित रूप कुछ मूल रूपों के संयोग और आयोजन द्वारा बाद में रचित अथवा उत्पन्न होते हैं : जैसे कोशिकाएँ अणुओं से बनी, अणु परमाणुओं से, परमाणु इलेक्ट्रॉन और प्रोटॉन से, इलेक्ट्रॉन और प्रोटॉन प्राणअणु (lifetrons) से और प्राणअणु अनन्त ईश्वर के विचाराणुओं† (thoughtrons) से।

* भगवद्गीता IV:6।

† ईश्वर से उत्पन्न होने वाले रचनात्मक स्पन्दन के प्रथम और अत्यन्त सूक्ष्म प्रकटीकरण के लिए

सृष्टि विद्यमान है, और इसकी रचना ईश्वर ने की है, इसलिए ईश्वर विद्यमान हैं। हम कह सकते हैं कि प्रबुद्ध सृष्टि, प्रबुद्ध ईश्वर के कारण विद्यमान है। परन्तु ईश्वर की रचना किसने की, जिनसे कि अन्य समस्त वस्तुएँ आयी हैं? अनन्त ईश्वर ने स्वयं।* कार्य-कारण का नियम केवल सीमाबद्ध वस्तुओं पर लागू होता है, यह असीम ईश्वर पर लागू नहीं होता। जिस प्रकार सागर की समस्त लहरें सागर में विलीन हो जाती हैं, उसी प्रकार, पूर्व कथित सीमित कारणों से उत्पन्न समस्त सीमित पदार्थ अपने शाश्वत स्रोत में लुप्त हो जाते हैं। वैसे ही, कार्य-कारण का नियम सृष्टि में बाह्य रूप से कार्य करता है, परन्तु यह अनन्त ईश्वर में विलीन हो जाता है।

कार्य-कारण के नियमानुसार, हमारे आदि माता-पिता — प्रथम सीमित प्राणी जिन्हें आदम और हव्वा कहते हैं, जो स्वयं अनन्त की विशेष रचना थे — ने समस्त मानव जाति की रचना में सहायता की। हम क्योंकि अपने माता-पिता से उत्पन्न हुए हैं — और हमारे माता-पिता उन के माता-पिता से, और समस्त मानव जाति आदम और हव्वा से उत्पन्न हुई है — इसलिए हम पूछते हैं कि ईश्वर को किसने बनाया? हम अनन्त (ईश्वर) जिसने हमें बनाया, पर भी कार्य-कारण का नियम, लागू कर देते हैं। यह गलत तर्क है।

बदलते दृश्य पटल

जब आप सागर की लहरों के साथ नृत्य कर रहे होते हैं, तो आप सम्पूर्ण सागर के दृश्य को नहीं देख सकते, परन्तु आकाश से आप इसकी विशालता का विहंगम दृश्य देख सकते हैं। इसी प्रकार, जब आप सृष्टि पर एकाग्र होते हैं और इसमें डूब जाते हैं, तो आप सृष्टि और इसमें कार्यरत कार्य-कारण के नियम के अतिरिक्त और कुछ नहीं देख सकते। परन्तु जब आप आँखें बन्द करके अन्तर् में झाँकना सीख लेते हैं, तो आप

परमहंस योगानन्द द्वारा दिया गया नाम; जो कि समस्त द्रव्यों के पीछे प्रथम विचार हैं। विचाराणु विचार जगत् अथवा कारण जगत् को बनाते हैं, जिससे प्राणअणुओं, जो कि प्रबुद्ध जीवन ऊर्जा है, के सूक्ष्म जगत् की उत्पति होती है, फिर उससे स्थूल परमाणु ऊर्जा के भौतिक जगत् की उत्पति होती है। (शब्दावली में *कारण जगत्* देखें।) *(प्रकाशक की टिप्पणी)*

* "जब परमात्मा का अस्तित्व नहीं था, कुछ नहीं था।...
उसने अपनी शक्ति से, प्रवाह रहित श्वास लिया।
उसके परे कुछ भी नहीं था।...
होने का अस्तित्व अस्तित्वहीन में पाया,
ऋषियों ने अपने हृदयों में ज्ञान से इसे खोजकर।"

— ऋग्वेद X:129।

न तो सीमित रूपों को देखते हैं और न ही वे नियम जिसने उनकी रचना की है, बल्कि निराकार, कारण रहित अनन्त (ईश्वर) की झलक देखते हैं।

बर्फीले प्रदेश में उत्तरी ध्रुव के पास, एक एस्किमो जो सील मछली का शिकार कर रहा था, उसने दृष्टि उठाकर देखा कि एक हिन्दू यात्री उसकी ओर आ रहा है।

"मेरे मित्र, आप कहाँ से आ रहे हैं?" उसने पूछा।

"मेरा घर भारत है," अजनबी ने उत्तर दिया।

"अच्छा, अच्छा" एस्किमो ने कहा। "क्या हिन्दुओं को भारत में अच्छी सील मछली का मांस प्रचुरता में मिलता है?"

"ओह, नहीं, हमारे यहाँ यह बिल्कुल नहीं होती," प्रसन्न भाव से आगन्तुक ने उत्तर दिया। "हिन्दू अधिकतर शाकाहारी होते हैं।"

"कितनी मूर्खतापूर्ण बात है," एस्किमो ने सोचा। "सील मछली के बिना कोई भी जीवित नहीं रह सकता!"

जिस प्रकार एस्किमो और किसी भोजन के बारे में न जानने के कारण, सोचता था कि सभी लोग सील मछली ही खाते हैं, उसी प्रकार नश्वर प्राणी, स्वयं कार्य-कारण के नियमानुसार उत्पन्न होने के कारण, स्वाभाविक रूप से सोचता है कि शाश्वत ईश्वर भी कार्य-कारण के नियमानुसार अस्तित्व में आया है।

परमात्मा कार्य-कारण से मुक्त हैं

इस प्रकार कार्य-कारण नियमानुसार जन्में नश्वर, मानव के लिए यह प्रश्न एक मूर्खतापूर्ण गलती है, "ईश्वर की रचना किसने की?" अनन्त ईश्वर ने कार्य-कारण का नियम बनाया जिसके द्वारा समस्त नश्वर वस्तुओं की उत्पत्ति हुई, जबकि अनन्त ईश्वर स्वयं बिना कारण के अस्तित्ववान हैं। जिस प्रकार एक निरंकुश राजा अपने राज्य में सभी नियमों को बना सकता है, परन्तु वे उस पर लागू नहीं होते, उसी प्रकार ब्रह्माण्ड का राजा अपने साम्राज्य में सभी नियमों को बनाता है, जिसमें उनकी नश्वर सृष्टि का संचालन करने वाला कार्य-कारण का नियम भी सम्मिलित है, परन्तु वे अपने नियमों के अधीन नहीं हैं। "मैं, अव्यक्त, पूरे ब्रह्माण्ड को व्याप्त करता हूँ। सभी प्राणी मुझमें रहते हैं पर मैं उनमें स्थित नहीं हूँ।"* यद्यपि ईश्वर समस्त वस्तुओं में विद्यमान हैं, किन्तु वे किसी भी प्रकार से सीमितता द्वारा बंधे हुए नहीं हैं।

* भगवद्गीता IX:4।

अतः अनन्त (ईश्वर) विद्यमान हैं। हम सृष्टि में उनकी शक्तिशाली अभिव्यक्तियों से उनकी विद्यमानता, सर्वशक्तिमत्ता का अनुमान लगाते हैं। उनकी शक्ति साकार अवस्था में पूर्णरूप से क्रियाशील है। और ब्रह्माण्डीय प्रलय के समय, समस्त शक्ति, ब्रह्माण्डीय प्रज्ञा, एवं कार्य-कारण का नियम निष्क्रिय हो जाते हैं और परमात्मा में विलीन हो जाते हैं, जहाँ वे ईश्वर की रचनात्मक सृष्टि के अगले युग की प्रतीक्षा करते हैं। तूफान की शक्तियाँ जो सागर में लहरों को उत्पन्न करती हैं, लहरों में व्यक्त होती हैं। किन्तु जब सागर शान्त होता है तो कोई शक्ति व्यक्त नहीं होती। उसी प्रकार, सृष्टि सृजन के समय में अनन्त ईश्वर बुद्धि, मन, स्पन्दन, शक्तियाँ और पदार्थ को अभिव्यक्त करते हैं। और अव्यक्त अवस्था में, अनन्त (ईश्वर) केवल निराकार रूप में विद्यमान रहते हैं, जिसमें समस्त शक्तियाँ लय हो जाती हैं। प्रकाश, नीहारिकाएँ, ऋतुएँ अंतरिक्ष में से आती हैं और फिर वे अंतरिक्ष में लय हो जाती हैं, और छिप जाती हैं। सृष्टि से परे का क्षेत्र परमात्मा के छिपने की जगह है।

इस प्रकार अनन्त (ईश्वर) ऊर्जा, देश, काल और बुद्धि के स्पन्दनों की श्रेणियों से परे अपने आपमें कुछ वस्तु हैं। इनको आदि अथवा अन्त के बिना विद्यमान एक शाश्वत शक्ति के रूप में अनुभव कर सकते हैं और जान सकते हैं। सृष्टि ईश्वर ने बनाई है, लेकिन ईश्वर का अस्तित्व तो है ही। न किसी व्यक्ति ने, और न किसी वस्तु ने ईश्वर को बनाया है — वे जैसे हैं वैसे सदा रहे हैं और सदा-सदा के लिए रहेंगे। "हे अर्जुन! मुझसे उच्च या परे कुछ भी नहीं है। सब कुछ (जीव तथा वस्तुएँ) एक सूत्र में गुँथी मणियों के सदृश मुझसे बँधे हैं।"* जब तक आप स्वयं को एक सृष्ट प्राणी मानेंगे, जो कार्य-कारण के नियमों के अधीन है, तब तक उन्हें नहीं समझा जा सकता। परन्तु जैसे ही आप समाधि में ईश्वर के साथ एक हो जाएँगे, आप यथार्थ रूप से जान जाएँगे कि ईश्वर कौन और कैसे हैं — अनादि, अनन्त, कारण रहित। तब, उनके साथ एक होने पर, आप जान जाएँगे कि आप भी कारण रहित शाश्वत हैं। नश्वर मानव के रूप में आप ईश्वर द्वारा रचित रचना हैं; और आत्मानुभूति प्राप्त अमर मनुष्य के रूप में आप स्वयं को ईश्वर के सागर की एक लहर के रूप में जान जाएँगे, जो एक, और केवल एक, आत्मनिर्भर, शाश्वत ब्रह्माण्डीय चेतना हैं।

* भगवद्गीता VII:7।

जड़ और चेतन के बीच की लुप्त कड़ी

सेल्फ़-रियलाइज़ेशन फ़ेलौशिप अन्तर्राष्ट्रीय मुख़्यालय, लॉस एंजिलिस कैलिफ़ोर्निया, सन् 1932

एक पत्थर और पत्थर के विचार में बहुत बड़ा अन्तर है : पत्थर में भार और आयाम है और वह दिखाई देता है, और उसे छुआ जा सकता है, पत्थर का विचार अदृश्य और अस्पर्शनीय होता है, वह भार और आयाम-रहित होता है। इसी प्रकार उदाहरण के लिए हेनरी जोन्स का भौतिक शरीर, भार, आकार, आयाम और रूप दर्शाता है; हेनरी जोन्स के बारे में विचार करने में, पदार्थ के इन गुणों में से कोई नहीं है। फिर भी मानस दर्शन की कला में दक्ष शक्तिशाली मन, मतिभ्रम अथवा चेतन रूप से उत्पन्न किए स्वप्न में हेनरी जोन्स को देख सकता है, उसके साथ हाथ मिला सकता है, तराज़ू पर उसको तौल सकता है और उसकी लम्बाई और दुबलेपन को देख सकता है। मानस दर्शन, मतिभ्रम, अथवा हैनरी जोन्स के शरीर के स्वप्न का प्रतिनिधित्व उसके शरीर की केवल विचार-धारणा की अपेक्षा अधिक वास्तविक है, क्योंकि स्वप्न की वस्तुएँ, शब्द, स्पर्श, रूप, रस एवं गंध की इन्द्रियों द्वारा ग्रहण होती हैं।* तब हेनरी जोन्स के विचार; उसके शरीर के मानस दर्शन, मति-भ्रम, अथवा स्वप्न-बोध, और उसके जीवित भौतिक शरीर के बीच क्या अन्तर है?

भ्रान्ति और भ्रम में अन्तर

किसी का यह दृष्टिकोण हो सकता है कि हेनरी जोन्स का भौतिक स्वरूप वास्तविक है क्योंकि वह सबको दिखाई देता है, और उसका स्वप्न बोध अवास्तविक है क्योंकि वह केवल एक व्यक्ति को दिखाई देता है। फिर क्या यह संभव नहीं है कि हेनरी जोन्स के भौतिक शरीर की — और अन्य मानवों के शरीरों की — वास्तविकता एक भ्रम है?

* इन्द्रिय बोध के साधनों (नेत्र, कान आदि) का संबंध भौतिक शरीर से है, परन्तु स्वयं इन्द्रिय-बोध सूक्ष्म विद्युत से बने मानव के सूक्ष्म शरीर का कार्य है। इस प्रकार, स्वप्न और विभ्रान्तियों में इन्द्रियाँ अपने भौतिक साधनों से स्वतंत्र, अवचेतन मन के द्वारा कार्य करती हैं। (*सूक्ष्म शरीर* को शब्दावली में देखें।)

माया, भ्रम अथवा मानसिक विभ्रान्ति जो सभी व्यक्तियों में होती है, और *अविद्या*,* भ्रान्ति अथवा मानसिक विभ्रान्ति जो प्रत्येक व्यक्ति द्वारा अनुभव की जाती है, ये दार्शनिक धारणाएँ भारत से आई हैं।

दूसरी ओर, एक व्यक्ति कुछ विशेष सत्यों को समझ सकता है, जो सभी के द्वारा उसी प्रकार नहीं समझे जाते हैं। इस प्रकार, दिव्य ज्ञान वाले व्यक्तियों पर जिन्होंने ईश्वर और मनुष्य की प्रकृति के विषय में सत्य को अनुभव किया है, कभी-कभी ऐसे लोगों द्वारा जो अभी तक ब्रह्माण्डीय माया के बंधन में हैं, भ्रान्तियों और मतिभ्रमों का अनुचित रूप से दोष लगा दिया जाता है। जो *माया* के अधीन हैं उनके लिए यह उचित नहीं है कि वे उसके कथन की निन्दा करें जो माया के अधीन नहीं है। केवल वही व्यक्ति सत्य को ठीक से परख सकता है जो अपनी आन्तरिक अनुभूति द्वारा ब्रह्माण्डीय माया से पार हो गया है।

सामान्य व्यक्ति इन्द्रियों के बोध द्वारा सोचता है कि भौतिक शरीर वास्तविक है, और शरीर की मानसिक, काल्पनिक अथवा स्वप्न धारणा को अवास्तविक समझता है। मान लें कि दूरदर्शन द्वारा हेनरी जोन्स के शरीर के एक चित्र को डेट्रोयट (Detroit) से *लॉस एंजिलिस टाइम्स* मुख्यालय तक प्रसारित किया जाता है। क्या लॉस एंजिलिस में दर्शक वास्तविक हेनरी जोन्स को देख रहे हैं? सामान्य व्यक्ति कहेगा, *हाँ*।

ब्रह्माण्डीय जादूगर की विशाल भ्रान्ति

आध्यात्मिक गुरु भ्रम के अन्दर भ्रम को भ्रान्ति के रूप में देखता है। वह हेनरी जोन्स के भौतिक शरीर को मायिक आकृति के रूप में देख सकता है — एक शहर की मृग-मरीचिका की भाँति — जो शून्य नहीं, परन्तु कुछ है, फिर भी वैसा नहीं जैसा यह प्रतीत होता है। आत्मज्ञानी यह पूछ सकता है कि हम इतने अधिक आश्वस्त कैसे हो सकते हैं कि भौतिक शरीर ऐसा भ्रम नहीं है जिसने सभी को भ्रमित कर रखा है। क्या हम विश्वास कर सकते हैं कि हेनरी जोन्स के शरीर एवं अन्य भौतिक वस्तुओं के बारे में सभी मानव केवल स्वप्न मात्र नहीं देख रहे हैं? यदि मनुष्य ईश्वर द्वारा वास्तव में ऐसी परिस्थिति में डाल दिया गया है कि वह ब्रह्माण्डीय स्वप्न में स्वप्न देखे, तो हम सब शायद हेनरी जोन्स के शरीर के अस्तित्व का स्वप्न देख रहे हैं। इस परिस्थिति में हम भेद नहीं कर सकते कि हेनरी जोन्स का शरीर वास्तव में विद्यमान है या नहीं।

* *माया* व *अविद्या* को शब्दावली में देखें।

महान् जादूगर थर्सटन किसी पिण्डदर्शकीय (stereoscopic) और ध्वनि चित्र प्रक्रिया (vitaphonic) प्रभाव से अपने दर्शकों को हेनरी जोन्स के शरीर को हवा में तैरते और बातें करते दिखा सकता है, और अचानक उसे गायब भी कर सकता है। तब क्या यह संभव नहीं है कि ब्रह्माण्ड के महान् जादूगर, ईश्वर, हमें हेनरी जोन्स के शरीर के और सृष्टि में प्रत्येक व्यक्ति एवं अन्य प्रत्येक वस्तु के महाचित्रों को जो सुनने में सत्य, देखने में सत्य, छूने में सत्य हैं दिखा रहे हों? यदि ऐसा है तो कोई भी व्यक्ति इस त्रि-आयामी पिण्डदर्शकीय ध्वनि चित्र महालीला के प्रभाव से उसके अपने मानसिक चलचित्रण के द्वारा हेनरी जोन्स के स्वरूप की संरचना कर सकता है, आप इसे "गृह-चलचित्र" (home movies) कह सकते हैं। इस परिस्थिति में जो लोग ईश्वर रचित ब्रह्माण्डीय मायिक प्रभाव के अधीन हैं, वे सोच सकते हैं, "वह व्यक्ति भ्रान्ति से ग्रस्त है," यद्यपि वे स्वयं ब्रह्माण्डीय भ्रम के शिकार हैं जिसके द्वारा वे हेनरी जोन्स के शरीर को अलौकिक रूप से अवास्तविक परन्तु सांसारिक रूप से वास्तविक देखते हैं। इस प्रकार, यदि सृष्टि में प्रत्येक वस्तु मानव की चेतना में स्वप्न चित्रों से बनी है, तो सब कुछ भ्रम है, और इस ब्रह्माण्डीय स्वप्न-जगत् में हेनरी जोन्स के भौतिक शरीर की वास्तविकता पर आधारित, किसी व्यक्ति के मानसिक चित्र अथवा मतिभ्रम, भ्रम-जगत् में भ्रम, अथवा भ्रान्ति है।

ज्ञानी मनुष्य जो ब्रह्माण्डीय स्वप्न के प्रभाव से जाग जाता है, वह हेनरी जोन्स के भौतिक शरीर एवं समस्त पदार्थों को एक मायिक ब्रह्माण्डीय स्वप्न के रूप में अनुभव करता है और पदार्थों अथवा हेनरी जोन्स की मानसिक धारणा अथवा हेनरी जोन्स ईश्वर के ब्रह्माण्डीय स्वप्न में मायिक स्वप्न के रूप में देखता है। एक व्यक्ति में मानसिक भूल अथवा भ्रान्ति को उन दूसरे व्यक्तियों द्वारा सुधारा जा सकता है जो उस त्रुटि में भाग नहीं ले रहे हैं; परन्तु वह भूल जिसमें सभी सम्मिलित हैं किसी के द्वारा ठीक नहीं की जा सकती, केवल उनको छोड़कर, जिन्होंने आत्मानुभूति प्राप्त कर ली है, और फलस्वरूप इस सत्य को जानते हैं कि "वस्तुएँ सदा ऐसी नहीं होती जैसी वे इन्द्रियों को प्रतीत होती हैं।"*

चेतना किस प्रकार पदार्थ बनी

चेतना एवं पदार्थ, मन एवं शरीर के बीच एक मात्र अन्तर, स्पंदन की दर है। स्पंदन, ऊर्जा की गति है। यह गति ब्रह्माण्डीय प्रज्ञा से किस प्रकार उत्पन्न हुई? आकाश

* *फीड्रस*, पुस्तक IV, कहानी 2, 5।

में समस्त स्पंदन बुद्धि द्वारा निर्देशित ब्रह्माण्डीय ऊर्जा का प्रकटीकरण हैं। परमात्मा निराकार ब्रह्म के रूप में बिना स्पन्दन अथवा गति के हैं। सृष्टा के रूप में अभिव्यक्त ईश्वर परमपिता परमात्मा हैं। सृष्टा ने सर्वप्रथम विचारों की गति से अपनी अचल आत्मा का मंथन किया, इस प्रकार, परमपिता परमात्मा की सृष्टि का प्रथम विस्तार ब्रह्माण्डीय प्रबुद्ध गति अथवा विचार का स्पंदन था।* यह गति तब तक प्रबल और स्थूल होती गई जब तक कि यह ब्रह्माण्डीय प्रकाश एवं ब्रह्माण्डीय ध्वनि के रूप में बाह्य रूप से परिवर्तित और अभिव्यक्त नहीं हो गई (यह मानवीय शरीर में अंकित दिखाई देने वाले आध्यात्मिक नेत्र, और सुनी जाने वाली ओम् अथवा आमेन की ब्रह्माण्डीय ध्वनि के रूप में व्यक्त हैं)। चेतन ब्रह्माण्डीय ऊर्जा के स्पन्दन तब तक निरंतर स्थूल होते गए, जब तक कि ये दैवी, अर्द्ध-प्रबुद्ध, सहज ज्ञान से निर्देशित विद्युत अणु की (इलैक्ट्रॉनिक) ऊर्जा के रूप में व्यक्त होना आरंभ नहीं हुए, और अन्त में और अधिक स्थूल होकर गैस, तरल पदार्थ एवं ठोस ऊर्जा के रूपों में व्यक्त नहीं हो गए।

इसी प्रकार, लघु ब्रह्माण्ड अथवा मानव का शरीर, सर्वप्रथम स्पन्दनीय विचार-रूप, अथवा कारण शरीर के रूप में अस्तित्व में आया। इसने बाद में थोड़े और अधिक ठोस स्पंदनों को स्थूलतर रूप में उत्पन्न किया जो मानव का सूक्ष्म शरीर अथवा ऊर्जा शरीर बनाते हैं, जो फिर और अधिक स्थूलतर स्पंदनों को उत्पन्न करता है जिससे ठोस भौतिक शरीर की रचना होती है। जिस प्रकार मनुष्य सिनेमा के पर्दे पर मानव का पिण्डदर्शकीय ध्वनि चित्र (Stereoscopic Vitaphonic) बनाने के लिए विद्युत से उत्पन्न प्रकाश और छाया तथा ध्वनि का उपयोग करता है, उसी प्रकार ब्रह्माण्डीय संचालक मानव की चेतना में ठोस भौतिक शरीर के "चित्र" को उत्पन्न करने के लिए ब्रह्माण्डीय प्रकाश एवं ऊर्जा के विभिन्न घनीभूत विचार स्पंदनों को संयुक्त करता है।

अशुद्ध विचार ईश्वर के परिपूर्ण विचार-चित्रों में बाधा डालते हैं

प्रक्षेपक यंत्र (projector) से आंशिक बाधा डालते हुए प्रकाश द्वारा, स्लाइड फिल्म का प्रक्षेपणकर्ता सिनेमा के पर्दे पर बिना हाथ वाले मनुष्य का चित्र उत्पन्न कर सकता है, वह फिल्म में से प्रकाश को ठीक ढंग से प्रवाहित करके आसानी से उस हाथ को ठीक कर सकता है। उसी प्रकार, रोग का प्रकटीकरण अथवा रोग की चेतना उस बाधा

* महान् ऐलबर्ट आइन्सटाइन सत्य के बहुत निकट थे जब उन्होंने लिखा : "मैं जानना चाहता हूँ कि ईश्वर ने इस संसार को किस प्रकार रचा। मुझे इस या उस प्रत्यक्ष वस्तु, प्रतिबिम्ब अथवा मूल तत्त्व में कोई रुचि नहीं है। मैं प्रभु के विचारों को जानना चाहता हूँ; बाकी सब विवरण हैं।"

के अतिरिक्त और कुछ नहीं है, जो ईश्वर द्वारा रचित मानव की परिपूर्ण विचार-भावना में मानव के अशुद्ध विचार द्वारा उत्पन्न हुई। मनुष्य अपने पूर्वजों की असफलताओं का उत्तराधिकारी है। वंशानुगत रूप से वह अपूर्णता का आदी हो गया है। उसके अशुद्ध विचार न केवल जीवन एवं शरीर के पूर्ण विचार चित्रों में बाधा डालते हैं, बल्कि वे ब्रह्माण्डीय जीवन शक्ति के स्वतंत्र प्रवाह में भी बाधा डालते हैं, जो मानवीय शरीर के भ्रान्तिकर चित्र को व्यक्त करने और स्थायी बनाने के लिए उत्तरदायी है।

किसी वाहन दुर्घटना में कटा हाथ, सिनेमा के पर्दे पर व्यक्ति के कटे हाथ की अपेक्षा अधिक वास्तविक नहीं है जैसा कि ऊपर के उदाहरण में बताया गया है। फिर भी जब तक कोई निपुण "प्रक्षेपणकर्ता" न हो वह ईश्वर द्वारा रची महालीला में, उसके शरीर के रोग अथवा प्रत्यक्ष दिखाई देने वाली विकृति को ठीक करने में समर्थ नहीं हो सकेगा। शारीरिक दुर्घटनाओं की मायिक प्रकृति को तब तक नहीं जाना जा सकता जब तक कोई अपनी चेतना को ब्रह्माण्डीय चेतना के संचालन कक्ष में स्थानान्तरित नहीं करता और ब्रह्माण्डीय प्रक्षेपणकर्ता की गुप्त विधियों के साथ परिचित नहीं हो जाता। ईश्वर द्वारा स्व-विकसित ब्रह्माण्डीय विचार फिल्मों और स्वयं घनीभूत ब्रह्माण्डीय ऊर्जा द्वारा ईश्वर ("उनके अपने प्रतिरूप में" बने), मनुष्य के और समस्त जीवों के, समस्त ब्रह्माण्डों और विश्व के परिपूर्ण चित्रों को दर्शाने का प्रयास कर रहे हैं। अज्ञानता के कारण मनुष्य ईश्वरीय इच्छा के साथ अन्तर्सम्पर्क खो बैठा, और इस प्रकार ईश्वर द्वारा बनाए जीवन के पिण्डदर्शकीय वीटाफोनिक महालीला की परिपूर्ण प्रस्तुति में बाधक बन जाता है।

एक बर्फ का टुकड़ा ठोस, वजनदार, ठण्डा और दिखाई देने वाला होता है। यदि इसे पिघलने दिया जाए, तो यह तरल पदार्थ बन जाता है, फिर भी उसका वही भार रहता है, ठण्डा रहता है और दिखाई देता है, परन्तु एक भिन्न रूप में। यदि पिघली हुई बर्फ में से विद्युत प्रवाहित की जाए तो यह अदृश्य हाइड्रोजन एवं ऑक्सीजन गैस बन जाती है। इस प्रकार, बर्फ का एक टुकड़ा प्रत्यक्ष, ठण्डे, ठोस, आकार से, उसी भार की अदृश्य गैसों में परिवर्तित किया जा सकता है। प्रक्रिया को विपरीत किया जा सकता है, और गैसों को तरल पदार्थ में और लुप्त हुए बर्फ के टुकड़े में पुनः संघनित किया जा सकता है। उसी प्रकार, ठोस मानवीय शरीर को तरलों में बदला जा सकता है और अदृश्य गैसों में वाष्पित किया जा सकता है, परन्तु मनुष्य ने अभी तक इसे मूल रूप में वापस लाना नहीं सीखा है। अभी तक वह मन एवं शरीर तथा ब्रह्म एवं पदार्थ के बीच की कड़ी को नहीं जानता है। वह लुप्त कड़ी है ब्रह्माण्डीय ऊर्जा।

सूक्ष्म रूप से स्पंदित चेतन ऊर्जा विशुद्ध चेतना बन जाती है, और अधिक बढ़ती हुई स्थूल गति पर स्पंदित होकर शरीर के रूप में प्रकट होती है। जब अपनी इच्छाशक्ति का उपयोग करके व्यक्ति अपने शरीर में ऊर्जा पर सर्वोच्च नियंत्रण प्राप्त कर लेता है, तो वह अपने ठोस भौतिक शरीर के स्पंदनों को सूक्ष्म ऊर्जा में द्रवित करने में और सूक्ष्म ऊर्जा को मानसिक ऊर्जा में बदलने में समर्थ हो जाएगा। और उसी विधि के द्वारा वह अपनी चेतना को सूक्ष्म शरीर में और उसे घनीभूत करके भौतिक शरीर में मूर्तरूप देने में समर्थ हो जाएगा। गीता इस शक्ति के विषय में बताती है। "जो योग द्वारा मेरी विपुल अभिव्यक्तियों की सच्चाई तथा मेरे दिव्य योग की सृजन एवं विलय करने की शक्ति को जानता है, वह अचल होकर मुझसे संयुक्त हो जाता है। इसमें कोई संशय नहीं है।"*

वैज्ञानिक आज शरीर के रासायनिक परिवर्तनों को नियंत्रित कर सकते हैं, परन्तु वे अभी तक पदार्थ के जीव-रासायनिक (biochemical) नियंत्रण को नहीं समझते हैं। इच्छाशक्ति और शरीर का संबंध समझने से इस बात का ज्ञान हो जाता है कि शरीर केवल खाद्य रसायनों पर निर्भर नहीं है, परन्तु अदृश्य ब्रह्माण्डीय स्रोतों से इच्छाशक्ति द्वारा पूरित की गई ऊर्जा पर निर्भर है। इच्छाशक्ति शरीर में जीवन शक्ति को मुख्य रूप से लाने वाली है। मानव-शुष्क बैटरी की तरह, मानव का शरीर निलम्बित सजीवता (suspended animation) की अवस्था में ऑक्सीजन, सूर्य प्रकाश, ठोस, तरल पदार्थों, श्वास या हृदय के कार्य के बिना जीवित रह सकता है, परन्तु जब चेतना, और इस के कारण इच्छाशक्ति, मेरुदण्ड तथा मस्तिष्क को पूर्णरूप से छोड़ देते हैं तो क्षति निश्चित रूप से प्रारम्भ हो जाती है।

इच्छा, ब्रह्माण्डीय ऊर्जा पूरक

शरीर के अंगों की प्रत्येक क्रिया इच्छा की चेष्टा की पूर्व कल्पना करती है, और इच्छा के इस अदृश्य प्रसारण (radio) के प्रत्येक कार्य के साथ, मस्तिष्क में संचित बैटरी और शरीर के चारों ओर की चेतना ब्रह्माण्डीय शक्ति से, शरीर में ऊर्जा प्रसारित की जाती है। जब आप थक जाते हैं आप भोजन से या सांस द्वारा ऑक्सीजन लेकर, या सूर्य से पराबैंगनी किरणें लेकर, या जल अथवा अन्य पेय पदार्थ पीकर शरीर में ऊर्जा भर सकते हैं; परन्तु जब आप भारी बोझ उठाने के लिए अपनी *इच्छा* से भुजा

* भगवद्गीता X:7।

एवं शरीर में तनाव लाते हैं, तो आप इच्छाशक्ति के अदृश्य मानसिक बल द्वारा शरीर में ऊर्जा लाते हैं। एकाग्रित इच्छाशक्ति,* से शरीर के अंगों में तनाव लाना हमारे पास एकमात्र उदाहरण है जिसके द्वारा हम शरीर में ऊर्जा उत्पन्न कर सकते हैं, इस ऊर्जा को शरीर से बाहर भौतिक वस्तुओं से नहीं परन्तु शरीर के अन्दर और बाहर विद्यमान अदृश्य स्रोत — ईश्वर की प्रबुद्ध ब्रह्माण्डीय ऊर्जा से प्राप्त करते हैं।

ब्रह्माण्डीय ऊर्जा जो चेतना और पदार्थ, शरीर और आत्मा के बीच लुप्त कड़ी है, पर नियंत्रण पाने के लिए, आत्मा — और सृष्टि में प्रत्येक वस्तु — की वास्तविक प्रकृति और सृष्टिकर्ता के साथ सबकी एकता को जानना है।

* यह संदर्भ योगदा सत्संग/सेल्फ़-रियलाइज़ेशन की शिक्षाओं के साधकों को सिखाए जाने वाले शक्ति संचारक व्यायामों में से है। (शब्दावली में देखें।)

क्या ईश्वर पिता हैं अथवा माता?

प्रथम सेल्फ़-रियलाइज़ेशन फ़ेलोशिप मन्दिर, एन्सिनिटस, कैलीफ़ोर्निया, 14 मई, 1939

मुझे उन पर दया आती है जिन्होंने माँ के प्रेम को कभी जाना ही नहीं, क्योंकि वे एक अनुभव से वंचित रह गए हैं। प्रत्येक माता ईश्वर के अशर्त प्रेम की अभिव्यक्ति है, यद्यपि मानवीय माताएँ अपूर्ण होती हैं, और जगन्माता पूर्ण हैं। मैं प्रार्थना करता हूँ कि सभी माताएँ ऐसा ईश्वरीय और निष्पक्ष जीवन व्यतीत करें कि उनका सीमित मानवीय प्रेम जगन्माता के विशुद्ध असीम प्रेम में रूपान्तरित हो जाए।

मेरी माँ मेरे लिए सब कुछ थीं। उनकी उपस्थिति के आकाश में मेरे आनन्द उदय और अस्त होते थे। मैं अभी केवल एक बालक ही था जब पिताजी को और मुझे बरेली में माँ की गम्भीर बीमारी की सूचना मिली। हम तुरन्त कोलकाता के लिए रेलगाड़ी में सवार हुए : माँ वहाँ मेरे बड़े भाई अनन्त की शादी की तैयारी की देखभाल करने के लिए गईं थीं। एक गाड़ी बदलने वाले जंक्शन स्टेशन पर हमें मेरे चाचाजी मिले। मैंने एक डरावने दृढ़ विश्वास को अनुभव किया कि माँ की मृत्यु हो चुकी थी। मैंने व्याकुलता से पूछा, क्या वे अभी जीवित हैं। एक रेलगाड़ी गर्जती हुई हमारी ओर आ रही थी, और मैंने अन्तर्मन में निश्चय कर लिया था कि यदि माँ की मृत्यु हो गई हो तो मैं स्वयं को रेलगाड़ी के पहियों के नीचे फेंक दूँगा। चाचाजी ने मेरे चेहरे पर निराशा के भाव को ठीक तरह से समझते हुए उत्तर दिया, “निस्संदेह वे जीवित हैं।” परन्तु जब हम अपने कोलकाता के घर में पहुँचे, माँ परलोक सिधार चुकी थीं। मैं असान्त्वनीय था। मैं माँ से अपने सबसे अधिक प्रिय मित्र की तरह प्रेम करता था; उनकी सांत्वनादायक काली आँखें मेरे लिए सबसे अधिक विश्वस्त आश्रयस्थान रही थीं। मैंने एक कविता में उस समय के अपने वास्तविक अनुभव का वर्णन किया है :

मातृ स्नेह-संतृप्त, अनेक काली आँखों ने पुकारा —
उपचर्या करने हेतु
मेरे मातृ-वंचित शोक की — मेरे इस अनाथ जीवन की।
परन्तु किसी ने भी नहीं की प्रेम-पुकार-दृष्टि की तुलना

खोई उन दो काली आँखों की।
उन दो काली आँखों का प्रेम
सदा के लिए अस्त हो गया था
सभी काली आँखों के क्षेत्र से जो मैंने देखीं।
उन दो आँखों की खोज करते
जन्म और मृत्यु में, जीवन और स्वप्नों में,
और सभी अज्ञात के प्रदेशों में,
अन्ततः मैंने पा लिया
सर्व-व्यापक जगन्माता की
असंख्य काली आँखों को
आकाश में और हृदय में,
पृथ्वी के मर्मस्थलों में, तारों में, अन्दर और बाहर,
उत्सुकता से निहारती मुझे
सब ओर से।
अपनी मृत माँ को खोजते-खोजते
मैंने पा लिया अमर माँ को।
सांसारिक माँ का खोया प्रेम
मैंने पा लिया अपनी जगन्माता में। खोजते और तलाशते,
उनकी असंख्य काली आँखों में
मैंने पा लिया उन दो काली आँखों को।

यदि केवल आप भी मेरे साथ उस रोमांच में भागीदार हो सकते जिसे मैंने तब अनुभव किया जब मैंने अचानक अपनी माँ की वे काली आँखें देखीं जो मुझे सब जगह से, आकाश के प्रत्येक कण से निहार रही थीं! कितना अद्भुत अनुभव था वह! मेरा सारा शोक आनन्द में बदल गया।

मानवीय संबंध आपको आदर्श बनाने के लिए दिए जाते हैं, न कि मूर्तिवत पूजा करने के लिए। यदि आप अपनी माता को सदा मानवीय रूप में प्रकट हुए, जगन्माता के अशर्त प्रेम के रूप में सोचते हैं तो जब वह स्वर्ग सिधार जाएगी, आपको सांत्वना रहेगी। जो माता चली गई है, वह आपके लिए खोई नहीं है; वह जगन्माता की एक प्रतिनिधि है, जो आपके पास थोड़ी देर मातृत्व के लिए आई थी और उसके बाद जगन्माता के सर्वव्यापी प्रेम के पीछे छिपी रहने के लिए वापस बुला ली गई थी। जिनकी माता स्वर्गवास हो गई हैं, उन्हें आकाश के परे छिपी जगन्माता को अवश्य

खोजना चाहिए। आप पर्याप्त गहनता से प्रार्थना नहीं करते। निरंतर माँग के साथ उनसे याचना करें, और तब तक अनवरत रूप से इस निश्चय के साथ प्रार्थना करते रहें जब तक उनका उत्तर न मिल जाए। यदि आप इस प्रकार इतनी गंभीरता से प्रार्थना करेंगे जितनी गंभीरतापूर्वक मैंने की थी, तो आप जगन्माता से उत्तर अवश्य प्राप्त करेंगे; और आप अपनी सांसारिक माता को देख लेंगे।

अब मैं प्रत्येक स्त्री को माता के रूप में देखता हूँ। चाहे केवल एक छोटी-सी अच्छाई भी दिखाई दे, मैं उसमें जगन्माता को देखता हूँ। पुरुषों को चाहिए कि वे सभी स्त्रियों को माता के रूप में देखें; जब वे स्त्री को केवल वासना की सन्तुष्टि के लिए एक वस्तु के रूप में देखते हैं; वे नहीं जानते कि वे क्या खो रहे हैं, तब वे केवल बुराई को देखते हैं जो उनके अपने अन्दर है। स्त्री के मातृ रूप में पवित्रता है। स्त्री को माता की वृत्ति पुरुष को बुराई के गड्ढे में गिरने से बचाने के लिए दी गई थी। यह उसका प्रधान उद्देश्य है। उसकी रचना कामुकता की वस्तु के रूप में नहीं की गई थी। स्त्री की पुरुष के प्रति अशर्त सहानुभूति से अधिक पवित्र और कुछ नहीं है। एक कठोर, सम्मानित न्यायाधीश अपने घर में गृहिणी के लिए केवल एक बच्चे के समान है। प्रत्येक स्त्री को सम्पूर्ण विश्व के लिए प्रेम का अनुभव करना चाहिए, यदि वह जगन्माता के प्रेम को व्यक्त करना चाहती है। स्त्री द्वारा दिया गया सबसे बड़ा आशीर्वाद है, मातृ प्रेम से मानवजाति को प्रेरणा देना।

ईश्वर माता और पिता दोनों हैं

इस विश्व की रचना करते हुए ईश्वर ने दो पहलुओं को व्यक्त किया है : पुल्लिंग अथवा पितृवत्, और स्त्रीलिंग अथवा मातृवत्। यदि आप अपनी आँखें बंद करें लें और विशाल, असीम आकाश की कल्पना करें, तो आप अभिभूत एवं मोहित हो जाते हैं — आप केवल विशुद्ध ज्ञान के अतिरिक्त और कुछ अनुभव नहीं करते। वह गुप्त अनन्त क्षेत्र जहाँ कोई सृष्टि नहीं है, कोई नक्षत्र अथवा ग्रह नहीं हैं — जो केवल विशुद्ध ज्ञान है — वही परमपिता हैं। और प्रकृति अपने हीरे की तरह चमकते तारों, आकाशगंगा, पुष्पों, पक्षियों, बादलों, पर्वतों, आकाश — सृष्टि की असंख्य सुंदरताओं के साथ — जगन्माता हैं। प्रकृति में आप ईश्वर के मातृपक्ष को देखते हैं जो सुंदरता, कोमलता, सौम्यता, और दयालुता से भरपूर है।* विश्व में सुन्दरता ईश्वर की सृजनात्मक

* इस संदर्भ में, परमहंस योगानन्द इस बात पर बल दे रहे हैं कि हमें "मातृत्व" के सच्चे गुणों का आदर करना चाहिए, माँ के स्वभाव में हम कोमल और प्रेममयी प्रकृति को पाते हैं। एक अन्य

मातृवत् मूल प्रवृत्ति को दर्शाती है, तथा जब हम प्रकृति की समस्त अच्छाइयों का अवलोकन करते हैं, तब हम अपने अन्तर् में कोमलता के एक भाव का आभास करते हैं — हम ईश्वर को इस प्रकृति में माँ के रूप में देख सकते हैं, महसूस कर सकते हैं।

अतः ईश्वर माता एवं पिता दोनों हैं। हिन्दू और ईसाई धर्मशास्त्र ईश्वर को त्रिमूर्ति के रूप में वर्णन करते हैं: पिता, पुत्र, पवित्र-आत्मा, *सत, तत्, ओम्*। पिता, ईश्वर का ज्ञान पक्ष है, पवित्र आत्मा माता पक्ष है, पुत्र ब्रह्माण्डीय सृष्टि का प्रतीक या सिद्धान्त जिसके द्वारा ईश्वर के पिता और माता पक्ष उनके दिव्य प्रेम को व्यक्त करते हैं। हम उसी प्रेम के बच्चे हैं। "जैसे ऊपर हैं, वैसे नीचे" — मानवीय परिवार में हम त्रियेक परमेश्वर के विशाल परिवार का छोटा रूप देखते हैं : ईश्वर का पितृपक्ष मानवीय पिता में व्यक्त होता है, पवित्र आत्मा अथवा प्रकृति माता में व्यक्त होती है, पुत्र बच्चे का प्रतीक है, जो पिता और माता दोनों के प्रेम की अभिव्यक्ति है।

जीसस ने ईश्वर को पिता के रूप में बताया। कुछ सन्त उन्हें माता मानते हैं। अपने लोकोत्तर पक्ष में ईश्वर न तो पिता हैं और न ही माता हैं, परन्तु जब हम उन्हें मानवीय संबंधों के विषय को लेकर सोचते हैं, तो वे हमारे लिए माता अथवा पिता बन सकते हैं। ईश्वर अनन्त ज्ञान और अनन्त भावना, दोनों हैं। जब उन्होंने स्वयं को सृष्टि में व्यक्त किया, तो ईश्वर ने अपने ज्ञान को पिता का रूप दे दिया और उन्होंने अपनी भावना को माता का रूप दे दिया। प्रत्येक व्यक्ति अकेला, अपूर्ण है, केवल ईश्वर का आधा स्वरूप, क्योंकि पिता तर्क द्वारा प्रभावित होता और प्रभावित करता है; जबकि माता भावना द्वारा प्रभावित होती और प्रभावित करती है। पिता बच्चे को तर्क द्वारा नियंत्रित करना चाहता है, और माता, भावना द्वारा।

अवसर पर, परमंहसजी ने यह भी बताया कि रूप और गुण प्रकटीकरण को पूर्व निर्धारित करते हैं, और प्रकटीकरण सापेक्षता को पूर्व निर्धारित करता है। प्रकृति माँ को ब्रह्माण्ड के सहज और अटल ब्रह्माण्डीय नियमों को भी अवश्य लागू करना है। उन नियमों को तोड़ने पर दैवी न्याय अपने दोष निवारक दण्ड देता है; इसलिए प्रकृति में हमें कई बार घोर प्रदर्शन देखने को मिलते हैं। ये व्यक्ति के अपने गलत कार्यों का परिणाम होता है, जो ब्रह्माण्डीय सामन्जस्यता को बिगाड़ देता है। (शब्दावली में *कर्म* देखें।) परन्तु जगन्माता का अविचल सौन्दर्य यह है कि यदि भक्त उनके अशर्त प्रेम के लिए निवेदन करता है तो; उन्हें उन नियमों की प्रतिकारात्मक शक्ति को कम करने के लिए मनाया जा सकता है। इस प्रकार, हिन्दू धर्म में जगन्माता को कभी-कभी काली के रूप में भी दर्शाया जाता है; उनके चार हाथ प्रमुख विशेषताओं के प्रतीक हैं, दो परोपकारी और दो संहारकारी-प्रकृति माँ का अविचल द्वैत। *(प्रकाशक की टिप्पणी)*

माता कहती है, "उसे प्रेम से सिखाओ।" कभी कभी अधिक प्रेम अच्छा होता है, परन्तु यदि आप अत्यधिक मधुरता देते हैं, और केवल यही देते हैं, तो आप बच्चे को बिगाड़ सकते हैं। कभी-कभी थोड़ी सी कठोरता अच्छी होती है, परन्तु गलतियाँ करने पर कठोर दण्ड बच्चे को केवल और बड़ी गलती की ओर ले जाता है। इसीलिए बच्चे के पालन पोषण के लिए माता-पिता द्वारा ईश्वर के दोनों रूपों को व्यक्त करना आवश्यक है, उसके परम कल्याण के लिए दोनों की आवश्यकता है। प्रत्येक पिता को अपने तर्क को प्रेम के साथ नरम बनाने का प्रयत्न करना चाहिए, और प्रत्येक माता को अपने प्रेम को तर्क के साथ जोड़ना चाहिए।

जब मैं अपने गुरु श्रीयुक्तेश्वरजी के विषय में सोचता हूँ, तो मैं उनमें एक पिता की कठोरता और एक माता की दयालुता दोनों को बिना किसी कमज़ोरी या अज्ञानता के देखता हूँ। प्रत्येक पिता और प्रत्येक माता, ईश्वर के पितृवत् ज्ञान और मातृवत् कोमलता, दोनों की संभावित प्रतिभाओं से सम्पन्न हैं। उन्हें इन प्रतिभाओं को पूरा करना है। माता-पिता अपनी संतान की भूलों को बहुत आसानी से अनदेखा कर देते हैं। यदि आप अपने बच्चे की भूलों को नहीं देख पाते तो आपके प्रेम में कुछ त्रुटि है। माता-पिता को अपने बच्चों से अशर्त प्रेम करना सीखना चाहिए, बच्चों के कर्म अथवा विचार में भूलों के प्रति प्रेम में अंधे नहीं बन जाना चाहिए। अपने बच्चे से कोई अपराध हो जाने पर भी उन्हें प्रेम तो करना चाहिए, परन्तु उनकी गलती में उनका समर्थन नहीं करना चाहिए। बुराई के फन्दों से छुड़ाने में अपने बच्चों की सहायता करें, न कि उनकी गलतियों में उनका समर्थन करके उन्हें और नीचे गिरा दें। उस गलत मार्गदर्शन वाली ममता के लिए वे आपको बदले में कुछ भी प्रेम नहीं देंगे।

विशुद्ध तर्क और विशुद्ध भावना अन्तर्ज्ञानात्मक होते हैं

विशुद्ध तर्क एवं विशुद्ध भावना दोनों में अन्तर्ज्ञानात्मक गुण होते हैं। विशुद्ध भावना उतने ही स्पष्ट रूप से देखती है जितना कि विशुद्ध तर्क। अधिकांश महिलाओं में गहन विकसित अन्तर्ज्ञान होता है। केवल जब वे अकारण उत्तेजित हो जाती हैं तो वे अन्तर्ज्ञानात्मक शक्तियाँ खो देती हैं। विशुद्ध तर्क भी अन्तर्ज्ञानात्मक होता है, यदि इस शक्ति को पर्याप्त रूप से विकसित किया जाए। अन्यथा, आरम्भ ही गलत हो तो निष्कर्ष भी गलत हो जाएगा। कभी न कभी, प्रत्येक व्यक्ति जिसका तर्क ठीक है, सच्चे अन्तर्ज्ञान को विकसित कर लेगा, जो कभी गलती नहीं करता।

एक ईर्ष्यालु, घृणा से भरी और क्रोधित स्त्री इन अवगुणों को दूसरों में प्रतिबिम्बित देखेगी, यदि वह ऐसी विनाशकारी भावनाओं को निरन्तर पोषित करेगी तो यह दुःख की बात है, वह अपने अन्तर्ज्ञानात्मक उपहारों को खो देगी। इस कारण प्रत्येक स्त्री को कम भावुक होने और स्वयं को गलत भावनाओं से मुक्त रखने का प्रयास करना चाहिए। तब वह ईश्वर के उस अन्तर्ज्ञानात्मक मातृ पक्ष को विकसित कर लेगी। मेरी माँ का अन्तर्ज्ञान बहुत अधिक था क्योंकि वह ईर्ष्या, घृणा एवं क्रोध से बिल्कुल मुक्त थी।

ईश्वर कभी किसी का त्याग नहीं करते हैं। जब अपराध हो जाए तो आप सोचते हैं, कि आपका दोष बहुत ही बड़ा है, इससे बचा नहीं जा सकता और जब संसार आपको अयोग्य घोषित करता है और कहता है कि आप किसी काम के योग्य नहीं रहे, एक क्षण के लिए रुकें और जगन्माता का ध्यान करें। उनसे कहें, "जगन्माता, मैं आपका बच्चा हूँ, आपका नटखट बच्चा। कृपया मुझे क्षमा कर दें।" जब आप ईश्वर के मातृ रूप से अनुनय-विनय करते हैं तो कोई डांट नहीं पड़ती आप केवल जगन्माता के हृदय को पिघला देते हैं। परन्तु यदि आप निरन्तर गलत कार्य करते जाएँगे तो ईश्वर आपकी सहायता नहीं करेंगे। जब आप प्रार्थना करते हैं आपको बुरे कार्यों को त्याग देना चाहिए।

अपराध को स्वीकार करने में एक ठोस सिद्धान्त है। अपराध स्वीकार करने का कार्य उसी प्रकार है जैसे स्वास्थ्य के नियमों का उल्लंघन करने से बीमार पड़ने पर आप चिकित्सक को बुलाते हैं। आपको अपने लक्षण चिकित्सक को बताने पड़ते हैं, और वह तुरन्त नुस्खा लिख देता है, और आप आरोग्य प्राप्त करते हैं। परन्तु यदि आप बार-बार गलत कार्य करके प्रकृति का उल्लंघन करते जाते हैं, तो आप कदापि स्वस्थ नहीं रहेंगे। मैं एक लड़के को जानता हूँ जो सदा शेखी मारता रहता है, "मैं जो चाहूँ कर सकता हूँ क्योंकि अगले सप्ताह जब मैं अपराध स्वीकार करूँगा तो क्षमा कर दिया जाऊँगा।" यह गलत दृष्टिकोण है। यदि आप अपराध स्वीकार करने के साथ-साथ बुराई का त्याग नहीं करते, तो आपको क्षमा नहीं किया जाएगा।

दिव्य पुरुष अपने में पितृत्व और मातृत्व दोनों गुणों को विकसित करता है। वह किसी व्यक्ति के भी प्रति उसी प्रेम को अनुभव कर सकता है जिसे माता अपने बच्चों के लिए अनुभव करती है। यही जीसस ने अनुभव किया था जब सलीब पर उन्होंने कहा था : "हे परमपिता, उन्हें क्षमा कर दें क्योंकि वे नहीं जानते कि वे क्या कर रहे हैं।" वे उनके लिए ऐसा प्रेम किस प्रकार अनुभव कर सके जो उन्हें सलीब पर चढ़ा रहे थे? उन्होंने ईश्वर के मातृत्व एवं पितृत्व दोनों भावों को विकसित किया हुआ था।

जीसस के लिए वे व्यक्ति जो सलीब पर उन्हें कीलें भोंक रहे थे भाले और तीर लिए हुए; दुश्मन नहीं थे; वे उनके बच्चे थे जिन्होंने उन्हें समझा नहीं था। जैसा जीसस ने सोचा वैसा एक माँ के अतिरिक्त उनके विषय में और कौन सोच सकता है? एक माँ जिसका बेटा उसे यातना दे रहा हो उसे केवल यह डर होता है कि उसके बेटे का क्या होगा। यही जीसस ने समझा; इसीलिए वे कह सके, "परमपिता, उन्हें क्षमा कर दो।"

यदि आप ईश्वर के मातृ पक्ष को विकसित करें तो आप संसार के सभी लोगों के लिए प्रेम का अनुभव करेंगे। और यदि आप ईश्वर से जगन्माता के रूप में प्रार्थना करते हैं, तो वे तुरन्त मान जाती हैं, क्योंकि आपने उनकी सहृदयता और अशर्त प्रेम के लिए निवेदन किया है। जब आप माँ के रूप में ईश्वर की पूजा करते हैं, तो आप उनके सामने खड़े होकर कह सकते हैं, "जगन्माता, अच्छा अथवा नटखट मैं आप ही का बच्चा हूँ। मैं अनेक जन्मों से बुराई के शिकंजे में भले ही जकड़ा रहा हूँ। परन्तु क्या मुझे आपके नियम के अनुसार सारी क्षतिपूर्ति करनी पड़ेगी? आपकी उपस्थिति में पहुँचने के लिए मैं और अधिक समय तक प्रतिक्षा नहीं कर सकता! माँ, कृपया मुझे क्षमा कर दें! आप क्यों मुझे दण्ड देने के लिए हठ करती हैं? जो हो गया सो हो गया। वह समय बीत गया। मैं अब और पाप नहीं करूँगा।" जगन्माता यह उत्तर दे सकती हैं, "तुम नटखट हो, मुझ से दूर हटो।" परन्तु आप कहते ही रहें, "आप मेरी जगन्माता हैं। आपको मुझे क्षमा करना ही होगा।" तब वे कहेंगी, "मुझसे मुक्ति माँग ले, मैं तुझे मुक्ति प्रदान कर दूँगी। मुझसे ज्ञान माँग ले, और मैं तुझे ज्ञान प्रदान कर दूँगी। लेकिन मुझसे मेरा प्रेम मत माँग, क्योंकि जब तू उसे ले जाएगा तो मेरे पास कुछ नहीं बचेगा।"* यदि आप निरन्तर पुकारते रहेंगे, "मैं आपका प्रेम चाहता हूँ।" जगन्माता अन्त में द्रवित हो जाएँगी : "क्योंकि तुम मेरे बच्चे हो, और मैं तुम्हारी माँ हूँ, मैं तुम्हें क्षमा करने के अतिरिक्त और कर ही क्या सकती हूँ" और वे आपको अपनी अन्तिम सम्पदा प्रदान कर देती हैं — अपना दिव्य प्रेम।

जगन्माता का दर्शन

भारत में मैं एक महान् सन्त मास्टर महाशय।† के पास प्रायः जाया करता था। जब मैं पहली बार उनके घर गया तो मेरे कारण उनकी भक्ति में बाधा आ गई।

* एक पुराने बंगाली गीत से परमहंस योगानन्द ने पश्चिम के लिए इस गीत का अनुवाद अंग्रेज़ी में किया है। *"Words of Cosmic Chants"* में से उद्धृत *(प्रकाशक की टिप्पणी)*

† *योगी कथामृत* का अध्याय 9 देखें।

उन्होंने मुझे बैठने के लिए कहा, और बोले, "मैं अपनी जगन्माता से बात कर रहा हूँ।" उनके पूरे मुखमण्डल पर जगन्माता के प्रेम की चमक झलक रही थी और मैं उस महान् प्रेम के तीव्र-स्पन्दनों को अनुभव कर सका। जब वे जगन्माता से वार्तालाप कर रहे होते थे, जब भी मैं उनकी उपस्थिति में होता, तो जिस प्रेम को मैं उस समय अपने हृदय में अनुभव करता था वह मेरी सांसारिक माँ के लिए अनुभव किए गए प्रेम से, जिसे मैं अत्यधिक प्रेम करता था, करोड़ों गुना अधिक होता था, ऐसे समय में मैं सोचता था कि मैं अपनी जगन्माता के बिना क्षण भर भी और जीवित नहीं रह सकता।

"इसका क्या कारण है कि आप प्यारी माँ के साथ बातचीत कर सकते हैं और मैं नहीं कर सकता?" एक दिन मैंने उनसे कहा। "कृपया उनसे पूछिए कि क्या वे मुझसे प्रेम करती हैं। मुझे *अवश्य* जानना है!" आग्रहपूर्वक मैं उनसे तब तक निवेदन करता रहा जब तक कि वे सन्त अन्त में मान नहीं गए।

"मैं तुम्हारी प्रार्थना प्यारी माँ तक पहुँचा दूँगा।"

उसी रात्रि ध्यान में मुझे एक महान् दिव्य अनुभव हुआ, घर पहुँचते ही अपनी छोटी अटारी के एकान्त में मैंने दस बजे तक ध्यान किया। अचानक सुन्दरतम दृश्य से अंधकार चमक उठा। जगन्माता मन्द मुस्कान के साथ मेरे सामने खड़ी थीं।

"मैंने सदा तुझे प्यार किया है। मैं सदा तुझे प्यार करूँगी।" इन शब्दों के साथ वे अन्तर्धान हो गईं।

अगली सुबह सूर्य अभी उदय ही हुआ था कि मैं शीघ्रता से सन्त के घर पहुँच गया। मैंने उनकी आँखों में देखा कि वे अनन्त के बगीचों में विचरण कर रहे थे, ईश्वर के प्रति ऐसा प्रेम विरले ही देखा जाता है।

"क्या प्यारी माँ ने मेरे विषय में कुछ कहा?" मैंने पूछा। "नटखट छोटे महाशय।"

"जगन्माता ने क्या कहा? आपने मुझे बताने का वायदा किया था," मैंने उन्हें खिझाया।

उन्होंने फिर उत्तर दिया, "नटखट छोटे महाशय।" मैं अपने हृदय में जानता था कि वे मेरे धोखे में नहीं आ सकते थे, फिर भी जानबूझ कर मैं अपने विचारों को यह जानने के लिए छिपा रहा था कि क्या गत रात्रि को मेरा अनुभव वास्तविक था।

"इतने रहस्यमय क्यों हैं?" मैंने कहा, "क्या सन्त कभी स्पष्ट नहीं बोलते?"

"क्या तुम्हें मेरी परीक्षा लेना आवश्यक है?" उन्होंने उत्तर दिया, "क्या इस प्रातः उस आश्वासन में मैं एक शब्द भी और जोड़ सकता हूँ जो तुम्हें गत रात्रि स्वयं सौन्दर्य रूपा माँ से प्राप्त हुआ है?"

मैं आनन्द से सराबोर हो गया। मैंने सन्त के चरणों में साष्टांग प्रणाम किया, मैं जानता था कि जगन्माता उन चरणों में विचरण कर रहीं थीं। उन्होंने ही मुझे ईश्वर के मातृ पक्ष को प्रकट किया और ज्ञान दिया। उन्होंने ही मुझे बताया कि मेरे गुरु बाद में मुझे मिलेंगे, जो ईश्वर के ज्ञान पक्ष से सम्पन्न होंगे, "उनके मार्गदर्शन द्वारा प्रेम एवं भक्ति के रूप में प्राप्त तुम्हारी दिव्यानुभूतियाँ अगाध ज्ञान में रूपान्तरित हो जाएँगी।"

विश्वास की परीक्षा

मैं आपको जगन्माता के विषय में एक छोटी सी कहानी और उनके साथ हुआ मेरा अनुभव बताऊँगा। सेल्फ़-रियलाइज़ेशन फ़ेलोशिप मुख्यालय के मैदान में कंकरीट का बना एक छोटा सा कामनापूरक कुआँ है। इसके खरीदने के कुछ समय पश्चात् मैं इसको ठीक जगह पर रखने के लिए लड़कों की सहायता कर रहा था। वह कूप अचानक फिसल गया और अपने अधिक भार के साथ मेरे पैर पर गिर पड़ा। पाँव में, जो पूरी तरह से कुचला हुआ प्रतीत होता था, भयंकर पीड़ा और अत्यधिक सूजन आ गई थी। मुझे मेरे कमरे में ले जाया गया। मेरे मित्र चिकित्सक को बुलाना चाहते थे।

मैंने कहा, "यदि जगन्माता मुझे चिकित्सक को दिखाने के लिए कहती हैं, तो मैं उसके पास जाऊँगा। यदि वे नहीं कहेंगी तो नहीं जाऊँगा।"

मैंने आन्तरिक रूप से जानने के लिए प्रतीक्षा की कि उनकी क्या इच्छा है। दिन प्रति दिन मेरे पैर में पीड़ा लगभग असहनीय होती गई, जगन्माता से कोई संकेत नहीं मिला।

अगले रविवार को मुझे एक बड़े समूह को प्रवचन देना था। ऐसा लगता था कि मंच पर मुझे उठा कर ले जाया जाएगा। मैं अपने पैर को जूते में नहीं डाल सकता था। उस रविवार शैतान ने मुझे प्रलोभित किया, और कहा, "तुम स्वस्थ होने के लिए प्रार्थना क्यों नहीं करते?" परन्तु प्रार्थना करने का अर्थ संदेह करना होता, जगन्माता मेरी दशा जानती थीं, और मैं उनकी इच्छा पूरी करने के लिए तैयार था।

"मुझे प्रार्थना नहीं करनी," मैंने कहा। "जगन्माता जानती हैं कि मेरे साथ क्या बीत रही है।" आन्तरिक रूप से मैंने अपने अशर्त समर्पण की उनसे प्रतिज्ञा की : "चाहे मृत्यु की लहरों के नीचे डूबा रहूँ अथवा जीवन की सागरीय लहरों पर चलूँ, मैं सदा तुम्हारे साथ हूँ।"

"इन लोगों को देखो," शैतान ने फिर कहा। "ये सब तुम पर हँसेंगे। इन्होंने तुम्हें पहले कभी बीमार नहीं देखा, और अब ये तुम्हें घायल पैर के साथ देखेंगे।"

"मैं परवाह नहीं करता।" एक बार जगन्माता का प्रेम मिल जाने पर, न प्रशंसा और न ही निंदा तुम्हें छू सकती हैं।

मैं मंच की ओर लँगड़ा कर चल रहा था जहाँ मुझे प्रवचन देना था कि अनजाने में मैं प्रवेश द्वार पर फिसल गया, मेरा घायल पैर बुरी तरह मुड़ गया। पीड़ा इतनी भयंकर थी कि मुझे लगा जैसे पैर की प्रत्येक हड्डी खण्डित हो गई हो। परन्तु जैसे ही मैंने अगला कदम बढ़ाया वह भयानक सूजन अचानक समाप्त हो गई, सारी पीड़ा चली गई, मैं अपना पैर जूते में डालने योग्य हो गया।

यह प्रेम की शक्ति के महानतम प्रदर्शनों में से एक था जो मैंने शायद ही कभी अनुभव किया हो। मैं ऐसे चला जैसे मेरे पैर में कभी कुछ हुआ ही न हो। यह कहने की आवश्यकता नहीं कि मैं आनन्दित था, स्वस्थ होने के कारण नहीं, बल्कि ईश्वर की उपस्थिति के कारण। जगन्माता देखना चाहती थीं कि मैं स्वस्थ होने के लिए प्रार्थना करता हूँ अथवा नहीं। यदि मैंने प्रार्थना की होती, तो शायद कुछ समय में मेरा घायल पैर स्वतः ही ठीक हो जाता, परन्तु मुझे वह सर्व-विश्वसनीय दिव्य अनुभव प्राप्त नहीं होता।

एक अन्य अवसर पर पॉमस्प्रिंग (अमेरिका) में, मैं जगन्माता का गुणगान कर रहा था, "माँ तुझे दी मैंने आत्मा की पुकार। तुम अब छिप न सकोगी और! आओ मौन गगन से तुम, आओ शून्य गुफा से मेरी।"* अचानक वे प्रकट हो गईं! मैंने उन्हें पत्थरों में, खजूर के वृक्षों में, और अन्य प्रत्येक जगह देखा! ईश्वर का कोई रूप नहीं होता, परन्तु भक्त को प्रसन्न करने के लिए वे भक्त की इच्छा के अनुसार कोई भी रूप धारण कर सकते हैं। आप जानते नहीं हैं कि जगन्माता कितनी अद्भुत हैं, वे कितनी महान् हैं, वे कितनी प्रेममयी हैं!

* "मैंने तुझे दी आत्मा की पुकार" *"Words of Cosmic Chants"* में से उद्धृत।

यह जानने और अनुभव करने से बड़ा अनुभव कोई और नहीं है कि जगन्माता आपके साथ हैं। जगन्माता की उपस्थिति के लिए उत्सुकता से प्रतीक्षा करें, क्योंकि वे हर प्रकार से आपकी देखभाल करती हैं, चाहे आपकी समस्या दुःख हो, पीड़ा हो, अथवा बीमारी हो। जब आपको सांत्वना की तड़प हो तो ईश्वर से जगन्माता के रूप में प्रार्थना करें और जब ज्ञान चाहिए तो ईश्वर से परम पिता के रूप में प्रार्थना करें।

माताओं, अपने पूर्ण-क्षमाशील प्रेम को आप अपने बच्चे तक ही सीमित न रखें। जगन्माता के प्रेम एवं ज्ञान को सभी में बाँटें, और तब आप सांसारिक माँ के प्रेम की सीमाओं द्वारा बंधी नहीं रहेंगी; आप भी एक जगन्माता बन जाएँगी। जब आप सच्चाई से कह सकें, "मैं समस्त मानव जाति के लिए माँ के रूप में अनुभव करती हूँ," तो आप दूसरों को अजनबी के रूप में नहीं देखेंगी, और संसार के सभी बच्चों को आप अपनों की तरह पहचानेंगी और उन्हें प्रेम करेंगी। मानवीय प्रेम के सभी रूप उनकी परिशुद्ध अवस्था में ईश्वर के प्रेम में ढके रहते हैं।

स्वयं को अब से पापी के रूप में मत समझें, अपनी बुरी आदतों को दूर कर दें और प्रार्थना करें, "माँ, मैं आपका बच्चा हूँ। मुझे दर्शन दीजिए।" यदि आप यह प्रार्थना ईश्वर के पास जगन्माता के रूप में दिन-रात अनवरतरूप से करते हैं, तो वे आपके समक्ष प्रकट हो जाएँगी।

आइए, हम ईश्वर का धन्यवाद करें, और सभी माताओं पर उनके आशीर्वाद के लिए प्रार्थना करें, कि वे उनके गुणों को व्यक्त करने में समर्थ बनें।

ईश्वर करें कि संसार के समस्त पुत्र और पुत्रियाँ उस मातृत्व स्नेह से भर जाएँ जो जगन्माता के अशर्त प्रेम की छाया है; और वे उस अशर्त मातृवत् प्रेम को एक दूसरे में बाँट सकें, ताकि हम धरती पर शान्ति और स्वर्ग पा लें।

स्मरण शक्ति बढ़ाने की कला

*सेल्फ़-रियलाइज़ेशन फ़ेलोशिप अन्तर्राष्ट्रीय मुख्यालय, लॉस एंजिलिस, कैलिफ़ोर्निया, 28 अगस्त, 1932**

स्मरण शक्ति की योग्यता के कारण मानव अद्वितीय हैं। सभी जीवों की आत्माएँ, अपने दिव्य उद्गम की अचेतन स्मृति के द्वारा, स्वभावतः अपने स्रोत को खोजने की प्रवृत्ति रखती हैं। यही विश्व में प्रत्येक वस्तु के ऊर्ध्वगामी क्रम-विकास का कारण है। परन्तु ईश्वर की सृष्टि के लिए योजना के अनुसार, केवल मानव शरीर और उसके श्रेष्ठ मस्तिष्क एवं स्नायु-तन्त्र की प्राप्ति होने पर ही, प्रत्येक आत्मा को अंततः परमात्मा के साथ अपने प्रारंभिक एकत्व की चेतन स्मृति का साधन प्राप्त होता है।

स्मृति वह शक्ति है जिसके द्वारा हम अपने अनुभवों को मानसिक रूप से पुनः उत्पन्न करते हैं। यदि स्मरण शक्ति न होती तो हम जीवन के अपने सभी प्रत्यक्ष ज्ञान को भूल जाते; और हमें प्रतिदिन जीवन को शिशुओं की भाँति नए सिरे से आरम्भ करना पड़ता। वह व्यक्ति जिस का मन "विक्षिप्त" हो गया है और उस के कारण उसकी स्मरण शक्ति भी खो गई है, एक बच्चे की तरह व्यवहार करता है।

अनुभवों का कोई महत्त्व नहीं यदि हम उन्हें पुनः याद न कर सकें और फिर से न दुहरा सकें। हम आत्म-निरीक्षण द्वारा और अपने बीते हुए व्यवहार के विश्लेषण द्वारा सीखते हैं। मनुष्य की स्मरण शक्ति में ही मानव बनने का महत्त्व है। जॉन नामक व्यक्ति को प्रत्येक सुबह जागने पर यह *याद* रहता है कि वह जॉन है; और स्मरण शक्ति के द्वारा ही वह अपने जीवन के अनुभवों को अपनी नाम रूपी पहचान के साथ जोड़ देता है।

कोई भी अनुभव जो हमें पहले हुआ था, हम जब चाहें या जब उसकी आवश्यकता हो, अवचेतन मानसिक शक्ति के द्वारा पुनः उत्पन्न कर सकते हैं। जो कुछ हमने पहले किया है, उसे याद करके, हम पुनः किसी कुशल कार्य को, जो हमने सीखा था, फिर से

* यह वार्ता परमहंसजी की माउंट वॉशिंगटन मुख्यालय के बाहर खुले प्रांगण में ली गई ग्रीष्मकालीन विद्यालय की कक्षाओं की शृंखला में से एक है। वे एक बड़े काली मिर्च के वृक्ष के नीचे व्याख्यान देते थे जिसे वे "पत्तों का मन्दिर" कहते थे।

कर सकते हैं, अथवा तर्क द्वारा यह जान सकते हैं कि किसी विशेष परिस्थिति में हमें कौन से कार्य करने चाहिए और कौन से नहीं।

अवचेतन मन सदा क्रियाशील रहता है, दिन के समय यह अनुभवों को अंकित (record) करता है और निद्रा में भी एक चौकीदार की तरह शरीर रूपी घर की देखभाल करते हुए क्रियाशील रहता है। जागने पर व्यक्ति सदा जानता है कि उसे अच्छी नींद आई थी या नहीं। अवचेतन मन की यह स्मरण शक्ति नित्य चेतन, नित्य आनन्दमय ईश्वर की ही शक्ति है। प्रत्येक आत्मा में उसी चेतना का स्मृति बीज पड़ा है, क्योंकि आत्मा यह जानती है कि वह सदा ईश्वर में रहती है। स्मरण शक्ति अमरत्व का बीज है जिसके विकास के द्वारा हम इस जीवन की और अपने पिछले जन्मों की सभी घटनाओं को पुनः याद कर सकते हैं।

दिव्य स्मरण शक्ति का विकास करें

यदि हम इस जीवन में नश्वर मानव के रूप में अपने सभी अनुभवों को याद कर सकते हैं तो हम अपनी आत्मा में घटने वाले सभी दिव्य अनुभवों को क्यों नहीं याद कर पाते? स्मरण शक्ति दो प्रकार की है : नश्वर स्मरण शक्ति इस जीवन के अनुभवों को पुनः प्रस्तुत करती है, और दिव्य स्मरण शक्ति आत्मा के पिछले सभी जन्मों के अनुभवों को पुनः प्रस्तुत करती है। अधिकांश लोगों को केवल नश्वर स्मरण शक्ति का ही बोध होता है।

हमारी दिव्य स्मरण शक्ति सुप्तावस्था में क्यों है? कुछ लोग अनेक नश्वर एवं दिव्य, दोनों अनुभवों को पुनः स्मरण कर सकते हैं; दूसरे लोग अपने कुछ समय पहले के अनुभवों को भी ठीक ढंग से याद नहीं रख पाते। स्मरण शक्ति मस्तिष्क की क्षमता के अनुसार भिन्न-भिन्न लोगों में भिन्न-भिन्न स्तर की होती है। अच्छी स्मरण शक्ति के विकास के लिए शिक्षा, एकाग्रता, ध्यान और विभिन्न स्मरणीय अनुभवों की आवश्यकता होती है। स्मरण शक्ति का विकास किए बिना, कोई व्यक्ति सुशिक्षित नहीं बन सकता। यदि कोई व्यक्ति अपने किसी अनुभव के पश्चात् उसे भूल जाए, तो चेतन मन के लिए उस अनुभव का कोई मूल्य नहीं रह जाता।

स्मरण शक्ति की गुणवत्ता को सुधार कर, हम इसे सभी वस्तुओं, यहाँ तक कि अपने मूल स्रोत को याद रखने हेतु, पर्याप्त मात्रा में शक्तिशाली बना सकते हैं। दिव्य स्मरण शक्ति को जाग्रत करके, हम अपने सभी पिछले जन्मों के प्रत्येक अनुभव को पुनः याद कर सकते हैं जिससे अपने अमर आत्म-स्वरूप को जानकर, मुक्ति प्राप्त हो जाती है।

स्मरण शक्ति पर शारीरिक व्यायाम का प्रभाव

आसन और उचित शारीरिक व्यायाम स्मरण शक्ति के विकास में लाभदायक हैं। आज, जब मशीनों ने जीवन के बहुत से क्षेत्रों और कार्यों में शारीरिक कार्यों का स्थान ले लिया है, मनुष्य शारीरिक रूप से आलसी हो रहा है और उसे नियमित व्यायाम की अति आवश्यकता है। अपने शारीरिक व्यायाम में सहायता के लिए मानव ने यांत्रिक एवं दूसरे अन्य प्रकार के घरेलू उपकरणों का आविष्कार करना आरम्भ कर दिया है।

शारीरिक व्यायाम करते समय, उस व्यायाम से पूर्ण लाभ प्राप्त करने के लिए मन को उस व्यायाम पर एकाग्र करना आवश्यक है। केवल माँसपेशियों को लचीला बनाना ही नहीं, अपितु यह प्राणशक्ति को जगाने और पुनः निर्देशित करने वाली एकाग्रता की आन्तरिक शक्ति है — जो शरीर को शक्ति देती है।

स्मरण शक्ति बढ़ाने वाले खाद्य पदार्थ

कुछ खाद्य पदार्थ मस्तिष्क के लिए और कुछ खाद्य पदार्थ मांसपेशियों के लिए, कुछ नाड़ी-तंत्र के लिए, और कुछ शरीर के भिन्न-भिन्न अंगों के निर्माण और उनके पोषण के लिए सहायक होते हैं। स्मरण शक्ति को विकसित करने में सहायता के लिए हमें वे पदार्थ खाने चाहिए जो मस्तिष्क की शक्ति को बढ़ाते हैं, स्मरण शक्ति के विकास में प्रोटीन सहायक है, योगीजन कहते हैं कि पिसे हुए अख़रोट (pecans) और बादाम में नींबू या संतरे के रस की कुछ बूँदें मिलाकर रात को सोने से पहले लेने से मनुष्य की मस्तिष्क शक्ति बढ़ती है; दूध एवं पनीर (cheese) भी अच्छे मस्तिष्क आहार हैं।

योगीजन सुझाव देते हैं कि चिन्ता और तनाव के समय, व्यक्ति को एक ग्लास पानी में एक या दो नींबू का रस मिलाकर पीना चाहिए, ठंडे पानी से सिर को धोना चाहिए, और ठंडे पानी को कनपटियों पर, भ्रूमध्य पर एवं नथुनों और कानों पर लगाना चाहिए। ऐसा करने से नसों की प्रक्रियाएँ तुरन्त शान्त हो जाती हैं, मन अधिक शांत हो जाता है और अच्छी स्मरण शक्ति लौट आती है।

अत्यधिक चर्बी वाले भोजन न खाएँ जिनके कारण मस्तिष्क की सतह पर ख़ून की नाड़ियों में चर्बी जमा हो जाने की प्रवृत्ति होती है। हिन्दुओं का कहना है कि सुअर और गाय का मांस मानव स्वास्थ्य के लिए हानिकारक होता है; इन दोनों में यूरिक ऐसिड

(uric acid) की मात्रा अधिक होती है। सुअर और गाय की स्मरण शक्ति बहुत कम होती है। इनके मांस के सेवन से मनुष्य में उनकी शारीरिक एवं मानसिक विशेषतोंओ का विकास हो सकता है।

स्मरण शक्ति के उपयोग का अभ्यास करें

स्मरण शक्ति का विकास इसके उपयोग द्वारा किया जा सकता है। यह कहना ठीक नहीं होगा कि जो व्यक्ति शारीरिक रूप से कमज़ोर पैदा हुआ है वह कभी बलवान नहीं बन सकता। हमारे जीवन के सभी क्षेत्रों में कुछ महान् बनने और कुछ महान् उपलब्धियाँ प्राप्त करने की सम्भावना सदा होती है। व्यक्ति को उचित तरीकों को खोजना सीखने की आवश्यकता है। उसी प्रकार, कुछ डॉक्टरों की राय में, जिस व्यक्ति को वंशानुगत मानसिक कमज़ोरी होती है उसमें वह मानसिक दोष उसके जीवन-पर्यन्त रहेगा। परन्तु, यह सिद्ध किया जा चुका है कि बहुत-सी मानसिक कमज़ोरियों को एकाग्रता के कुछ व्यायामों के अभ्यास द्वारा दूर किया जा सकता है। पाश्चात्य जगत् में, इस दिशा में कम अनुसन्धान हुआ है; अतः बहुत से मनोवैज्ञानिक इस गहन एकाग्रता की कला से अपरिचित हैं, जिसे भारत के महान् योगीजन शताब्दियों से सिखाते आ रहे हैं।

एकाग्रता का विकास करने के ठीक तरीकों को अधिकांश लोग नहीं जानते। मानसिक क्षमताएँ तो हैं परन्तु उन्हें विकसित नहीं किया जाता। मानसिक क्षमताओं का विकास न करना अन्ततः गम्भीर समस्याओं का कारण बनता है। शरीर की भाँति मस्तिष्क को भी स्वस्थ रहने के लिए उचित व्यायाम की आवश्यकता होती है।

इसलिए, अच्छी स्मरण शक्ति को विकसित करने के लिए व्यक्ति को केवल शारीरिक व्यायाम करना और स्वास्थ्यवर्धक आहार लेना ही पर्याप्त नहीं है, बल्कि उसे मानसिक अनुशासन का पालन भी करना चाहिए। वस्तुओं को याद रखने का प्रयास करें। मानस दर्शन (visualisation) की कला का अभ्यास करें : किसी वस्तु अथवा दृश्य को देखें और फिर अपने मन में उस चित्र को पुनः देखने का प्रयास करें। भजनों और गानों की लय को याद करने और उन्हें मन-ही-मन गाने से स्मरण शक्ति का विकास होता है। कोई भी कार्य जो भावना के साथ किया गया हो, अथवा जो भावनाओं को जगाता हो, वह स्मरण शक्ति को बढ़ाता है। कविता एवं संगीत दोनों का भावनात्मक महत्त्व है। हम सभी अपने जीवन के अत्यधिक दुःखों और अत्यधिक सुखों को आसानी से याद कर सकते हैं। क्यों? क्योंकि उन अनुभवों को गहनता से महसूस किया गया

था। जो कुछ भी गहराई से अनुभव किया गया हो, वह व्यक्ति की स्मरण शक्ति को विकसित करता है। कविता लिखना और मानसिक रूप से जोड़ना और घटाना भी एकाग्रता और स्मरण शक्ति के विकास की अच्छी विधियाँ हैं।

ध्यान से स्मरण शक्ति मजबूत होती है

स्मरण शक्ति को बढ़ाने के लिए, व्यक्ति को प्रत्येक कार्य गहन एकाग्रता से करना चाहिए। अधिकांश लोग अपने कार्यकलापों को अन्यमनस्कता के साथ करते हैं; उनके कार्यों और उनके विचारों में भारी अंतर होता है। इसलिए वे लोग कुछ भी अच्छी तरह याद नहीं रख पाते। व्यक्ति जो कुछ याद रखना चाहे उस कार्य को उसे अत्यंत एकाग्रता के साथ करना चाहिए। कार्य में बहुत अधिक हड़बड़ी की आवश्यकता नहीं है, परन्तु जो भी कार्य हाथ में लें, उसे पूरे मनोयोग के साथ करें। मन्दिर अथवा चर्च में प्रवचन को पूरे ध्यान से सुनना चाहिए। घर के काम-काज को भी ध्यानपूर्वक एवं रुचिपूर्वक करना चाहिए। हाथ में लिए कार्य में सचेत मन को लगाए रखना व्यक्ति के अन्तर्मन में ईश्वर का निरंतर चिन्तन करने में बाधा नहीं बनता। परन्तु ध्यान करते समय, मन केवल ईश्वर पर ही होना चाहिए। ध्यान करने से स्मरण शक्ति को बल मिलता है।

ध्यान क्या है? आत्मा के साथ एकाकार हो जाना। इसका अर्थ है मानवीय सीमितताओं और शरीर से संबधित चेतना को हटा देना और यह स्मरण करने का प्रयास करना कि "मैं एक आत्मा हूँ।" जब मनुष्य, एक जन्म के लिए धारण किए हुए शरीर की अपेक्षा, अपनी अमर आत्मा के साथ जुडने का सचेत प्रयास करना आरम्भ करता है, तब उसे अपने गत जन्मों के अधिकाधिक अनुभव याद आते जाएँगे और अन्ततः उसे याद आ जाएगा कि वह ईश्वर से ही उत्पन्न हुआ है। ईश्वर में मनुष्य के इस जीवन के सभी अनुभवों की तथा सभी जन्मों की समस्त स्मृतियाँ हैं। जब मनुष्य अपनी अन्तरात्मा से सम्पर्क करता है, तो उसकी चेतना में भूला हुआ समय और अमर आत्मा की शक्तियाँ वापस आ जाती हैं। ध्यान का अर्थ है यह याद रखना कि मनुष्य एक नश्वर शरीर नहीं, बल्कि ईश्वर के साथ अभिन्न एक अमर आत्मा है।

दिन में हम स्वयं को मानव समझने की प्रवृत्ति रखते हैं, परन्तु रात्रि के समय स्वप्न रहित गहन निद्रा में हम अपनी इस नश्वर प्रवृत्ति को भूल जाते हैं। ध्यान में हम अपनी नश्वर पहचान को भूलने का सचेत रूप से प्रयास कर सकते हैं; हम शरीर की चेतना को त्याग कर आत्मा होने की स्मृति रख सकते हैं। जो इसके अभ्यास का निरन्तर प्रयास करते रहेंगे वे अंततः सिद्ध हो जाएँगे।

अच्छे अनुभवों को याद करें

मनुष्य को स्मरण शक्ति अच्छाई को पुनः उत्पन्न करने के लिए दी गई थी। स्मरण शक्ति का दुरुपयोग करना हानिकारक है। किसी व्यक्ति से घृणा करना क्योंकि आपको याद है कि उसने कभी आपको चोट पहुँचाई थी, स्मरण शक्ति का दुरुपयोग है। परन्तु, किसी दुःखद अनुभव से शिक्षा लेने के लिए उसे याद करना स्मरण शक्ति का सदुपयोग है, क्योंकि तब वह अपने पिछले व्यवहार का विश्लेषण कर सकता है ताकि भविष्य में ऐसे गलत कार्य दोबारा न करे जिनसे दुःखदायी परिणाम उत्पन्न हुए थे। किसी गलत विचार को याद करके दोबारा उसके अनुभव में मन को नहीं लगाना चाहिए; अन्यथा वह मन में अधिक लम्बे समय तक रहेगा। स्मरण शक्ति हमें जीवन के अच्छे अनुभवों और शिक्षा को जीवित रखने के लिए दी गई थी। पिछले गलत विचारों को याद न करके उनसे पीछा छुड़ाएँ। यदि वे मन में फिर भी आ जाएँ तो उनकी ओर कोई ध्यान न दें।

मैं फिर दोहराता हूँ कि बुरे अनुभवों को याद रखना और उनका चिन्तन करना ईश्वर द्वारा दिए गए स्मरण शक्ति के उपहार का दुरुपयोग है। बल्कि व्यक्ति को शपथ लेनी चाहिए, "मैं स्मरण शक्ति का उपयोग, केवल अच्छे विचारों और अनुभवों को याद करने के लिए करूँगा। इसी क्षण से मैं अपने मन से सभी अप्रिय यादों को निकालता हूँ। उनका संबंध नश्वर मानव से है, मैं ईश्वर की संतान हूँ। मैं, जो कुछ अच्छा है उसी को देखूँगा, सुनूँगा, चखूँगा, छूऊँगा, अनुभव करूँगा और उसी की इच्छा करूँगा। मैं अपने जीवन के अनुभवों से केवल अच्छाई को चुन कर अपनी स्मृति में बनाए रखूँगा।" स्मरण शक्ति के दुरुपयोग को सदा के लिए समाप्त कर दें।

जो व्यक्ति अच्छी भावनाओं का अनुभव करता है, और अच्छे विचारों को सोचता है, और प्रकृति तथा लोगों में केवल अच्छाई को देखता है, वह केवल अच्छाई को ही स्मरण करेगा। स्मरण शक्ति, आपको अच्छी बातों को तब तक याद करने के अभ्यास के लिए दी गई थी जब तक कि आप उच्चतम कल्याणकारी, ईश्वर को पूर्णतः याद नहीं कर पाते। प्रत्येक वस्तु में केवल अच्छाई देखने से, आप निश्चित रूप से पाएँगे कि एक दिन अदृश्य शक्ति विचारों, संवेदनाओं और भावनाओं के समस्त छोटे झरोखों को नष्ट कर देगी जिनके द्वारा आप सृष्टि में दिव्य सामंजस्यता की केवल झलक मात्र देखते रहे हैं; तब आप एक अनन्त झरोखे से सर्वव्यापी कल्याणकारी, ईश्वर को देखेंगे।

दिव्य स्मरण शक्ति की शाश्वत ज्वालाओं को जाग्रत करें, जब तक कि वे आपकी विस्मरणशीलता को भस्म न कर दें, और आपको केवल यह याद रह जाए कि आप सदा ईश्वर के साथ एक रहे हैं और अब भी एक हैं।

मानव की निरन्तर खोज

प्रथम सेल्फ़-रियलाइज़ेशन फ़ेलोशिप मन्दिर, एन्सिनिटस, कैलिफ़ोर्निया, 16 फरवरी 1941

बाहर* फूल कितने सुन्दर हैं, परन्तु उनके पीछे एक बग़ीचा और अधिक सुन्दर है। यद्यपि प्रारम्भ में देख पाना बहुत सूक्ष्म और कठिन है, यदि आप आध्यात्मिक नेत्र† के द्वार से आन्तरिक राज्य में प्रवेश कर सकें तो आप इसे खोज लेंगे। मैं उस बगीचे में रहता हूँ — कोमल विचारों और उत्कृष्ट गुणों के क्षेत्र में, जो किसी भी फूल की अपेक्षा अधिक मधुर एवं सुगंधित है। वहाँ मेरे मन की मधुमक्खी प्रभु की विद्यमानता के मधु का निरन्तर पान करती रहती है।

हम अपनी एकाग्रता को जैसे ही अन्तर्मुखी करते हैं और अपने अन्तर में उस अदृश्य प्रदेश में अधिक से अधिक रहते हैं, तो पाते हैं कि हमारे आत्मिक गुण विशेष रूपों को धारण कर लेते हैं; प्रत्येक रूप एक झरोखा है जिसके द्वारा हमें ईश्वर की अवर्णनीय मधुरता का ज्ञान होता है। यह न सोचें कि ईश्वर की खोज केवल ध्यान में ही होती है। यदि आपका आन्तरिक अन्तर्ज्ञान पर्याप्त गहन है तो प्रत्येक अच्छा गुण जिसे आप अपने विचार और कार्य द्वारा व्यक्त करते हैं, ईश्वर के सान्निध्य के गुप्त अमृत को उत्पन्न करता है।

जब हम आध्यात्मिक नेत्र के द्वार से गुजरते हैं, हम अपने अन्दर बुद्धिशील जीवन शक्ति की निर्माणशाला देखते हैं, जिसने सम्पूर्ण विश्व की रचना की है। क्योंकि हम अपने भीतर मन को एकाग्र नहीं करते, इसलिए प्रकृति में अदृश्य परमात्मा के संकेतों से हम आश्चर्यचकित होते हैं। हम प्रभु की रचनाओं को देखते हैं, पुष्प में, आकाश में, प्रत्येक वस्तु में उनका नाम लिखा है — परन्तु वे मौन हैं। मनुष्य होने के नाते हम बहुत भाग्यशाली हैं, क्योंकि ईश्वर की समस्त सृष्टि में से केवल मानव ही, उन्हें खोजने, उन्हें

* एन्सिनिटस में प्रथम सेल्फ़-रियलाइज़ेशन फ़ेलोशिप स्वर्णकमल मन्दिर के चारों ओर रंगबिरंगे पुष्पों के बगीचे।

† भ्रूमध्य के केन्द्र में "आध्यात्मिक नेत्र" के द्वारा, मानव स्थूल भौतिक जगत् से परे आन्तरिक सूक्ष्म और कारण जगत् को देख सकता है।

जानने, उन्हें पाने, और उनकी मूक भाषा को समझने के लिए आवश्यक, शारीरिक, मानसिक और आध्यात्मिक क्षमता से सम्पन्न है।

सफल जीवन क्या है?

एक बच्चा अपनी सफलता सभी प्रकार के खिलौनों को प्राप्त करने और शायद खिलौने की कार में सवारी करने में देखता है। एक निर्धन बच्चा सोचता है कि यदि उसके पास केवल बहुत से खिलौने होते तो वह कितना प्रसन्न होता। दूसरी ओर, एक समृद्ध बच्चा, शायद अपने खिलौनों से उकता गया हो; उसकी आत्मा में अशांति रहती है। कुछ समय बाद एक धनी बच्चे को प्रसन्न करना बहुत कठिन हो सकता है, क्योंकि उसके पास पहले ही बहुत से खिलौने हैं। जब हम और बड़े हो जाते हैं, हम अपने बचपन की इच्छाओं पर हँसते हैं; और कौन जानता है कि जिस वस्तु की हम आज इच्छा कर रहे हैं, इस विचार से कि यह हमारे जीवन के स्वप्न को पूरा करेगी, एक दिन उसी का हमारे लिए बहुत कम महत्त्व रह जाएगा? मैंने इसे ऐसा ही पाया है। मैं भावनाओं के नशे में बहना नहीं चाहता था; मैंने जिन मूर्खताओं को, अन्य लोगों को लापरवाही से करते देखा, उन्हें करने के लिए तत्पर नहीं था, इसलिए मैं स्वयं को इस सबसे दुर कर आगे बढ़ गया। यदि हम थोड़ी सी आगे दृष्टि डालें तो हम अपने बारे में देख सकते हैं कि अधिकाँशतः जिन वस्तुओं को हम चाहते हैं वे वास्तव में हमें प्रसन्न नहीं करेंगी।

जीवन की आवश्यकताओं : रोटी, कपड़ा, मकान और स्वास्थ्य — को पाने के लिए सफलता आवश्यक है। आपके पास ये वस्तुएँ यदि आपकी कम से कम जरूरत को पूरा नहीं करतीं तो आपकी स्थिति दुःखमय है। आपको कम से कम आवश्यक सुख-सुविधा जिसे आप खोज रहे हैं को, पाने के योग्य होना चाहिए। चाहे कोई आध्यात्मिक अथवा भौतिक आदर्शवादी हो, सब व्यक्ति इस बात से सहमत हो सकते हैं कि कुछ मूल भौतिक आवश्यकताएँ हैं जो अवश्य पूरी होनी चाहिए, ताकि व्यक्ति अपने शरीर रूपी मन्दिर की सुरक्षा कर सके। जब तक वह इस मन्दिर की देखभाल नहीं करता, वह किसी भी अन्य कार्य में सफल नहीं हो सकता।

सुख हमारे अपने मन की रचना है

परन्तु सच्ची सफलता क्या है? यदि आप इस जीवन में प्रत्येक अभीष्ट वस्तु प्राप्त कर लें, तो भी अन्ततः किसी न किसी प्रकार से आपका मोह भंग हो जाएगा। स्वयं का विश्लेषण करने पर मैंने देखा कि किसी वस्तु में जो भी सुख मुझे मिला वह केवल

मेरे मन ने ही उस वस्तु में मान लिया था। यदि मैंने अपने मन को हटा लिया, तो किसी भी वस्तु का सुख समाप्त हो गया। अतः मैंने देखा कि सुख आन्तरिक है, व्यक्ति के अपने मन की धारणा। आपकी सबसे अनमोल वस्तु की सुन्दरता, जिसे आप अपनी आँखों से देख रहे हैं, उस वस्तु से आपके विचार हटते ही लुप्त हो जाती है। केवल जब आप अपने मन को उस पर लगाते हैं तब आपको उसकी सुन्दरता का बोध होता है। इसलिए यह कहना उचित है कि जो प्रसन्नता हम खोजते हैं इसका अधिकाँश हमारे भीतर है, न कि हमारे बाहर।

हम अपनी प्रसन्नता को बढ़ा सकते हैं अथवा इसे घटा भी सकते हैं। एक व्यक्ति के पास एक छोटा-सा घर है और वह कहता है, "मैं इसमें महल से अधिक आनन्द पाता हूँ।" किसी अन्य व्यक्ति के पास एक महल है जिसमें वह उतना आनन्द नहीं पाता जितना कि दूसरा व्यक्ति अपनी सादी कुटिया में पाता है। सफलता और सुख का रहस्य आपके भीतर है। यदि आपने बाहरी सुख और सफलता प्राप्त की है, परन्तु आन्तरिक नहीं, तो वास्तव में आप सफल नहीं हैं। एक अति धनी करोड़पति जो सुखी नहीं है, सफल नहीं है। मेरा तात्पर्य यह नहीं, कि यदि आपके पास करोड़ रुपया है तो आप सफल नहीं हो सकते। चाहे आप गरीब हैं अथवा अमीर, यदि आप जीवन में सुखी हैं तो आप वास्तव में सफल हैं।

वह सुख जो केवल एक क्षण में समाप्त हो जाता है और बाद में आपके दुःख का कारण बनता है, सुख नहीं है। सच्ची सफलता में, यद्यपि किसी कार्य में आनन्द की प्रथम उत्तेजना फ़ीकी भी पड़ जाए, तो भी सफलता की सुखद स्मृति बनी रहती है। आपके जीवन में किए गए सभी अच्छे कार्य आपकी स्मृति में सदा रहने वाले आनन्द के रूप में बने रहते हैं। वे ही सच्ची सफलताएँ हैं जो आपने प्राप्त की है।

सभी परिस्थितियों में प्रसन्न रहना ही सच्ची सफलता है

सफलता कोई साधारण बात नहीं है, यह केवल आपके धन और भौतिक संपदा की प्राप्ति के द्वारा निर्धारित नहीं की जा सकती। सफलता का अर्थ और अधिक गहराई तक जाता है। यह केवल आपकी आन्तरिक शान्ति और मानसिक नियंत्रण की उस मात्रा से आँका जा सकता है, जो आपको हर परिस्थिति में प्रसन्न रहने के योग्य बनाती है। वही सच्ची सफलता है। जब आप अपने भीतर झाँक सकें और आपकी अन्तरात्मा स्पष्ट है, आपकी तर्क शक्ति निष्पक्ष है, आपकी इच्छाशक्ति अटल है

परन्तु लचकदार है, और आपका विवेक दृढ़; और जब आप अपनी इच्छानुसार अभीष्ट और उपयुक्त वस्तुओं को प्राप्त करने में सक्षम हो जाएँ, आप सफल व्यक्ति हैं।

एक बच्चे के रूप में आप छोटी-छोटी वस्तुओं से प्रसन्न हो सकते थे, परन्तु अब आप सोचने लग जाते हैं कि आपके पास कई घर एवं कारें होनी चाहिए, चाहे आप यह भी देखते हों कि जिनके पास ये सब हैं वे सदा प्रसन्न नहीं हैं। सन्तुष्टि के लिए सादा जीवन और उच्च विचार की आवश्यकता है। अपने मन को बाह्य वस्तुओं पर लगाने की अपेक्षा विचारों के स्तर पर रखने से आपको अधिक प्रसन्नता मिलेगी। जो लोग अधिकतर अपने घर, अपनी सम्पत्ति, अपने वस्त्र और अन्य वस्तुओं की देखभाल करने में व्यस्त रहते हैं, वे अनिवार्य रूप से सभ्य नहीं हैं। आप एक कुत्ते को अच्छे वस्त्र पहना सकते हैं, किन्तु इससे वह सभ्य नहीं बन जाता। मनुष्य और कुत्ते में भेद यह है कि मनुष्य स्वेच्छा से अपनी चेतना और अपने स्वभाव को बदल सकता है। वह अपने अन्दर बहुत गहराई तक, परमात्मा के क्षेत्र में जा सकता है, परन्तु कुत्ता ऐसा नहीं कर सकता। मनुष्य का प्रेम इन्द्रियातीत है। जब हमारी मृत्यु हो जाती है, तो कुत्ता हमारे लिए थोड़ी देर के लिए दुःखी हो सकता है, कुछ अवस्थाओं में मृत्यु पर्यन्त वह दुःखी हो सकता है, परन्तु मानवीय मित्र जन्मों तक हमें कभी नहीं भूलते (यदि वे ऐसा न चाहें तो)। अतः अन्य प्राणियों की अपेक्षा मानव जाति को अत्यधिक सुविधाएँ प्राप्त हैं।

विकासात्मक मानवीय उन्नति विचार शक्ति में निहित है

मानव होने के नाते, आप अपनी महानतम विकासात्मक उन्नति विचार-शक्ति के द्वारा करते हैं। अपने मन के सुधार के लिए प्रत्येक दिन कुछ समय निर्धारित करें। दिन-रात स्वयं को घर के कामों अथवा असृजनात्मक गतिविधियों में व्यस्त रखने की अपेक्षा थोड़ा बहुत अध्ययन करना अधिक सराहनीय है। अपना जीवन नियोजित करें ताकि आप अव्यवस्थित ढंग से जीवन व्यतीत न करें; परन्तु यदि आपका स्वभाव समय को अति व्यवस्थित करने का है, तो उस अति से भी दूर रहें। जीवन के प्रत्येक क्षेत्र में सन्तुलन की आवश्यकता है। अपने मन को, प्रतिदिन के कार्यों और अन्य निरर्थक कार्यों की योजना बनाने अथवा आलसी मन से समय गँवाने में, व्यस्त करने की अपेक्षा, कुछ समय रचनात्मक अध्ययन करने में लगाएँ। अपने पास कुछ लाभप्रद अध्ययन सामग्री रखें, और खाली समय में उसे पढ़ें। विविध प्रकार का साहित्य रखना

अधिक सार्थक है — कुछ विज्ञान, कुछ इतिहास, दर्शनशास्त्र, जीवनियाँ, पर्यटन आदि के कुछ अंश पढ़ना जो आपके मन को प्रेरित और विकसित करें।

पुस्तकें प्रिय मित्र हो सकती हैं, और यदि आपका चुनाव समुचित हो तो आपको उनसे बहुत लाभ का अनुभव होगा। यदि आप एमर्सन या मिल्टन या प्लैटो, अथवा किसी महान् सन्त को पढ़ें तो आरम्भ में यह आपको कुछ कठिन लग सकता है, परन्तु कुछ समय पश्चात् आप स्वयं को उनके लेखों का चिन्तन करते हुए पाएँगे। आप अनुभव करेंगे कि आपको कुछ प्राप्ति हुई है, क्योंकि उन सब सन्तों ने अपना ज्ञान ईश्वर के अनन्त भण्डार से प्राप्त किया है — वे विचार जो शायद वैसे आपको अपने जीवनकाल में न आते।

कुछ भी हो, अनेक लोग निरन्तर पढ़ते रहते हैं और फिर भी आपको यह नहीं बता सकते कि उन्होंने क्या पढ़ा है। किसी भी पुस्तक को पढ़ने का अच्छा तरीका यह है कि पहले उस पुस्तक के विषय में विश्लेषण कर लें। देखें कि आपके जीवन में यह कैसे लागू होती है। और विवेक सीखें। जो कुछ भी आप पढ़ें उसे बिना सोचे समझे स्वीकार न करें, आपके मन की कसौटी पर यह खरा उतरना चाहिए। लाभप्रद होने के लिए, पुस्तकें प्रेरित करने वाली होनी चाहिए। यदि वे ऐसा करती हैं, तो आप पाएँगे कि आपके मन का विकास हो रहा है।

सीधे परमात्मा से ज्ञान प्राप्त करें

जो लोग अध्ययन अथवा ध्यान नहीं करते, जो केवल बाह्य जीवन व्यतीत करते हैं, वे गहरी सूझबूझ का विकास बिल्कुल नहीं करते। ध्यान आपको उस शक्ति के साथ प्रत्यक्ष रूप से सम्पर्क में रखता है जो समस्त विचारों को उत्पन्न करती है। उस सर्वोच्च शक्ति से सम्पर्क करना ध्यान है। यदि आप अध्ययन नहीं करते तो मनुष्य होने के नाते आप अपने साथ अन्याय करते हैं, किन्तु ध्यान करना और भी अच्छा है। मैं अध्ययन करना चाहूँगा, परन्तु मुश्किल से एक दो पृष्ठ पढ़ने से पहले ही मुझे किसी अन्य कार्य के लिए बुलावा आ जाता है, इसलिए मैंने पढ़ना छोड़ दिया है। मुझे ध्यान करना अधिक लाभदायक लगता है। जैसे ही मैं अन्तर में गहरे जाता हूँ, ज्योतिर्मय प्रकाश दिखाई देने लगता है और महान् आनन्द छा जाता है, जो सारा दिन मेरे साथ रहता है। ऐसा है मेरा अनुभव। ऐसा ही उनका अनुभव है जो नित्य आनन्दमय प्रभु के साथ सम्पर्क करते हैं।

अपना समय नष्ट न करें। प्रभु चाहते हैं कि आप एक सन्तुलित व्यक्ति बनें। यदि आप अपने जीवन को असन्तुलित होने देंगे तो आप ब्रह्माण्डीय नियम के द्वारा दण्डित होंगे। सादा जीवन बिताएँ, प्रतिदिन शारीरिक व्यायाम करें, लाभप्रद पुस्तकों का अध्ययन करें, और प्रतिदिन ध्यान करने की आदत को विकसित करें। यदि आप ध्यान करेंगे तो आपको इतना अधिक आनन्द मिलेगा जितना आपने पहले कभी नहीं जाना था। समस्त ज्ञान आपको भीतर से प्राप्त हो जाएगा।

मेरा जीवन ऐसा ही रहा है। मेरे अमेरिका आगमन के बीस वर्ष के काल में मैंने बीस पुस्तकें भी नहीं पढ़ी हैं। मुझे इस तथ्य पर कोई गर्व नहीं है, मैं पूरा अज्ञानी रह जाता यदि मुझे ध्यान द्वारा प्राप्त परमात्मा की चेतना न मिली होती। जब मैं किसी पुस्तक को देखता हूँ तो पाता हूँ कि जो कुछ भी सत्य इसमें लिखा है वह पहले से ही ईश्वर ने मुझे दे दिया है। विचार और सत्य सभी भगवान् से आते हैं, यदि आप उनके साथ सम्पर्क करते हैं तो आप उनका ज्ञान सीधे प्राप्त करते हैं। इसलिए अनावश्यक कार्यों में अपना समय नष्ट करने की अपेक्षा अच्छी पुस्तकें पढ़ें, परन्तु उससे भी अच्छा है, ध्यान करें और अपने मन को परम सत्य पर टिका दें — जो ईश्वर है।

मनुष्य का क्रमविकास ब्रह्माण्डीय नियमानुसार निर्दिष्ट है

विभिन्न युगों और स्थानों में, मानव ने, अपनी विचार प्रक्रियाओं के द्वारा, जीवन और आत्मा के विषय में अनेक विचारों को विकसित किया है। उदाहरण के लिए, जब प्राचीन जनजातियों के कुछ सदस्यों को सिरदर्द होता है, वे सोचते हैं कि उनकी आत्मा खो गई है, और वे उपचार के लिए किसी चिकित्सक से प्रार्थना करते हैं। वह खोई हुई आत्मा को ढूँढने के लिए जंगल में जाता है, जिसे वह एक बक्से में वापस लाता है। तब वह उस "आत्मा" को बीमार व्यक्ति के सिर में "पुनः रख" देता है, और यह कल्पना की जाती है कि सिर दर्द चला गया है। किसी अन्य संस्कृति के रिवाज में, जब कोई बीमार होता है, तो उसके मांस में मछली पकड़ने वाले काँटे फँसा दिए जाते हैं जिससे कि यदि उसको छींक आए, तो उसकी आत्मा निकल नहीं जाएगी, बल्कि काँटों में फंसी रह जाएगी।

जैसे कुछ लोग दोषपूर्ण विचार के कारण आत्मा के विषय में भ्रान्तिपूर्ण निश्चय पर पहुँचे, उसी प्रकार दूसरे लोग सच्चे विवेचन द्वारा एक अधिक गहन ज्ञान तक पहुँचे। हम जानते हैं कि आत्मा कोई श्वास की फूँक नहीं है, क्योंकि कुछ ऐसे भी लोग हैं जो

लम्बे समय तक प्राणों की निष्क्रिय अवस्था में बिल्कुल बिना श्वास के जीवित रहे, उन्होंने यह दर्शाया कि आत्मा साँस के द्वारा बांधी नहीं जा सकती है।* आत्मा, साँस अथवा अन्य किसी शारीरिक अवस्था से परे कुछ और है।

चाहे कोई विश्वास करता है या नहीं, कि वह एक आत्मा है, वह चेतन अथवा अवचेतन अवस्था में अपनी गहन प्रकृति के विकास के लिए ब्रह्माण्डीय नियम से बंधा है। जीवन में व्यक्ति का व्यवसाय कुछ भी हो, वह जब भी कुछ योजना बनाता है अथवा रचनात्मक रूप से अपनी बुद्धि का उपयोग करता है, उसकी चेतना का क्रमविकास होता है। मनुष्य जो भी रचनात्मक कार्य करता है उसके द्वारा उसका क्रमविकास होता है।

अधिकाँश लोगों के साथ समस्या यह है कि जब वे कोई कार्य करते हैं तो उनका ध्यान किसी अन्य वस्तु पर होता है। वे नहीं जानते कि कार्य करते समय उस पर मन को कैसे एकाग्र किया जाए। आपको अपने मन की सम्पूर्ण शक्ति से एक समय में एक वस्तु का चिन्तन करना सीखना चाहिए। आपकी सम्पूर्ण एकाग्रता उस वस्तु पर होनी चाहिए। मन को इधर-उधर भटकने न दें। निरुत्साहित होकर कार्य करना असफलता और दुःख की ओर ले जाता है।

मनुष्य को पशु की तरह मनोवैज्ञानिक यंत्रमानव नहीं बनना चाहिए, जो केवल सहज वृत्ति के द्वारा कार्य करता है। परमात्मा जो आपके अन्तर में रहते हैं, के प्रति विचारशून्य बने रहना महापाप है; हम अपने प्रत्येक कार्य के प्रति सचेत रहने के लिए बने हैं। हमें कार्य करने से पहले विचार करना चाहिए। हमें अपने मन का सही ढंग से उपयोग करना सीखना चाहिए, जिससे हम विकास कर सकें और सृष्टिकर्ता के साथ अपनी एकरूपता को अनुभव कर सकें। जो कुछ भी हम करें वह पहले से ही चिन्तन किए हुए विचार का परिणाम होना चाहिए।

उच्च ध्येयों को लक्ष्य बनाएँ। महत्त्वहीन वस्तुओं को प्राप्त करने के लिए अपनी विचार शक्ति का उपयोग करना व्यर्थ है। मन के बगीचे में उगी व्यर्थ की घास को उखाड़ फेंकना सीखें। अपने मानसिक बगीचे को इतना सुन्दर बनाएँ कि प्रभु वहाँ आ जाएँ। यदि आप ऐसा मानसिक बगीचा चाहते हैं, जो ज्ञान रूपी मिट्टी में पुष्पित हो, तो आपको अपना जीवन सरल बनाना चाहिए। प्रत्येक कार्य को ध्यानपूर्वक करने से, न कि अनमने होकर, आप अपने कार्यों का विश्लेषण कर सकते हैं, तब महत्त्वपूर्ण

* साधु हरीदास का साहसिक कार्य देखें-पृष्ठ 246।

कार्यों को चुन लें और अनावश्यक कार्यों को छोड़ दें। जैसे ही आप अपने कर्त्तव्यों से मुक्त हो जाते हैं, अपने मन को उनसे हटा लें और अन्य रचनात्मक लक्ष्यों पर लगाएँ।

ईश्वर, मनुष्य की निरन्तर खोज को पूरा करते हैं

ईश्वर-चेतना को विकसित करना सीखें। इसीलिए आप मानव रूप में जन्मे हैं। क्रमविकास के नियमानुसार आपकी रचना की गई थी, ताकि आप अपनी दिव्य शक्तियों को ईश्वर की प्राप्ति के लिए उपयोग कर सकें। पशु उन्हें प्राप्त नहीं कर सकता। लाहिड़ी महाशय जानवरों के अति शीघ्र क्रमिकविकास में सहायतार्थ विज्ञान पर कार्य कर रहे थे, परन्तु वे इस कार्य को पूरा करने तक जीवित नहीं रहे। मैं भी प्राणियों की निम्न जातियों का शीघ्र विकास करने के कुछ तरीके जानता हूँ। परन्तु उन करोड़ों लोगों का क्या होगा जो अपना जीवन जानवरों की भाँति बिताते हैं? जब वे इस संसार को छोड़ते हैं तो उन्होंने अपने जीवन का उद्देश्य पूरा नहीं किया होता। क्यों न इसे अभी पूरा करें? यदि आप मन को एकाग्र करें तो आप कर सकते हैं। जीवन का एकमात्र अर्थ सबको प्रेम करने वाले प्रियतम प्रभु को खोजना है, जिन्होंने अपने को संकोचवश हमसे दूर रखा है। हमें उन्हें खोजना चाहिए। मानव जाति उस "कुछ और" की निरन्तर खोज में व्यस्त है जिससे उसे आशा है कि सम्पूर्ण एवं असीम सुख मिल जाएगा उन विशिष्ट आत्माओं के लिए जिन्होंने ईश्वर की खोज की है और उन्हें प्राप्त कर लिया है, यह खोज समाप्त हो चुकी है : ईश्वर ही वह कुछ और हैं।

प्रकृति ने ईश्वर की विद्यमानता को छुपा रखा है

मनुष्य को प्रलोभन क्यों दिया गया था? ताकि वह उनको खोजे जो संसार के किसी भी प्रलोभन से अधिक लुभावने हैं। सांसारिक प्रलोभन, जो आपको घेरे हुए हैं, आपको फँसाने के लिए नहीं हैं, बल्कि उनसे परे खोज के लिए प्रेरित करने के लिए हैं, आपको यह पूछने के लिए मजबूर करने हेतु हैं कि "इन सब वस्तुओं को किसने बनाया? मुझे किसने बनाया? मैं कौन हूँ? प्रभु, आप कहाँ हैं? आप क्यों छिपे हैं? मुझसे बात करें!" जब आप इन प्रश्नों के साथ प्रभु से सीधे सम्पर्क करेंगे, तो वे उत्तर देते हैं। अधिकाँश लोग प्रभु को अधिक गहनता से नहीं पुकारते, और इसीलिए वे उन्हें कभी नहीं पाते। अपनी आत्मा की आवाज में आपको उनसे स्पष्ट वार्तालाप करना चाहिए : "प्रभो! मैं केवल आपके द्वारा रचित सौन्दर्य को ही अब और अधिक नहीं देखना चाहता। मैं आपका दर्शन करना चाहता हूँ, जो फूलों की सुन्दरता से अधिक सुन्दर है,

अन्य सभी चेहरों से अधिक सम्मोहक है। मैं उन्हें देखना चाहता हूँ जो समस्त प्रकृति के पीछे हैं।" यदि कोई व्यक्ति स्वयं को पर्दे से ढक लेता है, तो भी आप देख सकते हैं कि वहाँ कोई है। उसी प्रकार प्रकृति एक विशाल पर्दे की भाँति ईश्वर की विद्यमानता को ढँक कर, उभरी हुई है। वे वहाँ छिपे हुए हैं परन्तु आप केवल सरसरी दृष्टि से देखते हैं, शर्मीले अन्तर्वासी को देखने के लिए गहरी दृष्टि नहीं डालते। जैसे ही मैं ध्यान में श्वास रहित, शान्त, और सतर्क होकर बैठता हूँ, मुझे अपने अन्दर एक आनन्दपूर्ण कम्पन की सनसनी का बोध होता है, और प्रभु गुनगुनाते हैं "मैं यहाँ हूँ।"

भगवान् ने जो हमें बुद्धि दी है वह स्वर्ग का मुख्य द्वार है। यह उनके साम्राज्य का बाहरी द्वार है, परन्तु आप इसका उपयोग नहीं करते। आज ही, अभी इसका उपयोग क्यों न करें? केवल मृत्यु के द्वारा ठोकर मारे गए एक कुत्ते की तरह पृथ्वी को छोड़ने की प्रतीक्षा न करें। यह आपकी आत्मा के विरुद्ध एक अपराध है। आपको बुद्धि यह जानने के लिए दी गई थी कि आपको यहाँ क्यों भेजा गया है; ईश्वर को खोजने के लिए।

परमात्मा को कैसे खोजें

परमात्मा को खोजने के लिए अनेक प्रविधियाँ हैं। मौन रहना उनमें से एक है। मौन का अभ्यास करने का अर्थ है समस्त इच्छाओं को, जो बाहर से आपकी चेतना में घुसने का प्रयास करती हैं, मौन करना, जिससे कि आप अपनी आत्मा का अनुभव करने के लिए अन्तर में गहरे जा सकें।

एक दूसरा चरण या प्रविधि है भक्ति, अथवा पवित्रता और सरलता के साथ प्रभु से वार्तालाप करना "आपने ही मेरी रचना की है। मैं तो नहीं चाहता था कि मेरी रचना हो। यह आपका उत्तरदायित्व है कि आप मुझे दर्शन दें।" थोड़ी देर उनसे वार्तालाप करने और फिर भूल जाने से आपको कभी भी प्रभु का उत्तर नहीं मिलेगा। ईश्वर को "पाना बहुत कठिन" है क्योंकि प्रत्येक व्यक्ति उनके लिए इतना उत्सुक नहीं है। प्रार्थना की विधि प्रायः प्रभावहीन होती है क्योंकि अधिकाँश प्रार्थनाएँ पर्याप्त रूप में गहन अथवा भक्तिमय नहीं होतीं। आपको प्रार्थना तब तक दोहरानी होगी जब तक कि आप वास्तव में गहरे अर्थात् अधिचेतना में नहीं पहुँच जाते। जिस प्रार्थना में आपकी सम्पूर्ण आत्मा ईश्वर को पाने की इच्छा से दग्ध हो रही हो, वही एकमात्र प्रभावशाली प्रार्थना है। कभी-न-कभी आपने निस्संशय वैसी प्रार्थना की है; शायद जब आपको किसी वस्तु की अत्यधिक आवश्यकता थी, या धन की विकट आवश्यकता थी — तब आपने

अपनी इच्छा से आकाश को दग्ध कर दिया था। ऐसा ही आपको ईश्वर के लिए अनुभव करना चाहिए। दिन और रात उनसे बात करें; और आप देखेंगे कि वे प्रत्युत्तर देंगे।

योग ईश्वर को पाने का विज्ञान है

ईश्वर के साथ सम्पर्क स्थापित करने के लिए योग मार्ग सर्वोत्तम है। इसमें ध्यान की अनेक वैज्ञानिक रूप से प्रभावशाली प्रविधियाँ हैं। भारत के महान् सन्तों ने यह चिंतन किया, कि जिस प्रकार ईश्वर निश्चित नियमों द्वारा अपने लोकों का संचालन करते हैं, उसी प्रकार, तर्क संगत रूप से एक निश्चित नियम होना चाहिए, जिसके द्वारा ईश्वर से सम्पर्क किया जा सके। उनके प्रयोगों द्वारा योग के आध्यात्मिक नियम खोजे गए। इस देश (अमेरिका) में आध्यात्मिक खोज के किसी अन्य रूप की अपेक्षा योग के विज्ञान की पकड़ अधिक रहेगी। इसकी सम्पूर्ण प्रवृत्ति चर्चों से अलग होगी, जहाँ लोग केवल प्रवचन सुनने के लिए जाते हैं, (आध्यात्मिक) केन्द्रों में और शान्त स्थानों में वे ध्यान करने के लिए और वास्तव में ईश्वर की खोज के लिए जाएँगे।

प्रत्येक व्यक्ति को ईश्वर के साथ दिव्य सम्पर्क स्थापित करने का अभ्यास करना चाहिए। जीसस ने भी यही किया, जब वे अपने शिष्यों के साथ थे। मैं यहाँ पर आपको केवल यह बताने के लिए नहीं हूँ कि ईश्वर के सान्निध्य में कितनी मिठास है, मेरा सबसे बड़ा उद्देश्य यह निश्चित करना है कि आप इसका स्वाद चखें। मेरा ईश्वर के विषय में बताने का क्या लाभ है यदि आप उन्हें जान न लें और उनकी मधुरता का स्वाद न चख लें? आपको ईश्वर की अनुभूति अवश्य प्राप्त करनी चाहिए, जिस प्रकार मैंने उनकी अनुभूति प्राप्त की है।

मैं इस प्रकार किसी अभिमान के कारण नहीं बोलता हूँ परन्तु इसलिए कि मुझे यहाँ ईश्वर के विषय में आपको प्रमाणित करने के लिए भेजा गया है। दिन और रात मैं अपने प्रभु चिन्तन में रहता हूँ। मैं अपना समय व्यर्थ नहीं खो रहा हूँ। मैं जो कुछ भी करता हूँ केवल प्रभु के लिए करता हूँ, इतना तल्लीन होकर कि मुझे समय बीतने का भी पता नहीं चलता और न ही अपने दैनिक कार्यों से कोई थकान का अनुभव होता है। जब मैं कार्य करता हूँ तो उनकी उपस्थिति का अनुभव करता हूँ। यह भी मेरा ध्यान ही है। मैं प्रायः यह उदाहरण देता हूँ कि कुछ सांसारिक लोग सुखाभास की अनुभूति बनाए रखने के लिए छुप-छुप कर थोड़ी-थोड़ी शराब पीकर वर्षों तक नशे में रहते हैं, और नशे में ही अपने कार्य पर जाते हैं। ऐसा ही भगवान् का भक्त होता है, वह लोगों

से छिप कर ईश्वर का ध्यान करता है। ईश्वर के सान्निध्य में मतवाला बना देने वाली मदिरा का गहन पान करके बुदबुदाता है, “प्रभु, आप कितने अद्भुत हैं, कितने सुन्दर हैं! मैं आपसे प्रेम करता हूँ।” तब वह अपने कार्य पर जाता है। चाहे वह कुछ भी कर रहा हो, हर समय वह अन्तर में ईश्वर के साथ बातें करता रहता है।

मैं एक क्षण के लिए भी प्रभु से कभी अलग नहीं होता। यही अवस्था मैं चाहता था, और इसके लिए मैंने परिश्रम किया। मुझे याद है जब कभी-कभी मुझे लगता था कि वह मुझसे दूर चले गए हैं, और ऐसे समय पर मैं उनके बिना रहने की अपेक्षा मर जाना चाहता था। मैं किसी भी वस्तु में सुख का अनुभव नहीं करता था। इसलिए ईश्वर का प्रेमी जब उनसे अलग हो जाता है, तो दुःखी होता है। परन्तु एक समय आता है जब भक्त अपने प्रभु को सब जगह नृत्य करते देखता है, और अपनी आत्मा में उनके अमर फव्वारे को और उनके आनन्द के सदा उठते बुलबुलों को अनुभव करता है। यदि आप ध्यान करेंगे तो आप भी यही अनुभव करेंगे। इतनी प्रबलता से प्रार्थना करें कि प्रभु आपके पास आ जाएँ। गीता में भगवान् ने एक सुन्दर वचन दिया है “केवल मुझमें ही अपने मन को लीन कर दो; अपनी विवेक बुद्धि को मुझमें लगा दो; तब तुम सदा के लिए मुझमें ही निवास करोगे, इसमें कोई संशय नहीं।”*

प्रार्थना की अपेक्षा योग की प्रविधियाँ अधिक वैज्ञानिक हैं, इसलिए वे दिव्य सम्पर्क की ओर अति शीघ्रता से ले जाती हैं। युवावस्था में जब मैं ईश्वर को केवल प्रार्थना द्वारा खोजता था, तो मुझे इसका परिणाम पाने में प्रायः अधिक समय लगता था। *क्रियायोग* सीखने और गहन भक्ति के साथ इसका अभ्यास करने के बाद इसके परिणाम मैंने कुछ ही मिनटों में प्राप्त किए। भगवान् कृष्ण ने सिखाया है कि तपस्या, प्रार्थना, भक्ति, कर्म या ज्ञान मार्ग की अपेक्षा ध्यानयोग, अधिक उत्तम है।† यह अति द्रुतगामी मार्ग है। हवाई जहाज़ आपको लॉस एंजिलिस से न्यूयॉर्क कुछ ही घण्टों में ले जाएगा, बैलगाड़ी के द्वारा यही यात्रा कई महीनों में पूरी होगी। यदि आप योग का अभ्यास करेंगे तो आप इसे आध्यात्मिक उन्नति के हवाई जहाज़ के रूप में पाएँगे।

स्वयं को ध्यानयोग में निपुण कर लेने के बाद, जिसमें शारीरिक अनुशासन, मानसिक अनुशासन और आध्यात्मिक अनुशासन सम्मिलित हैं, आध्यात्मिक सफलताओं की बाधाएँ समाप्त हो जाती हैं और आप बिना बाधा के ईश्वर के साथ

* भगवद्गीता XII:8।

† भगवद्गीता VI:46।

सम्पर्क कर सकते हैं। यही कारण है कि यह उच्चतम मार्ग है। और इसी कारण से मैं लोगों को इसकी जानकारी देने का प्रयास कर रहा हूँ। योग एक कल्पित वस्तु नहीं है, जो किसी व्यक्ति की काल्पनिक रचना हो। यह एक सच्चा विज्ञान है।

आप ईश्वर को पाने के लिए भारत की उच्चतम विधियों को क्यों नहीं लेना चाहते जो सदा मानव जाति को दी गई हैं? मैं प्रशिक्षण के लिए भारत में कई गुरुजनों के पास गया, और उन्होंने मुझे क्राइस्ट के विषय में इतने गूढ़ और सुन्दर ढंग से समझाया जैसा पश्चिम में मैंने कभी नहीं सुना। मैंने क्राइस्ट को उनके साथ देखा है। वे उनसे बातें करते थे। क्या सन्त फ्रान्सिस ने हमसे झूठ बोला? वे क्राइस्ट को प्रत्येक रात्रि को देखते थे। जीसस क्राइस्ट जीवित हैं। मैंने उन्हें देखा है। जब आप एक पर्दे के पीछे होते हैं तो आप बाहर प्रत्येक को देखते हैं, परन्तु वे आपको नहीं देख सकते। उसी प्रकार सन्तजन और देवता आपको देख सकते हैं, परन्तु आप उनको नहीं देख सकते, जब तक कि आप योग का अभ्यास न करें।*

ईश्वर तक पहुँचने के लिए आपकी प्रार्थना तीव्र होनी चाहिए

पिछली गर्मियों में मैं एक चर्च में रुका, जहाँ मैं एक पादरी से मिला। एक अद्भुत आत्मा! मैंने उनसे पूछा कि एक संन्यासी के रूप में उस आध्यात्मिक पथ पर वे कितने समय से थे।

उन्होंने उत्तर दिया "पच्चीस वर्षों से।" फिर मैंने पूछा, — "क्या आप क्राइस्ट के दर्शन करते हैं?"

उन्होंने उत्तर दिया "मैं इसका अधिकारी नहीं हूँ। शायद मेरी मृत्यु के पश्चात् वे मुझे दर्शन देंगे।"

"नहीं" मैंने उन्हें विश्वास दिलाया, "आप आज रात को ही उनके दर्शन कर सकते हैं, यदि आप दृढ़ निश्चय कर लें।" उसकी आँखों में आँसू आ गए, और वह चुप रहा।

आपको पूरी तीव्रता के साथ प्रार्थना करनी चाहिए। यदि आप प्रत्येक रात्रि ध्यान में बैठें और ईश्वर को पुकारते रहें, तो अंधकार समाप्त हो जाएगा, और आप

* विभिन्न मतों को मानने वाले कई आध्यात्मिक व्यक्तियों नें ईश्वर के प्रति भक्ति की अपनी उत्कृष्ट शक्तियों से (अधिचेतन) समाधि की श्वास रहित अवस्था को प्राप्त किया है। केवल उसी से सच्चा आन्तरिक मानस दर्शन होता है। ऐसी महान् आत्माओं का आध्यात्मिक उत्साह सामान्य व्यक्ति की भावनात्मक पहुँच से परे है। संपूर्ण मानव जाति के लिए, दिव्य ज्ञान की एकमात्र आशा वैज्ञानिक आध्यात्मिक प्रविधियों के दैनिक योगाभ्यास द्वारा ईश्वर प्राप्ति में निहित है।

भौतिक प्रकाश के पीछे दिव्य प्रकाश को देखेंगे, प्रत्येक जीवन के पीछे दिव्य जीवन को, प्रत्येक पिता के पीछे दिव्य पिता को, प्रत्येक माता के पीछे दिव्य माता को, प्रत्येक मित्र के पीछे दिव्य मित्र को, प्रत्येक तत्त्व के पीछे मूलतत्त्व को, और प्रत्येक शक्ति के पीछे दिव्य शक्ति को देखेंगे। यही वह स्थान है जहाँ मैं रहता हूँ, और जहाँ मैं आपको बुलाना चाहता हूँ।

योग का अभ्यास आत्मा की आतुरता को जगाता है

एक राह भटके पुत्र की भाँति आप ईश्वर से दूर चले गए हैं, और केवल अपने अन्दर में प्रभु के पास वापस आकर ही आप इस दुःखों की घाटी को स्वर्ग का आश्रय स्थान बनाएँगे। और कोई रास्ता नहीं है। यदि इस संसार का प्रत्येक व्यक्ति करोड़पति हो तो भी दुःख और समस्याएँ रहेंगी, क्योंकि आप अखण्ड आनन्द को खरीद नहीं सकते। वह केवल योग की प्रविधि के अभ्यास से, भक्ति से, और अन्तर्मुखी होने से आता है। योगाभ्यास करना मानो आधा युद्ध जीतना है। प्रारम्भ में यदि आप उत्साह का अनुभव न भी करें और फिर भी आप अभ्यास करते जाएँ तो आप ईश्वर के लिए उस अति तीव्र ललक का अनुभव करने लगेंगे जो उन्हें पाने के लिए आवश्यक होती है।

आप प्रयास क्यों नहीं करते? सृष्टि में समस्त सुन्दर वस्तुएँ निरन्तर कहाँ से उत्पन्न होती हैं? यदि अनन्त ईश्वर के भण्डार से नहीं तो और कहाँ से महान् आत्माओं की प्रज्ञा जन्म लेती है? और आपके चारों ओर नित्य घटने वाले ये चमत्कार आपको परमात्मा की खोज करने के लिए प्रोत्साहित नहीं कर सकते तो वे क्यों आपको दर्शन दें? उन्होंने आपको प्रेम करने की क्षमता दी है ताकि आप अन्य सबसे अधिक उनके लिए ललक रखें। अपने प्रेम और बुद्धि का दुरुपयोग मत कीजिए। और अपनी एकाग्रता एवं बुद्धि को झूठे लक्ष्यों पर नष्ट न कीजिए।

यह संसार केवल प्रकाश के चित्र मात्र हैं

रात्रि का समय ध्यान करने के लिए है, जब तक ईश्वर का संपर्क न हो कदापि न सोएँ। मैं कभी नहीं सोता। गत रात्रि जैसे ही मैं ध्यान के लिए बैठा उनकी विद्यमानता ने मुझे घेर लिया। सम्पूर्ण कमरा और उसकी प्रत्येक वस्तु में चकाचौंध करने वाला प्रकाश था। मेरे सो जाने के पश्चात् भी मैं ईश्वर की भुजाओं में जकड़ा रहा। ऐसा आनन्द मैंने कभी नहीं अनुभव किया।

यह संसार केवल ईश्वर के मन से निकला मात्र एक चलचित्र है। यहाँ कोई मृत्यु, कोई बीमारी, कोई बुराई नहीं है। किसी दिन जब वे आपको अपने प्रकाश को जीवन और मृत्यु के भयानक ब्रह्माण्डीय चलचित्र में परिवर्तित होते दिखा देंगे, और फिर चित्र को हटा देंगे जिससे केवल उनका प्रकाश ही शेष रह जाएगा, तो आप उनकी प्रकाश और छाया की सृष्टि की अवास्तविकता पर हँस सकते हैं। तब आप जानेंगे कि प्रत्येक वस्तु की रचना उन्होंने अपने प्रकाश से की है और केवल वह प्रकाश ही वास्तविक है। यह अनुभव करने के लिए कि हम इस शाश्वत प्रकाश की किरणें हैं, हमें इस माया स्वप्न से स्वयं को पूरी तरह झकझोरना चाहिए। ध्यान की उच्चतम योग प्रविधि का अभ्यास करने से यह अनुभूति प्राप्त होती है। यह प्रवचनों द्वारा व्यक्त नहीं की जा सकती।

ईश्वर ही हमारे एक मात्र सच्चे लक्ष्य हैं

मैं यदा-कदा लन्दन से सेल्फ़-रियलाइज़ेशन के भक्तों के पत्र प्राप्त करता हूँ। इन भयानक हवाई हमलों के दौरान उन्होंने सेल्फ़-रियलाइज़ेशन फ़ेलोशिप का एक भी सामूहिक ध्यान नहीं छोड़ा। इंग्लैण्ड का यही सच्चा भाव है और यही सच्चा भाव इंग्लैण्ड की सुरक्षा करेगा। राजनेता संसार को कदापि नहीं बचा सकते, केवल ईश्वर का ज्ञान ही संसार को बचाएगा। इस जीवन में वे हमारा सच्चा लक्ष्य है। अन्यथा जीते रहने के लिए कोई प्रोत्साहन नहीं होगा।

जो ईश्वर से प्रेम करते हैं उन्हें सभी धर्मों में ईश्वर की पूजा करनी चाहिए। "जो मुझे जिस प्रकार भजते हैं, उस अंश तक (उनकी इच्छा के अनुसार, उनकी समझ के स्तर के अनुसार और उनकी पूजा की विधि के अनुसार) मैं स्वयं को उनके सामने प्रकट करता हूँ। सभी मनुष्य, सब प्रकार से (मुझे प्राप्त करने के लिए) मेरे ही एक मार्ग का अनुसरण करते हैं।"* किसी भी धर्म की निन्दा न करें। सभी के प्रति प्रेम और आदर की सच्ची भावना होनी चाहिए। जहाँ कहीं भी आप मन्दिर अथवा चर्च देखें, आपको वहाँ परमात्मा को मन ही मन प्रणाम करना चाहिए। प्रत्येक व्यक्ति शिक्षक नहीं बन सकता, परन्तु आप दूसरों का ध्यान आध्यात्मिक विषयों की ओर सदा मोड़ सकते हैं। अपना समय घंटों तक रेडियो सुनने अथवा बेकार के उपन्यास पढ़ने में व्यर्थ न गवाएँ। अपनी आत्मा से प्रसारित दिव्य संदेशों से ही अपना मनोरंजन करें। अपने प्रेम के कोमल समस्वरित करने वाले स्पर्श मात्र से मैं अपने हृदय में प्रभु के संदेश को सुनता हूँ।

* भगवद्गीता IV:11।

कोई भी आपको मुक्ति नहीं दे सकता जब तक कि आप इसे अर्जित न करें — केवल विश्वास के द्वारा नहीं और न ही किसी हठ धर्म का अनुसरण करने से, बल्कि आपके अपने ज्ञान एवं अनुभव द्वारा प्रतिदिन आप स्वयं से ये प्रश्न पूछें : यदि कोई ईश्वर है, तो मैं उसे क्यों नहीं देख पाता? यदि सन्तजन हैं, तो वे कहाँ हैं? इनके उत्तर आपको दिए जाएँगे, आप ईश्वर से और उनके सन्तजनों से सम्पर्क कर सकते हैं, यदि आप *क्रियायोग* विज्ञान का अभ्यास करें। मेरी एकमात्र इच्छा आपको सत्य प्रदान करने की है, जिससे आप भी वही अनुभव कर सकें जो मैं करता हूँ।

इस जीवन का लक्ष्य अपनी आत्मा को खोजना है। अपनी आत्मा को जानें। अपने हृदय में ईश्वर की विद्यमानता के सागर के स्पन्दन को अनुभव करें।

कल्पना करें कि आप सागर में बह रहे हैं, और इसके शक्तिशाली विशाल सीने पर डोल रहे हैं, और जब आप तैर कर किनारे पर आ जाते हैं और सागर तट की ओर चलते हैं उस समय भी आप अपने पीछे सम्पूर्ण सागर को हिलोरे लेते अनुभव करते हैं — मैं ईश्वर को इसी प्रकार अनुभव करता हूँ। वे अपनी किसी भी संतान को एक क्षण के लिए भी कभी नहीं छोड़ते। वे आपके समस्त प्रश्नों का उत्तर देंगे और तब सब भय समाप्त हो जाएँगें।

उस शक्ति को खोजें, अपनी चेतना के पीछे उसके प्रेम के सागर को अनुभव करें, और आप उस महानतम सफलता को प्राप्त करेंगे जिसे मनुष्य प्राप्त कर सकता है।

जीने की कला

सन् 1933

प्रत्येक मनुष्य अपने जन्मपूर्व एवं जन्मोत्तर प्रभावों के अनुसार अपनी उच्चाकांक्षाओं एवं इच्छाओं को बनाता है। वंश-परम्परा, एवं राष्ट्रीय, सामाजिक और पारिवारिक विशिष्टताएँ, अभिरुचियाँ तथा आदतें प्रत्येक मनुष्य के जीवन को ढालती हैं। परन्तु जीवन के प्रारंभ में हर जगह बच्चे प्रायः समान ही होते हैं। जीसस ने कहा था, "छोटे बच्चों को मेरे पास आने दो, और उन्हें आने से रोको नहीं : क्योंकि ईश्वर का साम्राज्य इन जैसों का ही है।"* ईश्वर ही संसार भर के सभी बच्चों की एक राष्ट्रीयता हैं, परन्तु जब वे बड़े होते हैं, और परिवार तथा समाज के विशेष लक्षण उन पर अपना प्रभाव डालने लग जाते हैं, तो बच्चे अपने राष्ट्रीय और जातीय लक्षणों को व्यक्त करने लगते हैं।

ईश्वर ने विभिन्न सभ्यताओं, जातियों और व्यक्तिगत मनोवृत्तियों में विविध संयोगों के साथ अपने सत्य की अभिव्यक्ति की है। इस विविधता के द्वारा उन्होंने मानव की क्षमता के अनेकविध रूपों का चित्रण हमारे सामने प्रस्तुत किया है। मनुष्य का कर्त्तव्य है कि वह इस विविधता में से सर्वोच्च एवं सर्वोत्तम गुणों को चुने तथा अपने अन्तर में, अपने राष्ट्र में और संसार में इनका पोषण करे। महान् पुरुष और सन्त ऐसा ही करते हैं। वे सत्य के विश्वजनीन सिद्धान्तों को, जो शाश्वत हैं, अपने जीवन में उदाहरण के रूप में प्रदर्शित करने के लिए अपने समय से कई सौ वर्ष आगे रहते हैं। ये सिद्धान्त जीने की वास्तविक कला के सार हैं और सभी मनुष्यों की सफलता और सुख के लिए उपयुक्त एवं नितान्त आवश्यक हैं। विभिन्न राष्ट्रों, जातियों और धर्मों के लोगों के भेद-भावों को विभाजन नहीं, अपितु सर्वोच्च गुणों एवं तरीकों को चुनने में तुलना का आधार उत्पन्न करना चाहिए, जिस से आदर्श व्यक्ति और आदर्श संसार का विकास हो सके।

वर्तमान में, सभी राष्ट्रों में से भारत एवं अमेरिका क्रमशः, आध्यात्मिक एवं भौतिक रूप से कार्यकुशल सभ्यताओं की पराकाष्ठा का प्रतिनिधित्व करते हैं। भारत

* *लूका* 18:16 (बाइबिल)।

एवं अन्य पूर्वी राष्ट्रों ने उच्चतम कोटि के महापुरुषों को जन्म दिया, जैसे जीसस और गांधी; जबकि अमेरिका ने महानतम व्यापारी और व्यावहारिक वैज्ञानिक दिए हैं, जैसे हेनरी फोर्ड एवं थॉमस एडिसन। पूर्वोक्त महापुरुषों के जीवन के उदाहरणों में व्यक्त दक्ष आध्यात्मिक गुणों और कुशल भौतिक गुणों का समन्वय एक ऐसी जीवन की कला को प्रस्तुत कर सकता है जो प्रत्येक राष्ट्र में शारीरिक, मानसिक, चारित्रिक, भौतिक, सामाजिक और आध्यात्मिक रूप से उच्चतम कोटि के सर्व-कार्य-कुशल व्यक्तियों का निर्माण करेगा।

एक-पक्षीय राष्ट्रीय विशेषताओं को ही नहीं परन्तु, विश्व के सभी राष्ट्रों और सभी महापुरुषों के सर्वोपयोगी जीवन के सार्वभौमिक सिद्धान्तों को चुनना महत्त्वपूर्ण है। केवल ऐसे सिद्धान्तों को न चुनें जो आध्यात्मिक पक्ष के मूल्य पर केवल भौतिक पक्ष का ही, अथवा इसके विपरीत भौतिक पक्ष के मूल्य पर आध्यात्मिक पक्ष का ही विकास करें; ऐसे सिद्धान्तों को अपनाएँ जो शारीरिक, मानसिक, चारित्रिक और आध्यात्मिक सन्तुलित गुणों से सम्पन्न महामानव का समानता और समन्वय से विकास करते हैं।

समान-विकास के लिए व्यावहारिक विधियाँ

निम्नलिखित कुछ व्यावहारिक विधियाँ तन, मन और आत्मा को समान रूप से विकसित करने के लिए हैं :

• अपने दैनिक भोजन में दूध, एवं दूध से बने अन्य पदार्थ, और पर्याप्त मात्रा में कच्ची सब्जियाँ तथा ताजा फलों को सम्मिलित करें; संतरे के रस का एक बड़ा गिलास महीन पिसे हुए मेवे (nuts) मिलाकर पीएँ। मांस का प्रयोग कम करें; गाय और सुअर का मांस बिल्कुल न लें। आहार-विज्ञान की कोई विश्वस्त आधुनिक पुस्तक पढ़ें और उसे व्यवहार में लाएँ।

• सप्ताह में एक दिन केवल संतरे के रस पर उपवास करें, और चिकित्सक के परामर्श के अनुसार उचित प्राकृतिक मृदु विरेचक (natural laxative) का प्रयोग करें।

• प्रतिदिन प्रातः और सायंकाल, पूर्ण मनोयोग के साथ तेज गति से सैर करें, दौड़ें, अथवा अन्य कोई व्यायाम इतनी शक्ति से करें — जितना आपका शरीर अनुमति दे — जब तक आपको पसीना न आ जाए।

• भगवद्गीता और बाइबिल से कुछ प्रेरणादायक परिच्छेद पढ़ें और उन पर चिन्तन करें।

• शेक्सपियर एवं अन्य उत्कृष्ट साहित्य पढ़ें, और रसायन शास्त्र, भौतिक शास्त्र, शरीर-विज्ञान, पौर्वात्य एवं पाश्चात्य दर्शन का इतिहास, तुलनात्मक धर्म, नीतिशास्त्र, और मनोविज्ञान जैसे अन्य विषयों की व्यावहारिक पुस्तकों से उचित अंश पढ़ें। अपना समय घटिया साहित्य पढ़ने में नष्ट न करें। कोई विश्वसनीय स्वास्थ्य पत्रिका और प्रेरणादायक आध्यात्मिक पत्रिका पढ़ें। समाचार पत्र पढ़ते समय अपने पठन में केवल कॉमिक्स एवं अपराध-घोटालों के समाचार ही नहीं, बल्कि सम्पादकीय तथा स्वास्थ्य संबंधी लेख सम्मिलित करें।

• विभिन्न मन्दिरों और चर्चों में जाएँ — जैसे हिन्दू, प्रोटैस्टेन्ट, कैथोलिक, बौद्ध, यहूदी, इत्यादि — ताकि आप सभी धर्मों के प्रति सम्मान एवं सूझबूझ विकसित कर सकें। इनमें से प्रत्येक स्थान को अपने ही ईश्वर के मन्दिर के रूप में देखें।

• केवल मानव निर्मित मन्दिरों में ही ईश्वर का आदर न करें, बल्कि अपने अन्तर के शान्त मन्दिर में उनकी आराधना करना और उनसे सम्पर्क करना सीखें। सेल्फ़-रियलाइज़ेशन फ़ेलोशिप [योगदा सत्संग सोसाइटी ऑफ़ इण्डिया] के महान् गुरुओं द्वारा सिखाई गई वैज्ञानिक प्रविधियों का अनुसरण करते हुए एक घण्टा प्रातः एवं एक घण्टा शाम को ध्यान करें। निरुद्देश्य और बिना परखे हुए विश्वासों एवं धार्मिक मतों के वनों में न भटकें; आत्म-साक्षात्कार के एकमात्र राजमार्ग पर चलें जो आपको द्रुत-गति से ईश्वर की ओर ले जाता है।

• इन्द्रियों के दास न बनें। वे आपको भौतिक इच्छाओं के साथ बाँधने के लिए नहीं, बल्कि आपको ईश्वर की झलक देने वाले अच्छे अनुभव प्रदान करने के लिए हैं।

• उच्च कोटि के नाटक और चलचित्र चुनकर केवल कभी-कभार ही देखें।

• परिवार, देश और सभी राष्ट्रों पर लागू होने वाले ईश्वर के दिव्य नियमों का पालन करें।

• दया और समझदारी के साथ सत्य वचन बोलें, और जहाँ कहीं भी सत्य हो, उसका आदर करें।

• अपने परिवार और देश के प्रति प्रेम का विस्तार करें ताकि आप उसमें सभी राष्ट्रों के लोगों के प्रति प्रेम और सेवा को सम्मिलित कर सकें। सभी लोगों में ईश्वर को देखें, चाहे वे किसी भी धर्म या जाति के हों।

• विलासी आदतों को दूर करके कम खर्च करें और बचत अधिक करें। अपनी आय से अधिक से अधिक जितना संभव हो बचत करें ताकि आप आंशिक रूप से उस बचत राशि के ब्याज पर, बिना मूलधन को हाथ लगाए, जीवन निर्वाह कर सकें।

• जीवन को चार अवधियों में बंटा हुआ देखें, प्रत्येक अवधि में मुख्य एकाग्रता उस कार्य की क्षमता का विकास करने में होनी चाहिए जो जीवन के उस भाग के लिए उपयुक्त है।*

(1) 5 वर्ष से 25 वर्ष की आयु तक : बच्चे को चरित्र केन्द्रित प्रशिक्षण मिलना चाहिए और आध्यात्मिक आदर्श एवं आदतें उसके चरित्र में दृढ़ हो जानी चाहिए। जैसे-जैसे वह वयस्कता की ओर बढ़ता है, उसे सामान्य शिक्षा, अध्ययन और अवलोकन द्वारा कार्यकुशलता, और जिस कार्य में उसकी रुचि हो, उसमें विशेष प्रशिक्षण दिया जाना चाहिए।

(2) 25 वर्ष से 40 वर्ष की आयु तक : एक वयस्क के रूप में व्यक्ति को इस संसार और परिवार के प्रति कर्त्तव्यों का पालन करते हुए और साथ ही आध्यात्मिक सन्तुलन को बनाए रखने का प्रयास करना चाहिए।

(3) 40 वर्ष से 50 वर्ष की आयु तक : इस अवधि में व्यक्ति को अधिक शांत रहना चाहिए, प्रेरणादायक पुस्तकें पढ़नी चाहिए और कला एवं विज्ञान में हो रही उन्नति से अवगत रहना चाहिए; और अधिक समय ध्यान में बिताना चाहिए।

* मनुष्य के जीवन को चार भागों में बाँटने की प्राचीन वैदिक आदर्श की सामान्य पद्धति है, जो चार आश्रमों के नाम से जानी जाती है। (1) बाल ब्रह्मचारी विद्यार्थियों की शारीरिक, मानसिक, चारित्रिक और आध्यात्मिक शिक्षा (*ब्रह्मचर्य*) (2) पारिवारिक अथवा सांसारिक उत्तरदायित्वों का निर्वाह (*गृहस्थ*) (3) एकान्तवास अथवा किसी आश्रम में रह कर ईश-चिन्तन और आध्यात्मिक लक्ष्य हेतु संसार से निवृत्ति (*वानप्रस्थ*) (4) सभी सांसारिक बंधनों का पूर्ण रूप से बाहरी एवं आन्तरिक त्याग (*संन्यास*)। यद्यपि पूर्ण त्याग सामान्यतः चौथा आश्रम था, तथापि यह उसी चरण के लिए ही सीमित नहीं था, बल्कि जो ईश्वर के लिए सर्वोच्च लालसा रखते थे उनके लिए जीवन में कभी भी उचित माना गया था।

इन चार *आश्रमों* के अनुसरण द्वारा मनुष्य को जीने की आदर्श कला एवं उचित व्यवहार करना सिखाया जाता था; उसे अपनी भौतिक आकांक्षाओं और उत्तरदायित्वों की पूर्ति का अवसर प्रदान किया जाता था; अपने आध्यात्मिक जीवन पर विचार करने और आत्म-साक्षात्कार के लिए अधिक प्रयास करने का समय दिया जाता था; और तब उसे प्रोत्साहित किया जाता था कि वह अपना जीवन, अपना सबकुछ पुनः ईश्वर को अर्पित कर दे, जिनसे जीवन के सभी उपहार, और स्वयं जीवन प्राप्त हुआ है।

(4) 50 वर्ष के बाद, जीवन के इस अन्तिम भाग में व्यक्ति को अधिकाधिक समय गहन ध्यान में रहते हुए व्यतीत करना चाहिए; और इससे प्राप्त ज्ञान और आध्यात्मिकता के द्वारा लोगों की सामाजिक और आध्यात्मिक सेवा करनी चाहिए।

सक्रियता में शांत और शांति में सक्रिय रहें

संक्षेप में, हर समय केवल धन कमाने के बारे में ही न सोचते रहें। व्यायाम करें, पढ़ें, ध्यान करें, ईश्वर से प्रेम करें तथा हर समय शांति के साथ कार्य करें। ध्यान के आध्यात्मिक कार्य से प्राप्त शांति को अपने दैनिक क्रिया-कलापों में बनाए रखते हुए सक्रियता में शांत रहना और शांति में सक्रिय रहना सीखें। गीता में भगवान् श्रीकृष्ण उपदेश देते हैं, "योग में स्थित रहकर, सफलता एवं असफलता के प्रति तटस्थ रहते हुए, (फलों के प्रति) आसक्ति का त्याग करके अपने सभी कर्म करते रहो। यह मानसिक समता ही योग कहलाता है।"*

ईश्वर के पितृत्व में सच्चे भ्रातृत्व के लिए इस प्रार्थना में मेरे साथ भाग लें :

"हे परमपिता, 'विश्व के उस संयुक्त राज्य' (United States of the World) के निर्माण में हमारी सहायता करें, जिसका नेता और राष्ट्रपति आपका सत्य हो, जो प्रेममय भाईचारे में रहने के लिए हमारा मार्गदर्शन करे, और हमें तन, मन और आत्मा का परिपूर्ण विकास करने के लिए प्रेरित करे ताकि दिव्य शांति का साम्राज्य, जो हमारे भीतर है, हमारे दैनिक जीवन के क्रियाकलापों में प्रकट हो सके।

"हमें सभी प्रकार से स्वस्थ, कार्यकुशल, एवं पूर्ण बनाएँ ताकि हम संसार के अपने सभी भाइयों को प्रेरणा दे सकें जिससे वे आपकी महान् सन्तान होने के नाते अपने वास्तविक स्वरूप को प्रकट कर सकें।

"हे परमपिता, आपका प्रेम हमारी भक्ति की वेदी पर सदा आलोकित रहे, और आपका प्रेम हम सभी हृदयों में जाग्रत कर सकें।"

यदि आप शांति के आन्तरिक मन्दिर में ईश्वर के साथ सम्पर्क स्थापित कर लें और उनके साथ एकाकार हो जाएँ तो आप जीने की सच्ची कला में पारंगत हो जाएँगे। तब उत्तम स्वास्थ्य, समृद्धि, ज्ञान, प्रेम, और आनन्द आपको प्राप्त हो जाएँगे।

* भगवद्गीता II:48।

आदत — आपकी नियन्ता अथवा आप की दास

तिथि एवं स्थान अज्ञात

मानवीय मस्तिष्क, अपने प्रमस्तिष्कीय एंठनों (cerebral convolation) की पर्वतमालाओं के साथ, जिनमें धमनीय धाराएँ और नसों की श्यामल नदियाँ जड़ित हैं, एक विशाल सम्पदा के प्रतीक को प्रस्तुत करता है। क्या यह उत्कृष्ट क्षेत्र दिव्य निवासी (ईश्वर) से रहित है? क्या कोई पुस्तक बिना लेखक के, और कोई बच्चा बिना माता-पिता के, कोई घड़ी बिना निर्माता के, कोई गुलाब का फूल बिना अभिकल्पनाकार (designer) के हो सकता है? कभी नहीं। उसी प्रकार, रहस्यमय सुन्दरता का यह प्रमस्तिष्कीय क्षेत्र अद्भुत विवेकी शक्तियों द्वारा निर्मित किया गया है।

इस आश्चर्यजनक सभा-भवन में कौन रहता है, जिसकी अस्थिमय ऊतकों (tissues) से जड़ी दीवारें, रूप, रस, गंध, स्पर्श एवं स्वाद के द्वारों से युक्त हैं? मानवीय कपाल के गोलार्द्ध के नीचे जीवन और विवेक के साथ स्पन्दित असंख्य कोशिकाओं (cells) की एक बस्ती है जो अति क्रियाशीलता के दृश्यों को दिखा रही हैं। नन्हीं-नन्हीं मस्तिष्कीय कोशिकाएँ विभिन्न कार्यों में व्यस्त हैं जैसे भोजन की व्यवस्था देखना, अन्तर्निरीक्षण करना और उन संवेदनाओं रूपी अतिथियों का सत्कार करना जो बाह्य इन्द्रियों के द्वारों से प्रवेश करते हैं। यहाँ पाचन एवं निष्कासन की प्रक्रियाओं का क्रय-विक्रय चलता रहता है। धमनीय धाराओं में रक्त-कणिकाएँ, विभिन्न जीवनोपयोगी वस्तुओं से भरी नन्हीं-नन्हीं नावों की भाँति चल रही हैं।

आदतों रूपी अच्छी परियों और नटखट अप्सराओं का एक अदृश्य दल उन अनेक कोशिकीय क्रियाओं का मार्गदर्शन एवं नियंत्रण कर रहा है। कभी-कभी जब मस्तिष्क रूपी राष्ट्रमण्डल में विदेशी और निरंकुश आदतों को घुसने दिया जाता है तो बहुत गड़बड़ी पैदा हो जाती है। वे स्वयं मालिक बन जाती हैं और वहाँ की मेज़बान-मस्तिष्क कोशिकाओं की क्रियाओं पर शासन करने लगती हैं। जब कोशिकाएँ अपनी स्वतंत्रता पर इस घुसपैठ का विरोध करने का प्रयास करती हैं, तो शरीर का यह संयुक्त-राज्य

गृहयुद्ध का दृश्य बन जाता है। जब मस्तिष्कीय कोशिकाएँ छोटी तानाशाह बन बैठी कुछ आदतों के विरुद्ध अपने अधिकार के लिए उग्र रूप से प्रतिवाद करती हैं तो सम्पूर्ण शरीर रूपी देश अव्यवस्था का शिकार हो जाता है।

मानवीय व्यवहार पर निरंकुश शासन करने के लिए आदतें किस प्रकार शक्ति प्राप्त करती हैं? मनुष्य का प्रत्येक क्रियाकलाप चाहे वह बाह्य शारीरिक क्रिया हो अथवा आन्तरिक विचार-प्रक्रिया हो, वह विशेष आदत किसी के लिए एक वोट है। उस कार्य अथवा विचार की पुनरावृत्ति शरीर रूपी सरकार की कुर्सी पर बैठने के लिए उस आदत को चुनने के पक्ष में वोटों की गिनती को बढ़ा देती है। ऐसी क्रियाओं के पर्याप्त वोट उस आदत को किसी पद के लिए चुन लेते हैं। जीवन के विभिन्न अवसरों पर सभी पिछले मानवीय कर्मों के संयुक्त वोट यह निर्धारित करते हैं कि कौन सी आदतें प्रबल बनेंगीं और सर्वोच्च शासन करेंगी।

किसी भी देश में वांछनीय गुणात्मक स्तर का पालन किए बिना केवल संख्या की अधिकता पर आधारित चुनाव, घोर संकट पैदा कर सकता है। यदि अधिकाँश मतदाता मन्द बुद्धि वाले अथवा अपराधी हों तो वे भारी भूल करने के लिए विवश होते हैं और गलत अध्यक्ष को चुन लेते हैं। उसी प्रकार, यदि विवेक के सर्वोच्च नियम के अनुसार मानवीय कार्यों के वोट नहीं डाले जाएँगे, तो मस्तिष्क की कोशिकाएँ लापरवाही से स्वयं को बुरी आदतों के अत्याचारी शासकों की दास बना सकती हैं।

शरीर रूपी देश में सच्चे प्रबुद्ध आध्यात्मिक लोकतंत्र को बनाए रखने के लिए मस्तिष्कीय कोशिकाओं रूपी नागरिकों को पूर्ण रूप से शिक्षित करना आवश्यक है। इन कोशिकाओं को इस प्रकार प्रशिक्षण दिया जाना चाहिए कि वे केवल लापरवाही से बार-बार किए गए कार्यों की अधिक संख्या के आधार पर, आदतरूपी प्रत्याशियों को न चुनें, बल्कि उन्हें प्रत्येक कार्य के वोट को डालते समय विवेकात्मक एकाग्रता की गुणात्मक शक्ति का चेतन रूप से प्रयोग करना चाहिए। आदर्श तर्कों द्वारा उनका मार्गदर्शन होना चाहिए, और बाहरी परिवेश के प्रति भावात्मक आसक्ति रूपी रिश्वत को, जो वोट डालने की शक्ति का दुरुपयोग कराती है, स्वीकार करने के विरुद्ध इसकी चेतावनियों के प्रति सावधान रहना चाहिए। विवेकात्मक तर्क अध्यक्षीय आदत-प्रत्याशियों (Presidential habit-candidates) के चुनाव में मुख्य मार्गदर्शक होना चाहिए।

क्या आदतों के दास जन्मजात होते हैं अथवा बनाए जाते हैं

शराब पीने की आदत, अत्यधिक सिगरेट पीने की आदत, अत्यधिक चाय अथवा कॉफी पीने की आदत, और क्रोध, लोभ, ईर्ष्या, घृणा एवं निराशा की आदतन मनोवृत्तियों को दासता के परिणामों के विचार के बिना, प्रायः छोटे-छोटे गलत कार्यों के दलों की सामूहिक संख्या की शक्ति द्वारा पद के लिए चुन लिया जाता है। ऐसी आदतों में फंसे व्यक्ति अनिवार्य रूप से अपने दुर्भाग्य के साथ पैदा नहीं होते, जाने-अनजाने में, इस जीवन अथवा पिछले जन्मों में उन्होंने कुछ कार्यों की निरन्तर पुनरावृत्ति के द्वारा स्वयं को दास बना लिया है। पहली बार शराब पीने से कोई व्यक्ति शराबी नहीं बना; प्रथम विषय-भोग ने कभी किसी को व्यभिचारी नहीं बनाया, पहली बार नशीली दवाओं के उपयोग ने कभी किसी को उनका आदी नहीं बनाया। यह यंत्रवत अथवा नासमझी में बार-बार किए गए ऐसे गलत कार्यों की शृंखल है, जिन्होंने इन आदतों की पकड़ को सशक्त बना दिया है।* सचेत तर्क की गुणात्मक आवाज जो अपनी शक्ति का प्रयोग न कर पाने के कारण कमज़ोर हो गई थी, और अपने कम वोट होने के कारण हार गईं थी, के विरुद्ध संख्यात्मक शक्ति ने विजय प्राप्त की।

इसलिए, पहली बार गलत कार्य करने के विरुद्ध, स्वयं को सतर्क रखें। आप जो कुछ भी पहली बार करते हैं उसको दोबारा करने की सम्भावना रहती है। किसी कार्य को बार-बार करने से उसकी आदत एक लुढ़कते हुए बर्फ के गोले (iceball) की तरह बड़ी और शक्तिशाली होती जाती है। अपने सभी कार्यों में अपने तर्क का उपयोग करें, अन्यथा आप लापरवाही में अवांछनीय आदतों के एक असहाय दास बन सकते हे।

बुरी आदत रूपी अध्यक्ष को अभियोग द्वारा हटा कर अच्छे को पदासीन करें

एक पक्की बुरी आदत शरीर रूपी देश पर लम्बे समय से शासन करके अव्यवस्था और दुःख पैदा करती है। ऐसी दुःशासित भूमि में आध्यात्मिक अकाल, मानसिक ज्वर, और तन एवं मन की व्यापक निर्धनता रहती है। एक बलवान बुरी आदत पर अन्तरात्मा रूपी न्यायाधीश की अध्यक्षता में, दैनिक अन्तर्निरीक्षण वाले विशेष न्यायालय में

* जिन लोगों ने हानिकारक आदतों के ढाँचे को पिछले जन्मों में पक्का कर लिया है, जैसे की शराब के नशे की आदत, वे कई जन्मों बाद भी जब पहली बार शराब पीते हैं, तो उसके इस जीवन में वह आदत पुनर्जीवित हो जाती है जिसका परिणाम प्रायः अचानक चौंका देने वाला और दुःखद होता है।

अभियोग चलाना चाहिए, जो तर्कों की अदालत को यह बताए कि गलत कार्यों को निरन्तर करने का अवश्यंभावी परिणाम, स्नायु तंत्र का ह्रास, शक्ति का नाश और सुख की समाप्ति होगा। इस चेतावनी की लगातार सूचना तर्क रूपी निर्णायक समिति (Jury) को यह समझाने में सफल हो सकती है कि वह दुःख देने वाली दोषी आदत को सदा के लिए समाप्त करने का निर्णय ले ले।

कभी-कभी न्यायालय को विश्वास दिलाना कठिन होता है। अनेक लोग जो अत्यधिक धूम्रपान, मदिरापान अथवा कामवासना में लिप्त होते हैं, इनकी दासता की विवशता से मुक्त होने का यत्न करना, यहाँ तक कि इच्छा रखना भी नहीं चाहते। वे भ्रामकता में सोचते हैं कि वे जो कुछ भी कर रहे हैं उसमें कोई हानि नहीं है, क्योंकि वे मोह-भंग करने वाले दुःखद परिणामों को तुरन्त नहीं भोगते। बच्चों की भाँति, वे अपने कार्यों के अन्तिम परिणामों की कल्पना भी नहीं कर पाते। वे नहीं देखते कि उन्होंने ऐसे नियमों को गतिशील कर लिया है, जो मनुष्य के कार्यों के अनुसार भले अथवा बुरे के लिए निष्पक्ष रूप से कार्य करते हैं, यद्यपि बुरी आदतों के फावड़े धीरे-धीरे खोदते हैं, तथापि वे निश्चित रूप से एक खुली और असामयिक कब्र खोदते हैं जो दुःखों का एक ऐसा गड्ढा है जिसकी ओर बुरी आदतों का दास दुःखों की झुलसा देनी वाली ज्वाला में बढ़ता चला जाता है। ऐसे जाल में फँसे लोगों के विषय में गीता कहती है "किंकर्त्तव्यविमूढ़ विचारों वाले, माया के जाल में फँसे हुए, केवल विषय सुखों की इच्छा वाले, वे घृणित नरक में गिरते हैं।"*

पहले अपने मन को यह विश्वास दिलाएँ कि आप अवांछनीय शासक आदत की तानाशाही को उखाड़ फेंक देना चाहते हैं, तब संवैधानिक संघर्ष और वास्तविक अभियोग के कार्य को शुरू करें। चिल्लाती अथवा दुःखी प्रवृत्ति, हल्का विरोध, अथवा प्रबल परन्तु अनियमित विद्रोह भी बहुत कम लाभदायक है। कुछ कार्यों को लगातार दोहराने से आप अपनी आदतों के निर्माता बन जाते हैं, और इसी तरह आप इच्छाशक्ति के चेतन प्रयोग का पालन करते हुए एवं तर्क की विवेक शक्ति के निरन्तर प्रयास के द्वारा अपनी दुःखदायी आदतों को अवश्य नष्ट कर दें।

अपने कार्यों का नई और अच्छी आदतों के साथ संबंध जोड़ें। उन्हें अच्छी आदतों का पोषण करने और अन्य अच्छे कार्यों से मित्रता करने में लगातार व्यस्त, सम्बद्ध एवं सतर्क रखें। यदि आपके कार्य, अपनी पुरानी खतरनाक आदतों

* भगवद्गीता XVI:16।

को प्रभावित करने वाली संगति की ओर मुड़ने का प्रयास आरम्भ करते हैं, तो निरुत्साहित न हों। अच्छे कार्यों को करने में डटे रहें, उन्हें पर्याप्त समय और ध्यान दें, तब नए अच्छे कार्यों की वोटों में वृद्धि होगी और अन्ततः वे इतने शक्तिशाली हो जाएँगे कि बेकार आदत को उखाड़ फेंकेंगे और उसके स्थान पर अच्छी आदत को चुन लेंगे।

अच्छी अथवा बुरी आदतों को स्थिर करने में समय लगता है

किसी बुरी आदत को भी सर्वोच्चता पाने में समय लगता है, अतः विपरीत अच्छी आदत के विकास में अधीर क्यों होते हैं? अपनी अवांछनीय आदतों के लिए निराश न हों, केवल उनका पोषण करना बन्द कर दें और इस प्रकार उन्हें बार-बार दोहराकर शक्तिशाली न बनाएँ। आदतों के बनने में लगने वाला समय व्यक्तिगत स्नायुतंत्र और मस्तिष्क के अनुसार बदलता है और मुख्यतः व्यक्ति की ध्यान देने की योग्यता पर निर्भर करता है। गहन, एकाग्रता द्वारा प्रशिक्षित ध्यान की शक्ति से किसी भी आदत को स्थापित किया जा सकता है— अर्थात् मस्तिष्क में नए ढाँचे बनाए जा सकते हैं— लगभग तुरन्त और जब चाहें। अच्छे और बुरे भाग्य बनाने के लिए एकाग्रता और इच्छाशक्ति की ताकत का बाइबिल में बहुत प्रभावी ढंग से वर्णन किया गया है, "जिसके पास है, उसे उससे अधिक दिया जाएगा और जिसके पास नहीं है, जो कुछ उसके पास है वह भी छीन लिया जाएगा।* यह सत्य विशेष रूप से आदतों पर लागू होता है। शुभकर्म करने वाला व्यक्ति आगे और अधिक शुभ कार्य करने के लिए अपनी इच्छाशक्ति को बलवान बनाता है, और इस प्रकार थोड़े से प्रयास से ही अच्छे गुणों में वृद्धि कर लेता है। परन्तु बुरी आदतों का दास अपनी इच्छाशक्ति और विवेक को भ्रष्ट कर लेता है, और इस प्रकार अन्ततः वह नई अच्छी आदतों को बनाने में न केवल शक्तिहीन हो जाता है, बल्कि जो कुछ भी आरम्भ में उसकी अच्छी आदतें होती हैं उन पर भी उसकी पकड़ कमज़ोर हो जाती है।

किसी व्यक्ति के कर्मों का, अन्तर्ज्ञानात्मक, ज्ञान निर्देशित विवेक द्वारा अच्छी अथवा बुरी आदतों से अप्रभावित, शासन इच्छाशक्ति को असीम बल प्रदान करता है। "परन्तु हे अर्जुन! वह मनुष्य अत्यधिक सफल होता है, जो मन द्वारा इन्द्रियों को अनुशासित करके, अनासक्त होकर, अपनी कर्मेन्द्रियों को, ईश्वर से संयुक्त करने वाले

* *मत्ती* 13:12 (बाइबिल)।

कार्यों के पथ पर दृढ़ता से लगाए रखता है।"* ऐसी शक्ति वाला व्यक्ति किसी भी नई आदत को अपने मस्तिष्क में तुरन्त स्थापित कर सकता है अथवा किसी आदत को इच्छानुसार रोक सकता है। एक आदर्श प्रजातंत्र यह पूर्वकल्पना करता है कि अच्छे कानूनों का विवेकपूर्णता और स्वेच्छा से, किसी बड़े अधिकारियों अथवा दूसरे बाह्य दबावों से प्रभावित हुए बिना पालन हो। उसी प्रकार, एक बुद्धिमान व्यक्ति, जो वास्तव में स्वतंत्र हो, अपनी आदतों के वश में होकर नहीं बल्कि स्वतंत्र और तर्क संगत इच्छा से अच्छे कार्यों को करता है और गलत कार्यों से दूर रहता है। ऐसा व्यक्ति स्वयं पर अच्छी आदतों को भी हावी नहीं होने देता, ताकि वह कार्यों के पूर्ण विवेकशील चुनाव में असफल न हो जाए। एक अच्छी आदत केवल इसलिए भी कार्यरत हो सकती है कि उसे उखाड़ने के लिए बुराई का प्रलोभन कभी भी नहीं रहा है। इस प्रकार स्थापित हुई एक अच्छी आदत आवश्यक रूप से हमारी प्रकृति का एक स्थायी अंग नहीं बन जाती, क्योंकि यह विवेकशील इच्छा और तर्कशक्ति के द्वारा जारी नहीं रखी गई है, बल्कि यह अनुकूल परिस्थितियों का परिणाम है।

सभी राष्ट्रीय रुचियाँ और मानवीय रिवाज आदतें हैं, जो परिवेश के प्रभाव से उत्पन्न परिस्थितियों के कारण अपनाई गई हैं। हिन्दुत्व अथवा अमेरिकीवाद का प्रेम घनिष्टता और आदतों का परिणाम है। यदि मुझे चयन करने का अवसर प्राप्त होता तो मैं एक "मानव-गिरगिट" बनना पसन्द करता, जिससे सभी राष्ट्रीयताओं और सभी धर्मों के वांझनीय पहलूओं को अपनाने के लिए स्वतंत्र होता।

हम अपनी आदतों पर अपनी शक्ति का परीक्षण, मन को इच्छानुसार कोई भोजन पसन्द अथवा नापसन्द करने का आदेश देकर कर सकते हैं। एक बार मैंने इस परीक्षण को उपयोगी पाया : अमेरिका आने के कुछ ही समय पश्चात् मुझे एक ऐसे रात्रि-भोज में जाना पड़ा जिसमें फ्रांसीसी पनीर (Roquefort Cheese) और करारे बिस्कुट परोसे गए थे। जैसे ही श्रीमान् पनीर ने तालु को छुआ और मेरी मस्तिष्कीय कोशिकाओं को उसके आने की सूचना मिली, स्वाद के आदतरूपी शासकों ने मेरे पेट में पहले से एकत्रित सम्मानित अतिथियों में विद्रोह आरंभ कर दिया जो बहुत परेशान हो गए और धमकी देना आरम्भ कर दिया। "यदि तुम इस पनीर को अन्दर आने दोगे तो हम एक साथ चले जाएँगे।" मैंने इस आकस्मिक उलझन को पसन्द नहीं किया! मेज़ पर अन्य सभी लोगों को उस विशेष भोजन का आनन्द लेते देख कर, मैंने अपनी

* भगवद्गीता III:7। (शब्दावली में *कर्मयोग* देखें।)

इन्द्रियों को बलपूर्वक कहा कि तुरन्त इस पनीर को पसन्द करने वाली आदत को अपनाएँ। उसी समय मुझे उसका स्वाद अच्छा लगने लगा, और उसके बाद हमेशा वह मुझे अच्छा लगता रहा।

ऐसा क्यों होता है कि कभी-कभी आप स्वयं को अपनी वास्तविक इच्छाओं के विरोध में कुछ क्रिया करने या प्रतिक्रिया न करने की दुविधा में पाते हैं? क्योंकि एक लम्बे समय से आपने ऐसी आदतें विकसित कर ली हैं, जो उन इच्छाओं के विपरीत हैं, और आपके कार्य स्वतः ही आपकी आदतों को पसन्द करने लगते हैं। इसलिए आपको सर्वप्रथम उन आदतों को स्थापित करना चाहिए जो आपके सच्चे आदर्शों का पोषण करने के लिए आपके कार्यों को प्रभावित करें।

आदत एक स्वचालित यंत्र के समान है, जो बिना शारीरिक और मानसिक श्रम लगाए कार्य करता है, जिसकी आवश्यकता सामान्यतः उन कार्यों के लिए होती है जो हमारे लिए नए हैं। इस यंत्र का गलत प्रयोग महाशत्रु का काम करता है जो मनुष्य के स्वतंत्र, चयन रूपी दुर्ग को धमकी देता है। व्यावहारिक बनें। आपके अन्दर छुपी शत्रुवत आदतों पर आज से ही विजय पाने का प्रयत्न करें, ये आपने परिवेशात्मक पसन्द और नापसन्द के वेष में छुपा रखी हैं। उन्हें बाहर निकाल दें और केवल विवेक से कार्य करने के लिए स्वतंत्र हो जाएँ। आपकी आदतें आप नहीं हैं। उस भ्रम से पीछा छुड़ाएँ और आपको अपने वास्तविक स्वयं (आत्मा) का स्मरण हो आएगा, जो आपके अन्दर ईश्वर का पूर्ण प्रतिबिम्ब है।

आदतों को इच्छानुसार उत्पन्न और नष्ट करना

सेल्फ़-रियलाइज़ेशन फ़ेलोशिप मन्दिर,
सैन डिएगो, कैलिफ़ोर्निया, 12 दिसम्बर 1943

ईश्वर अपने बच्चों पर अनेक अनुग्रह करते हैं। कभी-कभी वे किसी इच्छा की पूर्ति तुरन्त कर देते हैं। जब मैंने जगन्माता से पूछा, कि क्या आज प्रवचन के समय वर्षा बन्द हो सकती है, तो उन्होंने कहा, "थोड़ा सा सूर्य चमकेगा।" जगन्माता की कृपा से ही आज प्रातः हम चमकती धूप देख रहे हैं।

ईश्वर सभी माताओं की माता हैं, सभी पिताओं के पिता हैं और सभी मित्रों के पीछे एकमात्र मित्र हैं। यदि आप प्रभु को सदा निकटतम से निकट सोचें, तो आप अपने जीवन में अनेक चमत्कार देखेंगे। "वे मेरे साथ चलते हैं और वे मेरे साथ बातें करते हैं और वे मुझसे बताते हैं कि मैं उनका अपना हूँ।"* और यदि ध्यान के द्वारा आप उनके राज्य में "निर्बाध-गति से" निश्चित रूप से प्रवेश कर जाएँ तो ईश्वर आपसे भी बातें करेंगे।

कवि फ्रॉन्सिस थॉम्पसन ईश्वर को "स्वर्ग का शिकारी" कहते थे : ईश्वर को मनुष्य का पीछा करते चित्रित किया गया है न कि मनुष्य को ईश्वर को खोजते हुए। मनुष्य ईश्वर से भागता हुआ, सन्देहों की भूल-भूलैया वाली गुफाओं में छिप रहा है, फिर भी दिव्य शिकारी आता रहता है और चेतावनी देता है, "जो मेरे साथ विश्वासघात करता है, उस के साथ सभी विश्वासघात करते हैं।"

यदि आप इस प्रकार जीवन बिताते हैं कि आप ईश्वर को दूर कर देते हैं, तो आप स्वयं प्रेम को ही अपने से दूर कर देते हैं। प्रत्येक वस्तु जिसे हम खोज रहे हैं अर्थात् धन और इन्द्रिय सुख — उसमें वास्तव में हम ईश्वर को ही खोज रहे हैं। हम हीरों को खोजने वाले हैं जो उनकी अपेक्षा सूर्य के प्रकाश में चमकते शीशे के छोटे टुकड़े उठा लेते हैं। क्षण-भर के लिए उनके आकर्षण के द्वारा अंधे बन कर हम वास्तविक हीरों को खोजना भूल जाते हैं, जिन्हें पाना बहुत अधिक कठिन है।

* सी. ऑस्टिन माइलस के भजन-संग्रह, *इन द गार्डन* में से उद्धृत।

आपकी अच्छी आदतें हीरे हैं, यद्यपि उन्हें प्राप्त करना कठिन है, वे आपको सच्चा और स्थायी सुख देंगी। और बुरी आदतें मात्र शीशे के टुकड़े हैं जो आपको सन्तुष्ट करते प्रतीत होते हैं, क्योंकि वे आसानी से प्राप्त हो जाते हैं, परन्तु भ्रामक होने के कारण, वे अन्त में निराशा ही उत्पन्न करेंगी। अतितृप्ति आपको आ घेरेगी, और इस प्रकार आपको कोई भी वस्तु सुख नहीं दे सकेगी। मुझे उन अनुभवों से नहीं गुजरना पड़ता, मैं मानवीय सुख का अन्त देख सकता हूँ, और मैंने ईश्वर में एकमात्र वास्तविक और शाश्वत आनन्द को प्राप्त कर लिया है।

"वृद्धावस्था" की वास्तविक परिभाषा है : वह अवस्था जिसमें व्यक्ति संसार से ऊब जाता है। मैं बहुत शीघ्र ही* जीवन के सुखों से ऊब गया था; और यदि मैंने ईश्वर को न खोजा होता और उनके आनन्द को प्राप्त न किया होता तो यह संसार मेरे लिए अत्यधिक उबाऊ होता। उनमें जो आनन्द और प्रचुरता पाता हूँ वे अथाह हैं। भक्त के हृदय में ईश्वर के प्रवेश के आनन्द की व्याख्या करने के लिए अनन्तता भी मेरे लिए पर्याप्त नहीं है। यह अतिशयोक्ति नहीं है, क्योंकि ईश्वर का आनन्द शाश्वत है — अनवरत, नित्य-नवीन, और असीम। कभी न कभी इसकी झलकें हम सभी को प्राप्त होती हैं —शाश्वत आनन्द की अवस्था की पुर्नस्मृतियाँ।

इस संसार में प्रत्येक व्यक्ति हमें अपने निजी स्वार्थ के लिए प्रयोग करना चाहता है। केवल ईश्वर — और सद्गुरु जो ईश्वर को जानते हैं, — हमसे सच्चा प्रेम कर सकते हैं। साधारण मानव नहीं जानता कि प्रेम क्या है। जब किसी व्यक्ति का साथ आपको सुख देता है, तो आप समझने लग जाते हैं कि आप उस व्यक्ति से प्रेम करते हैं। परन्तु वास्तव में आप स्वयं से ही प्रेम करते हैं; उस व्यक्ति के आदर-सत्कार से आपके अहम् को सुख मिला है, बस केवल इतना ही है। क्या तुम उस व्यक्ति से "प्रेम करते रहोगे" यदि वह तुम्हें प्रसन्न करना बन्द कर दे? किसी अन्य व्यक्ति को स्वयं से अधिक प्रेम करने का क्या अर्थ है, यह समझना बहुत कठिन है, और उससे भी अधिक कठिन है, एक सामान्य व्यक्ति के लिए इसका अभ्यास करना। उदाहरण के लिए मैं आपको वास्तविक प्रेम की एक सच्ची कहानी बताता हूँ।

* जब परमहंसजी लगभग ग्यारह वर्ष के ही थे उनकी माताजी का स्वर्गवास हो गया था और यही उनके जीवन में मोड़ लाया, जिसने ईश्वर की प्राप्ति के लिए उनके उत्कट पहले के आध्यात्मिक झुकाव को बल देकर एक दृढ़ निश्चय में बदल दिया। उनके पूर्व जन्म में एकत्रित दिव्य ज्ञान इस जन्म में जल्दी प्रकट हो गया; इस प्रकार विवेक द्वारा इस संसार के अनुभवों में निहित मोहभंग देखने और समझने योग्य थे कि शाश्वत आनन्द केवल ईश्वर से प्राप्त होता है। *(प्रकाशक की टिप्पणी)*

भारत में एक समर्पित पति था जो अपनी पत्नी से बहुत गहरा प्रेम करता था। एक अन्य व्यक्ति उस महिला पर मोहित हो गया। वह महिला उस प्रेमी के साथ भाग गई, अन्ततः उस व्यक्ति ने मित्रों एवं धन से हीन उस महिला को छोड़ दिया। एक दिन उसका पति उससे मिलने आया। वह पत्नी से बड़ी शालीनता से बोला।

"क्या तुम इस अनुभव से पार हो चुकी हो? यदि हो तो मेरे साथ घर वापस चलो।"

उसने लज्जाते हुए कहा, "मैं अब आपको और अधिक अपमानित करने का साहस नहीं कर सकती।"

"मैं समाज की राय की क्या परवाह करता हूँ" पति ने उत्तर दिया। "मैं तुमसे प्रेम करता हूँ। दूसरा व्यक्ति केवल तुम्हारे शरीर से प्रेम करता था। मैं वास्तविक तुम — तुम्हारी आत्मा — से प्रेम करता हूँ। जो हुआ उससे मुझे कोई अन्तर नहीं पड़ता।"

वह सच्चा प्रेम था। पति को अपने सम्मान की कोई चिन्ता नहीं थी; वह केवल अपनी प्रियतमा के कल्याण के विषय में ही सोच रहा था।

सच्चा प्रेम देने में एक सबसे बड़ी बाधा है हमारी आदतें। अपने हृदय में तो हम सब देवता बनना चाहते हैं, परन्तु हमारी आदतें हमें दानव बना देती हैं। प्रातः हम अपने मन में अच्छाई का पालन करने का निश्चय करते हैं, लेकिन दिन में हम अपनी प्रतिज्ञा को भूल जाते हैं। "वास्तव में हमारी आत्मा तो इच्छुक है, परन्तु मानव स्वभाव दुर्बल है।"* शरीर का अर्थ है आदतें। हमारी आत्मा, हमारा विवेक तो इच्छुक है, लेकिन हमारी अच्छी आदतें कमज़ोर हैं। गीता कहती है, "उत्सुक चंचल इन्द्रियाँ ऐसे व्यक्ति की चेतना को भी बलात् हर लेती हैं जिसे उच्च ज्ञान प्राप्त है, और जो (पूर्ण मुक्ति के लिए) प्रयासरत है।"†

अनेक लोग आदत की भीषण प्रकृति को नहीं समझ पाते। कुछ लोग आदतें बहुत जल्दी बना लेते हैं। अच्छी आदतें, जल्दी बना लेना तो ठीक है, परन्तु ऐसे कार्य करना, जिनसे बुरी आदतें उत्पन्न हो सकती हैं, खतरनाक है। "यदि आप ऐसे व्यक्ति को एक सिगरेट दें, तो वह धूम्रपान का आदी बन सकता है अथवा नशे का एक स्वाद उसे जीवन भर के लिए नशेबाज बना सकता है।"‡

* *मत्ती* 26:41 (बाइबिल)।

† भगवद्गीता II:60।

‡ यह विशेष रूप से उन व्यक्तियों के लिए सच है जिनके अवचेतन मन में उनके गत जन्मों से छिपी

क्योंकि आप यह नहीं जानते कि आपका अवचेतन मन किस प्रकार का है, अथवा आपकी कौन-सी गुप्त प्रवृत्तियाँ हैं, इसलिए उन कार्यों से दूर रहना उत्तम है जो हानिकारक आदतों को प्रेरित करते हों। यदि मन, ज्ञान और विवेक में बलशाली नहीं है, तो यह सोखता कागज (blotting paper) की तरह कार्य करता है, जो बुरी आदतों को शीघ्रता से सोख लेता है।

इस संसार में अनेक लोगों को सहायता की आवश्यकता है! और ईश्वर उनकी सहायता उन लोगों के द्वारा करते हैं जो ईश्वर के प्रेम के सहर्ष माध्यम होते हैं। एक दिन एक दयनीय मामला मेरे पास आया। यह व्यक्ति जब शराब नहीं पीता तो अच्छा व्यक्ति होता है; परन्तु जैसे ही वह शराब पीना आरम्भ करता है वह एक दुष्ट बन जाता है। जब वह सौम्य व्यक्ति होता है तो वह कोई भी अच्छा कार्य करने के लिए चरम सीमा तक चला जाता है; लेकिन नशे में वह अपनी पत्नी को पीटता है और आतंक फैलाता है। वह अपने उपचार के लिए आया है और मैं जानता हूँ कि यदि वह अपना थोड़ा-सा अंतर्सम्पर्क कर ले तो उसकी सहायता हो सकेगी। लेकिन देखिए बुरी आदतें कितनी भयानक होती हैं! जब यह व्यक्ति शराब के नशे में नहीं होता, तो आप उसमें बुराई का कोई भी चिह्न नहीं देख सकेंगे, और ऐसे समय में वह शराब पीने की अपनी बुरी आदत के प्रति इतना पश्चात्ताप करता है कि वह स्वयं को समाप्त कर देना चाहता है। परन्तु फिर भी वह शराब पी लेता है! आदत ऐसा ही करती है।

यदि आप कुछ अच्छा कार्य करने का अपना मन बना लें तो इसे अवश्य करें। अपने रास्ते में कोई बाधा न खड़ी होने दें। लेकिन कोई प्रण करने से पहले यह निश्चित कर लें कि वह एक अच्छा कार्य है। जब मैं अपना मन बना लेता हूँ तो मैं उसके विरोध में बिल्कुल भी नहीं सुनता। मैं कभी-कभी निर्णय लेने में अधिक समय लगाता हूँ, परन्तु जब मैं निश्चय कर लेता हूँ तो कुछ भी मुझे रोक नहीं सकता। जब आप अपने मन को बिल्कुल पक्का बना लेते हैं और फिर उस प्रण पर दृढ़ता से डटे रहते हैं तो आपके लिए ईश्वर का नियम कार्यरत हो जाता है।

हम सब अच्छा इरादा रखते हैं, परन्तु कभी-कभी आदतें हमारी इच्छा के विपरीत, ऐसे कार्य करने पर हमें विवश कर देती हैं, जो दूसरों के लिए और हमारे अपने लिए हानिकारक होते हैं। इसलिए, यह निश्चय कर लें कि बुरी आदतों को अपने ऊपर हावी नहीं होने देंगे।

हुई गहरी बुरी आदतें हैं। इस जीवन में उसी बुरी आदत को दोहराने के लिए प्रलोभन की प्रथम स्वीकृति गत जन्मों की दृढ़ आदतों की प्रक्रिया को प्रेरित करती है।

अपनी आदतों को अपने ऊपर शासन क्यों करने देते हैं?

आपके पूर्वज उन नियमों से मुक्त होने के लिए यहाँ आए थे जो व्यक्ति की अन्तरात्मा की आवाज के अनुसार कार्य करने की स्वतंत्रता को समाप्त करते थे। स्वतंत्र जन्मे अमेरिकन यह नहीं चाहते कि कोई उनको आदेश दे। तब आप अपनी आदतों के द्वारा स्वयं को क्यों आदेशित होने देना चाहते हो? जैसे, जब आप खाना नहीं चाहते, और फिर भी आप खा लेते हैं, अथवा जब आप दूसरों के साथ लड़ना नहीं चाहते, फिर भी लड़ते हैं। इसका क्या कारण है? आपने स्वयं को बुरी आदतों का दास बना लिया है।

अमेरिका में या किसी अन्य लोकतांत्रिक देश में पैदा हो जाने मात्र से हृदय और मन की स्वतंत्रता का आश्वासन नहीं मिल जाता। स्वतंत्र होने का अर्थ है व्यक्ति के अपने आत्मज्ञान के आदेशों के अनुसार उचित कार्य करने में समर्थ होना, न कि आदतों की विवशता अथवा अंधाधुंध अनुसरण, अथवा तर्कहीन भय के वश में होकर कार्य करना। ज्ञान सच्ची स्वतंत्रता को प्रदान करता है, और यही अमेरिका की वास्तविक चेतना है।

जो आपको अच्छा लगे वही कार्य करना स्वतंत्रता नहीं है, यह स्वतंत्रता का दुरुपयोग है। मान लें आप एक घर में बीस अन्य लोगों के साथ रहते हैं, जिनमें से प्रत्येक यह मानता है कि स्वतंत्रता जो आपको अच्छा लगे उसे करने का अधिकार है, और उनमें से प्रत्येक वह कार्य करना चाहता है जो दूसरों की इच्छाओं का विरोधी है? ऐसी परिस्थितियों में वास्तविक स्वतंत्रता नहीं हो सकती। स्वतंत्रता केवल स्व-शासन के नियमों का अनुसरण करने से आती है। *स्वतंत्र रूप से वह कार्य करना जिसे आपको करना चाहिए, और जब आप को करना चाहिए*— अपने विवेक द्वारा मार्गदर्शित होना — केवल यही वास्तविक स्वतंत्रता है।

आदतों की दासता, सबसे बुरी दासता है। स्वतंत्र होने का प्रण करें। इस प्रतिज्ञापन से अपनी आत्मा की स्वतंत्रता की दिव्य स्मृति को जाग्रत करें "यद्यपि बचपन से मुझमें कुछ बुरी आदतें रही हैं, मैं उन्हें अपने ज्ञान और इच्छाशक्ति के प्रयोग से दूर कर सकता हूँ। मैं अपने शरीर रूपी गृह का स्वामी हूँ।"

परम्परा द्वारा नहीं ज्ञान के द्वारा, मार्गदर्शन प्राप्त करें

एक व्यक्ति को दूसरे व्यक्ति से भिन्न रूप से कार्य करने को कौन बाध्य करता है? सोचने, कार्य करने और रहन-सहन, परिवेश और राष्ट्रीयता की आदतें। परवर्ती स्थिति में आदतें हम पर थोपी जाती हैं। मैं अपने ढंग से कार्य करता हूँ।

जब सन् 1920 में मैंने अमेरिका के लिए यात्रा आरम्भ की तो मेरी लम्बी दाढ़ी थी। आप सोचते होंगे कि दाढ़ी वाले व्यक्ति अधिक आदरणीय लगते होंगे, और भारत में दाढ़ियाँ इसीलिए सराही जाती हैं। परन्तु जब मैं जहाज पर ही था, मुझे समझाया गया कि, किसी व्यक्ति की लम्बी दाढ़ी देखने पर, अमेरिकन लोग यह टिप्पणी करने में अधिक प्रवृत्त होंगे, "देखो जंगल का वह जंगली आदमी जा रहा है!"

मेरे यह समझने के बाद कि बहुत कम अमेरिकन लोग दाढ़ी रखते हैं, मैं अपनी दाढ़ी त्यागने के लिए तैयार हो गया था, लेकिन मैंने प्रण किया कि मैं अपने बाल लम्बे रखूँगा, क्योंकि मेरे गुरु, श्रीयुक्तेश्वरजी अपने बाल लम्बे रखते थे। इसलिए कोई भी मुझे लम्बे बालों को छोटे करने के लिए प्रभावित नहीं कर पाया। यदि अब मुझे अपने लम्बे बाल काटने पड़ें, तो वही लोग जिन्होंने वर्षों पहले इनके लम्बे होने पर उपहास किया था मेरे छोटे बाल रखने के कारण मुझ पर हँसेंगे, और उन्हें लगेगा कि भीतरी व्यक्ति की महिमा भी छोटी हो गई है।

हम वास्तव में नहीं जानते कि क्या ठीक अथवा वास्तविक है, क्योंकि हम सदा वस्तुओं की तुलना बाहरी दिखावटों के आधार पर करते हैं। इसलिए हम अपने निर्णयों में प्रायः गलत होते हैं। केवल दिखावटों के आधार पर कौन कह सकता है कि क्या ठीक है और क्या गलत है?

आपको किसी भी आदत की दासता से मुक्त होने के लिए धीरे-धीरे प्रयास करना चाहिए, चाहे वह पोशाक की हो अथवा भोजन की या किसी अन्य वस्तु की। अनेक लोग सोचते हैं कि उन्हें दिन में तीन बार माँस का सेवन करना आवश्यक है। दूसरे लोगों को विश्वास है कि उन्हें सलाद और मेवों के अतिरिक्त और कुछ नहीं खाना चाहिए, यदि वे अपने आहार को बदलेंगे तो बीमार पड़ जाएँगे! ऐसे विश्वास दासता का एक रूप हैं। आप को जीने की किसी भी आदत के साथ बंधने की स्वयं को छूट नहीं देनी चाहिए, बल्कि, विवेक के अनुसार अपनी आदतों को बदलने के योग्य बनना चाहिए। विवेक द्वारा मार्गदर्शित, स्वतंत्र चयन की अपनी शक्ति का प्रयोग करके, उचित जीवन जीना सीखें। एक रात्रि को नरम बिस्तर पर आराम से सोने में समर्थ बनें और दूसरी रात्रि को उतने ही आराम से फर्श पर सोने में समर्थ बनें। आदत के प्रति यह दिव्य अनासक्ति ही स्वतंत्रता है जिसका भारत के गुरुजनों ने समर्थन किया है।

सच्ची स्वतंत्रता बनाम सनकी स्वतंत्रता

पश्चिम में अनेक लोग एक भिन्न प्रकार की स्वतंत्रता में विश्वास रखते हैं — मैं इसे *सनकी* स्वतंत्रता कहता हूँ। स्वतंत्रता की वास्तविक प्रकृति की गलत धारणा के कारण, कुछ माता-पिता अपने बच्चों की इच्छाओं को अविवेकी ढंग से पूर्ण करके जीवन-भर के लिए उन्हें आदतों का दास बना देते हैं। बच्चा यह सोचते हुए बड़ा होता है कि जब तक उसकी इच्छाएँ सन्तुष्ट होती रहेंगी, वह प्रसन्न रहेगा, और यह कि जीवन का उद्देश्य इच्छाओं को सन्तुष्ट करना है। बाद में उसको पता चलता है कि उसको गलत मार्गदर्शन मिला, जो कुछ उसने घर में देखा है उससे बाहर का संसार बहुत भिन्न है। संसार में प्रत्येक सनक को पूरा करना इतना आसान नहीं है! दूसरे लोग अपना उद्देश्य पूरा करने के लिए उसे इधर-उधर धकेल सकते हैं, और वह भी अपनी सनकों एवं इच्छाओं को पूरा करने के लिए निर्दयी बन जाता है। "विश्वास करके कि शारीरिक इच्छाओं की पूर्ति ही मनष्यु का सर्वोच्च लक्ष्य है, आश्वस्त होकर कि यह जगत् ही "सब कुछ" है, ऐसे व्यक्ति मृत्यु के क्षण तक सांसारिक आसक्तियों और चिन्ताओं में व्यस्त रहते हैं।"*

माता-पिता को अपने बच्चों को दृढ़-इच्छाशक्ति और विवेक से सुसज्जित करने का प्रयास करना चाहिए, जिससे कि वे संसार में अपनी राह बना सकें और इसकी बुरी आदतों से दूर भी रह सकें। बच्चों को सिखाएँ कि वास्तव में स्वतंत्र कैसे रहा जाता है। उनको शरीर का और अवांछनीय आदतों का दास न बनने दें। बच्चे को दैनिक आदतों की नियमितता सिखाना अच्छा है, लेकिन उसे समभाव की शिक्षा भी देनी चाहिए; यदि वह समय पर सो जाता है तो ठीक है, यदि नहीं तो भी ठीक है। यदि उसने समय पर भोजन किया तो ठीक है, यदि नहीं तो भी ठीक है। बच्चों को दूसरों के अधिकारों का आदर करना सिखाना चाहिए, लेकिन उन्हें किसी भी वस्तु अथवा व्यक्ति के प्रति आदतों की दासता से मुक्त रहना चाहिए।

"नहीं करूँगा" की शक्ति द्वारा बुरी आदतों से संघर्ष करें

जब एक खच्चर काम करना चाहता है, तो वह पूर्णतया आज्ञाकारी होता है, परन्तु जब वह सहयोग न देने का मन बना लेता है, तो उसे कोई भी नहीं चला सकता। आपको इस प्रकार की *नहीं करूँगा* शक्ति का विकास करना चाहिए। *अपनी मनोवृत्तियों और आदतों के स्वामी बनें।* तब जब आप किसी गलत कार्य को न करने का मन बना लेते

* भगवद्गीता XV:11।

हैं, तो कोई भी आपकी इच्छाशक्ति के विरुद्ध आपसे इसे नहीं करवा सकता। तथापि, दूसरी परिस्थितियों में, यदि आप पाएँ कि आप गलती पर हैं, तो उसी क्षण आप अपना मन बदलने के योग्य बनें। यह लचीलापन तब आता है जब आप स्वयं को अपनी आदतों के द्वारा नियंत्रित नहीं होने देते, बल्कि ज्ञान-मार्गदर्शित स्वतंत्र इच्छाशक्ति के अनुसार निर्णय लेते हैं। स्वतंत्र हो जाएँ। अच्छी आदतों के भी दास न बनें, केवल अच्छाई के लिए अच्छा कार्य करें।

कुछ लोगों को प्रतिदिन यह बताना पड़ता है कि उन्हें क्या करना है, यद्यपि मूलरूप से उनके कार्य वही होते हैं, परन्तु सामान्य लोग अपने दैनिक कार्य आदत के वश करते हैं। यदि उन्होंने अच्छी आदतें विकसित कर ली हैं तो यह ठीक है, परन्तु यह उनके लिए दुर्भाग्यपूर्ण है जिन्होंने बुरी आदतें अपना रखी हैं। अधिकाँश लोग दोनों प्रकार की मिली-जुली आदतें रखते हैं।

आदतें मानसिक ध्वनि अंकन (फोनोग्राफ रिकार्ड) हैं

एक कार्य को बार-बार करने से मस्तिष्क में उसकी रूप-रेखा छप जाती है। प्रत्येक कार्य मानसिक और शारीरिक रूप से किया जाता है, और किसी कार्य और उससे जुड़ी विचार-रचना की पुनरावृत्ति मस्तिष्क में सूक्ष्म विद्युतीय मार्ग बना देती है, जो फोनोग्राफ रिकार्ड में बने खाँचों से मिलते-जुलते होते हैं। कुछ समय पश्चात्, जब कभी आप अपनी एकाग्रता की सूई को विद्युतीय मार्ग के उन "खाँचों" पर रखते हैं, तो यह मस्तिष्क में छपी मूल रूपरेखा का "रिकार्ड" फिर से बजा देती है। प्रत्येक बार जब कार्य को दोहराया जाता है, विद्युतीय मार्ग के ये खाँचे तब गहरे होते जाते हैं जब तक कि हल्की सी एकाग्रता उस कार्य रूपी रिकार्ड को बार-बार पुनः स्वतः ही न बजाने लगे।

तथापि आप अति पुरानी दृढ़ आदतों के गहरे खाँचों को भी एकाग्रता और इच्छाशक्ति के द्वारा मिटा सकते हैं। उदाहरण के लिए यदि आप सिगरेट पीने के आदी हैं तो स्वयं से कहें : "सिगरेट पीने की आदत मेरे मस्तिष्क में लम्बे समय से बनी हुई है। मैं अब अपना पूर्ण मनोयोग और एकाग्रता अपने मस्तिष्क पर लगाता हूँ और अपनी इच्छा द्वारा आदेश देता हूँ कि वह आदत मिट जाए।" अपने मन को बार-बार इस प्रकार आदेश दें। ऐसा करने का सबसे उत्तम समय प्रातःकाल का होता है, जब इच्छाशक्ति और एकाग्रता ताजा होती हैं। अपनी इच्छाशक्ति के पूरे बल का उपयोग करके, अपनी स्वतंत्रता के लिए बार-बार प्रतिज्ञापन करें। एक दिन अचानक आप पाएँगे कि आप अब उस आदत के वशीभूत नहीं हैं।

मैं एक व्यक्ति को जानता हूँ जो सिगरेट पीने की आदत को छोड़ना चाहता था। वह लगातार सिगरेट पीने वाला था, लेकिन उसे बहुत विश्वास था कि वह उस आदत पर विजयी हो सकता है। मैंने उससे कहा, "मैं तुम्हारा उपचार कर दूँ इसके पश्चात् मैं चाहता हूँ कि तुम सिगरेट पियो। इसका स्वाद चीथड़ों के पुलिंदे की तरह बहुत बेकार लगेगा और तुम्हें सिगरेट पीने में फिर कोई आनन्द नहीं मिलेगा।" और ऐसा ही हुआ। जब उसने अगले दिन सिगरेट पीने का प्रयास किया तो उसका जी मिचलाने लगा। वह मेरे शक्तिशाली विचार के प्रति ग्रहणशील रहा, और मैं क्षण-भर के लिए अपनी चेतना उसमें प्रेषित कर सका। उसके बाद वह इस बुरी आदत से मुक्त हो गया।

नाखूनों को दाँतों से काटना एक और मूर्खतापूर्ण, बेकार की आदत है। आपको अपनी इच्छा के विरुद्ध ऐसे कार्य क्यों करने चाहिए जबकि आप अपने जीवन रूपी महल के राजा हैं?

ईश्वर की संतान के रूप में अपनी स्वतंत्रता बनाए रखें

यदि आपका मन बलशाली है, और यदि आप स्वयं को ईश्वर को समर्पित कर दें तथा देह को भूल जाएँ, तो आप ईश्वर की संतान के रूप में अपनी स्वतंत्रता को बनाए रखने के योग्य हो जाएँगे। अपने मन में निश्चय कर लें कि किसी भी आदत की आप पर स्थायी पकड़ नहीं है। यदि आपका ज्ञान बलशाली है, तो आप एक क्षण में स्वयं को विश्वस्त कर सकते हैं कि आपको क्या करना चाहिए। उस ज्ञान को जाग्रत करें जो आपमें स्वतंत्र इच्छा की शक्ति को पुनर्जीवित करता है, और आपको सामान्य आदतों की बाध्यकारी प्रवृत्ति से ऊपर उठने के योग्य बनाता है। "यदि तुम पापियों में महापापी भी हो, तो भी तुम एकमात्र ज्ञान रूपी नौका द्वारा पाप-रूपी समुद्र से सुरक्षित पार हो जाओगे।"*

आदतों से मुक्ति पाने का सबसे अच्छा तरीका है अपने मन से उन्हें तुरन्त इच्छाशक्ति द्वारा उन्हें बाहर निकाल देना! इनको टालें नहीं, ताकि आपका प्रण कमज़ोर न पड़ जाए। ज्ञान ही आदतों से आपकी मुक्ति है। यदि कोई किसी छोटे बालक से कहे कि टॉफी मत खाओ, तो वह उन्हें पहले से अधिक चाहेगा। मान लें बड़े होकर उसको मधुमेह का रोग हो जाए, और उसका डॉक्टर उससे कहे कि यदि वह अधिक टॉफी खाएगा तो उसकी मृत्यु हो जाएगी। तब ज्ञान ही उसे बताता है कि डॉक्टर ठीक कहता

* भगवद्गीता IV:36।

है, और यह उसे अनेक वर्षों की टॉफी खाने की आदत को शीघ्र छोड़ने के लिए प्रेरित करता है। कभी-कभी — मनुष्य ज्ञान द्वारा सीखता है!

मुझे याद है कि राँची में मेरे विद्यालय में, एक लड़का था जिसे जो कुछ भी कहा जाए वह ठीक उसका उल्टा करना पसन्द करता था। इसलिए मैं प्रायः उसे वह कार्य करने के लिए कहता था, जिसे मैं नहीं चाहता था कि वह करे, और उस प्रकार मैं जो चाहता था वह उससे करवा लेता था। समय पाकर वह "बुद्धिमान" बन गया — लेकिन दोहरे अर्थों में, और उसने स्वयं को अच्छा बनाने के लिए बदल लिया।

जो व्यक्ति आदतों की दासता से पीड़ित हैं उन सबके लिए मेरा संदेश यह है : उन दास बनाने वाली आदतों से विमुख हो जाएँ जो आपको बताती रही हैं कि आपको क्या करना है, और कहें, "मेरे पास एक चाबुक है जिसके द्वारा मैं तुम्हें बाहर निकाल दूँगा। तुम अब मेरी इच्छा के विरुद्ध कार्य नहीं करवा सकतीं। मैं ईश्वर की जन्मजात बंधन मुक्त संतान हूँ। मैं उनके प्रतिबिम्ब में बना हूँ। जो प्रत्येक उचित कार्य मुझे करना चाहिए उसे करने के लिए मैं अपने ईश्वर प्रदत्त ज्ञान और स्वतंत्र इच्छाशक्ति का उपयोग करूँगा।"

अनेक बार मैंने उस आदत को, जो मुझे अपने वश में करना चाहती थी, समाप्त करने के लिए दिव्य इच्छाशक्ति का उपयोग किया है। जब मैंने कुछ भोज्य पदार्थ खाए और फिर पाया कि मैं उन्हें खाने की इच्छा से बंध रहा हूँ, मैंने उन पदार्थों को खाना बन्द कर दिया, जब तक कि इच्छा समाप्त नहीं हो गई।

जब मैं सिंगापुर गया तो मुझे वहाँ एक विशेष फल मिला जो बहुत स्वादिष्ट था, लेकिन मैंने यह ध्यान रखा कि मुझे उसके प्रति कोई लालसा उत्पन्न न हो जाए। मैं जानता था कि यदि मैं सावधान न रहा तो मैं उसे सुबह, दोपहर और रात्रि को चाहूँगा। इसी प्रकार हम स्वयं को दास बनाते हैं। इसलिए यद्यपि मैंने उस दिन उस फल का पूरा आनन्द लिया, लेकिन अगले दिन उस फल के न मिलने से मुझे कोई पछतावा नहीं हुआ। यदि हम आनन्द देने वाली वस्तुओं के प्रति सावधान रहें, तो डरने की कोई आवश्यकता नहीं है। किसी भी कीमत पर हमें अपनी स्वतंत्रता बनाए रखनी चाहिए।

अनेक लोग उन खाद्य पदार्थों को खाते रहते हैं जिन्हें वे जानते हैं कि उनके लिए अच्छे नहीं हैं। परन्तु यदि मैं कहता हूँ कि मैं किसी भोज्य पदार्थ को नहीं खाऊँगा, तो यही इसका अन्त हो गया। क्या यह स्वतंत्रता नहीं है? कार्यों को न तो अपनी आदतों की बाध्यता के कारण करें और न ही अपने मित्रों द्वारा प्रेरित किए जाने पर; बल्कि इसलिए करें, क्योंकि आपका विवेक आपको बताता है। विवेक के द्वारा विश्वास की

ऐसी शक्ति प्राप्त हो जाती है कि जिन उचित कार्यों को आपको करना चाहिए उन्हें करने के लिए आपको आदतों के सहारे की आवश्यकता नहीं रह जाती। जब आप किसी कार्य को करने के लिए अपने विवेक द्वारा विश्वस्त हो जाते हैं, तो कोई भी शक्ति आपको उस कार्य को करने से रोकने में समर्थ नहीं होनी चाहिए। परन्तु आपको अपना मार्गदर्शन विवेक द्वारा करना चाहिए। आप विवेक की शक्ति द्वारा अपनी इच्छा से आदतों को स्थापित कर सकते हैं। मैं अपने विवेक की माँग के अनुसार स्वयं को किसी भी तरह का बना सकता हूँ।

अधिकाँश लोगों की आदतों की मानसिक रूप-रेखा दृढ़ हो चुकी है, जिसने उनको बदलना उनके लिए कठिन है। जो अपने मन को अनुशासन और आत्म-नियंत्रण द्वारा लचीला रखते हैं वे आसानी से बदल सकते हैं। मन लचीली मिट्टी की भाँति होना चाहिए। विवेक मन को लचीला बनाए रखता है। वही स्वतंत्रता है। मैं चाहता हूँ सम्पूर्ण मानव जाति आदतों से स्वतंत्रता का आनन्द उठाए। जब आप स्वयं को आदतों की दासता से मुक्त कर लेंगे, तो आप जानेंगे कि ईश्वर की जन्मजात बंधन मुक्त संतान के रूप में कार्य करने से अधिक महान् और कोई सुख नहीं है।

स्वयं को कदापि जीवन से धराशायी न होने दें; बल्कि जीवन को पराजित कर दें। यदि आपकी इच्छाशक्ति बलशाली है तो आप समस्त कठिनाइयों पर विजय पा सकते हैं। परीक्षणों के मध्य भी प्रतिज्ञापन करें : "खतरा और मैं एक साथ पैदा हुए थे, और मैं खतरे से अधिक खतरनाक हूँ!" यह सत्य है, जिसे आपको सदा स्मरण रखना चाहिए; इसे प्रयोग करें और आप देखेंगे कि यह प्रभावकारी है। दासवत् नश्वर मानव की तरह व्यवहार न करें। आप ईश्वर की सन्तान हैं!

दृढ़ इच्छाशक्ति का विकास करना

सेल्फ़-रियलाइज़ेशन फ़ेलोशिप अन्तर्राष्ट्रीय मुख्यालय,
लॉस एंजिलिस, कैलिफ़ोर्निया, 11 जनवरी, 1949

ईश्वर ने मनुष्य को इस संसार में कुछ भौतिक, मानसिक एवं आध्यात्मिक शक्तियों से सम्पन्न करके भेजा है जिनको वह प्रयोग में ला सकता है, और उनके उचित प्रयोग द्वारा वह वांछित निश्चित परिणामों को उत्पन्न कर सकता है। मशीनों को चलाने वाली शक्ति बिजली है। ईश्वर प्रदत्त यह जटिल मानवीय मशीन — जो अरबों-खरबों कोशिकाओं से बनी और कोमल मांस से ढकी अस्थियों का चलता फिरता ढाँचा है, एक बुद्धिशील जीवन शक्ति, *प्राणः* द्वारा चलती है, जो बिजली की भाँति नाड़ियों के तारों में प्रवाहित होती है।

बाल्यावस्था में शरीर मन के प्रति अधिक संवेदनशील होता है, मन अधिक सुगमतापूर्वक शरीर से अपने आदेशों का पालन करवा सकता है। परन्तु बाद में, जब बच्चा विभिन्न आदतों का विकास करता है, मन और शरीर पहले की भाँति सामंजस्य में कार्य नहीं करते हैं। जैसे कि मैंने प्रायः संकेत दिए हैं, भौतिक शरीर यद्यपि ईश्वर की चेतना में एक स्वप्न मात्र है, परन्तु जब तक आपको इस भौतिक शरीर का उपयोग करना है, यह आपके मन के नियंत्रण में होना चाहिए।

विपत्तियाँ तो शरीर पर सदा आएँगी, क्योंकि यह जीवन का विधान है; परन्तु परेशानियों के होते हुए, ऐसी मानसिक तटस्थता बनाए रखनी चाहिए कि बाह्य परिस्थितियों से मन प्रभावित न हो।

असीसी के सन्त फ्राँसिस को भयानक कष्ट झेलने पड़े, फिर भी वे मानसिक रूप से अप्रभावित रहे। उनके देह त्याग से कुछ समय पहले उनकी नेत्रों की ज्योति जाती रही थी। चिकित्सकों ने जिस उपचार का परामर्श दिया था उसमें सन्त के चेहरे का भौंहों से लेकर पीछे कानों तक लोहे की श्वेत तप्त छड़ से दहन किया जाना था। उन दिनों बेहोश करने की कोई व्यवस्था नहीं थी। वहाँ पर उपस्थित शिष्य इस दृश्य को सहन नहीं कर सके, परन्तु सन्त फ्राँसिस ने चिकित्सक को उपचार शुरू करने के लिए

कहा। उन्होंने अग्नि-भ्राता का मधुर शब्दों से स्वागत किया और मन एवं तन के बीच के संबंध को बिल्कुल थोड़ा- सा भी प्रकट नहीं होने दिया। ईश्वर चाहते हैं आप भी इस सत्य को समझें : आपके इस नश्वर शरीर में एक अभेद्य, अमर आत्मा है।

यह सोचना गलत है कि सन्तों को कभी कोई कष्ट नहीं होता। यद्यपि जीसस पहले से ही मुक्त हो चुके थे, फिर भी उन्होंने अपने शरीर को सलीब पर चढ़ाए जाने का कष्ट सहने दिया, क्योंकि इस प्रकार उन्होंने स्वेच्छा से अपने शरीर पर अपने शिष्यों एवं संसार के कुछ कार्मिक दुःख को भोगा था। किन्तु वे मन एवं तन के संबंध को जानते थे; वे इन्हें ईश्वर के ब्रह्माण्डीय स्वप्न में माया की रचना के रूप में देखते थे। शरीर केवल संवेदनाओं का एक पुंज है। संवेदनाओं को अपने से अलग करना आसान नहीं है, परन्तु निरन्तर इस चेतना में रहकर कि आप आत्मा के रूप में परमात्मा के साथ एक हैं, आप ऐसा कर सकते हैं। जब मन, शरीर एवं उसकी माँगों के लगभग पूर्णतः अधीन होता है, जैसे कि अधिकतर लोगों के साथ है, तो मन को शरीर से अलग करने का अभ्यास आरम्भ में धीरे-धीरे छोटी-छोटी वस्तुओं से करना उत्तम होता है।

एक साधारण व्यक्ति और एक अवतारी पुरुष में एक अन्तर यह है कि यदि साधारण व्यक्ति को कष्ट होता हो तो वह रोता है और कष्टों से हार मान लेता है, जबकि एक योगी इस चेतना में स्थिर रहता है कि वह शरीर नहीं है, वरन् इससे पृथक है। यह अनुभूति मुझमें हर समय रहती है। कभी-कभी मैं स्वयं को चलते हुए देखता हूँ, और साथ ही साथ मुझे यह आभास रहता है कि मेरा कोई शरीर नहीं है। दिव्य चेतना में आपको यह अनुभव होता है कि आत्मा रूप में आपके कोई हाथ, पैर, आँखें अथवा कान नहीं हैं, और न ही आपको इन शारीरिक अंगों की आवश्यकता है, फिर भी आप इन शारीरिक अंगों का उपयोग कर सकते हैं और हिला-डुला सकते हैं। केवल मानसिक शक्ति के द्वारा सुनना, देखना, सूँघना, चखना एवं स्पर्श करना संभव है। उदाहरण के लिए, अतीन्द्रिय श्रवण-शक्ति में व्यक्ति अपनी आन्तरिक शक्ति से सुनता है। अनेक सन्त ईश्वर की वाणी या उनके किसी देवदूत के मार्गदर्शन को सुनते हैं। वे अपने कानों से नहीं अपितु मन से सुनते हैं। चेतना की ऐसी अवस्था काल्पनिक नहीं है बल्कि एक वास्तविक अनुभव है। परन्तु यह आपका अनुभव नहीं हो सकता जब तक कि आप ध्यान न करें। यदि आप अत्याधिक भक्ति के साथ ध्यान करें, तो किसी दिन जब आपको इसकी तनिक-सी भी आशा नहीं होगी, आपको भी वही अनुभव होगा, और आपको तब समझ में आएगा कि मैं क्या कह रहा हूँ।

ईश्वर इस सत्य को मुझे निरन्तर दिखा रहे हैं, कि यह शरीर अवास्तविक है। उन्होंने मुझे यह भी दिखाया है कि यह शरीर कष्ट झेलेगा। किन्तु, जो भौतिक कष्ट यह शरीर झेलेगा उसका मेरी चेतना के साथ कोई संबंध नहीं है। यह कष्ट दूसरों के नकारात्मक कर्मों को लेने से आता है और इसका स्वयं को दुःख देने वाली इच्छाओं से कोई संबंध नहीं है। यदि यह शरीर संसार का और दूसरों का कुछ भला करता है, तो अच्छी बात है। एक सद्गुरु परवाह नहीं करता कि उसके शरीर के साथ क्या हो रहा है। वह केवल इसकी देखभाल करता है ताकि, दूसरों का भला हो सके।

एक साधारण व्यक्ति केवल निद्रा के समय अपने शरीर का बोध नहीं रखता, फिर भी जागने पर वह तुरन्त सचेत हो जाता है कि उसे कितनी अच्छी या कम नींद आई। कुछ भौतिकवादी सोचते हैं कि हम नींद में पूर्णतः अचेत होते हैं, परन्तु यह सत्य नहीं है। जागने पर हम यह कैसे जान सकते हैं कि कितनी अच्छी अथवा बुरी नींद हमें आई है, जब तक कि हम नींद में सचेत न हों? हम निश्चित रूप से कह सकते हैं कि मन शरीर के बिना भी रह सकता है।

ज्ञान एवं इच्छा, शरीर एवं मन को नियंत्रित करते हैं

तब कौन सी मुख्य शक्तियाँ तन एवं मन को नियंत्रित करती हैं? ज्ञान और इच्छा। ज्ञान आत्मा का अंतर्ज्ञारनात्मक सत्य का प्रत्यक्ष ज्ञान है। युद्ध के समय, लक्ष्य-दूरी-मापक यंत्र (range finder) को यह निर्धारित करने के लिए उपयोग किया जाता है कि गोला कहाँ दागना है, जब दूरी का पता चल जाता है तो बन्दूकें प्रभावशाली ढंग से चलाई जा सकती हैं। प्रज्ञा आपका दूरी-मापक यंत्र है, और इच्छा आपकी मारक शक्ति है जो प्रज्ञा के आदेशानुसार आपके लक्ष्य को भेदती है। आपकी इच्छा सदैव प्रज्ञा द्वारा निर्देशित होनी चाहिए। एक, दूसरे के बिना खतरनाक है। यदि आपके पास प्रज्ञा है परन्तु इसके निर्देशों का पालन करने के लिए पर्याप्त इच्छा नहीं है तो यह आपके लिए कल्याणकारी नहीं है, और यदि आपके पास दृढ़ इच्छा है, परन्तु प्रज्ञा नहीं है तो "लक्ष्य को चूकने" और अपना नाश करने की पूरी सम्भावना है।

यदि आपकी बुद्धि, आपको उचित कार्य, जो आपको करना चाहिए दिखाने में असफल हो जाती है तो वह सच्चे ज्ञान द्वारा निर्देशित नहीं है। और यदि यह बुद्धि आपकी आत्मा के आदेश पर कार्य करने हेतु आवश्यक इच्छा के बल को प्रोत्साहित नहीं करती, तो वह बुद्धि की शक्ति अपना वास्तविक ध्येय पूरा नहीं कर रही है। "इन्द्रियों

को (भौतिक शरीर से) श्रेष्ठ कहा जाता है; मन को इन्द्रियों से श्रेष्ठ समझा जाता है; बुद्धि मन से श्रेष्ठ है, परन्तु वह आत्मा बुद्धि से भी श्रेष्ठ है।"*

अधिकाँश लोग यंत्रवत प्राणी होते हैं। वे नाश्ता करते हैं, काम पर चले जाते हैं, दोपहर का भोजन करते हैं, फिर काम करते हैं रात्रि के भोजन के लिए घर आते हैं, टी० वी० देखते हैं, और सो जाते हैं, और तब यह शारीरिक यंत्र रात्रि के लिए बन्द कर दिया जाता है। जो इस प्रकार जीवन व्यतीत करते हैं वे केवल यांत्रिक इच्छा का प्रयोग करते हैं, उनके अधिकतर कार्य आदतवश ही पूरे होते हैं, और अपने कर्त्तव्यों की पूर्ति सदा एक निश्चित ढंग से करते हैं। वे सचेतन रूप से अपनी इच्छा का प्रयोग बहुत कम अथवा न के बराबर करते हैं। यह सत्य है कि अपने इन आदतवश किए जाने वाले कार्यों को पूरा करने के लिए हर समय इच्छाशक्ति का प्रयोग तो करते हैं, परन्तु यह पूर्णतः यांत्रिक है, यह *सक्रिय इच्छा* नहीं है।

शारीरिक इच्छा — इच्छाशक्ति की प्रथम अभिव्यक्ति

जब व्यक्ति पैदा होता है, इच्छाशक्ति की प्रारंभिक अभिव्यक्ति शिशु का प्रथम रुदन है, जो फेफड़ों को खोलता है और श्वास की प्रक्रिया को प्रारंभ करने का कारण बनता है। सन्तजन कहते हैं कि आत्मा कमज़ोर छोटे से शिशु-शरीर रूपी पिंजरे में बन्द होकर नहीं रहना चाहती; उस रूप में उसका पहला अनुभव रोने का है। आत्मा जानती है कि मानव शरीर में वह अनेक संघर्षों से फिर गुजरेगी, और कहती है, 'प्रभो, आपने मुझे यहाँ फिर से क्यों डाल दिया?" जन्म के समय अनेक शिशुओं के हाथ जुड़े होते हैं। इस प्रकार उनकी आत्मा ईश्वर से प्रार्थना कर रही होती है, "हे परमात्मा, इस जीवन में मुझे मुक्ति दिलाओ।"

इच्छा का जीवन में बहुत बड़ा महत्त्व है। यही वह शक्ति है जिसके द्वारा आप ईश्वर प्राप्ति के शिखर तक पहुँच सकते हैं, अथवा अज्ञान की गहरी खाइयों में गिर सकते हैं। नवजात शिशु का रोना शारीरिक इच्छा की अभिव्यक्ति है, शिशु को जो कष्टदायक अनुभव होता है वह उसे दूर करने की इच्छा व्यक्त करता है। अधिकतर लोग शिशुपन की उस अवस्था से ऊपर नहीं उठ पाए हैं। वे किसी भी परेशानी से तुरन्त छुटकारा पाना चाहते हैं, और जब कभी वे किसी वस्तु के प्रति आकर्षित होते हैं, तो उसे पाने के लिए लालायित हो उठते हैं। वे सोचते हैं कि उनको उसे पाना ही होगा, जैसे

* भगवद्गीता III:42।

कि वे उसके बिना जीवित ही नहीं रह पाएँगे। इच्छा जो इस प्रकार इन्द्रियों के अधीन हो जाती है उसे शारीरिक इच्छा—शरीर से बंधी हुई इच्छा कहते हैं, जो इन्द्रियों के आदेशों का पालन करती है।

किसी भी प्रकार की नशीली दवा का सेवन करना बहुत भयानक है, क्योंकि दवाई इच्छा को शरीर का दास बना देती है। मैं एक ऐसे व्यक्ति को जानता था जो अफ़ीम का सेवन करता था। सारा दिन वह बेहोशी में सोता रहता था। उसको इस नशे की दासता से मुक्त होने में वर्षों लग गए। नशीली दवाओं का सेवन करना आत्मा के प्रति महान् पाप है। मदिरा सेवन भी उसी प्रकार का है। दोनों का अर्थ इच्छाशक्ति का विनाश है। महान् सन्तों ने इनके विरुद्ध चेतावनी दी है। किसी भी परिस्थिति में आपको प्रलोभित नहीं होना चाहिए, नहीं तो जल्दी ही आप भटक सकते हैं। मदिरा एवं नशीली दवाओं का सेवन आत्मा के प्रति पाप है क्योंकि वे इच्छाशक्ति को पंगु बना देती हैं, जिसके बिना आत्मानुभूति और मुक्ति असंभव है।

अनेक व्यक्ति शारीरिक इच्छाशक्ति द्वारा बंधे हैं। जब काम-वासना, या मदिरा-पान या घृणा की सशक्त आदतों का व्यक्ति पर नियंत्रण हो जाता है, तब जो शक्ति *प्राण* को नियंत्रित करती है और इसे मानवीय मशीन को सुचारु रूप से चलाने के योग्य बनाती है, नष्ट हो जाती है। जब एक बार ये दृढ़ हो जाती हैं तो उन पर विजय पाना बहुत कठिन हो जाता है। बस एक बार आपका विरोध होने पर आपको क्रोधित होने की आदत पड़ जाए, तो आप अच्छा व्यवहार करने की इच्छा रखने पर भी उस आदत को बनाए रखते हैं। आदत परम सुख के उच्चतम उपहार — इच्छाशक्ति — को नष्ट कर देती है, जिसके द्वारा आप अपनी मुक्ति को प्राप्त कर सकते हैं।

ज्ञान के बिना, इच्छाशक्ति आदतों के अधीन हो जाती है

यदि ईश्वर और स्वर्ग हम पर थोपे गए होते तो हम उनके दास बन जाते। परन्तु ईश्वर ने हमें स्वतंत्र इच्छा दी है जिसके द्वारा हम अच्छाई को स्वीकार या अस्वीकार, बुराई को स्वीकार या अस्वीकार कर सकते हैं। इसका चुनाव करने के लिए जो शक्तियाँ ईश्वर ने हमें दी हैं वे हैं ज्ञान और इच्छा। यह पता लगाएँ कि आपका अपनी इच्छाशक्ति पर नियंत्रण है अथवा नहीं। बुरी आदतों के द्वारा अपनी इच्छाशक्ति को दुर्बल मत होने दें।

शारीरिक इच्छाशक्ति के बाद आती है आदत-बद्ध इच्छाशक्ति। यदि आपकी इच्छा ज्ञान द्वारा संचालित नहीं है तो यह स्वतः ही इस द्वितीय चरण में प्रवेश कर जाती

है। कभी-कभी एक अच्छे व्यक्ति की संतान में सच्चाई और अच्छी आदतों की कमी पायी जाती है। निश्चित रूप से उस बच्चे को अच्छी आदतें सीखने का हर अवसर मिलता था, फिर भी जिस क्षण वह अपनी इच्छा का उपयोग करने लायक वयस्क हो जाता है, वह अनेक प्रकार की बुराइयों में फँसना शुरु हो जाता है। क्यों ? प्रायः ऐसी स्थिति में कर्म-सिद्धान्त के अनुसार बच्चे का पूर्व जन्मों का स्वभाव गलत सोच-विचार और गलत आदतों की ओर प्रवृत्त होता है। इस जीवन में अपने पारिवारिक प्रशिक्षण द्वारा वह अच्छे कार्य करना सीखता है, परन्तु ये केवल उसके वास्तविक स्वभाव पर पूर्णतः आरोपे जाते हैं। क्योंकि उसकी इच्छा केवल यंत्रवत अच्छी आदतों द्वारा नियंत्रित होती है न कि आत्मा के ज्ञान और सच्ची समझ द्वारा, जब वह परिवार की अच्छाई के प्रभाव से दूर होता है तो वह आसानी से प्रलोभनों के वशीभूत हो जाता है।

यदि आप चोरों और शराबियों से पूछें कि क्या वे अपनी जीवन शैली को पसन्द करते हैं, वे प्रायः कहेंगे "नहीं"। जब उन्होंने अपने बुरे कार्य करना आरम्भ किए थे तो उन्होंने सोचा था कि उन्हें सुख मिलेगा। उन्होंने कभी नहीं सोचा था कि प्रभाव उनके लिए दुःखदायी होंगे। केवल इसी कारण से मैं उन लोगों के प्रति दुःखी होता हूँ जिन्होंने गलत कार्य किए हैं। मैं उनके लिए रोता हूँ। ईश्वर कृपा बिना मेरी भी यही दशा होती।" बुराई एक अफ़ीम के नशे की भाँति है। इसलिए हमारे पास ऐसे स्थान होने चाहिए, जहाँ पर बुराई की राह पर गए लोग सीख सकें कि कैसे जीना चाहिए और कैसे सोचना चाहिए। कारागार सुधार के लिए उपयुक्त स्थान नहीं है। ऐसे लोगों को श्रेष्ठतर लोगों से मिलने-जुलने की आवश्यकता है जो उनकी सहायता कर सकें।

आपके चारों ओर परिस्थितियों के चोर हैं, जो आपकी इच्छा की शक्ति को चुराने का प्रयास करते रहते हैं; परन्तु आपके अतिरिक्त कोई और आपकी इच्छा को नहीं चुरा सकता। बच्चा अपने तरीके से चलना चाहता है। जब वह बड़ा हो जाता है, तो उसकी इच्छा उसके वश में नहीं है और ज्ञान द्वारा निर्देशित नहीं है तो उसे पता चलता है कि वह इच्छाओं का दास बन गया है। क्या आप आज वही कार्य नहीं कर रहे जिसे आप जानते हैं कि आपको नहीं करना चाहिए और जिसके विषय में आप जानते हैं कि वह बाद में दुःख देगा? इन्द्रियों की अति उत्तेजना इच्छा को दुर्बल बना देती है, इसलिए किसी भी वस्तु के लिए अस्वाभाविक लालसा उत्पन्न न करें। मान लें, आप किसी विशेष भोजन को अत्यधिक पसन्द करते हैं। आपकी इच्छाशक्ति इस प्रकार होनी चाहिए कि अभी से आप उसके बिना रह सकें।

यह कहना असंभव है कि वास्तव में आप क्या पसन्द करते हैं और क्या पसन्द नहीं करते, क्योंकि आपकी रुचियाँ सदा बदलती रहती है। यदि आप अपना विश्लेषण करें तो आप पाएँगे कि पसन्द और नापसन्द के विषय में हम सब सनकी हैं। हम नहीं जानते कि क्यों हम कुछ वस्तुओं को पसन्द करते हैं और अन्य को नहीं। अपने ज्ञान के प्रभाव से आपको क्या पसन्द है और अपनी शारीरिक आदतों के परिणामस्वरूप आप क्या पसन्द करते हैं, ये दोनों बातें भिन्न हैं। में किसी भी वस्तु को पसन्द कर सकता हूँ, और दूसरे ही क्षण स्वयं को उसके विपरीत बना सकता हूँ।

ज्ञान द्वारा मार्गदर्शित होना, संसार का राजा होने के समान है। बुद्धिमान व्यक्ति पहले यह निश्चित करता है कि क्या वह सही है, उसके बाद वह क्रियाशील होता है। किन्तु यदि वह कोई निर्णय कर लेता है और बाद में उसे पता चलता है कि वह गलत था, वह उसी समय अपनी गलती को मान लेता है। अपनी इच्छाशक्ति का उपयोग हठी बनने के लिए कभी न करें। आप कुछ लोगों के साथ एक घण्टे तक बातें कर सकते हैं, और आपको लगेगा कि वे आपसे सहमत हैं, परन्तु आपसे मुंह मोड़ते ही वे उसके विपरीत बात कहेंगे। वे अपनी विचारधारा को छोड़ना नहीं चाहते। यह इच्छाशक्ति नहीं है, बल्कि अहंकार की गुलामी है। ऐसे गुलामों को आप अपने चारों ओर देख सकते हैं। वे सोचते हैं कि वे स्वतंत्र हैं, जबकि उनकी इच्छाशक्ति बद्ध है, वे अपने कार्यों को अच्छी अथवा बुरी आदतों के निर्देशन में, यंत्रवत पूरा करते हैं। परन्तु जब आप कह सकें, "मैं बुराई से दुर रहता हूँ क्योंकि बुराई मेरे सुख के विपरीत कार्य करती है," अथवा "मैं अच्छा हूँ, इसलिए नहीं कि मैं विवश हूँ, बल्कि इसलिए कि अच्छाई मुझे अपने सुख की ओर ले जाती है"—यही बुद्धिमानी है। ऐसा ही था मेरे गुरुदेव का प्रशिक्षण। एक बात हमें सदा याद रखनी चाहिए : यदि इच्छा ज्ञान द्वारा मार्गदर्शित है, तो यह हमारे जीवन में कुछ रचनात्मक ही पैदा करेगी।

जब जीसस ने परमपिता से कहा, "तेरी इच्छा पूरी हो,"* यह इसलिए नहीं था कि उनकी इच्छाशक्ति में कमी थी, बल्कि इसलिए कि वे चाहते थे कि उनकी इच्छाशक्ति ईश्वर की इच्छाशक्ति द्वारा निर्देशित हो। जब ईश्वर की इच्छा ने उन्हें संकेत दिया, "देह त्याग कर दो," तब जीसस को मानव स्वभाव की कमज़ोरी पर विजय पाने के लिए अत्यधिक इच्छाशक्ति का उपयोग करना पड़ा। मानवीय इच्छाशक्ति, ब्रह्म के साथ पूर्णतः एकत्व स्थापित करके, ईश्वरीय इच्छाशक्ति बन गई है, जब यद्यपि देह-त्याग आवश्यक है, तो व्यक्ति को ऐसा स्वेच्छा से करने के योग्य होना चाहिए, जैसा कि जीसस

* *मत्ती* 26:42 (बाइबिल)।

क्राइस्ट ने किया था। शरीर से आबद्ध गुलाम कह सकता था, "वे मुझे सूली पर चढ़ाने का प्रयत्न कर रहे हैं, मुझे स्वयं को बचाने का प्रयास करना चाहिए ।" यदि जीसस ने ऐसा किया होता, तो वे क्राइस्ट न बन पाते जो आज हमारे हृदयों में विराजमान हैं।

इच्छाशक्ति के विकास के चरण

मानव शिशुकाल की शारीरिक इच्छाशक्ति से बचपन की सोच रहित इच्छाशक्ति की ओर उन्नति करता है। उस समय वह अपनी माता की आज्ञा का स्वाभाविक रूप से पालन करता है, और जो कुछ वह कहती है वही कर देता है। विचार रहित इच्छाशक्ति के बाद अज्ञानतापूर्ण इच्छाशक्ति आती है, वह माता की इच्छाशक्ति से हटकर अपनी इच्छाशक्ति को अनुभव करना आरम्भ करता है। यह स्थिति युवावस्था में आती है। वह अपनी इच्छाशक्ति की परीक्षा करता है और जिस वस्तु को उसका दिल चाहता है उसे प्राप्त करने के लिए इसका उपयोग करना आरम्भ करता है।

बचपन में मुझे एक साइकिल की इच्छा थी और वह मुझे मिल गई। उसके बाद एक घोड़े की इच्छा हुई, परन्तु वह नहीं मिला। काफी समय के पश्चात् यद्यपि, मुझे वह मिल गया। जो भी इच्छा मेरे मन में थी ईश्वर द्वारा वह पूरी कर दी गई। जिस भी वस्तु की इच्छा मैंने की वह मुझे मिल गई। यह प्रभु का आशीर्वाद था।

मैं सदा सावधान रहता था कि मेरी कामना उचित हो, उसके बाद ही मैं उसे पूरा करने के लिए अपनी इच्छाशक्ति का उपयोग करता था। अच्छी वस्तुओं के लिए हठी होना अच्छा है, पर अन्यथा कभी नहीं। जब आप गलत हों, तो आपको अपने को सुधारना चाहिए। यदि आप गलत वस्तुओं के लिए अपनी इच्छाशक्ति का प्रयोग करके अच्छाई के लिए अंधे नहीं बने रहते, तो आप अज्ञानतापूर्ण इच्छाशक्ति से विचारशील इच्छाशक्ति की ओर प्रगति करते हैं।

मेरी माताजी के स्वर्गवास के पश्चात् जब मैं केवल ग्यारह वर्ष का था और बहुत शोकाकुल था, मेरी बड़ी बहन रोमा को मेरा मार्गदर्शन करना अच्छा लगता था। दूसरे बलपूर्वक प्रयास करते थे, परन्तु रोमा ने प्यार से मेरा दिल जीत लिया। जब मैं हठ में उसे यह कह रहा होता था, "चली जाओ, चली जाओ," तो भी मैंने स्वयं को उसकी इच्छाओं का आज्ञापालन करते हुए पाया।

एक सन्त का स्वभाव फूल की भाँति कोमल होता है, परन्तु जब वह किसी अच्छे कार्य के लिए अपना मन बना लेता है तो वह वज्र से भी अधिक शक्तिशाली हो जाता

है, क्योंकि उसकी इच्छाशक्ति ज्ञान द्वारा मार्गदर्शित होती है। जब मुझे कोई अच्छा विचार सूझता था तब मेरे गुरुदेव को विश्वास दिलाना कोई आसान काम नहीं था, परन्तु जैसे ही वे देखते थे कि मैंने एक अलग दृष्टिकोण प्रस्तुत किया है तो वे कहते, "तुम ठीक कहते हो। चलो इसे उस प्रकार ही करते हैं।" परन्तु जब मैं गलत होता था, तब उनको बदला नहीं जा सकता था।

विचारशील इच्छाशक्ति अत्यधिक अद्भुत साधन है जिसकी आप कल्पना कर सकते हैं। क्या आप विचारशील इच्छाशक्ति द्वारा नियंत्रित हैं, या विचारहीन इच्छाशक्ति द्वारा, अथवा शारीरिक इच्छाशक्ति द्वारा? विचारशील इच्छाशक्ति ज्ञान की ओर ले जाने वाला मार्ग है। जब आपके मन में यह विचार आता है कि आपको सिनेमा देखने जाना चाहिए, तो यह शारीरिक इच्छाशक्ति है। परन्तु जब आप यह निर्णय लेते हैं, "कोई बात नहीं, मैं किसी और समय चला जाऊँगा," यह विचारशील इच्छाशक्ति है।

जो इच्छाशक्ति आदतों द्वारा निर्देशित नहीं है वह विचारशील इच्छाशक्ति है। यदि आप धूम्रपान नहीं करना चाहते तो आपको नहीं करना चाहिए। यदि आपको भूख नहीं लग रही है, तो केवल इसलिए मत खाइए कि आपकी आदत है। जब मेरी भोजन न करने की इच्छा हो तो मुझे कोई भी खाने के लिए नहीं ललचा सकता। अति कठिनता से नियंत्रित होनी वाली आदतों में से एक है कठोर वाणी की आदत। दूसरों के प्रति निर्दयता पूर्ण वाणी आपकी इच्छाशक्ति को शक्तिहीन बना देती है। कदापि चिड़चिड़े न बनें। जब कभी आप क्रोधित हो जाते हैं तो आप अपने चेहरे को भद्दा बना देते हैं। इतने प्रिय और दयालु बनें कि जो भी आपसे मिले वह आपके बारे में यह कहे, "मैं उस व्यक्ति से दोबारा मिलना चाहूँगा।" जब आप अपनी वाणी को नियंत्रित कर लेते हैं तो अपने विषय में दूसरों की टिप्पणियों के प्रति आप इतने संवेदनशील नहीं होंगे। मैंने क्रोध का परित्याग अपने बचपन में ही कर दिया था। परन्तु मैं प्रायः उन समझदार व्यक्तियों को जिन्हें ईश्वर ने मेरे पास प्रशिक्षण के लिए भेजा है अपने कठोर शब्दों द्वारा अनुशासित करता हूँ। परन्तु जो नहीं समझते मैं उन्हें कदापि कुछ नहीं कहता।

तो देखिए इच्छाशक्ति कितनी अद्भुत है। जब आप विचारशील इच्छाशक्ति को विकसित कर लेते हैं, तो आप तर्क करना आरम्भ कर देते हैं, "मुझे इस शक्ति द्वारा कुछ उपयोगी कार्य करना चाहिए" और आप एक समय में एक कार्य लेकर उसे पूरा

करने का प्रयास करते हैं। आप उस इच्छाशक्ति को अपनी स्वास्थ्य की समस्या या वित्तीय समस्या अथवा किसी आदत को नियंत्रित करने में, अथवा ईश्वर को जानने की इच्छा में लगाते हैं। यदि आप विजयी होने तक इच्छा बनाए रखें और कार्य करें, तब आपने दृढ़ इच्छाशक्ति प्राप्त कर ली है।

संसार आपको धोखा देने का प्रयास करेगा

जीवन में प्रत्येक वस्तु आपको ईश्वर से दूर ले जाती है। प्रारम्भ में अधिकाँश भक्त अपने रास्ते से भटक जाते हैं, क्योंकि वे अपनी दिव्य इच्छाशक्ति का उपयोग नहीं करते, वे ध्यान करना स्थगित कर देते हैं। दिनों और सप्ताहों तक वे इसे टालते रहते हैं। आप जानते हैं कि आप ईश्वर से प्रेम करना चाहते हैं, और आपको इसके प्रयत्न में जुट जाना चाहिए, फिर भी आप टालते रहते हैं। मुझे अपने बचपन का एक समय याद है जब मैंने इस प्रकार अपना बहुत समय व्यर्थ खो दिया था। मैं पहले से ही प्रतिदिन ध्यान कर रहा था, और मैंने प्रत्येक दिन और अधिक लम्बा ध्यान करने का निश्चय किया था। लेकिन मैं इसे टालता गया और अचानक मैंने जाना कि एक पूरा वर्ष बीत गया है। तब मुझे बिल्ली और चिड़िया की कहानी याद आई।

बिल्ली ने एक चिड़िया पकड़ ली, चिड़िया बहुत समझदार थी। उसने बिल्ली को याद दिलाया कि यह अच्छा होगा यदि वह उसे खाने से पहले अपना मुंह और पंजों को धो ले। बिल्ली को यह बात ठीक लगी, और उसने चिड़िया को छोड़ दिया और अपनी सफाई में समय लगाया। इसी बीच चिड़िया एक ऊँची शाखा पर जा बैठी। अन्त में बिल्ली बोली, अब तुम नीचे आ जाओ। मैं अपने भोजन के लिए तैयार हूँ।" लेकिन चिड़िया चहचहाई, "बहुत बुरा हुआ, मैं तो अब पेड़ की चोटी पर बैठी हूँ।" इस प्रकार बिल्ली ने निश्चय किया : "आज से, मैं पहले अपनी चिड़िया खाऊँगी और फिर अपनी सफाई करूँगी।"

महत्त्वपूर्ण बातों को प्राथमिकता दी ही जानी चाहिए। जब आप सुबह जागते हैं तो पहले ध्यान कीजिए। यदि आप यह नहीं करते, तो सारी दुनिया आप पर अपना अधिकार जमाने के लिए टूट पड़ेगी और आप ईश्वर को भूल जाएँगे। रात में नींद आप पर अधिकार जमाए इससे पहले ध्यान कीजिए। ध्यान करने की आदत में, मैं इस प्रकार प्रबल रूप से स्थापित हो चुका हूँ कि रात में जब मैं सोने के लिए लेटता हूँ, तो पाता हूँ कि मैं ध्यान में ही मग्न हूँ। मैं सामान्य रूप से सो ही नहीं सकता। ईश्वर के सान्निध्य में रहने की आदत सबसे अधिक महत्त्वपूर्ण है।

आपकी इच्छाशक्ति में ईश्वर का प्रतिबिम्ब निहित है

इच्छाशक्ति का अर्थ है स्वतंत्रता। इच्छाशक्ति का अर्थ है, स्वर्ग। यदि आप संसार के आकर्षणों द्वारा अपनी इच्छाशक्ति को कमज़ोर नहीं पड़ने देंगे, तो आप अपने दिव्य लक्ष्य तक पहुँच जाएँगे। परन्तु, आपमें से अधिकाँश लोगों ने अपनी इच्छाशक्ति को बुरी आदतों द्वारा कमज़ोर कर दिया है — आपमें से बहुत लोग धूम्रपान, मद्यपान, क्रोधपूर्ण वाणी आदि का आनन्द लेते हैं — धूम्रपान, मद्यपान, क्रोधपूर्ण वाणी। आप सोचते हैं कि आप इनके बिना नहीं रह सकते। परन्तु एक समय था जब आप जानते तक नहीं थे कि धूम्रपान, शराब या कटुवाणी क्या होते हैं। आपने इन आदतों को अपना कर अपनी स्वतंत्रता का परित्याग कर दिया है। क्या आप अवश्य ही इनके दास बने रहना चाहते हो? जब तक आप इन सांसारिक आदतों को समाप्त करके अपनी इच्छाशक्ति को स्वतंत्र नहीं कर लेते, और फिर उस इच्छाशक्ति को, ध्यान करने के लिए उपयोग नहीं करते, आप ईश्वर को कैसे प्राप्त कर सकते हैं?

आपके शरीर के साथ चाहे कुछ भी हो जाए, ध्यान कीजिए। ईश्वर से सम्पर्क बनाए बिना रात को कभी भी मत सोइए। आपका शरीर आपको याद दिलाता रहेगा कि आपने अति कठोर परिश्रम किया है और आपको विश्राम की आवश्यकता है, परन्तु जितना अधिक आप उसकी उपेक्षा करेंगे और प्रभु पर केन्द्रित होंगे, उतना ही अधिक आप धधकते अग्निपिण्ड के समान आनन्दमय जीवन से दमक उठेंगे। तब आप जान जाएँगे कि आप शरीर नहीं हैं। आपकी इच्छाशक्ति में ही ईश्वर का प्रतिबिम्ब निहित है। वह प्रतिबिम्ब अपवित्र हो गया है क्योंकि आप अपने मन के दास बन गए हैं। जब अमेरिका आने के लिए मैंने भारत छोड़ा, मेरे गुरुदेव ने कहा "भूल जाना कि तुम हिन्दुओं के बीच पैदा हुए हो, और अमेरिकावासियों के सारे तौर-तरीके न अपनाना।...अपनी सच्ची आत्मा ईश्वर की संतान बन कर रहना।" उनके इस अच्छे परामर्श का पालन करते हुए, मैंने अपनी इच्छाशक्ति स्वतंत्र रखी है। यदि सारा संसार मेरे विरुद्ध खड़ा हो जाए, और मुझे पता हो कि मैं सही हूँ और दूसरे गलत हैं, तो मैं अपने विचार नहीं बदलूँगा।

जब इच्छाशक्ति सक्रिय हो जाती है तो, कुछ भी असंभव नहीं है

एक अच्छे लाभदायक, रचनात्मक लक्ष्य को चुनें और फिर निश्चय करें कि उसे प्राप्त करके ही रहेंगे। चाहे आप कितनी बार भी असफल हों, प्रयास करते रहें। चाहे कुछ भी हो जाए, यदि आपने अपरिवर्तनीय दृढ़ निश्चय कर लिया है,

"पृथ्वी टुकड़े-टुकड़े हो सकती है, लेकिन मैं जितना हो सके प्रयत्न करता रहूँगा" तब आप सक्रिय इच्छाशक्ति का उपयोग कर रहें हैं, और आप सफल हो जाएँगे। ऐसी सशक्त इच्छाशक्ति ही एक व्यक्ति को धनवान बनाती है, दूसरे को शक्तिशाली और किसी अन्य व्यक्ति को सन्त बना देती है।

केवल जीसस और कुछ अन्य सन्त ही ऐसे नहीं हैं जो ईश्वर को जानते हैं। यदि आप सही ढंग से प्रयत्न करें, तो आप भी ईश्वर को पा लेंगे। आज एक महान् चिकित्सक अथवा एक सफल व्यापारी बनने में दृढ़ इच्छाशक्ति का उपयोग करने का क्या लाभ, जबकि कल आपकी मृत्यु हो सकती है? इसीलिए जीसस ने कहा था, सर्वप्रथम ईश्वर के साम्राज्य की खोज करो।"* अपनी इच्छाशक्ति को सर्वप्रथम ईश्वर को जानने में लगाएँ, तब वे आपका जीवन में पथ-प्रदर्शन करेंगे।

जब आप अपनी गहन इच्छा से ईश्वर को पाने के लिए दिन-रात अन्तर में, "प्रभु, प्रभु, प्रभु का जप करते हैं, तो आप दृढ़ इच्छाशक्ति का उपयोग कर रहे होते हैं। अपनी इच्छाशक्ति को अन्य किसी वस्तु की अपेक्षा ईश्वर की खोज में लगाना अधिक उपयोगी है। मैं बहुत प्रसन्न हूँ कि प्रभु ने मुझे दिव्य इच्छाशक्ति का आशीर्वाद प्रदान किया है जिसे मेरे गुरुदेव श्रीयुक्तेश्वरजी ने मुझमें जाग्रत किया। अपने गुरुदेव से मिलने से पूर्व, मैं उस इच्छाशक्ति को इधर-उधर की व्यर्थ वस्तुओं में प्रयोग कर रहा था। लेकिन फिर भी, जब भी मैंने कोई कार्य आरम्भ किया, मैंने उसे पूरा करने के लिए दृढ़ इच्छाशक्ति का प्रयोग किया था।

मुझे याद है जब मैंने पहली बार दृढ़ इच्छाशक्ति का उपयोग दूसरों की सहायता के लिए किया था। मैं और मेरा मित्र तब छोटे बालक ही थे। एक दिन मैंने उससे कहा, "हम पाँच सौ लोगों को भोजन कराने जा रहे हैं।"

उसने हैरानी से कहा, "परन्तु हमारे पास तो एक भी पैसा नहीं है!" मैंने उसे आश्वासन दिया, फिर भी हम इसे करेंगे। और मैं समझता हूँ कि पैसा तुम्हारे माध्यम से ही आएगा।"

"यह असंभव है।" उसने कटाक्ष किया। एक अन्तर्ज्ञान के विश्वास ने मुझे यह कहने की प्रेरणा दी : "किसी भी तरह अपनी माँ की अवज्ञा नहीं करना। जो भी वे तुमसे करने के लिए कहें उसे करना।"

एक दिन बाद वह दौड़ता हुआ आया और मुझे यह वृत्तान्त सुनाया। "मैं स्नान कर रहा था कि मेरी माँ ने मुझे बुलाया। मैं यह कहने ही वाला था, मैं अभी स्नान कर रहा हूँ

* *मत्ती* 6:33 (बाइबिल)।

मुझे तंग मत करो, परन्तु उसी क्षण मैंने उनसे पूछा कि वे क्या चाहती हैं। उन्होंने मुझे मेरी चाची के पास जाने के लिए कहा जो पड़ोस में ही रहती थीं। मैंने कहा, 'ठीक है।'

"जब मैं अपनी चाची से मिला, तो सबसे पहले उन्होंने मुझसे कहा, तुम्हारा किस सनकी लड़के के साथ मेल-जोल है? क्या तुम पागल हो गए हो? यह मैं क्या सुन रही हूँ कि तुम पाँच सौ लोगों को भोजन करा रहे हो?' मैं उनसे नाराज हुआ। मैंने उनसे कहा कि 'अब मुझे निकलना चाहिए,' और मैं वहाँ से जाने लगा। लेकिन उन्होंने मुझे रोका और कहा, 'तुम्हारा मित्र सनकी तो है, लेकिन उसका विचार अच्छा है। ये लो बीस रुपए।'"

वह लड़का हैरानी से लगभग बेहोश सा हो गया। वह एकदम दौड़ा-दौड़ा मुझे यह बताने के लिए आया। जब हम चावल और अन्य सामान खरीदने गए तो, पड़ोस के जिन लोगों ने हमारी योजना के बारे में पहले ही सुन रखा था उन्होंने जानकर कुछ और भोजन सामग्री में योगदान दिया। अन्त में हमने दो हजार लोगों को भोजन कराया। उसी दैवी शक्ति से प्रेरित इच्छाशक्ति के द्वारा ही मैं कलकत्ता में सारस्वत पुस्तकालय के नाम से प्रथम पुस्तकालय स्थापित कर सका।

जब आप कोई अच्छा कार्य करने का मन बना लेते हैं उसे पूरा करने में यदि आप दृढ़ इच्छाशक्ति का प्रयोग करें, तो आप उसे पूरा कर ही लेंगे। चाहे कुछ भी परिस्थितियाँ क्यों न हों, यदि आप प्रयत्न करते रहेंगे, तो ईश्वर ऐसा साधन बना देंगे जिसके द्वारा आपकी इच्छाशक्ति को उचित पारितोषिक मिल ही जाएगा। यही वह सत्य है जिसका जीसस ने उल्लेख किया था जब उन्होंने कहा : "यदि तुम विश्वास करो, और कोई शंका न करो,...तो यदि तुम इस पर्वत को कहोगे, यहाँ से हट जाओ, और सागर में जा गिरो, तो ऐसा ही हो जाएगा।"* यदि आप लगातार अपनी इच्छाशक्ति का उपयोग करें, चाहे कुछ भी अवरोध आए, तो लोगों की सहायता के लिए, यह सफलता, स्वास्थ्य और शक्ति को उत्पन्न कर देगा, और सर्वोपरि, यह ईश्वर के साथ सम्पर्क को उत्पन्न करेगा।

आप इसी प्रकार की इच्छाशक्ति को विकसित करें—ऐसी इच्छाशक्ति जो आवश्यकता पड़ने पर, किसी के भले के लिए सागर को भी सुखा दे। सर्वोच्च इच्छाशक्ति ध्यान करने के लिए प्रयोग करनी चाहिए। ईश्वर हमसे चाहते हैं कि हम अपनी दिव्य इच्छाशक्ति को प्रकट करें और उसे ईश्वर प्राप्ति के लिए उपयोग करें। ईश्वर की खोज करने वाली इस दृढ़ इच्छाशक्ति को विकसित करें। गूढ़ शब्द आपको मुक्ति प्रदान नहीं करेंगे, बल्कि ध्यान के द्वारा आपके अपने प्रयत्न आपको मुक्ति प्रदान करेंगे।

* *मत्ती* 21:21 (बाइबिल)।

ईश्वर की खोज अभी करें !

सेल्फ़-रियलाइज़ेशन फ़ेलोशिप अन्तर्राष्ट्रीय मुख्यालय,
लॉस एंजिलिस, कैलिफ़ोर्निया, 15 जुलाई, 1941

ईश्वर-साक्षात्कार केवल योगी के अत्यधिक प्रयास और ईश्वर की कृपा से प्राप्त होता है। यद्यपि ईश्वर तक नियम का पालन करने से भी पहुँचा जा सकता है, तथापि, हृदयों का अन्वेषक होने के कारण वे अपनी कृपा प्रदान करने से पहले आश्वस्त हो जाना चाहते हैं कि भक्त वास्तव में उन्हें चाहता है। जो सम्पूर्ण हृदय से उन्हें नहीं चाहता है, उस भक्त को प्रभु अन्तिम प्रबोधन नहीं देते, चाहे वह योग के विज्ञान में कितना भी निपुण हो।

मुझे अपने गुरुदेव, स्वामी श्रीयुक्तेश्वरजी, के आश्रम में एक समय का स्मरण है, जब मास प्रति मास अत्यधिक भक्ति के साथ मैं ईश्वर की खोज कर रहा था; फिर भी मैं एक प्रकार के अवरोध का अनुभव कर रहा था। जब मैंने अपनी समस्या के विषय में गुरुदेव से पूछा, तो उन्होंने कहा, "तुम सोचते हो कि यदि तुम्हारे पास और अधिक मानसिक शक्ति या और अधिक चमत्कारिक शक्ति हो तो तुम अधिक पूर्णता से अनुभव कर पाओगे कि ईश्वर तुम्हारे साथ हैं। परन्तु ऐसा नहीं है। मान लो, वे तुम्हारे प्रत्युत्तर में तुमको पूरे ब्रह्माण्ड का नियंत्रण प्रदान कर देते हैं; ऐसी शक्ति की प्राप्ति के बाद भी तुम्हारे हृदय में असन्तुष्टि रहेगी। ईश्वर नित्य-नवीन आनन्द हैं, जिसे तुम ध्यान में पहले ही अनुभव कर रहे हो। जब मनुष्य इस संसार में अन्य प्रत्येक वस्तु की तुलना में उस आनन्द से सर्वोपरी प्रेम करता है, और धन एवं यश तथा अपने मनोभावों में आसक्ति एवं आदतों और इन्द्रिय अनुभवों की अपेक्षा उस आनन्द की अधिक इच्छा करता है, तो ईश्वर मार्ग खोल देंगे।" बहुत कम भक्त ही ऐसे "बलिदान" करने के लिए तैयार होते हैं।*

ईश्वर को प्रसन्न करना एकदम बहुत आसान एवं बहुत कठिन है। परीक्षणों की घड़ी में भी वे अपने भक्तों के साथ क्रीड़ा कर रहे होते हैं, और वे उनकी हर समय परीक्षा लेते हैं।

* "वास्तव में फसल तो प्रचुरता में है, परन्तु श्रमिक बहुत कम हैं" *मत्ती* 9:37 (बाइबिल)।

पूरे दिन को मूर्खताओं से भर देना कितना आसान है, और उसे उपयुक्त कार्यों एवं विचारों से भरना कितना मुश्किल! फिर भी हम क्या कर रहे हैं इसमें ईश्वर की इतनी रुचि नहीं है, जितनी की इसमें कि हमारा मन कहाँ है। प्रत्येक मनुष्य की अपनी अलग समस्या होती है, परन्तु ईश्वर कोई बहाना नहीं सुनते। वे चाहते हैं कि भक्त का मन उनमें लीन रहे, चाहे परिस्थितियाँ कितनी भी कष्टप्रद क्यों न हों। चाहे मैं अभी आपके साथ बातें कर रहा हूँ, फिर भी मेरा मन निरन्तर ईश्वर पर है। मैं अन्तर में सदा ईश्वर के साथ रहता हूँ। मैं उनके आनन्द में रहता हूँ, उस आनन्द के अतिरिक्त किसी और वस्तु से प्रेम न करने और उसकी इच्छा न करके, मैं पाता हूँ कि ईश्वर-प्राप्ति की सभी बाधाएँ मेरे सामने से हट जाती हैं। यह घोषणा मिथ्या नहीं है; यह सत्य है। परन्तु जब तक प्रभु भक्त के सम्पूर्ण प्रेम को प्राप्त नहीं कर लेते, वे नहीं आएँगे। कभी-कभी ऐसा लगेगा कि उन्होंने हमें त्याग दिया है, परन्तु ऐसी परीक्षाएँ अनिवार्य हैं; यदि हम दृढ़ निश्चयी होकर अपनी खोज छोड़ते नहीं हैं, तो ईश्वर हमें अपना समझ कर स्वीकार कर लेते हैं।

सांसारिक अभिलाषाओं में सदा एक अनिश्चितता रहती है। कुछ लोग धन कमाने के लिए जी-जान से वर्षों तक प्रयास करते हैं परन्तु असफल रहते हैं लेकिन आध्यात्मिक पथ पर कोई भी पूर्ण हृदय से प्रयास करने वाला भक्त कभी भी असफल नहीं रहता। उसका परिश्रम कभी व्यर्थ नहीं जाता।

निरन्तर अभ्यास ही आध्यात्मिक सफलता का सम्पूर्ण जादू है

ईश्वरानुभूति का सबसे बड़ा शत्रु शरीर है, यह बहुत शीघ्र थक जाता है और प्रयास करना छोड़ देना चाहता है। एक सच्चा भक्त अपने प्रयास में ढील कदापि नहीं करता और न ही शरीर की प्रधानता को स्वीकार करता है। निरन्तर सतर्कता की आवश्यकता है। प्रतिकूल प्रतीत होने वाली समस्त सम्भावनाओं के विपरीत, हमें विश्वास करना चाहिए कि वे आएँगे। यहाँ तक कि एक संशयवादी भी, जो यह सोचता है कि ईश्वर के अस्तित्व की संभावना नहीं है, यदि ईश्वर की खोज का निरन्तर प्रयास करता है, तो अन्ततः वह प्रभु को प्राप्त कर ही लेगा। चाहे ईश्वर उत्तर देते हुए प्रतीत न भी हों, तो भी व्यक्ति को शंकाओं के आगे झुकना नहीं चाहिए, बल्कि उस पवित्र खोज में निरन्तर लगे रहना चाहिए। *निरन्तर अभ्यास करते रहना ही आध्यात्मिक सफलता का सम्पूर्ण जादू है।* यदि प्रभु आसानी से और स्पष्ट रूप से दिव्य प्रबोधन के लिए भक्तों

की प्रार्थनाओं के उत्तर दे देते, तो सभी लोग उन्हें तुरन्त खोज लेते, उनके प्रेम के लिए नहीं, बल्कि असीम उपहारों के लिए।

यह संसार प्रभु की नाट्यशाला है। यह उनके जटिल नाटक का एक अंग है कि उन्होंने अपनी उपस्थिति की खोज को बहुत कठिन बना दिया है। क्योंकि खोज आसान नहीं है इसलिए हम उन्हें भूल जाने की प्रवृत्ति रखते हैं। यहाँ तक कि हम अपने प्रियजनों को रहस्यमय अज्ञात में जाते देख कर भी, अपने प्रस्थान के विषय में गम्भीरता से नहीं सोचते कि हमें भी कभी जाना पड़ेगा। मनुष्य को ईश्वर की खोज के महत्त्व को अनुभव करने के लिए मृत्यु के आगमन की प्रतीक्षा नहीं करनी चाहिए। यह प्रत्येक मनुष्य का सर्वोच्च एवं तात्कालिक कर्त्तव्य है। जीवन का प्रत्येक क्षण एक दिव्य खोज होना चाहिए। हमारे हृदयों में ज्वलन्त प्रश्न होना चाहिए : "हे प्रभो, मैं आपको कब प्राप्त करूँगा?"

चाहे कुछ भी हो जाए, अपनी महत्त्वपूर्ण खोज को कभी न छोड़ें। मान लें कोई व्यक्ति ध्यान करने के लिए बैठता है, और उसके मित्र आ जाते हैं। वह ध्यान की अवधि को छोटा करने के अतिरिक्त और कुछ नहीं कर सकता, फिर भी वह अपना मन ईश्वर पर केन्द्रित रख सकता है। चाहे आप किसी भी कार्य में व्यस्त हों, आपको अन्तर में अपना ध्यान ईश्वर पर रखना चाहिए। वे हमारे लिए इतने अधिक आवश्यक हैं।

अभी से व्यस्त हो जाएँ; समय गुज़र रहा है, और एक दिन भयंकर अनुभूति हो जाएगी कि जीवन क्षण-भर में चला गया और प्रभु हमें अभी भी नहीं मिले। ईश्वर का ध्यान करने के प्रयास के बिना एक भी दिन गुज़रने न दें। शीघ्र ही, आश्चर्यजनक रूप से, थोड़े से ही प्रयास की आवश्यकता रह जाएगी। उस भक्त को महान् प्रसन्नता प्राप्त होती है जो इस प्रयास में दृढ़ निश्चयी रहता है। अदम्य उत्साह के बिना कुछ भी प्राप्त नहीं किया जा सकता।

भगवद्गीता आध्यात्मिक पथ पर शारीरिक संवेदनाओं से ऊपर उठने के महत्त्व की शिक्षा देती है। बाह्य परिवेश के साथ इन्द्रियों के सम्पर्क से सर्दी एवं गर्मी, सुख एवं दुःख की संवेदनाएँ और अन्य विपरीत स्थितियाँ उत्पन्न होती हैं। सामान्य व्यक्ति इन संवेदनाओं से आसानी से प्रभावित हो जाता है, परन्तु गीता सिखाती है कि व्यक्ति को इनके प्रति तटस्थ रहना चाहिए। यह परामर्श उतावला बनने के लिए नहीं है। यदि योगी पाता है कि सर्दी और गर्मी की संवेदनाओं को सहन करना अत्यधिक कठिन है, तो उसे अन्तर में प्रभावित हुए बिना बाह्य उपायों को अपना लेना चाहिए। जो मानसिक तटस्थता का अभ्यास कर सकता है वह एक सन्त बनने की राह पर है। जो परिवर्तनशील इन्द्रिय

अनुभवों से प्रभावित हुए बिना शरीर रूपी मन्दिर में रहता है, और दुःख और सुख, सर्दी एवं गर्मी इत्यादि में समभाव में रहता है, वह मनुष्यों में एक सच्चा राजा बन जाता है। अपरिवर्तनशीलता को प्राप्त कर के वह अपरिवर्तनीय परमात्मा के साथ एक हो जाता है।

सभी लोग जो मेरे गुरु के आश्रम में आध्यात्मिक प्रशिक्षण के लिए आते थे, उन्हें इसी प्रकार अनुशासित किया जाता था। मुमुक्षु योगी पूर्व का हो या पश्चिम का, उसे स्वयं को अनुशासित करना ही होगा। उसे शरीर को अत्यधिक महत्त्व देने से बचना होगा। यदि वह पाता है कि उसके पास अन्य सब चीज़ों के लिए तो समय है परन्तु ईश्वर के लिए नहीं, तो उसे स्वयं पर अनुशासन के कोड़े का प्रयोग करना चाहिए। भयभीत क्यों हो? यहाँ केवल लाभ ही लाभ है। मनुष्य यदि अपनी मुक्ति के लिए स्वयं नहीं तड़पेगा और संघर्ष नहीं करेगा, तो क्या अन्य कोई उसके लिए ऐसा करेगा?

ईश्वरानुभूति की अवस्था तक पहुँचना अत्यधिक कठिन है। किसी व्यक्ति को स्वयं मूर्ख नहीं बनना चाहिए, और न ही यह सोचना चाहिए कि यह अन्य कोई व्यक्ति उसे "प्रदान" कर सकता है। जब कभी भी मैं मानसिक गतिरोध की अवस्था में घिर जाता था, तो मेरे गुरु मेरे लिए कुछ भी नहीं कर पाते थे। परन्तु वे जो भी कार्य करने के लिए मुझे देते थे उसे प्रसन्नतापूर्वक करते हुए, उनसे अन्तर्सम्पर्क रखने के लिए प्रयत्न करना मैंने कदापि नहीं छोड़ा। "मैं उनके पास ईश्वरानुभूति के लिए आया हूँ," मैं तर्क करता था, "और मुझे उनका परामर्श अवश्य सुनना चाहिए।" उनके आश्रम में हम युवा शिष्य सदा खाना पकाने में ही व्यस्त रहते प्रतीत होते थे, और ध्यान न करने के और भी अनेक बहाने थे। यद्यपि मैं अपने घर की अपेक्षा वहाँ अधिक परिश्रम करता था, फिर भी मैंने पाया कि आश्रम का वातावरण आध्यात्मिक रूप से मेरे लिए सहायक था।

ईश्वर के साथ प्रतिदिन समय निश्चित रखें

कोई भी भक्त ईश्वर के साथ अपनी दैनिक नियुक्ति में चूक न करे। मन कोई चलचित्र देखने का या किसी अन्य मनोरंजन का सुझाव दे सकता है, परन्तु प्रतिदिन जब ईश्वर के लिए निर्धारित समय आए, तो उस पवित्र प्रतिज्ञा को पूरा करें। अन्यथा प्रभु को पाने के लिए आपको बहुत समय लग जाएगा।

ईश्वर की खोज में एक व्यक्तिगत तत्त्व है, जिसका योग के सम्पूर्ण विज्ञान पर विशेषज्ञता स्थापित करने से अधिक महत्त्व है। परमपिता इस बात से आश्वस्त होना चाहते हैं कि उनकी संतान केवल उन्हें ही चाहती है, और वे किसी अन्य वस्तु से सन्तुष्ट

नहीं होंगे। जब ईश्वर को ऐसा अनुभव कराया जाए कि भक्त के हृदय में उनका स्थान प्रथम नहीं है, तो वे एक ओर हट जाते हैं। परन्तु जो यह कहता है, "हे प्रभो : जब तक मैं आपके साथ हूँ, यदि आज रात मुझे नींद भी छोड़नी पड़े तो कोई बात नहीं," उसके लिए वे प्रकट हो जाएँगे। निश्चित रूप से! इस रहस्यमय संसार के असंख्य पर्दों के पीछे से, सृष्टि के शासक प्रत्येक के लिए स्वयं को व्यक्त करने हेतु प्रकट हो जाएँगे। वे अपने सच्चे भक्तों के साथ बातें करते हैं, और उनके साथ लुका-छिपी का खेल खेलते हैं। कभी-कभी जब कोई चिंतित होता है तो वे अचानक किसी सांत्वनादायक सत्य को प्रकट कर देते हैं। समय आने पर और प्रत्यक्ष अथवा अप्रत्यक्ष तरीकों से वे अपने भक्त की प्रत्येक इच्छा को पूरा कर देते हैं।

किसी विशेष इच्छा की पूर्ति केवल तभी आवश्यक प्रतीत होती है जब किसी के विश्वास में यह कमी होती है कि वह ईश्वर में परिपूर्णता को प्राप्त कर सकता है। जो व्यक्ति ईश्वर में शान्त है वह अधूरी सांसारिक इच्छाओं द्वारा दुःखी नहीं होता। "मेरी शरण में आकर सब जीव परमगति को प्राप्त कर सकते हैं।..."* किसी बाह्य विषय में बाधा डालकर कोई भी मुझे दुःखी नहीं कर सकता, क्योंकि मेरे लिए ईश्वर पर्याप्त हैं। प्रभु की आनन्ददायक उपस्थिति पर ही मेरी प्रसन्नता निर्भर है। आपमें से प्रत्येक को ध्यान करने के लिए और प्रभु की उपस्थिति को अनुभव करने के लिए दृढ़ संकल्प होकर प्रयत्न करना चाहिए, और आप देखेंगे कि कितनी जल्दी आप उनकी कृपा के प्रति सचेत हो जाते हैं।

संसार शक्तिशाली व्यक्तियों की पूजा करता है, जैसे महान् सिकन्दर और नेपोलियन, परन्तु उनकी मन की स्थिति के बारे में सोचिए! फिर क्राइस्ट को जो शान्ति प्राप्त थी उसके बारे में सोचिए। उनकी शान्ति को उनसे छीना नहीं जा सकता था। हम सोचते हैं कि वह शान्ति हम "कल" खोजेंगे। जो कोई भी इस प्रकार तर्क करता है वह इसे कदापि प्राप्त नहीं कर पाएगा। *इसे अभी खोजें।* हम भोजन और शरीर के प्रति अपने अन्य कर्त्तव्यों की अवहेलना नहीं करते। वे हमारे लिए बहुत महत्त्वपूर्ण हैं। परन्तु जो गहनता से ईश्वर से प्रेम करता है वह शरीर की सभी चिंताओं को छोड़ देता है। जीसस का यही तात्पर्य था जब उन्होंने कहा : "अपने जीवन की कोई चिंता मत करो, कि तुम क्या खाओगे, और न ही शरीर की, कि तुम क्या पहनोगे।"†

* भगवद्गीता IX:32।

† *लूका* 12:22 (बाइबिल)।

जब तक आप अपनी चेतना में ईश्वर के पूर्ण महत्त्व का अनुभव नहीं करते तब तक आप ईश्वर तक, नहीं पहुँच सकेंगे। जीवन को अपने को धोखा देने की अनुमति न दें। उन अच्छी आदतों को बनाएँ जो सच्चा सुख दें। सादा भोजन करें, शारीरिक व्यायाम करें, और प्रतिदिन ध्यान करें — चाहे कुछ भी हो, हर परिस्थिति में। यदि आपके पास व्यायाम एवं ध्यान करने के लिए सुबह समय नहीं है, तो रात्रि में अवश्य करें। प्रतिदिन ईश्वर से प्रार्थना करें, "प्रभो, चाहे मेरी मृत्यु हो जाए, या सम्पूर्ण संसार टुकड़े-टुकड़े हो जाए, आपके सान्निध्य के लिए मैं प्रतिदिन समय अवश्य निकालूँगा।"

एक मात्र ईश्वर में कौन रुचि रखता है? बहुत कम लोग। अधिकांश लोग भूतप्रेतों, चमत्कारों इत्यादि के विषय में बातें करना पसन्द करते हैं। परन्तु जो ईश्वर को जानता है उसने कभी जो कुछ भी जानना चाहा होगा, ईश्वर के द्वारा इसे बता दिया जाएगा।

क्रियायोग — ईश्वर-सम्पर्क की उच्चतम विधि

क्रियायोग ईश-सम्पर्क की उच्चतम विधि है। ईश्वर के लिए मेरी अपनी खोज में मैंने सम्पूर्ण भारत की यात्रा की, और उसके अनेक महान् गुरुओं के मुख से ज्ञान की बातें सुनी। इसलिए मैं इस सत्य का प्रमाण दे सकता हूँ कि सेल्फ़-रियलाइज़ेशन [योगदा सत्संग] की शिक्षाओं में उच्चतम सत्य और वैज्ञानिक प्रविधियाँ हैं जो ईश्वर और महान् गुरुओं द्वारा मानव-जाति को दी गई हैं।

क्रिया के बाद के प्रभाव अपने साथ अत्यधिक शान्ति और आनन्द लाते हैं। *क्रिया* से प्राप्त आनन्द, समस्त सुखदायक भौतिक संवेदनाओं के एकत्रित आनन्द से अधिक होता है। "ऐन्द्रिय जगत् से अनाकर्षित रहकर, योगी आत्मा में निहित, नित्य-नवीन आनन्द का अनुभव करता है। आत्मा और परमात्मा के दिव्य मिलन में लीन होकर, वह अविनाशी आनन्द को प्राप्त करता है।"* ध्यान में अनुभव किए उस आनन्द से मैं हजारों निद्राओं के विश्राम को प्राप्त करता हूँ। उन्नत *क्रियायोगी* के लिए निद्रा वस्तुतः अनावश्यक हो जाती है।

जब *क्रियायोग* द्वारा भक्त *समाधि* में प्रवेश करता है, जिसमें उसके नेत्र, श्वास और हृदय निश्चल हो जाते हैं, तो एक अन्य संसार दिखाई देने लग जाता है। श्वास, ध्वनि, और नेत्रों की हलचल इस संसार से संबंधित है। परन्तु जिस योगी का श्वास†

* भगवद्गीता V:21।

† देखें शब्दावली।

पर नियंत्रण है वह आनन्दप्रद सूक्ष्म और कारण लोकों में प्रवेश कर सकता है और वहाँ ईश्वर के सन्तों के साथ सम्पर्क कर सकता है, या ब्रह्माण्डीय चेतना में प्रवेश करके ईश्वर से सम्पर्क कर सकता है। योगी अन्य किसी वस्तु में रुचि नहीं रखता।

जो मैंने कहा है उसे स्मरण रखते हुए, जो कोई भी प्रत्येक अन्य वस्तु को कम महत्त्व देगा, वह निश्चित रूप से ईश्वर तक पहुँचेगा। अन्ततः प्रत्येक व्यक्ति को वहाँ पहुँचना ही है। लेकिन मेरा इन सत्यों को बताने का क्या लाभ यदि आप उनका अभ्यास नहीं करते? आपके लिए मेरे प्रेम भरे ध्यान की कोई कमी नहीं है, लेकिन यदि मैं आपको इन सत्यों के विषय में प्रतिदिन स्मरण कराता रहूँ, तो भी वे उस व्यक्ति की कोई सहायता नहीं कर सकते जो ध्यान का अभ्यास करने के लिए स्वयं कोई प्रयास नहीं करता। कोई भी ईश्वर से बड़ा नहीं है, जो प्रत्येक व्यक्ति के हृदय में विराजमान हैं; परन्तु वे भी उनको खोजने के लिए हमें बाध्य नहीं करते। उन्होंने हमें स्वतंत्र इच्छाशक्ति प्रदान की है। लेकिन जो एक सद्गुरु का अनुसरण करता है और उनके आदेशों का पालन करते हुए उनका विश्वासपात्र बना रहता है, वह अपने सम्पूर्ण जीवन को रूपान्तरित कर लेगा। "उस ज्ञान को गुरु से प्राप्त करके, तुम, पुनः माया में नहीं फँसोगे।"*

ईश्वर प्राप्ति के लिए, ईश्वर के प्रति निष्ठावान रहें

किसी व्यक्ति के चेहरे पर यह देखना आसान है कि वह ईश्वर का प्रेमी है अथवा नहीं। सच्चे भक्तों को ईश्वर की भक्ति में कट्टर कहा जा सकता है। ईश्वर-निष्ठा ही एकमात्र उचित प्रकार का दुराग्रह है— दिन और रात, दिन और रात, केवल उनके विषय में ही सोचना। इस प्रकार की निष्ठा के बिना ईश्वर को पाना असंभव है। जो लोग क्रिया के अभ्यास से कभी नहीं चूकते, और जो ध्यान में लम्बे समय तक बैठते हैं एवं ईश्वर से गहन प्रार्थना करते हैं, वे उस चिर-वांछित खज़ाने को अवश्य प्राप्त करेंगे।

यह संसार केवल एक स्वप्न है। जिस प्रकार चलचित्र में सागर एवं आकाश के बीच कोई विशेष अन्तर नहीं है, वे केवल स्पन्दित-प्रकाश के दो भिन्न स्तर है, उसी प्रकार इस संसार में भी है। दुःख एवं सुख, पीड़ा एवं प्रसन्नता, सर्दी एवं गर्मी इस संसार के केवल स्वप्न है। ईश्वर ही एक मात्र वास्तविकता हैं। हमें सदा यह प्रार्थना करनी चाहिए कि किसी भी परीक्षा अथवा प्रलोभन में कभी वह शक्ति नहीं होगी जो हमसे ईश्वर को भुला सके। जब मैं इस प्रकार प्रार्थना करता हूँ तो मैं किसी अन्य

* भगवद्गीता IV:35।

समय की अपेक्षा अधिक परिणाम प्राप्त करता हूँ। तब, चाहे कुछ बहुत विकट रूप से भी मुझे भटकाने के लिए आए, मैं प्रायः तुरन्त देख लेता हूँ कि मैं प्रभु के हाथों में सुरक्षित हूँ।

प्रभु को जानना कठिन है। ईश्वर प्राप्ति का मार्ग तलवार की धार के समान है। परन्तु निरुत्साहित होना कदापि न्यायसंगत नहीं है, क्योंकि, हमें किसी वस्तु को जीतना अथवा उसको प्राप्त करना नहीं है, हमें केवल यह अनुभव करना है कि ईश्वर पहले से ही हमारे अन्तर में हैं। इसलिए व्यक्ति को मन से नकारात्मकता को पूर्ण रूप से बाहर निकाल देना चाहिए। गुरु के विचारों के साथ सहयोग करना मार्ग को आसान बना देता है। यदि भक्त कहता है, "मैं यह नहीं कर सकता, यह मेरे लिए अत्यधिक कठिन है," तो उसकी उन्नति रुक जाती है। हमें मनोभावों में, आदतों में, और इच्छोंओं में किसी दूसरे व्यक्ति ने नहीं उलझा रखा है बल्कि हम स्वयं ही उलझे हुए हैं और कोई दूसरा नहीं, बल्कि हम स्वयं ही अपने को मुक्त कर सकेंगे।

अपने आध्यात्मिक जीवन की एक दैनंदिनी रखिए। मैं यह लिखकर रखता था कि मैंने प्रतिदिन कितनी देर तक ध्यान किया और ध्यान में कितना गहरा गया। जितना अधिक हो सके, एकान्त में रहिए। अपने खाली समय को दूसरों के साथ केवल सामाजिक उद्देश्यों में नष्ट मत कीजिए। दूसरों की संगति में ईश्वर के प्रेम को पाना कठिन है।

मनुष्यों की आत्माओं में ईश्वर-चेतना को स्थापित करने में मेरी अत्यधिक रुचि है। मैं समझता हूँ कि अन्य सब कुछ निरर्थक है। सेल्फ़-रियलाइज़ेशन फ़ेलोशिप [योगदा सत्संग सोसाइटी ऑफ़ इण्डिया] का एकमात्र उद्देश्य है, व्यक्ति को ईश्वर के साथ व्यक्तिगत सम्पर्क करने की शिक्षा देना। जो प्रयास करते हैं वे प्रभु को पाने में असफल नहीं हो सकते। अपने हृदय में दृढ़ प्रतिज्ञा करें और परमपिता से प्रार्थना करें कि उनको पाने के लिए दृढ़ इच्छा का आपको आशीर्वाद दें, ताकि आप इस संसार की निरर्थक भटकनों में अधिक समय व्यर्थ न गँवाएँ।

परमपिता से प्रार्थना करें, "क्योंकि हम कार्य करने के लिए आपकी सृष्टि के नियमों से बंधे हैं, अतः हम अपने कर्त्तव्यों को केवल आपको प्रसन्न करने के लिए करें। हमें प्रत्येक क्षण आशीर्वाद दें, जिससे हम यह अनुभव करें कि आप खाने अथवा सोने अथवा अन्य किसी भी वस्तु से अधिक महत्त्वपूर्ण हैं। हमें आशीर्वाद दें कि हम आपकी परीक्षाओं का सामना करने में समर्थ बनें और विषयासक्ति के भयानक प्रलोभनों से बच सकें। हम सब, आपकी शाही संतानें, आपके हृदय का मुकुट बनें।"

और आपमें से प्रत्येक के लिए मेरी प्रार्थना है कि आज से आप ईश्वर के लिए सर्वोच्च प्रयास करेंगे, और उस प्रयास का त्याग आप तब तक नहीं करेंगे जब तक कि आप प्रभु में स्थापित नहीं हो जाते। यदि आप प्रभु से प्रेम करते हैं तो आप *क्रिया* का अत्यधिक भक्ति और निष्ठा के साथ अभ्यास करेंगे। प्रभु को *क्रियायोग* और प्रार्थना द्वारा निरन्तर खोजें; प्रसन्नचित्त बनें, क्योंकि भगवद्गीता का उद्धरण देते हुए महावतार बाबाजी ने एक बार कहा था : "इस सच्चे धर्म का थोड़ा सा अभ्यास भी महान् भय (जन्म और मृत्यु के पुनः-पुनः आने वाले चक्रों में निहित भारी कष्ट) से व्यक्ति की रक्षा करता है।"*

* भगवद्गीता II:40।

समय क्यों नष्ट करते हो? ईश्वर ही वह आनन्द हैं जिसे आप खोजते हैं

सेल्फ़-रियलाइज़ेशन फ़ेलोशिप अन्तर्राष्ट्रीय मुख्यालय, लॉस एंजिलिस, कैलिफ़ोर्निया में 25 दिसम्बर 1939, के क्रिसमस दिवस पर आवासी संन्यासियों और अतिथियों के साथ अनौपचारिक सत्संग

यह क्रिसमस मेरी स्मृति में सदा बना रहेगा, क्योंकि ईश्वर के भक्तों के साथ रहना अत्यधिक आनन्द एवं सौभाग्य की बात है। कल, यहाँ पूरे दिन के ध्यान में जब हमने क्राइस्ट से सम्पर्क किया, तो हमने अनुभव किया कि ईश्वर में हम सब एक परिवार हैं। ध्यान में, आत्माएँ हृदय के स्तर पर मिलती हैं और परमात्मा में आनन्दित होती हैं।

ईश्वर करें कि सभी मनुष्य और सभी चर्च, हमारी तरह, क्राइस्ट चेतना [*कूटस्थ चैतन्य*] की पूजा करने के लिए एक पूरा दिन समर्पित करें और क्रिसमस के आध्यात्मिक उत्सव के हमारे विनम्र उदाहरण द्वारा प्रेरित हों। कल आठ घण्टे जो हमने ध्यान में बिताए वे आठ मिनट की भाँति बीत गए। ईश्वर का प्रेम इन्द्रियों के सभी सुखों से अधिक महान् है। यदि हम एक बार हृदय में ईश्वर के प्रेम को अनुभव कर लें, तो हम इससे इतने सराबोर हो जाते हैं कि हम इसे कदापि भूल नहीं सकते। गत रात्रि मुझे निद्रा नहीं आई, लेकिन मुझे निद्रा की आवश्यकता ही नहीं पड़ी। क्योंकि शाश्वत आनन्द में, जिसका मैं क्राइस्ट चेतना में अनुभव करता हूँ, किसी भी वस्तु का कुछ भी महत्त्व नहीं रह जाता।

प्रियजनों, इस क्रिसमस पर आपके लिए मेरा सबसे बड़ा उपहार है, मेरा प्रेम। सबसे प्रेम करना, सबके लिए त्याग करना, और दूसरों की सहायता करने में अनन्त आनन्द का अनुभव करना — यही कृपा मैंने प्राप्त की है। हमें दूसरों के लिए इस प्रकार कार्य करना चाहिए जैसे यह हमारे अपने लिए हो। एक कोट जिसकी हमें आवश्यकता है, यदि उसकी कीमत पचास डॉलर भी हो, तो हम खुशी से खर्च कर देते हैं। जब हम वही कार्य दूसरों के आनन्द के लिए उसी भाव से कर सकें, तब हम दान के सच्चे भाव को जान पाएँगे।

"मेरे शब्द अमर रहेंगे"

आप जिस क्रिसमस भाव का आज अनुभव कर रहे हैं वह आज ही खत्म न हो; बल्कि प्रत्येक रात्रि जब आप ध्यान करें, यह आपके साथ रहे। तब आपके अपने मन के एकान्त में, जब आप सभी चंचल विचारों को दूर कर देंगे, क्राइस्ट चैतन्य [कूटस्थ चैतन्य] प्रकट होगा। यदि हम सब जीसस के भाव का अनुसरण करें तो निश्चित ही प्रतिदिन हम अपने अन्तर् में उनकी उपस्थिति का अनुभव कर पाएँगे। क्योंकि क्राइस्ट चेतना जो जीसस में प्रकट थी, वह केवल एक शताब्दी को आलोकित करने के लिए नहीं थी, बल्कि अनन्तकाल तक सभी शताब्दियों के लिए थी। इसलिए जीसस ने कहा था : "पृथ्वी और स्वर्ग लुप्त हो जाएँगे, परन्तु मेरे शब्द लुप्त नहीं होंगे।"* जो आनन्द क्राइस्ट ने अनुभव किया, जिस आनन्द को उन्होंने संसार के लोगों से खोजने के लिए कहा, और आचरण के जिन आध्यात्मिक नियमों का पालन करने के लिए हमें प्रेरित किया — अर्थात् अपने शत्रु से भी प्रेम करो और दूसरे गाल को भी सामने कर दो — वे शाश्वत हैं। यह धर्मादेश कि, ईश्वर से अपने सम्पूर्ण हृदय, मन और आत्मा से प्रेम करो, केवल बाइबिल का अनुसरण करने वाली पीढ़ियों के लिए निर्दिष्ट नहीं था, बल्कि यह एक शाश्वत नियम है।

जीवन एक कारवाँ है

अनेक भक्तजन जो पिछले क्रिसमस पर हमारे साथ थे, वे अब हमारे साथ नहीं हैं, और कौन जानता है कि अगले क्रिसमस पर कौन-कौन यहाँ होंगे? जीवन का यही ढंग है। और फिर भी जीवन चलता रहता है। यह एक कारवाँ है जिसमें हम कुछ समय के लिए यात्रा कर रहे हैं। हमारे कुछ साथी मूर्खता और अज्ञानता की खाइयों में गिर गए हैं, परन्तु जब वे अनुभव हो रहे दुःख से तंग आ जाएँगे, तब वे कारवाँ के मालिक का, जो इस पृथ्वी के भी मालिक हैं, जो परमपिता के अतिरिक्त और कोई नहीं हैं, सुरक्षित मार्गदर्शन खोजना आरम्भ कर देंगे। यद्यपि हम इस कारवाँ का भाग हैं, और यात्रा का आरम्भ और अन्त अंधकार में छिपा हुआ है, फिर भी, जीवन का एक गहन अर्थ है : गम्भीरतापूर्वक ईश्वर की खोज के लिए हमें शिक्षा देना।

इस संसार की तुलना एक नाटक से भी की जा सकती हैं। कलाकार कहीं शून्य से नहीं आ जाते, वे मंच के पीछे रहते हैं। जब उनकी भूमिका पूरी हो जाती है, तो

* *मत्ती* 24:35 (बाइबिल)।

कलाकारों का अस्तित्व समाप्त नहीं हो जाता, वे केवल पर्दे के पीछे विश्राम के लिए चले जाते हैं। यह मंच संचालक की योजना है कि हम यहाँ इस जीवन के मंच पर कुछ समय के लिए अभिनय करने आते हैं, और फिर हम चले जाते हैं। हम मरते नहीं हैं — मंच संचालक के निर्देशानुसार, केवल रंग-मंच के पिछले भाग में चले जाते हैं, जो समय रूपी पर्दे के पीछे छुपा है। और हम जीवन के इस मंच पर बारम्बार देखे जाएँगे, जब तक कि हम इतने अच्छे कलाकार नहीं बन जाते कि हम अपनी भूमिकाएँ ईश्वर की इच्छा के अनुसार परिपूर्ण रूप से निभा सकें। तब वे मंचनिर्देशक कहेंगे : "अब तुम्हें फिर से 'वापस जाने की आवश्यकता नहीं।' तुमने मेरी इच्छा पूर्ण कर दी है। तुमने अपनी भूमिका निभा दी है, और अच्छा अभिनय किया है। तुमने धैर्य नहीं खोया। अब तुम मेरे अनन्त अस्तित्व के मन्दिर में अमरत्व का स्तम्भ बनने मेरे पास वापस आ गए हो।"*

अच्छी संगति का महत्त्व सर्वोच्च है

संसार में अपनी भूमिका ठीक ढंग से निभाना आसान नहीं है। केवल अच्छी संगति के द्वारा ही आप अज्ञान के अंधकार से निकल सकते हैं। एक अन्धा दूसरे अंधे का मार्गदर्शन नहीं कर सकता। उन लोगों के साथ मिलना-जुलना, जो केवल सामाजिक समारोहों को पसन्द करते हैं, आपका समय नष्ट करेगा, परन्तु उनकी संगति करना, जो ईश्वर से प्रेम करते हैं, आपको ईश्वर का प्रेम प्रदान करेगा। भगवद्गीता में भगवान् ने कहा है : "सहस्रों मनुष्यों में कदाचित् कोई एक ही, आध्यात्मिक प्राप्ति के लिए प्रयास करता है; और मुझे पाने का परिश्रमपूर्वक प्रयास करने वाले सच्चे साधकों में, कदाचित् कोई एक ही, मेरे याथर्थ स्वरूप को जानता है।"† बहुत ही कम लोग ईश्वर में रुचि रखते हैं। यह कहा जाता है कि बच्चा खेल में व्यस्त है, युवा कामवासना में व्यस्त है, ओर प्रौढ़ चिंताओं में व्यस्त है। कितने कम लोग परमात्मा के शाश्वत आनन्द के विषय में सोचते हैं! परन्तु जो ईश्वर को खोजता है, और जो अपनी आत्मा के पूर्ण उत्साह और सम्पूर्ण गहनता से तब तक खोजता है जब तक कि वह प्रभु को प्राप्त नहीं कर लेता, वह समस्त मानवों में अधिकतम बुद्धिमान है। प्रभु जानते हैं कि आप क्या सोचते हैं, और यदि आप उनसे प्रेम करें तो वे स्वयं को आपके सम्मुख प्रकट कर देंगे।

* "जो मेरी इच्छा पूरी करता है उसे मैं अपने ईश्वर के मन्दिर का स्तम्भ बनाता हूँ, और उसको अब बाहर नहीं जाना पड़ेगा" *प्रकाशित वाक्य* 3:12 (बाइबिल)।

† भगवद्गीता VII:3।

ईश्वर को कदापि न भूलें

चाहे मैं कैसी भी परिस्थितियों से गुजरा हूँ, लेकिन मेरा आनन्द एक मौन नदी की भाँति रहा है जो मेरे विचारों की रेत के नीचे निरन्तर प्रवाहित हो रहा है। ये दिव्य आनन्द की शांत नदियाँ नेत्रों द्वारा नहीं देखी जा सकतीं, परन्तु जब आप चेतना की ऊपरी सतहों को गहरे खोदते हैं, आप उन्हें खोज लेते हैं। आपको प्रभु से कितना गहन प्रेम है इसका पता किसी और को मत लगने दीजिए। ब्रह्माण्ड के स्वामी आपके प्रेम से परिचित हैं; तो दूसरों के सामने उसका प्रदर्शन मत कीजिए, अन्यथा आप उसे खो बैठेंगे।

जब आत्मा की शान्ति में और जीवन की प्रत्येक अवस्था में अन्तर्मुखी होकर आप कहते हैं, "हे परमपिता, मैं आपको भूला नहीं हूँ" — जब इस प्रकार की भक्ति आपके हृदय की गहराइयों से फूट पड़े — तब ईश्वर आपके प्रेम रूपी झरने से पान करने आ जाते हैं। जीवन का एक मात्र उद्देश्य है प्रभु का आनन्द लेना। *यह संभव है।* यदि मैं प्रभु के असीम आनन्द और प्रेम को नहीं जानता होता तो मैं इसके बारे में नहीं बोलता। आपको भी उन्हें अवश्य खोजना चाहिए। ईश्वर हैं। सन्तों ने आपसे झूठ नहीं बोला है। और मैं भी आपसे झूठ नहीं बोल रहा हूँ। तब क्यों समय नष्ट करते हैं? क्यों उन्हें भूले हुए हैं? मैं जानता हूँ इसके कितने भयानक परिणाम होते हैं। आनन्द के उस आन्तरिक स्रोत को भूलना सभी मानवीय कष्टों और दुःखों का कारण है।

हम ईश्वर के उपहारों — जीवन, सूर्यप्रकाश, अन्न और वह सब जो वे हमें प्रदान करतें हैं, को पाने के लिए अपने हाथ बढ़ाते हैं। परन्तु उन्हें प्राप्त करते समय हम उस दाता के बारे में नहीं सोचते। यदि आपने किसी को अत्यंत प्रेमपूर्वक कई उपहार दिए हों और बाद में आपको पता चले कि वह तो आपके बारे में सोचता भी नहीं, तो आपको कितना दुःख होगा! ईश्वर भी ऐसा ही अनुभव करते हैं। प्रतिदिन हम संसार को देखने के लिए उनके द्वारा दिए गए दृष्टि के उपहार का उपयोग करते हैं, हम विचार और तर्क रूपी उनके उपहारों को भी स्वीकार करते हैं, लेकिन हम उनको भूल गए हैं।

यदि ईश्वर कदाचित एक भिखारी हैं, तो केवल आपके प्रेम के। वे निरन्तर आपको खोज रहे हैं, वे आपको सन्तों की वाणी द्वारा लुभा रहे हैं। उनकी उपेक्षा मत करें!

ईश्वर के साम्राज्य की ओर पग बढ़ाएँ

जो आनन्द आपने कल आठ घण्टे के ध्यान के बाद अनुभव किया वह मेरे साथ निरन्तर बना हुआ है। अन्य कुछ भी मुझे इतनी प्रसन्नता नहीं दे सकता। अन्य सब

कुछ समय की बर्बादी है। सांसारिक भ्रान्तियों के साथ क्यों चिपके रहें? प्रतिक्षण जब मैं आपके साथ हूँ तो मैं आपकी चेतना को ईश्वरीय खोज के महत्व से प्रभावित करने का प्रयत्न करता रहूँगा। स्मरण रखें, जब आप आध्यात्मिक रूप से उन्नत होने का प्रयत्न कर रहे हैं, तब आप प्रभु के साम्राज्य की ओर बढ़ रहे हैं; और जब आप प्रयत्न नहीं कर रहे होते तब आप एक जगह स्थिर खड़े रहते हैं, या पीछे की ओर फिसल रहे होते हैं। आगे कदम बढ़ाएँ! अपने ध्यान के लिए रातों का उपयोग करें। प्रभु को खोजने की यही विधि है। ईश्वर को पाना बहुत कठिन प्रतीत होता है, फिर भी जब आप ईश्वर को यह विश्वास दिला देते हैं कि आपके लिए वे ही सब कुछ हैं, तो उनको प्रसन्न करना सबसे सरलतम हो जाता है। उस दिन वे आपको दर्शन देंगे।

प्रिय मित्रों, मैं आशा करता हूँ कि आपके लिए यह क्रिसमस आज की रात ही समाप्त नहीं हो जाएगा। मेरा क्रिसमस कदापि समाप्त नहीं होता। यह मेरे साथ दिन और रात रहता है। प्रभु मेरे साथ हैं, और मैं उनके साथ। भगवद्गीता में यह उनका वचन है : "जो व्यक्ति मुझे सर्वत्र देखता है तथा प्रत्येक वस्तु को मुझमें देखता है, मैं उसकी दृष्टि से कभी ओझल नहीं होता, न ही वह मेरी दृष्टि से कभी ओझल होता है।"*

जो शराब के आदी हैं वे हर समय नशे में रहते हैं। चाहे वे कार्य कर रहे हों अथवा खेल रहे हों, उनका मन शराब में लगा रहता है। दिव्य रसामृत करोड़ों गुना अधिक मतवाला बना देने वाला है। जब मैं आपसे बातें कर रहा होता हूँ तो भी मैं ईश्वर के समीप उतना ही हूँ जितना कि जब मैं ध्यान कर रहा होता हूँ। इतना प्रेम! कोई वाणी इस आनन्द का कभी भी वर्णन नहीं कर सकती। बाइबिल इसका उल्लेख करती है पिन्तेकुस्त (pentecost) (यहूदियों के फसली दिन) के दिन जीसस के विशेष शिष्यों के चारों ओर पवित्र आत्मा का प्रकाश छा गया था। संदेह करने वालों ने कहा, "ये लोग किसी नई शराब के पूरे नशे में हैं।"† वास्तव में, वे नशे में थे, परन्तु दिव्य आनन्द की मदिरा के नशे में!

* भगवद्गीता VI:30।

† "और जब पूर्ण रूप से पिन्तेकुस्त का दिन आ गया, वे सब सर्वसम्मति से एक स्थान पर एकत्रित थे।...और वे सब पवित्र आत्मा में पूरित थे...दूसरे उपहास करने वालों ने कहा, ये लोग किसी नई शराब के पूरे नशे में हैं। लेकिन पतरस ने, ग्यारह शिष्यों के साथ खड़े हुए, और अपनी ऊंची आवाज में उनसे कहा...यहाँ नशेबाज नहीं हैं, जैसे तुम सोचते हो।...बल्कि ये वही हैं जिसके बारे में पैगम्बर योएल (JOEL) ने कहा था, और अन्तिम दिनों में यह होना है, ईश्वर ने कहा, सभी मनुष्यों में मैं अपनी चेतना डाल दूँगा" *प्रेरितों के काम* 2:1–17 (बाइबिल)।

परमात्मा के विशुद्ध आनन्द का झरना आपकी आत्मा में दबा पड़ा है। ध्यान रूपी कुदाली से उसे तब तक खोदें जब तक कि आप इसे पा न लें, और शाश्वत आनन्द के झरने में स्नान न कर लें।

तो प्रियजनों! मेरा क्रिसमस नित्य वर्द्धमान शाश्वत आनन्द में सदा चलता ही रहेगा। यदि यह आनन्द सीमित होता, जैसे सांसारिक सुख हैं, तो एक समय ऐसा आता जब सब कुछ समाप्त हो जाता। परन्तु कोई भी सन्त कभी ईश्वर के नित्य-नवीन आनन्द को शेष नहीं कर पाएगा। यद्यपि गुरुजन ईश्वर को पूर्ण रूप से जानते हैं; उनके लिए ईश्वर का आनन्द अनन्त काल तक नित्य-नवीन है। यदि परमात्मा का आनन्द अनन्त न होता, तो साधारण नश्वर मानव की भाँति जो बार-बार पृथ्वी पर वापस आते हैं, सन्तजन भी विनोद के लिए कभी-कभी पृथ्वी पर वापस आना पसन्द करते। परन्तु जितने सन्तजन निरन्तर आनन्दित हैं, उतना अन्य कोई और नहीं। यही वह संपदा है जिसे वे प्रभु प्रेम के लिए अन्य प्रत्येक वस्तु का त्याग करके प्राप्त करते हैं। उनकी आत्मा की शान्ति और आनन्द को कोई भी वस्तु नष्ट नहीं कर सकती। यही क्राइस्ट (कृष्ण चैतन्य) अवस्था है।

ईश्वर को प्रसन्न करके मानव को प्रसन्न करें

इसलिए केवल ईश्वर को प्रसन्न करने का प्रयत्न करें। मानव को प्रसन्न करने का प्रयत्न भी करें, परन्तु ईश्वर को प्रसन्न करने के मूल्य पर नहीं। आपकी अपनी ईश्वरानुभूति द्वारा मनुष्य होने की पहचान प्राप्त करना महानतम कार्य है जिसे आप कर सकते हैं। समय तेजी से बीतता जा रहा है। आप क्यों प्रतीक्षा कर रहे हैं? सांसारिक जीवन की कोई वास्तविकता नहीं है। यद्यपि आपको भोजन और निद्रा की आवश्यकता पड़ती है, एक दिन आपके हृदय का बटन अचानक खींच दिया जाएगा, और आपको प्रत्येक वस्तु पीछे छोड़ देनी पड़ेगी। जब एक आगन्तुक ने मुझसे कहा, "मैं बहुत व्यस्त हूँ, मेरे पास ध्यान के लिए समय नहीं है," मैंने उत्तर दिया : "जब तुम्हारी मृत्यु होगी, तुम्हारी सारी व्यस्तताएँ रद्द हो जाएँगी। तब क्या होगा? फिर तुम कहाँ होगे, यदि तुमने ईश्वर को प्राप्त नहीं किया है? तुम्हारे मित्र थोड़ी देर के लिए शोक करेंगे और फिर अपने-अपने काम पर पूर्ववत् चले जाएँगे। तब अपने एकमात्र शाश्वत मित्र की उपेक्षा क्यों करते हो?"

जब आप अपने मन को गलत तरीके से उपयोग करते हैं या आप बुरी संगत के साथ मिलते जुलते हैं तो आपका विवेक क्षीण हो जाता है। ईश्वर की खोज प्रसन्नता

का उच्चतम मार्ग है। न तो मानवीय प्रेम और न ही अन्य कोई मानवीय अनुभव प्रभु के आनन्द की तुलना कर सकता है। यदि कोई व्यक्ति आपसे कहता है कि ईश्वर की खोज से अधिक महत्त्वपूर्ण कुछ और है, तो वह गलत है। जिसने आपकी — रचना की है उसको पाने से अधिक महान् कार्य कुछ और हो ही नहीं सकता। इसी लिए हिन्दू धर्मग्रन्थ कहते हैं : "यदि यह आवश्यक हो, सभी कर्मों को छोड़ कर तू केवल मुझ परमेश्वर की शरण में आ जा, सभी कर्तव्य कार्यों को छोड़ने से पाप लगेगा, परन्तु मैं तुझे सम्पूर्ण पापों से मुक्त कर दूँगा, क्योंकि मुझसे शक्ति प्राप्त किए बिना कोई कार्य सम्पन्न नहीं हो सकता।"* ईश्वर के प्रति कर्त्तव्य अन्य सभी कर्त्तव्यों को निष्फल कर देता है। जब आप ईश्वर को प्राप्त करने के लिए अन्य सब कुछ निश्चयपूर्वक छोड़ देते हैं, तब आप आत्मानुभूति के मार्ग पर है।

ईश्वर के लिए और मानव के लिए भी कर्त्तव्य कर पाना बहुत अद्भुत है। सांसारिक कर्त्तव्यों को किए बिना ईश्वर के प्रति कर्त्तव्य करना ठीक है। और संसार के प्रति कर्त्तव्यों को करना लेकिन ईश्वर के प्रति न करना, खच्चर द्वारा सोने की बोरी का भार ढोने की भाँति है। खच्चर केवल सोने के भार को जानता है, वह उसका उपयोग नहीं कर सकता। सर्वप्रथम ईश्वर के प्रति कर्त्तव्य करना, और फिर, उसकी चेतना में रह कर संसार की सहायता करना, दैवी है। और यही — सेल्फ़-रियलाइज़ेशन फ़ेलोशिप [योगदा सत्संग] की शिक्षाओं का अभिप्राय है : आत्म-अनुभूति द्वारा ईश्वर के साथ साहचर्य प्राप्त करना, और इस ईश-साहचर्य प्राप्त करने के बाद, दूसरों को इसे प्राप्त करने में सहायता करना।†

जहाँ आपका हृदय है, वहीं आपका मन भी है। जिन्हें आप प्रेम करते हैं वे संसार में कहीं भी हों, आपका हृदय उनकी ओर आकर्षित होता है। ईश्वर के प्रति भी आपको इसी प्रकार अनुभव करना चाहिए; आपको अपने सम्पूर्ण हृदय से ईश्वर से प्रेम करना चाहिए। और अपने सम्पूर्ण मन से भी उन्हें प्रेम करें, यदि प्रार्थना करते समय आपके विचार भटक रहे हैं, तो यह ढोंग है। अन्ततः अपनी सम्पूर्ण आत्मा से प्रभु को प्रेम करें। जैसे-जैसे आप ईश्वर के समीप जाएँगे, ज्ञान की तलवार से अपने सभी प्रलोभनों को पराजित करते हुए, एक-एक करके इन्द्रियों के द्वारों को बन्द करते हुए, और एक

* अंशतः, भगवद्गीता, XVIII:66 का सरल अनुवाद (देखें पृष्ठ 354)।

† "ऐसे ऋषि (सन्त), जो पाप मुक्त, सन्देह मुक्त, इन्द्रियजित हैं, मानव जाति के कल्याण में रत हैं, ब्रह्म में मुक्ति प्राप्त करते हैं" (भगवद्गीता V:25)।

के बाद एक चंचल सांसारिक विचारों को विदाई देते हुए आप अपने सम्पूर्ण हृदय, मन और आत्मा से ईश्वर को प्रेम करेंगे। एक पात्र में हिलते हुए पानी में चन्द्रमा का प्रतिबिम्ब विकृत दिखाई देता है, परन्तु जब पात्र में पानी शान्त हो जाता है तब चन्द्रमा का प्रतिबिम्ब पूर्ण स्पष्ट दिखाई देता है। उसी प्रकार, आपके मन की चंचलता से आत्मा का प्रतिबिम्ब विकृत हो गया है, लेकिन जब आप ईश्वर को अपने सम्पूर्ण हृदय, मन और आत्मा से प्रेम करते हुए, मन को शान्त कर लेते हैं, तो अन्तर में, आप प्रभु का स्पष्ट प्रतिबिम्ब देखते हैं।

ईश्वर आकाश-गंगा में चमक रहे हैं, और हमारी बुद्धि तथा तर्क में हैं। वे घास के प्रत्येक पत्ते में विद्यमान हैं, प्रत्येक पुष्प उनकी मुस्कान को प्रतिबिम्बित करता है। प्रत्येक उत्तम विचार में परमात्मा का आनन्द है। वे शाश्वत हैं। जब आप आध्यात्मिक रूप से उन्नत होते हैं तो आप देखते हैं कि वे ही आपका वास्तविक स्वरूप हैं जो आपके अन्तर में आत्मा के रूप में वैसे ही प्रतिबिम्बित होते हैं, जैसे पानी से भरे पात्र में चन्द्रमा प्रतिबिम्बित हो सकता है; और आप अनुभव करते हैं कि आप परमात्मा का पवित्र प्रतिबिम्ब हैं। और अधिक प्रयास द्वारा आप नश्वर अहम् रूपी पात्र को तोड़ने के योग्य हो जाते हैं, तब उसके अन्दर प्रतिबिम्बित आत्मा की प्रतिछाया चन्द्रमा रूपी परमात्मा के साथ एक हो जाती है।

ईश्वर द्वारा पहचाने जाने की चेष्टा करें

हम मनुष्य से प्रशंसा नहीं चाहते; जिसे हम खोज रहे हैं वह ईश्वर की मान्यता है। सन्त फ्रांसिस ने कहा था : "ईश्वर की दृष्टि में प्रत्येक व्यक्ति जितना है, वह उतना ही है, उससे अधिक नहीं।" यदि प्रभु की दृष्टि में हम निष्कलंक हैं, तो अन्य किसी की कोई चिन्ता नहीं। भलाई करने में कभी-कभी हमें पीड़ा सहनी ही होगी। ईश्वर को पाने हेतु हमें कष्ट सहने के लिए तैयार होना ही चाहिए। ब्रह्म की अनन्त शांति प्राप्त करने के लिए शरीर का कष्ट या मन का संयम सहन करना है ही क्या? क्राइस्ट का आनन्द इतना अधिक था कि वे प्रभु के लिए अपना शरीर त्यागने को तैयार थे। जीवन का उद्देश्य ही उस परम आनन्द को प्राप्त करना है—ईश्वर को प्राप्त करना है।

वैराग्य लक्ष्य नहीं, बल्कि लक्ष्य को प्राप्त करने का एक साधन है। सच्चा वैरागी वही है जो सर्वप्रथम ईश्वर के लिए जीता है, चाहे उसके जीवन का बाह्य स्वरूप कुछ

भी हो। ईश्वर से प्रेम करना तथा उन्हें प्रसन्न करने के लिए जीना — यही महत्त्व रखता है। जब आप ऐसा करेंगे, तब प्रभु को जान जाएँगे।

भक्ति वह भेंट है जो ईश्वर को आकृष्ट करती है। वे उन सभी मँहगे उपहारों और प्रतिज्ञाओं द्वारा, जो उन्हें भेंट किए जाते हैं, प्रभावित नहीं होते। लेकिन मधुर भक्ति से सुगंधित जीवन के बगीचे में प्रभु आने के लिए आकर्षित हो जाते हैं। जब आपके हृदय रूपी गुलाब से आपकी भक्ति की सुगंधि निरन्तर मन्द-मन्द बह उठे, तो सर्वशक्तिमान परमात्मा आपके पास अवश्य आ जाएँगे।

चाहे हमारे विचार ईश्वर से कितने भी दूर भागें या कितना भी हम असहाय अनुभव करें, फिर भी हमारी भक्ति के पग हमें परमात्मा की सुरक्षित शरण की ओर ले जाते हैं। चाहे कितनी ही दूर हम भटक गए हों, भक्ति के द्वारा हम फिर भी प्रभु तक पहुँच सकते हैं; हमें जीवन व्यर्थ में गँवाने की आवश्यकता नहीं है।

यद्यपि आपके नियमित कर्त्तव्य कर्म हैं, फिर भी वे ईश्वर की खोज न कर सकने का कोई बहाना नहीं हैं। जब दूसरे लोग सो रहे हों, आप प्रभु का ध्यान करें। आप पाएँगे कि आप सौ गुना अधिक प्रसन्न और विश्राम प्राप्त हैं। समय की चिन्ता किए बिना इसे प्रत्येक रात्रि को करें। जब आप ध्यान कर रहे हों, तो स्वयं को स्मरण कराएँ, "मैं प्रभु के साथ हूँ, और केवल यही महत्त्वपूर्ण है।"

जब आप भूमि में कोई बीज बोते हैं, तो आप प्रतिदिन उसे निकाल कर यह नहीं देखते कि क्या वह अंकुरित हो रहा है, इससे आप उसके विकास को बाधा पहुँचाएँगे। उसी प्रकार, आपके आध्यात्मिक प्रयासों के बीज के साथ होता है। एक बार उन्हें रोपित करने के पश्चात् उन्हें छोड़ दीजिए, और उनकी सावधानी पूर्वक देखभाल कीजिए।

मुझे आशा है कि आज रात्रि से आप अधिक आध्यात्मिक प्रयास करेंगे। प्रभु को अपनी दृष्टि से ओझल न होने दें। संसार आपके बिना भी चलता रहेगा। आप इतने महत्त्वपूर्ण व्यक्ति नहीं हैं जितना आप सोचते हैं। असंख्य लोग शताब्दियों के कूड़ेदान में फेंके जा चुके हैं। अपने जीवन को व्यर्थ मत जाने दीजिए। यदि आप अपने हृदय में ईश्वर से प्रेम करते हैं, तो आप सर्वाधिक समृद्ध व्यक्ति से भी अधिक हैं। जब आप ईश्वर को प्रसन्न करते हैं, तो आप प्रत्येक व्यक्ति को प्रसन्न करने की निकटतम स्थिति में आ जाते हैं। इसलिए प्रभु से प्रेम करना सीखें। ऐसा मत सोचें कि आपको हर समय

लोगों के साथ मिलना है। जब आप उनसे मिलें, तो जो भी उनकी सहायता कर सकते हैं करें, परन्तु जब आप अकेले हों, तो केवल ईश्वर के साथ रहें। जब आप प्रभु को प्राप्त कर लेंगे, तो अन्य सभी वस्तुएँ आपको प्राप्त हो जाएँगी।

जो आप सुनते हैं वह आपको मुक्त नहीं करता, बल्कि जो आपने सुना है उसका उपयोग करने से आपका उद्धार होगा। अनेक लोग सुनते हैं कि उन्हें क्या करना चाहिए, परन्तु बहुत कम उसका पालन करते हैं। अपने दृढ़ निश्चय को निर्बल मत कीजिए। जब आप जानते हैं कि कोई कार्य उचित है, तो उसके पीछे क्यों नहीं पड़ जाते? आप प्रभु को तब तक क्यों नहीं पुकारते जब तक कि आपकी प्रार्थनाओं से आसमान नहीं हिल जाता? पूर्ण रूप से प्रभु के समक्ष समर्पण कर दें। और उन पर कभी संदेह न करें।

ध्यान के सागर में गहरे गोता लगाएँ। यदि आप ईश्वर-विद्यमानता रूपी मोती को न पाएँ, तो सागर को दोष न दें, बल्कि अपने गोते को दोष दें। जब तक आप प्रभु को न पा लें तब तक बार-बार गोते लगाएँ। "खोजें, और आप पा लेंगे, खटखटाएँ, और यह आपके लिए खोल दिया जाएगा।"* स्मरण रखें, कि नटखट बालक ही माता के ध्यान को आकर्षित करता है। आसानी से सन्तुष्ट हो जाने वाला बच्चा खिलौनों से जल्दी सन्तुष्ट हो जाता है। परन्तु नटखट बालक केवल माता को ही चाहता है, और जब तक वह आ नहीं जाती वह रोता रहता है। जब तक जगन्माता आ नहीं जातीं तब तक पुकारते रहें!

ईश्वर अपने भक्तों के लिए बिल्कुल वास्तविक हैं! प्रत्येक शब्द जो उन्होंने ईश्वर के विषय में कहा है वह सत्य है, लेकिन उनकी लीला रहस्य में ढकी हुई है। आपकी खोज निरन्तर होनी चाहिए। आप एक छोटी सी पुकार से ईश्वर को नहीं बुला सकते, यह पुकार लगातार रहनी चाहिए, और धन, यश और मानवीय प्रेम रूपी खिलौनों से वह शान्त नहीं हो जानी चाहिए। जब आपकी इच्छा केवल प्रभु को ही पाने की होगी, तो वे आ जाएँगे। तब संसार में आपकी शिक्षा पूरी हो जाती है। उस अनन्त परमात्मा के आनन्द से आप सदा-सर्वदा भरपूर रहते हैं। "वह व्यक्ति जो केवल मेरे लिए कार्य करता है, केवल मुझे अपना लक्ष्य बनाता है, जो प्रेमपूर्वक स्वयं को मुझे अर्पण करता है, जो (मेरे मायिक ब्रह्माण्डीय स्वप्न लोकों के प्रति) अनासक्त है और जो (सबमें मुझे देखते हुए) किसी के प्रति दुर्भावना नहीं रखता — वह मुझमें प्रवेश करता है!"†

* *मत्ती* 7:7 (बाइबिल)।

† भगवद्गीता XI:55।

प्रकाश एवं आनन्द के रूप में ईश्वर

सेल्फ़-रियलाइज़ेशन फ़ेलोशिप आश्रम, एन्सिनिटस,
कैलिफ़ोर्निया, 14 नवम्बर, 1937

समस्त प्रकृति मिथ्या है। लोकातीत ही केवल सत्य तत्त्व है। आज मैं आश्रम के मैदान में घूम रहा था, और अपने चारों ओर धूप को देख रहा था। जैसे ही मैंने समुद्र तट पर जाने वाली सीढ़ियाँ पार कीं, मैं रुका और सीढ़ियों की बत्तियों को जला कर देखा कि वे काम करती थीं या नहीं। परन्तु मैं उन्हें देख न सका, क्योंकि जब मैं वहाँ खड़ा था अचानक ईश्वर का महान् प्रकाश छा गया और उसमें हल्के प्रकाशों को पहचानना असंभव हो गया। यहाँ तक कि मैं सूर्य को भी बिल्कुल नहीं देख सका। मैं स्पष्ट रूप से समझ गया कि न तो सूर्य का प्रकाश और न ही विद्युत का प्रकाश वास्तविक है। केवल ईश्वर का प्रकाश ही सच्चा प्रकाश है।

यदि उदित हो जाए
आकाश में अचानक
हज़ारों सूर्यों के प्रकाश की चकाचौंध
आ जाए पृथ्वी पर बाढ़ अनगिनत किरणों की,
तब कदाचित् ही उस परमात्मा के
तेजस् और कान्ति की कल्पना की जा सके।*

उस महान् मानस दर्शन में उन्होंने मुझे कई लोक-परलोक दिखाए जो ईश्वर के प्रकाश की अन्तहीन अभिव्यक्तियाँ थीं। ये वस्तुएँ जो मैंने देखीं वे केवल उनकी चेतना की अभिव्यक्तियाँ हैं। और यदि हम उनके साथ अन्तर्सम्पर्क रखें, तो हमारा बोध असीम है, और ईश्वरीय विद्यमानता के समुद्री प्रवाह में सर्वत्र व्याप्त हो रहा है।

जब ब्रह्म ज्ञात हो जाते हैं, और जब हम स्वयं को ब्रह्म के रूप में जान लेते हैं, तो कोई भूमि अथवा सागर नहीं होता, कोई पृथ्वी अथवा आकाश नहीं रह जाता — सब कुछ वे ईश्वर ही होते हैं। सब कुछ ब्रह्म में विलीन हो जाना एक ऐसी अवस्था है जिसका

* भगवद्गीता XI:12, सर एडवीन आर्नोल्ड द्वारा अनुवादित।

कोई वर्णन नहीं कर सकता। एक परम आनन्द की अनुभूति होती है — आनन्द, ज्ञान और प्रेम की शाश्वत परिपूर्णता का अनुभव होता है। मैं इसे किसी भक्त के मुखमण्डल पर देख सकता हूँ, यदि अन्तर में उसकी आत्मा उस आनन्द से कम्पायमान हो रही है, जैसे एक पत्ता हवा में थरथराता है। योगी ऐसा होता है। ऐसे अपार आनन्द (समाधि) की अवस्था को केवल सामान्य जीवन के कार्यों को, निरुत्साहित हुए बिना, गहन आत्मपूर्ण ध्यान के साथ संतुलित करके जाना जा सकता है।

सच्ची स्वतंत्रता का मार्ग

आत्म-प्रशंसा, अभिमान, लोभ, क्रोध और आत्म-केन्द्रित होने के अन्य कुरूप परिणाम आध्यात्मिक विकास में बाधाएँ हैं, जो मनुष्य को आत्मा के अज्ञान रूपी दुःख से छुटकारा पाने में रुकावटें डालती हैं। उचित मार्ग है एक आध्यात्मिक गुरु की शिक्षाओं का अनुसरण करना, तथा ऐसे गुरु की इच्छाओं के साथ अन्तर्सम्पर्क करना जिसके पास ज्ञान हो और सर्वोपरि, वह ईश्वर से प्रेम करता हो। वह मार्ग मुक्ति की ओर ले जाता है। आपकी इच्छाएँ पिछले जन्मों की आदतों और आपकी निरंतर बनाई जा रही नई आदतों के द्वारा निर्देशित होती हैं। ये आत्मा को बंदी बना देती हैं और ये आपके लिए शाश्वत मोक्ष के पथ पर आगे बढ़ना असंभव कर देती हैं।

जीवन पथ के एक ओर अज्ञान की अंधेरी घाटी है, और दूसरी ओर ज्ञान का शाश्वत प्रकाश। जब आप एक सद्गुरु के मार्गदर्शन का अनुसरण करते हैं तो आप मुक्ति के पथ पर सुरक्षित चलते जाएँगें। तब आप जो भी इच्छा करेंगे वह ज्ञान-जनित होगी, और वह थोड़े से ही प्रयास से पूर्ण हो जाएगी। सम्पूर्ण विश्व ईश्वर की दिव्य इच्छा द्वारा रचा गया है, और जब आप इसके साथ अन्तर्सम्पर्क में हो जाते हैं, तो जो कुछ भी आप प्राप्त करना चाहेंगे वह केवल इच्छा मात्र से पूर्ण हो जाएगा। मैं अब किसी भी वस्तु की इच्छा करने की हिम्मत नहीं करता, क्योंकि मैं जानता हूँ कि जो कुछ भी मेरे मन में है वह मुझे मिल जाएगा।

एक सच्चा भक्त कहता है, "प्रभो, मेरी कोई इच्छाएँ नहीं हैं। मुझे जो कुछ भी चाहिए था वह सब आपमें पा लिया है, अन्य कोई भी लाभ इससे बड़ा नहीं हो सकता।"* प्रभु के ज्ञान, प्रेम और आनन्द में हृदय की समस्त इच्छाएँ संतुष्ट हो जाती

* "वह अवस्था, जिसे एक बार प्राप्त करने पर, योगी उसे अन्य सभी निधियों से परे मानता है — इसमें स्थित रहकर, वह बड़े भारी दुःख से भी विचलित नहीं होता" (भगवद्गीता VI:22)।

हैं। यह एक आश्चर्यजनक अवस्था है। जब आप परमात्मा के साथ एक हो जाते हैं, तो आप एक राजा बन जाते हैं — शान्ति एवं परमानन्द के राजा, पूर्ण रूप से संतुष्ट और अपनी आत्मा में सम्पूर्ण। प्रभु के साथ आपकी एकरूपता में, आप सम्पूर्ण जगत् को अपने सम्मुख आदेश अनुपालन के लिए तैयार खड़ा देखते हैं। क्योंकि ईश्वर ने मनुष्य को अपने प्रतिबिम्ब के रूप में बनाया है, इसलिए वे सभी भक्त जो उन्हें प्राप्त करते हैं यह भी जान जाते हैं कि उनमें प्रभु की इच्छाशक्ति उनके सामान्यतम आदेश को भी पूरा कर देती है।

ईश्वरानुभूति से सम्पूर्ण शक्ति प्राप्त हो जाती है

जब तक आपमें दूसरे लोगों पर अधिकार जमाने की कोई इच्छा है, अथवा यह दिखाने की इच्छा है कि आप आध्यात्मिक रूप से या किसी अन्य प्रकार से कितने शक्तिशाली हैं, आप आत्मा की मुक्ति प्राप्त नहीं कर पाएँगे। ईश्वर-बोध का आरम्भ विनम्रता, प्रेम और ध्यानजनित आनन्द से होता है, परन्तु ईश्वरानुभूति से सम्पूर्ण शक्ति प्राप्त हो जाती है। यदि एक छोटी लहर यह जानती कि उसके पीछे एक विशाल महासागर है तो वह कह सकती थी, "मैं ही महासागर हूँ।" आपको यह अनुभव करना चाहिए कि आपकी चेतना के पीछे ईश्वर रूपी महासागर है।

जब जीसस को सलीब पर चढ़ाया जा रहा था तो वे केवल एक दृष्टिमात्र से ही अपने शत्रुओं को भस्म कर सकते थे, परन्तु उन्होंने ऐसा नहीं किया। अपितु, उन्होंने उन्हें क्षमा कर दिया। यही दिव्य प्रकृति है : शान्ति, प्रेम, विनम्रता, सर्वव्यापिता, सर्वज्ञता। जो ईश्वर के साथ एक हो जाता है उसे स्वयं को या दूसरों को, अपनी शक्तियों की क्षमता का प्रमाण देने की आवश्यकता नहीं है। वह अन्तर में जानता है कि समस्त शक्ति उसके आदेश का पालन करने के लिए तैयार है और डरने की कोई बात नहीं है। परन्तु वह अपनी शक्ति को ईश्वर के निर्देशानुसार उपयोग करता है।

सिद्ध योगी अपनी अनन्त प्रकृति में जाग्रत रहता है और भौतिक प्रकृति में सुप्त रहता है।* आपको इस आत्म स्वामित्व को प्राप्त करना चाहिए। अपना सारा समय संसार को देकर स्वयं को मूर्ख मत बनाएँ। संसार और इसके प्रलोभनों को अपनी चतुराई

* "वह जो सब प्राणियों के लिए (निद्रा की) रात्रि है आत्म-नियंत्रण प्राप्त मनुष्य के लिए (ज्योतिर्मय) जागृति है। और जो साधारण मनुष्यों के लिए जागृत-अवस्था है, परमात्म-तत्त्व को जानने वाले ऋषि के लिए रात्रि (निद्रा का समय) के समान है" (भगवद्गीता II:69)।

से मात दे दें : अपने समय को सुरक्षित रखने और इसे महानतम लाभ के लिए काम में लाने का सर्वोत्तम तरीका है अपने सम्पूर्ण मन को दिन और रात ईश्वर की खोज में लगाना, भले ही बाह्य रूप से आप चाहे किसी भी कार्य में व्यस्त क्यों न हों।

चरागाह में अपने बछड़े के साथ शांति से चर रही गाय बछड़े के लिए चिंता का कोई भाव नहीं दिखाती, परन्तु यदि आप बछड़े के निकट जाएँगे, तो गाय तुरंत आपकी ओर आ जाएगी। उसी प्रकार योगी है, वह बाह्य रूप से अपने कार्य में व्यस्त रहते हुए भी अन्तर में अपना ध्यान सदैव प्रभु पर टिकाए रखता है।

जीसस ने कहा था,* "यदि आपका हाथ आपको बाधा डाल रहा है, तो इसे काट दो" उनका अभिप्राय यह नहीं था कि आप अपनी देह को अपंग बना दें, बल्कि आपको दास बना देने वाली इन्द्रिय आसक्तियों को काट कर दूर कर दें, जो आपको ईश्वर प्राप्ति से वंचित रखती हैं। एक जिद्दी बच्चे की भाँति, जगन्माता को तब तक निरन्तर पुकारते रहें, जब तक कि वे यह न कहें, "अच्छा तुम्हें क्या चाहिए?" वे सृष्टि चलाने में अत्यंत व्यस्त हैं, वे तुरंत उत्तर नहीं देतीं, परन्तु नटखट बालक के लिए, जो उनके लिए रोता ही रहता है, वे आ जाएँगी।

जगन्माता आपको अपने पास वापस बुलाने के लिए बहुत आतुर हैं, परन्तु पहले आपको उन्हें यह सिद्ध करना होगा कि आप केवल उनको ही चाहते हैं। आप अविलंब अनवरत रूप से अवश्य पुकारते ही रहें, तब वे मुस्कुराती हैं और तुरन्त आपके पास होती हैं। दिव्यात्मा पक्षपात नहीं करतीं, जगन्माता सबसे प्रेम करती हैं। लेकिन उनके भक्त उनके प्रेम की प्रशंसा करते हैं, उनके प्रेम का प्रत्युत्तर देते हैं। मैं लोगों पर थोड़े से मानवीय प्रेम, अथवा थोड़े से धन की प्राप्ति का प्रभाव देखता हूँ — वे कितने प्रसन्न होते हैं! परन्तु यदि वे देख सकें कि जगन्माता में कितनी शक्ति है, कितना आनन्द है, कितना प्रेम है, तो वे अन्य सब कुछ त्याग देंगे।

ईश्वर केवल अपने भक्तों के माध्यम से बोलते हैं

संसार से ईश्वर केवल अपने प्रबुद्ध भक्तों के माध्यम से ही बोलते हैं। इसलिए, सबसे बुद्धिमता का कार्य ऐसे गुरु की इच्छा के साथ अन्तर्सम्पर्क में हो जाना है जिसे ईश्वर ने आपकी आत्मा की पुकार के प्रत्युत्तर में आपके पास भेजा है। स्वघोषित गुरु, गुरु नहीं होता है, इसलिए गुरु वह है जिसे ईश्वर दूसरों को उनके पास वापस लाने के

* *मत्ती* 18:8 (बाइबिल)।

लिए कहते हैं। जब थोड़ी-सी आध्यात्मिक इच्छा होती है, तो ईश्वर आपको और अधिक प्रेरित करने के लिए पुस्तकें तथा शिक्षकों को भेजते हैं, और जब आपकी इच्छा प्रबल हो जाती है, तो वे एक सद्गुरु को भेज देते हैं। "स्वयं को (गुरु के प्रति) समर्पित करके, (गुरु और अपनी आन्तरिक अनुभूति) से प्रश्न करके, तथा (गुरु की) सेवा करके इसे समझो! ये तत्त्वदर्शी ज्ञानी सन्त तुम्हें वह ज्ञान प्रदान करेंगे।"*

ऐसे भी शिक्षक होते हैं जो सदा अपने अनुयायियों से आशा रखते हैं, कि वे उनके ही इशारे पर नाचें, तुरन्त आज्ञापालन के लिए तैयार रहते हैं और यदि वे ऐसा नहीं करते तो शिक्षक नाराज़ हो जाते हैं। परन्तु एक आध्यात्मिक शिक्षक, जो ईश्वर को जानता है और वास्तव में एक सद्गुरु है, वह स्वयं को एक शिक्षक के रूप में बिल्कुल नहीं सोचता। वह प्रत्येक व्यक्ति में ईश्वर की विद्यमानता को देखता है, और यदि कुछ शिष्य उसकी इच्छाओं की अवहेलना करते हैं तो वह बुरा नहीं मानता। हिन्दू धर्मशास्त्र कहते हैं कि जो भक्त एक सद्गुरु के ज्ञान के साथ अपना अन्तर्सम्पर्क कर लेते हैं, गुरु के द्वारा उनकी सहायता करना संभव हो जाता है। "उस ज्ञान को गुरु से प्राप्त करके, हे अर्जुन, तुम, पुनः माया में नहीं फँसोगे।"†

गुरु और शिष्य के बीच की मित्रता शाश्वत होती है। जब कोई शिष्य गुरु के प्रशिक्षण को स्वीकार करता है तो वहाँ केवल पूर्ण समर्पण होता है, किसी भी प्रकार की विवशता नहीं होती।

मानवीय मित्रता प्रायः स्वार्थपूर्ण होती है, जब कोई व्यक्ति हमारे लिए उपयोगी नहीं रहता, उसके प्रति हमारा प्रेम समाप्त हो जाता है। मानवीय प्रेम में यह दोष है।

दिव्य मित्रता में, दिव्य प्रेम है — जो कि भौतिक रूपों से नहीं बल्कि आध्यात्मिक नियमों द्वारा बंधा होता है — एक पारस्परिक दायित्व की चेतना रहती है। जब आप किसी को समझने का प्रयत्न करते हैं, तो उसे प्रसन्न करना सरल हो जाता है। परन्तु जब आप समझने का प्रयत्न नहीं करते, तो सामंजस्य रखना असंभव हो जाता है। मैं अनजान लोगों के साथ भी मेल रख सकता हूँ, परन्तु मैं उनकी अधिक सहायता कर सकता हूँ जो मेरे साथ अन्तर्सम्पर्क में रहते हैं। मैं कभी किसी को ठेस पहुँचाना नहीं चाहूँगा। मैं सभी को प्रसन्न करना चाहता हूँ — उनकी गलत इच्छाओं को स्वीकार करके नहीं, बल्कि उन्हें अपनी अच्छी आकांक्षाओं की ओर प्रेरित करके, जिससे कि वे वास्तव में ही ईश्वर की चेतना में रह सकें।

* भगवद्गीता IV:34।

† भगवद्गीता IV:35।

ईश्वर ही एकमात्र गुरु हैं

जो ईश्वर से प्रेम करता है वह एक शिक्षक बनने में कदापि प्रसन्न नहीं हो सकता। वह जानता है कि ईश्वर ही एकमात्र गुरु हैं। मैं आपके चरणों की रज के समान अनुभव करता हूँ। आपमें से प्रत्येक में मैं उस सर्वशक्तिमान परमात्मा को देखता हूँ, इसी अनुभूति के कारण मैं ऐसा कहता हूँ।

मुझे इस धरती से बहुत पहले ही चले जाना था। मैं इस शरीर को दिव्य ज्वाला में विलीन कर देना और मैल को जला देना चाहता हूँ, ताकि यह शरीर, जो अनन्त ईश्वर से पृथक दिखाई देता है, मेरा अंग न रहे। एक दिन मैं चला जाऊँगा, परन्तु जब तक मैं इस पृथ्वी पर हूँ, जो मेरी इच्छाओं के साथ अन्तर्सम्पर्क में हैं और मुझ पर विश्वास करते हैं उन्हें यह बताने में मुझे महानतम प्रसन्नता होगी, कि मैं केवल यह चाहता हूँ कि उनकी रुचि उस प्रकाश में हो जिसने मुझे अवर्णनीय सांत्वना, स्वतंत्रता और आश्वासन दिया है। "सभी ज्योतियों की ज्योति, अंधकार से परे।...वे सभी के हृदयों में विराजमान हैं।"*

उस प्रकाश में मैं उन सबको देखता हूँ जो आए थे और चले गए। मैं समस्त सृष्टि को देखता हूँ, और उन घटनाओं को भी देखता हूँ जो अनेक वर्ष पूर्व घटित हुईं थीं। विश्व का इतिहास उस पार शाश्वत अभिलेखागार (archives) में संरक्षित है। यह एक दूसरा ही आयाम है। यहाँ इस सीमित जगत् में हम लम्बाई, चौड़ाई और मोटाई देखते हैं, परन्तु एक और लोक है जहाँ यह तीन आयाम नहीं हैं, सब पारदर्शी है। प्रत्येक वस्तु केवल चेतना है। स्वाद का भाव चेतना है। सुगंध का भाव चेतना है। हमारी भावनाएँ, हमारे विचार, और हमारा शरीर और कुछ नहीं केवल चेतना हैं। जिस प्रकार हम स्वप्न में देख, सुन, सूंघ, चख और स्पर्श कर सकते हैं, उसी प्रकार उस उच्चत्तर लोक में हम इन सब संवेदनाओं को विशुद्ध चेतना द्वारा अनुभव करते हैं।

इस समय आपसे बातें करते हुए भी मैं यही देख रहा हूँ। मैं इस शरीर में नहीं हूँ; मैं जो कुछ भी विद्यमान है उस सबका एक अंश हूँ। ये सब वस्तुएँ जिन्हें मैं देख रहा हूँ मेरे लिए उतनी ही वास्तविक हैं जितने कि इस कमरे में बैठे हुए आप सब। इस बात का बोध करने के लिए कि ईश्वर सर्वत्र हैं, आपको जाग्रत होना पड़ेगा और आपको यह समझना पड़ेगा कि आप स्वप्न देख रहे हैं। आप सब इस स्वप्न में यहाँ बैठे हैं, और

* भगवद्गीता XIII:17।

इस स्वप्न के एक भाग हैं। अनेक बार मैं इस कमरे को अनन्तता में देखता हूँ, और कई बार अनन्तता को इस कमरे में देखता हूँ। सभी वस्तुओं का जीवन उसी एक शाश्वत स्रोत की देन है।

मैंने रात-दिन प्रार्थना और पुकार की

प्रत्येक वस्तु ईश्वर हैं। यह कमरा और ब्रह्माण्ड एक चलचित्र की भाँति मेरी चेतना के पट पर तैर रहें हैं। जब आप सिनेमाघर में पीछे मुड़कर प्रक्षेपण कक्ष की ओर देखते हैं तो आप केवल प्रकाश पुंज को पाते हैं जो पर्दे पर चित्रों को प्रक्षेपित करता है। उसी प्रकार, यह सृष्टि ईश्वर के प्रकाश से सृजित एक चलचित्र के अतिरिक्त और कुछ नहीं है, जो अविश्वसनीय प्रतीत होता है; परन्तु यह सत्य है। मैं इस कमरे पर दृष्टि डालता हूँ और मैं विशुद्ध ब्रह्म, विशुद्ध प्रकाश एवं विशुद्ध आनन्द के अतिरिक्त और कुछ नहीं देखता। "वे संसार में, सबको व्याप्त करके निवास करते हैं — सब ओर विद्यमान हैं।"* मेरे शरीर का और आप सबके शरीरों के चित्र और इस संसार की सभी वस्तुएँ उस पवित्र ज्योति से प्रवाहित होती हुई मात्र प्रकाश किरणें हैं। जब मैं उस पवित्र ज्योति को देखता हूँ तो मुझे विशुद्ध ब्रह्म के अतिरिक्त कहीं कुछ दिखाई नहीं देता।†

अब यह बहुत सरल प्रतीत होता है, परन्तु जब मैं छोटा बालक था, हर रात मैंने प्रार्थना की, परन्तु कोई उत्तर नहीं आया। एक ओर मैं अज्ञानी मानवता को देखता और दूसरी ओर अनन्तता को, जो मुझसे बात नहीं करती थी। यह बहुत क्रूर अवस्था थी — मैंने सोचा ईश्वर ने मुझे त्याग दिया है, लेकिन उन्होंने मुझे त्यागा नहीं था; वे हर समय मेरे विचारों के पीछे और मेरी भावनाओं के पीछे छिपे हुए थे। जब मैंने अन्तर में प्रकाश देखना आरंभ किया, तो मेरी आत्मा रहस्यमय ढंग से दिव्य सुगंधि से भर जाती थी; मैं पेड़ों की जड़ें और उनमें प्रवाहित होता रस देख सकता था। तब मैंने परमात्मा को अपने निकट अनुभव करना आरंभ किया। दिन-रात, बार-बार मैंने प्रार्थना की और ईश्वर को पुकारा, और जब किसी भी वस्तु का मेरे लिए कोई महत्त्व नहीं रह गया, जब मन से मैंने प्रत्येक वस्तु का त्याग कर दिया — यहाँ तक कि प्रसन्नता का भी,

* भगवद्गीता XIII:13।

† ईश्वर के ऐसे महान् प्रेमियों के विषय में भगवद्गीता VII:19 कहती है : "कई जन्मों के अन्त में, यह अनुभव करके कि 'वासुदेव ही सब कुछ हैं,' ज्ञानी मुझे प्राप्त करता है। ऐसे प्रबुद्ध महात्मा का मिलना अत्यन्त दुर्लभ है।" *(प्रकाशक की टिप्पणी)*

यह सोच कर कि शायद यह भी भौतिक प्रसन्नता हो — तब उन्होंने मुझे दर्शन दिए। अब सदा के लिए वे मेरे साथ हैं। संसार मुझे त्याग सकता है, परन्तु वे मुझे कदापि नहीं त्याग सकते।

मैं नहीं जानता ये सब बातें मैं आपको क्यों बता रहा हूँ, परन्तु मुझे लगता है कि मुझे ऐसा करना चाहिए। मैं उनके बारे में पहले भी कहा करता था, परन्तु जो लोग उदासीन हो जाते थे उनके सामने मैं बोल नहीं पाता था — मेरा मुँह ही नहीं खुलता था। इस बार उन्होंने ही मुझसे कहलवाया, कि आप यह जान जाएँ कि प्रभु के अतिरिक्त जीवन में और कुछ महत्त्वपूर्ण नहीं है। अन्य सबकुछ चला जाएगा। केवल उनके लिए प्रार्थना करें जो चिरस्थायी है।

केवल ईश्वर को जानने के लिए ही प्रार्थना करें

मानवीय प्रेम की लालसा न करें, यह समाप्त हो जाएगा। मानवीय प्रेम के पीछे ईश्वर का आध्यात्मिक प्रेम है। उसे खोजें। घर के लिए या धन के लिए या प्रेम के लिए या मित्रता के लिए प्रार्थना न करें। इस संसार की किसी वस्तु के लिए प्रार्थना न करें। ईश्वर जो कुछ आपको देते हैं केवल उसी में आनंदित रहें। अन्य सब कुछ माया की ओर ले जाता है। मनुष्य पृथ्वी पर केवल ईश्वर को जानना सीखने के लिए आया है, वह किसी और कारण से यहाँ नहीं है। यही ईश्वर का सच्चा संदेश है। जो उन्हें खोजते हैं और उनसे प्रेम करते हैं, उन सबको वे उस महान् जीवन के विषय में बताते हैं जहाँ कोई पीड़ा नहीं है, कोई वृद्धावस्था नहीं है, कोई युद्ध नहीं है, कोई मृत्यु नहीं है — केवल शाश्वत आश्वासन है। उस जीवन में कुछ भी नष्ट नहीं होता। वहाँ केवल वर्णनातीत आनन्द है जो कभी फीका नहीं पड़ता — एक आनन्द जो नित्य-नवीन रहता है।

अतः इस कारण ईश्वर की खोज करना उचित ही है। वे सभी जो सच्चाई से उन्हें खोजते हैं वे उन्हें अवश्य प्राप्त करेंगे। जो ईश्वर को प्रेम करना चाहते हैं और उनके साम्राज्य में प्रवेश करने की लालसा रखते हैं, और जो सच्चे हृदय से उन्हें जानना चाहते हैं, वे उन्हें पा लेंगे। दिन और रात आपके मन में उन्हें पाने की इच्छा निरंतर बढ़ती रहनी चाहिए। वे आपको दिए गए वचन को अनंतता तक निभा कर आपके प्रेम का प्रत्युत्तर देंगे, और आप अंतहीन आनन्द और सुख को जान जाएँगे। सब प्रकाश है, सब आनन्द है, सब शान्ति है, सब प्रेम है। वे ही सब कुछ हैं।

क्या मैंने प्रभु को पा लिया है?

*मई, सन् 1938**

आपके लिए यह मेरे हृदय का संदेश है। इस पर अच्छी तरह से ध्यान दें। इसे पढ़ें और आन्तरिक रूप से आत्मसात कर लें, और उन सत्यों को अभ्यास में लाएँ जिन्हें ईश्वर ने मेरे द्वारा व्यक्त किया है।

सर्वप्रथम स्वयं से पूछें : "क्या मैंने प्रभु को पा लिया है?" यदि आपका उत्तर आपको संतुष्ट न करे, तो सच्चाई से ईश्वर प्राप्त सद्गुरुओं द्वारा सिखाए गए ध्यान का सच्चाई से अभ्यास करने में जुट जाएँ।

युगों से भारत के सन्तों ने मुक्ति की अर्थात् ईश्वर के साथ एकात्मता प्राप्त करने की सार्वभौमिक वैज्ञानिक योग प्रविधियों में दक्षता लाने के लिए परीक्षण किए। आपकी अपनी संतुष्टि के लिए, अपनी आध्यात्मिक खोज में उन विधियों का उपयोग करें, क्योंकि आप एकाग्रता और ध्यान के, ईश्वर तक पहुँचाने वाले एकमात्र नियम, का पालन किए बिना परमात्मा तक नहीं पहुँच सकते। भौतिक वैज्ञानिक, आविष्कार की ओर ले जाने वाले भौतिक नियमों का उपयोग करके, प्रतिदिन प्रकृति से रहस्य एकत्रित कर रहे हैं। उसी प्रकार, आध्यात्मिक नियमों का उपयोग न करने से, मताग्रही धर्म-विज्ञान रुद्ध हो जाता है और ईश्वर के द्वारों को खोलने की शक्ति नहीं रखता।

अन्यमनस्क प्रार्थनाओं और प्रतिज्ञापनों, तथा बिना परखे निर्देशों और विश्वासों से आपको ईश्वर की प्राप्ति नहीं होगी। आत्म-साक्षात्कार की चरणबद्ध योग प्रविधियाँ, एक गुरु (जिसने धर्मशास्त्रों के ज्ञान के वन से परे की यात्रा की है, और ईश्वर को *जानता* है) की सहायता, और योग ध्यान में दैनिक गहन प्रयास आपको दिव्य लक्ष्य

* इस चुने हुए संदेश को परमहंस योगानन्द ने लिखा था। हमने इसको प्रवचनों की शृंखला में इसलिए सम्मिलित किया है क्योंकि यह मानव जाति को उनके सार्वभौमिक संदेश का अति महत्त्वपूर्ण पहलू दर्शाता है : "ऐसा नहीं कि आप जो पढ़ते हैं उससे आपको मुक्ति मिल सकती है, अपितु जो आप पढ़ते हैं उसे कितना व्यवहार में लाते हैं। मोक्ष अभ्यास करने से प्राप्त होता है न कि सिद्धांत से; अनुभूति से प्राप्त होता है न कि अंधविश्वास से।" *(प्रकाशक की टिप्पणी)*

की ओर ले जाएँगे। गीता में स्वयं भगवान् इसका प्रमाण देते हैं : "मानव नेत्रों से तू मुझे नहीं देख सकता। इसलिए मैं तुझे दिव्य दृष्टि प्रदान करता हूँ। मेरे असाधारण योगबल को देख।"*

ईश्वर तक पहुँचने के लिए आपको प्रतिदिन अकेले में कुछ समय केवल उनके लिए ही निकालना पड़ेगा; आपको बहुत सी बाधोंओ, बहुत सी व्यर्थ व्यस्तताओं, बहुत सी इच्छाओं और समय की बहुत सी बर्बादी से अवश्य दूर रहना चाहिए; और आपको ईश्वर-प्राप्त आध्यात्मिक गुरु का अनुसरण करना चाहिए। सच्चे गुरुओं को, जो ईश्वर को जानते हैं, पहचानने के लिए आपको अपनी सामान्य समझ और अन्तर्ज्ञान का प्रयोग करना चाहिए। जिन्होंने ईश्वर की अनुभूति प्राप्त कर ली है, केवल वे ही आपको ईश्वर तक ले जा सकते हैं।

जितना अधिक संभव हो सके रात्रि के समय का, प्रातःकाल का, और कामकाज के दायित्वों के बीच के खाली समय का, अपनी सम्पूर्ण आत्मा से, ईश्वर से आन्तरिक प्रार्थना करने के लिए उपयोग करें : "दर्शन दो! दर्शन दो!" एकान्त ही ईश्वरानुभूति का मूल्य है। जागें! अंधविश्वासों में और समय नष्ट न करें; आत्मानुभूति प्राप्त करने की परखी हुई प्रविधियों का अनुसरण करें, और ईश्वर को जान लें।

* भगवद्गीता XI:8।

जीवन का उद्देश्य ईश्वर को प्राप्त करना है

सेल्फ़-रियलाइज़ेशन फ़ेलोशिप मन्दिर, हॉलीवुड, कैलिफ़ोर्निया, 8 अक्टूबर, 1944

मैं केवल ईश्वर के लिए कार्य कर रहा हूँ। इस धरती पर मेरे लिए कोई भ्रान्ति नहीं है, मैं उन सबकी सच्चाई जान चुका हूँ। आपको भी यह समझना चाहिए कि आप इस पृथ्वी पर केवल अस्थायी रूप से आए हैं, आप यहाँ केवल आवश्यक शिक्षा ग्रहण करने के लिए, और वे सभी जो आपके मार्ग में आएँ उनकी सहायता करने के लिए आए हैं। आप नहीं जानते कि आपको एक विशेष भूमिका में क्यों रखा गया है, इसलिए आपको यह सीखना चाहिए कि ईश्वर आपसे क्या आशा रखते हैं। व्यक्तिगत इच्छाओं को न पालें; आपकी एक मात्र इच्छा ईश्वर की इच्छा का अनुसरण करना और उनके लिए जीना एवं कार्य करने की होनी चाहिए।

आज हम यहाँ हैं, कल हम जा चुके होंगे : एक ब्रह्माण्डीय स्वप्न में मात्र परछाइयाँ। परन्तु इन क्षणभंगुर चित्रों की अवास्तविकता के पीछे परमात्मा की शाश्वत वास्तविकता है। जब तक हम ईश्वर में स्थित नहीं हो जाते, यहाँ संसार में जीवन अव्यवस्थित और निरर्थक ही प्रतीत होता है।

इसीलिए, जैसा कि मैंने प्रायः आपको बताया है, मैं यहाँ पर परमात्मा के सर्वोच्च महत्त्व को प्रमाणित करने के लिए हूँ। क्षणभंगुर संसारी लक्ष्यों और मानवीय आसक्तियों पर मन को एकाग्र न करें। ऐसा उन्माद आपके मन को ईश्वर से और उनमें आपके शाश्वत आत्मतत्त्व से दूर ले जाता है। "वह व्यक्ति जिसने इन्द्रियों के विषयों और कर्मों, दोनों के प्रति आसक्ति को जीत लिया है, और जो सभी अहं-प्रेरित योजनाओं से मुक्त है — उस मनुष्य को आत्मा और परमात्मा के मिलन में दृढ़ता से स्थित कहा जाता है।"*

आप यहाँ ईश्वर की इच्छा से आए थे, परन्तु उन्होंने आपको अपनी इच्छा के अनुसार रहने की स्वतंत्रता दी। अब आपको सर्वशक्तिमान की इच्छा के प्रति आज्ञाकारी बनना सीखना चाहिए। मैं ऐसा ही बनने का प्रयत्न करता हूँ। प्रतिदिन प्रातः मैं उनसे

* भगवद्गीता VI:4।

पूछता हूँ मुझे बताएँ कि वे मुझसे क्या कार्य करवाना चाहते हैं; और मैं देखता हूँ कि वे मेरे हाथों और मस्तिष्क के द्वारा कार्य कर रहे हैं, और प्रत्येक कार्य उसी प्रकार होता है जैसा कि वे चाहते हैं।

इसी शक्ति पर आपको विश्वास करना चाहिए, अर्थात् वह शक्ति जिसके द्वारा आप मार्गदर्शन, प्रसन्नता, बल और स्वतंत्रता प्राप्त कर सकते हैं। यही वह दिव्य शक्ति है जो आपको मोक्ष प्रदान करेगी।

कोई भी अन्य कर्त्तव्य महत्त्वपूर्ण नहीं है यदि वह आपके विचार और इच्छा को ईश्वर के प्रति आपके कर्त्तव्य से दूर ले जाए, अन्य सब कुछ भ्रान्ति है। इस सत्य को समझने के लिए मुझे महान् सन्तों की संगति और ध्यान के द्वारा अपने मस्तिष्क से समस्त सांसारिक मतिभ्रमों को दूर करना पड़ा। मैं इस ज्ञान को आपके हृदय में बैठा देना चाहता हूँ : जब तक आप यह न जान लें कि ईश्वर किसी भी अन्य वस्तु से अधिक महत्त्वपूर्ण हैं, और जब तक आप उन्हें प्रसन्न करने के लिए अपने जीवन को नहीं बिताते, आप आध्यात्मिक रूप से बिल्कुल भी विकसित नहीं हैं।

ईश्वर की उपेक्षा करना समझदारी नहीं है

क्या ईश्वर की इच्छा के अनुसार कार्य करना और उनकी ओर वापस ले जाने में दूसरों की प्रत्यक्ष रूप से सहायता करना सच्ची बुद्धिमत्ता नहीं है? मेरे लिए सबसे बड़ा आनन्द है ईश्वर चिन्तन की आवश्यकता और महत्त्व के विषय में दूसरों को याद दिलाना। यह पृथ्वी परदेश है, हम अपने निजी घर में नहीं हैं। एक क्षण में आपको इस संसार को छोड़ देना पड़ सकता है, और आपको अपनी समस्त व्यस्तताएँ रद्द कर देनी पड़ेंगी। तब किसी अन्य कार्य को प्राथमिकता क्यों देते हैं, जिसके परिणामस्वरूप आपके पास ईश्वर के लिए समय ही नहीं रह जाता? यह समझदारी नहीं है। यह *माया* के कारण है, ब्रह्माण्डीय भ्रम का वह जाल, जिसे हमारे ऊपर डाल दिया गया है ताकि हम स्वयं को सांसारिक रुचियों में उलझा दें और ईश्वर को भूल जाएँ।

जीसस ने कहा था : "यदि आपकी दाहिनी आँख आपका उल्लंघन करती है, तो उसे निकाल दो, और अपने से दूर फेंक दो : क्योंकि यह आपके लिए लाभदायक होगा कि आपका केवल एक ही अंग नष्ट हो, न कि आपके पूरे शरीर को नरक में फेंका जाए।"*

* *मत्ती* 5:29 (बाइबिल)।

वे सांकेतिक रूप से बोल रहे थे, न कि शाब्दिक रूप से; केवल जब मन गलत इच्छाओं में फंस चुका होता है तभी कोई इन्द्रिय मनुष्य के अन्दर दिव्य आत्म प्रतिबिम्ब का उल्लंघन कर सकती है। क्राइस्ट के कहने का अभिप्राय था कि जब तक गलत इच्छाएँ इन्द्रियों का गलत संचालन करती हैं, हम ईश्वर को भूले रहेंगे, जिनमें हमारी वास्तविक प्रसन्नता निहित है। इसलिए उन्होंने कहा, इन्द्रियों का दुरुपयोग करने की अपेक्षा, उन्हें अपंग बना देना अधिक अच्छा है। क्राइस्ट ने नाटकीय ढंग से यह बताया कि जीवन में किसी भी वस्तु का कोई लाभ नहीं है, यहाँ तक कि शरीर का भी, यदि हम ईश्वर के प्रति अज्ञानता में रहते हैं। ईश्वर को जाने बिना, जीवन एक "नरक" — अर्थात् परेशानियों वाला बर्रे का छत्ता बन जाता है। इस संसार में कोई सुरक्षा नहीं है; कोई नहीं जानता कि किस दिशा से संकट आक्रमण कर दे।

एक कैंसर से पीड़ित व्यक्ति अस्पताल में पड़ा है। "ठीक है," आप कहते हैं, "वह मैं नहीं हूँ! वह कोई और व्यक्ति है।" परन्तु मैंने मानसिक रूप से उन शरीरों में स्वयं को रखा है और मैं जानता हूँ कि वे लोग कितनी निराशा अनुभव करते हैं। जब आप स्वस्थ और सशक्त हैं, तब अपना समय मूर्खता से न बिताएँ। ईश्वर सब समझते हैं, वे जानते हैं कि उन्होंने ही हमें इस भयानक स्थान पर भेजा है। हमारी पीड़ाओं के लिए वे अपने हृदय में दुःखी होते हैं। माया के दलदल में हमें औंधे मुँह पड़े देखने से अधिक उन्हें और कुछ भी कष्ट नहीं पहुँचाता। वे चाहते हैं कि हम घर वापस आ जाएँ। और जो उन्हें जानने के लिए प्रयास करते हैं, उन्हें वे उत्तर देते हैं : "मात्र अनुकम्पा से, मैं, दिव्य अन्तर्वासी, उनमें ज्ञान का उज्ज्वल दीपक जलाता हूँ जो अज्ञान से उत्पन्न अँधकार को निकाल देता है।"*

उस प्रत्येक व्यक्ति के लिए, जो ईश्वर की ओर वापस जाता है, देवता एक महान् उत्सव मनाते हैं, वे वास्तव में प्रकट हो जाते हैं और महान् आनन्द में वापस आने वाली उस आत्मा का स्वागत करते हैं।

यदि आप अपने चारों ओर सांसारिक इच्छाओं का जाल बुन लेते हैं तो घर वापस जाने का कोई रास्ता नहीं है। दिव्य लीला में जो भूमिका आपके लिए बनाई गई है, केवल उसका अभिनय करने के लिए आप समय के मंच पर आए हैं, परन्तु आपकी भूमिका का परम आवश्यक अंग यह है कि आप प्रभु का चिन्तन करें और उनकी इच्छा के अनुसार कार्य करें, इसके अतिरिक्त और कुछ नहीं। वह प्रत्येक विचार, वह प्रत्येक

* भगवद्गीता X:11।

कार्य जो प्रभु को प्रथम स्थान नहीं देता माया से भ्रमित है। हिन्दू धर्मशास्त्र कहते हैं : "जैसे ही आप ईश्वर के प्रति इच्छा का अनुभव करें, तुरन्त अपने जीवन को बदल दें और उनमें निमग्न हो जाएँ।"

प्रत्येक आत्मा को अपनी वापसी का मार्ग अकेले ही खोजना है। कोई और नहीं, बल्कि स्वयं आप ही अपनी गलतियों और आदतों के लिए उत्तरदायी हैं। एक बार आपने अपनी आत्मा में अपने स्वरूप को खोज लिया, तो आप मुक्त हैं। परन्तु जब तक आप मुक्त नहीं हैं, तब तक खतरा है; आपको पृथ्वी पर वापस आना होगा और समस्त बची हुई अपूर्ण इच्छाओं को भोगना होगा।* आपका शरीर नश्वर है, लेकिन आत्मा शरीर के बाद भी जीवित रहती है। यदि एक अच्छी कैडिलाक (cadillac) कार को पाने की इच्छा के साथ आपकी मृत्यु हो जाती है, तो आपको इसके लिए यहाँ वापस आना पड़ेगा; आप इसे स्वर्ग में, जहाँ कारों का उपयोग नहीं किया जाता, प्राप्त नहीं कर सकेंगे।

यद्यपि इच्छोंओ की शक्ति बलशाली है, दिव्य इच्छाशक्ति की समर्थता और भी अधिक बलशाली है। वह इच्छाशक्ति आपमें है और आपके द्वारा कार्य भी करेगी, यदि आप उसे अनुमति दें और आपके चारों ओर पुनर्जन्मों के जालों को बुनने वाली सांसारिक प्रेरणाओं को रोक दें।

जब आप युवा और बलशाली हैं, ईश्वर की खोज करें, क्योंकि वृद्धावस्था और बीमारी में शायद आप उन्हें न खोज पाएँ। अधिकाँश लोग जब तक जीवन के वास्तविक अर्थ को समझना आरम्भ करते हैं, शरीर कमज़ोर पड़ जाता है, उन्हें अपना समय वास्तविकता की खोज में लगाने की अपेक्षा कमज़ोर शारीरिक मशीन की देखभाल करने में लगाना पड़ता है।

जीवन का एकमात्र उद्देश्य ईश्वर की खोज करना है। यदि आप विवाहित हैं तो आपको और आपके साथी को एक साथ मिलकर ईश्वर की खोज करनी चाहिए। परन्तु यदि आप अविवाहित हैं, तो तुरंत क्राइस्ट के आदेश का पालन करें, "सर्वप्रथम ईश्वर के साम्राज्य की खोज करो।" जब आप उन्हें जान जाएँगे तो वे आपको बताएँगे कि आपको क्या करना चाहिए। अन्यथा, आप नहीं जानते कि विवाह में आपके लिए कैसा भाग्य प्रतीक्षा कर रहा है। दुःखद कहानियाँ जो मेरे कानों तक पहुँचती हैं, वे कल्पनातीत हैं!

* इच्छाओं की पूर्ति भौतिक भोग द्वारा अथवा, व्यक्ति के आध्यात्मिक विकास के द्वारा, विवेक की मानसिक प्रक्रिया या गहन ध्यान की आध्यात्मिक प्रक्रिया द्वारा की जा सकती है।

मानवीय परस्पर विरोध की भयानक कहानियाँ ! लोगों को युवावस्था में ही यह सिखाया जाना चाहिए कि वे भावनाओं को किस प्रकार नियंत्रित करें। मैं नहीं समझता कि किसी भी व्यक्ति को अपने आवेगों को नियंत्रित करना सीखने से पहले विवाह करना चाहिए। जब तक कोई भावनात्मक रूप से स्थिर न हो, वह एक परिवार चलाने के योग्य नहीं है। सबसे बड़ी बात है आत्म-नियंत्रण का होना, तब, यदि आप विवाह करना चाहते हैं तो उचित व्यक्ति आपके जीवन में चुम्बक की तरह खिंचा चला आएगा।

अज्ञानता शरीर में एक महा-विष की भाँति है। इसी के कारण हम अपने वास्तविक स्वरूप को अनुभव नहीं कर पाते, जो ईश्वर के प्रतिबिम्ब में बना है। सर्वप्रथम, अनवरत प्रार्थना के द्वारा यह जानें कि ईश्वर आपसे क्या करवाना चाहते हैं। उनकी इच्छा का पालन करने से बढ़ कर और कुछ नहीं है। ये आपकी इच्छाएँ ही आपको दास बना देती हैं, और आपको सोचने पर विवश कर देती हैं, "मुझे यह वस्तु चाहिए" अथवा "मुझे वह वस्तु चाहिए।" वह कार्य मत करें जिसका आदेश आपका शत्रु अहं देता है, बल्कि परमपिता की इच्छा के अनुसार जो आपके एकमात्र मित्र हैं कार्य करना सीखें।

जब तक अज्ञानता रहती है, आप नहीं कह सकते हैं कि दुःखमय जीवन के कितने और पुनर्जन्म आगे होंगे। ध्यान के द्वारा अज्ञान को समाप्त करें। जितना अधिक देर तक आप ध्यान करेंगे, उतना ही अधिक आप उन हानिकारक मानसिक रोगाणुओं को पूर्णरूप से "नष्ट" कर पाएँगे जो आपको युगों से प्रभावित कर रहे हैं। उदाहरण के लिए, कुछ लोग क्रोध के अभ्यस्त होते हैं; वे नहीं जानते कि वे क्रोध की आदत को कई जन्मों से विकसित करते आ रहे हैं। अन्य लोग, कई जन्मों से बुरी आदतों के परिणामस्वरूप काम-वासना के दास होते हैं। अभी से बुरी आदतों से छुटकारा पाने के लिए संघर्ष करना सबसे अच्छा है। "वह जो विजयी होगा उसे मैं अपने प्रभु के मन्दिर में एक स्तम्भ बना दूँगा, और फिर उसे दोबारा बाहर नहीं जाना पड़ेगा (पुनर्जन्म नहीं होगा)।"*

मेरे साथ प्रतिदिन ईश्वर से कहें : "मैं आपके लिए कार्य कर रहा हूँ। आप जब भी मुझे ले जाना चाहें, मैं तैयार हूँ। मैं अधिकाधिक कार्य स्वयं पर लेता ही रहता हूँ, परन्तु मैं कभी बोझ का अनुभव नहीं करता, क्योंकि मैं प्रत्येक कार्य ईश्वर के लिए करता हूँ। मैं उनसे प्रेम करता हूँ। ईश्वर के प्रति इस समर्पण ने मेरी अज्ञानता के *कर्म*

* *प्रकाशित वाक्य* 3:12 (बाइबिल)।

को नष्ट कर दिया है। जब तक एक भी भाई राह में विलाप करता हुआ मिलेगा, उसके आँसुओं को पोंछने के लिए मैं इस संसार में बार-बार आऊँगा। स्वर्ग के आशीर्वादों का आनन्द लेते हुए मैं कैसे सन्तुष्ट हो सकता हूँ जबकि दूसरे लोग कष्ट भोग रहे हों?

दिव्य प्रेम लीला

अपने जीवन को सुधारें। प्रत्येक रात्रि को ईश्वर के साथ सम्पर्क करें, उनसे वार्तालाप करें; सच्चे हृदय से उनसे प्रार्थना करें। अनमने मन से की गई प्रार्थना के दिखावे को छोड़ दें। कहें, "प्रभो, मैं जानता हूँ कि आप यहाँ हैं। आपको मुझसे बात करनी ही होगी! शून्य गुफा से बाहर आएँ।" यह प्रार्थना उस भजन में व्यक्त होती है, जिसे मैंने जगन्माता के लिए लिखा था, जब मैंने पाम स्प्रिंगस (Palm Springs) के निकट मरुस्थल का भ्रमण किया था।

माँ, तुझे दी मैंने आत्मा की पुकार!
तुम अब छिप ना सकोगी और।
आओ मौन गगन से तुम,
आओ शैल घाटी से तुम,
आओ गुप्त आत्मा से मेरी,
आओ शून्य गुफा से मेरी।

ज्योंही मैंने भजन समाप्त किया त्योंही मैंने एक अद्भुत रूप देखा, जगन्माता! आकाश से प्रकट हो गईं। मेरी आत्मा की पुकार के उत्तर में सब जगह, प्रत्येक वस्तु में मैंने जगन्माता को देखा। मैंने उनसे प्रार्थना की और उनकी पूजा की। उन्होंने मुझे आशीर्वाद दिया और मुझसे बातें कीं।

अनन्त परमेश्वर के साथ प्रेमलीला ही सर्वोच्च है। आपको कल्पना भी नहीं है कि जीवन कितना सुन्दर हो सकता है। "ऐन्द्रिय जगत् से अनाकर्षित रहकर, योगी आत्मा में निहित, नित्य-नवीन आनन्द का अनुभव करता है। आत्मा और परमात्मा के दिव्य मिलन में लीन होकर, वह अविनाशी आनन्द को प्राप्त करता है" (भगवद्गीता X:11)। जब आप अचानक ईश्वर को सर्वत्र पाते हैं, जब वे आपको दर्शन देते हैं और आपसे बातें करते हैं और आपका मार्गदर्शन करते हैं, तब दिव्य प्रेम की प्रेमलीला शुरु हो जाती है।

प्रभु! प्रभु! प्रभु!

नींद की गहराइयों से,
जागृति की सर्पिल सीढ़ियाँ जब चढ़ूँ,
मंद स्वर में मैं गाऊँ :
प्रभु! प्रभु! प्रभु!

तू है भोजन, और करूँ जब उपवास-भंजन,
तुझसे रात भर के वियोग का,
तुझे चखूँ और मन-ही-मन जपूँ :
प्रभु! प्रभु! प्रभु!

जाऊँ चाहे जिधर, मेरे मन की लौ,
सदा रहे उन्मुख तेरी ओर,
और कर्म-क्षेत्र के संग्राम-कोलाहल में, मेरा मौन रण-घोष सदा यही रहे :
प्रभु! प्रभु! प्रभु!

जब कष्टों के प्रचण्ड तूफ़ान करें शोर,
और चिंताएँ करें चीत्कार बहु जोर,
उस कोलाहल से पाऊँ त्राण, कर ऊँचे स्वर में यह गान :
प्रभु! प्रभु! प्रभु!

मन मेरा जब बुने सपने,
लेकर स्मृतियों के ताने-बाने,
उस जादुई चादर पर काढ़ूँ मैं :
प्रभु! प्रभु! प्रभु!

हर रात, गहरी नींद की वेला में,
मेरी शांति पुकारे सपने में : आनंद! आनंद! आनंद!
और आनंद मेरा आए, सदा यही गाये :
प्रभु! प्रभु! प्रभु!

जागते, खाते, करते काम, स्वप्न, निद्रा,
सेवा या ध्यान, दिव्य प्रेम या कीर्तन गान,
आत्मा मेरी अविरल गुनगुनाए, जिसे कोई न सुन पाए :
प्रभु! प्रभु! प्रभु!

परमहंस योगानन्द :
जीवन में भी योगी और मृत्यु में भी योगी

श्री श्री परमहंस योगानन्द ने लॉस एंजिलिस, कैलिफ़ोर्निया (अमेरिका) में 7 मार्च, 1952 को, भारतीय राजदूत महामहिम श्री बिनय रंजन सेन के सम्मान में आयोजित भोज के अवसर पर अपना भाषण समाप्त करने के उपरान्त महासमाधि (एक योगी का शरीर से सचेत रूप से अन्तिम प्रस्थान) में प्रवेश किया।

महान् जगद्‌गुरु ने योग (ईश्वर-साक्षात्कार की वैज्ञानिक प्रविधियाँ) के महत्त्व को जीवन में ही नहीं अपितु मृत्यु में भी प्रदर्शित किया। उनके ब्रह्मलीन होने के कई सप्ताह पश्चात् भी उनका अपरिवर्तित मुखमण्डल अक्षयता की दिव्य कान्ति से चमक रहा था।

फॉरेस्ट लॉन मेमोरियल-पार्क, लॉस एंजिलिस शवागार (जिसमें महान् गुरु का पार्थिव शरीर अस्थायी रूप से रखा गया है) के निर्देशक, श्री हैरी टी. रोवे, ने सेल्फ़-रियलाइज़ेशन फ़ेलोशिप को एक प्रमाणित पत्र भेजा था, जिसके कुछ अंश इस प्रकार हैं :

"परमहंस योगानन्दजी के पार्थिव शरीर में किसी भी प्रकार के विकार के लक्षणों का दिखाई न पड़ना हमारे अनुभव में एक अत्यन्त असाधारण घटना है।...उनके देह-त्याग के बीस दिन बाद भी उनके शरीर में किसी प्रकार का शारीरिक क्षय दिखाई नहीं पड़ा।...न तो उनकी त्वचा पर फफूंदी का कोई संकेत दिखाई पड़ा और न ही शरीर ऊतकों में शुष्कता आई। किसी शरीर की ऐसी पूर्ण संरक्षण की अवस्था, जहाँ तक हम शवागार के इतिहास से जानते हैं, अद्वितीय है।...श्री योगानन्दजी के पार्थिव शरीर को स्वीकार करते समय, शवागार के कर्मचारियों को यह आशा थी कि शवपेटिका के काँच के ढक्कन से शारीरिक क्षय के साधारण वर्धमान चिह्न दिखाई पड़ेंगें। हमारा आश्चर्य बढ़ता ही गया, जब निरीक्षण में रखे उनके शरीर में, दिन पर दिन बीतने पर भी, कोई परिवर्तन दिखाई नहीं पड़ा। प्रत्यक्ष रूप में श्री योगानन्दजी का पार्थिव शरीर निर्विकारिता की चमत्कारिक अवस्था में था।...

"किसी भी समय उनके शरीर से विघटन की गंध नहीं निकली।...27 मार्च, को शवपेटिका पर कॉसे के ढक्कन को बन्द करने से पहले योगानन्दजी का शारीरिक रंगरूप ठीक वैसा ही था जैसा 7 मार्च को। 27 मार्च को भी वे उतने ही ताज़ा और क्षयरहित प्रतीत हो रहे थे जितने देहावसान की रात्रि के समय थे। 27 मार्च को ऐसा कहने का कोई कारण नहीं था कि उनके शरीर में किसी भी प्रकार का तनिक भी शारीरिक क्षय दृष्टिगोचर हुआ हो। इन कारणों से हम एक बार पुनः कहते हैं कि परमहंस योगानन्दजी का उदाहरण हमारे अनुभव में अपूर्व है।"

परमहंस योगानन्द और लाहिड़ी महाशय के सम्मान में जारी किए गए डाक टिकट और सिक्के

भारत सरकार ने दो अवसरों पर श्री श्री परमहंस योगानन्द के जीवन एवं कार्य के सम्मान में विशेष स्मारक डाक टिकट जारी किए : *(बाएँ)* सन् 1977 में, उनके 25वें *महासमाधि* दिवस के अवसर पर; तथा *(दाएँ)* सन् 2017 में, उनके द्वारा योगदा सत्संग सोसाइटी ऑफ़ इण्डिया की स्थापना के सौ वर्ष पूर्ण होने के अवसर पर।

सन् 2019 में, भारत सरकार ने, श्री श्री परमहंस योगानन्द की 125वीं जयंती के सम्मान में ₹125 का एक सिक्का जारी करते हुए उनके प्रति अपनी श्रद्धांजलि व्यक्त की। सिक्के के साथ जारी किए गए पत्रक के एक अंश में भारत सरकार ने कहा था : "श्री श्री परमहंस योगानन्द की गैर-सांप्रदायिक और वैज्ञानिक शिक्षाएँ सार्वजनिक रूप से सभी धर्मों और जीवन के सभी क्षेत्रों के व्यक्तियों को आकर्षित करती हैं।"

सन् 2020 में, भारत सरकार ने *क्रियायोग* के अग्रदूत, लाहिड़ी महाशय के 125वें *महासमाधि* दिवस के सम्मान में भी ₹125 का एक स्मारक सिक्का जारी किया था।

परमहंस योगानन्दजी की क्रियायोग शिक्षाओं के विषय में अधिक जानकारियाँ

योगदा सत्संग सोसाइटी ऑफ़ इण्डिया सभी सत्यान्वेषियों की सहायतार्थ कृतसंकल्प है। प्रवचनों एवं कक्षाओं, तथा हमारे ध्यान मन्दिरों में आयोजित किए जाने वाले ध्यान-सत्रों एवं आध्यात्मिक कार्यक्रमों, तथा रिट्रीट कार्यक्रमों के ब्यौरों एवं हमारी निःशुल्क चिकित्सा, शैक्षणिक, आपात सेवाओं तथा अन्य धर्मार्थ गतिविधियों की अधिक जानकारी के लिए कृपया हमारी वेबसाइट देखें अथवा हमारे शाखा मठ से सम्पर्क करें :

www.yssofindia.org

योगदा सत्संग सोसाइटी ऑफ़ इण्डिया

परमहंस योगानन्द पथ
राँची 834001, झारखण्ड
फ़ोन : (0651) 6655 555

योगदा सत्संग आत्म-साक्षात्कार पाठमाला

ध्यान योग की प्रविधियों तथा आध्यात्मिक जीवन के सिद्धान्तों के विषय में परमहंस योगानन्द का व्यक्तिगत मार्गदर्शन एवं निर्देश

यदि आप *मानव की निरन्तर खोज*, में वर्णित आध्यात्मिक सत्य के प्रति आकर्षण का अनुभव करते हैं तो हम आपको *योगदा सत्संग पाठमाला* के लिए पंजीकरण करने के लिए आमंत्रित करते हैं।

इस पुस्तक में जिन योग ध्यान की प्राचीन प्रविधियों — जिसमें *क्रियायोग* विज्ञान भी सम्मिलित है — का परिचय दिया गया है, सच्चे साधकों के लिए उन्हें सीखने और उनका अभ्यास करने का अवसर प्रदान करने के उद्देश्य से परमहंस योगानन्द ने यह गृह-अध्ययन शृंखला प्रारम्भ की थी। *पाठमाला* में सन्तुलित भौतिक, मानसिक, एवं आध्यात्मिक कल्याण की प्राप्ति हेतु व्यावहारिक मार्गदर्शन का भी समावेश है।

योगदा सत्संग पाठमाला अत्यंत कम शुल्क पर उपलब्ध है, जो केवल मुद्रण और डाक व्यय की पूर्ति हेतु लिया जाता है। सभी अनुयायियों को उनकी साधना के अभ्यास में सहायता प्रदान करने के लिए योगदा सत्संग सोसाइटी ऑफ़ इण्डिया के संन्यासियों द्वारा निःशुल्क व्यक्तिगत मार्गदर्शन प्रदान किया जाता है।

अधिक जानकारी के लिए...

पाठमाला से संबंधित निम्नलिखित निःशुल्क विस्तृत परिचयात्मक सामग्री प्रेषित करने के अनुरोध के लिए कृपया www.ysslessons.org पर जाएँ :

- *"योगदा सत्संग आत्म-साक्षात्कार पाठमाला — एक अवलोकन : परमहंस योगानन्द की गृह-अध्ययन शृंखला से संबंधित जानकारी"*
- *परमहंस योगानन्द प्रदत्त "आत्म-साक्षात्कार द्वारा सर्वोच्च उपलब्धियाँ" — योगदा सत्संग पाठमाला में प्रस्तुत शिक्षाओं का एक विस्तृत परिचय*

योगदा सत्संग सोसाइटी ऑफ़ इण्डिया

परमहंस योगानन्द पथ

राँची 834001, झारखण्ड

फ़ोन : (0651) 6655 555

www.yssofindia.org

लेखक के विषय में

"ईश्वर-प्रेम तथा मानव-सेवा के आदर्श ने परमहंस योगानन्द के जीवन में सम्पूर्ण अभिव्यक्ति पाई...। यद्यपि उनके जीवन का अधिकतर भाग भारत के बाहर व्यतीत हुआ, तब भी उनका स्थान हमारे महान् सन्तों में है। सर्वत्र परमात्मा प्राप्ति के मार्ग पर लोगों को आकर्षित करता हुआ, उनका कार्य निरन्तर वृद्धिगत एवं अधिकाधिक दीप्तिमान हो रहा है।"

इन शब्दों में, भारत सरकार ने योगदा सत्संग सोसाइटी ऑफ़ इण्डिया/सेल्फ़-रियलाइज़ेशन फ़ेलोशिप के संस्थापक, श्री श्री परमहंस योगानन्द को उनकी महासमाधि की पचीसवीं वर्षगाँठ के उपलक्ष्य में, 7 मार्च, 1977, को उनके सम्मान में एक स्मृति टिकट जारी करते हुए अपनी श्रद्धांजलि अर्पित की।

जगद्गुरु श्री श्री परमहंस योगानन्द, जिनकी इस जगत् में उपस्थिति ने अगणित लोगों के लिए ईश्वर-साक्षात्कार का मार्ग प्रशस्त कर दिया, ने उच्चतम सत्यों को ही अपना जीवन बनाया और उन्हीं की शिक्षा दी। परमहंस योगानन्दजी का जन्म सन् 1893 में, गोरखपुर में, हुआ था। सन् 1920 में, उन्हें उनके गुरु ने अमेरिका में हो रहे उदारवादियों के विश्व धर्म सम्मेलन में भारत के प्रतिनिधि के रूप में भेजा। सम्मेलन के पश्चात् बोस्टन, न्यूयॉर्क, फ़िलेडेल्फ़िया में दिए गए उनके व्याख्यानों का अत्यन्त उत्साह के साथ भव्य स्वागत हुआ, और सन् 1924 में उन्होंने सम्पूर्ण अमेरिका में भ्रमण करते हुए व्याख्यान दिए।

अगले दशक में परमहंसजी ने व्यापक यात्राएँ कीं जिनमें उन्होंने अपने व्याख्यानों और कक्षाओं के दौरान सहस्रों नर-नारियों को ध्यान के यौगिक विज्ञान एवं सन्तुलित आध्यात्मिक जीवन की शिक्षा प्रदान की।

परमहंस योगानन्दजी द्वारा प्रारम्भ किया गया आध्यात्मिक एवं मानवतावादी कार्य वर्तमान में, योगदा सत्संग सोसाइटी ऑफ़ इण्डिया/सेल्फ़-रियलाइज़ेशन फ़ेलोशिप के अध्यक्ष, श्री श्री स्वामी चिदानन्द गिरि के मार्गदर्शन में चल रहा है। परमहंस योगानन्दजी की रचनाएँ, उनके व्याख्यानों, अनौपचारिक भाषण इत्यादि का प्रकाशन

करने के साथ-साथ (जिसमें व्यक्तिगत अध्ययन के लिए *योगदा सत्संग पाठमाला** भी सम्मिलित है), यह सोसाइटी योगदा सत्संग/सेल्फ़-रियलाइज़ेशन मन्दिरों, आश्रमों एवं ध्यान केन्द्रों की देखभाल करती है जो सारे विश्व में फैले हुए हैं। इसके अतिरिक्त यह संन्यास प्रशिक्षण कार्यक्रम एवं विश्व प्रार्थना मण्डल का भी संचालन करती है जो आवश्यकताग्रस्तों की दैवी सहायता तथा सारे विश्व के लिए सामंजस्य एवं शान्ति के माध्यम का कार्य करती है।

क्विंसी हौवे, जूनियर, पीएच.डी., पुरातत्व भाषाओं के प्रोफेसर, स्क्रिप्स कॉलेज, ने श्री योगानन्दजी के जीवन और कार्यों पर अपने एक लेख में लिखा है : "परमहंस योगानन्दजी पश्चिम में केवल भारत का ईश्वर-साक्षात्कार का चिरन्तन आश्वासन ही नहीं लाए, अपितु एक व्यावहारिक पद्धति भी लाए जिसका अनुसरण करके जीवन के सभी क्षेत्रों में कार्यरत आध्यात्मिक अभिलाषी उस लक्ष्य की ओर तेजी से अग्रसर हो सकते हैं। भारत की यह आध्यात्मिक विरासत जो पश्चिम में पहले अति गूढ़ एवं जटिल समझी जाती थी, अब उन सबकी पहुँच में अभ्यास एवं अनुभूति के रूप में आ गई है जो ईश्वर को जानने की अभिलाषा रखते हैं, परलोक में नहीं, अपितु यहाँ और अभी।...श्री योगानन्द ने ध्यान की उच्चतम प्रविधियों को सबकी पहुँच के अन्दर लाकर रख दिया है।"

परमहंस योगानन्द के जीवन एवं उनकी शिक्षाओं का वर्णन उनकी आत्मकथा योगी कथामृत में उपलब्ध है। परमहंस योगानन्द के जीवन और कार्य पर आधारित पुरस्कृत वृत्तचित *Awake: The Life of Yogananda,* को अक्टूबर 2014 में रिलीज़ किया गया।

* *योगदा सत्संग पाठमाला* से सम्बधित अधिक जानकारी के लिए कृपया पृष्ठ संख्या 527 देखें।

उद्देश्य और आदर्श

योगदा सत्संग सोसाइटी ऑफ़ इण्डिया

श्री श्री परमहंस योगानन्द, गुरुदेव एवं संस्थापक द्वारा निर्धारित

श्री श्री स्वामी चिदानन्द गिरि, अध्यक्ष

ईश्वर की प्रत्यक्ष व्यक्तिगत अनुभूति प्राप्त करने की शिक्षा के लिए सुनिश्चित वैज्ञानिक प्रविधियों के ज्ञान का विभिन्न राष्ट्रों में प्रचार करना।

यह शिक्षा देना कि स्वयं-प्रयास के द्वारा, मनुष्य के अनित्य चैतन्य को ईश-चैतन्य में विकसित करना, जीवन का उद्देश्य है; और इस ध्येय की उपलब्धि के लिए योगदा सत्संग मन्दिरों की, ईश-सम्पर्क के लिए स्थापना करना तथा मनुष्य जाति के घरों और हृदयों में ईश्वर के व्यक्तिगत मन्दिरों की स्थापना हेतु प्रोत्साहित करना।

भगवान् श्रीकृष्ण द्वारा उपदिष्ट मूल योग और ईसा मसीह द्वारा उपदिष्ट मूल ईसाई धर्म में मूलभूत एकता और पूर्ण सामंजस्य पर प्रकाश डालना; और यह दर्शाना कि सत्य के ये सिद्धान्त सभी सच्चे धर्मों के सामान्य वैज्ञानिक आधार हैं।

एक ही दिव्य राजमार्ग को इंगित करना, जिसकी ओर सच्चे धर्मों के सारे पथ अन्ततः पहुँचाते हैं। वह राजमार्ग ईश्वर का दैनिक, वैज्ञानिक, भक्तिमय ध्यान करना है।

मनुष्य को तीन प्रकार के कष्टों शारीरिक रोग, मानसिक अशान्ति और आध्यात्मिक अज्ञान — से मुक्त करना।

"सादा जीवन और उच्च विचार" को प्रोत्साहित करना, तथा मानव-जाति के मध्य उनकी एकता के शाश्वत आधार — ईश्वर से संबंध — की शिक्षा देकर बन्धुत्व की भावना का प्रचार करना।

शरीर पर मन और मन पर आत्मा की वरिष्ठता प्रतिपादित करना।

बुराई पर भलाई से, दुःख पर आनन्द से, क्रूरता पर दया से और अज्ञान पर ज्ञान से विजय पाना।

विज्ञान और धर्म में उनके मूलभूत सिद्धान्तों की एकता के प्रत्यक्ष निरूपण द्वारा सामंजस्य स्थापित करना।

पूर्व और पश्चिम के मध्य आध्यात्मिक समझ का विकास करना और उनके सर्वोत्तम विशिष्ट पहलुओं के आदान-प्रदान का समर्थन करना।

अपनी ही बृहद् आत्मा (परमात्मा) के रूप में मानव-जाति की सेवा करना।

योगदा सत्संग सोसाइटी ऑफ़ इण्डिया द्वारा प्रकाशित...

योगी कथामृत

द्वारा श्री श्री परमहंस योगानन्द

यह लोकप्रिय आत्मकथा हमारे युग की एक महान् आध्यात्मिक विभूति की अत्यन्त चित्ताकर्षक छवि प्रस्तुत करती है। मनमोहक सुस्पष्टता, वाक्पटुता और हास्यरस युक्त भाषा कौशल से श्री श्री परमहंस योगानन्द ने अपने जीवन के इस प्रेरणाप्रद वृत्तान्त का वर्णन किया है — उनके विलक्षण बचपन के अनुभव, किसी ब्रह्मज्ञानी गुरु की उत्साही खोज में सारे भारत-भर के अनेक सन्तों एवं ज्ञानियों से उनकी भेंटें, अपने योगगुरु के आश्रम में दस वर्षों का प्रशिक्षण, और वे तीस वर्ष जो उन्होंने अमेरिका में अपनी शिक्षाओं का प्रचार करते हुए बिताए। इसमें महात्मा गांधी, रवीन्द्रनाथ टैगोर, लूथर बरबैंक, कैथोलिक सन्त थेरेसे नॉयमन और अनेक विख्यात पौर्वात्य तथा पाश्चात्य आध्यात्मिक विभूतियों से उनकी भेंटों का भी वर्णन है।

योगी कथामृत एक असाधारण जीवन का अत्यन्त सुन्दर ढंग से लिखा गया वर्णन भी है और साथ ही योग के प्राचीन विज्ञान और उसकी ध्यान की चिरप्रचलित परम्परा का गहन परिचय भी है। इसमें लेखक महोदय दिन-प्रति-दिन की मानव जीवन की साधारण घटनाओं एवं साधारणतया चमत्कार कही जाने वाली असाधारण घटनाओं के पीछे कार्यरत सूक्ष्म किन्तु सुनिश्चित नियमों को स्पष्ट रूप से बताते हैं। इस प्रकार उनकी मंत्रमुग्ध कर देने वाली जीवन-गाथा मानव अस्तित्व के अन्तिम रहस्यों का अन्तर्वेधी एवं अविस्मरणीय झलक प्रदान करने के लिए पृष्ठभूमि बन जाती है।

आधुनिक काल का आध्यात्मिक गौरव-ग्रन्थ मानी जाने वाली यह पुस्तक पचास से भी अधिक भाषाओं में अनुवादित हो चुकी है तथा अब विश्व-भर में कई महाविद्यालयों और विश्वविद्यालयों में पाठ्य-पुस्तक तथा सन्दर्भ-ग्रन्थ के रूप में प्रयोग में लाई जा रही है। सन् 1946 में, जब यह प्रथम बार अंग्रेज़ी में प्रकाशित हुई थी, तब से अब

तक लोकप्रियता के शिखर पर आसीन *योगी कथामृत* ने विश्व-भर में लाखों लोगों के हृदयों में अपना स्थान बना लिया है।

"इस महात्मा की आत्मकथा का पठन मंत्रमुग्ध कर देता है।"

— द टाइम्स ऑफ़ इण्डिया

"एक अनुपम अद्वितीय वृत्तान्त।" *— द न्यूयॉर्क टाइम्स*

"सुस्पष्ट टिप्पणियों सहित दिया गया मनमोहक चिन्तन।" *— न्यूज़वीक*

"योग की इस प्रस्तुति के समान अंग्रेज़ी या किसी भी अन्य यूरोपीय भाषा में इससे पूर्व कुछ भी कभी लिखा नहीं गया।" *— कोलम्बिया युनिवर्सिटी प्रेस*

Books by Sri Sri Paramahansa Yogananda

- योगी कथामृत
- आत्म-साक्षात्कार की यात्रा
- परमहंस योगानन्द के वचनामृत
- ईश्वर से वार्तालाप की विधि
- धर्म विज्ञान
- भयमुक्त जीवन
- दृढ़ इच्छाशक्ति का विकास
- दिव्य प्रेम-लीला
- जहाँ है प्रकाश
- सफलता का नियम
- जीने की कला
- मानसिक अशान्ति — कारण एवं निवारण
- जीवन में विजयी होना
- आरोग्यकारी वैज्ञानिक प्रतिज्ञापन
- आदत — आपकी नियंता अथवा आपकी दास?
- योगी कथामृत (विस्तृत MP3 ऑडियोबुक, www.yssbooks.org से नि:शुल्क डाउनलोड)
- ईश्वर-अर्जुन संवाद : श्रीमद्भगवद्गीता — एक नवीन अनुवाद एवं व्याख्या
- Inner Peace
- Whispers from Eternity
- Metaphysical Meditations
- Words of Cosmic Chants
- Seek God Now!
- The Universality of Yoga
- In the Sanctuary of the Soul
- Songs of the Soul
- Wine of the Mystic
- Increasing the Power of Initiative
- Who Made God?
- Man's Greatest Adventure
- Why God Permits Evil and How to Rise Above It
- The Second Coming of Christ: The Resurrection of the Christ Within You—A Revelatory Commentary on the Original Teachings of Jesus

Other Publications From Yogoda Satsanga Society of India

- कैवल्य दर्शनम् : *श्री श्री स्वामी श्रीयुक्तेश्वर गिरि द्वारा*
- केवल प्रेम : नित्य परिवर्तनशील जगत् में आध्यात्मिक जीवन शैली *श्री श्री दया माता द्वारा*
- "मेजदा" : श्री श्री परमहंस योगानन्द का परिवार एवं उनका प्रारम्भिक जीवन *श्री सनन्द लाल घोष द्वारा*
- आध्यात्मिक दैनंदिनी
- योगदा सत्संग पत्रिका
- परमहंस योगानन्द — पूर्वी और पाश्चात्य जगत् के सम्मानित सन्त (अमर चित्र कथा प्रकाशन)
- Paramahansa Yogananda: In Memoriam—Personal Accounts of the Master's Final Days
- Rajarsi Janakananda—A Great Western Yogi
- Finding the Joy Within You: Personal Counsel for God-Centred Living *by Sri Sri Daya Mata*
- Enter the Quiet Heart: Creating a Loving Relationship With God *by Sri Sri Daya Mata*
- Intuition: Soul-Guidance for Life's Decisions *by Sri Sri Daya Mata*
- Manifesting Divine Consciousness in Daily Life *by Sri Sri Mrinalini Mata*
- Visiting the Saints of India With Sri Daya Mata *by Sri Mrinalini Mata*
- God Alone: The Life and Letters of a Saint *by Sri Gyanamata*
- Two Frogs in Trouble

आपके नज़दीकी बुक स्टोर या नीचे लिखे पते पर उपलब्ध :

योगदा सत्संग सोसाइटी ऑफ़ इण्डिया

परमहंस योगानन्द पथ
राँची 834001, झारखण्ड
फ़ोन : (0651) 6655 555
bookstore.yssofindia.org

शब्दावली

अधिचेतनावस्था : आत्मा की शुद्ध, अन्तर्ज्ञानात्मक, सर्वद्रष्टा, नित्य-आनन्दपूर्ण चेतना। इस शब्द को कभी-कभी सामान्य रूप से ध्यान में अनुभव की जाने वाली *समाधि* (द्रष्टव्य) की सभी विभिन्न अवस्थाओं, किंतु विशेष रूप से *समाधि* की प्रथम अवस्था के संदर्भ में प्रयोग किया जाता है, जिसमें व्यक्ति अहम् की चेतना से ऊपर उठ जाता है तथा अपने स्वरुप को ईश्वर के प्रतिबिम्ब, आत्मा, के रूप में अनुभव करता है। तत्पश्चात साक्षात्कार की उच्चतर अवस्थाएँ प्रारम्भ होती है : *कूटस्थ चैतन्य* अथवा *क्राइस्ट चेतना*, तथा *ब्रह्म-चैतन्य* (द्रष्टव्य)।

अधिचेतन मन : आत्मा की सर्वज्ञता की शक्ति जो सत्य का प्रत्यक्ष अनुभव करती है; अन्तर्ज्ञान।

अन्तर्ज्ञान : आत्मा की सर्वज्ञता की क्षमता, जो इन्द्रियों की मध्यस्थता के बिना मनुष्य को सत्य के प्रत्यक्ष बोध का अनुभव करने की क्षमता प्रदान करती है।

अर्जुन : एक उन्नत शिष्य जिन्हें भगवान् कृष्ण ने श्रीमद्भगवद्गीता (द्रष्टव्य) का अमर संदेश प्रदान किया था; महान् हिन्दू महाकाव्य *महाभारत* के एक प्रमुख पात्र, पंच पाण्डवों में से एक।

अवतार : दिव्य *अवतार*; संस्कृत शब्द *अवतार* से, जिसका मूल है *अव्* अर्थात् "नीचे" तथा *तृ* अर्थात् "उतरना।" वह व्यक्ति जिसने परमात्मा के साथ एकात्मता प्राप्त कर ली है तथा पृथ्वी पर मानव जाति की सहायता के लिए पुनः वापस लौटता है, उसे अवतार कहते हैं।

अविद्या : शाब्दिक अर्थ, "ज्ञान का न होना," अज्ञान; मनुष्य में *माया*, अर्थात् ब्रह्माण्डीय भ्रम (द्रष्टव्य), की अभिव्यक्ति। तत्त्वतः, *अविद्या* अपनी दिव्य प्रकृति तथा एकमात्र वास्तविकता : ब्रह्म, के प्रति मनुष्य का अज्ञान है।

अहंकार : अहंकार-सिद्धान्त, *अहंकार* (शब्दशः, "मैं करता हूँ"), द्वैत अथवा मानव और उसके सृष्टा के मध्य प्रतीयमान पृथकता का मूल कारण है। *अहंकार* के कारण मनुष्य *माया* (द्रष्टव्य) के प्रभाव में आ जाता है, जिसके कारण कर्ता (अहं) अवास्तविक रूप से विषय की भाँति दिखाई देता है; सृष्टि के प्राणी कल्पना करने

लगते हैं कि वे स्वयं सृष्टा हैं। अहंकार की चेतना को मिटाकर, मनुष्य जाग्रत होकर एकमात्र जीवन अर्थात् परमेश्वर के साथ एकरूपता के दिव्य तादात्म्य को प्राप्त कर लेता है।

आत्मन् (Self) : आत्मन् मनुष्य के दिव्य सत्त्व को निर्दिष्ट करता है, जो सामान्य आत्मभाव, जो मानवीय व्यक्तित्व अथवा अहंकार है, से भिन्न है। आत्मा व्यक्तिगत ब्रह्म है, जिसकी मौलिक प्रकृति है सत्, चित्, नित्य-नवीन आनन्द। आत्मन् या जीवात्मा मनुष्य के प्रेम, ज्ञान, शांति, साहस, दया तथा अन्य सभी दिव्य आन्तरिक गुणों का मूल स्रोत है।

आत्मा (Soul) : वैयक्तिक ब्रह्म। आत्मा मनुष्य एवं जीवन के सभी जीवंत रूपों की सच्ची एवं अनश्वर प्रकृति है; यह केवल अस्थायी रूप से कारण, सूक्ष्म, एवं स्थूल शरीरों के वस्त्रों को धारण करती है। आत्मा की प्रकृति ब्रह्म है : सत्, चित्, नित्य-नवीन आनन्द।

आत्म-साक्षात्कार : परमहंस योगानन्द ने आत्म-साक्षात्कार की व्याख्या इस प्रकार की है : "आत्म-साक्षात्कार का अर्थ है अपने शरीर, मन, और आत्मा से यह जान लेना कि हम ईश्वर की सर्वव्यापकता के साथ एक हैं; कि हमें यह प्रार्थना करने की आवश्यकता नहीं कि वे हमारे पास आएँ, कि हम मात्र हर क्षण उनके पास ही नहीं हैं, अपितु ईश्वर की सर्वव्यापकता हमारी सर्वव्यापकता है; कि हम इस क्षण भी ईश्वर का उतना ही अंश हैं जितना कि कभी भी होंगे। हमें केवल अपने बोध को उन्नत करना है।"

आश्रम : एक आध्यात्मिक साधना स्थल; प्रायः एक मठ।

ईथर : संस्कृत में *आकाश*। यद्यपि भौतिक जगत् की प्रकृति के वर्तमान वैज्ञानिक सिद्धान्त में इसे तत्त्व के रूप में मान्यता नहीं दी जाती, तथापि भारतीय सन्तों ने अनेक सहस्राब्दियों से ईथर का इस सन्दर्भ में वर्णन किया है। परमहंस योगानन्द ने ईथर को एक पृष्ठभूमि कहा है जिस पर ईश्वर सृष्टि के ब्रह्माण्डीय चलचित्र को प्रक्षेपित करते हैं। अंतरिक्ष वस्तुओं को आयाम प्रदान करता है; ईथर चित्रों को अलग करता है। जब हम सूक्ष्म शक्तियों — विचार एवं प्राण-शक्ति — तथा अंतरिक्ष की प्रकृति एवं भौतिक शक्तियों और पदार्थ के स्रोत के बारे में विचार करते हैं, तो यह "पृष्ठभूमि" — सभी आकाशीय स्पंदनों को समन्वित करने वाली एक सृजनात्मक शक्ति — एक आवश्यक घटक है। देखें — तत्त्व।

ऋषि : द्रष्टा, ऐसे उत्कृष्ट व्यक्ति जो कि दिव्य ज्ञान को अभिव्यक्त करते हैं; विशेष रूप से प्राचीन भारत के ज्ञानी सन्त, जिन्हें अन्तर्ज्ञान के माध्यम से वेदों का ज्ञान प्राप्त हुआ था।

एकाग्रता की प्रविधि : *योगदा सत्संग पाठमाला* में सिखाई जाने वाली एकाग्रता की योगदा सत्संग प्रविधि (हं-सः प्रविधि)। यह प्रविधि वैज्ञानिक ढंग से विकर्षण की सभी वस्तुओं से मन की एकाग्रता को हटा कर उसे एक समय में एक वस्तु पर केंद्रित करने में सहायता करती है। इस प्रकार, यह ध्यान, अर्थात् ईश्वर पर एकाग्रता, के लिए अनमोल है। *हं-सः प्रविधि, क्रियायोग* (द्रष्टव्य) विज्ञान का एक अभिन्न अंग है।

एन्सिनिटस, कैलिफ़ोर्निया : एन्सिनिटस, दक्षिण कैलिफ़ोर्निया में एक समुद्र तटीय शहर, सेल्फ़-रियलाइज़ेशन फ़ेलोशिप आश्रम केन्द्र, साधना स्थल, तथा तपोवन है, जिसे परमहंस योगानन्दजी ने सन् 1937 में स्थापित किया था। विशाल मैदान एवं आश्रम-भवन, जो प्रशान्त महासागर की ओर उन्मुख एक पहाड़ी पर स्थित हैं, राजर्षि जनकानन्द (देखें) द्वारा परमहंसजी को एक उपहार में मिला था

ओम् : संस्कृत का मूल शब्द या बीज-ध्वनि जो ईश्वर के उस पक्ष का प्रतीक है जो सभी वस्तुओं की सृष्टि एवं पालन करता है; ब्रह्माण्डीय स्पंदन। वेदों का *ओम्* ही तिब्बतियों का पवित्र शब्द *हुम*; मुसलमानों का *आमीन*; मिश्रवासियों, यूनानियों, रोमवासियों, यहूदियों, एवं ईसाईयों का *आमेन* बन गया। विश्व के महान् धर्म बताते हैं कि सभी सृष्ट वस्तुएँ *ओम्* या *आमेन*, शब्द या पवित्र आत्मा (holy ghost) की ब्रह्माण्डीय स्पंदनकारी ऊर्जा से उत्पन्न होती हैं। "प्रारम्भ में केवल शब्द था, और वह शब्द ईश्वर के पास था, और शब्द ही ईश्वर था।...सब वस्तुओं का उसके [शब्द या ओम्] द्वारा सृजन हुआ, और बिना उसके किसी भी वस्तु का सृजन नहीं हुआ" *यूहन्ना* 1:1, 3 (बाइबिल)।

यहूदी भाषा में *आमेन* का अर्थ है *निश्चित, निष्ठावान्*। "ईश्वर की सृष्टि के प्रारम्भ में, सच्चे एवं निष्ठावान् साक्षी आमेन ने ये बातें कहीं।" (*प्रकाशित वाक्य* 3:14, बाइबिल)। जिस प्रकार चलती हुई मोटर के स्पंदन से ध्वनि उत्पन्न होती है, उसी प्रकार *ओम्* की सर्वव्यापक ध्वनि निष्ठापूर्वक "ब्रह्माण्डीय मोटर" के चलने का प्रमाण प्रस्तुत करती है, जो स्पंदनात्मक ऊर्जा के द्वारा सभी जीवों एवं सृष्टि के प्रत्येक कण को अस्तित्व में रखती है। *योगदा सत्संग आत्म-साक्षात्कार*

पाठमाला (द्रष्टव्य) में परमहंस योगानन्द ध्यान की प्रविधियों को सिखाते हैं, जिनका अभ्यास *ओम्* या पवित्र आत्मा के रूप में ईश्वर का प्रत्यक्ष अनुभव प्रदान करता है। अदृश्य दिव्य शक्ति ("सांत्वनादाता, जो कि पवित्र आत्मा है" — *यूहन्ना* 14:26, बाइबिल) के साथ वह परमानन्दमय सम्पर्क प्रार्थना का सच्चा वैज्ञानिक आधार है। देखें — *सत्-तत्-ओम्* भी।

कर्म : इस जीवन या पूर्व जन्मों के कर्मों के प्रभाव; संस्कृत *कृ* से, व्युत्पन्न करना। हिन्दू धर्मग्रंथों की व्याख्या के अनुसार, संतुलन स्थापित करने के लिए कर्म-सिद्धांत, क्रिया एवं प्रतिक्रिया, कार्य एवं कारण, और "जो बोओगे सो पाओगे" नियमों पर आधारित है। स्वाभाविक धर्म का पालन करते हुए, प्रत्येक मनुष्य अपने विचारों एवं कर्मों द्वारा अपने भाग्य का निर्माता बन जाता है। जिन शक्तियों को स्वयं उसने विवेकपूर्ण या अविवेकपूर्ण ढंग से, गतिशील कर दिया है, वे उसके पास अपने प्रारम्भिक बिन्दु के रूप में अवश्य वापस लौटती हैं, जिस प्रकार एक वृत्त स्वयं को अनिवार्य रूप से पूरा करता है। कर्म को एक न्याय के नियम के रूप में समझने से मानव मन ईश्वर एवं मानव के प्रति रोष से मुक्त हो जाता है। व्यक्ति के कर्म उसका जन्म-जन्मान्तरों तक पीछा करते हैं जब तक कि वे भोग न लिए जाएँ या आध्यात्मिक रूप से उनका अतिक्रमण न हो जाए। देखें — *पुनर्जन्म*।

किसी जाति, राष्ट्र, या संपूर्ण विश्व में मानवों के संचित कर्म सामूहिक कर्म का निर्माण करते हैं, जो कि अच्छाई या बुराई की मात्रा तथा प्रबलता के अनुसार अपना स्थानीय अथवा दूरगामी प्रभाव उत्पन्न करते हैं। इसलिए प्रत्येक मनुष्य के विचार और कर्म, इस संसार तथा इसके सभी लोगों की अच्छाई या बुराई में योगदान करते हैं।

कर्मयोग : आसक्ति रहित कर्म एवं सेवा द्वारा ईश्वर को पाने का मार्ग। निःस्वार्थ सेवा द्वारा, अपने कर्मों के फलों को ईश्वर को सौंप कर, तथा ईश्वर को ही एकमात्र कर्ता जानकर, भक्त अहंकार से मुक्त हो जाता है तथा ईश्वर का अनुभव करता है। देखें — *योग*।

कारण जगत् : पदार्थ के भौतिक जगत् (परमाणु, प्रोटॉन, इलेक्ट्रॉन), और प्राणकणिकाओं (lifetrons) के सूक्ष्म ज्योतिर्मय जगत् के पीछे कारण या धारणात्मक, विचारकणिकाओं (thoughtrons) का जगत् है। भौतिक एवं सूक्ष्म ब्रह्माण्डों से ऊपर उठने के लिए जब व्यक्ति का पर्याप्त विकास हो चुका होता है,

तब वह कारण ब्रह्माण्ड में निवास करता है। कारण जगत् के जीवों की चेतना में, भौतिक एवं सूक्ष्म ब्रह्माण्ड, विचार रूप में स्थित होते हैं। भौतिक मानव जो कुछ अपनी कल्पना में कर सकता है, कारण मनुष्य उसे वास्तविकता में कर सकता है — एकमात्र सीमा स्वयं विचार ही है। अन्त में, मनुष्य सभी स्पंदनीय जगतों के परे, सर्वव्यापक ब्रह्म में मिल जाने हेतु आत्मा के अन्तिम आवरण — अपने कारण शरीर — को उतार फेंकता है।

कारण शरीर : मूलतः मनुष्य आत्मा के रूप में कारण शरीर धारण करने वाला जीव है। उसका कारण शरीर उसके सूक्ष्म एवं भौतिक शरीरों के लिए विचार उत्पत्ति का स्थान है। कारण शरीर, सूक्ष्म शरीर के उन्नीस तत्त्वों तथा भौतिक शरीर के सोलह मूल भौतिक तत्त्वों के अनुरूप पैंतीस विचार तत्त्वों से बना है।

कूटस्थ चैतन्य : देखें — *क्राइस्ट चैतन्य*।

कृष्ण : देखें — *भगवान् कृष्ण*।

कृष्ण चैतन्य : *क्राइस्ट चैतन्य; कूटस्थ चैतन्य*। देखें — *क्राइस्ट चैतन्य*।

क्राइस्ट केन्द्र : कूटस्थ या आज्ञा चक्र, भ्रूमध्य में, ध्रुवीय रूप से मेरुशीर्ष (द्रष्टव्य) से सीधा जुड़ा हुआ; इच्छाशक्ति एवं एकाग्रता, तथा *कृष्ण चैतन्य* या *कूटस्थ चैतन्य* (द्रष्टव्य) का केन्द्र; दिव्य नेत्र (द्रष्टव्य) का स्थान।

क्राइस्ट चैतन्य : "क्राइस्ट" या "क्राइस्ट चैतन्य" संपूर्ण सृष्टि में व्याप्त ईश्वर की प्रक्षेपित चेतना है। ईसाई धर्मग्रन्थ में इसे "एकमात्र पुत्र" (only begotten son) कहा गया है, जो ईश्वर, परमपिता, का सृष्टि में एकमात्र पवित्र प्रतिबिम्ब है; हिन्दू धर्मग्रंथों में इसे *कूटस्थ चैतन्य* अथवा *तत्* कहा जाता है, जो सृष्टि में परमात्मा की सर्वव्यापक ब्रह्माण्डीय प्रज्ञा है। यह ब्रह्माण्डीय चेतना है, ईश्वर से एकरूपता, कृष्ण, जीसस, तथा अन्य *अवतारों* में अभिव्यक्त चेतना। महान् सन्त एवं योगी इसे *समाधि* (द्रष्टव्य) ध्यान की अवस्था के रूप में जानते हैं, जिसमें उनकी चेतना सृष्टि के प्रत्येक कण में व्याप्त प्रज्ञा के साथ एक हो जाती है; वे संपूर्ण ब्रह्माण्ड को स्वयं अपने शरीर की भाँति अनुभव करते हैं। देखें — *त्रिदेव*।

क्रियायोग : एक पवित्र आध्यात्मिक विज्ञान, जिसका भारत में सहस्राब्दियों पूर्व उद्भव हुआ था। इसमें ध्यान की कुछ प्रविधियाँ सम्मिलित हैं, जिनका निष्ठापूर्ण अभ्यास ईश्वर-साक्षात्कार की ओर ले जाता है। परमहंस योगानन्द ने स्पष्ट किया है कि

क्रिया का संस्कृत मूल है *कृ*, अर्थात् *कर्म*, क्रिया और प्रतिक्रिया; *कर्म* शब्द में भी यही मूल पाया जाता है, जो कि कार्य और कारण का प्राकृतिक सिद्धांत है। इस प्रकार *क्रियायोग* "अनन्त तत्त्व के साथ एक निश्चित क्रिया या कार्य विधि द्वारा मिलन (*योग*) है।" *क्रियायोग* राजयोग ("राजसी" या "पूर्ण") का एक स्वरूप है, जिसकी भगवान् कृष्ण ने श्रीमद्भगवद्गीता में तथा पतंजलि ने योगसूत्र में प्रशंसा की है। इस युग में महावतार बाबाजी (द्रष्टव्य) द्वारा पुनः प्रवर्तित, *क्रियायोग*, योगदा सत्संग सोसाइटी ऑफ़ इण्डिया के गुरुओं द्वारा प्रदान की गई दीक्षा है। परमहंस योगानन्द की *महासमाधि* (द्रष्टव्य) के पश्चात्, *दीक्षा* उनके द्वारा नियुक्त आध्यात्मिक प्रतिनिधि, योगदा सत्संग सोसाइटी ऑफ़ इण्डिया/सेल्फ़-रियलाइज़ेशन फ़ेलोशिप के अध्यक्ष द्वारा (अथवा अध्यक्ष द्वारा नियुक्त किसी संन्यासी के माध्यम से) प्रदान की जाती है। *दीक्षा* प्राप्त करने की योग्यता के लिए योगदा सत्संग सोसाइटी के अनुयायियों को कुछ विशेष प्रारम्भिक आध्यात्मिक शर्तों को पूरा करना आवश्यक होता है। जिसने यह *दीक्षा* ग्रहण कर ली है वह *क्रियायोगी* या *क्रियावान्* कहलाता है। देखें — *गुरु* और *शिष्य*।

गुण : ब्रह्माण्डीय प्रकृति के तीन अंतर्निहित गुण, जिनके अधीन सम्पूर्ण सृष्टि है : *तमस्*, *रजस्*, एवं *सत्त्व* — अवरोध, सक्रियता, तथा विस्तार; अथवा, पदार्थ, ऊर्जा, तथा प्रज्ञा।

गुरु : आध्यात्मिक शिक्षक। यद्यपि *गुरु* शब्द को एक सामान्य शिक्षक या प्रशिक्षक के संदर्भ में, प्रायः अनुचित ढंग से प्रयोग किया जाता है। एक सच्चा ईश्वर-प्राप्त गुरु वह है जिसने आत्म-संयम को सिद्ध करके सर्वव्यापक परमेश्वर के साथ अपने तादात्म्य का अनुभव कर लिया हो। ऐसा गुरु साधक को उसकी दिव्यानुबोध की आन्तरिक यात्रा की ओर ले जाने के लिए अद्वितीय रूप से सक्षम होता है।

जब कोई भक्त तत्परता से ईश्वर की खोज के लिए तैयार हो जाता है, तब ईश्वर उसके पास *गुरु* को भेजते हैं। ऐसे *गुरु* के ज्ञान, बुद्धि, आत्म-साक्षात्कार तथा शिक्षाओं के द्वारा ईश्वर शिष्य का मार्गदर्शन करते हैं। गुरु की शिक्षाओं और अनुशासन का अनुसरण करके, शिष्य अपनी आत्मा की ईश्वरानुभूति के आध्यात्मिक आहार की इच्छा को पूरा करने में सक्षम होता है। एक *सच्चा* गुरु, जिसे ईश्वर ने सच्चे साधकों की गहन आत्म-तड़प के प्रत्युत्तर में सहायता हेतु भेजा है, कोई साधारण शिक्षक नहीं होता : वह एक मानवीय वाहन है जिसके

शरीर, वाणी, मन, एवं आध्यात्मिकता का प्रयोग ईश्वर भटकी आत्माओं को अमरता के अपने घर में पुनः वापस लाने हेतु आकृष्ट एवं मार्गदर्शित करने के लिए अपने एक माध्यम के रूप में करते हैं। *गुरु, धर्मग्रंथों* के सत्यों का जीवंत स्वरूप होते हैं। वे भक्त की पदार्थ के बंधनों से मुक्ति की माँग के प्रत्युत्तर में ईश्वर द्वारा नियुक्त, मुक्ति के माध्यम होते हैं। स्वामी श्रीयुक्तेश्वरजी अपनी पुस्तक *कैवल्य दर्शनम्* में लिखते हैं, "गुरु के सान्निध्य का अर्थ सदैव उनकी भौतिक उपस्थिति में रहना नहीं होता (जैसा कि कभी-कभी असंभव होता है), अपितु मुख्यतः इसका अर्थ होता है उन्हें अपने हृदय में रखना, सैद्धांतिक रूप से उनके साथ एक होना, और उनके साथ अपना अन्तर्सम्पर्क स्थापित करना।" देखें — गुरुदेव।

गुरुदेव : "दिव्य शिक्षक," एक आदर सूचक प्रचलित संस्कृत शब्द है जो व्यक्ति के आध्यात्मिक गुरु को संबोधित करने एवं उनका उल्लेख करने हेतु प्रयोग किया जाता है; कभी-कभी अंग्रेज़ी में इसे "मास्टर" भी कहा जाता है।

चक्र : योग में, मेरुदण्ड एवं मस्तिष्क में जीवन एवं चेतना के सात गुप्त केन्द्र, जो मनुष्य के भौतिक एवं सूक्ष्म शरीर को अनुप्राणित करते हैं। इन केन्द्रों को चक्र ("पहिए") के रूप में संदर्भित किया गया है, क्योंकि प्रत्येक चक्र में एकाग्रित ऊर्जा एक केन्द्र की भाँति रहती है, जिससे जीवनदायी प्रकाश एवं ऊर्जा की किरणें प्रसारित होती हैं। ऊर्ध्वगामी क्रम में ये *चक्र* हैं *मूलाधार* (मेरुदण्ड के आधार में); *स्वाधिष्ठान* (मूलाधार से दो इंच ऊपर); *मणिपुर* (नाभि के पीछे); *अनाहत* (हृदय के पीछे); *विशुद्ध* (गर्दन के मूल में); *आज्ञा चक्र* (परंपरागत रूप से भ्रूमध्य में स्थित, वास्तव में ध्रुवता के अनुसार सीधे मेरुशीर्ष से जुड़ा हुआ; *मेरुशीर्ष* (medulla) एवं *दिव्य नेत्र* भी देखें); एवं *सहस्रार* (खोपड़ी के सबसे ऊपर के भाग में)।

सात चक्र दिव्य रूप से आयोजित निकास अथवा "रुद्ध द्वार" (trap door) हैं जिनमें से आत्मा शरीर में नीचे उतरी है तथा इन्हीं में से गुजर कर इसे ध्यान की प्रक्रिया द्वारा पुनः ऊपर उठना होता है। सात क्रमिक चरणों से आत्मा ब्रह्म-चैतन्य में प्रवेश करती है। सातों खुले या "जाग्रत" सौषुम्निक केन्द्रों (cerebrospinal centres) में से होते हुए अपने सचेतन ऊर्ध्वगामी मार्ग से गुज़रती हुई, आत्मा अनन्त के राजमार्ग पर यात्रा करती है, वह सच्चा पथ जिसके द्वारा ईश्वर से पुनः मिलने के लिए आत्मा को वापस लौटना होगा।

योग साहित्य में सामान्यतः नीचे के छः *केन्द्रों* को ही *चक्र* के रूप में समझा जाता है, तथा *सहस्रार* को अलग से एक सातवाँ केन्द्र माना जाता है। परन्तु, सभी सातों केन्द्रों को प्रायः कमल के रूप में निर्दिष्ट किया जाता है। जैसे-जैसे आध्यात्मिक जागृति में प्राण एवं चेतना मेरुदण्ड में ऊपर की ओर उठते हैं, तो इनकी पंखुड़ियाँ खुल जाती हैं अथवा ऊपर को उठ जाती हैं।

चित्त : अंतर्ज्ञानात्मक अनुभूति; चेतना का एकत्रीकरण, जिसमें *अहंकार*, *बुद्धि*, तथा *मनस* (मन या इन्द्रिय चेतना) अन्तर्निहित हैं।

चेतना की अवस्थाएँ : नश्वर चेतना में मनुष्य तीन अवस्थाओं का अनुभव करता है : जागृतावस्था की चेतना, निद्रा चेतना, तथा स्वप्न चेतना। परन्तु वह अपनी आत्मा, अधिचेतना, का अनुभव नहीं करता, तथा ईश्वर का भी अनुभव नहीं करता। एक ईश्वर-प्राप्त व्यक्ति इसे अनुभव करता है। जैसे एक नश्वर मानव अपने पूरे शरीर के बारे में चैतन्य रहता है, उसी प्रकार ईश्वर-प्राप्त व्यक्ति पूरे ब्रह्माण्ड के बारे में चैतन्य रहता है, जिसे वह अपना शरीर अनुभव करता है। कूटस्थ चैतन्य की अवस्था से परे ब्रह्म-चैतन्य की अवस्था है, अर्थात् स्पन्दनात्मक सृष्टि से परे ईश्वर की पूर्ण चेतना के साथ तथा दृश्यमान जगत् में ईश्वर की व्यक्त सर्वव्यापकता के साथ एकात्मता का अनुभव।

जगन्माता : ईश्वर का वह पक्ष जो सृष्टि में सक्रिय है; लोकातीत सृष्टिकर्ता की *शक्ति*। दिव्यता के इस स्वरुप को इन अन्य शब्दों से भी जाना जाता है : *प्रकृति*, *ओम्*, पवित्र आत्मा, ब्रह्माण्डीय प्रज्ञावान् स्पंदन। यह माँ के रूप में ईश्वर की व्यक्तिगत अभिव्यक्ति भी है, जिसमें परमेश्वर के प्रेम एवं दयालुता के गुण समाहित हैं।

हिन्दू धर्मग्रन्थ सिखाते हैं कि ईश्वर दोनों हैं, सृष्टि में व्याप्त एवं सृष्टि से परे, साकार एवं निराकार। उन्हें एक पूर्ण ब्रह्म के रूप में; या उनके किसी एक प्रकट शाश्वत रूप में जैसे कि प्रेम, ज्ञान, परमानन्द, प्रकाश; एक इष्ट देवता के रूप में; या किसी धारणा में जैसे कि परमपिता, जगन्माता, मित्र के रूप में भी खोजा जा सकता है।

जाति : अपनी मूल धारणा में जाति कोई वंशानुगत सामाजिक स्थिति नहीं थी, अपितु मनुष्य की प्राकृतिक क्षमताओं पर आधारित एक वर्गीकरण था। अपने क्रमविकास में मनुष्य चार विभिन्न श्रेणियों से गुज़रता है जिन्हें हिन्दू सन्तों ने इस प्रकार नाम दिए हैं : *शूद्र*, *वैश्य*, *क्षत्रिय*, तथा *ब्राह्मण*। शूद्र मुख्यतः अपने

शरीर की आवश्यकताओं एवं इच्छाओं को पूर्ण करने में रुचि रखता है; उसके क्रमविकास की अवस्था के अनुसार उसके लिए सर्वोत्तम कार्य शारीरिक श्रम है। *वैश्य* सांसारिक लाभ तथा अपनी इन्द्रियों की संतुष्टि के प्रति महत्वाकांक्षी होता है; उसमें *शूद्र* की अपेक्षा अधिक रचनात्मक क्षमता होती है तथा वह एक किसान, व्यापारी, एक कलाकार, या उसकी मानसिक ऊर्जा जहाँ भी परिपूर्णता पाए, वही व्यवसाय खोजता है। *क्षत्रिय*, *शूद्र* एवं *वैश्य* अवस्थाओं की इच्छाओं की परिपूर्ति में अनेक जन्म बिताने के पश्चात्, जीवन के वास्तविक अर्थ को खोजना प्रारम्भ कर देता है; वह अपनी बुरी आदतों को जीतने का प्रयास करता है, अपनी इन्द्रियों को नियंत्रित करना चाहता है, और जो कुछ उचित हो वही करना चाहता है। *क्षत्रिय* व्यवसाय में अच्छे शासक, राजनीतिज्ञ, एवं योद्धा होते हैं। *ब्राह्मण* ने अपनी निम्न प्रकृति को पार कर लिया होता है, आध्यात्मिक कार्यों में उसकी स्वाभाविक रुचि होती है, तथा वह ईश्वर को जानने वाला होता है, इस प्रकार, दूसरों की मुक्ति में सहायता तथा उन्हें शिक्षा प्रदान करने में समर्थ होता है।

तत्त्व (पाँच) : ब्रह्माण्डीय स्पंदन, या ओम् जो समस्त भौतिक सृष्टि की, जिसमें मनुष्य का भौतिक शरीर भी सम्मिलित है, पाँच तत्त्वों : पृथ्वी, जल, अग्नि, वायु, एवं आकाश (ईथर द्रष्टव्य) की अभिव्यक्ति द्वारा संरचना करता है। ये संरचनात्मक शक्तियाँ, बुद्धिशील एवं स्पंदनशील प्रकृति की हैं। बिना पृथ्वी तत्त्व के, कोई भी ठोस पदार्थ की अवस्था नहीं हो सकती; बिना जल तत्त्व के, कोई तरल अवस्था नहीं हो सकती; बिना वायु तत्त्व के, कोई गैसीय अवस्था नहीं हो सकती; बिना अग्नि तत्त्व के, ताप नहीं हो सकता; बिना आकाश तत्त्व के, ब्रह्माण्डीय चलचित्र को उत्पन्न करने हेतु कोई पृष्ठभूमि नहीं हो सकती। शरीर में, *प्राण* (ब्रह्माण्डीय स्पन्दनात्मक ऊर्जा) मेरुशीर्ष में प्रवेश करता है और फिर नीचे के पाँच चक्रों या केन्द्रों : मूलाधार (*पृथ्वी*), स्वाधिष्ठान (*जल*), मणिपुर (*अग्नि*), अनाहत (*वायु*), और विशुद्ध (*आकाश*) की क्रिया से पाँच तत्त्वीय तरंगों में विभक्त हो जाता है। संस्कृत में इन तत्त्वों को *पृथ्वी*, *अप्* (जल), तेज, *प्राण*, एवं *आकाश* कहा गया है।

त्रिदेव : जब परमात्मा सृष्टि की रचना करते हैं, वे त्रिदेव बन जाते हैं : *सत्*, *तत्*, *ओम्*, अथवा पिता, पुत्र, एवं पवित्र आत्मा। *सत्* (पिता) सृष्टिकर्ता ईश्वर हैं जो सृष्टि से परे हैं। *तत्* (पुत्र) सृष्टि में विद्यमान ईश्वर की सर्वव्यापक प्रज्ञा है। *ओम्* (पवित्र आत्मा) ईश्वर की वह स्पन्दनात्मक शक्ति है जो सृष्टि को प्रत्यक्ष रूप देती है या सृष्टि बन जाती है।

शाश्वतता में ब्रह्माण्डीय सृष्टि की रचना एवं प्रलय के अनेक युग आए और चले गए (देखें — *युग*)। ब्रह्माण्डीय प्रलय के समय, त्रिदेव तथा सृष्टि की अन्य सभी सापेक्षताएँ एकमात्र परब्रह्म में विलीन हो जाती हैं।

दिव्य नेत्र (दिव्य चक्षु) : भ्रूमध्य में कूटस्थ केन्द्र (*आज्ञा चक्र*) पर स्थित अन्तर्ज्ञान तथा सर्वव्यापक अनुभूति का एकल नेत्र। गहन ध्यान करने वाला भक्त दिव्य नेत्र को एक सुनहरे प्रकाश के वृत्त के रूप में देखता है जो एक दूधिया नीले रंग के गोलक को घेरे हुए है, तथा मध्य में एक पंचकोणीय सफेद तारा है। सूक्ष्म ब्रह्माण्डीय रूप से, ये रूप और रंग, क्रमशः सृष्टि के स्पन्दनशील क्षेत्र (ब्रह्माण्डीय प्रकृति, पवित्र ओम्); सृष्टि में ईश्वर का पुत्र या प्रज्ञा (*कूटस्थ चैतन्य*); तथा समस्त सृष्टि से परे स्पन्दनरहित ब्रह्म (परमपिता परमेश्वर) के प्रतीक हैं।

दिव्य नेत्र, दिव्य चेतना की अन्तिम अवस्थाओं का प्रवेशद्वार है। गहन ध्यान में, जब भक्त की चेतना दिव्य नेत्र का भेदन करके वहाँ के तीनों प्रतीकात्मक क्षेत्रों में जाती है, तो वह क्रमशः निम्नलिखित अवस्थाओं को अनुभव करती है : अधिचेतन अवस्था अथवा आत्म-साक्षात्कार की नित्य-नवीन आनन्द की अवस्था, तथा ओम् (द्रष्टव्य) या पवित्र आत्मा के रूप में ईश्वर के साथ एकात्मता; कूटस्थ चैतन्य अर्थात् समस्त सृष्टि में ईश्वर की ब्रह्माण्डीय प्रज्ञा के साथ एकात्मता; तथा ब्रह्म-चैतन्य अर्थात् स्पन्दनशील अभिव्यक्ति में और उससे परे ईश्वर की सर्वव्यापकता के साथ एकात्मता। ये भी देखें — *चेतना की अवस्थाएँ; अधिचेतनावस्था; कृष्ण चैतन्य*।

यहेजकेल (43:1–2, बाइबिल) के एक परिच्छेद की व्याख्या करते हुए परमहंस योगानन्द ने लिखा है : "ललाट में ('पूर्व में') दिव्य नेत्र के द्वारा, योगी शब्द अथवा *ओम्* — 'समुद्र गर्जन' की दिव्य ध्वनि : प्रकाश के स्पन्दन, जो सृष्टि की एकमात्र वास्तविकता हैं — को सुनते हुए, अपनी चेतना को सर्वव्यापकता में ले जाता है।" यहेजकेल के शब्दों में : "इसके पश्चात् वह मुझे द्वार तक ले गया, उस द्वार का मुख पूर्व की दिशा में था; और देखो, वहाँ पूर्व के मार्ग से इस्राएल के परमेश्वर की महिमा आई; तथा उनका स्वर समुद्र के गर्जन के समान ऊँचा था; और उनकी महिमा से पृथ्वी दीप्तिमान् हो गई।"

जीसस ने भी दिव्य नेत्र के बारे में कहा था : "इसलिए जब तुम्हारा नेत्र एक हो जाएगा, तब तुम्हारा सारा शरीर भी प्रकाश से भर जाएगा।...

इसलिए सावधान रहो कि वह प्रकाश जो तुम में है अंधकार न बन जाए" *लूका* 11:34–35 (बाइबिल)।

दीक्षा : आध्यात्मिक दीक्षा, संस्कृत के क्रिया-मूल शब्द दीक्ष् से, स्वयं को समर्पित करना। देखें — *शिष्य* एवं *क्रियायोग।*

धर्म : नैतिकता के शाश्वत नियम जो संपूर्ण सृष्टि को चलाते हैं; इन नियमों के साथ सामंजस्यता में जीना मनुष्य का अन्तर्निहित कर्त्तव्य है। देखें — सनातन धर्म।

ध्यान : ईश्वर पर एकाग्रता। इस शब्द का प्रयोग सामान्य रूप से एकाग्रता को अन्तर्मुखी करने तथा ईश्वर के किसी पक्ष पर एकाग्र होने की किसी प्रविधि के अभ्यास को निर्दिष्ट करने हेतु होता है। विशेष अभिप्राय में, ध्यान को ऐसी प्रविधियों के सफल अभ्यास के अन्तिम परिणाम के रूप में इंगित किया जाता है : अन्तर्ज्ञानात्मक बोध द्वारा भगवान् का प्रत्यक्ष अनुभव। पतंजलि (द्रष्टव्य) द्वारा वर्णित *अष्टांग योग* का यह सप्तम चरण (*ध्यान*) है, केवल वही व्यक्ति इसे पा सकता है जिसने अपने अन्तर में एकाग्रता को स्थिर कर लिया हो जिससे वह पूर्णतः बाह्य जगत् के ऐंद्रिक प्रभावों द्वारा विचलित नहीं होता। गहनतम ध्यान में व्यक्ति *योग* मार्ग के आठवें अंग, *समाधि* (द्रष्टव्य), ईश्वर के साथ सम्पर्क एवं एकात्मता की अनुभूति करता है। देखें — *योग*।

पतंजलि : योग के प्राचीन व्याख्याकार, जिनके *योगसूत्र* यौगिक पथ के सिद्धान्तों की रूपरेखा हैं, जिसे वे आठ अंगों में विभक्त करते हैं : (1) *यम*, नैतिक आचरण; (2) *नियम*, धार्मिक विधान का पालन; (3) *आसन*, शारीरिक चंचलता को शान्त करने के लिए उचित अंग स्थिति; (4) *प्राणायाम*, सूक्ष्म प्राण धाराओं, प्राण का नियंत्रण; (5) *प्रत्याहार*, अंतर्मुखी होना; (6) *धारणा*, एकाग्रता; (7) *ध्यान*; तथा (8) *समाधि*, अधिचेतन अनुभव। देखें — *योग*।

परमगुरु : शाब्दिक अर्थ में "श्रेष्ठ गुरु," अथवा "महान् गुरु"; किसी के गुरु के गुरु; योगदा सत्संग के अनुयायियों (परमहंस योगानन्द के शिष्यों के लिए) स्वामी श्रीयुक्तेश्वरजी *परमगुरु* हैं। परमहंसजी के लिए लाहिड़ी महाशय *परमगुरु* हैं। महावतार बाबाजी परमहंसजी के *परम-परमगुरु* हैं।

परमहंस : एक आध्यात्मिक उपाधि जो एक गुरु (द्रष्टव्य) को दर्शाती है। इसे केवल एक सच्चे गुरु द्वारा योग्य शिष्य को ही प्रदान किया जाता है। *परमहंस* का शाब्दिक अर्थ है "सर्वोच्च हंस।" हिन्दू धर्मग्रंथों में हंस आध्यात्मिक विवेक का

प्रतीक है। स्वामी श्रीयुक्तेश्वरजी ने अपने प्रिय शिष्य योगानन्द को यह उपाधि सन् 1935 में प्रदान की थी।

पवित्र आत्मा : देखें — *ओम्* तथा त्रिदेव।

पाठमाला : देखें — योगदा सत्संग आत्म-साक्षात्कार पाठमाला।

पुनर्जन्म : एक सिद्धान्त, जिसके अनुसार मनुष्यों को क्रम-विकास के नियम की विवशता के कारण उत्तरोत्तर उच्चतर जीवनों — अनुचित कर्मों एवं इच्छाओं से इसमें बाधा पड़ती है तथा आध्यात्मिक प्रयत्नों से यह उन्नत होता है — में बारम्बार जन्म लेना पड़ता है, जब तक कि आत्म-साक्षात्कार एवं ईश्वर से एकत्व प्राप्त नहीं हो जाता। इस प्रकार नश्वर चेतना की सीमाओं एवं अपूर्णताओं से ऊपर उठकर, आत्मा अनिवार्य पुनर्जन्म से सदा के लिए मुक्त हो जाती है। "जो विजयी होगा उसे मैं अपने ईश्वर के मन्दिर का स्तंभ बनाऊँगा, और वह फिर कभी बाहर नहीं जाएगा" *प्रकाशित वाक्य* 3:12 (बाइबिल)।

पुनर्जन्म की धारणा एकमात्र पूर्वी दर्शनशास्त्र में ही नहीं है, अपितु यह अनेक पुरातन सभ्यताओं में भी जीवन के एक आधारभूत सत्य के रूप में मान्य था। प्रारम्भिक ईसाई चर्च पुनर्जन्म के सिद्धान्त को मानता था, जिसकी व्याख्या गूढ़ रहस्यवादी (Gnostics) तथा अनेक ईसाई पादरियों, जिनमें ऐलेग्ज़ैण्ड्रिया के कलीमेंट, ओरिजन, तथा सेन्ट जेरोम भी सम्मिलित थे, ने की थी। सन् 553 में द्वितीय कॉन्स्टेन्टिनोपल की परिषद् में इसे गिरिजाघरों की शिक्षाओं से आधिकारिक रूप से हटाया गया। आज अनेक पश्चिमी विचारकों ने इनमें जीवन की प्रतीयमान असमानताओं की विस्तृत एवं विश्वसनीय व्याख्या पाते हुए कर्म (द्रष्टव्य) के सिद्धान्त तथा पुनर्जन्म की धारणा को स्वीकार करना प्रारम्भ कर दिया है।

प्रणाम : भारत में अभिवादन का एक सामान्य रूप। यह हथेलियों को मिलाकर हाथों को जोड़कर, हाथों के निचले भाग को हृदय पर लगाकर, तत्पश्चात ऊपर उठाकर, सिर को झुकाकर किया जाता है, ताकि अँगुलियों का अग्रभाग माथे पर कूटस्थ केन्द्र को स्पर्श करे। संन्यासियों तथा अन्य सम्मान के योग्य आध्यात्मिक व्यक्तियों के समक्ष इसके साथ "*प्रणाम*" शब्द भी बोला जाता है। वास्तव में यह मुद्रा *प्रणाम* का एक रूपान्तरण है। *प्रणाम* का शाब्दिक अर्थ है "संपूर्ण नमस्कार," संस्कृत मूल नमः का अर्थ है "नमस्कार या झुकना," तथा उपसर्ग *प्र* का अर्थ है "पूर्णतः।"

प्राण : आण्विक ऊर्जा से भी अधिक सूक्ष्म, प्रज्ञावान् ऊर्जा के स्फुलिंग जो जीवन का निर्माण करते हैं, जिनका हिन्दू धर्मग्रंथों में सामूहिक रूप से "*प्राण*" के रूप में उल्लेख किया गया है, जिसका परमहंस योगानन्द ने "लाइफट्रॉन" (प्राणकणिका) के रूप में अनुवाद किया है। मूल रूप में, ईश्वर के संघनित विचार; सूक्ष्म जगत् (द्रष्टव्य) का मूल पदार्थ तथा भौतिक ब्रह्माण्ड का जीवन सिद्धान्त। भौतिक जगत् में दो प्रकार के *प्राण* हैं : (1) ब्रह्माण्डीय स्पन्दनात्मक ऊर्जा, जो ब्रह्माण्ड में सर्वव्यापक है और सभी वस्तुओं की संरचना एवं पोषण करती है; (2) विशिष्ट *प्राण* या ऊर्जा, जो प्रत्येक मानव शरीर में व्याप्त है और उसका पाँच धाराओं या कार्यों के माध्यम से पोषण करती है। *प्राण धारा*, क्रिस्टलीकरण (crystallization); *व्यान धारा*, रक्त संचरण (circulation); *समान धारा*, आत्मसात्करण (assimilation); *उदान धारा*, चयापचय क्रिया (metabolization); और *अपान धारा*, निष्कासन (elimination) करती है।

प्राण-शक्ति : देखें — *प्राण*।

प्राणकणिकाएँ (lifetrons) : देखें — *प्राण*।

प्राणायाम : *प्राण* (वह सृजनात्मक स्पंदन या ऊर्जा जो शरीर में जीवन को सक्रिय तथा पोषित करती है) का सचेतन नियंत्रण। *प्राणायाम* का योग विज्ञान मनुष्य को शारीरिक चेतना से बाँधे रखने वाले जीवन के कार्यों तथा इन्द्रिय अनुभूतियों से सचेतन रूप से मन को अलग करने का सीधा मार्ग है। इस प्रकार *प्राणायाम* मनुष्य की चेतना को ईश्वर से सम्पर्क करने हेतु मुक्त कर देता है। सभी वैज्ञानिक प्रविधियों को, जो आत्मा एवं परमात्मा को मिलाती हैं, योग के रूप में वर्गीकृत किया जा सकता है, तथा *प्राणायाम* इस दिव्य एकत्व को प्राप्त करने की सर्वोत्तम यौगिक विधि है।

बाबाजी : देखें — *महावतार बाबाजी*।

बुराई : माया की शक्ति जो मानव एवं प्रकृति में असामंजस्यता के रूप में प्रकट होकर, सृष्टि में ईश्वर की सर्वव्यापकता को अस्पष्ट कर देती है। मोटे तौर पर प्रत्येक वह वस्तु जो दिव्य नियम के विरुद्ध है (देखें — धर्म) अर्थात् जो मनुष्य को ईश्वर के साथ उसके मूलभूत एकत्व की चेतना को खो देने का कारण बनती है, तथा ईश्वर-साक्षात्कार में बाधा है।

ब्रह्म : परब्रह्म परमेश्वर, परमात्मा।

ब्रह्मा-विष्णु-शिव : सृष्टि में ईश्वर की सर्वव्यापिता के तीन पक्ष। ये *कूटस्थ चैतन्य (तत्)* के तीन कार्यों को व्यक्त करते हैं, जो कि विराट प्रकृति की उत्पत्ति, पालन, एवं संहार के कार्यों को निर्देशित करते हैं। देखें — *त्रिदेव।*

ब्रह्माण्डीय ऊर्जा : देखें — *प्राण*।

ब्रह्म-चैतन्य : सृष्टि से परे पूर्ण, परब्रह्म। समाधि-ध्यान की ईश्वर के साथ एकात्मता की अवस्था, जो स्पंदनात्मक सृष्टि एवं उससे परे दोनों में हैं। देखें — *त्रिदेव*।

ब्रह्माण्डीय नाद् : देखें — *ओम्*।

ब्रह्माण्डीय प्रज्ञावान् स्पन्दन : देखें — *ओम्*।

ब्रह्माण्डीय भ्रम : देखें — *माया*।

भक्तियोग : ईश्वर तक पहुँचने की आध्यात्मिक विधि जो ईश्वर-सम्पर्क एवं ईश्वर से मिलन के मुख्य साधन के रूप में पूर्ण समर्पण युक्त प्रेम पर बल देती है। देखें — *योग*।

श्रीमद्भगवद्गीता : "ईश्वर का गीत।" *महाभारत* महाकाव्य से लिया गया अठारह अध्यायों वाला एक प्राचीन भारतीय धर्मग्रन्थ। *अवतार* (द्रष्टव्य) भगवान् कृष्ण एवं उनके शिष्य अर्जुन के बीच, कुरुक्षेत्र के *ऐतिहासिक* युद्ध की पूर्व संध्या पर संवाद के रूप में प्रस्तुत, गीता, योग के विज्ञान (ईश्वर के साथ एकात्मता) पर एक गहन ग्रन्थ है तथा दैनिक जीवन में सफलता एवं प्रसन्नता के लिए एक शाश्वत निर्देश है। गीता एक प्रतीकात्मक कथा के साथ-साथ इतिहास भी है, मनुष्य के भीतर अच्छी एवं बुरी प्रवृत्तियों के बीच के युद्ध पर एक आध्यात्मिक स्पष्ट विवेचना। प्रसंग के अनुसार, श्रीकृष्ण गुरु, आत्मा, या ईश्वर के प्रतीक हैं; अर्जुन एक आकांक्षी भक्त के प्रतीक हैं। इस सार्वभौमिक ग्रन्थ के बारे में महात्मा गाँधी ने लिखा था : "जो गीता पर ध्यान करेंगे वे प्रतिदिन इससे नए अर्थ एवं नवीन आनन्द को पाएँगे। ऐसी एक भी आध्यात्मिक उलझन नहीं है जिसे गीता स्पष्ट न करती हो।"

जहाँ कहीं अन्य संकेत न किया गया हो, योगदा सत्संग आत्म-साक्षात्कार पाठमाला में श्रीमद्भगवद्गीता के उद्धरण परमहंस योगानन्द के व्यापक अनुवाद एवं व्याख्या से लिए गए हैं। परमहंस योगानन्द का यह विस्तृत अनुवाद एवं व्याख्या उनकी पुस्तक "*ईश्वर-अर्जुन संवाद : श्रीमद्भगवद्गीता —*

आत्म-साक्षात्कार का राजयोग विज्ञान" (योगदा सत्संग सोसाइटी ऑफ़ इण्डिया द्वारा प्रकाशित) में है।

भगवान् कृष्ण : एक *अवतार* (द्रष्टव्य) जो कि प्राचीन भारत में ईसा युग से अनेक युगों पूर्व रहे। *कृष्ण* शब्द का हिन्दू धर्मग्रंथों में दिया गया एक अर्थ है "सर्वज्ञ ब्रह्म।" इस प्रकार, *कृष्ण*, *क्राइस्ट* की भाँति, एक आध्यात्मिक उपाधि है जो *अवतार* की परमेश्वर के साथ एकात्मता के दिव्य परिमाण को दर्शाती है। *भगवान्* की उपाधि का अर्थ है "परमेश्वर।" जिस समय उन्होंने श्रीमद्भगवद्गीता में अभिलिखित अपना उपदेश दिया था, उस समय भगवान् कृष्ण उत्तर भारत में एक साम्राज्य के शासक थे। अपने प्रारम्भिक जीवन में कृष्ण एक ग्वाले थे, जो अपने साथियों को अपनी बाँसुरी की मधुर तान द्वारा मोहित कर दिया करते थे। इस भूमिका में कृष्ण को प्रायः प्रतीकात्मक रूप से आत्मा माना जाता है, जो ध्यान की बाँसुरी बजाकर भटके हुए विचारों को सर्वज्ञता के बाड़े में वापस लाने हेतु निर्देशित करती है।

मंत्रयोग : जिसमें आध्यात्मिक रूप से लाभकारी स्पंदनात्मक क्षमता युक्त मूल शब्द ध्वनियों के भक्तिपूर्ण, एकाग्रतापूर्ण जप के द्वारा दिव्य सम्पर्क की प्राप्ति होती है। देखें — *योग*।

महावतार बाबाजी : अमर *महावतार* ("महान् *अवतार*") जिन्होंने सन् 1861 में लाहिड़ी महाशय को *क्रियायोग* (द्रष्टव्य) की दीक्षा दी, और इस प्रकार जगत् के लिए प्राचीन मुक्तिदायिनी प्रविधि का पुनरुत्थान किया। चिरयुवा बाबाजी शताब्दियों से हिमालय में रहते हैं, और जगत् को निरंतर अपना आशीर्वाद प्रदान करते आ रहे हैं। उनका लक्ष्य अवतारों को उनके विशेष उद्देश्यों की पूर्ति में सहायता प्रदान करना रहा है। उनकी असाधारण आध्यात्मिक अवस्था को दर्शाती अनेक उपाधियाँ उन्हें दी गई हैं, परन्तु *महावतार* ने बाबाजी के सामान्य नाम को अपनाया है, जो संस्कृत में *बाबा* अर्थात् "पिता" तथा आदरसूचक प्रत्यय *जी* से बनता है। उनके जीवन तथा आध्यात्मिक उद्देश्य के विषय में अधिक जानकारी *योगी कथामृत* पुस्तक में दी गई है। देखें — *अवतार*।

महासमाधि : संस्कृत में *महा*, "महान्," *समाधि*। अन्तिम ध्यान, या सचेतन ईश्वरीय सम्पर्क, जिसमें एक सिद्ध साधक स्वयं को ब्रह्माण्डीय *ओम्* में विलीन करता है तथा अपने भौतिक शरीर का परित्याग करता है। सिद्ध साधक निरपवाद रूप

से पहले से ही यह जान जाते हैं कि ईश्वर ने उनके शरीर रूपी घर का परित्याग करने के लिए कौन सा समय निश्चित कर रखा है। देखें — *समाधि*।

माउण्ट वॉशिंगटन : लॉस एंजिलिस में सेल्फ़-रियलाइज़ेशन फ़ेलोशिप का मदर सेंटर (Mother Centre) तथा अंतर्राष्ट्रीय मुख्यालय का स्थान और उसके विस्तार के लिए प्रायः प्रयुक्त उपनाम। परमहंस योगानन्द ने सन् 1925 में साढ़े बारह एकड़ की भूमि का अधिग्रहण किया था और उन्होंने इसे सेल्फ़-रियलाइज़ेशन के संन्यासियों का प्रशिक्षण केन्द्र, एवं *क्रियायोग* के प्राचीन विज्ञान के विश्वव्यापी प्रचार-प्रसार का प्रशासनिक केन्द्र बनाया था। पृष्ठ 527 भी देखें।

माया : सृष्टि की संरचना में अंतर्निहित भ्रम की शक्ति जिसके द्वारा एक (ईश्वर), अनेक के रूप में दृष्टिगोचर होता है। *माया* सापेक्षता, विपर्यय, विरोधाभास, द्वैत, विषमता का सिद्धान्त है; पुराने नियम (Old Testament) के पैग़म्बरों के अनुसार शैतान (शाब्दिक अर्थ : हिब्रू में 'विरोधी'); तथा "शैतान" जिसका वर्णन क्राइस्ट ने चित्रवत "कातिल" तथा एक "झूठा" के रूप में किया है, क्योंकि "उसमें कोई सत्य नहीं है" *यूहन्ना* 8:44 (बाइबिल)।

परमहंस योगानन्द ने लिखा है :

"संस्कृत शब्द, माया का अर्थ है 'मापक'; यह सृष्टि में एक जादुई शक्ति है जिसके द्वारा अपरिमापकता तथा अभिन्नता में सीमाएँ एवं विभाजन आभासित होते हैं। *माया* स्वयं प्रकृति है — दृष्टिगोचर जगत्, दिव्य स्थिरता के विरोध के रूप में सदैव परिवर्तनकारी प्रवाह।

"ईश्वर की योजना एवं *लीला* में, शैतान या *माया* का मुख्य कार्य मनुष्य को परमेश्वर से हटाकर पदार्थ की ओर, परम सत्य से असत्य की ओर मोड़ने का प्रयास करना है। 'शैतान प्रारम्भ से ही पाप करता आ रहा है। इसी उद्देश्य से ईश्वर के पुत्र का आविर्भाव हुआ कि वह शैतान के कार्यों को नष्ट कर सके' (*I यूहन्ना* 3:8, बाइबिल)। अर्थात् स्वयं मानव के अन्दर, *कूटस्थ चैतन्य* का प्रकटीकरण, 'शैतान के कार्यों' या भ्रमों को अनायास ही समाप्त कर देता है।

"*माया* प्रकृति में अस्थिरता का परदा है, सृष्टि की अबाध रचना; प्रत्येक मनुष्य को इसके पीछे छिपे परमेश्वर, निरंतर अपरिवर्तनीय, शाश्वत वास्तविकता की झलक पाने हेतु इस परदे को अवश्य हटाना चाहिए।"

मास्टर (Master) : जिसने आत्मसंयम प्राप्त कर लिया है। परमहंस योगानन्द ने बताया है कि, "मास्टर की विशिष्ट योग्यताएँ भौतिक नहीं, अपितु आध्यात्मिक होती हैं।...कोई व्यक्ति मास्टर है, यह केवल उसकी इस क्षमता से मापा जा सकता है कि वह अपनी इच्छानुसार श्वासरहित अवस्था (*सविकल्प समाधि*) में प्रवेश कर सकता है तथा अचल परमानन्द की अवस्था (*निर्विकल्प समाधि*) को प्राप्त कर सकता है।" देखें — *समाधि*।

परमहंसजी आगे कहते हैं; "सभी धर्मग्रन्थ यह घोषणा करते हैं कि परमेश्वर ने मनुष्य को अपने सर्वशक्तिमान् प्रतिबिम्ब के रूप में रचा है। ब्रह्माण्ड पर नियंत्रण अलौकिक प्रतीत होता है, परन्तु वास्तव में ऐसी शक्ति उस प्रत्येक व्यक्ति में अन्तर्निहित एवं स्वाभाविक है, जो अपने दिव्य स्रोत की 'सच्ची स्मृति' को पा लेता है। ईश्वर-प्राप्त मनुष्य...*अहंकार* से तथा उससे उत्पन्न व्यक्तिगत इच्छाओं से मुक्त होते हैं; सच्चे गुरुओं के कार्य बिना प्रयास के ही *ऋत*, स्वाभाविक धर्मपरायणता के अनुरूप होते हैं। इमर्सन के शब्दों में, 'सभी महान् व्यक्ति केवल सद्गुणी ही नहीं होते अपितु स्वयं सद्गुण बन जाते हैं; तब सृष्टि के लक्ष्य का उत्तर मिल जाता है, तथा ईश्वर अति प्रसन्न हो जाते हैं।'"

मेरुशीर्ष (medulla) : शरीर में प्राण-शक्ति के प्रवेश का मुख्य द्वार; छठे मेरुदण्डीय चक्र का स्थान, जिसका कार्य है भीतर आने वाली ब्रह्माण्डीय ऊर्जा के प्रवाह को ग्रहण करके उसे निर्देशित करना। प्राण-शक्ति सातवें केन्द्र *सहस्रार* में संचित होती है, जो कि मस्तिष्क का सबसे ऊपर का स्थान है। इसी संग्रह से यह पूरे शरीर में वितरित होती है। मेरुशीर्ष में स्थित सूक्ष्म केन्द्र वह मुख्य स्विच है जो प्राण-शक्ति के प्रवेश, संचय, तथा वितरण को नियंत्रित करता है।

यादव कृष्ण : *यादव* एक जाति या वंश को इंगित करता है भगवान् कृष्ण जिसके राजा थे, और कृष्ण के अनेक नामों में से एक जिनसे वे जाने जाते हैं। देखें — *भगवान् कृष्ण*।

युग : एक युग या सृष्टि की कालावधि, जैसा प्राचीन हिन्दू धर्मग्रंथों में वर्णित है। स्वामी श्रीयुक्तेश्वरजी (द्रष्टव्य) *कैवल्य दर्शनम्* पुस्तक में 24,000 वर्षों के विषुवीय चक्र का तथा उसमें मानव जाति की वर्तमान स्थिति का वर्णन करते हैं। यह कालचक्र प्राचीन ग्रन्थों में प्राचीन ऋषियों द्वारा गणना किए गए अत्यधिक लम्बे सार्वभौमिक कालचक्र के अन्तर्गत है तथा *योगी कथामृत* के अध्याय 16 में वर्णित है :

"धर्मग्रंथों का सार्वभौमिक कालचक्र 4,300,560,000 वर्षों के विस्तार का है, और यह 'सृष्टि का एक दिन' होता है। यह बृहत् संख्या सौर वर्ष की लम्बाई और पाई (π, 3.1416, वृत्त की परिधि एवं व्यास के अनुपात) के एक गुणक के मध्य संबंध पर आधारित है।

"प्राचीन ऋषियों के अनुसार, सम्पूर्ण ब्रह्माण्ड का जीवन काल 314,159,000,000,000 सौर वर्ष या 'ब्रह्मा का एक आयुकाल' है।"

योग : संस्कृत शब्द *युज्*, "मिलना" से व्युत्पन्न। योग का अर्थ है व्यक्तिगत आत्मा का परमात्मा से मिलन; तथा इस उद्देश्य को प्राप्त करने की पद्धतियाँ भी योग है। हिन्दू दर्शनशास्त्र के बृहद् साहित्य में योग छः प्राचीन पद्धतियों — *वेदान्त, मीमांसा, सांख्य, वैशेषिक, न्याय*, तथा *योग* — में से एक है। *योग* की पद्धतियों के विभिन्न प्रकार हैं : *हठयोग, मंत्रयोग, लययोग, कर्मयोग, ज्ञानयोग, भक्तियोग*, तथा *राजयोग*। *राजयोग*, "राजसी" या पूर्णयोग, जिसे योगदा सत्संग सोसाइटी सिखाती है, तथा जिसकी भगवान् कृष्ण ने अपने भक्त अर्जुन के समक्ष श्रीमद्भगवद्गीता में प्रशंसा की है : "योगी को शरीर पर नियंत्रण करने वाले तपस्वियों, ज्ञान के पथ पर चलने वालों, तथा कर्म के पथ पर चलने वालों, से भी श्रेष्ठ माना गया है; इसलिए हे अर्जुन, तू योगी बन!" (श्रीमद्भगवद्गीता 6:46)। महर्षि पतंजलि, योग के महानतम प्रतिपादक, ने योग के आठ निश्चित अंगों का वर्णन किया है जिनके द्वारा *राजयोगी समाधि* या ईश्वर से मिलन प्राप्त करता है। ये हैं (1) *यम*, नैतिक आचरण; (2) *नियम*, धार्मिक आचरण; (3) *आसन*, शारीरिक चंचलताओं को शान्त करने हेतु उचित बैठने का तरीका; (4) *प्राणायाम*, प्राण या सूक्ष्म प्राण धाराओं पर नियंत्रण; (5) *प्रत्याहार*, अंतर्मुखता; (6) *धारणा*, एकाग्रता; (7) *ध्यान*; तथा (8) *समाधि*, अधिचैतन्य अनुभूति।

योगदा सत्संग आत्म-साक्षात्कार पाठमाला : परमहंस योगानन्द की शिक्षाएँ, जिन्हें पाठों की व्यापक शृंखला के रूप में गृह अध्ययन के लिए बनाया गया है तथा पूरे भारतीय उपमहाद्वीप में सभी निष्ठावान् सत्यान्वेषियों के लिए इसे उपलब्ध कराया गया है। इन *पाठों* में परमहंस योगानन्द द्वारा सिखाई गई ध्यान की प्रविधियाँ, तथा जो लोग *क्रियायोग* (द्रष्टव्य) के पात्र हैं, *पाठों* के बारे में अधिक जानकारी पृष्ठ 527 पर उपलब्ध है।

योगदा सत्संग पत्रिका : योगदा सत्संग सोसाइटी ऑफ़ इण्डिया द्वारा अंग्रेज़ी, हिन्दी और बंगाली में प्रतिवर्ष प्रकाशित होने वाली पुस्तिका, जिसमें परमहंस योगानन्द के प्रवचन एवं लेख, तथा वर्तमान समय की रुचि एवं स्थायी महत्त्व के आध्यात्मिक, व्यावहारिक, और शिक्षाप्रद लेख होते हैं। योगदा सत्संग सोसाइटी/सेल्फ़-रियलाइज़ेशन फ़ेलोशिप के पूर्व और वर्तमान अध्यक्ष के सत्संग भी इसमें नियमित रूप से सम्मिलित किए जाते हैं।

योगदा सत्संग सोसाइटी ऑफ़ इण्डिया (वाईएसएस) : इस नाम से परमहंस योगानन्दजी की संस्था भारत में जानी जाती है। इस सोसाइटी को परमहंस योगानन्दजी ने सन् 1917 में स्थापित किया था। इसका मुख्यालय, योगदा मठ, कोलकाता के समीप, दक्षिणेश्वर में, गंगा के तट पर स्थित है। वाईएसएस का राँची, झारखण्ड में एक शाखा मठ है, तथा द्वाराहाट, उत्तराखंड एवं नोएडा, उत्तर प्रदेश में शाखा आश्रम हैं। और पूरे भारत में शहरों, कस्बों और गांवों में 200 से अधिक ध्यान केन्द्र और मंडलियाँ हैं। वाईएसएस विद्यालयों, महाविद्यालयों, अस्पतालों, दवाखानों, और चिकित्सा शिविरों का संचालन भी करता है; पूरे भारत में योग्य छात्रों को छात्रवृत्तियाँ; अनाथालयों तथा कुष्ठ बस्तियों में सहायता; और प्राकृतिक आपदाओं से प्रभावित लोगों को राहत सामग्री के द्वारा सहायता प्रदान करता है। "योगदा," परमहंस योगानन्दजी द्वारा बनाया गया शब्द है जो *योग* अर्थात् मिलन, सामंजस्य, समन्वय, तथा *दा*, जो प्रदान करे, से व्युत्पन्न है। "सत्संग" शब्द *सत्* अर्थात् और *संग* या साहचर्य से बना है। पश्चिम के लिए योगानन्दजी ने इस भारतीय नाम का अनुवाद "सेल्फ़-रियलाइज़ेशन फ़ेलोशिप" के रूप में किया (द्रष्टव्य)।

वाईएसएस परमहंस योगानन्दजी के लेखों, प्रवचनों तथा अनौपचारिक व्याख्यानों — जिनमें घर में पढ़ने के लिए *योगदा सत्संग पाठमाला* की वृहद् श्रृंखला भी सम्मिलित है — और उनकी शिक्षाओं पर ऑडियो एवं वीडियो रिकॉर्डिंग मुद्रित करती है। योगदा सत्संग सोसाइटी के *संन्यासी* सोसाइटी के आश्रमों में रहते हैं और भारतीय उपमहाद्वीप में परमहंस योगानन्दजी के कार्य के सभी पहलुओं का मार्गदर्शन करते हैं, साथ ही अनेक शहरों में वार्षिक व्याख्यान और कक्षाएँ आयोजित करते हैं। सेल्फ़-रियलाइज़ेशन फ़ेलोशिप के साथ मिलकर, वाईएसएस विश्वव्यापी प्रार्थना मण्डल, जो शारीरिक, मानसिक

एवं आध्यात्मिक सहायता चाहने वालों और विश्व शांति एवं सामंजस्य के लिए प्रार्थना करने वाले समूहों एवं व्यक्तियों का एक तन्त्र है के साथ मिलकर काम करती है। "योगदा सत्संग सोसाइटी ऑफ़ इण्डिया के उद्देश्य एवं आदर्श" भी देखें, पृष्ठ 530 पर।

योगी : जो व्यक्ति योग (*द्रष्टव्य*) का अभ्यास करता है। कोई भी ऐसा व्यक्ति जो दिव्य साक्षात्कार के लिए वैज्ञानिक प्रविधि का अभ्यास करता है, योगी है। वह विवाहित या अविवाहित — सांसारिक जिम्मेदारियों वाला गृहस्थ या धार्मिक परंपरागत संन्यासी हो सकता है।

राँची विद्यालय : योगदा सत्संग विद्यालय, जिसकी स्थापना परमहंस योगानन्द ने सन् 1918 में की थी, जब कासिम बाज़ार के महाराजा ने अपना ग्रीष्मकालीन महल एवं 25 एकड़ भूमि राँची, झारखण्ड, में लड़कों के विद्यालय के उपयोग हेतु प्रदान की थी। जब सन् 1935–36 में परमहंसजी भारत में थे, यह सम्पत्ति स्थायी तौर पर अधिग्रहण कर ली गई थी। अब राँची के योगदा विद्यालयों में, नर्सरी से महाविद्यालय तक दो हज़ार से अधिक बच्चे पढ़ते हैं। देखें — योगदा सत्संग सोसाइटी ऑफ़ इण्डिया।

राजयोग : ईश्वर के साथ एकत्व का "राजसी" या सर्वोच्च मार्ग। यह वैज्ञानिक ध्यान (द्रष्टव्य) को ईश्वर प्राप्ति के सर्वोच्च साधन के रूप में सिखाता है, तथा अन्य सभी प्रकार के योगों की उच्चतम आवश्यक विधियों को सम्मिलित करता है। योगदा सत्संग सोसाइटी की *राजयोग* शिक्षाएँ *क्रियायोग* (*द्रष्टव्य*) ध्यान की नींव पर आधारित मन, शरीर एवं आत्मा के संपूर्ण विकास की ओर ले जाने वाली जीवनशैली की रूपरेखा हैं। देखें — *योग*।

लययोग : योग की यह पद्धति मन को कुछ विशेष सूक्ष्म ध्वनियों की अनुभूति में लीन करना सिखाती है, जो ओम् की ब्रह्माण्डीय ध्वनि के रूप में ईश्वर मिलन की ओर अग्रसर करती है। देखें — *ओम्* और *योग*।

लाहिड़ी महाशय : श्यामाचरण लाहिड़ी महाशय (1828–1895) का पारिवारिक नाम *लाहिड़ी* था। संस्कृत धार्मिक उपाधि, महाशय, का अर्थ है "उदार मन वाला।" लाहिड़ी महाशय महावतार बाबाजी के शिष्य थे और स्वामी श्रीयुक्तेश्वरजी (परमहंस योगानन्दजी के गुरु) के गुरु थे। वे चमत्कारिक शक्तियों से सम्पन्न एक ईश्वर-साक्षात्कार प्राप्त गुरु थे, परन्तु उसके साथ-साथ वे व्यावसायिक

उत्तरदायित्वों वाले एक पारिवारिक व्यक्ति भी थे। उनका उद्देश्य आधुनिक व्यक्ति के अनुकूल एक ऐसे योग का ज्ञान प्रदान करना था, जिसमें ध्यान के साथ सांसारिक कर्तव्यों के उचित ढंग से निर्वाह का संतुलन हो। उन्हें *योगावतार* अर्थात् "योग का अवतार" कहा गया है। लाहिड़ी महाशय ही बाबाजी के वे शिष्य थे, जिन्हें उन्होंने प्राचीन और लगभग लुप्तप्राय *क्रियायोग* (*द्रष्टव्य*) विज्ञान प्रदान किया था, तथा उन्हें निर्देश दिया था कि वे अन्य निष्ठावान् साधकों को भी इसकी दीक्षा प्रदान करें। लाहिड़ी महाशय के जीवन का वर्णन *योगी कथामृत* में किया गया है।

लिन, जेम्स जे. (सन्त लिन) : देखें — *राजर्षि जनकानन्द*।

वेद : हिन्दुओं के चार धर्मग्रन्थ; ऋग्वेद, सामवेद, यजुर्वेद, तथा अथर्ववेद। वे यथार्थ रूप से मनुष्य के जीवन और कार्य के सभी चरणों को सक्रिय और आध्यात्मीकृत करने के लिए मन्त्र, अनुष्ठान, और पाठ का साहित्य हैं। भारत के बृहद् ग्रन्थों में से वेद (संस्कृत मूल *विद्*, "जानना") ही एकमात्र ऐसे ग्रन्थ हैं जिनके लेखक का नाम नहीं बताया गया है। ऋग्वेद के अनुसार स्तोत्रों की उत्पत्ति दैवी स्रोत से "प्राचीन काल" में हुई है तथा उन्हें पुनः नई भाषा के वस्त्र पहनाए गए हैं। युग-युगान्तरों से *ऋषियों* को दिव्य रूप से उद्घाटित चार वेद *नित्यत्व* अर्थात् कालातीत सर्वोच्च ज्ञान के प्रतीक हैं।

वेदान्त : शब्दशः "वेदों का अन्त"; *उपनिषदों*, अथवा वेदों के अन्तिम खण्ड से निकला दर्शन। शंकराचार्य (आठवीं या नवीं शताब्दी के आरम्भ में) वेदान्त के मुख्य टीकाकार थे। वेदान्त के अनुसार ईश्वर ही एकमात्र वास्तविकता हैं तथा सृष्टि अनिवार्यतः एक भ्रान्ति है। क्योंकि एकमात्र मनुष्य ही ऐसा प्राणी है जो ईश्वर का बोध प्राप्त करने में सक्षम है, इसलिए उसे स्वयं को दैवी बनाना होगा, अतः उसका कर्त्तव्य है कि वह अपनी यथार्थ प्रकृति का अनुभव करे।

शंकराचार्य, स्वामी : कभी-कभी आदि ("प्रथम") शंकराचार्य (शंकर + *आचार्य*, "शिक्षक") भी कहे जाते हैं; भारत के सर्वोच्च सुविख्यात दार्शनिक। उनकी तिथि अनिश्चित है; अनेक विद्वान उन्हें आठवीं या नवीं शताब्दी के प्रारम्भ का मानते हैं। उन्होंने एक नकारात्मक कल्पना के रूप में ईश्वर की व्याख्या नहीं की, अपितु एक सकारात्मक, शाश्वत, सर्वव्यापक, नित्य-नवीन आनन्द के रूप में की है। शंकराचार्य ने प्राचीन स्वामी सम्प्रदाय का पुनर्गठन किया, तथा चार महान्

मठों (आध्यात्मिक शिक्षा के संन्यास केन्द्रों) की स्थापना की, जिनके प्रमुख धर्म-प्रचार (apostolic) परम्परा में जगद्गुरु श्री शंकराचार्य की पदवी ग्रहण करते हैं। *जगद्गुरु* का अर्थ है "विश्व का शिक्षक।"

शक्ति-संचार व्यायाम : मनुष्य ब्रह्माण्डीय ऊर्जा से घिरा हुआ है, जैसे मछली पानी से घिरी हुई होती है। शक्ति-संचार व्यायाम जिन्हें परमहंस योगानन्द द्वारा प्रतिपादित किया गया था, और जो *योगदा सत्संग आत्म-साक्षात्कार पाठमाला* (*द्रष्टव्य*) में सिखाए जाते हैं, मनुष्य को अपने शरीर को इस ब्रह्माण्डीय ऊर्जा अथवा ब्रह्माण्डीय *प्राण-शक्ति* के द्वारा अनुप्राणित करने में सक्षम बनाते हैं।

शिष्य : एक आध्यात्मिक आकांक्षी जो ईश्वर को जानने के लिए गुरु के पास आता है, तथा इस उद्देश्य से गुरु के साथ एक शाश्वत आध्यात्मिक संबंध स्थापित करता है। योगदा सत्संग सोसाइटी ऑफ़ इण्डिया में, *क्रियायोग* की *दीक्षा* के द्वारा गुरु-शिष्य संबंध स्थापित होता है। देखें — *गुरु* एवं *क्रियायोग*।

शैतान : अक्षरशः यहूदी भाषा में "विरोधी।" शैतान एक सचेतन और स्वतंत्र ब्रह्माण्डीय शक्ति है, जो प्रत्येक वस्तु एवं प्रत्येक व्यक्ति को सीमितता और ईश्वर से पृथकता की अनाध्यात्मिक चेतना से भ्रमित रखती है। इस कार्य को करने के लिए शैतान, *माया* (ब्रह्माण्डीय भ्रम) तथा *अविद्या* (व्यक्तिगत भ्रम, अज्ञान) के शस्त्रों का प्रयोग करता है। देखें — *माया*।

श्रीयुक्तेश्वरजी, स्वामी : स्वामी श्रीयुक्तेश्वर गिरि (1855–1936) भारत के *ज्ञानावतार* अर्थात् "ज्ञान के अवतार"; परमहंस योगानन्द के गुरु, तथा योगदा सत्संग सोसाइटी के *क्रियावान्* साधकों के *परमगुरु* हैं। श्रीयुक्तेश्वरजी लाहिड़ी महाशय के शिष्य थे। उन्होंने लाहिड़ी महाशय के गुरु, महावतार बाबाजी, के आदेश पर हिन्दू एवं ईसाई धर्मग्रंथों की आधारभूत एकता को दर्शाते हुए *कैवल्य दर्शनम्* पुस्तक लिखी, तथा परमहंस योगानन्द को उनके आध्यात्मिक विश्व-मिशन, *क्रियायोग* (*द्रष्टव्य*) के प्रचार, के लिए प्रशिक्षित किया। परमहंसजी ने प्रेमपूर्वक अपनी पुस्तक *योगी कथामृत* में श्रीयुक्तेश्वरजी के जीवन का वर्णन किया है।

श्री श्री राजर्षि जनकानन्द (जेम्स जे. लिन) : परमहंस योगानन्दजी के परमप्रिय शिष्य, तथा 20 फरवरी, 1955 को अपने देहान्त तक योगदा सत्संग सोसाइटी ऑफ़ इण्डिया/सेल्फ़-रियलाइज़ेशन फ़ेलोशिप के अध्यक्ष एवं आध्यात्मिक प्रमुख के

रूप में उनके प्रथम उत्तराधिकारी। श्री लिन ने पहले सन् 1932 में परमहंसजी से *क्रियायोग* दीक्षा ली थी। उनकी आध्यात्मिक उन्नति इतनी तीव्र थी कि सन् 1951 में उन्हें राजर्षि जनकानन्द की संन्यास उपाधि प्रदान करने तक गुरुजी प्रेमपूर्वक उनका "सन्त लिन" के रूप में उल्लेख करते थे।

श्वास : परमहंस योगानन्द ने लिखा है, "श्वास के रूप में मनुष्य में असंख्य ब्रह्माण्डीय धाराओं का प्रवाह, उसके मन में चंचलता उत्पन्न करता है। इस प्रकार श्वास उसे क्षणभंगुर प्रतीयमान लोकों से जोड़ देता है। नश्वरता के दुःखों से बचने तथा वास्तविकता के आनन्दमय साम्राज्य में प्रवेश करने के लिए, योगी अपने श्वास को वैज्ञानिक ध्यान के द्वारा शान्त करना सीखता है।"

सत्-तत्-ओम् : *सत्*, सत्य, पूर्ण ब्रह्म, परमानन्द; *तत्*, ब्रह्माण्डीय प्रज्ञा या चेतना; *ओम्*, ब्रह्माण्डीय प्रज्ञावान् सृजनात्मक स्पन्दन, ईश्वर का शब्द-प्रतीक। देखें — *ओम्* तथा *त्रिदेव*।

सनातन धर्म : अक्षरशः "शाश्वत धर्म।" यह नाम वैदिक शिक्षाओं को दिया गया है, जिसे कालान्तर में — जब यूनानियों ने सिन्धु नदी पर बसे लोगों को इण्डू या हिन्दू नाम दिया — हिंदुत्व कहा जाने लगा। देखें — *धर्म*।

समाधि : सन्त पतंजलि (*द्रष्टव्य*) द्वारा वर्णित अष्टांग योग मार्ग का सर्वोच्च चरण। *समाधि* तब प्राप्त होती है जब ध्यान करने वाला, ध्यान की प्रक्रिया (जिसके द्वारा मन का इन्द्रियों से प्रत्याहार किया जाता है), तथा ध्यान का ध्येय (ईश्वर) एक हो जाते हैं। परमहंस योगानन्द ने स्पष्ट किया है कि "ईश्वर-सम्पर्क की प्रारम्भिक अवस्थाओं (*सविकल्प समाधि*) में भक्त की चेतना परब्रह्म में विलीन हो जाती है; उसकी प्राण-शक्ति शरीर से हट गई होती है, वह 'मृत' या निश्चल एवं कठोर प्रतीत होता है। योगी अपनी 'निलंबित सजीवता' (suspended animation) की शारीरिक अवस्था के प्रति पूर्णतः जागरूक होता है। फिर भी जैसे-जैसे वह उच्चतर आध्यात्मिक अवस्थाओं (*निर्विकल्प समाधि*) की ओर बढ़ता है, वह ईश्वर के साथ शारीरिक स्थिरीकरण के बिना तथा अपनी सामान्य जाग्रत अवस्था में, यहाँ तक कि कठिन सांसारिक जिम्मेदारियों को निभाते हुए भी, ईश्वर के सम्पर्क में रहता है।" दोनों अवस्थाओं की विशेषता, परमात्मा के नित्य-नवीन आनन्द के साथ एकात्मता है, किंतु *निर्विकल्प* समाधि का अनुभव मात्र सर्वोच्च उन्नत गुरुजनों को ही होता है।

साधना : आध्यात्मिक अनुशासन का मार्ग। गुरु द्वारा अपने शिष्यों के लिए प्रदान किए गए विशेष निर्देश एवं ध्यान का अभ्यास, जिनके निष्ठापूर्ण अनुसरण से वे शिष्य अन्ततः ईश्वर-साक्षात्कार प्राप्त करते हैं।

सिद्ध : अक्षरशः "वह व्यक्ति जो सफल है।" वह व्यक्ति जिसने आत्म-साक्षात्कार प्राप्त कर लिया हो।

सूक्ष्म जगत् : परमेश्वर की सृष्टि का सूक्ष्म लोक, प्रकाश एवं रंगों का ब्रह्माण्ड, जो परमाणु शक्तियों से भी सूक्ष्म शक्तियों अर्थात् प्राणकणिकाओं (द्रष्टव्य — *प्राण*) या प्राण-शक्ति के स्पंदनों से निर्मित है। भौतिक जगत् में, प्रत्येक व्यक्ति, प्रत्येक वस्तु, प्रत्येक स्पंदन का एक सूक्ष्म प्रतिरूप होता है, क्योंकि सूक्ष्म जगत् (स्वर्ग) में हमारे भौतिक जगत् का प्रारूप है। भौतिक शरीर की मृत्यु होने पर, प्रकाश के सूक्ष्म शरीर में लिपटी मनुष्य की आत्मा, योग्यतानुसार, उच्च या निम्न स्तर के सूक्ष्म जगत् में, सूक्ष्म साम्राज्य की अधिक स्वतंत्रता में, अपनी आध्यात्मिक उन्नति जारी रखने के लिए जाती है। भौतिक शरीर में पुनर्जन्म लेने तक वह वहाँ कर्मों द्वारा पूर्वनिश्चित काल तक रहती है।

सूक्ष्म प्रकाश : प्राणकणिकाओं (द्रष्टव्य — *प्राण*) से निकलने वाला सूक्ष्म प्रकाश; सूक्ष्म जगत् का संरचनात्मक मूलतत्त्व। आत्मा के परिव्यापक अन्तर्ज्ञानात्मक बोध के द्वारा, ध्यान की गहन अवस्थाओं में भक्त सूक्ष्म प्रकाश का, विशेष रूप से दिव्य नेत्र (*द्रष्टव्य* — दिव्य चक्षु) के रूप में, अनुभव कर सकते हैं।

सूक्ष्म शरीर : प्रकाश, *प्राण* अथवा प्राणकणिकाओं से निर्मित मनुष्य का सूक्ष्म शरीर; आत्मा को क्रमशः आवृत करने वाले तीन कोषों, कारण शरीर (*द्रष्टव्य*), सूक्ष्म शरीर, और स्थूल शरीर में से द्वितीय। सूक्ष्म शरीर की शक्तियाँ उसी प्रकार स्थूल शरीर को अनुप्राणित करती हैं, जिस प्रकार से विद्युत बल्ब को प्रकाशित करती है। सूक्ष्म शरीर में उन्नीस तत्त्व होते हैं : बुद्धि, अहम्, चित्त, और मन (इन्द्रिय-चेतना); पाँच ज्ञानेन्द्रियाँ (ऐन्द्रिय शक्तियाँ जो दृष्टि, श्रवण, घ्राण, स्वाद, और स्पर्श के भौतिक अंगों में विद्यमान हैं); पाँच कर्मेन्द्रियाँ (प्रजनन, निष्कासन, वाणी, गतिशीलता, और हस्त-कौशल के उपयोग से संबंधित भौतिक अंगों में विद्यमान निर्वाहक शक्तियाँ); और प्राण-शक्ति के पाँच साधन जो परिसंचरण (circulation), उपापचय (metabolization), आत्मसात्करण (assimilation), क्रिस्टलीकरण (crystallization), एवं निष्कासन (elimination) के कार्यों को करते हैं।

सेल्फ़-रियलाइज़ेशन : सेल्फ़-रियलाइज़ेशन फ़ेलोशिप को इंगित करने का एक संक्षिप्त ढंग, परमहंस योगानन्द द्वारा संस्थापित संस्था, जिसका परमहंसजी अपनी अनौपचारिक वार्ताओं में प्रायः प्रयोग किया करते थे; उदाहरणार्थ, "सेल्फ़-रियलाइज़ेशन शिक्षाएँ," "सेल्फ़-रियलाइज़ेशन मार्ग," "लॉस एंजिलिस में सेल्फ़-रियलाइज़ेशन मुख्यालय"; इत्यादि।

सेल्फ़-रियलाइज़ेशन फ़ेलोशिप : परमहंस योगानन्द द्वारा मानवता के कल्याण एवं सहायता हेतु, *क्रियायोग* (द्रष्टव्य) के आध्यात्मिक सिद्धांतों एवं ध्यान प्रविधियों के विश्वव्यापी प्रचार हेतु, सन् 1920 में संयुक्त राज्य अमेरिका में (तथा सन् 1917 में भारत में योगदा सत्संग सोसाइटी ऑफ़ इण्डिया के नाम से) संस्थापित संस्था। इसका अन्तर्राष्ट्रीय मुख्यालय, मदर सेंटर, लॉस एंजिलिस, कैलीफ़ोर्निया में स्थित है। परमहंस योगानन्द ने स्पष्ट किया है कि सेल्फ़-रियलाइज़ेशन फ़ेलोशिप नाम का अर्थ है, "आत्म-साक्षात्कार के माध्यम से ईश्वर का संग, तथा सभी सत्यान्वेषी आत्माओं के साथ मित्रता।"

सेल्फ़-रियलाइज़ेशन फ़ेलोशिप पाठमाला : देखें *योगदा सत्संग/सेल्फ़-रियलाइज़ेशन फ़ेलोशिप पाठमाला*।

स्वामी : भारत की सबसे प्राचीन संन्यास-परम्परा का एक सदस्य। इस संन्यास-परम्परा को आठवीं या नवीं शताब्दी के प्रारम्भ में स्वामी शंकराचार्य (*द्रष्टव्य*) ने पुनः संगठित किया था। स्वामी औपचारिक रूप से ब्रह्मचर्य का एवं सांसारिक बंधनों एवं महत्त्वाकांक्षाओं से संन्यास का व्रत लेता है; वह स्वयं को ध्यान तथा अन्य आध्यात्मिक अभ्यासों, तथा मानवता की सेवा के लिए समर्पित करता है। आदरणीय स्वामी सम्प्रदाय को दस वर्गीकृत उपाधियों में बांटा गया है, जैसे कि *गिरि*, *पुरी*, *भारती*, *तीर्थ*, *सरस्वती*, एवं अन्य। स्वामी श्रीयुक्तेश्वरजी (*द्रष्टव्य*) एवं परमहंस योगानन्द *गिरि* ("पर्वत") सम्प्रदाय से संबंधित थे।

संस्कृत शब्द 'स्वामी' का अर्थ है "वह जो आत्मा (*स्व*) के साथ एक है।"

हठयोग : शारीरिक आसनों और प्रविधियों की एक पद्धति जो स्वास्थ्य एवं मानसिक शान्ति को प्रोत्साहित करती है। देखें — *योग*।

ज्ञानयोग : बुद्धि की विवेक शक्ति को आत्मा के सर्वज्ञ ज्ञान में परिवर्तित करके ईश्वर से एकात्म होने का मार्ग।